REISEHANDBUCH
SIEBENBÜRGEN

REISEHANDBUCH SIEBENBÜRGEN

Herausgegeben im Auftrag
des Arbeitskreises für Siebenbürgische Landeskunde e. V.,
Gundelsheim, Sektion Naturwissenschaften
von
Heinz Heltmann und Gustav Servatius
unter Mitarbeit von

P. Binder, H. Eichhorn, Chr. Hannak, H.-U. Kasper, Hg. v. Killyen,
K. Klein, M. Kroner, P. Orban, R. Offner, Ch. Richter, M. Rill, R. Rösler,
A. Rusu, I. u. J. Salmen, G. Schick, M. Schüßel, A. K. Schuster, J. Sedler, St. Sienerth
und G. Volkmer

KRAFT

Die Deutsche Bibliothek – CIP-Einheitsaufnahme

Reisehandbuch Siebenbürgen:
Hrsg. Hans Heinz Heltmann; Gustav Servatius.
– Würzburg: Kraft, 1993
ISBN 3-8083-2019-2
NE: Heltmann, Hans Heinz (Hrsg.)

© Wort und Welt Verlag, Thaur

Autorisierte Lizenzausgabe für den Kraft Verlag 1993

Nachdruck verboten!
Alle Rechte vorbehalten.

Druck: Thaurdruck, Giesriegl Ges.m.b.H., Thaur
Verarbeitung: Josef Spinner, Ottersweier
Umschlagmotiv: Michelsberg. Foto: Konrad Klein, Gauting bei München

ISBN 3-8083-2019-2

Inhaltsverzeichnis

VI

VORWORT

Die Reiseliteratur weist Rumänien als eines der am wenigsten beschriebenen Länder aller Kontinente aus. Dieser Mangel liegt vorwiegend in den bis Ende 1989 herrschenden politischen Verhältnissen in diesem südosteuropäischen Land begründet, die Rumänienreisende mit unbilligen Schikanen jedweder Art konfrontierten. Die neue Regierung hat erkannt, daß eine Abschottung nach außen nicht nur wirtschaftliche Nachteile bringt, sie ist daher bemüht, den Tourismus auch mit enormer westlicher Hilfe anzukurbeln.

Die Voraussetzungen dafür sind landesweit gegeben, im sogenannten „Altreich" wie auch in Siebenbürgen, das seit jeher durch die Präsenz deutscher Siedler der wirtschaftliche und kulturelle Motor Rumäniens gewesen ist. Die über viele Generationen im friedlichen Nebeneinander von Ungarn, Rumänen und Siebenbürger Sachsen entstandenen auch kulturellen Güter bilden noch heute, nachdem der Exodus der Siebenbürger Deutschen seinem Abschluß entgegengeht, jenen Fundus, auf den die Initiatoren bei ihrem Bemühen um Neuorientierung zurückgreifen können. Gegenwärtig klafft jedoch noch ein tiefer Graben zwischen marktwirtschaftlichem Streben und beharrender Beschaulichkeit vergangener Jahrzehnte, wie sie vor allem in den weiten ländlichen Gebieten Siebenbürgens den Alltag bestimmt. Dennoch bleiben die Anzeichen des Übergangs von kommunistischen Sünden hin zur liberalen Gestaltung des Wirtschafts- und Lebensraumes der Einwohner Rumäniens dem aufmerksamen Beobachter nicht verschlossen.

Siebenbürgen wird sich dem Reisenden, der um die wirtschaftliche Situation Rumäniens Bescheid weiß, als sehens- und erlebenswerte Landschaft öffnen. Der vorliegende Reiseführer mit seiner kurzen und informativen Einführung in Geschichte, Kultur, Landesnatur und soziale Gegebenheiten Siebenbürgens kann jenen, die das Land zum ersten Mal bereisen, eine ausgewogene Einstimmung vermitteln, aber auch die Siebenbürgen-Kenner werden dem Buch noch viel Neues entnehmen können.

Die Autoren des Reiseführers setzen sich aus den traditionell in Siebenbürgen lebenden ethnischen Gruppen zusammen; damit ist die Objektivität auch in der Zuweisung „historischer" Leistungen gewährleistet.

Der Verlag dankt den Mitarbeitern der Sektion Naturwissenschaften des Arbeitskreises für Siebenbürgische Landeskunde, Gundelsheim, der Sektion Karpaten des DAV sowie den Mitarbeitern in Rumänien für ihre Beiträge und für die Bereitschaft, die Informationen ständig auf den neuesten Stand zu bringen.

Für die finanzielle Unterstützung der Drucklegung danken wir der Siebenbürgisch-Sächsischen Stifung, München, sowie dem Arbeitskreis für Siebenbürgische Landeskunde, Gundelsheim.

Thaur, im August 1992   Günther Schick

Vorwort der Herausgeber

Nachdem in der Reiseliteratur Europas ein deutschsprachiger Reiseführer für Siebenbürgen schon seit Jahrzehnten fehlt, gehörte auch die Herausgabe eines aktuellen Werkes
dieser Art bereits seit Jahren zu den publizistischen Vorhaben des Arbeitskreises für
Siebenbürgische Landeskunde. 1980 wurden erste diesbezügliche Überlegungen angestellt und Gespräche mit potentiellen Verfassern über Textgestaltung und Inhalt
eines Reiseführers für Siebenbürgen geführt. Nach Jahren ergebnisloser Bemühungen
um die Verwirklichung dieses Vorhabens wurde den an diesem Projekt Interessierten
klar, daß nur eine Arbeitsgruppe diese anspruchsvolle Aufgabe lösen könne. 1988
wurde die Bitte um die Herausgabe dieses Reiseführers vom Vorstand des Arbeitskreises an seine Naturwissenschaftliche Sektion herangetragen, die dieses Projekt in ihr
Arbeitsprogramm aufnahm und sich während der Märztagung 1989 in München erstmals damit befaßte. Damals schien es sinnvoll, hinsichtlich der ungünstigen politischen Verhältnisse in Rumänien mit der Drucklegung noch etwas zu warten (bekannt-
lich durfte zu jener Zeit der ungarische Reiseführer für Siebenbürgen „Utazások
Erdélyben" nicht nach Rumänien eingeführt werden). Erst die politische Wende 1989
eröffnete auch diesbezüglich neue Möglichkeiten. – Erste Gespräche für die Herausgabe des Reiseführers fanden schon im Herbst 1989 mit dem Wort und Welt Verlag in
Thaur bei Innsbruck statt.

Für die Texterstellung der 31 Reisegebiete Siebenbürgens konnte schon während
der Märztagung 1990 der Sektion Naturwissenschaften in Gundelsheim eine Reihe
von Mitarbeitern gewonnen und während der Sektionstagung am 14. September 1990
in Tübingen erste Ausarbeitungen den Anwesenden vorgestellt werden. Im Herbst und
Winter 1990/91 trafen sich die Mitarbeiter am Reiseführer wiederholt in Gundelsheim
zur Fertigstellung und Illustration ihrer Textteile.

Reisegebiete, für die uns die notwendigen Unterlagen fehlten, wurden von Christa
Richter (Bukarest) und Dr. Paul Binder (Kronstadt) verfaßt. – Leider bedurfte ein Teil
der Gebietstexte und -karten einer wiederholten Überarbeitung, so daß trotz der Bemühungen der Herausgeber und des Verlages die Fertigstellung und Herausgabe sich
länger hinausgezögert haben.

Der vorliegende Reiseführer will dem Autotouristen erstmals den Weg zu allen
Ortschaften Siebenbürgens erschließen. Das sind 68 Städte, 548 Gemeinden und
3048 Dörfer und Weiler. Die wenigen vorhandenen Reiseführer Rumäniens, in denen
auch Siebenbürgen mitbehandelt wird, beschränken sich auf die großen Orte, auf
bekannte Sehenswürdigkeiten oder einige durchgehende Reiserouten und sind somit
lückenhaft, oft auch einseitig in der Darlegung der Gegebenheiten.

Wir haben uns um eine möglichst vollständige Erfassung der Sehenswürdigkeiten
und Naturschönheiten Siebenbürgens bemüht. Kartenskizzen der Reisegebiete mit den
Routennummern, Ortschaften und Entfernungsangaben erleichtern die Orientierung
und das Erreichen jeden Reiseziels. Bei Routen, die in Gebirgsnähe verlaufen, werden auch die Wanderwege bis zum ersten Schutzhaus kurz beschrieben, ebenso weitere Wandermöglichkeiten und jeweilige Sehenswürdigkeiten.

Danken möchten wir hier allen Mitarbeitern, die sich an der Abfassung, Ergänzung
und Illustration der Texte des Reiseführers beteiligt haben. Weiterhin gilt unser Dank

dem Haus des Deutschen Ostens in München und der Stiftung Südostdeutscher Kulturrat in Bonn, die unsere Arbeitstagungen für die Erstellung des Reiseführers 1989 und 1990 finanziell gefördert haben. Desgleichen danken wir dem Vorstand des Arbeitskreises für Siebenbürgische Landeskunde für die Förderung und der Siebenbürgisch-Sächsischen Stiftung für die finanzielle Unterstützung dieses Projektes. – Dem Wort und Welt Verlag in Thaur danken wir für seine Bemühungen um die gediegene Ausstattung des Reiseführers, sein verständnisvolles Entgegenkommen und die Erfüllung unserer Wünsche bei der Gestaltung des Buches.

Bonn/Freiburg, im August 1992   Heinz Heltmann / Gustav Servatius

X

Hinweise für den Benutzer
des Reiseführers Siebenbürgen

Der vorliegende „Reiseführer Siebenbürgen" soll Ihr Begleiter auf Fahrten, Reisen und Wanderungen in und durch Siebenbürgen sein und Ihnen dabei bei Planung und Vorbereitung Anregungen geben.

Die Konzeption berücksichtigt, daß sowohl die verkehrstechnische wie auch die touristische Infrastruktur in Siebenbürgen nur in Ausnahmefällen westlichen Maßstäben gerecht wird. So sind allein die Hauptdurchzugsrouten gut befahrbar, Übernachtungsmöglichkeiten sind, mit geringen Ausnahmen, ebenfalls nur an diesen zu finden.

Um Ihnen die Vielfalt an Informationen übersichtlich darzulegen, wurde Siebenbürgen in 31 Reisegebiete eingeteilt, jedes um eine zentral gelegene Stadt, die zum Ausgangspunkt mit Übernachtungs- und Versorgungsmöglichkeiten gemacht werden kann; die meisten der Städte haben Zug- und Busverbindungen, Tankstellen, Reparaturwerkstätten u. dgl. Sämtliche Ortschaften eines jeden Reisegebietes (auch Weiler) sind auf entsprechend beschriebenen Routen erreichbar; jedem Reisegebiet ist eine übersichtliche Karte mit allen Ortschaften, Verkehrswegen, Reiserouten und Entfernungen vorangestellt. Führt eine Route in ein benachbartes Reisegebiet, ist darauf deutlich hingewiesen (z. B. > [R 2]).

Das dreisprachige, nach der rumänischen Bezeichnung alphabetisch geordnete Ortsnamenverzeichnis, das nach Reisegebiet 31 gereiht ist, ermöglicht eine schnelle Orientierung; sämtliche Orte sind mit dem offiziellen Namen, wie er auf dem Ortsschild und auf rumänischen Straßen- und Wanderkarten aufscheint, angeführt.

Die enge Verknüpfung Siebenbürgens mit der Geschichte der Siebenbürger Sachsen und der Ungarn hat dazu geführt, daß in Teilen Siebenbürgens, je nach Gewichtung der Einwohner, noch heute viele Orte neben der rumänischen Bezeichnung die ungarische oder deutsche führen. Daher folgt der rumänischen Ortsbezeichnung die deutsche und/oder ungarische, sofern es sie gibt.

Zur Höhenbestimmung diente den Herausgebern die österreichische Generalstabskarte 1:75.000, für Entfernungsangaben der Straßenatlas „România, Atlas rutier", 1981. Die urkundlich erste Erwähnung (u. e. E.) des Ortsnamens sowie die Einwohnerzahl aus dem Jahr 1966 (die bisher letzte amtlich veröffentlichte Volkszählung in Rumänien) sind dem „Historisch-statistischen Ortsnamenbuch für Siebenbürgen" (1977) von Ernst Wagner entnommen. Bei neueren Angaben, die sich vor allem auf größere Städte beziehen, ist das entsprechende Jahr vermerkt, hier konnte bereits auf die am 7. Januar 1992 durchgeführte Erhebung zurückgegriffen werden.

Von den Städten mit mehr als 40.000 Einwohnern sind Stadtpläne mit den wichtigsten Straßenzügen und Sehenswürdigkeiten im Reiseführer enthalten.

Wanderfreunde finden in den Beschreibungen von Orten, die am Fuße von Gebirgen liegen, Hinweise auf Wanderwege, Wegmarkierungen, Gehzeit und vorhandene Schutzhütten. Für ausgedehnte Wanderungen empfehlen sich Wanderführer oder Tourenkarten, die im Buchhandel oder bei entsprechenden Reisebüros in den Kreishauptstädten oder ihren Filialen erhältlich sind (die Anschriften finden Sie im Anhang).

Die derzeitige politische und wirtschaftliche Situation Rumäniens wird unterschiedlichst eingeschätzt; aus der bisherigen postrevolutionären Entwicklung läßt sich jedoch ableiten, daß der Wille eines Großteils der Bevölkerung vorhanden ist, den nur unter Opfern zu vollziehenden Weg vom Kommunismus zur freien Marktwirtschaft einzuschlagen. Es werden noch Jahre bis Jahrzehnte vergehen, ehe die Folgen kommunistischer Mißwirtschaft und Intolleranz sowie die gegenwärtig zu verzeichnenden ethnischen Konflikte überwunden sein werden bzw. abklingen. Bis dahin bleibt den Touristen nur die Möglichkeit, sich auf so manche Überraschung einzustellen, die bei der vielen Siebenbürgern eigenen Freundlichkeit bis Liebenswürdigkeit nur allzuoft auch positive Seiten zeitigen kann.

Zuletzt noch einige nützliche Hinweise

a) **für Autofahrer:** Halten Sie die Verkehrsvorschriften unbedingt ein, vor allem die Geschwindigkeitsbeschränkungen. Die bisher sehr geringe Autodichte in Rumänien hat dazu beigetragen, daß sich die einheimische Bevölkerung, vor allem in ländlichen Gegenden, kaum um Vorschriften und Gesetze kümmert (Vorsicht vor nichtblinkenden Linksabbiegern!). Zudem ist auf Landstraßen immer wieder (vor allem hinter Kuppen oder in engen Kurven) mit Fuhrwerken zu rechnen, die nachts, ebenso wie Fahr- oder Motorräder, unbeleuchtet bleiben! Gut asphaltierte Straßen (im laufenden Text mit AS gekennzeichnet), gehen ohne Warnung abrupt in mit tiefen Schlaglöchern übersäte Abschnitte oder in Kies- und Schotterstraßen (im Text mit KS gekennzeichnet) über; mit spielenden Kindern oder die Straßenseite wechselnden (Haus-)Tieren ist jederzeit zu rechnen.
Tanken Sie rechtzeitig, das Tankstellennetz und die Treibstoffversorgung in Rumänien weisen große Lücken auf; am ehesten klappt die Versorgung mit Dieselkraftstoff, bleifreies Benzin ist derzeit nur an wenigen Tankstellen erhältlich. Lassen Sie Ihren Wagen nie unversperrt zurück, Wertsachen sind sicher zu verwahren.

b) **für Wanderer:** Übernachten Sie mit Wohnwagen oder Zelt nie in „freier Wildbahn", sondern stets in der Nähe von Gehöften; vergewissern Sie sich bei längeren Wanderungen zu Schutzhütten, daß diese auch geöffnet oder bewirtschaftet sind; füllen Sie bei jeder Gelegenheit Ihren Getränkevorrat auf. Für ausgedehnte Gebirgstouren, die Sie nur in Gruppen unternehmen sollten, ist stets geeignete Kleidung mitzunehmen, da das Klima rasche Wetterumschwünge begünstigt. Der Spätherbst ist die beste Wanderzeit.

Informationen über Ein- und Ausreisevorschriften, Visaerteilung, Zollbestimmungen, Landeswährung, Verkehrsvorschriften, Anschriften von Touristikunternehmen u. dgl. finden Sie im Anhang des Reiseführers.

Die folgenden Seiten machen Sie noch mit den im Text verwendeten Abkürzungen vertraut, ebenso mit der Legende zu den wiedergegebenen Plänen und Reiserouten.

Abkürzungen

RG	=	Reisegebiet
R	=	Reiseroute
>[RG 1]	=	siehe Reisegebiet 1
>[R 6/23]	=	siehe Route 6 im Reisegebiet 23
a. M.	=	am Mieresch
admin.	=	administrativ
Arch.	=	Architekt
archäol.	=	archäologisch
armen.	=	armenisch
AS	=	asphaltierte Straße
böhm.	=	böhmisch
bot.	=	botanisch
dak.	=	dakisch
DF	=	Forstweg
DN	=	Nationalstraße
dt.	=	deutsch
Dt.	=	Deutsche(r)
Ew.	=	Einwohner
Fam.	=	Familie
franzö.	=	französisch
Geb.	=	Gebirge
geolog.	=	geologisch
gesellschaftl.	=	gesellschaftlich
got.	=	gotisch
gräfl.	=	gräflich
griech.	=	griechisch
hist.	=	historisch
ital.	=	italienisch
jüd.	=	jüdisch
kaiserl.	=	kaiserlich
kalvinist.	=	kalvinistisch
kelt.	=	keltisch
klassiz.	=	klassizistisch
KS	=	Kies-, Schotterstraße
lat.	=	lateinisch
MA.	=	Mittelalter
ma.	=	mittelalterlich
magyar.	=	magyarisch
N	=	Norden

n.	=	nördlich
nw.	=	nordwestlich
O	=	Osten
orthod.	=	orthodox
österr.	=	österreichisch
polit.	=	politisch
ref.	=	reformiert
rom.	=	romanisch
Rum.	=	Rumäne(n)
rum.	=	rumänisch
S	=	Süden
s.	=	südlich
sächs.	=	sächsisch
Sb. S.	=	Siebenbürger Sachsen
sb.-sächs.	=	siebenbürgisch-sächsisch
Sb.s	=	Siebenbürgens
Sb. Westgeb.	=	Siebenbürgische Westgebirge
serb.	=	serbisch
slaw.	=	slawisch
sö.	=	südöstlich
sogen.	=	sogenannt, -e, -er
Std.	=	Stunden
Str.	=	Strada, Straße
sw.	=	südwestlich
typ.	=	typisch
u. e. E.	=	urkundlich erste Erwähnung
ung.	=	ungarisch
Ung.	=	Ungarn
Univ.	=	Universität
urspr.	=	ursprünglich
venez.	=	venezianisch
vulk.	=	vulkanisch
W	=	Westen
w.	=	westlich
wirtschaftl.	=	wirtschaftlich
wissenschaftl.	=	wissenschaftlich
zahlr.	=	zahlreich
zool.	=	zoologisch
zw.	=	zwischen

Legende zu den Übersichtskarten der Reisegebiete 1 bis 31 und zu den Stadtplänen

═══════	Hauptverkehrsstraßen
═════	Teerstraßen
───────	andere Straßen und Wege
– – – ······	Feldwege, Wanderpfade
5 — 6 — 45	Entfernungen in km
▬▬▬▬▬	Bahnlinien
✈	Flugplatz
	Stadt
◎	Gemeinde
○	Dorf, Weiler
1250	Höhenpaß (Höhe in Meter über NN)
	Klamm
	fließendes Gewässer
	See
▭	Bad
⌂	Schutzhaus
⌐ ▟	Burg, Ruine
17	Reisegebiet, benachbartes
③ ②Ⓐ	Reiseroute
②↗→	Richtung der Routenbeschreibung
──→	Fortsetzung auf benachbartem Reisegebiet
	militärisches Sperrgebiet

Siebenbürgen

Lage und Größe: Siebenbürgen ist die Zentralregion Rumäniens; seine N-S-Ausdehnung beträgt 280 km, seine O-W-Ausdehnung 310 km, es wird in der Mitte vom Parallelkreis 46°30' N und vom Meridian 24°30' O durchzogen. Mit seiner Gesamtfläche von nahezu 56.000 km² ist es größer als Belgien oder die Schweiz. Siebenbürgen ist umgeben von der Marmarosch und der Bukowina (Buchenland) im N, von der Moldau im O, von Muntenien (Große Walachei) und Oltenien (Kleine Walachei) im S sowie im W vom Banat und dem Kreischgebiet.

Landesnatur: Siebenbürgen zeigt sich als stark gegliedertes Bergland, das von W nach O und von N nach S allmählich ansteigt und vom Kranz der Ost- und Südkarpaten sowie den Siebenbürgischen Westgebirgen wallartig umschlossen ist. Die Ost- und Südkarpaten, die bis zu ihrem Hauptkamm zu Siebenbürgen gehören, sind die Fortsetzung der West- und Waldkarpaten und gehören mit den Alpen und anderen Gebirgen Eurasiens zum alpidischen Gebirgssystem, das vor allem im Tertiär entstanden ist. Sobald sich die unterseeischen Gebirge der Karpaten über die Wasseroberfläche des damaligen Tertiärmeeres hoben, begann die Abtragung dieser Gebirgskette. Die fließenden Gewässer beförderten das durch Verwitterung freigewordene Gesteinsmaterial zutal, das sich im Becken innerhalb des Karpatenbogens in mächtigen Schichten ablagerte. Durch die spätere Hebung des Bodens des siebenbürgischen Golfes wurde dieser Raum schließlich trocken, und die äußeren Kräfte begannen nun auch die Oberfläche des landgewordenen Beckenbodens zu verändern: Regen und die fließenden Gewässer wirkten auf sie ein und schnitten im Laufe von Jahrtausenden immer tiefere Täler in den vormals flachen Meeresboden, so daß schließlich das heutige, stark zerklüftete Siebenbürgische Hochland mit seinen Paßtälern innerhalb der Ost- und Südkarpaten entstand.

Der vulkanische Gebirgszug der Ostkarpaten ist reich an Mineral- und Sauerquellen (über 2000). Ihr Wasser findet als Heil- und Trinkwasser (Behandlung verschiedener Leiden) in einer Reihe von Heilbädern (Borsek, Homorod, Tuschnad u. a.) Anwendung. Eine weitere postvulkanische Erscheinung im Gebiet dieses Gebirgszuges sind Mofetten, Ausströmungen von CO_2 und H_2S, die ebenfalls in Kurorten Verwendung finden (Tuschnad, Bad Hargitta, Fidelisbad/Bálványos u. a.).

Am Innenrand der Ost- und Südkarpaten und der Siebenbürgischen Westgebirge befindet sich eine Reihe von Senken, die den Übergang zu dem höher gelegenen Siebenbürgischen Bergland bilden (Oderhellener, Homoroder, Fogarascher, Zibins-Großpolder Senke u. a.). In einigen dieser Randsenken wie auch in anderen Teilen des Siebenbürgischen Beckens lagern große Salzvorkommen, die unter der Wirkung orogener Kräfte bis an die Erdoberfläche gelangt sind und z. T. abgebaut werden (Ocna Dejului/Salzdorf, Cojocna/Salzmarkt, Turda/Thorenburg, Ocna Sibiului/Salzburg, Praid u. a.). Im Bereich dieser Vorkommen gibt es mehr als 900 Salzquellen, die ebenfalls in Heilbädern genutzt werden.

Das Siebenbürgische Hochland als zentraler Teil des Siebenbürgischen Beckens ist ein Hügel- und Bergland, dessen Höhenunterschiede 300 bis 800 m betragen. Die im Jungtertiär abgelagerten Schichtenkomplexe (deren Mächtigkeit mehrere tausend Meter beträgt) bestehen aus Sandstein, Tonmergel, Mergelschiefer, Schieferton und Konglomerat.

Der von O nach W fließende Mieresch (Mureş/Maros, mit 776 km der längste Fluß Siebenbürgens) teilt das Hochland in einen nördlichen und einen südlichen Teil. Ersterem gehören das Somesch-Hochland, das östlich davon gelegene Nösnerland, die Siebenbürgische Heide mit ihren weiten, flachen Tälern und das Reener Ländchen an. Die Berge der Heide erreichen Höhen von 400 bis 600 m, im östlichen Teil auch bis 700 m. Der südlich vom Mieresch gelegene Teil ist das Kokel-Hochland mit den Höhenzügen: Kleinkokler Höhenzug (dessen östlicher Teil der Neumarkter Höhenzug ist), Innerkokler Höhenzug oder Zwischenkokelgebiet (dessen westlicher Teil das Weinland ist), Großkokler Höhenzug, Harbach-Hochland und Hamlescher Hochland. Westlich vom Weißbach bis hin zum Mieresch erstreckt sich das Zeckesch-Hochland mit Erhebungen von etwa 330 bis 580 m. Nach O und SO steigt die Höhe der Berge im Raum von Schäßburg auf über 600 m und erreicht im östlichen Teil des Hochlandes auch Höhen von über 800 m.

Weitere Gebiete des Siebenbürgischen Hochlandes sind der Unterwald (um Mühlbach), das Hatzeger Land, das Alte Land (um Hermannstadt), das Fogarascher Land (zwischen dem Alt und dem Fogarascher Gebirge) und das Haferland (um und westlich von Reps). Als große innerkarpatische Senken sind das Burzenland (nördlich von Kronstadt), die Háromszék/Drei Stühle (um Sfîntu Gheorghe/St. Georgen), die Csik und die Gyergyó (in den Ostkarpaten) anzuführen.

Eine charakteristische Erscheinung an vielen Hängen des Siebenbürgischen Hochlandes sind die Rutschungshügel (z. B. bei Keisd, Schaas, Trappold, Hundertbücheln, Klausenburg u. a.). Die breiten, abgeflachten Antiklinaldome (Erdgasdome) des Siebenbürgischen Hochlandes sind wegen ihres Erdgasreichtums von großer wirtschaftlicher Bedeutung.

Klima: Siebenbürgen hat ein gemäßigtes, von den Westwinden geprägtes Kontinentalklima. Die Winter sind kalt und schneearm, der Frühling sonnig und mild. Der meiste Niederschlag fällt in den Monaten Mai und Juni, der Juli ist der wärmste Sommermonat, der sprichwörtlich gewordene „Siebenbürgische Herbst" hat langandauernde Schönwetterperioden.

Das Relief bedingt mehrere Klimavarianten: die tiefsten Gebiete im SW haben mittlere Jahrestemperaturen von 10° C und heiße Sommer; der Winter hat etwa 100 kalte Tage; die Niederschlagsmenge liegt unter 600 mm/Jahr. Das zentrale und nördliche Bergland hat eine um 2° C unter dem Durchschnitt liegende Temperatur, bloß 18 heiße Sommertage, jedoch 120 Frosttage im Winter. Die Niederschlagsmenge ist reicher, der Schnee bleibt ca. 80 Tage liegen. Die Piedmontberge der Vorkarpaten (700 – 1000 m) haben ein kühleres Klima mit Niederschlagsmengen bis zu 900 mm/Jahr, die Schneedecke von 60 cm liegt etwa 4 Monate. In den waldbedeckten Mittelgebirgen (bis 1800 m) herrscht ein kühles, feuchtes Gebirgsklima vor, die 1 bis 3 m mächtige Schneedecke liegt bis zu 6 Monaten. Die Hochgebirge über der Waldgrenze (ab 1800 m) haben typisch europäisches Gebirgsklima mit langen, kalten und schneereichen Wintern, die Sommermonate sind kühl und feucht. In den Senken treten nicht selten Temperaturinversionen auf, die dann in den sie umgebenden wärmeren Gebirgen Kälteinseln bilden.

Flora: Pflanzengeographisch betrachtet gehört Siebenbürgen zur mitteleuropäischen Florenregion. Mehr als 46 Prozent der Pflanzenarten Siebenbürgens haben ihr Verbreitungsgebiet in Europa und in dem nach O angrenzenden Eurasien. Bis zu 40 Prozent der Oberfläche Siebenbürgens sind von Wald bedeckt. Den geringsten Waldanteil hat die regenarme Siebenbürgische Heide mit nur etwa 10 Prozent Wald. Weitgehend von Wald bedeckt sind große Teile der Karpatenhänge.

In der kollinen Stufe des Siebenbürgischen Hochlandes (300 – 600/700 m) wachsen vor allem Eichen-Hainbuchen-Wälder, in denen auch andere Laubholzarten (Buche, Linde, Ulme, Esche, Birke u. a.) vorkommen. Die nächstfolgende Vegetationsstufe ist die Buchenstufe (700 – 900/1000 m), die sich bis an den Fuß der Gebirge hochzieht. Die Übergangsstufe zu den reinen Fichtenwäldern bilden Mischwälder aus Buchen, Tannen und Fichten (1000 – 1200/1300 m). Oberhalb dieser Wälder bedecken reine Fichtenwälder die Karpaten, die an den Nordhängen bis 1650/1700 m hochsteigen und gewöhnlich auch die obere Waldgrenze bilden. Nur in einigen Gebirgen (z. B. im Butschetsch) kann die Lärche die obere Waldgrenze bilden. Im Rodnaer und Retezat-Gebirge kommt die Zirbelkiefer oberhalb der Fichtenstufe im Latschengürtel vor. Den Übergang von der Fichten- zur alpinen Stufe bildet der subalpine Latschen- und Zwergstrauchgürtel (1700/1800 – 2000/2200 m). Die alpine Stufe mit alpinen Rasen, Felspartien und Schutthalden erstreckt sich ab 2200 m bis zu den höchsten Gipfeln der Südkarpaten (Negoi 2535 m, Moldoveanu 2544 m).

Die Flora Siebenbürgens umfaßt ca. 2578 Arten und 254 Unterarten. 68 davon sind Endemiten, also Pflanzenarten, deren Verbreitung auf Siebenbürgen beschränkt ist. Zu diesen Besonderheiten gehören u. a. Königsteinnelke, Siebenbürgischer Steinbrech, Baumgartens Schlüsselblume und Siebenbürgisches Leberblümchen. An sonnigen, steppenartigen Berghängen wachsen Steppenrelikte aus der wärmeren Nacheiszeit wie Adonisröschen, Zwerghyazinthe, Zwergmandel, Federgras, Nickender Salbei, Roter Natternkopf u. v. a.

Fauna: Weitaus zahlreicher als die Pflanzenarten sind die Tierarten in Siebenbürgen. Besonders artenreich ist das Heer der Insekten, die in allen Höhenlagen vertreten sind. Allein an Käferarten und deren Varietäten sind über 5000 bekannt. Bunte Schmetterlinge erfreuen das Auge allenthalben. In den Gewässern Siebenbürgens leben 44 Fischarten, vor allem die Seen der Heide sind sehr fischreich. In den klaren Gebirgsbächen leben Forelle, Äsche und Lachsforelle. Große Fischzuchtteiche sind an mehreren Orten Siebenbürgens angelegt worden (z. B. Henndorf/Neustadt, Oderhellen). Geringer ist die Anzahl der Lurche (12 Arten) und die der Kriechtiere (13 Arten). An sonnigen Berghängen lebt die besonders große Smaragdeidechse.

Mit 310 Arten sind die Vögel, zum Großteil Waldbewohner, die artenreichste Klasse der Wirbeltiere Siebenbürgens. Vogelarten des Buchenwaldes sind Großer Buntspecht, Grünspecht, Buchfink, Eichelhäher, Habicht, Waldohreule u. a. In der Fichtenstufe leben Fichtenkreuzschnabel, Tannenmeise, Dreizehen- und Schwarzspecht, Goldhähnchen, Ring- und Wasseramsel, Auer-, Hasel- und Birkhuhn. Oberhalb der Waldgrenze brüten Mauerläufer, Steinadler, Wasserpieper, Alpenbraunelle, Ohrenlerche und Mornellregenpfeifer (z. B. Teufelsplatte im Zibinsgebirge). Von den großen Greifvögeln ist der Bartgeier schon etwa 1935 als Brutvogel der Ost- und Südkarpaten ausgestorben, ebenso Mönchs- und Gänsegeier.

Mit etwa 70 Arten sind auch die Säugetiere in Siebenbürgen gut vertreten. In den Wäldern und Feldern des Hügel- und Berglandes leben Wolf, Fuchs, Reh, Wildschwein, Dachs, Wildkatze, Eichhörnchen, Iltis, Wiesel, Feldhase und Fischotter. Im höheren Bergland kommen Edelmarder, Luchs, Hirsch und Braunbär dazu. Im Hochgebirge sind Gamsrudel keine Seltenheit. Als Haustier ist der Indische Wasserbüffel höchst charakteristisch, der wahrscheinlich von den Türken nach Siebenbürgen gebracht wurde. Neue, aus Osteuropa hinzugekommene Säugetiere sind Marderhund und Goldschakal.

Zu den ausgestorbenen Tierarten Siebenbürgens zählen Auerochs, Wisent, Steinbock und Biber.

Gewässer: Ein dichtes Flußnetz hat die Bodengestalt Siebenbürgens mitgeformt. Die Haupttäler sind als Wirtschafts-, Handels- und Verkehrsräume bereits in früher Zeit besiedelt worden.

Der **Mieresch** (Mureș/Maros) mit einer Länge von 776 km durchfließt im Oberlauf die sumpfige Gyergyó-Senke, durchbricht die vulkanische Kette der Ostkarpaten, trennt die Siebenbürgische Heide vom Kokel-Hochland, durchfließt ein fruchtbares Tal von Sächsisch-Regen/Reghin bis Diemrich/Deva und verläßt Siebenbürgen in einem Durchbruchstal zwischen Poiana Rusca und den Siebenbürgischen Westgebirgen. Die größten Nebenflüsse sind Gurghiu, Niraj, Goldbach/Arieș, Kokel/Tîrnava, Ampoi, Mühlbach/Sebeș, Strell/Strei und Cerna.

Die **Große Kokel** (Tîrnava Mare) fließt durch ein dicht besiedeltes Tal („Weinland"), ist 221 km lang und in ihrem Unterlauf wegen der ungefilterten Abwässer zahlreicher Industrieanlagen im Kokel-Tal biologisch tot. Der **Alt** (Olt/Aluta) mit einer Länge von 699 km kommt aus den Ostkarpaten, durchfließt die Csik-Senke, das Kronstädter Becken und das Alt-Land (Fogarascher Senke). Er verläßt Siebenbürgen durch den Roten-Turm-Paß. An seinem Mittel- und Unterlauf liegen zahlreiche Staustufen mit Wasserkraftwerken. Seine wichtigsten Nebenflüsse sind Schwarzbach/Rîul Negru, Burzen/Bîrsa, Zibin mit Harbach/Hîrtibaciul und Zood/Sadu, dazu viele reine, forellenreiche Gebirgsbäche aus dem Fogarascher Gebirge.

Der **Somesch** (Samoș), durch den Zusammenfluß von Großem und Kleinem Somesch bei Deesch/Dej gebildet, ist mit 345 km Länge der größte Fluß Nordsiebenbürgens. Der Große Somesch (119 km) entspringt im Rodnaer Gebirge, der Kleine Somesch (166 km) in den Siebenbürgischen Westgebirgen, wo er mehrmals aufgestaut ist.

Nach den großen Hochwasserkatastrophen der Jahre 1970 und 1975 wurden die Flußläufe stark begradigt, wobei auf großen Abschnitten die Aulandschaften zerstört wurden. Die Wasserführung der Flüsse in der Siebenbürgischen Heide ist nicht ganzjährig und der Boden undurchlässig, daher kann sich nicht reichlich Grundwasser bilden. Diese natürliche, durch künstliche Bauten verstärkte Abdämmung der kaum fließenden Gewässer hat die schönen „Heideseen" gebildet, die zur Bewässerung, als Viehtränke oder der Fischzucht dienen. Erholungs- und Kurzentren liegen an den in aufgelassenen Salzbergwerken und ausgelaugten Salzstöcken gebildeten Salzseen (Bad Salzburg/Ocna Sibiului und der Bärensee aus Bad Sovata). Die Karpaten sind reich an Seen, vorwiegend Karseen der Hochgebirge mit klarem, sauberem Wasser, daher auch „Meeraugen" genannt. Im Retezat-Gebirge mit seinem Naturschutzpark liegen über 80 solcher Seen, im Fogarascher Gebirge sind es z. B. Bulea-, Podragu, Frecker See, im

Rodnaer Gebirge u. a. der Lala-See. Der St.-Annen-See bei Tuschnad ist der einzige Kratersee der Siebenbürgischen Karpaten. Künstliche Stauseen liegen z. B. an Zood, Zibin, Rîul Mare, am Warmen Somesch und an der Cerna. Natürliche Stauseen haben sich in den Ostkarpaten (Gyilkos-See, Lacul Roşu) und im Trascău-Gebirge (Ighieler See) gebildet.

Verwaltungseinteilung: Das heutige Siebenbürgen umfaßt – seit der administrativen Neugliederung des Territoriums von 1974 – 9 Kreise (Judeţe), etwa den halben Kreis Sălaj sowie den Bezirk Laposch des Kreises Marmarosch.

Kreis	Hauptstadt	Fläche/km²	Städte	Gemeinden	Dörfer
1. Alba Karlsburg	Alba Julia Karlsburg	6231	9	67	658
2. Braşov Kronstadt	Braşov Kronstadt	5305	9	53	235
3. Bistriţa-Năsăud Bistritz-Nassod	Bistriţa Bistritz	5351	4	43	150
4. Cluj Klausenburg	Cluj-Napoca Klausenburg	6650	6	74	420
5. Covasna Kovasna	Sfîntu Gheorghe St. Georgen	3709	5	33	122
6. Harghita Hargitta	Miercurea Ciuc Szeklerburg	6610	9	49	236
7. Hunedoara Hunyad Eisenmarkt	Deva Diemrich	7016	12	57	459
8. Mureş Mieresch	Tîrgu Mureş Neumarkt a. M.	6696	6	91	467
9. Sibiu Hermannstadt	Sibiu Hermannstadt	5422	7	55	175
Sălaj (sb.)	–	2000	–	21	102
Bez. Lăpuş	Tîrgu Lăpuş	700	1	5	24
Siebenbürgen gesamt:		55.686	68	548	3048

Verkehrswege: Die Hauptverkehrswege folgen den großen Flußtälern, in denen auch die Städte und die dicht besiedelten Gebiete liegen. Nach allen Seiten ermöglichen Pässe die Überquerung der Karpaten. Das **Straßennetz** stammt aus österreichisch-ungarischer Zeit; Autobahnen gibt es in Siebenbürgen noch nicht. Die erneuerten Nationalstraßen (DN) bilden die wichtigsten Verkehrswege für Kraftfahrzeuge und führen quer durch die Ortschaften. Sie weisen streckenweise Straßenmarkierungen auf, die Rastplätze sind ohne markierte Ein- und Ausfahrten.

Die E 60 führt von Wien über Budapest und Szolnok bei Borş über die rumänische Grenze und geht von dort als DN 1 quer durch Siebenbürgen (Klausenburg/Cluj Napoca – Hermannstadt/Sibiu – Kronstadt/Braşov) über den Predeal-Paß nach Bukarest. Sie trifft in Mühlbach/Sebeş auf die DN 7, die von Szeged bei Nădlac die rumänische

Grenze erreicht und im Miereschtal über Diemrich/Deva nach Mühlbach führt. Von diesen zwei Hauptverkehrsadern zweigen Nationalstraßen zu allen großen Städten ab. Sie sind mit Mittelstreifen versehen und haben bloß je eine Richtungsfahrbahn. Die Kreisstraßen verbinden die Kreisorte, sind nur teilweise markiert und ohne Rastplätze. Diese 6 bis 8 m breiten Asphaltstraßen weisen vielerorts Schlaglöcher auf und führen z. T. über wenig tragfähige Brücken. Die Gemeindezentren sind mit den umliegenden Dörfern meist durch Kiesstraßen verbunden, die durchwegs befahrbar sind, doch ist Vorsicht bei ausgewaschenen Schlaglöchern geboten. Die Dörfer untereinander sind durch Feldwege verbunden, die bloß bei trockenem Wetter befahrbar sind. Gut befahrbar sind die Forstwege (DF), die oft tief in die Gebirge hinauf führen. Allerdings sind diese schmal, nicht geteert und haben nur in großen Abständen Ausweichmöglichkeiten, zudem sind sie nicht immer für den öffentlichen Verkehr zugelassen.

Eigens für Fahrräder vorgesehene Wege gibt es nicht, dazu eignen sich jedoch die Kreis- und Landstraßen sowie die Feldwege.

Vorsicht ist auf allen Straßen geboten, da sich nicht alle Verkehrsteilnehmer an die Verkehrsordnung halten; dazu kommt die mangelhafte oder fehlende Beleuchtung vieler Fahrzeuge, besonders der Fahrräder und landwirtschaftlichen Fahrzeuge (Fuhrwerke) bei Dunkelheit (Nachtfahrten vermeiden!). Der Zustand der vorhandenen Straßen ermöglicht jedoch das Erreichen sämtlicher 31 in diesem Führer beschriebenen Reisegebiete und deren Orte.

In den Gebirgen gibt es zahlreiche Wanderwege, markierte und instandgehaltene Fuß- und Packtierwege, die zu den Schutzhütten oder Waldarbeiterunterkünften führen. Die Schutzhütten verbinden meist gut markierte Wanderstege (wie in unseren Alpen) durch Täler und über Kämme. Besonders die Ost- und Südkarpaten sind durch die Leistungen des Siebenbürgischen Karpatenvereins für den Tourismus erschlossen worden.

Eisenbahnnetz: Außer dem Reisegebiet 1 (Laposch) haben alle Reisegebiete und ihre Zentren Bahnanschluß.

Die rumänische Eisenbahn (C.F.R.) kennt verschiedene Zugtypen: Der **Expreßzug/Rapid** (etwa IC-Standard) kommt von Paris (Orientexpreß) oder von Warschau und Berlin (Balt-Orientexpreß). Er hält nur in den Großstädten und an einigen wichtigen Knotenpunkten: Klausenburg, Teiuş, Klein-Kopisch, Mediasch, Schäßburg, Kronstadt, Hermannstadt, Fogarasch. Für diese Züge müssen Platzkarten sowie Zuschläge im Reisebüro gebucht und bezahlt werden. Die **Schnellzüge/Accelerat** sind Eilzüge, die von Bukarest in 8 Richtungen an die Peripherie des Landes fahren und in allen Städten halten, 3 führen auch durch Siebenbürgen. Dazu gibt es Querverbindungen (Jassy – Klausenburg – Großwardein). Auch für diese Züge, die auf allen Hauptlinien verkehren, müssen Fahrscheine, Zuschläge und Platzkarten beim Reisebüro gebucht werden. Die **Personenzüge,** für die keine Platzreservierung möglich ist, befahren ebenfalls alle Hauptlinien. **Lokalzüge** verbinden benachbarte Städte und halten an allen Haltestellen und Bahnhöfen. Auf Nebenlinien verkehren **kombinierte Züge,** kurze Güterzüge mit ein oder zwei Personenwagen. Wegen der Ladearbeiten sind sie kaum planmäßig unterwegs. **Motorzüge** sind Lokalzüge; auf Schmalspurgleisen verkehren **Minizüge** (Harbach-Tal, Arieş-Tal), ebenfalls kombinierte Zuggarnituren mit Diesellok. Die Fahrt damit ist zeitaufwenig, jedoch interessant.

Die Hauptlinien sind elektrifiziert, nur auf den Nebenlinien verkehren noch Dieselloks, seltener Dampfloks. Die Züge haben 1. und 2. Klasse. Fahrkarten sind, wie erwähnt, in Reisebüros im Vorverkauf oder am Fahrkartenschalter (30 Minuten vor der Abfahrt) zu kaufen. Beim Lösen von Fahrkarten im Zug werden Zuschläge berechnet. Die internationalen Züge sowie die internen Schnellzüge führen auch Schlaf- und Liegewagen; die Reservierungen sind bei einem Reisebüro vorzunehmen. Die Fahrpreise sind in letzter Zeit zwar stark gestiegen, dennoch sind die Züge meist voll ausgelastet. Lokalzüge bieten meist am Zugende noch Platz.

Flugverkehr: Nur Bukarest-Otopeni hat regelmäßige internationale Flugverbindungen. Für Charterflüge stehen auch Temeschburg/Timişoara und Kogălniceanu-Constanţa zur Verfügung. Sämtliche Binnenflüge gehen von Bukarest-Băneasa aus: Klausenburg/Cluj-Napoca, Neumarkt a. M./Tîrgu Mureş, Hermannstadt/Sibiu und Diemrich/Deva, Iaşi u. a. In diesen Städten finden sich auch die Büros der rumänischen Fluggesellschaft, wo Buchungen vorgenommen werden können. In Kürze soll auch Hermannstadt/Sibiu dem internationalen Flugverkehr angschlossen werden.

Bevölkerung: Siebenbürgen hat 4 Millionen Einwohner (72/km^2). Die Randzonen, deren Gebirge sowie die nördlichen Bergländer sind dünner besiedelt, während das Miereschtal und die Burzenländer Senke eine Dichte von über 100 Ew./km^2 haben. Die Wachstumsrate liegt über 100 Promille. In den ländlichen Gebieten liegt sie darunter, bedingt durch Abwanderung in die Industriezentren, Verlängerung der Lebenserwartung, Rückgang der Geburtenrate und Auswanderung.

Volkszugehörigkeit: Siebenbürgen ist „kein Schmelztiegel der Nationen" (H. Bergel). Bei zahlenmäßigen Angaben bezüglich der einzelnen Nationen muß auf ältere Daten zurückgegriffen werden, da im sozialistischen Rumänien das Bestreben, eine „einheitliche Nation der Rumänen" zu schaffen – ohne Nationalitäten –, vorrangig war.

Im Jahre 1956 lebten in Siebenbürgen 2 Millionen Rumänen, 1 Million Ungarn, 180.000 Deutsche, 35.000 Zigeuner, 6000 Juden und 365 Armenier. Die **Rumänen** bilden heute die größte Bevölkerungsgruppe, leben im gesamten Gebirgsraum, im Alt-Land und Somesch-Hochland, in der Siebenbürgischen Heide und im Harbach-Hochland. Sie waren großteils Bauern und Hirten und bilden heute dennoch das Gros der Stadtbevölkerung. Die **Ungarn** oder **Magyaren** wohnen im NW Siebenbürgens, im Miereschtal und geschlossen in den Kreisen Mieresch, Hargitta und Kovasna, wo sie die absolute Mehrheit der Bevölkerung stellen und **Szekler** genannt werden. Ihre Zahl ist bis heute auf fast 1,6 Mllionen angewachsen. Die **Deutschen, Siebenbürger Sachsen** genannt, bewohnten den südlichen Teil Siebenbürgens zwischen Broos/Oraştie und Draas/Drăuşeni, das Burzenland um Kronstadt/Braşov und das Nösnerland um Bistritz/Bistriţa und Sächsisch Regen/Reghin in Nordsiebenbürgen. Heute sind die Deutschen bis auf wenige Zehntausend nach Österreich, Deutschland, Nordamerika und Australien ausgewandert. Die **Zigeuner* (Roma),** ohne eigene Schriftsprache und

---

* Verlag und Herausgeber sind sich bewußt, daß der Zentralrat der Deutschen Sinti und Roma den Begriff „Zigeuner" als diskriminierend ablehnt. Dennoch wird er im Reiseführer verwendet, da die meisten der in Rumänien lebenden Zigeuner sich selbst als solche bezeichnen bzw. sich so bezeichnet wissen wollen. Zudem kann in der Darstellung historischer Zusammenhänge auf diesen Begriff nicht gänzlich verzichtet werden.

Religion, früher als „Rumänen" geführt, bilden heute eine selbstbewußte Nationalität von geschätzten 2,5 Millionen in ganz Rumänien, davon etwa 700.000 bis 800.000 in Siebenbürgen. Die **Juden** genossen erst ab 1848 Niederlassungsrecht. Sie kamen vorwiegend aus Galizien und der Bukowina und ließen sich meist in Nordsiebenbürgen nieder. Durch Verfolgung und Auswanderung nach Israel ist ihre Zahl sehr klein geworden. Die Zahl der **Armenier** ist z. T. durch Assimilation (Ungarn, Rumänen) zurückgegangen.

Religionen: Unter dem atheistischen sozialistischen Regime wurden keine Daten zur Glaubenszugehörigkeit erhoben. Die letzten gültigen Angaben vor dem Zweiten Weltkrieg zeigen folgende Religionszugehörigkeit der siebenbürgischen Bevölkerung: griechisch-orthodox: 30 Prozent (vorwiegend Rumänen); griechisch-katholisch: 28 Prozent (Rumänen); reformiert: 14 Prozent (Ungarn); römisch-katholisch: 13 Prozent (Ungarn); evangelisch A.B.: 9 Prozent (Deutsche); unitarisch: 2,3 Prozent (Ungarn); mosaisch 2,3 Porzent (Juden). Gegenwärtig ist die Zahl der Konfessionslosen groß, auch die der Orthodoxen; jene der Griechisch-Katholischen ist wegen der Zwangsvereinigung ihrer Kirche mit den Othodoxen kleiner geworden. Die Zahl der evangelischen und mosaischen Gläubigen ist nur noch sehr gering. Die Gemeinschaften der religiösen Sekten sind im Wachsen begriffen.

Nach ihrer **Beschäftigung** war die Bevölkerung Siebenbürgens im Jahr 1956 (nach Agrarreform, Deportation und Enteignung) wie folgt aufgeteilt:

	Landwirtsch. in %	Arbeiter in %	Angestellte in %	Selbständige in %
Rumänen	56	24	15	5
Ungarn	50	30	12	8
Deutsche	20	55	17	8
Zigeuner	30	40	20	10
Juden	2	25	52	21

In der Zeit der Industrialisierung Rumäniens haben sich diese Verhältnisse zum Nachteil der Landwirtschaft (durch das Anwachsen der Arbeiterschaft und der Angestellten) grundlegend geändert. Die Bauern wanderten in die Städte ab oder arbeiten als „Pendler" in der Stadt, während 70 Prozent der landwirtschaftlichen Arbeiten von Frauen verrichtet werden. Auf dem Land herrscht großer Arbeitskräftemangel, der zum Niedergang der Landwirtschaft und der dörflichen Kultur beiträgt.

Historische Entwicklung Siebenbürgens

Auf dem Gebiet Siebenbürgen sind sämtliche vorgeschichtlichen Epochen durch archäologische Funde belegt: Alt- und Neusteinzeit (100.000 – 1800), Bronzezeit (1800 – 800), Eisenzeit (bis 30 v. Chr.). Das älteste dem Namen nach bekannte Volk (514 erste Erwähnung) sind die Daker, deren Königreich im Jahr 106 n. Chr. als Provinz „Dacia" dem Römischen Reich einverleibt wird, als sich römische Kolonisten im Land niederlassen und mehrere Städte und Militärlager (Casiren) zur Verteidigung der Provinz errichten. Unter dem Druck der aus dem Osten kommenden Wandervölker räumen die Römer im Jahr 271 Dakien; Siebenbürgen ist etwa ein Jahrtausend Schauplatz mehrerer Wandervölker: Goten (3. – 4. Jh.), Hunnen (376 – 454), Gepiden (454 – 576), Awaren (576 bis Ende 8. Jh.), Slawen (7. – 10. Jh.), Petschenegen (10. Jh.), Kumanen (11. Jh.), Szekler und Magyaren (ab 10. Jh.). Von diesen Völkern sind bloß die letztgenannten in Siebenbürgen verblieben.

Die Rumänen betrachten sich als die direkten Nachkommen der nach dem Rückzug der Römer im Lande verbliebenen Dako-Romanen. Nach anderen Darstellungen sind die Rumänen zu einem nicht genau feststellbaren Zeitpunkt vor der Jahrtausendwende als Hirtenvolk, vom Balkan kommend, nördlich der Donau ansässig geworden und haben sich allmählich im gesamten Karpaten-Donauraum ausgebreitet. Wie dem auch sei, als die Ungarn im 10. Jh. aus der Theiß-Tiefebene nach Siebenbürgen vorstießen, dürften sie hier rumänische Woiwodate angetroffen haben. Die Einverleibung Siebenbürgens durch die Magyaren erfolgte etappenweise bis Anfang des 13. Jh.s, wobei die Szekler als Grenzwächter weiter nach Osten geschoben wurden, bis sie sich schließlich in der Südostecke Siebenbürgens ansiedelten.

Zur wirtschaftlichen Erschließung des Landes durch Bergbau, Entwicklung des Handwerks und Städtewesens, Urbarmachung des Bodens und Hebung des Landbaus sowie zum Schutz der Grenzen riefen ungarische Könige deutsche Kolonisten nach Siebenbürgen. Die bedeutendste Kolonistengruppe ließ sich zur Zeit Geysas II. (1141 – 1162) im Gebiet zwischen Broos und Draas nieder. Durch weitere Zuzüge aus dem deutschen Reich und durch Binnenkolonisation wurden auch das Kokelgebiet und das Burzenland besiedelt, letzteres durch den Deutschen Ritterorden, der von 1211 bis 1225 hier weilte. Ob sich in Nordsiebenbürgen vor oder zur selben Zeit wie in Südsiebenbürgen die deutschen Siedler niederließen, läßt sich nicht feststellen. Die deutschen Siedler in Siebenbürgen erhielten den Namen „Sachsen". Bergwerkssiedlungen und Städte der Siebenbürger Sachsen gab es auch außerhalb des genannten Siedlungsraumes, sie haben aber mangels enger Bindung an diesen im Laufe der Zeit ihre siebenbürgisch-sächsische Prägung verloren.

Zigeuner werden erstmals Anfang des 15. Jahrhunderts in Siebenbürgen erwähnt. Verfolgt und verachtet, blieben sie bis in unsere Zeit trotz starker Vermehrung an den Rand der Gesellschaft gedrängt. Während der Türkenherrschaft bildeten sich in verschiedenen Städten und Märkten Kolonien griechischer und armenischer Kaufleute. Juden kamen im 18., hauptsächlich aber im 19. Jh. aus Galizien und der Bukowina nach Siebenbürgen. Daraus ergab sich ein buntes Völkergemisch, das auf Jahrmärkten durch die Anwesenheit levantinischer Kaufleute noch verstärkt in Erscheinung trat.

Wir haben damit der geschichtlichen Entwicklung etwas vorgegriffen. Kehren wir daher zu den Anfängen des mittelalterlichen Siebenbürgens zurück. Siebenbürgen bildete innerhalb des ungarischen Königreichs ein autonomes Woiwodat mit eigenem Landtag. Verfassungs- und verwaltungsmäßig gab es drei distinkte Gebiete: den Komitats- oder Adelsboden, das Szeklerland und den Königs- oder Sachsenboden.

Auf dem Adelsboden herrschten grundherrschaftliche Verhältnisse mit güterbesitzenden Grundherren und hörigen bzw. leibeigenen Bauern. Administrativ war das Territorium in Komitate eingeteilt. Die Szekler und die Sachsen besaßen aufgrund ihrer Privilegien Siedlerverbände freier Bauern und Städter, die verwaltungsmäßig in Stühle und Distrikte eingeteilt waren. Während die Szekler allmählich ihr Freitum verloren und die Bauernschaft hörig wurde, konnten die Sachsen ihren bürgerlichen Freistand so bewahren, wie er im „Andreanum" von 1224 festgelegt war. Sie stellten dadurch die wichtigsten Kulturträger westlicher Lebensformen im siebenbürgischen Karpatenbecken. Die meisten Städte gab es auf dem Königsboden: Hermannstadt, Kronstadt, Schäßburg, Mediasch, Mühlbach, Bistritz. Auch bei der Gründung anderer siebenbürgischer Städte waren Deutsche maßgebend beteiligt. Wir nennen hier Klausenburg/Cluj, Thorenburg/Turda, Mittelstadt/Baia Mare, Großwardein/Oradea.

Der ungarische Adel, die Szekler und die Sachsen bildeten die drei auf dem Landtag vertretenen Stände. Von der Ständeverfassung und von bürgerlichen Rechten waren die Rumänen ausgeschlossen. Sie hatten verfassungsrechtlich kein eigenes Land, sondern lebten als „tolerierte Nation" hauptsächlich als Grundhörige und Leibeigene auf Komitatsboden, ließen sich aber allmählich auch auf Sachsenboden nieder. Auf Komitatsboden befanden sich aber auch ungarische und sächsische Untertanensiedlungen.

Neben dem Bergbau entwickelte sich in den mittelalterlichen Städten ein blühendes Handwerk, das in Zünften organisiert war. Die Städte und Märkte bildeten wichtige Umschlagplätze für einheimische und aus dem Orient importierte Waren.

Nachdem die Mongolen in den Jahren 1241/42 Siebenbürgen schrecklich verwüstet hatten, fielen seit Ende des 14. Jh.s die osmanischen Türken immer wieder plündernd in das Land ein. Städte und Dörfer sahen sich genötigt, schützende Wehranlagen zu errichten. So umgaben sich die Städte mit mächtigen Ringmauern und Basteien, während hauptsächlich im Sachsenland Gotteshäuser zu Wehr- und Kirchenburgen ausgebaut wurden. Adels- und Königsburgen ergänzten dieses Abwehrsystem.

Nach der gegen die Türken verlorenen Schlacht von Mohács (1526) zerfiel das ungarische Königreich, und Siebenbürgen löste sich als autonomes, der Hohen Pforte unterstelltes und tributpflichtiges Fürstentum davon ab (1541). Von nun ab wurde das Land von ungarischen Fürsten regiert. Während dieser Zeit gab es oft verheerende Bürgerkriege, da die Habsburger Ansprüche auf die siebenbürgische Fürstenkrone geltend machten; auch gerieten siebenbürgische Fürsten mit den Türken, von denen sie sich befreien wollten, in Konflikt.

Im 16. Jh. verbreitete sich in Siebenbürgen die Reformation. Die Sachsen traten geschlossen zur lutherischen Kirche über, die Ungarn zur reformierten calvinischen oder zu der in Siebenbürgen entstandenen unierten Kirche. Die katholische Kirche schrumpfte sehr stark und konnte erst im Zuge der Gegenreformation im 18. Jh. wiedererstarken. Die Rumänen gehörten weiterhin der orthodoxen Kirche an, von der sich Ende des 18. Jh.s die griechisch-katholische Kirche abspaltete. Die siebenbürgischen

Völkerschaften unterschieden sich demnach auch konfessionell, wodurch die Kirchen sehr stark national geprägt waren.

Nach der Niederlage der Türken vor Wien (1683) verdrängte das siegreiche österreichische Heer diese aus Ungarn und Siebenbürgen (1687). Siebenbürgen wurde unter Aufrechterhaltung der alten Ständeverfassung (Leopoldinisches Diplom) der Habsburgermonarchie angeschlossen. Die Regierungsgeschäfte teilten sich das siebenbürgische Gubernium und die Hofkanzlei in Wien, während der siebenbürgische Landtag in dem absolutistisch geführten Kaiserreich an Bedeutung verlor. Dem Königsboden stand nach wie vor der Sachsenkomes vor.

Die Revolution von 1848/49 beseitigte das mittelalterliche Ständewesen samt Sonderprivilegien, befreite die Grundhörigen und gewährte den Rumänen staatsbürgerliche Rechte. Die nationalen Konflikte führten zu einem blutigen Bürgerkrieg.

Im Jahr 1867 entstand die österreichisch-ungarische Doppelmonarchie. Siebenbürgen verlor seine Autonomie und wurde mit Ungarn vereinigt, die Verwaltungsautonomie des Sachsenbodens wurde 1876 aufgehoben. Im Bestreben, einen einheitlichen magyarischen Nationalstaat zu bilden, versuchte Ungarn die nichtmagyarischen Völkerschaften zu magyarisieren. Daraus ergaben sich nationale Konflikte, die letztlich mit zum Ausbruch des Ersten Weltkrieges und den daraus resultierenden Zerfall Österreich-Ungarns führten.

Rumänien, das sich 1916 den Entente-Mächten angeschlossen hatte, erhielt am Ende des Ersten Weltkrieges Siebenbürgen zugesprochen. Ausschlaggebend dafür war sicherlich die Tatsache, daß Siebenbürgen mehrheitlich (zu etwa 60 Prozent) von Rumänen bewohnt war. Bereits im 17. Jh. dürften diese zahlenmäßig die ungarischen, szeklerischen und sächsischen Mitbewohner überflügelt und etwa die Hälfte der Bevölkerung gestellt haben.

Außer dem historischen Siebenbürgen konnten 1918/19 noch andere, mehrheitlich von Rumänen bewohnte Provinzen der Habsburgermonarchie und Rußlands mit Rumänien vereinigt werden: ein Teil des Banats, das Kreischgebiet, die Bukowina und Bessarabien. Mit Recht sprach man von einem Großrumänien (România mare), dessen Gebiet sich um mehr als das Doppelte vergrößert hatte, von 137.903 auf 295.049 km², die Bevölkerung wuchs von etwa 7,9 auf rund 17 Millionen Einwohner an.

Rumänien war Königreich, das seit 1866 von Herrschern aus dem deutschen Haus der Hohenzollern geführt wurde, seit 1914 von Ferdinand I., gefolgt von Karl II. (1930 – 1940) und Michael I. (1940 – 1947).

Im Jahr 1930 verteilte sich die Gesamtbevölkerung von 18.057.028 nach Volkszugehörigkeit wie folgt: 12.981.324 (71,9 Prozent) Rumänen, 1.425.507 (7,9 Prozent) Magyaren, 745.421 (4,1 Prozent) Deutsche, 728.115 (4,0 Prozent) Juden, 582.115 (3,2 Prozent) Ruthenen und Ukrainer u. a. Somit bildeten die nationalen Minderheiten fast 30, in Siebenbürgen sogar rund 40 Prozent der Bevölkerung. Trotzdem betrachtete sich Rumänien als einheitlicher Nationalstaat und war weder gewillt, den nationalen Minderheiten Volksgruppenrechte zu gewähren, noch fühlte es sich an den Minderheitenschutzvertrag gebunden, den es 1919 unterzeichnet hatte. Vielmehr sollte am Ende einer auf lange Sicht angelegten Romanisierungspolitik ein „rein rumänisches" Land stehen. Das führte zu nationalen Spannungen, trug wesentlich zum Schüren des ungarischen Revisionismus bei und veranlaßte die nationalen Minderheiten, beim jeweiligen Mutterland Schutz zu suchen.

Unter den Bedingungen der außenpolitischen Isolation, in die Rumänien 1940 geraten war, mußte es sich dem „Schiedsgericht" Hitlers und Mussolinis beugen und Nordsiebenbürgen an Ungarn abtreten (das Gebiet kam 1945 wieder zu Rumänien); überdies gingen die Süddobrudscha an Bulgarien und Bessarabien an die Sowjetunion verloren.

Im Zweiten Weltkrieg war Rumänien der wichtigste Verbündete Deutschlands im Krieg gegen die Sowjetunion, kündigte aber das Bündnis und wendete die Waffen gegen Deutschland (23. August 1944), als die Rote Armee auf ihrem Vormarsch bereits rumänisches Gebiet erreicht hatte und sich die Niederlage des Dritten Reiches abzeichnete. Rumänien geriet nun ganz in den sowjetischen Machtbereich. Am schwersten wurden davon vorerst die Rumäniendeutschen getroffen, so durch spezielle Verfolgungsmaßnahmen, Verbot deutschen Kulturlebens, Deportation der arbeitsfähigen Männer und Frauen zu Zwangsarbeit in die Sowjetunion, wirtschaftliche Totalenteignung u. a. m.

Nachdem die Kommunistische Partei mit Hilfe der im Lande befindlichen sowjetischen Besatzungsarmee die bürgerlichen Parteien aus der Regierung verdrängt hatte, wurde 1947 König Michael zur Abdankung gezwungen und die Volksrepublik (seit 1965 bis 1989 Sozialistische Republik Rumänien) ausgerufen. Eine Diktatur stalinistischer Prägung etablierte sich und hatte bis zu den Weihnachtstagen des Dezember 1989 Bestand, gestützt auf die die gesamte Bevölkerung terrorisierende berüchtigte „Securitate" (Sicherheitspolizei).

Das kommunistische Regime hat gegenüber den nationalen Minderheiten die Assimilierungspolitik in verschärfter Form fortgesetzt. Für die Siebenbürger Sachsen war dies nach den Verfolgungs- und Enteignungsmaßnahmen der Nachkriegsjahre der Hauptgrund für die Aussiedlung in die Bundesrepublik. Was mit der Familienzusammenführung begann, endet zur Zeit mit einem Massenexodus: von den etwa 160.000 Siebenbürger Sachsen im Jahr 1948 werden bestenfalls 20.000 bis 30.000 in Siebenbürgen verbleiben. Desgleichen hat die jüdische Bevölkerung in den Nachkriegsjahren fast zur Gänze Rumänien verlassen. Von den nationalen Minderheiten leben in Siebenbürgen noch etwa 2 Millionen Ungarn und eine nicht bekannte große Anzahl von Zigeunern (geschätzte 2,5 Millionen).

Die nationale Vielfalt, die jahrhundertelang ein Charakteristikum Siebenbürgens war, ist stark zusammengeschrumpft. Wieweit den nationalen Minderheiten die von der neuen Regierung Rumäniens zugesicherten Schutzrechte gewährt werden, ist derzeit noch nicht absehbar.

Geologie Siebenbürgens

Geologisch ist das Siebenbürgische Becken recht einfach aufgebaut, umso komplizierter jedoch dessen Rand: die Süd- und Ostkarpaten. Seine ältesten Formationen entstanden im Präkambrium, vor 1200 bis 600 Millionen Jahren, in einem Raum, der zwischen den ältesten Teilen Europas und Afrikas lag. Diese Formationen wurden von mehreren gebirgsbildenden Ereignissen geprägt, stellen heute das Rückgrat der Karpaten und liegen im Untergrund des Beckens als tiefste Einheit vor. Darüber hinaus waren sie auch Teil von mindestens zwei älteren großen Gebirgen. Eines entstand und verschwand im ersten Viertel des Paläozoikums, dem Erdaltertum, während das zweite, variszisches Gebirge genannt, eine ähnliche Entwicklung im mittleren und oberen Paläozoikum erfahren hatte.

Gesteine dieser ältesten Gebirge, die im Raum des heutigen Siebenbürgen existieren, sind metamorpher und magmatischer Herkunft und dem Laien allgemein als Urgestein und Granit bekannt. Diese Gesteinsarten sind in den Südkarpaten vorherrschend, kommen jedoch recht häufig auch in den Ostkarpaten, im Rodnaer, Bistritz-, Gyergyoer und Hăşmaş-Gebirge sowie im Gilău-Massiv der Siebenbürgischen Westgebirge vor.

Aus Tiefbohrungen, die im Siebenbürgischen Becken niedergebracht worden sind, ist bekannt, daß ein Teil des Beckenuntergrunds aus denselben Gesteinen aufgebaut ist, wie die obengenannten Gebirge.

Gegen Ende des Paläozoikums lag das Gebiet zuerst trocken. Mit dem Ausklingen dieser Ära und dem beginnenden Mesozoikum, vor 230 Millionen Jahren, war das herzynische Gebirge im Karpatenraum fast gänzlich abgetragen und wurde von einem neuen Meer überflutet. Dieses Meer war Teil des mesozoischen Weltozeans, der Tethys. Die Tethys war über eine Zeitspanne von 120 Millionen Jahren im Alpen-Karpatenraum prägend und zog sich erst in der mittleren Kreidezeit aus dem südosteuropäischen Raum zurück. In der Tethys wurden unterschiedlich mächtige Sedimente abgelagert, die sich im Karpatenraum über mehrere hunderttausend Quadratkilometer erstreckten. Es waren Kalkschlämme, Konglomerate und Sande, Tone und Mergel, vulkanische Aschen und Laven, von denen in den Karpaten und im Beckenuntergrund unterschiedlich große Anteile erhalten sind. Zeugen dieser Zeit finden sich u. a. im Rarău-, und Hăşmaş-, dem Butschetsch-Gebirge und dem Königstein, den Kalkbergen um Kronstadt, in den Siebenbürgischen Westgebirgen und in weiteren Teilen des gesamten Karpatenbogens. Diese meist imposanten Kalkgebirge wurden vor allem durch ihre Schluchten, Höhlen und anderen Karstgebilde bekannt.

Im Jura brach im siebenbürgischen Raum der Ozeanboden auf und bildete, ähnlich dem heutigen mittelatlantischen Rücken, eine Riftzone mit tiefreichenden Spaltensystemen, aus denen Magmen des obersten Erdmantels aufstiegen. Diese basaltischen Gesteine liegen als Ophiolithe zwischen Bîrzava am Mieresch und Thorenburg/Turda zu Tage und nehmen große Teile des Untergrunds des Siebenbürgischen Beckens ein. Ebenfalls im Jura intrudierte am Innenrand der Ostkarpaten der alkalireiche Intrusivkörper von Ditro. Nach Süden hin, bis östlich von Zernescht/Zărneşti, drangen zeitgleich auch erzführende Lamprophyre in die oberste Erdkruste ein. Diese liegen als Gänge vor und sind zusammen mit dem Syenitkörper von Ditro der Hinweis, daß schon in frühalpidischer Zeit im siebenbürgischen Raum Spannungskräfte wirkten, die die Erdkruste bis in sehr große Tiefen aufrissen.

In der mittleren Kreide, vor rund 100 Millionen Jahren, setzte im südöstlichen Karpatenraum die erste gebirgsbildende Phase der alpidischen Orogenese ein. Der Meeresboden wurde gehoben und zusammengedrückt. Mächtige Gesteinspakete verfalteten sich, wurden in- und übereinander geschoben und bildeten Schollen und Decken, die typisch für den alpinen Gebirgsbau sind. Sedimente, die sich auf dem Meeresgrund über Hunderte Kilometer Breite erstreckten, wurden auf weniger als hundert Kilometer zusammengestaucht und stiegen aus dem Meer zuerst als Inseln auf. Diese vereinigten sich in den folgenden Millionen Jahren zu der längsten Gebirgskette Europas, den Karpaten.

In der oberen Kreide wurden neue Sedimente, vor allem Sande, Konglomerate, Tone, Mergel und Kalke abgelagert, die sowohl im Becken als auch im Gebirge anzutreffen sind.

Gegen Ende der Kreidezeit, vor etwa 65 Millionen Jahren, setzte die zweite große gebirgsprägende Phase ein, in der die Gebirge weiter gehoben wurden. Dabei erfolgte die Faltung des in den Ostkarpaten abgelagerten Kreideflyschs. Im Westen hingegen entwickelte sich am Westrand des Beckens, vom Gilău-Massiv bis weit südlich der Donau, auf ca. 280 km eine 40 bis 80 km breite Schwächezone, auf der Granite intrudierten und Vulkane andesitische und dazitische Laven förderten. Diese Gesteine gingen als Banatite in die internationale Fachliteratur ein, werden heute jedoch als laramische Magmatite bezeichnet.

Nach der laramischen gebirgsbildenden Phase, mit Beginn des Tertiärs, setzte eine neuerliche Überflutung des Siebenbürgischen Beckens ein. Räumlich geschah dies jedoch sehr unterschiedlich, was dazu führte, daß die Ausdehnung der Meere in Raum und Zeit stark variierte und deren Tiefen großen Schwankungen unterlagen wie auch die abgelagerten Sedimente. Kennzeichnend für die letzten 60 Millionen Jahre ist der hohe Anteil an Fossilien, ein Hinweis auf günstige Lebensbedingungen während der Postkreidezeit.

Die oberen Kreidesedimente und die sogenannten posttektonischen Ablagerungen, die tertiäre Molasse, liegen sowohl den präkambrisch-paläozoischen Metamorphiten und Magmatiten als auch den Sedimentiten der Trias, Jura und unteren Kreide auf. Dieser Tatbestand deutet darauf hin, daß im Mesozoikum der gesamte Raum der heutigen Süd- und Ostkarpaten einmal Meer, einmal Festland war, und zwar in sehr unterschiedlichen zeitlichen Abfolgen. Inseln, Flachmeere und Senken standen in ständigem Wechselspiel: einmal war ein Gebiet trocken, dann wieder überflutet.

Im Tertiär des Siebenbürgischen Beckens sind zwei große Sedimentationsetappen zu unterscheiden. Die erste begann im unteren Tertiär, dem Paläozän, vor rund 65 Millionen Jahren. Der Höhepunkt dieser Sedimentationsetappe wurde im Eozän, vor 50 bis 40 Millionen Jahren, erreicht. Ihr folgte die zweite große Ablagerungszeit, die im Neogen (Torton) begann und vor rund 3 Millionen Jahren, im Pliozän, endete.

Im Neogen setzte am Innenrand der Ostkarpaten und im Siebenbürgischen Erzgebirge ein intensiver Vulkanismus ein, der zur Bildung der längsten vulkanischen Gebirgskette Europas führte. Diese Kette erstreckt sich aus dem Slowakischen Erzgebirge bis in die Kronstädter Senke.

Während der zweiten Sedimentationsphase entstanden die bekannten Salzlagerstätten und Erdgasvorkommen. Der neogene Vulkanismus war der Erzbringer der bekannten Gold-, Silber- und Buntmetallerze der Marmarosch und des Goldenen Vierecks im Siebenbürgischen Erzgebirge. Weitere Bodenschätze sind bekannt, darunter Braunkohle aus dem Schieltal (Jiu), die Blei-Zinkerze von Alt Rodna/Rodna Veche, die Kupfererze von Bălan, Schwefel im Kelemen(Căliman)-Gebirge, Graphit im Paring, Marmor und Eisen in der Poiana Rusca, Wolfram, Bauxit und Uran in den Siebenbürgischen Westgebirgen, um nur einige der vielen Erzvorkommen zu erwähnen.

Im Quartär lag Siebenbürgen fast ganz trocken, mit Ausnahme der südlichen und südwestlichen Randgebiete. Noch während der Eiszeit waren das Burzenland, die Fogarascher Senke, die Zibinsebene und das Randbecken um Mühlbach von großen Seen bedeckt. Erst als der Alt den Durchbruch im Roten-Turm-Paß schaffte und der Mieresch zwischen der Poiana Rusca und dem Siebenbürgischen Erzgebirge hindurchfließen konnte, erhielten Siebenbürgen und die umrahmenden Karpaten ihr heutiges Bild.

Sprache, Bildungswesen und Literatur in Siebenbürgen

Sprache, Bildungswesen und Literatur der Rumänen, Ungarn und Deutschen in Siebenbürgen entwickelten sich, trotz ausgeprägter Eigentümlichkeiten, in enger Beziehung zu den Kultur- und Sprachgemeinschaften, denen diese Völker angehören. So müssen die sprachlichen und literarischen Äußerungen der siebenbürgischen Rumänen und Ungarn immer auch im Zusammenhang mit der kulturellen Situation in den rumänischen Fürstentümern bzw. in Ungarn gesehen werden wie auch das Bildungswesen und das literarische Leben der Siebenbürger Sachsen ohne die Kontakte, die sie zu den deutschsprachigen Ländern unterhielten, nicht adäquat erfaßbar sind. Freilich sollte hierbei nicht vergessen werden, daß gerade im kulturellen Bereich, infolge des Jahrhunderte währenden Mit-, Neben- und Gegeneinanders der in Siebenbürgen lebenden Völker, eine „kulturelle Gütergemeinschaft" (A. Schullerus) entstand, wie sie in dieser Vielfalt nur wenige europäische Länder kennen.

Obwohl herkunftsmäßig verschiedenen Sprach- und Kulturkreisen zugehörig – die Rumänen gehören der ostromanischen Sprachenfamilie an, die Ungarn zur ugrischen Gruppe der finno-ugrischen Sprachgemeinschaft, und die Sachsen sprechen neben der deutschen Hochsprache, derer sie sich in Schrift und Rede bedienen, eine vor allem dem Moselfränkischen nahestehende Mundart –, lassen sich in der Kultur und Literatur vielfach Parallel- und Interferenzerscheinungen vermerken.

Vor allem in den frühen Jahrhunderten ihrer Geschichte entwickelte sich das Schrifttum der siebenbürgischen Völker in enger Verbindung mit den Forderungen und Erwartungen der Schule. Die ersten Bildungsstätten waren auch in Siebenbürgen konfessioneller Art, in der vorreformatorischen Zeit an Klöster gebunden, später im Geltungsbereich der einzelnen Religionsrichtungen stehend. Während die Sachsen, und bald danach auch die Ungarn, bereits seit der Reformation über gut ausgestattete Grundschulen und Gymnasien verfügten, deren Ruf wie im Falle des Kronstädter Honterus-Gymnasiums über die Grenzen des Landes hinausging, konnten die Rumänen erst im 19. Jh. die Zahl ihrer Dorfschulen erhöhen und auch ihre ersten Gymnasien in Kronstadt und Brad (orthodox) sowie Blasendorf (uniert) gründen.

An Versuchen, eine Universität in Siebenbürgen ins Leben zu rufen, hat es im Laufe der Jahrhunderte nicht gefehlt. Die Ansätze gehen bis ins Mittelalter zurück – Hermannstadt besaß schon im 15. Jh. ein „studium generale" –, die Vorgeschichte erfaßt die Absicht Johann Zapolyas im 16. und die Bestrebungen Gabriel Bethlens im 17. Jh., leitet zu Brukenthals Hochschulplan über und findet in der Gründung der Hermannstädter Rechtsakademie (deutsch) wie der Klausenburger Universität (zuerst ungarisch, danach vorwiegend rumänisch) ihre Verwirklichung. Nach 1947 erfolgte die Gründung bzw. Erweiterung des Hochschulunterrichts in den siebenbürgischen Städten Klausenburg, Kronstadt, Neumarkt und Hermannstadt.

Zu den ältesten dichterischen Überlieferungen wird auch bei den in Siebenbürgen lebenden Völkern die Volksdichtung gerechnet. Obgleich erst im 19. Jh. aufgezeichnet, reichen ihre Wurzeln bis in eine kaum näher bestimmbare Vorzeit zurück. Vor allem in den zeitlich und räumlich ungebundenen Märchen kam es zu Übernahmen von Stoffen und Motiven aus dem epischen Vorrat mitwohnender Völker.

XXX

Schriftliche Zeugnisse gehen nicht vor das 12. Jh. zurück und sind meist amtlichen und liturgischen Inhalts. Aus dem 16. Jh. stammen die ersten gedruckten Bücher, die zum Großteil in Latein und bei den Rumänen in Kirchenslawonisch abgefaßt wurden. Im Zuge der Reformation, die bei den Deutschen und teilweise auch bei den Ungarn großen Anklang fand, bei den Rumänen jedoch auf Widerstand stieß, erhielten die Werke in den Nationalsprachen erhöhte Bedeutsamkeit. Für kirchliche und schulische Belange verfaßten und druckten Johannes Honterus und Valentin Wagner ihre Bücher; Kaspar Helth war maßgeblich an der Bibelübersetzung ins Ungarische beteiligt, und der Diakon Coresi druckte u. a. in der Kronstädter Stadtdruckerei seine religiösen Schriften in kyrillischen Lettern für die rumänische Leserschaft.

Im 17. Jh. entwickelte sich im Umfeld der konfessionellen Schulen und der vom Fürsten Gabriel Bethlen ins Leben gerufenen Höheren Schule in Karlsburg, wo u. a. auch der berühmte Barockdichter Martin Opitz zeitweilig unterrichtete, ein hauptsächlich theologisch, historisch und geographisch ausgerichtetes Schrifttum.

Nach dem Übertritt Siebenbürgens aus dem türkischen in den habsburgischen Machtbereich begannen sich in der zweiten Hälfte des 18. Jh., vor allem während der Regierungszeit Josephs II., die nationalen Interessen der siebenbürgischen Völker im Schrifttum zu artikulieren. Bei den Rumänen waren es die Vertreter der „Siebenbürgischen Schule", die ihre Ansprüche auf eine gleichberechtigte Behandlung ihrer Nationsgenossen auf allen Ebenen anmeldeten, gegen die Vertreter der anderen Völker – nicht weniger um Argumente bemüht – opponierten. Befürworter der nationalen Sonderinteressen, aber auch der gemeinsamen siebenbürgischen Belange, waren im Vorfeld und im Velauf der Revolution aus den Jahren 1848/49 auch die Schriftsteller. In der zweiten Hälfte des 19. Jh., im Zeitalter des österreichisch-ungarirschen Dualismus, treten die Literaturen der siebenbürgischen Völker in ihre klassische Periode. Der in Turda geborene ungarirsche Romanautor Miklos Josika, die Rumänen Ioan Slavici, George Coşbuc und Ion Agîrbiceanu gehören ebenso dazu wie die Sachsen Michael Albert, Traugott Teutsch und Friedrich Wilhelm Schuster. Um die Jahrhundertwende und im 20. Jh. machen sich die Strömungen der europäischen Moderne in Siebenbürgen bemerkbar. Ady Endre wie die Zeitschriften „Luceafărul" und „Die Karpathen" versuchten, mit mehr oder weniger Nachdruck, die Ansichten der Moderne in Siebenbürgen bekannt zu machen. In der Zwischenkriegszeit waren die Zeitschriften „Helikon", „Klingsor", „Gîndirea", „Cultura" u. a. bestrebt, eine Diskussion über gemeinsame siebenbürgische Belange anzuregen. Herausragende literarische Gestalten waren Lucian Blaga, Liviu Rebreanu, Nichifor Crainic, Adolf Meschendörfer, Heinrich Zillich, Erwin Wittstock, Aprily Lajos u. a.

Nach 1944 wurden die Schriftsteller, ganz gleich welcher Sprache sie sich bedienten, dazu angehalten, die neu geschaffenen sozialistischen und kommunistischen Realitäten zu heroisieren und Loblieder auf die neuen Machthaber anzustimmen. Nicht alle Schriftsteller waren dazu bereit, einige taten es aus Überzeugung, andere aus persönlichem Interesse, andere aus Angst; nur wenige widersetzten sich, schwiegen, wurden verschwiegen, eingesperrt, später außer Landes verwiesen, oder sie gingen, wenn ihnen die Ausreise genehmigt wurde, von selbst. Bei vielen, vor allem bei den Rumänen, versiegte das siebenbürgische Sonderinteresse, andere, so die ausgewanderten Deutschen und Ungarn, nahmen es in die neue Heimat mit.

Kunst in Siebenbürgen

Die Anfänge der siebenbürgischen Kunst reichen bis in die ältere Steinzeit zurück. Erste Zeugnisse, die von Menschenhand geschaffen wurden, sind Strichzeichnungen in der Grotte von Cuciulata am Oberlauf des Someş. In der Jungsteinzeit entstehen „Schmuckteile", die am Körper getragen werden, erst aus Kupfer und Ton, dann aus Gold. In Verbindung mit religiösen Äußerungen finden Tonstatuetten eine große Verbreitung, auch beginnt man, Keramik zu verzieren und zu bemalen. Besonders kennzeichnend für Siebenbürgen sind die mit geometrischen Mustern bemalten Keramikgefäße der Petreşti-Kultur.

In der folgenden Epoche, der Bronzezeit, sind die Kunstbestrebungen der Bewohner auf das neue Metall, die Bronze, ausgerichtet. Fast alle Waffen, Werkzeuge und Schmuckgegenstände werden kunstvoll durch Strich- oder Punktzeichnungen verziert. Dieselben sind auch auf der Tonware anzutreffen.

Beginnend mit dem 12. Jh. v. Chr. ist die Technologie der Eisengewinnung auch im Karpatenbecken bekannt. Zwar sind die Eisengegenstände weitgehend unverziert, aber durch eine reiche Formenvielfalt gekennzeichnet. Unter dem Einfluß der griechischen Kolonien am Schwarzen Meer entwickelt sich bei den Dakern in Siebenbürgen die Silberschmiedekunst und erfährt eine Blütezeit, wie es die zahlreichen Schatzfunde beweisen. Die Kunst der Silberschmiede wird vor allem durch den Schatz von Sincrăieni/Hargitta veranschaulicht. Den Höhepunkt erreicht die dakische Kunst aber auf dem Gebiete der Architektur, vor allem im Festungsbau. Die dakischen Burgen in den Brooser Bergen stehen den griechischen und römischen nahe, wie auch die besonders entwickelte Eisentechnologie.

Zahlreiche Zeugnisse aus dem römischen Dakien sind in allen siebenbürgischen Museen anzutreffen. Einen Höhepunkt in dieser Zeitspanne erreichten die Stein- und Bronzeplastik, die kunstvollen Terra-sigillata-Gefäße und Öllämpchen. Diese rege römische Zivilisation wurde von den Wandervölkern unterbrochen. Die wenigen Kunstgegenstände aus dieser Zeit gehen auf diese zurück. Erwähnenswert sind die Hortfunde von Şimleul Silvaniei und von Apahida, die von den Goten getragen wurden. Byzantinische Einflüsse sind vor allem in der Kleinkunst zu erkennen.

Nach der Jahrtausendwende tritt Siebenbürgen in einen neuen Kulturkreis ein: Mit der Einbeziehung in das Königreich Ungarn verbreitet sich die abendländische Kunst. Sie fand anfangs ihren Ausdruck in den Wehranlagen aus Stein, im Sakralbau läßt sich die Stilabfolge von der Romanik bis zur Hochgotik verfolgen. In den vornehmlich von Rumänen bewohnten Gebieten erbauen lokale Knesen kleine Steinkirchen in spätbyzantinischer Tradition.

Die romanischen Kirchen in Siebenbürgen gehen auf westliche Vorbilder zurück. In der zweiten Hälfte des 13. Jh. hält die Gotik mit der Abtei Kerz ihren Einzug und entfaltet sich in ihrer vollen Pracht im 14. bis 16. Jh. In dieser Zeit entstehen die Kathedralen Klausenburg, Hermannstadt, Kronstadt und Mühlbach, während mehrere romanische Kirchen im neuen Stil umgebaut werden.

Unter dem Druck der Türkeneinfälle entstand in Siebenbürgen ein Verteidigungssystem aus Königs-, Adels- und Bauernburgen, Stadtbefestigungen und vor allem aus befestigten Kirchenburgen; zudem wurden fast alle siebenbürgischen Städte mit mächtigen Mauern und Türmen umgeben. Die Wehranlagen der sächsischen Gebiete nehmen innerhalb derselben eine Sonderstellung ein: sie trugen wesentlich bei, daß Siebenbürgen von den Türken nicht erobert wurde. Besondere Bollwerke sind dabei die Törzburg und die Rosenauer Burg wie auch die Wehranlagen von Hunedoara, Tartlau, Reps, Zăbala, Dîrju oder Kelling.

Im Schutze dieser Mauern entstanden in den Städten gotische Patrizierhäuser, die in der Renaissance eine prunkvolle Fassadengliederung erhielten. Mächtige Adelsgeschlechter bauten sich Schlösser im Renaissancestil, während in Südsiebenbürgen mehrere Kirchen im südrumänischen Brîncoveanu-Stil entstanden.

Im Barock, der vornehmlich von Wiener Baumeistern nach Siebenbürgen getragen wird, erhielten sowohl die profane als auch die sakrale Baukunst relativ große Bedeutung. Um 1800 entstehen mehrere Bauten im klassizistischen Stil, gekennzeichnet durch geradlinige Gliederung der Fassaden, durch Pilaster und Gesimse.

Bemerkenswert für die Entwicklung der Architektur im 19. Jh. ist die schrittweise Beseitigung der Wehranlagen, die oft Verkehrshindernisse darstellten. Gegen Ende dieses Jh. entstehen sezessionistische Bauten hauptsächlich ungarischer Herkunft. Die sich allmählich durchsetzende Technik des Eisenbetonbaus führte zu einer Vereinfachung der Bauformen, meist zum Verzicht auf plastische oder polychrome Schmuckelemente.

Die mittelalterliche siebenbürgische Kunst war in ihren Anfängen zweckgebunden und auf lithurgischen Gebrauch bezogen. Erst die wirtschaftliche Hochkonjunktur im 14. bis 15. Jh. schaffte die Voraussetzungen für die Entfaltung der Kunst, der intensive Handel siebenbürgischer Kaufleute brachte sie mit den neuen Kunstformen aus Europa in Verbindung.

Die Plastik war in der Romanik fast nur auf Portale beschränkt. Eine Ausnahme bildet die Statue des hl. Georg (Hradschin, Prag) der Klausenburger Erzgießer Martin und Georg (um 1370 – 1380). Erst die Bauten der Gotik sind durch einen großen Aufwand an künstlerischer Gestaltung gekennzeichnet. Sowohl die Plastik, die Malerei wie auch das Kunstgewerbe waren in dieser Zeitspanne in hohem Maße an den gotischen Kirchenbau gebunden, auf die Architektur bezogen und von süddeutschen Bauhütten beeinflußt. Die Kirchen wurden mit einer Fülle von Plastiken, meist an den Innen- und Außenpfeilern, an Konsolen und Baldachinen, an Schlußsteinen oder Sakramenthäuschen versehen. Dem Kirchenportal, den Sakristeitüren und dem Fenstermaßwerk wird eine besondere Aufmerksamkeit geschenkt. Bedeutende Skulpturen sind die Pietà (um 1400) und die Kreuzigungsgruppe des Petrus Lantregen (1417) aus Hermannstadt, die Figurenkapitelle der Klausenburger Michaelskirche und die Plastik der evangelischen Kirche in Mühlbach.

Renaissanceformen lassen sich schon gegen Ende des 15. Jh. nachweisen, ihre Entfaltung erfährt sie aber erst in den folgenden Jahrhunderten. Kennzeichnend für die Bildhauerkunst dieser Epoche sind die Tumbengräber, die Reliefs, Epitaphe, Grabplatten, Holzskulpturen der Flügelaltäre wie auch die zahlreichen Tür- und Fensterstöcke der Profanbauten. Mehrere Werke lassen enge Beziehungen zur Veit-Stoß-Schule erkennen.

Im 18. Jh. sind im Bereich der Plastik vor allem Künstler aus Bayern und Österreich tätig. Unter ihnen haben sich hervorgetan: Johann König (u. a. Skulpturen der Karlsburg), Johann Nachtigall und Anton Schuchbauer.

Tritt im 19. Jh. die Bildhauerkunst in Siebenbürgen mehr in den Hintergrund, so sind aus dem 20. Jh. mehrere bedeutende Bildhauer hervorgegangen, allen voran Geza Vida, der die monumentale Skulptur bevorzugte.

Parallel mit der Bildhauerkunst entwickelte sich die Wand- und Tafelmalerei. Wenn aus der Frühzeit relativ wenig Zeugnisse die Zeiten überdauert haben, kann die Entwicklung der Freskomalerei im Kirchenbau gut nachvollzogen werden. Sie gehört zweierlei Stilrichtungen an: der byzantinischen bei den wenigen Steinkirchen der Rumänen, und der gotischen bei den Ungarn und Siebenbürger Sachsen. Im 14. Jh. wurden die Kirchen Sînta Maria Orlea, Streisîngeorgiu mit orthodoxen Fresken versehen. Im übrigen Siebenbürgen dominiert die Wandmalerei der Gotik, deren älteste Zeugnisse die Freskomalerei in der evangelischen Kirche in Hamruden und in der reformierten Kirche in Mugeni sind. Um die Mitte des 15. Jh. entsteht der einmalige Freskozyklus der Malmkroger evangelischen Kirche, dann jene in Draas, Petersberg, Mediasch, Klausenburg, um in der „Kreuzigung" (1445) in der evangelischen Kirche in Hermannstadt den Höhepunkt zu erreichen.

Eine Ausnahmestellung nimmt die Tafelmalerei der Flügelaltäre in Siebenbürgen ein, die ebenfalls auf süddeutsche Vorbilder zurückgreift, wie der Bonnesdorfer, der Mühlbacher, der Schäßburger, Meeburger oder Schweischer Altar und diejenigen der Szekler Kirchen Jimbor und Armăşeni. In diesem Zusammenhang sind auch die zahlreichen Holzskulpturen und Schnitzwerke der Altäre zu erwähnen, wie die Madonna des Mühlbacher und des Braller Altars. Zum Bestand der kirchlichen Denkmäler gehören auch die Gestühle zahlreicher Kirchen aus der Renaissance: Bistritz, Schäßburg und Bogeschdorf wie auch mehrere Sakristeitüren, die kunstvolle Einlegearbeiten aufweisen.

Im 17. und 18. Jh. sind einerseits die Fortdauer des traditionellen ikonographischen Programms, andererseits die Durchdringung der Volkskunst vor allem an Dorfkirchen, festzustellen. Die Verbreitung des Barock ist im Bereich der Fresko- und Tafelmalerei auf österreichische und böhmische Maler zurückzuführen. Zur selben Zeit ist ein Aufblühen der Wandmalerei in den rumänischen Kirchen zu verzeichnen, wobei sich lokale Meister besonders hervortaten. Nicht zu übersehen ist die Ikonenmalerei auf Holz und Glas, die eine große Verbreitung in den Kirchen und Wohnungen der Rumänen fand. Um die Jahrhundertwende setzt sich dann in der siebenbürgischen Wandmalerei der klassizistisch-akademische Malstil, vertreten durch Octavian Smigelschi, durch.

Das Goldschmiedehandwerk hat in Siebenbürgen eine jahrhundertealte Tradition. Im Mittelalter war dieses Kunstgewerbe weit über die Grenzen des Fürstentums bekannt, Goldschmiede aus siebenbürgischen Städten arbeiteten in Rom, Wien, Krakau, ihre Erzeugnisse waren sowohl am Hofe Zar Peter des Großen in Petersburg als auch in Bukarest oder Istambul begehrt. Gehören die Goldschmiedearbeiten der Romanik und Gotik der Kirchenkunst an, so setzt sich beginnend mit der Rennaisance und im Barock die profane Goldschmiedekunst durch. In der Folgezeit arbeiten die siebenbürgischen Goldschmiede vornehmlich Trachtenstücke für die Festtracht der Siebenbürger Sachsen. Seinen Höhepunkt erreichte das Goldschmiedehandwerk im 18. Jh. durch das Schaffen des Hermannstädter Meisters Sebastian Hann, dessen Werke den Arbeiten Augsburger und Nürnberger Goldschmiede ebenbürtig sind.

Die Technik des Bronzegusses erreicht schon im 15. Jh. eine Blütezeit, als eine Gruppe von bronzenen Taufbecken, allen voran das Mediascher, Kleinschelker, Hermannstädter, Schaaser und Schäßburger Taufbecken, entstand. Diese sind mit kleinen Reliefs und gotischen Inschriften verziert. Zum Gelbguß gehört auch der Glockenguß, dessen Zeugnisse in Glockentürmen in ganz Siebenbürgen zu finden sind.

War die Goldschmiedekunst relativ stark an die Kirchenkunst gebunden, steht das Zinngießerhandwerk dem Bürgerhaus nahe. Beliebt waren Kannen und Teller, verziert mit anthropomorphen und zoomorphen Motiven. Die Zinngegenstände erfreuten sich insbesondere bei den siebenbürgischen Zünften großer Beliebtheit, sie wurden jedoch im 18. Jh. von der billigeren Keramik und Fayence verdrängt.

Durch die Keramik erlebt das siebenbürgische Kunsthandwerk seinen letzten großen Höhepunkt. Die Hafner entwickelten eine Fülle von Formen und Motiven, die sowohl praktischen als auch ästhetischen Bedürfnissen entsprachen. In keiner anderen Kunst sind die gegenseitigen Beeinflussungen der Rumänen, Ungarn und Siebenbürger Sachsen so prägnant wie in der Töpferkunst. Sie brachte eine Fülle von Erzeugnissen hervor, die in allen Museen zu bewundern sind und in manchen Bauernhäusern noch heute in Ehre stehen.

Wirtschaft Siebenbürgens

Seit Beginn des Jahres 1990 befinden sich sämtliche Bereiche der Planwirtschaft Rumäniens im Umbruch: viele LPGs (landwirtschaftliche Produktionsgenossenschaften) werden aufgelöst, die ehemals großen Monokulturen in kleinere, wirtschaftliche Flächen aufgeteilt, im Dienstleistungssektor und in der Leichtindustrie mehren sich Privatisierungsbestrebungen. Bloß in der Groß- und Schwerindustrie bleiben staatliche Riesenbetriebe vorherrschend.

Die Agrarwirtschaft stellte seit jeher den wichtigsten Erwerbszweig in Siebenbürgen. Für die Bodenbearbeitung günstige Gebiete liegen vor allem im Miercsch- und Someschtal, in der Siebenbürgischen Heide und im Kokel-Hochland. In den höher gelegenen Senken (Kronstädter Senke, Ciuc-, Giurgeu-, Laposcher Senke) und in den Hochländern werden vornehmlich Roggen, Gerste und Hafer angebaut, der Anbau von Weizen ist kaum nennenswert. Die höchsten Ernteerträge Rumäniens an Kartoffeln (Kreise Hargitta, Kovasna, Kronstadt), Zuckerrüben und Hanf (Hargitta, Kronstadt) werden im Siebenbürgischen Hochland eingebracht. Vor allem Gemeinden im Umfeld größerer Städte sind auf den Anbau von Gemüse eingestellt: Biengärten/Stupini neben Kronstadt, Neppendorf bei Hermannstadt, die Dörfer des unteren Niraj-Tales bei Neumarkt. Weinbau wird vor allem in den ehemals von Sachsen besiedelten Gebieten betrieben: im Weinland bei Mediasch, im Kokelland, im Aiuder Weinland (Krakko, Ciumbrud) und in Lechnitz und Heidendorf (Steininger-Wein) im Nösnerland. Die wichtigsten Obstanbaugebiete liegen im Reener Ländchen (Bootsch), im Nösnerland, in der Hermannstädter Senke (Michelsberger Kirschen), in der Klausenburger Gegend und in Beclean.

Die traditionelle, weidewechselnde Schafzucht ist stark zurückgegangen, allein am nördlichen Rand des Zibinsgebirges, in der sog. Mărginimea Sibiului (Tilişca, Jina, Poiana Sibiului) leben auch heute noch viele rumänische Schafzüchter. Die einst berühmte Schafzucht aus Săcele/Siebendörfer im Burzenland ist gänzlich verschwunden, während das Törzburger Hochland bis heute der große Käselieferant geblieben ist. Im Hochland und in den niederen Tälern herrschen Rinderzucht und Schweinemast (Baaßner Schweinerasse) vor. Die höchsten Milcherträge werden in den Gebirgen und Hochländern erzielt. Die größten Schweinemasten befinden sich in den Kreisen Hunedoara, Alba, Hermannstadt, Kronstadt, Covasna, Hargitta, Mureş und Klausenburg. In der Siebenbürgischen Heide sind zahlreiche Fischteiche angelegt, an den Gebirgsgewässern der Süd- und Ostkarpaten und in den Siebenbürgischen Westgebirgen liegen Forellenzüchtereien.

Siebenbürgen ist reich an Energieträgern, seit 1910 wird hier Europas reinstes Erdgas genutzt. Die meisten Sonden liegen in der Siebenbürgischen Heide und im Kokel-Hochland, viele davon in Dorfnähe: Neudorf bei Schäßburg, Nadesch, Mediasch u. a. Die wichtigsten Schwarzkohlelager befinden sich im Petroşani-Becken (Schieltal); Braunkohlelager bei Cristolţel; Lignit bei Vîrghiş und bei Căpeni in der Baraolter Senke. Schwach produzierende Erdölbohrtürme sind in Ghelinţa (Kreis Covasna) seit einigen Jahren in Betrieb. Die größten Kraftwerke werden mit Erdgas betrieben und befinden sich im zentralen Hochland: Sîngeorgiu de Pădure (Fîntînele), Luduş-Iernut, Cîmpia Turzii. Die Kraftwerke des Kreises Hunedoara werden teilweise mit Kohle und Briketts beheizt: Paroşeni im Schieltal, Hunedoara und Mintia-Deva im Miereschtal.

Viele der Gebirgsgewässer der Karpaten werden als Energiequelle genutzt: am Rîu Mare im Retezatgebirge, am Mühlbach, am Zood-Bach und am Kleinen Somesch stehen mehrere Kraftwerke. Im oberen Bistritztal sind Kraftwerke im Bau, ebenfalls ist die „komplexe" hydroelektrische Nutzung des Alt im vollen Ausbau begriffen.

Die großen Hüttenkombinate aus Hunedoara wurden mit Eisenerz aus dem Poiana-Ruska-Gebirge gespeist, dessen Lager nunmehr fast erschöpft sind. Reiche Vorräte an Edel- und Buntmetallen liegen vor allem im Siebenbürgischen Erzgebirge (Săcărîmb, Bucium), im Laposcher Land bei Băiuţ und im Rodnaer Gebirge bei Şanţ/Neurodna und Valea Mare. Große Umweltschäden verursachen die Buntmetallkombinate von Zlatna/Kleinschlatten und Klein-Kopisch, ebenso die Chemiekombinate aus Fogarasch, Viktoriastadt, Rosenau, Neumarkt und St. Martin.

In allen Großstädten Siebenbürgens entwickelte sich im Laufe der letzten Jahre eine produktive Maschinenbauindustrie. Wieweit diese durch die wirtschaftliche Neuorientierung konkurrenzfähig bleiben wird, ist abzuwarten. Lebensfähig sind jedenfalls die die reichen Salzvorkommen (Praid, Ocna Mureş, Ocna Dejului) aufbereitenden Sodafabriken. Große Energieverbraucher (Erdgas) sind die umweltbelastenden großen Zementfabriken (Turda, Hoghiz, Chişcădaga); ebenso auf Erdgaslieferung angewiesen – und daher im zentralen Hochland angesiedelt – sind die Glasfabriken in Mediasch, St. Martin und seit kurzem in Bistritz und Gherla. Die Holzindustrie wird von vielen kleineren Sägewerken in den Karpaten, aber auch von Kombinaten, z. B. in Gherla, Blasendorf, Hermannstadt oder Szekler Markt getragen; in Sächsisch Regen werden ausgezeichnete Musikinstrumente und Sportgeräte aus Holz erzeugt.

Aus der rumänischen und ungarischen Hausindustrie sowie aus dem sächsischen Zunftwesen enwickelte sich die traditionelle Wollindustrie. Die von den rumänischen Hirten gelieferte Wolle wurde von Walkmühlern verarbeitet und von sächsischen Webern aus Heltau, Hermannstadt und Kronstadt weiterverarbeitet. Die daraus hervorgegangene Textilindustrie ist in vielen Städten anzutreffen. Leder- und Schuhfabriken sind ebenfalls im urbanen Bereich angesiedelt, ebenso die Lebensmittelindustrie, die derzeit die besten Überlebenschancen vorfindet: Selchwarenfabriken in Hermannstadt (Salam de Sibiu) und Mediasch, Bierbrauereien in Kronstadt und Hermannstadt und Zuckerfabriken in Brenndorf, Neumarkt, Ludosch, Teiuş und Lechnitz. Große Kapazitäten stecken auch noch in den vor allem im Gebiete der Szekler angesiedelten Mineralwasserabfüllanlagen.

Brauchtum in Siebenbürgen

Die Eigenart der siebenbürgischen Kulturlandschaft äußert sich am deutlichsten in der Begegnung mit ihren Menschen und deren Lebensart, die so verschieden sein kann wie eben die Landschaft selbst oder die Volks- und Sprachgemeinschaften, die einem hier entgegentreten.

Man sollte sich für Siebenbürgen Zeit nehmen, ob im Umfeld der mittelalterlichen Städte oder abseits der großen Verkehrswege: Die offen gezeigte Zugänglichkeit der Einwohner, deren Ursprung nicht zuletzt im Sinn für Menschlichkeit, Toleranz und Tradition der Bewohner dieses Landstriches zu finden ist, wird den Besucher überraschen und ihm Zugang gewähren zu dem, was an Brauchtum und Überlieferung noch lebt und gepflegt wird.

Brauchtum im Jahresablauf

Neujahrstag, 1. Januar: In den rumänischen Ortschaften bringt der „Umzug mit dem Pflug" die gesamte Dorfjugend auf die Beine. Der mit Tannenreisig, Papierstreifen und Ziertüchern geschmückte Pflug wird unter Schellengeläut und Peitschenknallen durch das Dorf gezogen, Segenswünsche und Gaben begleiten ihn. In den sächsischen Ortschaften verabschieden Blasmusikkapellen (Adjuvanten) um Mitternacht vom Kirchturm das alte Jahr mit einem Trauermarsch und begrüßen das neue mit einem Choral. Die Gemeinde versammelt sich am Dorfplatz, Geschenke werden den Kindern für die Neujahrswünsche überreicht.

Dreikönigstag, 6. Januar: Bei Siebenbürger Sachsen und Rumänen sind die Sternsinger gern gesehene Gäste, die reich beschenkt werden. Die orthodoxen Gläubigen empfangen den Pfarrer „mit der Taufe"; auch bei den röm.-kath. Ungarn werden Menschen und Wohnräume, insbesondere Küche und Herd, Ställe und Vieh gesegnet.

Fasching: Vom „geschworenen Montag" (7. Januar) bis Aschermittwoch feiert man in allen sächsischen Orten die Richtfeste der Nachbarschaften, die alten Handwerksbräuche der Zünfte; Masken- und Vereinsbälle sowie Straßenumzüge werden veranstaltet. Im Harbachtal steht das Zottelgewand der „Urzeln" oder „Lolen" im Mittelpunkt des Treibens.

Letzter Sonntag im Januar: Urzelnlaufen in Agnetheln. Der ehemalige Zunftbrauch hat sich im letzten Jahrhundert zu d e m Gemeinschaftsbrauch entwickelt: kein anderes siebenbürgisch-sächsisches Fest ist von den Medien derart beachtet worden und findet so großen überregionalen Zustrom. Hauptgestalt des Festes ist der in schwarzes Fleckengewand gekleidete „Urzel". Eine Vielzahl dieser Gestalten umschwärmt und geleitet den Zug der Schuster-, Schneider- und Kürschnerbruderschaften mit Peitschengeknall und Schellengeläut durch das Harbachstädtchen. Einkehr in gastfreundlichen Nachbarschaftshäusern und abendliches Feiern bei „Urzel"kraut und Wein beschließen das Fest.

Dienstag vor Aschermittwoch: Gansabreiten in Törnen und Weingartskirchen. Den Kern dieses Faschingsbrauches stellen die Geschicklichkeitsproben an die männliche Jugend im Reiterspiel dar. An einer aus Heubaum und Seilen improvisierten Einrichtung hängt die geschlachtete Gans mit dem Kopf nach unten. Die Wettstreitenden versuchen im Vorbeireiten den Kopf mit einem geschickten Peitschenschlag abzutrennen, der Sieger hat diesen dann in einem Wettrennen zu verteidigen. Nach dem gemeinsamen „Fuesnichtessen" der Burschen finden sich am Abend die Einwohner des gesamten Zekeschgebietes zu Tanz und Unterhaltung ein.

2. Februar: Blasi-Tag. Tag des hl. Blasius, Schutzpatron der Kinder. In Siebenbürgen Kinderfest der Schuljugend, heute noch in Meschen, Pretai und Schaas gefeiert.

1. März: „Mărţişor". Der 1. März gilt in Rumänien allgemein als Tag der Geschenke zu Frühlingsbeginn. Man beschenkt sich beim Besuch von Freunden und Bekannten gegenseitig mit „Märzchen" (kleinste Gebinde aus Seidenpompons und Anhänger aller Art).

Palmsonntag: Konfirmationstag in den ländlichen Ortschaften Siebenbürgens.

Karfreitag: Der Brauch des Hanklichbackens (Hanklich ist das traditionelle Festgebäck der Siebenbürger Sachsen) vereint gewöhnlich alle Mitglieder einer Großfamilie oder mehrere Nachbarinnen um den Backofen.

Ostern: Um das Auferstehungsfest rankt sich vielfältiges Brauchtum. Im „Alten Land" wird der Ostersonntag bei Tagesanbruch mit einem Choral der Blaskapelle vom Kichturm aus empfangen und von den „Oster"glocken eingeläutet. Nach dem Festgottesdienst geleitet die Gemeinde in festlichem Zug ihren Pfarrer unter den Klängen der örtlichen Blasmusik zum Pfarrhof, wo die Kinder vom Pfarrerehepaar mit Süßigkeiten beschenkt werden. Das Osternest gehört ebenso zum Ostersonntag wie das „Bespritzen" der Mädchen mit Duftwasser oder der Lammbraten auf dem Tisch der rumänischen Bevölkerung. Als typische Osterspiele haben sich das „Eierlaufen" in Neppendorf und das „Hahnschießen" in Schaas erhalten.

Dritter Sonntag im April: Hirtenfest in Răşinari. Beginn des Almauftriebs der Schafe. Zu diesem Folklorefest finden sich die Schäfer aus Răşinari, Poiana, Jina, Sadu, Boiţa, Tălmăcel, Gura Rîului und Sălişte ein.

1. Mai: Die Symbolgestalt ist der Maibaum, den die Mädchen an diesem Tag vor ihrem Fenster aufgepflanzt finden. Die Blaskapelle begrüßt den neuen Monat mit einem Ständchen am Dorfplatz; gefeiert wird im Grünen im „Majaliswald". (In vielen Ortschaften hat sich das Maibrauchtum auf Pfingsten verlagert.)

Erster Sonntag im Mai: Burschenfest der „Junii" in Kronstadt. Festlicher Umzug der rumänischen Burschenschaften aus dem Ortsteil Şchei zur Wiese am „Salomonfelsen". Hammerwerfen, Pferdewettrennen, Folkloredarbietungen, Tanz und Spiel im Freien vereinen die rumänische Jugend aus dem ganzen Burzenland.

Pfingsten: Vielerorts ist es bei den Siebenbürger Sachsen Brauch, am Pfingstsonntag Haus und Tor mit grünen Maien zu schmücken und den Mädchen Birken vor das Fenster zu setzen. Einen dekorativen Anblick bieten Mädchen und Frauen bei ihrem Kirchgang, zu dem sie zum ersten Mal im Jahr die Sommertracht tragen. *Pfingstköniginnenfest* in Alzen: schneeweiße Kleider und bunte Bänder, Königskronen und Blumengirlanden geben ihm das besondere Gepräge. Unter den Klängen der Blasmusik geleiten die Dorfbewohner die gewählte Königin mit dem Kinderfestzug zum Festplatz, wo für die Kleinen zum Tanz aufgespielt wird. Nur noch in wenigen Ortschaften werden Waldfeste gefeiert, die zunehmend durch die traditionellen Junimärkte mit Folkloredarbietungen der Rumänen (nedei) ersetzt werden.

Juni-Jahrmärkte (nedei): Jahrmärkte am *1. Juni-Sonntag* im Tal von Tăcăşele bei Deva und in Silvaşul de Jos (Kreis Hunedoara). *24. Juni – Johannistag:* Kein anderer Tag im Jahresablauf kennt ein derart reiches Brauchtum. Von einfachen Gesten aus dem Bereich des Aberglaubens (Trudenschutz und Liebesorakel) zu symbolischen Minnegaben (Spinnwirbel in Deutsch-Weißkirch und Heugabel in Gürteln) zu sozial geprägten Ehrerbietungen (im Harbachtal schmückt der Hirte an diesem Tag auf der Hutweide das Vieh der Dorfreichsten mit Blumenkränzen) rankt sich alles um diesen Stichtag. Die *letzten zwei Sonntage* stehen im „Alten Land" im Zeichen des *Kronenfestes.* Sämtliche Vorbereitungen vollziehen sich im Gemeinschaftswirken der Jugend, vom Einholen des Baumes bis zum Suchen der Krone im Kornfeld. Erst die Darbietungen am Sonntag bringen alle Dorfbewohner unter dem Kronenbaum zusammen: Man bestaunt den festlichen Umzug der Paare, den Wettkampf im Klettern um die Krone, man tanzt und läßt sich den Johannis-Kuchen schmecken. In *Schönau* gestaltet sich dieser Tag zum *Reinigungsfest der Brunnen.* Schon am Vortag werden alle Quellen und Feldbrunnen gereinigt, Balken und Leitungsrohre erneuert und der Name des jeweiligen Brunnenmeisters in das Holz geritzt. Der Umzug für Jung und Alt am eigentlichen Festtag gestaltet sich auffällig mit aufgeputzten Wagen und Pferdegespannen. Der *29. Juni – Peter und Paulstag –* wird mit Kronenfesten begangen.

Dritter Sonntag im Juli: Mädchenmarkt am Găinaberg im Kreis Alba. Der berühmteste und auch weithin bekannteste Jahrmarkt im Motzenland.

15. August – Mariä Himmelfahrt: Jahrmarkt der Handwerker im Museum der bäuerlichen Technik in Hermannstadt. Holzschnitzer aus Vrancea, Weberinnen und Teppichknüpferinnen aus dem Alttal, Kürschner aus der Hermannstädter Umgebung, Seidenweber, Maskenschnitzer, Töpfer und Geigenbauer bieten unter Vorführung der jeweiligen Handwerkskunst ihre Waren zum Kauf an.

1. Sonntag im September – Töpfermarkt am Kleinen Ring in Hermannstadt. Die blau-weiße Eleganz der Koronder Ware, die seit Jahrzehnten als Kunstwerke gehandelten Keramikschöpfungen aus Horezu und Oboga, Traditionelles und Experimentelles werden von ihren Schöpfern unter den Lauben und am Platz des Kleinen Ringes signiert und angeboten.

25. November – Tag der hl. Katharina: „Kathrein stellt das Tanzen ein" – die alljährlich letzte Tanzveranstaltung, der Katharinenball, ist das spätherbstliche Pendant zum Marienball.

Advent und Weihnachten: Advent- und Weihnachtszeit bringen jenen Reichtum an überlieferten Handlungen und Symbolgestalten, der sie als besonders intensiv erlebte Zeit aus dem Jahresablauf hervorhebt: Weihnachtsbaum und Krippenspiel, Weihnachtsmann und Kinderbescherung, Weihnachtsgebäck und Sternsingen und die rumänische „colinde" gehören dazu wie auch die Überlieferung aus katholischer Vergangenheit in Siebenbürgen, das Leuchtersingen: Kinderstimmen lassen das feierliche „Quem pastores laudavere . . ." im hellen Schein der immergrünumkränzten Leuchterpyramide erklingen.

Volkskultur in Siebenbürgen

Die bis heute lebendig gebliebene, in ihren Äußerungen vielfältig faßbare volkstümliche Sachkultur eignet sich wie kaum ein anderer Bereich zum unmittelbaren Einstieg, zu einer Entdeckungsreise in den siebenbürgischen Raum mit seiner multikulturellen Problematik. Tradition und dorfgemeinschaftliches Selbstbewußtsein sowie individuelle Gestaltungskraft behaupteten bis in die Gegenwart jene für die Lebendigkeit der Volkskultur so wichtigen Freiräume und wirkten dem Institutionalisierungszwang und der Tendenz kommunistischer Kulturpolitik zur Gleichmacherei entgegen.

So fällt zuerst das abwechslungsreiche Bild der historisch gewachsenen Stadt- und Landsiedlungen ins Auge, die *traditionelle Architektur* als vordergründige Gestaltungsmöglichkeit einer Landschaft zum Kulturraum. Man spricht gerne von einer „Zivilisation des Holzes" bei den Siebenbürger Rumänen und Szeklern und einer „Zivilisation in Stein" bei den Sachsen. Die Holzkirchen Nordwestsiebenbürgens und die monumentalen Holztore in Hargitta, die mittelalterlichen Wehrburgen im Süden gelten als Sinnbilder hierfür. Doch ergibt sich die Eigenart im Gepräge der einzelnen Architekturlandschaften Siebenbürgens eher aus dem Zusammenspiel von Holz und Stein, aus den mannigfaltigen architektonischen Lösungen und volumetrischen Formen, die man vor allem im Monumentalholzbau der Steinarchitektur abgeschaut hat. Was wären die Holzkirchen im Norden ohne die überproportioniert steilen, „gotisch" anmutenden Turmhelme, die Ziegelhäuser in den ungarischen Dörfern der siebenbürgischen Hochebene ohne den offenen „tornácz", einen hölzernen Laubengang mit geschnitzten Arkaden und ausgesägtem Brüstungsgeländer. Die alten Holzhäuser im sächsischen Michelsberg oder im rumänischen Rășinari gewinnen an Raumwirkung durch die hohen profilierten Steinsockel, während viele Blockbauten in den Streusiedlungen der Siebenbürgischen Westgebirge im Inneren die „camniţa", den aus flachen Steinen zusammengefügten Rauchhut über dem offenen Herd bewahren. Von einer reichen Entfaltung der bäuerlich und pastoral geprägten Holzarchitektur in Nordsiebenbürgen, dem Szeklerland und den Siebenbürgischen Westgebirgen zeugen neben den Wohnhäusern, Toren und Zäunen die vielen Zweckbauten. Diese setzen architektonische Elemente in die Heuwiesenlandschaft der Gebirge und beeindrucken durch ihre primär-geometrische Einfachheit. Wer sich einmal die „colibă", die „surla", jenen aus unbehauenen Holzscheiten zu einem perfekten Konus zusammengefügten Hirtenunterstand angesehen hat oder aber die „Blatt" („pînza") genannte Wetterschutzwand im Hochgebirge, erahnt die zeitliche und kulturelle Distanz von den Anfängen menschlicher „Wohnkultur" bis hin zu den geschnitzten Tormonumenten des 19. und 20. Jh. mit ihrer hinter Symbolik und Ästhetik zurücktretenden Funktionalität.

Zum Unterschied von den überwiegend rumänisch und szeklerisch geprägten Gegenden, deren überlieferte Holzbauweise der künstlerischen Entfaltung im Schnitzen und Kerben, im Brandmalen und Aussägen entgegenkommt, wirken die geschlossenen Häuserzeilen südsiebenbürgischer Dörfer mit ihren Giebel an Giebel sich reihenden Ziegelbauten als architektonisches Ensemble. Als räumlicher Mittelpunkt und dörfliches Identifikationsobjekt, als architektonische Dominante bestimmen die zahlreichen mittelalterlichen Wehrkirchen und -burgen die Landschaft der sächsischen Siedlungsgebiete. Sächsische Dorfmaurer und Zimmerleute vermittelten seit dem frühen

19. Jh. eigene Bautraditionen ins rumänische („Mărginimea Sibiului") und szeklerische (Odorhei) Umland. Die für eine Hochgebirgsgegend ungewöhnlichen kompakten Häuserreihen mit vielfach erhaltenen Mörtelverzierungen an den Fassaden, wo statt der bei Sachsen üblichen Haussprüche das orthodoxe Kreuz seinen Platz gefunden hat, machen den Reiz der berühmten Hirtendörfer Poiana Sibiului, Sălişte und Răşinari aus.

Die *ländliche Wohnkultur* im heutigen Siebenbürgen hat sich größtenteils, wenn auch in vereinfachten Formen, dem bürgerlichen Vorbild angepaßt, doch zeugt so manches in der Anordnung der Möbel im Raum, im Zusammenspiel von Textilien, Keramik und Hinterglasmalerei von tradierten Lebensordnungen, in denen Menschen und „schöne" Gegenstände ihren angestammten Platz einnahmen. Ein Spiegelbild bäuerlicher Volkskunst im ausgehenden 18. und 19. Jh. sind die als Repräsentationsräume eingerichteten „guten Stuben", wie sie z. Z. nur mehr in den großen Freilichtmuseen des Landes (im Museum der bäuerlichen Zivilisation im Jungen Wald bei Hermannstadt, in Hoia bei Klausenburg) zu sehen und zu erleben sind. Bei einem ähnlichen Anspruch auf Komfort und verwandter Lebensart überrascht die Vielfalt an regional und auch ethnisch geprägten Innenausstattungen, ebenso die unterschiedlichen ästhetischen und kulturellen Schwerpunkte, die sich nicht zuletzt aus einem komplexen Gefüge interethnischen Austausches ergeben haben. Der blau-weiße Kachelofen und das Tischeck stehen sich in Südsiebenbürgen diagonal gegenüber, das üppig mit Polstern beladene „hohe" Bett, Lehn- und Schlafbänke, Kleidertruhen und Wandnischenschränke („Almera") sowie Krügelrahmen sind im sächsischen Haus der Jahrhundertwende entlang der Wände geordnet. Allererster Blickfang sind hier wie auch bei Ungarn, Szeklern und Tschangomagyaren die buntbemalten Möbel. Im Umgang mit dem Holz entfaltet sich die Vorliebe der einzelnen Völkerschaften für unterschiedliche Techniken und Dekorationsformen. Der rumänische Hirte und Bauer im Norden und Westen findet kaum einen Bezug zu den dekorativ in Blumenmuster bemalten Möbelflächen, wie sie die Mediascher, Schäßburger, Repser, Huediner und Vargyaser (Vîrghiş) Schreinermeister über zwei Jahrhunderte lang gestalteten; dafür räumen ihm die naturbelassenen diskreten Farbtöne des Hartholzes ein weites Feld für Geschicklichkeit und spielerisches Improvisationsgefühl in der Handhabung des Kerbschnittes, Schnitzens und Aussägens ein. Heute fertigt man noch in Budureasa-Bihor Satteldachtruhen in Spundwerktechnik an, mit Sternen und Rosetten im Zirkelschlag, Muster, die trotz jahrhundertelanger, kaum veränderter Wiederholung auf den Jahrmärkten der Hirten, den „nedei", in der Anfrage an oberster Stelle stehen. Schöpfkellen und Trinkgefäße („cănee") mit Henkeln in figürlicher Darstellung, Flöten mit eingehämmerten Messingbändern, geschnitzte Hirtenstäbe und geritzte Pulverhörner gehören hier ebenso zum Angebot wie die Lebzelter der Odorheier Szekler, die Tongeschirre aus Korond und Baia Mare, die geschnitzten „Korbatsch"-Peitschenstiele der Kalotaszekler Ungarn und die Kürschnerware des Bistritzer Rumänen.

Es gibt heute in Siebenbürgen noch traditionelle Wirtschaftsbereiche, die weitgehend ohne moderne Technik auskommen und eher den Fertigkeiten *überlieferten Handwerks* entgegenkommen. Zu den Almhütten des Biharer Landes und der „Mărginimea Sibiului" stehen überall die „crinte", große ellypsenförmige Käsepressen aus Erlenholz, Schöpfkellen und Daubengefäße aller Größen, welche einst die Haupteinnahmequelle eines auf das Böttchergewerbe spezialisierten ganzen Gebietes – des Mot-

zenlandes – bildeten. Die Monumentalität skulpturaler Holzformen, wie sie die über-
großen Kettenspindeln aus wildem Birnbaum bei den sächsischen Weinbauern in Bulkesch und Großpold belegen, oder aber die zu einem einzigen wuchtigen Stück zusammengefügten Scheunenkufen in den Streusiedlungen des Erzgebirges finden ihr
Gegenstück in der Fragilität geschnitzter „Seelenvögel" auf den Totenpfählen des Szeklerlandes, den Violinen der Geigenbauer aus Lupşa.

Wie kaum anderswo hat sich in einigen Ortschaften des Szeklergebietes, allen
voran Korond, die Hafnerei kontinuierlich behaupten können. Meister wie Joszy János
und Pál Agoston setzen Akzente individuellen Gestaltungsvermögens in den über-
nommenen Formenschatz. Dabei findet die Beliebtheit der hier gearbeiteten „sächsischen" blau-weißen Keramik die Kreativität anderer Keramikzentren heraus, deren
Tradition motivistisch und farblich andere Schwerpunkte setzt: die klassische Einfachheit der unglasierten rot-braunen, in römischer Nachfolge stehenden Irdenware von
Leleşti und Leheceni verführte Keramikkünstler zu modernen Schöpfungen, und die
alten braun-rot-grün glasierten Krüge und Teller von Vama und Laposch wirken in der
Verarbeitung von Les Gábor, Cornel Sitar und Klara Turoczy zeitgemäß. Angeregt von
der Vornehmheit des kobaltblauen Sgraffitto-Geschirrs alter sächsischer Tradition versuchen sich Gábor und Sitar wie noch in den 60er Jahren der Agnethler Michael Jasch
an dessen Neubelebung.

Einen beachtlichen Anteil am farbfreudigen Bild der volkstümlichen siebenbürgischen Kulturlandschaft haben die *Textilien*. Die Vorliebe für Stickereien und Gewebe
als Prestigestücke im Raum gehört mit zum östlichen Kulturerbe Siebenbürgens, und
es ist erstaunlich, wie die unterschiedlichen Ethnien im Laufe der Zeit eigene Traditionen und spezifisches ästhetisches Empfinden in diese allgemeine Grundhaltung ein-
fließen haben lassen und wie gerade Haustextilien und Kleidung am auffälligsten ethnische Eigenart dokumentieren. Ein vorderer Platz in der Wertordnung künstlerischer
Gestaltung kommt den Kelim-Stangenteppichen Nordsiebenbürgens zu, die zu fünft
und noch mehr in typischer Anordnung die Stange („culme") zwischen den Decken-
balken über dem Bett zieren. Ihre dekorative Wirkung gründet auf der raffinierten
Farbwirkung aufeinander abgestimmter Töne aus Pflanzenextrakten und auf einem
Kompositionsmodell, das antropomorphe und zoomorphe Muster in gekonnt geome-
trischer Stilisierung mit pflanzlicher Ornamentik verbindet. So ganz anders wirkt die
strenge Streifenordnung der „covoore" im Süden.

Bei Sachsen und Ungarn tritt die Webkunst der Stickerei auf Hausleinwand den
Vorrang ab. Der Motivschatz der traditionsgemäß in rot oder in Brauntönen gehalte-
nen Bettdecken und Polsterbezüge, Tisch- und Zierhandtücher bewahrt in bäuerli-
chem Nachempfinden die Renaissanceornamentik der verbreiteten Musterbücher jener Zeit. Man knüpfte damit im vergangenen Jahrhundert an die „geschriebenen" Muster der Kürschnerstickerei an und erkennt im vollen „irásos"-Muster der Üppigkeit
ungarischen Formempfindens, das seine Ausläufer in den sächsischen „Sternmustern"
der Bistritzer Gegend hat. Bibelsprüche und anderes erbauliches Gedankengut, Jah-
reszahlen und Namen als konkret gestickte Zeichen im Ornamentfeld sind die Kennzeichen sächsischer Handarbeit.

Im ländlichen Bereich Siebenbürgens galten bis Anfang der 60er Jahre die überlieferten *Kleidungsformen* und *-normen* als verbindlich für Werk- und Sonntag. Als Re-
präsentationsgewand mit einem besonderen Stellenwert im Brauchtum, als Kirchen-

kleid und nicht zuletzt als äußeres Zeichen der Zugehörigkeit zu einer Volks-Gemeinschaft, einer Region oder gar einer Ortschaft hat das bäuerliche Festgewand überlebt. Kennzeichen der rumänischen Frauentracht sind die reich bestickten Hemden und die vorne und hinten getragenen Wollschürzen („catrinţe"). Dabei reicht die Vielfalt an Farb- und Musterkombinationen von den einfachen schwarz-rot gestreiften groben Schürzen des Nordens über die buntbestickten des Nösnerlandes bis hin zu den golddurchwirkten schwarzen „foiţe" der Gebirgsbäuerinnen bei Hermannstadt.

Der sächsischen Festtagskleidung ist eine andere Ästhetik eigen. Sie geht in der Gewandposition und der Kostbarkeit der Materialien auf die Bürgertracht vergangener Jahrhunderte zurück und beeindruckt durch den Reichtum an handgestickten Seidenbändern und Silberschmuck. Deutlich individualisierte Trachtenzonen – Nordsiebenbürgen, die Hermannstädter Gegend, das Kokelgebiet und das Burzenland – setzen dabei auch Akzente, wie auch das protestantisch strenge Schwarz in der Kirchenkleidung der Landler sich bis zur Gegenwart behauptet hat.

Verwandt dem Sächsischen ist die Kleidung der Tschangomagyaren des Burzenlandes und kaum zu übertreffen in Farbenpracht und Bänderputz jene der Kalotaszek. Mit ihren kurzen, beschwingten Röckchen und den roten Stiefeln bringen die Szeklerfrauen Frische ins siebenbürgische Trachtenbild, und in der facettenreichen Landschaft siebenbürgischer Volkskultur ist es heute nur die sächsische Komponente, deren Überleben gefährdet ist.

Die Zigeuner in Siebenbürgen

To Gipsyland lautete der bezeichnende Titel einer Reisebeschreibung des englischen Zeichners J. Pennell, der vor gut einhundert Jahren auf abenteuerliche Weise Siebenbürgen mit dem Fahrrad bereist hatte. Das „Zigeunerland" Siebenbürgen hatte freilich bereits einige Jahre vorher der große siebenbürgische Zigeunerforscher *Heinrich von Wlislocki* durchstreift; dieser hatte sich monatelang Wanderzigeunern angeschlossen und deren Lieder und Märchen aufgezeichnet.

Die im heutigen Siebenbürgen lebenden Zigeuner gehören alle zum osteuropäischen Zweig der *Roma* (eine Eigenbezeichnung, die den z. T. als diskriminierend empfundenen Begriff „Zigeuner" abzulösen beginnt), also nicht zu den mitteleuropäischen bzw. „deutschen" *Sinti*. Die auf eine Anzahl von mindestens 2,5 Mio. geschätzten Zigeuner bilden in Rumänien – noch vor den Ungarn (1992: 1,6 Mio.) – die größte Minderheit, in Siebenbürgen immerhin noch die zweitgrößte (geschätzte Zahl: 700.000 – 800.000).

Die ersten Zigeuner trafen bereits im 15. Jh. in Siebenbürgen ein (Kronstadt 1416, Hermannstadt 1418), um sich hier – anfangs noch in Zelten, später in einfachen Hütten – außerhalb der Stadtmauern bzw. am Dorfrand niederzulassen, wo sie die sog. *Ziganien* bildeten. Im Unterschied zu den nomadisierenden Wanderzigeunern (*cortorari*) waren die von der Stadt beschäftigten Zigeuner nicht ungern gesehen, weil sie die geächteten Berufe des Henkers, Abdeckers („Schinder"), Straßenkehrers usw. ausübten, aber auch als Hilfskräfte in der Landwirtschaft unentbehrlich geworden waren. Viele der seßhaft gewordenen Zigeuner übten auch das Schmiedehandwerk aus oder spielten als Feierabendmusikanten in einer Zigeunerkapelle mit, wobei jedes Dorf auf „seinen" Primas (erster Geiger und Solist der Kapelle) schwor. Kein Werk schildert das Miteinander von Sachsen und Dorfzigeunern treffender und vergnüglicher als das in Mundart geschriebene Schnurrenbüchlein *Geschichte vum Tschiripik* von Adolf Schullerus.

1941/42 ließ Marschall Antonescu viele, auch siebenbürgische Zigeuner nach Transnistrien (Ukraine) deportieren; die Zahl der Opfer dieser Aktion wurde nach dem Krieg mit 36.000 angegeben. Auch während der kommunistischen Diktatur wurden die Zigeuner, nach gewaltsamen Versuchen der Seßhaftmachung, diskriminiert. Als man den Kesselflickern, Pferdehändlern, Kammachern, Bärenführern, Kartenlegerinnen usw. die Ausübung ihrer Wanderberufe verbot und überdies Ende der fünfziger Jahre die als Halsschmuck *(salbă)* begehrten Goldmünzen beschlagnahmte (eine Münzkette ist Mitgift und Prestigeobjekt zugleich!), hatte man Lebensweise und Identität der Zigeuner empfindlich getroffen. Nur die Zigeunermusiker erfreuten sich stets gewisser Privilegien oder brachten es gar zu Ruhm (Ion Voicu, Ştefan Ruha, Aura Urziceanu, Johnny Răducanu u. a.).

Erst der Sturz Ceauşescus ermöglichte die Wahl eines heute mit Alleinvertretungsanspruch auftretenden Roma-Königs. Ein großes Blechschild an einer Villa am Rande Hermannstadts kündet, daß hier der 1992 zum Zigeunerkönig gesalbte *Ioan Cioabă* residiert. Ihm und seiner dichterisch begabten Tochter Luminiţa ist es zu verdanken, daß Hermannstadt heute als eine Hochburg der sich emanzipierenden Ethnie der Zigeuner gilt. Zwei Roma-Zeitschriften – darunter eine mit literarischer Ausrichtung –, aber auch die geplante Gründung eines Theaters, das Stücke in Zigeunersprache *(Romanés)* aufführen wird, zeugen davon.

Touristische Empfehlungen: Lohnend ist der Besuch von Wochenmärkten, mehr noch aber von Jahr- und Viehmärkten, auf denen man z. B. zigeunerischen Pferde-händlern beim Feilschen zusehen kann. Empfehlenswert ist auch ein Bummel auf dem traditionellen Töpfermarkt Anfang September in Hermannstadt, auf dem Zigeunerinnen in bunten Röcken Holzlöffel und anderes anbieten, während die Männer mit Kupferkesseln und Antiquitäten handeln. Zum Besuch einer Ziganie, etwa bei den Kupferschmieden in Pretai oder Talmesch, kann nur bedingt, am besten in Begleitung eines Landeskundigen, geraten werden. Zugänglich zeigen sich die Korbflechter und Besenbinder der Zigeunersiedlung Prislop bei Hermannstadt (30minütiger Fußweg von Răşinari) und jene des Weilers Mag (nördlich von Săcel, Nähe Großau).

Für Liebhaber von Zigeunerfolklore ist die Teilnahme am alljährlich zu Mariä Geburt *(Sîntă Mărie Mică)* stattfindenden Wallfahrtsfest ein absolutes Muß. An diesem Tag (8. September) pilgern Tausende Zigeuner aus ganz Rumänien zu ihrem Schutzpatron, dem hl. Grigore (Sf. Grigore Decapolitul), dessen wunderkräftige Reliquien im Kloster Bistriţa bei Costeşti (Kreis Vîlcea) in einem silbernen Schrein aufbewahrt werden. Anschließend feiern die vielfach versippten Stammesbrüder – ähnlich wie in Saintes-Maries-de-la-Mer – bei Tanz, Musik und Feuerschein bis in die Morgenstunden. Freilich: Das romantische Klischee des im Zigeunerlager *(şatră)* kampierenden Wanderzigeuners gehört auch in Rumänien bzw. Siebenbürgen bald endgültig der Vergangenheit an; die meisten haben den traditionellen Wohnwagen mit dem „Dacia"-Wagen oder der gebrauchten Westkarosse vertauscht.

Eine Besonderheit stellen die *evangelischen Zigeuner* aus dem Bistritzer und Reener Kirchenbezirk dar, die den Glauben der dort noch vereinzelt lebenden Sachsen angenommen haben und z. T. sogar deren Mundart sprechen. Als Beispiele seien hier die Zigeuner aus Deutsch-Zepling, Botsch und Weilau genannt, wo diese zusammen mit dem sächsischen Pfarrer von Reen zweisprachige Gottesdienste (rumänisch/deutsch) gestalten.

Bitte beachten Sie: Viele Zigeuner lassen sich nicht fotografieren, schon gar nicht zum Nulltarif! Beim Kauf von Kunstgegenständen ist Handeln gleichsam Pflicht! Vorsicht: Nicht alles, was nach Antiquität aussieht, ist auch eine! Von Ziganie-Besuchen im Alleingang ist abzuraten!

Siebenbürgen als Ferienparadies

Als der englische Forschungsreisende Charles Boner sich im Jahr 1863 aufmachte, diesen „seltsam wunderlichen und fast unbekannten Winkel Europas" zu entdecken, war er verblüfft über die Vielfalt, die sich seinen wissensdurstigen Augen darbot. Er entdeckte nicht nur einen Landstrich mit einmalig schöner Landschaft und reicher historischer Vergangenheit, sondern begegnete auch mehreren Völkerschaften, die dieses Gebiet kulturell prägten.

Inzwischen haben sich seine Voraussagen längst bewahrheitet: Der Massentourismus, eine spezifische Erscheinung der zweiten Hälfte unseres Jahrhunderts, hat auch diesen „entlegenen Winkel Europas" ausfindig gemacht. Siebenbürgen gehört, neben Schwarzmeerküste, Donaudelta, Karpaten und Besichtigungen der Bukowina-Klöster zu den Attraktionen rumänischer Reisegebiete.

„Sieben Burgen, sieben Berge . . . sieben Zwerge" – es klingt wie im Märchen und ist dennoch Realität: Die siebenbürgische Landschaft mit ihrem sanftgewellten Hochland, den sie umgebenden bewaldeten Bergrücken, von der Steinfeste des Karpatenbogens fest umschlossen, zeigt sich zu jeder Jahreszeit im je eigenen Reiz: Im Frühling blühen die Kirschbäume und der Flieder, und die Narzissenwiesen strömen einen betörenden Duft aus, im Sommer bringt der Mohn die Ährenfelder zum Leuchten, im Herbst locken die Laubwälder mit ihrer Farbenpracht, und schließlich beschwören die tief verschneiten Burgen und Schlösser längst vergangene Zeiten herauf.

Ein Eldorado ist Siebenbürgen für Naturliebhaber, selbst wenn jahrzehntelange Mißachtung ökologischer Gesetze auch hier zu Naturzerstörung und Luftverschmutzung geführt haben. Doch wenn man um diese verfehmten Orte einen Bogen schlägt, kann man sich der Beschaulichkeit einer noch urwüchsigen Natur hingeben, wie sie in Europa immer seltener anzutreffen ist.

Die Karpaten gehören zu den sanften Gebirgszügen Europas, mit etwas Bergerfahrung sind sie jedem zugänglich. Markierte Wanderwege erleichtern die Orientierung, bescheidene Schutzhütten bieten Unterkunft. Angebracht ist es jedoch, mit geeigneter Bergausrüstung (Zelt usw.) loszuwandern, dann kann man abseits begangener Pfade manch schönes Plätzchen ausfindig machen und dort nach Gutdünken weilen: Fogarascher, Retezat-, Paring- und Zibinsgebirge, Königstein und Butschetsch sind die gesuchtesten, weil sie unweit wichtiger Fernverkehrsstraßen liegen. In diesen höchsten Bergmassiven der Südkarpaten (mehrere Gipfel liegen über 2500 m) bieten sich auch die meisten Touren für Kletterfreunde. Der Rumänische Bergverein (Clubul Alpin Român) hat sich seit kurzem umorganisiert, Zweigstellen wurden eröffnet, eine Zeitschrift wird herausgegeben, die über diese beliebte Freizeitbeschäftigung berichtet. Ältere Semester wird es mehr ins Mittelgebirge ziehen. In den Siebenbürgischen Westgebirgen erwartet den Besucher eine einmalige Karstlandschaft mit Höhlenlabyrinthen, unterirdischen Flüssen, Karstquellen und bezaubernden Kalksteingebilden; in den Ostkarpaten sprudeln aus vulkanischem Gestein zahlreiche Mineralwasserquellen, die ein reiches Gesundheitspotenial Rumäniens darstellen. Deshalb liegen in diesem Landesteil einige der bekanntesten Kurorte Siebenbürgens: Covasna, Tuşnad, Sovata u. a.

Die Pflanzen- und Tierwelt Siebenbürgens, ungewöhnlich reich im Vergleich zum überindustrialisierten Europa, sind ein weiterer Anziehungspunkt für Naturfreunde. Wer einmal durch die blühenden Heuwiesen der Siebenbürgischen Westgebirge oder des Laposcher Landes gewandert ist, wer Königsteinnelke, Edelweiß, Enzian oder Kohlröschen aus nächster Nähe bewundern konnte, wer einen Buchenwald im Frühling oder einen Lärchenwald im Herbst durchstreift hat, wird dieses Erlebnis lange in Erinnerung halten. Deshalb sind auch die Naturschutzgebiete Siebenbürgens so zahlreich und mannigfaltig. Geschützt sind nicht nur Pflanzen, sondern auch zahlreiche Tiere, obwohl die rumänische Bergwelt in Kürze ein gesuchtes Jagdrevier sein wird. Bär, Hirsch und Wildschwein haben dank Fehlplanung überhandgenommen, es gilt, das biologische Gleichgewicht wiederherzustellen. Doch wen reizt es nicht, ein Tier auf freier Wildbahn zu beobachten? Auch Ornithologen müssen nicht unbedingt ins Donaudelta fahren, die Seenlandschaft im siebenbürgischen Hochland, das Bergland und die Hochgebirge sind reich an gefiederten Gästen.

Reisen Naturliebhaber gewöhnlich als Einzeltouristen oder in kleinen Gruppen, ist der Wintersport dem Massentourismus verschrieben. Bequeme Unterkunft in Höhenkurorten, gepflegte Skipisten und Kabeltransportmittel sichern erst volles Wintervergnügen in den Bergen. In Siebenbürgen sind es vor allem die Hohe Rinne (Păltiniş), die Schulerau (Poiana Braşov) und der Predeal, die internationalen Ansprüchen genügen, doch gibt es in der Hargitta, in den Bergen um Klausenburg, in den Siebenbürgischen Westgebirgen und insbesondere in den Südkarpaten zahlreiche Möglichkeiten, den Wintersport weiter auszubauen.

Siebenbürgen nur als Naturparadies darzustellen, wäre ein einseitiges Unterfangen. Seine Lage am Ostrand des europäischen Kulturkreises, am Treffpunkt zwischen Orient und Okzident, verleiht ihm ein besonderes Gepräge. Zahlreiche Völker sind hier durchgezogen oder aufeinandergeprallt, haben zahllose Spuren hinterlassen. Man kann sich auf historische Wege begeben, um in die Frühgeschichte Siebenbürgens einzudringen (archäologische Ausgrabungen in den Brooser Bergen) oder den Weg der Römer von der Donau bis zu den Goldbergwerken in den Siebenbürgischen Westgebirgen und nach Napoca (Klausenburg) hinauf zu verfolgen. Umfassender sind die Zeugen mittelalterlicher Geschichte, reich an trutzigen Fluchtburgen, bewehrten Städten, die bis heute ihren Charakter bewahrt haben: Schäßburg, das siebenbürgische „Rothenburg", Hermannstadt, die rote Stadt, Kronstadt, Mühlbach, Bistritz u. a. Eine besonders beliebte Rundreise ist mit der Besichtigung der sächsischen Kirchenburgen in Siebenbürgen verbunden, von denen noch rund 260 stehen. Die ehemaligen Fliehburgen der Siebenbürger Sachsen, jeweils im Dorfzentrum gelegen, sind architektonisch und landschaftlich ungemein reizvoll und können in ihrer Einmaligkeit jedem etwas bieten. Leider ist ihr weiteres Schicksal durch die starke Abwanderung der Siebenbürger Sachsen ungewiß. Ob sie das Schicksal der Dorfkirchen aus der Bistritzer Gegend (Verkauf an andere Glaubensgemeinschaften) erwartet?

Ein weiterer Reisevorschlag wäre eine Bädertour in und durch die Kurorte der Hargitta. Sie führt durch das legendäre Szeklerland, durch seine landschaftlich schön gelegenen Dörfer mit alten Kirchen und geschnitzten Holztoren, vorbei an Schlössern und Gutshöfen. Hier lohnt ein längerer Aufenthalt, um etwas für die Gesundheit zu tun.

Ethnographisch interessant sind die vor allem im Bergland gelegenen, großteils von Rumänen bewohnten Gebiete: das Laposcher Land mit seiner Holzzivilisation und den einmaligen Holzkirchen; das Mokanenland in den Siebenbürgischen Westgebirgen mit seinen pittoresken Streusiedlungen und den strohgedeckten Häusern; das Gebiet Pădureni im Waldgürtel des Poiana-Rusca-Gebirges und nicht zuletzt die Hirtendörfer der Mărginimea Sibiului im Zibinsgebirge.

Um nicht nur das Land, sondern auch die Leute kennenzulernen, sollte man sich seinen Bewohnern nähern, den Rumänen, Ungarn, Sachsen, Zigeunern und anderen, kleineren Bevölkerungssplittern. Sie leben seit Jahrhunderten mit- und nebeneinander hier auf siebenbürgischem Boden und haben trotzdem ihre Eigenständigkeit und Eigenart bewahrt. Siebenbürgen weist eine ethnographische Vielfalt auf, wie sie anderswo nur selten anzutreffen ist. Man erlebt sie am besten während der traditionellen Feierlichkeiten (Hochzeit, Taufe, Begräbnis) und bei den zahlreichen Brauchtumsfesten, die nach wie vor abgehalten werden. Ob die Agnethler Urzeln in Zukunft noch laufen werden, ob in anderen Dörfern noch um die Johanniskrone getanzt werden wird, können wir hier und jetzt nicht beantworten. Doch die Szekler werden auch weiterhin ihren Tschardasch tanzen und die Rumänen nach wie vor zum Mädchenmarkt auf dem Găina-Berg pilgern, Almauftrieb und andere Hirtenfeste feiern, ihre Jahrmärkte und zahlreichen Volksfeste abhalten – auch wenn der siebenbürgischen Kultur Wertvolles verlorengegangen sein wird ...

Essen und Trinken in Siebenbürgen

Die Siebenbürgische Küche ist ein Mosaik verschiedener kulinarischer Gepflogenheiten und dadurch besonders für den Reisenden eine zusätzliche Attraktion. Zunächst sind die bodenständigen rumänischen, ungarischen und siebenbürgisch-sächsischen Speisen und Getränke bestimmend. Hinzu gesellen sich die türkisch-balkanischen, österreichischen, deutschen und französischen Einflüsse. Besonders in den Hotelgaststätten größerer Städte, die dem ausländischen Tourismus Rechnung tragen, ist neben der einheimischen auch die internationale Küche zu finden.

Natürlich konnte aus der großen Vielfalt von Speisen und Getränken nur eine Auswahl getroffen werden; die meisten sind nach ihrer Herkunft bezeichnet (rum. = rumänische, ung. = ungarische, sächs. = siebenbürgisch-sächsische, dt. = deutsche, österr. = österreichische, frz. = französische, türk. = türkische, balk. = balkanische und int. = internationale Küche).

Die genannten Speisen und Getränke sind bei der einheimischen Bevölkerung sehr beliebt. Inwieweit sie heute, in einer Zeit großer gesellschaftlicher Umgestaltungen, in Gaststätten, Restaurants und anderen Dienstleistungseinheiten auch im Menüplan zu finden sind, ist jedoch fraglich.

Vorspeisen

Salat de bœuf (int.); Heringssalat (int.); Ital. Gemüsesalat; Leberpastete in Aspik (frz.); Leberpastete in Mayonnaise (frz.); Hirn in Aspik (int.); Fisch mit Mayonnaise (rum.); Ikre (balk. = Karpfenrogenmayonnaise); Auberginensalat (balk. = gebratene Auberginfrüchte in Öl gemixt); Cașcaval la capac (rum. = gebackener Schafskäse in Butter); Schinkenomelette (int.); Käseomelette (int.); Schweinesülze (österr.= Schweinefleischstücke in Aspik);, Schafskäsehappen mit schwarzen Oliven (balk.).

Suppen

Rindfleischsuppe (int.); Hühnersuppe (int.); Tomatensuppe (int.); Reissuppe (int.); Eingemachte Suppe (sächs.); Karfiolsuppe (österr.); Spargelsuppe (dt.); Salatsuppe (sächs.); Gulyassuppe (ung.); Weinsteinkrautsuppe (sächs.); Krebssuppe (int.); Kerbelsuppe (sächs.); Fischsuppe (int.); Fischsuppe (säuerlich, rum.); Weiße- und Grüne-Bohnen-Suppe (sächs., rum.); Bertramkächen (Estragon- oder Pfefferkrautsuppe, sächs.); Krenkächen (Meerrettichsuppe, sächs.); Apfelkächen (Apfelsuppe, sächs.); Gechvichpert (Krautsuppe über Brot, sächs.); Milchbrock (sächs.); Käsebrock (sächs.); Topfenbrock (sächs.); Ciorbă de văcuță (säuerl. Suppe mit Rindfleisch, rum.); Ciorbă a la grec (rum.); Fußkächen (Knoblauchsuppe mit Schweinshaxen, sächs.); Ciorbă de burtă (Grießknödelsuppe, rum.); Ciorbă de perișoare (Fleischklößchensuppe, rum.).

Rindfleischgerichte

Tafelspitz mit Kren (Meerrettich) und Kartoffeln (österr.); Lungenbraten mit Sauce und Knödel (österr.); Stephaniebraten (sächs.); faschierter Braten (sächs.); Esterhazyschnitzel (ung.); Magnatenrostbraten (int.); Zwiebelrostbraten (int.); Rinderzunge in Sauce (int.). gekochtes oder gebratenes Rindfleisch mit Sauce und Kartoffeln (Tomatensauce, Apfel-, Sauerkirschen-, Johannisbeer-, Stachelbeer-, Hagebutten-, Bertram- bzw. Estragon-, Kren- bzw. Meerrettich-, Dill-, Zwiebel-, Kapernsauce).

L

Kalbfleischgerichte

Kalbsbraten (int.); Kalbsnierenbraten (sächs.); Kalbsbries gebacken (sächs.); Kalbsbries geröstet (sächs.); gefüllte Kalbsbrust (sächs.); Natur-, Wiener-, Pariser- und Rahmschnitzel (österr. und int.); Hirn gebacken (sächs.); Leber gebacken (int.); geröstete Leber (sächs.).

Schweinefleischgerichte

Schweinebraten (int.); Schweinefilets (int.); Schweineschnitzel (int.); Holzfleisch (gegrilltes Halskarree, sächs.); Flecken (gegrilltes Bauchfleisch in kleinen Happen serviert, sächs.); Leberwurst; Blutwurst; Bratwurst; Preßwurst; Eisbein; Hermannstädter Salami (sächs.-rum.-Bezeichnung = Salam de Sibiu); Spanferkel; Mititei; Mici (gegrilltes Hackfleisch, rum.).

Geflügel

Brathuhn (int.); Brathuhn gefüllt (sächs.); Backhendel (int.); Backhendel gefüllt (sächs.); Hühnerpaprikasch (ung.); Reishuhn Ciulama (säuerl. Hühnerfleischgericht, rum.); Entenbraten (int.); Gänsebraten (int.); Gänseleber geröstet (sächs.); Gänseleberpastete (frz.).

Lammfleischgerichte

Lammbraten (int.); ausgebackenes Lamm; Lammbrüstel am Rost (sächs.); gefüllter Lammbraten (sächs.); Lammleber im Netz (rum. Bezeichnung = Drop de miel); gekochter Lammkopf in Bertram- oder Kerbelsuppe (sächs.).

Hammelfleisch

Hammelrostbraten (int.); Hammelflecken am Rost (sächs.); Hammelpaprikasch (ung.).

Wild

Gebeizter Hasenbraten mit Sauce und Knödel (österr.); Hasenbraten mit Rotwein (int.); Hasenpfeffer (sächs.); Hasenpastete (frz.); Rehbraten (int.); Rehrücken mit Rahmsauce (dt.); Hirschgulyas (ung.); Wildbretsauce mit Semmelknödel (sächs.).

Gulyas

Kartoffelgulyas (ung.); Rindsgulyas (faschiertes Rindfleisch mit Paprikaschoten, ung.); Szekler Gulyas (mit Schweinefleisch und Sauerkraut, ung.); Pfefferfleisch (sächs.); Siebenbürger Tokana; Schaffleisch-Tokana (rum.); Lamm-Tokana; Kalbsbries-Tokana (sächs.); Kalbspörkölt (ung.).

Gemüse

Kohlrabigemüse (dt.); Rot- und Weißkraut gedünstet (dt.); Karfiol (Blumenkohl) mit Rahm (sächs.); Spargel mit Butter (dt.); Ghiveci (rum.); Sakuska bzw. Zacusca (versch. Gemüse in Öl gesotten, balk.); gefüllte Kohlrüben (sächs.); gefüllte Kürbisse (sächs.); gefüllte Paprika (ung.); Sarmale (gefülltes Kraut, ung.); Mussaka bzw. Musaca (geschichtetes Gericht mit Kartoffeln, Tomaten u. etwas Hackfleisch, rum.); gefüllte Traubenblätter (balk.); Klausenburger Kraut (ung.).

Pilzgerichte

Gedünstete Nagelschwämmchen; gedünstete Morcheln; Pfifferling-Tokana (ung.); Champignon-Tokana; ausgebackene Parasolpilze; Herrenpilzragout.

Fischgerichte

Waller gebacken (int.); Waller gesotten (int.); Schill, Dorsch, Karpfen, Aal, Forelle werden gebraten, gesotten od. vom Rost serviert; Fisch als Paprikasch zubereitet (ung.).

Käse und Käsegerichte

Schafskäse in Blase, Balg oder Rinde (sächs.-rum. Bezeichnung Burduf); Caşcaval (rum. = Schafs- und Kuhmilchkäse); Dorna-Käse (rum.); Romadour (rum.); Caşcaval gebakken (rum.); Caşcaval zerlassen (rum.); Käsenudeln, Käsenockerl (österr.); Makkaroni oder Spaghetti mit Käse (ital.); Palukes mit Käse (Maisbrei oder Polenta mit Käse und Butter, warm, rum.); Bulz (gebackene Maisbreikugeln mit Käse gefüllt, rum.).

Verschiedene typische Gerichte

Maisbrei mit Kuhmilch (rum.); Hirsebrei in Krautsuppe (sächs.); Hirsebrei mit Grammeln (Grieben, sächs.); gebackene Kartoffeln mit Krautsuppe (sächs.); Krautfleckerl (sächs.); Schinkenfleckerl (österr.); Topfenknödel (Quarkklöße, österr.); Zwetschkenknödel (österr.); Semmelkoch (österr.); Kletitten (Crêpe Susette, int.); Apfelstrudel (österr.); Topfenstrudel (österr.); Dachziegel (geröstetes Brot mit Schmalz und Knoblauch, sächs.).

Salate

Orientalischer Salat (rum.); Paprikasalat (ung.); Sauerteiggurken; Essiggurken; Sauerkraut; Gurkensalat (mit Bohnenkraut, Zwiebeln und Essig, sächs.).

Gebäck

Baumstriezel (sächs.-ung.); Buchteln (österr.); Grammelpogatschen (sächs.-ung.); Grammelhiebes (sächs.); Eier-, Rahm-, Zwetschken-, Apfel- und Grießhanklich (sächs.); Cremeschnitten (österr.); Doboschtorte (österr.); Indianerkrapfen (österr.); Harlekin (sächs.); Non plus ultra (Kleingebäck, sächs.).

Süßspeisen

Dulceaţa (versch. Früchtejams mit Wasser serviert, rum.); Baclava (türk.); Halva (Sesam mit Honig, türk.); Rahat (türk.); Nougat (türk.).

Getränke

Frühstücks**kaffee** (Milchkaffe mit Bohnen- und Ersatzkaffee, sächs.); schwarzer Kaffee; Kapuziner; Türkischer Kaffee.

Wein: Riesling, Mädchentraube, Traminer, Gutedel, Muskateller, Königsast und andere. Herkunft der Weine: Kokeltal in Siebenbürgen; Odobeşti, Panciu und Murfatlar aus dem rum. Altreich.

Bier: Mehrere Brauereien, meist deutschen Ursprungs; verschiedene Geschmacksrichtungen.

Schnäpse: ţuica (Zwetschkenschnaps, rum.); Drojdie (Hefeschnaps, rum.).

Mineralwasser: gute Qualität (Bodoc, Zizin, Malnaş, Biborţeni, Vălcele, Bicsad u. a.).

REISEGEBIET 1

Tîrgu Lăpuş / Ungarisch-Laposch / Magyarlápos

Das Reisegebiet Lăpuş reicht als nördlichste Landschaft Siebenbürgens bis 47°40′ N und erstreckt sich vom Kamm des Ţibleş- und Lăpuş-Gebirges bis zur Talsenke des Großen und des vereinigten Somesch. Dazwischen liegt eine Berg- und Gebirgsland-schaft, die die Senke von Laposch umgibt: Im N die weit nach S reichenden Ausläufer der vulkanischen Gebirge, im S die Ciceu-Berge, aus denen einige Inselberge heraus-ragen: Breaza-Höhenzug (974 m), Preluca (795 m), Şatra (1041 m) u. a. Große Gebiete bestehen aus Andesit, d. s. jungvulkanische Gebirge, an deren Rand sich reiche Erzla-gerstätten gebildet haben. Im Vorland dieser Gebirge und im W bis ins Somesch-Tal liegt eine Zone alttertiärer Schichtgesteine, die gegen S und O in mitteltertiäre (Flysch) Konglomerate übergehen. Wie Inseln ragen der Andesitvulkan der Măgura (753 m) und einige Berge um Ciceu-Corabia sowie die Şatra aus tertiären Ablagerungen und kristallinen Schiefern hervor. Das Engtal des Laposch-Flusses unterhalb Răzoare ist mit der kristallinen Scholle praekambrischer Amphibolitschiefer und kristalliner Kalke der Preluca verzahnt.

Das Klima ist gemäßigt kontinental mit langen, kühlen Wintern. 700 – 800 mm p. a. Niederschläge, in den Gebirgen mehr, speisen ein dichtes Gewässernetz. Die Wälder sind in den Tälern und unteren Hangregionen verschwunden, ebenso in gro-ßen Gebieten der Laposcher Senke. Im S sind Eichenwälder, die sich nach N zu mit Buchen mischen; an den Gebirgshängen liegen dichte Buchenwälder, die in den Hoch-lagen in Nadelwald übergehen; die Gebirgsgipfelflächen sind mit Almwiesen bedeckt. In den Wäldern sind Braunbären, Hirsche, Luchse, Schwarz- und Auerwild anzutref-fen, die Bäche sind reich an Forellen. Das Gebiet ist seit dem Neolithikum besiedelt; heute wohnen hier vor allem Rumänen, aber auch Ungarn. Die Einwohnerdichte be-trägt 20 – 40 Ew./km². Größere Ortschaften liegen nur im Somesch-Tal, Haupterwerbs-zweig ist der Ackerbau (Kartoffeln, Mais, Weizen, Hanf, Flachs, Zuckerrüben, Gemü-se). Im N überwiegt die Viehzucht (Rinder und Schafe), Obstpflanzungen umgeben die Siedlungen.

Der Bergbau hat sich um Băiuţ entwickelt, ebenso gibt es Steinbrüche und Mineral-wasserabfüllstationen. In einigen Orten haben sich Holz- und Wollverarbeitung sowie Lebensmittelindustrie entwickelt.

Ethnographisch gesehen gehört das Laposcher Land zu den Kostbarkeiten rumäni-scher Volkskunst. Aus massiven Balken gezimmerte Häuser und Tore, formvollendete Holzkirchen, bemalte Hafnerwaren, geschnitzte Holzgegenstände und bunte Volkstrachten erfreuen das Auge. Dazu kommen noch einige Schlösser und Gutshäu-ser der ehemaligen Feudalherren aus dem Somesch-Tal. Sehenswert ist außerdem die Ruine der einzigen ma. Burg dieses Gebietes bei Ciceu-Corabia.

Verkehrsmäßig hat das Gebiet eine ungünstige Lage, die Bahnlinien berühren es nur am Rande im Somesch-Tal. Kreisstraßen führen in das Gebiet, Forststraßen in allen Tälern in die Gebirge, im Suciu-Tal über das Gebirge in die Marmarosch.

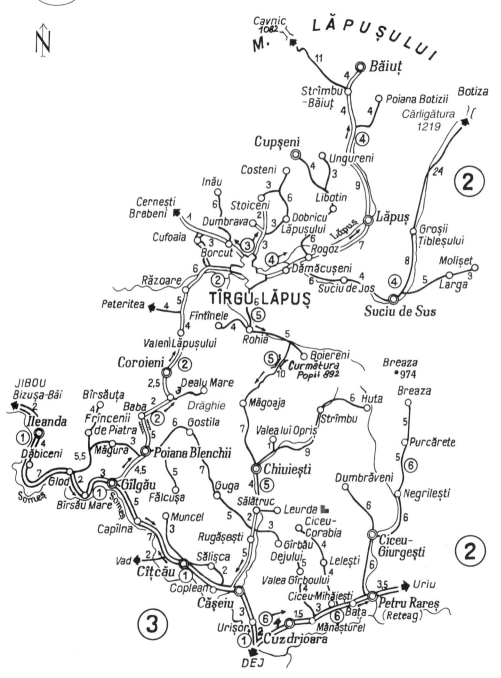

Übernachtungsmöglichkeiten gibt es nur im Hotel in Tîrgu Lăpuş. Es fehlen die nötigen touristischen Einrichtungen. In Bauernhöfen, Forst- und Hegerhäusern kann man bei gastfreundlichen Einwohnern Quartier und Labung finden. In den Großgemeinden gibt es Läden und Gasthöfe, wo man sich mit dem Nötigsten versorgen kann.

ROUTE 1/1

Die DN 1C kommt von der Somesch-Brücke bei Dej nach N, die DN 17 zweigt nach O ab, und die DN 1C führt am O-Ufer des Somesch-Tales nach NW. Nach 2 km erreicht sie das Dorf

Urişor, Alör (270 m, u. e. E. 1405, 1116 Ew.). Im MA. ung. Grenzsiedlung. Die ma. Kirche ist als Ruine erhalten. Seit 1600 zunehmend von Rum. bewohnt. 1830 baute der Rabbiner Markus Löw eine Synagoge. 3 km nach N folgt die Gemeinde

Cășeiu, Alsókosály (241 m, u. e. E. 1216, 1593 Ew.). Ruinen eines röm. Castrums der „I. Britannischen Cohorte". Neben dem Castrum röm. Zivilsiedlung „vicus Samum". Die archäol. Funde von 1929 sind im „Museo Nazionale Romano" in Rom. Hier zweigt die Kreisstraße DJ 182 nach Tîrgu Lăpuş ab. 2 km w. liegt

Coplean, Kaplyon (230 m, u. e. E. 1261, 684 Ew.). War bis 1600 ung., nachher von Rum. bewohnt. Kath. Kirche ist rom. Baudenkmal, die barocke Ausstattung eine Stiftung der Fam. Haller. Auf dem Sakristeischrank die Inschrift: Sigismundus Felvinczi de Harasztos. Im Innenhof der Vierbasteien-Burg lag das 1920 abgebrannte Schloß Haller. In einem ö. Seitental, 2 km weit, liegt

Sălişca, Szelecske (291 m, u. e. E. 1405, 664 Ew.). Rum. Holzkirche (1760/1770) mit schöner Ausstattung von 1790. Die DN 1C führt nach 4 km in die Gemeinde

Cîțcău, Kackó (252 m, u. e. E. 1348, 1839 Ew.). Nachkommen der Freibauern und Kleinadligen gründeten 1750 die ref. Kirchengemeinde. Die Malerin Amál Doczyné-Berde (1886 –

Coplean, ehemaliges Barockschloß Haller

1976) und die Schriftstellerin Mária Berde (1889 – 1949) waren Töchter des ref. Gemeindepfarrers Berde. *Sehenswert:* ref. Kirche und orthod. Kirche aus 15. Jh. In einem Seitental liegt 6 km nw.

Muncel, Kishovas (480 m, u. e. E. 1553, 455 Ew.). Orthod. Holzkirche, um 1700 gebaut. An der DN 1C folgt 7 km nw.

Căpîlna, Felsőkápolna (242 m, u. e. E. 1437, 539 Ew.). Hier wurde anläßlich des Bauernaufstandes von 1437 der Bund der drei „Nationen", Adelige, Szekler und Sachsen, gegen alle inneren und äußeren Feinde feierlich geschlossen. 4 km weiter folgt die Gemeinde

Gîlgău, Galgó (222 m, u. e. E. 1405, 965 Ew.). Mitglieder der Fam. Rațiu (Rácz) gründeten hier 1709 die ref. ung. Kirchengemeinde. Hier lebte der ung. Schriftsteller jüd. Abstammung Oszkár Bárd-Wettenstein (1893 – 1942) als Landarzt. Dorfmuseum, große Hühnerfarm. Von hier zweigt die DJ 109F nach Tîrgu Lăpuş ab. Entlang der bewaldeten Steilhänge des hier engen Somesch-Tales mit seinen vielen Windungen folgt nach 3 km

Bîrsău Mare (263 m, u. e. E. 1393, 398 Ew.). 1600–1603 war es eine Wüstung, wurde dann neu besiedelt. Die rum. Holzkirche stammt aus 1690, wurde wegen Hochwassergefährdung auf höheren Platz verlegt. 2 km nach N liegt das Dorf

Glod, Sómezö (219 m, u. e. E. 1553, 743 Ew.). Von hier stammt die rum. Adlsfam. Vaida. Nach NO führt eine KS 5 km in das Dorf

Frîncenii de Piatră, Köfrinkfalva (369 m, u. e. E. 1592, 747 Ew.). In Richtung N steigt die Straße nach

Bîrsăuţa (420 m, u. e. E. 1635, 108 Ew.) an. 3 km ostwärts liegt

Măgura, Kishegy (510 m, u. e. E. 1590, 139 Ew.). Die rum. Holzkirche stammt aus dem Jahre 1707.

Auf der DN 1C folgt nach 7 km die Ortschaft

Dăbiceni, Kisdoboka (231 m, u. e. E. 1553, 314 Ew.). Rum. Kirche aus 1817. 4 km n. führt die DN 1C in die Gemeinde

Ileanda, Nagyilonda (222 m, u. e. E. 1390, 1149 Ew.). Liegt an der Mündung des Baches Dolheni in den Somesch. Hat Mühle und Brotfabrik. *Sehenswert* sind die Kirchen. Eine der zwei rum. Kirchen gehörte den Freibauern (nemeşi, Kleinadlige). Die hölzerne orthod. Kirche wurde im 15. Jh. gebaut. Großes Trachtenvolksfest am 21. März und 15. Okt.

Die DN 1C verläßt hier das > [RG 1] und führt 3 km in das Bad Bizuşa-Băi > [RG 3].

ROUTE 2/1

Die DJ 109F verläßt Gîlgău, biegt nach N ab und erreicht nach 6 km

Poiana Blenchii, Blenkemezö (266 m, u. e. E. 1553, 921 Ew.), in dem eine große Mühle steht. 5 km in einem sö. Seitental liegt das Dorf

Fălcuşa, Falkosány (334 m, u. e. E. 1590, 1297 Ew.). In einem nö. Seitental liegt 5,5 km weit

Gostila, Csicsógombás (297 m, u. e. E. 1559, 866 Ew.), kleines Dorf, kam im 17. Jh. in den Besitz der Fam. Haller. Die DJ 109F führt durch ein enges, felsiges Tal 5 km nach

Baba (301 m, u. e. E. 1357, 673 Ew.). Rum. Holzkirche, Glocke aus 1670 mit rum. Inschrift. In den Kalkbergen zwischen Poiana Blenchii und Baba liegt die *sehenswerte Baba-Schlucht* mit vielen Karsterscheinungen. Nach 2 km erreicht man

Drăghia, Drágosfalva (317 m, u. e. E. 1545, 306 Ew.). In diesem mehrheitlich von rum. Freibauern bewohnten Dorf gab es im 17. Jh. eine Lehrerbildungsanstalt. Am Dorfeingang steht rum. Holzkirche aus 1706. 3 km weiter ö. liegt das Dorf

Dealu Mare, Dülöfalva (472 m, u. e. E. 1571, 548 Ew.). Auf der DJ 109F folgt nach 2 km die Gemeinde

Coroieni, Károlyfalva (486 m, u. e. E. 1584, 484 Ew.). Nachkommen der Gründerfam. leben heute noch hier. Durch ein enges Tal führt die DJ über die Breaza-Höhen 4 km in das von Streusiedlungen umgebene Dorf

Vălenii Lăpuşului, Dánpataka (403 m, u. e. E. 1331, 728 Ew.). Schöne Holzkirche. Die Straße führt nach 4 km in die Siedlung

Răzoare, Macskamezö (318 m, u. e. E. 1500, 1151 Ew.). Der Laposch-Fluß hat w. von Răzoare einen wilden, engen, von Felswänden eingefaßten Lauf mit vertieften Mäandern. Es ist eine Bergbausiedlung, man fördert Eisenerz und Molybdän. *Sehenswerte* Holzkirche aus dem 18. Jh., ausgemalt von Petrea aus Preluca. Im Laposcher Tal erreicht die DJ nach 6 km Richtung O die Stadt

Tîrgu Lăpuş, Ungarisch-Laposch, Magyarlápos (334 m, u. e. E. 1291, 1985: 14.000 Ew.). Die Stadt mit ihren 13 eingemeindeten Dörfern ist wirtschaftlicher und kultureller Mittelpunkt des Laposcher Landes. Geburtsort des ung. Naturwissenschaftlers Ferenc Benkö (1745 – 1816); Bedeutendes Töpfereizentrum, Milch- und Wollverarbeitung.

ROUTE 3/1

Von Tîrgu Lăpuş auf der DJ 182 nach NW liegt nach 3 km

Borcut, Borkút (350 m, u. e. E. 1331, 544 Ew.). Name kommt von hiesigen Mineralwasserquellen. Im MA. rum. Dorf. Neue rum. Kirche wurde 1878 gebaut. Auf einem Nebenweg erreicht man nach 5 km in n. Richtung, am Fuße des Şatra-Massivs (1041 m), das Dorf

Inău, Unömezö (429 m, u. e. E. 1584, 531 Ew.). Liegt an der Grenze zum ehem. Burgdistrikt von Chioaru. Rum. Holzkirche wurde um 1700 aus Eichenpfosten gebaut. An der DJ 182, die nach NW auf Cerneşti zuführt, zweigt nach 3 km von Borcut eine Straße 1 km nach

Cufoaia, Kohópataka (404 m, u. e. E. 1584, 286 Ew.) ab. Orthod. Holzkirche aus 1850. Marmorbruch. Nach S führt eine AS am Cufoaia-Bach bis an die DJ 109F zwischen Răzoare und Tîrgu Lăpuş. Auf einer AS erreicht man nach 4 km aus Tîrgu Lăpuş nach N

Dumbrava, Kisdebrezen (360 m, u. e. E. 1584, 307 Ew.). An der Wegkreuzung vor Dumbrava zweigt nach O die Straße 3 km nach

Dobricu Lăpuşului (355 m, u. e. E. 1548, 571 Ew.) ab. Hat zwei Kirchen: eine Kirche am Berg aus dem 17. Jh. und eine im Tal von 1700. Am Oberlauf des Dobric-Baches liegt, 6 km von Dobricu, das Dorf

Costeni (370 m, u. e. E. 1603, 730 Ew.). Schöne rum. Holzkirche. Am Oberlauf des Stoiceşti-Baches liegt, 2 km n. der Dumbrava-Wegkreuzung, am Ende der AS das Dorf

Stoiceni (u. e. E. 1589, 378 Ew.). *Sehenswerte* Holzkirche. Neben der Mineralwasserquelle (borcut) findet alljährlich im Juli das traditionelle Laposcher Volksfest statt (Festivalul cîntecului, portului şi dansului popular lăpuşean). Im Dorf Tafelwasserabfüllanlage. Eine Forststraße führt 3 km nach O in das Dobric-Tal und mündet dort in die Straße Dobriciu-Costeni.

ROUTE 4/1

Von Tîrgu Lăpuş führt die DJ 109F 3 km im Laposcher Tal nach O in das Dorf

Dămăcuşeni, Domokos (342 m, u. e. E. 1325, 915 Ew.). Neben Ung. Laposch ist es das einzige ung. Dorf des Laposcher Landes. 1603 war es im Besitz des sächs. Adligen Stencsel Krakker aus Krakau neben Weißenburg. Die ref. got. Kirche brannte im Kriegsjahr 1661 ab, wurde 1730 neu erbaut, der Turm 1793. Weiter, Richtung O, führt die Straße nach 3 km in das Dorf

1

Rogoz (353 m, u. e. E. 1488, 1386 Ew.). Ortsname weist auf nahegelegene Sumpfgebiete hin. War 1595 im Besitz des Moldauer Fürsten Stefan Răzvan. *Sehenswert:* Holzkirche mit 1785 bemalter Nordwand, Werk der Maler Radu Munteanu aus Ungureni und Nicolae Man aus Poiana Porcului (heute Fîntînele), sowie die Holzkirche der „Hl. Erzengel" aus dem 18. Jh., ebenfalls mit Wandmalereien. Sie ist aus Suciu de Sus hergebracht worden.
Eine Abzweigung führt im Rotunda-Tal 6 km nach

Holzkirche in Rogoz

Libotin (360 m, u. e. E. 1488, 1226 Ew.). Die rum. Holzkirche ist aus dem Jahr 1671, wurde 1811 griech.-kath. Im selben Tal liegt 5,5 km weiter oben

Ungureni (390 m, u. e. E. 1484, 180 Ew.). Die rum. Holzkirche gehörte den freien Bauern, wurde 1782 neu bemalt. 2 km vor dem Dorfeingang führt eine Abzweigung nach NW 4 km in die Gemeinde

Cupşeni, Kupsafalva (400 m, u. e. E. 1584, 1001 Ew.), einst Knesendorf von Gherla (Neuschloß). Die orthod. Dorfpfarrer waren mehrere Generationen hindurch aus der Fam. Cupşa. *Sehenswert* zwei rum. Holzkirchen: „Sfîntu Ilie" mit Wandmalereien aus dem 19. Jh. und die Kirche der „Hl. Erzengel", von griech.-kath. Gläubigen aus Peteritea hergebracht. Ausflugsmöglichkeiten auf den *Şatra-Berg* (1041 m), 2 – 3 Stunden, ebenso zur Quelle „Fîntîna lui Pintea".

Von der DJ 109F führt vor Rogoz eine AS nach 6 km in das Bradului-Tal (Suciu-Bach) nach

Suciu de Jos (380 m, u. e. E. 1325, 1439 Ew.). Wegen der vielen Gemüsebauern werden die Bewohner landläufig „Bulgaren" genannt. 4 km weiter liegt die Großgemeinde

Suciu de Sus (420 m, u. e. E. 1325, 2549 Ew.). Schafzüchtergemeinde. Von hier stammen die rum. Geschlechter Gurzo und Burzo. Bedeutende archäol. Ausgrabungen: Nekropole mit Urnengräbern aus der Bronzezeit. In Richtung O führt eine Abzweigung 7 km nach

Larga, Tágfalva (451 m, 494 Ew.), die östlichste Siedlung des Laposcher Landes. Der Weg führt weiter bis Molişet > [RG 2].

An der DJ 171A folgt nach 8 km von Suciu de Sus in der Valea Bradului nach N das große Haufendorf

Groşii Ţibleşului, Tökés (490 m, u. e. E. 1594, 2324 Ew.), großteils Rum. Auch hier lebten im MA. viele rum. Freibauern, heute Schafzüchter. 1822 wurde im Tal des Suciu-Baches die Köhlersiedlung **Greble** gegründet, da in Strîmbu seit 1822 eine Eisenhütte bestand. Die Köhler kamen aus dem damaligen Oberungarn und waren kath. Ungarn, Slowaken und Deutsche. Der Weg führt weiter nach Botiza. > [RG 2]. Die DJ 109F erreicht 7 km nach Rogoz die Gemeinde

Lăpuş, Laposch, Oláhlápos (398 m, u. e. E. 1393, 3505 Ew.). Holzkirche der rum. Freibauern mit Wandmalereien (1697). Zwischen 1847 und 1892 war im heute eingemeindeten Weiler

Păduroi, Rojahida (471 m, u. e. E. 1874) eine Eisenhütte in Betrieb. Die Ausrüstung wurde 1892 nach Hunedoara (Eisenmarkt) gebracht. Die um 1850 starke ung. und dt. Kolonie ist abgewandert; es gibt hier noch eine röm.-kath. Kirche. Archäol. Funde aus der Bronze- und Eisenzeit zeugen von der langen Tradition des Bergbaues in diesem Gebiet. Im Laposch-Tal, 8 km nach N, zweigt eine Straße in einem Seitental 4 km nach

Poiana Botizii (525 m, u. e. E. 1344, 488 Ew.) ab. Bis 1750 gehörte dieses riesige Waldgebiet zur Gemarkung von Lăpuş. 1777, unter Maria Theresia, wurde dieses Bergbaugebiet an die Bergbaudirektion von Baia Mare (Neustadt) verpachtet, 1876 der Erzabbau eingestellt. Im Dorf *sehenswerte* Holzkirche. Markierte Wanderwege führen zur Höhe *Căldare* oder *Casa Pintii,* in das vulkanische Gutin-Geb. Auf der DJ 109F folgt nach 4 km

Strîmbu-Băiuţ, Horgospataka (Kőhóvölgy) (525 m, u. e. E. 1835, 1100 Ew.). Größtenteils von Ung. bewohnt. Am Oberlauf des Laposch-Flusses bestanden Ende des 18. Jh. mehrere Eisenhütten, der Bergbaudirektion von Baia Mare (Neustadt) unterstellt. Obwohl die Eisengießerei später eingestellt wurde, wurden im Revolutionsjahr 1848/49 in den neubelebten Hütten aus Glocken Kanonen gegossen. Die AS führt als Forststraße auf den 12 km entfernten und 1080 m hohen Cavnic-Paß, danach 4 km in das Bergwerkszentrum Cavnic hinunter. Eine geteerte Abzweigung führt von Strîmbu 4 km nach

Băiuţ, Erasébetbanya (600 m, u. e. E. 1315, 2234 Ew.). Die am Fuße des Laposch-Geb. gelegene Gegend ist erzreich. 1776 wurde hier eine neue Eisengrube eröffnet. 1778 nahmen auch Schmelzöfen und Gießerei ihre Tätigkeit auf; um 1811 Verlegung nach Strîmbu. Bergbausiedlung seit 1769 (Poch-, Hammerwerke, Schmelzöfen). Auch heute fördert man Gold-, Silber-, Zink-, Blei- und Kupfererze.

ROUTE 5/1

Die DJ 182 führt vom Tîrgu Lăpuş nach S und erreicht nach 6 km

Rohia (371 m, 425 m, u. e. E. 1325, 968 Ew.). Viele Ew. waren im MA. rum. Freibauern und Kleinadlige. *Sehenswert:* orthod. Holzkirche (1803) in der Dorfmitte und griech.-kath. Kirche (1790) im s. Teil des Dorfes. Neben dem Dorf das orthod. St. Anna-Kloster, 1923 – 1926 errichtet, ein Zentrum der orthod. Kirchenkultur mit reicher Bibliothek. Eine Abzweigung führt von Rohia 5 km nach W in das Dorf

Fîntînele (391 m, u. e. E. 1553, 561 Ew.). 7 km weiter liegt die Ortschaft

Boiereni (450 m, u. e. E. 1584, 672 Ew.). 1 km vor Boiereni wendet sich die DJ 182 nach S, überwindet in vielen Serpentinen die Breaza-Höhe im Paß *Curmătura Popii* (892 m); auf der S-Seite windet sich die Straße, schon im Kreis Klausenburg, noch 10 km bis zum Dorf

Măgoaja (431 m, u. e. E. 1588, 648 Ew.). Im MA. gehörte es der Salzgrube von Ocna Dejului an. Von hier stammt der rum. Volksheld Pintea Viteazul, ein Verbündeter des Kuruzenführers Fürst Ferenc Rákoczi II. Alljährlich finden hier im Sept. traditionelle Volksfeste statt. An der DJ 182 folgt, nach 6 km Talfahrt nach S, die Gemeinde

Chiuieşti (Pecsétszeg) (324 m, u. e. E. 1467, 2348 Ew.). Gehörte im MA. zur Salzgrube Ocna Dejului. Rum. Kleinadlige hatten hier ihre Freihöfe. Zur Gemeinde gehört auch der 5 km nö. liegende Weiler

Valea lui Opriş mit orthod. Kloster. 10 km im ö. Seitental befindet sich das 4 km lange Straßendorf

Strîmbu, Horgaspataka (477 m, u. e. E. 1588, 693 Ew.). Dorfgründer war der Rum. Gheorghe Vaida aus Chiuieşti. Einer seiner Nachkommen, Ioan Giurgiu alias Ioan Nemeş Pataki, wurde um 1720 Baron und griech.-kath. Bischof des Bistums Fogarasch. 6 km ö. über die Berge liegt im Pîrîul-Negrileştilor-Tal der Weiler

Huta (490 m, u. e. E. 1913, 194 Ew.).

S. von Chiueşti, auf der DJ 182, 4 km weit, folgt der Weiler

Sălătruc (389 m), ö. von ihm der Weiler

Leudra (423 m). Hier beginnt die AS und führt nach 3 km in das Dorf

Rugăşeşti (264 m, u. e. E. 1325, 1228 Ew.). In einem w. Seitental liegt, 5 km weit, das Dorf

Guga (366 m, u. e. E. 1590, 569 Ew.). War eine Sekundärsiedlung von Rugăşeşti. Die Straße führt weiter nach NW, erreicht nach 7 km das Dorf Gostila > [R 2/1]. Von Rugăşeşti erreicht die DJ 182 nach 5 km Căşeiu und die DN 1C Dej-Baia Mare > [RG 3].

ROUTE 6/1

Von der Abzweigung von der DN 1C n. der Somesch-Brücke bei Dej führt die DN 17 im Tal des Someşul Mare (Großen Somesch) 4 km nach O in das Dorf

Cuzdrioara, Közárvár (246 m, u. e. E. 1205, 2497 Ew.). Der ung. Ortsname erinnert an kavarische Grenzwächter des 9. – 10. Jh. *Sehenswert* die ref., vor 1622 unit. rom. Kirche, die 1722 restauriert wurde. Im Turm eine Glocke aus 1597. Rathaus war ursprünglich Herrenhaus der Fam. Teleki, 1790 erbaut. Die alte Kazarenburg steht als Ruine. Die DN 17 durchquert nach 1,5 km das Dorf

Mănăşturel, Monostorszek (244 m, u. e. E. 1315, 670 Ew.). Großteils Rum. Wurde 1600 niedergebrannt und vollständig entvölkert, nachher durch Rum. neu besiedelt. In einem Seitental führt eine KS nach N, 8 km durch den Weiler

Valea Gîrboului (292 m, u. e. E. 1956) nach

Gîrbău (Dejului) (400 m, u. e. E. 1315, 766 Ew.). Rum. Holzkirche aus dem 18. Jh. Die DN 17 führt nach 3 km in das Dorf

Ciceu-Mihăieşti, Csicsómihályfalva (266 m, u. e. E. 1325, 881 Ew.) Liegt an der Mündung des Leleşti-Baches. War Anfang des 17. Jh. im Besitz des aus Antwerpen stammenden Gerhard Lissabona. Ref. Kirche im got. Stil. Im Leleşti-Tal führt eine KS nach N 4 km in das Dorf

Leleşti, Csicsólábfalva (307 m, u. e. E. 1405, 627 Ew.). 1846 siedelte der Grundherr Benedek Mikes kath. Slowaken aus der Zips hier an, die später griech.-kath. und von Rum. assimiliert wurden. Nach weiteren 4 km durch weite Wälder erreicht die Straße das Dorf

Ciceu-Corabia, Csicsóujfalu (516 m, u. e. E. 1467, 517 Ew.). In den Rhyolith-Brüchen des Ciceu-Berges wurden bis Ende des 19. Jh. Mühlsteine gemeißelt. Die Ciceu-Burg wurde nach dem Mongoleneinfall von 1250 – 1260 gebaut, 1283 erstmals erwähnt, 1484 von König Mathias an den Moldauer Woiwoden Stefan den Großen vergeben. Die moldauischen Herrscher verwalteten das Lehen bis 1580. 1544 wurde die Burg geschleift. Die Herrschaft gehörte später Kaiser

Ferdinand und ging an Gherla (Neuschloß) über. Von den ursprünglich vier Eckbasteien der auf einem Rhyolith-Felsen errichteten *Burg* ist nur noch eine, 6 m hoch, erhalten. Die Urwälder lieferten das Holz für die Floßtransporte des Salzes von Dej (Burglos). Die DN 17 führt nach 2 km in das Dorf

Baţa, Batzau, Baca (253 m, u. e. E. 1405, 887 Ew.). In diesem Dorf gab es eine Burg, an deren Stelle Graf Miklos Kornis um 1870 ein neues Schloß errichtete. Die neue, 1766 gebaute ref. Kirche, hat eine Kassettendecke, ein Meisterwerk des Klausenburger Tischlermeisters Lorenz Umling. Nach 2 km folgt die Großgemeinde

Petru Rareş (Reteag), Reckentek, Retteg (251 m, u. e. E. 1247, 2608 Ew.). Seit seiner Gründung ein sächsischer Marktflecken mit gut besuchten Jahrmärkten. Im 17. und 18. Jh. zunehmend von ung. und rum. Bauern bevölkert, zu denen im 19. Jh. auch armenische und jüdische Kaufleute hinzukamen. *Sehenswert* die auf einer Anhöhe stehende *ref. got. Kirche.* Ihr schönes Portal wurde in den 1807 – 1812 errichteten Turm eingebaut. Im Geburtshaus des Schriftstellers Ion Pop-Reteganul wurde 1955 ein Museum eingerichtet. Das Standbild des Schriftstellers ist ein Werk des rum. Bildhauers Ioan Pop Rusu. Die DN 17 führt ostwärts nach Beclean und Bistritz > [RG 5].

Nach N führt eine KS 6 km in die Gemeinde

Ciceu-Giurgeşti, Csicsógyörgyfalva (312 m, u. e. E. 1405, 1449 Ew.). Gehörte bis ins 16. Jh. zur Burgdomäne Ciceu, nachher im Besitz der Fam. Lissabona, Haller und Teleki. Die KS führt 6 km weiter in das Dorf

Dumbrăveni, Gáncs (330 m, u. e. E. 1467, 1294 Ew.). Im 19. Jh. im Besitz der armenischen Grundherrenfam. Czetz. Hier liegt der sb. Botaniker Antal Czetz (1801 – 1965) begraben, ebenso Lajos Bauer (1815 – 1865), der Sekretär General Bems im Feldzug 1848/49. Von Ciceu-Giurgeşti zweigt eine KS nach O ab und führt in der Valea Mare 6 km nach

Negrileşti, Négerfalva (322 m, u. e. E. 1405, 2064 Ew.). Rum. Kirche, 1821 erbaut. Im N der Gemarkung liegt die Ruine Negru. Nach weiteren 11 km im Căprioara-Tal, durch den Weiler

Purcărete (410 m, u. e. E. 1956), liegt

Breaza, Emberfö (531 m, u. e. E. 1370, 1331 Ew.), ein gänzlich rum. Dorf. Im MA. verlief hier die alte Verbindungsstraße zwischen Dej und der Maramuresch. An Stelle der alten Holzkirche wurde 1898 die neue rum. Kirche gebaut. Geburtsort des rum. Lokalhistorikers Victor Motogna (1885 – 1948). Im NW des Dorfes Breaza erhebt sich der *Breaza-Gipfel* (974 m), höchster Gipfel des ebenso benannten Höhenzuges; er kann in einer Stunde bestiegen werden.

REISEGEBIET 2

Năsăud / Nassod / Naszód

Das Reisegebiet Năsăud (Nassod) liegt an der N-Grenze Siebenbürgens. Seine O-W-Ausdehnung beträgt 70 km, die N-S-Ausdehnung 53 km. Zwei Drittel seiner Fläche im N und O werden vom Țibleș-, Rodnaer und Borgoer Gebirge eingenommen, der SW vom Nassoder Bergland und den n. Bistritzer Bergen. Im Gebirgsrand sind die höchsten Erhebungen: Țibleș (1839 m), Rodnaer Gebirge (Kuhhorn/Ineu, 2279 m) und Borgo-Gebirge (Heniul Mare, 1611 m). Der tiefstgelegene Talort ist Braniștea (251 m) im Somesch-Tal, der höchste Zăvoaile Borcutului (1011 m) im Rodnaer Gebirge.

Das Rodnaer Gebirge ist ein kristalliner Klotz mit Erzlagerstätten und Mineralwasserquellen. Țibleș- und Borgoer Gebirge bestehen aus alttertiären Konglomeraten und Sandsteinschichten, von jungvulkanischen Eruptionszentren durchbrochen (Țibleș, Heniul u. a.). Das Nassoder Bergland und die Bistritzer Berge bestehen aus mitteltertiären Sedimentgesteinen mit Salzvorkommen im SW (Ilișua, Săsarm, Căianul Mare, Mintiu).

Der Große Somesch sammelt in seinem breiten, terrassenreichen Tal die vielen parallelen Nebenflüsse aus dem Rodnaer Gebirge und die von O kommenden Flüsse des Borgoer Gebirge. Von S bringt, in weiter Talsenke, der Schogener Bach (Șieu, Sajo) die Wasser des Kelemen-Gebirges. Das Gebiet ist niederschlagsreich, 800 mm im SW und über 1400 mm Niederschläge in den Gebirgen, daher sind die Gewässer das ganze Jahr hindurch wasserreich.

75 bis 150 Tage liegt die Schneedecke. Die Sommer sind kühl, daher sind große Gebiete von Wald bedeckt: im SW sind es Eichenwaldinseln auf den Bergrücken und Nordhängen, höhergelegen (400 – 800 m) folgen große Buchenwälder mit Rodungsinseln. An den Gebirgshängen werden diese Waldflächen immer zusammenhängender, und ab 800 m sind es Bergmisch- und Fichtenwälder, die die Hänge bis 1800 m z. T. mit urwaldartigem Nadelwald bedecken. Über der Waldgrenze liegen weite Almflächen, die in Gipfelregion (2200 m) in Gebirgstundra übergehen. Die Fauna dieser Wälder ist sehr reich: Bären, Wölfe, Luchse, Marder, Hirsche, Rehe, Wildschweine, in den Gewässern vornehmlich Forellen.

Die Bevölkerung konzentriert sich im SW in großen Haufendörfern, im Gebirge in langen Straßendörfern in den engen Tälern, und nur selten haben sich Streusiedlungen in größeren Rodungsinseln gebildet. Die Einwohnerdichte des Gebirgsraumes ist mit 2 Ew./100 km² gering. Nassod ist ein altes rum. Siedlungsgebiet, in der Zeit der Zugehörigkeit zu Österreich war es als walachisches Grenzerregiment organisiert, die Bewohner waren freie Gebirgsbauern. Damals wurden hier überall rum. Schulen errichtet, somit konnte dieses Gebiet viele Intellektuelle hervorbringen. Im s. Teil ist der Einfluß der Siebenbürger Sachsen aus Bistritz zu verspüren, zu dem das Gebiet im Mittelalter gehörte.

Wirtschaftlich zeichnet sich das Gebiet Nassod durch Wald- und Weidewirtschaft aus. Dazu kommen Buntmetallbergbau, Steinbrüche und viele Mineralwasserquellen

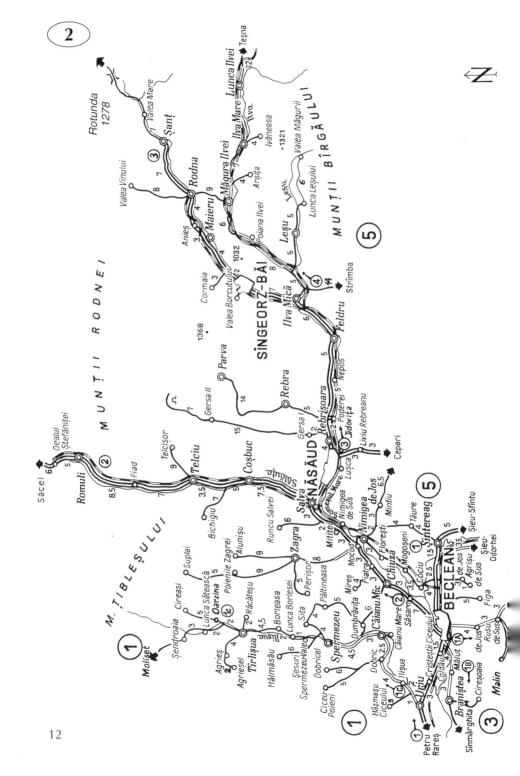

mit Kur- und Badebetrieb. Touristisch bedeutend sind die schönen Volkstrachten, die Volkstänze, aber auch die Naturschönheiten, Wandermöglichkeiten mit urtümlicher Übernachtung im Bauernquartier, in der Sennhütte oder im Zelt, die Höhlen, Klammen sowie die Ruhe auf den Forstwegen und Bergpfaden in den großen Wäldern.

Mit der Bahn erfolgt die Anfahrt von Cluj (Klausenburg) über Dej, Salva oder von Kronstadt über Deda oder Bistritz. Mit dem Auto kann die Einfahrt in das Gebiet auf der DN 17 von Reghin (Sächsisch-Regen) oder von Dej erfolgen. Quer durch das Reisegebiet führt die DN 17 mit ihren Zweigen DN 17C und DN 17D, von denen Kreisstraßen, KS und Forstwege in alle Gebirgstäler führen, in einigen bis kurz unter die Kammregion (2100 m). Unterkünfte sind vielfach rar. Hotels gibt es nur in Năsăud und Sîngeorz-Băi, Schutzhütten in Cormaia, „Farmecul Pădurii", und die Puzdra-Hütte am Rodnaer Kamm. Sonst ist man auf die Gastfreundschaft der Bauern und Hirten angewiesen oder auf ein Notlager in Waldarbeiterunterkünften. Mit vorheriger Erlaubnis kann auch in Jagd- und Forsthäusern genächtigt werden. Bei Wanderungen in der Almenzone empfiehlt es sich, in Gruppen zu wandern, um in „Igelstellung" den Belästigungen durch Hirtenhunde bis zum Eintreffen des Hirten standhalten zu können. Zelten ist überall möglich, doch empfiehlt sich auch dabei, die Nachbarschaft von Bauernhöfen oder Arbeitersiedlungen aufzusuchen.

ROUTE 1/2

Die DN 17 von Dej nach Beclean (29 km) verläuft parallel zum Großen Somesch (Someşul Mare, Nagy Szamos). 3,5 km nach Petru Rareş (früher Reteag) > [RG 1] erreicht die DN 17

Uriu, Er, Felőr (Felső-őr) (265 m, u. e. E. 1405, 1361 Ew.). Der Ortsname ist abgeleitet von Örök = Grenzwächter; die reichen archäol. Funde (Bronzezeit) weisen auf ein altes Siedlungsgebiet hin. *Sehenswert* die ung. ref. Kirche, entstanden im 14. Jh., bis 1927 mehrmals renoviert. Abzweigung von der DN 17 in nö. Richtung > [R 1C/2].

In sö. Richtung führt die DN 17 nach 3 km nach

Cristeştii Ciceului (Ciceu-Cristur), Nieder-Kreuz, Csicsókeresztúr (255 m, u. e. E. 1333, 1191 Ew.) in den Somesch-Auen, am Zusammenfluß des Ilişua-Baches mit dem Großen Somesch. Die ehem. ung. Königsburg mit den zugehörigen Dörfern verlieh Matthias Corvinus um 1489 an den moldauischen Fürsten Stefan den Großen (die Grundherrschaft fällt 1563 an Neuschloß/Gherla); 1882 wurde ein Ziegelstein mit Inschrift eines röm. Castrums gefunden. *Sehenswert:* die ung. kath. Kirche (13. Jh., in got. Stil), Westturm (barock) errichtet 1807; Hauptaltar (Holzschnitzarbeit) von Anton Schuchbauer (1720 – 1789); im W des Dorfes Barockstatue des hl. Nepomuk. 3 km ö. liegt

Culdău, Goldau, Várkudu (Kudu) (269 m, u. e. E. 1392, 743 Ew.). Bedeutende archäol. Funde aus der Steinzeit; Funde der Wietenberg-Kultur (Bronzezeit); im S des Dorfes Reste der Römerstraße von Cristeştii Ciceului nach Burghalle; im NO wildreiche Eichenwälder (Reh-, Nieder-, Schwarzwild und als Wechselwild Bär und Wolf) mit der höchsten Erhebung: Bileag-Berg (427 m). Nach 1,5 km überquert die DN 17 den Großen Somesch über die neue Brücke und erreicht die Stadt

Beclean, Bethlen, Bethlen (263 m, u. e. E. 1235, 1985: 10.000 Ew.). Eisenbahnknotenpunkt, Verbindungen in Richtung Sărăţel – Bistritz (38 km); Dej (26 km); Năsăud. Im NW der Stadt das Motel „Popasul pescarilor" (Sportangler-Raststätte).

Bethlen liegt auf der Terrasse des Großen Somesch, w. seines Zusammenflusses mit dem Schogener Bach (Şieu, Sajó); archäol. Funde weisen auf ununterbrochene Besiedlung seit der Jüngeren Steinzeit (Neolithikum); weitere Funde aus der Bronze-, Eisen- und spätröm. Zeit (Römerstraße). Als Schutz gegen die Tatareneinfälle wurde Erdwall mit Palisaden errichtet, dann durch Steinmauern ersetzt; 1438 wird die Burg Eigentum und Stammsitz der ung. Grafenfam. Bethlen; 1638 – 1657 renoviert und mit vier Wehrtürmen verstärkt; in der Kurutzenzeit (1703 – 1735) von den kaiserlichen Truppen erobert und geschleift. 1968 zur Stadt erhoben. Holz- und Textilindustrie; Sitz eines Forstamtes. *Sehenswürdigkeiten: Ung. ref. Kirche* (Piaţa Libertăţii), 15. Jh. erbaut, Westturm 1854, mit Gräbern der gräfl. Fam. Bethlen (Wappentier = Schlange); auf der N-Seite des Marktplatzes (Piaţa Libertăţii) liegt das *Bethlen-Schloß*, erbaut im 18. Jh. (Baumaterial vom Römercastrum Ilişua); heute landw. Berufsschule; der frühere gräfl. Park (1 ha) wurde zum Naturdenkmal erklärt; im W des Marktplatzes steht das zweite Bethlen-Schloß (heute als Gymnasium genutzt); das dritte (Strada Someşului), erbaut 1860 – 1870, ist Verwaltungssitz des Hanfverarbeitungsbetriebes. *Rum. orthod. Kirche* (Strada Bistriţei 17), erbaut 1800 – 1804, altes Holztor, unter Denkmalschutz gestellt. Reste der einstigen Bethlen-Burg (Strada George Coşbuc 29) im Keller des Hauses von Toma Frişan. 2 km s. des Bahnhofes liegen mehrere kleine *Salzseen* (einst röm. Salzminen), heute Heilbäder von lokaler Bedeutung.

Vom ö. Stadtausgang Becleans führt eine Straße 5 km nach S zum rum. Dorf

Figa, Füge (342 m, u. e. E. 1305, 487 Ew.), im gleichnamigen Tal zwischen eichenbewaldeten Bergen gelegen; sö. liegt der Ort Bretea > [R 5/2].

Auf der DN 17 von Beclean nach O erreichen wir nach 4 km eine Kreuzung; eine KS in Richtung S führt nach 3 km in das rum. Dorf

Agrişu de Jos (Seliştia), Alsóegres (327 m, u. e. E. 1408, 434 Ew.), 1 km weiter nach

Agrişu de Sus, Felsőegres (262 Ew.) im gleichnamigen Tal gelegen. Beide Orte sind bekannt durch zahlreiche archäol. Zufallsfunde. Wieder auf der DN 17, führt eine Straße von der Kreuzung nach N, begleitet vom Großen Somesch und von der Eisenbahnlinie, und quert nach 1,5 km das Dorf

Cociu, Kosch, Szamoskócs (Kócs) (270 m, u. e. E. 1329, 1164 Ew.), jenseits des Schogener Baches (Şieu) ge-legen; hier nö. Vorkommen der Flaumeiche (Quercus pubescens) in Sb. Nach 3,5 km erreicht man

Mogoşeni (Mogoşmart), Szamosmagasmart (Magosmart) (280 m, u. e. E. 1392, 384 Ew.) mit botanischem NSG (Narzissenwiese). Nach 3,5 km nö. folgt

Floreşti (Vireag), Schirak, Virágosberék (282 m, u. e. E. 1325, 556 Ew.).

Wieder auf der DN 17 von der Kreuzung Richtung O, folgt die Abzweigung einer AS nach S nach Şieu-Odorhei > [RG 5] und nach weiteren 1,5 km die Großgemeinde

Şintereag, Siebenkragen (Simkragen), Somkerék (279 m, u. e. E. 1325, 1265 Ew.), ehem. hörige Gemeinde und Herrschaftssitz auf Adelsboden; ung. ref. Kirche in got. Stil, im 15. Jh. erbaut. Holzrundgang aus 1716, Renaissance-Kirchenstühle (1791 bemalt von L. Umling aus Klausenburg). Eine Abzweigung Richtung N führt nach 4 km nach

Tăure, Neudorf, Tóhát (347 m, u. e. E. 1514, 848 Ew.) und weitere 7 km nach

Mintiu, Rumänisch Baierdorf, Oláhnémeti (326 m, u. e. E. 1332) Funde aus der Bronzezeit (Werkzeuge); eine der ältesten dt. Siedlungen Sb.s.; die rum. Kirche heißt auch noch heute die „Sächsische". Die KS in ö. Richtung führt in die im Nösnerland gelegenen Orte Tărpiu, Cepari und Tschippendorf > [RG 5].

An der DN 17, 5 km s., liegt das Dorf Şieu Sfîntu > [RG 5].

ROUTE 1A/2

Die Kreisstraße (DJ) verläßt Beclean nach S, folgt dem Melesch-Bach 4 km in das rum. Dorf

Rusu de Jos, Alsóoroszfalu (Karácsóntelke) (289 m, u. e. E. 1305, 381 Ew.). Dieser und der folgende Ort waren untertänige Gemeinden der Domäne Unguraş (Bálványosvárallya) einst ung. königl. Burg. Nach 3 km folgt

Rusu de Sus, Felsöoroszfalu (Moltsed) (309 m, u. e. E. 1305, 416 Ew.). Beide Dörfer waren slawische Gründungen. Eine Abzweigung nach W führt 4 km zum Dorf

Malin, Almásmálom (Malom) (352 m, u. e. E. 1305, 724 Ew.). Ref. got. Kirche mit Kassettendecke aus 1612. 3 km von Rusu de Sus talaufwärts liegt Nuşeni > [RG 5].

ROUTE 1B/2

Am w. Stadteingang von Bethlen zweigt von der DN 17 eine AS nach SW ab, überquert den Großen Somesch und erreicht nach 4 km den rum. Ort

Măluţ, Omlásalya (261 m, u. e. E. 1269, 773 Ew.), zwischen Großem Somesch im N und Măluţu-Berg (410 m) im S gelegen; 3 km w. folgt die Großgemeinde

Braniştea (Arpaşteu), Arpástó (251 m, u. e. E. 1362, 1429 Ew.). Archäol. Funde aus der Stein- und Bronzezeit. Ung. Dorf mit ref. Kirche. In w. Richtung führt die Straße in das Dorf Sînmarghita im Kreis Klausenburg (Cluj) > [RG 3].

4 km s. folgt an einer KS das ung. Dorf

Cireşoaia (Dicea, Ghiţa), Magyardécse (Décse) (447 m, u. e. E. 1269, 1924 Ew.), unter dem Berg Köbanya (566 m) gelegen. Archäol. Funde aus der Stein- und Bronzezeit; bekannt durch seine großflächigen Kirschenplantagen.

ROUTE 1C/2

Von Uriu zweigt eine AS nach N 3 km in das Dorf

Iliuşua, Alsóilosva (275 m, u. e. E. 1405, 740 Ew.) ab. 0,5 km ö. des Dorfes (jenseits des Baches) Ruinen eines röm. Castrums (Befestigungsanlage 182 x 182 m), Standort der berittenen Kohorte „Ala I Tungrorum Frontaniana". Das untertänige Dorf gehörte zur Domäne der ehem. ung. Königsburg Ciceu > [RG 1] und ab 1563 zur Grundherrschaft Neuschloß (Gherla). Eine Abzweigung links zwischen Uriu und Ilişua führt w. auf einer KS talaufwärts 3 km zum Ort

Hăşmaşu Ciceului, Csicsóhagymás (399 m, u. e. E. 1324, 547 Ew.), früher ebenfalls im Besitz der Königsburg Ciceu. 4 km von Ilişua folgt

Dobric, Nagydebrek (280 m, u. e. E. 1456, 845 Ew.). Interessante archäol. Funde aus dem Neolithikum; einstiger Schloßpark heute unter Naturschutz gestellt. Alle im Ilişua-Tal gelegenen Ortschaften gehörten zur Domäne Bethlen; in den alten Eichenbeständen der Reckenteker und Breaza-Senke brütet der Schwarzstorch (Ciconia nigra); hier auch Vorkommen der seltenen Pflanze „Eingebogener Moorabbiß" (Succisella inflexa). Am unteren Dorfende zweigt eine Straße nach W ab, steigt den Dobricel-Graben bis zu dessen Verzweigung an; rechts im oberen Dobric-Tal liegt 6 km weit der rum. Ort

Dobricel, Kisdebrek (369 m, u. e. E. 1593, 821 Ew.) und im linken Tal, 5 km vom Zusammen-fluß, der rum. Ort

Ciceu-Poieni, Csicsómező (369 m, u. e. E. 1576, 981 Ew.). Hier archäol. Funde aus der Bronze-zeit.

Wieder auf der DJ in Dobric, führt diese in ö. Richtung 2,5 km auf der O-Seite des Ilişua-Baches bis

Căianu Mic, Kiskaján (290 m, u. e. E. 1456, 968 Ew.). Schon im Neolithikum besiedelt, auch Funde aus der Bronzezeit; *sehenswert* das geolog. Naturreservat „Lacul Cetăţele" (Cetăţele-See), 2 ha. Sö., jenseits des Baches, liegt

Căianu Mare, Nagykaján (284 m, u. e. E. 1456, 968 Ew.), reiche Steinzeitfunde. 3 km n. von Căianu Mic auf der DJ führt eine Abzweigung 1 km ö. zur rum. Gemeinde

Dumbrăviţa, Dögmező (313 m, u. e. E. 1456, 956 Ew.), im gleichnamigen Tal gelegen; weiter nö. erreicht die DJ talaufwärts den rum. Ort

Păltineasa (Pontineasa), Jávorvölgy (Pontinásza) (360 m, u. e. E. 1601, 187 Ew.), in einem engen, mit reich bewaldeten Bergen (über 500 m) umgebenen Tal gelegen. Über die Wasser-scheide führt in w. Richtung die relativ schlechte KS 4 km zum ebenfalls rum. Dorf

Sita, Szita (523 m, u. e. E. 1576, 569 Ew.). Wie allgemein in der Gegend ist der Haupterwerbs-zweig Forstwirtschaft und Viehzucht (Selbstversorger); einst röm. Wachtturm in der Flur „Casa Urieşilor" (Hühnenhaus).

Wieder auf der DJ fahren wir von der Abzweigung nach Dumbrăviţa 4,5 km weiter nach N bis zur Gemeinde

Spermezeu, Ispánmező (306 m, u. e. E. 1456, 2678 Ew.). Zur Gemeinde gehören die Weiler **Spermezeu-Vale** (2 km, 327 m) mit **Şesuri, Siktelep** und **Lunca Borlesei** (1 km, 332 m), im Haupttal, sowie **Hălmăşău, Helmesaljavölgy** (488 m), 6 km im Hălmaş-Tal gelegen. In der Um-gebung Funde aus der Römerzeit. 2 km talaufwärts von Lunca Borlesei liegt

Borleasa, Lonkafalva (355 m, u. e. E. 1597, 804 Ew.).

Weiter nach N durch die *malerische und waldreiche Borleasa-Klamm* führt die Straße 4,5 km in die rum. Großgemeinde mit Forstbetrieb

Tîrlişua, Felsőilosva (389 m, u. e. E. 1501, 2713 Ew.), mit den Weilern **Oarzina, Răcăteşu** (424 m), 2 km ö.; **Cireaşi** (469 m), 7 km, **Lunca Sătească** (426 m), 4 km nw. und **Şendroaia** (440 m), 7 km. Von hier weiter nach Molişet > [RG 1]. Tîrlişua ist Geburtsort des rum. Schriftstellers Liviu Rebre-anu (1885 – 1944); in der Grünanlage am Rathaus Bronzebüste des Schriftstellers von Romul Ladea. Ausgangspunkt für Wanderungen in das Ţibleş-Geb.: Auf der Forststraße im Izvoru-Tal erreichen wir nach 8 km den Punkt „Borcut" (Sauerbrunnen), von hier aufwärts über den Berg Păltiniş zur Ziblesch-Spitze (1839 m), 4-5 Std. Nw. von Tîrlişua im Valea Lungă-Tal, umgeben von dichtbewaldeten Bergen, liegt 4 km weit der Ort

Agrieş, Egreshely (Felsőpusztaegres) (405 m, u. e. E. 1562, 2084 Ew.) mit kleinbäuerlicher Land-wirtschaft und 2 km weiter

Agrieşel, Agresel (452 m, u. e. E. 1850, 380 Ew.).

ROUTE 2/2

Ö. des Großen Somesch führt die DN 17D durch den Vorort **Beclenuţ, Klein-Bethlen** nach NO und erreicht nach 7 km das Dorf

Săsarm, Weißhorn, Szeszárma (272 m, u. e. E. 1296, 827 Ew.). Einst dt. Gründung, zu sehen sind davon noch die Grundmauern der Burg und die Kirche; ehem. Grundherrschaft der ung. Adlsfam. Farkas-Herinai. Talaufwärts fahrend erblickt man in der Ferne das Rodnaer Geb. (Munţii Rodnei), und nach O reicht der Blick weit in das Schogener Tal (Valea Şieului). 3 km weiter auf der DN 17D liegt die Gemeinde

Chiuza, Mitteldorf, Középfalva (279 m, u. e. E. 1296, 943 Ew.), dt. Gründung. Als Salzort schon in der Römerzeit bekannt; das Salz wurde auf dem Großen Somesch flußabwärts geflößt. Abzweigung nach NW zum Ort Dumbrăviţa > [R 1C/2].

Auf der DN 17D weiter, 3 km nach NO, liegt das Dorf

Piatra, Kőfarka (290 m, u. e. E. 1418, 601 Ew.), letzte im Someschtal gelegene Gemeinde der einstigen Domäne Săsarm; in der Dorfmitte Abzweigung 4 km nach NW zu dem in einem Seitental gelegenen Dorf

Mireş, Oláhnyíres (Diófás) (484 m, u. e. E. 1506, 304 Ew.), bekannt als Mittelpunkt eines wildreichen Jagd-Großreviers (Nieder-, Reh- und Schwarzwild).

Die DN 17D führt die serpentinenreiche Anhöhe parallel zu dem unten liegenden Someschtal und erreicht nach 3 km

Mocod, Makendorf, Makód (301 m, u. e. E. 1440, 870 Ew.), ein altes Siedlungsgebiet (Funde aus dem Neolithikum) am Zusammenfluß des Ziblesch-Baches (Pîriul Ţibleş oder Valea Zagrei) mit dem Großen Somesch; hier beginnt der einstige Distrikt „Rodnaer Tal" (Valea Rodnei oder Ţara Năsăudului, ung. Radnavidék oder Radnavölgy), auch bekannt als „Districtus Rodnensis" (rum. Bevölkerung). 1774 – 1776 wird dieser Teil Militärgebiet und gehört zum 2. Walachen-Infanterie-Grenzerregiment mit Stabssitz in Nassod > [R 3/2]; Landwirtschaft und Obstbau; *sehenswert* die unter Schutz gestellte Schwarzpappel (Populus nigra). In der Dorfmitte Abzweigung nach W. Hier führt uns eine Gemeindestraße in einem Tal 8 km zum Grenzerdorf

Zagra (406 m, u. e. E. 1440, 1428 Ew.). Name weist auf slawische Gründung hin; eine der ersten rum. Schulen des Distrikts entstand 1786; röm. Wachtturm in der Flur „Piatra lui Silea"; 2 km s. an der Straße ein interessantes Quellmoor („Tău de la Alac") mit Vorkommen des rundblättrigen Sonnentaus (Drosera rotundifolia). Nach W führt eine KS hangaufwärts bis zur Wasserscheide (Vîrful Hotarelor, 765 m), um dann nach 5 km das am W-Hang gelegene Dorf

Perişor (Curtuiuşu de Sus), Felsőkörtvéles (550 m, u. e. E. 1576, 1029 Ew.) zu erreichen. Kleinbäuerliche Landwirtschaft; in der Gemarkung sind die Standorte zweier röm. Wachttürme bekannt („Corobana" und „Comoara"). In einem ö. Seitental n. von Zagra liegt, 9 km weit,

Alunişu (Găureni), Gaurény (520 m, u. e. E. 1640, 607 Ew.) Waldwirtschaft und Schafzucht.

Von Zagra im engen Waldtal des Ziblesch-Baches nach N, führt die KS nach 9 km bis

Poienile Zagrei, Ponjéni (524 m, u. e. E. 1548, 857 Ew.) und weitere 5 km in das Dorf

Suplai, Szulpai (Ciblesfalva) (631 m, u. e. E. 1598, 936 Ew.). Ausgangspunkt für Wanderungen in das Ziblesch-Geb.: auf unmarkiertem Fußweg durch die Valea Plaiului, Vîrful lui Vlad, Vîrful Arsurii erreicht man in 7 – 8 Std. die Ziblesch-Spitze (Vîrful Ţibleş, 1842 m).

Von Mocod führt eine Straße 1 km nach O über den Großen Somesch in die auf ehem. Adlsboden gelegene Gemeinde

Nimigea de Jos, Ungarisch Nindorf, Magyarnemegye (287 m, u. e. E. 1367, 1592 Ew.); für Blumenfreunde sind die vier Moore, auf der Someschterrasse gelegen, einen Besuch wert. Von *Mocod* 3 km weiter nach NO erreicht die DN 17D das Dorf

Mititei, Kleindörfchen, Mittye (Kistalud) (343 m, u. e. E. 1510, 808 Ew.). Nur durch den Fluß getrennt liegt auf ehem. Adelsboden

Nimigea de Sus, Walachisch Nindorf, Oláhnemegye (302 m, u. e. E. 1392, 606 Ew.). Nach 2 km auf der DN 17D folgt eine Abzweigung in das 6 km weite Bergdorf

Runcu Salvei, Runk (419 m, u. e. E. 1547, 1773 Ew.). Waldwirtschaft und Schafzucht. Es stehen hier 2 röm. Wachttürme (Dealul Ciorilor und Modruţ). Nach 3 km von der Abzweigung im Someschtal folgt die Gemeinde

Salva, Szálva (306 m, u. e. E. 1440, 2712 Ew.) an der Mündung des Sălăuţa-Baches in den Großen Somesch; röm. Wachtturm in der Flur „Roata lui Tudoran"; interessante rum. Volkstracht (Männerhüte mit Pfauenstoß geschmückt); bekannte Pfauenzüchter.

Hier zweigt die DN 17C ab. An der DN 17C und 17D liegt nach 5 km Nassod > [RG 3/2].

Die DN 17C verläuft hier über die gedeckte Holzbrücke in Richtung N im Sălăuţa-Tal, parallel zu der 1949 gebauten Eisenbahnlinie Salva–Vişeu (45 km); diese alte Fernhandelsstraße, von Bistritz über Nassod kommend, führt über den Şetref-Paß, 818 m (Einfalltor für Barbaren in der Römer- und Völkerwanderungszeit). Die Straße führt nach 7,5 km durch

Coşbuc (Hordău), Hordó (341 m, u. e. E. 1523, 1875 Ew.). Geburtsort des rum. Dichters George Coşbuc (1866 – 1918); *Geburtshaus seit 1954 Gedenkmuseum* (Büste des Dichters von Corneliu Medrea). Schöne Volkstrachten. Milchverarbeitungsbetrieb. Abzweigung nach NW 7 km durch das Bichigiu-Tal mit Quellengebiet unter der Faţa-Scoruşului-Spitze (1327 m) im Ziblesch-Geb., zum Ort

Bichigiu, Bikis, Bükkös (464 m, u. e. E. 1523, 1662 Ew.). Waldwirtschaft und Viehzucht; Ausgangspunkt zu Wanderung auf die Ziblesch-Spitze (5 Std.). Wieder auf der DN 17C, erreichen wir nach 3,5 km die Großgemeinde

Telciu, Teltsch, Telcs (391 m, u. e. E. 1440, 6892 Ew.); ehem. Sb. Maut- und Poststation mit vielen jüd. Ew. Bekannt für seine reichen Großwildreviere. Von hier Abzweigung nach NO, 9 km bis

Telcişor im gleichnamigen Tal. *Sehenswert* die Höhle „Jgheabul lui Zalion" (entdeckt 1958, Tiefe 44 m, Länge 130 m).

Die DN 17C führt im immer enger werdenden Tal parallel zu der Bahnlinie (zahlreiche Viadukte) durch

Fiad (Forellenzucht des Forstamtes Sălăuţa mit Sitz in Năsăud) und weitere 8,5 km nach

Romuli (Strîmba), Romoly (565 m, u. e. E. 1750, 2290 Ew.) und dem 1956 eingemeindeten Ort **Dealul Stefăniţei.** Hirtendorf mit großen Weiden im Tibleş-Geb.; Mineralwasserquellen. Von hier noch 3 km bis zum Şetref-Paß, 818 m. Abzweigung ö. nach **Zăvoaiele Borcutului** (1012 m), 10 km, am Fuße des Berges Bătrîna (1710 m) im Rodnaer Geb. Hydro-geolog. Naturschutzreservat. 3-Tage-Kammwanderung: Bătrîna–Pietrosul Mare (2303 m), Kuhhorn (Ineu, 2279 m). Jenseits des Şetref-Passes in der Marmarosch (Maramureş) liegt die Gemeinde **Săcel.**

2

ROUTE 3/2

Die DN 17C und 17D führt von Salva 3 km nach

Năsăud, Nassod (Nussdorf), Naszód (331 m, u. e. E. 1440, 1985: 10.700 Ew.).
Kulturelles Zentrum der Rum. des Oberen Somesch-Tales (Ţara Năsăudului): gehörte bis 1475
zur Stadt *Bistritz*; 1774 Distrikt des Militärgrenzgebietes; Stabsitz des 2. Walachen-Infanterie-
Grenzerregiments. Gleichzeitig mit der Militarisierung unter Kaiserin Maria Theresia Errichtung
erster rum. Schulen (1770) sowie dt.- und rum.-sprachiger Offiziersschule, heute rum. Gymnasium „G. Coşbuc", aus dem bedeutende Persönlichkeiten der rum. Kultur hervorgingen (George
Coşbuc, Liviu Rebreanu, Andrei Mureşanu, Tiberiu Brediceanu u. a.).

Sehenswürdigkeiten

Svarda-Kaserne (Str. Republicii 25), 1763 – 1851 Sitz des 2. Grenzerregiments, seit 1931 *Museum der Stadt Nassod* (Abteilung Geschichte und Volkskunde); *Rum. orthod. Kirche* (Piaţa Libertăţii),
erbaut 1880 – 1884; *Bibliothek (Filiale) der Rum. Akademie* (Bulevardul Republicii 41) mit über
50.000 Bänden; Sitz der Forstämter Nassod und Sălăuţa; Schule für den gehobenen Forstdienst.
Dazu Kunststoffindustrie (PVC), Textilfabrik, Mühlen, Brotfabrik, Fleischverarbeitung.

Die DN 17C führt s. in Richtung *Bistriţa* (Bistritz), Verwaltungssitz des Kreises Bistritz–Nassod
(Bistriţa–Năsăud), jenseits des Großen Somesch durch den Vorort

Jidoviţa (Tradam), Jude, Entrádám (u. e. E. 1850, 219 Ew.). Der Ort entstand auf Komitatsboden,
weil den Juden das Wohnen im Stabsort Nassod und in der Stadt Bistritz bis 1848 verboten war.
Eine Abzweigung nach W führt 1 km zu dem eingemeindeten Ort **Luşca, Luschka, Szamospart**
(360 m, u. e. E. 1392). Von Jidoviţa führt die DN 17C das immer enger werdende Tal aufwärts
und erklimmt den Berg Dealu Prislopului, nach 3 km erreicht sie den Ort

Liviu Rebreanu (Prislop), Priszlop (400 m, u. e. E. 1392, 734 Ew.), Wohnort des rum. Schriftstellers Liviu Rebreanu (1885 – 1944). Sein Wohnhaus ist seit 1957 Gedenkmuseum.

Weiter in Richtung S über Cepari und Dumitra führt die DN 17C nach Bistritz > [RG 5].

Die DN 17C in Richtung
Rodna verläßt Nassod nach
O und verläuft parallel zu der
1907 gebauten Eisenbahnlinie entlang dem Großen Somesch; nach 4 km erreicht sie
die Gemeinde

**Rebrişoara (Rebra Mică),
Klein-Rebra, Kisrebra** (341
m, u. e. E. 1440, 5470 Ew.)
mit dem eingemeindeten Ort
Poderei, jenseits des Großen
Somesch in den Prisloper
Bergen gelegen. *Sehenswert*
die rum. orthod. Holzkirche
(17. Jh.) sowie die neue orthod. Kirche (erbaut 1903). In
der Dorfmitte, vor der Brük-
ke über den Gersa-Bach, ein

Rumänische Bäuerin im Nösnerland

Denkmal mit Basorelief als Erinnerung an den Publizisten Iacob Mureşianu (1812 – 1887), Vater des gleichnamigen Komponisten, und an den ersten rum. Rechtsanwalt NO-Sb.s., Ioachim Mureşianu (1832 – 1904), Abgeordneter im ung. Parlament. Modernes Kaolinwerk.

Eine Abzweigung nach N jenseits der Gersa-Brücke führt talaufwärts entlang des forellenreichen Baches zu den eingemeindeten Orten

Gersa I (Valea Gerţia) (u. e. E. 1910), 2 km, und

Gersa II (654 m), 15 km, weiter auf der Forststraße, bis km 22, dann 400 m Fußweg zu der Höhle (Naturdenkmal) „Peştera de la Izvorul Tăuşoarelor" im Rodnaer Geb. (950 m), entdeckt 1955, mit 305 m die tiefste Höhle Rum. und mit 9530 m eine der längsten (Begehung nur mit Erlaubnis der Naturschutzbehörde möglich).

Von Rebrişoara führt die DN 17D im Tal des Großen Somesch aufwärts 2 km bis zur Rebra-Brücke (Podul Rebrei). Hier biegt eine KS n. in das gleichnamige Tal ab (bekannte Jagdreviere für Hochwild, forellenreiche Gewässer) und führt 5 km zum Ort

Rebra (Rebra Mare), Groß-Rebra (Roßau), Nagyrebra (385 m, u. e. E. 1440, 2645 Ew.). Steinbruch (feiner Sandstein für Wetzsteine). Durch das immer enger werdende Tal, begleitet von hohen Bergen, Wäldern und Wiesen, schlängelt sich die Forststraße 14 km bis zum Dorf

Parva (Lunca Vinului), Párva (514 m, u. e. E. 1518, 2431 Ew.). Anläßlich des Besuches des Grenzgebietes durch Kaiser Josef II. (1765 – 1790) soll dieser das angetretene rum. Grenzregiment mit den Worten „Salva Romuli parva nepos" begrüßt haben (Sinngemäß: „Seid gegrüßt, kleine Enkel des Romulus", eine Andeutung zur röm. Abstammung der Rum.). Als Erinnerung an den hohen Besuch sollen die Dörfer Parva, Nepos und Romuli ihre neuen Namen erhalten haben. Hier Kaolin-Minen. Ein unmarkierter Wanderweg (3 – 4 Std.) über den Berg Tarniţa lui Mărcuş führt nach O in den Heilbad- und Luftkurort *Sîngeorz-Băi*. Von Parva kann in 2 Std., der Valea Arşiţei folgend über die Berge Tarniţa Iepurelui und Traniţa Băieşului, die im Gersa-Tal gelegene Höhle „Peştera de la Isvorul Tăuşoarelor" erreicht werden. Parva ist auch Ausgangspunkt für Wanderungen ins Rodnaer Geb.; im Rebra-Tal aufwärts 17 km bis zum *Forsthaus Între Rebre* (783 m), der Abzweigung rechts dem Guşetului-Bach folgend, erreicht man nach weiteren 15 km das Ende der Forststraße; von hier Aufstieg (Markierung blaues Band) durch Bergmisch- und Fichtenwald zur Tarniţa la Cruce auf den Hauptkamm des Rodnamassivs, im Sattel unter der Buhăiescu-Mare-Spitze (2122 m) gelegen.

Die DN 17D führt weiter nach O, durch das nun klammartige Tal des Großen Somesch und erreicht nach 5 km das Dorf

Nepos (Vărarea), Werare, Várorja (Néposz) (363 m, u. e. E. 1604, 1787 Ew.) am Fuß des Dealul Crucii (837 m), Ausläufer des Rodnaer Geb., gelegen; *sehenswert* die gedeckte Holzbrücke über den Gr. Somesch; um 1765 wird der Ort vom rechten auf das vom Hochwasser weniger bedrohte linke Someschufer verlegt. Die in den steilen Hängen hoch über dem Somesch-Tal liegenden Einzelhöfe können z. T. nur über Fußpfade erreicht werden. Nach weiteren 5 km folgt die Gemeinde

Feldru, Birkenau, Földra (Nyirmezö) (385 m, u. e. E. 1440, 4972 Ew.). *Sehenswert:* rum. orthod. Kirche (1783) und Dorfmuseum; Werkzeugfunde aus der Bronzezeit. Die DN 17D verläuft nun 6 km in engem Tal in nö. Richtung, um in die kleine Senke zu münden, in der das Dorf

Ilva Mică, Klein-Ilva, Kisilva (Kis-Ilova) (415 m, u. e. E. 1552, 3594 Ew.) liegt. W. von Ilva Mică stand ein orthod. Kloster (1769 – 1773); Eisenbahnknotenpunkt, am Zusammenfluß des Leşu-Baches mit dem Großen Somesch unter den NW-Ausläufern des Heniul Mare (Henyul, 1612 m) gelegen; großes Sägewerk (1864). Über den Strîmba-Paß nach S führt eine alte Fernhandelsstraße (Bistritz–Rodna–Moldau) nach Josenii Bîrgăului. > [RG 5].

Hier Abzweigung in nö. Richtung nach Ilva Mare > [R 4/2]. Die DN 17D führt 7 km weiter (entlang der 1909 gebauten Eisenbahnlinie Ilva Mică–Rodna) bis zur Stadt

Sîngeorz-Băi (Sîngeorgiul Romănesc), St. Georgen-Stadt (Rum. St. Georgen), Romanszentgyörgy (435 m, u. e. E. 1440, 10.000 Ew.). Eingemeindet wurden 1856 die Teilorte **Cormaia** und **Valea Borcutului, Borpatak ("Sauerbrunn").** Bahnverbindung: zwischen Ilva Mică (7 km) und Rodna (13 km). Die Stadt liegt in einer Niederung des Großen Somesch, umgeben von den s. Ausläufern des Rodnaer und Borgoer Geb. Der Kurort entstand vor 200 Jahren als "Hebe-Bad" (Băile "Hebe"); nach 1970 mit neuen Gebäuden, Kurhäusern und Kureinrichtungen ausgestattet. Als natürliche Heilfaktoren sind sowohl die etwa 20 Heilquellen als auch das submontane Klima mit kühlen Sommern und milden Wintern (mittl. Jahrestemperatur 6,2° C, Januar – 3,7° C, Juli 18,2° C) anzusehen. Es werden Erkrankungen des Verdauungsapparates (einschl. chronischer Darmleiden) und Ernährungskrankheiten (Harnsäure) behandelt. Sonstige Kureinrichtungen: Trinkhallen, Warmbäder für Physiotherapie, Heilgymnastik etc. Hotel Hebe (900 Plätze). *Sehenswürdigkeiten: Mofette* (Ausströmungsstelle von Kohlesäuregas vulk. Herkunft); *Kalziumkarbonathügel* in der Gerichau (Valea Borcutului), 2 km n., entstanden durch Ablagerungen einer Mineralquelle; *rum. orthod. Holzkirche* "Biserica de peste apă" ("Kirche jenseits des Wassers"); Baudenkmal aus dem 18. Jh., Ikonen von Theodor Zugravu (1747). Abfüllstation für Quellwasser; schöne Volkstrachten. Landesweit bekannte Volkstanzgruppe "Cununa depe Someş". Die DN 17D verläßt die Stadt in nö. Richtung, kommt nach 2 km zur Abzweigung nach links in den 3 km entfernten Ort

Cormaia (496 m) im gleichnamigen Tal. Die Touristenhütte "Farmecul Pădurii" ("Waldzauber") liegt 10 km weiter talaufwärts; hier bekannte Großwildreviere (Hirsch, Gemse, Bär, Luchs, Wolf); 10 km weiter liegt das *Forsthaus Detunata* (1239 m) im NSG "Cormaia" (200 ha). Vom Ende der Forststraße Aufstieg (Markierung rotes Dreieck) an Sennhütte vorüber in den Sattel "Tarniţa la Cruce" auf den Hauptkamm (2 – 3 Std.).
Wieder im Somesch-Tal, führt die Straße weiter nach NO; die steil aus dem Tal aufsteigenden Berghänge sind charakterisiert durch breite Wiederaufforstungsgürtel (früher überweidete Flächen). Das Tal wird immer breiter, die DN 17D erreicht nach 4 km die Anieş-Maieru-Senke, umgeben von Vulkanmassiven (Măgura de Jos, 1031 m, Măgura Mare, 1191 m, und Măgura Porcului, 1021 m links). Hier liegt der Ort

Maieru, Maier (Mayerhoff), Major (483 m, u. e. E. 1268, 4110 Ew.), beim Tatareneinfall 1717 fast gänzlich zerstört. 1770 eine der ersten rum. Schulen NO-Sb.s.; Mineralwasserquelle; *Ethnographisches Museum*, Volkskunde und Volkskunst (im Kulturhaus untergebracht, Nr. 472); *sehenswert* die "Bergkirche" ("Biserica din Deal"), erbaut 1817/18 (Holzikonen aus dem 17. und 18. Jh.). Eingemeindet ist der 3 km nö. gelegene Ort

Anieş (Aninoasa), Sauerbrunn, Dombhátfürdő (492 m, u. e. E. 1450, 1244 Ew.). Kur- und Badeort von lokaler Bedeutung (Mineralwasserquelle mit leichtem Geruch nach Schwefelwasserstoff) am Zusammenfluß des Anieş-Baches mit dem Großen Somesch. Waldfrüchte-Verarbeitungsbetrieb; Marmorbruch; Reste der ma. Burg (14./15. Jh.); im MA. Goldwäschereien (damals wurde der Ort "Valea Aurarilor", "Goldgräbertal" genannt).
Die Forststraße im Anieş-Tal führt zum Jagdhaus "Anieş" (wildreiche Reviere: Hirsch, Bär, Wolf, Luchs, Auer- und Birkwild); Ausgangspunkt für Wanderungen in das Rodnaer Geb. (Markierung gelbes Band, führt vom Schutzhaus Gura Mihăiescu, 1200 m, über 1,4 km Forststraße zum Sattel Tarniţă-Bîrsanului, 1870 m), Aufstieg 2 Std., auf dem Hauptkamm gelegen).

4 km auf der DN 17D nach O liegt eine der ältesten Städte Sb.s,

Rodna (Rodna Veche), Alt Rodna (Rodenau), Óradna (584 m, u. e. E. 1235, 4655 Ew.). Die einst dt. Bergwerkstadt wurde am 31. 3. 1241 von den Tataren zerstört. Dazu der Chronist Rogerius:

„König Cadan erreichte das reiche Rodna, zwischen hohen Bergen gelegen, eine königliche dt. Stadt mit Silberbergwerken, in der eine unzählbare Menge Volkes wohnte." Zeuge dieser frühen Zeit ist die Ruine der einstigen turmlosen *rom. Basilika* mit flacher Mittelschiffsdecke aus der ersten Hälfte des 12. Jh. Über den alten Fundamenten des Chores erbaute sich die rum. Kirchengemeinde 1859 eine Kirche ihres Glaubens. Die dt. Bergleute wurden in die Mongolei verschleppt. Im 13. Jh. wieder aufgebaut; zeitweise auch Grenzburg zum Schutz des gleichnamigen Passes in die Moldau und in die Marmarosch (Maramureş), dessen Bedeutung nach dem Bau der Reichsstraße über den Borgoer Paß > [RG 5] im 19. Jh. stark zurückging. Geburtsort des Botanikers Florian Porcius (1816 – 1906). Zentrum der Buntmetallurgie mit Erzflotation. Ausgangspunkt für Wanderungen in das Radnaer Gebirge zum Kuhhorn (Ineu, 2279 m): Capul Beneşului (1590 m) – Curăţel (1520 m) – Hîrosul (1654 m) – Şaua cu Lac (Kammweg, blauer Punkt, 4 Std.). 8 km n. von Rodna, im gleichnamigen Tal, liegt

Valea Vinului, Borbereker-Sauerbrunnen, Radnaborberek (Borvölgy) (715 m, u. e. E. 1813, 360 Ew.). Bade- und Luftkurort zwischen den Bergen Curăţel mit Kuhhorn (Ineu, 2279 m, Aufstieg 7 – 8 Std.; in der Nähe NSG Bila-Lala-See, 1000 ha) und Corondiş (Korongysch, 1988 m); alte Bergbausiedlung; NSG „Narzissenwiese Saca" und „Lärchenwald"; beliebtester Ausgangspunkt in das Rodnaer Geb. (wald- und wildreiche Hochgeb.: Hirsch, Gemse, Bär, Wolf, Luchs, Auer- und Birkwild; seltene und geschützte Arten der Flora Sb.s.: Edelweiß, Zirbelkiefer etc.: zahlr. Endemiten).

Das Hochgeb. um Rodna und Valea Vinului war bis 1944 (Flucht der dt. Bevölkerung nach Deutschland und Österreich) das meistbesuchte Exkursionsziel der Sektion Bistritz des Siebenbürgischen Karpatenvereins (SKV): hier die ehem. SKV-Kuhhorn-Schutzhütte auf dem Curăţel (1882 – 1945), Saca- oder Korongysch-Hütte (1886), später als Stall verkommen.

Von Rodna führt die DN 17D in einer Linkskurve in nö. Richtung, vorbei an der neuen rum. orthod. Kirche, windet sich in zahlr. Kurven das Tal des Großen Somesch aufwärts und erreicht nach 7 km das Dorf

Şanţ (Rodna Nouă), Neu-Rodna (Schantz), Ujradna (584 m, u. e. E. 1770, 2405 Ew.). 1421 Mautstelle der Fernhandelsstraße Bistritz – Suceava über den Rodnaer Paß (Rotunda, 1278 m); ab 1770 (Bukowina zu Österreich) Aufhebung des Zollamtes; die Siedlung entstand aus dem ehem. Quarantäne- und Mautgebäude; durch den Paß drangen 1241 die Mongolen nach Sb. ein; Ortsname hergeleitet von den ehem. österr. Befestigungen (Oberst Wobser's Schanze, um 1730); *sehenswert* die rum. orthod. Kirche, erbaut 1903 – 1906 auf den Grundmauern einer älteren kleinen Kirche. Markierter Wanderweg (blaues Kreuz) zum Bergwerk Valea Blăznei, Ferienhaus Stăuniştea. Ein Steig unter der Felswand Muntele Roşu führt zum Cobăşel-

Schafhirten mit Herde und Hunden am Rotunda-Paß

Gipfel (4 Std.) Ineuţ (2222 m, 2¹/₂ Std.) und auf den Hauptkammsattel Şaua cu lac (¹/₂ Std.). Aufstieg Kuhhorn (Ineu, 2279 m, ¹/₂ Std.). Buntmetallwerke, Ferienkolonien.

Die Ausfahrt nach S über die Wasserscheide (unter dem Vîrful-Cornii-Berg, 1372 m) führt 9 km durch alten Karpatenwald in das Dorf *Măgura Ilvei* > [R 4/2].

Entlang an Hängen mit urwaldähnlichem Bewuchs erreicht man im Somesch-Tal nach 7 km die letzte sb. Ortschaft vor dem Paß

Valea Mare (Valea Mării), Máriavölgy (650 m, u. e. E. 1770, 415 Ew.). Buntmetallwerke; Ende der AS.

Um in den Ort **Rotunda** (jenseits des Passes an der Goldenen Bistritz in der Bukowina gelegen, 18 km) zu gelangen, berührt man folgende Punkte: **Gura Mărilor** (am Zusammenfluß des Baches Măria Mare mit dem Großen Somesch gelegen, 675 m, Waldarbeitersiedlung), dann 2 km weiter das *Forsthaus Arinul* (bekannte Forellenzucht), weiter schraubt sich die Straße in unzähligen Windungen durch urwaldähnliche Bestände zum *Rodnaer* oder *Rotunda-Paß*, 1278 m); Ausgangspunkt für Wanderungen in das Rodnaer Geb.: Vîrful Gagii, 1698 m – Ineuţ (Kleines Kuhhorn, 2225 m) – Ineu (Kuhhorn, 2279 m); Fußweg in 6 Std. zu bewältigen. Die Schotterstraße Valea Mare – Rotunda kann nur mit Geländewagen befahren werden.

ROUTE 4/2

Die Abzweigung von der DN 17D am W-Eingang von *Ilva Mică* nach SO führt über die bedachte Holzbrücke entlang des Ilva-Baches (parallel zu der 1939 gebauten Eisenbahnlinie Ilva Mică – Vatra Dornei). Am Dorfausgang s. Abzweigung eines Weges nach Strîmba > [RG 5]. Weitere 3 km bis zur O-Abzweigung (5 km) nach

Leşu, Lesch, Les (511 m, u. e. E. 1532, 2976 Ew.). Dazu gehören seit 1956 der 5 km talaufwärts gelegene Ort *Lunca Leşului* (599 m) und der 6 km entfernte Weiler *Valea Măgurii* (663 m). Leşu (altrum. = Pole) liegt unter dem Nordhang des Henyul (Heniu Mare, Wahlenberg, 1612 m), ist bekannt durch seine „Trişcaşi" (Flötenspieler); (bisher n. Fundort des Bergglöckchens „Soldanella montana" in den Karpaten Rum.).

Wieder auf der DJ im Ilva-Tal, führt diese 8 km in engem Tal bis

Poiana Ilvei (Sîniosif), Szentjózsef (500 m, u. e. E. 1760, 1512 Ew.). Seit der Gründung des Grenzerregiments nach Kaiser Joseph II. benannt. Wald- und Almwirtschaft. Nach 6 km folgt

Măgura Ilvei, Mogura, Magura (565 m, u. e. E. 1750, 552 Ew.). Großes Sägewerk. Eingemeindet sind **Arşiţa, Arsicatelep** (750 m, u. e. E. 1909, 452 Ew.) und **Săcătura.** Nach 7 km durch das von schroffen Felswänden eingeengte Ilva-Tal liegt das Dorf

Ilva Mare, Groß-Ilva, Nagyilva (623 m, u. e. E. 1750, 6225 Ew.) auf einer Länge von 8 km talaufwärts (im S der Berg Măgura Neagră, 1331 m, im N der Berg Măgura Cornii, 1371 m, beide vulkanischen Ursprungs); rum. orthod. Kirche, erbaut 1885; großes Holzsägewerk; mehrere Mineralwasserquellen. Eingemeindet sind **Ivăneasa,** 4 km s. (695 m) und **Recele.** Letzter Ort im Ilva-Tal (7 km) ist

Lunca Ilvei (696 m) zwischen zwei Klammen des Ilva-Baches, in einer kleinen Senke gelegen. Die Abzweigung nach N führt nach **Şanţ** > [R 3/2]. Die KS entlang der Bahnlinie mit Viadukten und Tunells führt an den Weilern **Silhoasa** (forstl. Pflanzgarten), **Larion** und **Grădiniţa** vorüber, durch dichte Nadelwälder, über die Wasserscheide (Grădiniţa- oder Iera-Paß, 889 m) in den Kreis Suceava (Sutschawa) in der Bukowina (N-Moldau).

REISEGEBIET 3

Dej / Burglos / Des

Dieses Reisegebiet befindet sich im NW Siebenbürgens, hat eine N-S-Ausdehnung von 52 km, eine O-W-Ausdehnung von 61 km. Es liegt im Somesch-Hochland und im NW-Eck der Siebenbürgischen „Heide", die durch das breite Somesch-Tal voneinander getrennt werden. Der höchste Punkt ist der Bobîlna-Berg (693 m) im W und der Cutca-Berg (639 m) in der „Heide". Der Somesch verläßt das Gebiet bei Surduc in 186 m Höhe, der tiefste Talort ist Lozna (204 m), der höchste Şigău (540 m). Das 400 – 500 m hohe Bergland besteht im W aus mitteltertiären Schichten (Konglomerat, Sandstein, Ton-Mergel, vulk. Tuff, Kalkstein u. a.), in denen Braunkohle (Cristolţel) vorkommt. In der Heide herrschen jungtertiäre, tonig-mergelige Gesteine vor. Es wird Steinsalz (Ocna-Dejului, Salzdorf) und Erdgas (Puini) gefördert. Im gemäßigten Landklima dieser Berge herrschen im SW Eichenwälder vor, im NW Buchenwälder, nach O zu wachsen wieder Eichenwälder. Die meisten aber sind Laubmischwälder. 10 – 20 km zu beiden Seiten des kleinen Somesch-Tales sind die Wälder fast ganz gerodet worden, eine Acker-Wiesen-Steppenlandschaft bedeckt die Hänge. In der „Heide" liegen im Flußgebiet des Fizeş viele natürliche und künstliche „Heideseen" und Salzsümpfe. Der Großteil der Bevölkerung sind Rumänen und Ungarn. Deutsche, Juden, Armenier, Slowaken und Russen sind in diesen beiden Volksgruppen aufgegangen oder abgewandert, Kirchen und Siedlungsanlagen zeugen von ihrer Kulturtätigkeit. Die Einwohnerdichte ist gering: 20 – 40 Ew./km² in den Bergen, 60 Ew./km² im Somesch-Tal. Kleine und mittlere Siedlungen in den Bergtälern sind als Straßendörfer ausgebildet, selten als Haufen- oder Streusiedlungen. Große Orte sind nur im Somesch-Tal und einigen Talerweiterungen des Berglandes zu finden. 88 % der Bevölkerung sind in der Landwirtschaft tätig. Nur Dej, Gherla, Iclod, Bonţida und Surduc haben Industrie. Es herrscht Landflucht. Folkloristische und nationale Tradition finden wir in vielen Orten, in Seck z. B. kann die weiß-rote Frauentracht der Ungarinnen bewundert werden.

Sehenswert sind außer den Baudenkmälern der beiden Städte die zahlreichen rom. und got. Steinkirchen, die rum. Holzkirchen, einige erhalten gebliebene Adelsschlösser. Nicht zu vergessen die beiden Badeorte Salzdorf (Ocna Dejului) und Băiţa, die Museen in Neuschloß (Gherla) und Burglos (Dej), das Denkmal auf dem Berg Bobîlna, die Landschaft der „Heideseen" mit Fischfangmöglichkeit sowie das Jagdgebiet für Rot- und Schwarzwild in den großen Wäldern zwischen Negreni und Surduc-Solona.

Übernachtungsmöglichkeiten gibt es in den Hotels in Gherla und Dej. Zu erreichen ist das Gebiet mit der Bahn von Klausenburg–Dej–Jibău. Mit dem Auto kann man das Gebiet von S nach N auf der DN 1C durchqueren und im NW umfahren. Kreisstraßen verbinden alle großen Gemeinden, so daß die Zufahrt überallhin möglich ist.

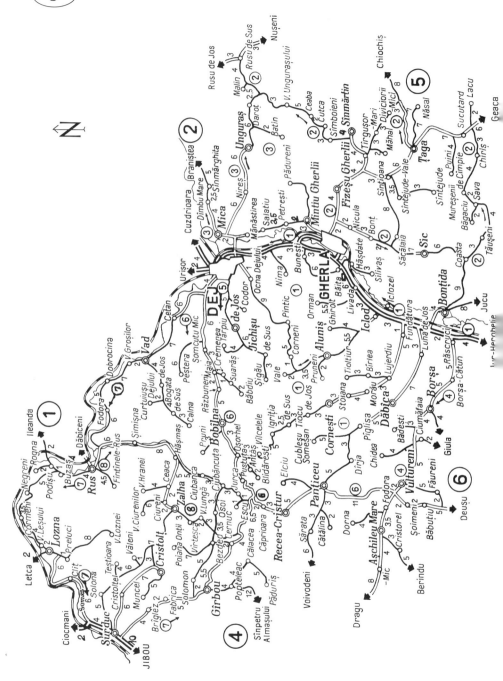

ROUTE 1/3

An der Mündung des Borşa-Baches, an der DN 1C, liegt 13 km von Apahida > [RG 6]

Răscruci, Válaszút (285 m, u. e. E. 1326, 1805 Ew.). Das im Neubarockstil gebaute Schloß Bánffy (19. Jh.) dient heute als Schulgebäude, alte Stallungen gehören zur Denkmalgruppe. Nach 2 km zweigt eine AS nach O ab, führt 4 km am rechten Somesch-Ufer zur Großgemeinde

Bonţida, Bonisbruck, Bonchida (296 m, u. e. E. 1245, 2566 Ew.). Dieser Marktflecken gehörte der Fam. Csák, später der Fam. Bánffy. Anfangs lebten unter den freien Bewohnern auch Sachsen. Landtage und Komitatssitzungen wurden hier abgehalten. *Sehenswert* die ref. got. Kirche, mit rom. Chor und Renaissance-Elementen. Das Bánffy-Schloß wurde 1652 vom ital. Baumeister Agostino Serena gebaut, 1750 von I. Fischer v. Erlach im Barockstil umgebaut und 1850 nach Plänen von A. Kagerbauer um einem Flügel erweitert. Tor und Stallungen sind mit Statuen verziert. Wurde im Zweiten Weltkrieg verwüstet und wird jetzt restauriert. Letzter Besitzer war Graf Bánffy Miklos (1876 – 1950), Schriftsteller, Mäzen, Intendant; Minister und Politiker. Die heute 3000 Ew. zählende Gemeinde hat Mühlen und metallurgische Industrie, PVC-Werk sowie Schweinegroßmästerei.

Răscruci, Schloß Bánffy, Festsaal

In ein linkes Seitental des Kleinen Somesch zweigt nach 1,5 km die DJ 161 ab, führt nach 3 km in das Dorf

Luna de Jos, Kendilóna (291 m, u. e. E. 1315, 1042 Ew.). Im MA. war es ein ung. Dorf im Besitz der Fam. Thoroczkay, Kendi und Teleki. *Sehenswertes* Schloß. Nach 8 km im selben Tal folgt

Dăbîca, Doboka (334 m, u. e. E. 1068, 1715 Ew.). Namensgeber des Dorfes und des gesamten ehem. Komitats war der ung. Comes Dubuka, ein Zeitgenosse Stefans des Heiligen. Der Burggraf wird 1164 erstmals erwähnt. Die unter der Komitatsburg liegende Siedlung wurde 1068 zur Stadt erklärt. Die Mongolen zerstörten 1241 Burg und Stadt. Von der Erdfestung sind noch Ruinen (Schanzen, Erdwall und Palisaden) aus dem 10. und 11. Jh., Reste einer Steinburg aus dem 13. Jh., Grundrisse mehrerer Kirchen erhalten geblieben. Im selben Tal, 5 km weiter n., liegt

Pîglişa, Lónapoklostelke (334 m, u. e. E. 1306, 406 Ew.). Nach 2 km zweigt eine KS 3 km nach W ab und führt in die Ortschaft

Dîrja, Magyarderzse (353 m, u. e. E. 1340, 759 Ew.). Hier wurde der Klausenburger Arzt und Politiker Iuliu Haţieganu (1885 – 1959) geboren. Ref. Kirche mit 907 Fenstern. Von der Abzweigung führt eine KS nach N 4,5 km in das Dorf

Cubleşu Someşan, Magyarköblös (385 m, u. e. E. 1306, 1208 Ew.). Im MA. ung. Dorf, heute zum großen Teil rum. In ref. got. Kirche schöne Renaissance-Kanzel, ein Werk des ung. Meisters Dávid Sipos. Hier lebte und wirkte der ung. Historiker György Rettegy (1718 – 1786).

Auf der DN 1C folgt nach 2 km vor der Mündung des Lujerdiu-Baches in den Kleinen Somesch die Abzweigung einer AS 1 km nach

Fundătura, Szamosjenó (Kisjenó) (312 m, u. e. E. 1269, 1001 Ew.). Kriegsereignisse von 1600 und 1658 zerstörten altes Dorf Someschau. Im Lujerdiu-Tal, 5 km w., liegt

Lujerdiu, Lózsárd (351 m, u. e. E. 1279, 892 Ew.). Orthod. Kirche got. Stils mit rechteckigem Plan. In einem n. Seitental liegt, 2,5 km weit,

Bîrlea, Onok (315 m, u. e. E. 1317, 548 Ew.). Im MA. ung. Dorf. 3 km talaufwärts folgt

Tioltiur, Tötör (375 m, u. e. E. 1305, 790 Ew.). Im MA. ein ung. Dorf, im 17. Jh. im Besitz von László Cseffei (1592 – 1660), Verfasser mehrerer europ. Reisebeschreibungen. Ref. Kirche got. Stils – heute Ruine. Von Lujerdiu 3 km nw. liegt

Morău, Moró (337 m, u. e. E. 1335, 303 Ew.). 4 km weiter

Stoiana, Esztény (348 m, u. e. E. 1305, 413 Ew.). Die alte got. Kirche wurde nach der Reformation ref.; heute besteht nur noch ein guterhaltener Chor. Weiter auf der DJ 109B folgt nach 2,5 km

Corneşti, Magyarszarvaskend (342 m, u. e. E. 1305, 545 Ew.). Im MA. eine der wichtigsten Besitzungen des ung. Adelsgeschlechtes Kendi. Die kath. Kirche ist ein got. Bau, Innenausstattung und Altar sind barock. Nach 3 km folgt auf der KS (DJ 109B)

Tiocu de Jos, Alsótök (369 m, u. e. E. 1280, 506 Ew.). Die meisten ung. Einwohner waren Kleinadlige. Ref. Kirche got. Stils. Nach 3 km folgt

Tiocu de Sus, Felsőtök (404 m, u. e. E. 1280, 388 Ew.). Alte got. Kirche (1468 beate Mariae Virginis), heute ref. Das Keczeli-Herrenhaus (Kurie) wurde 1747 vom Steinmetz Dávid Sipos gebaut. Die letzte Ortschaft in diesem Tal s. der Wasserscheide ist nach 2 km

Igriţia, Igrice (441 m, u. e. E. 1379, 202 Ew.). Im N erhebt sich der aus dem Bauernaufstand von 1437 bekannte Bobîlna-Berg (693 m). N. der Wasserscheide, am Oberlauf eines Seitentales an der DJ, liegt

Vîlcelele (Buduş), Bujdos (342 m, u. e. E. 1345, 411 Ew.), gehörte im MA. zur Domäne Alparét (Bobîlna).

Am linken Ufer des Kleinen Somesch, an der DN 1C, folgt 3 km nach der Fundătura-Abzweigung

Iclod, Nagyiklód (268 m, u. e. E. 1320, 2012 Ew.). Im Bauernaufstand von 1437 war Nicolaus filius Beke de Iklod einer der Anführer der Adligen. Im 18. – 19. Jh. lebten hier außer rum. Bauern und ung. Kleinadligen auch viele Juden, die eine Synagoge hatten. Die Gemeinde besitzt eine große Mühle und eine Viehfutterfabrik. Ihr gegenüber liegt der Ort

Iclozel, Kisiklód (292 m, u. e. E. 1667, 410 Ew.) am rechten Somesch-Ufer, gemischtes rum. und ung. Dorf. Von Iclod führt eine KS in einem Seitental 4 km nach NW zu einer Gabelung. Nach N führt die Straße 4 km nach

Ghirolt, Girolt (334 m, u. e. E. 1332, 958 Ew.). Alte got. Kirche heute Ruine, 1887 wurde neue ref. Kirche gebaut. Von der Gabelung 6 km in einem nw. Seitental liegt

Aluniş, Kecsed (343 m, u. e. E. 1247, 1065 Ew.). Die ref. Kirche ist ein got. Baudenkmal. In einem nw. Seitental liegt, 2 km weit,

Pruneni, Kecsedszilvás (440 m, u. e. E. 1275, 236 Ew.). Nach kriegerischen Ereignissen im 17. Jh. sind hier nur wenige Ung. geblieben, ref. Kirchengemeinde wurde um 1900 aufgelöst.

Von Aluniş führt die KS nach N, an einem Sandsteinbruch vorbei. Eine Abzweigung führt 2 km nw. nach

Vale, Grabendorf, Tótfalu (Bánffytótfalu) (404 m, u. e. E. 1405, 431 Ew.). Der Ortsname weist auf ehemalige slawische Bevölkerung: „Tòt" bedeutet „Windisch". Heute rum. Dorf.

3 km nach Aluniş zweigt eine Straße nach NO ab, führt 3,5 km nach

Corneni, Szükerék (421 m, u. e. E. 1219, 345 Ew.). Gehörte zu den Gütern der Fam. Kendi. Nach 1600 kommen neue rum. Ew. hinzu. Ref. Kirchengemeinde wird im 19. Jh. aufgelöst. 5 km ö., über den 549 m hohen Steinbergsattel, liegt

Pintic, Románpéntek (452 m, u. e. E. 1292, 1035 Ew.). Im MA. ung., nach 1600 rum. Dorf.

Auf der DN 1C folgt 3 km nach Iclod die Ortschaft

Livada, Dengeleg (264 m, u. e. E. 1320, 961 Ew.). Im 15. Jh. Sitz des mächtigen ung. Adligen Johann Pongracz, welcher zur Zeit König Matthias den ganzen sächs. Stuhl Mühlbach besaß. Im MA. ung. Dorf, nach 1600 rum. Ung. Kleinadlige errichteten 1780 neue ref. Kirche, 1668 wird rum. Kirche gebaut. Ein Gemeindeweg führt 6 km nach NW in das Dorf

Orman, Ormány (331 m, u. e. E. 1247, 1041 Ew.). Hier wurde Ion Bob (1759 – 1830) griech.-kath. Bischof, geboren. Ref. Kirche ist got. Baudenkmal, Glockenturm aus 18. Jh.

6 km von Livada auf der DN 1C liegt am s. Stadtrand von Gherla

Băiţa (Chirău), Kéró (303 m, u. e. E. 1214, 563 Ew.), der Burg Dej zugehörig, im MA. zur Burgdomäne Ciceu und Neuschloß. Alte ref. Kirche war verfallen, neue 1858 – 1889 erbaut. In der Somesch-Au, am Fuß der Berge in 256 m Höhe, reiche Mineralwasservorkommen, kohlensäure-, salz- und schwefelhaltig. Badeanstalt mit Wannenbädern und Freiluftbad, empfohlen gegen Rheuma, Frauen- und Hautleiden, Unterkunft in Villen und Bungalows. Restaurants, Campingplatz. In einem linken Seitental des Kleinen Somesch liegt 6 km weit von Băiţa

Buneşti, Széplak (309 m, u. e. E. 1411, 1333 Ew.). Vor dem Dorf die Wüstung Sîngeorz (St. Georg, Viziszentgyörgy, u. e. E. 1334), seit 17. Jh. unbewohnt. Der Weg führt nach S bis Băiţa. Am rechten Someschufer, 4 km weit von Băiţa, liegt

Hăşdate, Vizszilvas (269 m, u. e. E. 1339, 379 Ew.). 2 km s. liegt

Orman, Glockenturm der hölzernen ref. Kirche

Silivaş, Vizszilvás (315 m, u. e. E. 1235, 382 Ew.). Im 14. Jh. sächs. dann von Ung. und Rum. bewohnt.

An der DN 1C, im Someschtal, liegt anschließend an das Bad Băiţa (Kérő)

Gherla, Neuschloß, Szamosujvár (265 m, u. e. E. 1291, 1985: 22.805 Ew.). Im MA. gehörte ung. Dorf Gherla zur Burgdomäne Bálványos (Unguraş) und als solche dem sb. Woiwoden, Anfang 16. Jh. im Besitz von Georg Martinuzzi, dem Bischof von Oradea (Großwardein) (1534 – 1540). Letzterer begann um 1540 das neue Schloß zu bauen. Am Bau beteiligten sich Bauern aller 74 Dörfer, die zu Bálványos und Neuschloß gehörten, sowie sächs. Maurer aus Bistritz und ung. Meister aus Dej. Neuschloß wurde zur befestigten Burg, Martinuzzi verwahrte hier seine Schätze. Die Burg wurde 1540 – 1551 nach Plänen des Italieners Domenico da Bologna gebaut. Hat got. Gewölbe und Renaissanceportal. Der sogen. Rákóczi-Flügel ist ein Werk des Italieners Agostino Serena (1553). Das Schloß ist seit 1781 Gefängnis, 1856 wurde ein neuer Flügel hinzugebaut. Um 1550 war die Burg im Besitz Kaiser Ferdinands, der sie dem in der Erlauer Schlacht berühmt gewordenen Hauptmann Stefan Dobo schenkte. 1556 belagerten die Anhänger des Königs Johann Zapolya erfolglos das von Dobó verteidigte Schloß. Ab 1556 gehörte es dem sb. Fürsten. Zur Zeit Mihai Viteazu (Michael des Tapferen) herrschte hier als Burghauptmann Leca Aga. Als 1600 – 1603 die kaiserl. Söldner des Generals Giorgio Basta hier kampierten, wurde das Dorf Gherla restlos verwüstet. 1609 gehörten Burg und Domäne Stefan Kendi, wurde dann wieder fürstliches Eigentum. In den friedlichen Jahren des 17. Jh. wurde Gherla zum Marktflecken, die Ew. wurden freie Bauern oder Landsknechte. Unter der Regierung des letzten Fürsten, Michael Apafi, wurde Neuschloß zur Grenzburg, 1687 von kaiserlichen Truppen besetzt.

Infolge kriegerischer Ereignisse in der Moldau kamen 1669 viele Armenier nach Sb.; 300 Fam. ließen sich mit Erlaubnis des Fürsten Apafi 1672 auch hier nieder. Viele armenische Kaufleute hatten sich in der Innenstadt von Bistritz eingemietet. Sie kauften Gherla und die ganze Burgdomäne; bauten 1700 – 1715 die neue Stadt. Im Pestjahr 1712 wies der Bistritzer Rat die Armenier aus, welche nach Gherla übersiedelten. In der von Anxentius Verzár gegründeten neuen Stadt wurden Kirche und Schule errichtet. 1717 verschenkte Kaiser Karl III. die ganze Domäne Neuschloß dem griech.-kath. Bistum, doch der rum. griech.-kath. Bischof Inocentie Micu-Klein mußte seinen Bischofssitz nach Fogarasch verlegen. Die Stadt Gherla (auch Armenopolis genannt) hatte 1735 schon 219 Häuser, wo armenische Kaufleute und Handwerker (Lederer und Gerber) wohnten. Sie kauften auch Gemarkungen der Dörfer Gherla und Chirău. Armenopolis wurde 1759 königliche Freistadt, aber seit Ende des 18. Jh. allmählich magyarisiert. Es siedelten sich hier auch viele Rum. und Ung. an, 1852 Sitz eines griech.-kath. Bistums. Das ehemalige Armenopolis weist gemeinsame Züge mit anderen, am Anfang des 18. Jh. gegründeten Städten wie Karlsruhe oder Petersburg auf: einheitliche, urbanisierte Bauweise und parallel verlaufende Straßen.

Sehenswürdigkeiten: Am Hauptplatz die *armenisch-kath. Dreifaltigkeitskirche* (1748 – 1804) in barockem und neoklass. Stil; die armenische Kirche, Saalkirche mit Chor und Seitenaltären, gegliedert durch kräftig profilierte Pilaster und Säulen mit korinthischen Kapitelen, z. T. mit Kuppel, z. T. mit Muldengewölben überdeckt. Die Eingangsseite zeichnet sich durch den vorspringenden polygonalen Vorraum aus: hohes rustiziertes Erdgeschoß, darüber eine monumentale Wandgliederung mit ionischen Pilastern. Die Mittelachse über dem Dreiecksgiebel wird von einem hohen Turm gekrönt, den 2 Türmchen flankieren. Die Planung (Baumeister Josef Jung) geht auf Vorbilder des Wiener Architekten Matthias Gerl zurück. Der Bau begann 1748, endete aber erst 1804, nachdem der Hauptturm 1780 und 1793 eingefallen und wiederaufgebaut worden war und die Kirche 1788 eine durch Blitzschlag verursachte Feuersbrunst überstanden hatte. Daraus erklärt sich, daß die Formen der Hauptfassade bereits zum Klassizismus neigen. Ehemaliges *Franziskanerkloster* (1748 – 1738) im Barockstil, die kath. *Solomon-Kirche* (erste armenische Kirche) neben dem Bahnhof, 1723 von Salamon Simay gestiftet. *Stadtmuseum*, Nachfolger des 1904 gegründeten Armenischen Museums. Geburtsort des Historikers armenischer Abstammung Kristóf Szongott (1843 – 1907), Verfasser einer monumentalen Stadtgeschichte, sowie des rum. Volkskundlers Grigore Moldovan (1845 – 1930). Stadtbild wird geprägt durch die große Strafvollzugsanstalt (Gefängnis) für viele polit. Gefangene und Gegner des Kommunismus. Im W ist ein Industrieviertel entstanden mit Holzverarbeitungskombinat, Glasfabrik, Orientteppichweberei, Maschinenfabrik und verschiedenen Lebensmittelfabriken.

Die DN 1C verläßt Gherla nordwärts und führt über den Somesch, nach 6 km zweigt eine Straße in ein linkes Seitental des Kleinen Somesch 4 km nach

Nima, Néma (300 m, u. e. E. 1225, 1140 Ew.) ab. Im MA. waren in diesem Gebiet zwei ung. Dörfer. Nach Reformation wurden Ung. Unitarier. Kirche hat got. Schiff und rom. Chor. Anläßlich Renovierungsarbeiten 1965 wurden an der Sakristeimauer Wandmalereien aus dem 14. Jh. entdeckt. Glocke (verbum Domini manet in aeternum, 1597) stammt von abgetragener ref. Kirche aus Codor. Die DN 1C führt 4 km weiter bis Dej.

Von Gherla führt eine AS 4 km n. an den Rand der Sb. Heide nach

Mintiu Gherlei, Deutschendorf, Szamosujvárnémeti (260 m, u. e. E. 1269, 1745 Ew.). Das von bayerischen Siedlern noch im 11. oder 12. Jh. gegründete Dorf war Marktflecken und jahrhundertelang wirtschaftlicher Sitz der Burgdomäne Bálványos (Unguraş). Die Dt. sind bis ins 16. Jh. im Ungarntum aufgegangen, alte ma. Kirche wurde ref. und ist bedeutendes got. Baudenkmal. In einem ö. Seitental über die Berge, 6 km weit, erstreckt sich

Pădureni (Ţop), Czoptelke (411 m, u. e. E. 1424, 489 Ew.). Gehörte als rum. Dorf zur Burg Bálványos. Wieder im Haupttal des Somesch, 2 km w. von Mintiu Gherlei, liegt an einer Gemeindestraße

Petreşti, Petrihaza (Péterháza) (277 m, u. e. E. 1383, 326 Ew.). Nach Kriegsjahren Anfang 17. Jh. stark verwüstet. Weiter 3,5 km n. im Somesch-Tal befindet sich das kleine Dorf

Salatiu, Szilágytó (245 m, u. e. E. 1308, 303 Ew.). 2 km n. liegt am rechten Someschufer

Mănăstirea (Benediugu Dejului), Szentbenedek (248 m, u. e. E. 1308, 962 Ew.). Im 16. Jh. rum. Gut der Burg Bálványos. Um 1580 Besitztum des Kristofor Keresztúri, eines einflußreichen Feudalherrn aus der Zeit Báthoris. Im 17. Jh. im Besitz der kath. Fam. Kornis. Die orthod. Kirche (urspr. kath., dann griech.-kath.) stammt aus dem 13. Jh., ist rom. Baudenkmal. *Schloß Kornis* war eine der schönsten Renaissancebauten Sb.s, die Schloßtürme wurden 1573 gebaut, später der Torturm mit Zugbrücke. Auch heute noch kommt märchenhafte Stimmung auf. Leider gingen die Bemalung und die wertvollen Sammlungen 1944 verloren. Das Schloß wurde von Kristofor Keresztúri erbaut, über dem Portal ist die Jahreszahl 1593 eingemeißelt. Die heutige Form des Schlosses stammt aus der Zeit des Gubernators Siegmund Kornis (1730). Die Kirche Sf. Nicolae ist got. Baudenkmal aus dem 16. Jh. mit bewehrtem Glockenturm an der W-Seite. Vor der Stadteinfahrt nach Dej (5 km) zweigt eine AS nach der Somesch-Brücke nach W ab, überquert nach 2 km die DN 1C und führt nach 3 km in den Ort

Ocna Dejului, Salzdorf, Désakna (350 m, u. e. E. 1291, 2831 Ew.). Im 13. Jh. lebten hier viele Dt., im 15. – 16 Jh. war es schon ung. Marktflecken. Das hier geförderte Steinsalz wurde mit Wagen und per Schiff in die salzarme ung. Tiefebene befördert (eingestürzte Salzgruben in Valea Sărată sind heute Salzbäder). *Sehenswert:* Ref. Kirche got. Stils mit Inschriften von 1543 und 1675. Die rum. Kirche stammt von 1776. An der DN 1C, am linken Ufer der Somesch, liegt

Dej, Burglos, Des (Dés) (250 m, u. e. E. 1214, 1992: 41.016 Ew.). Munizipium im Kreis Cluj (Klausenburg). Liegt am Zusammenfluß des Kleinen und Großen Somesch. Archäol. Funde bezeugen ununterbrochene Besiedlung seit der Steinzeit. War im MA. Umschlagplatz des Steinsalzes aus Salzdorf. Damals war Dej Sitz des Komitates Solnok. Hatte auch ein Augustinerkloster. Seit 1320 Zugang neuer „hospites", darunter auch Sachsen. Nach 1526 Zuflucht von Ung. aus den gefährdeten S-Gebieten Ung. Im 16. Jh. besaß es mehrere Zünfte, nach 1570 wurde Kirche unit. In Basta-Zeit flüchteten reichere ung. Bürger nach Bistritz, Dej wurde in Brand gesetzt. Ab 1669 ist Dej Grenzburg, alle Bürger werden geadelt. In Habsburgerzeit starke Rekatholisierung, doch kaiserl. Truppen konnten 1730 die ref. Kirchenburg nicht besetzen. Mit Hilfe der kath. Adligen Henter und Kornis wird 1799 rum. Kirche gebaut. Im 19 Jh. ziehen aus Polen und der Marmarosch viele Juden zu. Der alte Stadtteil neben dem ref. Pfarrhaus wird Altenburg (Óvár) genannt. Hier war die alte Burg. Die Ruine des Turms wurde 1938 abgetragen. Die ref. Kirchenburg (1453 – 1536) besitzt spätgot. Saalkirche. Der sehr hohe Kirchturm galt als Vorbild für viele rum. Holzkirchtürme. Die Kanzel im Innenraum stammt von Dávid Sipos. Die kath. Kirche St. Anton aus Padova ist ein Barockbau und gehörte ursprünglich zum Franziskanerkloster. Im Stadtzentrum alte Fürstenwohnung, seit dem 17. Jh. im Besitz der Fam. Haller, später Schulgebäude. Das Museum setzt Traditionen des 1898 gegründeten Vereins für Geschichte, Literatur und Volkskunde des Komitats Szolnok-Doboka fort. Im Museum wird ein moldauisches Wappen aus Cetatea Ciceului aufbewahrt. Im O der Stadt ist in den letzten 30 Jahren ein Industrieviertel entstanden. Die Baustoffabrik verarbeitet den vulk. Tuff als Rohstoff, Papier- und Zellulosefabrik, Möbelfabrik, Kunstfaserwerke, Obst- und Fleischkonserven- und andere Lebensmittelfabriken stehen hier. Die Stadt hat unter den Hochwasserkatastrophen von 1970 und 1975 sehr gelitten.

Dej (Burglos), reformierte Kirche

Dej (Burglos), Stadtzentrum

ROUTE 2/3

Von Gherla führt die DJ 109D nach O. Nach 2 km zweigt eine AS 2 km nach S, nach

Nicula, Füzesmikola, Mikola (322 m, u. e. E. 1326, 851 Ew.). Seit 15. Jh. zur Burg Bálványos und später zu Neuschloß gehöriges rum. Dorf. Wurde nach dem Wunder des Tränenvergießens der Muttergottes auf gemalter Holzikone 1694 zum Wallfahrtsort. 1767 gewährte Papst Clemens XIII. denjenigen Ablaß, die das Kloster an bestimmten Marienfeiertagen besuchten. Durch das Aufkommen der Glashütten und unter slowak., böhm. und österr. Einfluß entstand hier Anfang des 18. Jh. die erste und bedeutendste rum. Klosterschule für Hinterglasmalerei. Die Meister sind meist anonym geblieben; etwa 30 Namen bekannt, darunter 3 deutscher Herkunft (Emil Weiss, Moritz Hachmann und Karl Müller). Bevorzugte Thematik: Marienbilder, christologischer Zyklus, Schutzheilige und unter griech.-kath. Einfluß Motive kath. Inspiration. Klosteranlage aus dem 16. Jh., Holzkirche von 1700. 3 km weiter s. folgt im Hosu-Tal

Bonţ, Boncnyires (317 m, u. e. E. 1275, 672 Ew.). Im MA. der Fam. Kendi gehöriges ung. Dorf, im 17. Jh. mit Rum. wiederbevölkert. Weiter nach S, 3 km bis

Săcălaia, Kisszék (Szekuláj) (344 m, u. e. E. 1379, 512 Ew.), rum. Knesendorf des Marktfleckens Sic. Über der Abzweigung liegt zool. und bot. NSG „Lacul Ştiucii" (22 ha). Hat den tiefsten Natursee des sb. Berglandes (12,5 m), reich an Fischen, bes. Hechte. Beliebte Raststätte für Wandervögel. Nach 7 km folgt im S

Sic, Seck, Szék (325 m, u. e. E. 1291, 3934 Ew.). Bestand als Salzgrube schon im 11. Jh. Der Bischof von Sb. besaß 1326 Salzzoll. Im 13. Jh. zur Stadt erhoben. Im MA. Marktflecken und dank Salzgrube als wirtschaftlicher Mittelpunkt des Dobokaer Komitates. Salzabbau wurde im 18. Jh. eingestellt. Bei letztem Tatareneinfall 23. 8. 1717 wurde Sic verwüstet; dieser Tag ist bis heute Gedenktag. Sic gilt heute als wichtigstes ung. Volkskunstzentrum der Sb. Heide. Ref. Kirche aus dem 13. Jh. hat die Form einer dreischiffigen Basilika mit eindrucksvollem Chor und Apsis. Baustil entspricht der Übergangszeit von der Romanik zur Gotik. Fragmente der Wandmalerei aus dem 14. Jh. erhalten. Die orthod. Kirche ist ein kleiner Holzbau von 1731 mit Glockenturm und geschnitzten Verzierungen. Das einstige Franziskanerkloster und seine Kirche sind 1752 im Barockstil gebaut worden. Am Oberlauf der Valea Sicului liegt 6 km weit, an Sümpfen, Mooren und Seen vorbei,

Coasta, Gyulatelke (300 m, u. e. E. 1329, 509 Ew.). Im MA. von Ung. bewohnt, seit 1600 rum. Rum. Kirche von 1669. Im Quellgebiet der Valea Sicului liegt 3 km sö.

Tăuşeni, Marokháza (330 m, u. e. E. 1310, 418 Ew.). Über eine Abzweigung nach O über den Berg (520 m) führt ein Weg 4 km nach

Sava, Mezőszava (346 m, u. e. E. 1318, 636 Ew.). Nach der Ref. wurde die Kirche unit., später von ref. Kleinadligen übernommen. Die orthod. rum. Kirche wurde 1702 gebaut. Die grob behauenen Balken wurden schwalbenschwanzartig in den Ecken verbunden: Das Schindeldach hat sich tief gesenkt. Im Inneren herrscht mystisches Dunkel; nur von zwei kleinen Fensterchen erhellt, leuchten die Ikonen der Bilderwand aus dem 17. Jh. Die Wände sind mit Fresken bemalt. Ein Gemeindeweg w. führt nach 2 km in das große Dorf

Băgaciu, Kisbogács (360 m, u. e. E. 1318, 2798 Ew.). Seit dem 15. Jh. ist es ein schafzinszahlendes rum. Dorf. Von Sava 1,5 km nach O erreicht der Weg

Mureşenii de Cîmpie, Oboz (334 m, u. e. E. 1173/1196, 3498 Ew.). In den Kriegsjahren von 1600 – 1603 wurde das ung. Dorf entvölkert, später mit Rum. neu besiedelt. Weiter nach O folgt nach 4 km im sumpfigen Tal der Weiler

Chiriş (290 m, u. e. E. 1377, 610 Ew.). Der Gemeindeweg mündet nach 5 km in die DJ 109C zw. Geaca und Sucutard. Jenseits des Sucutard-Sees, 2,5 km, weit liegt das Dorf

Lacu, Feketelak (318 m, u. e. E. 1318, 716 Ew.). Im MA. gehörte das ung. Dorf zum sächs. Marktflecken Buza (Busaten). An der Stelle der alten got. Kirche wurde 1784 eine neue Kirche gebaut. An der DJ 109C von Geaca nach N liegt 1 km talabwärts

Sucutard, Szentgothárd (289 m, u. e. E. 1321, 1027 Ew.). Der Name stammt vom Kirchenheiligen St. Gotthard. Nach den Verwüstungen von 1600 – 1603 blieben hier nur wenige Einwohner. Die begüterte Fam. Wass besaß hier seit dem MA. ein schönes Schloß. Vom n. Dorfausgang führt eine Straße 4 km nach W in das kleine Dorf

Puini, Pujón (350 m, u. e. E. 1265, 329 Ew.). Hier sind Erdgassonden niedergebracht. An der DJ 109C, von Sucutard nach N, liegt 7 km weiter, unter einem 5 km langen Stausee (Ţaga, Hodos-tó)

Ţaga, Czege (313 m, u. e. E. 1291, 1176 Ew.). Am Hof des Grafen Daniel Haller wirkte 1797 – 1802 als Hauslehrer der rum. Aufklärer Gheorghe Şincai. Das alte Schloß wurde 1800 von Samuel Wass und seiner Gemahlin Rosalia Bethlen renoviert. Auf dem Hauptgebäude Wappen der Fam. Wass und Bethlen. Die gewölbten Kellerräume stammen aus dem MA. 1 km talabwärts am ö. Ufer liegt das Dorf

Ghiolţ, Götz, Göes (302 m, u. e. E. 1326, 600 Ew.), ist mit Ţaga vereinigt. In einem Seitental 7 km ö. liegt

Năsal, Noszoly (334 m, u. e. E. 1220, 1142 Ew.). Die ma. ref. Kirche hat eine Inschrift von 1594. N. von Ţaga führt ein Pfad 4 km über den Berg nach

Diviciorii Mici, Klein Däwäts, Kisdevecser (361 m, u. e. E. 1173/1196, 291 Ew.). Im MA. Gut der Fam. Wass. Auch hier die übliche ethnische Struktur des 17. – 18. Jh.: rum. Bauern und ung. Kleinadlige. Ref. rum. Kirche. 3 km talabwärts liegt **Diviciorii Mari** (326 m, u. e. E. 1173, 570 Ew.). Nach 3 km talabwärts zweigt ein Weg nach S, 2 km in das Dorf

Măhal, Mohaly (335 m, u. e. E. 1173/1196, 425 Ew.). War im MA. ein rum. Dorf, im Besitz der Fam. Wass. Im Diviciorii-Tal folgt nach 1 km das Dorf

Tîrguşor (Oşorheiu), Kékesvásárhely (304 m, u. e. E. 1326, 236 Ew.), rum. Dorf. Nö. von Tîrguşor, in 4 km Entfernung, liegt an der AS die Gemeinde

Sînmărtin, Szépkenyerüszentmárton (320 m, u. e. E. 1335, 543 Ew.). Gehörte im MA. als ung. Dorf zur Burg Bálványos, nach 1550 zu Neuschloß. Volkslieder der hiesigen ref. Ung. von Tondichter Lajos Lajtha herausgegeben. Ref. spätgot. Kirche. 4 km weiter n. folgt die Ortschaft

Sîmboieni, Erdőszombattelke (370 m, u. e. E. 1357, 471 Ew.). Das rum. Dorf gehörte zur Burgdomäne Bálványos, später Neuschloß. 3 km ö. liegt

Cutca, Kötke (490 m, u. e. E. 1357, 653 Ew.), 2 km nö. das Dorf

Ceaba, Bálványoscsaba (u. e. E. 1315, 703 Ew.). Nach Basta-Zeiten wohnten hier nur Rum. Laut Überlieferung steht hier eine rum. Kirche an der Stelle der alten ung., von welcher auch die Glocke aus 1512 stammen soll. 5 km entfernt liegt

Valea Unguraşului (Valea Rea), Csabaújfalu (333 m, u. e. E. 1599, 548 Ew.). Ein Feldweg führt 8 km n. durch den Weiler Dumbrava in das Dorf

Mălin, Almásmalom (352 m. u. e. E. 1305, 724 Ew.). Im MA. gehörte dieses ung. Dorf der Fam. Bethlen. Die ref. Kirche ist spätgot. (15. Jh.), die Kassettendecke ein Werk des Tischlers Parajdi Illyés János aus dem Jahr 1612. Der Weg führt weiter 4 km nach Rusu de Sus > [RG 2].

Von Ţaga führt die DJ 109C nach NW und erreicht nach 6 km

Sîntioana, Vasasszentivány (312 m, u. e. E. 1305, 844 Ew.). War anfangs Besitz der Fam. Wass, später ein Gut der Kendis. Nach 1600 ref. Kirchengemeinde aufgelöst. Dazu gehört auch der Weiler

Cesapiu, Császári (278 m). Eine Abzweigung nach SW führt 6,5 km durch die Valea Sicului durch den Weiler Sîntejude-Vale in das Dorf

Sîntejude, Vasasszentegyed (320 m, u. e. E. 1315, 896 Ew.). Der ung. König Béla III. (1173 – 1196) schenkte dieses Gut den Vorfahren der Fam. Wass. Der Ort wurde zur Zeit des Tatareneinfalles von 1241 verwüstet.

Weiter auf der DJ 109C liegt nach 4 km

Fizeşu Gherlii, Ördöngösfüzes (273 m, u. e. E. 1172, 1681 Ew.). Gehörte als ung. Dorf zur Burg Bálványos, später zu Neuschloß. Weil 1587 im ref. Pfarrhaus angeblich der Teufel sein Unwesen trieb, heißt das Dorf bis heute das „verteufelte Füzes". Die ref. rom. Kirche wurde beim Tatareneinfall von 1660 zerstört und 1675 wieder aufgebaut. Die getäfelte Decke von 1675 ist das Werk der Tischlermeister Mihály Ecsedi Asztalos und Mihály Fogarasi. Das Fizes-Tal abwärts führt die Kreisstraße 6 km bis nach Neuschloß (Gherla) im Somesch-Tal und trifft nach 4,5 km mit der Straße von Seck im Hosu-Tal zusammen.

ROUTE 3/3

Von der Brücke über den Kleinen Somesch bei Dej führt eine Kreisstraße 4,5 km nach N, dort liegt am Zusammenfluß des Großen und des Kleinen Somesch

Mica, Mikeháza (238 m, u. e. E. 1330, 923 Ew.). Das zur Burgdomäne Ciceu gehörige Dorf hatte bis 1600 eine unit. Kirche. Nach Verwüstungen von 1600 – 1603 siedelten sich Rum. an. Nach 4 km im Tal des Großen Somesch nach O liegt

Dîmbu Mare (240 m), eine neuere eingemeindete Siedlung. Dann folgt nach 2,5 km

Sînmărghita, Margarethen, Szentmargita (283 m, u. e. E. 1332, 1325 Ew.). Das ung. Dorf gehörte zur Burg Ciceu. Die ref. Kirche (1805), z. T. in barockem Stil besitzt eine Glocke von 1596. Die Straße führt weiter 5 km nach Braniştea > [RG 2]. Von Mica 1 km s. führt im Bandău-Tal eine AS 6 km ostwärts nach

Nireş, Nieresch, Szásznyires (258 m, u. e. E. 1330, 1465 Ew.). War eine sächs. Siedlung, als Marktflecken bezeichnet. Das Dorf wurde bis 1600 ung. Die ref. Kirche wurde von Umling Lörinz gebaut. Hat einen Arpad-Chor und eine got. Sakramentsnische. Im Salztal (Valea cea Sărața) Salzquellen. Im selben Tal liegt 6 km weiter

Unguraş, Bálványosváralja (281 m, u. e. E. 1269, 2175 Ew.). Unter der nach dem Tatareneinfall 1241 erbauten Burg entstand eine ung. Siedlung. Die Burg Bálványos besaß im MA. ausgedehnte Domäne zu der sächs., ung. und rum. Dörfer gehörten. War ursprünglich Besitztum sb. Fürsten, im 16. Jh. dem Moldauer Woiwoden Petru Rareş (1529 – 1531) gehörig. 1536 baute der Großwardeiner Bischof Georg Martinuzzi mit Steinen der Burg Bálványos das Neue Schloß in Gherla

(Neuschloß). Die ref. Kirche ist rom., mit got. Kapitellen versehen und hat einen Turm aus dem 15. Jh. mit Spitzbogenfenstern, einem tiefen Portal, dessen Säulenkapitele ein feines Knospenmuster haben. Der Triumphbogen und die Säulen sind im spätgot. Übergangsstil gefertigt. Kanzel von Kidei Sipos Dávid. 1536 wurde die Burg geschleift, ein got. Portal wurde in die Salamon-Kirche von Gherla eingebaut. Im Dorf lebte der ung. Buchdrucker und Gelehrte Tótfalusi Kis Miklós (1650 – 1702). 5 km s. von Unguraş liegt

Batin, Battendorf, Bátony (320 m, u. e. E. 1450, 1408 Ew.). Nö. von Batin, 3 km weit, liegt der Weiler **Daroţ**. Die Straße trifft nach 2 km auf die Verbindung Valea Ungaraşului – Rusu de Sus > [R 2/3].

ROUTE 4/3

Von Răscruci > [R 1/3] führt die DJ 109 in w. Richtung, im Borşa-Tal durch den Weiler Borşa-Cătun 10 km in die Gemeinde

Borşa, Kolozsborsa (328 m, u. e. E. 1317, 2438 EW.), gehörte im 17. Jh. der Fam. Haller. In einem Seitental, 3 km n., liegt

Bădeşti, Bádoky (383 m, u. e. E. 1314, 547 Ew.). Im MA. gemischter, von rum. Bauern und ung. Kleinadligen bewohnter Ort. Die ref. Kirche im Übergangsstil von Rom. zur Got. Unter der Kalkschicht alte Fresken. Die Kassettendecke ist ein Werk des Klausenburger sächs. Tischlers Johannes Umling um 1773. 4 km flußaufwärts liegt

Ciumăfaia, Csomafája (358 m, u. e. E. 1230, 450 Ew.). Die ref. Kirche ist rom. (13. Jh.), mit got. Chor. Die Kanzel ist ein Werk von Dávid Sipos (1745). In ein n. Seitental des Borşa-Tales zweigt nach 1 km ein Weg 4 km nach

Chidea, Kide (407 m, u. e. E. 1332, 558 Ew.). Hatte im MA. St.-Stefans-Kirche. Heute ref., kath. und unit. Kirche. 1804 baute László Ugrai neue unit. Kirche. Hier wohnte der Steinmetz Dávid Sipos († 1762). Nach weiteren 5 km führt die DJ 109 nach

Vultureni, Borsaújfalu (376 m, u. e. E. 1314, 819 Ew.). Im 14. Jh. war hier das Dorf Biszó (Bidisău), im 16. Jh. hieß es Magyarújfalu. Nach 1660 von ung. Kleinadligen bewohnt, aus der Zeit stammen die Herrenhäuser Koncz, Mosa, Ferenczi. In einem s. Seitental, 5 km weit, liegt

Făureni, Kolozskovácsi (389 m, u. e. E. 1290, 624 Ew.). Nach 1600 von rum. Bauern bewohnt.

1 km nw. folgt die Straßenkreuzung DJ 109 mit DJ 109A, 2 km sw. auf der DJ 109A liegt

Şoimeni (Ginteu), Sólyomkő (424 m, u. e. E. 1332, 836 Ew.). 2 km s. liegt

Băbuţiu, Babuc (405 m, u. e. E. 1325, 385 Ew.). Alte got. ref. Kirche wurde 1927 abgetragen, die Kanzel des Sipos Dávid und die vom Klausenburger Lorenz Umling bemalte Kassettendecke wurden in der kath. Kirche von Chidea untergebracht. Straße führt nach S, 7 km nach Deuşu > [RG 6]. Wieder im Borşa-Tal, liegt nach 1,5 km auf der DJ 109 das Dorf

Fodora, Magyarfodorháza (380 m, u. e. E. 1316, 680 Ew.). Neue ref. Kirche von 1730. Nach N führt ein Weg über die Berge, 4 km in den Weiler Dorna (Streusiedlung, 400 m). 3,5 km w. folgt im Borşa-Tal

Aşchileu Mare, Groß-Schwalbendorf, Nagyesküllő (400 m, u. e. E. 1331, 1230 Ew.). Der ung. Chronist Anonymus (um 1200) vermerkte, daß ein ung. Stammesführer an einer Stelle, genannt

Esküllő (Schwurstelle) – den rum. Woiwoden Gelou besiegte. Anfang des 14 Jh. gab es hier schon zwei ung. Dörfer mit dieser Bezeichnung. Brauchtumsfest am 2. Januar. In einem s. Seitental liegt 3 km weit

Cristorel, Ördögkeresztur (415 m, u. e. E. 1332, 705 Ew.). 3 km talaufwärts folgt die letzte Ortschaft im Borşa-Tal

Aşchileu Mic, Klein-Schwalbendorf, Kisesküllő (397 m, u. e. E. 1320, 758 Ew.). *Sehenswerte Holzkirche aus dem 18. Jh.* Der Weg führt 8 km weiter nach Dragu > [RG 4].

ROUTE 5/3

W. von Dej im Codor-Tal verzweigt sich die Straße nach 4 km. Eine Abzweigung führt 2 km sw. nach

Codor, Kodor (285 m, u. e. E. 1198, 590 Ew.). Ung. Dorf gehörte der Fam. Kendis, um 1600 ganz verwüstet, dann mit rum. Bauern neu besiedelt. Die alte got. Kirche wurde 1859 abgetragen, alte Glocke 1597 nach Salzdorf verkauft.

Die w. Abzweigung führt 5 km in die Gemeinde

Jichişu de Jos, Alsógyékényes (322 m, u. e. E. 1219, 663 Ew.). War anfangs ung., seit 1460 rum. Knesendorf. Nach 3 km, in einem Seitental, führt ein Weg 4 km nach N bis

Tărpiu, Szekerestörpény (365 m, u. e. E. 1440, 325 Ew.). Der ung. Name (Wagen-Treppen) stammt vom Salzweg, der vom Salzdorf über Tărpiu führte. Von hier stammt die Sprachwissenschaftlerfam. Törpényi Szabó (Attila T. Szabó, Adám T. Szabó). Oberhalb Jichişu de Jos folgt nach 6 km

Jichişu de Sus (498 m, u. e. E. 1448, 592 Ew.). Wie Jichişu de Jos rum. Dorf. Ehem. ma. ref. Kirche. Oben an der Wasserscheide liegt 2,5 km w.

Şigău, Sajgó (540 m, u. e. E. 1379, 294 Ew.), ö. des Bobîlna-Berges.

ROUTE 6/3

Die DJ 108B verläßt Dej in Richtung NW entlang des Olpret-Tales. Nach 4 km teilt sich die Straße, eine Abzweigung führt 6 km nach

Şomcutu Mic, Kissomkút (293 m, u. e. E. 1356, 822 Ew.). Das rum. Dorf gehörte der Burg Ciceu und nach 1550 zu Neuschloß. Vom Ortseingang Şomcutu Mic führt ein Weg nach N, in einem Seitental, 6 km zu dem kleinen Dorf

Peştera, Pestes (386 m, u. e. E. 1467, 244 Ew.).

Im Olpret-Tal, 3 km weiter, befindet sich

Maia, Mánya (396 m, u. e. E. 1315, 344 Ew.). Bis 1660 ung., dann rum. Dorf im Besitz von Fam. Kendi und später Haller. Die alte griech. kath. Holzkiche stammt aus dem Jahr 1698. Gegenüber, am rechten Ufer des Olpret, liegt

Cremenea, Keménye (272 m, u. e. E. 1448, 205 Ew.). Rum. orthod. Holzkirche aus dem Jahr 1756. Nach 1 km folgt

Suarăş, Szóváros (297 m, u. e. E. 1507, 345 Ew.). Das rum. Dorf gehörte dem rum. Bischof von Vad und im 16. – 17. Jh. zur Domäne Olpret. Weiter sw., am Fuße des Bobîlna-Berges, liegt

Băbdiu, Zápróc (311 m, u. e. E. 1507, 694 Ew.). Nach 1600 zur Domäne Olpret gehörig. Wieder im Olpret-Tal, führt der Weg 2 km w. nach

Răzbuneni, Radákszinye (280 m, u. e. E. 1507, 567 Ew.). Am Anfang ung., nach 1660 rum. Dorf im Besitz der Fam. Kendi, Radák. Die bedeutendste Siedlung in diesem Tal ist nach 5 km

Bobîlna, Olparet, Alparet (299 m, u. e. E. 1332, 1119 Ew.). In diesem von ung. und rum. Bauern bewohnten Ort fanden 1437 die Verhandlungen zw. Adligen und aufständischen Bauern statt. Auf dem im S gelegenen Hügel Bobîlna war nach hussitischem Muster eine Wagenburg errichtet worden. Am Salzweg gelegen, wurde der Ort im MA. zum Marktflecken. Wegen der türkischen Herrschaft wanderten Ung. nach 1660 aus. Hier wurde der unit. Bischof József Ferencz geboren. Der rum. Politiker Alesandru Vaida-Voievod war hier Gutsbesitzer. Die Jahrmärkte von Bobîlna waren bis ins 20. Jh. gut besucht. Auf dem Bobîlna-Berg steht ein mit Basoreliefs geschmücktes Mahnmal des Bauernaufstandes von 1437, ein Werk des Arch. Virgil Salvan und des Bildhauers Ador Koós. Treffpunkt und Volksfest der Einheimischen am 2. Sonntag im Juli. In einem Seitental nw. von Bobîlna liegt 3 km weit

Pruni, Nagymező (453 m, u. e. E. 1338, 246 Ew.). Im MA. rum. Dorf. Die Holzkirche stammt, laut Überlieferung, aus Bobîlna. An der DJ 108B folgt nach 3 km das kleine Dorf

Oşorhel, Erdővásárhely (382 m, u. e. E. 1378, 297 Ew.). Nach S führt die Straße 2 km nach Vîlcelele > [R 1/3]. In einem Seitental nach SW führt ein Weg 3 km nach

Antăş, Antos (365 m, u. e. E. 1437, 179 Ew.). Ladislaus filius Gal de Antos war einer der Führer des Bauernaufstandes. Viele Bewohner waren mit dem Salztransport beschäftigt. 2 km weiter sw. erstreckt sich

Blidăreşti, Tálosfalva (386 m, u. e. E. 1507, 394 Ew.).

Von Oşorhel führt die Kreisstraße nach W, 3 km in das Dorf unter der Wasserscheide,

Pustuţa, Pusztaujfalu (379 m, u. e. E. 1499, 179 Ew.). Rum. Holzkirche von 1825. S. der Wasserscheide (488 m), an der DJ 109A, befindet sich nach 6 km serpentinenreicher Straße

Căprioara, Kecskeháta (431 m, u. e. E. 1461, 371 Ew.). Rum. Knesendorf, gehörte dem Adligen von Recea-Cristur. Nach NW zweigt, vorbei an der Abzweigung nach Gîrbou, eine DJ nach Cernuc ab > [R 7/3]. Weiter auf der DJ 109A liegt nach 3 km

Recea-Cristur, Récekeresztur (435 m, u. e. E. 1320, 1106 Ew.). Ref. Kirche 1706 von Rum. übernommen. 4 km talabwärts zweigt ein Weg in einem Seitental nach N ab und führt nach 4 km in das Dorf

Elciu, Völcs (440 m, u. e. E. 1378, 567 Ew.). Im Haupttal, an der DJ 109A, folgt nach 1 km von der Abzweigung, im Lonea-Tal

Panticeu, Páncélcseh (370 m, u. e. E. 1314, 1197 Ew.). Der Ortsname weist auf tschechische Siedler hin. Im 14. Jh. war Petrus dictus Panchelus Dorfbesitzer. Die ref. got. Kirche mit Kassettendecke ist ein Werk des Klausenburger sächs. Tischlermeisters Lorenz Umling. In einem rechten Seitental, 6 km w. von Panticeu, folgt

Sărata, Szótelke (409 m, u. e. E. 1320, 769 Ew.). Im 19. Jh. lebten hier viele Holzpflugmacher. In einem s. Seitental liegt der Weiler

Cătălina, Szentkatolna (459 m, u. e. E. 1320, 354 Ew.). Von 1600 – 1850 Wüstung. Von Panticeu 11 km nach W wird die Kreisstraße nach Vultureni, Răscuruci erreicht > [R 4/3].

ROUTE 7/3

Von der Straßengabelung im Olpret-Tal, 4 km w. von Dej, führt die Kreisstraße nach 6 km im Somesch-Tal nach

Cetan, Csatány (242 m, u. e. E. 1540, 873 Ew.). Gehörte als rum. Dorf zur Stadt Dej. Nach weiteren 7 km folgt

Vad, Révkolostor (220 m, u. e. E. 1467, 605 Ew.). In diesem rum. Dorf stifteten die moldauischen Woiwoden Ştefan der Große und Petru Rareş im 15 Jh. ein orthod. Kloster. Das Bauwerk aus unbehauenem Stein erinnert an moldauischen Klosterkirchen, hat got. Gewölbe mit Wandmalereien aus dem 16. Jh. War seit 1523 orthod. Bistum von Vad und Veleac. Wurde 1973 – 1975 restauriert. Eine KS zweigt nach W ab, führt nach 4 km in das Dorf

Bogata de Jos (Bogata Romăna), Alsóbogáta (270 m, u. e. E. 1392, 637 Ew.), war rum. Siedlung auf Gemarkung von Ung. Bogat. Nach 1 km zweigt ein Weg nach N ab, führt 2 km in das Dorf

Curtuiuşu Dejului, Alsókörtvélyes (367 m, u. e. E. 1325, 737 Ew.). Seit dem 16. Jh. rum. Dorf im Besitz der Fam. Kendi und Bánffy. Talaufwärts folgt nach 2 km

Bogata de Sus (Bogata Ungurească), Felsőbogát (Magyarbogát) (300 m, u. e. E. 1315, 628 Ew.). Bis 1600 ung. Dorf, 1587 Zehent gepachtet von den kroatischen Adligen Nikolaus und Lazarus Ivankovich. Nach 3 km liegt das Dorf

Calna, Kálna (335 m, u. e. E. 1325, 520 Ew.). Rum. Holzkirche (1672) hat Balken mit kyrillischer Inschrift: „vleat 1672 Mihai Apafi".

Im Somesch-Tal folgt nach 2,5 km von Vad das rum. Dorf

Valea Groşilor, Tökepataka (239 m, u. e. E. 1519, 605 Ew.). 4 km nw. folgt im hier eingeengten Somesch-Tal

Dobrocina, Dobrocsina (239 m, u. e. E. 1569, 401 Ew.). Gehörte im 16. Jh. der Fam. Kendi. 5 km weiter w. liegt im Somesch-Tal

Fodora, Románfodorháza (234 m, u. e. E. 1508, 829 Ew.). Rum. Sf. Nicolae-Holzkirche (1817), von ung. Meistern Lázár Takács und Lajos Bíró bemalt. 8 km w., den Mäandern des Somesch folgend, durch den Weiler Tiuşeni-Közfalu, folgt die Gemeinde

Rus, Oroszmező (216 m, u. e. E. 1325, 1121 Ew.). Um 1350 von Fam. Bánffy Reußen angesiedelt. Vorher zweigt eine Straße nach S ab > [R 8/3]. 4 km n. liegt das Dorf

Buzaş, Buzamező (246 m, u. e. E. 1554, 313 Ew.). Alte rum. Holzkirche wurde 1970 nach Sălişteu Nouă (Kreis Klausenburg) überführt. Eine Abzweigung führt zu dem in der hier 4 km breiten Somesch-Au 1 km weit gelegenen

Podişu (Ciumeni), Csomény (Harasztos) (240 m, u. e. E. 1554, 281 Ew.), rum. Dorf. Die rum. Holzkirche hat eine Glocke von 1680. 2 km n. liegt, auch in der Somesch-Au,

Rogna, Kornislaka (217 m, u. e. E. 1332, 233 Ew.). Hatte im 15. Jh. ung. Einwohner. 1554 gehörte Rogna als rum. Dorf zur Burgdomäne Almaş.

Wieder auf der DJ 109E, führt die Straße von Buzaş 5 km nach N in das Dorf

Negreni, Konkolyfalva (240 m, u. e. E. 1591, 260 Ew.), rum. Dorf, Holzkirche aus dem 17. Jh. 3,5 km weiter dem Somesch entlang auf der DJ 109E liegt

Cormeniş, Ködmönös (217 m, u. e. E. 1331, 404 Ew.). Auf dem Dealu Secăturii liegt die Ruine eines röm. Wachturmes. 4 km sw. am Somesch-Ufer der Weiler

Valea Leşului mit Wassermühlen. Nach weiteren 2 km folgt

Lozna, Nagylozna (204 m, u. e. E. 1554, 784 Ew.). Als Bachname schon 1338 erwähnt. Der Name Lozna bedeutet slawisch Weide. Bei Loznişoara ist eine Höhle (Peştera Tătărească), in die sich die Einwohner bei Tatareneinfällen zurückzogen. 2 km s. liegt an einem Weg im Lozna-Tal

Preluci, Kólozna (212 m, u. e. E. 1554, 445 Ew.). Laut Überlieferung siedelte der rum. Adlige und Dorfgründer Pokol hier sieben reußische Familien an. Im Karstgebiet sind mehrere Höhlen: Peştera Cabu, Peştera Corbului, Haita. Im Quellgebiet der Lozna, 8 km weit unter der Măgura Dejului, liegt die Streusiedlung

Valea Loznei, Loznavölgy (331 m, u. e. E. 1919, 801 Ew.). War 1596 noch Weideland, Dorf wurde erst im 20. Jh. gegründet. Die DJ folgt den Mäandern des Somesch und erreicht nach 6 km das Dorf

Cliţ, Klitz, Klic (Csúrfalva) (232 m, u. e. E. 1551, 363 Ew.). Das Dorf liegt unter der Piatra Cliţului. In diesem Karstgebiet sind mehrere Höhlen: Peşterile Vereului, Peştera Ungurului, Peştera Roşie. 10 km den Somesch abwärts, die letzten 4 km auf der DN 1H, folgt die Gemeinde

Surduc, Szurduk (218 m, 186 m die Somesch-Au, u. e. E. 1320, 1667 Ew.). War 1332 Wüstung, 1354 gehörte das rum. Dorf zur Burg Almaş. Schönes Schloß der Fam. Josika. Miklos Josika, der Historiker und Schriftsteller, schrieb hier den Roman „Abafi". Ein Gemeindeweg führt in einem Seitental 5 km nach O und erreicht das Dorf

Solona, Gorbószalonna (230 m, u. e. E. 1554, 464 Ew.). 4 km weiter in diesem Seitentale liegt die Streusiedlung

Teştioara, Köszénbányatelen (292 m) und 3 km weiter der Streuweiler **Văleni, Szalovnavölgy** (354 m). In Teştioara ist ein Braunkohlenbergwerk. Von Surduc nach SO in einem Seitental liegt 6 km weit

Cristolţel, Kiskeresztes (Kiskristolc) (232 m, u. e. E. 1554, 700 Ew.). Im 16. – 17. Jh. im Besitz der Fam. Csáki, 1886 Braunkohlengrube eröffnet. Rum. Holzkirche (1793) wurde 1886 renoviert. Nach 7 km flußaufwärts folgt die Gemeinde

Cristolţ, Nagykeresztes (Nagykristolc) (347 m, u. e. E. 1554, 999 Ew.). Nun steigt der Gemeindeweg 5 km nach

Muncel, Muncsel, Hegyköz (426 m, u. e. E. 1554, 429 Ew.).

Von Surduc auf einer DJ 5 km nach S folgt

Brîglez, Tótszállás (337 m, u. e. E. 1554, 489 Ew.), rum. Dorf. Talaufwärts liegt nach 3 km die Siedlung

Fabrica (225 m) um die Zuckerfabrik „Gîrbou". Nach 2,5 km zweigt ein Weg in einem Seitental nach O ab und führt über den Berg 2 km nach

Solomon, Gorbósalamon (316 m, u. e. E. 1336, 747 Ew.), rum. Dorf. 5 km talaufwärts liegt das Dorf

Bezded, Bezdéd (372 m, u. e. E. 1336, 821 Ew.), rum. Dorf. 5 km weiter n. befindet sich um den Nadiş-Berg (644 m) die Streusiedlung

Poiana Onţii (420 m, u. e. E. 1910, 244 Ew.).

Von der Solomon-Abzweigung führt die DJ nach 1 km in die Gemeinde

Gîrbou, Csákigorbó (Magyarnagygorbó) (246 m, u. e. E. 1366, 1196 Ew.). Im 14. Jh. gehörte das Dorf dem Geschlecht der Sombor, verwandt mit sächs. Gräfen aus dem Burzenland. Im 16. Jh. gehörte das ung. Dorf den Fam. Kendi und Csáki. Nach 1600 mehrere Jahrzehnte Wüstung, dann siedelten die Fam. Csáki, Haller und Josika hier rum. Bauern an. Das Josika-Schloß (18. Jh.) ist ein Barockbau mit Pavillon, Kirche und Springbrunnen, steht anstelle röm. Befestigungen (Wachtürme). Eine Abzweigung in Richtung S führt 4 km zu der unter der Măgura Bîrzana (534 m) liegenden Ortschaft

Popteleac, Poptelek (335 m, u. e. E. 1399, 915 Ew.). Im MA. rum. Dorf. Eine weitere Abzweigung nach SO führt nach 3,5 km nach

Călacea, Kiskalocsa (348 m, u. e. E. 1280, 898 Ew.). Seit dem 16. Jh. rum. Dorf. Von Popteleac 5 km nach S liegt die Streusiedlung

Păduriş, Tyikló (436 m, u. e. E. 1910, 265 Ew.) mit ihrer Kapelle unter dem Priclău-Berg (529 m).

Die DJ 108B führt nach 6,5 km in das Dorf

Cernuc, Csernek (361 m, u. e. E. 1336, 629 Ew.), ein kleines rum. Dorf, mündet nach 5,5 km in die DJ Bobîlna – Panticeu > [R 6/3].

ROUTE 8/3

Am linken Someschufer, auf der DJ 109E von Rus > [R 7/3], in einem s. Seitental liegt nach 5 km

Fîntînele-Rus, Japa (Kabalapataka) (296 m, u. e. E. 1338, 597 Ew.). Im 16. Jh. Kendi-Gut, dann vom Klausenburger Stadtrat erworben.

2 km ö. von Rus zweigt eine Gemeindestraße nach S und gelangt nach 6 km in das Dorf

Şimişna, Semesnye (243 m, u. e. E. 1314, 1870 Ew.), liegt in weiter Talsenke. Die Hänge sind durch Erosion der Wildbäche total zerstört. 8 km weiter im selben Seitental folgt

Hăşmaş, Alsóhagymás (292 m, u. e. E. 1325, 929 Ew.). Im 19. und 20. Jh. lebten hier berühmte rum. Ladentischler. 5 km weiter folgt das Dorf

Ciubanca, Alsócsobánka (300 m, u. e. E. 1314, 405 Ew.). War Wüstung und nachher rum. Dorf. Die rum. Kirche wurde 1895 erbaut. Weiter talaufwärts folgt nach 3 km

Ciubăncuţa, Felsőcsobánka (340 m, u. e. E. 1560, 334 Ew.). Die rum. Holzkirche wurde 1826 – 1829 gebaut. 3 km s. liegt

Jurca, Gyurkapataka (368 m, u. e. E. 1378, 154 Ew.), war 1596 zeitweise Klausenburger Kirchenbesitz. Im Quellgebiet des Baches liegt an einer Abzweigung 2 km nach W das Dorf

Escu, Veczk (363 m, u. e. E. 1378, 311 Ew.). Rum. Dorf, gehörte der Fam. Kendi, nach 1596 Klausenburger Gut.

Von Hăşmaş nach W erreicht man in einem Seitental nach 5 km

Ceaca, Almáscsáka (307 m, u. e. E. 1378, 600 Ew.). Ebenfalls Kendi- und nachher Klausenburger Besitztum. Über eine Abzweigung 4 km nach N führt der Weg nach

Valea Hranei, Tormapataka (Ujfalu) (395 m, u. e. E. 1594. 366 Ew.). Seit 1990 Klausenburger Besitztum. 2 km w. von Ceaca liegt

Ciureni, Csurány, Csurénypuszta (317 m, u. e. E. 1594, 476 Ew.). Der rum. Dorfgründer (1594) hieß Precup Derse. Hörigendorf von Klausenburg. Im selben Tal, 2 km weiter, liegt die Gemeinde

Zalha, Zálha (348 m, u. e. E. 1378, 674 Ew.), rum. Dorf. Im 19. – 20. Jh. rum. Ladentischlerei. Im Quellgebiet des Ceaca-Baches liegt die Ortschaft

Vîrteşca, Virtyeska (390 m, u. e. E. 1910, 173 Ew.) und 3 km s. davon

Valea Lungă, Hosszumezó (393 m, u. e. E. 1322, 308 Ew.). Die alte rum. Holzkirche stammt von 1600 und wurde 1777 und 1840 renoviert. Der Gemeindeweg erreicht die DJ 108B in der Nähe von Cernuc, von wo man w. nach Gîrbou > [R 7/3] oder ö. nach Dej > [R 1/3] gelangen kann.

REISEGEBIET 4

Huedin / Heynod / Bánffyhunyad

Dieses Gebiet umfaßt die nördlichen Ausläufer des Siebenbürgischen Westgebirges, den Oberlauf der Schnellen Kreisch im Huedin-Becken sowie das Almăjul-Agriş-Bekken im N. Geschichtlich gehörte der südliche Teil zu Klausenburg und der nördliche zum Doboka-Komitat. Viehzucht, Landwirtschaft und Braunkohleabbau sind die wichtigsten Wirtschaftszweige. Ethnographisch gesehen werden das Almăj-Becken und die Gebirgstäler der Siebenbürgischen Westgebirge von Rumänen bewohnt: Holzkirchen, alte Häuser und Tore, Volkstrachten und Volksfeste machen dieses Gebiet zum touristischen Anziehungspunkt. In den Dörfern entlang der Hauptstraße, dem Kalotaer Gebiet (ung. Kalota-Szeg) zugehörig, leben reformierte Ungarn. Hier werden schöne Trachten, Webereien und Stickereien direkt am Straßenrand zum Verkauf angeboten. Schöne reformierte Kirchen in „Bauerngotik" (mit bemalten Kassettendecken) laden zu einem Besuch ein. Sehenswert ist auch das Zentrum für Holzschnitzereien in Izvoru Crişului.

ROUTE 1/4

An der DN 1 [E 15], 13 km vor dem Engpaß der Schnellen Kreisch durch das Vlădeasa-Mesesch-Geb. an der Grenze Sb.s, liegt

Ciucea, Csucsa (435 m, u. e. E. 1384, 1740 Ew.). Im MA. rum. Dorf, zur Burg Bologa gehörig. Im 16. – 18. Jh. Wüstung, 1735 neu besiedelt. Ende 19. Jh. baute die Fam. Boncza (Berta B. war die Gemahlin des ung. Dichters Endre Ady) hier ein *Schloß*. 1930 kam es in Besitz des rum. Dichters und Politikers Octavian Goga. Wurde als Gedenkstätte eingerichtet, wo persönliche Gegenstände von *Ady Endre* (1877 – 1919) und *Octavian Goga* (1881 – 1938) neben volkskundlichen Exponaten und Hinterglasikonen in einer reichhaltigen Bibliothek ausgestellt sind. Im Park: das selbstentworfene Mausoleum des rum. Dichters und ein orthod. Holzkirchlein von 1575. Im Nachbarort in w. Richtung, **Negreni, Feketető,** findet der berühmte *Herbstjahrmarkt* der Motzen (jeweils am ersten Oktobersonntag) statt. Der *sehenswerte,* bunte Markt kann Folkloristen und Sammlern besonders empfohlen werden. Nach 3 km flußaufwärts zweigt eine AS in das Valea Drăganului-Tal, ein s. Seitental der Schnellen Kreisch, 2 km in das Taldorf

Valea Drăganului, Nagysebes (510 m, u. e. E. 1455, 2007 Ew.). Der Ort ist Ausgangspunkt für Wanderungen in das reizvolle Drăganu-Tal, zum Touristenkomplex Valea Drăganului (4 km) und *Drăganul-Stausee* (Surf- und Bootsfahrt möglich), flußaufwärts gelegen. Wanderwege zur *Schutzhütte Vlădeasa* (blaues Dreieck, 6 Std.) und von dort zum Vlădeasa-Gipfel, 1836 m (blauer Punkt, 4 Std.), oder weiter ins Karstgebiet des Padiş-Plateaus.
In einem Seitental des Valea Drăganului 3 km über dem Touristenkomplex liegt **Tranişu, Tranyis** (811 m, u. e. E. 1715, 882 Ew.), am Fuße des Vlădeasa-Geb. gelegenes Bergdorf. Die letzte Ortschaft in der Valea Drăganului ist nach 5 km der Traniş-Abzweigung **Lunca Vişagului, Lunkatanya** (548 m, u. e. E. 1909, 683 Ew.). Dieses Bergdorf hatte 1858 griech.- kath. Pfarrer. Ist

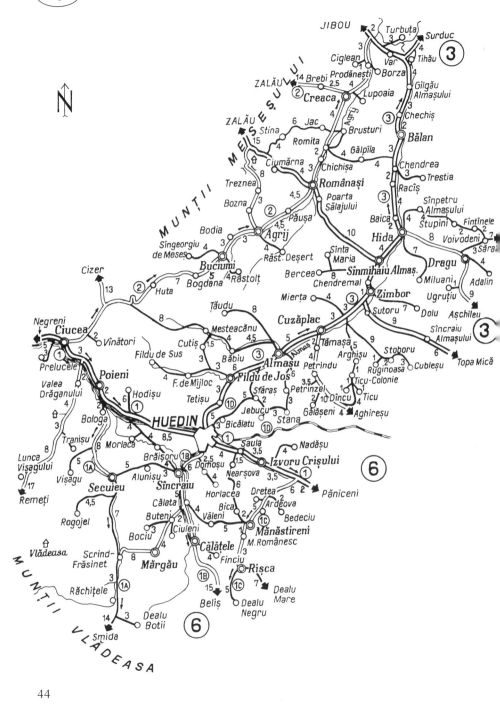

seit 1930 eigenständig. Weiter auf der DN 1 [E 15], im Tal der Schnellen Kreisch, liegt nach 3 km die Gemeinde

Poieni, Kissebes (482 m, u. e. E. 1496, 1325 Ew.). Im MA. rum. Knesendorf, zur Burg Bologa gehörig. Im 16. und 17. Jh. Wüstung, seit 1700 wiederbesiedelt. Bekannt durch schöne *Volkstracht* und Holzschnitzereien. Auf gegenüberliegender Talseite sind große Granit- und Dazitsteinbrüche in Betrieb. Nach 2 km führt eine Abzweigung nach S nach Bologa > [R 1A/4], 3,5 km weiter ö. führt eine Abzweigung nach N 5 km nach **Hodişu, Hodosfalva** (635 m, u. e. E. 1391, 867 Ew.).

Im Tal der Schnellen Kreisch erreicht die DN 1 (E 15) nach 8,5 km den Verkehrsknotenpunkt

Huedin, Heynod, Bánffyhunyad (354 m, u. e. E. 1332, 1985: 9300 Ew.). Im MA. ung. Marktflekken, wirtschaftlicher Mittelpunkt der von der Fam. Bánffy beherrschten Domäne Bologa: Die Jahrmärkte von Huedin waren bis 1960 berühmt. *Ref. Kirche* ist got., mit niedrigem Turm und 4 Seitentürmen, Chor von 1483, 6 *sehenswerte* Fenster. Von 200 Kassetten der Deckenbemalung stammen 111 von Johann und Lorenz Umling d. J. (1780). Die Kanzel des Steinmetzen Dávid Sipos stammt von der aufgelösten ref. Kirche in Drabu. Ehem. *Herrenhäuser* der Fam. Bánffy und Barcsai. Nach 4 km ostwärts auf der DN 1 führt eine Abzweigung 1,5 km nach

Nearsova, Nyirászó (640 m, u. e. E. 1391, 332 Ew.). Im 14. – 18. Jh. gehörte das ung. Dorf zur Burg Bologa. Der Gemeindeweg in Richtung S führt 6 km auf der Höhe nach **Bica, Kalotabikal** (730 m, u. e. E. 1359, 259 Ew.). Im MA. rum. Knesendorf, zum Herrenhof der Gyeróffis in Mănăstireni gehörig. Das Triptichon der Kirche von Bica (16. Jh.) wird im Bukarester Kunstmuseum aufbewahrt. Schöne Holzkirche.

Weiter im Tal der Schnellen Kreisch an der Nearşova-Abzweigung befindet sich

Şaula, Sárvár (568 m, u. e. E. 1219, 321 Ew.). Zu Beginn des 14. Jh. gehörte das ung. Dorf zur Burg Bologa. Ung. Volkstracht und Holzhäuser aus dem Gebiet Kalotaszeg-Felszeg. 3,5 km weiter im Quellengebiet der Schnellen Kreisch liegt

Izvoru Crisului, Kórösfó (623 m, u. e. E. 1276, 1253 Ew.). Der Name weist auf die Quelle der Schnellen Kreisch hin. Im MA. ung. Dorf im Besitz der sb. Bischöfe, dann zur Burg Gilău gehörig. Ist eines der Dörfer mit sehr reicher ung. *Volkskunst* dieses Gebiets. Die ref. got. Kirche stammt von 1690, die Innenausstattung (Kassettendecke, Galerien, Kanzelkrone, Gestühl und Altar) aus der Werkstatt des Klausenburger sächs. Tischlermeisters Lorenz Umling (1764). Im Dorf leben viele ung. Volkskünstler (Holzverarbeitung, Handarbeiten). Gestickte schöne Tischtücher, Zierpolsterüberzüge und Trachtenstücke werden am Straßenrand angeboten. Viele alte Holzhäuser und schön geschnitzte Gassentore stehen im Dorf. In der zweiten Augusthälfte großes Volksfest.

Huedin, reformierte Kirche

Nach 2,5 km steht an der Fernstraße eine *Raststätte* (Bungalows, Campingplatz, Restaurant). S. der DN 1 vom Riszeg-Berg (747 m) schöne Aussicht auf die Huediner Senke. Auf der anderen Seite der Wasserscheide, im Quellengebiet des Nadăş-Tales im N, liegt **Nadăşu, Kalotanádas** (548 m, u. e. E. 1299, 653 Ew.). Am Anfang ung. Dorf, zu sb. Bistum gehörig, seit 15. Jh. rum. Knesendorf; im 16. Jh. zum Klausenburger Jesuitenkloster gehörig. Rum. orthod. Holzkirche mit spitzem Turm und 4 Ecktürmchen. Unter der Wasserscheide befindet sich die eigentliche Kreisch-Quelle und daneben der Campingplatz.

ROUTE 1 A/4

2 km s. von Poieni führt eine geteerte Abzweigung nach

Bologa, Sebesváralja (527 m, u. e. E. 1496, 1032 Ew.). Im MA. als rum. Dorf der Burg Bologa zugehörig. Neben dem Dorf archäol. Funde aus der Römerzeit (Limes, Castrum, Türme). Die *Burg Bologa* oder *Sebeş* wurde vom ung. Geschlecht Geregye im 13. Jh. errichtet. Der erste namentlich erwähnte Burggraf war Desó von Elefant (1319 – 1325). Um die Wende zum 15. Jh. vom walachischen Woiwoden Mircea cel Bătrîn verwaltet. Um 1412 vergab König Sigismund die Burg als Lehen an die Fam. Bánffy. Die Burg ist heute *Ruine,* nur der 25 m hohe Bergfried steht noch. Ist Ausgangspunkt zu Wanderungen in die Sb. Westgebirge: zur Schutzhütte Vlădeasa (Skigebiet) und zum Vlădeasa-Gipfel (blaues Band, 6 Std.) und von dort weiter in das Karstgebiet des Padiş-Plateaus.

4 km von Bologa führt eine Abzweigung 5 km nach **Vişagu, Viság** (848 m, u. e. E. 1715, 781 Ew.). Streusiedlung im Vlădeasa-Geb. Im Haupttal des Henţ-Baches erreicht die AS nach 4 km

Secuieu, Szekelyó (620 m, u. e. E. 1461, 786 Ew.). Im MA. rum. Knesendorf, zur Burg Bologa gehörig. Blaue Markierung führt zum Vlădeasa-Gipfel (1 – 2 Std.). Eine Abzweigung nach O führt 5 km auf einem Gemeindeweg nach **Alunişu, Magyrókereke** (607 m, u. e. E. 1437, 500 Ew.). Die Mauern im S, W und O der ref. Kirche stammen aus dem 14. Jh. Die Kanzel von 1746, die Galerie von 1786 sowie die Bemalung der Möbel sind Werke der Klausenburger Umling-Schule. Eine Abzweigung aus dem Henţii-Tal steigt hinauf zur *Vlădeasa-Schutzhütte* und durchquert dabei nach 4 km die Streusiedlung **Rogojelu, Havasrogoz (Rogozsel)** (1029 m, u. e. E. 1715, 1295 Ew.). Alte Holzbauten, ehem. ung. Kirche, geschnitzte Holztore sind *sehenswert.* Im Haupttal weiter folgt

Scrind-Frăsinet, Szkrind-Frászinet (Szulica) (737 m, u. e. E. 1786, 792 Ew.). Streusiedlung, seit 1808 unabhängiger Ort. In einem rechten Seitental führt eine AS 8 km in die Gemeinde **Mărgău, Meregyó** (762 m, u. e. E. 1340, 1334 Ew.). Der Überlieferung nach siedelten die Vorfahren des rum. Pfarrers Ion Ungur um 1340 hier 32 Fam. aus Beiuş-Bihor an. 1460 residierte hier ein rum. Woiwode, seine Nachfahren wurden unter dem Familiennamen Vajda und Meregyói geadelt. Im 15. Jh. gehörte das rum. Dorf zur Burg Bologa. Die Gemarkung war riesengroß, reichte bis Cetăţile Ponorului im S (35 km). Auch hier ist Holzarchitektur und Holzschnitzerei zu bewundern. Wieder im Haupttal, führt die KS nach 3 km in die Niederlassung

Răchiţele, Havasrekettye (Retyecel) (863 m, u. e. E. 1770, 1816 Ew.). Streusiedlung, einst zum Waldgut der Bánffys gehörig. Ausgangspunkt zu Wanderungen zum Răchiţele-Wasserfall (etwa 6 km weit, 30 m hoch), zu den Höhlen Tău und Vîrufuraş sowie zur *Vlădeasa-Schutzhütte.* Mit dem Wagen kann auf dem Forstweg in das Höhlengebiet „Cetăţile Ponorului" gefahren werden. Eine weitere Abzweigung aus dem Haupttal nach O führt in den Weiler **Dealu Botii** (1236 m, 196 Ew.). Der Forstweg steigt von Răchiţele in weiten Krümmungen zum Padiş-Plateau hoch und nach Smida zum Seengebiet „Beliş-Tarniţa" des Warmen Somesch, der von hier oben bis hinunter nach Gilău mehrmals gestaut wurde und der Landschaft ein neues Bild verliehen hat. Beliebtes Erholungsgebiet mit Surf- und Bootsfahrtmöglichkeiten.

ROUTE 1 B/4

In einem ö. Seitental der Schnellen Kreisch, s. von Huedin, liegt 4 km weit an einer KS

Domoşu, Kalotadámos (Damos) (591 m, u. e. E. 1408, 326 Ew.). Kirche bereits im 13. Jh. belegt. Ung. Dorf, zur Burg Bologa gehörig. Die ref. Kirche aus dem 13. Jh. hat erhöhten got. Chor, Turm mit vier Ecktürmchen besitzt ein Renaissanceportal. Die 6 Tafeln der Westempore und die 82 Deckenkassetten wurden 1753 von Lorenz Umling bemalt. Die Kanzelkrone stammt von 1701.

Im selben Seitental bergauf folgt nach 4 km **Horlacea, Jákótelke** (603 m, u. e. E. 1393, 201 Ew.). Schöne alte Häuser und Scheunen. Von Huedin nach sw. führt die DJ 108 nach 6 km in die Gemeinde

Sîncraiu, Kalotaszentkirály (597 m, u. e. E. 1332, 4355 Ew.). Ref. got. Bergkirche. SW-Portal ist Holzarbeit von 1742. Schöne ung. Volkstrachten, zum Folkloregebiet des Hochlandes gehörig. Am rechten Bachufer liegt das eingemeindete **Zam, Zentelke** (608 m, u. e. E. 1288). Am N-Rand des Dorfes ein *Schloß mit Park.* Über eine Abzweigung von 4 km nach NW erreicht man **Brăişoru, Malomszeg** (576 m, u. e. E. 1496, 410 Ew.). Der Gemeindeweg endet nach 4 km im unteren Călata-Bach-Tal bei **Morlaca, Marótlaka** (558 m, u. e. E. 1493, 1545 Ew.). Rum. Knesendorf, zu Bologa gehörig. S. von Sîncraiu, am Mittellauf des Călata-Baches führt die DJ 108 nach 5 km nach

Călata, Nagykalota (612 m, u. e. E. 1260, 1966: 730 Ew.). Im 13. – 14. Jh. kath. ung. Dorf, zum Bistum Großwardein gehörig, seit 15. Jh. rum. Dorf mit eigenen Knesen. In einem rechten Seitental des Călata-Tales liegt auf dem Weg nach Mănăstireni nach 4 km das Dorf **Văleni, Magyarvalkó** (724 m, u. e. E. 1291, 661 Ew.). Im MA. ung. Dorf mit vielen Kleinadeligen. Riesengroße Gemarkung bis zur Wasserscheide des Kleinen Somesch. Ref. Kirche war ursprünglich rom., wurde 1452 got. umgebaut. Massiver Turm mit 4 Seitentürmen. Got. Chor mit Grabsteinfragment eines Mitglieds der Fam. Valkai. Got. Sakristei, Kassettendecke von Tischlermeister Lorenz Umling d. J. (1778). In einem linken Seitental des Călata-Tales liegt 2 km von Călata **Buteni, Kalotabökény** (642 m, u. e. E. 1291/1294, 349 Ew.). Gehörte zum Bistum Wardein, im 14. Jh. Wüstung, ab 15. Jh. rum. Knesendorf, zur Burg Bologa gehörig. In einem w. Seitental befindet sich **Bociu, Bocs** (717 m, u. e. E. 1408, 545 Ew.). Von Buteni 2 km s. liegt das Dorf **Ciuleni, Incsel** (675 m, u. e. E. 1384, 320 Ew.). Das letzte Dorf im Tal des Călata-Baches ist

Călăţele, Kiskalota (Kelecel) (704 m, u. e. E. 1408, 1583 Ew.). Knesendorf, zur Domäne der Fam. Valkai von Văleni gehörig. *Sehenswert:* Volkskunst und Volkstracht. In orthod. Kirche (1934) befindet sich kath. Altar, welcher zur Zeit der Reformation aus Almaş oder Văleni heraufgebracht wurde. Hier und in Mărgău lebten viele Schindelmacher. Nach S führt die AS nach 8 km an der *Schutzhütte „Cabana Ardeleană"* vorbei, serpentinenreich 5 km hinauf zum Dealul Negru-Paß (1099) und 3 km hinunter nach Beliş am Ufer des Somesch-Stausees „Beliş-Fîntînele". Der in der reizvollen Berglandschaft sich erstreckende See bietet Bootfahrt- und Surfmöglichkeiten. Drei Motels und Gaststätten. Im Winter mittelmäßige Skipisten. Von Beliş führt eine Nebenstraße über dichtbewaldete Berge sw. bis Albac, wo sie in die DN 75 mündet > [RG 6]. Eine Abzweigung führt von Călăţele-Tal sö. 2,5 km in das Dorf **Finciu, Kalataujfalu** (820 m, u. e. E. 1459, 1966: 577 Ew.).

ROUTE 1C/4

Von der DN 1 zweigt 3,5 km nach Izvoru Crişului nach der Kreischquelle und dem Camping-platz die DJ 108C in Richtung S ab. Nach 6 km zweigt eine teilweise geteerte Straße nach O ab, führt 2 km bis

Bedeciu, Bedecs (666 m, u. e. E. 1345, 943 Ew.). *Sehenswert: ref. Kirche* mit ma. Schiff, got. Chor und got. Südportal. Ren.-Fenster aus 15. Jh.; Turm, 4 Ecktürme. Im 19. und 20. Jh. lebten hier berühmte Ladenmacher und Tischler. Der Hauptweg führt von der Bedeciu-Abzweigung 1 km nach **Dretea, Deritte** (695 m, u. e. E. 1214, 296 Ew.). Ung. Dorf der Domäne von Dumbrava. War 1733 noch „locus mixtus", der letzte Reformierte starb 1815. Die orthod. *Holzkirche* stammt von 1672. Am Hauptweg liegt 1 km s.

Ardeova, Erdófalva (732 m, u. e. E. 1376, 237 Ew.). Rum. Knesendorf, die rum. Holzkirche ist von 1826. Die größte Siedlung dieses Gebietes an der DJ 108C ist, 2 km weiter im SW,

Mănăstireni, Klosterdorf, Magyargyerómonostor (738 m, u. e. E. 1332, 1352 Ew.). Der Name stammt vom kath. Kloster (Monostor) des ung. Geschlechts Mikola, deren Nachkommen die adeligen Fam. Radó, Kemény, Kabos und Gyeróffy waren. Hatte 1332 eigenen Pfarrer, damals zum Wardeiner Bistum gehörig. Ref. Kirche gilt als älteste im ganzen Kalotaer Gebiet: wurde vor Mongolensturm 1241 gebaut. Rom. Baudenkmal. Am W-Portal wurde im 15. Jh. Nartex mit 2 Türmen hinzugefügt. 1442 wurde rom. durch got. Abside ersetzt. An Südseite des Turmes interessante, kleine Steinfigur („Vogelmädel") aus der Arpadenzeit; Kanzel von David Sipos. Decke und Gestühl sind ein Werk der *sächs. Tischlerfam. Umling* (1753, 1758). Der bedeutende Kaisder Schreinermeister und -maler *Lorenz Umling* hatte drei Söhne: Lorenz d. J., Johann und Andreas, ebenfalls Schreinermaler. Viele Arbeiten in der Klausenburger Umgebung wurden von der Umling-Fam. verfertigt, darunter mehr als 40 Kassettendecken. Die Kirche ist die am besten ausgemalte in der gesamten Huediner Senke. S. von Mănăstireni folgt

Mănăşturu Românesc, Felsómonostor (Romángyerómonostor) (761 m, u. e. E. 1376, 847 Ew.). In Richtung S, nahe dem gleichnamigen Bach, liegt 2 km weit die rum. Streusiedlung

Rişca, Roska (Roskatelep) (930 m, u. e. E. 1786, 2308 Ew.). Im 18. Jh. gehörte Rişca de Jos zu Mănăşturu, Rişca de Mijloc und Rişca des Sus zu Mănăstireni. Diese Streusiedlungen wurden 1930 zu selbständigen Ortschaften. Die letzte Siedlung an dieser Trasse ist der 5 km entfernte, an der Wasserscheide gelegene Weiler **Dealu Negru** (1026 m, u. e. E. 1930, 588 Ew.). In unmittelbarer Nähe liegt die wildromantische Klamm des Warmen Somesch („Kapusi szoros"), knapp oberhalb und unterhalb der Klamm sind die Stauseen dieses Flusses.

ROUTE 1D/4

4 km nö. von Huedin erreicht man auf einem Gemeindeweg

Bicălatu, Magyarbikal (453 m, u. e. E. 1249, 864 Ew.). Ursprünglich zur Burg Bologa gehöriges ung. Dorf, im 16. – 17. Jh. im Besitz der Fam. Vitéz. Ref. Kirche (15. Jh.) mit spätgot. N-Teil. Im Chor schöne Fenster; *Kassettendecke* ist ein Werk János Asztalos' aus Gilău (1697) und Lorenz Johannes Umlings (etwa 1770 – 1780). Vom Klausenburger sächs. Tischlermeister Umling stammt auch die Kanzelkrone. 5 km talabwärts in einem Seitental des Almasch-Baches liegt

Sfăraş, Farnas (353 m, u. e. E. 1260, 398 Ew.). Im 13. Jh. gehörte die kath. Kirche zum Bistum Großwardein. Besitzer von S. Benediktus war Veresde Farnas, 1468 einer der Anführer des Aufruhrs gegen König Matthias. Ehem. Herrenhof Szentiványi aus 19. Jh. Am Dorfrand steht die kleine ref. *Kirche:* got. Chorwände, Stützpfeiler von 1400, Grabstein von Johann Veres, (1510). Ren.-Elemente vom Anfang des 16. Jh. Innendekoration und Kassettendecke sowie Kanzel sind Werke Lorenz Umlings von 1750. Im selben Seitental folgt 2,5 km s.

Jebucu, Zsobok (398 m, u. e. E. 1391, 589 Ew.). Got. Taufbeckenstücke im Hof des ref. Pfarrhofes sind die einzigen Überbleibsel der 1879 geschleiften got. Kirche von 1490. Auf ref. Friedhof viele *sehenswerte* Grabdenkmäler (kopjaf). Im O von Jebucu, 3 km weiter, liegt das Dorf

Stana, Sztána (463 m, u. e. E. 1288, 363 Ew.). Ref. *got. Kirche* (15. Jh.). Got. Westportale. 42 Kassetten im neuen Kirchenschiff stammen vom Tischlermeister János Asztalos aus Gilău. 36 wurden 1836 gemalt, Kanzelkrone und Pfarrgestühl sind Werke des Schreinermeisters L. Umling von 1777, sehr schön sind die 10 Tafeln an der Mädchengalerie. Wohnhaus des Klausenburger ung. Architekten und Schriftstellers Kárloy Kos (1883 – 1919) („Varjúvár"); Schutzhütte der Univ. Klausenburg ist Lieblingsaufenthalt für viele Klausenburger Sommerfrischler. 3 km talabwärts, in Richtung N, liegt an einem Gemeindeweg das ung. Dorf

Petrinzel (Petrindu Mic), Kispetri (376 m, u. e. E. 1500, 523 Ew.). 6 km nach Petrinzel erreicht man die DN 1G im Almaş-Tal, um nach Jibou oder Huedin zu gelangen > [R 3/4].

ROUTE 2/4

Von Ciucea nach NO, dem Mesesch-Geb. zu, führt die DN 108A nach Jibou. Nach 4 km folgt eine Abzweigung nach SO, die nach 2 km in **Vînători, Börvény (Jegeriatye)** (595 m, u. e. E. 1839, 726 Ew.) endet. Gehörte im MA. der Domäne Bologa. Später Wüstung geworden, als Dorf erst im 20. Jh. wiedergegründet. Um 1750 wurde in Valea Ursoi neben Predium Berveni von der Fam. Bánffy eine Glashütte eröffnet. 1839 wurde sie aufgegeben, hier wohnten nur noch 16 rum. Fam. Unter dem Greberul-Berg große Zigeunersiedlung. Von der DN 108A zweigt nach 7 km sö. eine Gemeindestraße 9 km nach

Mesteacănu, Almásnyires (425 m, u. e. E. 1431, 1966: 913 Ew.) ab. Der hiesige „Woiwode de Nyres" gehörte zur Burg Almaş. In einem sw. Seitental liegt 1 k,5 km weit der Weiler

Cutiş, Kiskökényes (420 m, u. e. E. 1453, 221 Ew.). Im 17. Jh. stand hier ein orthod. Kloster. Von der ersten Serpentine an der Abzweigung nach Mestozcănu führt die DJ 108A in Richtung N 4 km in die Arbeitersiedlung

Huta (Pleşa), Csákiujfalu (470 m, u. e. E. 1786, 80 Ew.). Unter der Măgura Priei am Fuße des Meseş-Geb. wurde um 1840 von der Fam. Csáki eine Glashütte errichtet, slowak. Waldarbeiter und Köhler angesiedelt. Auf dem nahegelegenen Pria-Berg (Măgura Priei, 997 m) findet am ersten Sonntag im Mai das beliebte *Volksfest des Milchmessens* statt. 6 km weiter nö. liegt

Bogdana, Kásapatak (414 m, u. e. E. 1554, 775 Ew.). Rum. Dorf, zur Domäne von Almaş gehörig. Im Agrij-Tal nach 5 km folgt die Großgemeinde

Buciumi, Vármező (342 m, u. e. E. 1474, 1923 Ew.). Der ung. Name weist auf röm. Castrum hin. Spuren eines röm. Castrums, zum nw. Limes des röm. Daziens gehörig (Reste von Mauern, Toren, Gebäuden, Bädern u. a.) Im 19. Jh. arbeiteten hier ung. Töpfer. Im Monat August *Wiesenfest* auf dem Plateau des röm. Castrums unter Beteiligung von Musik- und Tanzgruppen. Berühmte Alphornbläserinnengruppe. In einem nw. Seitental, am Fuße des Meseş-Geb., liegt 4 km weit

Sîngeorgiu de Meseş, Meszesszentgyörgy (695 m, u. e. E. 1453, 892 Ew.). Hier lebten viele rum. Ladentischler. Rum. *Holzkirche* von 1834. Im SO von Buciumi führt ein Serpentinenweg 5 km nach

Răstolţ, Reitholz, Nagyrajtolc (350 m, u. e. E. 1334, 638 Ew.). Den Agriş-Bach entlang folgt nach 3 km

Bodia, Szilágybogya (341 m, u. e. E. 1467, 4314 Ew.). Rum. Dorf, zum Herrenhof von Romănaşi gehörig. Die nächste Siedlung, 3 km weit, trägt den Namen des Wasserlaufs

Agrij, Felsóegregy (Felegregy) (319 m, u. e. E. 1459, 1174 Ew.), ein rum. Dorf auf der Gemarkung des Dorfes Unguraş. Eine Abzweigung in Richtung SO führt 5 km nach

Răstolţu Deşert, Pusztarajtolc (319 m, u. e. E. 1600, 771 Ew.). Der Name erinnert daran, daß hier jahrhundertelang Wüstung war. 1722 wurde Gemarkung von Einwohnern aus Păuşa urbar gemacht. An einer Abzweigung n. in Richtung Zalău folgt

Bozna, Szentpéterfalva (340 m, u. e. E. 1619, 519 Ew.). Laut Überlieferung wurde auf der Măgura Boznei (635 m) ein Schafhirt von einem Räuber überfallen. Er entkam aber und stiftete aus Dankbarkeit eine Holzkirche, an deren Stelle die heutige rum. Kirche steht. Letzte sb. Ortschaft am Fuß des Meseş-Geb. in Richtung Zalău ist nach 3 km

Treznea, Teufelsbrunn, Ördögkút (319 m, u. e. E. 1440, 1048 Ew.). Die neue ref. Kirche wurde 1893 geweiht. *Denkmal* für die im Sept. 1940 nach dem Wiener Schiedspruch von ung. Besatzern ermordeten rum. Einwohner. Schöne Lehm- und Holzhäuser mit geschnitzten Holztoren. Die Straße führt weiter nach N, 6 km auf die Paßhöhe (603 m) *Raststätte „Popasul Romanilor"* mit Campingplatz. Nach N hinunter 8 km bis Zillenmarkt (Zalău). Wieder im Agrijtal, führt die DJ 4,5 km bis

Păuşa, Egregypósa (275 m, u. e. E. 1460, 619 Ew.). Im Zentrum des rum. Dorfes steht eine Holzkirche, 1730 gebaut und von Pop Ion aus Romănaşi innen und teilweise außen bemalt. Es folgt nach 4,5 km die größte Gemeinde im Agrij-Tal an der DJ 108A,

Romănaşi (Unguraş), Magyaregregy (249 m, u. e. E. 1310, 1078 Ew.). Im MA. ung. Marktflecken und Zollstelle an der Mesescher Salzstraße nach Ungarn. Erhält 1310 das Recht, Zollgebühren für alle Waren aus dem Ausland einzuheben. 1600 – 1803 war die Siedlung völlig verwüstet, im 17. Jh. wurde sie mit Rum. neu besiedelt. Heute berühmtes Gebiet für Gemüseanbau. Kiesgruben und Steinbrüche verwerten den Untergrund. Röm. Ruinen wurden ausgegraben. In Romănaşi kreuzt sich die DJ 108A mit der Fernstraße DN 1F, die Zalău mit Klausenburg verbindet. An letzterer befindet sich, 3 km s. von Romănaşi, der Weiler

Poarta Sălajuli, Vaskapu (274 m, u. e. E. 1525, 509 Ew.), ehem. Zollstation mit alter Holzkirche. W. von Romanăşi, unter dem Meseş-Geb., liegt nach 4 km

Ciumărna, Csömörló (332 m, u. e. E. 1460, 933 Ew.). Im MA. rum. Dorf, zum Herrenhof Romănaşi gehörig. Der rum. Name bedeutet Paßhöhe. *Sehenswert:* rum. Holzkirche aus 18. Jh. Die DN 1F steigt als eine kurvenreiche Straße zum *Touristenkomplex „Popasul Romanilor"* hoch (Herberge, Restaurant, Campingplatz, Bungalows). Am ersten Sonntag im August findet hier ein *Volksfest* mit Frauentänzen statt.

N. von Romănaşi im Agrij-Tal an der DJ 108A folgt nach 3 km

Chichişa, Alsókékesnyárló (248 m, u. e. E. 1408, 397 Ew.). Rum. Dorf, zum Herrenhof Romănaşi gehörig. Schöne orthod. Holzkirche. 3 km weiter talabwärts erstreckt sich am linken Agrij-Ufer

Romiţa, Romlott (231 m, u. e. E. 1408, 456 Ew.). Röm. Ruinen (Castrum), orthod. Holzkirche. 5 km ö. liegt

Gălpîla, Galponya (357 m, u. e. E. 1350, 833 Ew.). Das der Fam. Sombori aus Zimbor gehörige rum. Dorf war Sitz eines rum. Woiwoden. Wegen Erdrutschungen von 1710 wurde das Dorf an eine andere Stelle verlegt. Die alte Dorfstätte heißt Pustă. Von Romiţa, 2 km weiter auf einem Seitenweg, am rechten Agrij-Ufer, erstreckt sich

Brusturi, Somróújfalu (253 m, u. e. E. 1585, 415 Ew.). Rum. Dorf, zur Fam. Sombori gehörig. 3 km w. von Brusturi liegt unter dem Meseş-Geb.

Jac, Zsákfalva (221 m, u. e. E. 1469, 463 Ew.). Rum. Dorf, zum Herrenhof der Sombori von Zimbor gehörig. Hier verläßt die Straße das hist. Sb. Die Dörfer Brebi (Bréd), Prodăneşti (Prodán-falva), Borza (Egregyborzova) und Ciglean (Csiglen) reihen sich noch im Agrija-Tal aneinander, bis der Fluß bei Jibou in den Somesch einmündet.

ROUTE 3/4

Von Huedin nach N auf der DN 1G erreicht man nach 5 km

Teteişu, Ketesd (469 m, u. e. E. 1399, 487 Ew.). Im MA. ung. Dorf, zur Burg Bologa gehörig. Die ma. ref. Kirche wurde abgetragen, 1937 nach Plänen des Arch. Károly Kós eine neue gebaut. Hier wurden die erhaltenen alten 22 Kassetten, 1692 von János Asztalos aus Gilău gemalt, wieder eingebaut. Volkskundlich gehört es zum Kalotagebiet. An der Mündung des Fildu-Baches in den Almaş-Bach liegt, 2,5 km weiter,

Fildu de Jos, Alsófüld (354 m, u. e. E. 1249, 475 Ew.). War im MA. ein ung. Dorf. Im 15. Jh. waren alle drei Fildu rum. (poss valachiales Haromfyld seu Treffild). *Sehenswert* die schön geschnitzten und verzierten Holztore. In einem Seitental 5 km nach W folgt

Holzschnitzer aus Fildu de Sus

Fildu de Mijloc, Középfüld (391 m, u. e. E. 1412, 766 Ew.) mit alten strohgedeckten Lehmhäusern und geschnitzten Holztoren. Das letzte Dorf in diesem Tal ist anschließend

Fildu de Sus, Felsófüld (452 m, u. e. E. 1450, 728 Ew.). Gehörte 1496 zur Burg Bologa. *Sehenswert:* wunderschöne rum. *Holzkirche* aus dem 18. Jh. Baudenkmal, gehört zu den gelungensten Holzbauten im Land. Hat Vorbau, Glockenturm mit verlängertem Helm (40 m) und Wehrgang. Wandmalereien aus dem 19. Jh. 7 km weiter im Almaş-Tal liegt die Großgemeinde

Almaşu, Nagyalmás (315 m, u. e. E. 1241, 1483 Ew.). Im MA. war hier kath. Kloster. Ursprünglich von Benediktinern gegründet, gehörte es schon 1234 den Prämonstratensermönchen. Eine Filiale Großwardeins. Seit 1249 waren die ung. Dörfer Fildu, Bicălatu und Almaşu in Besitz des Adligen Paul von Geregye. Dieser baute aus Steinen des 1241 zerstörten Kloster die *Almaşer Burg.* Weil Steine der Burgruine 1808 für den Bau des Csáky-Schlosses im Dorf verwendet wurden, steht heute nur noch der *Bergfried* im S der Gemeinde (440 m). Im 17. Jh.

gehörten der Marktflecken und die ganze Domäne der Fam. Csáky. Nach dem Tatarensturm von 1658 wurde die ref. Kirche wiederaufgebaut, der kath. Grundherr Csáky stiftete eine kath. Kirche. Einige Bauelemente des alten Klosters (Türeinfassung) werden in ref. Kirche aufbewahrt. Die Tataren eroberten und brandschatzten 1658 die Burg. Das ehem. Dorf Desevfalva (u. e. E. 1437 Desewfalwa) wurde 1600 verwüstet, seine Gemarkung ist mit Almaşu zusammengewachsen. In einem linken Seitental liegt 4,5 km weit im W

Băbiu, Bábony (371 m, u. e. E. 1291/1294, 274 Ew.). Gehörte zum Bistum Wardein. Im MA. ung. Dorf, zum Herrenhof von Cuzăplac und später Almaş gehörig. Nach 1658 zeitweilig Wüstung. Die ref. Kirche wird 1935 nach Plänen von Károly Kós gebaut, die bemalten Kassetten stammen aus der alten Kirche und sind ein Werk von 1752 des Klausenburger Tischlermeisters János Asztalos Kövesdi und seiner Lehrlinge (Sachse Martinus Rideli und Székely György Árkosi). Im ung. Friedhof viele geschnitzte Totenpfähle. In einem anderen nw. Seitental, 8 km weit, am Fuß des Dealu Mesteacănului erstreckt sich das rum. Dorf

Ţăudu, Czold (390 m, u. e. E. 1544, 424 Ew.). Die DN 1G erreicht 5 km nach Almaş die Gemeinde

Cuzăplac, Középlak (311 m, u. e. E. 1219, 960 Ew.). Im MA. Herrschaftszentrum der Fam. Középlaki und Kémeni. *Sehenswert:* die neue ref. Kirche, wo Bruchstücke aus der alten ma. Kirche eingebaut wurden (das S-Portal ist rom., das W-Portal got.). In einem Seitental 2 km s. liegt

Tămasa, Tamásfalva (Almástamási) (348 m, u. e. E. 1341, 743 Ew.). 1658 Dorf und ref. Kirche von Tataren völlig zerstört, nachher mit rum. Bauern neu besiedelt. Im selben Seitental 4 km bachaufwärts befindet sich das ung. Dorf

Petrindu, Nagypetri (330 m, u. e. E. 1370, 852 Ew.). Im 19. Jh. ung. Hafnerdorf. Rum. Holzkirche. Die ref. Kirche hat rom. Fenster, die *Kassettendecke* wurde 1713 von István Asztalos Zilahi begonnen und 1765 vom Klausenburger Lorenz Umling ausgemalt. Hölzerne Innenausstattung und Kanzel sind ebenfalls Umling-Werke. Glockenturm mit Schindeldach. Nach S führt die AS 10 km nach Aghireşu.

S. von Petrindu erreicht man nach 4 km in einem s. Seitental

Gălăşeni, Tóttelek (410 m, u. e. E. 1435, 446 Ew.). Rum. Dorf, der Name Tot weist auf slawische Siedler (tot= windisch) hin. 3 km nö. von Cuzăplac führt eine Abzweigung in ein n. Seitental 4 km nach

Mierţa, Nyerce (340 m, u. e. E. 1334, 524 Ew.). Von der selben Abzweigung führt eine KS 6 km nach S nach

Arghişu, Argyas (336 m, u. e. E. 1470, 471 Ew.) und 4 km weiter nach

Ticu, Hochbrunn, Forgácskút (380 m, u. e. E. 1521, 429 Ew.). Rum. Dorf, zur Almăer Domäne gehörig. Ab 19. Jh. Braunkohlebergwerk, 3 km im S (584 m). 1910 mit rum. und ung. Bergleuten besiedelt. 1966 wandern die Ew. wegen Einstellung des Förderbetriebes ab. 2 km ö. von Ticu liegt das Dorf **Dîncu, Dank** (360 m, u. e. E. 1466, 437 Ew.) Vom Cuzăplac-Vorort

Bozolnic, Kisbozolnak (351 m, u. e. E. 1434) führt eine KS im Bozolnic-Tal nach SO hinauf. Nach 6 km zweigt ein Weg nach S ab, erreicht nach 1 km das Dorf

Ruginoasa, Lapupatak (340 m, u. e. E. 1521, 425 Ew.). Rum. Dorf, zur Burg Almaşu, im 17. Jh. zu Gilău gehörig. 1 km ö. liegt der Weiler

Stoboru, Vásártelke (356 m, u. e. E. 1521, 286 Ew.). Der rum. Name (Stobor) weist auf eine Volksversammlung hin. Im Quellengebiet dieses Baches und am Ende der Gemeindestraße liegt nach 4 km das Dorf

Cubleu, Almásköblös (Oláhkköblös) (369 m, u. e. E. 1329, 316 Ew.). Seit dem 15. Jh. rum. Dorf, im Besitz des sb. Bischofs.

6 km n. von Cuzăplac an der DN 1G trifft diese auf die Fernstraße DN 1F, an der auf der ö. Talseite 1 km weit

Sutoru, Zudor (280 m, u. e. E. 1434, 317 Ew.) liegt. Nach 1600 lange Zeit Wüstung, um 1770 als rum. Siedlung belegt. Rum. Holzkirche von 1825. Archäol. Ausgrabungsstätte (röm. Castrum). 9 km weiter auf der DN 1F gelangt man nach

Sîncraiu Almaşului, Topaszentikirály (946 m, u. e. E. 1350, 627 Ew.). Das ung. Dorf wurde um 1600 verwüstet, später mit rum. Bauern neu besiedelt. Laut Überlieferung steht das rum. Pfarrhaus an Stelle der alten ung. Kirche. Auf der DN 1F in Richtung N folgt nach 1 km die Großgemeinde

Zimbor, Magyarnagyzsombor (283 m, u. e. E. 1334, 842 Ew.). Im *Herrendorf Sombori* ist ein ärztliches Ambulatorium eingerichtet. Der Bau ist ein Meisterwerk der Renaissance, von Klausenburger Maurermeistern ausgeführt. *Sehenswerte* orthod. Holzkirche. Im W der Gemeinde Steinbrüche und Kaolingruben. In einem ö. Seitental erstreckt sich 6 km weit die rum. Siedlung

Dolu, Almásdál (311 m, u. e. E. 1461, 444 Ew.). Weiter auf der DN 1F gelangt man in das eingemeindete

Chendremal, Kendermál (317 m, u. e. E. 1786, 276 Ew.). Urspr. Wüstung auf Gemarkung von Sinmihaiu Almaşului, seit 1786 besiedelt und 1930 Zimbor einverleibt. Eine Abzweigung nach 1 km in ein n. Seitental führt 6 km in das Dorf

Bercea, Bercse (309 m, u. e. E. 1554, 403 Ew.). Vor dem Dorf zweigt ein Seitental nach W ab, führt 1 km nach

Sîntămaria, Almásszentmária (355 m, u. e. E. 1334, 640 Ew.). Im 17. Jh. völlig verwüstet, dann mit rum. Bauern besiedelt. Wieder an der DN 1F im Tal des Almaş, führt sie nach 1 km in die Gemeinde

Sînmihaiu Almaşului, Almásszentmihály (Pusztaszentmihály) (288 m, u. e. E. 1350, 1787 Ew.). Bis 1658 ung. Gemeinde, dann fast 70 Jahre wüst, um 1730 mit Rum. neu besiedelt. Rum. Holzkirche von 1778. *Dorfmuseum,* auch Funde aus Dakerzeit. Am Zusammenfluß des Almaş-Baches mit dem Dragu-Bach an der DN 1G liegt das ehem. Wirtschaftszentrum

Hida, Hidalmás (266 m, u. e. E. 1298, 1308 Ew.). Im MA. ung. Dorf im Besitz der Fam. Dobokai. Als Wirtschaftszentrum dieses Gebietes hatte es gut besuchte Jahrmärkte. An Stelle der ma. Kirche wurde 1878 neue ref. Kirche gebaut. Im W Steinbrüche und ein Braunkohlebergwerk. Seit 1930 ist

Baica, Bányika (256 m, u. e. E. 1390, 306 Ew.) in Hida einverleibt: war im MA. Gut der Fam. Sombori; 1350 kath. Kloster des Eremitenordens. 1600 als rum. Dorf erwähnt. Rum. Holzkirche von 1645, mit Glockenturm auf dem Pronaos. In den w. Bergen sind Sumpfseen und versumpfte Täler. Eine Abzweigung nach S führt 8 km im Ogrut-Tal nach

Miluani, Milván (317 m, u. e. E. 1316, 634 Ew.). Im 14. Jh. ung. Dorf, der Fam. Sombori gehörig; 1461 Schafzas zahlendes rum. Dorf. Von Hida nach O führt die DJ 109 nach 8 km in die rum. Gemeinde

Dragu, Drág (283 m, u. e. E. 1320, 1242 Ew.). Eigentum der sächs. Grafen Johann und Jacob aus Rosenau, von nun an Dragi genannt. Laut Bericht des französ. Reisenden Pierre Lescalopier wohnten 1574 in Dragu Sachsen. Nach 1660 keine ung. Bevölkerung mehr, ref. Kirche wurde abgetragen. Heute rum. Hirtendorf: *Brauch des Milchmessens*. Im Ort Schloß und Holzkirche. Eine Gemeindestraße führt 5 km sö. nach

Adalin (373 m, u. e. E. 1320, 700 Ew.). Jahrhundertelang Wüstung, um 1700 mit Rum. neu besiedelt. Ist ganz von Wäldern umgeben. Von Dragu führt ein Gemeindeweg nach S, 4,5 km nach

Ugruţiu, Ugróc (316 m, u. e. E. 1461, 569 Ew.). Lag auf altem Sombori-Grund, im Besitz der sächs. Grafen Johann und Jakobus aus dem Burzenland. Im 15. Jh. Schafzins zahlendes rum. Dorf. Am Ortseingang von Dragu führt eine KS nach NO, 4 km nach

Voivodeni, Vajdaháza (361 m, u. e. E. 1320, 1006 Ew.). 1437 war Paulus Magnus de Waydaha-za einer der Anführer des Bauernaufstandes von Bobîlna. 1600 ung. Dorf, danach völlig verwü-stet und mit Rum. aus Kövarer Distrikt neu besiedelt. Schöne alte orthod. Holzkirche. Nach NW führt eine Straße 2,5 km in den Weiler

Fîntînele, Fogadók (325 m, u. e. E.). 2 km talaufwärts folgt

Stupini, Füzes (310 m, u. e. E. 1336, 868 Ew.). Rum. Dorf, zum Kendischen Herrenhof gehörig. Das alte rum. griech.-kath. Kloster bei Strîmba ist 1834 abgebrannt. 2,5 km talabwärts folgt

Sînpetru Almaşului, Füzesszentpéter (259 m, u. e. E. 1320, 1271 Ew.). 1320 Besitztum des ung. Geschlechts Kalocsa, 1461 Schafzins zahlendes rum. Dorf. Im Almaş-Tal folgt 1 km von Hida an der DN 16

Baica, Banyika (256 m, u. e. E. 1350, 306 Ew.) und 4 km n. das Dorf

Racîs, Almásrákos (242 m, u. e. E. 1310, 994 Ew.). Besitztum der Fam. Sombori. Im 15. Jh. rum. Dorf. Rum. Holzkirche aus dem 17. Jh. In der Nähe Narzissenwiese. Nach 2 km auf der DN 1G folgt

Chendrea, Kendermezó (233 m, u. e. E. 1350, 953 Ew.). Besitztum der Fam. Sombori; im 17. Jh. rum. Dorf, im Besitz der Fam. Csáki. In einem ö. Seitental des Almaş-Baches liegt 4 km weit

Trestia, Komlósújfalu (287 m, u. e. E. 1332, 639 Ew.). Zum Gebiet Gîrbău gehörig, im 16. Jh. rum. Neusiedlung (1576). Im Almaş-Tal folgt nach 3 km

Bălan, Almásbalázsháza (224 m, u. e. E. 1399, 1594 Ew.). Hat zwei Holzkirchen: Sfinţii Arhang-helii (1695) im Dorfteil Joseni und Adormirea Maicii Domnului (17. Jh.) im Dorfteil Cricova. 2 km n. liegt

Chechiş, Kettósmezó (221 m, u. e. E. 1350, 1674 Ew.). Holzkirche aus dem 18. Jh. 3 km weiter n. im Almaş-Tal an der DN 1G folgt

Gîlgău Almaşului, Galgó (206 m, u. e. E. 1560, 1366 Ew.). Rum. Dorf mit rum. Kirche (1805). In der Nähe beeindruckende Rutschungsformationen „Gnădina Zmeilor" (Drachengarten). Einst bedeutendes Kürschnerzentrum; heute Braunkohlebergwerke. 4 km n. im Almaş-Tal liegt

Tihău, Tihó (207 m, u. e. E. 1336, 1276 Ew.). Rum. Holzkirche von 1803. In der Nähe archäol. Ausgrabungen eines röm. Castrums. Braunkohlebergbau ist gut entwickelt, aber Stollen erschöpft, neue im Abbau. Im N des Dorfes mündet die DN 1G in die DN 1H. In einem linken Seitental des Somesch liegt 5 km vor Jibou an der DN 1H

Var, Órmezó (217 m, u. e. E. 1320, 616 Ew.). Der Name beweist, daß hier Wächter (= Ór) lebten, die Salztransport auf dem Samosch-Fluß überwachten. Ort gehörte der Fam. Sombori, kommt 1331 in Besitz der sächs. Grafen Johann und Jakobus. Zollstelle für Salzschiffe. Seit 15. Jh. rum. Dorf, rum. Holzkirche von 1821.

REISEGEBIET 5

Bistriţa / Bistritz / Beszterce

Das Reisegebiet Bistritz liegt im NO Siebenbürgens, umfaßt die Bistritzer Berge, den Südteil des Borgoer (Bîrgău-) und die Nordflanken des Kelemen(Căliman-)-Gebirges sowie den nordöstlichen Teil der „Siebenbürgischen Heide" (Cîmpia Transilvaniei). Herzland ist das Siedlungsgebiet um die Stadt Bistritz, das Tal des Schogener Baches (Şieu, Sajó) sowie die Täler des Budak, des Dürrbaches (Valea Dipşeil) und das Lechnitzer Tal (Nösnerland).

Dieses Gebiet der Berge und Senken war schon im Altertum besiedelt; in der Völkerwanderungszeit war es Durchzugsland, im Mittelalter ließen sich hier zwischen Rumänen, Ungarn und Petschenegen auch Slawen (Russen) und deutsche Siedler nieder. Sie hatten Sonderrechte auf dem Königsboden, waren Freie, doch die auf Adels- oder Komitatsboden siedelten, wurden Leibeigene. Anläßlich der Bildung der Militärgrenze wurden am Ende des 18. Jh. viele Rumänen in die militarisierte Grenzzone umgesiedelt, wo sie nicht mehr Hörige waren, aber in den Grenzdörfern des 2. Romanischen Infanterie-Regiments militärisch verpflichtet waren. Ende des 18. Jh. kamen viele Juden aus Galizien herüber, doch nahm ihre Zahl erschreckend ab, als sie während des Zweiten Weltkrieges deportiert und ausgewiesen wurden. Auch der Großteil der Deutschen ist 1944 im „Großen Treck" nach Österreich und Deutschland geflüchtet, der Rest folgte in den achtziger und neunziger Jahren. Dafür haben die Zigeuner an Zahl sehr stark zugenommen.

Große, wildreiche Wälder bedecken die Hänge der Gebirge, während die Senken und Täler fruchtbares Ackerland bergen. Neben Weinbau (in der Eichenwaldzone) sind große Obstpflanzungen sowie weite Viehweiden und Heuwiesen vorhanden. An Bodenschätzen ist nur das Steinsalz erwähnenswert, wurde im Altertum ausgebeutet; heute haben nur die Salzquellen für kleine Bäder lokale Bedeutung. Steinbrüche liefern das Material für den Straßenbau.

Die einzige Stadt des Gebietes ist Bistritz. Von einer Handels- und Handwerkerstadt ist sie zur Industriestadt geworden und zieht einen Teil der Landbevölkerung in ihren Bann. Hier gibt es alle Einrichtungen für Fremdenverkehr. Die Gebirge mit ihren Wäldern und Flüssen locken Wanderer, Jäger und Fischer, Freunde von Natur und Einsamkeit. Gute Forststraßen ermöglichen das tägliche Anfahren zu den Zielgebieten im Gebirge oder sonstigen Umland. Das Borgo-Tal mit seiner 15 km langen Dörfersiedlung, der Tihuţa-Paß, der Stausee von Kolibitza sind nur einige der vielbesuchten Reiseziele.

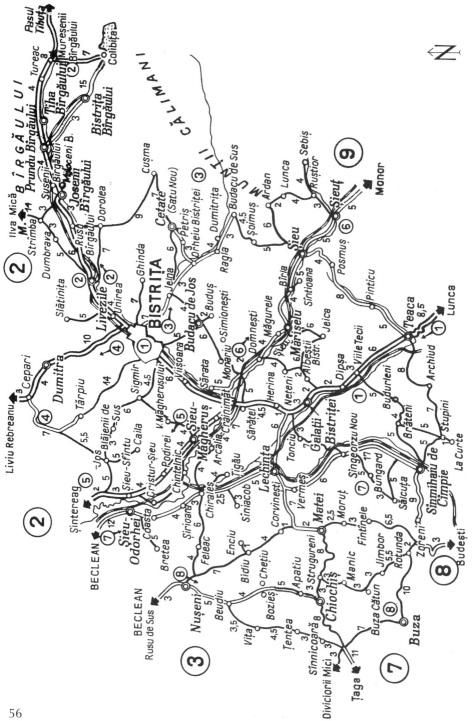

ROUTE 1/5

Die DN 15A Reghin – Bistriţa > [R 2/9] erklimmt – nach Verlassen der rum. Gemeinde Lunca im Reener Ländchen – den Sattel (Tekendorfer Hill, 476 m) s. des Berges Koppenraich (588 m), um dann in einigen z. T. sehr scharfen Serpentinen nach 8,5 km die ehem. sächs. Gemeinde

Teaca, Tekendorf, Teke (350 m, u. e. E. 1318, 2613 Ew.) zu erreichen; Landwirtschaft und Weinbau; liegt in der Übergangszone Hügelland – Siebenbürgische Heide (Eichenwälder); 1361 Marktrecht; 1486 „Großer Freibrief" (Privilegien, dem Rechtsstand auf Königsboden sehr nahe); ab 1486 Marktort mit mehreren Zünften; 1813 „sächs. königl. freier Marktflecken"; zwischen 1874 und 1884 Stadt, dann wieder Großgemeinde; 1688 stand noch eine Burg auf dem Scharffenberg, die jedoch nicht mehr genutzt wurde, da die ev. Kirche (deren Vorgängerin eine Basilika des späten 13. Jh. war) samt Schulgebäude (in der Mitte des Marktes) mit einer wehrhaften Ringmauer umgeben wurden. Nach W führt eine z. T. schlecht befahrbare Straße 8 km nach

Archiud, Arkeden, Szászerked (Mezőerked) (381 m, u. e. E. 1293, 1306 Ew.). Reiche archäol. Funde (Steinzeit, Bronze, Keltensiedlung); Deutschtum 1600 erloschen; ehem. Grundherren die ung. Adelsfam. Werböczi, dann Boszasy. 7 km nw. folgt das Dorf

Stupini (Şoimuşul Român), Mezősolymos (Oláhsolymos) (371 m, u. e. E. 1318, 759 Ew.), nach 5 km Sînmihaiu de Cîmpie > [R 7/5]. 1 km s. liegt der Weiler

La Curte (421 m, u. e. E. 1956).

Von Teaca zweigt von der DN 15A eine AS nach NO ab und erreicht nach 5 km das rum. Dorf

Pinticu, Pintak (Walachisch-Pintak), Szászpéntek (386 m, u. e. E. 1332, 1013 Ew.), war bis 1600 sächs. Dorf; Salzvorkommen.

8 km n. in landschaftlich reizvollem Tal liegt

Posmuş, Paßbusch, Paszmos (416 m, u. e. E. 1228, 1001 Ew.), war ein sächs. Hörigendorf, Name weist auf slawische Gründung hin; *sehenswert* das Nutzungswaldreservat „Lärchenwald" (Pădurea de larice). Ehem. Teleki-Schloß. Ehem. ev. got. Kirche. Bergab führt die Straße nach 4 km in die Großgemeinde Şieu > [R 6/5].

Von Teaca führt die DN 15A 6 km entlang des Dürrbaches (Valea Dipşei) parallel zu der Schmalspurbahn Lechinţa (Lechnitz) – Tîrgu Mureş (Neumarkt am Mieresch) bis

Viile Tecii (Iuda Mare), Großeidau (Eyda), Nagy-Ida (331 m, u. e. E. 1332, 1070 Ew.); war 1600 zerstört; auf der Burg (553 m) Reste eines Brunnens; 1848 Choleraepidemie, es überlebten nur 17 Hausbesitzer; 1850 verkaufte Graf Kornis de Göncz-Russka das Gut samt dem 1753 erbauten Schloß (wurde Pfarrhaus) an die dt. Kirchengemeinde; bekannter Weinbauort. Eingemeindet ist seit 1713 der auf Gemarkung von Großeidau 5 km sw. gelegene neue rum. Ort

Budurleni, Budurló (375 m, u. e. E. 1713, 423 Ew.). 3,5 km w. liegt das rum. Dorf

Brăteni (Bratfalău), Mezőbarátfalva (364 m, u. e. E. 1670, 368 Ew.); eine Neugründung auf Großeidauer Gemarkung; beide Ortschaften liegen schon im O-Teil der Sb. Heide.

Die DN 15A führt nach 3 km durch das einst dt. Dorf

Dipşa, Dürrbach, Dipse (321 m, u. e. E. 1332, 981 Ew.); Straßendorf, dem Laufe des Dürrbaches folgend; massiver got. Kirchenbau aus 1482 bis 1500 (auf einem der Strebepfeiler eine Sau aus Stein gemeißelt: der Sage nach soll diese beim Wühlen einen Schatz ausgegraben haben, der den Bau der Kirche ermöglichte). Nach 2 km führt eine Abzweigung nach NO zum ehem. dt. Dorf

Albeştii Bistriţei, Weißkirch-Bistritz, Kisfehéregyház (349 m, u. e. E. 1332, 343 Ew.), an einer breiten Hauptstraße, dem Schelker Bach folgend; spätestens seit 1471 werden Salzquellen verwertet. Hier ist der Germanist Karl Kurt Klein geboren (1897 – 1971). 4,5 km n. liegt das rum. Dorf

Neţeni, Netz, Nec (377 m, u. e. E. 1292, 205 Ew.); in nö. Richtung erreicht die Straße nach 3,5 km **Domneşti** im Schogener-Bach-Tal (Valea Şieului) gelegen > [R 6/5].

Die DN 15A führt von der Abzweigung der Weißkircher Straße 2 km nw. im Dürrbach-Tal und erreicht die Gemeinde

Galaţii Bistriţei, Heresdorf, Galac (343 m, u. e. E. 1345, 909 Ew.) mit dem Weiler **Hurube, Ruba** (u. e. E. 1750) an der Abzweigung nach Weißkirch; einstige Grundherren das ung. Adelsgeschlecht de Galac; heute eine relativ große rum. Gemeinde; früher eine got. Kirche der einstigen dt. ev. Gemeinde, wurde nach 1600 ref. Kirche; interessante archäol. Funde (3. – 2. Jh. v. Chr.): kleine eiserne Säge für Schädeltrepanationen (ein vermutlich auf Weltebene einzig bekanntes Stück). 2 km nw. von Galaţi-Bistriţei Abzweigung der DN 15A nach NW im Dürrbach-Tal (6 km) nach Lechinţa und w. nach Tonciu > [R 7/5]. Nach weiteren 1 km auf der DN 15A liegt

Herina, Mönchsdorf (Münsterdorf), Harina (388 m, u. e. E. 1246, 568 Ew.); gehörte damals zum Weißenburger Kapitel, war früher ein Salzort. *Sehenswert:* eine der schönsten und von der Architektur her lehrreichsten rom. Kirchen Sb.s; Baubeginn um 1200, abgeschlossen 1250/1260; *spätrom.* Basilika mit zwei Türmen an der W-Fassade und einer W-Empore. Charakteristische Merkmale sind die verhältnismäßig stark vorspringenden Lisenen – an der W-Fassade auch leicht abgestuft, wodurch sie Strebepfeilern angenähert sind. Traditionell rom. sind die Rundbogenfriese auf Konsolen, die Zwillings- und Drillingsfenster, die holzgedeckten Schiffe und der gewölbte Chor. Als einzigartig in der rom. Architektur Sb.s können im Innern die paarweise wechselnden Formen der Säulenschäfte und -kapitelle betrachtet werden, ebenso auch die Entlastungsbogen über den Arkaden, die Seitenemporen vortäuschen. Datierung der Kirche nach dem Mongoleneinfall, etwa um 1250/1260. Heute in desolatem Zustand.
Über den Berg Zaret (469 m), auch Sereth-Berg (Dealul Herinei) genannt, führt die serpentinenreiche Straße 4,5 km zur Gemeinde

Sărăţel, Reußen, Szeretfalva (322 m, u. e. E. 1296, 471 Ew.); von der Wasserscheide zwischen Dürrbachtal und Schogener-Bach-Tal (Schogener Hügel) – also w. der DN 15A Tekendorf – Sărăţel – senkt sich das Gelände langsam zur Sb. Heide hin. Reiche Salzvorkommen; Besiedlung durch Dt. mitte 12. Jh. Seit 14. Jh. bereits von Ruthenen bewohnt; auf dem Burgberg (Cetate) wurden 1959 – 1968 auf älteren Schichten die Reste einer Burganlage freigelegt; diese besteht aus zwei viereckigen, mit Kalkmörtel gemauerten Türmen und einem etwa 100 m langen Graben (soll angeblich dakisch sein); war adliger Gutsbesitz, ehem. zur Burg Unguraş (Bálványos – heute im Kreis Klausenburg) gehörend. Bedeutender Eisenbahnknotenpunkt des Nösnerlandes; *sehenswert:* geologisches Naturschutzreservat „Salzbruch" (Masivul de sare), 5 ha. In Sărăţel zweigt eine Straße ab und führt (7 km) im W entlang des Şieu (Schogener Bach) bis in die Gemeinde

Arcalia, Kallesdorf, Árokalja (305 m, u. e. E. 1296, 777 Ew.); lag auf Adelsboden; 1848 bei Aufhebung der Grundhörigkeit waren die Grafen von Bethlen Grundherren; 1801 wurde ein englischer Park angelegt; Schloß mit vier Nebenkuppeln in byzantinisch-maurischem Stil (heute Forschungsstelle der Univ. Klausenburg); *sehenswert* auch die ehem. dt. ev. Kirche, erbaut zu Beginn des 16. Jh. anstelle einer älteren Kirche. Von Arcalia führt die Straße nw. nach Chirales > [R 7/5].

In Sărăţel überquert die DN 15A die Bahnlinie und die Schogener-Bach-Brücke, um in die DN 17 Klausenburg – Bistritz zu münden. Von hier verläuft die Straße fast schnurgerade (6 km), jedoch bergauf, bergab parallel zu der Eisenbahnlinie (erbaut 1884 – 1886) und dem Bistritzfluß bis

Viişoara (Beşineu), Heidendorf, Bessenyő (334 m, u. e. E. 1332, 975 Ew.); zur Zeit der Ansiedlung von Sachsen von heidnischen Petschenegen bewohnt; Gemarkung und Straßendorf liegen auf der rechten Seite des Bistritzflusses; um 1400 Bau der ev. Kirche; Großbrand 1717 während des Tatareneinfalls sowie 1788 (Zerstörung des ganzen Dorfes mit sämtlichen Urkunden und Kirchenbüchern); Weinort, berühmt durch den feurigen „Steiniger".

6 km nö. von Viişoara liegt der Verwaltungssitz des Kreises (Judeţul) Bistriţa – Năsăud (Bistritz – Nassod).

Bistriţa, Bistritz (Nösen), Beszterce (362 m, u. e. E. 1241, 1930: 14.128 Ew., 1985: 73.425 Ew., 1992: 87.783, davon 544 dte. Ew.). Bistritz liegt am Unterlauf des Flusses mit gleichem Namen (slaw. Herkunft), umgeben von bewaldeten (Eichen) Bergen (Burgberg, 682 m; Schieferberg, rum. Codrişor, 473 m; Galtberg, 448 m; Schullerwald, 481 m; Rosenburg, 465 m) mit ausgedehnten Obstplantagen an den Hängen. Archäol. Funde zeigen ununterbrochene Besiedlung seit der Jüngeren Steinzeit (Neolithikum); nach den Römern und Dako- Romanen kamen Wandervölker (Goten, Gepiden, Awaren, Slawen u. a.).
Die Stadt ist eine Gründung aus der zweiten Hälfte des 13. Jh.; ihr ist eine Marktsiedlung vorangegangen, diese Markt(Dorf)anlage stammt aus dem Anfang des 12. Jh. Der Markt Bistritz besaß eine Hauptstraße, die Ungargasse (heute Str. Nicolae Titulescu), die, von der Kirche kommend, über einen freien Platz zum Stadttor führte. Rippenartig abzweigende Nebengassen charakterisieren und bestimmen diese Siedlungsperiode (hat sich in Deutschland im 10. und 11. Jh. entwickelt). Diese Siedlung, mit Erd- und Pfahlwerk gesichert (der Stadtwall auch heute noch sichtbar auf der sog. *Allee* = Stadtpark, rum. *parcul municipal)*, hatte vor dem Mongolensturm 1241 ihre rom. Basilika, heutige *ev. Stadtpfarrkirche* (wahrscheinlich eine turmlose, dreischiffige Kirche); an diese wurde nach dem Mongolensturm die basilikale Verlängerung angebaut; in der zweiten Hälfte des 14. Jh. erfolgte der got. Umbau der Basilika und nochmals im 16. Jh. (1560) eine Über- und Umarbeitung des Kirchenbaus durch den Werkmeister Petrus Italus; gegen Ende des 15. Jh. (1470) begann der Aufbau des Turmes (74 m), beendet 1519.
Bald nach Gründung wurde Bistritz zu einem bedeutenden Handelszentrum, seit 1353 privilegierte Freistadt mit Marktrecht; Mittelpunkt des Nösnerlandes; Sept. 1944 Flucht der dt. Bevölkerung; ein geringer Teil kehrt 1945/46 aus Deutschland und Österreich (Internierung, Zwangsarbeit) wieder zurück; 1950 Wiedererhalt der Bürgerrechte; 1960 – 1980 Übersiedlung in die Bundesrepublik Deutschland; nach dem Zweiten Weltkrieg folgt die sozialistische Industrialisierung, die den Charakter der Stadt allmählich verändert (Holzverarbeitung, Nahrungsmittel-, Glas-, Leder-, Textilindustrie).
Sehenswürdigkeiten: *Rum.-orthod. Kirche*, ehem. den Franziskanerminoriten gehörende Saalkirche, nahe der alten *Stadtmauer* (Stadtbefestigung im 15. – 16. Jh. erneuert), typisches Bauwerk der Frühgotik; Kirchsaal im 18. Jh. barock überarbeitet; Reste einer Außenwandmalerei.
Faßbinderturm (Turnul dogarilor, Strada Mihail Kogălniceanu 36), einzig erhaltener Wehrturm (ehemals 10) aus dem 15. Jh.
Goldschmiedehaus, Renaissance-Haus aus dem 16. Jh., in der Beutlergasse (Casa argintarului, Str. Dornei 5), beherbergt heute die *Geschichtsabteilung des Kreismuseums* (über 10.000 Exponate, darunter mykenisches Bronzeschwert, 15. Jh. v. Chr., keltische Gräberbeigaben, Funde aus den röm. Heerlagern von Burghalle – Orheiu Bistriţei und Ilişua, Münzen, Zunftzeichen etc.).
Kreismuseum (Muzeul judeţean, Str. General Grigore Bălan 53) mit den Abteilungen: Heimatkunde, Kunstgeschichte, Naturkunde; *Beuchelhaus*, in der neueren rum. Fachliteratur als *Casa*

lui Ion Zidarul (Hans-Maurer-Haus, späterer Besitzer) publik gemacht, 16. Jh. (heute Restaurant „Central").

Ev. Stadtpfarrkirche. Der ursprünglich spätrom. Bau ist um die zweite Hälfte des 14. Jh. durch einen got. Bau ersetzt worden, der Ende des 15. Jh. erweitert wurde. Ursprünglich scheint eine W-Fassade mit zwei Türmen geplant gewesen zu sein (Reste eines Gurtgesimses, bestehend aus einem Dreipaßfries, an der S-Seite der W-Fassade erhalten. Der Turm der NW-Ecke wurde etwa zw. 1487 und 1519 (Sgraffito im obersten Geschoß) ausgeführt. Die vier Standbilder in den Ecknischen des 4. Geschosses (gut erhalten nur die Madonna und der hl. Nikolaus) tragen stilistische Merkmale, die eine Datierung um 1430 bis 1450 nahelegen und demnach aus der älteren Kirche stammen. In der S-Fassade der Kirche ist eine steinerne Grabplatte aus dem 14. Jh. mit einer Inschrift, mit Ritterfigur mit Schwert und Wappenschild. Im Mittelschiff der Kirche ist eine steinerne, mit spätgot. Maßwerk verzierte Kanzel erhalten, auf der S-Seite im Chor ein spätgot. Gestühl (signiert von Tischler Antonius), auf der N-Seite dagegen ein Gestühl mit Intarsien. Mit Intarsien ist auch der Türflügel (1563) der Sakristei geschmückt.

Ev. Stadtpfarrhaus mit Eingangstor 1480. *Kornmarkt* (Şugălete, Piaţa Centrală 12 – 24), Bogengänge 16./17. Jh. *Röm.-kath. Kirche* (Str. Teilor 26) 1787 im Barockstil erbaut; *Synagoge* (ehem. Calea Armatei Roşii) erbaut 1893; (davor Denkmal zum Gedenken an Deportation und Vernichtung der nösnerländischen Juden im Zweiten Weltkrieg).

Bistriţa (Bistritz), evangelische Stadtpfarrkirche

ROUTE 2/5

Die DN 17 in Richtung Vatra Dornei 83 km (1775 als Reichsstraße – über den Borgo-Paß zur habsburgisch gewordenen Nordmoldau, der späteren Bukowina, errichtet – erhielt später Anschluß an die internationale Postkutschenlinie, ab 1930 Omnibuslinie) verläßt Bistritz nach NO und führt in die ehem. dt. Gemeinde

Unirea, Wallendorf, Aldorf (3381 m, u. e. E. 1332, 1215 Ew.), wahrscheinlich wallonische Gründung; heute Vorortgemeinde der Stadt Bistritz; die Vorgängerin der heutigen Kirche (18. Jh.) wurde um 1488 erbaut und war früher von einer Schutzbefestigung (Mauer) umgeben. In der Dorfmitte zweigt eine Straße nach N ab und erreicht (5 km) die ehem. dt. Gemeinde

Slătiniţa, Pintak, Pinták (441 m, u. e. E. 1332, 593 Ew.), heute Vorort von Bistritz; liegt an einem tiefeingeschnittenen, selten wasserführenden Graben; ein Teil der Gemarkung ist sumpfig und hat salzhaltiges Wasser. Die ehem. ev. Kirche wurde 1585/1590 erweitert, heute rum.-orthod.

Gotteshaus; der im N gelegene Pintaker oder Virauer Stein (740 m) ist ein beliebtes Ausflugsziel (ehem. Steinbruch, Erzeugung von Grabsteinen und Monumenten); an seinem O-Fuß (522 m) Salzquellen (früher Salzbad, heute verkommen).

Von Unirea führt die DN 17 4 km nach

Livezile, Jaad, Jád (406 m, u. e. E. 1311, 2208 Ew.); (Jad = slaw. „Hölle"), letzte dt. Grenzgemeinde auf Königsboden; ehem. röm. Erdlager n. des Dorfes (Erdwall mit Graben, 160 x 120 m); älterer Teil der ev. Kirche im 15. Jh. und neuer Chor 1831 entstanden; im nö. Teil des Dorfes die 1939 erbaute orth.-rum. Kirche; erstes Elektrizitätswerk im Nösnerland (1900); Ackerbau, Viehzucht, Obstbau und Forstwirtschaft (Zipser Deutsche aus der Bukowina); Aussiedlung der letzten Dt. 1990. *Sehenswerte* Volkskundesammlung (Muzeul de Sub poartă) des Antiquitätenhändlers Gheorghe Rusu. Zu Jaad eingemeindet 1956 der Teilort Dumbrava (453 m), Zigeunersiedlung 5 km im NO gelegen (z. T. schwer befahrbare Straße); sog. Löffelzigeuner, bekannt auch als Treiber großausgerichteter Jagden auf Jaader Gemarkung (Bär und Schwarzwild). 7 km ö. von Jaad im Tale des Tănase-Baches liegt das ehem. dt. Dorf

Dorolea, Kleinbistritz, Asszu-Beszterce (463 m, u. e. E. 1332, 764 Ew.), Straßendorf, angepaßt an die Windungen des Baches. Die Straße führt 9 km nach S bis

Cuşma, Kuschma (Auen), Kusma (674 m, u. e. E. 1494, 741 Ew.), gehörte früher als Freitum Newdorff zu den Gemarkungen Kleinbistritz, Oberneudorf und Windau; wird an die Fam. v. Schaller als Grundherren vergeben; die Siedlung wurde um 1750 gegründet; hier bekannte Jagdreviere (Bären, Luchse, Wölfe), in denen die rum. Könige, dann der ehem. Staatschef N. Ceauşescu jagten; auf dem Kuschmaner Stein (Piatra Cuşmii, 1215 m) einziger Fundort des Moosglöckchens (Linnaea borealis) in Rum.; Ausgangspunkt für Wanderungen in das Kelemen-Geb. (Munţii Călimani) – Dealul Vultur (1501 m) etc.

Die DN 17 verläuft weiter nach NO entlang des Bistritz-Flusses, begleitet von der 1898 erbauten Eisenbahnlinie, und durchquert die aus der Borgoer Talschaft entstandenen untertänigen rum. Dörfer (die folgenden Borgo-Dörfer bestanden zunächst aus Einzelhöfen, später wurde zwischen Unter- und Ober-Borgo unterschieden; erst 1930 erscheinen die heutigen Verwaltungseinheiten; in Wirklichkeit entstand durch laufende Zusiedlung an der späteren Reichsstraße ab 1750 eine starke Verdichtung und ein langgedehntes Straßendorf mit über 15 km Länge):

Rusu Bîrgăului, Reußen, Oroszborgó (441 m, u. e. E. 1721, 1006 Ew.). Von Slawen (Reußen) gegründet; n. der Bahnlinie orchideenreiche Feuchtwiesen; nach S führt eine schlecht befahrbare Straße 1 km nach

Valea Poenii (Bureauca), Burauka (440 m, u. e. E. 1909, 142 Ew.), eine Siedlung ehem. Wanderzigeuner und weiter 2 km nach Kleinbistritz. 3 km weiter auf der DN 17 folgt

Josenii Bîrgăului, Unter-Borgo, Alsóborgó (465 m, u. e. E. 1390, 1628 Ew.), dazu seit 1956 der Ort **Strîmba** (506 m), 3 km im NW gelegene Zigeunersiedlung; über den Berg „Strîmba" (673 m) führt eine Straße nach Ilva Mică > [RG 2]; altherkömmlicher rum. Holzbaustil mit Vorbau, reich verzierte Wohnräume; alte technische Einrichtungen (Branntweinbrennerei, Walkmühle, Ölpresse u. a.); ehem. Töpfereizentrum (schwarze Keramik), hier wurden die im 18. und 19. Jh. in ganz Sb. bekannten Tabakpfeifen gefertigt. 2 km weiter geht es über in

Mijlocenii Bîrgăului, Középborgó (477 m, u. e. E. 1750, 1428 Ew.), auch heute bekannt durch seine Töpferei. 1 km weiter ö. liegt

Susenii Bîrgăului, Ober-Borgo, Felsőborgó (499 m, u. e. E. 1380, 1241 Ew.); die Stadt Bistritz erwarb 1506 durch Ankauf vom Fürsten Nikolaus Bethlen das gesamte Borgo-Tal; Töpferzentrum (rote Keramik); großes Sägewerk aus dem 19. Jh. (Verarbeitung von Buche und sonstigem Laubholz). Anschließend nach 4 km folgt

Prundu Bîrgăului, Burgau (Groß-Borgo), Borgóprund (510 m, u. e. E. 1328, 4802 Ew.), Hotel „Heniu"; ab 1784 Standort der 3. Kompanie des 2. Walachen-(Romanen-)Infanterie-Grenzregiments (Stabsort > Nassod); erste Papierfabrik Sb.s (seit 1768); am Fuße des Berges Heniu (Henyul) gelegen (1612 m), Aufstieg zum Vulkankegel in 3 Std.; hier Standort der ehem. SKV-Hütte, erbaut 1888, dann durch Brand vernichtet; zahlreiche Vorkommen des Bergglöckchens (Soldanella montana); in P. B. mündet der Bergfluß Tiha in die Bistritz. Abzweigung nach SO 3 km bis

Bistriţa-Bîrgăului, Borgo-Bistritz, Borgóbeszterce (532 m, u. e. E. 1750, 3737 Ew.), Endstation der Eisenbahnlinie (29 km); Sägewerk für Nadelhölzer. 15 km talaufwärts liegt der Luftkurort

Colibiţa, Kolibitza (Hüttendorf), Kolibica (820 m), erreichbar durch die Bistritz-Klamm (Cheile Bistriţei Bîrgăului), hier 150 ha als Landschaftsschutzreservat ausgewiesen (Hohenstein – Piatra Mare, Piatra Şoimului etc. = Glazialreliktstandorte der Waldkiefer – Pinus silvestris); früher Trasse einer Waldbahn durch das enge Tal bis Colobiţa und 5 km weiter bis Miţa (944 m), dann durch das Tal Izvorul Lung bis unter den Berg Dălbidan (1699 m – Kelemen-Geb., Munţii Călimani); in die Klamm münden u. a. von S her kommend die Seitentäler: Pîrîul Şoimu de Jos

Blick von der Kolibitza auf das Kelemen-Gebirge

(hier Landschaftsschutzreservat Stîncile Tătarului = Tatarenfelsen, 1256 m, 25 ha) und Valea Repedea (Naturschutzreservat, 100 ha; Bär, Luchs, Auerwild; Waldkiefer als Glazialrelikt etc.). Die Kolibitza-Senke ist heute Stausee; hier stand das 1929 erbaute SKV-Touristenheim, abgetragen 1983. Kolobitza ist Ausgangspunkt in das Kelemen-Geb.; in einem Seitentälchen des Izvorul Colbului (8 km im SO) liegt das Naturschutzreservat Tăul Zînelor, Elfensee (1293 m), Fußweg 2 Std.; von hier kann der Berg Bistriciorul (1990 m) bestiegen werden (unterhalb dieses Berges im Colbu-Tal wurden im 18. Jh. Gold und Silber abgebaut); die Jagdgebiete um K. sind sehr wildreich (Bär, Wolf, Luchs, Auerwild, Birkwild, Hirsch, Schwarzwild).

Die DN 17 steigt ab Prundu Bîrgăului in z. T. sehr scharfen Serpentinen zum Tihuţa-Paß (über 1200 m) und berührt folgende Ortschaften: nach 6 km

Tiha Bîrgăului, Borgótiha (600 m, u. e. E. 1750, 1999 Ew.), *sehenswert* die rum.-orthod. Kirche (Steinbau 1854),

4 km weiter ö.

Tureac, Turjágo (608 m, u. e. E. 1770, 1924 Ew.); (slaw. Tur = Auerochse, hier ausgestorben gegen Ende des 15. Jh.). 3 km weiter

Mureşenii Bîrgăului, Marosborgó (654 m, u. e. E. 1817, 1557 Ew.), liegt am Fuße des Vulkankegels Miroslava (1606 m); Abzweigung nach S (7 km) zum Luftkurort und Stausee Colibiţa.

Die DN 17 steigt nun bis zur Zimbroaia-Hochfläche (Zimbru = Wisent; letzter Wisent 1840 erlegt), bedeckt mit saftigen Heuwiesen und einem Meer von Trollblumen; erreicht nach 13 km

Piatra Fîntînele (1097 m), hier der pyramidenähnliche Fels mit gleichem Namen (1145 m); Sitz einer Revierförsterei; Hotel „Dracula"; *sehenswert* die rum.-orthod. Holzkirche; Wintersport (Ski); hier botanisches Naturschutzreservat (5 ha); Abzweigung (KS) nach SO zum Dorf **Dornişoara,** Ausgangspunkt für Wanderungen zum Gipfel Tămău (1862 m) im Kelemen-Geb. (Munţii Călimani), auf Fußweg 3 – 4 Std. Abzweigung nach NW 5 km zum Weiler **Ciosa** (1059 m).

Der Tihuţa-Paß (1227 m), auch Borgo-Paß genannt, wurde weltweit bekannt durch Bram Stokkers Vampirroman „Dracula".

Die DN 17 verläßt den Kreis Bistritz – Nassod in Richtung Vatra Dornei (Bukowina).

ROUTE 3/5

In ö. Richtung führt eine Straße über die Podul Jelnii (Rubabrücke), benannt nach dem von Rum. seit altersher bewohnten Ziegelschlägerviertel *Hrube* (Ziegelbrennereien); bevor man im Valea Jelnii (Rubental) weiterfährt, bestehen von hier gute Wege in zwei Richtungen: links abbiegend unter der Rutschung des Berges Hebel, vorbei am ehem. Truppenspital nach O, entlang des Valea Ghinzii (Saugraben), am aufgelassenen jüdischen Friedhof (rechts liegend) vorbei nach 7 km bis in das einst dt. Dorf

Ghinda, Windau, Vinda (446 m, u. e. E. 1332, 556 Ew.), heute zu Bistritz eingemeindet; liegt im Tal des Saugrabens umgeben von Höhenrücken, auf denen Eichenbestände stocken (Windauer Koppe, 671 m); alter Obstbauort (die Ew. trugen den Spitznamen „Apfelapotheker"); Kirche erbaut um 1584; Geburtsort des sb. Bauerndichters Michael *Wolf-Windau* (1911 – 1945); zw. Windau und **Cuşma** (Erdweg) entlang des Grabens großflächige Feuchtwiesen mit Frühlingsknotenblumen (Leucojum vernum).

Von der Rubabrücke in s. Richtung führt eine AS über die Senndorfer Höhe (Dealul Jelnii, 480 m) in kurvenreichem Auf und Ab in das Valea Budacului (Budaktal) 7 km nach

Jelna, Senndorf, Zsolna (368 m, u. e. E. 1264, 577 Ew.); ehem. Kirchenburg mit Merkmalen einer 1617 ausgebauten Barockkirche, wahrscheinlich dritter Bau, dessen Vorgängerin 1483 und der Turm 1560 entstanden; Gotteshaus heute verfallen, da Deutschtum erloschen; den Turm kaufte die rum.-orthod. Kirchengemeinde; sw. Abzweigung der Straße 4 km nach

Budacu de Jos, Deutsch-Budak, Szászbudák (360 m, u. e. E. 1228, 816 Ew.); Straßendorf, Kirche erbaut 1567. Eine 5 km lange Straße verbindet es nach N mit Bistritz. Am s. Ende des Dorfes führt eine Straße 2 km s. nach

Buduş, Klein-Budak (Bodesdorf), Kisbudák (360 m, u. e. E. 1345, 676 Ew.); seit Umsiedlung der Dt. 1621 nach Deutsch-Budak rum. Ort; ehem. Komitatsboden; zu sehen ist die Ruine der ehem. ev. Kirche, die bis 1870 von ref. Ungarn benützt wurde. Hier lebte eine starke jüdische Gemeinde.

2 km sw. von Deutsch-Budak zweigt ein Weg zum am s. Ufer gelegenen Dorf

Simioneşti, Simonsdorf (Seimersdorf), Simontelke (350 m, u. e. E. 1318, 343 Ew.) ab. Beide Orte sind zu Deutsch-Budak eingemeindet. 4 km sw. der Abzweigung nach Simioneşti liegt die einst dt. Ortschaft

Monariu, Minarken, Malomárka (349 m, u. e. E. 1332, 457 Ew.); Straßendorf, lag ursprünglich unmittelbar am Budakfluß; Kirche und Dorf wurden 1754 durch Überschwemmung verwüstet und auf einer Anhöhe neu erbaut; einzige Rundkirche Nordsb.s, erbaut 1755 – 1776; 1978 wird die Kirche vom rum. Staat übernommen und unter Denkmalschutz gestellt; die beiden Glocken werden nach Südsb. gebracht (Großau und Galt).

Von Jelna nach O führt eine KS 6 km entlang des Kleinen Budakbaches (Pîrîul Budăcel) zur Gemeinde

Cetate (Satu Nou), Oberneudorf, Felsőszászújfalu (421 m, u. e. E. 1332, 771 Ew.); der Ort besteht aus einer Hauptstraße (Höfe und Gärten ziehen sich hangaufwärts) entlang des Baches und einer Nebenstraße (Verbindung zur Schwestergemeinde Petriş); bis 1767 stand der Ort in der Gemarkung „Hasselseifen" (vernichtet durch Feuersbrunst, Wiederaufbau auf heutigem Standort); 1769 wanderten die rum. Ew. aus, um als Grenzer angesiedelt zu werden; waldreiche Gemarkung mit bekannten Hochjagdrevieren (Bär, Schwarzwild).

Von Jelna führt die AS entlang des Budakbaches (Rîul Budac) 3 km in sö. Richtung bis in das Dorf

Orheiu Bistriţei, Burghalle, Várhely (400 m, u. e. E. 1319, 554 Ew.); Budaktlu und Budaker Ebene (im W gelegen, früher im Besitz verschiedener Adelsgeschlechter) seit der Steinzeit besiedelt; nach der Eroberung Daziens 106 errichteten die Römer hier das Castrum *Arcobadara*; die dt. Einwanderer fanden im 12. Jh. die röm. Ruinen vor; innerhalb der einstigen Römermauer liegen Kirche, Gemeindehaus, Pfarrhaus, Schule, Friedhof und einige Bauernhöfe; von hier führte eine mit gebrannten Ziegelsteinen gepflasterte Römerstraße in w. Richtung (unterhalb von Jelna den Budakfluß überquerend) durch Monariu nach Sărăţel; B. geriet in Untertänigkeit der Schogener Grafen (sog. „unfreie" Gemeinde auf Komitatsboden); nach Aufhebung der Grundhörigkeit (1848) Aufbau und Erweiterung der Kirche und dann auch des Turmes (1868 – 1878); 1910 Auswanderungswelle nach Nordamerika bzw. 1929 nach Kanada. 3 km ö. liegt an einer AS der Ort

Petriş, Petersdorf, Petres (412 m, u. e. E. 1311, 1155 Ew.); Straßendorf mit einer AS-Abzweigung nach Cetate; 1602 durch die Wallonen General Bastas völlig zerstört; ev. Kirche (Basilika) aus dem 15. Jh.; neuer Turm und Steinmauer 1820 erbaut.

Zwischen Budaker Ebene (Şesul Orheiului) im W (*sehenswerte* Reste eines einst großen Eichenwaldes mit reichlichem Vorkommen der Schachbrett-Tulpe – Fritillaria meleagris, s. davon Narzissenwiese) und den Kelemen-Vorbergen (Piemontul Călimanilor) liegt 4 km s. das rum. Dorf

Ragla, Radelsdorf, Rágla (460 m, u. e. E. 1319, 352 Ew.), war bis 1600 sächs. Gemeinde; ehem. untertänige Gemeinde (gehörte zum Schogener Herrenhof); 1453 zeitweilig dem Bistritzer Distrikt zugeschlagen; Grenzerdorf, gehörte ab 1784 zum 2. Walachen-(Romanen-)Infanterie-Grenzerregiment. Durch den Budakbach getrennt liegt am N-Ufer der Ort

Dumitriţa, Waltersdorf, Kisdemeter (464 m, u. e. E. 1334, 783 Ew.), östlichste ehem. dt. Gemeinde des Budaktales (Straßendorf); ev. Kirche in der Dorfmitte auf einer kleinen Anhöhe (heute Ruine); anläßlich der Errichtung der Militärgrenze Umsiedlung der rum. Ew. in das Someschtal (Valea Someşului). Letztes Dorf im Budaktal an der AS (in den Vorbergen des Kelemen-Geb.) ist

Budacu de Sus, Rumänisch-Budak, Felsőbudák (532 m, u. e. E. 1319, 1065 Ew.); war ein sächs. Dorf, seit 15. Jh. Besitz der Fam. Kácsik; wie Ragla einst Grenzergemeinde; Zigeunersiedlung am oberen Dorfende (Zigeuner bekannt als Bärentreiber). Ausgangspunkt für Bergtouren in das Kelemen-Geb. (Munţii Călimani: Poiana Tomii, 1470 m – Poiana Cofii, 1590 m – Bistriciorul, 1990 m – Pietrosul, 2100 m, Wegzeit: 2 Tage, Ausrüstung: Zelt und Schlafsack). Forststraße Budaktal aufwärts führt zum Jagdhaus *Aluneasa* (9 km); eine Abzweigung nach N zum NSG (10 ha) *Rabenstein* (Piatra Corbului, 5 km von B., u. a. Schachbrett-Tulpe – Fritillaria meleagris); weiter führt die Forststraße zu den Jagdhäusern *Schwarzer Berg* (Dealul Negru) und *Kuschma*; hier eines der wildreichsten Bärenreviere der Karpaten Rum. (bis 1944 dem Bistritzer Dt. Jagdverein gehörend); beliebtes Jagdrevier vieler Monarchen und Staatsmänner. *Sehenswert* auch das paläontologische Reservat „Rîpa Mare" oberhalb des Dorfes. Eine KS führt in sw. Richtung 4,5 km durch das rum. Dorf

Şoimuş, Almesch, Solymos (506 m, u. e. E. 1319, 244 Ew.), von hier 5 km nach Şieu > [R 6/5].

ROUTE 4/5

Die DN 17 verläßt Bistritz in Richtung Vatra Dornei nach NO, um nach 2 km der Abzweigung in Richtung NW (DN 17C) nach Năsăud (Nassod) zu folgen; die serpentinenreiche Straße steigt ö. des Burgberges (Dealul Cetăţii, 682 m, einst Obstgärten mit Wochenendhäusern der Bistritzer dt. Bürger, heute zur Landwirtschaftlichen Versuchs- und Forschungsanstalt gehörend) bis auf den Stubenberger Sattel (Dealul Tîrgului, 537 m) und führt dann nach 10 km in die Mettersdorfer Senke (Obst- und Weinbau) bis zur ehem. dt. Großgemeinde

Dumitra, Mettersdorf, Nagydemeter (351 m, u. e. E. 1319, 2112 Ew.). Auf eine abwechslungsreiche Geschichte der Gemarkung dieser Großgemeinde weisen die Wüstungen Bachnen, Ziegendorf, Fattendorf (u. e. E. 1243) und Tekes (u. e. E. 1366) hin; in der Dorfmitte auf dem sogenannten „Berg" steht die Kirche (got. Bau), 8 m daneben der Wehrturm (erbaut 1488), bis Herbst 1944 (Flucht der dt. Bevölkerung) als „Speckturm" genutzt; ehem. Wehrkirche; Häuser aus Naturstein; zahlreiche Salzquellen und Steinbrüche. Nach 4 km erreicht die Straße den Ort

Dumitra (Mettersdorf), Wehrturm

Cepari, Tschippendorf, Csépány (333 m, u. e. E. 1380, 690 Ew.). Die Vorgängerin der heutigen Kirche war aus Eichenholz erbaut und stand, samt damaligem Dorf, auf dem Kirchberg. Es wurde in der Zeit der Mongolenstürme zerstört, dann im Tal neu aufgebaut; Kirche Ende des 13. Jh. erneuert; als ehem. „Frongemeinde" bis 1848 stand Cepari auf Komitats- oder Adelsboden; Ende des 19. Jh. kaufte die ev. dt. Kirchengemeinde das Gut des Grundherrn von Földvary; interessante Salzflora innerhalb der Gemarkung.

In der Dorfmitte Abzweigung nach W 7 km bis zur ehem. dt. Ortschaft

Tărpiu, Treppen, Szásztörpény (331 m, u. e. E. 1332, 982 Ew.); einst bekannt durch Zwiebelanbau (scherzhaft „Treppener Pomeranze" genannt); auf einer kleinen Anhöhe inmitten des Dorfes erhebt sich die in got. Stil 1504 erbaute ev. Kirche (urspr. rom. Basilika), einst mit wehrhafter Ringmauer umgeben; in vorreformatorischer Zeit Wallfahrtskirche, heute verfallen; die Ruinen einer Kapelle 1 km w. von Tărpiu könnten mit dem untergegangenen Praedium Bachnen oder Ziegendorf in Zusammenhang stehen; in s. Richtung führt eine Straße über den Bistritzer Berg (549 m) 14 km nach Bistritz.

Von Cepari führt die DN 17C nach N, um nach 6 km die im Tal des Großen Somesch (Someşul Mare) gelegene Stadt **Năsăud** (Nassod) zu erreichen > [RG 2].

ROUTE 5/5

Nach der Schogener Brücke von Sărăţel zweigt von der DN 15A die DN 17 nach NW ab, führt an den steilen, bewaldeten Bistritzer Bergen (Dealurile Bistriţei, 448 – 638 m) mit zahlreichen Vegetationsinseln mit Steppencharakter vorüber, führt nach 2 km in das Dorf

Crainimăt, Baiersdorf, Királynémeti (315 m, u. e. E. 1264, 619 Ew.). In dem Straßendorf reihen sich, mit der selben Breite, Hof an Hof. Die von einer Ringmauer umgebene ehem. ev. Kirche (15. Jh.) hat got. Chor. Von den Németi-Orten (die als älteste dt. Siedlungen Sb.s anzusehen sind) erhielt sich nur C. als dt. Ort bis zur Flucht im Sept. 1944. 4 km nw. liegt die Gemeinde

Şieu-Măghieruş, Ungersdorf, Sájómagyaros (313 m, u. e. E. 1292, 684 Ew.). Kirche mit rom. Portal (13. Jh.); ehem. Besitz der ung. Adelsfam. Farkas. Am gegenüberliegenden Ufer des Schogener Baches liegt 1 km weit das Dorf Arcalia > [R 1/5]. Nach NO führt ein Weg 4 km nach

Valea Măgheruşului, Sajómagyarosi völgy (350 m, u. e. E. 1910, 170 Ew.); in diesem Tal kommt die Schachbrett-Tulpe (Nigritella meleagris) vor. Die DN 17 führt nach 4 km in den Weiler

Podirei, zu Chintelnic eingemeindet, zu dem, 2 km vor dem Weiler, eine Straße 1 km nach SW führt.

Chintelnic, Kinteln, Kentelke (294 m, u. e. E. 1279, 789 Ew.), war bis 1600 sächs. Dorf. Ortsname von Kend (Grenzwächter) abgeleitet. An der Eisenbahnstation steht das gutsherrliche Schloß.

Von Podirei führt die DN 17 3 km bis zur Abzweigung einer Straße nach SW, über die Bahnlinie nach

Cristur-Şieu, Kreuz, Betlenkeresztúr (300 m, u. e. E. 1332 als Sancta cruce, 544 Ew.). An der DN 17 folgt nach 1 km das Dorf

Şieu-Sfîntul, Leresdorf, Sajószentandrás (298 m, u. e. E. 1230, 438 Ew.). *Sehenswert* ist die rum. orthod. Holzkirche (18. Jh.); Paradies für Sportangler, da hier bis 70 kg schwere Waller (Welse) vorkommen. 3 km n. zweigt eine Straße nach O ab, führt 4 km in das Dorf

Blăjenii de Jos (Belaşfalău de Jos), Unter-(Nieder-)Blasendorf, Alsóbalázsfalva (362 m, u. e. E. 1434, 543 Ew.); bis 1600 dt. Siedlung. Hier einziger Ort der Gewöhnlichen Grasnelke (Armeria maritima) in Rum. Salzquellen. 5 km s. liegt das Dorf

Caila, Köllendorf, Kajla (325 m, u. e. E. 1332, 171 Ew.); einst dt. höriger Ort auf Adelsboden.

Von Blăjenii de Jos führt die Straße weiter nach O, 3 km in das Dorf

Blăjenii de Sus (Balaşfalău de Sus), Ober-Blasendorf, Felsöbalásfalva (328 m, u. e. E. 1434, 654 Ew.); auf Adelsboden gelegen, bis 1700 höriges sächs., dann rum. Dorf. Auf 6 km langem, serpentinenreichem Weg, durch alte Eichen- und Laubholzwälder, über die Hudoru-Höhe (453 m) folgt im S das Dorf

Sigmir, Schönbirk, Szépnyir (379 m, u. e. E. 1332, 648 Ew.); die nach Bistritz eingemeindete Ortschaft liegt in einer von sanften Hügeln umgebenen Senke. Die 1796 erbaute ev. Kirche wurde 1965 an die rum. orthod. Kirchengemeinde verkauft. Aus der Dorfmitte führt ein Weg in sw. Richtung nach Valea Măgheruşului, während die Hauptstraße 4,5 km nach SO in die Stadt Bistritz führt.

Die DN 17 führt von der Abzweigung nach Blăjenii de Jos 2 km nach Şinterlag, Richtung Beclean (8 km) > [RG 2].

ROUTE 6/5

Von der Abzweigung der DN 15A auf der DN 17 führt 2 km n. eine AS nach SO ab, um in das Schogener Bachtal (Valea Şieului) zu führen. Nach 2 km kommt man in das noch am rechten Ufer der Bistritz gelegene Dorf

Sărata (Somfalău), Salz, Sófalva (333 m, u. e. E. 1296, 971 Ew.). Sächs. Dorf bis 1650 auf Adelsboden; *sehenswert* das ehem. gräfl. Schloß; reiche Salzvorkommen. 4 km sö. zweigt die KS nach Monariu 2 km nö. ab > [R 3/5]. Nach 2 km folgt im Schogener Tal

Domneşti (Bileag), Billak (Attelsdorf), Bilak (339 m, u. e. E. 1246, 743 Ew.); bis 1848 Unterta-nengemeinde, im Besitz des sb. Bischofs, dann ung. Grafen; deren Kastell errichtet auf den Grundmauern des röm. Heerlagers „Neridon"; einst ev. Kirche, 1437 in got. Stil erbaut; nach Flucht der dt. Bevölkerung 1944 Ansiedlung rum. Bergbauern; *sehenswert* die rum.-orthod. Holz-kirche; reiche Salzvorkommen, schon in der Römerzeit abgebaut.

Eine Abzweigung der DJ in s. Richtung führt 4 km nach Neţeni (Netz) und Albeştii Bistriţei und 2 km zur DN 15A > [R 1/5]. 4 km nach Domneşti folgt

Măgurele (Cucutenii pe Şieu), Schierling (Scherling), Serling (385 m, u. e. E. 1319, 353 Ew.), sächs. Dorf auf Adelsboden gelegen, im 17. Jh. rum. geworden. Von Măgurele führt die DJ jenseits des Schajo nach 1,5 km nach

Mărişelu (Nusfalău), Großendorf, Sajómagyfalu (355 m, u. e. E. 1332, 581 Ew.). Im Zuge der Kämpfe 1602 (General Basta) litt die dt. Gemeinde schwer. 1764 wurde das nun rum. Dorf dem Grenzergebiet zugeschlagen. Auf KS in s. Richtung zu erreichen ist der 6 km weit zwischen Bergen gelegene Ort

Jeica, Schelken (Selk), Zselyk (403 m, u. e. E. 1332, 502 Ew.); Salzort; bis 1241 sächs., nach den Tatarenstürmen Besiedlung durch Ungarn (auch heute noch ev.); typisch sächs. Dorfanlage. Eine Straße führt 6 km w. nach Weißkirch. Im Schogener Tal folgt nach 4 km

Bîrla, Berldorf, Berlád (379 m, u. e. E. 1319, 414 Ew.); bei Gründung sächs.; rum. Dorf auf Komitatsboden gelegen, heute rum. Jenseits des Flusses Şieu (Schogener Bach) liegt

Sîntioana, Johannesdorf, Sajószentivány (382 m, u. e. E. 1319, 611 Ew.); einst freie dt. Gemein-de auf Königsboden; erleidet dasselbe Schicksal wie Großendorf; 1646 stirbt der letzte ev. Pfar-rer, die restlichen sächs. Bewohner übersiedeln nach Deutsch-Budak; 1764 wird der Ort dem Grenzergebiet zugeschlagen. Ab hier beginnt die sogen. *Mocănime* (Schafzuchtgebiet) mit be-sonderer rum. Volkstracht. 5 km ö. liegt

Şieu, Groß-Schogen, Nagysajó (409 m, u. e. E. 1319, 1375 Ew.); war schon bei der Ansiedlung der Dt. (12. Jh.) Kleinzentrum für mehrere Ortschaften; 1319 vergibt König Karl I. Robert die Besitzungen an den Adligen Simon aus dem Geschlecht Kacsik; 1586 Vorort des fürstl. Domini-ums; *sehenswert* das einstige gräfl. Schloß (Herrenhaus); ab 1900 Auswanderungswelle der Dt. nach Amerika; dt. Flurnamen wie „Ochsendorf" weisen auf eine ehem. Wüstung hin;

Abzweigung der DJ nach rechts führt über Posmus (Paßbusch) nach Teaca (Tekendorf) > [R 1/5].

Nach 1 km in Richtung Şieuţ führt eine Abzweigung von 5 km nach N zum Dorf Şoimuş > [R 3/5], von dieser zweigt nach 2 km ein Weg von 4 km nö. ab nach

Ardan, Garndorf (Jordan), Ardány (529 m, u. e. E. 1319, 1163 Ew.); hier Erdbefestigung (Flieh-burg) nachgewiesen; heute rum. Dorf, im gleichnamigen Tal der Kelemen-Vorberge (Piemontul Călimanilor) gelegen; Ausgangspunkt zur Poiana Tomii (dt. Tumesstirn, 1469 m), ehem. SKV-Hütte der Sektion Sächsisch-Regen.

5 km nach S folgt im Haupttal

Şieuţ, Klein-Schogen, Kissajó (454 m, u. e. E. 1228, 935 Ew.); bis 1670 sächs. Ort; interessant ist die reich bestickte rum. Volkstracht; seit 1764 Grenzergemeinde; Dorfmuseum.

Eine KS führt in nö. Richtung entlang des Schajoflusses fast bis zu dessen Quellen im Kelemen-Geb. (Munţii Călimani) 3 km zu dem rum. Bergdorf

Ruştior (Sebişul de Jos), Unterschebesch, Sajóalsósebes (514 m, u. e. E. 1319, 639 Ew.); war sächs. Dorf mit dt. Pfarrer; später von Slawen (Reußen) bewohnt; sowie in einem n. Nebental 4 km nach

Lunca (Friş), Freißendorf, Friss (598 m, u. e. E. 1319, 556 Ew.) und weiter im Haupttal 4,5 km nö. nach

Sebiş, Oberschebesch, Sajófelsősebes (625 m, u. e. E. 1455, 1149 Ew.); rum. Dorf auf Gemarkung von Ruştior.

ROUTE 7/5

Von der DN 17 (Cluj – Bistriţa) zweigt 7 km ö. von Beclean in s. Richtung eine AS ab, überquert den Fluß Şieu (Schogener Bach) und erreicht nach 3,5 km die Gemeinde

Şieu-Odorhei, Dienesdorf, Sajóudvarhely (281 m, u. e. E. 1329, 1016 Ew.); auf Komitatsboden gelegen; *sehenswert* die ref. Kirche (13. Jh.). 1 km nach Verlassen des Ortes führt eine Abzweigung nach rechts 5 km zum ung. Dorf

Bretea, Breitau, Magyarberéte (Szászberéte) (320 m, u. e. E. 1305, 434 Ew.).

Talaufwärts entlang des Schajo (an dessen W-Seite die Sb. Heide beginnt, mit zahlreichen Florenelementen der Waldsteppe und Steppe) liegt nach 1,5 km der Weiler

Coasta, Sajókiskeresztúr (312 m, u. e. E. 1913, 262 Ew.), zool. NSG „Balta Morii" (Mühlweiher); 4 km s. das rum. Dorf

Şirioara, Schart, Sajósárvár (290 m, u. e. E. 1345, 472 Ew.); hier Reste einer Palisadenburg (im 11. Jh. zerstört), w. deren sich ein Gräberfeld befindet, darüber Spuren einer Siedlung aus dem 12. Jh.; *sehenswert* die Ruine der got. sächs. Kirche sowie das ehem. gräfl. Herrenhaus. Nach 3 km folgt der Straßenkreuzungspunkt in

Chiraleş, Kirieleis, Kerlés (295 m, u. e. E. 1332, 701 Ew.); liegt unter dem Eichenhügel (Cserhalom), bekannt durch die Kumanenschlacht 1070; Adelsboden; General Bastas Söldner brannten 1602 das Dorf ab; ev. Kirche (mit Portal aus 13. Jh.) wurde 1787 und 1857 renoviert; Orgelbau 1788; rum.-orthod. Kirche erbaut 1806, jetzt im Ethnogr. Freilichtmuseum in Klausenburg; nach 1848 kauften die dt. Einwohner den einstigen Adelsboden; vor 1914 war Chiraleş ein begehrtes Ausflugsziel der Bistritzer Bürger (Schloß auf dem Berg erbaut 1803 mit Belustigungspark mit *sehenswerten* Gruften des ung. Uradelsgeschlechts von Bethlen). Abzweigung der Straße nach O führt 4 km nach **Arcalia** (Kallesdorf) > [R 1/5] und eine SO-Abzweigung 4 km nach

Ţigău, Zagendorf (Ziegendorf), Cegötelke (Szászcegő) (310 m, u. e. E. 1344, 537 Ew.); bis zum 17. Jh. dt. Ort auf Adelsboden. Obwohl das adlige Gut „Czegen" 1450 von den dt. Bewohnern der Gemeinde Lechnitz gekauft wurde, blieb es eigene Gemarkung. Im Kirieleiser Tal 6 km aufwärts in w. Richtung liegt der Ort

Feleac, Falk (Felk), Szász-Fellak (395 m, u. e. E. 1310, 611 Ew.); im MA. erloschene dt. Gemeinde; zu Nuşeni (4 km w.) eingemeindet > [R 8/5]. 2,5 km im Dürrbachtal (Valea Dipşei) aufwärts (parallel mit der Eisenbahnlinie Chintelnic – Luduş, erbaut 1888) führt nach 2,5 km eine Rechtsabzweigung von der DJ nach

Sîniacob, Jakobsdorf, Szászszentjakab (355 m, u. e. E. 1332, 385 Ew.); bis 1848 grundhörige Gemeinde; nach Flucht der dt. Ew. (1944) allmählicher Bevölkerungsrückgang; ev. Kirche an die rum.-orthod. Gemeinde verkauft. 5 km s. der Jakobsdorfer Abzweigung, oberhalb des Zusammenflusses des Dürrbachs und des Lechnitzbaches, umgeben von Weinbergen, liegt die Großgemeinde

Lechinţa, Lechnitz, Szászlekence (317 m, u. e. E. 1333, 2351 Ew.); war sächs. Siedlung; 1453 Marktrecht; 1474 Blutgerichtsbarkeit; 1602 fast gänzlich zerstört durch Bastas Söldner; die an Stelle einer rom. Kirche im 14. Jh. erbaute got. Kirche (Burg mit drei Ringmauern) ist heute dem Verfall preisgegeben; mit Errichtung der Militärgrenze wird die rum. Bevölkerung mit Gewalt umgesiedelt; Weinbau hat besondere wirtschaftliche Bedeutung; Zuckerfabrik; Sitz eines Forstamtes; niederwildreiche Reviere. Schmalspurbahn nach Tîrgu Mureş (romantische Fahrt lohnt sich). Nach O zweigt eine AS nach Herina (Mönchsdorf) ab (6 km) > [R 1/5]. Von Lechinţa führt eine Straße in w. Richtung 7 km in das Meleş-Tal. Hier liegt 1 km n. der einst dt. Ort

Corvineşti (Uifalăul, Săsesc), Nieder-Neudorf, Szászújfalu (323 m, u. e. E. 1305, 1137 Ew.); 1935 übersiedelten die letzten Sachsen nach Lechnitz. 3 km s. führt der Lechnitzer Wege nach

Matei, Mathesdorf, Szászmáté (337 m, u. e. E. 1391, 959 Ew.); ehem. dt. Gemeinde auf Adelsboden (bis 1600); *sehenswert* ung. gräfliches Schloß und ref. got. Kirche. 2,5 km s. liegt

Moruţ, Moritzdorf, Szászmóric (379 m, u. e. E. 1278, 373 Ew.); 3 km s. das Dorf

Fîntînele (Iuş), Eisch, Szászújös (398 m, u. e. E. 1288, 1008 Ew.); einst dt. Gemeinde auf Adelsboden; ehem. befestigte Kirche; großes keltisches Gräberfeld (4. – 2. Jh. v. Chr.).

Nach Überschreiten der Somesch-Mieresch-Wasserscheide (531 m) führt die Straße Richtung Budeşti im Sărmaş-Tal (Valea Sărmaşului) > [RG 8].

1 km von Lechinţa zweigt eine AS 1 km in das im S gelegene Dorf

Vermeş, Wermesch, Vermes (335 m, u. e. E. 1332, 849 Ew.); einst dt. Ort auf Königsboden; Landwirtschaft und Weinbau; *sehenswert* die 1497 aus einem Monolithen gemeißelte Kanzel der ev. Kirche; Turmbau 1579; 1602 von den Truppen des General Basta verwüstet (noch 1624 gilt es als gänzlich verödet); 1630 werden neben sächs. auch rum. Zuwanderer aus der Moldau hier seßhaft; nach der Flucht der dt. Bevölkerung 1944 nur wenige Rückkehrer; 6 km weiter talaufwärts am Lechnitzbach (Valea Lechinţei) liegt der einst dt. Ort

Sîngeorzu Nou (St. Georgen), rumänische Ikonostase

Sîngeorzu Nou (Sîngeorzu-Săsesc), St. Georgen, Szászszentgyörgy (344 m, u. e. E. 1320, 1412 Ew.); südlichste Gemeinde des Bistritzer sächs. Distriktes (Nösnerland) auf Königsboden; bekanntes Weinbaugebiet; Burgberg und Hirselkuppe (537 m) beherbergen seltene und geschützte Pflanzen; spätgot. Kirche erbaut 1300, früher Kirchenburg (1977 der rum.-orthod. Kirchengemeinde verkauft); Verwüstung des Ortes unter General Basta, anschließend Pestepidemie (1602/ 1605); nach Flucht 1944 Großteil der Dt. wieder zurückgekehrt; 1978 Auswanderung der Sb.S.

Am·s. Dorfausgang zweigt eine KS nach NO ab, quert Lechnitzer Bach und Bahnlinie, windet sich in vielen Serpentinen über den Tatscher Berg (415 m), führt nach 7 km in das einst dt. Dorf

Tonciu, Tatsch, Tacs (349 m, u. e. E. 1396, 467 Ew.); wurde durch General Bastas kaiserl. Truppen verwüstet, lag über zwei Jahrzehnte unbewohnt; 1623 wurden ung. ref. Fam. angesiedelt, später auch Sachsen aus umliegenden Orten. Da karger Boden, Nebenverdienst durch Korbflechten (Zecker-Körbe).

Im Lechnitzer Tal folgt nach 2 km s von Sîngeorzu Nou eine Abzweigung zu dem 5 km entfernten Dorf

Bungard, Baumgartner, Szászbongárd (358 m, u. e. E. 1331, 324 Ew.); einst dt. Ort auf Komitatsboden. Ein Gemeindeweg führt noch 3 km über den Berg Sălcuţa.

Von der Bungard-Abzweigung im Lechnitz-Tal folgt nach 10 km an der AS die 5 km lange Abzweigung einer KS nach W in das Dorf

Sălcuţa (Fiscut), Feisket, Füzkut (381 m, u. e. E. 1329, 590 Ew.); einst Besitz der ung. Adligen Füzkut; war sächs. Dorf, hat *sehenswerte* Wehrkirche.

Im oberen Lechnitz-Tal folgt nach 5 km die Gemeinde

Sînmihaiu de Cîmpie, Michelsdorf, Mezöszentmihály(telke) (356 m, u. e. E. 1319, 1079 Ew.) auf Komitatsboden; Landwirtschaftszentrum; reiche Steppenflora (Dealul Părcăliman, 480 m). Ist Verkehrsknoten für Gemeindewege: 5 km nö. nach Brăteni und 5 km nach Stupini > [R 1/5], nach S. Miceştii de Cîmpie > [RG 8], die AS führt 9 km nach W unter die Wasserscheide in das Dorf

Zoreni (Lumperd), Lampert, Lómpérd (374 m, u. e. E. 1329, 712 Ew.). In sw. Richtung führt die serpentinenreiche Straße 6 km nach Budeşti und weiter nach Luduş > [RG 8].

ROUTE 8/5

Von Beclean > [RG 2] in s. Richtung führt eine AS 10 km in die Gemeinde

Nuşeni (Nuşfalău), Großendorf, Apanagyfalu (Nagyfalu) (315 m, u. e. E. 1243, 1228 Ew.); ehem. Adelsboden; *sehenswert* die ung. ref. Kirche (15. Jh.). In s. Richtung führt eine KS in das Pleşa-Tal 7 km zu dem Dorf

Enciu, Intsch (Ensch), Szászencs (324 m, u. e. E. 1356, 515 Ew.); heute rum., einst dt. Gemeinde, und jenseits des sumpfigen Baches nach

Bidiu, Bidda, Szász-Bödön (315 m, u. e. E. 1305, 560 Ew.); einst sächs. Siedlung auf Komitatsboden; rum.-orthod. Holzkirche.

In s. Richtung liegt Corvineşti > [R 7/5].

Von Nuşeni in sw. Richtung entlang des Apatiu-Baches liegt nach 5 km an der AS

Beudiu, Böd (331 m, u. e. E. 1305, 853 Ew.); einst hörige rum. Gemeinde. 4 km sö. von Beudiu folgt die Doppelortschaft

Bozieş, Magyarborzás (311 m, u. e. E. 1335, 942 Ew.); ein ung. Ort; jenseits des Baches liegt

Cheţiu, Kéthely (326 m, u. e. E. 1305, 427 Ew.); rum. Dorf. 5 km s. folgt

Apatiu, Dellő-Apáti (320 m, u. e. E. 1320, 390 Ew.); rum. Dorf; war bis 1600 ung. Ort. 3 km s. Abzweigung und 2 km nach W (jenseits des Apatiu-Tales), hier liegt die Gemeinde

Chiochiş, Blaudorf, Kekés (369 m, u. e. E. 1320 als Kekus, 760 Ew.); Geburtsort des namhaften rum. Botanikers *Iuliu Prodan* (1875 – 1959); Umgebung bekannt durch ihre reichen Florenelemente der Steppen- und Waldsteppenzone. Hier endet die AS.

Weiter auf der DJ, 1 km ö., liegt der ung. Ort

Strugureni (Vereshaza), Rothkirch, Mezőveresegyháza (384 m, u. e. E. 1332, 478 Ew.); archäol. Funde (Neolithikum); *sehenswert* die ung. Wehrkirche. Jenseits der Wasserscheide (im O) liegt 8 km weit auf meist schwer befahrbarer KS der Ort Matei > [R 7/5].

Weiter nach S folgt nach 3 km auf KS der Ort

Manic, Mányik (365 m, u. e. E. 1326, 420 Ew.); bis 1600 ung. Dorf;

nach weiteren 3 km das Dorf

Buza Cătun, Buzai Fogadók (340 m, u. e. E. 1910, 511 Ew.); 3 km sö. das Dorf

Jimbor (Jimborul Săsesc), Sommer, Szászzsombor (403 m, u. e. E. 1320, 843 Ew.); bis 1600 höriger dt. Ort, 1867 neue ref. Kirche gebaut; 5,5 km sö. liegt der Weiler

Rotunda, Keresztesvölgy (405 m, u. e. E. 1910, 240 Ew.) auf der Höhe, an der Straße Zoreni – Buzaten > [RG 6].

Nach W quert eine KS das obere Apatiu-Tal und führt nach 10 km in die Gemeinde

Buza, Buzaten (383 m, u. e. E. 1220, 1292 Ew.). Von hier führt die KS nach N, trifft nach 7 km auf der Höhe in einen großen Straßenstern: nach SW führt eine AS 11 km nach Ţaga, nach NW eine KS 3 km nach Diviciorii Mici > [RG 7], nach 8 km nach Chiochiş und nach W in das obere Beudiu-Tal in das Dorf

Sînnicoară (Sînmiclăuş), Aranyosszentmiklós (465 m, u. e. E. 1290, 407 Ew.), rum. Ortschaft auf ehem. Adelsboden. Talabwärts folgt nach 3 km das Dorf

Viţa, Witzau, Vicse (312 m, u. e. E. 1315, 902 Ew.), gehörte zur Burgdomäne Unguraş; schöne ref. got. Kirche. 3,5 km nö. liegt das Dorf Beudiu an der AS Beclean–Chiochiş.

REISEGEBIET 6

Cluj-Napoca / Klausenburg / Kolozsvár

Das Gebiet von Klausenburg liegt im NW Rumäniens, im Herzen Siebenbürgens und umfaßt die Westheide, die Klausenburger Berge und die nö. Ausläufer der Siebenbürgischen Westgebirge. Fruchtbarer Boden und reiche Bodenschätze trugen zur Entwicklung menschlicher Siedlungen bei, deren Spuren bis in die Steinzeit zurückreichen. Daker, Römer, Stämme aus der Völkerwanderungszeit ließen sich hier zeitweilig nieder und hinterließen zahlreiche Fundstätten. Dank natürlicher Bedingungen entwickelte sich hier eine blühende Landwirtschaft neben einer starken Industrie, deren Mittelpunkt Klausenburg ist. Die Bevölkerung des Reisegebietes bilden etwa zum gleichen Anteil Rumänen und Ungarn, immer zahlreicher siedeln die Zigeuner. Touristischer Anziehungspunkt ist das Kulturzentrum Klausenburg mit seinen wertvollen Baudenkmälern, Kirchen, Museen, Universität, dem Botanischen Garten. Großer Beliebtheit erfreut sich auch die nähere und weitere Umgebung Klausenburgs: die Wander- und Skigebiete in Stadtnähe, das Seengebiet entlang des Warmen Somesch und die einmalige Karstlandschaft der Siebenbürgischen Westgebirge. Die Nationalstraße DN 1 durchquert den Kreis von W und O gleich einer Verkehrsachse, deren Mittelpunkt Klausenburg, die zweitgrößte Stadt Siebenbürgens, ist.

ROUTE 1/6

Die Strecke ö. von Huedin entlang > [RG 4] der DN 1 (E 15) führt durch Dörfer mit lebendigem rum. und ung. Brauchtum. Handarbeitende Frauen sitzen vor den Toren und am Straßenrand, verkaufen ihre Waren direkt an Vorbeifahrende. Die erste Ortschaft heißt

Păniceni, Panik, Gyerőfalva (645 m, u. e. E. 1461, 621 Ew.). Dorf zum Gyerőffy-Herrenhof in Dumbrava gehörig. Rum. Holzkirche von 1730. In Dorfnähe liegt, 1 km s., die *sehenswerte Păniceni-Klamm.* 3 km weiter liegt n. der Straße

Dumbrava, Gyerővásárhely (653 m, u. e. E. 1296, 704 Ew.). Im MA. ung. Marktflecken den Fam. Mikola und später Gyerőffy gehörig. Von der 1831 abgetragenen *ref. Kirche* wird die Innenausstattung im heutigen Gotteshaus bewahrt (von 82 bemalten Kassetten stammen einige von Lorenz Umling d. Ä. (1752), andere von János Asztalos Tamási). An N-Wand Rennaissancegrabmahl eines Gyerőffy (1515). In einem Seitental 4 km nö. liegt

Inucu, Inaktelke (520 m, u. e. E. 1299, 619 Ew.). Zum Herrenhof von Dumbrava gehörig. Viele malerische ung. Bauernhäuser. In ref. Kirche steht ein Taufbecken aus 15. Jh. Kanzelkrone ist das Werk der Klausenburger sächs. Tischlermeister Johann und Lorenz Umling d. J. (1783). Der Weg führt weiter nach NO 4 km nach Dorolţu im Nadăs-Tal > [R 2/6]. Die DN 1 windet sich 5 km den Steilhang des Paniculberges hinunter. An einer Abzweigung nach S liegt 1 km w.

Căpuşu Mic, Kiskapus (500 m, u. e. E. 1219, 1214 Ew.). Im 13. Jh. ung. Gut des sb. Bistums. Seit 1391 gemischte Bevölkerung. Gehörte später zum Gyerőffy-Hof in Dumbrava. Die *ref. Kirche*

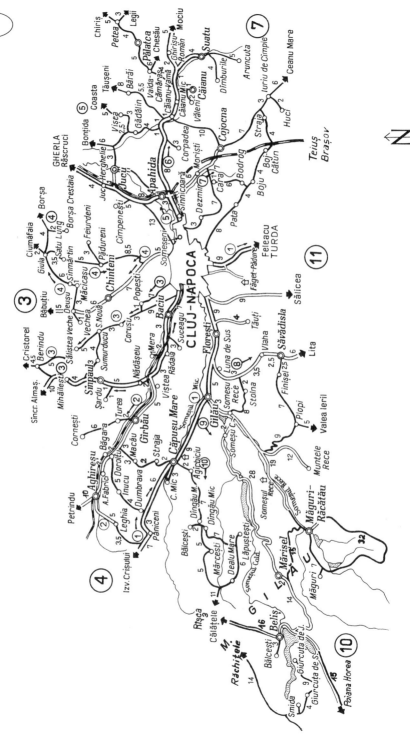

(13. bis 14. Jh.) hat got. Westportale. Chor von 1503 mit got. Gewölbe und am Schlußstein das Gyerőffy-Wappen, an N-Wand Grabsteine der Fam. Kassettendecke mit 79 Kassetten, alle von dem aus Kaisd nach Klausenburg umgesiedelten sächs., Schreinermeister Lorenz Umling d. Ä., 10 Kassetten stammen von 1742. Der ehem. *Gyerőffy-Herrenhof* besitzt Gebäudeteile aus dem 16. Jh. In den s. Bergen wird Eisenerz gefördert, alle Wege sind rot von dem beim Autotransport verlorenen Roteisenstein. Dem Căpuș-Bach entlang nach W erreicht man die romantische Păniceni-Klamm (Kapusi szoros).

An der DN 1 im Căpuș-Tal abwärts folgt nach 2 km

Căpușu Mare, Nagykapus (468 m, u. e. E. 1219, 1233 Ew.). Im MA. ung. Dorf zum sb. Bistum, später zur Burgdomäne Gilău gehörig. Ref. Kirche aus dem 13. Jh. Fenster der S-Seite wie auch blumenverziertes W-Portal sind rom. An der Gemeindeausfahrt *Raststätte „Terasa Căpuși"*, Bungalows, Restaurant, Campingplatz. Über eine Abzweigung nach N führt ein Weg nach 2 km in das Dorf

Straja, Gesztrágy (559 m, u. e. E. 1219, 185 Ew.). Ung. Dorf, um 1600 zerstört, lange Zeit wüst. Um 1730 mit Rum. wiederbevölkert. *Holzkirche* aus dem 17. Jh., Wandmalerei von Dimitrie Ispas aus Gialău. 2 km n. liegt

Macău, Makó (515 m, u. e. E. 1299, 1000 Ew.). Ung. Dorf, zum sb. Bistum, später zur Burg Gilău gehörig. Ref. Kirche wurde umgebaut, nur ein Gewölbefragment datiert aus 1646. *Ung. Trachtenlandschaft.*

Die DN 1 erreicht am Zusammenfluß des Warmen und Kalten Somesch

Gilău, Gelau, Gyalu (420 m, u. e. E. 1246, 8370 Ew.). Die Großgemeinde entstand an der Stelle, wo sich eine Niederlassung aus dem Neolithikum befand. Römer errichteten hier *Castrum* (Spuren in einem Schulpark); der Name Gelu wird schon von Anonymus erwähnt. 1246 hatte sb. Bischof hier Herrenhof. War bei Tatareneinfällen vollständig zerstört worden, wurde von Béla IV. neu besiedelt, vorrangig durch Sb. S. Bischof László Geréb (15. Jh.) erbaute hier *Schloß* in Renaissance-Stil, heute Hilfsschule inmitten einer Parkanlage. Exponate des Schlosses im Klausenburger Geschichtsmuseum, darunter das Wappen des aus Kelling stammenden sächs. Geschlechtes Geréb. Abzweigung in der Ortsmitte nach SW > [R 9/6].

Im Tal des Kleinen Somesch führt die DN 1 8 km ö. nach

Florești, Fenesch, Szászfenes (371 m, u. e. E. 1297, 3599 Ew.). War ein sächs. Dorf im Besitz der sb. Bischöfe. Auf Gemarkung stand noch vor 1282 eine Bischofsburg (heute Ruine: Cetate, Leányvár). Während der Reformationszeit eine von Hannen geführte sächs. Gemeinde. Im 16. – 17. Jh. während der Gegenreformation von Jesuiten zur kath. Konfession konvertiert, was vollständige Magyarisierung bewirkte. Die Fenescher Weinberge waren zumeist von Klausenburger ung. und sächs. Bürgern gepachtet. Got. kath. Kirche (14. Jh.). Das ehem. *Grafenschloß Mikes* ist im klassizistischen Stil gebaut. Die *röm. kath. Kirche* im spätgot. Stil stammt aus dem 14. Jh.

1 km von Florești, in einem s. Seitental des Kleinen Somesch, liegt 4 km weit

Tăuți, Kolozstófalu (Romántótfalu) (449 m, u. e. E. 1341, 378 Ew.). Der Name tót (Windisch) weist auf slawische Ew. hin. Hatte im 15. Jh. gemischte Bevölkerung. Nach 1600 wurde der ung. Dorfteil verwüstet, bis heute heißt die Stelle Pustă. Der zwischen Tăuți und Klausenburg gelegene ehem. militärische Schießplatz war Lagerstätte aufständischer Bauern (1437, 1514). Hier steht eine der ältesten *Holzkirchen* dieser Gegend. Sie wurde Ende 16. und Anfang 17. Jh. gebaut und im 18. Jh. von Meister Dimitrie Ispas und Sohn Ioan aus Gilău bemalt.

Nur 8 km auf der DN 1 von der Tăuți-Abzweigung führen nach

Cluj-Napoca, Klausenburg, Kolozsvár (360 m, u. e. E. 1173, 1992: 328.008, davon 1136 dte. Ew.). Kreisvorort des Kreises Klausenburg. Das heutige Klausenburg umfaßt eigentlich drei einst unabhängige Siedlungen: die Stadt Klausenburg, den Marktflekken Abtsdorf (Cluj-Mănăştur) und das Dorf Mikelsdorf (Someşeni). Sie werden getrennt vorgestellt.

Die Stadt Cluj, Klausenburg, Kolozsvár entstand an Kreuzung wichtiger Wege. Archäol. Ausgrabungen aus Palaolithikum und Neolithikum belegen Alter dieser Siedlung.

Cluj (Klausenburg), Hotel Continental

Aus dem Dakischen stammt erste Ortsbezeichnung Napoca, während der Römerherrschaft zu Oberdazien gehörig. Starke Entwicklung, wird 124 n. Chr. zum Munizipium und ein Jh. später zur Colonia erhoben. Im 11. – 12. Jh. von Ung. besiedelt. 1177 wird Altenburg im Stadtkern von Klausenburg als Sitz königl. Komitatsburg („Kulusvár") erwähnt. Hier war Sitz der Burggrafen. Bei Mongolensturm 1241 wurde die Festung fast vollständig zerstört. König Stefan V. berief dt. Ansiedler, Klausenburg erhält um 1260/1270 dt. Prägung. 1316 wird ihm Stadtrecht verliehen, 1405 das Recht, Festungsanlagen und Türme zu errichten. Im MA. war Klausenburg Mittelpunkt des geistig-kulturellen Lebens. Im 15. – 16. Jh. Errichtung der viereckigen *Burg* mit 2 km langen Mauern, 20 Basteien und Tortürmen. Ab 1550 Buchdruckermesse (Buchdruckerei) von Hoffgreff und Heltner G. (Heltai G.). Um 1580 wurde im Franziskanerkloster Jesuitenakademie mit 3 Fakultäten (Theologie, Philosophie und Rechtswissenschaft) gegründet. Starkes Handwerkszentrum mit zahlr. Zünften, weitreichende Handelsbeziehungen bis weit nach Westeuropa. Berühmte Jahrmärkte. Im Stadtrat und Hundertmannschaft sächs. und ung. Bürger gleichberechtigt. Nach der Reformation war die Stadt kurze Zeit lutherisch, seit 1568 durch den Reformator Dávid Ferenc einheitlich unit. Wurde zum geistlichen Zentrum der unit. Kirche und Dank der zahlreichen westeurop. Flüchtlinge zum geistlichen Zentrum der internat. antitrinitarischen und frühaufklärerischen Bewegung. Auf Anregung des Polenkönigs Stefan Báthori wurde hier 1580 ein Jesuitenkolleg gegründet. Um 1630 spaltete sich die bis damals einheitliche Bevölkerung in Unit. und Ref. Bis ins 18. Jh. wurden die unit. und ref. S. magyarisiert. 1716 wurde unit. St. Michaelskirche wieder kath. Kaiserl. Truppen errichteten 1716 – 1718 am Schloßberg (Cetăţuia, Fellegvár) eine Zitadelle. Aufschwung der röm. kath. Institutionen durch die röm. kath. Kirchen usw.). Ab 1775 Kollegium (König. Lyzeum) mit vier Fakultäten (Recht, Philosophie, Naturwissenschaften und Chirurgie) mit berühmten Lehrkräften. 1790 wurde das Grubernium nach Klausenburg versetzt, dadurch ist Klausenburg zur Hauptstadt Sb.s. geworden. Die polit., wirtschaftl. und kulturelle Bedeutung der Stadt nahm stark zu. 1798 großer Brand. 1792: Gründung der ersten ung. Theatergruppe und 1821 des ersten ung. Theaters. 1814 wurde die erste ung. wissenschaftl. Zeitschrift und 1859 die gleichnamige Kulturinstitution „Erdélyi Múzeum" (Sb. Museum) durch den Grafen Mikó Imre (1805 – 1876) gegründet. 1848 wurde die Vereinigung Sb. mit Ung. hier ausgesprochen. 1849: Hinrichtung in der Festung auf dem Schloßberg des sächs. Märtyrers S. L. Roth von den ung. Revolutionstruppen. 1872 Eröffnung der „Franz-Josef-Universität". Die wertvollsten Sammlungen des „Erdélyi

Múzeum" übernahm die Univ. Im Jahr 1870 wurden die Eisenbahnlinien gelegt. Durch die besseren Verbindungen verstärkt sich die Industrialisierung. 1890 hatte Klausenburg 61.000 Ew., 1930 schon über 100.000. Ab 1918 Rum. zugehörig, von 1940 – 1944 war Klausenburg (mit Nord-Sb.) erneut Teil Ung. Nach dem Zweiten Weltkrieg, in dem ganze Stadtteile zerbombt wurden, begann eine massive Industrialisierung und Urbanisierung und dadurch Zustrom der Landbevölkerung in die Großstadt. Große Neubauviertel entstanden am Stadtrand. Ab 1968 Vorort des Kreises Cluj, trägt seit 1974 auch den röm. Namen *Napoca*. 1989 Dez.: Ort blutiger Demonstrationen gegen das totalitaristische Ceauşescu-Regime. *Sehenswürdigkeiten: kath. St. Michaelkirche* auf dem Hauptmarkt (Piaţa Libertăţii) (etwa 1349 – 1450), beeindruckende got. Hallenkirche mit 3 Langschiffen. Urspr. mit 2 Türmen versehen, einer blieb unvollendet. Bauwerk erinnert an Kirche der hl. Elisabeth in

Cluj (Klausenburg), Kunstmuseum im Bánffy-Palais

Kaschau (Slowakei). Besonders wertvoll ist Sakristeiportal von 1528, gestiftet vom sächs. Pfarrer Johannes Clyn (Klein), ein Meisterwerk der dt. Renaissance mit ital. Einfluß. Michaelskirche gegründet nach 1348/49: Geplant war eine dreischiffige Basilika; in der 1. Phase entstanden das vierjochige Haupttor und die 2 Seitenapsiden. Die Formen (Maßwerk der Fenster, Wandpfeilerkapitelle) sind hochgot.; das Chorgewölbe wurde jedoch nach einem Brand 1498, nach dem Erdbeben 1767 und schließlich im Jahre 1956/57 erneuert. Die Kapitelle der Wandpfeiler sind mit wellenförmig gestreiften Blättern und Trauben geschmückt, die verschiedene Masken umflechten. Gegen Ende 14. Jh. wurde der Bau als Hallenkirche weitergeführt. 1410 – 1430 entstand die N-Wand am W-Portal mit rechteckig gestuftem *Portal*. Ausgesprochen spätgot. Formen treten am W-Portal (vor 1437) auf. Die sternförmigen Rippengewölbe der Schiffe wurden nach 1450 errichtet; kurz vor 1481 kamen das Netzgewölbe der dem Erzengel Michael geweihten Kapelle im SW-Joch des Seitenschiffes dazu (Stiftung des Gregorius Schlewnig, Pleban der Pfarrkirche 1450 – 1481). Von den *Wandmalereien*, die einst das Innere der Kirche schmückten, sind nur wenige Fragmente erhalten, darunter einige in der Michaelskapelle. Aus 1528 datiert der *Türrahmen der Sakristei* mit dem Wappen der Stadt und dem Pleban-Symbol. Über dem Türsturz befindet sich die Büste des Stifters mit einem Schriftband (Name des Plebans Johannes Chyn) in den Händen. Von 1556 – 1568 wurde die Kirche von den Ref., dann bis 1716 von den Unit. genutzt; in der Folge wurden Altäre und Wandmalereien größtenteils beseitigt. Hier wurden G. Báthory (1608) und G. Bethlen (1613) zu sb. Fürsten gekrönt. Nach der Rekatholisierung neue barocke Ausstattung. Die hölzerne Kanzel entstand 1740 – 1750. Der Bildhauer Johann Nachtigall führte die Brüstung mit den Bildnissen der Evangelisten und 4 Kirchenvätern aus; der Baldachin mit einem Engel- und Putti-Reigen, über dem der Erzengel Michel schwebt, ist das Werk des Bildhauers Anton Schuchbauer. Der Turm auf der N-Seite wurde 1837 – 1860 erbaut. Außer Steinmetzarbeiten, Wandmalerei, Gestühl, Altäre und prachtvoller Barockkanzel von J. Nachtigall und A. Schuchbauer (1740) sind auch die bunten Fenster (19. Jh.) erwähnenswert. Vor dem S-Portal steht das *Reiterstandbild des Matthias Corvinus* (Werk des János Fadrusz von 1902). Erhielt als Modell 1896 bei Weltausstellung in Paris den großen Preis. *Rathaus* (Piaţa Libertăţii 1) (1843 – 1846), mit alten Stadtwappen, ein Werk des Arch. Anton Kagerbauer (rom. Stil mit neoklassischem Eingang).

Cluj-Napoca / Klausenburg

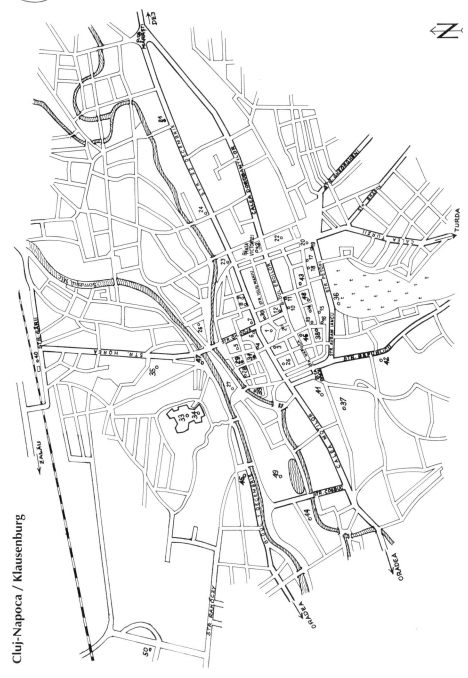

Legende zum Stadtplan von Cluj-Napoca, Klausenburg

1 Röm.-kath. Michaelis-Kirche
2 Reiterstandbild des Matthias Corvinus, König von Ungarn
3 Röm.-kath. Pfarramt
4 Haus Szarvas (Geburtshaus des Fürsten Bocskai István)
5 Franziskanerkirche und -kloster (Musikschule)
6 Apothekenmuseum (Haus Mauksch-Hintz)
7 Evangelische Kirche
8 Unitarisches Kollegium (Gymnasium „Brassai Sámuel")
9 Unitarische Kirche
10 Rathaus
11 Griech.-kath. Kirche
12 Haus Wolphard (Kunstakademie)
13 Piaristenkirche
14 Universität „Babes-Bolyai"
15 Statuengruppe der rum. Aufklärer G. Sincai, P. Maior, S. Micu
16 Altes Rathaus
17 Reformierte Kirche mit Reiterstandbild „Drachenbezwinger hl. Georg"
18 Reformiertes Kollegium (Gymnasium)
19 Gymnasium „Ad-Sincai"
20 Schneider-(oder „Bethlen-")Bastei mit Standbild des Baba Novac
21 Röm.-kath. Petruskirche mit Pestsäule und Barocktor
22 Rum. Theater und Opernhaus
23 Protestantische Theologische Hochschule
24 Reformierte Kirche
25 Reiterstandbild des rum. Fürsten Mihai Viteazul
26 Enthnographisches Museum Siebenbürgens (ehem. Redoute)
27 Ung. Theater und Opernhaus
28 Museum für die Geschichte Siebenbürgens
29 Karolinen-Obelisk („Statua")
30 „Bánffy-Palais" (Kunstmuseum)
31 Geburtshaus von König Matthias Corvinus (Kunstakademie)
32 Rum.-orthod. Kathedrale
33 Festung (Cetăţuia, Fellegvár)
34 Hotel „Transilvania", schöner Ausblick
35 Synagoge
36 Zentralfriedhof („Házsongárd")
37 Uni-Kliniken
38 Ehem. Piaristen-Seminarium „Báthori-Apor"
39 Gedenkmuseum „Emil Isac"
40 Hauptbahnhof
41 Universitätsbibliothek
42 Botanischer Garten
43 Ehem. „Toldalgi-Korda"-Palais
44 Hotel „Sport" (im Park)
45 Hotel „Napoca"
46 Hotel „Continental"
47 Hotel „Astoria"
48 Philharmonie
49 Stadtpark
50 Ethnographisches Freilichtmuseum (Hója-Wald)

Bánffypalais (Piaţa Libertăţii 30), heute *Kunstmuseum*, ist repräsentatives Barockgebäude von Johann Eberhardt Blaumann (1724 – 1785), gehörte dem sb. Gubernator György Bánffy (Ausstellungen und Konzerte, montags geschlossen). Es besteht aus 4 Flügeln, die einen rechteckigen Ehrenhof umschließen, hinter dem ein zweiter, jetzt nicht mehr bestehender Hof lag, auf dem sich die Wirtschaftsgebäude befanden. Die breite einachsige *Fassade* wird von dem Mittel-Risalit beherrscht, in dessen Erdgeschoß sich eine Loggia befindet. Das Erdgeschoß ist mit Rustika und abgestuften Lisenen verkleidet. Das Obergeschoß wird durch ein Gurtgesimse, eine Balustrade, abgestufte profilierte Pilaster, eine Loggia mit Säulen (mit Kompositkapitellen), ein Kranzgesims und eine dekorative, aus Bandverschlingungen geformte Brüstung akzentuiert. Darüber erhebt sich das Mansardendach. Bekrönt wird der Mittel-Risalit vom Bánffy-Wappen, das zwei geflügelte Greifen stützen. Die beiderseits anschließende Brüstung trägt von Anton Schuchbauer ausgeführte dekorative Urnen und Götterfiguren, die die polit. und gesellschaftl. Ambitionen des Feudalherren versinnbildlichen: Mars und Minerva, Apollo und Diana, Herakles und Perseus. In der Tordurchfahrt führt eine breite Treppe hinab zum Erdgeschoß und eine zweiarmige hinauf zum Obergeschoß. Pfeiler und Arkaden im Parterre, Säulen und Architrave im Obergeschoß umgeben den Ehrenhof, dessen Brüstung gleichfalls die Form von Bandverschlingungen aufweist, ein typisch spätbarockes Motiv. Das Museum beherbergt Gemälde von bekannten einheimischen und ausländischen Malern sowie dekorative Kunst und Grafik.
Apothekenmuseum (Str. G. Doja 1), im Hintz-Mauksch Haus, einem Gebäude aus dem 15. Jh. untergebracht. Hier wurde 1573 eine der ersten Apotheken Sb.s eröffnet. Interessante Exponate, im Keller ma. Laboratorium. Das *Hirsch-Haus* (Str. Matei C. 4) ist Geburtshaus des Fürsten *Istvan Bocskai*. Im Toreingang ist das Bocskai-Wappen aus 1606. *Karolinensäule* von Josef Klieber (vor dem Geschichtsmuseum) wurde 1831 vom Stadtrat errichtet als Erinnerung an Besuch des Kaiserpaares Franz I. und Karolina im Jahr 1817. *Ehem. Dominikanerkloster* (Piaţa Muzeului), heute Musikschule, aus Übergangszeit von der Gotik zur Renaissance (15. Jh.). Daneben die *Franiskaner-Barockkirche* von 1693, an der Fassade Steinfigur des hl. Antonius von A. Schuchbauer. Das

79

ehem. *Refektorium* (heute Konzertsaal der Musikschule) ist ein gutes Beispiel für got. Bauformen: reich profilierte Gewölberippen, Bündelpfeiler mit hoher, breitausladender Basis, mit Halbsäulen und Kapitellen, eine mit zierlichem Maßwerk geschmückte, in der Mauerdicke ausgesparte Kanzel. Der ehem. *Kapitelsaal* (jetzt zur anschließenden röm. kath. Kirche gehörend) zeigt dagegen spätgot. Formen, die erst um oder nach 1500 datierbar sind: vereinfachte Rippenprofile, oktogonaler Mittelpfeiler mit einfacher Basis und anstelle der Kapitelle rund geschwungene, konsolenartige Rippenstützen. *Geburtshaus*

Cluj (Klausenburg), Wehrmauer mit Schneiderbastei

Matthias Corvinius (Str. Matei C. 6), heute „I. Andreescu" Kunstakademie. Aus der Übergangszeit von Gotik zur Renaissance, an der Fassade bronzene *Gedenktafel*. Im 15. Jh. Haus der sächs. Patrizierfam. Kolb, früher gehörte es dem Méffi Jakob. Die turmlose *ref. Kirche* (Str. M. Kogălniceanu 1) wurde 1486 – 1494 als Franziskanerkirche gebaut: 1486 wurde hier ein Minoritenkloster von König Matthias Corvinius gegründet. Unter den sb. Saalkirchen (um 1494) ist sie die größte (innere Breite 15,33 m). Im Verlauf der Glaubenskämpfe (inzwischen war das Kloster in den Besitz der Jesuiten übergegangen) erlitt die Kirche 1603 schwere Schäden; das Gewölbe des Schiffes stürzte ein, Kirchen- und Klosterruine wurden 1622 einem neugegründeten ref. Gymnasium zugewiesen, doch wurde erst 1638 mit der Restauration begonnen. Das Gewölbe des Schiffes wurde von eigens aus Kurland herbeigerufenen Meistern 1642/43 wiederhergestellt. 1646 entstand die geschnitzte *Kanzel*. Der hexagonale Fuß ist mit Blumen im Flachrelief geschmückt. Die Reliefs der Brüstung, von Arkaden eingerahmte Blumen und Früchte, werden dem Hermannstädter Bildhauer Elias Nicolai sowie Benedik Möck zugeschrieben. Sie gehören zu den vorzüglichsten dekorativen Werken der sb. Renaissance. Im Chor ist das *Grabmal* des sb. Fürsten *Apafi Mihály*. Die Innenwände sind mit zahlreichen Wappen des sb. Adels geschmückt. Ort häufiger Orgelkonzerte. Vor der Kirche steht das *Reiterstandbild des hl. Georg*, Kopie des berühmten Prager Georgdenkmals, ein Werk von 1373 der Klausenburger Bildhauer Martin und Georg, Söhne des Malers Nicolaus. *Schneiderbastei* (Bastionul Croitorilor) und ein Abschnitt der 2. Stadtmauer wurden 1629 gebaut und im 19. Jh. renoviert. Vor der Bastei Statue des rum. Heerführers aus 1674, Baba Novac. In der Altstadt stehen zahlreiche alte Patrizierhäuser. *Redoute* (Str. 30 Decembrie 21), ein Empiregebäude vom Ende des 18. Jh. Im großen Saal fand 1846 ein Franz-Liszt-Konzert statt, hier wurden von 1848 – 1865 die sb. Landtage abgehalten. Beherbergt seit 1923 das *Sb. Volkskunstmuseum* (Muzeul de Etnografie al Transilvaniei) mit rund 60.000 Exponaten. Hier fand 1894 der „Memorandistenprozeß" statt. Die ehem. *Kath. Piaristenkirche* (1718 – 1824) (Str. Universitășii 5), ein Bau mit strenger Fassade und reicher barocker Innenausstattung. Röm.-kath. Kirche, als Jesuitenkirche 1718 – 1724 erbaut. Die Kirche, der früheste Barockbau Sb.s, bietet eine verhältnismäßig einfache, von 2 Türmen flankierte und von einem Gurtgesims abgeschlossene Schauseite. Nur die Umrahmung des Hauptportals wölbt sich leicht vor und ist mit einem gesprengten Bogengiebel gekrönt, in dessen Mitte zwei Putti einen wappenartigen Schild mit der Darstellung der Heiligen Dreieinigkeit stützen. Über dem Portal befindet sich eine leicht vorgewölbte Balustrade. Ein bewegtes Bild bietet das *Innere* der Saalkirche aufgrund der plastischen Gestaltung der ionischen Pilaster, die sich im Übergang von Schiff zum Chor den Ecken konkav anschmiegen und deren Abstufung sich im Kreuzgesims fächerartig fortsetzt. Der plastische Schmuck der Seitenwände leitet zur reichen Säulenumrandung des Hauptaltars über, der von einem gesprengten Bogengiebel abgeschlossen wird. Alle plastischen Details weisen auf ein Vorbild in der Art der Peterskirche in Wien hin. Bemerkenswert ist die plastisch verzierte Kanzel mit dem Erzengel Michael als Bekrönung, datierbar um 1745 und Anton Schuchbauer zugeschrieben. *Universitätsgebäude* (Str. M. Kogălniceanu 1) (Univ. Babes-Bólyai) wurde 1872 vom ung. Arch. Ignác Alpár im Neurenaissancestil gebaut. Hatte damals 4 Fakultäten. Gebäude von heute wurde 1893 – 1902 von Arch. Meisner errichtet, beherbergt heute 8 Fakultäten. Vor dem Haupteingang steht das *Gruppenbild* rumänischer Aufklärer (Grupul statuar Şcoala Ardeleană) von Romulus Ladea mit den drei Persönlichkeiten: Samuil Micu-Klein, Gheorghe Şincai und Petru Maior. *Teleki-Haus,* ein Barockbau des Arch. Joseph Leber (1790 – 1795). *Tholdalagi-Korda-Schloß,* 1801 – 1807 gebaut. *Ref. Kirche* (Str. Lenin 40) mit 2 Türmen (1829 – 1851) im klassiz. Stil, erbaut von Anton Kagerbauer. *Unit. Kirche* (1792 – 1796) ebenfalls im klassiz. Stil von László Urgai erbaut. Nebenan das unit. Brassai-Gymnasium *Evangelische Kirche* (Str. Lenin 1), (1816 – 1829) im selben Stil von Georg Winkler erbaut. *Ehem. Minoritenkirche* (Str. P. Groza) (später griech.-kath. und orthod.) im Barockstil (1780 – 1784), von Johann Eberhard Blaumann umgebaut. *Kath. Báthory-Apor-Konvikt* (Str. Universităţii 10), hier bestand im 1603 die Jesuitenuniv. Im Innenhof des Seminargebäudes steht die Statue des Fürsten Stefan Báthori. *Standbild von Horea, Cloşca, Crişan* (Str. Józsa B.). Werk des Bildhauers Marius Butunoiu. *Standbild „Luppa capitolina",* Kopie der berühmten Statue aus Rom, ein Geschenk der ital. Hauptstadt 1921 an Klausenburg (Piaţa Libertăţii). *Nationaltheater und Rum. Oper* (Piaţa Ştefan c. Mare), ein Prachtbau aus dem Jahr 1906, von den Wiener Arch. Fellner und Hellner im Stil franz. Akademismus errichtet (über 1000 Plätze), wurde 1919 zum Rum. Nationaltheater erklärt. *Ung. Staatsoper* und *Ung. Staatstheater* (Str. Gh. Bariţiu) befinden sich in einem Rundbau von 1910. Ung. Theater besteht schon seit 1792, hatte eine wichtige kulturelle Funktion in der Stadt. *Orthod. Kathedrale* (Piaţa Ştefan cel Mare), von 1923 – 1933 im überlieferten Stil der byzant.-orthod. Kirchenbaukunst gebaut. Wandmalereien stammen von Atanasie Demian (1899 – 1978), Catul Bogdan (1897 – 1978) und Camil Ressu. *Botanischer Garten* und *Botanisches Museum* (Str. Republicii 42), mit etwa 14 ha einer des größten SO-Europas. 1920 vom rum. Naturwissenschaftler *Alexandru Borza* (1887 – 1971) gegründet. Enthält Bäume und Pflanzen aus allen Kontinenten; im Museum befinden sich 2 reichhaltige Herbarien mit Sammlung von 570.000 Pflanzen; moderne Treibhäuser (montags geschlossen). Geburtshaus des ung. Mathematikers *Bólyai János* (1802 – 1860) (Str. P. Groza). Kath. *St. Petri-Kirche,* (Bul. Lenin) im neugot. Stil 1844 – 1848 von Anton Kagerbauer erbaut. Das barocke *Torwerk* (1747) vor dem Portal sowie die *Pestsäule* (A. Schucherbauers Werke) erinnern an die verheerende Pest von 1744. *Synagoge* (Str. Morea), mit Gedenktafel für die 13.000 jüdischen Opfer der Stadt (1944 – 1945). *Kőváry-Haus,* Geburtshaus des ung. Historikers *Kőváry László* (1820 – 1907). *Isac-Gedenkhaus* (Str. E. Isac)), mit Museum für den rum. Dichter *Emil Isac* (1886 – 1954). *Marianum* (Str. Horea), heute Philologische Fakultät, vor dem Eingang Statuen des Humanisten Nicolaus Olahus und des Moldauer Fürsten Dimitrie Cantemir. Moderne *ref. Kirche* (Stiftung Dr. Mátyás M.), vom berühmten Arch. Kós Károly erbaut (Str. Moţilor). *Standbild des Grafen Mikó Imre,* von Hidvég im Univ.-Park „Haşdeu" (Str. Clinicilor 5). *Friedhof Házsongárd* (dt. Hasengarten, rum. Cimitirul Central), der Haupteingang in der Str. Petőfi aus dem 15. Jh. Hier ruhen zahlreiche hervorragende Persönlichkeiten von Klausenburg, aber auch aus ganz Sb., darunter Dichter, Schauspieler, Ärzte und Gelehrte. Der parkähnliche Friedhof ist als „Geschichtstafel" einen Spaziergang wert. *Schloßberg* (Cetăţuia, Fellegvár) mit den Resten der ehem. kaiserlichen Festung. Luxushotel „Transilvania" mit Schwimmhalle. Wunderschönes Stadtpanorama aus etwa 100 m Höhe.

Hallenbäder, Parkanlage mit See (Bootsfahrt) und Kasino, Babeş-Sportpark, Freibäder am rechten Somesch-Ufer dienen der Erholung.

Cluj Manăştur, Abtsdorf, Kolozsmonostor (u. e. E. 1063) ist im Tal des Kleinen Somesch im W von Klausenburg gelegen; seit 1895 Stadtteil. Schon im 11. Jh. *Beneditktinerabtei* (auch Kálvária genannt), seit dem 13. Jh. Beglaubigungsstelle für Urkunden. Durch Reformation bedroht, 1556 aufgelöst. Abteiarchiv wurde der Klausenburger Michaelskirche übergeben. Abteigebäude gingen in Fürstenbesitz über. Kirche ist seit 1615 wieder kath., Friedhof war Beerdigungsstätte für viele kath. Edelleute. Die Ortschaft war ursprünglich Marktflecken, hatte vom 15. – 16. Jh. rum., ung. sowie sächs. Ew. Seit dem 18. Jh. leben hier größtenteils Rum. Im 18. Jh. bestand eine Papiermühle. Von der Benediktinerkirche ist nur der Chor erhalten geblieben, Kirchenschiff wurde im 20. Jh. neu gebaut. Gehörte im 19. Jh. den griech.-kath., später den orthod. Rum. 1895 wurde Abtsdorf zu Klausenburg eingemeindet.

Someşeni, Mikelsdorf, Szamosfalva (u. e. E. 1280). Dt. Ortsname (auch auf Sb.-Karte von Honterus verzeichnet) ist von der Adelsfam. Mikola abgeleitet. Ab dem 17. Jh. gemischtes Dorf. Kath. Kirche rom. Stils wurde nach 1241 gebaut. Das S-Portal ist rom. verziert mit Hirschwappen der ung. Fam. Kalota-Mikola. An S-Wand des Kirchenschiffes Grabplatten der Fam. (Vizewoiewode László Mikola 1557 und Freiherr Mikola 1738). Auf dem Altarbild die hl. Elisabeth, Werk des sächs. Malers Josef Bergmann.

Ausflugsmöglichkeiten in die nahe Umgebung: Im nw. Teil von Klausenburg, im Hója-Wald (509 m) befindet sich ein *Ethnographisches Freilichtmuseum*, 1928 gegründet. Es besitzt über 80 alte Bauernhöfe mit techn. Anlagen sowie Holzkirchen aus Sb. (nur im Sommer geöffnet). Im S von Klausenburg liegt an der DN 1 (E 15) in 9 km Entfernung in großen Obstpflanzungen der Berg Feleac (Fleck, Felek) mit Camping und die *Făget-Hütte* (ung. Bükk, 708 m). Beliebter Naherholungsort der Klausenburger. Buffet, Gaststätte, Wandermöglichkeiten. Im 14. Jh. waren hier dichte Wälder. Zur Verteidigung des Weges bewilligte König Ludwig 1367 dem sächs. Rat von Klausenburg, auf einer „Fleck" genannten Stelle rum. Bauern anzusiedeln. Laut Überlieferung wurde hier im 15. Jh. orthod. Kirche mit Unterstützung des moldauischen Woiwoden Stephan d. Gr. erbaut. Im Innern des got. geprägten Baudenkmals ist noch ein Teil der Wandmalerei aus dem 18. Jh. erhalten. Aus der Zeit Stephans d. Gr. stammen auch mehrere wertvolle Handschriften, darunter ein slawisches Meßbuch aus dem Jahr 1481, das heute in der Klausenburger Universitätsbibliothek aufbewahrt wird.

Someşeni (Mikelsdorf), Holzkirche im Freilichtmuseum

ROUTE 2/6

Die DN 1F verläßt Klausenburg in Richtung W und erreicht nach 7 km eine Abzweigung in die Gemeinde

Baciu, Kisbács (357 m, u. e. E. 1263, 2438 Ew.). In der Nähe befinden sich die *Baciu-Klamm*, Steinbrüche (Fossilienfundstelle) und touristische Raststätte „Cheile Baciului" (Herberge, Restaurant, Campingplatz). Die Fernstraße folgt dem Nadăşa-Bach durch ausgedehnte Obstplantagen, nach 3 km führt ein Weg nach S in das Dorf

Suceagu, Szucság (452 m, u. e. E. 1297, 1293 Ew.). In der ref. Kirche (13. Jh.) sind von Lorenz Umling gemalte Emporemalereien (1775) zu sehen. 2 km nach der Abzweigung folgt im Nadăşa-Tal der Weiler

Rădaia, Andrásháza (381 m, u. e. E. 1348, 139 Ew.), alte Häuser mit geschnitzten Holzgiebeln. W. des Weilers führt eine Straße nach N in das Dorf

Mera, Méra (415 m, u. e. E. 1299, 1496 Ew.). Nach 3 km folgt eine Abzweigung. Die DJ 108C verfolgt das Nadăş-Tal und gelangt nach 2 km in das s. gelegene

Viştea, Magyarvista (425 m, u. e. E. 1291, 1182 Ew.). Im MA. zur Burgdomäne Gilău gehöriges ung. Dorf. Heute eines der schönsten ung. Dörfer des Călata-(Kalotaszeg-)Gebietes (kunstvoll bemalte ung. Möbel, schöne und. Volkstracht, stattliche Häuser). *Ref. Kirche* ist rom., wurde nach 1241 von Bischof Petrus gebaut und war St. Petrus geweiht. Aus dem 13. Jh. stammen W- und S-Portal, rom. ist auch das Sakristeiportal. Hölzerne Innenausstattung ist ein Werk von János Asztalos aus Gilău (1699). Die 120 Kassetten der Decken- und Kanzelbemalung sind Werk des Klausenburger Tischlers Lorenz Umling d. Ä. (1765/1767). Hölzerner *Glockenturm* von 1760 (Glocke von 1487). *Sehenswert* sind auch Haus und *Skulpturensammlung* des Laienbildhauers András Török. An der Eisenbahnlinie liegt, 5 km weiter nach W auf der DJ 108C,

Gîrbău, Magyargorbó (424 m, u. e. E. 1437, 833 Ew.). Im MA. ung., nach 1600 rum. Dorf. *Lészai-Schloß* von 1791. Auf dem Kirchenhügel markiert ein Taufbeckenfragment aus dem 15. Jh. die Stelle, wo im MA. die Kirche stand. Eine Gemeindestraße führt im Şomtelec-Tal nach N 2 km bis

Turea, Türe (432 m, u. e. E. 1299, 744 Ew.). Im MA. ung. Dorf, Burg Gilău gehörig. Ehem. Bánnfy-Herrenhof (18. Jh.). *Ref. Kirche* (18. Jh.), mit Teilen der alten Kirche. Kanzel des Steinmetzen Dávid Sipos (1759). Im Tal 6 km weiter bergauf folgt

Corneşti, Sólyomtelke (470 m, u. e. E. 1263, 287 Ew.). Im MA. ung. Dorf, zu Abtsdorf (Cluj-Mănăştur) und Klausenburger Jesuitenordenshaus gehörig. Nach 1600 starke rum. Zuwanderung durch Braunkohlenabbau.

Wieder im Nadeschtal an der DN 108C liegt nach 5 km

Doroltu, Nádasdaróc (436 m, u. e. E. 1299, 164 Ew.), ung. Dorf, zum Bischofsgut von Gilău gehörig. *Ref. Kirche* (14. – 15. Jh.) aus Bachstein mit Schindeldach; im Innern Rest von got. Gewölbe. Kanzelkrone von 1420. 90 bemalte Kassetten des Klausenburger Tischlermeisters Lorenz Umling d. Ä. (1750). Emporemalereien von Gyalui Asztalos János. Reste von Wandfreskos. Gegenüber von Doroltu, am n. Nadăşa-Ufer, liegt

Băgara, Bogártelke (447 m, u. e. E. 1299, 705 Ew.). Ung. Dorf zu Abtsdorf, dann zum Klausenburger Jesuitenordenshaus gehörig. Die *Kirche* von 1509 ist ref. mit schöner Innenausstattung, Kassettendecke und Kanzelkrone von Lorenz Umling. 1,5 km w. liegt die Industriesiedlung

Aghireşu-Fabrici, Egeresi Bányatelep (441 m, u. e. E. 1913, 1881 Ew.) mit ihren Baustoffwerken, der Gipsfabrik, dem großen Wohnbauviertel. 3,5 km w. liegt die Großgemeinde

Aghireşu, Egeres (477 m, u. e. E. 1263, 1473 Ew.). Ung. Dorf zu Abtsdorf (Cluj-Mănăstur) gehörig. Kath. (ehem. St. Martinus) Kirche (13. Jh.) in einem im 16. Jh. umgebauten Schiff. Im Chor Grabstein des Gábor Bocskai von 1616. Ruinen des Bocskai-Schlosses. Heute wichtige Bergbausiedlung, unweit des Kohlenbeckens Ticu im N gelegen. In einem rechten Seitental des Nadăşabaches liegt 5 km sw.

Leghia, Tannendorf, Jegenye (534 m, u. e. E. 1263, 741 Ew.). Gehörte zur Benediktinerabtei von Abtsdorf und später zum Klausenburger Jesuitenordenshaus, ist bis heute ung. kath. Gemeinde. 1481 wurde Kirche nach dem Erzengel Michael benannt. Hier wurde der gelehrte Franziskanermönch rum. Abstammung *János Kájoni* (1629 – 1687) geboren, der in Şumuleu-Ciuc/Csiksomlyó um 1669 eine Buchdruckerei eingerichtet hat. Die alte Glocke ist ein sächs. Meisterwerk, sie wurde 1552 in Hermannstadt gegossen. 2 km weiter s. liegt das Bad *Leghia* (567 m), wo 1806 Mineralwasserquellen entdeckt wurden. Kurort von lokaler Bedeutung. Von hier kann man nach 2 km die DN 1 (Huedin-Cluj) im S erreichen.

ROUTE 3/6

Wieder auf der DN 1F im Nadăşa-Tal, führt diese, 2 km von der Abzweigung nach Viştea entfernt, in das Dorf

Nădăşelu, Magyarnádas (426 m, u. e. E. 1285, 567 Ew.). Im 17. – 18. Jh. von ung. Kleinadeligen und rum. Bauern bewohntes Dorf. 3 km n. in einem rechten Seitental des Nadăşa-Baches liegt, 1 km weit

Şardu, Magyarsárd (424 m, u. e. E. 1341, 765 Ew.). Im MA. ung. Dorf im Besitz rum. Adeliger aus Ostrov (Fam. Haczaki). Die um 1300 gebaute ref. Kirche ist heute Ruine. Teile des Chors und der Sakristei stehen noch. Rum. *Holzkirche* von 1800. Die DN 1F führt nach 1,5 km vorüber an dem Dorf

Sînpaul, Magyarszentpál (428 m, u. e. E. 1295, 950 Ew.), orthod. Holzkirche. 5 km weiter aufwärts liegt im Haupttal nach einer Abzweigung nach Sumurducu

Mihăileşti, Nádasszentmihálytelke (446 m, u. e. E. 1299, 507 Ew.). Ung. Dorf im Besitz des Geschlechtes Mikola, später zur Burg Almaş gehörend. Nach 1600 rum. Dorf. Die DN 1F führt weiter n. nach Sîncraiu Almaşului. Eine KS führt weiter nach 2 km in das Dorf

Berindu, Berend (481 m, u. e. E. 1372, 995 Ew.). Im MA. rum. Dorf, zum Gebiet der Adelsfam. Mikola gehörig. Im 18. Jh. bestand hier griech.-kath. Kloster. Rum. Kirche wurde 1841 bemalt. Hier wurde der rum. Rechtsanwalt und Politiker *Vasile Ladislau Pop* (1819 – 1875) geboren; Zeitweilig Vorsitzender der Astra-Gesellschaft. Eine KS führt nach S über die Hida-Höhe (537 m) 9 km, zwischen den Einzelhöfen der Streusiedlung von **Săliştea Veche** (443 m), nach

Sălistea Nouă, Csonkatelep-Szelistye (500 m, u. e. E. 1285, 268 Ew.). Vom 13. Jh. bis 1850 Wüstung, zu Sumurducu gehörend. 1 km s. eine Abzweigung nach W, führt 4,5 km in das von dichten Wäldern umgebene

Sumurducu, Szomordok (453 m, u. e. E. 1260/1270. 348 Ew.). Im MA. rum. Dorf. Die rum. Holzkirche (1715) stammt vom orthod. Kloster in Berindu. Als nächste Ortschaft an der Gemeindestraße folgt 2 km nach der Abzweigung

Corușu, Nádaskoród (513 m, u. e. E. 1334, 887 Ew.). Bis 1660 ung. Dorf, im 16. – 17. Jh. im Besitz der rum. Adelsfam. Havasalyi. Im selben Tal abwärts folgt ö. nach 3 km das Dorf

Popești, Nádaspapfalva (521 m, u. e. E. 1332, 809 Ew.). Im 13. Jh. Bolgar benannt, gelangte 1284 in die Hände des Weissenburger Kanonikers Benediktus und heißt seither „Pfaffendorf". 1492 wird die St.-Andreas-Kirche erwähnt. Im 16. Jh. ung. Dorf im Besitz des rum. Adeligen Blasius Havasalyi, Sohn des walachischen Woiwoden Vlad Înecatul. Nach 1600 rum. Dorf. 6 km weiter s. folgt die Vereinigung mit der DN 1F in Klausenburg.

ROUTE 4/6

Diese Route längs der DJ 109A führt in das waldarme Gebiet im N von Klausenburg, verfolgt das Tal des Chinteni-Baches, führt am *NSG „Klausenburger Heuwiesen"* (Fînețele Clujului) mit geschützten Steppenpflanzen vorbei und erreicht nach 12 km die Gemeinde

Chinteni, Kajántó (475 m, u. e. E. 1263, 1219 Ew.). Im MA. ung. Dorf, zur Abtei von Abtsdorf (Cluj-Mănăștur), dann zum Jesuitenorden von Klausenburg und Burgdomäne Gilău gehörig. Um 1690 wurde ref. Kirche von kath. Glaubensbrüdern übernommen. *Kath. Kirche* aus dem 13. Jh. hat rom. Kirchenschiff mit got. Chor. Kurz nach Verlassen der Ortschaft erstreckt sich links der See Tăul Chintenilor, ein Anziehungspunkt für Angler.

6 km weiter nach N, auf der Wasserscheide (535 m), liegt

Deușu, Diós (493 m, u. e. E. 1283, 752 Ew.). Im 15. Jh. Gut des Kleinadeligen *Budai Nagy Antal* (Antonius Magnus de Buda), eines der Anführer des Bauernaufstandes von 1437. Später waren einige adelige Ung. hier, die Dorfgemeinschaft jedoch Rum. Schöne Holzkirche von 1726. Traditionelle alte Häuser zwischen Neubauten. Auf altem Friedhof Grabstein der ung. Adelsfam. Butyka. Auf dem W-Kamm der Wasserscheide mit Deușu fast zusammengewachsen ist

Vechea, Bodonkút (Burjánosbuda) (519 m, u. e. E. 1283, 762 Ew.). Im MA. Siedlungskomplex aus mehreren Dörfern bestehend. Sitz der Adelsfam. Budai. Um 1900 waren noch Ruinen der alten St. Stefanskirche zu sehen. In neue *ref. Kirche* wurden Elemente der alten Kirche, z. B. hellenistische Säulen, eingebaut. Die von Lorenz Umling gearbeitete Kassettendecke und Kanzelkrone sind verlorengegangen. Die 70 kg schwere alte Glocke hat dt. Inschrift (I. H. S. hilfe got Maria rotv.). Rum. *Holzkirche* (1726) mit hohem, schindelbedecktem Turm.

In Richtung N stößt die DJ 109A auf die DJ 109. Nach O führt eine KS 3 km nach

Măcicașu, Magyarmacskás (435 m, u. e. E. 1283, 565 Ew.). Name kommt von der Wildkatze (macska = ung. Katze), die im MA. in den umliegenden Wäldern häufig vorkam. Eine kath. Pfarrkirche für zwei Dörfer, das Untere und das Obere St. Martin. Davon wurde der untere Teil nach 1660 zur Wüstung (1766: Pusta Măcicaș). Später mit Rum. wiederbesiedelt. Im oberen Teil wohnen heute auch noch Ung. 6 km talabwärts nach NO führt die KS nach

Giula, Kolozsgyula (351 m, u. e. E. 1307, 762 Ew.). In der Neuzeit von ref. ung. Kleinadeligen und rum. Bauern bewohnt. Ref. got. Kirche, Glocke aus dem 15. – 16. Jh. In einem Seitental 3,5 km nach S liegt

Satulung, Hosszúmacskás (378 m, u. e. E. 1314, 492 Ew.). Im rum. Friedhof zerstörte Gruft der Grundherren Egyed. Im Dorfzentrum ehem. *Schloß* der Fam. Szentiványi. In Richtung S, auf Klausenburg zu, liegt nach 5 km

Pădureni, Fejérdi-Fogadók (544 m, u. e. E. 1910, 253 Ew.), eine neue Streusiedlung. An einer Abzweigung nach links liegt im Quellengebiet des gleichnamigen Baches, 3 km weit, das Dorf

Feiurdeni, Fejérd (394 m, u. e. E. 1326, 1293 Ew.). In die neue ref. Kirche wurden behauene Steine aus der ma. got. Kirche eingebaut. Von Pădureni, 7 km nach S, führt die Straße auf die Höhe bis vor Klausenburg, wo sie auf die DJ 109A trifft.

ROUTE 5/6

Die DN 1C verläßt Klausenburg nach O durch das Someșeni-Industrie- und Wohnviertel. Rechts erhebt sich das *Denkmal* der Revolutionshelden von 1848 – 1849. Kurz danach zweigt ein Weg nach SO ab in das Heilbad von lokaler Bedeutung *Băile Someșeni* (Mineralwasserquellen, Bäderanlagen, Freiluftbecken, angezeigt für Behandlung des Verdauungs- und Bewegungsapparates, Frauenkrankheiten u. a.). In desolatem Zustand. Archäol. Ausgrabungen einer slaw. Nekropole aus dem 8. Jh. Nach 7 km auf der Fernstraße gelangt man nach Someșeni, auf dessen Gemarkung der Klausenburger Flughafen liegt. Nach 3 km, am Ende des Flugplatzes, zweigt eine KS 3,5 km nach S ab in das Dorf

Dezmir, Dezmér (383 m, u. e. E. 1332, 1445 Ew.). Geburtsort des aus rum. Adelsfam. stammenden Ioan Lemeni (1780 – 1861), eines griech.-kath. Bischofs. Der nächste Ort im Someschtal ist, 2 km weit,

Sînnicoară, Samosszentmiklós (350 m, u. e. E. 1280, 791 Ew.). Im MA. ung. Dorf, zum Herrenhof Mikola in Someșeni gehörig. Nach 1600 lange Zeit Wüstung, erst im 19. Jh. mit Rum. wiederbesiedelt. 3 km nö. am rechten Someschufer, an der Kreuzung der DN 1C mit der DN 16, liegt der wichtige Eisenbahnknotenpunkt

Apahida (303 m, u. e. E. 1263, 2798 Ew.). Im MA. gehörten das ung. Dorf und die Zollbrücke der Benediktinerabtei von Abtsdorf; nach 1600 rum. Dorf. Archäol. Ausgrabungen (Überreste kelt. Niederlassung aus dem 3. – 2. Jh. v. Chr., germ. Gräberschätze aus dem 5. – 6. Jh. n. Chr.). Die DN 1C verläßt den Ort in Richtung N, überquert den Kleinen Somesch. An einer Abzweigung, 3 km nach W im Feiurdeni-Tal, liegt 5 km weit

Cîmpenești, Telekfarka (316 m, u. e. E. 1910, 462 Ew.). Im MA. war hier das inzwischen untergegangene Dorf Miskelteleke. Neue Siedlung auf Gemarkung von Feiurdeni. Die Straße führt weiter nach Răscruci > [RG 3].

Auf der rechten Someschterrasse liegt 7 km weit die Großgemeinde Jucu, bestehend aus

Jucu de Sus, Felsőzsuk (325 m, u. e. E. 1325, 2481 Ew.). Im MA. ung. Dorf. Gutsbesitzer war der Adelige László Suki (1741 – 1791), Stifter der unit. Kirche. Der Ort ist seit 1660 rum.

Jucu de Mijloc, Nemeszsuk (293 m, u. e. E. 1325, 932 Ew.). Am Anfang ung., seit 1461 rum. Dorf. Um 1666 völlig verwüstet, wurde 1674 von 20 kleinadeligen Rum. aus Distrikt Chioar gekauft und wiederbesiedelt, liegt am Kleinen Someschufer. Anschließend an Jucu de Mijloc liegt

Jucu de Jos, Alsózsuk (316 m, u. e. E. 1312, 1133 Ew.). Der Adelsfam. Suki gehörig, einer der wohlhabendsten und einflußreichsten in Sb. Geburtsort des rum. Politikers und Historikers George Barițiu (1812 – 1893). Im W-Teil der Sb. Heide an einer Abzweigung 8 km nach O liegt

Vişea, Visa (337 m, u. e. E. 1326, 798 Ew.). Im MA. ung., gehörte zum Herrenhof des Suki. Die 1802 renov. ref. Kirche hat eine Glocke von 1592. Ung. Brauchtum bis heute lebendig. 3 km vor Vişea zweigt eine Gemeindestraße 3 km nach S in das Dorf

Gădălin, Kötelend (318 m, u. e. E. 1326, 1241 Ew.) ab. Im 15. Jh. rum. Knesendorf, der Fam. Suki gehörig.

ROUTE 6/6

Ö. von Apahida erreicht die DN 16 nach 9 km eine Abzweigung nach N, die 5,5 km bis

Bărăi, Bare (382 m, u. e. E. 1326, 740 Ew.) führt. Ung. Dorf, seit 1411 Wüstung, ab 1443 von Rum. bewohnt. Auf der DN 16 folgt nach 1 km

Căianu-Vamă, Kalyánvám (300 m, u. e. E. 1910, 231 Ew.). Weitere 2 km entfernt liegt

Căianu Mic, Kiskalyán (302 m, u. e. E. 1808, 231 Ew.). Über eine Abzweigung von 2 km nach S führt ein Weg nach

Văleni, Largatanya (305 m, u. e. E. 1910, 378 Ew.); 4 km weiter ö. zweigt ein Weg nach S ab, hier liegt

Căianu, Magyarkalyán (355 m, u. e. E. 1326, 775 Ew.). Zuerst ung., vom 15. Jh. an auch rum. Dorf. Im 17. Jh. ist rum. Dorfteil Wüstung. Die ung. Ew. waren nach der Ref. unit., nach 1600 ref. 1 km nö. zweigt ein Weg 3 km nach NO ab, hier liegt

Vaida-Cămăraş, Vajdakamarás (321 m, u. e. E. 1312, 1415 Ew.). Ung. Dorf, zur Burgdomäne Bálványos (Unguraş) gehörig. Da diese Burg eine Zeitlang Moldauer Woiwoden gehörte, heißt das Dorf bis heute im Ungarischen „Woiwodenkammerer". Hier wurde der unit. Prediger Lőrinc Vajdakamarási (16. Jh.) geboren. 3 km weiter n. auf dem Gemeindeweg folgt

Pălatca, Magyarpalátka (333 m, u. e. E. 1296, 1525 Ew.); 4 km weiter n. liegt

Petea, Pete (341 m, u. e. E. 1294, 346 Ew.). War 1735 noch unbewohnt, später rum. Dorf, zum Herrenhof in Pălatca gehörig. Weiter nach N führt der Weg nach Chiriş und Legii > [RG 3 und 7].

Auf der DN 16 führt nach 1 km eine Abzweigung nach S, 4 km nach

Suatu, Magyarszovát (373 m, u. e. E. 1213, 2818 Ew.). Bestand bis 1905 aus zwei Dörfern, dem Unteren und Oberen Suatu. Beide gehörten der Fam. Suki. In Suatu de Jos steht die 1682 gebaute ref. Kirche. Im Inneren Wappen der Fam. Bornemisza von Jenő (Ineu). Ein gewisser Matthias Suki aus Suatu war 1467 in den Aufstand gegen König Matthias verwickelt und auf dem großen Ring von Hermannstadt enthauptet worden. In Suatu de Sus steht alte unit. got. Kirche aus dem 13. Jh., Gewölbe und S-Portal aus dem 15. Jh. An Säulenenden Wolfswappen der Fam. Suki. Kanzel ist Stiftung von László Suki. Hier wurde der Klausenburger Historiker *András Bodor* (1905) geboren. Auf dem Berghang in Gemeindenähe das NSG, „Heuwiesen von Suatu"; auf 4 km reiche Vorkommen pontischer, pontisch-mediterraner und endemischer Steppenpflanzen, seit 1911 bekannt. 5 km weiter s. liegt

Aruncuta, Aranykut (385 m, u. e. E. 1461, 1079 Ew.), rum. Dorf, zum Herrenhof Suki gehörig. An der DN 16 folgt nach 2 km

Ghirişu Român, Mezőgyéres (359 m, u. e. E. 1377, 610 Ew.), nach weiteren 5 km Mociu > [RG 7].

ROUTE 7/6

S von Apahida führt die DJ 161A 6 km nach

Morişti, Hurubák (339 m), eine neue Siedlung am Eisenbahnstrang nach S (Turda). In einem w. Seitental des Maraloi-Baches liegt nach 2 km

Cara, Kolozskara (363 m, u. e. E. 1339, 1257 Ew.). Im MA. von Ung. und Rum. bewohnt. S. von Cara gelangt man durch die Streusiedlung

Bodrog (368 m) nach 5 km ins Dorf

Pata, Kolozspata (377 m, u. e. E. 1326, 892 Ew.). Im MA. war hier eine ung. (mit kath. Kirche) und rum. Ortschaft. 4 km sö. von Pata liegt

Boju, Kolozsbós (438 m, u. e. E. 1461, 1148 Ew.). Rum. Knesendorf, zum Herrenhof in Rediu gehörig. An der Wasserscheide zw. Somesch und Ariesch sind mehrere Eisenbahntunnels. 4,5 km ö. liegt die Streusiedlung

Boju-Cătun, Bósi-Alagút (414 m, u. e. E. 1913, 257 Ew.). 2 km s. von Boju, am Fuße des Straja-Gipfels, entstand die neue Siedlung Straja. Von der Abzweigung nach Cara folgt nach 2 km der kleine Badeort

Cojocna, Salzgrub, Kolozs (353 m, u. e. E. 1213, 3751 Ew.). Schon zur Römerzeit Salzausbeutung; Silberschatz aus Dakerzeit. 1326 bekräftigt König Karl die vo ung. Königen gewährleisteten Freiheiten der sb. Salzorte Cojocna, Salzdorf (Ocna Dej), Thorenburg und Sic. Anfangs wohnten in diesem *Marktflecken* auch Sachsen, nach dem 15. Jh. ist der Stadtrat ung. Nach Reformation unit. Kirche, später werden kath., orthod., und griech.-kath. Kirchen gebaut. Rum. Holzkirche von 1794/1796. Auf Gelände der ehem. Salzbergwerke wurden Badeanlagen eingerichtet. Heute *Badeort* von lokaler Bedeutung. Kochsalzhaltiges Wasser für Bäder in Wannen und im Freien in ehem. Salzgruben. 10 km sö. von Cojocna auf der DJ 16A liegt

Iuriu de Cîmpie, Mezőőr (409 m, u. e. E. 1320, 1462 Ew.). Im 15. Jh. rum. Knesendorf, der Fam. Beke gehörig. 2 km sw. liegt der Weiler **Huci** (469 m). Die DJ 16 führt noch 6 km in die Gemeinde Ceanul Mare > [RG 7].

ROUTE 8/6

5 km ö. von Gilău zweigt die DJ 107M nach S ab und erreicht nach 1,5 km

Luna de Sus, Lohne, Szászlóna (Magyarlóna) (397 m, u. e. E. 1298, 2035 Ew.). Im MA. sächs. Dorf, zur Bischofsburg Gilău gehörig. Ab 17. Jh. wurden Sachsen allmählich magyarisiert. Die 1727 neugebaute *ref. Kirche* besitzt älteres S-Portal und 3 Chorfenster; Kanzelkrone von Lorenz Umling d. Ä. um 1752 bemalt. Vom 18. bis 19. Jh. ung. Töpferzentrum. In einem w. Seitental des Feneş-Baches, 5 km von Luna, liegt

Stolna, Sztolna (481 m, u. e. E. 1448, 298 Ew.). Am Feneş-Bach 3,5 km weiter s. liegt

Vlaha, Magyarfenes (Oláhfenes) (455 m, u. e. E. 1332, 1121 Ew.). Anfang des 14. Jh. schon ung. kath. Dorf zu Gilău gehörig; späterer unit.-kath. Gutsbesitzer Nicolaus Kamuti baute kath. Kapelle; Georg Haller nahm 1649 den Ref. Kirche weg, seit damals kath. 1920 wurde Jósika-Schloß abgetragen. *Kirche* stammt aus dem 13. Jh. An O-Wand schönes Freskenbild, 1830 von Klausenburger sächs. Meister bemalt, vermutlich ein Werk des Malers Nicolaus, Vater der Klausenburger Bildhauer Martin und Georg. 2,5 km weiter s. auf der DJ 107M folgt

Săvădisla, Tordaszentlászló (492 m, u. e. E. 1285, 1283 Ew.). Im MA. ung. Dorf zur Burg Léta, dann zum Herrendorf von Vlaha gehörend. Von alter *got. Kirche* wurden einige Teile in neue ref. Kirche übernommen: Fragment von got. Portal, Wappen der Woiwodenfam. Pongraz aus Dengeleg (1488) und eine Glocke von 1478. Kirchenausstattung teilw. von Lorenz Umling. Auf der Dorfgemarkung reiche Fossilienfundstelle (Nummulites). Aus Săvădisla zweigt nach W 3 km ein Gemeindeweg ab nach

Finişel, Kisfenes (541 m, u. e. E. 1456, 859 Ew.). Rum. Knesendorf auf Gemarkung von Săvădisla entstanden. Gehörte im MA. zur Burg Léta. Orthod. *Holzkirche* ist Baudenkmal. 6 km sw. im großen Feneş-Tal liegt die Streusiedlung **Plopi** (800 – 1000 m).

ROUTE 9/6

Von Gilău folgt die DJ 107M in Richtung S dem Warmen Somesch. Nach 2 km erstreckt sich der Spiegel des untersten Stausees. An ihm liegt das *Motel Gilău* (Motel, Bungalows, Restaurant, Campingplatz, Surf- und Bademöglichkeit). Nach 1 km folgt

Someşu Rece, Hidegszamos (433 m, u. e. E. 1448, 1467 Ew.). Eine Abzweigung nach S, 7 km im Tal des Kalten Somesch, führt im Rişca-Mare-Tal 12 km ins Hochland des Giläuer Geb. nach

Muntele Rece, Hideghavas (1134 m, u. e. E. 1850). Im Tal des Kalten Somesch liegt nach 19 km

Măguri-Răcătău, Szamosfő (682 m, u. e. E. 1724, 1655 Ew.); von hier noch 7 km hinauf nach der Streusiedlung **Măguri** (1219 m) als neue Streusiedlung von Someşul Rece. Diese Straße macht eine große Schleife über Dumitreasa zurück nach Măguri-Răcătău (32 km) und verbindet viele Streusiedlungen und Einzelhöfe auf 1000 m Höhe. Die Forststraße führt durch ausgedehnte Nadelwälder und schöne Bachtäler, Wanderwege. W von Someşul Rece verfolgt die DJ 107P das S-Ufer des Gilău-Sees und erreicht nach 2 km

Someşu Cald, Melegszamos (Hévszamos) (431 m, u. e. E. 1448, 861 Ew.). Auf der riesigen gebirgigen Gemarkung entstanden Sennereien und Sommerhütten der Motzen aus dem Arieş-Tal, darunter das Dorf **Mărişelu**. Im W erhebt sich die hohe Staumauer des malerischen *Tarniţa-Sees* mit der anschließenden beeindruckenden Klamm. Im O liegt der Spiegel vom kleineren *Gilău-II. See*, Bade, Surf- und Bootsfahrt möglich. Keine Unterkunft und Versorgungsmöglichkeit. Der Weg steigt in zahlreichen Serpentinen auf die Hochfläche hinauf, verfolgt das rechte Ufer des Sees und kommt nach 28 km in die ausgedehnte Streusiedlung

Mărişel, Marisel, Havasnagyfalu (1197 m, u. e. E. 1724, 2473 Ew.), zwischen Steilhängen des Warmen Somesch und dem Wildtal des Răcătău gelegen. Bis Ende des 17. Jh. war diese Gegend nur im Sommer bewohnt. Um 1660 heißt es im Giläuer Urbarium, daß diese Geb. von Sennern aus Cîmpeni, Lupşa und Bistra gepachtet wurden, die dafür einen Schafbock, Käse und 25 Denaren zahlten. Anfang des 18. Jh. ließ sich ein Teil der Motzen hier ständig nieder. 1737 hatte diese Siedlung schon einen eigenen Richter. Heute eine große Streugemeinde mit Viehzucht und Forstwirtschaft. Gedenkstein mit Inschrift von Avram Iancu erinnert an schwere Kämpfe während der Revolution 1848 – 1849 in diesem Gebiet.

Danach überquert das Asphaltband den mit herrlichem Fichtenwald bestandenen Höhenzug und stößt nach 14 km auf die DJ 108, die Huedin im N mit Albac im S verbindet. Hier beginnt das Seengebiet *Fîntînele*. Der U-förmige Stausee ist am Zusammenfluß des Beliş-Baches mit dem Warmen Somesch entstanden und zieht sich weit in die Bergtäler hinein. Touristen-Komplex: 3 Motels, Gaststätte, Skipiste, Bootsfahrt möglich. Am n. Seeufer liegt 17 km von Mărişel

Beliş, Béles (Jósikatelep) (1162 m, u. e. E. 1770, 815 Ew.). War im MA. Waldgebiet und gehörte zum ung. Dorf Văleni. Ref. Kirche von 1750 mit Kassettendecke, vom Schafzins aus Beliş bezahlt. Wird 1770 als rum. Siedlung erwähnt. Auf dem benachbarten Fîntînele besiegten die rum. Revolutionäre unter Avram Iancu im Juli 1849 die ung. Truppen unter Pál Vasvári. Im 19. und 20. Jh. war hier ein Sägewerk, liegt heute an neuem Standort über dem See. Von hier führt eine AS in das Călata-Tal > [RG 4]. An einer Abzweigung nach W liegt 3 km weit

Bălceşti, Valkóbelecel (1150 m, u. e. E. 1786, 265 Ew.). Urspr. gehörte dies unter der Măgura Călăţele (1404 m) gelegene Waldgebiet zur Gemarkung Văleni und Călăţele. Diese Streusiedlung wurde 1786 selbständiger Ort. Die DJ 108 von Beliş nach SW entlang des Seeufers führt nach 15 km zur Streusiedlung

Poiana Horea (Dealu Calului), Lómező (1133 m, u. e. E. 1770, 1145 Ew.). Diese Streusiedlung ist erst spät selbständig geworden, gehörte noch 1910 zu Beliş. Aus Poiana Horea führt der Weg nach SW, dann nach NW in weitem Bogen ins Tal des Warmen Someş zurück (22 km). Dort liegt am Westende des Stausees **Smida** (1031 m) der Ausgangspunkt zu Wanderungen auf das Padisch-Plateau und in den Karst der Westkarpaten. Eine Straße führt nach N nach Răchiţele > [RG 4]. Ö. von Smida liegt über dem Stausee im Tal des Warmen Someş nach 4 km

Giurcuţa de Sus, Felsőgyurkuca (1071 m, u. e. E. 1839, 519 Ew.). Gehörte zur Gemarkung von Văleni, als selbständiger Ort erst im 20. Jh. belegt. Weiter ö., auf 9 km Umweg zu erreichen, liegt am Ufer des Stausees Fîntînele

Giurcuţa de Jos, Alsógyurkuca (961 m, u. e. E. 1770, 592 Ew.). Hierher flüchtete am 19. 11. 1784 der Bauernführer Horea.

ROUTE 10/6

S. von Căpuşu Mare, 4 km in einem Seitental des Warmen Someş, liegt

Agîrbiciu, Egerbegy (564 m, u. e. E. 1448, 781 Ew.). Rum. Dorf zur Burgdomäne Gilău gehörig. *Holzkirche* aus dem 17. Jh., die einzige in diesem Gebiet mit Spuren von Außenmalerei (von Dimitrie Ispas aus Gilău). Das geschlossene Triptychon zeigt die hll. Demetrius und Georg in monumentaler Pose, auf geöffnetem Triptychon sind die Höllenfahrt und der hl. Nicolaus abgebildet, außerdem Christi Geburt und im Mittelteil Ikone der Gottesmutter, der die Kirche geweiht war. Stifterinschrift von 1555. Eine Gemeindestraße im Gilău-Geb. führt 7 km durch einen Wald nach

Dîngău Mare, Bánffydongó (972 m, u. e. E. 1768, 483 Ew.). Neue Bergsiedlung auf der zur Fam. Bánffy gehörigen Gemarkung von Agîrbiciu. Rum. *Holzkirche* von 1740. Eine Abzweigung führt 2 km nach N in die Streusiedlung

Bălceşti, Balktelep (801 – 848 m, u. e. E. 1786, 256 Ew.) auf der unteren Hochfläche des Gilău-Gebirges. 2 km s. von Dîngău-Mare liegt die neue Bergsiedlung

Dîngău Mic, Kisdongó (954 m, u. e. E. 1900, 399 Ew.), entstanden im Gebiet der ehem. Sommerweiden der Bauern aus den im N liegenden Dörfern. 5 km w. liegt auf derselben Hochfläche

Mărceşti (965 m). In großem Bogen umgeht die Straße das Quellgebiet des Rîsca-Baches (nach W zweigt eine Straße nach Rîsca und Mănăstireni ab > [RG 4]), biegt auf den gegenüberliegenden Hang und kommt nach 7 km zu den Höfen der Streusiedlung

Dealul Mare, Roskatelep (1026 m), die sich mehrere km weit auf den Wiesenflächen erstrecken. 6 km weiter ö. liegt die Neusiedlung

Lăpuștești, Lapistya (1090 m, u. e. E. 1666, 264 Ew.), heraufverlegt vor dem Aufstauen des Tarnița-Stausees. Die alte Ortschaft lag im mäanderreichen, engen, tiefen Tal des Warmen Somesch (573 m), gehörte Adeligen aus Mănăstireni. Wurde erst im 20. Jh. Dorf.

W. von Lăpuștești zweigt eine Straße nach N ab, quert das Rîsca-Tal und führt nach Dîngău Mic hinauf. Hier ist ein wunderbares Wandergebiet mit dem Naturerlebnis blütenreicher Wiesen, Buchen- und Tannenwälder, Klammen mit rauschenden Gebirgswassern, fischreichen Stauseen und freundlichen Einödbauern.

REISEGEBIET 7

Luduş / Ludosch / Marosludas

Geographisch betrachtet umfaßt dieses Gebiet den NW des Kokel-Hochlandes, einen Teil der Siebenbürgischen Heide und den Unterlauf des Arieş-Tales. Dieser Landesteil ist vor allem von Rumänen bewohnt. Zahlreiche Dörfer und Weiler liegen über die Weite der Heide verstreut, Landwirtschaft und Viehzucht waren und sind die wichtigsten Wirtschaftszweige, Industrie ist in den Städten Luduş und Cîmpia Turzii (Gieresch) angesiedelt. Die Europastraße E 15 (DN 15) durchquert dieses Gebiet von W nach O, zahlreiche Abzweigungen führen in abgelegene, verschlafene Dörfer mit alten Häusern, Kirchen und Schlössern, an versteckt liegende Seen, wo man noch ungestört dem Angelvergnügen nachgehen kann.

ROUTE 1/7

Die DN 15 (E 15) verläßt Turda > [RG 11] nach O entlang des Arieş-Flusses und erreicht nach 9 km

Cîmpia Turzii, Gieresch, Aranyosgyéres (300 m, u. e. E. 1292, 1985: 27.814 Ew.), 1922 durch Zusammenschluß der zwei Dörfer Ghiriş-Arieş und Sîncraí entstanden. Lange Zeit unbewohnt, im MA. ung. Dorf, zum Herrenhof gehörig. 1600 verwüstet, dann siedelte hier der sb. Fürst Gabriel Báthori 55 Reiter seiner persönlichen Garde an. Als privilegiertes Oppidum war es 1764 dem szeklerischen Husarengrenzerregiment zugeordnet. Hatte 1750 rum. Kirche. Mit Methangas aus Sb. Heide wurde 1922 Industria Sîrmii (Drahtfabrik) gegründet. Ref. Barockkirche (17. Jh.). Mit Cîmpia Turzii zusammengewachsen ist

Sîncrai, Gyéresszentkirály (300 m, u. e. E. 1282). Dieses zum kath. Bistum Sb. gehörige ung. Dorf war im MA. gemischte rum./ung. Siedlung. Nach 5,5 km entlang des Arieş-Flusses erreicht die E 15

Luna, Aranyoslóna (307 m, u. e. E. 1270, 2648 Ew.). Ab 15. Jh. zum Herrenhof in Luncani gehöriges rum. Knesendorf. Im Gutsschloß lebte und wirkte der ung. Schriftsteller Miklós Jósika (1796 – 1865). 5 km weiter liegt das Dorf

Luncani (Grind), Gerend (286 m, u. e. E. 1176, 1471 Ew.). Im 13. Jh. Wüstung, 1332 ung. Dorf. Zum Herrenhof, der mit seinem Park auf 3 m hoher Terrasse liegt, vom Arieş auf drei Seiten umflossen, gehörten zahlr. rum. und ung. Dörfer. Der bekannteste der lokalen Feudalherren kam aus der Fam. Gerendi: 1529 veranstaltete der Bischof Nicolaus Gerendi im Herrenhaus ein Treffen der sb. Anhänger von Ferdinand von Habsburg, darunter Nicolaus Apafi und der Hermannstädter Königsrichter Marcus Pempflinger. Hier wirkten der sb. Fürst János Kemény (1607 – 1662) und der berühmte, auch dt. schreibende Historiker Josef Kemény (1795 – 1855). Die ref. Kirche ist ein frühgot. Bau (1290 – 1299), Saalkirche mit gewölbter viereckiger Sakristei, Glockenturm aus dem 15. Jh. In der Kirchengruft Grabsteine der adeligen Fam. Kemény, Bethlen und Kun. An der s. Dorfausfahrt ehem. Kemény-Schloß (18. Jh.) im Barockstil. Archiv und Bibliothek des

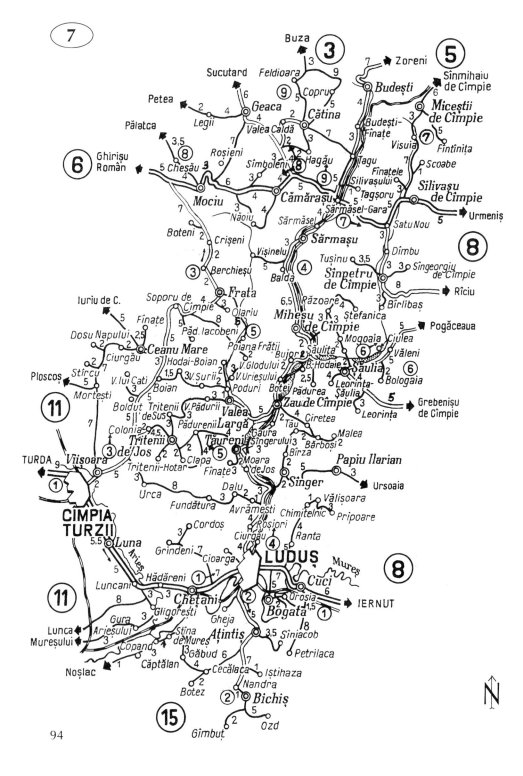

Barons Josef Kemény sind 1848 teilw. verbrannt, Restbestand wird in Klausenburg aufbewahrt. Archäol. Ausgrabungen (im Geschichtsmuseum Turda). Rum. Kirche Sf. Archangelii aus dem 17. Jh. In malerischer Lage liegt 1 km weiter die touristische Raststätte *Hanul pescarilor* mit Bungalows, Campingplatz, Restaurant.

Eine Abzweigung nach S in Richtung Ocna Mureş führt 2,5 km entlang des Arieş in die Ortschaft

Gligoreşti, Sósszentmárton (289 m, u. e. E. 1332, 339 Ew.). Im MA. ung. Dorf, zum Herrenhof von Luncani gehörig; 1598 Wüstung; ab 17. Jh. rum. Dorf. Am Zusammenfluß des Arieş mit dem Mieresch liegt 3 km w.

Gura Arieşului (Vaidasig), Vajdaszeg (291 m, u. e. E. 1291, 711 Ew.). Im MA. Wüstung, ab 14. Jh. rum. Knesendorf, zum Herrenhof von Luncani gehörig. Die Straße führt weiter nach Lunca Mureşului > [RG 11].

Die E 15 führt von der Raststätte über den Arieş nach O, 3 km in das Dorf

Hădăreni, Hadrév (275 m, u. e. E. 1270, 978 Ew.). Der Name weist auf eine Furt am Arieş hin. Ung. Dorf zum Herrenhof von Luncani gehörig. Unit. Kirche nach 1570. 1588 wurde das Dorf von Klausenburger sächs. Bürgern und Notarius Lucas Trauzner gekauft. Im 17. – 18. Jh. wurde auch die Kirche der Fam. Trauzner ref. An den n. gelegenen Bergen ist oben eine durchgehende helle Schicht von vulkanischem Tuff zu sehen, der auch als Baustein für Häuser und Mauern Verwendung findet. 3 km weiter auf der E 15 und nach Überquerung der Eisenbahnlinie liegt am Miereschufer die Ortschaft

Cheţani, Maroskece (279 m, u. e. E. 1424, 1592 Ew.). Rum. Knesendorf, zum Herrenhof Luncani gehörig, später Gut der Fam. Apafi. Im Apafi-Schloß wurden mehrmals sb. Landtage abgehalten. Das zuletzt der Fam. Korda gehörige Schloß wurde abgetragen, nur als Flurname (Cordăteşi) lebt es weiter. In einem Seitental liegt 7 km im N das Dorf

Grindeni, Gerendkeresztúr (313 m, u. e. E. 1289, 984 Ew.). Im 17. bis 19. Jh. lebten hier ref. Kleinadelige. Alte got. ref. Kirche wurde 1856 abgetragen, eine neue ref. Kirche gebaut. An einer Abzweigung von diesem Gemeindeweg befindet sich 3 km im N die Streusiedlung

Cordoş, Kardos (338 m, u. e. E. 1770, 216 Ew.), ein zu Grindeni gehöriger Weiler.

An der E 15 liegt nach 7 km an der Mündung des Sarchii-Baches in den Mieresch die Stadt

Luduş, Ludosch, Marosludas (274 m, u. e. E. 1377, 1985: 17.471 Ew.). Im MA. rum. Dorf, zur Domäne Bogata gehörig. 1883 wurden im Vorort Avrămeşti (Andrásytelep) Csangoungarn ange-siedelt. Seit 1960 Industriestadt (Zuckerfabrik, Hanfrösterei). An der Ausfahrt nach Neumarkt (Tîrgu Mureş) steht das Wärmekraftwerk Luduş-Iernut. Ö. der Stadt, nach Serpentinen, in einem Akazienhain befindet sich die touristische Raststätte *Hanul din Salcîmi* (Bungalows, Restaurant, Campingplatz).

An einem großen Mieresch-Mäander, der fast geschlossen ist, auf einer Terasseninsel, 20 m über dem Fluß, liegt 2 km nw. an einer KS das eingemeindete

Cioarga, Csorga (312 m, u. e. E. 1770, 220 Ew.). Auf seiner Gemarkung wird Erdgas gefördert.

6 km sö. von Luduş liegt

Bogata, Marosbogát (283 m, u. e. E. 1295, 1985 Ew.). Zum Herrenhof der Fam. Bogati aus Bogat gehörig, die mit dem sächs. Patriziergeschlecht Altenberger verwandt war und auch Güter in Hermannstadt hatte. Ref. got. Kirche. Um das Dorf wird ein reiches Erdgasfeld ausgebeutet.

Von Luduş nach N führt eine Kreisstraße > [R 4/7]. Eine Abzweigung nach 4 km von der DN 15 nach N ins Ranta-Tal führt 5 km bis

Ranta, Ránta (302 m, u. e. E. 1910, 708 Ew.). Weiler, zu Bogata gehörig. Danach erreicht der Gemeindeweg nach 4 km

Chimitelnic, Mezökeménytelke (346 m, u. e. E. 1332, 1519 Ew.). Im MA. rum. Dorf, zur Domäne Bogata gehörig. Orthod. Kirche: auf Kirchenportal sind Name des Fürsten Mihály Apafi und Jahr 1670 eingeschnitzt. Wandgemälde von 1711 des Vasile Beu. 1 km nö. liegt

Vălişoara (Gloduri), Gladur (450 m, u. e. E. 1910, 102 Ew.). Weiler, zu Chimitelnic gehörig. Der Gemeindeweg endet 3 km s. in der Streusiedlung

Pripoare, Pripora (330 m, u. e. E. 1910, 326 Ew.). Weiler, zu Chimitelnic gehörig. Von der Wegkreuzung wendet sich die DN 15 (E 15) nach S, überquert den Mieresch (279 m) und führt nach 2 km in die Gemeinde

Cuci, Kutyfalu (279 m, u. e. E. 1339, 940 Ew.). Im N am Mieresch Park und Herrenhaus. Dorf liegt in der Au, nur 2 m über Flußbett, ist daher wiederholt überschwemmt. Eine Abzweigung nach S führt 8 km hinauf in das Dorf

Petrilaca, Petersdorf, Oláhpéterlaka (325 m, u. e. E. 1332, 1343 Ew.).

1 km s. von Cuci zweigt von dieser Straße ein Weg 2 km nach NW ab, führt zu dem am Terrassenrand liegenden kleinen Dorf

Orosia, Marosoroszi (303 m, u. e. E. 1910, 313 Ew.).

Die DN 15 führt aus Cuci entlang der Bahnlinie nach Jernut > [RG 8].

ROUTE 2/7

Im S von Luduş über die Miereschbrücke an einer Abzweigung von der DJ 107G führt eine KS 5 km nach

Gheja, Marosgezse (276 m, u. e. E. 1366, 1539 Ew.). Im MA. rum. und ung. Dorf; zeitweilig zur Salzgrube von Thorenburg gehörig. Über dem Dorf verfallenes Schloß, zuerst der Fam. Kemény, dann den Fam. Roldi und Splényi gehörig. Auch dieses Dorf hat oft unter Überschwemmungen zu leiden. Weiter s. 4 km von der Abzweigung auf der DJ 107G liegt die Gemeinde

Aţintiş, Cintos (313 m, u. e. E. 1357, 960 Ew.). Im MA. rum. Knesendorf, zum Herrenhof in Bogat gehörig. An einem Seitenweg 4 km nach O liegt

Sîniacob, Marosszentjakab (332 m, u. e. E. 1300, 376 Ew.). Im MA. ung. und rum. Dorf, zum Herrenhof in Bogat gehörig. 3 km weiter s. zweigt eine KS nach SW ab, führt 4 km in das Dorf

Cecălaca, Csekelaka (364 m, u. e. E. 1296, 829 Ew.). Alte ref. Kirche aus dem MA. ist verfallen. Am Ende der Gemeindestraße, 2 km s. von Cecălaca, befindet sich im Tal oben

Botez, Batizháza (350 m, u. e. E. 1353, 383 Ew.). Kleines rum. Dorf. 4 km w. von Cecălaca liegt

Găbud, Gabud (353 m, u. e. E. 1458, 706 Ew.), rum. Dorf.

Die nächste Ortschaft an der DJ 107G, 4 km nw. von Găbud, am linken Miereschufer gelegen, ist

Stîna de Mureş, Maroscsúcs (272 m, u. e. E. 1296, 565 Ew.). Die Kirche war bis 1700 unit., dann ref. Ort liegt im Überschwemmungsgebiet des Mieresch. Am linken Miereschufer liegt 1 km w.

Copand, Maroskoppánd (273 m, u. e. E. um 1260, 349 Ew.). Im MA. ung. Dorf, gehörte zum Weißenburger Kapitel, dann den Fam. Kemény (17. Jh.) und Bánffy (18. Jh.). Die ref. Kirche wurde im Renaissancestil renoviert. Rum. Kirche von 1856. Im Mieresch-Tal 3 km weiter nach SW liegt

Căptălan, Maroskáptalan (265 m, u. e. E. 1587, 717 Ew.). War im 13. und 14. Jh. als Ivankatelke bekannt, gehörte 1285 zum Weißenburger Kapitel (daher der Name Kaptalan). Diese Kreisstraße endet nach 7 km über Noşlac in Ocna Mureş > [RG 11]. 5 km s. von Aţintiş liegt an einer kurzen Abzweigung nach O aus dem sumpfigen Nandra-Tal

Iştihaza, Istvanháza (332 m, u. e. E. 1383, 397 Ew.). An dieser Stelle war im 13. Jh. das Dorf Hilértelke. Ung. Dorf mit einer ref. Kirche von 1634. In Richtung S gelangt man nach 2 km nach

Nandra, Lándor (320 m, u. e. E. 1331, 284 Ew.). Rum. Dorf.

1 km sö. liegt die ung. Gemeinde

Bichiş, Magyarbükkös (342 m, u. e. E. 1303, 595 Ew.). Geburtsort des sb. Fürsten Johann Kemény (1607 – 1662). Neue ref. Kirche. In einem kurzen Seitental 4 km sw. liegt

Gîmbuţ, Gombutz, Gambuc (380 m, u. e. E. 1296, 570 Ew.). Im MA. rum. und ung. Dorf; die ref. Kirche wurde im 19. Jh. völlig abgetragen.

5 km sö. von Bichiş liegt, auch in einem kurzen Seitental, das Dorf

Ozd, Magyarozd (349 m, u. e. E. 1332, 737 Ew.). Ung. Dorf, im 17. und 18. Jh. Gut der Fam. Radak (Herrenhaus im Dorf). Die Glocke der ref. Kirche ist eine Stiftung der Theresa Pekri, Gemahlin des Adam Radak. Hier wurde 1909 der ung. Schriftsteller István Horváth geboren. Archäol. Ausgrabungen (Tumulus aus Bronzezeit, skytische Gräber sowie dak. und röm. Scherben), im Museum in Neumarkt am Mieresch (Tîrgu Mureş) aufbewahrt.

ROUTE 3/7

Von Cîmpia Turzii führt die DJ 150 1,5 km auf die ö. Talseite nach

Viişoara, Aranyosegerbegy (303 m, u. e. E. 1311, 5672 Ew.). Im MA. ung. Dorf, zum Herrenhof von Luncani gehörig. Um 1600 ganz zerstört, aber 1617 siedelte der Fürst Gabriel Bethlen hier 36 Hofreiter an. Die ref. ung. Ew. dieses Marktfleckens hatten militärische Freiheiten, wurden 1764 dem Husarengrenzerregiment einverleibt. Das Jahrmarktsrecht wurde 1850 Luduş übergeben.

In einem Seitental des Bolduţ-Tales nach 5 km folgt eine Abzweigung von 3 km in das Dorf

Urca, Mezőörke (331 m, u. e. E. 1289, 1356 Ew.). Am Anfang des 14. Jh. von Ung. bewohnt, welche 1318 eine kath. St.-Margarethen-Kirche bauten. Seit 15. Jh. rum. Dorf, zum Herrenhof in Luncani gehörig. Ein weiteres Dorf auf diesem Gemeindeweg ist 8 km sö. in einem Seitental

Fundătura (363 m), eine neue Streusiedlung (hodăi).

Die DJ 150 führt im Bolduţ-Tal 5 km weiter nach N in das Dorf

Bolduţ, Bolduc (316 m, u. e. E. 1332, 941 Ew.). Im MA. ung. Dorf, nach 1600 lange Zeit Wüstung, im 20. Jh. wieder bewohnt. Gehört zu Gemeinde Boian. An einem Seitenweg 3 km nach NW liegt die Streusiedlung

Valea lui Cati (447 m, u. e. E. 1770, 129 Ew.). Weiler, auf Gemarkung von Ceanu Mare. Die nächste Ortschaft ö. von der DJ 150, 5 km nö., ist das Dorf

Boian, Mezöbö (359 m, u. e. E. 1303, 1504 Ew.). Im MA. rum. Dorf, zu Herrenhof von Gieresch gehörig. An einer Abzweigung 1 km ö. liegen die Weiler

Hodăi-Boian (Făgădăul Beiului) (441 m) und 3 km weiter

Valea Şurii (317 m).

3 km n. von Boian zweigt eine kurze AS 3 km nach W ab in die Großgemeinde

Ceanu Mare, Mezönagycsán (386 m, u. e. E. 1293, 2436 Ew.). Im MA. rum. Dorf mit riesengroßer Gemarkung. Wichtiges Zentrum von Erdgasleitungen. An einem Gemeindeweg 2 km nach N von Ceanu Mare liegt die Streusiedlung

Fînaţe, Funaciledüló (370 m, u. e. E. 1910, 241 Ew.), ein Weiler auf der Gemarkung von Ceanu. Im W von Ceanu Mare reihen sich die zu Ceanu gehörige Weiler

Ciurgău, (333 m), 2 km,

Dosu Napului, (337 m), 2 km,

Stîrcu, (330 m), 2 km und

Morţeşti, (342 m) 3,5 km s.

Diese Straße führt in dem Valea-Lată-Tal 7 km nach S, an kleinen Stauseen vorüber bis Viişoara.

Im Quellengebiet des Bolduţ-Tales, an der DJ 150 liegt 5 km nach der Abzweigung nach Ceanu Mare

Soporu de Cîmpie, Mezőszopor (383 m, u. e. E. 1320, 1433 Ew.). Bis 1600 ung., nachher rum. Dorf. Archäol. Ausgrabungen (dak. Urnengräber aus der röm. Periode). Weitere Abzweigungen aus der Kreisstraße führen 4 km nach SO nach

Pădurea Iacobeni (356 m) und 5 km nach

Olariu (378 m).

4 km nach Soporu auf der Kreisstraße folgt die Gemeinde

Frata, Magyarfráta (396 m, u. e. E. 1241, 3989 Ew.). Im MA. von Rum. und Ung. bewohntes Dorf. Nach 1570 wurde kath. Kirche unit., nach 1600 ref. Ist das Zentrum von sechs umliegenden Streusiedlungen. 2 km weiter n. folgt

Berchieşu, Berkényes (354 m, u. e. E. 1332, 1084 Ew.). Bis 15. Jh. ung., nachher rum. Dorf. Nach weiteren 2 km folgt

Crişeni, Totháza (365 m, u. e. E. 1378, 493 Ew.). An einer Abzweigung nw. von Crişeni liegt 2 km weit

Boteni, Botháza (367 m, u. e. E. 1334, 548 Ew.). Im MA. ung. Kleinadelsdorf. Ref. Kirche aus dem 13. Jh., urspr. rom., im 15. Jh. got. und im 18. Jh. barocke Elemente hinzugefügt.

Die Kreisstraße mündet nach 7 km in die DN 16, die Cluj-Napoca (Klausenburg) mit Reghin (Sächs. Regen) verbindet.

ROUTE 4/7

N. von Luduş liegen zwei zur Stadt gehörige Weiler: 2 km n. **Ciurgău** (285 m) an der Eisenbahn-linie, 4 km n. **Roşiori** (290 m) an der DJ 151.

Die DJ 151 erreicht nach 4 km n. von Roşiori an einer w. Abzweigung den Weiler

Avrămeşti, Andrássytelep (388 m, u. e. E. 1910, 314 Ew.).

2 km talaufwärts folgt **Dalu** und 3 km w. im Fundătura-Tal die Streusiedlung Fundătura (319 m). Die Straße führt weiter nach W, 8 km bis Urca > [R 3/7].

1 km n. von Avrămeşti, in der großen Biegung des Heide-Tales (Pîrîul de Cîmpie) zweigt eine KS nach N ab, führt 2 km in das große Erdgasfeld der Gemeinde

Sînger, Mezöszengyel (342 m, u. e. E. 1328, 2151 Ew.). Im MA. ung. Dorf, seit 18. Jh. starkes rum. Religionszentrum; hat auch ref. und kath. Kirchen. Ö. von Sînger, über den Berg Borza (515 m) liegt 5 km weit

Papiu Ilarian, Mezőbodon (361 m, u. e. E. 1332, 1375 Ew.). Im MA. ung. Dorf, zur Domäne Bogata gehörig. Ref. got. Kirche. Hier lebte und wirkte der rum. Pope Joan Pop, Vater des rum. Historikers und Politikers Alexandru Papiu-Ilarian (1828 – 1878).

Von Sînger im Sarchii-Tal aufwärts liegt nach 3 km das aus vereinzelten Höfen im sumpfigen Tal gebildete

Bîrza (299 m, u. e. E. 1910, 317 Ew.). Weiler, zu Sînger gehörig. Weiter nö. im Sarchii-Tal, das hier einen großen Bogen nach O und dann nach S macht, liegt nach 3 km

Tău (309 m). Weiler, zu Bărboşi gehörig.

2 km sö. befindet sich

Bărboşi, Mezőszakál (u. e. E. 1365, 1319 Ew.). Im MA. rum. Knesendorf. In Richtung O endet der Gemeindeweg nach 2 km in **Malea** im sumpfigen Tal.

Von Tău 2 km nach N liegt in kurzem sumpfigem Tal der Weiler

Ciretea (Cirtea) (320 m, u. e. E. 1956).

Die KS führt 3,5 km nach W in die Gemeinde Zău de Cîmpie.

Von der Abzweigung rechts von Sînger führt die DJ 151 weiter nach NW, 3 km am Ufer des Tăureni-Sees, nach

Moara de Jos (294 m). Weiler, zu Tăureni gehörig. 2 km weiter, im S des Stausees liegt die Gemeinde

Tăureni, Mezőtohát (299 m, u. e. E. 1454, 1943 Ew.). Der ung. Name tohát bedeutet Fischteich. Rum. Knesendorf, zum Herrenhof von Gieresch gehörig. Die Ung. sind größtenteils Nachfahren ref. Kleinadliger. 3 km sw. liegt der Weiler

Fînaţe (332 m). 4 km weit im N des Tăureni-Sees liegt der Weiler

Gaura Sîngerului (300 m). An einer Wegkreuzung, zwischen zwei Seen, liegt nach 1 km die Gemeinde

Zau de Cîmpie, Mezőzán (306 m, u. e. E. 1339,
2779 Ew.). Im MA. rum. Dorf. *Sehenswert:*
Ugron-Schloß von 1911, mit 4 Türmen, 12 Toren, 52 Zimmern und 365 Fenstern. Orthod.
Holzkirche. In der Nähe botanisches Schutzgebiet für Steppenrosen (bujori de stepă). Zentrum eines bedeutenden Erdgasfördergebietes
mit allen entsprechenden technischen Anlagen. 3 km weiter auf der DJ 151, am W-Ufer
des 7 km langen Sees, liegt

Botei, Botadülő (301 m, u. e. E. 1770, 250
Ew.). Weiler, zu Zăul gehörig. 2 km n. liegt
der Weiler

Bujor, Bozsortanya (306 m). Weiler, zu Zăul
gehörig. Ihm gegenüber am ö. Seeufer liegt

Bujor-Hodaie, Hodáj (zusammen 156 Ew.).

Die DJ 151 führt nach 4 km von Bujor in die
Gemeinde

Zau de Cîmpie, Schloß Ugron

Miheşu de Cîmpie, Mezőméhes (355 / 309 m,
u. e. E. 1293, 1957 Ew.). Nach weiteren 6,5 km n. an Sümpfen und Teichen vorbei folgt

Balda, Báld (353 m, u. e. E. 1334, 1526 Ew.). Seit 15. Jh. rum. Dorf. Hat Herrenhof, Dampfmühle
und einen Fischteich. Eine Abzweigung nach W führt 5 km in das obere Frata-Tal nach

Vişinelu, Csehtelke (346 m, u. e. E. 1340, 1086 Ew.). Im MA. rum. Dorf. 3 km von Balda auf der
DJ 151 liegt

Sărmaşu, Nagysármás (347 m, u. e. E. 1311, 4085 Ew.). Im MA. ung. Dorf. 1895 kaufte ung. Staat
von Sándor Teleki ein Gut und siedelte hier Ung. aus W-Ungarn an. Um 1910 begann hier die
Erdgasförderung. Holzkirche Sf. Archangelii. Mahnmal der im Herbst 1944 hingerichteten Juden. Hier wurden der rum. Philosoph Liviu Rusu (1908 – 1985) und der ung. Arzt Lajos Csőgör
(1904) geboren. Der nächste Ort 2 km nö. heißt

Sărmăşel, Kissármás (347 m, u. e. E. 1438, 1088 Ew.) Im MA. rum. Dorf. 1907 wurde hier bei
Kalisalzschürfung Erdgas entdeckt, 1909 wurden die ersten Bohrtürme aufgestellt, 1913 begann
die Förderung. 1914 ging die Gasleitung nach Turda in Betrieb. Holzkirche mit Glockenturm.

4 km n. an der Kreuzung der DJ 151 mit der DN 15 liegt

Sărmăşel-Gară, Bánffytanya (330 m, u. e. E. 1910, 943 Ew.). Die alte rum. Holzkirche (von
1670) stammt aus dem Dorf Dîmbu. Nach N führt die DJ 151 nach Ţagu > [R 9/7].

Die DN 16 verbindet Cluj-Napoca (Klausenburg) mit Reghin (sächs. Regen) > [RG 6], > [RG 8].

ROUTE 5/7

Diese Trasse ist eine Abzweigung nach W aus der DJ 151, hat als Ausgangspunkt Tăureni > [R 4/7] und führt nur auf KS oder Gemeindewegen. 4 km w. von Tăureni liegt

Pădureni, Mezőkók (369 m, u. e. E. 1408, 1680 Ew.), rum. Knesendorf, zum Herrenhof von Gieresch gehörig. 2 km Richtung S liegt

Clapa, Weiler, zu Tritenii de Jos gehörig. Hier wurde der rum. Schriftsteller Pavel Dan (1907 – 1937) geboren. Geburtshaus mit Gedenktafel.

In einem linken Seitental des Bolduţ-Tales liegt 4,5 km weit von Pădurenii

Tritenii de Jos, Alsódetrehem (364 m, u. e. E. 1332, 1979 Ew.). Im MA. ung. Dorf, zum Herrenhof Gieresch gehörig, seit 16. Jh. rum. An einer Abzweigung nach S liegt 2 km weit

Tritenii Hotar, Trisoraitanyák (337 m, u. e. E. 1910, 465 Ew.), Weiler, zu Tritenii de Jos gehörig. 4,5 km w. von Tritenii de Jos liegt an einem Serpentinenweg über dem Kapellenberg (445 m) an dessen West-Hang

Tritenii Colonia, Detrehemtelep (Kincstáritelep) (330 m, 477 Ew.). 1903 wurde vom ung. Staat hier (mit ung. und rum. Siedlern) ein neuer Weiler gegründet. Die ref. Ung. kamen aus Nachbardörfern (Viişoara) und aus Ung. Von hier führt eine AS an die Kreisstraße im Bolduţ-Tal > [R 3/7]. 2 km n. von Tritenii de Jos folgt

Tritenii de Sus, Felsődetrehem (412 m, u. e. E. 1441, 1353 Ew.), rum. Knesendorf, zum Herrenhof in Gieresch gehörig. 3 km weiter ö., jenseits der Kreisgrenze, liegt

Valea Pădurii (474 m), Weiler, zu Valea Largă gehörig.

3 km ö. befindet sich in dem Valea-Morii-Tal die Gemeinde

Valea Largă, Mezőceked (Cikud) (307 m, u. e. E. 1279, 2992 Ew.). Am Anfang ung., nach 15. Jh. rum. Dorf, zum Herrenhof von Luncani gehörig. Rum. Holzkirche, 1733 bemalt. Über eine 5 km lange AS gelangt man durch das Erdgasfeld nach Zăul de Cîmpie. Weiter in Richtung N liegt 1 km weit

Poduri (303 m), Weiler, zu Valea Largă gehörig. Eine Abzweigung nach links führt 2 km nach Valea Şurii (317 m). Im Frata-Bachtal (Valea Morii) folgt nach 2 km

Valea Frăţii, Frátaipatak (307 m, 336 Ew.), Weiler, zu Valea Largă gehörig.

Nö. von Poduri gelangt man nach 1 km zum Weiler

Valea Urieşului, Uries (305 m, u. e. E. 1910, 331 Ew.). 2 km in Richtung NO erreicht der Gemeindeweg

Valea Glodului (308 m, u. e. E. 1770, 280 Ew.), Weiler, zu Valea Largă gehörig.

Schon im Kreis Klausenburg (Judeţ Cluj-Napoca) liegt im Frata-Tal 3 km nö.

Poiana Frăţii (311 m) im Morilor-Tal. Weiler, zu Frata gehörig.

Die Straße führt nach N 5 km nach Frata > [R 3/7].

ROUTE 6/7

Kurz nach Bujor, an der DJ 151, zweigt die DJ 151A nach O ab, eine Abzweigung nach S führt 2,5 km in die junge Streusiedlung

Pădurea, Szteunia (330 m, u. e. E. 1910, 415 Ew.), Weiler, zu Şăulia gehörig.

An der DJ 151A, 4 km ö., liegt die Gemeinde

Şăulia, Mezősalyi (353 m, u. e. E. 1377, 1969 Ew.). Im MA. rum. Knesendorf. Im SW von Şăulia, an einer Abzweigung nach 4 km liegt

Leorinţa, Lőrincdűlő (453 m, u. e. E. 1786, 394 Ew.), Weiler, zu Şăulia gehörig. Steppenlandschaft auf den flachen Hängen mit vielen Rutschungshügeln. Die DJ 151A führt weiter nach SO nach Grebenişu > [RG 8]. In Richtung N überquert ein Gemeindeweg den Stausee Boilor und führt 2 km in die Ortschaften

Şeuliţa (307 m), Weiler, zu Răzoare gehörig. 2 km talaufwärts liegt der Weiler

Mogoaia, 3 km führen von der Höhe hinab nach

Răzoare, Mezővelkér (359 m, u. e. E. 1293, 1793 Ew.). Seit 1394 rum. Knesendorf, zum Herrenhof in Kerzing (Gorneşti) gehörig. Hier wurde der Medizinhistoriker jüd. Abstammung József Spielmann geboren. 2 – 4 km ö. liegen die weit auseinandergelegenen Einzelhöfe von

Ştefanica (Ştefănuca) (363 m), Weiler, zu Răzoare gehörig.

Von Şăulia 4 km nach O liegt an einer Abzweigung

Bologaia (322 m). Entlang des Stausees liegt 2 km nö.

Văleni (317 m), Weiler, zu Pogăceaua gehörig. Am N-Ende des Sees liegt der Weiler

Ciulea (319 m). Die Straße führt 5 km weiter nach Pogăceaua > [RG 8].

ROUTE 7/7

Von Sărmăşel-Gară > [R 4/7] an der DN 16 liegt 5 km ostwärts im Silvaşul-Tal

Satu Nou, Kisakasztó (338 m, u. e. E. 1329). Der Weiler gehörte bis 1910 zu Dîmbu. Eine Abzweigung nach S, die DJ 152, führt 3 km nach

Dîmbu, Meződomb (356 m, u. e. E. 1316, 1336 Ew.), erstmalig erwähnt als Gut Szekler Adeliger. Seit 15. Jh. rum. Knesendorf. Ehem. rum. Holzkirche steht jetzt in Sărmăşel-Gară. An einer Wegkreuzung im Şesu-Tal folgt nach 3 km

Sînpetru de Cîmpie, Uzdiszentpéter (370 m, u. e. E. 1303, 1773 Ew.). Ung. und rum. Dorf, seit 1664 im Besitz der Fam. Teleki. Zum Herrenhof gehörten auch umliegende Dörfer. Die rum. Holzkirche (1711) wurde zwischen 1752 und 1780 bemalt.

Nw. von Sînpetru an einem Gemeindeweg liegt 3,5 km weit

Tuşinu, Aranylábutuzson (361 m, u. e. E. 1316, 1362 Ew.). Im MA. ung. Dorf, zum Herrenhof in Sînpetru gehörig.

3,5 km nö. von Sînpetru liegt

Sîngeorgiu de Cîmpie, Mezőszentgyőrgy (372 m, u. e. E. 1332, 811 Ew.). Im MA. rum. Knesendorf, zum Herrenhof in Urmeniş gehörig.

An einer Abzweigung im S von Sînpetru liegt 3 km weit der Weiler

Bîrlibaş (325 m).

Von der Kreuzung bei Satu Nou führt die DN 16 6 km nach N nach

Silivaşu de Cîmpie, Mezőszilvás (381 m, u. e. E. 1321, 1322 Ew.). Im MA. ung. Dorf, ist im 15. Jh. Wüstung geworden, ab 1473 rum. Dorf. Nachdem die Banater Burg Lippa 1551 von Türken erobert worden war, siedelten sich hier einige serb. Landsknechte an. Gehörte im 17. Jh. der Fürstenfamilie Rakóczi. Die DN 16 führt weiter nach Urmeniş > [RG 8]. An der DJ 152 in einem nw. Seitental liegen die Höfe der Streusiedlung

Fînaţele Silivaşului (3 km).

An einer Abzweigung nach NO von der DJ 152 liegt 3 km weit **Scoabe.**

Die Hauptstraße führt nach 5 km in das Dorf

Visuia, Mezőviszolya (395 m, u. e. E. 1329, 1129 Ew.). Um 1310 gehörte es zum Weißenburger Kapitel. Nach Totalzerstörung um 1600 wurde das ehem. ung. Dorf rum. und gehörte zum Herrenhof in Urmeniş. Alte ung. Kirche war um 1639 schon verfallen.

An der Wasserscheide, auf derselben Kreisstraße 3 km n., liegt die Gemeinde

Miceştii de Cîmpie, Mezőkecsed (360 m, u. e. E. 1326, 823 Ew.). Hatte im MA. kath. Pfarrer, heute rum. Dorf.

Die Straße führt weiter nach Sînmihaiu de Cîmpie > [RG 5].

Eine Abzweigung nach SO führt 5 km nach

Fîntîniţa, Köbölkút (388 m, u. e. E. 1297, 987 Ew.). Im MA. ung. Dorf, zu Weißenburger Kapitel gehörig.

ROUTE 8/7

Von Sărmăşel-Gară w. führt die DN 16 nach 5 km in die Gemeinde

Cămăraşu, Pusztakamarás (360 m, u. e. E. 1322, 1789 Ew.). Ung. Dorf, gehörte im 17. Jh. der Fam. Kemény (Schloß). Hier liegt der ung. Schriftsteller Freiherr Zsigmond Kemény (1814 – 1875) begraben; Geburtsort (1927) des ung. Schriftstellers András Sutő. Die 1758 renovierte ref. Kirche ist mit Wappen der Fam. Kemény, Wesselényi und Rhédei geschmückt. 4 km s. von Cămăraşu in einem Seitental liegt

Năoiu, Novaj (346 m, u. e. E. 1320, 1143 Ew.). Ebenfalls 4 km w. von Cămăraşu zweigt ein Weg nach NO ab und erreicht in großem Bogen von 3 km

Sîmboleni, Mezősszombattelke (447 m, u. e. E. 1322, 1217 Ew.). Rum. Dorf, der Fam. Kemény gehörig. 6 km weiter auf der Fernstraße zweigt ein Weg nach N ab und führt 2 km nach

Roşieni (320 m), Weiler, zu Mociu gehörig. Weitere 3 km an der DN 16 liegt

Mociu, Mócs (357 m, u. e. E. 1329, 2924 Ew.). Im MA. ung. Dorf, seit 18. Jh. Jahrmarktsrecht. Ref. Kirche gehörte zu Boteni, ist seit 18. Jh. Mutterkirche. Hier wurde 1912 der ung. Dichter und Übersetzer Jenő Kiss geboren. Die DN 16 führt nach W weiter nach Ghirişu Romăn > [RG 8]. Nw. von Mociu liegt an einem Gemeindeweg 3,5 km weit

Chesău, Mezőkeszü (339 m, u. e. E. 1312, 556 Ew.). Im MA. ung. Dorf. Ref. got. Kirche hat Renaissance-Südportal von 1521 mit Inschrift: „Hanc postem fecerunt fabricari Anthonius Veres, Thomas Novai 15 XXI". Auf Gemarkung sind Steinbrüche.

5 km von Sărmăşel-Gară nach NW, an der sw. Abzweigung nach Sîmboleni vorüber, zweigt eine AS nach N ab, führt weitere 2 km zur Abzweigung einer AS, 1 km nö. nach

Valea Caldă (300 m). Nach weiteren 4 km führt die AS am Cătina- und Geaca-Stausee in die Gemeinde

Geaca, Gyeke (326 m, u. e. E. 1213, 1153 Ew.). Im MA. ung. Dorf, den Fam. Wesselény und Kornis gehörig. Großer Fischteich. Die AS führt weiter nach Sucutard > [RG 3]. An einer Abzweigung 4 km nach W liegt die Ortschaft

Legii, Magyarlégen (255 m, u. e. E. 1228, 607 Ew.). Im MA. ung. Dorf im Klausenburger Komitat.

ROUTE 9/7

Von Sărmăşel Gară führt die z. T. geteerte DJ an der Bahnlinie entlang nach 1,5 km n. zu einer Abzweigung, die 1 km nach O führt, zu dem rum. Dorf

Ţagşoru, Kiscég (375 m, u. e. E. um 1310, 637 Ew.). Im Haupttal folgt nach 5 km

Ţagu, Nagycég (378 m, u. e. E. 1310, 923 Ew.), seit 14. Jh. rum. Dorf. An der wieder geteerten Straße folgt nach 3 km der Weiler **Budeşti-Fînaţe** mit Bahnstation. 4 km n. liegt die Gemeinde

Budeşti, Búdatelke (400 m, u. e. E. 1316, 1553 Ew.). Hatte 1318 kath. Frauenkirche. War bis 1600 ung., dann rum. Dorf, zum Herrenhof in Sînpetru gehörig. Von hier führt die Straße nach Zoreni weiter > [RG 5].

Von Ţagu an der DJ 151 führt eine Abzweigung nach NW nach

Cătina, Katona (322 m, u. e. E. 1310, 1824 Ew.), hatte 1332 eigenen kath. Pfarrer. Die im 16. Jh. gebaute ref. Kirche wurde 1817 geschleift, eine neue ref. Kirche gebaut. Hier wurde 1900 der ung. Maler Jenő Barcsay geboren. S. von Cătina, an einer Abzweigung, liegt nach 3 km

Hagău, Hágotanya (360 m, u. e. E. 1913, 532 Ew.), Weiler, zu Cătina gehörig.

Von Cătina nach N führt ein Gemeindeweg 5 km nach

Copru, Kapor (357 m, u. e. E. 1329, 380 Ew.), rum. Knesendorf, zu Komitat Doboka gehörig. 9 km w. von Copru liegt

Feldioara, Melegföldvár (346 m, u. e. E. 1316, 1076 Ew.). Im MA. ung. Dorf, zum Herrenhof der Fam. Földvári gehörig.

REISEGEBIET 8

Tîrgu Mureş / Neumarkt a. Mieresch / Marosvásárhely

Dieses Gebiet umfaßt den südöstlichen Teil der Siebenbürgischen Heide, den nördlichen Teil des Kokelhochlandes und die fruchtbaren Täler des Mieresch und Niraj. Das von der Landwirtschaft geprägte Gebiet umrahmt den Kreisvorort Tîrgu Mureş, die einzige bedeutende Industriestadt dieser Gegend.

Geschichtlich betrachtet ist dieser Landesteil alter Komitatsboden sowie Teil des Szeklerstuhls Maros. Im westlichen Teil sind mehr rumänische, im östlichen Teil mehr ungarische Dörfer und Marktflecken mit ihren typischen Bauten, Trachten und Überlieferungen. Neumarkt a. Mieresch sollte wegen seinen Kulturstätten, Baudenkmälern, wegen der Universität und den Museen besucht werden. Touristisch anziehend ist die weite Heidelandschaft mit schilfbekränzten Stauseen, die sanfte Hügellandschaft mit den zahlreichen Weinbergen und Obstplantagen. Zahlreiche romanische und gotische Steinkirchen, klassizistische Gutshäuser und Barockschlösser, malerische Holzkirchen – rechts und links der Europastraße E 15 (DN 15), die dieses Gebiet von W nach O durchquert – laden zum Besuch ein, der zu einem Erlebnis werden kann.

ROUTE 1/8

Die DN 15 (E 15) verläßt Luduş in ö. Richtung und erreicht nach 13 km die Ortschaft Iernut, hier zweigt ein Gemeindeweg 6 km nach S ab Richtung

Sălcut, Szélkút (363 m, u. e. E. 1332, 419 Ew.); war ung., nach dem „Schwarzen Tod" (Pest) (1350) rum. Dorf.

An der DN 15 am n. Miereschufer liegt

Iernut, Radnuten, Radnót (276 m, u. e. E. 1257, 6035 Ew.). Im MA. ung. Dorf mit Herrschaftssitz, dem die umliegenden Dörfer untertan waren. *Sehenswert: rum. Holzkirche,* ref. spätgot. Kirche (1486) mit schönen Fenstern; im Kirchhof *alte Grabsteine.* – Das *Radnuter Schloß* wurde 1545 im Renaissancestil von Gáspár Bogáti erbaut, 1574 umgebaut (Torfassung). Um 1620 wirkte hier Kanzler Simon Péchi mit Wiedertäufern. Burg wurde unter Fürst György Rácóczi II. nach Plänen des venez. Arch. Agostino Serena (1650 – 1660) in spätgot. und Renaissancestil (zwei Loggias an der S-Seite, vier Eckbasteien) umgebaut. Heute Sitz einer landwirtsch. Schule. Volksfest zu Winterfeiertagen (2. – 4. Jan.). Liegt in der Mieresch-Au, hat viel unter Überschwemmungen zu leiden. Eine Abzweigung führt über eine Gemeindestraße 8 km in das s. gelegene

Deag, Marosdég (353 m, u. e. E. 1332, 865 Ew.); war ung. Siedlung, seit 15. Jh. zahlt das rum. Dorf Schafszins.

Von Iernut zweigt ein Weg am rechten Miereschufer ab und gelangt nach 2 km nach

Sf. Gheorghe, Csapószentgyörgy (u. e. E. 1347, 437 Ew.). Bis 1660 ung. Dorf, nachher Wüstung.

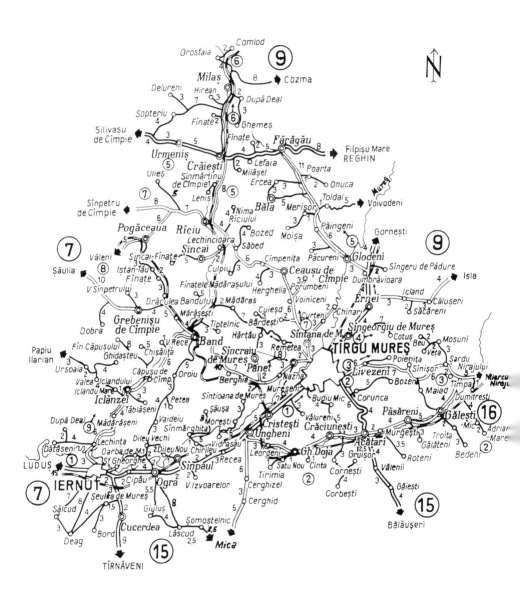

2 km ö. von Iernut zweigt die DN 14A nach S ab. Ein Gemeindeweg 2 km s. der Bahnlinie führt w. 1 km in das Şeulia-Tal, in die Ortschaften

Şeulia de Mureş, Románsályi (310 m, u. e. E. 1372, 998 Ew.). Rum. Dorf. 3,5 km s. liegt

Bord (358 m, u. e. E. 1461, 602 Ew.), rum. Knesendorf, zum Herrenhof Ujfalu gehörig.

Die DN 14A führt 2 km nach der Abzweigung (Şeulia) nach

Cucerdea, Románkocsárd (322 m, u. e. E. 1278, 1531 Ew.); ung. kath. Dorf, seit 16. Jh. rum. Knesendorf, zur Burg Radnuten gehörig.

Die DN 14A führt nach S nach Tîrnăveni > [RG 15].

Wieder auf der DN 15, gelangt man, 4 km von Iernut entfernt, nach

Cipău, Maroscsapó (287 m, u. e. E. 1332, 1101 Ew.); ung. Dorf. Ref. got. Kirche, hölzerne Innenausstattung ist Werk des Mediascher sächs. Tischlermeisters Stephanus Hoch von 1743. Reiche archäol. Ausgrabungen (Tumulus aus früher Eisenzeit, Urnengräber aus Zeit der Völkerwanderung u. a.) in Museen (Tîrgu Mureş) aufbewahrt. Nach 4 km auf der DN 15 folgt

Ogra, Marosugra (302 m, u. e. E. 1367, 1462 Ew.). Im MA. zur Domäne Sînpaul gehöriges ung. Dorf. Gabriel Haller erwarb 1803 Marktrecht für Ogra, erbaute hier Gutshof. Archäol. Ausgrabungen aus Hallstattzeit, in Tîrgu Mureş ausgestellt. Im Herbst 1944 schwere Kämpfe der rum.-russ. Armee beim Mierreschübergang. Eine Abzweigung s. von Ogra führt 6 km in die Ortschaft

Giuluş, Gyulas (333 m, u. e. E. 1413, 472 Ew.). Rum. Knesendorf, zum Herrenhof von Ujfalu gehörig. Zeitweilig hatten auch sächs. Gräfen von Hetzeldorf (die Thobiassy) hier Besitz.

4 km s. liegt **Sub Pădure,** zu Tîrnăveni gehörig.

Von der Bahnüberführung von Ogra 8 km nach S liegt

Lascud, Lackod (337 m, u. e. E. 1414, 475 Ew.). Rum. Knesendorf, zum Herrenhof von Sînpaul gehörig. 3 km über den Höhenrücken nach O liegt das Dorf

Şomoştelnic, Somostelke (Futak) (322 m, u. e. E. 1339, 542 Ew.). Über den Berg (Wasserscheide) zur Kleinen Kokel (449 m) führt der Weg an die Straße nach Mica.

Von Ogra zweigt ein Gemeindeweg nach N und erreicht über eine Abzweigung

Oarba de Mureş, Marosorbó (327 m, u. e. E. 1690, 372 Ew.). Rum. Soldatenfriedhof und -denkmal zur Erinnerung an die im Herbst 1944 im Kampf gegen faschistische Truppen gefallenen rum. Soldaten. N. der Abzweigung liegt 1 km von Oarba an der DJ 151A

Dileu Vechi, Romándellő (306 m, u. e. E. 1461, 654 Ew.); rum. Dorf, zu Dileu Nou gehörig. Von zahlr. ung. Kleinadeligen und rum. Leibeigenen bewohnt. Hier wurde der ref. Bischof János Antal (1767 – 1854) geboren. 3 km n., an der DJ 151G, liegt in der Siebenbürgischen Heide das rum. Dorf

Vaideiu, Neudorf, Mezőújfalu (320 m, u. e. E. 1461, 472 Ew.).

4 km nö. liegt an einer sö. Abzweigung 1 km weit das rum. Dorf

Petea, Mezőpete (350 m, u. e. E. 1447, 464 Ew.). 3 km n. der Abzweigung folgt das Szeklerdorf

Oroiu de Cîmpie, Mezőuraly (369 m, u. e. E. 1332, 200 Ew.).

2 km weiter ö. von Dileu Vechi am rechten Mireschufer liegt

Dileu Nou, Magyardellő (281 m, u. e. E. 1344, 358 Ew.). Im MA. ung. Dorf, Besitztum des Adelsgeschlechts Jármi. Über den Mieresch führt ein Gemeindeweg 1 km nach

Sînpaul, Kerelőszentpál (290 m, u. e. E. 1332, 1287 Ew.). Seit 1610 Haller-Gut. Hier bauten Stefan Haller und sein Sohn Johann (1610 – 1674) einen Herrenhof. Dieser wurde in den Kurutzenkriegen zerstört, an derselben Stelle wurde ein Barockschloß gebaut (mit Haller- und Kornis-Wappen geschmückt). Auf dem Kapellenberg Familiengruft des Haller-Geschlechts. Kath. Kirche vor 1775 ref., im Barockstil umgebaut von Gabriel Haller. Der sb. Fürst Stefan Báthori besiegte am 9. 7. 1575 in der Schlacht von Sînpaul mit Hilfe des sächs. Heerbannes ein eingedrungenes kaiserl. Heer. Über die Bahnlinie führt ein Weg 0,5 km hinauf auf die Terrasse an die DN 15. 2,5 km weiter auf der DN 15 zweigt ein anderer Gemeindeweg nach S ab und gelangt nach 2 km nach

Valea Izvoarelor (Beşineu), Buzásbesenyő (321 m, u. e. E. 1349, 1268 Ew.). Ung. Dorf, zum Herrenhof von Sînpaul gehörig. Laut Überlieferung stammt die Glocke in der ref. Kirche aus Chirileu (wurde in Kronstadt gegossen) und wurde von ung. Ansiedlern mitgebracht. Nach 2 km auf der DN 15 führt eine Abzweigung über die Bahnlinie an das Mieresch-Ufer nach N 4 km nach

Chirileu, Kerelő (290 m, u. e. E. 1332, 700 Ew.). Im MA. zur Burg von Sînpaul gehöriges ung. Dorf; nach 1661 wurden hier griech.-kath. Rum. angesiedelt. Die Ung. übersiedelten nach Kleinkopisch und Valea Izvoarelor. 1 km weit, über den Mieresch, liegt

Sînmărghita, Mezőszentmargita (320 m, u. e. E. 1408, 422 Ew.). Rum. Dorf, war später lange Zeit Wüstung im Thorenburger Komitat. 3 km n. liegt die Doppelortschaft

Şăuşa (Şiauşia), Salzbach, Kerelősóspatak (Székelysóspatak) (u. e. E. 1414, 497 Ew.). Salzquellen. 3 km auf der DN 15 nach NO folgt beim Weiler **Recea, Rejcsa-Fogadó** eine Abzweigung nach N, führt nach 1 km über die Bahnlinie in das Dorf

Vidrasău, Vidraszék (292 m, u. e. E. 1383, 857 Ew.). Auf seiner Gemarkung sind Salzbrunnen. Es liegt an der Mündung des Niraj in den Mieresch.

3,5 km ö. Recea zweigt aus der DN 15 die DJ 151B in Richtung S ab und erreicht nach 6 km in einem ö. Nebental

Cerghizel, Kiscserged (314 m, u. e. E. 1263, 493 Ew.); gehörte ursprüngl. zu Abtsdorf bei Klausenburg. Nach dem 14. Jh. Wüstung, vom 17. Jh. an rum. Dorf, zum Herrenhof in Teremia Mare gehörig. 3 km s. folgt an der DJ 151B

Cerghid, Nagycserged (344 m, u. e. E. 1263, 715 Ew.); zur Benediktinerabtei in Abtsdorf (Klausenburg) gehöriges ung. Dorf, seit dem 15. Jh. rum. Knesendorf. N. der Abzweigung der DJ 151B liegt zwischen dem Niraj und der Bahnlinie

Ungheni (Niraşteu), Nyárádtő (302 m, u. e. E. 1332, 2465 Ew.). Szeklerdorf, wurde 1600 und 1660 stark verwüstet, dann teilw. mit Rum. wiederbevölkert. Hier wurde der ung. Botaniker Erasmus Gyula Nyárády (1881 – 1966) geboren. Die rum. Kirche stammt aus 1858. Auf der Gemarkung liegt der Flughafen von Tîrgu Mureş. 5 km nö. nach Ungheni liegt in der Mieresch-Au

Cristeşti (Mureş-Cristur), Maroskeresztúr (302 m, u. e. E. 1332, 3237 Ew.). Im MA. Szeklerdorf. Nach den kriegerischen Ereignissen von 1660 haben die Gutsherren Vas hier auch rum. Leibeigene angesiedelt. In der ref. Kirche befand sich Kelch von 1650 aus der neben Preßburg (Slowakei) liegenden Stadt Modor. Archäol. Ausgrabungen aus Jungsteinzeit, Daker- und Römerzeit (bes. Keramik), in Tîrgu Mureş ausgestellt. Eisenbahnknotenpunkt: Abzweigung der Linie in das Niraj-Tal und nach Sovata. Auf der DN 15 folgt nach 3 km nö. die Abzweigung und erreicht nach 5 km

Vălureni, Székelykakasd (u. e. E. 1515, 927 Ew.); Szeklerdorf. Die 1600 gebaute ref. Kirche gehörte bis 1706 zu Nicoleşti. 0,5 km von der Abzweigung nach Vălureni zweigt nach N eine Straße 0,5 km ab in das Dorf

Mureşeni, Megyesfalva (307 m, u. e. E. 1390, 4986 Ew.), eine Vorortgemeinde von Neumarkt (Tîrgu Mureş). Urspr. Szeklerdorf des Geschlechts Medgyes, seit 17. Jh. meist von Rum. bewohnt. Hier steht die große Tîrgu Mureşer Zuckerfabrik.

Die DN 15 führt nun durch die Industrie- und Vorortviertel von Neumarkt. Nach 2 km zweigt nach S eine Straße ab, führt nach 5 km sö. in das Dorf

Budiu Mic, Hagymásbodon (384 m, u. e. E. 1408, 412 Ew.); Szeklerdorf. Die ref. Kirche (1806) gehörte zur Mutterkirche in Corunca. Auch die Zigeuner sind ref. Der ref. Pfarrer László Szőke hat einen Teil der Bibel in die Romani-(Zigeuner-)Sprache übertragen.

Tîrgu Mureş, Neumarkt a. Mieresch, Marosvásárhely (330 m, u. e. E. 1332, 1992: 163.625, davon 555 dte. Ew.). Hatte schon 1332 eigenen kath. Pfarrer. Lat. unter Novum Forum Siculorum (Szeklerneumarkt) bekannt. Von Anfang an Marktflecken mit berühmtem Kornmarkt (lat. auch Agropolis genannt), seit 1482 freie königl. Stadt. Hauptstadt und Kulturzentrum des Szeklerstuhls Maroş. Nach Reformation bestand hier berühmte kalvinist. Schule, wo auch Laskai Csókás Péter (Mitarbeiter am Caleginus-Wörterbuch) und der Humanist Baranyai Décsi János (1560 – 1601) als Schulmeister wirkten. – Nach den grausamen Plünderungen durch Basta-Söldner 1601 ließ Stadtrichter Tamás Borsos 1605 Burg um ref. Kirche bauen. War im 17. Jh. blühendes Handwerkerzentrum mit über 30 Zünften ung. Bürger und Sachsen. 1658 eroberten Türken die Stadt, 3000 Bewohner gerieten in Gefangenschaft. T. M. wurde durch ref. Kollegium und Teleki-Bibliothek zu wichtigem Kulturzentrum. Im 19. Jh. hat sich die Stadt zur größten der Szeklerstädte entwickelt. Prachtvolle Bürgerhäuser entstanden, vor allem in der Innenstadt (der Hauptmarkt heißt „Rosenplatz"). In den Kriegsjahren (1940 – 1944) ist Neumarkt mit N-Sb. an Ung. annektiert worden. Nach dem Krieg erfuhr sie starke Industrialisierung (Kunstdünger- und Stickstoffkombinat, Foto-, Medikamenten-, Textil-, Leder-, Elektronikfabriken usw.). Seit über 30 Jahren Universitätsstadt mit medizinischen, pharmazeutischen, pädagogischen, techn. Fakultäten und Schauspielschule „Szentgyörgyi István". Durch die Sanierung ganzer Altstadtviertel hat sich die Stadt am Mieresch viel verändert. Große und unwohnliche *Neubauviertel*, neues Stadtzentrum mit modernem Theater, Hotels und Einkaufszone, neuen Kliniken entstanden in den letzten Jahren. Die Stadt war Ort blutiger Ereignisse anläßlich der Revolution vom Dez. 1989 und den Nationalitätenkonflikten (Rum. und Ung.) vom März 1990. Bedeutendes Kulturzentrum der Sb. Ung. und Rum. *Sehenswert*: Die *ref. Kirchenburg* entstand im 15. Jh., war urspr. fünfeckige, sternförmige Burg, von der nur Grundmauern und drei Basteien erhalten blieben. Wurde im 17. Jh. mit Hilfe der Zünfte erweitert und ausgebaut (Gerber-, Böttcher- und Schneiderturm). Inmitten der Burg steht ref. Kirche, die im 15. Jh. an Stelle des alten Dominikaner- und Franziskanerklosters im spätgot. Stil errichtet wurde. Besteht aus einem Langhaus mit zahlr. Anbauten, 1601/02 verwüstet, wieder aufgebaut. Glockenturm 66 m hoch. Hier fanden 37 sb. Landtage statt, hier wurde 1704 Franz Rákóczi zum sb. Fürsten gewählt. Aus Franziskanerschule von 1357 entstand später, durch Vereinigung mit Weißenburger Gymnasium, das ref. Kollegium (17./18. Jh.). – *Röm.-kath. Kirche*, 1728 bis 1750 vom Jesuitenorden im Barockstil erbaut, später mit Elementen der Neurenaissance ergänzt. Zwei Türme an Hauptfront wurden durch Tympanon verbunden. Der *Kulturpalast* wurde 1911 – 1913 von den Arch. Komór und Jakab im ung. Jugendstil erbaut, Fassade mit Basoreliefs, Statuen, Balkonen, Fenstergruppen, Erker und Mosaik geschmückt. Im ersten Stock Spiegelsaal (Eingangshalle) mit 12 Fresken von Ede Wigand Toroczkay (Szenen aus Szekler Legenden), im zweiten Stock Glasmalerei, Fürst Gabriel Bethlen darstellend. Beherbergt zahlr. Kultureinrichtungen: Konzertsaal, Kunstgalerie, Bibliothek und Musikschule. Im Parterre große Orgel mit 4463 Pfeifen und 63 Registern. – Die *Dokumentarbibliothek S. Teleki* (Piaţa Bolyai 13), gegr. Anfang 18. Jh. von Graf Samuel Teleki (sb. Kanzler 1791 – 1822), umfaßt rund 40.000

Bände, darunter 65 Inkunabeln, 1200 vor 1711 gedruckte Werke, 44 Erstausgaben und zahlr. seltene Bücher. Seit 1955 befindet sich hier auch die *Dokumentar-Bibliothek Bolyai* (50.000 Bände) sowie die Bolyai-Gedenkstätte. – Das *Teleki-Haus* (Piaţa Bernády 3), Baudenkmal im Barockstil, wurde 1797 – 1809 erbaut. – Das *Haus der königl. Tafel* ist ein Barockbau von 1789, wurde 1827 von der Witwe des Elek Kendeffy der Tafel zum Geschenk gemacht. 1793 wurde hier der wissenschaftl. Verein gegründet. Die „Tabula Regia Judiciaria" war Berufungsinstanz. – Das *Apollo-Palais* wurde 1820 von Samuel Teleki gestiftet und diente als Theater. – Das *Toldalaghy-Schloß* ist ein Rokokobau des franz. Arch. Jean Luidor von 1759 – 1762. Beherbergt eine Museumsabteilung für Geschichte und Ethnographie. – Das *Kreismuseum* ist im neoklass. Bau (1890 – 1893) untergebracht, beherbergt wertvolle hist., volkskundl. und naturwiss. Sammlungen. – Das *Bolyai-Lyzeum* setzt die Traditionen des ehem. ref. Kollegiums fort. Hier lernten auch viele Rum., u. a. Gheorghe Şincai und Petru Maior. – Die *Minoritenkirche* wurde 1741 – 1767 im Barockstil erbaut. – Das *Nationaltheater* (mit rum. und ung. Abteilung) ist ein moderner Neubau, kombiniert mit Elementen traditioneller Baukunst (Arch. C. Săvescu, V. Slascu und C. Wohl). – *Orthod. Holzkirche* „Sf. Arhangheli" aus dem 18. Jh. – *Orthod. Kathedrale*, Monumentalbau in Form eines byzant. Kreuzes, im vierten Jahrzehnt dieses Jh. errichtet. – *Sehenswerte Häuser*: Pálffi-Haus (18. Jh.), Görög-Haus (von Sándor Petőfi auf Durchreise bewohnt), Haller-Haus (18. Jh.); Herberge: „La Calul Bălan" (Aufenthaltsort von Mihai Eminescu). – *Standbilder*: der Mathematiker Farkas und János Bolyai (1957); Büste Al. Papiu-Ilarian; Reiterstandbild Avram Iancus (1968); Büste Nicolae Bălcescus; Denkmal der Sze-

Tîrgu Mureş (Neumarkt a. M.), Teleki-Bibliothek

Tîrgu Mureş (Neumarkt a. M.), Nationaltheater

Tîrgu Mureş (Neumarkt a. M.), Rathaus

kler Märtyrer; Heldendenkmal des rum. Soldaten.

Naherholungsgebiete: Sport- und Erholungskomplex „*Mureşul*", im NO der Stadt, in einem Park am Miereschufer gelegen. Badegelegenheit am Mieresch-Stausee, Schwimmbecken, Sportanlagen, Wassersport, im Winter Eislaufen. Unterkunft in Bungalows, Campingplatz, Gaststätte. In unmittelbarer Nähe auf Anhöhe Erholungsgebiet „*Platoul Corneşti*", Somostető: Aussichtsturm, Restaurant, Campingmöglichkeiten neben ausgedehntem Waldgebiet, in dem sich ein Zoo mit einheimischen Waldtieren befindet. Vergnügungsfahrten für Kinder mit Mini-Eisenbahn. Sommertheater; idealer Platz für Wiesenfeste.

ROUTE 2/8

Diese Route nimmt ihren Anfang an der DN 15 kurz vor Ungheni und verfolgt das Niraj-Tal aufwärts. Die erste Ortschaft an der DJ 151D ist, 3 km weit,

Leordeni, Lőrincfalva (311 m, u. e. E. 1483, 439 Ew.). Szeklerdorf. 2 km weiter folgt

Gheorghe Doja, Dózsa György (Lukafalva) (303 m, u. e. E. 1333, 561 Ew.). Szeklerdorf. Lukafalva und Ilencfalva hatten gemeinsame ref. Kapelle aus 17. Jh.; wurde 1750 durch neue ref. Kirche ersetzt, desgleichen der alte Holzglockenturm durch Steinturm (1781). An einer kurzen Abzweigung nach SW liegt anschließend, jenseits der Bahnlinie

Satu Nou, Teremiújfalu (314 m, u. e. E. 1473, 734 Ew.). Ung. Dorf, zum Herrenhof in Tirimia gehörig, war Leibeigenendorf im Kokelburger Komitat. Am Ende der Abzweigung erstreckt sich im W.

Tirimia, Nagyteremi (330 m, u. e. E. 1264, 1140 Ew.). War im 13.–14. Jh. Gut der Benediktinerabtei in Abtsdorf bei Klausenburg (Cluj-Mănăştur), im 15.–16. Jh. Herrschaftsbesitz der Fam. Sükösd. Das berühmte Grabmal des György Sükösd († 1631) ist ein Meisterwerk des Klausenburger ung. Steinmetzen Péter Diószegi; stand früher in der Kirche von Tirimia, wird jetzt im Klausenburger Hist. Museum aufbewahrt. Der neue Grundherr Johann Bethlen hatte 1672 unit. Kirche für seine ref. Glaubensgenossen übernommen. Die Bethlens haben hier rum. Leibeigene seßhaft gemacht. Am linken Niraj-Ufer, s. der Bahnlinie, an einer Abzweigung nach S liegt

Cinta, Fintaháza (305 m, u. e. E. 1451, 421 Ew.). Szeklerdorf. Ref. Kirche gehörte im 17. Jh. zu Nicoleşti, ist seit 1710 Mutterkirche. S. von Cinta, anschließend in einem Seitental, liegt das ehem.

Tirimioara, Kisteremi (317 m, u. e. E. 1262, 234 Ew.). Im 13. – 14. Jh. gleiches Schicksal wie Tirimia. Vom 15. Jh. an rum. Dorf, zum Herrenhof von Tirimia gehörig. Am rechten Niraj-Ufer, an der DJ 151D, folgt nach 3 km

Nicoleşti, Káposztás-Szentmiklós (323 m, u. e. E. 1332, 700 Ew.); seit 1964 mit Crăciuneşti vereinigt. 3 km ö. liegen der Weiler **Ciba** und die Gemeinde

Crăciuneşti, Nyárádkarácsonyfalva (325 m, u. e. E. 1444, 2365 Ew.). Szeklerdorf. Im MA. ref. Kirche, auch Rum. hatten 1762 eigenes Gotteshaus. Ref. Kirche aus 1661 besitzt wertvolle Kirchenkelche. In eine der größten Zigeunersiedlungen in Sb., ö. von Crăciuneşti, zweigt ein Gemeindeweg nach S ab und erreicht nach 3 km

Corneşti, Somosd (339 m, u. e. E. 1497, 1030 Ew.). Szeklerdorf. 1797 wurde neue ref. Kirche gebaut, wobei Steine vom ma. Bau verwendet wurden. Eine weitere Abzweigung aus der Kreisstraße nach S erfolgt aus dem 2 km ö. gelegenen

Stejeriş, Cserefalva (317 m, u. e. E. 1497, 357 Ew.) und führt nach 3,5 km nach

Gruişor, Kisgörgény (329 m, u. e. E. 1501, 487 Ew.). Ref. Szeklerdorf. Viele Obstanlagen. Mehrere Herrenhöfe gehörten den Fam. Biró, Désy und Pásztohy, sind leider in schlechtem Zustand. 4 km weiter s. liegt am selben Gemeindeweg

Corbeşti, Székelycsóka (369 m, u. e. E. 1567, 357 Ew.). Szeklerdorf. An der Kreuzung der Kreisstraße mit der Nationalstraße DN 13 (Tîrgu Mureş – Sighişoara) befindet sich die Gemeinde

Acăţari, Ákosfalva (322 m, u. e. E. 1497, 968 Ew.). Szeklerdorf. War 1562 Versammlungsort der aufständischen Szekler. Die neue ref. Kirche wurde 1753, die kath. Kirche 1859 errichtet. Der ehem. Szilágyi-Herrenhof ist verfallen. Die kehrenreiche DN 13 verbindet nordwärts Acăţari nach 9 km mit der Ortschaft

Corunca, Koronka (349 m, u. e. E. 1332, 1648 Ew.). Szeklerdorf. Gehörte im 16. Jh. der Fam. Mihályfi, vom 17. – 19. Jh. zum Gut der Toldalagis. Der hiesige Gutsbesitzer wurde 1660 in Schäßburg ermordet: „Am Tag Urbani so der 25 May war, wirdt der Toldolaghi Mihaly sampt 2 Edelleuten ermordet," berichtete der Schäßburger Chronist Georg Kraus. Ref. Kirche besitzt mehrere Kelche, die von Fam. Toldalagi gestiftet wurden. Seit 1733 ist auch rum. Pfarrer belegt. Geburtsort des sb. Diplomaten und Chronisten Mihály Toldalagi (1588 – 1642). Vernachlässigtes ehem. Toldalagi-Schloß (1839), an Stelle des Herrenhofs gebaut, klassiz. U-förmiger Bau im großen Park. Von Corunca in Richtung O liegt 5 km weit

Bozeni, Székelybós (384 m, u. e. E. 1566, 267 Ew.). Szeklerdorf.

S. von Acăţari auf der DN 13 liegt nach 4 km

Vălenii (Oaia), Székelyvaja (344 m, u. e. E. 1332, 962 Ew.). Szeklerdorf. Ma. ref. Kirche (13. Jh.) mit alten Fresken, im 15. Jh. restauriert. Orthod. Holzkirche Sf. Nicolae. 3 km weiter s. liegt

Găieşti, Göcs (346 m, u. e. E. 1451, 450 Ew.). Szeklerdorf, kleines ref. Dorf, ref. Kirche von 1820.

Von Acăţari nach O, entlang dem Niraj-Bach, folgt nach 2 km auf der DJ 151D

Murgeşti, Nyárádszentbenedek (332 m, u. e. E. 1332, 618 Ew.). Szeklerdorf. Die ref. got. Kirche wurde 1661 von den Türken unter Ali-Pascha verwüstet. Seit 1762 gibt es eine rum. Kirche. S. von Murgeşti an einer Abzweigung befindet sich

Roteni, Harasztkerék (356 m, u. e. E. 1332, 989 Ew.). Szeklerdorf. Alte ref. Kirche stand bis 1794, neue Kirche wurde 1838 gebaut. Flußaufwärts im Niraj-Tal folgt die Gemeinde

Păsăreni, Baczkamadaras (328 m, u. e. E. 1392, 1179 Ew.). Szeklerdorf. Ref. Kirche besaß alte Glocken. Seit 1733 rum. Kirche, ma. ref. Kirche wurde 1818 renoviert. Lebendige ung. Volkskunst. Auf einem Gemeindeweg 3 km nach S liegt

Gălăţeni, Szentgerice (345 m, u. e. E. 1332, 1212 Ew.). Szeklerdorf. Unit. Kirche (got., 14. Jh.) mit Kassettendecke von 1670 (88 Kassetten mit Blumenmustern). Hier wurde der ung. Historiker Elek Jakab (1820 – 1897) geboren. Anschließend an Păsăreni erreicht man im O

Bolintineni, Nyárádbálintfalva (340 m, u. e. E. 1484, 285 Ew.).

2 km ö. liegt

Sînvăsii, Nyáradszentlászló (340 m, u. e. E. 1332, 600 Ew.), gehört heute zur Gemeinde Gălești, und 2 km sö. von Sînvăsii

Troiţa, Szentháromság (340 m, u. e. E. 1332, 1250 Ew.). Szeklerdorf. 3 km s. folgt

Bedeni, Bede (390 m, u. e. E. 1567, 326 Ew.). Szeklerdorf. Kleines Dorf mit ref. Kirche von 1844. Auf der DJ 151D liegt 2 km weiter nö.

Gălești, Nyárádgálfalva (357 m, u. e. E. 1501, 1441 Ew.). Szeklerdorf. Die unit. Kirche gehörte im 17. – 18. Jh. zu Vasileni. Hier wurde der ung. Schriftsteller und Politiker Mihály Szentiványi (1813 – 1842) geboren. Porträt des Dichters von János Gyarmathy (1990). 4 km nach Gălești erreicht man über eine Abzweigung das Dorf

Adrianu Mic, Kisadorján (360 m, u. e. E. 1567, 122 Ew.). Szeklerdorf im MA., heute von Rum. bewohnt. 2 km sö. liegt

Adrianu Mare, Nagyadorján (394 m, u. e. E. 1567, 252 Ew.). Szeklerdorf. Dieses kleine ref. Dorf gehörte im 16. Jh. zum Marktflecken Miercurea Nirajului, den die DJ 151 anschließend erreicht.

ROUTE 3/8

Die DJ 135 verläßt Tîrgu Mureş in Richtung O und erreicht nach 6 km

Livezeni, Jedd (358 m, u. e. E. 1505, 997 Ew.); Szeklerdorf. Eine Abzweigung führt 3 km nö. nach

Poieniţa, Agárd (353 m, u. e. E. 1406, 384 Ew.); Szeklerdorf. Nach den kriegerischen Ereignissen von 1600 und 1660 haben sich hier viele Rum. angesiedelt; hatten 1733 schon eigene Kirche.

7 km ö. Livezeni folgt

Sînişor, Kebele (359 m, u. e. E. 1567, 247 Ew.); Szeklerdorf. Ref. Kirche von 1853. Seit dem 17. Jh. auch von Rum. bewohnt. An einer Abzweigung nach 4 km liegt s. von der DJ 135 noch 2 km weit

Maiad, Nyomát (371 m, u. e. E. 1513, 543 Ew.); Szeklerdorf. Unit. Kirche aus 13. Jh., rum. Kirche seit 1876. An der DJ folgt nach 4 km das Dorf

Lăureni, Kisszentlőrinc (380 m, u. e. E. 1332, 315 Ew.).

An der DJ 135 liegt nach 2 km

Şardu Nirajului, Székelysárd (365 m, u. e. E. 1360, 488 Ew.); Szeklerdorf. 1600 wurde es verwüstet, um 1620 von Fam. Daczó mit Szeklern wiederbesiedelt; später kamen auch Rum. hinzu. Ref. Kirche. An einer Abzweigung nach N liegt 3 km weit

Moşuni, Székelymoson (374 m, u. e. E. 1444, 472 Ew.); Szeklerdorf. Im 15. Jh. Gut der Fam. Bicsak; im 18. Jh. den Fam. Vass, Haller und Lázár gehörig. Vom 17. Jh. an auch rum. Ew. Ref. Kirche mit Kassettendecke von 1793. 2,5 km nw. liegt

Beu, Székelybő (428 m, u. e. E. 1332, 267 Ew.); Szeklerdorf. Die alte kath. got. Kirche wurde ref. (1560 – 1766), 1766 den Jesuiten weggenommen und den Kath. gegeben.

Von Moşuni 2 km sw. liegt

Veţa, Vece (377 m, u. e. E. 1567, 220 Ew.). Im MA. Szeklerdorf. Um 1660 wurde es gänzlich verwüstet; die rum. Kirche gehörte als Filiale zu Moşuni.

2 km s. von Şardu Nirajului liegt

Tîmpa, Székelytompa (351 m, u. e. E. 1494, 381 Ew.); Szeklerdorf. Im 17. Jh. ref. Kirche, Filiale von Lăureni; nach Tatareneinfall von 1660 wurde sie Muttergemeinde. Von Tîmpa nach S, 1 km am S-Ufer des Niraj, liegt das seit 1956 vereinigte Doppeldorf

Dumitreşti, Demeterfalva – Surda, Sükefalva (345 m, u. e. E. 1567, 400 Ew.).

ROUTE 4/8

Die DN 15 verläßt Tîrgu Mureş nach NO in Richtung Reghin und gelangt nach 5 km zum beliebten Kurort

Sîngeorgiu de Mureş, Marosszentgyörgy (350 m, u. e. E. 1332, 4637 Ew.). Szeklerdorf. Im 15. und 16. Jh. Teilbesitz des Paulinerklosters von Sîncrai. Wurde im Dez. 1659 von Türken verwüstet. 1661 wurde hier Landtag abgehalten. Michael Apafi wurde zum Fürsten gewählt. Ehem. Petki-Schloß ist heute Ruine. Einstöckiges Schloß der Fam. Máriafy. Nach 1660 wohnten hier viele Rum., doch auch viele Zigeuner, deshalb wurde das Dorf auch Cigányszentgyörgy genannt. Die alte ref. Kirche wurde 1680 von Dávid Petki den Kath. übergeben. Spätgot. (um 1500) gebaute Kirche hat Deckenbemalung von 1750. Bade- und Luftkurort mit Saisonbetrieb. Mineralquellen mit chlor-, natrium-, kalzium- und bes. jodhaltigem, leicht radioaktivem Wasser; Mineralschlamm. Behandlung von Erkrankungen des Bewegungsapparates, des peripheren Nervensystems und von Frauenkrankheiten. 4 km weiter auf der DN 15 liegt

Ernei, Großarn, Nagyernye (345 m, u. e. E. 1332, 1891 Ew.). Szeklerdorf. Die alte Kirche war 1590 – 1716 unit., wurde 1729 von Jesuiten übernommen, ist seit damals kath. 1667 wurde ref. Kirchengemeinde gegründet. Fam. des ung. Historikers Lajos Kelemen stammt von hier, auch die ung. Folkloristin Olga Nagy wurde 1921 hier geboren. Ehem. Schloß der Fam. des Barons Bálint. Orthod. Holzkirche aus dem 19. Jh. Erdgasförderung. Eine Abzweigung nach O, die DJ 153A, führt nach 3 km in die Ortschaft

Icland, Iklánd (360 m, u. e. E. 1566, 408 Ew.); Szeklerdorf. Hat unit. und ref. Kirche (1904). 2 km weiter im S liegt

Săcăreni, Székes (376 m, u. e. E. 1451, 448 Ew.); Szeklerdorf. 1577 wurde es an ung. Adeligen Emrich Bercsényi vergeben. Aus diesem Geschlecht stammt Miklós Bercsényi (1665 – 1725), Heerführer unter dem sb. Fürsten Rákóczi II. Gelangte mit seinen Scharen bis Bukarest. Lagerstätte führt heute seinen Namen: Berceni. Im Ort ref. got. Kirche.

4 km ö. von Icland liegt

Căluşeri, Székelykál (362 m, u. e. E. 1332, 878 Ew.); Szeklerdorf. Im Kunschen Herrenhof wohnte mehrere Jahre der ung. Chronist Mihály Cserei (1667 – 1756). Aranyosrákosi Székely Sándor, der Sohn des hies. unit. Pfarrers (1697 – 1752) wurde unit. Bischof. Die alte unit. Kirche wurde 1720 aufgegeben, eine neue gebaut (1760 – 1762). Ref. Kirche (1931 – 1941). Die Straße führt weiter nach Isla, Eremitu > [RG 9]. Die DN 15 führt nach 4 km n. von Ernei nach

Dumbrăvioara, Scharberg, Sáromberke (337 m, u. e. E. 1319, 1949 Ew.). Hatte im MA. auch sächs. Bevölkerung; 1587 gehörte Kirche zu Reener Kapitel. Im 16. – 17. Jh. Erdély-, nach 1670 Teleki-Gut. Im Teleki-Schloß wurden mehrere Mitglieder dieses ung. Hochadelsgeschlechts geboren: der Bibliotheksgründer Sámuel Teleki (1739 – 1822), der Schriftsteller Domokos Teleki und der Afrikareisende Samuel Teleki (1845 – 1910). In einem Park steht das ehemalige, im 18. Jh. gebaute Teleki-Schloß. Auf einer Anhöhe die Familiengruft Teleki (1772). Ref. Kirche von 1785. An einem Gemeindeweg nach O liegt 2 km weit

Sîngeru de Pădure, Erdőszengyel (376 m, u. e. E. 1408, 440 Ew.). Dorf mit ung. und rum. Ew. Die DN 15 führt weiter 16 km in die Stadt Reghin > [RG 9].

ROUTE 5/8

Aus Dumbrăvioara [R 4/8] zweigt die DJ 153B nach NW ab und gelangt nach 3 km in das am Mieresch-Ufer gelegene

Glodeni, Sárpatak (367 m, u. e. E. 1268, 2266 Ew.). Im MA. ung. Dorf, Besitztum der Fam. Bánffi, später Teleki. Ref. Kirche von 1917; ehem. Teleki-Schloß (1770 – 1803) im Barockstil gebaut. Über eine w. Abzweigung nach 2 km liegt 3 km weit das Dorf

Păcureni, Pókakeresztúr (399 m, u. e. E. 1322, 412 Ew.); hatte 1332 Heiligenkreuz-Kirche. Mittelalterliche ref. Kirche 1909 renoviert. Nach 3 km auf dem Hauptweg folgt

Păingeni, Póka (382 m, u. e. E. 1323, 828 Ew.). Geburtsort des ung. Theologen und Schriftstellers Sándor Tavaszi (1888 – 1951). Ref. Kirche von 1706 (Kassettendecke). Die zwei alten Glocken stammen von der ma. Kirche. An einer Abzweigung in einem w. Seitental liegt nach 4 km

Merişor (Almaşul Deşert), Pusztaalmás (385 m, u. e. E. 1256, 490 Ew.). Im MA. ung. Dorf, um 1600 Wüstung. Nachher von Rum. bewohnt. Im selben Tal liegt das rum. Dorf **Moişa, Mezőmojos** (u. e. E. 1256, 678 Ew.). In einem Seitental ö. vom Hauptweg liegt 1 km weit

Toldal, Toldalag (362 m, u. e. E. 1268, 662 Ew.); hatte kath. Allerheiligenkirche; ma. ref. Kirche 1776 umgebaut. Eine weitere Abzweigung nach 2 km führt 5 km w. nach

Băla, Bala (415 m, u. e. E. 1327, 1631 Ew.); im MA. rum. Dorf, zur Burgdomäne Gorneşti (Kerzing) gehörig. 2 km n. der Băla-Abzweigung führt ein Weg 3 km nach W in das Dorf

Ercea, Nagyercse (384 m, u. e. E. 1394, 1023 Ew.). Im MA. ung. Dorf. Die ma. ref. Kirche ist verfallen, 1924 wurde eine neue gebaut. 1 km n. der Ercea-Abzweigung liegt 1 km ö. der DJ 153B das kleine Dorf

Poarta, Birnthor, Körtvélykapu (420 m, u. e. E. 1319, 616 Ew.) und 1 km weiter ö. **Onuca, Unoka** (430 m, u. e. E. 1268, 254 Ew.).

Die DJ 153B mündet nach 4 km in die DN 16 bei

Fărăgău, Faragó (396 m, u. e.E. 1357, 1189 Ew.). Im MA. rum. Knesendorf. Hier wurde der rum. Volkskundler Teodor Bogdan geboren. 5 km w. auf der DN 16 liegt der Weiler **Lefaia, Lefaja** (482 m), und 2 km n. der Weiler **Fînaţe** (486 m). An einer Abzweigung nach 3 km von der DN 16 liegt 2 km s.

Milășel, Kisnyulas (371 m, u. e. E. 1426, 532 Ew.).

An der DN 16 liegt 2 km nach der Abzweigung die rum. Gemeinde

Crăiești, Mezőkirályfalva (348 m, u. e. E. 1549, 1036 Ew.). S. an der DJ 173 liegt 5 km weit

Sînmărtinu de Cîmpie, Mezőszentmárton (349 m, u. e.E. 1306, 1880 Ew.). Im MA. von Rum. und Ung. bewohntes Dorf.

Im S anschließend der Weiler **Leniș**. An der DN 16 liegt 5 km nach W

Urmeniș, Armenisch, Mezőörményes (357m, u. e. E. 1321, 1711 Ew.). Im MA. rum. Dorf, der Fam. Bánffi gehörig. Hatte orthod. Kloster. Rum. Kirche von 1673, Stiftung des rum. Kleinadeligen Andrei Cîlbează. Altes Barockschloß der Bánffys.

Die DN 16 geht weiter nach Silivașul de Cîmpie > [RG 7].

ROUTE 6/8

Im Milaș-Mare-Tal führt eine KS von Crăiești > [R 5/8] nach N. Nach 3 km zweigt ein Gemeindeweg nach W ab, führt 4 km zu den Höfen von **Fînațe** in der Valea Mare. 1 km weiter n. zweigt ein Kiesweg nach W ab, führt 7 km bis zu dem Dorf

Șopteriu, Siebendorf, Septér (395 m, u. e. E. 1321, 1514 Ew.).

2 km vor Șopteriu zweigt ein Weg nach NW ab, führt 3 km in das Dorf

Delureni, Mezőújlak (396 m, u. e. E. 1329, 950 Ew.). Die ref. rom. Kirche aus dem MA. ist eine imposante Ruine. War von Rum. und einigen ref. ung. Kleinadeligen bewohnt. Im Haupttal nach N folgt nach 3,5 km die Gemeinde

Milaș, Nagynyulas (380 m, u. e. E. 1315, 1336 Ew.). Am Dorfeingang ein Herrenhof. Im Puntei-Tal, neben dem Dorf ein großer Fischteich. Im W-Teil stand früher ein orthod. Kloster (1770). Nach NO führt eine Straße nach Ocnița und Cozma > [RG 9].

In einem ö. Seitental liegt der Weiler **Dupǎ Deal** (371 m) und 5 km s. das Dorf **Ghemeș, Gémestanya** (360 m, u. e. E. 1910, 340 Ew.), 4 km nach N liegt das Dorf

Orosfaia, Reußwald, Oroszfája (384 m, u. e. E. 1297, 1005 Ew.). Rum.-ung. Dorf. Inschrift an ref. Kirche erinnert an die Zerstörung durch die Türken Ali Paschas 1660. 2 km nö. liegt

Comlod, Kameloden, Komlód (393 m, u. e. E. 1315, 440 Ew.). Im MA. ung. Dorf, war seit 1580 im Besitz des kroatischen Adeligen Petrichewich-Horváth. Altes Herrenhaus. Ref. spätrom. Kirche aus dem 13. Jh.

ROUTE 7/8

N. von Tîrgu Mureș an der DJ 152 liegt nach 5 km

Sîntana de Mureș, Marosszentanna (319 m, u. e. E. 1332, 1970 Ew.). Im MA. Szeklerdorf. War im 17. und 18. Jh. Gut der Fam. Lázár. Ma. ref. Kirche mit Freskenfragmenten aus 14. Jh. (Einfluß ital. Vorrenaissance). Hier wurde der rum. Schriftsteller Ion Chinezu (1894 – 1966) geboren. Eine Abzweigung nö. führt 2,5 km in die Ortschaft

Curteni, Udvarfalva (315 m, u. e. E. 1333, 952 Ew.). Im MA. Szeklerdorf. Hofbesitzer war Dávid Rozsnyai (1641 – 1718), Türkendolmetscher in fürstlichen Diensten. 2 km nö. auf AS liegt

Chinari, Várhegy (Pinár) (u. e. E. 1319, 721 Ew.). Im MA. ung. Leibeigenendorf, Gut der Fam. Bánffi.

Von Sîntana 3,5 km nach N führt eine Abzweigung nach W 1,5 km bis

Bărdeşti, Marosbárdos (u. e. E. 1567, 366 Ew.). Im MA. Szeklerdorf, seit 1660 von Rum. bewohnt.

Die DJ 152 führt im Voiniceni-Tal 3 km nach

Voiniceni, Mezőszabad (348 m, u. e. E. 1495, 1101 Ew.). Im MA. Szeklerdorf, seit 1660 von rum. Leibeigenen der Fam. Kemény bewohnt. In einem Seitental in Richtung NO liegt 3 km weit

Porumbeni, Galambod (400 m, u. e. E. 1527, 533 Ew.). Im MA. Szeklerdorf. Ref. Kirche mit Glockenturm aus 1600. Die DJ 152 führt 4 km nach N in die Gemeinde

Ceauşu de Cîmpie, Mezőcsávás (375 m, u. e. E. 1505, 1386 Ew.). Im MA. Szeklerdorf, nach 1660 auch viele rum. Ew. Der ung. Dichter János Köröspataki (17. Jh.) wirkte hier als ref. Prediger. Hier wurde der ung. Philologe Dezső Balogh 1930 geboren. Der Glockenturm der ref. Kirche ist ein Meisterwerk der Holzbaukunst.

In einem s. Seitental liegt 4 km sw.

Herghelia, Mezőménes (388 m, u. e. E. 1332, 450 Ew.). Im MA. Szeklerdorf, nach 1660 mit rum. Leibeigenen besiedelt. Die kleine ref. Kirche stammt von 1938.

Weiter auf dem Hauptweg folgt 3 km von Ceauşu de Cîmpie

Cîmpeniţa, Mezőfele (364 m, u. e. E. 1349, 768 Ew.). Szeklerdorf. Die ref. Kirche wurde 1665 gebaut und 1922 renoviert. In ein Seitental sw. zweigt nach 5 km ein Weg 3 km w. ab nach

Culpiu, Mezőkölpény (329 m, u. e. E. 1333, 661 Ew.). Hatte eigenen kath. Pfarrer. Im MA. Szeklerdorf im Mierescher Stuhl. Die alte ref. Kirche wurde 1700 umgebaut. Am Hauptweg folgt 2 km nach der Abzweigung

Săbed, Szabéd (376 m, u. e. E. 1451, 856 Ew.). Szeklerdorf. Unit. Kirche hat eine alte Glocke von 1448. Hier verbrachte der ung. Schriftsteller László Szabédi (1907 – 1959) seine Kindheit.

Hier hat der rum. Aufklärer Gheorghe Şincai die unit. Schule besucht. Eine Abzweigung nach N führt 4 km bis

Bozed, Bazéd (361 m, u. e. E. 1491, 480 Ew.). Im MA. Szeklerdorf. Nach Reformation unit. Ew. Nach 1660 mit rum. Leibeigenen besiedelt. Ein Weg von 2 km führt nach W in das Comlod-Tal in die Ortschaft

Lechincioara, Kislekence (322 m, 204 Ew.), eine Neugründung vom Anfang 18. Jh. 4 km sw. liegt

Şincai (Samşud de Cîmpie), Mezősámsond (320 m, u. e. E. 1332, 1630 Ew.). Im MA. Szeklerdorf, im 17. Jh. siedelten Grundherren Kereszturi hier viele rum. Leibeigene an. Ehem. Rhédei-Bethlen-Schloß von 1779. S. im Şincai-Tal großer See. Zentrum eines Erdgasfördergebietes. 4 km weiter w. liegt die Streusiedlung

Şincai-Fînaţe, Édeságtelep (340 m, u. e. E. 1910, 641 Ew.).

2 km nw. von Săbed zweigt eine Straße im Milăşel-Tal nach N ab, führt 4 km zu dem Weiler

Nima Rîciului (330 m, u. e. E. 1910, 703 Ew.).

An der Kreuzung der beiden Kreisstraßen DJ 152 und DJ 173, 5 km nw. von Săbad, liegt

Rîciu, Mezőrücs (329 m, u. e. E. 1305, 1997 Ew.). Im MA. rum. Knesendorf, im 18. Jh. bestand hier griech.-kath. Kloster. Hier wurde der rum. Aufklärer und Historiker Gheorghe Şincai (1754 – 1816) geboren. 9 km von Rîciu im NW liegt

Ulieş, Nagyölyves (389 m, u. e. E. 1321, 1304 Ew.). Im MA. rum. Knesendorf mit vielen ung. Kleinadeligen. Heute Erdgasförderung. Die Kreisstraße führt weiter sw. nach Şăulia und Sînpetru de Cimpie > [RG 7].

ROUTE 8/8

W. von Tîrgu Mureş führt eine AS nach 2 km nach

Sîncraiu de Mureş, Marosszentkirály (309 m, u. e. E. 1293, 3867 Ew.). Besaß ein Paulinerkloster (Hermemitas), wurde nach Reformation aufgelöst, Mauersteine wurden 1610 beim Bau der ref. Kirchenburg in Neumarkt verwendet. Heute nur im Flurnamen „Klastromtető" (Klosterhöhe) erhalten. Neben Ung. und Rum. wohnen hier viele ung. sprechende Zigeuner. 3 km anschließend erstreckt sich

Nazna, Náznánfalva (308 m, u. e. E. 1453, 1681 Ew.). Am Anfang des 17. Jh. wohnte hier der Wallonenkapitän, Woiwode aller Sb. Zigeuner. Im 18. Jh. auch von Juden bewohnt, heute größtenteils von Rum. Hier wurde der rum. Revolutionsführer von 1848, Vasile Pop, geboren. Anschließend folgt der Weiler **Kisfalud**. Eine Abzweigung nach SW führt 3 km in den Ort

Sîntioana de Mureş, Csittszentiván (305 m, u. e. E. 1303, 1333 Ew.). Später Wüstung; 1687 war die ref. Kirche schon eine Ruine. 5 km sw. liegt am Mieresch

Moreşti, Malomfalva (317 m, u. e. E. 1567, 704 Ew.). Im MA. ein Szeklerdorf, seit 17. Jh. meist von rum. Leibeigenen bewohnt. Verfallenes Rhédei-Schloß von 1761. Wichtige archäol. Ausgrabungsstätte (Funde aus Altsteinzeit bis Frühfeudalismus; neolith. Keramik, Nekropole aus Bronzezeit, Fundamente röm. Villa u. a., im Klausenburger Geschichtsmuseum ausgestellt).

Die Straße führt weiter nach Vidrasău > [R 1/8].

Aus der Kreuzung w. Nazna führt ein Gemeindeweg nach N nach

Pănet, Mezőpánit (319 m, u. e. E. 1332, 2214 Ew.). Szeklerdorf.

Von der Nazna-Kreuzung führt die AS 7 km in den Ort

Bergia, Mezőbergenye (345 m, u. e. E. 1332, 1353 Ew.). Szeklerdorf, seit 17. – 18. Jh. rum. und ung. Ew. Gehörte im MA. zu Paulinerkloster in Sîncraiu de Mureş. Der Weg mündet nach 10 km in

Band, Mezőbánd (332 m, u. e. E. 1332, 1407 Ew.) in die DJ 15A. Szeklerdorf, im 16. Jh. wird als Grundbesitzer Ladislau Drakula erwähnt, ein Enkel des walachischen Woiwoden Vlad Tepeş – als Drakula in die Literatur eingegangen. Seine Felder sind bis heute unter der Bezeichnung Drăculea (Drakulya) bekannt. Holzkirche hl. Maria aus 18. Jh. Ref. Kirche von 1884. Hier wurde der rum. Historiker Iosif Hodoş (1829 – 1880) geboren. Archäol. Ausgrabungen (Gräber aus Bronzezeit) und germ. Nekropole mit zahlr. Funden.

Die Kreisstraße durchquert das eingemeindete

Mărăşeşti, Marosesd (309 m) und erreicht nach 7 km

Grebenişu de Cîmpie, Mezőgerebenes (443 m, u. e. E. 1294, 1483 Ew.). Seit 15. Jh. rum. Dorf, hatte schon 1447 rum. Holzkirche (capella) und orthod. Pfarrhaus. Die Ew. bearbeiteten auch Gemarkung der Wüstung Negrene (Fekete) aus Mierescher Stuhl. Um 1581 ließen sich einige Serben (Ratzen) aus Lippa in G. nieder.

Von Grebenişu nach N erstreckt sich die Streusiedlung **Valea Sînpetrului** und 10 km im SW der Weiler **Dobra** (428 m).

Von Mărăşeşti nach N führt ein Weg 1 km in den Weiler **Drăculea Bandului** (u. e. E. 1910, 236 Ew.), 5 km nach **Fînaţe** und 2 km nach **Işţan-Tău** (380 m). Weiter auf demselben Weg folgt nach 3 km nö. die Gemeinde

Pogăceaua, Mezőpagocsa (355 m, u. e. E. 1345, 3128 Ew.). Seit MA. rum. Knesendorf. Rum. Holzkirche von 1753, bemalt von Matei Voileanu. Die Straße führt weiter nach W nach Văleni > [RG 7]. Die zwischen Tîrgu Mureş und Band liegenden Siedlungen gehörten zu dem einst von Szeklern bewohnten Mierescher Stuhl.

Im NW von Tîrgu Mureş zweigt ein Gemeindeweg aus der DJ 152 ab und führt nach

Remetea, Remeteszeg (310 m, u. e. E. 1567, 566 Ew.); um 1660 siedelte der Adelige Lázár hier rum. Leibeigene an; galt im 19. Jh. als Wüstung, ist heute von Tîrgu Mureş eingemeindet.

Von Remetea führt ein Weg nw. 8 km bis

Hărţău, Harcó (345 m, u. e. E. 1332, 357 Ew.). Alte rom. Kirche. In Richtung N führt der Weg 3 km nach

Cuieşd, Székelykövesd (358 m, u. e. E. 1451, 700 Ew.). Von der ma. Kirche ist nur noch ein Taufbecken erhalten. Der Hauptweg führt 5 km nw. nach

Mădăraş, Mezőmadaras 8337 m, u. e. E. 1332, 2077 Ew.). Hatte einen großen Fischteich im Comlod-Tal. Ref. Kirche von 1803, Turm wurde 1872 hinzugebaut.

In einem s. Seitenteil des Comlod-Tales liegt 8 km weit

Ţiptelnic, Száltelek (343 m, u. e. E. 1567, 215 Ew.). Nach 1660 übersiedelten die Szekler Ew. nach Band. Die Fam. Kereszturi siedelte daraufhin rum. Leibeigene an. *Rum. Holzkirche* von 1787 (mit vielen Ikonen).

ROUTE 9/8

Eine geteerte Kreisstraße führt von Iernut > [R 1/8] im Comlod-Tal nach NO bis Band. Nach 3 km erreicht sie

Lechinţa, Maroslekence (286 m, u. e.E. 1269, 1348 Ew.). Eine Abzweigung führt 4 km nach W nach

Dătăşeni, Marosdatos (280 m, u. e. E. 1263, 871 Ew.). War im MA. im Besitz der Benediktiner-abtei von Mănăşturi-Klausenburg. Wurde während der Kriegsereignisse 1657 – 1661 völlig zer-stört. Bis 1700 mit Rum. aus dem Fogarascher Land neu besiedelt. Gehörte damals der Fam. Pekri. Aus der Mitte dieser Abzweigung führt ein Weg nach N, 3 km in die Streusiedlung **Dupặ Deal**. 6 km n. von Iernut liegt der Weiler **Mădărăşeni** (289 m). Nach 4 km folgt die Gemeinde

Iclănzel, Kis-Iklánd (305 m, u. e. E. 1501, 1618 Ew.).

Von hier führt ein Gemeindeweg nach SO, 3 km zu der Streusiedlung **Tăblășeni, Lekencei for-duló** (316 m). Ein anderer Weg führt nach W in das gegenüberliegende

Iclandu Mare, Nagy-Iklánd (305 m, u. e. E. 1419, 1225 Ew.).

4 km nw. liegt der Weiler **Valea Iclandului,** 3 km weiter nw. **Ursoaia** (345 m) und 4 km ö. **Ghidașteu** (332 m).

Von Iclănzel führt eine AS 3 km bis

Căpușu de Cîmpie, Mezőkapus (301 m, u. e. E. 1318, 1329 Ew.). Der Lechința- oder Comlod-Bach ist hier zu einem großen Fischteich aufgestaut. In einem nw. Seitental führt ein Gemeinde-weg 7,5 km bis in den Weiler **Fînațele Căpușului** (324 m). Von diesem Weg zweigt ein kurzes Stück ab, führt nach O in die Streusiedlung **Chisălița.** Nach 4 km im Lechința-(Comlod-)Tal nach NO zweigt ein Weg in einem Nebental 2 km in das langgezogene Dorf **Valea Rece, Hidegvölgy.** Nach 4 km folgt, am Treffpunkt der Kreisstraßen, die Großgemeinde Band > [R 8/8].

REISEGEBIET 9

Reghin / Sächsisch-Regen / Szászrégen

Das Reisegebiet liegt im NO Siebenbürgens und grenzt im N an den Kreis Suceava in der Bukowina (Buchenland). Seine Nord-Süd-Ausdehnung beträgt 52 km, die Ost-West-Ausdehnung 60 km.

In der West-Hälfte liegen das dichter besiedelte „Reener Ländchen", das Mieresch-Tal, das Gurghiu-Tal und der südöstliche Teil der Siebenbürgischen Heide. Im NO liegen die fast unbesiedelten, bewaldeten Südwestabhänge des Kelemen-Gebirges. des höchsten erloschenen vulkanischen Gebirges Rumäniens (2100 m). Der ehemalige Krater hat einen Durchmesser von 12 km. Im O liegen die Nordostabhänge des ebenfalls vulkanischen Gurghiu-Gebirges mit dem Krater Saca (1776 m).

Der Mieresch hat in diese Kette erloschener Vulkane ein 35 km langes, malerisches Durchbruchstal geschnitten und dadurch eine reizvolle Landschaft mit Buchen-, Fichten- und Tannenwäldern, unterbrochen von bizarren, grauen Felsformationen aus Andesit, entstehen lassen. Kompakte, weitflächige Waldgebiete bedecken die Flanken der beiden Gebirge, bloß die Gipfelregion des Kelemen-Gebirges ist in Höhen über 1800 m mit Almweiden und Gebirgstundra bedeckt. Hier können, vom Mieresch-Tal ausgehend, lange Tageswanderungen und Mehrtagesausflüge unternommen werden. Das Gebiet lockt aber auch Sportfischer, Wildwasserkanuten und Jäger an, denn in den klaren Gebirgsbächen gibt es Forellen und im Mieresch einen weiteren reichen Fischbestand, in den Wäldern Karpatenhirsche und -Bären. Schutzhütten wie in den Alpen gibt es hier nur am Fuß der Gebirge; weiter oben, in den Jagdhütten, kann man nur nach vorheriger Bewilligung des zuständigen Forstamtes (Ocolul Silvic, Reghin) Quartier beziehen. Die Teerstraßen, die bis zu 30 km in das Gurghiu-Gebirge hinein-führen (Lăpușna) oder die Forstwege, die bis 24 km im Großen Ilva-Tal in das Kelemen-Gebirge vordringen, bieten gute Zufahrtsmöglichkeiten. Empfehlenswert ist, Zelt und Schlafsack zum Wandern in Gruppen mitzunehmen.

Sehenswert sind das NSG des „Mociar-Urwaldes", die Narzissenwiesen und Schach-brett-Tulpen, die auf Lichtungen der Wälder im Gurghiu-Tal blühen. Interessant sind die Salzvorkommen von Gurghiu und Iabenița, die Salzbäder von Iabenița und Nie-der-Eidisch. Mit ihren einfachen Installationen und Heilbädern sind sie jedoch für Komfortbewußte wenig zu empfehlen. Was die architektonischen Denkmäler betrifft, sind die barocken Schlösser des ehemaligen Landadels erwähnenswert. Von den sie-benbürgisch-sächsischen Kirchenburgen und Wehrkirchen sind nicht mehr viele er-halten (Deutsch-Zepling, Botsch u. a.). Sehenswert sind die geschnitzten Szekler-Holz-tore in den ungarischen Dörfern sowie die farbenprächtigen Volkstrachten in den Ort-schaften des Gurghiu-Tales, wie sie sonntags zu Volksfesten oder zum Tanz am Dorf-platz getragen werden.

Das Zentrum des Reisegebietes ist Reghin (Sächsisch-Regen). Es besteht fast nur aus neuerer Bausubstanz, da das Großfeuer des Brandes von 1848 die gesamte Stadt zerstört hatte. Sehenswert sind die Kirchen und das Volkskundemuseum.

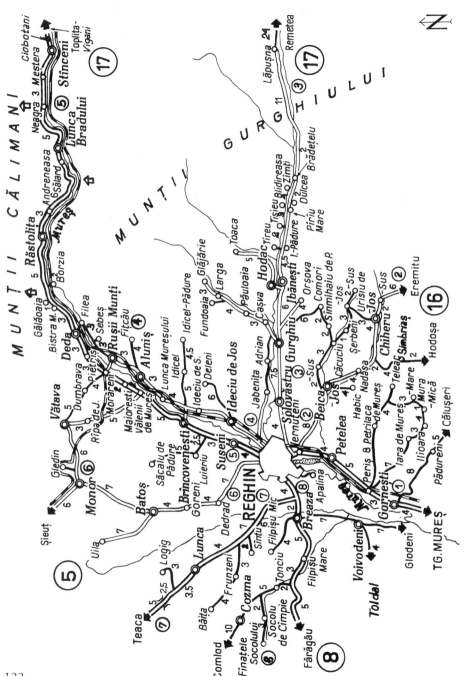

Die Anreise erfolgt mit der Bahn oder mit dem Auto auf der DN 15 von Braşov (Kronstadt) oder Tîrgu Mureş (Neumarkt a. Mieresch), auf ihr kann man das ganze Gebiet durchqueren. Von der Stadt gehen strahlenförmig Teer- und Kreisstraßen und Feldwege, letztere mit Vorsicht befahrbar, weg.

Übernachtungsmöglichkeiten findet man in der Stadt selbst, in Hotel mit Camping Găloaia sowie in den Schutzhütten im Mieresch-Durchbruchstal.

Die Bevölkerung setzt sich zu etwa gleichen Teilen aus Rumänen und Ungarn zusammen. Auch gibt es in den ehemals von Deutschen bewohnten Gebieten noch einige Familien, mit denen man sich in ihrer Muttersprache verständigen kann: sie sind gerne mit Rat und Tat behilflich. Im allgemeinen sind Bevölkerung und Ämter fremdenfreundlich und hilfsbereit.

ROUTE 1/9

Die DN 15 (E 15) kommt nach 18 km von Neumarkt a. M. (Tîrgu Mureş) nach Scharnberg (Dumbrăvioara) in das „Reener Ländchen", wo sich das Miereschtal bis zu 8 km weitet, und führt nach 4 km in die Gemeinde

Gorneşti, Kertzing, Gernyeszéy (343 m, u. e. E. 1319, 742 Ew.). Hauptsächlich ung. Bewohner. Im S der Gemeinde steht am Miereschufer das mächtige *Schloß* des József Teleki. Das Kastell, 1477 erwähnt, wurde 1770 im Barockstil umgebaut. Es hat 52 Räume und 365 Fenster. Im Park am Miereschufer stehen klassiz. und barocke groteske Sandsteinfiguren. Im W des Dorfes steht die ref. Kirche aus dem 18. Jh., wurde mehrfach umgebaut: sie ist Grabstätte von Mihály Teleki, ung. Ministerpräsident (1876 – 1947), von Samuel Teleki (1739 – 1822, Bibliotheksgründer) und des Historikers Domokos Teleki (1810 – 1876). Am s. Ortseingang zweigt ein Kiesweg nach O ab, führt 7 km durch Wald in das Dorf

Pădureni, Erdöscinád (396 m, u. e. E. 1332, 735 Ew.) und weiter in Richtung Căluşeri > [RG 8]. Die DN 15 führt nach 3 km in das Dorf

Periş, Birnbaum, Körtvelyfája (347 m, u. e. E. 1441, 1573 Ew.), hauptsächlich Ung. Hat *sehenswerte Kirche,* war urspr. kath., dann ev. sächs. Kirche, jetzt ref. Im Kirchhof steht hölzerner Glockenturm, 1768 von Ung.-Birk hierher gebracht. Nach O zweigen zwei Wege ab: im Iara-Tal folgt nach 7 km das Dorf **Iara de Mureş, Marosjara** (410 m, u. e. E. 1322, 659 Ew.) und nach S 3 km über den Berg das Dorf **Ilioara, Kisillye** (420 m, u. e. E. 1460 280 Ew.). Der zweite Kiesweg führt 8 km nach dem von Ung. bewohnten **Petrilaca de Mureş, Petersdorf, Magyarpéterlaka** (422 m, u. e. E. 1332, 920 Ew.), im gleichnamigen Tal gelegen. Nach weiteren 2 km Weggabelung: nach O 2 km zum rum. Dorf **Teleac, Marostelke** (424 m, u. e. E. 1381, 737 Ew.) mit Erdgasförderungsanlagen im Umfeld und nach S 2,5 km nach **Mura Mare, Nagyszederjes** (422 m, u. e. E. 1359, 219 Ew.). 1 km weiter liegt der Weiler **Mura Mică, Kissederjes** (420 m, u. e. E. 1724, 207 Ew.), von wo w. ein Weg 1 km nach Ilioara führt.

Die DN 15 und die Bahnlinie führen 5 km geradlinig durch die fruchtbare Mieresch-Au nach NO zu dem großen Dorf

Petelea, Birk, Petele (358 m, u. e. E. 1332, 1973 Ew.). War bis 1944 hauptsächlich von Dt. bewohnt. Die ev. Kirche ist orthod. Gotteshaus geworden, die Orgel zerstört, der Kanzelkorb noch vorhanden. Vom Glockenturm schöne Aussicht. An die dt. Ew. erinnern neben den geschlossenen Häuserfronten mit den Torbögen die Schule, das ehem. Pfarrhaus, das Rathaus und Arzthaus: alle aus dem 19. Jh. Im Dorf wurde in jüngster Zeit ein großer Schweinezucht-Komplex errichtet. Die Jahrmärkte waren berühmt. Nach 4 km führt die DN 15 nach

Iernuţeni, Etschdorf, Radnótfája (362 m, u. e. E. 1332, 1007 Ew.), eine Vorortgemeinde von Sächsisch-Regen. Neben Industrieanlagen befindet sich hier das *Schloß Macskay.* Die ung. ref. Kirche wurde 1791 erbaut.

ROUTE 2/9

Von der DN 15 zweigt in Iernuţeni eine AS (DJ 153) nach SO ab, führt am S-Rand des *NSG Urwald von Mociar* (mit 200jährigen Eichen) auf ebenem Hochterrassenboden (60 m über der Mieresch-Au) nach 7 km in die ung. Gemeinde

Beica de Jos, Ung. Birk, Alsóbölkény (386 m, u. e. E. 1453, 857 Ew.). Hat *sehenswerte alte Holzkirche.* Eine KS führt talaufwärts 2 km durch **Beica de Sus, Rum. Birk, Felsőbölkény** (399 m, u. e. E. 1642, 437 Ew.) 3 km zu dem Weiler **Căcuciu, Görgény-Kakucs** (404 m, u. e. E. 1441, 294 Ew.) und weiter nach O, 2 km in das Dorf **Sînmihaiu de Pădure, Michelsdorf, Szentmi-hálytelke** (422 m, u. e. E. 1319, 494 Ew.), von wo der Weg über **Comori, Kincsasfö** (456 m, u. e. E. 1453, 619 Ew.) 6 km nach N auf die Gurghiuer Straße führt.

Die zweite Straße führt von Căcuciu im Tal aufwärts 1 km zu dem Dorf **Şerbeni, Soropháza** (437 m, u. e. E. 1453, 739 Ew.). Wurde von Ukrainern besiedelt. Holzkirche mit Mold. Ikonen aus dem 16. Jh. Der Weg führt weiter 3 km nach **Urisiu de Jos, Alsóoraszi** (451 m, u. e. E. 1453, 610 Ew.), in ö. Richtung 2 km nach **Urisiu de Sus, Felsőoroszi** (474 m, u. e. E. 1453, 1266 Ew.).

Von Beica des Jos führt eine KS 4 km nach S in das Dorf **Habic, Buchendorf, Hétbükk** (435 m, u. e. E. 1453, 631 Ew.) an der Quelle des Habic-Baches.

Die AS führt von Beica de Jos 4 km sö. nach

Nadăşa, Wal.-Nadesch, Gorgénynados (413 m, u. e. E. 1453, 508 Ew.); schöne orthod. Holzkir-che. Nach 2 km folgt eine Abzweigung nach S, 4 km bis Simbriaş im Niraj-Tal > [RG 16]. Der andere Weg der Gabelung führt 4 km nach O in die Gemeinde **Chiheru de Jos, Unter-Kiher, Alsókóhér** (433 m, u. e. E. 1453, 784 Ew.) und 2 km weiter nach

Chiheru de Sus, Ober-Kiher, Felsőköhér (452 m, u. e. E. 1453, 896 Ew.) und von hier in engen Serpentinen 6 km hinüber nach Eremitu im Niraj-Tal > [RG 16]. Alle diese Dörfer unter dem Gurghiu-Geb. haben großteils rum. Ew.

ROUTE 3/9

Von Iernuţeni zweigt eine gute AS nach O ab und führt im Tal des Gurghiu-Flusses, der bei Sächsisch-Regen in den Mieresch mündet, in das Gurghiu-Geb. Nach 4 km, entlang der Schmal-spurbahn, am N-Rand des *NSG Mociar-Urwald,* liegt die rum. Großgemeinde

Solovăstru, Reußischdorf, Görgényoroszfalu (399 m, u. e. E. 1644, 1745 Ew.). Nach weiteren 7,5 km führt die Straße in die Großgemeinde

Gurghiu, Görgen (St. Emerich), Görgényszentimre (424 m, u. e. E. 1248, 606 Ew.), eine alte, stattliche ung. Siedlung, die im MA. Stadtrecht hatte. Der ö. Ortsteil heißt noch „Szeklerstadt". Auf einem Hügel steht an Stelle der einstigen Burg eine Kapelle. Im Dorfzentrum liegt das Mitte des 18. Jh. aus Feldsteinen errichtete Schloß der Fam. des Barons Bornemissza. Es ist auf den Fundamenten einer Burg der Szeklergrafen errichtet, die General Rabutin 1701 als Stützpunkt der Kurutzen schleifen ließ. Später kam es in den Besitz der Fam. des Fürsten Kemény, und schließlich ließ es Kronprinz Rudolf von Habsburg zu einem Jagdschloß umbauen. Heute beherbergt es eine Forstfachschule und ein Jagdmuseum. Der Schloßpark wurde zu einem dendrologischen Park erweitert, in dem über 200jährige Bäume, darunter viele exotische, stehen; Reh- und Fasanenschutzgebiet. Im 17. und 18. Jh. gab es hier eine Papiermühle. Am 1. Sonntag im Mai findet hier das Volksfest des „Mädchenmarktes" (Tîrgul de fete) statt, zu dem die schönen ung. Volkstrachten aus dem Gurghiu-Tal getragen werden.

Sö. des Ortes, wo das Steinsalzmassiv an die Erdoberfläche stößt, liegt der „Salzberg" (519 m). In der Nähe sind Narzissenwiesen, auch die geschützte Schachbrett-Tulpe kommt häufig vor. Die AS zweigt nach N ab und führt über den Gurghiu-Fluß. Von da zweigt eine KS nach W ab, führt nach 3 km in das kleine Dorf **Adrian, Görgényádorián** (419 m, u. e. E. 1393, 421 Ew.), Geburtsort des Historikers Nicolae Albu (1910). Von der Gurghiu-Brücke führt die AS 2 km nach **Caşva, Kásva** (436 m, u. e. E. 1453, 791 Ew.) und im Caşva-Tal aufwärts nach weiteren 3 km durch den Weiler **Păuloaia, Pálpatak** (459 m, u. e. E. 1910, 235 Ew.), dann nach 4 km durch den Weiler **Larga** (485 m, u. e. E. 1956, 830 Ew.); links bleibt 1 km abseits der Weiler **Fundoaia, Kasvavölgy** (521 m, u. e. E. 1874, 830 Ew.) liegen. Die AS endet nach weiteren 3 km in **Glăjărie, Görgényer Glashütte, Görgény Üvegcsűr** (577 m, u. e. E. 1760, 1693 Ew.). Baron Bornemissza brachte dt.-böhm. Glasbläser her, deren Nachkommen, magyarisiert, eine ung. Insel im rum. Umland bilden. Die Ew. arbeiten in der ehem. Glashütte. Alle Orte im Caşva-Tal gehören admin. zur Gemeinde Gurghiu. Am ö. Ortsausgang von Gurghiu zweigt eine AS nach SO ab und führt nach 4 km in das Dorf **Orşova, Görgényorsova** (425 m, u. e. E. 1453, 993 Ew.). Nach dem ö. Ortsausgang von Gurghiu zweigt eine KS nach S ab, überquert die Bahnlinie, führt am Salzberg vorbei über den Kreuzberg-Sattel (533 m) im Mociar-Urwald 6 km zum Dorf Comori, > [R 2/9]. Nach 6 km folgt im Gurghiu-Tal die Großgemeinde

Ibăneşti, Libánfalva (469 m, u. e. E. 1453, 4288 Ew.), der alle Orte im oberen Gurghiu-Tal angehören. Nach 4,5 km liegt der Weiler

Ibăneşti-Pădure, Erdölibántalva (529 m) mit dem Weiler **Tireu** (560 m, u. e. E. 1910, 615 Ew.) im N, 2 km weiter folgt **Tisieu** (529 m, 214 Ew.), weitere 2 km **Pîrîu Mare** (535) und 4 km weiter **Blidireasa, Blidorásza** (520 m, u. e. E. 1913, 214 Ew.). Nach weiteren 2 km folgen

Dulcea, Dulcsa (560 m), dann

Zimţi, Zinu (583 m). 2 km nach dem Ort liegt n. ein archäol. Grabungsfeld. Weitere 11 km durch dichten Wald führen in den Ort

Lăpuşna, Laposnya (809 m, u. e. E. 1908, 869 Ew.). Hier befinden sich eine *sehenswerte Holzkirche* (1779) und zwei ehemalige *Jagdschlösser* für Jagd auf Großwild: Bären, Hirsche, Wölfe, Luchse. Das Dorf ist Ausgangspunkt für 5- bis 12stündige Wanderungen durch die letzten unberührten Wälder Sb.s; z. B. durch das Secuiu-Tal nach S in den mächtigen, gleichnamigen Krater (Forsthaus, 1180 m), über die Găinuşa hinauf zum Kraterrand, den Gipfel Tătarul (1688 m) und auf die *Saca, Mezőhavas* (1776 m), hinunter zum Bucin-Paß (1247 m) auf der DN 13B. Ein anderer Steig führt von Lăpuşna nach N auf den Zimbroiu-Kamm in 4 – 5 Std. zum *Fîncelul-Gipfel* (1684 m), der Abstieg führt nach Stînceni im Mieresch-Tal (4 Std.) oder nach Lunca Bradului (5 – 6 Std.). Ein Forstweg führt über den Dealul-Crucii-Sattel (1345 m) hinüber nach Remetea-Ditrău in der Gheorghener Senke > [RG 17].

W. von Ibăneşti zweigt eine AS (ebenso eine Schmalspurbahn) nach N ab, führt 1 km jenseits des Gurghiu-Flusses in die Gemeinde **Hodac, Görgényhodák** (463 m, u. e. E. 1453, 3409 Ew.), im 17. Jh. um das orthod. Kloster Runc entstanden. Holzpfeifenerzeugung. 5 km talaufwärts liegt unter dem Geb. das große, von Gebirgsbauern und Waldarbeitern bewohnte Dorf **Toaca, Toka** (715 m, u. e. E. 1910, 1551 Ew.).

ROUTE 4/9

Die DN 15 verläßt Reghin nach N. Am Stadtrand zweigt von ihr eine AS nach O ab, überquert den Miersch, dann auch die Bahnlinie und führt 6 km weit in das Dorf **Jabenița, Salzhau, Görgénysóakna** (399 m, u. e. E. 1453, 1385 Ew.), ein großes rum. Dorf gegenüber der Gemeinde Solovăstru, am N-Ufer des Gurghiu-Flusses gelegen. Am Dorfeingang Salzbad mit Salzsee. Hier wurde seit der Römerzeit Steinsalz abgebaut, nunmehr stillgelegt. Mit Martinsdorf (Sinmartin) zusammengewachsen. War Sitz der burgeigenen Salzkammer. Erste Bewohner waren Reussen. Von dieser AS zweigt vor dem Bahnübergang eine AS nach N ab, führt zwischen Miersch und Bahnlinie 5 km in die Gemeinde

Ideciu de Jos, Nieder-Eidisch, Alsőídécs (381 m, u. e. E. 1319, 960 Ew.). War bis 1944 dt. Gemeinde am Fuße des Spitzberges, auf dem noch Mauerreste der einstigen Burg Eidisch stehen. N. des Dorfes befinden sich um die Salzquellen die Anlagen des Salzbades. Durch Auflösen der oberen Salzschichten haben sich Bodenpfannen und Rutschungen gebildet. Die Hauptquelle gibt 12 l/min. Mineralwasser, das 263 mg/l Salze enthält. Drei Freiluft-Wasserbecken mit fließendem warmem Wasser dienen zur Behandlung von Rheumaerkrankungen sowie zur Heilung des peripheren Nervensystems. Der Ort ist ein typisch dt. Straßendorf mit dicht nebeneinander liegenden, langgestreckten Hofparzellen. Die Häuserfronten und Torbogen bilden geschlossene Mauern längs der Straße. Teilweise findet man hier noch Bohlenhäuser. Die schlichte Kirche ist,

Ideciu de Jos (Niedereidisch), Altarrelief (Ausschnitt, li.), Blick auf die ehem. evangelische Kirche (re.)

so wie auch die Orgel, reparaturbedürftig. *Sehenswert* sind die *vergoldeten Reliefs am Altar* (Sähmann, Fischer). Das Dorf ist bekannt durch seinen Zwiebelanbau. Vor dem Salzbad zweigt ein Kiesweg nach NO ab, führt 6 km in einem Seitental in das kleine rum. Dorf **Deleni, Reußen, Oroszidécs** (429 m, u. e. E. 1319, 535 Ew.). Von Reussen gegründet. Geburtsort der rum. Bürgerrechtlerin Doina Cornea. Von Nieder-Eidisch führt die AS am Fuße der Berge in das Straßendorf

Ideciu de Sus, Ober-Eidisch, Felsőidécs (396 m, u. e. E. 1319, 960 Ew.). Es lohnt sich ein Blick vom abseits stehenden Glockenturm auf die umliegende Landschaft. Wo in der Kirche früher Orgel und Altar standen, stehen heute die Heiligenbilder und der Ikonostas der nunmehr orthod. Kirche, da die dt. Bewohner im Herbst 1944 nach Österreich evakuiert wurden.

4 km n. führt von einer Straßenkreuzung eine AS nach W über dem Mieresch auf schwacher Brücke nach Brîncovenești > [R 5/9], nach O 5 km nach **Idicel, Eidischdorf, Idécspatak** (419 m, u. e. E. 1393, 645 Ew.), ein großes, altes rum. Dorf. Weitere 5 km ö. liegt der Weiler **Idicel-Pădure, Erdöidécs** (529 m),

Die AS führt aus der Kreuzung nach N 4 km bis

Lunca Mureșului, Holtmaros (405 m, u. e. E. 1319, 817 Ew.) und nach weiteren 3 km in die große Gemeinde

Aluniș, Haseldorf, Magyaros (425 m, u. e. E. 1220, 2190 Ew.). Schloß Monja. Lebendige ung. Folklore. Hier Abzweigung 4 km zu dem Dorf **Fițcău, Fickópatak** (513 m, u. e. E. 1910, 549 Ew.), schon unter dem Geb. gelegen. Die DJ führt nach 3 km in die große rum. Gemeinde

Rușii Munți, Ruß, Marosoroszfalu (432 m, u. e. E. 1319, 1757 Ew.). Von Reussen gegründet, im 17. Jh. romanisiert. Nach 1764 im Nassoder rum. Grenzerregiment. Die Straße biegt hier nach W über den Mieresch zur DN 15 nach Morăreni ab > [R 5/9]. Eine KS führt ö. vom Mieresch weiter, nach 3 km am Weiler

Sebeș (470 m, u. e. E. 1956) vorbei, nach weiteren 3 km in das schon zu Deda gehörende **Filea, Füleháza** (458 m, u. e. E. 1497, 988 Ew.), mit dem es durch eine Brücke verbunden ist.

ROUTE 5/9

Reghin, Sächsisch-Regen, Szászrégen (394 m, u. e. E. 1228, 1992: 38.985, davon 344 dte. Ew.). Die einst von Dt. und Ung. bewohnte Handelsstadt auf Adelsboden hatte Sondermarktrechte. Ehemals Handel mit Holz, Leder, Getreide, Vieh. Hatte Flößereihafen am Mieresch. Im MA. Blütezeit aufgrund verkehrsgünstiger Lage an der Kreuzung mehrerer Handelsstraßen, die nach Klausenburg, Bistritz,

Reghin (Sächsisch-Regen), evangelische Kirche

Topliţa, Sovata und Neumarkt a. M. führten. In den Revolutionsjahren 1848/49 brannte die Stadt zur Gänze ab; von der alten Bausubstanz sind bloß noch Reste vorhanden. Es bestand früher aus zwei Orten: Sächsisch- und Ungarisch-Regen, durch einen Graben voneinander getrennt. Heute ist es eine Industriestadt, in der der Maschinenbau, vor allem aber die Holzverarbeitung, die Erzeugung von Musikinstrumenten und Sportgeräten entwickelt ist. Die Stadt ist Zentrum eines großen Agrargebietes, von großen Obstgärten umgeben. *Sehenswert: Ev. Kirche* (Str. Călăraşi), eine mehrmals

Bürgerhäuser in Reghin (Sächsisch-Regen)

umgebaute rom. Basilika von 1321 mit got. Portalen, Fenstern, Sakristeitürrahmen, Schlußsteinen, Inschriften im Chor. Daneben bestand eine dt. Schule, schon 1482 in Urkunden erwähnt. – Die *griech.-kath. Kirche* im alten Friedhof wurde 1744 als Kreuzkirche gebaut. Hier lebte und wirkte Petru Maior (1761 – 1821), einer der Begründer der „Siebenbürgischen Schule" (Şcoala Ardelenă). – *Orthod. Holzkirche* aus dem Jahre 1748 (Altarbilder von Toader Zugravul). – Das *Ethnograph. Museum* (Str. Vînătorilor 51) ist neu gestaltet: Volkskundesammlungen aus der Sb. Heide, dem Mieresch-Tal und dem Gurghiu-Geb. Es zeigt Zimmereinrichtungen, Gebrauchsgegenstände, Werkstätten und Werkzeuge zur Bearbeitung von Holz, Metall, Glas und Bein, dazu Glasmalerei, Keramik, Hausweberei und die verschiedensten Volkstrachten der Gegend. – Im *Stadtpark* auf der Mieresch-Insel Büste Petru Maiors sowie Freilichtabteilung des Volkskundemuseums mit alten Bauernhöfen. – Im Stadtteil Ungarisch-Regen steht eine ref. *Saalkirche* mit rom. Mauerteilen in den Längswänden.

3 km s. der Stadt befindet sich die heutige Vorortgemeinde **Apalina, Odendorf, Abafája** (365 m, u. e. E. 1332, 2117 Ew.); war Adelssitz, hat großen Park mit *Schloß.*

Die DN 15 verläßt Sächsisch-Regen nach N, führt nach 4,5 km in die von Ung. bewohnte Gemeinde

Suseni, Pränzdorf, Marosfelfalu (380 m, u. e. E. 1319, 1438 Ew.). Im Dorfmuseum sind vorgeschichtliche und dakische Fundstücke zu sehen. War ursprünglich ein sächs. Dorf; im 16. Jh. begann Ansiedlung von Rum. und Ung. Das ehem. Franziskanerkloster, um 1550 aufgelöst, ist beeindruckende Ruine. Der ung. Dichter Mihaly Szabolcska (1862 – 1930) lebte hier als ref. Pfarrer. Nach 3 km zweigt eine KS nach W ab, erreicht nach 2,5 km das Dorf **Luieriu, Lera, Lövér** (445 m, u. e. E. 1228, 1109 Ew.) und nach weiteren 5 km n. das Dorf **Săcalu de Pădure, Mausdorf, Erdőszakál** (491 m, u. e. E. 1319, 794 Ew.). 2,5 km von der Abzweigung führt die DN 15 in die Großgemeinde

Brîncoveneşti, Wetsch, Marosvecs (402 m, u. e. E. 1228, 1569 Ew.). Am N-Rand des Dorfes stehen *Kemény-Schloß* und Landhaus im großen Park. Hier stand seit 1228 eine Steinburg auf steilem, felsigem Schloßberg, wurde dann von Freiherr Bornemissza umgebaut. Fürst Rákoczy weilte oft hier. Kam dann in den Besitz der Fam. des Fürsten Kemény (bis 1949). 1752 lebte hier

Sandor Szacsvai, Begründer des ung. Journalismus. In der Zwischenkriegszeit Treffpunkt des Schriftstellerverbandes „Helikon". Der letzte Schloßherr, Schriftsteller Janos Kemény (1903 –1971), wurde 1972 hier bestattet. Im fast rein ung. Dorf ist das Schloß vernachlässigt, dient als Heim für behinderte Kinder. Volksfest Culesul cireşelor (Kirschenernte) am ersten Sonntag im Juli.

Von Brîncoveneşti führt eine Straße auf schwacher Brücke über den Mieresch nach Ideciu de Sus > [R 4/9]. Unter dem Burgfelsen führt die DN 15 nach 5 km in das große Dorf

Schloß Brîncoveneşti

Vălenii de Mureş, Gassen, Disznájo (426 m, u. e. E. 1319, 1460 Ew.). Hatte im MA. einen Herrenhof, Zentrum von 17 Dörfern. An der ref. Kirche stehen Grabdenkmale von 1764 der Gutsbesitzerfam. Rhédei. Hier zweigt eine AS nach N ab, führt nach 5 km nach **Rîpa de Jos, Unter-Rübendorf, Alsórépás** (550 m, u. e. E. 1332, 1797 Ew.) und nach 3 km in die Gemeinde **Vătava, Ober-Rübendorf, Felsőrépás** (648 m, u. e. E. 1648, 1181 Ew.). Beide waren im MA. sächs. Dörfer. Von hier führt sie, nicht durchgehend asphaltiert, nach Monor (6 km) > [RG 5]. Eine KS führt 5 km nach SO über Berge in das Dorf **Dumbrava, Liget** (539 m, u. e. E. 1393, 997 Ew.) und nach weiteren 4 km nach Morăreni an der DN 15. Von Vălenii de Mureş folgt an der DN 15 nach 2 km

Maioreşti, Maroslaka (469 m, u. e. E. 1461, 382 Ew.) und nach weiteren 2 km

Morăreni, Marosmonosfalu (438 m, u. e. E. 1497, 533 Ew.). Von hier zweigt eine KS 4 km nach NW zum Dorf Dumbrava ab, eine andere 2 km nach O über den Mieresch nach Ruşii-Munti > [R 4/9]. 3 km weiter dem Mieresch aufwärts führt die DN 15 durch das Dorf

Pietriş, Maroskőves (487 m, u. e. E. 1451, 629 Ew.) und nach 3 km in die große Gemeinde

Deda, Déda (466 m, u. e. E. 1393, 1854 Ew.). Sie ist ein Eisenbahnknotenpunkt, an dem von der Linie Braşov – Tîrgu Mureş jene nach Bistriţa – Beclean abzweigt. Viele Bewohner sind Bahnarbeiter. Vom 17. – 19. Jh. bestand hier ein *rum. orthod. Kloster.* Geburtsort des rum. Historikers Vasile Netea (1912 – 1988). Heimatmuseum. In Deda beginnt der Mureş-Engpaß zwischen dem vulkanischen Căliman-Geb. (N) und dem Gurghiu-Massiv (S). Über den Mieresch führt eine Brücke in das Dorf Filea [R 4/9]. Die DN 15 führt nach 3 km durch

Bistra Mureşului, Dédabisztratelep (470 m, u. e. E. 1910, 943 Ew.), das am Ausgang des im Engpaß bis zum 18. Jh. unbewohnten Mieresch-Durchbruchtales zwischen Gurghiu- und Kelemen-Geb. liegt. Nach 1 km, schon mitten im Geb., liegt der Weiler

Gălăoaia, Galonya (486 m, u. e. E. 1839, 66 Ew.), eine ehem. Glashütte. Hier befindet sich ein Camping um ein Jagdschloß des Fürsten Kemeny. Durch das Große Gălăoaia-Tal führt ein Wandersteg zum Poiana-Stezii-Gipfel (Hütte und Unterkunft), zur Poiana Cofii und Ţiganca-Spitze (1385 m), unter der sich das Flörike-Forsthaus (1210 m) befindet (8 – 10 Std. Gehzeit). Nach 2 km führt eine Brücke an das S-Ufer des Mieresch, nach **Borzia, Borziatelep** (498 m, u. e. E. 1910, 122 Ew.). Dichter Wald an steilen Gebirgshängen mit Felspartien begleiten Straße und Bahnlinie im engen Mieresch-Tal. Der Fluß ist hier sehr fischreich. Nach 5 km folgt die Gemeinde

Răstoliţa, Ratosnya (524 m, u. e. E. 1770, 923 Ew.) mit *sehenswerter Holzkirche* (1800) und Heimatmuseum. Wildschutzgebiet. Aus dem Ort führen mehrere Wanderwege auf den w. Kelemen-Kamm:

– 11 km Forststraße in der Valea Bradului bis zur gleichnamigen Notunterkunft (Holzfällerbaracke, 1010 m), Aufstieg Bîtca Frasinului zum Forsthaus Valea Bradului (1270 m), Tătaru-Spitze (Notunterkunft, 1510 m), Ruscăi-Spitze, Gruiu-Spitze, über den Hauptkamm zur Gruiu-Sennhütte. Markierung gelbes Kreuz, 10 – 12 Std. bis in das obere Dorna-Tal.

– Nach 5 km Forstweg im Rătoşnea-Tal im Tihu-Tal weiter aufwärts (Notunterkunft Gura Ciungetului, 1125 m), Tihu-Sattel am Hauptkamm zur Notunterkunft Tihu, 1400 m, am N-Hang. Blaues Kreuz, 9 – 10 Std.

– Zuerst 5 km Forststraße im Rătoşnea-Tal, dann im Tihu-Tal bis zur Notunterkunft Gura Secului (700 m), im mittleren Tal bis Forsthaus Pîrîul Negru (1121 m), Sturionul-Spitze (1879 m), Notunterkunft Tihu (1400 m); rotes Dreieck, 9 bis 10 Std.

– Im Secul-Tal von der Notunterkunft Gura Secului (700 m) bis Forsthaus Flörike (1210 m), Moldoveanca-Kolibitza. Gelbes Band, 9 – 11 Std.

Die DN 15 führt weiter, nach 3 km durch den Weiler

Andreneasa (540 m, u. e. E. 1839, 111 Ew.) und nach 6 km an dem Ort **Sălard, Szálard** (606 m, u. e. E. 1913, 204 Ew.) vorüber, der am S-Ufer des Mieresch liegt. Hier ist eine Schutzhütte, Ausgangs- oder Zielpunkt für Wanderungen zum Fîncel-Gipfel (1684 m) und Lăpuşna im Gurghiu-Geb. > [R 3/9]. Admin. gehört es zum 2 km entfernten

Lunca Bradului, Palotailva (602 m, u. e. E. 1770, 817 Ew.). Hat ein großes Sägewerk. Ist Ausgangspunkt für Wanderungen zum Kelemen-Krater:

– Forststraße 12 km im Ilva Mică- und Ilişoara-Tal bis Notunterkunft (Holzfällerbaracke) Cocoş (970 m), dann Wanderpfad (gelber Punkt) über Forsthaus Cucumbertului (1520 m), Drăguşul, Răţiţişul-Gipfel (2021 m), Notunterkunft Luana (1551 m) am N-Hang. 4 – 6 Std. von Cocoş (Parkmöglichkeit).

– Oder von Cocoş, blaues Dreieck, im Tal weiter, Aufstieg zu Kote (1704 m), Reţiţiş-Luana (4 – 6 Std.).

– Im Ilva-Mare-Tal 24 km Forststraße bis Notunterkunft Pietrosul (1070 m), Aufstieg im Negoi-Tal zur Sennhütte Pîrîul Negoiului (1422 m), Pietricelul-Spitze (1991 m), Luana-Unterkunft. Blaues Kreuz, 10 – 12 Std. Zu Fuß von Pietrosul 4 –5 Std.

Nach 5 km auf der DN 15 folgt

Neagra, Nyágra (646 m, u. e. E. 1910, 666 Ew.) mit der Schutzhütte „Şoimii", Ausgangspunkt für Wanderungen über die Bîtca Rătăcel (1174 m) zum Răţiţiş (2021 m) Luana. Gelbes Band, 8 – 10 Std. Von hier können aber auch die Wege, wie bei Lunca Bradului beschrieben, begangen werden.

Alle genannten Aufstiege sind lange Tagesausflüge mit Übernachtungsmöglichkeiten nur für anspruchslose Wanderer, aber für Zeltwandern in Gruppen geeignet (Lagerfeuer mit Nachtwache, Bären! Nach 3 km folgt das Dorf

Meştera, Meisterhausen, Mesterháza (596 m, u. e. E. 1770, 508 Ew.), dann nach weiteren 3 km die Gemeinde **Stînceni, Göde** (626 m, u. e. E. 1874, 977 Ew.) mit *sehenswerter orthod. Holzkirche*. Viele Ew. arbeiten in den großen Andesit-Steinbrüchen und im Steinwerk. Schutzhütte mit Bewirtungs- und Unterkunftsmöglichkeit, Zustieg zum Wanderweg aus Neagra zum Bîtca Rătăcel-Răţiţiş. Nach 3 km erreicht die DN 15 **Ciobotani** (634 m, u. e. E. 1910, 327 Ew.), nach 2,5 km Văgani und von dort nach weiteren 8,5 km die Stadt Toplitza > [RG 17].

ROUTE 6/9

verläßt Reghin auf einer DJ nach N, führt nw. 7 km über den Hirschberg (451 m), am Waldrand entlang in das große Dorf

Dedrad, Deutsch-Zepling (410 m, u. e. E. 1319, 1068 Ew.). War bis 1944 ein fast rein dt. Dorf von 2000 Ew. Nach ihrer Evakuierung wurden die Sb. S. durch rum. Kolonisten und Roma ersetzt. Einige Höfe sind verfallen. Bis 1848 waren die Ew. Hörige des Barons Bánffy. Nach Aufhebung der Leibeigenschaft wurden die ev. Kirche (neugot.), das Pfarrhaus, die dt. Schule neu gebaut. 4 km n. liegt das ung. Dorf

Goreni, Schönbirk (Ungarisch-Zepling), Dédradszéplak (436 m, u. e. E. 1228, 906 Ew.) mitten in Wein- und Obstgärten. Nach weiteren 4 km folgt die Gemeinde

Batoş, Botsch, Bátos (409 m, u. e. E. 1319, 1567 Ew.). Auch hier bestand die jetzt rum.-magyar. Bevölkerung bis 1944 zu 90 % aus Dt. Davon zeugt noch das heutige Aussehen des Dorfes, trotz Verfall. Ehem. ev. Kirche mit schönen Emporenmalereien. Die Glocke wurde seinerzeit vom „Botscher Hilfsfonds von Nord-Amerika" gestiftet. Es stehen noch der mächtige neugot. Altar, der reichverzierte Kanzeldeckel sowie ein urtümlicher hölzerner Tauf„stein". Große Obst- und Weinplantagen bedecken die Hänge um das Dorf.

Eine Straße zweigt 7 km weit nach NW ab, führt nach **Uila, Weilau, Vajola** (521 m, u. e. E. 1319, 398 Ew.). Erste Siedlung hieß Radus und wurde 1241 von den Mongolen völlig zerstört. Bis 1944 zu 75 % von Dt. bewohnt. Die alte ev. Saalkirche steht einsam auf einem Hügel außerhalb des Dorfes und wird für orthod. Gottesdienste verwendet: der Altar wurde durch Ikonenwand ersetzt, der Glockenturm steht im Dorf neben der Schule. 1930 weilte hier der sächs. Sprachforscher F. Krauß als ev. Pfarrer. In Weilau leben ev. Zigeuner. Von Botsch führt die DJ über bewaldete Berge 7 km in die rum. Gemeinde

Monor, Mindendorf (460 m, u. e. E. 1319, 1501 Ew.). Sie liegt schon im Kreis Bistriţa (Bistritz), im „Nösnerland". Bei **Gledin, Gladen, Gledény** (485 m, u. e. E. 1314, 899 Ew.) stand früher ein orthod. Kloster. Seit 1765 gehörte es zum Nassoder rum. Grenzregiment. Die DJ führt 5 km weiter von Monor nach Sieuţ (Kleinschogen) > [RG 5].

Eine Abzweigung führt als KS 6 km ö. nach Vătava > [R 5/9].

ROUTE 7/9

Die DN 16 verläßt Reghin nach SW, trifft nach 4 km an einer Abzweigung nach N auf die DN 15A, diese quert das Lutzbach-Tal. Nach 6 km zweigt eine KS 2 km nach W in das Dorf **Sîntu, Sankt Andreas, Mezőszentándrás** (419 m, u. e. E. 1319, 646 Ew.) ab. 1 km nach dieser letzten Abzweigung folgt eine zweite, von der ein Weg nach 3 km in das rum. Dorf **Frunzeni, Mausdorf, Mezőkarasztos** (392 m, u. e. E. 1319, 656 Ew.) führt; nach weiteren 4 km folgt das Dorf **Băiţa, Ginsdorf, Mezőbanyca** (414 m, u. e. E. 1315, 1100 Ew.). Der Name erinnert an die ehem. Salzausbeutung. Ein Schloß der Fam. Bánffy liegt hier in einem Park. Die einst sächs. Gemeinde wurde nach 1600 von Rum. besiedelt. Hier ist der sächs. Humanist und Dichter Johannes Lebel 1566 als ev. Pfarrer gestorben.

Die DN 15A führt von der Abzweigung nach Frunzeni 4 km in die kleine rum. Gemeinde

Lunca, Traßten, Tekeújfalu (400 m, u. e. E. 1319, 852 Ew.). War im MA. sächs., wurde im 19. Jh. rum. Nach 3,5 km zweigt nach O, 3 km über den Berg, eine KS nach **Logig, Ludwigsdorf (Lut-**

9

zendorf), **Szászludvég** (432 m, u. e. E. 1322, 830 Ew.) ab. Liegt in einem ruhigen geschlossenen Talende. Einfache ev. Kirche, hat klassiz. Taufbecken.

Die DN 15A steigt noch 2,5 km hinauf zur Paßhöhe (Tekendorfer Hill), um dann in Richtung Teaca (5 km) in das Reisegebiet Bistriţa > [RG 5] weiterzuführen.

ROUTE 8/9

Die DN 16 verläßt Reghin nach SW. Nach Abzweigung der DN 15A (4 km) wird das Lutzbachtal durchquert und nach 2 km die Gemeinde

Breaza, Bretzdorf, Beresztelke (375 m, u. e. E. 1319, 1240 Ew.) erreicht. Hier steht ein schönes Bánffy-Schloß; im Dorfmuseum können die hiesigen archäol. Funde besichtigt werden. Neue ref. Kirche (1894) mit Rokkokokanzel. Eine KS zweigt nach N ab, führt 4 km nach **Filpişu Mic, Klein-Phlepsdorf, Kisfülpös** (424 m, u. e. E. 1314, 720 Ew.), mitten in den Wäldern gelegen. War im MA. sächs. Seit 1600 ung. und rum. Eine andere Straße führt nach S, 7 km über die Höhe in das Agriş-Tal, in die überwiegend ung. Gemeinde **Voivodeni, Johannisdorf, Vajdaszentivány** (364 m, u. e. E. 1332, 2183 Ew.). *Sehenswert* sind die *ref. Kirche* und *das Schloß*. Ein Weg führt in vielen Serpentinen über die Groapa Largă (523 m) nach Toldal > [RG 8]. Im Tal aufwärts führt die Straße 7 km nach Glodeni (Apfeldorf) > [RG 8].

Die DN 16 führt am Waldrand 5 km in die Gemeinde

Filpişu Mare, Groß-Phlepsdorf, Magyarfülpös (385 m, u. e. E. 1291, 1042 Ew.). Hat *sehenswerte got. ref. Kirche* mit bemalter Kassettendecke. Nach 3 km, jenseits der Agriş-Brücke, zweigt eine KS nach N ab, führt nach 2 km durch das Dorf **Tonciu, Tesch, Tancs** (397 m, u. e. E. 1437, 859 Ew.). *Ref. Kirche* hat schön bemalte *Kassettendecke*. War 1600 Wüstung; vom rum. Grundherren L. Krajnik wurden rum. Leibeigene angesiedelt. Die alte röm.-kath. Kirche dient heute den Rum. Hier wurde 1601 der sb. Fürst Ákos Barcsai ermordet und beigesetzt. Nach weiteren 2 km zweigt ein Weg nach W ab, nach **Socolu de Cîmpie, Mikeldorf, Mezőszokol** (403 m, u. e. E. 1322, 837 Ew.) und endet nach weiteren 2 km im Talgrund in dem jungen Weiler **Fînaţele Socolului, Szénaszokol** (466 m, u. e. E. 1956). Der Hauptweg führt im immer flacher werdenden Gelände auf der Höhe 3 km in die Gemeinde

Cozma, Kozmatelke (408 m, u. e. E. 1231, 1102 Ew.); schöne Holzkirche. Von hier führt ein Weg 10 km nach Comlod > [RG 5].

REISEGEBIET 10

Cîmpeni / Topesdorf / Topánfalva

Das Gebiet von Cîmpeni liegt im Herzen der Siebenbürgischen Westgebirge und umfaßt das legendäre Motzenland. Dank der reichen Gold- und Edelmetallvorkommen
war dieser Landesteil schon von altersher besiedelt, besonders während der Besetzung
Dakiens durch die Römer. Im Mittelalter gehörte der westliche Teil zum Weißenburger, der nördliche Teil zum Thorenburger Komitat. Das Gebiet um Cîmpeni ist altes
rumänisches Siedlungsgebiet, hauptsächlich von Motzen bewohnt. Von hier ging der
Aufstand von Horea, Cloşca und Crişan von 1774 aus, von hier stammt einer der
Anführer der 48er Revolution, Avram Jancu. Ethnographisch ist diese Gegend eine
wahre Fundgrube: strohgedeckte Häuser, alte Holzkirchen sowie noch zahlreiche
Zeugen bäuerlicher und bergbaulicher Handwerker-Technik, schöne Volkstrachten.
Lebendiges Brauchtum hat die Jahrhunderte überdauert (Mädchenmarkt auf dem Găina-
Berg). Einmalige Naturdenkmäler befinden sich in der Region: die Eishöhle von
Scărişoara, die Basaltfelsen Detunata, das NSG Scărişoara-Belioara, zahlreiche Karst-
höhlen u. a. m. Nicht zuletzt das malerische Tal des Arieş, das, von der Fernstraße
DN 75 und einer Schmalspurbahn begleitet, tief in das Herz der Berge eindringt.

ROUTE 1/10

Die DN 75 verläßt das > [RG 11] in w. Richtung und verfolgt eines der schönsten Gebirgstäler
Rum., das Arieş-Tal. Die erste Ortschaft auf dieser Trasse liegt nach 14 km (von Buru) durch die
Surduc-Enge im Arieş-Tal an einer Abzweigung, 1 km n., und heißt

Ocoliş, Nagyoklos (450 m, u. e. E. 1408, 1980: 15.000 Ew.). War rum. Knesendorf, zur Domäne
Eisenburg (Rimetea) gehörig. Malerische Lage in kleinem Becken. Ew. leben vorwiegend von
Viehzucht und Obstbau. Reiche Volkskunst (Hauswebe, Trachten, stroh- und schindelgedeckte
Holzhäuser). Ist Ausgangspunkt zu mehreren touristischen Sehenswürdigkeiten im N der Ort-
schaft: Runc- und Pociovaliştea-Klamm sowie NSG Scărişoara-Belioara.

3 km weiter im selben Seitental liegt das Dörflein

Runc, Aranyosrunk (495 m, u. e. E. 1724, 222 Ew.). Ist eine neue rum. Streusiedlung. Am Ortsausgang beginnt die 2 km lange, malerische Runc-Klamm, an deren Ende liegt der Weiler

Lunca Largă (626 m, u. e. E. 1910, 271 Ew.). Streusiedlung entlang des Ocoliş-Tals, von Bergwiesen umgeben. Einzelhöfe steigen bis zu 1250 m Höhe. Durch das Belioara-Tal führt ein Wanderweg in ein Karstgebiet mit einmaliger Pflanzenwelt: das NSG Scărişoara-Belioara (1353 m). Liegt
in landschaftl. reizvoller Gegend auf einem Plateau. Besitzt eigenartige Pflanzenwelt mit zahlr.
Raritäten und Endemiten, darunter Steifes Kopfgras, rosettenbildendes Seifenkraut, Steinrösel
und die in Sb. sehr seltene Bärentraube (balkan. Herkunft). An den Nordhängen des Massivs
erstreckt sich ein einmaliger Mischwald; mehrere Endemiten (Felsen-Sonnenröschen, Federnel-
ke u. a.).

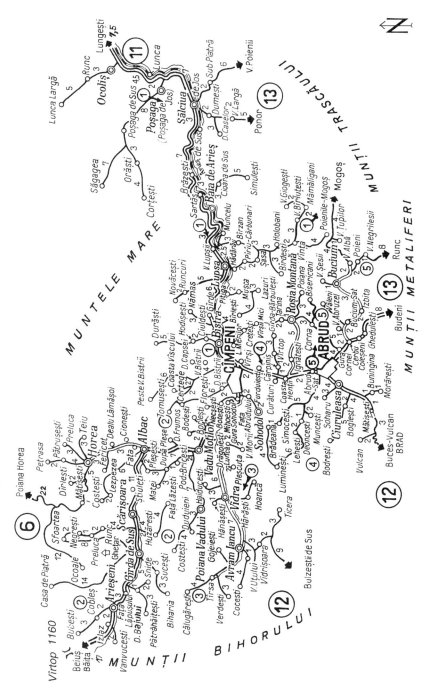

Die DN 75 gelangt nach 4,5 km zu einer Brücke, die nach O über den Arieş in das Dorf

Lunca, Nausatz, Aranyoslonka (424 m, u. e. E. 1471, 393 Ew.) führt. Von hier steigt ein Wanderweg zum Karstplateau des Bedeleu (1239 m), wo ebenfalls ein NSG liegt.

Auf der DN 75 folgt nach 2 km eine weitere Abzweigung nach W. Sie führt in das 2 km entfernte

Poşaga (Poşaga de Jos), Alsópośága (498 m, u. e. E. 1365, 739 Ew.). Zur Domäne Eisenburg gehöriges rum. Knesendorf. Liegt in kleinem Becken, von zwei Kalksteinmassiven eingeschlossen: Bedeleu im S, Scărişoara-Belioara im NW. Ew. leben von Viehzucht, Obstbau und Waldarbeit. Steinbrüche seit 1889. Schöne Volkstrachten und typ. Motzenhäuser. Hier wurde Anfang des 19. Jh. bedeutender Dakerschatz ausgegraben, der sich in Wien befindet. Am Poşaga-Bach standen einst viele Wasser- und Walkmühlen. Rum. Holzkirchen. In der Poşaga-Klamm gibt es zwei intermittierende Karstquellen, „izbucuri" genannt: Jeredeu und Bujorul (Wasserausstoß alle 10 – 20 Min. im Frühling, stündl. in Dürrezeiten). 8 km jenseits der Poşaga-Klamm erstreckt sich

Poşaga de Sus (Belioara), Felsőpośága (581 m, u. e. E. 1560, 544 Ew.). Bis 1874 gab es nur ein Poşaga. Danach entstand auf der anderen Seite der Poşaga-Klamm die Streusiedlung Oberposaga oder Belioara. Alte rum. Holzkirche (vermutl. 18. Jh.). Der Belioara-Bach entspringt im Kalksteinmassiv Scărişoara-Belioara, einem reizvollen Karstgebiet mit zahlr. *Sehenswürdigkeiten*. Im Belia-Bergrücken liegt die Belioara-Höhle. Ein Teil des Massivs wurde 1935 als NSG für Flora und Karstrelief erklärt.

Am Oberlauf des Săgagea-Baches, 7 km weit, am Fuß des Muntele Mare (1826 m), liegt

Săgagea, Szegácsa (859 m, u. e. E. 1824, 558 Ew.). 1750 werden in Poşaga zwei rum. Kirchen urkundl. erwähnt, eine davon stand in Săgagea. Ist rum. Streusiedlung mit alter Holzkirche.

In einem anderen Seitental, 3 km westlich von Poşaga de Sus liegt

Orăşti, Orest (655 m, u. e. E. 1824, 270 Ew.). Neue Streusiedlung, zu Poşaga de Sus gehörig. 4 km talaufwärts liegen die Einzelgehöfte des Weilers **Corţeşti** (820 m, u. e. E. 1925).

Im Arieş-Tal führt die DN 75 nach 7 km nach

Sălciua, Alsószolcsva (451 m,, u. e. E. 1379, 923 Ew.). Im MA. rum. Knesendorf, zur Domäne Eisenburg gehörig. Ist eine der ältesten Motzensiedlungen der Sb. Westgebirge. Typische, mehr als 100 Jahre alte Bauernhäuser mit überhöhten Steildächern. Mehrere Holzkirchen, die zu Baudenkmälern erklärt wurden. Schöne Volkstracht, lebendiges Brauchtum (Kürschnerhandwerk). Am 8. Mai wird ein großer Viehmarkt (Schafe) abgehalten. Ort mit hist. Vergangenheit (Waffenstillstandsabkommen 1784 zw. Kaiserlichen und aufständischen Bauern unter Horea, Cloşca und Crişan). Ausgangspunkt zum Karstgebiet Scărişoara-Belioara und zur Tropfsteinhöhle „Huda lui Papară". Über eine Arieş-Brücke führt ein Weg in Richtung SO in das 2 km entfernte

Sub Piatră, Buvópatak (592 m, u. e. E. 1874, 260 Ew.). Neue Streusiedlung. Im Valea-Morii-Tal, wo sich einst Wasser- und Walkmühlen aneinanderreihten, erhebt sich die Felswand des Bulz-Bergrückens mit einem Höhlenschlund, Huda lui Papară genannt, aus dem der Bach Valea Morilor fließt. Die 2 km lange Höhle ist nur mit Faltboot zugänglich. Sie ist reich an Wasserfällen, Schnellen und tiefen Seen sowie mächtigen Sälen. Unweit der Höhle steht eine Holzkirche von 1797 (Wandmalereien auf Leinwand; Holz- und Glasikonen). 4 km weiter n. liegt die Höhle Poarta Zmeilor (Drachentor) in 1100 Höhe, mit herrlichem Ausblick auf das Arieş-Tal. An einer sw. Abzweigung, 2 km von Sălciua liegen

Dumeşti (435 m) und 4 km nach S

Valea Largă (Valea Morilor) (567 m, u. e. E. 1910, 321 Ew.). Neue Streusiedlung. Ein Weg führt hinüber nach Ponor > [RG 13], und an einer Abzweigung 3 km w. liegt

Dealu Caselor, Hegyik (600 m, u. e. E. 1770, 213 Ew.). Streusiedlung von 1770 (Calibaschen). An der DN 75, 3 km weiter w. liegt

Sălciua de Sus, Felsőszolcsva (471 m, u. e. E. 1370, 674 Ew.). Rum. Knesendorf, im MA. zur Domäne Eisenburg gehörig. Die DN 75 führt durch das enge, windungsreiche Tal in das 7 km entfernte

Brăzeşti, Barázdafalva (Brezeşti) (498 m, u. e. E. 1503, 485 Ew.). Rum. Knesendorf, im MA. zur sächs. Bergwerksiedlung Offenburg gehörig. Rum. Holzkirche aus 1739 mit Holz- und Hinterglasikonen. Nach 3 km folgt

Sartăş, Szártos (484 m, u. e. E. 1560, 641 Ew.). Rum. Dorf, früher zur Domäne Offenburg gehörig. Rum. Holzkirche (1780) mit Innenbemalung. Besitzt schöne Holz- und Hinterglasikonen. 2 km weiter w., an der Mündung des Cioara-Baches in den Arieş, liegt

Baia de Arieş, Offenburg, Aranyosbánya (503 m, u. e. E. 1315, 2930 Ew.). Schon zur Daker- und Römerzeit bekannt. Sächs. Bergwerksiedlung mit Privilegien von König Karl Robert (1325); hatte 1332 eigenen kath. Pfarrer. Im MA. sächs. Bergwerkstadt; die Pochmühlen waren meist von sächs. Bürgern aus Hermannstadt gepachtet. Wurden im 16. Jh. aufgegeben, Bergleute wanderten ab. Rum. Bevölkerung setzte Ausbeute in den Blei-, Gold- und Silberbergwerken fort. Im Jahr 1607 war die ganze Domäne, einschl. die rum. Dörfer Brăzeşti, Sartăş, Cioara und Munceiu, vom sächs. Goldschmied Peter Filstich aus Klausenburg gepachtet, danach dem Verfall preisgegeben. Auch alte got. Stadtkirche ist längst verschwunden. Im 18. Jh. waren hier vier Schmelzöfen in Betrieb, 1784 wird eine Brauerei erwähnt. Heute bedeutende Bergbausiedlung, daneben Holzverarbeitungsbetrieb und Konfektionsfabrik.

An einer Abzweigung, 3 km sö., liegt

Cioara de Sus, Felsőcsora (612 m, u. e. E. 1480 als Flurname und 1607 als Dorf, 362 Ew.). Rum. Knesendorf, früher zur Fiskaldomäne Offenburg gehörig. Im selben Tal liegt 5 km flußaufwärts die junge Streusiedlung

Simuleşti (736 – 1100 m). Die DN 75 führt nach 6 km nach

Valea Lupşii, Lupsapatak (519 m, u. e. E. 1441, 850 Ew.). Streusiedlung, zu Lupşa gehörig. Hat zwei Wassermühlen und rum. Kirche (1804) mit Holzturm. Eine Abzweigung nach S führt über den Arieş nach

Munceiu, Muncsel (495 m, u. e. E. 1486 als Flurname und 1494 als Ortsname, 637 Ew.). Liegt in einer Schleife des Arieş. Rum. Knesendorf, früher zur sächs. Bergwerksiedlung Offenburg gehörig. Auf der Dorfgemarkung auf einer Anhöhe am rechten Arieş-Ufer steht ein sehenswertes Naturdenkmal, die sog. *Kaiserbuche*, ein mächtiger Baum, der auch im Winter sein rostbraunes Laub behält. Laut Legende sollte Kaiser Franz Joseph I. hier den Revolutionsführer Avram Iancu treffen, doch letzterer erschien nicht. Am n. Arieş-Ufer folgt die Gemeinde

Lupşa, Wolfsdorf, Lupsa (Nagylupsa) (516 m, u. e. E. 1366 als villa Lupsa, 1357 Ew.). Im MA. großes rum. Knesendorf, zum Thorenburger Komitat gehörig. Bestand schon 1518 aus zwei Teilen: Felsö Lupsa und Alsó Lupsa, wobei letzteres mit Valea Lupşii identisch ist. Die rum. Knesenfam. Lupsai besaß hier einen Herrenhof. Nach 1944 große Landflucht, inzwischen arbeiten viele Ew. im Kupferbergwerk von Roşia-Poieni. *Sehenswert* ist die alte *rum. Kirche*, vom Knesen Vladislav gestiftet, mehrere got. Elemente. Die schindelgedeckte, steinerne Saalkirche hat Kassettendecke, angefertigt von zwei ung. Tischlermeistern aus Colţeşti. Die Vorhalle stammt aus 1810. Eine Troiţa (Holzkreuz) steht vor dem Bahnhof. Die Kirche Sf. Gheorghe (1835) hat Wandmalereien byzantin. Stils. Das Heimatmuseum wurde 1937/38 vom Lehrer Pamfilie Albu gegründet, der dafür seine wertvollen ethnograph. Sammlungen (über 6000 authentischen Stükke aus dem Motzenland) zur Verfügung stellte. An der Dorfausfahrt nach W steht das Kloster von Lupşa (Mănăstirea), 523 m, eines der ältesten rum. Klöster Sb., 1429 urk. belegt. War 1611 – 1848 Sitz einer berühmten Klosterschule. Holzkirche mit Pronaos, Halle und Kassettendecke (1694). In unmittelbarer Nähe touristische Raststätte Lupşa (Bungalows, Campingplatz, Restaurant). Zahlr. Ausflugsmöglichkeiten: durch die Schlucht des Şesu-Baches zum Mărgaia-Gipfel oder ein Tagesausflug zum dritthöchsten Gipfel der Westkarpaten, Muntele Mare (1826 m).

Ein Weg zweigt von Lupşa nach S ab und führt über den Arieş in Orte, die sich bis zum Fuß des Geamăna-Gipfels (1366 m) hinziehen, darunter

Hădărău, Lupsahadaro (517 m, u. e. E. 1874, 463 Ew.). Neue rum. Streusiedlung. 1,5 km s. liegen

Pîrîu-Cărbunari (729 m), rum. Streusiedlung, zu Geamăna gehörig, und

Şasa (Geamăug), Szászavinc (651 m, u. e. E. 1835, 647 Ew.). 3 km w. liegt

Bîrdeşti (667 m). Rum. Streusiedlung, zu Geamăna gehörig. Im SO von Şasa folgt nach weiteren 2 km die am W-Hang gelegene Streusiedlung **Holobani** (670 – 900 m). 2 km s. folgt

Vinţa, Vinca (720 m, u. e. E. 1770). Rum. Streusiedlung, zu Şasa gehörig. 3 km talaufwärts liegen die Höfe von

Valea Bîrluţeşti, Budest (726 m, 108 Ew.). Rum. Streusiedlung, zu Mogoş gehörig. 3 km ö. befindet sich

Mămăligani, Mameligany (828 m, u. e. E. 1760, 102 Ew.). Rum. Streusiedlung, zu Mogoş gehörig. Mămăliga (Maisbrei, Polenta auf rum.) ist bis heute ein verbreiteter Familienname in Mogoş. Weiter n. liegen die Höfe von

Valea Giogeşti (900 – 1100 m). Rum. Streusiedlung, zu Mogoş gehörig. Im S des Geamăna-Gipfels liegt

Poienile Mogoş (970 m). Rum. Streusiedlung, zu Mogoş gehörig. Von hier können die beiden Detunate (Kahle, 1169 m, und Bewaldete Detunata, 1258 m) bestiegen werden.

Von der DN 75 zweigt kurz nach Lupşa ein Weg nach N ab und führt 5 km weiter in die Streusiedlung

Runcuri (808 m) am Fuß des Muntele Mare (1826 m). Rum. Streusiedlung, zu Bistra gehörig. 2 km weiter liegt

Novăceşti (1150 m). Rum. Streusiedlung, zu Bistra gehörig. Eine weitere Abzweigung der DN 75 in Richtung S erreicht im Arieş-Tal die rum. Streusiedlung

Piţiga. Nach weiteren 2 km liegt, zu Lupşa gehörig,

Muşca, Muska (581 m, u. e. E. 1486, 1603 Ew.). Im MA. rum. Knesendorf im Besitz des Weißenburger Kapitels; gehörte später zur Fiskaldomäne von Cîmpeni. Hatte Goldbergwerke. In der Umgebung wurden in letzter Zeit Kupfervorkommen entdeckt, die ausgebeutet werden sollen. 3 km s. liegt

Lazuri (704 m). Rum. Streusiedlung, zu Lupşa gehörig. Hatte Goldbergwerk. 4 km Richtung NW liegt

Bîrleşti. Rum. Streusiedlung, zu Bistra gehörig. 6 km w. von Lupşa an der DN 75 befindet sich

Gîrde (520 m), Rum. Streusiedlung, zu Bistra gehörig. An einer Abzweigung nach N, kurz hinter Gîrde, liegt 3 km weiter in den Bergen die rum. Streusiedlung

Nămaş (929 m).

4,5 km w. von Gîrde, an der DN 75, liegt

Bistra, Bisztra (540 m, u. e. E. 1380, 1980: 6300 Ew.). Im MA. rum. Knesendorf (Knese Bizere) im Besitz des Weißenburger Kapitels; gehörte nach der Reformation zur Fiskaldomäne von Cîmpeni. Rum. Adelsfam. wurde magyarisiert (Bisztrai). Von hier stammen mehrere bedeut. Persönlichkeiten: Bischof Petru Pavel Aaron, Begründer des ersten theol. Seminars in Blaj (Blasendorf); Alexandru Sulutin-Sterca, erster griech.-orthod. Bischof Sb.s, wirkte hier als Kaplan; Nicodim Ganea (1874 – 1949), einer der bedeut. Komponisten und Dirigenten für rum. Chormusik. Eine Gedenktafel erinnert an Vasile Fodor, Volkstribun und Freund von Avram Iancu. 1872 wurde hier einer der ältesten rum. Chöre Sb.s gegründet, der auch z. Zt. noch besteht. Bistra ist heute eine der größten Siedlungen des Arieş-Tales. Haupterwerbszweige sind Viehzucht und Forstarbeit; zahlr. meisterhafte Holzschnitzer.

Ausflugsmöglichkeiten in die vielen Streusiedlungen, die bis zu einer Höhe von 1225 m (Weiler Poiana) an den S-Hängen des Muntele Mare hinaufreichen; zu den Gipfeln Balomireasa (1632 m) und Muntele Mare (1826 m).

Am s. Arieş-Ufer liegen Streusiedlungen: nach 2 km **Lunca Merilor** (620 m), nach 3 km **Creţeşti** (925 m), 2 km weiter **Vîrşii Mici** (1054 m); am n. Ufer **Ciuldeşti** (585 m) in der Valea Mare, nach 1,5 km **Hodişeşti** (618 m), nach 5 km **Durăşti; Valea Bistrii, Dealu Capsei; Dealu Bistrii, Coasta Vîscului**, Gem. **Certege** (960 m. u. e. E. 1770, 1119 Ew.), **Tomuşeşti, Peste V. Bistrii** u. a., weit verstreut über entwaldete Hänge und Täler bis 1200 m.

3 km sw. von Bistra, am Zusammenfluß des Großen und des Kleinen Arieş, an der Kreuzung der DN 75 mit der DN 74A, liegt

Cîmpeni, Topesdorf, Topánfalva (553 m, u. e. E. 1565, 1985: 8539 Ew.), Stadt im Kreis Alba. Die ung. Bezeichnung „top" (vom dt. „Zopf" abgeleitet) weist auf die Haartracht der Männer hin, die einen Zopf (rum. „moţ") trugen, deshalb Motzen genannt wurden. Archäol. Ausgrabungen belegen die Besiedlung schon während der Bronzezeit und der dakisch-röm. Periode. 1587 gewährt der sb. Fürst Sigismund Báthory der von rum. Knesen abstammenden Adelsfam. Filimon das Recht, am Arieş eine Mühle zu bauen. Wird 1603 zur Siedlung und 1649 zum Vorort dieses Gebietes. 1631 stand hier eine rum. Kirche, 1750 waren es schon vier. Im 18. Jh. hatte Cîmpeni rd. 5400 Ew., war größer als Tîrgu Mureş oder Alba Iulia. Armut und soziale Ungerechtigkeit sowie nationale Unterdrückung waren Ursache zahlr. Unruhen. Sendboten nach Wien an den Kaiserhof kehrten unverrichteter Dinge zurück. So brach im Nov. 1784 der von Horea, Cloşca und Crişan geleitete Aufstand aus, der blutig unterdrückt wurde. Während der Revolution von 1848 gründete Avram Iancu hier eine Bauernrepublik; nach ihrer Niederschlagung fanden rum. Revolutionäre hier Unterkunft (darunter Nicolae Bălcescu). In den letzten Jahrzehnten erhielt Cîmpeni kleine Industriebetriebe (Holzverarbeitung, Baumwollspinnerei, Kunstgewerbe). Im Zentrum steht Reiterstandbild von Avram Iancu, ein Werk des Bildhauers C. Dimitriu-Bîrlad (1930 in Tîrgu Mureş aufgestellt und 1940 anläßlich des Wiener Schiedsspruches hergebracht). Zahlr. Ausflugsmöglichkeiten in die Umgebung und zum Gipfel Balomireasa (1632 m); Wintersportmöglichkeiten.

ROUTE 2/10

Die DN 75 verläßt Cîmpeni in w. Richtung, entlang des Arieşul Mare. An der Straße und abseits reihen sich die Streusiedlungen **Faţa Abrudului**, 2 km, **Gura Sohodol** (561 m), Gemeinde **Sohodol** (620 m, 3258 Ew.), **Mihoeşti, Boteşti,** 2 km (576 m), **Floreşti,** 2 km, **Necşeşti** (573 m), **Borleşti** und **Bodeşti.**

Die erste bedeutendere Siedlung, 10 km von Cîmpeni, 2 km von Necşeşti entfernt, ist

Vadu Moţilor (Săcătura), Aranyosvágás (611 m, u. e. E. 1770, 2226 Ew.). Die Bezeichnung Săcătura weist auf durch Dürre entstandene Waldlichtung hin. Gehörte urspr. zur Gesamtsiedlung Rîu Mare (Nagyaranyos) und kommt erst 1770 unter diesem Namen vor. Bei Gura Negrii steht eine Kirche von 1701. Kurz nach Vadu Moţilor zweigt eine KS nach W in das Neagra-Tal ab. Hier führt ein Weg 2 km n. nach **Poduri-Briceşti,** 1 km weiter nach **Dupā Pleşe** (900 m) und weiter nach NW 3 km bis **Matei** und **Pleşeşti.** Im Neagra-Tal führt die Straße durch **Vulturi** (621 m) 7 km bis **Poiana Vadului, Nyagra** (734 m). Alle Hänge sind bis hinauf mit Einzelhöfen bedeckt. 5 km nw. liegen die Höfe von **Duduieni** (1002 m), nach weiteren 4 km der Weiler **Costeşti.**

Nach 7 km folgt auf der DN 75 die Gemeinde

Albac, Albák (Fehérvölgy) (617 m, u. e. E. 1688 unter der Bezeichnung Rîu Mare, der alle Siedlungen am Arieşul Mare zugehörten, 3360 Ew.). Eine der schönsten Gemeinden im Tal des Arieşul Mare. War im MA. unbewohntes Waldgebiet. Um 1700 ließen sich hier viele Rum. aus der Beiuş-Gegend nieder. Eine alte österr. Beschreibung von 1782 erwähnt hier zwei große Ortschaften mit sieben bzw. vier Kirchen und insgesamt 153 Hauswirten. Der Kronstädter Georg Lukas Marienburg zählt 1813 acht Kirchen auf. Heute ist Albac blühende Großgemeinde, bekanntes Handelszentrum. Haupterwerbszweige sind Landwirtschaft, Viehzucht, Obstbau, Holzverarbeitung und Arbeiten im Steinbruch. Alljährlich finden sechs Jahrmärkte statt. Im Zentrum steht Büste Horeas, ein Werk des Bildhauers Romul Ladea (1967). In der Schule wurde Museumsekke eingerichtet. Die Holzkirche von Albac, ein Werk Horeas, steht heute im Kurort Olăneşti.

Motzenhaus im Trascău-Gebirge

Ein Gemeindeweg in Richtung N zweigt aus dem Ortszentrum ab, durchquert die malerische Albac-Klamm und führt durch die Gemeinden **Faţa, Cioneşti, Dealu Lămăşoi** und **Fericet,** aber auch **Lezpezea** und **Costeşti,** die alle ineinander übergehen und bis über 1300 m aufsteigen. 4 km weiter in die Großgemeinde

Horea (Arada), Gura-Aradi (711 m, u. e. E. 1839, 1980: 3000 Ew.). Geburtsort Horeas, eigentlich Vasile Nicola Ursu genannt. Urspr. hieß der Ort Arada und gehörte bis 1932 zu Albac. Horeas Haus stand bis zum Ersten Weltkrieg in Dealu Fericetului; die massive Eingangstür aus Eichenbalken wird im Hermannstädter Brukenthalmuseum aufbewahrt. Laut Überlieferung war Horea ein geschickter Baumeister für Holzbauten. Er reiste viel und setzte sich für die Rechte seiner Landsleute ein. War zwischen 1779 und 1784 viermal in Wien, wo er von Maria Theresia und Joseph II. empfangen wurde. Weil er mit leeren Versprechungen hingehalten wurde, rief er 1784 zum Aufstand auf, den er gemeinsam mit Cloşca und Crişan leitete. Durch Verrat gefangengenommen, wurde er mit seinem Kampfgenossen Cloşca in Alba Iulia aufs Rad geflochten und starb den Märtyrertod (1785). An Stelle seines Hauses wurde ein Denkmal aufgestellt, unweit davon steht eine Esche mit buschiger Krone, die zum Naturdenkmal erklärt wurde. Ein weiteres Horea-Denkmal steht im Ortszentrum neben der Kirche.

Der Gemeindeweg steigt in weiten Kehren zum Ursoaia-Paß (1320 m) hoch und erreicht danach das Becken des Warmen Someş mit seinen Stauseen. Ringsum reihen sich die Streusiedlungen **Teiu, Preluca, Pătruşeşti, Petreasa, Dîrleşti** und **Mătişeşti** und 12 km weit **Ocoale**. Die DN 75 durchquert einen der schönsten Abschnitte des Arieş-Tales, die 4 km lange, beeindruckende Albac-Klamm mit vielen scharfen Krümmungen und erreicht, vorbei an **Ştiuleţi,** nach 11 km in w. Richtung

Scărişoara, Aranyosfö (700 m, u. e. E. 1733, 3617 Ew.). Gehörte zur Großgemeinde Rîu Mare. Dank der nahegelegenen *Eishöhle*, die zwar auf der Gemarkung von Gîrda de Sus liegt, eine der bekanntesten touristischen Attraktionen Rum. Das Ortszentrum liegt in Talenge. Haupterwerb der Ew. besteht in Viehzucht, Holzverarbeitung und Kunstgewerbe. Umgebung ist reich an Baumaterialien und Kalkstein. Touristisch reizvoll sind die Engtäler des Arieş-Flusses und Vîlcea-Baches, reich an *Karstquellen* und *geheimnisvollen Grotten*. Die Streusiedlungen rings um Scărişoara ziehen sich hoch in die Berge hinauf, darunter **Huzăreşti, Faţa-Lăzeşti** (mit Holzkirche aus 18. Jh.), **Runc** (1340 m), **Preluca** (1300 m), **Negreşti** und **Sfoartea.**

Nur 4 km trennen Scărişoara von

Gîrda de Sus (725 m, u. e. E. 1874, 3226 Ew.). Gehörte zum Dorf Rîu Mare, später zur Gemeinde Scărişoara, nach dem Ersten Weltkrieg eigenständiges Dorf. Haupterwerbszweige Viehzucht und Holzverarbeitung. 5 bis 6 Jahrmärkte pro Jahr, wichtigster Touristenort der Sb. Westgebirge. *Sehenswerte* Holzkirche, Baudenkmal aus dem Jahre 1781. In Ortsnähe tourist. Raststätte (Bungalows, Restaurants, Campingplatz) und 2 km n. die Schutzhütte Scărişoara. Hauptanziehungspunkt für Touristen ist eine in Rum. einmalige *Sehenswürdigkeit*: die Eishöhle Scărişoara beim Weiler Gheţar. In 50 m Tiefe liegt ein mächtiger, 20 m dicker Eisblock, der ein Höhlenlabyrinth mit märchenhaften Eisgebilden (bis zu 5 m hohe Eisstalagmiten, Keuleneis) einschließt. Sie ist z. T. zugänglich, große Abschnitte als wissenschaftl. Untersuchungsgebiet gesperrt. Die Eishöhle kann über 3 markierte Wanderwege erreicht werden. Sie nehmen ihren Anfang an der Mündung des Ordîncuşa-Baches in den Arieş. Der erste (Markierung: rotes Kreuz, Wegdauer: 2 Std.) ist ein Höhenweg mit herrlicher Aussicht auf die Umgebung; der zweite (Markierung: rotes Band, Wegdauer: 3 Std.) führt durch das Gîrda-Tal über ein Karstplateau; der dritte (Markierung: blaues Band, Wegdauer: 4 Std.) führt durch Ordîncuşa-Tal und -klamm, vorbei an den Höhlen Corobaua lui Gîrţău und Poarta lui Ionel und über ein Karstplateau. Alle drei Wege berühren den Weiler Gheţar in unmittelbarer Nähe der Eishöhle. Von der Höhle führen zwei Wanderwege zur Schutzhütte Padiş, im Herzen der Sb. Westgebirge gelegen. Einer davon erreicht das Hochplateau Poiana Călineasa, wo eine Woche vor dem Mädchenmarkt auf dem Găina-Berg eine ähnliche Veranstaltung stattfindet (etwa Mitte Juli). Auf dieser Strecke liegt auch der große Schacht „Avenul din Bătrîna", eine Senkrechthöhle mit enormen Ausmaßen unter dem gleichnamigen Gipfel – eine weitere Touristenattraktion der Sb. Westgebirge.

Rings um Gîrda de Sus liegen mehrere von Motzen bewohnte Streusiedlungen. Im S. sind es **Suceşti, Biharia, Dealu Bajului, Snide, Pătrăhăiţeşti** (1250 m), am Fuß der Bihor-Spitze (1849 m) gelegen, und im N kleinere Weiler, darunter, 14 km von Gîrda de Sus entfernt,

Casa de Piatră (1000 m). Einsamer und abgelegener Weiler im Tal der Gîrda Seacă. Ortsbezeichnung „steinernes Haus" bezieht sich auf die steilen Kalksteinwände, die grüne Wiesen und braune Holzhäuser umrahmen und einen besonders malerischen Winkel bilden. In Ortsnähe liegen die Höhlen **Coiba Mare** (mit herrlichen Tropfsteinbildungen und unterirdischem Fluß) und *Coiba Mică* (noch nicht erforscht), die wildromantische *Gîrdişoara-Klamm* sowie die *Eishöhle von Vîrtop* (Naturdenkmal, reich an Fossilien, für Touristen geschlossen).

Die DN 75 durchquert Faţa Lăpuşului (5 km) und erreicht nach 3 km

Arieşeni, Lepus (859 m, u. e. E. 1770, 2990 Ew.). Ortszentrum liegt in kleiner Senke, Häuser ziehen sich die Berghänge hoch. Die Ew. sind Viehzüchter, Forstarbeiter, Bergleute und Holzschnitzer. Holzkirche aus dem Jahre 1791 mit schlankem Turm, besitzt bedeutende Sammlung von Holz- und Hinterglasikonen. Dank reizvoller Lage und günstigen Wintersportmöglichkeiten (4 – 5 Monate schneesicher) wurde an Osteinfahrt Touristenkomplex (Villen, Bungalows, Campingplatz, Restaurant) eröffnet. Zahlreiche Wandermöglichkeiten: zum Wasserfall Vîrgioreg, zur Eishöhle Scărişoara, zum Karstgebiet Padiş, zu den Berggipfeln Cucurbăta Mare (1849 m).

Rings um Arieşeni reihen sich die Streusiedlungen **Cobleş, Bubeşti, Izlaz** und **Vanvuceşti.** Die DN 75 steigt anschließend zum Vîrtop-Paß (1160 m) hoch, um danach in weiten Kehren ins Becken von Beiuş hinabzuführen.

ROUTE 3/10

Diese Route verfolgt den Lauf des Arieşul Mic, der inmitten der Sb. Westgebirge entspringt. Die DJ 762 zweigt kurz nach Mihoeşti bei Boteşti (4 km), w. von Cîmpeni, von der DN 75 ab, führt durch **Drăgoieşti-Luncă** und vorbei an den abseits liegenden Dörfern **Valea Morii, Pleşcuţa, Haiduceşti** und **Hărăşti.** Nach weiteren 11 km erreicht man

Vidra, Alsóvidra (640 m, u. e. E. 1595, 1981: 3500 Ew.). Streusiedlung, zur Fiskaldomäne Cîmpeni gehörig. Vidra de Jos ist eine der ältesten Siedlungen des Motzenlandes mit 39 dazugehörigen Dörfern, viele davon mit tourist. *Sehenswürdigkeiten:* Im Dorf **Ponoarele** war vor kurzem die *Wassermühle* noch in Betrieb; in **Gojeieşti** steht eine der schönsten *Holzkirchen* des Arieş-Beckens, ein Baudenkmal von 1712; ihr gegenüber liegt das 200jährige *Bold-Haus*; in Vidra steht ein weiteres Baudenkmal: die *Kirche von Ciungi.* Sie wurde laut Inschrift im 13. Jh. aus Stein errichtet, erhielt 1690 Glockenturm und wurde 1693 mit Wandmalereien versehen, die übertüncht wurden. *Weitere Anziehungspunkte* in der Umgebung von Vidra sind das *paläontologische NSG Dealul cu Melci,* eines der fossilienreichsten Gebiete Rum., mit Tausenden von versteinerten Muscheln (Acteonella gigantea) aus den warmen Kreidemeeren; mehrere *Karstquellen* und ein *Wasserfall* neben dem Dorf **Nemeşi;** Karstgebiet und Dolomitgestein sowie *Stiubei-Höhle* neben dem Dorf **Poieni.** Dazu gehören die Weiler **Hănăşeşti** und **Hoancă.**

6 km weiter w. auf der DJ 762 liegt

Avram Iancu (Vidra de Sus), Felsővidra (660 m, u. e. E. 1595, 1981: 2800 Ew.). Auch als Rîu Mic bekannt, gehörte zur Fiskaldomäne von Cîmpeni. Erstreckt sich terrassenförmig rings um eine kleine Senke, von ausgedehnten Wäldern umgeben. Ew. leben u. a. von Holzverarbeitung (außer Fässern, Zubern u. a. auch Alphörner). Besteht aus ehem. Dörfern Vidra de Mijloc und Vidrişoara, später Vidra de Sus genannt. *Sehenswert: Geburtshaus und Gedenkstätte Avram Iancus* (geb. 1824), des Anführers der Motzen in der Revolution von 1848. Haus ist Baudenkmal aus dem Jahre 1800. Beherbergt pers. Gegenstände und Waffen von 1848. In einem Nebengebäude befinden sich hist. (aus der Zeit von Avram Iancu) und ethnogr. Sammlungen (Volkstrachten, Haushaltsgegenstände, Werkzeuge usw. der Motzen). – *Büste Avram Iancus* (von Romul Ladea, 1968) im Ortszentrum.

Ausgangspunkt zum berühmten Mädchen-markt auf dem Găina-Berg, einem beliebten Volksfest, das am Feiertag des hl. Ilie (Elias) (dem 20. Juli nächstgelegener Sonntag) statt-findet. Zahlr. Wege und Pfade führen zum Găina-Berg (Hochplateau in 1486 m, 6 – 7 Std. Fußmarsch), wo sich laut Überlieferung die Burschen der umliegenden Motzendörfer ihre Bräute aussuchten (1816 erstmals erwähnt, 1860 ausführlich beschrieben). Heute großes Volksfest, bei dem Folkloregruppen auf Frei-lichtbühne auftreten und Motzen ihre Kunst-gewerbegegenstände zum Verkauf anbieten. Die Eröffnung erfolgt durch ein Ensemble der Alphornbläsergruppe von Tîrsa (Alphorn rum. bucium). Ein Mädchenmarkt kleineren Ausma-ßes findet nochmals im Herbst (26. Okt.) statt. Ähnliche Veranstaltungen gibt es noch auf dem Călineasa-Berg und bei Lupşa. Rings um Av-ram Iancu befinden sich 38 Streusiedlungen bis hoch ins Bergland hinauf, wie **Coceşti** (1200 m), **Ticera, Valea Uţului, Verdeşti, Călu-găreşti, Bădăi** (1360 m) und Tîrsa (Spuren aus der Römerzeit; bekanntes Alphornbläserinnen-Ensemble).

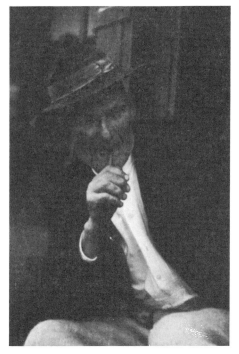

Pfeifenrauchender Motze

ROUTE 4/10

Die DN 74A verläßt Cîmpeni in Richtung S. entlang dem Abrud-Fluß. Sie durchquert die Ort-schaft **Furduieşti** und erreicht, an **Curături** vorbei, nach 4 km

Cărpiniş, Abrudkerpenyes (590 m, u. e. E. 1589, 1544 Ew.). Rum. Knesendorf, im MA. zur Domäne Großschlatten gehörig. Am Schlattenbach (Abrud) waren damals mehrere Wasser- und Pochmühlen in Betrieb. Geburtsort von Ion Oargă (1747 – 1785), unter dem Namen Cloşca bekannt, einer der engsten Kampfgenossen Horeas während des Aufstandes von 1784. Daran erinnern eine Gedenktafel am Ort seines Elternhauses und eine Bronzebüste (vom Bildhauer Gocan) im Ortszentrum.

Der Gemeindeweg führt nach O anschließend durch die Streusiedlungen **Vîrtop** und **Gîrda-Bărbuleşti**. Durch

Coasta Henţii (575 m) an der DN 74A erreicht man kurz darauf eine weitere Abzweigung nach O. Über **Ignăteşti** gelangt man nach 7 km nach

Roşia Montană, Rotseifen (Goldbach), Verespatak (800 m, u. e. E. 1592, 1980: 5000 Ew.). Bergwerkssiedlung mit reicher hist. Vergangenheit. Soll schon zur Zeit der Agathyrsen bestanden haben, Herodot erwähnt Goldbergwerke in seinen Schriften. War zur Zeit der Römer unter der Bezeichnung Alburnus Major bekannt; ist demnach eines der ältesten Goldbergwerke Europas. Gehörte im MA. zur Gemarkung der sächs. Bergarbeitersiedlung Großschlatten; hier am Rotsei-fenbach (u. e. E. 1525 als Rubea Flumine) standen zahlr. Pochmühlen. 1752 waren 12 Pochmühlen in Betrieb, die goldhaltiges Erz zerkleinerten; in mehr als 100 kleinen Stauseen wurde Gold gewaschen. Am Ende des 19. Jh. waren rund 400 Pochmühlen in Betrieb. Vom 16. – 18. Jh. ließen sich viele Bürger von Großschlatten in diesem Tal nieder. Im 18. Jh. gab es hier mehrere Kirchen (griech.-orthod., unit., ref., kath.). Heute ist Roşia Montană ein blühendes Städtchen mit neuen Perspektiven (Kupfervorkommen und -verarbeitung). *Sehenswert:* Geschichtsmuseum, Freilichtabteilung mit Exponaten aus der Antike bis in unsere Zeit (u. a. röm. Grabstellen, röm. Holzleiter, ein Lapidarium, Pochmühlen, ein Bergwerksstollen mit hölzernen Loren, eine Entwässerungsanlage); Abt. mit einem 400 m langen röm. Stollen, der eine Goldader verfolgt, mit allem Zubehör. Erwähnung verdient außerdem eine außergewöhnliche Entdeckung aus den Jahren 1820 und 1855. Es handelt sich um 25 mit Wachs überzogene Lindenholztäfelchen mit lat. Inschriften (jurist. Texte, Kauf- und Mietverträge u. a.). Das älteste dieser ungemein wichtigen Wachstäfelchen stammt aus dem Jahr 131. Elternhaus (mit Gedenktafel) von Iulia Faliciu, Gattin des bekannten Gelehrten Bogdan Petriceicu Haşdeu und Mutter der begabten Dichterin Iulia Haşdeu. In Roşia Montană verbrachte die rum. Dichterin Maria-Botiş-Ciobanu ihre Kindheit (Haus mit Gedenktafel). Die unit. Kirche ist hist. Denkmal aus dem 18. Jh.; Heldendenkmal für Gefallene aus dem Ersten Weltkrieg.

Die Seen am Ortsausgang sind beliebte Erholungsgebiete (Angelsport). Am Brazi-See befindet sich eine tourist. Raststätte (Bungalows, Campingplatz, Restaurant). In den Tälern rings um Roşia Montană liegen 16 Dörfer und Weiler. Die DN 74A erreicht nach 2 km

Abrud, Großschlatten, Abrudbánya (600m, u. e. E. 1201 als Schenkung des ung. Königs an Ban Jula, 1966: 2867; 1987: 6718 Ew.). Schon zur Zeit der Römer bekannt, an wichtiger Wegkreuzung gelegen. Im MA. als Abrud (terra Obruth) oder unter slaw. Bezeichnung Zlatna (dt.: Schlatten) angeführt. 1271 schenkte König Stefan V. dieses Gebiet, das auch das Arieş-Tal umfaßt, dem Weißenburger Kapitel. Um 1320 vergab der Palatinus Lampert die hiesigen Goldgruben an Sachsen von Krapundorf (Ighiu), im 14. Jh. sächs. Bergarbeitersiedlung mit eigenem Pfarrer (1332). Sächs. Bergleute und Bürger, darunter Ew. von Hermannstadt und Kronstadt, besaßen mehrere Goldgruben, Goldwäscherei und Pechmühlen am Rotseifen- und Karnabach. Wird 1453 zum Marktflecken erklärt. Um 1550 sind die Dt. abgewandert, ab 1560 ist der Stadtrat ung., um 1570 wird auch Olahabrud (Abrudul Românesc) erwähnt, welches mit Abrud-Sat identisch ist. Um 1620 siedelte Fürst Gabriel Bethlen slowak. und dt. Bergleute aus Oberungarn an, 1667 kamen ung. Flüchtlinge aus Beiuş hinzu. Ortsbezeichnung mehrere Male verändert, seit 1854 Abrud. Abrud spielte wichtige Rolle während der Revolution von 1848; Anführer war der hiesige Rechtsanwalt Ion Buteanu, der den Märtyrertod starb. Hier war Treffpunkt Avram Iancus mit Nicolae Bălcescu, mehrere Revolutionäre fanden hier später Unterschlupf. *Sehenswert: Abruder Festung,* im W der Stadt auf einer Anhöhe gelegen, war ursprüngl. Erdfestung in Römerzeit zur Bewachung der Goldbergwerke. Spuren eines röm. Castrums (2. bis 3. Jh. n. Chr.). – *Röm.-kath. Kirche* (1270 errichtet, mit röm. Basorelief im Mauerwerk), ein Baudenkmal, das 1848 zerstört wurde. – *Luther-Kirche* (lt. Überlieferung mehrere Jh. alt; Inneres fiel zu Jahrhundertbeginn einem Brand zum Opfer); 200 – 300 Jahre alte *Holzhäuser*. – Geburtsort mehrerer *rum. Persönlichkeiten:* der Dichterin Maria Botiş-Ciobanu, des Historikers Ion Rusu-Abrudeanu, des Schriftstellers Alexandru Ciurea. – *Gedenktafeln* an Häusern, die an Horea, Cloşca und Crişan erinnern sowie an die Begegnung Avram Iancus mit Nicolae Bălcescu; an Avram Iancus Kampfgenossen Ioan Şuliţiu, der als österr. Offizier am Rußlandfeldzug Napoleons teilnahm, an den Aufenthalt Belá Bártoks 1910 in den Sb. Westgebirgen, wo er rum. Volkslieder sammelte. – *Im Stadtzentrum:* Büsten von Horea, Avram Iancu und Ioan Boteanu. Abrud ist heute bedeut. Handelszentrum, Treffpunkt der Motzen an Wochen- und Jahrmärkten. Traditionelles Handwerk wird weitergeführt (Holzschnitzereien, Teppichwebereien).

W. von Abrud, rings um den Chiuz-Berg (1023 m), reihen sich die Motzensiedlungen **Munceşti, Deonceşti, Leheşti, Lumineşti, Brădeana** und **Simoceşti.**

In Abrud trifft die DN 74A auf die DN 74, die Alba Iulia im O mit Brad im W verbindet. Die Trasse in Richtung Brad folgt dem Lauf des Buceş-Baches und steigt in zahlr. engen Kehren den Buceş-Paß hoch (725 m). Die erste Ortschaft dieser Trasse ist nach 4 km

Ciuruleasa, Csurulyása (620 m, u. e. E. 1770, 2011 Ew.). Gemeinde urspr. zu Abrud-Sat gehörig. 9 Dörfer der Umgebung sind ihr adm. unterstellt. Eine Abzweigung, noch vor Ciuruleasa, führt 1 km nach

Soharu, Szohor (614 m, u. e. E. 1770, 404 Ew.), Weiler, zu Ciuruleasa gehörig. An einer anderen Abzweigung nach 2 km, 1 km nach W, liegt der Weiler

Bogleşti (670 m). Im selben Seitental liegt

Bodreşti (807 m), Weiler, am Fuß des Chiuz-Berges gelegen. An einer anderen Abzweigung der DN 74 in Richtung SO liegen

Buninginea, Buninzsina (629 m, u. e. E. 1770, 234 Ew.) als Flurname schon vor 1770 bekannt, und

Morăreşti (637 m) Weiler, zu Ciuruleasa gehörig. Nach 1 km folgt die letzte Ortschaft vor dem Buceş-Paß:

Mătişeşti (655 m). In der Nähe liegt eine touristische Raststätte.

Die DN 74 führt über den Buceş-Paß (725 m), an dem 2 km n. der Weiler **Vulcan** liegt, nach Brad > [RG 12].

ROUTE 5/10

Die andere Trasse der DN 74 verläßt Abrud in Richtung SO, entlang dem Abrud-Fluß und gelangt nach 4 km nach

Gura Cornei (616 m) Weiler, zu Abrud gehörig. Eine Abzweigung in Richtung N nach Roşia Montana durchquert den Ort

Corna, Szavaspatak (782 m, u. e. E. 1347, 492 Ew.), hat seit dem Jahr 1760 rum. Kirche; gehörte bis 1850 zu Abrud. Eine Abzweigung nach O führt nach

Bisericani, Bucsuru-Muntár (923 m) Weiler, zu Buicum gehörig.

1 km nö. liegt der Weiler **Poiana** (977 m).

An der DN 74 liegt nach 2 km der Weiler

Cerbu, Cserbu (664 m, u. e. E. 1770, 215 Ew.), kommt als Flurname schon 1589 vor.

Vor Cerbu zweigt die DJ 107I in Richtung NO ab, durchquert die Weiler **Valea Abruzel** (687 m), im N liegt in einem Seitental **Valeni**, dann **Bucium-Sat** (653 m) und **Izbita** (729 m).

Von Cerbu steigt die DN 74 1,5 km nach

Coleşeni (710 m) mit alten Bergwerkseinrichtungen, dann weiter 1,5 km durch

Gheduleşti (842 m) und 4 km in großem Bogen zur Paßhöhe (957 m) und hinunter nach Zlatna > [RG 13].

Die DJ 107I erreicht von Izbita nach 3 km

Bucium, Bucsony, (Bucsum)
(737 m, u. e. E. 1589, 2800
Ew.). Schon zur Römerzeit
bekannt (Bucium, Tökefalva).
Beide Bezeichnungen deuten
auf mit Baumstümpfen übersäte Waldrodung hin. Hatte im
17. Jh. erste rum. Kirche, 1750
waren es zwei, 1760 schon
drei. Die rum. Ew. waren reiche Goldgrubenarbeiter und
-wäscher (1793 wurden 150
Stollen gezählt), Schafzüchter
und geschickte Kürschner. Die
Ew. von Bucium haben sich
eine eigene, besonders *schöne Volkstracht* geschaffen, die
von der üblichen Motzen-
tracht absticht. Bedeutende
rum. *Persönlichkeiten* sind an
dieses Gebiet gebunden: der
Folkloresammler Ion Pop Reteganul (veröffentlichte 1882
Balladen und Märchen aus
diesem Gebiet), der Schriftsteller Ion Agîrbiceanu (Novellen
und Roman mit hiesiger Thematik), Ecaterina Varga, An-

Rumänische Bäuerin beim Spinnen

führerin der Motzen (um soziale Rechte) gegen den
Wiener Hof. *Sehenswert:* die nahegelegenen *Basaltfelsen Detunata Goală* (1169 m) und *Detunata Flo-
coasă* (1258 m) im Sb. Erzgeb. Es handelt sich um
zwei Gipfel aus prismaförmigen Basaltsäulen, die
senkrecht emporstreben und mit ihrer schwarzgrau-
en Farbe der Gegend besonderen Reiz verleihen.
Mächtige Steinblöcke donnern von Zeit zu Zeit in
die Tiefe, daher die Bezeichnung (a detuna = spren-
gen, donnern). Diese geolog. Naturdenkmale sind
weltbekannt, wurden seit dem 19. Jh. von zahlr. Persönlichkeiten besichtigt (Kaiser Franz Joseph, Octavian Goga, Jokai Mor, Belá Bártok). – Ein anderes
Naturdenkmal ist die *Narzissenwiese von Negrilea-
sa,* unter dem gleichnamigen Gipfel (1364 m) gelegen; bedeckt einen Hang von etwa 300 ha; alle 2 Jahre wird hier in der zweiten Maihälfte ein *Volksfest*
abgehalten.

In Richtung N, unweit der Detunata-Felsen, liegt der
Weiler

Valea Şesii (Buciumsase), Siásza (880 m, u. e. E.
1770, 269 Ew.). Von 1906 – 1910 wirkte hier der

Spinnroggen (Detail)

rum. Schriftsteller Ion Agîrbiceanu als griech.-kath. Pfarrer und der rum. Volkskundler und Märchensammler Ion Pop Reteganul als Lehrer.

Sö. von Bucium, am Fuß des Vîlcoi-Gipfels (1348 m), befindet sich 3 km weit

Poieni, Pojana (819 m, 92 Ew.), Weiler, zu Bucium gehörig, mit Stollen von Goldbergwerken.

Weiter sö. folgt 1 km weit

Valea Negrilesii (1000 m), Weiler mit alten Goldbergwerken.

Weiter auf der DJ 107I, in Richtung Mogoş, folgt nach 1 km der Weiler **Valea Albă** (809 m). Weiter ö. gelangt man nach **Valea Ţupilor** (977 m). Anschließend führt die DJ 107I über Mogoş und Rîmeţi nach Aiud > [RG 13].

REISEGEBIET 11

Turda / Thorenburg / Torda

Dieses Reisegebiet liegt in Mittelsiebenbürgen. Seine W-O-Ausdehnung beträgt 50 km, die N-S-Ausdehnung 52 km. Es erstreckt sich von den Klausenburger Bergen (N) bis in das Miereschtal (S), von der Siebenbürgischen Heide und dem Kokel-Hochland (O) über die Mähăceni-Berge bis in die Trăscău- und in das Muntele-Mare-Gebirge in die Siebenbürgischen Westgebirge. Hier erreicht es die Höhe von 1826 m (Muntele Mare), während das Mieresch-Tal im S nur 240 m hoch liegt. Der tiefste Talort ist das Dorf Sîncrai, 250 m hoch, der höchste die Streusiedlung Muntele Băişoara in 1246 m Höhe. Das Herzstück des Gebietes ist die Mieresch-Arieş-Senke zwischen Thorenburg und Straßburg a. M.

Die klimatischen Verhältnisse sind günstig, in frühgeschichtlicher Zeit war dichter Waldbestand vorhanden. In der „Heide" um Thorenburg und den Mähăceni-Bergen sind die Wälder gerodet worden, Steppenvegetation hat sich hier ausgebreitet. Ackerbau wird auf den breiten Terrassen im Tal und an den Hängen betrieben, auch Wein- und Obstbau sind gut entwickelt. In den Gebirgen und in der versteppten Heide wird Viehzucht betrieben; im Gebirge leben viele Einwohner von der Waldwirtschaft oder arbeiten in Steinbrüchen. Die früher geförderten Bodenschätze (Gold, Buntmetall- und Eisenerze) sind erschöpft, nur noch Salz, Gips und Bentonit werden gefördert. Die Landflucht ist groß, vor allem in die drei Industriestädte Turda (Thorenburg), Aiud (Straßburg a. M.) und Ocna Mureşului (Miereschhall).

Die Einwohner sind Rumänen, im Mieresch-Arieş-Gebiet auch Ungarn (Szekler). Die deutschen Bauern, Handwerker und Bergleute, die von Feudalherren hier angesiedelt worden waren, sind in der Masse der anderen Völkerschaften aufgegangen. Nur noch Familiennamen und Flurbezeichnungen, neben der Dorfanlage und den Häusertypen erinnern in manchen Gebieten an ihre ursprünglichen Bewohner.

Touristisch hat dieses Gebiet viel zu bieten: die mittelalterlichen Stadtkerne von Turda und Aiud, die Gedenkstätten von Mirăslău, Bogata und Mihai Viteazu, die Burgruinen von Colţeşti und Liteni, die Salinen und die Bäder von Ocna Mureşului (Miereschhall), die Holz- und Steinkirchen, die herrlichen Täler des Arieş und der Iara mit ihren klammartigen Abschnitten, die Thorenburger Klamm mit dem NSG, die Trăscău-Klamm, ebenso die Băişoara- und Muntele-Mare-Gebirge mit ihren Gipfelfluren bis zum dritthöchsten Gipfel der Siebenbürgischen Westgebirge. Dazu gibt es eine Reihe von Raststätten, Herbergen und Hotels, die den Aufenthalt ermöglichen.

Die Anreisemöglichkeiten sind gut: mit dem Zug auf der Hauptlinie Cluj – Cîmpia Turzii – Aiud – Teiuş. Da Turda nicht an der Hauptlinie liegt, stellt ein Busverkehr die Verbindung nach Cîmpia-Turzii (9 km) her. Von Turda geht die „Mocăniţa"-Schmalspurlinie ins Arieş-Tal, in das Herz der Siebenbürgischen Westgebirge, das Motzenland; eine Fahrt, die man nicht versäumen sollte.

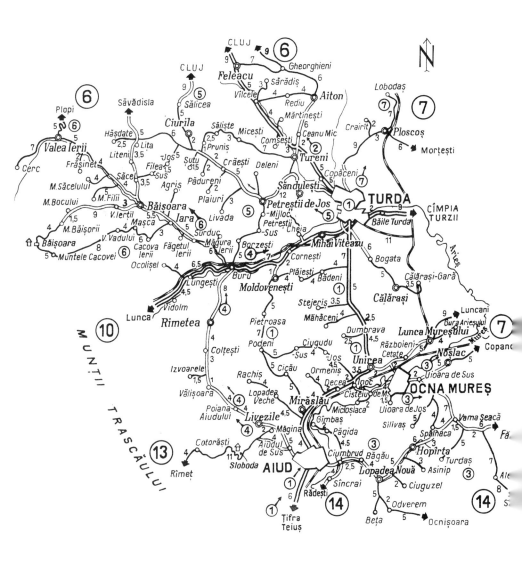

Für Autofahrten ist das Gebiet gut erschlossen: Die DN 1 durchquert es von N nach S, kreuzt sich am südlichen Stadtrand von Turda mit der DN 15 (führt nach O) und mit der DN 75 (führt ins Arieş-Tal nach W). Kreis- und Forststraßen verbinden alle Gebirgstäler, bei gutem Wetter können auch die lokalen Gemeindewege benützt werden.

ROUTE 1/11

Die DN 1 (E 15A) erreicht, von S kommend, 12 km nach dem Eisenbahnknotenpunkt Teiuş (Dörnen) die Stadt

Aiud, Straßburg a. M. (Groß-Enyed), Nagyenyed (250 m, u. e. E. 1229, 1985: 30.000 Ew.). Der Name dieser von Dt. gegründeten Stadt stammt von St. Aegidius. Wurde auf dem Platz der dacorom. Siedlung „Brucla" errichtet. Im MA. lebten hier dt. und ung. Gewerbetreibende, Winzer- und Handelsleute. Jahrmärkte waren rege besucht. Nach der Reformation wurde die Kirchenburg gemeinsam von ref. Ung. und ev. Sachsen benützt. Die Stadt wurde 1658 von Türken und Tataren, 1704 von kaiserl. Truppen zerstört. Ende des 17. Jh. übersiedelt das berühmte ref. Gymnasium Gabriel Bethlen von Alba Iulia nach Aiud (ist ung. pädag. Schule). Stadt, Schule und berühmte Schulbibliothek wurden im Januar 1849 während der Revolutionsunruhen schwer beschädigt. *Sehenswert: Ref. Kirchenburg* (15. Jh.) mit 10 m hohen Mauern, vieleckige Form. Die 8 Basteien und Türme wurden von ung. und sächs. Zünften verteidigt. Neben dem Torturm ist in einem von 1541 stammenden Gebäude das Stadtmuseum für Geschichte eingerichtet. Die ref. Kirche ist got., ihr alter Bergfried ist Glockenturm; neben Museumsgebäude steht got. Kapelle aus dem 14. Jh. Im Kirchhof befindet sich die 1866 von Sb.S gebaute ev. Kirche. S-Flügel von 1836 ist neuklassizistisch, N-Front wurde 1866 nachgebaut. Das Schulgebäude beherbergt Naturkundemuseum, numismatische Sammlung, ethnograph. Abteilung und alte Schulbibliothek, die noch 1619 in Alba Iulia gegründet worden war (ca. 60.000 Bände, viele seltene Druckwerke). – Die *röm.-kath. Kirche* (gebaut 1728 – 1763) mit Turm von 1876. Kanzel, Altar und Orgel aus dem 18. Jh. – Das *rum. Avram-Iancu-Gymnasium* ist im ehemaligen Komitatshaus untergebracht, einem Neurenaissancebau von 1900. In unmittelbarer Stadtnähe befindet sich auf einer Anhöhe die Tinoasa-Festung (archäol. Funde aus Neolithikum, Bronze- und vorfeudaler Zeit). Die Stadt hat neben kultureller auch wirtschaftliche Bedeutung: Im Bahnhofsviertel sind ein metallurgisches Werk, eine Betonfertigteile-Fabrik und eine Konservenfabrik entstanden. Aiud ist Zentrum eines großen Wein- und Obstanbaugebietes.

Die DN 1 verläßt Aiud in n. Richtung, nach 4 km zweigt ein Weg nach NW ab, führt 4,5 km in die Ortschaft

Lopadea Veche, Románlapád (323 m, u. e. E. 1299, 646 Ew.) und in großem Bogen weiter nach N, 5 km in das Dorf

Rachiş, Oláhyákos (499 m, u. e. E. 1299, 174 Ew.).

2 km n. von Aiud liegt an der DN 1 (E 15A) die Gemeinde

Mirăslău, Miriszló (273 m, u. e. E. 1219, 1086 Ew.), hatte 1274 kath. Steinkirche St. Peter. War ung. Dorf mit Salzschiff-Umladeplatz. Am 18. Sept. 1600 schlug hier der kaiserl. General Giorgio Basta, verbündet mit den ung. Adeligen, den Woiwoden der Walachei Michael den Tapferen. Daran erinnert ein Obelisk mit dem Porträt Michaels, 1926 aufgestellt. Auf der gegenüberliegenden Seite gemahnt ein Heldendenkmal an den Opfertod rum. Soldaten im Sept. 1944.

Von Mirăslău führt eine KS nach N durch den Weiler **Gioruţ** 5 km in das Dorf

Cicău, Csákó (372 m, u. e. E. 1291, 438 Ew.), seit dem 15. Jh. rum. Im Talgrund unter dem Colții-Trascăului-Massiv liegt nach 5 km

Podeni (Hidiş), Székelyhidás (609 m, u. e. E. 1291, 892 Ew.). Hatte 1332 kath. Kirche mit Szekler Gläubigen, seit dem 15. Jh. nur von Rum. bewohnt. Ew. waren berühmte Kalkbrenner. Weiter n. führt die KS über einen flachen Sattel (680 m) und an einem Kalksteinbruch vorbei nach 7 km in das Dorf

Pietroasa, Csegez (497 m, u. e. E. 1291, 382 Ew.), meist Rum. und Ung. unit. Ew. Die Straße führt zw. bewaldeten Steilhängen im engen Flußtal 5 km hinunter in das Arieş-Tal in die Gemeinde

Moldoveneşti, Burgdorf, Várfalva (399 m, u. e. E. 1075, 1631 Ew.), 1 km von der DN 75. Ist die älteste urkundlich erwähnte Siedlung Sb.s; der ung. Name Várfalva (Burgdorf) stammt von Castrum Torda (Thorenburg). Die rum. Ortsbezeichnung erinnert an den hier geborenen Gelehrten und griech.-kath. Kanoniker Ioan Micu Moldovan (1833 – 1915). In ehem. Erdfestung entdeckte man 57 Gräber aus der Arpadenzeit. Die häufigsten Fundstücke sind Lockenringe aus Bronze und Silber, ung. Silberdenare aus dem Zeitraum 1000 – 1095. In Dorfnähe liegt auf dem Burgberg das 1075 urk. belegte Castrum Turda. Es hat ovalen Grundriß (etwa 200 x 90 m).

Nach 4 km von Mirăslău zweigt ein Weg nach W ab und führt 4 km in das Dorf

Ormeniş, Marosörményes (368 m, u. e. E. 1291, 283 Ew.). Wurde von Szeklern gegründet, ist aber seit dem 16. Jh. rum., mit vielen rum. Kleinadligen. Griech.-kath. Steinkirche von 1876.

2 km weiter auf der DN 1 nach O folgt

Decea, Marosdécse (257 m, u. e. E. 1339, 923 Ew.). Im MA. ein Dorf mit Flußhafen für Thorenburger Salzschiffe. Salztransporte auf dem Mieresch gelangten bis in die ung. Tiefebene. Nach 1 km liegt ö. der Straße

Inoc, Inakfalva (257 m, u. e. E. 1291, 385 Ew.), von Szeklern gegründet. Nach N zweigt hier von der DN 1 eine KS ab, führt im Ciugudu-Tal 4,5 km in das Dorf

Ciugudu de Jos, Alsófüget (312 m, u. e. E. 1332, 553 Ew.), 4 km weiter talaufwärts nach W folgt das Dorf

Ciugudu de Sus, Felsőfüged (350 m, u. e. E. 1382, 411 Ew.).

Über den Sattel (399 m) führt der Weg 5 km hinauf nach Podeni. Nach 3,5 km von der Abzweigung folgt auf der DN 1 der Verkehrsknotenpunkt

Unirea, Oberwinz, Felvinc (272 m, u. e. E. 1219, 3993 Ew.). Im MA. Hauptsitz des Szeklerstuhls Aranyos, blühender Szekler Marktflecken. G. L. Marienburg berichtet 1813, daß dieser „Marktflecken von adligen Szeklern, dann von Walachen und einigen Zigeunern" bewohnt sei, eine kath. und ref. Pfarrer besitze und daß die „Einwohner, außer einigen Handwerkern, Ackerbau und Viehzucht trieben". Die DN 1 verläßt Unirea in Richtung N. Nach 4,5 km zweigt w. ein Weg ab und führt nach 2,5 km in das Dorf

Dumbrava, Dombró (320 m, u. e. E. 1291, 776 Ew.). Von Szeklern gegründet, hatte im 15. Jh. nur rum. Ew. Griech.-kath. Kirche von 1876. Eine andere Abzweigung aus der DN 1, 2,5 km weiter nach N, führt nach 4 km in das Dorf

Mähăceni, Aranyosmohács (347 m, u. e. E. 1291, 873 Ew.). Seit dem 15. Jh. ein rum. Dorf; ung. Kirche ist heute nur noch namentlich bekannt: Biserica ungurească. Vermutlich wurden hier im 16. Jh. ung. Texte in kyrillischer Schrift verfaßt. Der von hier stammende Codex Sturzanus ist ein wichtiges rum. Sprachdenkmal.

2 km n. befindet sich die Raststätte „Stejeriş" (Motel, Bungalows, Restaurant, Campingplatz). In einem Seitental nach W liegt 3,5 km weit die gleichnamige Ortschaft

Stejeriş, Kercesed (376 m, u. e. E. 1291, 596 Ew.). Die alte ref. Kirche brannte 1703 ab, wurde 1714 neu gebaut. Bemalte Kassettendecke (1782 – 1783).

4,5 km weiter auf der DN 1 folgt eine Abzweigung, die 4 km nach

Bădeni, Bágyon (406 m, u. e. E. 1291, 1160 Ew.) führt. Hier wurde der ung. Schriftsteller Bágyoni Szabó István (1941) geboren. Die unit. Kirche stammt von 1805. Am Zufahrtsweg liegt der schilfumkränzte See Tăul Bădeni, ein wahres Paradies für Wasservögel. Auf der selben Abzweigung w. folgt nach 4 km das Dorf

Plăieşti, Kövend (396 m, u. e. E. 1291, 892 Ew.), bis heute größte und volkreichste ung. Gemeinde dieses Gebietes. Hatte 1408 eigenen kath. Pfarrer. Nach 1570 unit. Kirche aus dem 13. Jh., bemalte Kassettendecke von 1721 und 1796. Im Jahr 1913 wurde die Bemalung ausgebessert: 166 Kassetten haben Blumenmuster.

Vom N-Ausgang des Dorfes führt ein Weg 4 km w. nach **Moldoveneşti,** ein anderer Weg 5 km nach NO nach **Mihai Viteazu** > [R 4/11].

Kurz vor Turda zweigt eine AS nach SO ab und führt durch eine reizvolle Gegend, vorbei am Denkmal Michaels des Tapferen (Mihai Viteazu), 6 km nach

Bogata, Bogatpuszta (343 m, u. e. E. 1291, 652 Ew.). Weiter s. folgt nach 5 km KS die Gemeinde

Călăraşi, Harasztos (367 m, u. e. E. 1291, 702 Ew.).

Weiter ö. an der Bahnlinie Cîmpia Turzii – Ocna Mureş liegt der kleine Weiler

Călăraşi-Gară, Harasztospályaudvar (330 m, u. e. E. 1956).

4 km nach der Abzweigung Bogata folgt an der DN 1 das Wirtschafts- und Kulturzentrum dieses Gebietes, die zweitgrößte Stadt im Klausenburger Kreis und zugleich Verkehrsknotenpunkt

Turda, Thorenburg, Torda (330 m, u. e. E. 1197, 1992: 61.135 Ew.). Munizipium im Kreis Cluj. Turda liegt am Unterlauf des Arieş-Flusses und ist mit seinen Industrieanlagen und Wohnvierteln in die Arieş-Au gewachsen, mit dem Salzbad aber auch bergauf auf die obere Terrasse. Die Hänge sind mit Rebpflanzungen bedeckt. Besaß im MA. riesengroße Gemarkung mit mehreren Siedlungen. War schon zur Zeit der Daker und Römer besiedelt (Castrum). „Potaissa" war ein wichtiges Salzbergwerk, Sitz der Zweiten Legion Macedonica. Während der Regierungszeit von Kaiser Trajan (um 110) wurde zwischen Potaissa und Napoca (Klausenburg) eine Straße gebaut. War Munizipium und Colonie. Die eigentl. Stadt hat sich neben den Ruinen Potaissas entwickelt. 1278 schenkte König Ladislaus der Kumane die Thorenburger Salzgruben dem Weißenburger Bistum. Nach dem Tatareneinfall von 1241 wurden hier dt. „Gäste" (hospites) angesiedelt. Turda galt als Hauptstadt des Komitatbodens. Viele Landtage wurden hier abgehalten. Nach der Ref. wurden beide Städte (Alt- und Neuthorenburg) unit. Auf dem Thorenburger Landtag von 1568 wurde erstmals in Europa die Religionsfreiheit rechtlich festgelegt. 1528 wird über die hiesigen Salzgruben berichtet, sie seien die besten in Sb., mit gutem, festem, weißem Salz. 1568 beschrieb der Italiener Giovandrea Gromo Thorenburg als einen der wohlhabendsten Orte im ganzen Land. Die Jahrmärkte wurden am St.-Antonius-Tag abgehalten. Die Stadt hat während der Schreckensherrschaft General Bastas viel gelitten: 1601 belagerten die kaiserl. Söldner die Neuthorenburger Kirchenburg, erschlugen 100 ung. Männer. Dieser Stadtteil wurde 1609 von Fürst Gabriel Báthori mit ref. Heiducken wiederbevölkert. 1619 siedelte Gabriel Bethlen hier weitere 332 Hofzugehörige an. Nach 1600 blieb nur Altthorenburg unit., Neuthorenburg wurde mit ref. Ungarn bevölkert; rings um die Salzgruben wohnten rum. Hauer. Nach 1660 kamen rum. Kleinadlige nach Thorenburg. 1707 zerstörte der kaiserl. General Rabutin alle Stadtteile, 1721 wurde die unit. Kirche von den Kath. übernommen. Aus Thorenburg stammt der Rechtsanwalt Dr. Ioan Raţiu, (1828 – 1902), einer der Führer der rum. Memorandisten-Bewegung. *Sehenswürdigkeiten: Ref. Kirchenburg in Altthorenburg.* Die got. Kirche stammt aus dem 14. Jh. (einziges Schiff); wird von Ringmauer aus dem 16. Jh. umgeben. Im 18. Jh. Kircheninneres im Barockstil umgestaltet (alte Portale erhalten). Glockenturm von 1904/ 1906 überragt die Stadt. – *Kath. Kirche in Altthorenburg,* got. Saalkirche (1498 – 1504) ohne Turm. Kircheninneres barock. Austragungsort des Landtags von 1568 (Religionsfreiheit). – *Fürstenpalais,* ist wertvolles Denkmal ma. Baukunst (15. Jh.). Umgebaut im

Stadtansicht von Turda (Thorenburg)

Jahr 1560 vom Polenkönig und Sb. Fürsten Stephan Báthori. Got. Haupttor und mehrere Renaissancedetails. Beherbergt heute Stadtmuseum für Geschichte. – *Ref. Kirchenburg in Neuthorenburg,* 1528, und die got. Kirche hatten 3 m hohe Mauern, 6 Basteien, von denen nur eine erhalten ist (Glöcknerwohnung). – *Ehem. Franziskanerkapelle und Kloster* von 1733. *Rathaus* (heute Gerichtsgebäude) im Barock-Empire-Stil, 1828 – 1903 erbaut. – *Geburtshaus* von Dr. Ioan Raţiu. Im Stadtpark Büste Raţius (Werk Cornel Medreas von 1930). – *Römisches Castrum* auf dem Dealul Cetăţii neben den alten Salzgruben. Röm. Grabsteine mit Inschriften sowie zahlr. weitere Funde befinden sich in den archäol. Sammlungen in Klausenburg, Thorenburg und im ehem. Herrenhof Franz Lugossys in Petreştii de Jos. Thorenburg ist heute ein wichtiger Industriestandort geworden (Baustoffindustrie, Chemische Industrie).

Eingemeindet ist das 2 km ö. gelegene

Băile Turda, Salzbad, Sósfürdö (360 m, u. e. E. 1176, 13.445 Ew.). Im O-Teil der Stadt Pavillon für Warmbäder, Salzteiche in eingestürzten Salzgruben, Strandanlagen. Heilkuren gegen rheumat. Leiden und Frauenkrankheiten. Unterkunft im Motel, in Bungalows, auf Campingplatz; Saisonbetrieb. Im nahegelegenen Wald befinden sich ein Zoo und ein Aquarium (einheimische und exotische Fischarten). Die ma. *ev. Kirche* (einst sächs.) befand sich in Egyházfalfa. Dies gehörte im 16. Jh. der Salzkammer von Thorenburg, ist seit 1602 mit Thorenburg vereinigt. Ebenso eingemeindet ist

Oprişani, Keresztes (319 m, u. e. E. 1176), ein Vorort im S Turdas. Wie ung. Name anzeigt, gehörte dieses Dorf im MA. den Kreuzrittern. Nach den Kriegsereignissen von 1600/1601 war es fast ein Jahrhundert lang Wüstung, wurde um 1660 mit Rum. neu besiedelt. In der Thorenburger

Au (Cîmpul Turzii, Keresztesmező) war ein Sammelplatz der sb. Heere, so in den Jahren 1566, 1571, 1575. Am 20. (11.) Aug. 1601 wurde hier der Walachische Woiwode Michael der Tapfere (Mihai Viteazul) ermordet. Auf einer Anhöhe, 4 km vom Stadtzentrum entfernt, steht das Denkmal, ein 10 m hoher Obelisk, ein Werk von Marius Butunoiu und Vasile Rus-Batin, (1977). Ebenfalls eingemeindet, sö. von Thorenburg, ist

Poiana, Aranyospolyán (u. e. E. 1291).

ROUTE 2/11

Die DN 1 verläßt Turda in Richtung NW und erreicht nach 5 km

Copăceni, Koppánd (384 m, u. e. E. 1176, 1303 Ew.). 1658 von Türken und Tataren völlig zerstört, nachher mit Rum. wiederbesiedelt. Orthod. Steinkirche von 1739. In der Römerzeit begann hier eine Trinkwasserleitung für Potaissa. Schloß mit großem Park der Fam. Vitéz (heute Schulgebäude).

5 km weiter nach N führt eine kurze s. Abzweigung nach

Tureni, Tordatúr (541 m, u. e. E. 1276, 1386 Ew.) (Slaw. Tur, dt. Wisent oder Auerochs). S. von Tureni bildet der Bach Pîrîul Racilor bis Copăceni die wildromantische, 2 km lange *Turni-Schlucht* mit den Höhlen Peştera Zînelor, Peştera Feciorilor, Cerceii Doamnei und anderen Karsterscheinungen.

Von der selben Abzweigung nach N führt eine AS 2 km in die Ortschaft

Ceanu Mic, Pusztacsán (588 m, u. e. E. 1366, 816 Ew.). Im MA. ung. Dorf; nach Einfall der Tataren und Türken 1658 war es jahrzehntelang Wüstung. 1679 begann rum. Wiederbesiedlung. Hier führte wahrscheinlich die ehem. röm. Landstraße zwischen Potaissa und Napoca durch. Die AS führt weiter hinauf, 6 km in die Gemeinde

Aiton, Ajtony (626 m, u. e. E. 1316, 1890 Ew.), 1658 durch Tataren in Brand gesteckt. Ref. Kirche mit rom. W-Portal. Kassettendecke aus dem Jahr 1793, Werk der Tischlermeister Hajdu und Samuel Besti. Im Dorfmuseum rom. Fundstücke und Meilenstein von röm. Landstraße; NSG Ciolt-Wald.

Ein Gemeindeweg führt nach NW entlang der Wasserscheide Arieş–Someş (7 km) bis

Gheorghieni, Györgyfalva (583 m, u. e. E. 1332, 1638 Ew.). Im Südturm der kath. Kirche ein Fries von 1570. Ehem. Herrenhof der Fam. Gyeröffy mit Jahreszahl 1588. Schöne ung. Volkstracht. Ein Weg nach N führt nach Klausenburg, ein anderer auf dem Kamm 7 km nach Feleacu.

Wieder auf der DN 1, gelangt man, 3 km nach Tureni, über eine Abzweigung nach S in den Ort

Comşeşti, Komjátszeg (563 m, u. e. E. 1355, 412 Ew.). Im 18. Jh. Dorf mit ung. Kleinadligen und rum. Bauern. Die DN 1 läuft dann entlang des Mărtineşti-Stausees. Vor dem Staudamm zweigt der Weg nach 1,5 km N ab in den Ort

Mărtineşti, Pusztaszentmárton (539 m, u. e. E. 1324, 579 Ew.). Das nach der Ref. unit. Dorf wurde 1658 ganz zerstört, blieb Wüstung. Später mit Rum. neu besiedelt.

4 km weiter nach N erreicht die DN 1

Vîlcele, Bányabükk (606 m, u. e. E. 1297, 1377 Ew.). Seit 1600 nur von Rum. bewohnt; an wüster Stelle, Pusta genannt, stehen Ruinen der ehem. Kirche der Ung. Über eine Abzweigung nach O gelangt man über einen Gemeindeweg zu dem 4 km entfernten Dorf

Rediu, Rőd (580 m, u. e. E. 1292, 1418 Ew.). Der Name Rőd kommt vom dt. Wort roden. Im MA. ung. Dorf der Fam. Cseh. Rum. Holzkirche aus 1417 (capella valachorum). Nach O führt ein Gemeindeweg 4 km nach Aiton. Ein anderer führt 3 km von Vîlcele nach NO in das Dorf

Sărădiş, Seregélyes (656 m, u. e. E. 1910, 217 Ew.). Mit großer Steigung führt die DN 1 von Vîlcele 5 km hinauf auf die Wasserscheide, die letzten 2 km durch die Gemeinde

Feleacu, Erdöfelek (711 m, u. e. E. 1367, 2317 Ew.), wurde durch Ansiedlung von 20 rum. Fam. als Straßenwächter gegründet. Vom *Feleacu-Gipfel* (745 m) schöner Panoramablick auf Cluj (Klausenburg) und in das Tal des Someşul Mic (Kleinen Somesch). Gaststätte, Campingplatz. Nach W führt ein Weg durch Wald und Wiesen zur Făget-Schutzhütte. Die DN 1 windet sich zwischen Obstgärten 9 km hinunter nach Klausenburg, auch hier Camping, Tankstelle, Reparaturwerkstätten am s. Stadteingang.

ROUTE 3/11

Von Aiud ö., über die Mieresch-Brücke, entlang der DJ 107E liegt nach 4 km

Ciumbrud, Csombord (243 m, u. e. E. 1220, 1536 Ew.). Archäol. Ausgrabungsstätte aus Jungsteinzeit; Nekropole aus Eisenzeit (22 Gräber) mit skyth. Funden, Keramik, Gräber aus dem 9. bis 10. Jh. n. Chr. Ma. ref. got. Kirche. Ung. Winzerschule.

Eine Abzweigung in s. Richtung führt nach 2 km am Mieresch-Ufer nach

Sîncrai, Marosszentkirály (250 m, u. e. E. 1256, 903 Ew.). Die ref. Kirche aus dem MA. wurde 1901 abgetragen, nur Glockenturm blieb stehen. Schloß von 1725; Ruine „Sîncrai" auf Berg im S. Ein Gemeindeweg führt 4,5 km nach N von Ciumbrud nach

Păgida, Oláhapahida (294 m, u. e. E. 1343, 231 Ew.) und 2 km nach

Gîmbaş, Marisgombás (291 m, u. e. E. 1231, 624 Ew.).

2,5 km ö. von Ciumbrud, an der DJ 107E, liegt

Băgău, Magyarbagó (299 m, u. e. E. 1296, 670 Ew.). Vom MA. bis heute von Rum. und Ung. bewohntes Dorf. Holzkirche von 1796. Nach weiteren 4 km auf der DJ erreicht man

Lopadea Nouă, Magyarlapád (298 m, u. e. E. 1177, 1151 Ew.). Ref. Kirche mit Kassettendecke von 1760. Altes Zentrum ung. Volkskunst. Archäol. Ausgrabungen aus Jungsteinzeit. 5 km s., an einer Abzweigung, liegt

Beţa, Magyarbece (383 m, u. e. E. 1272, 749 Ew.).

In verschiedenen Seitentälern des Rîtu-Tales befinden sich an Gemeindewegen die Dörfer

Odverem, Vadveram (370 m, u. e. E. 1177, 324 Ew.), 2 km ö. gelegen, weiters

Ciuguzel, Fugad (333 m, u. e. E. 1177, 774 Ew.), 2 km sö., und

Asinip, Frauenberg, Szonynépes (365 m, u. e. E. 1202, 508 Ew.), 3 km sö. Der Name bedeutet „Gut der Frau", also der ung. Königin.

Im Rîtu-Tal, 2 km nö. der Abzweigung nach Asinip, liegt die Gemeinde

Hopîrta, Háporton (355 m, u. e. E. 1177, 656 Ew.), seit dem 15. Jh. rum. Dorf. Archäol. Ausgrabungen aus Neolithikum. Weiter auf der DJ 107E über den Cicului-Sattel (426 m) folgt nach 6 km

Șpălnaca, Ispánlaka (372 m, u. e. E. 1329, 753 Ew.) mit bed. archäol. Funden (2 Bronzeschätze mit 1100 Teilstücken). Nach 2,5 km

folgt

Vama Seacă, Száros vam (385 m, u. e. E. 1910, 278 Ew.) an der Einmündung in die DJ 107D. An schlechtem Weg liegt im SO (6 km) das Dorf

Turdaş, Torendorf, Tordós (362 m, u. e. E. 1202, 756 Ew.). Rum. Holzkirche von 1824.

An der DJ 107D liegt 6 km nach O ein s. Seitental, in diesem befindet sich 7 km weit

Alecuş, Elekes (374 m, u. e. E. 1332, 645 Ew.). Weiter ö. auf der DJ 107D folgt nach 2 km die Gemeinde **Fărău** > [RG 14].

Von Vama Seacă führt die DJ 107D im Fărău-Tal abwärts, nach 3 km zweigt ein Weg 5 km nach W ab, führt in das Dorf

Silivaş, Oláhszilvás (403 m, u. e. E. 1300, 365 Ew.). 5 km weiter nach NW, über eine Anhöhe, führt die DJ ins Miereschtal in das große Dorf

Uioara de Sus, Felsőmarosújvár (295 m, u. e. E. 1202, 1299 Ew.). Seine Geschichte ist eng mit Ocna Mureş verbunden. Wichtige archäol. Ausgrabungsstätte (aus Neusteinzeit, aber bes. Bronzezeit: 1909 wurde hier ein 1100 kg schwerer Bronzeschatz aus 5812 Gegenständen gefunden, einer der bedeut. Europas aus der frühen Eisenzeit). Das Salzbergwerk wurde in röm. Zeit betrieben, später aufgelassen, 1791 wieder in Betrieb genommen. Vernachlässigtes ehem. Mikes-Schloß.

5 km weiter an der DJ 107G nach O folgt die Gemeinde

Noşlac, Marosnagylak (295 m, u. e. E. 1288, 1189 Ew.). Got. Kirche mit Doppelturm (Glocke aus 1667); rum. Holzkirche.

Richtung W führt die DJ 2 km über den Salzstock nach

Ocna Mureş (Uioara), Miereschhall, Marosújvár (Maros-Akna) (208 m, u. e. E. 1177, 1985: 16.000 Ew.) als Novum Castrum. Während der Römerherrschaft unter der Bezeichnung Salinae bekannt, war eines der bed. Salzvorkommen in Dazien, ebenso im 18. – 19. Jh. wichtiges Sb. Zentrum für Salzgewinnung. 1859 wurde der Mieresch umgeleitet, um Gruben zu schützen. Das Salz wurde bis 1870 auf Flößen auf dem Mieresch nach W transportiert. 1896 entstand hier mit belg. und dt. Hilfe eine Sodafabrik. Am Anfang des 20. Jh. stürzten die Gruben bei einem Mieresch-Hochwasser ein, seit damals wird in den Sodafabriken Sole verwendet. *Sehenswert:* Auf Anhöhe über Miereschfluß stehen Ruinen eines ma. *Schlosses,* 1290 als „neues Schloß" angeführt, teilw. zerstört; 1850 – 1859 durch neugot. Bauwerk ersetzt. Vom alten Schloß der fünfeckige Bergfried erhalten. – Ruinen einer *rom. Kirche* von 1300. Der Bade- und Luftkurort besitzt schöne Parkanlagen; ganzjährig geöffnet. Verfügt über Seen mit hohem Salzgehalt (ehem. Hallen der Salzbergwerke) und Badeanlagen mit Warm- und Kaltwasser. Behandelt werden Erkrankungen des Bewegungsapparates, des peripheren Nervensystems und Frauenleiden.

W., am linken Miereschufer, liegt 2 km weit die Ortschaft

Cisteiu de Mureş, Maroscsesztve (256 m, u. e. E. 1311, 817 Ew.). 2 km miereschabwärts liegt

Micloşlaca, Miklóslaka (287 m, u. e. E. 1332, 621 Ew.), heute rum. Dorf.

Von Ocna Mureş führt die DN 107G über die Miereschbrücke 1,5 km nach

Vereşmort, Marosveresmart (274 m, u. e. E. 1219), mit Unirea (Oberwinz) vereinigt. Schönes Schloß mit Park.

Hier zweigt eine AS am Bergfuß 3,5 km talaufwärts in das Dorf

Războieni-Cetate (Feldioara), Kaltherberg, Székeliföldvár (263 m, u. e. E. 1291, 1958 Ew.). Schloßsiedlung. 5 km weiter ö. liegt die Gemeinde

Lunca Mureşului (Cucerdea), Székelykocsárd (263 m, u. e. E. 1291, 1958 Ew.). Szeklerdorf. Von hier geht die Straße als KS 4 km nach

Gura Arieşului, Vajdaszeg (291 m, u. e. E. 1291, 711 Ew.) in der Mieresch-Au unterhalb der Arieş-Mündung. Von Lunca Mureşului führt eine KS 9 km nach Luncani > [RG 7].

ROUTE 4/11

An der W-Ausfahrt von Aiud im Aiud-Tal liegt das eingemeindete

Aiudul de Sus, Felenyed (294 m, u. e. E. 1332, 2160 Ew.). Hatte im 18. Jh. eine Papiermühle. Eine AS und danach Forststraße führt 12 km nach W, steigt in 7 km Serpentinen in dichtem Buchenwald zur *Sloboda-Schutzhütte* und in den Weiler **Cotorăşti** (970 m) an, weiter 4 km nach Rîmeţ > [RG 13].

Auf der DJ 107M erreicht man nach 4 km aus Aiudu des Sus nach NW

Măgina, Muzsina (442 m, u. e. E. 1333, 760 Ew.). Eine der ältesten ma. rum. Siedlungen, benannt nach dem rum. Knesen Muzsina. Das alte, 1611 erwähnte orthod. Kloster ist 1849 abgebrannt. Nach 2 km führt die AS durch die Gemeinde

Livezile, Kakova, Vladháza (351 m, u. e. E. 1505, 1000 Ew.). Das letzte zum ehem. Weißenburger Komitat gehörige Dorf ist

Poiana Aiudului, Birkenfeld, Nyírmező (388 m, u. e. E. 1293, 660 Ew.), eines der ältesten rum. Knesendörfer Sb. In der Nähe Kalksteinbruch (versorgt das chem. Werk von Ocna Mureş). Nach 4 km beginnt sich der Weg zu verengen, dringt in die eindrucksvolle, 3 km lange Aiud-Schlucht ein (Höhlen und andere Karsterscheinungen; bot. NSG. Auf Steilfelsen soll im 13. Jh. Burg gestanden haben. Am linken Ufer befindet sich schöngelegener Campingplatz „Cheile Vălişoarei". Nach dem Klammausgang hat man eine herrliche Aussicht auf die Trăscău-Senke und ihre Siedlungen:

Vălişoara, Torockógyertyános (526 m, u. e. E. 1342, 510 Ew.) und

Izvoarele, Bedellő (625 m, u. e. E. 1470, 59 Ew.). Die Senke wird vom Bedeleu-Höhenzug (1227 m) und dem Felsblock der Colţi-Trăscăului beherrscht, deren zackige Zinnen im N emporragen. Wandermöglichkeiten ins Karstgebiet des Bedeleu mit Tropfsteinhöhlen (Huda lui, Papară, Poarta Zmeilor).

3,5 km weiter n. an der DJ 107M befindet sich

Colţeşti, Torockószentgyörgy (573 m, u. e. E. 1291, 876 Ew.). Die Ritterburg Trascău stammt aus dem 13. Jh., war Stammsitz der Fam. Thoroczkay. König Matthias Corvinus beschlagnahmte 1470 die Burg und übergab sie dem sb. Woiwoden, weil die Thoroczkays am Aufruhr gegen ihn teilgenommen hatten. Die Burg kommt erst 1516 in Familienbesitz zurück. 1713 wird sie von Österr. zerstört. Ist heute Ruine mit Bergfried. Im Dorf mehrere Herrenhöfe. Die ung. Ew. haben eine kath., eine unit. und eine ref. Kirche. 1727 wird Freiherr Georg Thoroczkay kath. und stiftet im selben Jahr das Franziskanerkloster. In Dorfnähe befindet sich ein *Naturdenkmal:* der malerische Märchenwald Vidol, unter dem Ardaşcheia-Berg (1250 m) gelegen.

Weiter n. folgt nach 4 km der ehemalige Marktflecken

Rîmetea (Trascău), Eisenburg, Torockó (530 m, u. e. E. 1332, 965 Ew.). Unter dem Kalksteingeb. Colţii Trascăului oder Piatra Secuiului (Székelykő, 1128 m) und Ardaşcheia-Gipfel (1250 m) gelegen. In diesem eisenerzreichen Gebiet entstand im 13. Jh. eine sächs.

Burgruine Trascău

Bergwerkssiedlung. Bergleute und Hüttenarbeiter waren Leibeigene. Durch Vermischung entstand hier ein besonderer Menschenschlag: Im 17. – 18. Jh. gingen die Sachsen im Ungarntum auf, aber Häuser und Volkstracht bewahrten viele dt. Kennzeichen, auch viele Familiennamen klingen noch dt. Seit der Ref. sind die Ew. einheitlich unit. geblieben. Unit. Kirche. Volkskundemuseum seit 1952 mit vielen Eisenwerkzeugen und Zeugnissen aus alter Eisenhütte sowie Volkskunstgegenständen (2500 Exponate). Auf dem Kalksteinplateau der Piatra Secuiului steht die Ruine einer ma. Burg.

8 km flußabwärts erreicht die Straße die DN 75 in

Buru, Borrév (377 m, u. e. E. 1470, 373 Ew.), wichtige Verkehrskreuzung.

Der Arieş und die DN 75 zwängen sich nach W durch das enge, klammartige Tal im kristallinen Kalk 8 km bis zum kleinen Dorf

Lungeşti (315 m). 1 km w. zweigt eine Straße ab, führt 4 km nw. in das Kalkgeb. des Munţele Mare nach

Rîmetea (Eisenburg), ungarische Volkstracht

Ocolişel, Felsőaklos (507 m, u. e. E. 1449, 381 Ew.), ein langgezogenes Dorf im Ocolişel-Tal. Im Arieş-Tal führt die DN 75 Richtung SW nach 4,5 km zu dem Dorf

Vidolm, Vidály (438 m, u. e. E. 1470, 333 Ew.). Hier ist das NSG des „Lärchenwaldes". Die Einzelhöfe der Gebirgsbauern (Motzen) steigen bis in über 900 m Höhe am Südhang n. des Flusses.

Die DN 75 führt nach SW weiter in das Motzenland, nach Lunca (4 km) > [RG 10].

Von der Straßenkreuzung von Buru, unterhalb der sich auch eine Schutzhütte befindet, führt die DN 75 nach O, 7 km bis zur Abzweigung nach Moldoveneşti. Hier tritt sie aus dem Geb. heraus in die weite Senke von Thorenburg. Am Arieş entlang folgt nach 2,5 km

Corneşti, Sinfalva (346 m, u. e. E. 1176, 813 Ew.). Ist eine Szekler Gründung. Nach 3 km folgt eine Abzweigung in Richtung N, die nach 1 km in das Dorf

Cheia, Méskő (359 m, u. e. E. 1291, 702 Ew.). führt. Kirche aus dem MA., wurde 1782 um-gebaut und 1931 renoviert. In der Nähe Kalk-steinbruch. Etwa 1 km nach Ortsausgang zweigt aus AS ein KS nach rechts ab, über-quert die Anhöhe Dealul Lupilor und erreicht nach 4 km die Schutzhütte *Cheile Turzii*, am Ausgang der malerischen Thorenburger Klamm (Cheile Turzii) gelegen. Der Hăşdate-Bach durchquert den zum Trăscău-Geb. ge-hörigen Petrindul-Rücken, einen 15 km lan-gen Höhenzug aus Kalkstein. Die Schlucht ist etwa 2 km lang, ihre Steilwände erreichen am Eingang eine Höhe von 300 m, am Ausgang 460 m. Die zahlreichen Höhlen sind meist trocken, weisen keine Tropfsteingebilde auf, sind aber dank archäol. Funde historisch in-teressant (Werkzeuge dieses Gebietes aus äl-testen Zeiten). Eine der berühmtesten Höhlen (Peştera Binder) wurde nach dem Mühlbacher

Thorenburger Schlucht

Afrikaforscher Franz Binder (1824 – 1871) be-nannt, der hier den Schatz des Darius suchte.
Die Steilwände, Kamine, Felskanten und Rinnen sind ideales Klettergebiet. Ein 125 ha umfassen-des Gebiet wurde 1938 unter Naturschutz gestellt (seltene Pflanzen: Sadlers Birkwurz, Tordaer Habichtskraut). Am Schluchtausgang steht eine Schutzhütte (die erste wurde 1894 gebaut). Bun-galows, Restaurant, Campingmöglichkeiten, Parkplatz.

Von der Cheia-Abzweigung folgt nach 2 km nach O die Gemeinde

Mihai Viteazu, Alsó- und Felsőszentmihályfalva (331 m, u. e. E. 1291, 3439 Ew.). Ursprüngl. waren hier zwei Dörfer, die später zusammenwuchsen. Hat eine unit. und eine ref. Kirche. Von hier sind noch 3,5 km, bis nach Turda, wo die DN 75 beim Bahnhof der Schmalspurbahn auf die DN 1 trifft und mit ihr, an der Abzweigung der DN 75 vorbei, in das Stadtzentrum führt.

ROUTE 5/11

Die DJ 107L verläßt Turda in nw. Richtung. Nach 4 km folgt eine Abzweigung nach S, 2 km weiter liegt

Sănduleşti, Szind (454 m, u. e. E. 1176, 1059 Ew.). Im MA. von Rum. und Ung. bewohntes Dorf. Hat unit. Kirche im rom. Baustil und alte orthod. Steinkirche (15. Jh.) mit Holzturm aus dem 18. Jh. auf dem Pronaos. Gefallenendenkmal aus dem Ersten Weltkrieg. Die heute großen Kalk-steinbrüche wurden schon von den Römern betrieben.

Die DJ umgeht in großem Bogen das Kalkmassiv, erreicht nach 12 km das im Hăşdate-Tal gelegene

Petreştii de Jos, Alsópeterd (Magyarpeterd) (474 m, u. e. E. 1294, 1084 Ew.). Unit. Kirche, um 1570. Seit 1600 Wüstung, dann mit Rum. bevölkert. Im ehem. Herrenhof Lugassi stehen röm. Grabmäler. Hier verbrachte der rum. Wissenschaftler Gheorghe Bariţiu (1812 – 1893), Herausgeber der ersten rum. Zeitschriften in Sb., Vorsitzender der ASTRA (Kulturverein) und der rum. Akademie (1893), seine Kindheit. Ein Gemeindeweg führt nach S, 1,5 km nach

Petreştii de Mijloc, Középpeterd (535 m, u. e. E. 1407, 346 Ew.). Orthod. Holzkirche. Ausgangspunkt für Wanderungen in die Thorenburger Schlucht. 2 km weiter im S liegt

Petreştii de Sus, Felsőpeterd (605 m, u. e. E. 1407, 573 Ew.) und 4 km weiter sw.

Borzeşti, Berkes (624 m, u. e. E. 1351, 373 Ew.) mit einer schindelgedeckten orthod. Steinkirche, heute durch Blechdach geschützt; Wandmalereien an der Decke und im Altarraum.

Von Petreştii de Jos führt eine Abzweigung 3 km nach N in das Dorf

Deleni, Indal (501 m, u. e. E. 1310, 575 Ew.). An einer weiteren, 2 km entfernten Abzweigung aus der DJ 107L liegt 4 km s. das Dorf

Livada (Schiopi), Pusztaegres (523 m, u. e. E. 1310, 687 Ew.). Orthod. Holzkirche aus 1846. Nach 3 km an der DJ folgt

Crăieşti, Pusztaszentkiraly (507 m, u. e. E. 1310, 419 Ew.), alte, verwitterte Holzkirche. Eine Abzweigung führt 2 km nach S in den Ort

Plaiuri, Tordahagymás (560 m, u. e. E. 1381, 573 Ew.). 1 km auf der DJ nach N zweigt eine Straße 2 km nach S ab, führt nach

Pădureni, Magyarósag (620 m, u. e. E. 1435, 328 Ew.).

1 km n. auf der DJ zweigt ein Weg nach N ab, führt nach 1 km in das Dorf

Pruniş, Magyarszilvás (607 m, u. e. E. 1297, 302 Ew.). Auf dieser Straße folgt nach 2,5 km

Sălişte, Tordaszelestye (515 m, u. e. E. 1418, 383 Ew.) und nach 3 km

Miceşti, Mikes (576 m, u. e. E. 1257, 1229 Ew.), danach führt die Straße 7 km nach SO weiter bis Tureni > [R 2/11].

Nach der Abzweigung Richtung Pruniş folgt am Ende der AS nach 2 km eine Kreuzung: nach S führt ein Weg 1 km weit in das Dorf

Şuţu, Sütmeg (590 m, u. e. E. 1456, 370 Ew.), nach O führt die Straße 2 km zu einer Abzweigung 3 km nach S in das Dorf

Filea de Jos, Alsófüle (565 m, u. e. E. 1450, 724 Ew.) und 2 km weiter nach

Filea de Sus, Felsőfüle (610 m, u. e. E. 1456, 415 Ew.). Hier ist ein NSG für den Goldenen Frauenschuh. Die Straße führt hinüber nach Săcel > [R 6/11].

Nach W führt jetzt die KS im Hăşdate-Tal nach 5 km zur Kreuzung mit der Straße aus dem Iara-Tal; nach 2 km n. folgt die Gemeinde

Ciurila, Csürülye (562 m, u. e. E. 1595, 1229 Ew.). Hier sind im Herzen der Hăşdate-Senke mehrere Fischteiche angelegt worden. 5 km weiter n. liegt das Dorf

Sălicea (595 m, u. e. E. 1297, 567 Ew.) in einem Talkessel, von 800 m hohen Bergen umgeben. Eine AS führt nach N nach Klausenburg (Cluj-Napoca) > [RG 6].

ROUTE 6/11

Von Buru > [R 4/6] im Arieş-Tal zweigt eine nach Hochwasserschäden seit Jahren in Reparatur befindliche DJ in das Iara-Tal ab. Nach 4 km führt ein Weg 1,5 km nach N in das kleine Dorf

Măgura Ierii (584 m, u. e. E. 1724, 203 Ew.). Nach 2 km folgt an der Hauptstraße das Dorf

Surduc, Járaszurduk (443 m, u. e. E. 1426, 483 Ew.). Von hier an ist die DJ wieder geteert, von ihr zweigt ein Weg nach 1 km in das am Südufer befindliche Dorf

Făgetul Ierii, Bicalat (483 m, u. e. E. 1449, 568 Ew.) ab.

Im Iara-Tal folgt nach 1 km an der DJ 107M die Gemeinde

Iara, Alsójára (465 m, u. e. E. 1176, 1616 Ew.). Die Dorfkirche ist seit 1442 belegt. Im MA. lebten hier sächs. Bergleute, von ihren Gräfen (comes) geführt. Seit dem 15. Jh. ein ung. Dorf, nach Ref. unit. Im MA. reiche Goldwäschereien. Seit dem 18. Jh. auch kath. Kirche. Berühmte Jahrmärkte, bekanntes Hafnerei- und Handwerkszentrum. Große Steinbrüche. Auf einer w. Anhöhe stehen die Ruinen der Burg Iara. Von Iara nach SW führt ein Weg 3 km nach

Cacova Ierii, Kakova, Aranyosivánfalva (545 m, u. e. E. 1426, 118 Ew.). Aus dieser Streusiedlung führt eine AS 6 km bis zur Streusiedlung

Maşca, Macsakö (624 m) und weitere 4 km nach

Valea Vadului, Vadpatak (671 m, u. e. E. 1874, 114 Ew.). Der Forstweg führt 8 km im Tale hinauf bis

Muntele Cacovei, Kakowa-Gebirge, Kákovahavas (1010 m, u. e. E. 1688, 126 Ew.).

Von Iara nach N führt ein 5 km langen Weg nach

Agriş (Ruha), Ruhaegres (688 m, u. e. E. 1358, 894 Ew.).

Im Iara-Tal folgt nach 5,5 km die Gemeinde

Băişoara, Kleingrub, Jarabany (Kisbanya) (506 m, u. e. E. 1426, 1332 Ew.). Silber- und Bleierzvorkommen, drei Dazitsteinbrüche und mehrere aufgelassene Wassermühlen.

Nach N führt im Litii-Tal eine AS 3,5 km bis

Săcel, Frauendorf, Assonyfalva (617 m, u. e. E. 1456, 776 Ew.). Nach O windet sich ein Weg 1,5 km über den Berg nach Filea de Sus > [R 5/11]. 2,5 km n. liegt im Litii-Tal das Dorf

Liteni, Magyarléta (645 m, u. e. E. 1322, 510 Ew.). Jenseits der Piatra Mare (917 m) stehen in 783 m Höhe die Ruinen der *Leta-Burg* über dem Iara-Tal. War 1324 eine Königsburg, dann Fürstenburg und Zollstation mit Domäne von 15 Dörfern. Wurde nach 1650 geschleift. Hier oben fand man Pfeilspitzen aus dem 10. Jh. und gestempelte Keramik aus dem 11. Jh.

3,5 km weiter im N liegt

Lita, Oláhléta (606 m, u. e. E. 1456, 595 Ew.), schon im Becken des Hăşdate-Baches. Nach 1,5 km n. folgt die Straßenkreuzung der Kreisstraßen: nach N über Săvădisla nach Klausenburg > [RG 6], nach O das Hăşdate-Tal hinunter, nach W im Hăşdate-Tal 2,5 km hinauf zum letzten Dorf in diesem Tal:

Hăşdate, Hasadát (605 m, u. e. E. 1450, 954 Ew.), das sich mit Einzelhöfen als Streusiedlung noch weit ins Geb. hinaufzieht.

Von Băişoara führt die AS im Iara-Tal 4 km nach NW zur Abzweigung 5 km in die Streusiedlung

Muntele Filii, Felsőfülöhavas (1015 m, u. e. E. 1874, 163 Ew.).

Im Iara-Tal folgt, an einer Schutzhütte vorbei, nach 4 km die Abzweigung in die Streusiedlung

Muntele Săcelului, Assonyfelhavas (771 – 1125 m, u. e. E. 1874, 260 Ew.). Hier endet die AS im Iara-Tal, und die KS führt weiter, nach 4 km zur Abzweigung in die Streusiedlung

Frăsinet. Nach weiteren 5 km, am n. Punkt des Iara-Tales, beginnt die sich auf 6 km hinziehende aus Einzelhöfen bestehende Gemeinde

Valea Ierii-Járavize (720 m, u. e. E. 1417, 1193 Ew.). Nach N führt ein Weg nach Plopi und weiter in das Tal des Kalten Somesch > [RG 6]. Letzte Streusiedlung in dem einmündenden Nebental Valea Calului ist

Cerc (Coastle Cercului), Kisfeneshavas (971 – 1200 m, u. e. E. 1909, 304 Ew.).

Von Băişoara nach W führt, ebenfalls in einem engen, schluchtartigen Tal in kristallinen Schiefern, am Erzbach eine AS nach 3 km durch den Weiler

Valea Ierţii, Erzbach, Ercpatak (630 m, u. e. E. 1839, 835 Ew.) mit aufgelassenem Stollen eines Bergwerks. 6 km talaufwärts folgt die Streusiedlung

Muntele Bocului, Bikalathavas (890 – 1280 m, u. e. E. 1874, 110 Ew.). 2 km weiter liegt das Gebirgsdorf mit Kirche

Muntele Băişorii, Erzdorf, Kisbányahavas (972 – 1246 m, u. e. E. 1760, 969 Ew.). Hier endet die AS, doch eine gute KS mit Busverbindung führt z. T. in steilen Serpentinen 4 km hinauf zur **Băişoara-Schutzhütte** (Hotel, 1389 m). Daneben meteorol. Station; Feriendorf aus Wochenendhäuschen. Es ist Zentrum eines großen Wander- und Skigebietes der Klausenburger und Thorenburger Bergfreunde. Eine Forststraße führt von hier zum Muntele Cacovei und ins Iara-Tal hinunter.

ROUTE 7/11

Vom N-Ausgang von Turda, am Salzbergwerk vorbei, führt eine KS über kahle, steppenbedeckte Hochflächen 9 km bergan bis zu einer Straßengabelung am Tilalmos. Nach NW führt ein Weg 2 km nach

Crairît, Kiralyrét (372 m, u. e. E. 1913, 567 Ew.). Die andere Straße führt 3 km nach O in das Valea-Florilor-Tal. Hier liegt an der Bahnlinie die Gemeinde

Ploscoş, Ploszkos (345 m, u. e. E. 1913, 888 Ew.), mit ihren um Brackwasserbrunnen gruppierten Einzelhöfen.

7 km im Valea-Florilor-Tal, führt die Straße an der Bahnlinie nach N in die Streusiedlung

Lobodaş (420 m). In den weiten, flachen Tälern sind Salzsümpfe, an den Hängen Rutschungshügel, Salz tritt zutage. Die Einzelhöfe an den Brunnen sind von Akazien- und Pflaumenbäumen umgeben. Diese Gegend ist eine der ärmsten Sb.s.

Nach NW führen Wege nach Boju und Cojocna > [RG 6], nach O nach Ceanul Mare > [RG 7].

REISEGEBIET 12

Brad / Tannenhof / Brád

liegt am W-Rand Siebenbürgens und reicht vom Mieresch im S bis zum Găina-Gipfel im N; es umfaßt den westlichen Teil des Siebenbürgischen Erzgebirges sowie den östlichen Teil des Zarander Gebirges. Seine N-S-Ausdehnung beträgt 52 km, seine O-W-Ausdehnung 56 km. In seiner Mitte befindet sich die Stadt Brad (Tannenhof). Das Gebiet ist eine Mittelgebirgslandschaft mit absoluten Höhen zwischen 163 m im Miereschtal und dem Găina-Gipfel mit 1486 m im N. Der tiefste Talort ist Zam, 163 m, der höchste Ticera, 917 m, wobei verschiedene Weiler und Einzelhöfe noch höher liegen.

Der von den Ausläufern des Bihor-Gebirges gebildete nördliche Teil (Găina) wird vom Oberlauf der Weißen Kreisch umflossen. Die intramontane Senke von Brad trennt dieses Gebirge vom Siebenbürgischen Erzgebirge im S und dem Zarander Gebirge im W. Das Tal des Mieresch, eingeengt bei Brănişca, Burjuc und Zam, trennt die Siebenbürgischen Westgebirge von der Poiana Ruska. Geologisch bildet dieses Gebiet ein wahres petrographisches Mosaik. Wie eine Diagonale durchzieht der jungvulkanische andesitische Gebirgszug mit seinen bewaldeten Spitzkegeln das Gebiet von NW nach SO. Hier haben sich reiche Erzlagerstätten gebildet. Südlich und nördlich von dieser Andesitzone erheben sich ältere Basaltgebirge, die z. T. von mesozoischen Kalkablagerungen bedeckt sind, in denen sich reizvolle Karstlandschaften gebildet haben. Bei Zam tritt Granit an die Oberfläche, bei Rapoltu Mare kristalliner Schiefer und Marmor, zwischendurch auch Diorite. In der Senke von Brad haben sich junge Sedimente abgelagert, mit ihnen auch die Braunkohle, die in Ţebea abgebaut wird.

Das Gebiet hat gemäßigtes Landklima mit verhältnismäßig hohen Durchschnittstemperaturen im Miereschtal (10° C), während es in den Gebirgen kälter (bis 6° C) ist; im Winter machen sich Temperaturumkehrungen bemerkbar. Da das Gebiet im Windschatten des Westwindes steht, fallen im Miereschtal nur 600 mm Niederschläge, jedoch 1000 mm im Landesinneren.

Eichen-, Nadel- und Tannenwälder bedeckten einst das ganze Gebiet. Sie sind größtenteils gerodet, die Hänge bis hoch hinauf in Grasland verwandelt worden. Zusammenhängende Waldgebiete sind vereinzelt anzutreffen, die Landschaft ist stark zersiedelt.

Die Bevölkerung, im NO die Motzen, im SO und S die Mokaner und im W die Krischaner, sind seit dem Mittelalter hier verwurzelte Rumänen. Sie haben auch die kommunistische Diktatur mit der „Dorfsystematisierung" auf ihren einst freien Bauernhöfen überstanden. Der Großteil der meist langgestreckten Straßendörfer hat nur wenige hundert Einwohner oder besteht aus vielen verstreut liegenden Bergbauernhöfen, die die Gebirgslehnen bis hinauf mit ihren kleinen Äckern und Wiesen bedecken. Größere Siedlungen liegen nur im Miereschtal oder sind Bergwerksorte, in denen hauptsächlich Rumänen wohnen.

Die Gebirgsbauern sind arm, führen ein mühseliges Leben. Neben der kargen Landwirtschaft verarbeiten sie Holz, fahren mit Schaffen, Fässern und Holzartikeln im gan-

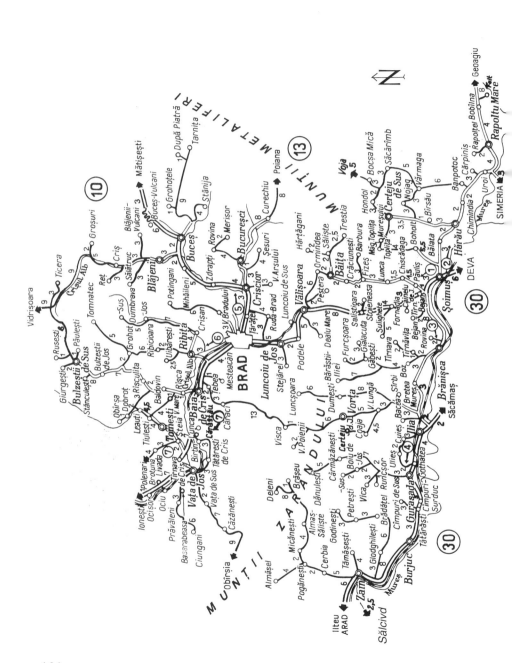

zen Land herum, um mit einigen Säcken Mais und Kartoffeln für den Winter wieder heimzukehren. Auch die Haustierzucht ist stark zurückgegangen. Relativen Wohlstand, der das Aussehen der Orte auch beeinflußt, findet man nur dort, wo Bergbau und Industrie Verdienstmöglichkeiten geschaffen haben. Es ist das an Edelmetallen reichste Gebiet Rumäniens, wird schon seit der Daker- und Römerzeit ausgebeutet. Brad ist das Zentrum der Edelmetallförderung der Siebenbürgischen Westgebirge. Von Bedeutung sind auch die Vielmetall-Erzvorkommen, die Steinbrüche, Braunkohlelager, Mineral- und Thermalwasserquellen. Touristisch bedeutend sind die Naturschönheiten, die Blütenpracht der Bergwiesen, die archaischen Holzbauten der Berghöfe, die spitztürmigen Holzkirchen mit ihrer Wandmalerei. Dazu kommen die Erinnerungsstätten an die Kämpfe und Opfer aus schweren Zeiten der sozialen Unterdrückung. Sehenswert sind der Mädchenmarkt auf dem Berg Găina, die vielen kleinen Dorfmuseen und die Erzeugnisse bäuerlichen Kunsthandwerks.

Zu erreichen ist das Reisegebiet auf der DN 7 von Arad oder auf der DN 1 von Klausenburg aus. Aus dem Arieș-Tal erfolgt die Einfahrt über den Buceș-Paß (DN 74), aus dem W kommt die DN 76. Straßen und Forstwege erschließen das gesamte Gebiet. Hotels sind allerdings nur in Brad; hier wäre Deva vorzuziehen. Einige Herbergen und die gastfreundliche Bevölkerung ermöglichen jedoch ein anspruchsloses Übernachten auf dem Heuboden oder das Zelten am Bauernhof.
(Bei den folgenden Routenbeschreibungen fehlen z. T. die derzeit nicht vorliegenden Angaben über Einwohnerzahl und urkundliche Ersteintragungen. Die betreffenden Orte gehörten zum Parte „Zarand", das nicht Teil Siebenbürgens war.)

ROUTE 1/12

Die DN 76 kommt von O über die Miereschbrücke, führt 6 km von Deva in die Gemeinde

Şoimuş, Falkendorf, Marossolymos (194 m, u. e. E. 1278, 1157 Ew.). War alte Römersiedlung, wurde 1459 „oppidium", Marktflecken. Bis 1839 war hier wichtige Zollstation für Salzflößerei auf dem Mieresch, Flößereihafen. Die DN 76 führt um die Măgura, mit Kapelle an Wegbiegung, nach N, verläßt das Mieresch-Tal Richtung Brad. Nach 3 km zweigt eine Kreisstraße (DJ) im Căian-Tal nach N ab, läßt den Ort

Păuliş (Buriene), Burjánfalva (222 m, u. e. E. 1440, 339 Ew.) rechts liegen. Hier treten Kohlensäurequellen an die Oberfläche, die mächtige Kalktuffablagerungen gebildet haben. 1,5 km weiter n. liegt

Chişcădaga, Kecskedaga (221 m, u. e. E. 1453, 807 Ew.), ein Haufendorf im Seitental. Nach 1 km steht rechts eine Kapelle, nach einem weiteren km folgt das Dorf

Lunca (Nevoieşti), Ellendorf (211 m, u. e. E. 1440, 550 Ew.). Nach 3 km führt die DJ übergangslos in das Dorf

Fizeş, Weidendorf, Füszesd (238 m, u. e. E. 1453, 314 Ew.). Hier zweigt eine KS 3 km nach O ab, führt in das Goldbergwerksgebiet von

Barbura (270 m, u. e. E. 1805, 261 Ew.) und Topliţa mit Stollen und Pochwerken. Im Căian-Tal folgt nach 2 km

Crăciuneşti, Karácsonfalva (257 m, u. e. E. 1444, 440 Ew.), eine Streusiedlung mit modernem Kalksteinbruch; Höhlen (Balogul, Groapa Lupului, Zidul de Sus u. a.). Tal und Straße machen einen Bogen nach O, 3 km in die große Bergbaugemeinde

Băiţa, Pernseifen, Kisbánya (283 m, 767 Ew.), liegt in malerischer Waldgegend. Es ist ein Marktflecken und Zentrum des „Băiţa Ländchens" mit 8 Bergwerksdörfern. In Kalksteinbergen sind Höhlen, Klammen u. a. Karsterscheinungen. Schon die Römer beuteten hier Gold- und Silbererze aus; Poch- und Aufbereitungsanlagen. Alle Orte im Umkreis von 2 – 3 km, wie

Trestia, Nádfalva (370 m, 517 Ew.) und im oberen Căian-Tal

Sălişte (314 m, 556 Ew.) und

Hărţăgani (331 m, 1614 Ew.) sind Bergwerksorte oder ihre Bewohner arbeiten in Bergwerken.

Die DN 76 überquert nach Şoimuş den unteren Căian-Bach. Vor Bejan zweigt eine Kreisstraße am N-Ufer des Mieresch nach W ab > [R 3/12].

Bejan, Bessendorf, Bezsán (189 m, u. e. E. 1330, 523 Ew.). Die kleine orth. Holzkirche aus dem 18. Jh. hat Vorraum (Pronaos) mit Apsis im W, darüber Flachdecke und Apsisturm. Der Saal (Naos) ist rechteckig mit Daubengewölbe und mit Altarapsis. Die gleichaltrige Wandmalerei ist klar und elegant, die Wandbalken haben Schwalbenschwanzverbindung. Ein dakischer Silbermünzenschatz wurde hier gefunden, befindet sich im Geschichtsmuseum in Deva. Ebenfalls aus Römerzeit stammt der Steinbruch, um den ein 70 ha großes Gebiet mit verschiedenen alten Eichenarten unter Naturschutz gestellt wurde. Zu Bejan gehört auch der 1 km w. gelegene Weiler

Tîrnăviţa, Thurndorf, Tirnavica (200 m, u. e. E. 1484, 310 Ew.). Nach 2 km zweigt von der DN 76 eine Straße nach NW ab, führt 2 km in das Dorf

Căinelu de Jos (250 m, u. e. E. 1130, 267 Ew.). Die DN 76 führt nach 2 km in das Dorf

Fornădia (215 m, u. e. E. 1499, 400 Ew.). Hier zweigt ein Weg nach NW ab, führt 5 km in das Dorf

Sulighete (350 m, u. e. E. 1330, 572 Ew.). Nach weiteren 4 km zweigt von der DN 76 ein Weg ab, führt über den Berg nach O in das Dorf

Stoineasa (301 m, u. e. E. 1437, 185 Ew.). An der Hauptstraße liegt w. das Dorf

Săliştioara (270 m, u. e. E. 1499, 323 Ew.). Nach 6 km folgt die Gemeinde

Vălişoara, Köfalu (381 m, u. e. E. 1506, 1084 Ew.). Von hier zweigt ein Weg nach O ab, führt 3 km im Paralleltal in das kleine Dorf

Peştera (319 m, u. e. E. 1727, 376 Ew.) mit seinen vielen Einzelhöfen auf den Berghängen im O. 2 km nach Vălişoara zweigt in der großen S-Krümmung eine Kreisstraße nach O in ein Bergbaugebiet ab. Nach 6 km folgt hier das Dorf

Ormindea (345 m, 1205 Ew.) und weiter, nach 4 km, das Bergwerksdorf

Căinelu de Sus (380 m, 644 Ew.) mit seinen Buntmetall- und Quecksilbererzbergwerken in den waldbedeckten Vulkanbergen von 900 – 1000 m Höhe.

Die DN 76 windet sich nun hinauf zur Paßhöhe Vălişoara (460 m) auf der Wasserscheide zw. Mieresch und Weißer Kreisch. Hier oben zweigt ein Höhenweg sw. 3 km nach

Dealu Mare (480 m, u. e. E. 1484, 396 Ew.) ab. Viele Einzelhöfe. Nach 3,5 km Talfahrt mit Serpentinen Abzweigung 1,5 km nach S in das kleine rum. Dorf

Podele (484 m, 521 Ew.). An der DN 76 steht hier das *Motel „Cerbul"*, Kat. II und III, mit 21 Schlafplätzen. Nach 1 km zweigt ein Weg nach O ab, führt nach 1,5 km in das Dorf

Luncoiu de Sus (463 m, 699 Ew.), wo ebenfalls Goldbergwerke liegen. Wenige hundert Meter führt eine Abzweigung nach W in das 3 km entfernte kleine Dorf

Stejărel (Scroafa) (353 m, 414 Ew.), umgeben von weit verstreuten Einzelhöfen. 500 m weiter nach N zweigt wieder ein Weg ab, führt 1 km nach O hinauf in das Dorf

Luncoiu de Jos (354 m, 701 Ew.). N. des Dorfes, in der Valea Lungă, sind ein großes Freigehege und ein Jagdwald mit Karpatenhirschen, Damwild, Rehe und Muffelwild, 2 km weiter n. folgt die ö. Abzweigung zu dem 3 km weiter entfernten

Ruda-Brad (398m, 481 Ew.). Dieses kleine Dorf hat große Goldbergwerke, die zum Kombinat von Brad gehören. Von hier führt die DN 76 4 km bis in die junge Stadt

Brad (280 m, u. e. E. 1585, 22.000 Ew.), an der Weißen Kreisch gelegen. Hat heute 9 Ortschaften eingemeindet. Die Gegend ist seit der Steinzeit bewohnt, Daker und Römer förderten hier Gold. Alte Pochmühlen, die früher den Bauern – Besitzer der Stollen – gehörten, sind noch erhalten. Hier liegt das Zentrum der Goldausbeutung der Sb. Westgebirge, die Generaldirektion, das *Kombinat* mit Flotation und Verarbeitung der Erze. Es ist das geistig-kulturelle Zentrum der Rum. aus dem Zarander Land. – Das *rum. Gymnasium* wurde durch Spenden der Bevölkerung gebaut und 1869 durch Avram Jancu, den „König der Berge" eröffnet. Es trägt heute seinen Namen. 1921 wurde ein neues Gymnasium eingeweiht, das alte wurde Internat. – In der alten *orthod. Kirche* sind guterhaltene Fresken. – Im *Goldmuseum* des Kombinates (Str. Moților) können die Geschichte des Bergbaues, die verschiedenen Arten von Golderz, Nativ-Gold (Goldene Eidechse) sowie Schürf- und Verarbeitungsausrüstung besichtigt werden (vorherige Anmeldung bei der Generaldirektion des Kombinats und Bestellung einer Führung). In der Stadt sind Fabriken für Maschinenbau (Bergwerksausrüstung), Holzverarbeitung, Baustofferzeugung, aber auch Lebensmittelbetriebe angesiedelt. Wöchentlich finden Viehmärkte statt. Der Großteil der aktiven Bevölkerung ist beim Kombinat angestellt. – *Crişan-Denkmal* des Bauernführers von 1784 (von R. Moga), Büste *Avram Jancus*, dem Revolutionsführer von 1848 (von R. Corcescu). 3 km nö. von Brad liegt das eingemeindete

Valea Bradului (324 m, 1032 Ew.) und 6 km weiter das Dorf

Potingani (479 m, 219 Ew.), ein ausgedehnter Ort, aus Streusiedlungen und Einzelhöfen bestehend, von Wald umgeben.

ROUTE 2/12

Aus dem Zentrum der Gemeinde Şoimuş verläßt eine ö. Kreisstraße den Ort. Am Dorfausgang zweigt eine AS nach N ab, führt 5,5 km im Boholter Tal in das kleine Dorf

Boholt (244 m, u. e. E. 1453, 469 Ew.). Im Ort sind drei Mineralwasserquellen (eisenhaltige Kohlensäuerlinge mit 4779 mg/l Mineralgehalt). Eine Quelle gibt 10.000 l/Tag. Mächtige Kalksinterschichten (Kalktuff) haben sich abgelagert. Das Wasser dringt aus der Tiefe durch Spalten im kristallinen Kalk an die Oberfläche. Seit 1883 wird das Wasser als Tafelwasser in Flaschen abgefüllt.

Auf einer Terrasse oberhalb des Dorfes wurden neolithische Funde gemacht. 3 km talaufwärts liegt der Weiler

Topliţa Mureşului (440 m, u. e. E. 1443, 190 Ew.). Von hier sind noch 3 km bis in das Bergwerksdorf

Măgura-Topliţa (459 m, u. e. E. 1727, 267 Ew.) im ö. Nachbartal. Gold- und Silbererzstollen. Eine schöne Wanderung von 1 Std. läßt sich auf den *Făieragul-Mare* (782 m) mit herrlicher Fernsicht machen. Ein 3 km langer Weg führt nach O in die Gemeinde Certeju de Sus.

Die Kreisstraße führt nach der Abzweigung im Boholter Tal am Gebirgsfuß 3 km durch

Bălata (201 m, u. e. E. 1839, 379 Ew.) und weitere 3 km nach N in das Dorf

Bîrsău, Walddorf, Berekszó (232 m, u. e. E. 1440, 760 Ew.), das schon in den Vorgebirgen liegt. Am Berghang steht eine *sehenswerte* alte Holzkirche. N. des Dorfausganges zweigt eine KS nach NO ab, führt 3 km in einem Seitental in das Dorf

Nojag (327 m, u. e. E. 1465, 504 Ew.). Auch hier sind Bergwerksstollen in Betrieb. 3 km sö. liegt das große Dorf

Vărmaga (352 m, u. e. E. 1492, 881 Ew.), ein fast 5 km langes Straßendorf, das nach N mit Săcărîmb (5 km), nach S mit Banpotoc (6 km) verbunden ist. Viele Ew. arbeiten im Bergbau und in der Erzaufbereitung von Săcărîmb.

Von Bîrsău führt die AS 4,5 km nach N in die Gemeinde

Certeju de Sus (285 m, u. e. E. 1727, 1162 Ew.), hauptsächlich Rum. In der Tiefe, am Rande der jungvulkanischen Masse, sind reiche Gold- und Silberlagerstätten, die durch mehrere Stollen und Bergwerke erschlossen sind. Mit der Gemeinde ist der 3 km weiter n. liegende Ort

Hondol (389 m, u. e. E. 1760, 851 Ew.) zusammengewachsen. Auch hier sind mehrere Gold- und Silberbergwerksstollen. Im Talgrund, 3 km weit, liegt mitten in den Wäldern unter den 1000 m hohen Bergen der Weiler

Bocşa Mica (Boiaga) (550 m, u. e. E. 1910, 97 Ew.). Von hier führt ein Weg nach N, nach Voja (5 km) > [RG 13]. Von Hondol führt die AS 5 km nach SO in die große Bergbaugemeinde

Săcărîmb, Nagyág (400 m, u. e. E. 1747, 1907 Ew.), ein weit ausgedehnter Ort mit 4 Kirchen. In mehreren Bergwerken wird Zink, Kupfer, Gold und Silber gefördert, die Erze z. T. im Ort aufbereitet. 1747 wurde der erste Stollen einer Gold-Silber-Tellurmine angelegt; hier ist die erste Gewerkschaft der Bergarbeiter gegründet worden. Ein Waldweg führt 5 km nach Vărmaga, ein anderer 4 km nach Nojag.

Die Kreisstraße im Mieresch-Tal wendet sich vor Bîrsău nach S, erreicht nach 3 km die Gemeinde

Hărău, Haró (203 m, u. e. E. 1360, 751 Ew.), dazu gehört auch der 2 km n. gelegene Weiler

Pîncota (220 m, u. e. E. 1808, 356 Ew.), dann nach weiteren 2 km das Dorf

Chimindia, Kéménd (205 m, u. e. E. 1357, 373 Ew.). Hat, am Rande der jungvulkanischen Eruptionszentren gelegen, kohlensaure Mineralwasserquellen, deren Wasser durch Spalten im kristallinen Kalk an die Oberfläche dringt. Kalksteinbruch. Eine Straße führt unter dem Geb. 2 km in das Dorf

Banpotoc, Bonbach, Bánpataka (217 m, u. e. E. 1362, 738 Ew.) am Ausgang des Vărmager Tales. Im Schiefergestein sind kristalline Kalkeinlagen, die als Marmor in großen Steinbrüchen seit alters her gebrochen werden. Der rum. Schüler A. Rodins, Constantin Brîncuş (1876 – 1957), hat für viele seiner Standbilder Banpotoker Marmor verwendet. Immer dem Bergfuße nach SO folgend, führt die DJ nach 3 km in das Dorf

Cărpiniş, Kerzendorf, Gyertyános (262 m, u. e. E. 1505, 215 Ew.). Am s. Dorfausgang führt die Straße wieder in die DJ; die 4 km parallel zu dem Gebirgsrand durch die nasse Mieresch-Au verläuft. Diese AS führt 2 km weiter s. am Ufer des Mieresch in das Dorf

Uroi, Goldendorf, Arany (189 m, u. e. E. 1332, 547 Ew.), das durch eine Miereschbrücke mit dem 3 km entfernten Simeria > [RG 30] verbunden ist. Über dem Dorf erhebt sich mit steilen Wänden der von Schuttkegeln umgebene *Dealul Uroiului* (397 m), ein junger Andesitvulkan. An seinem fast vertikalen Südrand sind mehrere Steinbrüche. Schon die Römer haben hier Steine für ihre Bauten in der Hauptstadt Ulpia Trajana – Sarmizegetusa gebrochen. Dieser erloschene Vulkan beherrscht das Landschaftsbild zwischen Orăştie (Broos) und Deva. Die Kreisstraße umgeht den Uroi-Berg an seinem Fuß und führt nach 4 km in die Gemeinde

Rapoltu Mare, Groß-Rapolden, Nagyrapolt (227 m, u. e. E. 1346, 1046 Ew.). Funde beweisen die Besiedelung dieses Landstriches schon seit der Steinzeit. Die *ref. ung.* Saalkirche stammt aus dem 14. Jh., hat poligonale Apsis und Netzgewölbe aus dem 16. Jh. Turm und Hauptportal stehen an der S-Seite. Schwache got. Wandmalerei ist zu erkennen. Ein röm. Löwe aus Germisara (Gyogy) ist in der Wand eingemauert, im Hof steht ein röm. Altar. Im Dorf fließen kohlensaure Mineralwasserquellen; große Steinbrüche verwerten die Andesite. 2 km n. liegt das Dorf

Rapoltu Mic (Rapolţel), Klein-Rapolden, Kisrápolt (340 m, u. e. E. 1513, 360 Ew.). Auch hier treten Mineralwasserquellen zutage, die starke Sinterablagerungen verursachen. 4 km führt die Kreisstraße nach NO in das Dorf

Bobîlna, Babolna (204 m, u. e. E. 1362, 778 Ew.). Liegt an einem toten Arm des Mieresch. Eine Seitenstraße zieht sich 4 km in das Geb. bis zu dem röm. Bad. Viele Wassermühlen am Weg dorthin.

Die DJ verläßt das > [RG 12], führt nach 8 km nach Geogaiu > [RG 13]. 1 km nach Bobîlna zweigt eine KS nach SO ab, führt 1,5 km in das Dorf

Folt (211 m, u. e. E. 1321, 270 Ew.). Eine Fähre bildet die Verbindung über den Mieresch mit Pricaz und Broos (5 km) > [RG 30].

ROUTE 3/12

Die DJ führt von Şoimuş mieraschabwärts am Fuße des steil aufsteigenden Cerbu-Berges und seinen Steinbrüchen vorüber. Nach 8 km zweigt vor dem Bahnübergang ein 2 km langer Weg in das kleine Dorf

Rovina (Bicheu), Bikó (210 m, u. e. E. 1727, 233 Ew.) ab. Jenseits des Bahnhüberganges beginnt die Gemeinde

Brănişca, Bernpfaff, Branyiska (202 m, u. e. E. 1329, 157 Ew.). Viele Bewohner arbeiten in den Steinbrüchen und den angeschlossenen Verarbeitungsanlagen (Kalkstein, Andesit, Basalt). Im Dorf steht eine alte orth. Holzkirche. Im S liegt ein Schloß, das im 16. Jh. von Fürst Sigismund Báthori dem Kanzler Josika István geschenkt wurde. Von hier stammt „Bruder Georg" (Martinuzzi). Noch im 16. Jh. wurde es zerstört und in barockem Stil wiederaufgebaut. Während des Bauernaufstandes 1784 ging es erneut in Flammen auf, nur ein sechsseitiger Turm des alten Schlosses blieb erhalten. Hier lebte der Romanautor Josika Miklos (1794 – 1865). Im Schloßpark am Mieresch stehen rom. Statuen aus Sarmizegetusa und der benachbarten röm. Siedlung von jenseits des Mieresch, Mintia. Auf der DJ folgt nach 2 km Fahrt durch fruchtbare Aulandschaft in einer Talerweiterung die Abzweigung zur 1 km weiten Gabelung: ö. 1 km in das Dorf

Tîrnăviţa, Alsótornocza (235 m, u. e. E. 1484, 310 Ew.), eine kleine rum. Neusiedlung. 2 km talaufwärts folgt das alte rum. Dorf

Tîrnava, Tyrnau, Felsőtarnóca (260 m, u. e. E. 1484, 442 Ew.), schon im Geb. gelegen. Hier wurden Funde aus der Römerzeit gemacht. Von der Straßengabelung führt die Straße w. nach 2 km in das Dorf

Boz (225 m, u. e. E. 1453, 675 Ew.). Im Tal weiter n. nach 4 km eine Abzweigung, die 7 km nach NW in das Dorf

Bărăştii-Iliei (260 m, u. e. E. 1482, 223 Ew.) führt. Von der Abzweigung nach NO folgt nach 3 km der Weiler

Căbeşti (267 m, u. e. E. 1484, 129 Ew.). Hier wurden dakische Funde gemacht. Nach O führt ein Weg im Căbeşti-Tal 3 km in den Weiler

Gialacuta, Brunnenberg (270 m, u. e. E. 1484, 153 Ew.) und ein anderer nach N, 2 km in das Dorf

Furcşoara (290 m, u. e. E. 1518, 242 Ew.). Funde an einer Römerstraße.

Auf der DJ folgt nach 3 km, am bewaldeten Inselberg der Măgura (352 m) vorbei,

Bretea Mureşană, Alsó-Marsobrettye (185 m, u. e. E. 1453, 844 Ew.), ein ausgedehntes rum. Dorf auf breiter Miereschterrasse. Neolithische und dakische Funde. 3 km weiter w. zweigt eine AS nach N ab, führt 3 km am heute rum. Dorf

Sîrbi, Raitzen, Szirb (200 m, u. e. E. 1484, 714 Ew.) vorbei. Dem Namen nach von Serben gegründet. Durch den Weiler Vlădeşti führt der Weg im Luncşoara-Tal 8 km in das kleine rum. Dorf

Dumeşti (270 m, u. e. E. 1516, 119 Ew.) und nach weiteren 6 km, am Ende des Tales, in das kleine

Luncşoara, Langenthal (300 m, u. e. E. 1516, 110 Ew.). Sein Oberdorf liegt an der Quelle des gleichnamigen Baches.

Vom Ende der AS bei Sîrbi führt eine KS nach NW 3 km in das kleine Dorf

Valea Lungă (235 m, u. e. E. 1468, 236 Ew.). Am Ortsausgang zweigt ein Weg nach W ab, 4,5 km in das kleine Dorf

Coaja (320 m, u. e. E. 1469, 241 Ew.), dessen Höfe am Nordhang des Surhigiu (491 m) verstreut liegen. Von hier Abzweigung nach

Certeju de Jos (383 m, u. e. E. 1460, 263 Ew.). Im Haupttal geht die KS weiter 3 km bis in die Gemeinde

Vorţa (250 m, u. e. E. 1468, 372 Ew.). Aus dieser Streusiedlung führt die KS weiter; ein Weg zweigt in ein w. Nebental 2 km ab zu dem über 4 km langen Dorf

Valea Poienii, Füzesd Bogara (310 m, u. e. E. 1518, 379 Ew.) mit einigen Weilern und Einzelhöfen in Nebentälern.

Im Haupttal führt die Straße noch 1 km in die große Streusiedlung

Visca, Wiesendorf, Viszka (290 – 334 m, u. e. E. 1368, 754 Ew.), die alle Hänge und Nebentäler bedeckt. Die Straße führt dann als Forstweg 14 km über Faţa Pietrii (650 m) in das Goldberg-werksgebiet der Weißen Kreisch > [R 6/12].

Die DJ im Miereschtal führt von der Abzweigung nach Sîrbi 1 km bis zur Eisenbahnüberquerung, hier zweigt ein Weg 3 km nach N in das Dorf

Bacea, Bacsfalva (210 m, u. e. E. 1468, 512 Ew.) am Gebirgsfuß ab, zu dem 3 km weiter im Tal gelegenen Ort

Băcişoara (260 m, u. e. E. 1727). Die Hauptstraße führt über die Bahnlinie, 2 km durch Kulturen in die Großgemeinde Ilia.

ROUTE 4/12

Ilia, Elienmarkt, Marosillyen (185 m, u. e. E. 1248, 2028 Ew.). In der Fürstenzeit des 16. Jh. war hier eine wichtige Burganlage im Miereschtal im Besitz der Fam. Báthori. István Báthori schenkte sie seinem getreuen Privatsekretär Bethlen Farkas. Dessen Sohn Gabriel Bethlen, späte-rer Fürst von Sb. (1613 – 1639), wurde hier 1580 geboren. Es war ein Zentrum feudaler Zentral-gewalt.
Das wehrhafte Renaissanceschloß wurde mehrmals umgebaut, laut einer Inschrift in Stein auch unter Gabriel Bethlen. 1784 wurde es von aufständischen Bauern niedergebrannt. Heute ist ein Teil des Schlosses Krankenhaus. Im 19. Jh. wurde Ilia Sitz eines rum. Grenzdistriktes; heute wirtschaftl. Zentrum des umliegenden Forst-, Agrar- und Viehzuchtgebietes. Auch wichtiger Eisen-bahnknotenpunkt: Abzweigung der Linie nach Lugosch ins Banat.

In Ilia überquert die DN 7 den Miersch und führt nach Querung der Bahnlinie nach 4 km in das Dorf

Gothatea, St. Gotthard, Gothátya (177 m, u. e. E. 1418, 429 Ew.). Eine parallele Straße verläuft entlang dem Gebirgsfuß. Von dem Bahnübergang 2 km nach N liegt das kleine rum. Dorf

Cuieş, Kulyes (190 m, u. e. E. 1468, 155 Ew.), und durch den Wald nach 2 km das ebenso kleine rum. Dorf

Ulieş (195 m, u. e. E. 1346, 205 Ew.). Vom Dorfausgang quert ein Weg die Felder und führt 2,5 km an den w. Ausgang von Gothatea. Von hier ist es noch 1 km weit bis zu dem hist. Baudenkmal am Dorfrand von

Gurasada (180 m, u. e. W. 1292, 681 Ew.), ein Zentrum der Rum. noch aus dem 11. Jh., als sie hier ihre eigene polit. Organisation, das Knesat, hatten. Im 13. Jh. haben die Knesen das heute so wertvolle Bauwerk errichtet: Die *Kirche* ist ein steinerner Kreuzbau nach balkanischem Vorbild mit drei runden Absiden an den Kreuzarmen, über der Vierung ein viereckiger Turm, im W das Pronaos mit darübergebautem Glockenturm. Die Seitenschiffe sind 1820 angebaut worden. Die orthod. Wandmalerei in der alten Kirche hat 2 Schichten, die oberste, aus 1765, wurde von den Meistern Ioan aus Deva und Nicolae aus Piteşti gemalt und mit kyrillischen Inschriften versehen. Zwischen leuchtend dekorativen Motiven überwiegen grau-blau-gelbe Farbtöne in der byzantin. Struktur der Bilder, doch merkt man westeurop. Einfluß bei der Darstel-lung der Bewegung mit spontanen, oft naiven Zügen. Im Dorffriedhof um die Kirche alte Grabkreuze.

Die Gemeinde ist eine ausgedehnte Haufensiedlung, die
sich von der Straße bis zum
Gebirgsfuß erstreckt und noch
4 km im Gurasada-Tal ins Geb.
aufsteigt, wo Benthonit gefördert wird. 4 km n. der Kirche
zweigt ein Weg in ein w. Seitental ab, führt 3 km in den aus
vielen weitverstreuten Einzelhöfen bestehenden Weiler

Runçşor (450 m, u. e. E. 1727,
168 Ew.), eine Neugründung.
1 km n. liegt der Weiler

Vica (320 m, u. e. E. 1485, 125
Ew.).

Von der Abzweigung im Gu-
rasada-Tal zweigt nach 1 km
ein Kiesweg nach NW ab, führt
2 km in das kleine Dorf

Boiu de Jos (370 m, u. e. E.
1485, 139 Ew.) und nach weiteren 2 km nach

Boiu de Sus (400 – 500 m, u.
e. E. 1485, 283 Ew.), eine weit
auseinanderliegende Streusiedlung. Wieder im Gurasada-Tal aufwärts folgt nach
1,5 km eine Abzweigung nach
rechts, die 2 km nach **Coaja**
> [R 3/12] führt; im Tal weiter
folgt nach 5 km das Dorf

Gurasada, orthodoxe Kirche

Cărmăzăneşti (255 m, u. e. E. 1468, 320 Ew.). Aus der Dorfmitte führt ein Feldweg über 3 km
nach Boiu de Sus. Im Tal folgt nach weiteren 5 km das letzte Dorf,

Dănuleşti (350 m, u. e. E. 1468, 128 Ew.). Wälder umgeben das Dorf mit seinen kleinen Äckern
und Wiesen. Ein Waldweg führt nach N über die Vf. Teiuşiu (628 m) nach Brăşeu.

Die DN 7 folgt nun wieder dem Gebirgsfuß des 400 – 500 m hohen Andesitplateaus des Chihu
neben den weiten Mäandern des Mieresch. Nach 5 km liegt das Dorf

Cîmpuri-Surduc (170 m, u. e. E. 1462, 501 Ew.) an der Straße. 2 km langes Straßendorf aus
Einzelhöfen, die bis auf das n. Plateau steigen. Dort Übergang in das Streudorf

Cîmpuri de Sus (400 m, u. e. E. 1485, 220 Ew.).

Die DN 7 führt unter felsigen Steilhängen entlang der Bahnlinie 3 km in das Haufendorf

Tătărăşti (172 m, u. e. E. 1418, 394 Ew.) am Eingang des Engpasses von Zam, den der Mieresch
geradlinig durchfließt (10 km). Stellenweise verengt sich das Tal auf einige hundert Meter. Der

Dorfkern liegt an der Straße, doch ziehen sich seine Einzelhöfe 2 km auf das Plateau hinauf, auch das Kirchlein ist hier oben. Nach weiteren 3 km folgt das Dorf

Burjuc, Burzuk (175 m, u. e. E. 1468, 273 Ew.), ein Straßendorf mit verstreuten Einzelhöfen am Plateauhang. Nach kurzer Talerweiterung folgt die schmalste Stelle des Engtales (500 m) unter dem bewaldeten Steilrand des Andesit-Plateaus (Măgura, 416 m). Nach 7 km weitet sich das Tal wieder, von O mündet der Glodghileşti-Bach. An ihm führt eine KS 3 km in das rum. Dorf

Glodghileşti (230 m, u. e. E. 1468, 447 Ew.), ein Straßendorf von 6 km Länge, das mit seinen Streuhöfen in die Siedlung

Brădăţel (300 m, u. e. E. 1468, 273 Ew.) übergeht. Nach weiteren 3 km folgt das kleine Straßendorf

Petreşti (300 m, u. e. E. 1468, 132 Ew.). Das Tal macht einen Knick nach O, nach 3 km liegt das Dorf

Godineşti (354 m, u. e. E. 1428, 409 Ew.), das sich in drei n. Nebentäler zieht. Das ganze Tal ist in Kreide-Kalkstein eingetieft, enge, felsige Seitentäler; Höhlen mit Resten der Steinzeitmenschen. Die Ew. tragen schöne Volkstrachten, der Chor aus Godineşti ist landesweit bekannt.

Nachdem die DN 7 die Glodghileşti-Brücke passiert hat, erreicht sie nach 2 km die Großgemeinde

Zam, Sameschdorf (160 – 240 m, u. e. E. 1407, 862 Ew.), eine Streusiedlung mit Forstwirtschaft, Steinbrüchen, Kupferbergwerk, Flotation für Erzschlacken. Früher Zentrum der Miereschflößerei. War das Nest der berüchtigten Fam. Nocsa, von denen einer der Räuberhauptmann „Faţa Neagră" war (von ihm handelt der Roman von Jokay Mór „Arme Bauern".) Geburtsort des Malers Paal László (1846 – 1899). Festtags werden schöne Trachten getragen. Im Ort ein ansprechender Campingplatz und die Touristenherberge „Cerbul" mit 14 Betten. Die Dorfstraße verlängert sich 3 km nach O bis zu dem im Talschluß zwischen Wiesen und Wäldern liegenden Dorf

Tămăşeşti (Tomesdorf), Tamástelke (210 m, u. e. E. 1468, 188 Ew.). 1 km w. von Zam zweigt eine KS ins Almaş-Tal ab, erreicht nach 5 km den kleinen Ort

Cerbia (188 m, u. e. E. 1468, 182 Ew.). Pyrit- und Molybdänbergwerke. Hier beginnt ein Granitgebiet, das Buntmetallerze birgt. Nach 1,5 km folgt der Weiler

Pogăneşti, Heidendorf (216 m, u. e. E. 1468, 174 Ew.). Nach NW zweigt eine Straße ab, 4 km bis nach

Almăşel (300 m, u. e. E. 1468, 198 Ew.), ein kleiner Bergwerksort mit Pyritförderung. Die KS biegt von Pogăneşti in die Valea-cea-Mare ab, führt um das Granitmassiv herum nach O, 2 km in das Gebirgsdorf

Micăneşti (230 m, u. e. E. 1468, 274 Ew.), das sich in engem Tal den Bach entlangzieht. Nach weiteren 4 km folgt das Straßendorf

Almaş-Sălişte (250 m, u. e. E. 1468, 391 Ew.). Hier sind Titan- und Eisenbergwerke. Eine schöne alte Holzkirche steht im oberen Dorfteil; auf der schmalen Terrasse Funde aus dem Neolithikum. Bewohner pflegen alte Bräuche und tragen Festtracht. 6 km im Tal aufwärts liegt das große Dorf

Brăşeu (Musuroi), Brassó (394 m, u. e. E. 1733, 419 Ew.) mit mehreren Weilern und Einzelhöfen. Granit und Andesit bilden die 800 m hohen Berge ringsum. 3 km vor Brăşeu zweigt ein Weg nach N ab, erreicht nach mehreren Biegungen des Tales das 670 m hoch gelegene

Deleni (600 m), das zu Brăşeu gehört.

ROUTE 5/12

Die DN 74 führt von Brad nach O, durch Industrieanlagen des Goldkombinats und durch Wohnviertel nach 5,5 km in das eingemeindete

Ţărăţel (341 m, 1159 Ew.), von wo eine AS nach S 3 km zu den Goldbergwerken von *Gurabarza* führt. Die DN 74 gelangt nach weiteren 2,5 km in das eingemeindete

Crişcior, Kristyór (300 m, 2026 Ew.). War im MA. Sitz eines rum. Woiwoden des Zarander Gebietes. Einer dieser Herzöge (Stefan Balea) stiftete im 13. Jh. die *orthod. Steinkirche*. Eine typische rechteckige Kirche mit poligonalem Chorabschluß, abgeteilter Pronaos und massiver steinerner Turm im W. Fragmente der Innenmalerei haben sich erhalten, gehören zu dem Schönsten, was alte rum. Kunst geschaffen hat. An der W-Wand das Votivbild mit den Stifterfiguren in Rittertracht. An der n. Außenwand sind Reste der Darstellung des Jüngsten Gerichts (15. Jh.) Man erkennt byzant. Einfluß im volkstümlichen Stil; kyrillische Inschriften. 1784 wurde der Ort, nach einer Schlacht der aufständischen Bauern mit dem Militär, niedergebrannt, die ung. Bewohner waren die ersten Opfer dieses Aufstandes. Röm.-kath. Kirche seit damals Ruine. Neben Einrichtungen des Goldkombinats gibt es ein Reparaturwerk für Bergwerksausrüstung, ein Wärmekraftwerk und ein bedeutendes Hafnerzentrum. In mehreren s. Seitentälern liegen Weiler, die um die dortigen Goldbergwerke entstanden sind:

Gurabarza (383 m, u. e. E. 1956) (1 km),

Valea Argului (368 m, u. e. E. 1956) (2,5 km). Die Berghänge sind entwaldet, Viehweiden und Einzelhöfe beherrschen das Bild. Eine AS führt nach O, 3 km in das Dorf

Bucureşci (325 m, 586 Ew.). Vor der Ortseinfahrt zweigt eine Straße nach SO ab, führt nach 4 km in das hochgelegene, aus vielen Einzelgehöften bestehende

Şesuri (486 m, 830 Ew.). Aus Bucureşci Richtung O führt die AS weiter in das Sb. Erzgeb., erreicht nach 7 km das weitverstreute Krischaner-Dorf

Curechiu (438 m, 875 Ew.), in dem eine alte orthod. Holzkirche steht. Von Bucureşci nach NO führt eine Straße zu dem 3,5 km weit gelegenen Streudorf

Rovina (413 m, 649 Ew.) und zum Dorf

Merişor (Dosu) (500 m, u. e. E. 1956), das von 700 m hohen bewaldeten Vulkanen und Kalkgeb. umgeben ist.

Die DN 74 führt aus Crişcior im Tal der Weißen Kreisch, die durch den Schlamm der zermalenen Golderze aus den Flotationen ganz milchig-weiß ist, Richtung N, nach 4,5 km durch den Weiler

Gura Putinilor (304 m, u. e. E. 1956) und durch das Dorf

Zdrapţi (319 m, 965 Ew.), um das die Gebirgshänge ganz entwaldet und mit Einzelhöfen, Wiesen, Weiden und Zäunen bedeckt sind. Die Landschaft gleicht jener bis zu dem 4,5 km entfernten

Mihăileni (329 m, 712 Ew.). Hier erlitt das aufständische Bauernheer unter Horia und Crişan 1784 seine entscheidende Niederlage. 1849 hatte der Führer der aufständischen Bauern, Avram Jancu, hier sein Hauptquartier, wo er sich auf Veranlassung Kossuths mit den Vertretern des Stadtrats von Beiuş traf. Die Bewohner sind heute Holzarbeiter, Bergleute, Arbeiter im Kombinat und begabte Holzschnitzer. 1,5 km vom Dorfausgang nach N zweigt eine AS ab, führt an der Weißen Kreisch 5 km bis in die Großgemeinde

Blăjeni (375 m, 3463 Ew.), die aus vielen Dörfern und Weilern besteht. Ihre Einzelhöfe steigen bis zum Găina-Geb. hinauf. Auf dem Dealul Paltinului über dem Dorf haben Horia, Cloşca und Crişan den Entschluß zur Durchführung des Aufstandes gefaßt und sich den Treueeid geschworen. Im O liegt, 3 km weit, das Dorf

Blăjenii-Vulcan (700 m, u. e. E. 1956) unter den Steilwänden des Kalkmassivs „Vulkan" (1266 m). 3 km im W liegt das Dorf

Sălătruc (Obîrşia) (600 m, u. e. E. 1956), 3 km nw. das Dorf

Reţ (723 m, u. e. E. 1956) unter dem wiesenbedeckten Strîmbul (1157 m). Im Tal der Weißen Kreisch folgt nach 3 km das Dorf

Criş (405 m, u. e. E. 1956). Von hier führt eine Forststraße am Fluß entlang bis zur Quelle unter dem Dealul Paroşiţei. 4 km von hier zweigt ein Weg nach N ab, steigt 2 km hinauf in das Gebirgsdorf

Groşuri (779 m, u. e. E. 1956), das in einer großen Rodungsinsel, ganz von Wald umgeben, liegt. Nach 1 km, bei den Wassermühlen von *Grohot*, biegt das Tal nach W ab, führt hinauf zum *Vîrful Ştiubeiului* (1327 m), von dessen Gipfellichtung man eine schöne Aussicht in das Arieş-Tal hat. Von hier kann man auf dem Kamm nach W wandern und sich vom *Prislop* (967 m) nach Vidrişoara hinunterlassen. Im Tal der Weißen Kreisch folgt nach 1 km der Ausgang der *Kreischklamm*. Rechts, im Fîntînuţa-Tal, strömt eine starke Karstquelle herab, über der die Fîntînuţa-Höhle (109 m) liegt. Etwas weiter in der Klamm aufwärts sprudeln noch zwei Karstquellen aus dem kristallinen Kalkstein hervor, stürzen über hohe Travertinbarrieren hinab. Der w. Talhang ist viel steiler, aus 200 m hohen Kalkwänden gebildet. Im s. Drogobrad-Tal entspringt auch eine Karstquelle, bildet oben einen 8 m, weiter unten einen 30 m hohen Wasserfall. Von der Mündung dieses Nebenflusses, die unterirdisch erfolgt, verschwindet auch die Weiße Kreisch immer wieder, um weiter unten als Karstquelle aufzutauchen. Steilwände, Wasserfälle, Schnellen, Schwinden und Karstquellen und Höhlen sowie gesunder von Felswänden durchsetzter Wald, unberührt von Zivilisation und Verkehrslärm, bilden touristische Attraktionen, die heute noch nicht erschlossen sind. Übernachten muß man, wenn man nicht nach Brad zurückkehren will, in den Heustadeln der Bauern des Dorfes *Ticera*, im N über der Schlucht gelegen. Die Forststraße steigt nach Durchquerung der Klamm 4 km hinauf auf den Dealul Crişului, wo sie auf die KS Baia de Criş – Vidra trifft.

2 km nach Mihăileni verläßt die DN 74 das Tal der Weißen Kreisch bei der Gemeinde

Buceş (361 m, 830 Ew.). Sie ist Zentrum eines Bunt- und Edelmetallerzfördergebietes. Eine AS zweigt nach SO ab, kommt zu einer Gabelung, führt nach N 2 km in das Dorf

Grohoţele (450 m, u. e. E. 1956), biegt nach SO ab in das Dorf

După Piatră (400 m, 2187 Ew.) und führt nach 5 km übergangslos nach

Tarniţa (511 m, u. e. E. 1956). Die Talhänge sind bis auf 700 m hinauf mit Einzelhöfen bedeckt. Der s. Zweig der Gabelung führt als AS zu dem wichtigen Bergbauort

Stănija (391 m, 1003 Ew.). Hier sind bedeutende Zink-, Blei-, Gold- und Silbererzminen. An den Hängen und in den Seitentälern ziehen sich die Einzelhöfe bis 800 m hinauf. Das größte Fördergebiet mit Aufbereitungs- und Hüttenwerk sowie dem Goldbergwerk befindet sich weitere 7 km im Tal aufwärts. Auf den *Fericel-Gipfel* (1170 m) führt ein Weg; von oben Panoramablick. Von der Abzweigung bei Buceş windet sich die DN 74 in vielen Kehren, immer wieder entlang der Steilwände des Kalkklotzes „Vulkan", nach 4 km durch das Dorf

Buceş-Vulcan (503 – 850 m, u. e. E. 1956) und dann noch 7 km bis zur *Paßhöhe Buceş* (725 m). Hier oben stehen einige Einzelhöfe an der Kreisgrenze zw. Hunyad und Alba. Ein 1,5 km langer Weg führt bis unter das *Vulcan-Massiv*. Es ist eine Jura-Thiton-Kalkklippe, 1263 m hoch, von weißen, 200 – 400 m hohen Steilwänden umgeben. Hebt sich beherrschend über die umliegenden Sandstein- und Tonschieferhöhen (800 – 900 m) der Kreidezeit. Es ist geolog. ungeklärt, wie die alte Jurakalkklippe ohne Überschiebung oder Faltung über die jüngeren Kreideformationen zu liegen gekommen ist. Auf Pfaden kann man das Hochplateau erklimmen. Es bildet ein 5 ha großes NSG. Vom Buceş-Paß führt die DN 74 durch dichten Nadelwald nach 3 km durch das Dorf Mätişeşti und erreicht nach 11 km Abrud (Groß-Schlatten) > [RG 10].

ROUTE 6/12

Die DN 76 verläßt Brad im Tal der Weißen Kreisch in nw. Richtung. Nach 3,5 km zweigt eine AS nach N ab, überquert Bahnlinie und Fluß, führt nach 3 km in die Gemeinde

Ribiţa (260 m, 828 Ew.). Schon im 11. Jh. bestand hier ein Knesat der rum. Bevölkerung. Es war Bergbauzentrum. Die einschiffige, archaisch anmutende Steinkirche mit viereckigem Altarraum mit Hängekuppel und W-Turm mit got. Portal ist ein wichtiges rum. ma. Baudenkmal (14. Jh.) Die zweite Malschicht trägt die Jahreszahl 1417, das Votivbild zeigt Interferenzen byzantin. und got. Stilrichtung, gute Darstellung der Volkstracht. Stifterfiguren sind zwei Bojarenbrüder. 1784 wurden die Nachkommen dieser Knesen von den aufständischen Bauern erschlagen.

Im Ribicioara-Tal führt die AS in ein Kalkgebiet; nach 2 km zweigt eine Straße 2 km in das Dorf

Uibăreşti (296 m, 346 Ew.) ab, führt weiter bis zum Klammausgang, steigt auf das 600 m hohe Kalkplateau in die Gemeinde Grohot.

Im Ribicioara-Tal führt die Straße nach 2 km in das Dorf

Ribicioara (300 m, 595 Ew.), ein 3,5 km langes Straßendorf bis Ober-Ribicioara (487 m). Der Bach durchbricht n. des Dorfes in einer Schleife in gewundener Klamm von 1,8 km Länge das Grohot-Plateau. Senkrechte und überhängende Wände, Wasserfälle, Schnellen, Höhlen und Fälle an den Nebenflüssen. In 2 Std. kann das Plateau überquert werden: alternativ kann man durch die Klamm nach Ribicioara zurückkehren.

Von Ribiţa führt die AS nach O in das Vacii-Tal, nach 4 km in das Dorf

Crişan (Vaca), Tehénfalva (300 m, 782 Ew.). In diesem Ort wurde der Bauernführer von 1784, Gheorghe Crişan, geboren. Nach Niederschlagung des Aufstandes wurde er durch Verrat in seinem Gebirgsversteck gefangen. Er erhängte sich im Karlsburger Festungsgefängnis. Die Büste Crişans (M. Olinescu) steht im Dorf. Ein Weg führt 6 km nach Brad. Im Tal aufwärts folgt nach 7 km

Dumbrava de Jos (Juncu), Zsunk (412 m, 1186 Ew.), nach weiteren 3 km

Dumbrava de Sus (Dredişeşti) (563 m, u. e. E 1956), beide Orte bestehen aus weit hinaufsteigenden Einzelhöfen.

Nach der Ribiţa-Abzweigung von der DN 76 folgt w. nach 1 km die S-Abzweigung in das weit verstreute

Mesteacăn, Meztákon (533 m, 739 Ew.). An Stelle der abgetragenen hist. Holzkirche steht ein Gedenkkreuz am Weg, es erinnert an die Versammlung der Bauern von 1784, bei der Horia und Crişan zum Aufstand aufriefen. An der DN 76 folgt nach 3 km die Abzweigung einer KS nach S, 2 km bis

Ţebea, Cebe (262 m, 1199 Ew.), ein Bergbau-ort seit Römerzeit. An der Abzweigung steht die *nationale Gedenkstätte*: die gestützte Sommereiche (mit Betonkorsett), unter der Horia die Bauern zum Aufstand aufgerufen hatte. Daneben steht die neue Steinkirche, neben der 1872 Avram Jancu beigesetzt wurde, ebenso die Gräber zweier seiner Volkstribunen, Ion Buteanu und Simeon Groza. Zwei Kanonen und die Avram-Jancu-Eiche stehen bei den Gräbern. Hier liegt auch ein Soldatenfriedhof aus dem Ersten Weltkrieg. 1893 wurde eine Gedenkstätte errichtet, in der Andenken an Horia und Avram Jancu aufbewahrt werden. Außerhalb des Ortes ist ein Braunkohlenbergwerk. 2 km talaufwärts (S) liegt das Dorf

Căraci, Karacs (320 m, 270 Ew.), weitere 4 km s. sind Stampfmühlen (Pochwerke) und Goldbergwerke. Die Straße führt weiter nach Visca > [R 3/12].

Nach 1 km führt die DN 76 in den Markt

Baia de Criş, Altenburg, Körösbánya (250 m, 893 Ew.). Goldförderung seit Daker- und Römerzeit. Hatte im 15. Jh. eigene Münzprägeanstalt. J. Hunyadi schenkte den Ort 1451 seinem Heerführer Brankovics Görgény. Er wurde Hauptort des Zarander Komitats, hatte Stadtrecht. Die ref. Kirche (16. Jh.) ist ein hoher, turmloser Bau mit got. Fenstern, von 16 Stützpfeilern umgeben. Hier starb 1872 der Revolutionsführer von 1848, Avram Jancu. An dem Haus, vor dem sein Leichnam gefunden

Die „Horea-Eiche" in Ţebea

wurde, ist eine Gedenktafel, ein Werk Constantin Medreas, angebracht. Von der Anlage des alten Franziskanerklosters (16. Jh.) stehen nur noch Grabsteine im alten Friedhof. Nach Brand von 1722 wurde es neugot. Seitenaltäre und Kanzel sind aus der alten Kirche. Der hier im Ort gefundene *Menhir* vom Anfang der Eisenzeit befindet sich im Museum in Deva. Im Ortszentrum Bronzebüste Horias von C. Medrea und im Park ein Denkmal A. Jancus (Obelisk). Im Ort steht ein Holzverarbeitungskombinat. Nach S führt eine Straße zu den 4 km weit entfernten Goldbergwerken und ein Weg direkt nach Căraci und Visca > [R 3/9].

Nach N führt eine AS über Bahnlinie und Weiße Kreisch 2 km nach

Rişca (251 m, 480 Ew.). Nach NW führt eine KS 2 km nach Valea Mare (310 m, 121 Ew.) und 3 km weiter nach Tiuleşti > [R 7/12]. Im Rîşculiţa-Tal folgt nach 3 km das Dorf

Baldovin (263 m, 268 Ew.), nach weiteren 2 km das Dorf

Rişculiţa (278 m, 1131 Ew.) mit weit verstreuten Weilern. Nach NW führt eine Straße nach

Dobroţ (315 m, 332 Ew.) und weitere 2 km in die Streusiedlung

Obîrşa (376 m, 406 Ew.), Töpferzentrum.

Im Ribicioara-Bulzeşti-Tal folgt nach steilen, windungsreichen 5 km die Abzweigung nach

Grohot (600 m). Oberhalb der Uibăreşti-Klamm. Auf dem Karstplateau *sehenswerte Karster-scheinungen*. Seine Streusiedlungen bedecken die Hänge im Umkreis von 3 – 5 km. 4 km weit liegt der letzte Ort im Tal,

Tomnatec (520 m, 800 Ew.).

Im Haupttal führt die AS nach 2 km, über der Uibăreşti-Klamm, hinunter nach

Bulzeşti de Jos (386 m, 2435 Ew.). Seine wie Perlen aufgereihten Einzelhöfe ziehen sich kilometerweit das Tal hinauf. Nach 3,5 km folgt die Abzweigung w. hinauf in die Streusiedlung

Stănculeşti (600 m, u. e. E. 1956) mit alter Holzkirche. Liegt mitten im Kalkgebiet. In

Bulzeştii de Sus (500 m, u. e. E. 1956) endet die AS. Bei der Forellenzucht ist eine kleine Herberge mit Übernachtungsmöglichkeit. Nach 1 km liegen ö. auf der Höhe

Păuleşti (700 m, u. e. E. 1956) unter der Piatra Bulzului (963 m) und w. die Höfe von

Giurgeşti (700 – 800 m, u. e. E. 1956). Von hier führt ein Weg hinauf, 6 km über den Arsuri-Gipfel (1285 m) auf die *Găina*. 3 km hinter der Gemeinde Bulzeştii de Sus, am großen Knie des Tales, liegt der Weiler

Ruseşti (630 m, u. e. E. 1956). Von hier steigt ein rege begangener Pfad hinauf (9 km) zum *Găina-Gipfel* (1486 m), dem s. Gipfel des Bihor-Hauptkammes, eine weite, flache, begraste Kuppe, zu der aus Avram Jancu im Arieş-Tal eine Fahrstraße heraufführt. Jedes Jahr findet am Sonntag um Peter und Paul hier oben das größte Volksfest der Sb. Westgebirge, der *„Mädchenmarkt auf der Găina"* statt. Ein Fest zum Warenaustausch, aber vor allem zum "Sich-Kennenlernen" der Jugendlichen, die, von der Welt abgeschnitten, in ihren Einzelhöfen leben. Hier treffen sich die Motzen aus dem Arieş-Tal mit den Mokanen aus dem Sb. Erzgebirge und den Krischanern aus dem Zarander Land in ihren farbenfrohen Volkstrachten zu Chordarbietungen, Tanz und Unterhaltung. Verkaufsstände, Buden, Zelte, Bühnen und Lagerfeuer vermitteln die Stimmung eines großen Jahrmarktes. Mit Fackeln tritt man am Abend den Heimweg an. Jokai Mór hat dies farbenprächtige Schauspiel in einem seiner Romane beschrieben. Von Ruseşti windet sich die KS 8 km auf die Paßhöhe *Dealul Crişului* (1100 m), um dann nach 9 km in das Arieş-Tal nach Vidrişoara – Avram Jancu zu führen. Vor

Tulnic(Alphorn-)bläserin in den Siebenbürgischen Westgebirgen

der Paßhöhe zweigt ein Weg nach O ab, führt 3 km zur Streusiedlung

Ticerea (Streuţul de Sus) (917 m, u. e. E. 1956). Ein Forstweg führt hinunter in die Klamm der Weißen Kreisch > [R 5/12].

ROUTE 7/12

Von der DN 74 führt 4 km von Baia de Criş ein Weg über den Bahnübergang 1,5 km nach S vor das Schloß von

Lunca (Lunca Moţilor) (292 m, 599 Ew.). In dieses Haufendorf wurde 1820 die Holzkirche vom „Gorgan" aus Ţebea versetzt. Sie stammt aus dem 17. Jh., hat offene Apsiden im W und O des Saales, niederen W-Turm mit spitzem Helm, im Naos ein Daubengewölbe. Wurde 1829 von Lupşa aus Roşia Montana bemalt; naiver, ins Volkstümliche schlagender Stil, voll Phantasie und Humor. Der Luncaer Abzweigung von der DN 76 folgt nach 1 km eine Abzweigung nach S, führt über die Bahnlinie in das Haufendorf

Cărăstău (261 m, 468 Ew.) und nach weiteren 3 km w. in das Straßendorf

Birtin (257 m, 815 Ew.). Immer am S-Ufer der Weißen Kreisch bleibend, folgt nach 2,5 km

Tătărăşti de Criş (265 m, u. e. E. 1956), nach 1 km der Weiler

Prihodeşti (240 m, 416 Ew.) und nach 1,5 km die Gemeinde

Vaţa de Jos, Alvaca-Fürdö (233 m, 510 Ew.). Eine Großgemeinde, 20 km von Brad, mit vielseitigem Wirtschaftsleben. Hauptzweig ist der *Badebetrieb*. Arthesische Quellen speisen das Thermalbad (35° – 38,5° C) mit Salzwasser (1218 mg/l Minerale), schwach radioaktiv. Dient zur Behandlung von Frauenleiden, Störungen des Bewegungsapparates und des Nervensystems. Ein alter Badeort mit einfachen Einrichtungen für Wannenbäder und ein Freibad. Unterbringung in Villen und Pavillions, es gibt Gasthäuser und Pensionen. Neben einem Feldweg stehen durch einstige Geysirtätigkeit verkieselte Baumstämme. Im Ort ist auch Holzverarbeitung und Baustoffindustrie angesiedelt. Forstwege führen in die s. Wälder.

In der Valea Veţii führt ein Kiesweg 2 km nach

Vaţa de Sus, Felsővaca (255 m, 691 Ew.) und 6 km im Tale weiter nach

Căzăneşti (283 m, 665 Ew.). Es ist ein Bergwerkszentrum für Kupfer-, Eisen-, Titanerzförderung. Das Bergwerk selbst liegt noch 5 km im Tal aufwärts. Die orthod. *Holzkirche* (18. Jh.) ist eine *Sehenswürdigkeit*, hat langgestreckten Saal und polygonale Apsis. Der W-Turm hat konische Form mit spitzem Helm. – Ein Kunstwerk ist das *Holzkruzifix* mit Rebranken und Trauben, polychrom bemalt.

Von Vaţa de Jos führt eine AS 2 km über die Bahnlinie und Kreisch zurück zur DN 76, hier, der Bahn entlang, 2 km nach

Basarabeasa (249 m, 502 Ew.), dann in einem w. Seitental nach 3 km in das Dorf

Prăvăleni (258 m, 890 Ew.) und im gewundenen Tal weiter 6 km in das von Einzelhöfen umgebene Haufendorf

Ciungani (325 m, 934 Ew.). Die orthod. Holzkirche aus dem 18. Jh. wurde 1810 bemalt. Die Malerei ist naiv, romantisch, lebendig, erzählend. Auf der Dorfgemarkung gibt es Eisen-Titan-Bergwerke.

Die Straßenabzweigung der DN 76 bei Cărăstău führt über die Weiße Kreisch am Fuße der Măgura nach W. Vor einer Kapelle und einem Wächterhaus zweigt eine AS nach 3,5 km nach NO in das Ştei-Tal ab, wo sie nach 2 km das Dorf

Şteia (246 m, 477 Ew.) windungsreich durquert. Aus dem Dorf führt ein Lokalweg 3 km nach NW in das kleine Dorf

Livada (Strîmba) (323 m, 385 Ew.), von dort 4 km nach Polenari (Judeţ Arad). Von Şteia führt die AS 3,5 km in die Gemeinde

Tomeşti (272 m), ein bekanntes Töpferzentrum und weiter, 2 km über Tiuleşti (284 m, 289 Ew.), 1 km nach

Leauţi (300 m, 226 Ew.). Von hier führen Wege nach Dobroţ und Rişculiţa > [R 6/12].

Gegenüber der Wegbiegung nach Şteia liegt im S der DN 76, von drei Seiten von der Kreisch umflossen, der *Inselberg Fioara* (322 m) mit dem Dorf

Tîrnava de Criş (261 m, 622 Ew.). Von hier führt die Straße durch fruchtbare Felder nach 5 km in das Dorf

Brotuna (248 m, 283 Ew.) und zur Abzweigung des Weges über die Kreisch zum Dorf

Ociu (250 m, 545 Ew.). Hier steht eine alte, schindelgedeckte *Holzkirche* aus dem 17. Jh. Ihr Holzkörper ist rechteckig in 3 Räume geteilt: flach gedeckter Pronaos mit darübergebautem, massivem w. Glockenturm, ohne Konsolen, mit spitzem Turmhelm, Saal mit Daubengewölbe, polygonaler Altarraum. Die Wandmalerei stammt von 1828, ist naiv, volkstümlich mit dekorativen Elementen. 2,5 km weiter nach NW führt die DN 76 durch das Dorf

Ocişor (221 m, 448 Ew.). Auch hier steht die traditionelle Holzkirche, die Häuser haben typischen Gebirgscharakter. Die Einwohner pflegen die Holzschnitzerei (Kannen, Schalen, Löffel, Ziergegenstände, Salzfässer), sind geschickte Böttcher und Faßbinder und verkaufen die Gefäße im ganzen Land.

Nach Ocişor verläßt die DN 76 das Reisegebiet Brad und führt in den Kreis Arad, 1 km zum Dorf Ioneşti, 7 km bis Hălmagiu.

REISEGEBIET 13

Alba Iulia / Karlsburg / Gyulafehérvár

Das Reisegebiet von Karlsburg/Alba Iulia erstreckt sich im W Siebenbürgens aus der Mieresch-Talsenke über die SO-Abdachung der Siebenbürgischen Westgebirge mit einer NS- und OW-Ausdehnung von jeweils etwa 125 km. Es erhebt sich von 200 m im Miereschtal bis zu 1369 m am Dîmbău-Gipfel. In diese Gebirgsabdachung haben die fließenden Gewässer eine Reihe von parallelen Tälern zum Mieresch eingegraben. Dort, wo die Kalksteine der Jura- und Kreidemeere wie zwei Felsrippen das Gebiet des Trascău-Gebirges durchziehen, haben sich alle Formen der Karsterscheinungen, darunter enge, wilde Klammen, gebildet. Südlich des Ampoi-Tales ist im Siebenbürgischen Erzgebirge ein wahres petrographisches Mosaik mit Lagerstätten von Edel- und Buntmetallerzen entstanden. Die östlichen Vorberge sind an ihrem O-Rand mit Obst- und Rebanlagen des Albenser Weinlandes bedeckt, die großen Buchenwälder von einst sind in den Tälern und Hochregionen zum größten Teil gerodet und in Weideland und Heuwiesen umgewandelt worden (Narzissenwiesen).

Das Klima in den Hochregionen ist kühl und feucht, im Mieresch-Tal aber liegen die trockensten und heißesten Gegenden Siebenbürgens (550 mm Niederschläge, 39,7° C). Die Wälder sind reich an Schwarz- und Rotwild, auch Gemsen und Bären wurden wieder angesiedelt, in den Kalkwänden horsten Steinadler. Die Gewässer sind fischreich; besonders artenreich ist die Welt der Schmetterlinge.

Die Einwohner, überwiegend Rumänen, im Gebirge Mokanen genannt, sind freundlich und führen ein anspruchsloses und entbehrungsreiches Leben. Sie bewohnen die Straßendörfer und unzählige Streusiedlungen mit Einzelhöfen in Höhenlagen bis 1200 m.

Neben den Naturschönheiten sind vor allem die Bauten der archaisch anmutenden bäuerlichen Kultur (Blockhäuser, Holzkirchen) mit ihrem folkloristischen Inventar sehenswert sowie die Bauten von Karlsburg, der alten Residenzstadt des Fürstentums Siebenbürgen und einstiger kath. Bischofssitz Siebenbürgens.

Zu erreichen ist das Reisegebiet über die Bahnlinien Oradea – Cluj-Napoca – Teiuş; Arad – Deva – Alba Iulia – Teiuş; Braşov – Mediaş – Teiuş – Alba Iulia. Eine weitere Bahnlinie führt von Alba Iulia durch das Ampoi-Tal nach Zlatna. Überlandbusse verbinden sämtliche genannten Städte mit den Gemeinden des Gebietes.

Für PKWs sind die Strecken auf National- oder Europastraßen entlang den Bahnlinien zu empfehlen. Einfahrtstore sind Deva, Sibiu, Mediaş, Cluj-Napoca und Aiud. Nur eine asphaltierte Straße durchquert das Gebiet von W nach O, sie führt durch das Ampoi-Tal. Ebenfalls geteerte Straßen führen durch das Galda- und das Gyogyer Tal sowie in das Weinbaugebiet von Cricău – Ighiu – Şard. Gut befahrbare Forstwege führen aus allen größeren Tälern in das Gebirge.

Die gastfreundlichen Einwohner teilen ihr Weniges mit dem anspruchslosen Gast, der auf dem Heuboden übernachten kann. Campieren ist überall möglich, doch ist es

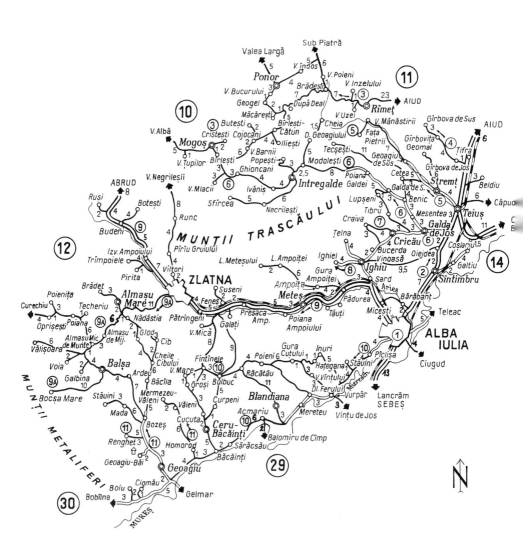

ratsam, sich mit der Erlaubnis des Bauern neben dessen Hof niederzulassen. Hotels sind nur in Alba Iulia und Geoagiu zu finden. Schutzhütten sind in Intregalde, Rîmeţ, Sloboda und Galda de Sus.

ROUTE 1/13

Die DN 1 (E 15A) aus Mühlbach (Sebeş) kommt über die große Miereschbrücke in den Vorort Par-toş, den alten Hafen am Fluß. Alba Iulia ist das Herz einer schönen, abwechslungsreichen Rei-selandschaft; die Stadt bildet den Mittelpunkt eines der touristisch interessantesten Kreise Sb.s.

Alba Iulia (Bălgrad), Karlsburg (Weißenburg), Gyulafehérvár (230 m, u. e. E. 1199, 1992: 71.254, davon 450 dte. Ew.). Das Munizipium des Kreises Alba liegt im Miereschtal unterhalb der Mün-dung des Arieş, am rechten Ufer des Flusses, auf den ersten zwei Terrassen am Fuße der Sb. Erzgebirge und des Trascäuer Geb. Archäol. Funde zeigen eine Besiedlung seit der Jungsteinzeit (5000 v. Chr.); um Christi Geb. von Dakern bewohnt. Röm. Eroberer errichteten auf der Burg das *Castrum Apulum*, am Mieresch entstand ein Munizipium als wirtsch.-polit. Zentrum von Dazien mit dem Sitz der Verwaltung der Gold- und Silberbergwerke sowie des Hafens. Steinstraßen führen in alle Regionen der Provinz. Nach Abzug der Römer (271 n. Chr.) Verwüstung Apulums durch Wandervölker, Verarmung. Nachfolgend Bildung eines Knezats, des Bistums und einer Siedlung um die Burg „Bălgrad" (Bezeichnung bis heute erhalten) durch bodenständige Bevölke-rung. Im 12. Jh. Errichtung der Burg Gyulafehérvár (Weißenburg) durch ung. Könige; 1241 von Mongolen zerstört; Wiedererrichtung mit prachtvollen Bauten: Kathedrale, Bischofspalais u. a. Nach Sieg der Türken bei Mohács (1526) wird Weißenburg Hauptstadt des neuen Fürstentums Sb., Palais, Basteien und Trinkwasserleitung werden gebaut. Zwischen 1599 und 1601 vorüber-gehend vom walachischen Fürsten Michael dem Tapferen besetzt und als Hauptsitz benutzt. 1622 Gründung der ersten sb. prot. *Akademie* durch den Fürsten Gábor Bethlen, an ihr lehrte auch der schlesische Dichter Martin Opitz. Weitere zweimalige Zerstörung der Stadt durch Tür-ken (1658), dann Besetzung durch kaiserl. Truppen. 1715 Beginn des Baues der heutigen Festung nach Schleifung vieler alter Gebäude; Fertigstellung unter Karl VI., seither Name Karls-burg. Das Universitätskollegium wurde 1658 nach Straßburg a. M. (Aiud) verlegt.
1784 Prozeß und Hinrichtung der Anführer des Bauernaufstandes Horia und Crişan. Im MA. be-gann in „Partos", heute Stadtviertel „Paros", die Salzflößerei auf dem Mieresch nach Ungarn. In der Neuzeit weiterhin kleine Verwaltungsstadt ohne nennenswerte Industrie. 1.Dez. 1918 Großver-sammlung von ca. 100.000 Rum., Proklamation des Anschlusses Sb.s an Rum. Karlsburg wird Kreis-hauptstadt, Sitz je eines *röm.-kath.* und *griech.-orthod.* Bischofs, Verwaltungs- und Kulturzentrum. Kaum nennenswerter wirtsch. Aufschwung durch Seifensiederei, Schuhfabrik, Spiritusbrennerei, Mühle und Brauerei. Im Zuge der Verwaltungsreform 1968 Eingliederung dreier Gemeinden; Industrialisierung setzt ein: Maschinenbau, Teppichfabrik, feuerfeste Produkte, Fayencen, zen-trale Weinverarbeitung. Kulturelle Einrichtungen: allgemeinbildende Schulen, Gymnasien, Fach-u. Berufsschulen, Röm.-kath. Theol. Institut, Bibliotheken, Theater, Museen, Staatsarchiv u. a.; Bau zweier neuer Wohnviertel auf dem Römerplateau und am Ampoi. Die heutige Unterstadt wurde 1711 vom oberen Plateau, auf dem die Burg errichtet wurde, hierher versetzt. Errichtung der Gebäude im Umfeld der Festung erst nach 1918, die städtischen Verwaltungsgebäude stam-men großteils aus der Zeit vor dem Ersten Weltkrieg. Neugestaltung der Unterstadt durch Neu-bauten in den letzten Jahren.
Sehenswürdigkeiten:
Festung: Auf Anordnung des Prinzen Eugen von Savoyen (1714 – 1783) nach Plänen Giovanni Morando Viscontis erbaut. Größte sternförmige Vauban-Festung des Landes. Um das Mittelfort

siebenseitiger Befestigungsring von 12 km Länge mit Mauern, Erdwall und zwei Gräben, Forts an den Ecken, Tunnels, Wehrgängen und Kasematten auf 70 ha. – Verbindung zur Stadt durch *vier monumentale Tore*, zwei im Barockstil, das dritte in dorischem Stil, reich verziert, mit doppeltem Triumphbogen, Reiterstandbild Karls VI. Im Tor drei Zellen für Gefangene des Bauernaufstandes von 1784. – Vor dem Tor auf einem Plateau 22,5 m hoher *Granitobelisk* zu Ehren der Märtyrer Horia, Cloşca und Crişan, Anführer der aufständischen Mokanen. – Im Burginneren: *Fürstenpalast* mit langen Bogengängen, um drei Innenhöfe gruppiert. Bau im 14. Jh. als Bischofspalais begonnen, im 16. Jh. unter Königin Isabella zum Residenzschloß mit Freskenschmuck, Marmortreppen, Gärten und Springbrunnen ausgebaut. Residenz auch Michaels des Tapferen nach der Vereinigung der drei Fürstentümer. Nach 1700 von den Österr. als Kaserne verwendet. – Im Inneren der Festung Park mit *Custozza-Denkmal*. – *Universitätskollegium* des Fürsten Bethlen, heute als Kaserne verwendet. – Auf der W-Seite das 1908 errichtete *Offizierskasino*, hier Unterzeichnung der Vereinigung Sb.s mit Rumänien am 1.12.1918 im Großen Saal, der, 1922 zum Vereinigungssaal ausgebaut, heute dem *Regionsmuseum* (Archäologie, Geschichte, Volkskunst) angehört. Reste des röm. Kastells (4 m hohe Mauern) und Reste der ma. Weißenburg.

Röm.-kath. Bischofskathedrale: Spätromanisches Bauwerk vor dem Fürstenpalais, got., ren. und barock ergänzt. Nach Zerstörung der Vorgängerkirche durch die Mongolen 1241 wurde die dreischiffige Basilika mit drei Apsiden, Querschiff, zwei Türmen im W und einem Hauptturm über der Vierung errichtet. Um 1300 Vollendung des Baues mit Kreuzgewölbe und Verlängerung der Mittelapsis zu einem Chor. Zur Zeit Johannes von Hunyadis Erhöhung des Hauptturms, Anbau von Kapellen (z. B. Laszai-Kapelle 1512); Fresken. Über dem spätgot. Portal mit Spitzbögen und Säulen barockes Giebelfeld aus 1737 mit Statuen, Fries und österr. Wappen. Im Chor

Alba Iulia (Karlsburg), Bischofskathedrale, nördl. Nebenapsis

Basoreliefs (13. Jh.), im s. Seitenschiff Apsisfragmente der alten Taufkapelle (12. Jh.). An der N-Seite des Querschiffs Apsis mit Blendarkaden und Fresken (14. Jh.). Die Kathedrale beherbergt die spätgot. Sarkophage Johannes von Hunyadi (1456), seines Bruders Johann Miles (1442) und seines ältesten Sohnes László (1456) sowie die Sarkophage im Ren.-Stil der Königin Isabella (1550) und ihres Sohnes Johann Sigismund (1571), des ersten Fürsten von Sb. Hier wurden auch die Fürsten Gábor Bethlen sowie György I. Rákóczi und Kardinal Martinuzzi beigesetzt. Die Grabmäler sind geplündert.

Vereinigungskathedrale (orthod.): Erbaut 1921/22 nach dem Modell der Fürstenkirche von Tîrgovişte, Krönungsstätte Ferdinands und Marias von Großrumänien. Anlage besteht aus rechteckigem Hof und Kreuzkuppelkirche, 52 m hoch, mit Bildern Michaels des Tapferen und seiner Fürstin Stanca sowie der Stifter König Ferdinand und Königin Maria. Innenhof flankiert von vier Pavillons und zwei Galerien mit Doppelarkaden, die sich im Tor- und Glockenturm (58 m) treffen. In den Pavillons: Bibliothek, Kanzlei, Ausstellungsräume, Museen; in den Gängen *Lapi-*

darien aus der Römerzeit. Vor dem Fürstenpalais: *Reiterstandbild Michaels des Tapferen*, errichtet 1968 von Oskar Hann.

Apor-Palast (Str. Bibliotecii 5): erbaut 1670 – 1690 im Ren.-Stil, Sitz des österr. Militärkommandanten von Sb., barockverzierte Portale und Treppenaufgänge.

Batthyaneum: Ursprüngl. als Trinitarier-Kloster gestiftet, von Bischof Ignaz Batthyany zu Bibliothek umfunktioniert. Der Humanist Batthyany kaufte und sammelte alte Urkunden und Dokumente von heute unschätzbarem Wert. In der Bibliothek sind 609 Wiegendrucke, 62.864 alte Drucke und 11.375 Urkunden zur Geschichte (13. – 18. Jh.) vereint. Bes. wertvoll sind die *Goldene Bulle* (Codex aureus, umfaßt das halbe Evangelienbuch von Lorsch, Ende 8. Jh., auf Pergament mit Goldinitialen), die *Cosmographie* des Ptolemäus (1482), Sallusts *Bellum Jugurthinum* (12. Jh.) u. a. Weiters Münzen- und Mineraliensammlung. 1792 wurde hier die erste Sternwarte des Landes installiert, von 1843 – 1955 Wetterstation. – Ebenfalls in der Burg befinden sich gegenüber der *Kathedrale*, das *barocke Bischofspalais*. Ehem. *Universitätskollegium* des Fürsten Bethlen (Str. 13. Decembrie 15), großes *Kreismuseum* (1851 gebautes Babilongebäude im eklekt. Stil) mit den Sektionen Archäologie, Geschichte und Volkskunst, Reste des *röm. Castells* (4 m hohe Mauern) sowie Reste der ma. Weißenburg. Auf dem Römerplateau, dem Galgenberg von ehedem, mahnt seit 1965 auf der Hinrichtungsstätte ein Obelisk an den Tod der Bauernführer.

Im Stadtviertel Maieri steht die orthod. *Kirche der Dreifaltigkeit*, 1713 aus Materialien der alten orthod. Bischofskirche Michaels des Tapferen aus der Burg errichtet, da in der Oberstadt fast sämtl. Gebäude dem Festungsbau zum Opfer gefallen waren. In der Kirche Fresken aus 18. Jh. Die Kirche im Stadtteil Lipoveni (Mărăşeşti-Str.), 17. Jh., mit ihren schönen Fresken wurde von mazed. Kaufleuten gestiftet. Neben dem Postamt die kleine ev. Kirche aus dem 19. Jh.

Vom 1. bis 7. Dez. finden, zum Gedenken an den 1. Dez. 1918 in Alba Iulia jährlich die „Tage der Karlsburger Kultur" statt, beginnend mit wissensch. und volkskundl. Tagungen.

Nach S führt die DN 1 (E 15A) über den Mieresch nach Sebeş (Mühlbach), Sibiu (Hermannstadt) und Deva (Diemrich).

ROUTE 2/13

Über die Tudor-Vladimirescu- und Clujului-Str. verläßt die DN 1 die Stadt nach N, quert den Ampoi und das Neubauviertel, führt an der neuen Industriezone vorbei zum Dorf

Bărăbanţ, Bórband (240 m, u. e. E. 1298, 2000 Ew.), von Siedlern aus Brabant gegründet, im MA. ein sächs. Dorf, durch Türkenkriege verwüstet. Um 1600 von rum. Kleinadeligen besiedelt, wird nach 1700 röm.-kath. Einziger Ort in Sb., wo Rum. röm.-kath. wurden; heute werden sie als Ung. angesehen. *Sehenswerte* got. Kirche. Die Straße führt weiter am Bilag-Berg entlang, begleitet von großen Weingärten, um nach 8 km durch die Anlagen der Ziegelfabrik in die Gemeinde

Sîntimbru, St. Emerich, Marosszentimre (240 m, u. e. E. 1270, 981 Ew.) zu gelangen. Ehem. sächs. Siedlung. Sitz von Komitatsorganen im MA.. Seit 15. Jh. von Ung. u. Rum. bewohnt. An der Bahnlinie befestigte, ehem. rom. Dorfkirche mit rom. S-Portal, die Johannes von Hunyadi 1442 zum Andenken an den in der verlorenen Schlacht gegen die Türken gefallenen Bruder restaurieren und ihr die heutige got. Form geben ließ; Turm aus dem 18. Jh. Bauwerk heute in desolatem Zustand. Über die Bahnlinie führt die Straße in das Dorf

Galtiu, Galdtő (230 m, u. e. E. 1334, 710 Ew.), dann in vielen Windungen durch fruchtbare Mieresch-Auen 4 km weiter in das Dorf

Coșlariu, Koslárd (230 m, u. e. E. 1667, 545 Ew.), das wie Galtiu von vielen Bahnarbeitern des großen Güterbahnhofs Teiuș-Coșlariu bewohnt ist. Die Straße mündet 3 km von Teiuș entfernt in die DN 14B.

Die DN 1 führt von Sîntimbru weiter 2 km in das Dorf

Oiejdea, Vajasd (251 m, u. e. E. 1238, 908 Ew.). Nach 2 km Kreuzung Miereschbrücke – Galda de Jos; nach weiteren 3 km folgt die Großgemeinde

Teiuș, Dornen, Tövis (247 m, u. e. E. 1296, 5821 Ew.) mit dem größten Einsenbahnknoten Mittel-Sb.s. Mehrzahl der Ew. daher Bahnbedienstete. Teiuș liegt im Geoagiu-Tal, ist seit der Bronzezeit bewohnt. 1603 zum Markt (Oppidum) erhoben, bekannt durch Viehmärkte. *Ref. Kirche* (1379): rom. Basilika mit frühgot. Elementen. Innen im 18. Jh. umgebaut. Im 15. Jh. mit Festungsmauer umgeben. Ehem. *röm.-kath. Kloster* am Mühlgraben im N des Ortes, gestiftet von Johannes von Hunyadi, ergänzt unter Matthias Corvinus. Got. W-Portal mit Birnenstäben, darüber das Hunyader-Wappen. *Orthod. Kirche*, gestiftet Ende 16. Jh. von einem aus der Walachei stammenden Edelmann aus Cetea; Wandmalereien, den Stifter darstellend, sind schwach erhalten.

Von hier zweigt die DN 14B in das Kokeltal ab. Auf der DN 1 zweigt nach 2,5 km ein Weg nach O ab und führt über 3 km in das Dorf **Beldiu, Marosbéld** (238 m, u. e. E. 1219, 357 Ew.). Es liegt am Mieresch und hat fruchtbare Auböden.

Nach 5 km folgt auf der DN 1 der Weiler

Țifra, Cifrafogadó (240 m, u. e. E. 1913, 161 Ew.),

der sich um eine Haltestelle der Bahnlinie entwickelt hat. Von hier zweigt die > [R 4/13] in das Gîrbova-Tal ab. Die DN 1 (E 15A) führt nach weiteren 6 km nach Aiud (Straßburg a. M.) > [RG 11].

ROUTE 3/13

Von Aiud > [RG 11] führt eine AS bis Măgina, von hier zweigt eine KS Richtung Abrud ab. Nach 8 km *Schutzhütte Sloboda* inmitten eines Buchenwaldes (30 Schlafplätze, Campingplatz). Von hier weitere 12 km in das Zentrum des Streudorfes

Rîmeț, Remete (805 m, u. e. E. 1441, 1358 Ew.). Die Gemeinde besteht aus 12 Dörfern, die auf 72 km² verstreut liegen. Typische Gebirgshäuser als Blockbauten aus Holz, meist ohne Schornstein; schindelgedeckt, die Nebengebäude mit Tannenreisig. Auf dem Karstplateau beim Rasthaus zweigt ein markierter Wanderweg nach links ab und führt nach ³/₄ Std. zum Kloster Rîmeț in der Valea Mănăstirii > [R 5/13]. Die Straße führt vom Rathaus weiter dem Trascău-Massiv zu, nach 4 km vorüber an dem Dorf

Valea Uzei (670 m, u. e. E. 1770, 252 Ew.) im S und im N an dem Dorf

Valea Inzelului (845 m), überschreitet bei 1066 m die Kammlinie zwischen Trascău- (1248 m) und Geamănului-Gipfel (1214 m) und erreicht nach 10 km den Weiler **Brădești** (981 m, u. e. E. 1770, 97 Ew.). Von hier zweigt ein Weg nach NO ab und erreicht nach 1 km den Weiler

Valea Poieni (811 m). Durch weitere Weiler erreicht der Weg nach 3,5 km den n. Punkt im Knie des Valea Ponor (Valea Cheii), wo in 696 m Höhe ein Großteil des Bachwassers in der Vînătoarea-Höhle versickert, unterirdisch weiterfließt und in der Huda lui Papară-Höhle, im 30 m hohen Höhleneingang, ans Tageslicht kommt, um sich dem Arieș zuzuwenden. In 20 Min. kann der Sattel zum Höhlenausgang überschritten werden. Das Ponortal aufwärts, ständig von Streusiedlungen begleitet, führt der Feldweg nach 9 km in die Gemeinde

Ponor, Nagyponor (795 m, u. e. E. 1603, 1029 Ew.). Weiter talaufwärts durch den Weiler

Valea Bucurului (913 m, u. e. E. 1869), folgen die Dörfer

Geogel, Kisgyogypatak (842 m, u. e. E. 1770, 834 Ew.) und weiter

Măcăreşti (891 m, u. e. E. 1869). Der Weg führt wieder hinunter in das Cheia-Tal nach

Bîrleşti-Cătun (599m, 208 Ew.), das an der Landstraße Aiud – Abrud liegt.

Von Brădeşti, wo der Weg die Straße verlässt hat, steigt diese 11 km nach

Karstlandschaft bei Ponor

Dupa Deal (760 m, u. e. E. 1956), um dann in engen Serpentinen hinunter nach Bîrleşti-Cătun zu führen. Von hier zweigt ein 5 km langer Weg aus der letzten Serpentine ö. nach Cheia ab > [R 6/13]. Auf der Landstraße folgt nach 4 km das Dorf

Cojocani, Mogoskozsokány (661 m, u. e. E. 1760, 177 Ew.), nach 2 km

Valea Barnii (680 m, u. e. E. 1956), nach weiteren 6 km das Dorf

Bîrleşti (781 m, u. e. E. 1909, 320 Ew.). Das ganze Tal, die Waldlichtungen und die Blößen sind vereinzelt mit Höfen und Weilern bedeckt. Als zusammenhängende Straßensiedlung folgt nach 2 km die Gemeinde

Mogoş (792 m, u. e. E. 1770, 2089 Ew.), die mit ihren 21 Dörfern und Weilern das ganze etwa 1000 m hohe Quellgebiet des Gyogy-Flusses umfaßt. Sie liegt in einem stark ausgelichteten Buchenwaldgebiet mit Weideland auf den Höhen und Wiesen an den Hängen. Von hier stammen der griech.-kath. Volkskundler Ovidiu Bîrlea und Oct. Bîrlea, heutiger griech.-kath. Pfarrer von München. Bis Negreliasa und Poieni und in das Feneş-Tal ziehen sich die Narzissenwiesen. Die Straße führt weiter nach Bucium über Mămăligani und Valea Albă> [RG 12].

ROUTE 4/13

Wo die DN 1 ein km vor Ţifra den Gîrbova-Bach quert, zweigt ein Weg nach W ab in das 2 km nahe Dorf

Gîrbova de Jos, Alsóorbó (285 m, u. e. E. 1282, 575 Ew.), bis 1600 ung. Dorf, dann Wüstung. Im 17. Jh. von Rum. bevölkert. Ruine der ref. Kirche liegt an der Hauptstraße. Über dem Dorf, an der Oberfläche eines aufgelassenen Steinbruchs liegt Leitha-Korallenkalk, der sehr viele *Fossilien* enthält: Muscheln, Korallen, Kalkalgen und Seeigel. Das 1,5 ha umfassende Gebiet wurde NSG.

Ebenfalls in diesem Gebiet finden sich Steineichen mit 2 m Durchmesser und 32 m Höhe sowie uralte Kirschbäume. Im Tal aufwärts liegt nach 3,5 km das Dorf

Gîrboviţa, Középorbó (348 m, u. e. E. 1496, 252 Ew.), nach weiteren 2,5 km das Dorf

Gîrbova de Sus, Felsőorbó (427 m, u. e. E. 1496, 463 Ew.). Von hier führt ein guter Weg 8 km nach Aiud > [RG 11], ein Kammweg 9 km nach Rîmeţ > [R 3/13] sowie ein Waldweg 4 km zur Sloboda-Hütte > [R 3/13].

ROUTE 5/13

Von der DN 1 zweigt in Teiuş, nach der Brücke über den Geoagiul-Bach, eine AS nach NW ab und führt nach 4 km in die von Wein- und Obstgärten umgebene Gemeinde

Stremţ, Nußschloß, Diód-Váralya (290 m, u. e. E. 1298, 1617 Ew.). Reiche röm. und ma. Funde. Im Sumpfgebiet, nahe Dorfzentrum, stehen Ruinen der *Burg Diód*, Zentrum eines Dominiums des 14. Jh. Eine noch ältere Burg, an derselben Stelle im 13. Jh. von Andreas von Gyógy erbaut, der i. J. 1270 als Gräf 24 Dörfer besaß, gelangt später in den Besitz Johannes von Hunyadi, der sie für das Seelenheil seines in der Kathedrale bestatteten jüngeren Bruders dem röm.-kath. Kapitel von Weißenburg schenkt. 1467 war die Burg im Besitz des sb. Fürsten, im 16. Jh. in dem der Fam. Balassa, 1562 wurde sie von Fürst Sigismund zerstört. Die 3 – 4 m hohen Mauerreste eines Rechtecks mit Ecktürmen, an dessen S-Seite eine Kapelle, urspr. ein Bergfried (10 x 7 m) war, stehen noch heute. Die Anlage ist von 4 m tiefen und 12 – 16 m breiten Wassergräben umgeben. Aus der Dorfmitte führt ein Weg 6 km nach N über den Berg bis

Geomal, Diómál (411 m, u. e. E. 1282, 685 Ew.), das an einem schönen Eichenwald liegt. Geburtsort des rum. Historikers und Archivars Stefan Meteş. Hier wurden dako-rom. Funde gemacht (reicher Denar-Schatz). Die Kirche stammt aus dem 18. Jh. Talaufwärts führt die Straße in das 5 km entfernte, 6 km lange Straßendorf

Geoagiu de Sus, Felsőgyógy (360 m, u. e. E. 1263, 1303 Ew.). Die Dorfkirche aus dem 16. Jh. ist eine Stiftung des walach. Fürsten Radu dela Afumaţi, der hierher geflüchtet war. Auf dem Plateau n. des Dorfes liegt das *Kloster,* in 15 Min. über einen Steg zu erreichen. Um 1525 lebte hier der orthod. Bischof Christofor. Die Innenmalerei wurde 1752 ausgeführt, der Kirchturm hat eine Treppe in der Wanddicke. 1762 Zerstörung des Klosters (antihabsburgisches Zentrum) durch General Buccow. 1972 Restaurierung der Kirche bei Wahrung der Brîncoveanu-Tradition. Ein Kammweg führt 9 km zum Weiler

Faţa Pietrii (757 m, u. e. E. 1956) und von da steil hinunter zum Kloster Rîmeţ. Ein anderer Weg leitet über den Berg 2 km hinüber nach Geomal. Ein 7 km langer, romantischer Weg führt in den Weiler

Valea Mănăstirii, Remetekolostor (426 m, u. e. E. 1441, 129 Ew.)**,** der landschaftl. sehr malerisch an der einzigen Verbreiterung des engen, bewaldeten Tales liegt. Hier hatten Einsiedler das erste Holzkirchlein gebaut. Auf der dritten Malschicht der heutigen bemalten *Steinkirche* finden sich die Jahreszahl 1376 sowie der Name des Meisters Mihu aus Crişul Alb. Mit ihren 1 m starken Mauern steht sie auf einer Quelle, mißt 12 x 8 m, mit runder Apsis und dreistöckigem, massivem Turm mit Eingang im ersten Obergeschoß. Im Altarraum sind zwei Nischen, zwei enge Türöffnungen verbinden ihn mit dem Naos (archaisch, ohne Türen). Der Eingang auf der N-Seite hat eine Inschrift aus 1486/87, der Zeit König Matthias Corvinus'. Mehrere Malschichten überlagern sich, die letzte datiert aus dem 18. Jh. Das Gebäude (13. Jh.) ist 1,2 m mit Schutt zugeschwemmt. Das *Kloster*, aus Stein errichtet, war 1792 rum. Schule, heute beherbergt es ein Museum: 20 *Iko-*

nen, auf Holz gemalt aus 1774 – 1792, 136 auf Glas gemalte aus dem 19. Jh., dazu alte rum. Bücher aus dem 18. und 19. Jh., aus allen drei rum. Ländern stammend, sakrale Kunst, röm. Fundstücke, Münzen und Volkskunst. An diesem Ort befindet sich eine Teppichmanufaktur, ebenso eine neue *Schutzhütte* mit 40 Plätzen; 8 Bungalows bieten Unterkunft für 16 Personen. Die Hauptattraktion der Trascău-Geb. ist die *Rîmeţ-Klamm*. Der Weg führt, durch vorspringende Felsen eingeengt, weitere 4 km flußaufwärts zum Klammeingang, wo er endet. Ohne Schwierig-keiten ist die 200 m entfernte *Quarzhöhle* zu erreichen, dann jedoch zwängen 300 – 400 m hohe, senkrechte, oft überhängende Felswände den Fluß ein. Man kommt bloß sich vorsichtig im Wasser an der Felswand vortastend weiter. Dies nur im Hochsommer, da sonst das Wasser bis 1 m tief ist. An einigen sehr schwierigen Stellen helfen in der Wand befestigte Kabel weiter. Großartig ist das Durchqueren des natürlichen Tores, des *Portals*, über dem Grotten und Höhlen ihre dunklen Schlunde öffnen. Dahinter erscheinen wieder Pfade zu beiden Seiten des schäu-menden Baches. Um Einzelfelsen herum schlängelt sich der Steg bis zur Mündung des Geogel-Baches in den Geoagiu-Bach beim Weiler

Cheia, Remetei Szoros (560 m, u. e. E. 1770, 107 Ew.) mit seinen schindel- und tannenreisigge-deckten Holzhäusern. Den Weg zurück kann man über das 1100 m hohe Kalkplateau am N-Ufer machen und erreicht nach 90' wieder das Kloster. Von hier aus mehrere Möglichkeiten: Vom Kloster führt ein 1-stündiger Anstieg nach Rîmeţ an der Landstraße nach Aiud, 22 km > [R 3/13]; von Cheia im Tal aufwärts, an die Landstraße, nach Brădeşti, 4 km > [R 3/13]; von Cheia im Geogel-Tal (1,5 km) 8 km bis Geogel > [R 3/13]; von Cheia im Geoagiul-Tal nach W 6 km bis Bîrleşti-Cătun > [R 3/13] und nach S über Boţani (721 m) über den Sattel (879 m) nach Ilieşti und Intregalde, 10 km > [R 6/13]. Von Ilieşti Möglichkeit einer schönen Höhenwanderung (6 km) über

Dealu Geoagiului, Felhavasgyógy (975 m, u. e. E. 1413, 358 Ew.) zur *Piatra Cetei*, 1233 m > [R 6/13].

ROUTE 6/13

Auf der DN 1 nach N, 2 km von Oiejdea, 3 km von Teiuş, liegt eine Kreuzung. Nach W führt die AS 3 km in die Gemeinde

Galda de Jos, Alsógáld (266 m, u. e. E. 1287, 1707 Ew.), die am Unterlauf des Galdabaches, umgeben von Weingärten und Obstkulturen, liegt. Im 14. Jh. wird der Steinweg, die „Via Mag-na", Römerstraße, hier erwähnt. Die orthod. Kirche aus dem 17. Jh. mit wertvollen Malereien in zwei Schichten ist 1715 erwähnt. Das *Kastell* der Fam. Kemény ist im 19. Jh. neu erbaut worden; vom alten, durch Bauern zerstörten Schloß, stehen noch die O-Mauern.

An Galde de Jos anschließend liegt das Dorf

Mesentea, Allerheiligen, Kismindszent (278 m, u. e. E. 1303, 202 Ew.). Von der alten Holzkirche ist nur noch die Inschrift erhalten, der Neubau aus Stein (18. Jh.) weist wertvolle byzant. Wand-malerei von Stan Zugravul und Popovici von 1783 auf. Talaufwärts folgt nach 3 km das Dorf

Benic, Borosbenedek (310 m, u. e. E. 1299, 589 Ew.). An seinem N-Rand stehen Reste einer Wehrkirche mit got. Altar (15. Jh.), das Kirchenschiff wurde im 17. Jh. umgebaut. Dorf ist Obst- und Weinbauzentrum. Ein Weg führt 6 km nach Teiuş, ein anderer 3 km nach Tibru und 4 km nach Cricău. Nach N führt ein Weg im Cetea-Tal 4 km in das Dorf

Cetea, Csaklya (388 m, u. e. E. 1337, 866 Ew.). Altes Bauerndorf am Fuße der Geb. mit noch archaischer Form der Bienenzucht in geflochtenen Rutenkörben. Oberhalb des Dorfes verengt sich das Tal, bildet die *Cheile Cetii* mit den *Băile romane* (Römerbädern), Strudeltöpfen, die die Wasserwirbel im Kalkgestein herausgewaschen haben. 8 km lang durchquert man das Cetea-Tal mit seinen Einzelhöfen, Wassermühlen und Wirbelkörben, durchquert dann die Tecşeşti-Klamm und gelangt nach weiteren 2 km in das am rechten Hang gelegene Gebirgsdorf

Tecşeşti (924 m, u. e. E. 1770), ein einsames Mokanendorf. Auf einem Steig Richtung N gelangt man nach 6 km durch die Weiler Răicani und Faţa Pietrii zum Kloster Rîmeţ im Mănăstirea-(Geoagiu-)Tal. Ein anderer markierter Steg führt zum Kamm und zum Gipfel der Piatra Cetii (Cetea-Stein), 1233 m. Wegen seiner Form wird er volkstümlich auch „Elefantenrücken" genannt. Hier oben findet man Ende Mai ausgedehnte blühende *Narzissenwiesen*; von den Karsterscheinungen ist ein Schacht (aven) bekannt. Der Abstieg nach Intregalde ist in 2 – 3 Stunden zu bewältigen. Unmarkierte Wege führen nach Poiana Galdei durch das Pîrîul-Cailor-Tal oder auf dem Bergrücken nach Răicani und Galda de Sus. Von Tecşeşti geht es im Tal weiter unter dem Dealul Geoagiului nach

Cristeşti (976 m) und

Ilieşti (879 m, u. e. E. 1850), von wo aus man nach Cheia am Geoagiul-Bach [R 5/13] oder nach Intregalde > [R 7/13] weiterwandern kann.

Von Benic führt die AS durch dichte Eichen- und Buchenwälder am Galda-Fluß weiter und gelangt nach 3 km nach

Galda de Sus, Felsőgáld (371 m, u. e. E. 1648, 1017 Ew.). Ihm gehören weitere 10 Dörfer und Weiler an. Seine Bewohner sind Viehzüchter und betreiben Terrassenackerbau auf kleinsten Flächen. Die neue Kirche wurde 1804 erbaut. Aus dem alten Kirchenschatz stammt ein Silberkreuz, das Matei Basarab, Fürst der Walachei, 1648 gestiftet hat. 3 km weiter sw. liegt oben das kleine Dorf

Lupşeni (700 m). Zwischen km 15 und 16 im Tal aufwärts zweigt ein mit gelbem Kreuz markierter Wandersteg zur Piatra Cetii hinauf, am Kamm führt ein rotes Dreieck weiter. An den Weilern

Zăgriş (370 m) und

Măgura (387 m) vorbei, durch enge, romantische Klammen mit Stromschnellen, folgt in einer Talerweiterung der Weiler

Poiana Galdei (530 m), dann die abenteuerlichen Partien der *Cheile Gălzii* (Galda-Klamm). An der engsten Stelle sind einst in den Felswänden beiderseits des Wildwassers Löcher und Rinnen in den Fels gemeißelt worden, um Baumstämme zu einem Wehr zu stauen und herannahende Feinde durch eine Flutwelle zu vernichten oder um durch diese „Klause" eine Flutwelle für die Flößerei zu erzeugen. Entlang der 300 m langen Klamm ist die Straße in den Fels gehauen und wechselt mehrmals über das Wasser. Ringsum leuchtet die grüne Kulisse der Buchenwälder.

Nach 8 km beginnt die 3 km lange *Intregalde-Klamm*. Sie ist nicht so eng, in ihrem Anblick aber weitaus großartiger. Die n. Steilwand ist sehr zerklüftet, in ihr liegen mehrere Höhleneingänge. Der rechte Hang ist höher und mit kleinen Buchen- und Tannenwäldern durchsetzt. Hier wächst das Edelweiß auf seinem tiefsten Standort (550 m) in Europa, daher wurde die Klamm (403 ha) zum *Naturreservat* erklärt. 25 km von Galda de Jos, 40 km von Alba Iulia (Karlsburg) folgt die Gemeinde

Intregalde, Havasgáld (603 m, u. e. E. 1525, 999 Ew.), eine große Ortschaft mit stattlichen Mocanengehöften, umfaßt viele Weiler und kleine Dörfer der Umgebung. Hier Touristenherberge mit 20 Plätzen. Wichtiger Kreuzungspunkt für Tal- und Wanderwege: Nach N über Ilieşti nach Cheia (10 km), über Dealul Geoagiului zur Piatra Cetii (2 Std.), hinauf zur Piatra Caprei

(Gemsenstein, 1212 m, 2 Std.), über das Ciumerna-Karstplateau und Dealul Albii (1276 m) zum Ighieler-See (3 – 4 Std.) > [R 8/13], über Tecşeşti unter der Piatra Cetii nach Rîmeţ (Kloster, 4 Std.). Mündung eines von der *Piatra Craivii* (1083 m) mit rotem Dreieck markierten Pfades über den Sfredelaşu (1132 m). Im Găldiţa-Tal führt ein Weg 10 km durch die Găldiţa-Klamm bis nach

Necrileşti (895 m, u. e. E. 1910, 357 Ew.). Von hier ein Steg nach O, hinauf zur Bisericuţa-Höhle (2 km) und weiter auf dem Karstplateau; nach NO zum Gemsenstein (Piatra Caprei, 7 km). Im Tal führt der Weg nach 5 km nach

Sfîrcea (997 m, u. e. E. 1910, 203 Ew.) an der Quelle der Gîldiţa über Narzissenwiesen in das Feneş-Tal (4 km) > [R 9/13].

Von Intregalde führt der Weg im Galda-Tal durch eine Klamm 4 km nach

Ivăniş (665 m) und 4 km weiter nach

Ghioncani (714 m), von hier Abzweigung nach

Valea Mlăcii (875 m); übersteigt einen flachen Sattel und geht 5 km hinab nach

Mogoş-Bîrleşti an der Landstraße Aiud – Abrud.

ROUTE 7/13

Von Galda de Jos führt die AS 5 km durch Weingärten und Kulturland nach

Cricău, Krakau, Boroskrakkó (306 m, u. e. E. 1206, 1484 Ew.). Der Ort zieht sich etliche km vom Talausgang den Krakauer Bach entlang; gehörte im 13. und 14. Jh. mit Ighiu zur Festung Craiva, wurde von ersten dt. Siedlern im 12. Jh. gegründet. Die heute *ref*. Kirche aus dem 13. Jh. ist eine rom. Basilika mit Tafeldecke, runder Apsis, Westturm mit rom. Doppelfenster im Obergeschoß. Das W-Portal hat Säulen mit Würfelkapitellen wie die Kathedrale von Alba Iulia. Im 15. Jh. wurde got. Chor mit Rippengewölbe angebaut, ebenso eine ovale Ringmauer mit Torturm und zwei Wehrtürmen um die Kirche errichtet. Nach 1900 Abtragung der Seitenschiffe. Am 28. 10. 1848 schlug hier das von Balaş, Anghel und Săndruţ geführte Bauernheer das ung. Aufgebot von Aiud. 1848 – 1880 hatte sich hier der Revolutionär von 1848, Axente Sever, zurückgezogen. Ein Weg führt 3 km durch Weingärten nach **Tibru, Tibor** (445 m, u. e. E. 1352, 626 Ew.), liegt am Talausgang des gleichen. Baches. Ein Wegkreuz (troiţa) erinnert an den am 12. 11. 1784 hier geschlossenen Waffenstillstand zwischen Cloşcas Bauernheer und dem österr. Oberst Schulz. Ein Weg führt 4 km nach O nach Mesentea, ein Höhenweg 12 km zur Piatra Caprei (1212 m). 1,5 km sö. von Cricău Abzweigung zum Dorf

Craiva, Königsbach, Királypatak (446 m, u. e. E. 1299, 391 Ew.). Seit 1346 rum. Dorf. Nach heftigen Regengüssen 1971 und folgenden Erdrutschen wurde das Dorf 4 km weiter unten neu errichtet. Im alten Dorf sind nur noch wenige Häuser bewohnt; von hier führt ein rot markierter Weg hinauf zum „Stein", „Cetate" wie die *Piatra Craivii* heißt. Jenseits der Kammlinie, im Tal des Pîrîul Turcului, folgt Markierung mit rotem Dreieck. Wasservorrat bei letzter Quelle über dem Dorf ergänzen!

Zu *Craiva-Stein* (Cetate) oder „Zuckerhut" und *Burg Gemsenstein/Kecskekő* (1018 m) führt von Cricău eine Forststraße 8 km talauf, dann folgt einstündiger Aufstieg zum Gipfel. Aus Craiva direkt kann der Stein auf dem ö. oder w. Höhenrücken in 1 Std. erwandert werden, von Bucerdea in 2 Std. Auf dem terrassenartigen Gipfel sind Reste einer steinernen *Dakerburg* aus 1. vorchr. Jh., aber auch bronzezeitl. Funde; hier war Hauptstützpunkt des Dakerstammes der Apuoler. Ptolemäus nennt den Ort Apoulon. Drei Sanktuare, Wohnungen, Werkstätten und Kulturterrassen wurden freigelegt. Die Römer zerstörten die Anlage, benannten aber nach ihr die neue Stadt Apulum. Im MA. (1272) hier Errichtung einer Königsburg, der Krakau, Ighiu, Craiva und z. T. Bucerdea Vinoasă angehörten. Auch Matthias Corvinus ließ die Burg weiter ausbauen. Wurde nach 1484 zur Raubritterburg und daher 1515 zerstört, dennoch auch später noch Zufluchtsort. Ein kleiner *Donjon* (5 x 5 m), die Fundamente einer ovalen Ringmauer, im W. verdoppelt, und eine Wasserzisterne sind noch erhalten. Herrlicher Rundblick. Von hier kann Wanderung nach Intregalde fortgesetzt werden.

2 km von der Cricăuer-Brücke an der AS an einer Abzweigung das 4 km lange Dorf

Bucerdea Vinoasă, Borosbocsárd (309 m, u. e. E. 1238, 1217 Ew.), Unterdorf seit 16. Jh. magyar., Oberdorf rum.; reiches Weinbauerndorf mit stattlichen Obstgärten. Hier wurde der Klausenburger Botaniker und Begründer des Klausenburger Botanischen Gartens, Alexandru Borza (1887 – 1971) geboren.

ROUTE 8/13

Nur 2 km weiter w. liegt die Großgemeinde

Ighiu, Grabendorf (Krapundorf), Magyarigen (281 m, u. e. E. 1206, 1200 Ew.). Urspr. sächs. Gründung. Prähist., rom. und ma. Funde. Hier war röm. Steinbruch für Bauten von Apulum. Auf Berg Măgurița Reste eines Castrums. Die heute ref. Kirche steht an Stelle einer rom. Basilika, von deren Befestigungen ist bloß noch Rest eines Torturms mit Schießscharten vorhanden. Die wohlhabenden Ew. beschäftigen sich mit Ackerbau, Weinbau u. Viehzucht. Grabmal des ung. Schriftstellers und Historikers *Péter Bod* (1712 – 1769). In der Valea Mare, 4 km nach N, liegt, schon in den Vorbergen, das Dorf

Țelna, Celna (375 m, u. e. E. 1283, 1344 Ew.). Bekannter Weinbauort; auf der Măgura höchstgelegene Weinberge der Gegend. Zu dem Schloß der Fam. Teleki gehört seit 1784 ein in den Felsen gehauener *Weinkeller*. Einheimische Rebsorten sind Mädchentraube und Riesling, eingebürgert wurden Ruländer, Muskateller, Welschriesling und Furmint. Auch von Țelna führen Tal- und Höhenwege nach Necrileşti und Intregalde. Von Ighiu 4 km im Valea Mare aufwärts liegt das Dorf

Ighiel, Igenpatak (352 m, u. e. E. 1650, 981 Ew.), ein Straßendorf mit verstreuten Bergbauernhöfen; Erholungsgebiet. Die Kirche ist ein Neubau von 1773 über einer alten Steinkirche aus 17. Jh., 1781 von Meister Gavril ausgemalt.

Das *Ighieler-Tal* hat viele Klammen im Buchenwald; eine Forststraße führt 12 km bis in das Quellgebiet des Baches, wo sich der einzige natürliche Stausee der Sb. Westgeb. gebildet hat: der *Ighieler-Stausee* (Iezer), 924 m, entstanden durch einen Bergrutsch vom Ciumerna-Massiv. Länge: 450 m, Breite: 150 – 200 m, Tiefe: 8,4 m, Fläche: 5,26 ha. Oberflächlich kein Abfluß, Quellen am Fuße des Staudammes. Wird durch Bäche und Karstquellen gespeist. Im See Regenbogen- und Lachsforellen, China-Karpfen. Im umgebenden Buchenwald ein Freigehege für Hirsche, Damwild, Mufflons. 1970 Bau eines Forsthauses. NSG. Markierte Stege führen nach NW.

3 km s. von Ighiu (Grabendorf) liegt das Dorf

Şard, Sárd (294 m, u. e. E. 1283, 1623 Ew.) in der breiten Talsenke eines alten Miereschlaufes, in welchem der Fluß vor seiner Anzapfung durch die Kokel floß. War sächs. Winzerdorf. Durch die Verlegung seines Laufes nach O wurde der Bilag-Berg (Kokelhochland) zu einem Inselberg, umgeben von alter und neuer Talsenke des Mieresch. Şard liegt am w. Steilrand dieses Berges, an der Mündung der Valea Mare in den Ampoi, an der naturgeschützte hundertjährige Eichen stehen. Die ref. Kirche ist eine rom. Basilika (Ende 13. Jh.) mit polygonalem Chor mit Stützpfeilern. Im 15. Jh. wurden got. N-Portal u. got. Fensterumrahmungen eingesetzt, die Kirche mit einem Wehrmauerring von 60 m Durchmesser und einem Torturm umgeben. Im 17. Jh. nahmen die sb. Fürsten hier ihren Sommersitz. Das *Eszterházy-Schloß* wurde ihre Sommerresidenz: im Spätren.-Stil des 17. Jh. erbaut, hat es 2 Flügel, Zimmer mit Kamin, Türen u. Fenster mit verzierten Steinstöcken, große gewölbte Keller.

ROUTE 9/13

Von Alba-Iulia führt die DN 74 im unteren Ampoi-Tal 4 km nach N, vorbei an der Vorortgemeinde

Micești, Kleindörfel, Ompolykisfalu (251 m, u. e. E. 1288, 1235 Ew.), nach weiteren 4 km an Șard und seinem Bahnhof vorbei, um dann in das eigentl. Ampoi-Tal einzubiegen. Nach 3 km wird der Weiler

Gura Ampoiței (266 m) durchfahren und in das Seitental des Ampoița-Baches abgezweigt. 1 km hinter der Mündung wird das enge Seitental durch 3 einzelne Kalkfelsen – Ampoița-Steine oder „Klippen" genannt – belebt. 40 m über dem Weg steigen sie mit bis zu 25 m hohen senkrechten Wänden und 200 m Durchmesser auf; sie bestehen aus Kalkbrekzie auf Granitblockfundament. Im Volksmund „Pfaffenschober" (Claia Popii) genannt, geben sie dem Tal einen Hauch wilder Romantik. Sie sind heute in einem Naturpark von 1 ha geschützt. Zwischen Einzelhöfen führt die Forststraße nach 4 km in das Dorf **Ampoița, Kisampoly** (342 m, u. e. E. 1293, 851). Durch die 5 km lange *Ampoița-Klamm* mit der *Fledermaus-Höhle* (Peștera Liliecilor) in der w. S-Wand, führt die Straße weiter nach

Lunca Ampoiței, Lunkarész (650 m, u. e. E. 1910, 228 Ew.). Von hier führt ein Steg nach N zum Ighieler See. Nach weiteren 2 km folgt

Lunca Meteșului, Lunkabánya (678 m) in felsigem Tal mit vielen Klammen. Mehrere Stege führen in das Feneș-Tal.

Von Gura Ampoiței führt die DN 47 am gegenüberliegenden Weiler **Pădurea** (290 m) 3 km zu dem, auch am Südufer liegenden, Dorf

Tăuți, Tótfalud (293 m, u. e. E. 1341, 725 Ew.). Vom „Coștei" (Castellum) kann man die 4 km zu den gut erhaltenen Ruinen der *Burg Tăuți* (660 m), 1276 durch Bischof Peter von Weißenburg errichtet, hinaufsteigen. 1555 sprengten sie die kaiserl. Truppen auf ihrem Durchzug. Auch aus dem Dorf Văleni kann man die Ruinen erreichen. 2 km weiter erhebt sich am linken Hang die *Piatra Corbului* (Orbitholinkalke vom Rabenstein), eine 50 m über der Straße stehende, 100 m hohe weiße Kalksteinmauer, aus senkrecht aufgerichteten Kalkkonglomerat- und Wildflyschschichten bestehend. Die sie umgebende Kalkbrekzie ist weggewaschen worden. Dieser durch Verwitterung schwindende Fels war Bestandteil einer Steilküste, die sich im Aptian-Alb abgelagert hatte; heute Naturdenkmal. Nach 2 km folgt die Gemeinde **Meteș, Metesd** (317 m, u. e. E. 1338, 705 Ew.) mit ihren beiderseits des Ampoi liegenden Weilern Varnița, Gura Văii, Munești und Găureni. In der Ortsmitte Denkmal für die Gefallenen des Ersten Weltkrieges. Einzelhöfe ziehen sich hoch an den Talhängen und in die Seitentäler hinauf. Nach 2,5 km liegt am S-Ufer das Dorf

Poiana Ampoiului, Ompolymező (311 m, u. e. E. 1721, 474 Ew.). Nach 5 km durch das reizvolle Tal wird das Dorf

Presaca Ampoiului, Ompolygyepű (345 m, u. e. E. 1721, 624 Ew.) durchquert. An der Landstraße (Haltestelle) steht das 1895 zum Gedenken an die gefallenen Ung. vom 23./24. 10. 1848 errichtete Denkmal mit der Inschrift „Pax". Der *Steinobelisk* steht in einer Tannenlichtung, ihm gegenüber liegt das Massengrab der Gefallenen. Die Senke von Zlatna öffnet sich, das Tal wird breiter. Nach 2 km liegt an der Mündung des gleichnamigen Baches das Dorf

Feneş (397 m, u. e. E. 1253, 1258 Ew.). War im MA. Vorort eines freien rum. Knezates, kam im 13. Jh. unter die Oberhoheit des Weißenburger Bischofs. Bekannt sind die Näh- und Stickarbeiten auf den Blusen und Hemden der Frauen und Männer. Das *Feneş-Tal* zieht sich 18 km weit nach N, auf einer Forststraße kann man bis 990 m unter die Corabia (1212 m) vordringen, Stege führen weiter nach Bucium, Mogoş und Intregalde > [R 7/13]. Wassermühlen und Wirbelkörbe mit frisch gewebten Kotzen begleiten das Tal mit seinen vielen Einzelhöfen. Vom Forsthaus (8 km) kann der *Dîmbău* (1369 m), der höchste Berg der Trascăuer Geb., bestiegen werden.

Die DN 74 führt 1,5 km w. von Presaca Ampoiului nach

Galaţi, Ompolygalacz (368 m, u. e. E. 1505, 597 Ew.), das sich viele km weit in die s. Berge zieht. Seit 1770 besteht hier eine Brauerei. Im Nachbartal liegt, 1 km weit, das Dorf

Valea Mică (412 m, u. e. E. 1770, 563 Ew.). Am Dorfeingang stehen die *Kalksäulen* von Valea Mică wie zwei riesige Torpfosten zu beiden Seiten der Dorfstraße. Es sind Kalkolistolyten von 15 m Höhe, die auf einer Fläche von 1 ha unter Naturschutz stehen. Nach weiteren 2 km durchfährt man den Vorort von Zlatna:

Pătrîngeni, Ompolykovesd (401 m, u. e. E. 1558, 476 Ew.). Die Straße führt durch dicht besiedeltes Gebiet 4 km in das Zentrum der Stadt

Zlatna, Kleinschlatten, Zalatna (423 m, u. e. E. 1338, 1986: 10.000 Ew. inkl. eingemeindeter Dörfer). Der Name leitet sich vom slaw. „zoloto", Gold ab. Im S erhebt sich der 954 m hohe Vulkankegel *Jidovul*, im N das Dîmbău-Massiv. Die weite intramontane Senke ist seit der Bronzezeit besiedelt. In der Römerzeit (Munizipium Apulum) Zentrum der Goldförderung und -verarbeitung, Sitz des „procurator aurariarum". Seit 1201 ist sein slaw. Name in Urkunden belegt. Im 13. Jh. Schenkung des rum. Dorfes durch den ung. König an das Weißenburger Kapitel; 1357 Marktrecht (Oppidum), die dt. und slow. Bergleute erhalten Sonderrechte. Im 16. Jh. an Fremde verpachtet; Ausbeutung und Elend (1622 von Martin Opitz beschrieben) sind groß. Vom 17. – 18. Jh. Zentrum des Goldbergbaus der Sb. Erzgebirge. 1748 arbeiten hier Pochwerke und Schmelzöfen, Nutzung von Wasserkraft, Einsatz erster Dampfmaschinen in Sb. Seit 1791 Gymnasium, das auch der Revolutionär von 1848, Avram Iancu, besuchte. 1848 Zentrum der revol. Bewegung. An der Kunst- und Gewerbeschule lernte und lehrte später der Bildhauer *C. Medrea*. Heute wichtiger Standort der Nichteisenmetallurgie, Errichtung neuer Wohnviertel. Zwei Kirchen beherrschen das Stadtbild. Die 1424 erbaute orthod. hat zwei got. Portale und steingefaßte Doppelfenster, Reste byzant. Malerei. Ihr Glockenturm steht im W. Die andere Kirche wurde 1624 von ev. Zipser Sachsen gebaut, erhielt Ende des 18. Jh. barocken Glockenturm und Dach, besitzt reiche Sammlung von Ikonen auf Glas. Im Stadtzentrum Büste des Revolutionsmärtyrers von 1848, Petru Dobra. Zu den eingemeindeten Dörfern gehören auch

Vîltori und **Runc** im Valea-Morii-Tal,

Trimpoaiele und **Pirita** im W der Senke. Durch das fast durchwegs besiedelte Tal führt die DN 74 weiter, 6 km bis

Izvoru Ampoiului, Nagyompoly (494 m, u. e. E. 1839, 1084 Ew.) Quecksilberbergbau wird hier seit der Römerzeit betrieben. Im W das *Kastell*, 1937 als Arbeiterklub von der Bergbaugesellschaft errichtet, heute Volksschule. Zwischen Einzelgehöften führt die Straße 5 km nach

Budeni (553 m), von wo ein Weg nach

Boteşti (722 m) zu den alten Bergwerken am Boteş, Vulcoi-Corabia führt. Steil geht es noch 4 km, z. T. in Serpentinen, zum Bucium-Paß (957 m) hinauf, dann wieder hinunter Richtung Abrud > [RG 10]. Links vor der Kammhöhe zweigt ein Weg zum Weiler

Ruşi (1028 m) ab.

Route 9A/13

Im W der Stadt Zlatna zweigt eine AS nach W ab. Nach 4 km beginnt unvermittelt eine Steigung in kurzen Serpentinen mit Nadelkurven auf die Paßhöhe von 740 m (3 km). Ebenso abrupt geht es am Gegenhang wieder 5 km hinab in die Gemeinde

Almaşu Mare, Nagyalmás (635 m, u. e. E. 1707, 1894 Ew.). Ein großes stattliches Dorf, in dem viele Bergwerksleute wohnen. Ein Friedhof aus der Römerzeit belegt das Alter des hiesigen Bergbaues. Die Gemeinde erstreckt sich 8 km talaufwärts. Im S schließt das Dorf

Nădăstia, Nádascia (589 m, u. e. E. 1321, 302 Ew.) an. Nach weiteren 3 km folgt das Dorf

Glod (564 m, u. e. E. 1418, 469 Ew.). Die Straße steigt hinüber in das Cib-Tal nach

Teiu (559 m), das in der schönen, vom Băcîia-Bach durchflossenen Cib-Klamm liegt und von da talaufwärts nach

Cib, Cseb (587 m, u. e. E. 1407, 807 Ew.). Von hier kann man auf zwei Wegen um die Măgura und den Jidov nach Zlatna zurückwandern (10 km). Die Hauptstraße fällt von Almaşul Mare in Serpentinen, kommt nach 6 km in das Dorf

Almaşu de Mijloc, Kőzépalmás (417 m, u. e. E. 1511, 473 Ew.). Weitere 3 km führen in das Dorf

Almaşu Mic de Munte, Kisalmás (347 m, u. e. E. 1727, 380 Ew.), wo die Grenze der Kreise Alba und Hunedoara überschritten wird. Eine Nebenstraße führt nach N zu den Bergwerksorten

Poiana (425 m, u. e. E. 1511, 368 Ew.), 6 km,

Techeriu (420 m, u. e. E. 1511, 223 Ew.), 1 km,

Poieniţa, Valjéjipi (481 m, u. e. E. 1808, 210 Ew.), 4 km, und

Oprişeşti (571 m, u. e. E. 1956), 1 km. Auf der Hauptstraße zweigt nach 1 km ein 6 km langer Weg nach

Vălişoara (Porcurea) (532 m, u. e. E. 1733, 308 Ew.) ab. Goldbergwerke. Nach 1 km zweigt ein Weg nach

Voia, Voja (406 m, u. e. E. 1509, 416 Ew.), viele Einzelhöfe, ab. Nach weiteren 1,5 km Abzweigung nach

Galbina (560 m, u. e. E. 1910, 196 Ew.). Die Gemeinde

Balşa, Babeschen (349 m, u. e. E. 1407, 1077 Ew.) nach 2 km liegt gleichsam in einem aus Kalkwänden gebildeten Kessel. Über

Valea Roşie (398 m) führt ein Weg 2 km nach

Mada, Moden (325 m, u. e. E. 1407, 297 Ew.). Ein schöner Weg kommt von Balşa durch die *Pleşa-Klamm* nach Mada. In dieser Klamm sind die „Zugemauerte Höhle", die Stîncoiului-Höhle, Din-Dosul-Dobîrleşti-Höhle und die Dosul-Mäzii-Höhle. Im Ardeu-Tal, zu dem ein reizvoller Weg führt, liegt das Dorf

Ardeu, Walddorf, Erdőfalva (374 m, u. e. E. 1509, 149 Ew.). Oberhalb des Dorfes liegt die *Ruptura-Klamm* von 3 km Länge mit 4 Höhlen in der „Raiul-Wand", einer natürlichen Brücke im S. Schön ist es hier, wenn die Herbstzeitlosen blühen. Der Ardeuer Bach durchfließt die gleichnamige Klamm unter der Pleşa Mare mit ihren Höhlen und Wänden. In der Piatra Peştera und am Judele-Berg wurden Relikte des Urmenschen gefunden.

Von Valea Rosie führt ein Weg 6 km nach W über bewaldete Berge in das Knappendorf

Bocşa Mare (450 m, u. e. E. 1910, 97 Ew.). Der Weg führt weiter 2 km w. in den Bergwerksort Hondol > [RG 30].

ROUTE 10/13

Aus Karlsburg (Alba Iulia) führt eine AS am w. Fuß der Trascäuer Geb. im 4 km breiten Miereschtal, vorüber am Kaiserbrunnen, 5 km in die Gemeinde

Pîclişa, Poklos (270 m, u. e. E. 1265, 794 Ew.), deren Ew. Landwirtschaft betreiben und auch in Alba Iulia arbeiten. Auf KS kommt der Weg zwischen Bergfuß und Miereschufer nach 8 km in das Dorf

Vurpăr, Burgberg, Borberek (213 m, u. e. E. 1248, 427 Ew.). War bis ins 16. Jh. sächs. Ort, seit 1395 Marktort, seit 1435 mit Winz Stadt vereinigt. Ab dem 15. Jh. Flößereihafen und Salzlagerhäuser an der damal. Miereschbrücke. Wurde 1540 von König Ludwig als Lehen dem walach. Fürsten Radu dela Afumaţi gegeben. In der Zeit der Türkenherrschaft Verlust an Bedeutung. Die *ref. Kirche* ist eine frühgot. Ruine am Miereschufer. War im 16. und 17. Jh. erweitert worden, hatte Gewölberippen mit schönen Schlußsteinen. Nunmehr von Ablagerungen stark zugeschüttet. Von der Befestigungsanlage des 15. Jh. ist noch die ovale Ringmauer mit Basteien u. Portalen zu sehen. Die *orthod. Kirche* hat Wandbemalung aus dem 18. Jh. und von 1900 20 Gemälde. 4 km im Valea Vinţului stehen auf steiler Anhöhe die Ruinen der *Burg Zebernik*, seit 1248 bekannt, wurde 1529 zerstört. 1638 übernahm eine Gruppe dt. Sektierer (Habaner oder Wiedertäufer) aus Böhmen die Anlage und errichtete hier eine Keramikmanufaktur. Sie erzeugten *Habaner-Keramik*, das erste feine Fayence-Geschirr aus Sb. Nach einem Brand im 18. Jh. Auflassung der Manufaktur. Es stehen noch 3 m hohe und 1,5 m starke Mauerreste, 41 Wohnräume, z. T. in Fels gehauen, andere gemauert. Zur selben Gemeinde gehören die um die Mǎgura (671 m) gelegenen Streusiedlungen

Inuri, Borsómező (564 m, u. e. E. 1721, 1130 Ew.) und

Stăuini (285 m). Im Tal liegt unter der Zebenik-Burg das Dorf

Valea Vinţului (297 m, u. e. E. 1839, 608 Ew.). Weiter talaufwärts liegen die Weiler

Gura Cuţului (472 m) und

Haţegana (645 m) an der Wasserscheide zum Ampoi-Tal. Zu der Großgemeinde gehören ebenfalls die im Miereschtal liegenden Dörfer

Dealul Ferului, Vashegy (300 m, u. e. E. 1850, 101 Ew.). Hier steht die zerstörte Gruft des sächs. Afrikaforschers Franz Binder († 1871), 4 km von Burgberg, und 1 km weiter

Mereteu, Meritő (217 m, u. e. E. 1874, 222 Ew.). 4 km weiter flußabwärts folgt die Gemeinde

Blandiana, Stumpach, Karna (253 m, u. e. E. 1488, 931 Ew.), ein 5 km sich langziehendes Straßendorf, seit dem Neolithikum bewohnt. Unterhalb der Gemeinde stehen auf einer Anhöhe Ruinen der *Burg Ţeligrad*. Im Bochei-Tal 10 km aufwärts liegen unter der 1000 m hohen Wasserscheide die Höfe der Streusiedlungen **Răcătău, Rakató** (676 m, u. e. E. 1488, 245 Ew.) und 1 km ö.

Poieni (812 m). Der Kammweg auf der Höhe ist ein gute Aussicht bietender Wanderweg in O-W-Richtung. 4 km den Mieresch abwärts liegt in einem Seitental das Dorf

Acmariu, Akmár (260 m, u. e. E. 1276, 906 Ew.). Weitere 6 km nach W liegt das Dorf

Sărăcsău (226 m, u. e. E. 1291, 395 Ew.). Es gehört zur Gemeinde Şibot, mit der es durch eine Fähre verbunden ist. Weitere 2 km w. liegt das Dorf

Băcăinţi, Bokáialfalu (208m, u. e. E. 1263, 535 Ew.), hat ebenfalls Fährverbindung zur Gemeinde Şibot. Das lange Straßendorf, in dem die Ruinen der ehem. ref. Kirche mit stattlichem rom. Turm stehen, geht nach 6 km in die Gemeinde

Ceru-Băcăinţi, Bokájfelfalu (330m, u. e. E. 1850, 113 Ew.) über. Daran schließt übergangslos das Dorf

Curpeni, Kürpèny (361 m, u. e. E. 1786, 202 Ew.) an der Mündung eines Seitenbaches an. Talaufwärts liegen 6 km weit der 3 km lange Weiler **Jezuri** (476 m) und das Dorf

Bulbuc, Bulbuk (722 m, u. e. E. 1457, 246 Ew.). Ein Weg führt über die Wasserscheide nach Răcătău und hinunter nach Galaţi/Ampoi. Auf Ceru-Băcăinţi folgen anschl. das Straßendorf

Cucuta (330 m), dann

Valea Mare (409 m) mit

Groşi und

Fîntînele (Ciungi) (525 m, u. e. E. 1769). Alle Siedlungen in diesem Tal hängen in einer Länge von 13 km zusammen. Der Weg führt weiter über den Kamm (863 m) nach Valea Mică/Ampoi > [R 9/13].

ROUTE 11/13

Im Miereschtal führt die Landstraße nach 3 km zum Homoroder Tal, in dem, in einer Länge von 11 km aneinandergereiht, die Dörfer

Homorod (221 m, u. e. E. 1407, 865 Ew.),

Văleni (451 m, u. e. E. 1770, 298 Ew.) und

Mermezeu-Văleni, Nyirmező (612 m, u. e. E. 1407, 132 Ew.) liegen, die der Gemeinde Geoagiul angehören. Auch das Homoroder Tal ist mit dem Ampoi-Tal verbunden, Karren- und Wanderwege führen auf den Höhen durch Buchenwälder in die Nachbardörfer. Immer am Mieresch entlang, führt die Straße 4,5 km zur Mündung des Geoagiuer Baches. Hier erstreckt sich in breiter, fruchtbarer Tallandschaft die Großgemeinde

Geoagiu, Algyógy (217 m, u. e. E. 1291, 2939 Ew.), Geburtsort des ung. Folkloristen *Oskár Majland* (1858 – 1924). Rom. ref. Rundkirche, Forschungsstation für Nußbaumkulturen. Barokkes *Schloß* der Fam. Kún. 4 km weiter folgt das Dorf **Cigmău, Tschickenbach, Cigmó** (304 m, u. e. E. 1440, 288 Ew.). mit Resten der röm. Militär- und Zivilsiedlung *Germisara* auf Cetatea Urşilor und Dealul Pedepsei; eine Höhle im Măgura-Berg. Geburtsort des rum. Schriftstellers *Ion Budai-Deleanu.* Im Gyogyer Tal aufwärts zweigt nach 3 km eine AS nach W ab, führt in Serpentinen 2 km durch Buchenwald hinauf nach

Geoagiu Băi, Gyogyer-Bad, Feredőgyogy (352 m, u. e. E. 1269, 277 Ew.), einem Bade- und Luftkurort 19 km von Oraştie (Broos). Bereits die Römer kannten die Thermen und hatten hier im Tal die Siedlung *Germisara* und die *Thermae Dodonae* errichtet (auf der Ptolemäischen Karte eingetragen). Viele röm. Funde wurden gemacht: Quelleneinfassung, Statuen des Aesculap und der Hygiea, Römerweg aus Steinplatten links des Weges zum Bad, auf dem Pedepsei-Berg Mauern, Inschriften, in Fels gehauene Wannen, Badeinrichtungen u. a. Die Kirche (13. Jh.) ist ganz aus röm. Ziegeln und Steinen gebaut. U. e. E. des Bades aus dem Jahre 1629, als der Fürst von Sb. hier seinen Badeaufenthalt nahm. Das Bad erhielt sein heutiges Aussehen in den dreißiger Jahren, die Brooser bauten 1935 das kleine Becken, 1939 den Sprungturm und das große Becken. Weiterer Ausbau in der Nachkriegszeit: Kuranlagen, Hotels, Gaststätten, Kultureinrichtungen. Die mesothermalen Quellen sind schwach radioaktiv und kohlensäurehaltig, enthalten Mg, Li, Mn, Ca, N- und Schwefelsalze (1,12 g/l), Temperatur: 31,5° C. Die Quelle am Parkeingang enthält auch Schwefelwasserstoff, Anwendung für Trinkkuren bei Erkrankung des Verdauungsapparates (Leber, Galle), aber auch bei Blutarmut. Die Wannenbäder und die Schlammbehandlung dienen zur Heilung von Erkrankungen des Bewegungsapparates und des peripheren Nervensystems. In Freibädern wird auf Liegeterrassen Heliotherapie gemacht. Auf den umliegenden Hügeln und Bergen, die mit Buchen- und Tannenwäldern bedeckt sind, wurden Spazier- und Wanderwege angelegt. Unterkunft: Hotel „Diana" (250 Betten), Hotel „Geoagiul" (54 Betten), Villen, Pensionen, Sanatorium für Erkrankte, Campingplatz.

3 km nach der Abzweigung nach Băile Geoagiu folgt die Abzweigung nach

Renghet, Renget (430 m, u. e. E. 1518, 515 Ew.). Nach 2 km im Gyogyer Tal zweigt am Dorfeingang Bozeş die Straße nach Mada > [R 9A/13] ab, führt im engen, klammartigen Tal 5 km bis zum Dorf und wird jenseits des Dorfes zur Klamm.

Bozeş (290 m, u. e. E. 1407, 389 Ew.) ist ein Haufendorf an der Vereinigung des Ardeu- mit dem Băcîia-Bach. Beide fließen durch lange, enge Klammen, durchbrechen ein Kalkmassiv mit vielen Karstformen. Im Băcîia-Tal folgt nach 4 km ein *Sauerbrunnen* und nach weiteren 2 km das Dorf

Băcîia, Bockendorf, Bakonya (395 m, u. e. E. 1509, 139 Ew.), das zwischen steilen Felswänden eingeengt liegt. Die Straße setzt sich fort, führt zwischen Felswänden mit Höhlen nach Cib > [R 9A/13]. Die Gesamtheit der Orte im Geoagiu- und Homorod-Tal bildet die Gemeinde Geoagiu (Gyogy). Von der Geoagiuer Abzweigung folgt die AS dem Mieresch, nach 5 km zweigt ein Weg nach N ab zu dem 2 km entfernten Dorf

Boiu, Bundorf, Boj (261 m, u. e. E. 1418, 384 Ew.). Das 3 km langgezogene Straßendorf gehört bereits zur Gemeinde Rapoltu Mare, zu dem die Straße 7 km weiter führt > [RG 30].

REISEGEBIET 14

Blaj / Blasendorf / Balásfalva

Das Reisegebiet 14 liegt in Mittelsiebenbürgen. Es hat eine O-W-Ausdehnung von 40 km und eine N-S-Ausdehnung von 42 km. In seiner Mitte liegt die Stadt Blaj (Blasendorf). Es umfaßt das Bergland zu beiden Seiten der vereinigten Kokeln bis zum Mieresch. Die höchsten Erhebungen sind im NW der Cornul Şoimuşului (526 m) und im S der Măgura Copaciului (580 m). Der tiefste Talort ist Carda im Miereschtal (220 m), der höchste Spătac (398 m). Die Bodengestalt der Kokelberge sowie des Zeckescher Berglandes werden durch das Flußnetz der Kokeln und des Kleinen Secaş (Zekesch) bestimmt. Jungtertiäre Ablagerungen, unterbrochen von einigen mittel- und alttertiären Schichtfalten, bilden den meist sandig-mergeligen Untergrund. Die etwa 100 m eingetieften, weiten Täler haben Terrassen ausgebildet. Südlich der Kokel herrschen weite Hochflächen vor. Das Klima ist gemäßigt (9° C) mit langen, heißen Sommern (20° C) und kalten Wintern (–3° C). Mit wenig Niederschlägen (500 – 600 mm) und vielen Sonnentagen gehört dieses Gebiet zu den waldarmen Zonen Siebenbürgens. Größere Eichen- und Eichenmischwälder (Weißbuche, Esche, Ahorn, Kirsche u. a.) gibt es nur noch im Zwischenkokelgebiet und auf der Wasserscheide des Zeckesch-Hochlandes. Weite Flächen sind mit Steppenvegetation bedeckt.

Das Gebiet ist seit der Steinzeit bewohnt, es war im Mittelalter und bis 1848 ein Gebiet höriger Bauern auf dem Grund der Klöster und der Adeligen ungarischer und deutscher Herkunft. Die Kollektivierung der Landwirtschaft hat nicht viel zur Entwicklung des Lebensstandards der ländlichen Bevölkerung beigetragen. Die Landflucht ist beträchtlich, ebenso das Pendeln zu Arbeitsplätzen in die umliegenden Städte. Die heutige Einwohnerdichte beträgt 50 bis 60 Ew./km². Große Weideflächen ermöglichen Rinder- und Schafzucht. Im Kokeltal wurden weite Rebflächen frisch angelegt, während andernorts viele alte aufgegeben wurden.

Blasendorf wurde im 18. Jh. durch die Ansiedlung des griech.-kath. Bischofssitzes zum Kulturzentrum der siebenbürgischen Rumänen. Neben den verschiedensten Kultureinrichtungen befindet sich hier auch das „Freiheitsfeld" (Cîmpul Libertăţii), auf dem 1848 die große Volksversammlung der Rumänen stattfand. 1868 wurde hier der Protest der rumänischen Bevölkerung gegen die Vereinigung mit den Ungarn verfaßt; die „Siebenbürgische Schule" (Şcoala Ardeleană) hat eine hohe Entwicklung nationaler rumänischer Kultur bewirkt. Neben dem Hauptanteil der rumänischen Bevölkerung haben seit dem 11. Jh. ungarischen Bauern, seit dem 12. Jh. auch deutsche (Siebenbürger Sachsen) hier ihre Dörfer auf Feudalgrund errichtet und ihre romanischen und gotischen Steinkirchen neben die Holzkirchen der Rumänen gebaut. Die Wehrkirchen sind touristische Anziehungspunkte.

Übernachtungsmöglichkeiten gibt es in diesem Reisegebiet nur im Hotel von Blaj (Blasendorf).

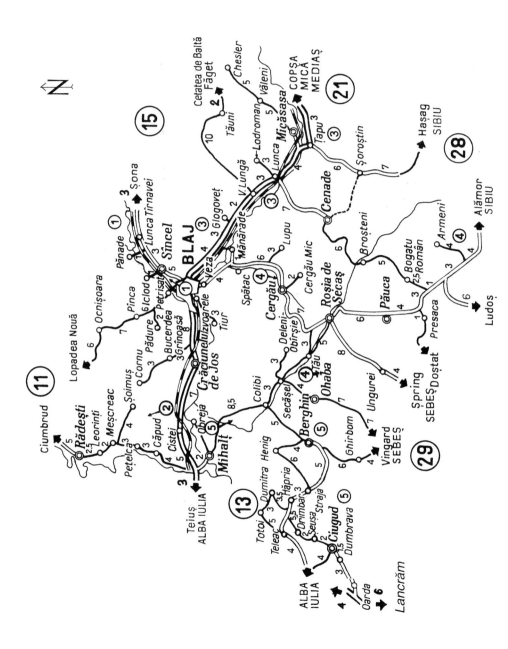

Die Anfahrt mit der Bahn erfolgt von Teiuş oder Alba Julia, Copşa-Mică oder Tîrnăveni. Für PKWs sind die DN 14B sowie die Kreisstraße im Tal der Kleinen Kokel zu empfehlen. Teerstraßen führen zu allen Gemeinden. Die anderen Straßen und Wege sollten bei Regenwetter gemieden werden.

ROUTE 1/14

Von Şona (Schönau) > [RG 15] kommend, erreicht die Teerstraße nach 2 km das Dorf

Lunca Tîrnavei (Spini), Bleschdorf, Szpin (Kistövis) (252 m, u. e. E. 1461, 529 Ew.). War Schafzinsdorf mit rum. Knesen auf Gemarkung von Schönau. Nach 1 km zweigt ein Weg auf das n. Kokelufer ab, wo 1 km weiter das Dorf

Pănade, Panaden, Panád (292 m, u. e. E. 1290, 1104 Ew.) liegt. Sächs. Gründung, wird im 15. Jh. rum. Hörigendorf der Domäne Blasendorf. Geburtsort des rum. Sprachwissenschaftlers Timotei Cipariu (1805 – 1887). Im Kokeltal, 3 km von der Panader Abzweigung, liegt

Sîncel, Simtschal, Szancsal (251 m, u. e. E. 1300, 1834 Ew.). Wurde von Ung. und Saraz. bewohnt. Nach 1461 ist es rum. Knesendorf mit ung. und rum. Bevölkerung. Gehörte zur Domäne Blasendorf. N., 1 km entlang dem rechten Kokelufer, liegt

Iclod, Mikluden, Iklód (263 m, u. e. E. 1290, 670 Ew.). Gehörte der Zisterzienserabtei Kerz. 5 km von Sîncel, oberhalb des Zusammenflusses der beiden Kokeln, liegt die Stadt

Blaj, Blasendorf, Balázsfalva (257 m, u. e. E. 1252, 1992: 22.522 Ew.). Erhielt seinen Namen 1621 vom Sohn des Grundherrn Blasius, dem Gräfen Herbord. Nach Reformation wurde es unit., später ref. War Fürstengut, später kaiserl. Fiskalgut. Unter Bischof Ion Inocenţiu Micu-Klein wurde es griech.-kath. Bischofssitz. Die neue griech.-kath. Schule wurde 1736 übergeben, seit damals Marktflecken und Kulturzentrum für die Rum. Sb.s. Auf dem Freiheitsfeld (Cîmpul Libertăţii) im O der Stadt fand zwischen 3. und 5. Mai 1848 eine große rum. Volksversammlung statt, an der u. a. auch der evang. Pfarrer Stephan Ludwig Roth teilgenommen hatte. *Sehenswürdigkeiten: Dokumentarbibliothek „Timotei Cipariu"* im ehem. *Apafi-Schloß* (um 1735 von G. Bogdi erbaut). – *Dreifaltigkeitskathedrale*, 1738 – 1765 auf Veranlassung des Bischofs Ion Inocenţiu Micu-Klein nach Plänen des Arch. A. E. Martinelli errichtet; Türme, Chöre und Sakristeien von 1837; Ikonostase von I. Aldea, Ikonen von Stefan Teneţchin Ponerchin, einfacher Barockbau einer Saalkirche mit ovalen Flügelkuppeln. Als Dom der griech.-kath. Metropole errichtet, ist der erste sakrale Barockbau der Rum. zurückzuführen auf die politischen und kulturellen Beziehungen der rum. griech.-kath. Kirche zu Wien. Der Bau wurde nur zögernd durchgeführt (1738 – 1765). 1837 wurde die Fassade durch den Anbau der beiden Türme bereichert. Die Triglyphen des Gurtgesimses sind ein klassizist. Beitrag. Einweihung 1756 als Bischofskirche. – Das Gebäude der ehem. *Theol. Akademie* (Mănăstirea Sfînta Treime), 1741 – 1777 in barockem Stil gebaut, heute Landwirtschaftsschule als Nachfolgerin der ehem. griech.-kath. Schule von 1754. *Griech. Kirche* neben dem Friedhof an der Vezaer Brücke. Hier stehen Grabdenkmäler vieler rum. Persönlichkeiten: Timotei Cipariu (Sprachwissenschaftler 1805 – 1871), Ion Micu Moldovan (Kanoniker), Augustin Bunea (Historiker 1857 – 1909). – Auf dem *Freiheitsfeld* stehen Denkmal und Büsten aller Führer der Revolution von 1848/49. Im Hof der landwirtschaftlichen Schule stehen die Büsten von Jacob Mureşanu und Gheorghe Şincai. Das moderne Blasendorf hat ein großes Holzverarbeitungskombinat, Werkzeugmaschinenfabrik, Käserei, Weinbauforschungsanstalt. S. der Großen Kokel liegt das eingemeindete rum. Dorf

Isvoarele, Csufud (254 m, u. e. E. 1386, 848 Ew.) und 1,5 km ö. das Dorf

Veza (258 m, u. e. E. 1263, 1165 Ew.). 1,5 km sw. von Izvoarele liegt das Dorf

Tiur, Tür (247 m, u. e. E. 1313, 1830 Ew.). War im MA. ein ung. Dorf der Domäne Blasendorf. Die griech.-kath. Kirche wurde 1780 gebaut. N. von Blaj führt ein Gemeindeweg von der Brücke über die Kleine Kokel 4 km nach

Petrisat, Petersdorf, Magyarpéterfalva (259 m, u. e. E. 1318, 652 Ew.), ein ung. ref. Dorf des Bischofsgutes von Blasendorf. Die Straße führt durch den Weiler **Pînca, Panka** (u. e. E. 1954) mit Salzbrunnen und Einzelhöfen, nach 9 km in das Dorf

Ocnişoara, Grubendorf, Kisakna (294 m, u. e. E. 1177, 517 Ew.), ein altes Dorf, das im MA. Salzgruben hatte. Seit 15. Jh. ist es mit rum. Ew. ein Dorf der Domäne Stremţ. Weiter w. über einen Berg führt die Straße 4 km nach Odverem und Lopadea Nouă > [RG 11].

ROUTE 2/14

Von Blaj nach W erreicht die DN 14B nach 7 km serpentinenreichem Verlauf über den rutschungsgefährdeten Steilhang an der vereinigten Kokel am Pîrva-Berg eine Abzweigung nach N, an der nach 3 km das Dorf

Bucerdea Grînoasă, Buzásbocsárd (296 m, u. e. E. 1303, 2218 Ew.) liegt. War im MA. ein ung. Dorf der Domäne Stremţ, hielt gutbesuchte Jahrmärkte ab. Hier wurde der rum. Sprachwissenschaftler Ion Maiorescu (1811 – 1864), Vater von Titu Maiorescu, geboren. Dieser Seitenweg endet nach 4 km im Weiler

Cornu (329 m, u. e. E. 1910, 221 Ew.), unter dem Cornul Şoimului (526 m) gelegen. Von der Bucerdeaer Abzweigung führt die DN 14B nach 1 km nach

Crăciunel, Kratschendorf, Alsókarácsonyfalva (244 m, u. e. E. 1272, 1995 Ew.). Heutige Bezeichnung seit 19. Jh. Im MA. Gut der Fam. Bánffy, von rum. und ung. Hörigen bewohnt. Große Rebanlagen im Tal und auf flachen Berghängen. Die DN 14B erreicht nach 7 km das Dorf

Cistei, Románcsesztve (271 m, u. e. E. 1441, 825 Ew.). Kokelabwärts folgt nach 5 km eine Straßenkreuzung vor der Miereschbrücke (Überquerung des Mieresch in Richtung Teiuş (Dornen) > [RG 13]. Von dieser Kreuzung führt ein Gemeindeweg am linken Miereschufer nach N, erreicht nach 4 km das Dorf

Căpud, Magyarkapud (303 m, u. e. E. 1264, 487 Ew.). Gehörte im MA. zum Weißenburger Kapitel (Alba Julia), dann zur Burgdomäne Stremţ. Nach 2,5 km folgt

Peţelca, Paczalka (312 m, u. e. E. 1264, 497 Ew.); war rum. Knesendorf. 2,5 km n. liegt auf einer niederen Mieresch-Terrasse das Dorf

Meşcreac, Megykerék (239 m, u. e. E. 1264, 420 Ew.), ein rum. Ort. In einem ö. Seitental liegt, 4 km weit, das kleine ung. Dorf

Şoimuş, Magyarsolymos (303 m, u. e. E. 1318, 225 Ew.) mit ref. Kirche. Im Miereschtal folgt nach 2 km auf der Terrasse des Mieresch

Leorinţ, Lörincréve (237 m, u. e. E. 1348, 493 Ew.). Weltweit (z. B. Brasilien) sind die Tanzgruppen und die Volkstrachten der Ung. bekannt. Die letzte Ortschaft auf dieser Strecke ist nach 3 km die Gemeinde

Rădeşti (811 Ew.), bestehend aus den Dörfern

Timpahaza, Tompaháza (239 m, u. e. E. 1439), von Rum. bewohnt, und

Uifalău, Szászujfalu (247 m), von Sachsen gegründet, seit dem 15. Jh. von Rum. und Ung. bewohnt. Ref. Kirche hat schöne Kassettendecke von 1744. Die Straße führt geteert weiter nach Ciumbrud > [RG 11].

ROUTE 3/14

Die DN 14B verläßt Blaj nach O, führt am N-Ufer des Miersch am Weinbauforschungsinstitut sowie an dem Holzverarbeitungskombinat vorbei; nach 6 km, an der Eisenbahnhaltestelle *Mănărade*, führt ein eiserner Steg (Inschrift „B. v. G. Bochum, 1813") – Fußweg nach Mănărade – über die Kokel. Nach 3 km folgt links das Straßendorf

Glogoveṭ, Tutendorf, Glogovác (Kisgalgóc) (321 m, u. e. E. 1356, 586 Ew.). Das Dorf zieht sich 3 km in ein Seitental. Im MA. war es von hörigen Slowaken bewohnt, seit 1600 von Rum. Gehörte zum Herrenhof von Fägendorf (Micăsasa). Hier wurde der rum. Dichter Vasile Aaron (1803 – 1859) geboren, Sohn des griech.-kath. Pfarrers. Zwischen Tutendorf und Schönau liegen die spärlichen Reste der *Burg Egerd*, die vom Anjoukönig Karl geschleift worden ist. Der sb. Kanzler Nikolaus Bethlen hat sein Schloß in Klosdorf aus den Steinen dieser Ruine (Cetatea Urşilor) gebaut. Nach 2 km folgt die Großgemeinde

Valea Lungă, Langenthal, Hosszuaszó (281 m, u. e. E. 1309, 2101 Ew.). Das Dorf zieht sich mit geschlossenen Gassenfronten 3 km in das Lange Tal hinauf. Das sächs. Dorf war im MA. von ung. Adligen beherrscht, 1848 waren hier 20 kleinadelige Fam. angesiedelt. Die ev. Kirche ist ein turmloser, spätgot. Saalbau aus dem 14. Jh. Sie erhielt 1729 eine neue Kassettendecke aus 118 Feldern, mit Blumen und Rankenmotiven bemalt. Steintaufbecken mit Schlange sowie Mascaronen-Konsolen stammen aus dem MA. Der Chor hat Kreuzrippengewölbe. Wertvoll ist der Barockaltar, der bemalte Kanzelkorb aus 1725 und das fast ebenso alte Lesepult; Fragmente naiver Wandmalerei haben sich erhalten. Es ist ein Kircheninneres, wie es sich arme Bauern selbst geschaffen haben. Unter dem Chor ist eine Krypta als Ossarium eingerichtet; von hier führte ein Fluchtgang in einen Bauernhof. Im Jahre 1981 bauten die Sachsen auf den Fundamenten eines eingestürzten Wehrturms einen neuen dreigeschossigen Glockenträger aus Bruchsteinen mit Wehrgang. Die kleine Glocke stammt aus 1592, die große von 1710. Eine 5 m hohe Ringmauer aus Bruchsteinen umgibt die Kirche. Von den 6 Türmen stehen noch zwei. Außer der ev. Kirche gibt es hier noch eine ref. Kirche, gestiftet von Baron Szentkereszti, eine röm.-kath., erbaut 1772, eine griech.-kath. aus der selben Zeit und eine orthod. Kirche von 1930. Im ref. Friedhof Familiengruft der Szentkeresztis. Die jüd. Synagoge (Ende 19. Jh.) wurde nach dem Zweiten Weltkrieg abgetragen. Heimatort der sächs. Bischofs Müller-Langenthal (1884 – 1969). Hier war der bedeutende Sb. Botaniker *Josef Barth* von 1864 – 1898 Pfarrer. Die Straße zieht sich noch 10 km im Langen Tal bis zum Dorf

Tăuni, Prenzendorf, Hossupatak (390 m, u. e. E. 1461, 963 Ew.). Rein rum. Dorf. Der Weg steigt aus dem Dorf im Talkessel über die Höhe hinüber nach Fäget > [RG 15]. 3 km ö. von Langenthal [DN 14B] Abzweigung n. in das rum. Dorf

Lunca, Langendorf, Küküllőlonka (333 m, u. e. E. 1667, 638 Ew.). Nach NO zweigt ein Gemeindeweg ab, führt 3 km nach

Lodroman, Ledermann, Lodórmány (315 m, u. e. E. 1439, 681 Ew.). Als rum. Knesendorf gehörte es zum Herrenhof von Fägendorf; ein Teil des Dorfes war Besitz der ev. Kirche von Langenthal. Von Abzweigung Lunca führt eine DJ 7 km nach S, über die Kokel nach

Cenade, Scholten, Szászcsanád (323 m, u. e. E. 1301, 1777 Ew.). Als sächs. Dorf gehörte es zu den Abteigütern von Egresch, später wurde es Bánffy-Gut. Geburtsort des rum. Schriftstellers Ion Agîrbiceanu (1882 – 1963). *Sehenswert:* die *ev. Saalkirche,* urspr. ein rom. Kirchlein, das in got. Zeit Chor des angebauten Kirchensaales wurde. Die Portale und Tore haben schön geschnitzte Eichentüren von 1522. Die S-Empore weist volkstümliche Rokokobemalung auf. Unter dem Chor eine Krypta mit Ossarium. Es stehen noch Reste des W-Turms und der Befestigungsmauer, die „Alte Schule" ist Burghüterwohnung. Durch das Erdbeben von 1940 arge Zerstörungen. Das Kreuzigungsbild des Barockaltars wurde 1957 von der Hermannstädter Malerin Trude Schullerus geschaffen. Von Abzweigung Lunca folgt 4 km ö. eine Abzweigung nach O in die Großgemeinde

Micăsasa, Fägendorf, Mikeszásza (284 m, u. e. E. 1215, 1801 Ew.). War im MA. ein dt. Marktflecken in verschiedenem adligen und in Hermannstädter Besitz. Zum Herrenhof gehörten die rum. Dörfer Lodroman, Fâget, Chesler und das slowakische Dorf Glogovăţ. Seit 16. Jh. neben sächs. Richter auch rum. Knez. Der sb. Gubernator Samuel von Brukenthal hatte hier ein Weingut. Der letzte ev. Pfarrer ist 1796 wegen Schrumpfung der Gemeinde nach Langenthal umgesiedelt. Von der einst got. ev. Kirche benützen heute die röm.-kath. Bauern den Chor, die Reform. den Saal des Gotteshauses. Der Weg führt, nach 3 km im Kokeltal, 7 km nach NO, durch den in einem engen Seitental gelegenen Weiler **Văleni,** in das rum. Dorf

Chesler, Kesseln (Kesselgrund), Kesslér (386 m, u. e. E. 1439, 610 Ew.). Von der Micăsasaer Abzweigung biegt die DN 14B nach S, überquert die Große Kokel und kommt nach 2 km in das Dorf

Ţapu, Abtsdorf, Csicsóholdvilag (299 m, u. e. E. 1309, 1184 Ew.), gegründet als dt., zu Egresch gehörendes Abteidorf. Gehörte später zum Herrenhof von Donnersmarkt (Mănărade), dann zum Teleki-Gutshof von Schorsten. Wegen unmenschlicher Behandlung durch den telekischen Hofrichter siedelten viele sächs. Fam. in die Städte um. Im 14. Jh. wurde die Kirche auf einer Bergnase im S über dem Dorf errichtet und im 16. Jh. zu einer Kirchenburg mit ovalem Bering aus Bruchsteinen und mit dreigeschossigem W-Torturm ausgebaut. Die flache Stuckdecke wurde 1838 eingezogen. Got. sind das hohe, 20 cm breite Maßwerkfenster im Chor, die Sakramentsnische mit steingemeißelter Umrahmung, Fialen und Kreuzblumen. Der Turm über dem Chorquadrat ist nicht vollendet worden. Der ovale Mauerring.ist 6 m hoch, hat zwei Reihen von Schießöffnungen; Wehrgang und Vorratskammern sind abgetragen. Der Torturm im W und ein Türl mit Scharwachtürmen im N sind noch gut erhalten. Die DN 14B führt hier weiter nach Klein-Kopisch (Copşa Mică) > [RG 21].

Nach S zweigt eine Kreisstraße ab, erreicht nach 6 km im Langenbach-Tal (Schlammvulkane) das Dorf

Şorostin, Schorsten, Sorostély (315 m, u. e. E. 1311, 1410 Ew.). War ein sächs. Dorf der Egrescher Abtei, wurde fürstl. Gut der Domäne Donnersmarkt, dann vom sb. Kanzler Michael Teleki gekauft. 1690 fanden hier im Teleki-Schloß entscheidende Gespräche statt, betreffend die Vereinigung mit Habsburg. Mehrere Mitglieder der hiesigen Telekifam. waren im polit. und Wirtschaftsleben Sb.s von großer Bedeutung. Die ev. Kirche entstand schon um 1300, wurde 1880 umgebaut. *Sehenswert:* gotischer Flügelaltar.

ROUTE 4/14

Von der Blasendorfer Kokelbrücke bei Veza führt eine AS 4,5 km am S-Ufer der Großen Kokel zur Abzweigung einer AS 1 km nach

Mănărade, Donnersmarkt, Monora (258 m, u. e. E. 1205, 1035 Ew.). Am Ende des 13. Jh. von Sachsen gegründet, 1336 Marktflecken. War Herrschaftssitz eines Abteigutes des Klosters Egresch. Später hatte die Donnersmarkter Domäne mehrere Herren: Balthasar Bathori, Maria Christina von Habsburg (Gemahlin des Fürsten Sigismund Bathori), um 1620 den moldauischen Woiwoden Movilă, die Fürstenfam. Rakoczi, und schließlich wurde es in kaiserl. Zeit ein Fiskalgut. Die erste ev. got. Kirche wurde Anfang des 14. Jh. gebaut. Nach Aufhebung der Leibeigenschaft zu klein, da-

Mănărade (Donnersmarkt), neue evangelische Kirche

her 1869 Neubau. Diese Saalkirche mit ihren beiden auf Konsolen vorkragenden Zinnenkränzen mit den gekrönten Erkern ist ein außergewöhnliches Baudenkmal; es ähnelt der W-Front des Hochmeisterpalastes der Marienburg in W-Preußen. Aus der alten Kirche stammt das steingemeißelte Taufbecken. Der alte Bering der Kirchenburg ist noch als 6 m hohe Feld- und Bruchsteinmauer erhalten. Im O steht der dreigeschossige Torturm, der 1832 zu einem Glockenturm umgebaut wurde. Auch zwei Wehrtürme sind als zweigeschossige Ruinenstümpfe erhalten. Von der Donnersmarkter Abzweigung führt die DJ nach S in das Schergieder Tal, kommt nach 1,5 km zu dem Dorf

Spătac, Sachsenbach, Szászpatak (398 m, u. e. E. 1482, 336 Ew.), eine alte, typisch rum. Siedlung. Nach 4 km zweigt ein Weg 2 km zu dem kleinen rum. Dorf

Lupu, Farkastelke (329 m, u. e. E. 1318, 919 Ew.) ab. Nach einem weiteren km zweigt eine KS nach S 2 km nach

Cergău Mic, Kleinschergied, Bolgárcserged (357 m, u. e. E. 1303, 627 Ew.) ab. Nach 1290 wurden hier kath. Bulg. aus dem Widiner Banat angesiedelt, die, ab der Reformation ev., ihre Muttersprache verloren, aber einige Gebete behielten. 1930 waren von 762 Ew. 443 ev. Von der Gabelung führt die AS nach 3 km in die Großgemeinde

Cergău Mare, Großschergied, Nagycserged (309 m, u. e. E. 1302, 1190 Ew.). Im MA. kath. ung. Dorf, nach 1600 siedeln hier ev. Bulg., von denen viele zum griech.-kath. Glauben konvertierten. Eine kehrenreiche AS führt weiter über die Wasserscheide (433 m) in das Tal des Kleinen Secaş (Zekesch) und teilt sich nach 7 km. Bachabwärts folgt an der KS nach 2,5 km das rum. Dorf

Tău, Weierdorf, Székástohát (292 m, u. e. E. 1332, 1287 Ew.) mit alter Holzkirche. Nach weiteren 4 km folgt

Secășel, Heidendorf, Székásszabadja (352 m, u. e. E. 1372, 1659 Ew.). Von hier führt die KS 13 km nach Vingard > [RG 29]. Von Secășel führt die KS im Tal des Kleinen Secaș 3 km abwärts in das Dorf Colibi > [R 5/14]. Von der o. g. Straßengabelung im Kleinen Zeckesch-Tal führt die AS 2 km talaufwärts in die Gemeinde

Roșia de Secaș, Rothkirch, Székásveresegyház (302 m, u. e. E. 1313, 1299 Ew.). Als sächs., höriges Bauerndorf gegründet, seit 16. Jh. von Rum. bewohnt. Geburtsort des rum. Volkskundlers Nicolae Pauletti. Die AS führt nach S in einem Seitental 8 km hinauf nach

Ungurei, Gergeschdorf, Gergelyfája (383 m, u. e. E. 1304, 939 Ew.). Hatte bis vor kurzem eine überwiegend dt. Einwohnerschaft. Von der urspr. ev. Kirche aus dem 15. Jh. ist nur noch der Chor erhalten, davor wurde ein schlichter Kirchensaal gebaut. Am Ortseingang, im Friedhof, blüht im Frühjahr ein Meer von verwilderten Narzissen. Die AS führt weiter nach S über die Höhe, 8 km nach Spring > [RG 29]. Von Roșia führt eine z. T. ungeteerte KS nach S, 6 km in die Gemeinde

Păuca, Törnen, Pókafalva (340 m, u. e. E. 1309, 1683 Ew.). Die ev. rom. Kirche wurde im 16. Jh. umgebaut. Die beiden Türme dieser Kirche stürzten 1910 ein, nur ihr Erdgeschoß steht heute noch überdacht. *Sehenswert* sind die Emporenmalerei und die got. Gewölbekonstruktion des Schiffes und des Chors. Vom einstigen Franziskanerkloster stehen noch Ruinen. – Schöne rum. *Holzkirche.* Faschingsbrauch: Gansabreiten „Wischen". Die AS führt im Tal 5 km aufwärts nach

Heidelandschaft mit Adonisröschen bei Păuca (Törnen)

Presaca, Kerschdorf, Székásgyepü (380 m, u. e. E. 1296, 957 Ew.). Hat schöne rum. Holzkirche. Ein Feldweg führt w. nach Doștat > [RG 29]. Vom Dorfeingang führt die Straße weiter auf der Höhe in Richtung Alămor > [RG 28], nach 3 km zweigt eine KS nach N ab, im Trecătoarea-Tal nach 4 km hinab in das rum. Dorf

Bogatu Român, Bogaden, Oláhbogát (Nagykerék) (384 m, u. e. E. 1296, 1480 Ew.). Im MA. sächs. Dorf des Weißenburger Kirchenkapitels. Wurde im 16. Jh. Wüstung, später mit Rum. wieder bevölkert. *Sehenswerte* rum. Holzkirche. 5 km führt die KS zuerst nach N, dann im Tal des Kleinen Zekesch in das Dorf

Broșteni, Kradendorf, Kieskerék (324 m, u. e. E. 1272, 1039 Ew.). Hat *bemerkenswerte* Holzkirche. Der Weg führt weiter nach N 6 km bis Cenade (Scholten) > [R 3/14]. Nach der Wegabzweigung in das Trecătoarea-Tal verläuft die AS 4 km auf der Höhe (unterwegs S-Abzweigung 6 km nach Ludoș), dann zweigt von ihr ein Weg nach NO ab, führt im Valea Satului 4 km nach

Armeni, Armenen, Örményszékes (378 m, u. e. E. 1319, 1630 Ew.). Wurde um 1300 mit sächs. Bauernfam. besiedelt, seit 16. Jh. ein rum. Knesendorf.

ROUTE 5/14

Von der Straßenkreuzung an der DN 14B (Blaj – Alba Julia/Teiuş) vor der Miereschbrücke führt eine Asphaltstraße 2,5 km nach SO, über die Kokel in die Gemeinde

Mihalţ, Michelsdorf, Mihálcfalva (236 m, u. e. E. 1218, 2626 Ew.). Hieß als sächs. Gründung Mittelwinz und wurde im 15. Jh. ein rum. Dorf; heute Winzerdorf. Ein Weg führt 4 km nach NO an das Ufer der Kokel nach

Obreja, Obrázsa (261 m, u. e. E. 1762, 819 Ew.). Hier wurden prähist. und dak. Funde gemacht. Von Mihalţ führt eine KS 8,5 km durch das untere Kleine Zekesch-Tal nach

Colibi, Székás (266 m, u. e. E. 1290, 287 Ew.). War Jahrhunderte hindurch Wüstung auf der Gemarkung von Blutroth. Ein Kiesweg führt im Kleinen Zekesch-Tal 3 km nach Secăşel > [R 4/14]. Nach SW führt eine KS 5 km nach

Berghin, Blutroth, Berve (314 m, u. e. E. 1313, 1162 Ew.). War ein sächs. Dorf im Besitz des Weißenburger Domkapitels, später ein Karlsburger Fiskalgut. Eine architektonische Rarität ist die 1900 erbaute klassiz. ev. Dorfkirche auf einer Bergkuppe über dem Dorf. Von Blutroth zweigt ein Weg nach S ab, führt 6 km im oberen Tal in das Dorf

Ghirbom, Birnbaum, Oláhgirbó (363 m, u. e. E. 1300, 1136 Ew.). Nach sächs. Kolonisation wird es im 15. Jh. von Rum. besiedelt. *Sehenswert* die orthod. Holzkirche aus dem 18. Jh. Archäol. Grabungsstätten mit Funden aus dem Neolithikum und der Bronze-, Eisen-, Daker- und Römerzeit. Der Weg führt weiter 4 km nach Vingard > [RG 29]. Vor Blutroth zweigt ein Weg nach NW ab, führt nach 4 km in das Dorf

Henig, Henningsdorf, Henningfalva (297 m, u. e. E. 1333, 832 Ew.). Als sächs. Dorf gegründet, seit 15. Jh von Rum. bewohnt. Gehörte lange Zeit zum ref. Kollegium von Aiud (Straßburg a. M.). Der Weg führt 6 km hinauf nach

Straja, Hohenwarte, Öregyház (405 m, u. e. E. 1274, 715 Ew.). Nach 3 km folgt das Dorf

Hăpria (Hirepea), Oláhherepe (292 m, u. e. E. 1520, 680 Ew.). Von der AS zweigt nach 2 km eine KS nach N ab, führt 3,5 km nach

Dumitra, Demetersbach, Demeterpataka (283 m, u. e. E. 1269, 337 Ew.). 3 km nw. von der Abzweigung liegt am Miereschufer das Dorf

Totoiu, Taté (226 m, u. e. E. 1287, 873 Ew.). Eine Schiffsfähre verbindet es mit Sîntimbru > [RG 13]. 5 km auf der Miereschterrasse nach S erreicht der Weg Teleac, das zu

Drîmbar, Drombár (247 m, u. e. E. 1332, 979 Ew.) gehört. Hier ist eine Miereschbrücke, die die Verbindung nach Alba Julia (Karlsburg, 3 km) herstellt > [R 13]. 2 km s. folgt das Dorf

Seuşa, Salzbach, Sospatak (221 m, u. e. E. 1332, 705 Ew.), weitere 2 km s. liegt die Gemeinde

Ciugud, Maroscsüged (236 m, u. e. E. 1336, 607 Ew.) mit einer Fährverbindung nach Alba Julia > [R 13]. 1,5 km sw. liegt das kleine Dorf

Dumbrava (Limba), Warthe, Lima (251 m, u. e. E. 1309, 384 Ew.). Die KS führt 3 km nach SW in die Gemeinde

Oarda (2173 Ew.), die aus 2 Dörfern besteht:

Oarda de Jos, Unterwardein, Alsómarosváradja (220 m, u. e. E. 1292), eine sächs. Gründung, hat seit 1300 eine kath. Steinkirche. Im Jahr 1848 ist es großteils Wüstung, auf der im W-Teil des Ortes neben wenigen Sachsen und Ung. schon Rum. wohnen. Es folgt

Oarda de Sus, Oberwardein, Felsőmarosváradja (217 m, u. e. E. 1733). Die AS mündet hier, s. der großen Miereschbrücke, in die DN 1 s. von Alba Iulia (Karlsburg) > [RG 13].

1   Herina (Mönchsdorf, > RG 5), romanische Kirche

2 Lăpuş (Laposch, > RG 1),
Mädchen in rumänischer Tracht

3 Dej (Burglos, > RG 2), ungarische Volkstracht

4 Beliş (> RG 6), rumänische reformierte Holzkirche

5   *Dorfidylle in Nordsiebenbürgen (> RG 5)*

Cluj-Napoca (Klausenburg, > RG 6), Stadtansicht

7 Haus in der Siebenbürgischen Heide, davor geerntete Tabakblätter (> RG 7)

8 Uila (Weilau, > RG 9), Pferde bei der Tränke am Zugbrunnen

9 Viştea (> RG 6), ungarische Bauernstube, Volkstracht

10 Iernut (Radnuten, > RG 8), Renaissanceschloß

11 Cluj-Napoca
(Klausenburg, > RG 6),
Michaelskirche mit Matthias-
Corvinus-Denkmal

12 Abendstimmung am Mieresch (> RG 8)

13 Dorflandschaft bei Albac (> RG 10)

14   Zaul de Cîmpie (> RG 7), Naturschutzgebiet der Schmalblättrigen Pfingstrose

15   Blick in das Arieş-Tal (> RG 10)

16 *Rîmeț-Klamm im Trascău-Gebirge, Felsentor (> RG 11)*

17 *Motzen-Böttcher machen Rast auf dem Weg zum Jahrmarkt (> RG 12)*

18 Nadeş (Nadesch, > RG 15), Sonnenuhr am Giebel eines sb.-sächs. Hauses

19 Berghin (Blutroth, >RG 14), Dorfansicht

20 *Mittelalterliche Festung in Aiud (Straßburg a. M., > RG 11)*

21 *Befestigte ehem. romanische Dorfkirche in Sîntimbru (St. Emerich, > RG 13)*

22 Blick auf Magheruş (Maniersch, > RG15)

23 Bad Sovata (> RG 16), Kuranlage

24   *Bewehrte Wallfahrtskirche in Odorheiu Secuiesc (Oderhellen, > RG 19)*

5   *Herbstliche Landschaft in der Hargitta (> RG 18)*

28 Sighişoara (Schäßburg, > RG 20), das „Türmchen auf der Steilau" ▶

26 Lacul Roşu (Mördersee, > RG 17)

27 Der St.-Annen-See, der einzige vulkanische Kratersee der rumänischen Karpaten (> RG 18)

29 *Sighişoara (Schäßburg, > RG 20), Altar der Bergkirche*

30 *Şaeş (Schaas, > RG 20), Retabelaltar der Pfarrkirche, Kreuzigungsszene*

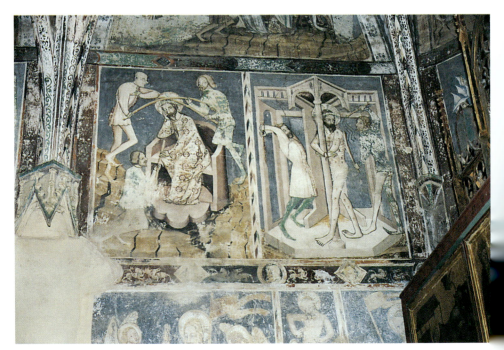

31 *Mălîncrav (Malmkrog, > RG 20), Freskomalerei an der Nordwand des Kirchenschiffs*

REISEGEBIET 15

Tîrnăveni / Sankt Martin / Dicsőszentmárton

Das Reisegebiet 15, Tîrnăveni, erstreckt sich im unteren Talgebiet der Kleinen Kokel (Tîrnava Mică), hat eine Länge von 66 km und eine Breite (N–S) von 18 – 25 km. Der tiefste Talort ist Biia (253 m), der höchste Pipea (420 m); der höchste Berg der Coasta Mare (Herzberg, 647 m) bei Hetiur (Marienburg). Das Tal der Kleinen Kokel ist asymmetrisch. Die Wasserscheide zum Mieresch (Mureş) liegt oft nur 1 – 2 km im N auf den steilen Randbergen, die sich 150 – 200 m über die Talauen erheben. Im S steigt das Gelände allmählicher an, wird von zahlreichen parallelen Tälern zerschnitten, deren Bäche ihre Quellen unter der 15 – 17 km weiten Zwischenkokel-Wasserscheide haben. Nur im NW greift das Gebiet auch in die Flußlandschaft des Mieresch über (Fărău, Herepea).

Der Untergrund besteht aus meist sandigen jungtertiären Ablagerungen, die schwach nach N einfallen: nur bei Botorca und bei Nadeş sind sie leicht aufgewölbt, und darunter liegen die reichen Erdgaslagerstätten.

Das Klima ist gemäßigt kontinental mit 600 bis 800 mm Niederschlägen im Jahr, daher hat der NW steppenartige Vegetation, während im übrigen Gebiet die Berge, vor allem die N-Hänge, mit Mischwäldern bedeckt sind. Im W herrschen Eichen vor, dazu kommen Eschen, Ahorn, Kirschen und Hainbuchen, letztere sind im O dominierend. Die Fluß- und Bachtäler mit ihren Auen und Terrassen sind in fruchtbares Kulturland verwandelt worden, Obst- und Rebanlagen bedecken vor allem die sonnigen Lagen. In den Wäldern leben vor allem Rotwild, Schwarzwild, Hasen, Füchse, Wiesel und Marder.

Die Bevölkerung dieses Gebietes ist bunt gemischt. Rumänen und Ungarn bilden den Hauptteil; die Siebenbürger Sachsen sind immer weniger geworden; ständig im Wachsen ist die Zahl der Zigeuner, die heute schon in vielen Orten die Mehrheit der Einwohner bilden. Die Dörfer sind Straßen- und Haufendörfer. Nur die sächsischen Dörfer bilden geschlossene Straßenfronten, jeder Hof eine von allen Seiten abgeschlossene Einheit. Die Häuser an der Straßenfront haben Spitz- oder abgewalmten Giebel, angemauerten Torbogen mit „Türl" und geschlossenem Holztor sowie separatem Altensitz. Im Giebel führen die sächsischen Häuser oft die Weinranke mit Trauben, die rumänischen Häuser ein Kreuz. Baumaterial waren Lehm, Holz und selbstgebrannte „Zigeunerziegel", nur bei Neubauten werden Fabrikziegel verwendet. Im Fundament wird oft lokaler Sandstein verbaut. Die rumänischen und ungarischen Dörfer sind aufgelockerter, haben Gärten mit Bretter- oder Lattenzäunen zwischen den Häusern. Oft stehen die Dorfbrunnen auf den Gassen. Am Morgen und am Abend treiben die Viehhirten die Herden durch die Dörfer.

Fast das ganze Gebiet gehörte früher zum Kokelburger Komitat, war als Erblehen an ungarischen Adelige vergeben oder war Klostergut. Touristische Anziehungspunkte sind die Kirchenburgen in den sächsischen Dörfern sowie die Schlösser des ehemali-

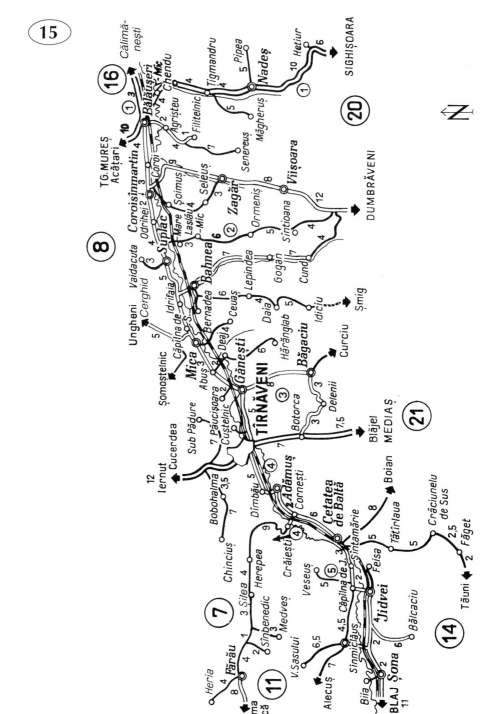

gen Land- und Hochadels, die Kellerfahrten mit Weinproben zu den Winzerdörfern oder die bunten Volkstrachten, die an Feiertagen getragen werden.

Unterkunft findet man in Tîrnăveni, Bălăuşeri, aber auch die Städte Blaj (Blasendorf), Mediaş (Mediasch), Sighişoara (Schäßburg) und Tîrgu Mureş (Neumarkt a. M.) sind nicht weit entfernt.

Anfahrtsmöglichkeiten bietet die Eisenbahnlinie Blaj – Tîrnăveni – Sovata, auf der täglich mehrere Personen- und Nahverkehrszüge verkehren. Die DN 13A im Tal der Kleinen Kokel, zwischen Blaj und Bălăuşeri, ermöglicht die Längsverbindung durch das ganze Reisegebiet. Die DN 13 und DN 14A bilden Querverbindungen sowie den Anschluß an die Nachbargebiete. In alle Nebentäler führen Teer-, Kies- oder Feldwege; Busverbindungen ermöglichen die Zufahrt in alle Gemeinden.

ROUTE 1/15

Von Sighişoara (Schäßburg) führt die DN 14 nach W über die Steilau, dann nach der Weggabelung die DN 13 (E 15) über die Große Kokel, biegt nach 2 km in ein Seitental ab und steigt zur Marienburger Hill. 10 km von Schäßburg liegt hier oben das Dorf

Hetiur, Marienburg, Hétúr (428 m, u. e. E. 1301, 1098 Ew.). Die ev. Kirche steht, von einer Mauer umgeben, auf einer Anhöhe. Hopfenanbau. Von hier führt die DN 13 in Serpentinen 10 km hinunter zu der Großgemeinde

Nadeş, Nadesch, Szásznádas (368 m, u. e. E. 1301, 1435 Ew.), im MA. eine der stärksten sächs. Zwischenkokelgemeinden, zu deren Herrenhof mehrere Dörfer gehörten. An der Hauptstraße liegen typ. Sachsenhäuser, geschlossene Zeilen bildend. Die nach Aufhebung der Leibeigenschaft aufblühende Gemeinde baute eine neue große Kirche (1853), wobei der Chor den Ring der alten Burgmauer durchbricht und in die Straße hineinragt. Hier wurde der sächs. Volkskundler und Botaniker Franz Friedrich *Fronius* (1829 – 1853) geboren; als ev. Pfarrer wirkte der Historiker Georg Friedrich *Marienburg* (1820 – 1881). Heute ist Nadesch Zentrum der Ausbeutung eines sich weit nach NW erstreckenden ergiebigen *Erdgasfeldes.* Gasleitungen versorgen viele umliegende Dörfer und führen nach Schäßburg, Neumarkt a. M. sowie über die Ostkarpaten. Obstplantagen. In einem ö. Seitental liegt, 5 km weit, das kleine Dorf

Pipea, Weppeschdorf, Pipe (420, u. e. E. 1325, 279 Ew.). Nur von Ung. bewohnt. 4 km talwärts zweigt vor dem Eingang nach Ţigmandru ein Weg in ein w. Seitental ab, erreicht nach 5 km das kleine Dorf

Măgheruş, Maniersch, Kükküllőmagyaros (388 m, u. e. E. 1391, 357 Ew.). Der Weg ist ungeteert, doch leidlich gut befahrbar. Die Kirchenburg hat weißgetünchte Türme, von ihrem Wehrgang hat man eine schöne Aussicht über Tal und Dorf. Kirchensaal mit hölzerner Kassettendecke.

Ţigmandru, Zuckmantel, Cikmántor (347 m, u. e. E. 1325, 1178 Ew.). Die markante, klassizistische ev. Kirche mit ihrem spitzen Kirchturm oberhalb der Gemeinde ist nach Aufhebung der Leibeigenschaft 1848 gebaut worden. Nach 4 km führt die DN 13 durch

Chendu, Großkend, Nagykend (358 m, u. e. E. 1325, 1725 Ew.) – weithin sichtbar die orth. Kirche auf der Anhöhe – zu dem 2 km weiter an der Kokel liegenden

Chendu Mic, Kleinkend, Kiskend (u. e. E. 1325, 1956: 518 Ew.). Hier werden lebendige ung. Volksbräuche gepflegt. Die Gräber am ref. Friedhof haben geschnitzte Totenpfähle. Vor den Häusern an der Hauptstraße sitzen Korb- und Taschenflechter bei der Arbeit, verkaufen diese

Erzeugnisse und auch Strickereien. 2 km weiter führt die DN 13 über die Kleine Kokel in die Großgemeinde

Bălăuşeri, Bladenmarkt, Balavásár (343 m, u. e. E. 1325, 1154 Ew.). Ortsname weist auf die bis 1950 abgehaltenen Jahrmärkte hin. Anstelle der alten ref. Kirche wurde 1746 die neue Kirche gebaut. An der Kreuzung der DN 13 mit der DN 13A liegen die Raststätte „Hanul Viilor" und ein privater Kiosk, von wo die DN 13 über die Höhe (419 m) hinüber nach Tg. Mureş (Neumarkt a. M.) führt > [RG 8]. Im Kokeltal aufwärts führt kurz vor dem Ortsende, noch vor den zwei Kirchen, die DN 13A 3 km nach Călimăneşti > [RG 16]. Nach S führt eine AS über die Kleine Kokel 2 km nach

Agrişteu, Ajreschteln, Egrestő (325 m, u. e. E. 1325, 750 Ew.). Gehörte im MA. zur Burgdomäne Újvár. Die heute ref. Kirche ist von Sachsen gebaut worden, die dann nach Felldorf übersiedelten. In der Kirche Kassettendecke aus 1721. Talaufwärts folgt nach 4 km in einem Seitental an der AS

Filitelnic, Felldorf, Fületelke (358 m, u. e. E. 1347, 532 Ew.). War eines der sächs. hörigen „Dreizehndörfer". Die ev. Kirche (Ruine) ist um 1500 mit Ringmauer und Wehrtürmen umgeben worden. Teile des Kircheninventars befinden sich im Pfarrhaus. Als KS führt der Weg im Zenderscher Tal, vorbei an „Gasbrunnen", nach 7 km in das Dorf

Senereuş, Zendersch, Szénaverős (385 m, u. e. E. 1409, 1274 Ew.). War eine der größten Sachsengemeinden des Zwischenkokelgebietes. Nach Aufhebung der Leibeigenschaft bauten die Ew. anstelle des alten got. Kirchleins in der weithin sichtbaren Kirchenburg eine neue Kirche. Dabei wurde der Neubau 1873 durch die Ringmauer verlängert. Aus der alten Kirche stammen ein kelchförmiges Steintaufbecken, das Pfarrgestühl (1540) ein und Männergestühl (1582). Heute befindet sich die Kirche (Fenster eingeschlagen, Orgel defekt) in einem desolaten Zustand. Kircheninneres neugot. Die Kirchenburg hat 5 m hohe Mauern mit Wehrgang, Schießscharten und Gußlöchern. Zwei O-Türme sowie der sw. Tor- und Glockenturm mit 6 Geschossen stehen noch. Der Torflügel mit Rädchen trägt das Datum 1568, über 100 Holztreppenstufen führen zu dem Kirchenplateau hinauf, das im O der Gemeinde liegt. Ein schlecht befahrbarer Feldweg führt über die Berge nach S, 12 km bis Pruden (Prod) > [RG 20].

ROUTE 2/15

Von Bălăuşeri 4 km kokelabwärts liegt das Dorf

Coroi, Kruden, Kórod (320 m, u. e. E. 1369, 283 Ew.). Der kath. Grundherr und Sb. Gubernator Sigismund Kornis unterdrückte seine unit. ung. Leibeigenen und bevorzugte die griech.-kath. Hier fanden die sächs. Forscher H. Krasser und Th. Streitfeld 1962 in der Kapelle des zerstörten Herrenhofs die sog. „Mühlbacher Madonna" aus dem Mühlbacher Altar; sie wurde daraufhin vom kath. Bischof von Alba Julia (Karlsburg) der ev. Stadtpfarrkirche in Sebeş (Mühlbach) zurückgegeben. Nach 3 km, vor Coroisînmartin, folgt eine Abzweigung, an Bahnhof und Gaswerk vorbei nach S. Jenseits der Kokelbrücke gabelt sich die AS; der ö. Arm führt nach 3 km in das Roder Tal, erreicht nach 9 km (Allee) durch fruchtbare Felder, Obstgärten, vorbei an „Gasbrunnen", die große Gemeinde

Zagăr, Rode, Zágor (349 m, u. e. E. 1412, 1348 Ew.). Der dt. Ortsname deutet auf eine Rodung hin. Umwehrte Kirche, schöne Häuser. In Rode hatte sich die tradit. sächs. *Volkstracht* am reinsten erhalten. Selbst an Werktagen wurde sie getragen. Hier ist das Zentrum eines Obstbaugebietes (Äpfel). Talaufwärts, nach 8 km, liegt das Dorf

Viişoara. Es entstand durch Zusammenlegung zweier Dörfer: **Maldorf, Dómáld** (370 m, u. e. E. 1420); die neue ev. Kirche links der Straße wurde 1845 eingeweiht. Barockaltar. Unter den Kleinadligen, die hier Grundbesitzer waren, befand sich auch der Mathematiker János Bólyai (1833 – 1860). Jenseits des Baches, in Richtung Dumbrăveni, liegt das Dorf **Hohndorf, Hundorf** (380 m, u. e. E. 1376). Beide Orte zusammen hatten 1492 Ew. In der ev. Kirche, direkt an der Straße liegend, ist ein Altarbild (Barockaltar) vom Schäßburger Tischlermeister Georg Philippi aus 1762. Schöne Häuserzeilen. Die AS führt über die Höhen 12 km nach Dumbrăveni (Elisabethstadt) > [RG 20]. Von der Straßengabelung s. der Kokelbrücke bei Coroisînmartin führt eine KS nach W 2 km in das Dorf

Şoimuş, Schalmen, Küküllősólymos (315 m, u. e. E. 1405, 944 Ew.), dann 4 km nach

Seleuş, Kleinalisch, Kisszöllős (344 m, u. e. E. 1319, 653 Ew.). Im Ortsbild fallen die vielen Schwengelbrunnen auf. Gehörte zu den sächs. „Dreizehndörfern". Nach SO führt ein schlechter Weg 3 km über den steilen Berg nach Zagăr (Rode).

Im Kokeltal führt die DN 13A von der Abzweigung 1 km bis zur Gemeinde

Coroisînmartin, Martinsdorf, Kórodszentmárton (329 m, u. e. E. 1329, 561 Ew.). Ung. Ort mit unit. und ref. Kirche. Nach 2 km folgt im Haupttal das Dorf

Odrihei, Vámosudvarhely (341 m, u. e. E. 1332, 610 Ew.). Nach 3 km, vor einer Kurve, folgt die Abzweigung einer KS nach S über die Kokel, 1,5 km in das Dorf

Laslău Mare, Rum. Lasseln, Nagyszentlászló (315 m, u. e. E. 1332, 835 Ew.). Von Sachsen gegründet, siedelten die letzten um 1700 in eine neue, weiter oben im Tal gelegene Siedlung um. Wurde rein rum. Gemeinde. 3 km talaufwärts folgt das Dorf

Laslău Mic, Kleinlasseln, Kisszentlásló (344 m, u. e. E. 1332, 791 Ew.). Anfang 18. Jh. von 13 sächs. Fronbauern des Grafen Bethlen aus Großlasseln neu gegründet. Gepflegte Ortschaft, schöne Häuser. Nach 6 km folgt das Dorf

Ormeniş, Irmesch, Szászörményes (350 m, u. e. E. 1374, 769 Ew.). Kirchenburg, wuchtiger Barockaltar in der Kirche. Im MA. gehörte es als sächs. Weinbauerndorf zur Burg Ujvár. Viele Einwohner waren Böttcher. Als letztes Dorf im Tal folgt nach 5 km das ehem. Weinbauerndorf

Sîntioana, Johannisdorf, Szászszentivány (381 m, u. e. E. 1303, 834 Ew.). Schlichte evang. Kirche mit neugot. Einrichtung. In dem sächs. Dorf hatten viele ung. Adelige ihren Besitz, unter ihnen auch der Kanzler Miklós Bethlen. Die KS führt im Tal noch 4 km aufwärts (Rastplatz, Kapelle), über die Hill (463 m) und mündet in die AS Zagăr-Dumbrăveni > [RG 20].

Die DN 13A führt nach 1 km in das Dorf

Suplac, Küküllőszéplak (306 m, u. e. E. 1325, 1006 Ew.). Der wichtigste Grundherr war hier die kroat. Fam. Petrichevich-Horváth. Heute stehen hier je eine orth., ref. und unit. Kirche. In einem n. Seitental führt ein Weg 3 km nach

Vaidacuta, Vajdakút (390 m, u. e. E. 1646, 402 Ew.). 4 km w. von Suplac zweigt eine AS nach S ab, überquert die Kleine Kokel und kommt nach 2 km in die Großgemeinde

Bahnea, Bachnen, Szászbonyha (312 m, u. e. E. 1291, 1778 Ew.). War im MA. sächs. Marktflekken, wirtschaftl. Zentrum der Burgdomäne Ujvár. Die Pfingstjahrmärkte waren gut besucht. Nach 1600 durch Ung. neu bevölkert, die sächs. ev. Kirche wurde ref. Im ehem. Bethlen-Schloß wurde die ung. Schriftstellerin Kata *Bethlen* (1700 – 1759) geboren. *Sehenswert:* orthod. Kirche (Malereien). Nach S führt im Cund-Tal die AS 7 km in den Ort

Goganşarola, Gogeschburg, Gogánváralja (342 m, u. e. E. 1301). Von der alten „Neuburg" (Ujvár) sind nur noch wenige Spuren erhalten. Zur Neuburger Domäne gehörten mehrere rum., ung. und sächs. Dörfer. Die spätgot. ref. Saalkirche (Holzturm) hatte eine sehr schöne Kassettendecke mit dem Schlangenwappen der Fam. Bethlen aus 1503. Dieses Renaissanceprunkstück ist jetzt im Budapester Ung. Nationalmuseum aufbewahrt. Ohne Übergang folgt

Gogan, Gugendorf, Gogány (350 m, u. e. E. 1332, die Orte hatten zus. 1141 Ew.). Das ung. Dorf gehörte im MA. zur Burg Ujvár. Weiter s. folgt nach 7 km auf der AS

Cund, Reußdorf, Kund (375 m, u. e. E. 1332, 500 Ew.). Name weist auf einstmals russische Ew. hin. Ev. Kirche hat im Chor (Netzgewölbe) einen kostbaren Flügelaltar aus 1520 und geschnitztes Pfarrgestühl aus 1532. Obstanlagen. Der Schotterweg führt entlang dem gleichnamigen Bach über die Hill (451 m, schöne Waldwege) nach SO bis Dumbrăveni > [RG 20]. Von Bahnea führt eine Straße 3 km nach W in das Dorf

Bernadea, Bernhardsdorf, Bernád (310 m, u. e. E. 1301, 318 Ew.). Von dieser Straße zweigt eine KS (Allee) ins Belleschdorfer Tal ab, führt nach 7 km in das rum. Dorf

Lepindea, Leppendorf, Leppend (363 m, u. e. E. 1301, 575 Ew.). In einem sw. Seitental liegt, 4 km weit,

Daia, Dengel, Szászdányán (414 m, u. e. E. 1332, 489 Ew.). War nach Gründung sächs. Ort; seit 16. Jh. leben in dem zur Burg Ujvár gehörenden Dorf Ung. und Rum. (Achtung! Keine Wegweiser im labyrinthartig angelegten Dorf!) 5 km weiter liegt im Haupttal

Idiciu, Belleschdorf, Jövedics (385 m, u. e. E. 1301, 621 Ew.). Ev. Kirche mit bemalter Holzdecke. Der letzte sächs. Stadtpfarrer der Michaelskirche zu Klausenburg hieß Andreas Belleschdörfer alias Jövedics, er war ein Bauernsohn aus diesem Dorf. Die Straße führt als Waldweg über die Höhen (510 m) 7 km nach Şmig > [RG 20].

ROUTE 3/15

An der DN 13A folgt 1 km w. der Bachner Abzweigung das ung. Dorf

Idrifaia, Ederholz, Héderfája (305 m, u. e. E. 1331, 925 Ew.). Ung. ref. Kirche 1756 restauriert. Weinbau. Nach 4 km folgt

Căpîlna de Sus, Kappeln, Felsőkápolna (310 m, u. e. E. 1332, 261 Ew.). Am w. Dorfausgang, nach 300 m, folgt eine Straßenabzweigung nach N, die AS führt 5 km nach Cerghid > [RG 8]. Nach 2 km – es lohnt ein Blick auf die Mäander der Kokel – folgt die Gemeinde

Mica, Mikefalva (308 m, 730 Ew.). Namenspatron ist der Weißenburger dt. Bürger Gräf Mika, der auf der Gemarkung von Căpîlna dieses neue Dorf gründete. Heute sind der Großteil der Ew. Ungarn. Vom w. Dorfausgang führt ein Weg über die Kokel, 4 km nach

Ceuaş, Grubendorf, Szászcsávás (328 m, u. e. E. 1301, 859 Ew.). War ab 13. Jh. von Sachsen bewohnt, diese sind im 16. Jh. nach Pretai (Brateiu) abgewandert. Viele dt. Flurnamen auf der Gemarkung des ung. Dorfes zeugen noch von der Vergangenheit. Der bekannte ung. Kirchenchor ist vom Lehrer Belle (hugenottischer Abstammung) gegründet worden. Im Kokeltal folgt nach 3 km

Abuş, Abuss, Abosfalva (312 m, u. e. E. 1357, 460 Ew.). Führte früher den slav. Namen Beznik. In dem von kath. Ung. bewohnten Dorf steht das ehem. Schloß *Apor*. Ein Weg führt nach 2 km in das am s. Ufer der Kokel gelegene Dorf

Deaj, Désfalfa (318 m, u. e. E. 1301, 1289 Ew.). Im Sames-Tal 6 km aufwärts liegt

Hărănglab, Harangláb (333 m, u. e. E. 1361, 1059 Ew.). Die einstmals ev. dt. Elisabethkirche des MA. ist heute ung. ref. Gotteshaus. Die DN 13A kommt 3 km w. von Abuş zur Abzweigung eines Seitenweges nach N in das kleine Dorf

Păucişoara, Potschendorf, Küküllőpócsfalva (307 m, u. e. E. 1314, 327 Ew.).

Kokeltalabwärts folgt nach 1 km die Gemeinde

Gănești, Gallendorf, Vámosgálfalva (325 m, u. e. E. 1314, 3870 Ew.). Im MA. waren hier viele kleinadelige ung. Herrenhöfe. In der Großgemeinde macht die DN eine große „S"-Schleife, in der eine AS nach S abzweigt; durch fruchtbare Kulturen, Obst- und Weinanlagen, an Salzquellen und erodierten Hängen vorbei, führt die AS nach 8 km in die *Winzergemeinde*

Băgaciu, Bogeschdorf, Szászbogács (359 m, u. e. E. 1359, 1342 Ew.) Als freie sächs. Gemeinde gehörte sie zum Stuhl Mediasch, war Sitz eines Kirchenkapitels; bekannte Weinbauern. Die ev. Kirche aus dem 13. Jh. ist seit dem 15. Jh. *Kirchenburg.* Die spätgot. Saalkirche ist aus Felsgestein aus dem Zibinsgeb. errichtet. W- und S-Portal wurden nachträglich ausgebaut. Chorgewölbe mit Rautennetzrippen ruht auf Konsolen mit Tierfiguren, Masken, Drachen und Weinranken. Bei Wehrbarmachung wurde Saal tiefer eingewölbt. Bis 1564 war der Kirchenraum bemalt, zwei Fragmente sind erhalten. Die kunstvollen Steinportale aus Sand- und Kalksteinquadern sind Meisterwerke der Steinmetzkunst, waren bemalt. In der Kirche zwei Brunnen. Wertvoll das geschnitzte Chorgestühl aus 16. Jh. (Flachrelief, Intarsien, Inschriften, prachtvoller Opferstock aus 16. Jh.). Der Flügelaltar mit der geschnitzten Figurengruppe, deren Gestalten der Renaissance angehören, stammt vom Sohn des Nürnberger Veit Stoß, Johann *Stoß*, der in Schäßburg seine Werkstatt hatte. Der mächtige W-Turm hat den Einstieg durch eine Luke im Kirchensaal mit nachziehbarer Leiter. Treppenstollen führen zu oberen Stockwerken, mit Schießscharten versehen. Hölzerner Wehrgang mit aufgesetztem Prismendach ragt hoch über das Dorf. Die Kirchenburg hat einen inneren Bering mit Verdoppelung im O und N, wo ein Zwinger gebildet wird. Mauer ist 8 m hoch, hat Hosenscharten, Wehrgang, im O viergeschossiger Torturm mit Fallgitter, zweigeschossige Bastei, die den Zwingerhof zweiteilt. Ein bes. Merkmal des Dorfes: fast jedes Haus hat eine breite Sandsteinplatte als Schwelle vor dem Tor. Die alte Poststraße (heute Feldweg) führt im Tal weiter nach S über die Magyarmező (514 m) mit dem ehem. Lichtenstein-Denkmal bei Puschendorf (Păucea) > [RG 21]. Die AS führt aus Băgaciu nach W über die Höhen (463 m) 3 km nach

Băgaciu (Bogeschdorf), Flügelaltar der Saalkirche

Deleni, Kleinfarken, Magyarsáros (376 m, u. e. E. 1322, 1416 Ew.). War im MA. von Sachsen bewohnt, ist heute die größte unit. Kirchengemeinde im Kreis Mureş. Neben der neuen Kirche steht der alte Holzglockenturm aus 1699. Im Ort finden sich viele Holzschnitzereien des ung. Volkskünstlers Dezsö Bandi (geb. 1919). Zahlr. Ew. arbeiten auf der umliegenden Erdgaslagerstätte. Die AS steigt über den Berg nach W und erreicht nach 3 km den Weiler Botorca an der DN 14A (Tîrnăveni – Mediaş).

Im Tal der Kleinen Kokel verläßt die DN 13A Găneşti und kommt nach 2 km in die Gemeinde

Seuca, Szökefalva (306 m, u. e. E. 1314, 1419 Ew.). Die vorwiegend rum. Bevölkerung arbeitet in Tîrnăveni (St. Martin). Der Ort hat vier Kirchen (orth., röm.-kath., ref. und unit.). Durch das Salzbachtal führt eine Straße nach S 10 km bis Deleni. Nach N führt ein Weg 2 km nach

Cuştelnic, Csüdetelke (305 m, u. e. E. 1383, 665 Ew.). Im Kokel-Tal führt die DN 13A nach 3 km durch die neuen Wohnviertel der Industriestadt

Tîrnăveni, Sankt Martin (Martinskirch), Dicsőszentmárton (350 m, u. e. E. 1278, 1992: 30.263, davon 214 dte. Ew.). War im MA. ung. Marktgemeinde auf Adelsboden (1502), seit 1912 Stadt. War bis 1948 Vorort des Kleinkokler Komitats. Der 1. Mai (Philippus- und Jakobustag) war Jahrmarktstag. Heute Industriestadt (Karbid- und Chemiewerk, Glasfabrik, Mühle, Textil- und Möbelfabrik). Das veraltete Chemiekombinat verursacht erhebliche Luft- und Umweltverschmutzung. In der Stadtmitte ist das Museum, geöffnet täglich von 10 – 15 Uhr (außer So. und Mo.) mit geschichtl. und ethnograph. Abt. Die unit. Kirche (die Mauern stammen aus 14. Jh.) hat eine sehr schön bemalte Kassettendecke, Werk des ung. Tischlermeisters Samuel Kövesdi aus 1769. Geburtsort des ung. Schriftstellers Domokos *Sipos* (1892 – 1927).

Im SO liegt das eingemeindete

Boziaş, Borzás (u. e. E. 1441), war im MA. ein rum. Knesendorf. Hat sich im 20. Jh. um die Glasfabrik zu einem Stadtviertel von Tîrnăveni entwickelt. Die DN 14A überquert hier die kleine Kokel (Tîrnava Mică) und führt nach 7 km in den Weiler

Botorca, Botorka (346 Ew.), von wo eine AS nach O abzweigt und nach 3 km das Dorf **Deleni** erreicht. Die DN 14A führt nach 3 km über die auf 450 m Höhe liegende Kreisgrenze und erreicht nach 3 km das Dorf Bläjel > [RG 21]. Die Hänge um Botorca sind mit vielen Erdgas-Anzapfstellen („Gasbrunnen") bestückt; das Erdgas der reichen Lagerstätten wird hier ausgebeutet und in Rohrleitungen nach Mediasch, Hermannstadt und Bukarest geleitet.

Die Hänge im N des Kokeltales sind mit großen Rebflächen bedeckt, durch die die DN 14A in vielen Serpentinen aus dem Stadtzentrum Tîrnăveni (St. Martin) hinaufführt, um dann, an der Waldgaststätte „Stejarul" vorbei, in Serpentinen in das Cucerdea-Tal hinabzuführen. Nach 8 km folgt eine Wegkreuzung: Nach O führt ein Feldweg 5 km in das eingemeindete kleine rum. Dorf

Sub Pădure, Erdőalja (360 m, u. e. E. 1466, 378 Ew.). Nach W führt eine KS 3,5 km in das rum. Dorf

Bobohalma, Babahalma (355 m, u. e. E. 1738, 1953 Ew.) und nach weiteren 7 km nach

Chinciuş, Kincses (360 m, u. e. E. 1439, 664 Ew.). Die DN 14A führt weiter 4,5 km nach Cucerdea > [RG 7].

ROUTE 4/15

Nach der O-W-Durchquerung der Stadt Tîrnăveni, am Chemiekombinat vorüber, liegt rechts an der DN 13A nach 4 km

Dîmbău, Küküllődombó (294 m, u. e. E. 1278, 1139 Ew.). Bekannter ung. Kirchenchor. Nach 2 km folgt die Gemeinde

Adămuş, Adamosch, Adámos (288 m, u. e. E. 1405, 2435 Ew.). War einst von Sachsen gegründet und bewohnt, die aber nach der freien Stuhlsgemeinde Wölz abgewandert sind. In dem jetzt ung. Dorf befindet sich eine unit. *got. Kirche*. Ihre bemalte *Kassettendecke* (1526) ist seit 1909 im Budapester Ethnograph. Museum aufbewahrt. Die Restaurierung der Kirche wurde 1624 von einem Mediascher sächs. Tischlermeister durchgeführt. Der Großteil der Ew. arbeitet in den Fabriken von Sankt Martin (Tîrnăveni). Nach 2 km folgt das Dorf

Corneşti, Zeunen, Sövényfalva (298 m, u. e. E. 1332, 1515 Ew.). Hier Abzweigung der AS zu dem auf dem jenseits der Kokel gelegenen Dorf

Crăieşti, Kiralyfalva (295 m, u. e. E. 1332, 1724 Ew.). Geburtsort des ung. Volkskundlers János Ősz (1863 – 1941). Weiter n. führt eine KS 9 km über die Wasserscheide zwischen Kokel und Mieresch (560 m) nach

Herepea, Magyarherepe (360 m, u. e. E. 1332, 304 Ew.). Die ref. Kirche hat eine schön bemalte *Kassettendecke* aus 1669. 4 km talabwärts folgt das Dorf

Şilea, Magyarsülyő (348 m, u. e. E. 1288, 993 Ew.). Im Ort steht eine alte orthod. Holzkirche. Nach weiteren 4 km im Şomaghi-Tal abwärts zweigt ein Weg 3 km nach S in das Dorf

Medveş, Nagymédvés (369 m, u. e. E. 1288, 481 Ew.) ab. Im Haupttal 1 km w. zweigt ein Weg nach S ab, führt 2 km in das Dorf

Sînbenedic, Magyarszentbenedek (360 m, u. e. E. 1332, 811 Ew.). Schöne orthod. Holzkirche und eine ref. Steinkirche. Im Şomaghi-Tal führt die KS nach 5 km in die rum. Gemeinde

Fărău, Magyarforró (310 m, u. e. E. 1299, 1165 Ew.). Hier zweigt ein Weg nach NW ab, führt 4 km in das Dorf

Heria, Hari (385 m, u. e. E. 1202, 782 Ew.). Im Tal führt die ab hier geteerte Straße 8 km nach Vama Seacă und 18 km nach Ocna Mureş > [RG 11].

ROUTE 5/15

2 km nach Corneşti überquert die DN 13A die Kreisgrenze und erreicht nach weiteren 4 km die Großgemeinde

Cetatea de Baltă, Kokelburg, Küküllővár (306 m, u. e. E. 1177, 2116 Ew.). War Sitz des nach der hiesigen Burg benannten Komitates. Wurde 1241 von Tataren zerstört und dann mit sächs. Siedlern neugegründet. War im MA. ein sächs. Marktflecken, seit 16. Jh. von Ung. und Rum. bewohnt. Die ehem. Burg war im 15. und 16. Jh. als Lehen an die moldauischen Woiwoden vergeben. Das Schloß liegt auf Terrassenvorsprung, umgeben von Sümpfen der Kokelau, daher der rum. Name „Teichburg". Um 1565 zerstört. Das stattliche *Bethlen-Haller-Schloß* wurde 1615 – 1624 von István Bethlen errichtet. Der rechteckige Ziegelbau hat runde Ecktürme, ist zweistöckig und unterkellert, hat Halle, Treppenaufgang, Veranda im 2. Stock. Räume sind symmetrisch angeordnet, Keller und Parterre mit Gewölbe versehen. Die Basteien haben auf Konsolen vorkragende Wehrgeschosse mit Pechnasen. Der Hof war von Ringmauer umgeben. Schloß ist heute Sekt- und Champagnerabteilung des Seidener Weingutes (Jidvei). Die rom. ehem. sächs. ev., jetzt ung. ref. *Kirche* aus dem 13. Jh. hat einen im 15. Jh. umgebauten got. Chor. In der N-Wand des Doppelturmes ist ein Tatarenkopf eingemeißelt. Fragmente von Wandfresken stammen aus 14. Jh. Die röm.-kath. Kirche wurde 1766 von Franziskanern gebaut. Der alte rum. Dorfteil heißt Maios. Aus der Dorfmitte führt eine KS im Balta-Tal am Krenn-Bach 8 km bis in das Dorf Boian > [RG 21]. In diesem sumpfigen Tal liegen *Salzquellen; Gasemanationen*, oft lodern Flammen über dem Wasser. 4 km nach dem Ortsausgang zweigt von dieser Straße eine KS nach SW ab, führt nach 5 km in das Dorf

Tătîrlaua, Taterloch, Tatárlaka (298 m, u. e. E. 1332, 1138 Ew.). Der Name läßt darauf schließen, daß hier tatarische Gefangene angesiedelt wurden. Die sächs. Gemeinde des

Cetatea de Baltă (Kokelburg), Bethlen-Haller-Schloß

13. Jh. gehörte zur Kokelburger Domäne. Im Chor der ev. got. Kirche aus dem 15. Jh. steht ein wertvoller got. Flügelaltar des Malers Vicentius Cibinensis (Hermannstädter) und des Tischlers Simon (1508). Die Rum. tragen schöne Festtrachten. Am Oberlauf des Taterlocher Baches liegt nach 5 km das Dorf

Crăciunelu de Sus, Krotschendorf, Felsőkarácsonyfalva (338 m, u. e. E. 1332, 534 Ew.). War im MA. sächs., seit 16. Jh. von Rum. bewohnt. Der rum. Dichter und Ministerpräsident Octavian Goga (1881 – 1931) verbrachte hier einen Teil seiner Kindheit. Die weiterführende Straße ist bes. nach Regenfällen in schlechtem Zustand. Sie führt nach 2,5 km in das Dorf

Făget, Birkendorf, Oláhbükkös (367 m, u. e. E. 1480, 134 Ew.). Geburtsort des rum Sprachwissenschaftlers Ion Bianu (1856 – 1935) Direktor der Bukarester Akademiebibliothek.

Die DN 13A verläßt Kokelburg nach W, überschreitet die kleine Kokel, führt an einer Zigeunerkolonie vorbei und kommt nach 3 km in das Dorf

Sîntamărie, Frauenkirch, Boldogfalva (294 m, u. e. E. 1448, 423 Ew.). Gehörte zur Domäne Kokelburg. Bald nach Sîntamărie führt ein Weg nach N, 5 km weit, in das Dorf

Veseuş, Michelsdorf, Szásznagyveszős (315 m, u. e. E 1332, 1345 Ew.). War im MA. ein rein sächs. Dorf der Domäne Kokelburg, wurde später bethlenisches Gut. Michelsdorf ist die einzige Gemeinde auf dem n. Kokelufer, wo Sachsen lebten. Die Kirche oberhalb des Dorfes hat einen got. Chor (1504). *Sehenswert* das steingemeißelte Sakramentshäuschen sowie die Sakristeitür mit steinernem Türstock. Die DN 13A macht nun einen großen Bogen nach S, von hier zweigt ein Weg nach W ab und führt nach

Căpîlna de Jos, Kapellendorf (Gergesdorf), Alsókápolna (213 m, u. e. E. 1332, 1056 Ew.). Im MA. von Sachsen bewohnt, seit dem 16. Jh. von Rum. War Bethlen-Gut. Die rum. *Volkstanz-gruppe* ist landesweit bekannt. Die DN 13A führt weiter nach

Jidvei, Seiden, Zsidve (271 m, u. e. E. 1309, 1427 Ew.). Der O-Teil gehörte zum Kokelburger Komitat, seine Ew. waren Leibeigene, der W-Teil war Siebenrichtergut, also von freien Sachsen bewohnt. Die Kirchenburg entstand um 1500, der Unterbau des Chors stammt noch von der Vorgängerkirche aus dem 14. Jh., 1797 wurde ein neuer Saal gebaut. Der ehem. got. Altar steht seit dem 17. Jh. in der Taterlocher Kirche und wurde 1795 durch einen Barockaltar ersetzt. Im 19. Jh. wurden beide Mauern der Kirchenburg abgetragen, einzig der Torturm ist stehengeblieben. Seiden ist eine ehem. überwiegend sächs. Gemeinde mit stattlichen Bauernhöfen. Sie ist weit über die Landesgrenzen als *Winzerdorf* berühmt. W. des Dorfes große, staatliche Weinkellerei. Von Seiden 3,5 km nach O liegt das Dorf

Feisa, Füssen, Küküllőfajsz (284 m, u. e. E. 1332, 1210 Ew.). Sächs. Gründung im 15. Jh.; heute von Rum. bewohnt. Von Seiden führt die DN 13A 4 km nach W, kommt an die Abzweigung einer alleeartigen AS, die 6 km weit im Grabental bis

Bălcaciu, Bulkesch, Szászbalkács (325 m, u. e. E. 1309, 1990 Ew.) führt. Die sächs. Siedlung war zweigeteilt, der w. Teil war freies, Hermannstädter Propsteigut, der ö. gelegene Dorfteil war seit dem 16. Jh. Komitatsboden. Besitz der Fam. Bethlen. Diese „soziale" Grenze widerspiegelt sich im Dorfbild durch das weite Auseinanderrücken der Häuserzeilen. Die urtümliche, malerisch auf einem Hügel oberhalb des weiträumigen Dorfangers gelegene *sehenswerte Kirchenburg* hat noch die äußere Ringmauer. Sie ist durch Strebepfeiler gestützt, hat Schießscharten und Wehrgang. Das brüchige Mauerwerk aus Sandstein ist durch ein „Dächlein" geschützt. Vier zweigeschossige Schalentürme mit Pultdach springen vor die Mauerflucht. Von der alten Kirche aus dem 14. Jh. stammt noch der Chor. Im 19. Jh. wurde wegen Platzmangels ein neues Gotteshaus, dreischiffig, errichtet. Dazu wurden die Steine der inneren Ringmauer und des Stundenturms verwendet. Seiten- und Orgelemporen wurden eingebaut, so daß für 1000 Besucher Sitzplätze entstanden. 1856 Bau eines schlanken Glockenturms mit Eingangshalle vor der Kirche. Der alte, lange Chor hat asymmetrische Apsis. Über ihm eine dreigeschossige Bastei mit hölzernem Wehrgang, ruht auf 6 stützenden Mauerpfeilern. An der N-Seite des Chors steht eine dreigeschossige Sakristei. Das berühmte Winzerdorf ist bis jenseits der Landesgrenzen wegen seiner guten Tafelweine bekannt. An der DN 13A folgt nach 2 km von der Abzweigung nach Bulkesch eine weitere Abzweigung nach N (an der Bulkescher Bahnstation). Hier liegt, 2 km in einem n. Seitental, am rechten Ufer der Kokel

Sînmiclăuş, Klosdorf, Bethlenszentmiklós (291 m, u. e. E. 1309, 1680 Ew.). Hieß damals Sächs.-St. Nikolaus (Szászzentmiklós). War von Sachsen gegründet worden. Nach der Reformation wurde die alte ev. *Kirche* unit. Im 17. Jh. stiftete die Fam. Bethlen eine neue unit. Kirche, in ihr ist der Ziganologe Heinrich Wlisloczky (1856 – 1907) begraben. Das imposante *Bethlen-Schloß* im S des Dorfes gehörte der Fam. Miklós Bethlen. Es besteht aus einem Rechteckbau (1668 – 1683) mit an den Ecken vorspringenden rechteckigen Basteien. Bezeichnend sind die

Söller auf der Gartenseite im Erd- und Obergeschoß. Großen Einfluß auf die Ausführung des mit Pfeilern, Halbsäulen und Balustraden geschmückten Spätrenaissance-Schlosses hatte der sb. Kanzler Miklós Bethlen, der in Holland Architektur studiert hatte. Er hat sich in einer Inschrift über dem Eingang als Stifter einmeißeln lassen. Das Schloß dient als Sekt- und Weinlager. 6 km n. liegt die Gemeinde

Valea Sasului, Sachsenthal (u. e. E. 1280), im MA. von Sachsen besiedelt. *Sehenswerte* Kirche. Die DN 13A führt 2 km sö. kokelabwärts bis in das Dorf

Şona (Schönau), Ansicht der Dorfstraße

Şona, Schönau, Szépmező (286 m, u. e. E. 1313, 1440 Ew.). War eine sächs. untertänige Gemeinde. Die *Kirchenburg*, auf einer Anhöhe im W über dem Dorf gelegen, wurde durch einen Brand 1654 vollständig zerstört. In der Glockenstube hängt noch eine Glocke (1647) mit folgender Inschrift: „Mit Gottes Hilfe goß mich Gustav Unten aus Brunswig in Weißenburg 1647". Altar und Orgel stammen aus dem 19. Jh. In Schönau wurde im Mai das große *Rinnenfest* gefeiert, ein alter Brauch der sächs. Jugend. Ein Umzug mit geschmückten Gespannen bildete den Höhepunkt. Das Schönauer Tal wird im S durch den hohen Schönauer Berg begrenzt, unter dessen Kuppe (522 m) vulk. Basaltschlacke zum Vorschein kommt. Von Schönau führt eine Straße 1 km nach N, quert die Kokelau, führt über Bahn und Fluß in das Dorf

Biia, Benden, Magyarbénye (253 m, u. e. E. 1202, 1790 Ew.). Von Schönau führt die DN 13A am linken Kokelufer über Lunca nach Sîncel (11 km) und Blaj (9 km) > [RG 14].

REISEGEBIET 16

Sovata / Szováta

Dieses relativ kleine Reisegebiet im O von Tîrgu Mureş (Neumarkt a. Mieresch) umfaßt den ö. Teil des Kokelhochlandes mit dem breiten Tal der Kleinen Kokel, das sogenannte Salzland: die salzreiche Senke von Sovata, Praid und Corund, das Gebiet des Niraj-Flusses und den s. Westabfall des Gurghiu-Geb. mit seinem Piedmont.

Geschichtlich gehört das Gesamtgebiet zum Szeklerland, zu den ehem. Stühlen Maroş und Udvarhely. Ethnisch sind die Dörfer vor allem ung. (im Norden mehr protest., im SO mehr kath. Ew.). Aus ökonomischer Sicht ist vor allem die Landwirtschaft bedeutend, die Industrie beschränkt sich auf Kleinbetriebe und auf Salzgewinnung. Touristischer Anziehungspunkt ist der Bade- und Luftkurort Sovata mit seinen salzhaltigen Thermalseen und Mineralwasserquellen. Alte Kirchen und Schlösser, schindelgedeckte Häuser, geschnitzte Holztore, schön bestickte Volkstrachten, altüberliefertes Brauchtum u. v. a. darüber hinaus machen eine Reise durch dieses rechts und links der Fernstraße DN 13A gelegene Gebiet zu einem Erlebnis. Interesse erweckt auch das Hafnerzentrum Corund, eines der bedeutendsten im Land.

ROUTE 1/16

Aus der DN 13 (E 15) zweigt bei Bălăuşeri die DN 13A in Richtung O ab. Sie folgt dem Tal der Kleinen Kokel (Tîrnava Mică), vorbei an der touristischen Raststätte Dealul Viilor (Herberge, Bungalows, Campingplatz) und erreicht nach 3 km

Călimăneşti, Kelementelke (339 m, u. e. E. 1498, 936 Ew.). Szeklerdorf. Ref. Kirche von 1811. In einem s. Seitental am linken Kokelufer liegt 3 km weit

Dumitreni, Szentdemeter (368 m, u. e. E. 1332, 866 Ew.). Szeklerdorf. An Stelle des Schlosses Balási am Kokelufer steht ein klassiz. Herrenhof. Im O des Dorfes steht auf einer Anhöhe got. kath. Kirche mit rom. Elementen. Im Innenraum spätgot. Netzgewölbe, im Chor unter Kalkschicht Freskofragmente (15. Jh.). War von 1560 – 1723 ref.

Weiter auf der DN 13A folgt nach 2 km

Fîntînele, Gyalakuta (336 m, u. e. E. 1332, 3320 Ew.). Szeklerdorf. Gehörte im 16. – 18. Jh. der Fam. Lázár. Von hier stammt der ung. Schriftsteller Graf János Lázár (Schäßburg, 1703 – 1772). In got. ref. Kirche Grabmal des Königsrichters des Murescher Stuhles, Szövérdi Gaspár János; Kassettendecke. Wärmekraftwerk am Kokelufer. 1 km ö. von Fîntînele zweigt nach S die DJ 134 ab und erreicht nach 3km

Bordoşiu, Bordsch, Bordos (342 m, u. e. E. 1451, 506 Ew.). Szeklerdorf. Die ref. unit. Kirche wurde 1781 vom kath. Grundherren Baron Henter den Katholiken übergeben. Geburtsort des ung. Volkskundlers István Molnár († 1910). Die neue kath. Kirche ist aus 1857, der Turm ist älter und hat got. Elemente. Im Chor steinernes Taufbecken von 1470. Eine der Glocken wurde 1927

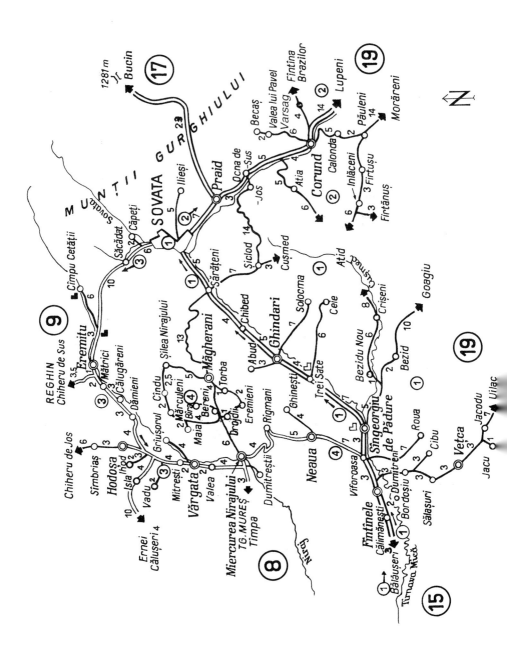

von den Hermannstädter Meistern Schieb und Kaunz gegossen. Eine Abzweigung nach SO führt 3 km nach

Cibu, Csöb (368 m, u. e. E. 1519, 445 Ew.). Szeklerdorf mit ung. Ew. Kath. Kirche ist Neubau. Weiter auf der DJ 134 gelangt man nach 3 km nach

Sălaşuri, Zellesch, Székelyszállás (350 m, u. e. E. 1567, 317 Ew.). Szeklerdorf mit neuer kath. Kirche. Im selben Tal, 3 km aufwärts, liegt die Gemeinde

Veţca, Vitzka, Székelyvécke (379 m, u. e. E. 1301, 796 Ew.). Nach Reform. unit. Glaubens, doch Fam. Horváth hat die Ew. im 18. Jh. rekatholisiert. Kath. Kirche ist Neubau. Die nächste Ortschaft liegt 4 km weit und heißt

Jacodu, Ungarisch Sacken, Magyarzsákod (425 m, u. e. E. 1325, 717 Ew.). Szeklerdorf. In Gemarkungbeschreibung von 1325 ist auch eine alte Burg erwähnt. Im NO-Teil des Dorfes got. unit. Kirche, 1836 – 1853 umgebaut. Alte Glocke ist 1506 aus hölzernem Glockenturm verschwunden. 1826 gebaute kath. Kirche besitzt steinernen got. Weihwasserbehälter. Eine Abzweigung vor der Gemeinde führt sw. 1 km nach

Jacu, Sacken, Romanzsákod (426 m, u. e. E. 1325, 168 Ew.), im MA. rum. Hörigendorf.

Auf der DN 13 A folgt 4 km ö. von Fîntînele

Viforoasa, Havadadtó (346 m, u. e. E. 1501, 1016 Ew.). Szeklerdorf. Ref. Kirche aus 1826. In einem linken Seitental der Kleinen Kokel liegt nach 7 km

Roua, Rava (381 m, u. e. E. 1566, 699 Ew.), im MA. zu Keresztur gehöriges Szeklerdorf. Unit. Kirche von 1805 mit got. Elementen (Turm und ein Teil des Schiffes). Im Turm 2 Glocken, eine vom Schäßburger sächs. Meister Friedrich Lootz gegossen. Nach N zweigt die Straße nach Neaua > [R 4/16] ab.

An der DN 13A erstreckt sich nach 4 km die Großgemeinde

Sîngeorgiu de Pădure, Erdöszentgyörgy (364 m, u. e. E. 1333, 4312 Ew.). Heißt ung. „Waldsanktgeorgen". Im MA. Szeklerdorf. Ehem. Rhédey-Schloß aus dem 13. bis 14. Jh., 1759 im Barockstil umgebaut. Nach einer Gedenktafel an der ref. got. Kirche wurde hier Gräfin Claudia Rhédey geboren, die Großmutter der engl. Königin Mary und Gemahlin des Königs Georges V. Archäol. Ausgrabungen aus der frühen Eisenzeit (Kessel, Bronze- und andere Gegenstände). Im Bezid-Tal folgt nach SO in 5 km Entfernung eine Abzweigung 1 km nach

Bezidu Nou, Bözödújfalu (372 m, u. e. E. 1566, 560 Ew.). Szeklerdorf. Vom Standpunkt der sb. Kirchengeschichte eine der merkwürdigsten Ortschaften: ein Teil der unit. Szekler waren Sabbaisten (Szombatos), wurden dann Juden und sind als solche in dt. Vernichtungslagern umgekommen. Im Dorf ref. und unit. Kirche (eigentlich urjüdischen Glaubensbekenntnisses). Im Tal 5,5 km weiter nach O hinauf liegt das Dorf

Crişeni, Körispatak (393 m, u. e. E. 1382, 1051 Ew.). Unit. Kirche von 1812, Turm von 1926. Im Besitz der unit. Kirchengemeinde ein Zinnteller, gestiftet von sächs. unit. Kantor in Klausenburg („Fr. Sombori Cantoris Saxoni Nationis Unitaria offert Coltus ejusdem Nationis et Religionis"). Von der Abzweigung nach Bezidu Nou, 2 km im Tal nach SO, liegt

Bezid, Bözöd (392 m, u. e. E. 1566, 1122 Ew.). Szeklerdorf, Geburtsort des Historikers József Koncz (1829 – 1906), des Soziologen und Historikers György Bözödi und des Märchenerzählers Janos Bágyi (1876 – 1953). Spätgot. Kirche zuerst unit., dann ref. Kleinere Glocke 1822 vom Schäßburger Meister Johann Baumgartner gegossen.

Von hier führt der Weg weiter, über die Berge (618 m) 10 km bis Goagiu > [RG 19].

Weiter auf der DN 13A liegt nach 7 km

Trei Sate, Hármasfalu (360 m, u. e. E. 1954, 1498 Ew.). Im MA. gab es hier (bis 1954) drei zum Mierescher Stuhl gehörige Szeklerdörfer: Hoteşti (Atosfalva, 377 m), Cioc (Ciskfalva, 365 m) und Ştefăneşti (Szentistván, 376 m). Sie wurden 1954 zusammengelegt. Auf dem ö. Kokelufer mündet der Ceia-Bach, 6 km aufwärts liegt der Weiler **Ceie, Cseje** (415 m).

Weiter auf der DN 13A folgt nach 4 km die Gemeinde

Ghindari (Cheic), Makfalva (376 m, u. e. E. 1507, 1715 Ew.). Szeklerdorf. Im 19. Jh. bed. ung. Keramikzentrum. Geburtsort des Rechtsanwalts und Politikers Elek Dósa (1803 – 1889) und des Schriftstellers Dániel Dósa (1821 – 1889). Hier lebte der Szekler Volkskünstler und Bildhauer Aron Vass. Ref. Kirche von 1928. In einem sö. Seitental befindet sich, 7 km weit,

Solocma, Szolokma (415 m, u. e. E. 1567, 726 Ew.), ein kleines, versteckt liegendes Dorf mit traditioneller Bauweise und Beschäftigungsstruktur. In einem kurzen und steilen Seitental liegt 3 km weit

Abud, Székelyabod (428 m, u. e. E. 1567, 505 Ew.).

Auf der DN 13A folgt nach 5 km

Chibed, Kibéd (385 m, u. e. E. 1499, 235 Ew.). Szeklerdorf. Aus dieser stattlichen ref. Gemeinde stammen viele Persönlichkeiten: der Arzt István Mátyus (1725 – 1802), der Musikhistoriker János Seprödi (1874 – 1923), der Soziologe und Pfarrer Attila Geréb († 1935) und der Volkskundler Ráduly († 1937). Ref. Kirche von 1821; lebendiges Szekler Brauchtum.

Weiter auf der DN 13A folgt nach 4 km

Sărăţeni, Sóvárad (421 m, u. e. E. 1332, 1730 Ew.). Salzabbau seit der Römerzeit. Für die Überwachung der Salzgruben wurde hier eine Burg errichtet. Geburtsort des ung. Dichter Lázló Király (1943). Eine Abzweigung führt nach S 7 km nach

Şiclod, Siklód (647 m, u. e. E. 1566, 393 Ew.). Szeklerdorf mitten in den Wäldern der vorkarpatischen Senke gelegen. Die alte got. ref. Kirche wurde 1949 wegen Erdrutschungen abgetragen, nur der von Csikfalvi János 1784 gebaute Holzturm blieb erhalten. Berühmtes Obstanbaugebiet.

Nach Durchfahren eines Engpasses folgt 5 km weiter auf der DN 13A die Stadt

Sovata, Szováta (530 m, u. e. E. 1597, 1985: 16.600 Ew.). *Berühmter Bade- und Luftkurort,* am Fuße des vulkanischen Gurghiu-Massivs gelegen. Jahrhundertealte Laubwälder umgeben die Senke, die erst im 16. Jh. besiedelt wurde. Vor Jahrmillionen dehnten sich hier die Lagunen eines Meeres aus, in denen sich Salz ablagerte. Es bildeten sich Salzdolinen, in denen Seen mit heilwirkendem Salzwasser und Schlamm entstanden. Die bekanntesten davon sind Lacul Ursu (Bärensee), Lacul Aluniş (Haselnußsee) und Lacul Negru (Schwarzer See). Sie dienen der Behandlung von Rheuma, Frau-

Szeklertor in Sovata

enkrankheiten und Krankheiten des peripheren Nervensystems. Badeanlagen an den Seen und im modernen Kurkomplex Sovata. Zahlreiche Hotels mit Restaurants und Villen bieten Unterkunft und Verpflegung. Campingplatz und Bungalows im Sebeş-Tal (3 km ö.). *Ausflugsmöglichkeiten:* Wanderungen auf den „Hausberg" Saca (Vulkan) (2 Std.), ins Sebeş-Tal (Forellenzucht Trocuţa), auf den Cireşelul-Gipfel (1 1/2 Std.). Anreise per Auto und Zug (Lokalbahnhof) möglich.

In einem Nebental der Kleinen Kokel liegt an einer KS 5 km ö. von Sovata

Ilieşi, Illyésmező (546 m, u. e. E. 1835, 562 Ew.). Ausflugsmöglichkeiten auf den nahegelegenen Saca-Gipfel (Mezöhavas, 1776 m).

ROUTE 2/16

7 km im SO von Sovata liegt an der DN 13A

Praid, Parajd (506 m, u. e. E. 1567, 3059 Ew.) am Fuße des Gurghiu-Gebirges, im Tal der Kleinen Kokel. Durch Salzbergwerke bekannt, wo bereits zur Römerzeit Salz abgebaut wurde. Im MA. Szeklerdorf. An Gebirgsbächen mehrere Walkmühlen. Hier lebte der ung. Dichter sächs. Abstammung (geb. Jekel) Lajos Apriliy (1887 – 1967). Ist Kurort mit Saisonbetrieb. Badeanlagen: Chlornatriumhaltiges- und Thermalwasser werden zur Heilung des Bewegungsapparates, bei Frauenkrankheiten und Störungen des peripheren Nervensystems angewandt. Im Salzbergwerk wurde ein Sanatorium für Asthmakranke eingerichtet. Kleines *Dorfmuseum* mit Werkzeugen für Salzabbau, Wandermöglichkeiten zu Ruinen der Rabsonne-Burg.

Die DN 13B zweigt hier nach NO ab, führt im Tal der Kleinen Kokel und dann in zahlreichen Kehren durch dichten Tannenwald 23 km zum Bucin-Paß hoch, dann weiter nach Gheorgheni. > [RG 17]. Auf der Paßhöhe Bucin (1287 m) Raststätte (Campingplatz).

S. von Praid, wieder auf der DN 13A, liegt nach 3 km

Ocna de Sus, Felsősófalva (509 m, u. e. E. 1493, 1652 Ew.). Szeklerdorf. Die alte got. ref. Kirche ist mindestens 100 Jahre älter als die u. e. E. Auf Anhöhe gelegen, um 1802 umgebaut, sind got. Elemente erhalten (W-Portal und Sakristeitür). Turm wurde 1777 von beiden Salzdörfern gebaut, die Ummauerung mit Schindeln gedeckt. 2 km sw. liegt die Gemeinde

Ocna de Jos, Alsősófalva (491 m, u. e. E. 1493, 1744 Ew.). Szeklerdorf. Dieses Gebiet der Dörfer Ocna, Praid und Sărăţeni heißt bis heute Salzland (Sóvidék). Szeklerland, Schäßburger Gebiet und Burzenland versorgten sich hier mit Salz. Im burzenländer Marienburg wurde bis in das 16. Jh. Salzzoll eingehoben. Im MA. war ein Teil der Ew. Leibeigene (Salzarbeiter) des Fürsten; 1701 gab es 58 Falkenfänger. An einer Abzweigung beim Weiler Arcio an der DJ 136A, 4 km s. von Ocna de Sus, liegt 5 km weit

Atia, Atyha (420 m, u. e. E. 1567, 377 Ew.). Kath. Szeklerdorf; hatte alte, bei Brand von 1867 geschmolzene Glocke mit Inschrift von 1437. Von diesem abgelegenen Dorf sind viele Ew. nach Temeschburg (Timişoara) übersiedelt.

4 km s. der Abzweigung bei Arko, auf der DN 13A, liegt die große Gemeinde

Corund, Korond (592 m, u. e. E. 1333, 3474 Ew.). Ist eines der bedeutendsten sb. Hafnerzentren. Fast jeder zweite Ew. ist Töpfer, meist mit großem Einkommen, ist deshalb die reichste szeklerische Siedlung mit ansehnlichen Häusern. Einer der berühmtesten Keramiker ist Lajos István. Außerdem Verarbeitung von Baumschwamm und von Alabaster (in Dorfnähe Aragonitsteinbruch). Geburtsort des Malers Lajos Páll und des Journalisten Zoltán Tófalvi (1944). Die alte kath. Kirche (1553) wurde 1910 abgetragen und neue Kirche 1910/1911 gebaut. Die im ö. Dorfteil auf einen Hügel stehende unit. Kirche ist im spätgot. Stil des 16. Jh. errichtet, wurde später umgebaut. Corund ist Kurort von lokaler Bedeutung mit subalpinem Klima und zahlreichen eisen- und kohlensäurehaltigen Mineralwasserquellen.

Auf der Gemarkung von Corund im Bergland befinden sich mehrere neue Streusiedlungen:

Valea lui Pavel, Pálpataka (934 m, u. e. E. 1910, 556 Ew.), nach N 6 km durch die Pál-Bach-Schlucht; 2 km weiter nach N auf dem Plateau

Becaş, Békástelep (995 m, u. e. E. 1910, 303 Ew.) und 4 km nach NO

Fîntîna Brazilor, Fenyökútja (945 m, u. e. E. 1910, 652 Ew.).

Töpfermeister Pàl Lajos aus Corund

Von Corund zweigt eine KS nach S ab, und führt über den Weiler **Calonda, Magyarkalonda** (5 km) noch 2 km bis

Păuleni, Székelypálfalva (850 m, u. e. E. 1455, 675 Ew.). Von hier stammt György Nagy, einer der Anführer des Szekleraufstandes von 1562. Alte St. Michael Kirche stand am Friedhof, das got. Taufbecken wurde in neue kath. Kirche eingebaut. Eine Abzweigung nach W führt als DJ 136B in großem Bogen 5 km durch Wald nach

Firtuşu, Firtosváralja (757 m, u. e. E. 1455, 274 Ew.). Szeklerdorf. Der erste urk. Name (Besenyőfalva) deutet auf Petschenegen, die im 12. bis 14. Jh. hier als Grenzwächter eingesetzt waren. Die auf dem 1062 m hohen Berg stehende Festung war im 12. Jh. ung. Grenzburg. Bei archäol. Ausgrabungen 1958 wurde die Grundmauer einer halbrunden Kirche aus dem 13. Jh. entdeckt. In der Burg hatten Franziskanermönche ein Ordenshaus und eine alte Kapelle, sie sind später nach Arcsó neben Corund und 1793 nach Tîrgu Mureş übersiedelt. Neben der Bergspitze stand auch eine St. Petrus geweihte Kapelle. Turm der unit. Dorfkirche wurde 1840 errichtet.

Weiter w. auf der DJ 136B folgt nach 3 km

Inlăceni, Énlaka (652 m, u. e. E. 1333, 450 Ew.). Auf einem Hügel im nö. Dorfteil steht got., mit Ringmauern versehene unit. Kirche. In Ringmauer zwei Holztore von 1753 und 1745. Chor mit got. Pfeiler, got. Fenstern im SO-Teil. Neue Innenausstattung 1668, nach dem von Tataren verursachtem Brand. In einigen Kassetten der Decke ist auch der Name des Malers eingeschrieben („D. OM. S. Hocce templum per man. noxius immanium tartarorum ann 1661 incineres reductum beneficio et pio erga de um zelo incolas Jenlakiensis et Martonosien in honorem uni veri dei lacunare tectum arte pictoria insignit A 1668 Georgius Musniensem, pastore existente Johanne Arkosi"); auf einer anderen Kassette ist der Name des Tischlermeisters zu lesen („Per manus mensarii Andrae Szasz mense Augusto"). Sakristei aus dem 15. Jh. Bei der Renov. von 1976 sind Fragmente der alten Kirche aus dem 13. Jh. zum Vorschein gekommen. In den 70er Jahren wirkte hier der rum. Lehrer und Schriftsteller Gelu Păteanu, ein Kämpfer für die Verständigung zwischen den Völkerschaften Sb.s Anläßlich archäol. Ausgrabungen unweit von Cuşmedul wurden Reste eines röm. Castrums und zahlreiche Gegenstände entdeckt. Gehörte zum nö. Grenzwall Daziens, aus der Zeit des röm. Kaisers Caracalla.

Die Straße führt 6 km weiter nach Atid > [RG 19].

ROUTE 3/16

Die DJ 153 verläßt Sovata in Richtung N, verläuft am Fuße des Gurghiu-Gebirges und folgt danach dem Tal des Niraj-Flusses. Nach 3 km zweigt eine Straße 1 km nach O, in den eingemeindeten Weiler **Căpeţi, Kopacs.** Nach weiteren 3 km erreicht die DJ 153

Săcădat, Szakadat (510 m, u. e. E. 1910, 841 Ew.). Tal und Straße machen einen großen Bogen nach W und nach 10 km zweigt eine Straße 6 km nach NO ab, führt in den Ort

Cîmpu Cetăţii, Varmező (640 m, u. e. E. 1910, 749 Ew.) am Oberlauf des Großen Niraj. Hat große Försterei und Forellenzucht. Neue Streusiedlung auf Gemarkung von Eremitu.

An der DJ 153 im Niraj-Tal folgt nach 3 km

Eremitu, Nyáradremetete (Kőszvényesremete) (491 m, u. e. E. 1567, 2092 Ew.), Szeklerdorf. Der Name Remetete bedeutet Einsiedler. Im Jahr 1649 wird hier die kath. Kirche „Sancti Philippi et Jakobi" erwähnt. Das Kruzifix der kath. Kirche ist ein Kunstwerk aus dem ehem. Franziskanerkloster von Neumarkt. An der Straßenfront schöne Szeklertore. 2 km flußaufwärts liegt an der DJ 153A

Mătrici, Nyárádköszvényes (469 m, u. e. E. 1484, 966 Ew.). Die kath. Kirche von 1649 war eine „Ecclesia S. Mariae Virginis". Von hier stammen der kath. Schriftsteller János Szabó (1767 – 1858) und der Arzt József Viola (1770 – 1858). Lebendiges Brauchtum der Szekler Bevölkerung; schöne geschnitzte Szeklertore. Nach weiteren 3 km folgt

Călugăreni, Mikháza (448 m, u. e. E. 1567, 724 Ew.). Neben der kath. St. Stephanus-Kirche ließen sich um 1635 Franziskanermönche aus Bosnien nieder. In der Klosterkirche befinden sich die Grabsteine der hier begrabenen kath. ung. Hochadeligen Sb.s, wie Pál Bornemissza († 1778), Graf Dávid Petki († 1733) und dessen Gemahlin Gräfin Sara Zichy († 1746), Graf Pál Teleki († 1831) und Graf József Lázár († 1841). Das Kloster wurde ein blühendes Kulturzentrum, die Bibliothek enthält viele wertvolle Kunstschätze und Wiegendrucke. Das große Szeklertor von 1673 aus dem alten Kloster ist im Budapester Volkskundemuseum ausgestellt. Hier wurde der ung. Schriftsteller und Publizist Sándor Kacsó (1901) geboren. 3 km weiter talabwärts auf der DJ 153A liegt

Dămieni, Daményháza (439 m, u. e. E. 1567, 968 Ew.). Nach Dămieni führt die AS n. in das Hodoş-Tal hinüber, kommt nach 4 km an eine Abzweigung, die 3 km nach N in das Dorf

Hodoşa, Székelyhodos (430 m, u. e. E. 1332, 388 Ew.) führt. Das letzte ung. Dorf n. von Hodoşa ist, 3 km weit,

Sîmbriaş, Jobbágyteleke (430 m, u. e. E. 1567, 1161 Ew.). Kath. Kirche von 1781. Im 19. und 20. Jh. lebten hier zahlreiche Strohhutmacher.

Gleich s. der Hodoşer Abzweigung folgt eine weitere nach NW und führt 2 km nach

Ihod, Ehed (420 m, u. e. E. 1519, 434 Ew.). 1 km weiter s. führt eine AS nach W, 3 km in das Dorf

Isla, Iszlá (455 m, u. e. E. 1567, 518 Ew.). Szeklerdorf mit kath., unit. und griech.-kath. Ew. Die schlichte unit. Kirche ist an der Wende vom 17. zum 18. Jh. gebaut worden, hat außen Strebepfeiler und einen hölzernen Dachreiter. Die Straße führt weiter 10 km nach Ernei. > [RG 8].

Weiter s. auf der DJ 153A im Niraj-Tal zweigt nach 1 km eine KS 2 km in das Dorf

Vadu, Vadad (414 m, u. e. E. 1567, 432 Ew.). Im Niraj-Tal folgt nach 2 km

Mitreşti, Nyárádszentmárton (378 m, u. e. E. 1332, 512 Ew.), Szeklerdorf. In dieser starken unit. Kirchengemeinde war 1640 der Dichter Kolosi Török István Dorfpfarrer. Die im 18. Jh. gebaute unit. Kirche hat Bestandteile aus der alten Kirche aus dem 13. Jh. Der massive, mit 4 Ecktürmchen versehene Turm wurde 1698 – 1702 von Schäßburger sächs. Maurern gebaut. Die Kirche wurde 1661 von Türken in Brand gesteckt; 1667 wurde neue Kassettendecke eingezogen. In der Kirchenmauer Grabsteine von 1798. Eine Abzweigung nach NO führt im Niraj-Tal 4 km nach

Grîuşorul, Buzaháza (397 m, u. e. E. 1567, 412 Ew.). Szeklerdorf. Die Kirche (ref.) wurde 1840 gebaut.

Im Niraj-Tal abwärts, anschließend an Mitreşti, liegt die Gemeinde

Vărgata, Csíkfalva (370 m, u. e. E. 1408, 557 Ew.). Hat unit. und ref. Ew.; ref. Kirche von 1710 wurde 1810 renoviert. An Vărgata schließt 2 km s.

Valea, Jobbágyfalva (365 m, u. e. E. 1470, 843 Ew.) an. Im 17. bis 18. Jh. Erbgüter der Fam. Sárosi, Ordbók, Baron Rinzmayer. Die unit. Kirche von 1829 wurde 1938 renov. Das ehem. Schloß der Fam. Toth (später Baron Rinzmayer) ist verwahrlost.

4 km s. liegt Miercurea Nirajului > [R 4/16].

ROUTE 4/16

Von Viforoasa > [R 1/16] an der DN 13A zweigt eine DJ nach N ab, kommt nach 7 km in die Gemeinde

Neaua, Havad (379 m, u. e. E. 1569, 482 Ew.), Szeklerdorf. Dank den Arbeiten der Volkskundler Olga und Ödön Nagy wurden das Leben und die Überlieferungen der hiesigen Szekler gut bekannt. In einem nö. Seitental liegt, 4 km weit,

Ghineşti, Géges (385 m, u. e. E. 1567, 651 Ew.), Szeklerdorf. Von hier stammt der Husar György Galambfalvi, der aus einem österr.-preuß. Feldzug die Tischdecke Friedrich des Großen als Kriegsbeute heimbrachte. Von Neaua 5 km nach N liegt

Rigmani, Rigmány (383 m, u. e. E. 1567, 444 Ew.). Die AS wendet sich nun nach W, führt über bewaldete Berge und durch Täler 4 km bis

Sîntana Nirajului, Nyárádszentanna (355 m, u. e. E. 1332), heute eingemeindet in die Großgemeinde

Miercurea Nirajului, Nyárádszereda (348 m, u. e. E. 1567, 3698 Ew.). War früher Hauptort des Mieresch-Stuhls der Szekler. 1605 wählten die Szekler hier Bocskai István zum Fürsten von Sb. Die ref. Kirche wurde durch das Meisterwerk eines Szekler Künstlers verziert: die Turmuhr zeigt auch die Mondphasen an. Eine Straße führt am Südufer des Niraj 2 km bis

Dumitreştii, Demeterfalva, vereinigt seit 1956 mit

Surdu, Süketfalva (340 m, u. e. E. 1567, 369 Ew.)

Im NO verläßt eine KS Miercurea Nirajului, führt im Kleinen Niraj-Tal durch

Sîntandrei, Nyárádandrásfalva (356 m, u. e. E. 1409, 900 Ew.) und erreicht auf der DJ 135 nach 6 km

Bereni, Székelybere (370 m, u. e. E. 1569, 366 Ew.). Ref. Kirche aus 1842. 2 km n. liegt

Bîra, Berekeresztur (418 m, u. e. E. 1332, 288 Ew.), Szeklerdorf. Ref. Kirche hat eine Glocke aus 1452.

Eine andere Abzweigung nach NW führt 2 km auf die gegenüberliegende Talseite in das Dorf

Maia, Maja (394 m, u. e. E. 1496, 400 Ew.), ref. Kirche aus 1860. 2 km weiter folgt

Mărculeni, Marcod (416 m, u. e. E. 1567, 580 Ew.), Szeklerdorf. Ref. Kirche aus 1826. Zum Dorf gehört die Wüstung Vatahaza. 2 km ö. liegt

Cîndu, Kendö (430 m, u. e. E. 1509, 255 Ew.), Szeklerdorf. Weitere 2,5 km ö. folgt

Şilea Nirajului, Nyárádselye (517 m, u. e. E. 1487, 919 Ew.), kath. und ref. Szekler, viele sind Köhler. Über dem Dorf erhebt sich das vulkanische Plateau Becheci, Bekecs (1080 m).

5 km führt die Straße im Zigeunertal nach S, trifft die DH 135 in der Gemeinde

Mágherani, Nyárámagyaros (387 m, u. e. E. 1567, 1310 Ew.), Szeklerdorf. Die DJ führt 2,5 km nach W nach Bereni. Eine Abzweigung führt von Mágherani 2 km nach SW in das Szeklerdorf

Torba, Torboroszló (407 m, u. e. E. 1567, 254 Ew.), Geburtsort des ung. Mathematikers Sándor Tóth (1913). 2 km s. liegt

Eremieni, Nyárádszentimre (394 m, u. e. E. 1332, 1960 Ew.). Aus diesem Szeklerdorf stammen der ung. Dichter Lajos Madgyes (1817 – 1894) und der Arzt und Naturforscher József Balogh. Die hölzerne Innenausstattung der got. ref. Dorfkirche stammt aus dem Jahre 1676.

2 km nach N führt der Weg an dem Dorf

Drojdii, Sepröd (373 m, u. e. E. 1548, 262 Ew.) vorbei und nach 1 km in das Tal des Kleinen Niraj, s. von Bereni.

REISEGEBIET 17

Gheorgheni / Niklasmarkt / Gyergyószentmiklós

Das Reisegebiet liegt an der sb. Seite der Ostkarpaten. Die Szekler bilden hier die überwältigende Mehrheit der Bevölkerung (Ansiedlung im 12. bis 13. Jh.). Daher tragen alle Ortschaften, mit einigen Ausnahmen in Randzonen, ungarische Namen. Deutsche Benennungen sind fast keine anzutreffen. Selbst die rum. Ortsbezeichnungen sind größtenteils von den ung. abgeleitet.

Die wald- und wildreichen Randgebiete im N und O werden aber überwiegend von Rum. bewohnt. Das Gebiet wird im N durch das Căliman- und das Bistriţa-Gebirge vom Kreis Suceava getrennt, im O durch das Hăşmaş-Gebirge (Curmătura-Gebirge) vom Kreis Neamţ. Im S schließt es an das Reisegebiet Miercurea Ciuc, Szeklerburg > [RG 18] und im W an Tg. Mureş, Neumarkt > [RG 8] an. Herausragende touristische Anziehungspunkte sind der Bicaz-Paß mit der gleichnamigen in Sb. einmaligen Klamm und der von seiner Entstehung her hochinteressante Mördersee (Lacul Roşu, Gyilkostó). Für Menschen mit Leiden verschiedenster Art sind die zahlreichen Mineralquellen (Borsec, Topliţa, Remetea u. a.) zu empfehlen, bei Streß und Nervenleiden der Luftkurort Lacu Roşu und bei TBC das Sanatorium bei Tulgheş.

Für Bergsteiger und Kletterer bieten sich lohnende Ausflüge, Wanderungen und Klettertouren in die Berge ö. von Gheorgheni und nw. von Bilbor an. Auch Jäger und Angler kommen auf ihre Rechnung. Es gibt Rot-, Reh- und Schwarzwild, Wölfe, Luchse (Bestand hat stark abgenommen), Braunbären (Abschuß streng geregelt), Auerwild (ges. gesch.) und Birkhühner (Abschuß verboten). In den Gebirgsbächen tummeln sich die Bachforelle und die Äsche.

Auch findet man hier relativ häufig das Edelweiß (seit 1931 ges. gesch.) und weitere seltene und ges. gesch. Pflanzen (Seidelbast, Gelber Enzian, Schachbrett-Tulpen u. a.).

In diesem Gebiet entspringt einer der wichtigsten Flüsse Siebenbürgens, der Mieresch (Mureş, Maros). Die Gyergyóer Senke (Giurgeu-Senke) liegt zw. 660 und 890 m ü. d. M. Das Klima ist durch längere und frostreiche Winter und relativ warme Sommer gekennzeichnet. Bei Joseni liegt der „Kältepol Rumäniens". Wegen dem für Getreideanbau zu rauhen Klima befaßt man sich hier hauptsächlich mit dem Anbau von Kartoffeln und mit Viehzucht.

Im Kreis Harghita, zu dem das Gebiet heute gehört, beträgt die Waldfläche 37 %. Somit ist der Waldbestand der wichtigste Bodenreichtum des Gebietes und die Forstwirtschaft mit der Holzverarbeitung ein bedeutender Industriezweig (in Topliţa, Gălăuţaş, Gheorgheni, Ditrău und Hodoşa).

Verwaltungsmäßig umfaßt das RG 17 (früher der Szeklerstuhl Gyergyó) heute den n. Teil des Kreises Hargitta (Judeţul Harghita) mit dem adm. Sitz in Miercures Ciuc (Szeklerburg, Czikszereda). Die etwa 60 km lange Bahnlinie, die von SO nach NW durch das Gebiet führt, wurde 1971 – 1975 elektrifiziert. Die wichtigsten Straßen sind

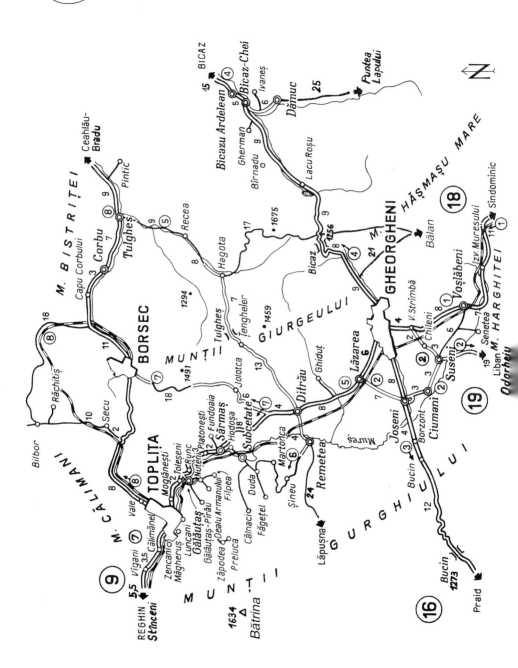

geteert. Auch gab es hier schon vor 370 Jahren einige Schulen. Bemerkenswert ist die Volkstracht in der Bilbor-Senke, um Topliţa und Voşlăbeni.

Brauchtum und Volkskunst: Szeklertore (Remetea, Topliţa), bemalte Möbel, „Cerga" (Wollzottendecken) bei Corbu, Stickereien (Kissen, Deckchen, Tischdecken) bei Ciumani, bestickte Trachtenhemden (Bilbor), bemalte Ostereier (Bilbor), Blasmusikfestival von Topliţa (2. Junihälfte), Folklorefestival von Gheorgheni (3. Julisonntag), Chormusik-Festspiele von Ditrău (2. Dezembersonntag) und der Turca-Brauch zu Neujahr (Topliţa). Im Volksmund entstanden Legenden um die Entstehung des Mördersees und des Mireschflusses. Zur Küche: besonders spezifisch für das Gebiet sind „Kletitten" (Pfannkuchen), „Baumstriezel" (Kürtöskalács), stark gewürzte und gepfefferte Speisen (keine gesäuerten Suppen, wie sonst in Rum. üblich).

Die wichtigsten Heilquellen im Gebiet sind bei Bilbor, Borsec, Ciumani, Corbu, Remetea, Suseni, Topliţa, Tulgheş.

Die ung. Bevölkerung ist (streng) kath. Die Rum. (unteres Mireschtal und Randgebiete) sind gr.-orthod. Konfession. Es gibt aber auch griech.-kath. Rum. (z. B. Bilbor). Die Armenier (Gheorgheni) haben den christl. Glauben schon früh übernommen und sind in diesem Gebiet kath. und größtenteils im Szeklertum aufgegangen.

ROUTE 1/17

Die DN 12 führt von Miercurea Ciuc nach N und kommt nach 35 km in den Luftkurort

Izvorul Mureşului, Marosfö (891 m, u. e. E. 1910, 849 Ew.) Malerische Lage. Links der Straße, in einer nahen Senke, *entspringt der Mieresch (Mureş, Maros)*. Die Quelle (866 m) ist mit einem Gedenkstein versehen, eingefaßt und mit einem Rohr zur Trinkwasserentnahme ausgestattet. Über 50 Nebenflüsse in der Giurgeu-Senke tragen dazu bei, daß der Mieresch schnell zum Fluß wird. Unterkunft: 1 Motel (46 Betten) und viele Wochenendhäuschen. Wintersport möglich (Schi- und Rodelpisten). Nach der Ortschaft schlängelt sich die DN 12 nach W und führt nach 7 km in die Gemeinde

Voşlăbeni, Gyergyóvasláb, Vasláb (790 m, u. e. E. 1721, 1448 Ew.) Einziger fast rein rum. Ort in der Senke. 6 km nö. zwischen Voşlăbeni und Valea Strîmbă (in einem ö. Seitental) liegt die *Şugău-Höhle*, mit schönen Tropfsteinbildungen (erste Beschreibung 1930) mit drei übereinanderliegenden Eingängen und Sälen, vielen Stalaktiten und Stalagmiten. Die Şugău- Höhle liegt im Muntele Şipoş (1568 m). Neben dem Dorf ein Dolomit-Steinbruch. Am Heveder Bach eine Gattersäge aus dem Jahr 1860. Kleines Dorfmuseum. Im SW von Voşlăbeni (1,5 km weit vom Rathaus) liegt das *Moor „Dupǎ luncǎ"*, am linken Mireschufer: Fläche : 60 ha, 770 m, Torfvolumen: etwa 700.000 m³, Pflanzenreste aus der Eiszeit (Schachbrett-Tulpe), unter Naturschutz.

8 km n. von Voşlăbeni gelangt man auf der DN 12 nach

Valea Strîmbă, Gyergyótekerőpatak (791 m, u. e. E. 1567), das nur 4 km weit von Gheorgheni liegt. Gold- und Silberfunde aus der Römerzeit (2. Jh.). Wintersportmöglichkeiten: Sprungschanze, Eishockey.

Nach 4 km gelangt die DN 12 von S her unvermittelt in das Zentrum der Stadt

Gheorgheni, Niklasmarkt, Gyergyószentmiklós (816 m, u. e. E. 1332, 1985: 22.929 Ew.) Die größte Stadt in der Giurgeu-Senke und der zentrale Ort des RG 17. Die Stadt wurde nach dem Kirchenheiligen Nikolaus (Nicolaus de Gyergyó) benannt.

Als Siedlung ist der Ort seit mehr als 3000 Jahren bekannt. Im Jahr 1567 lebten in Gheorgheni 88 Fam., 1787 hatte der Ort 2328 Ew. und heute sind es über 25.000 Ew. Bis in das 17. Jh. ist Gheorgheni ein Szeklerdorf mit einer sehr großen Gemarkung (reicht bis zu der Bicaz-Klamm). An der Grenze Gyergyós waren später kaiserliche Grenzsoldaten stationiert. Nach dem Aufstand von 1562 wurden viele Bewohner des Ortes Leibeigene des Grafen Lázár. So gab es hier 1567 neben 10 Fam. freier Bauern 78 Fam. von Leibeigenen.

Der Türkeneinfall von 1661 hatte verheerende Folgen. Im Jahre 1668 lassen sich Armenier aus der Moldau nieder. 1813 wird Gheorgheni als „Marktflecken erwähnt, der größtentheils von Armeniern bewohnt wird, die mit Vieh und Holzwaren, welche die übrigen Einwohner verfertigen, Handel treiben" (Marienburg, 1813). Die Armenier tragen zur Auffrischung der Handelsbeziehungen zur Moldau bei (Lederarbeiten). Im Volksmund und in den umliegenden Ortschaften heißen die Einwohner von Gheorgheni „aprópityókások" (kleine Kartoffeln), vermutlich wegen des kargen Bodens, auf dem keine großen wachsen können. Weil sie sich mitunter auch mit Flößerei befaßten, werden sie von den Sb. S. „Floßenszekler" genannt.

Geogr. liegt Gheorgheni im Mittelpunkt der Giurgeu-Senke, auch Jörgau genannt (Depresiunea Giurgeului) auf 700 – 800 m ü. d. M., zwischen den Gebirgen Gurghiu, Giurgeu, Kelemen und Hășmaș (Curmăturii). Die Senke ist in zwei Abschnitte unterteilt: Gheorgheni und Toplița. Gheorgheni liegt im Belchia (Belcina)-Tal, einem Nebenfluß des Mieresch, der bei Joseni mündet.

Eingemeindet sind die Weiler **Bîrnadu (Bernát), Covacipeter (Kovácspéter), Lacul Roșu (Gyilkostó)** und **Visafolio (Visszafolyó).**

Das Siedlungsgebiet der Stadt zieht sich vom Bahnhof in das Belchia-Tal hinauf. Das Zentrum ist ein trapezförmiger Platz mit einem Park in der Mitte, umgeben von neuen Wohnblocks, dem Kino (und Kulturhaus), einem Hotel und einer kleinen Kirche.

Soziale Einrichtungen sind ein Krankenhaus mit 371 Betten, Volksschulen, ein Gymnasium, ein Kulturhaus (zugleich Kino) und andere. Wirtschaftlich betrachtet ist Gheorgheni ein Forstzentrum mit Tradition, in dem schon 1935 ein Sägewerk existierte, das heute zu einer modernen Holzverarbeitungsanlage erweitert worden ist. Nach dem Krieg wurden hier eine Leinenspinnerei gebaut, eine Fabrik für Möbelstoffe und technische Gewebe, eine Möbelfabrik, eine Gießerei, ein Unternehmen für technische Ausrüstungen und Ersatzteile, ein Zentrum für Verarbeitung und Verwertung von Waldfrüchten und eßbaren Pilzen (etwa 1500 – 2000 t jährlich; Himbeeren, Heidelbeeren, Steinpilze, Pfifferlinge und andere), zusammen mit einer Anlage zur Eisherstellung. Außerdem gibt es eine Farm für Milchkühe und eine für Schafzucht, da es in der Region für Getreideanbau zu kalt ist und intensiv Viehzucht betrieben wird.

Bei Piricske, am Rand der Gemarkung, wo die alte Straße nach NO verlief, stand ein Zollhäuschen.

Sehenswürdigkeiten: Die *kath. Kirche* 1490 – 1498 gebaut, 1730 – 1734 im Barockstil umgebaut; gut erhalten geblieben ist eine Stein-Kapelle aus dem Jahr 1650. Festungsmauer (1784 fertiggestellt) mit Torbastei. In den Nischen der Ringmauer Basoreliefes und Fresken aus dem Jahr 1750. Das Kirchengewölbe wurde von Szirmai Lajos 1889 bemalt. Reich verziertes Taufbecken. – Die *armenische kath. Kirche* wurde 1730 – 1733 ebenfalls im Barockstil erbaut und ist auch von einer Ringmauer umgeben. Ihr Vorbau wurde 1760 von Armeniern errichtet (Jahreszahl 1637 am Friedhofseingang). Die *rum. orthod. Kirche* wurde 1896 erbaut. – Die *Ruinen der ehem. Festung Both:* auf einer Anhöhe neben der Straße DN 12C nach Lacu Roșu wurde am Ortsausgang gegen NO im Jahr 1933 eine Kapelle (St. Anna-Kapelle) errichtet, da hier früher ein Verteidigungspunkt lag; im 16. Jh. stand hier eine Burg mit ellipsenförmigem Grundriß (Achsen 33 m bzw. 18 m), die Both-Burg (Bothvára). Ihr Besitzer war ab 1707 der Adlige András Both, er fiel in den Kuruzzenkämpfen. Die Burg ist vom kaiserlichen Heer zerstört worden. – Das *Stadtmuseum* in einem historischen Gebäude (erbaut 1787 im Barockstil, ehemalige Kaserne). Erste Museumsgründung 1908. Weiter ausgebaut und dem Publikum 1955 freigegeben. Vieles stammt aus Funden, die bei Grabungen am *Lázár-Kastell* (siehe Lăzarea) zum Vorschein kamen. Eine für Rumänien einmalige Abteilung ist jene, die der Waldwirtschaft gewidmet ist. Anhand von Anschauungsmaterial wird die Entwicklungsgeschichte der Holzverarbeitung und -industrie dargestellt. Zu besichtigen sind außerdem archäol. Funde und Archivmaterial. Die Gemäldegalerie (Öl und Aquarell) des Szekler *Malers Karácsony János* ist eine Hauptattraktion des Museums, das in der Str. Republicii 1 steht. Eine Dauerausstellung mit dem Thema „Plastiken in der Giurgeusenke" rundet das Angebot ab. – Der *Dendrologische Garten* ist ein Naturschutzgebiet auf einer Fläche von mehr als 13 ha, auf der über 2500 Pflanzen- und 185 Baumarten zu sehen sind. – Die Büste des in Gheorgehni geborenen Schriftstellers *Salamon Ernö* (1907 – 1943) steht vor dem nach ihm benannten Gymnasium, sie wurde von Izsák Márton geschaffen und 1968 geweiht. In Gheorgheni wurde der Museograph und Historiker *Márton Tarisznyás* (1927 – 1980) geboren. Ebenso *Akoretz-Kövér István* (1740 – 1824), der später Bischof von Venedig wurde. Gheorgheni ist *Ausgangspunkt für viele Ausflüge und Wanderungen* in die landschaftlich sehr reizvolle Umgebung, vor allem in das Hăşmaşul-Mare-Gebirge (Mördersee, Bicazklamm, Altquellen bei der Fagul-Inalt-Spitze und Piatra Singuratică („Einsamer Felsen"), aber auch in das Gurghiu- und in das Giurgeu-Gebirge; ebenso zum Ecem (1708 m). Jagd und Angelsport in der Umgebung sind auch möglich, ebenso Wintersport.

ROUTE 2/17

Von Valea Strîmbă zweigt eine Landstraße nach SW ab, führt nach etwa 2 km in das Dorf

Chileni, Gyergyókillyénfalva (773 m, u. e. E. 1567, 906 Ew.) mit dem 1956 eingemeindeten *Şeneta*. Von Chileni 3 km nach SW folgt die Gemeinde

Suseni, Gyergyóújfalu (756 m, u. e. E. 1567, 6400 Ew.) Zwei Steinbrüche. Zu Suseni kam 1969 Chileni als Teilort. Erwähnenswert: der *Obelisk von Suseni-Catorja*, der an das Verschwinden zweier Dörfer (Catorja und Gălești) zu Beginn des 18. Jh. erinnern soll, als es hier eine große Schlacht zwischen Kurutzen und dem kaiserlichen Heer gab. Die nach SW führende Kreisstraße, die kurz nach Suseni dem Lauf des Sicaşău-Baches folgt > [RG 19], schlängelt sich zwischen dem Gurghiu-Geb. und dem Hargitta-Geb. durch und führt über den Sicaş-Paß (1080 m) nach Oderhellen (Odorheiu) 70 km von Gheorgheni. Von Suseni 3 km nach W folgt das am Mieresch gelegene

Ciumani, Gyergyócsomafalva (746 m, u. e. E. 1567, 4812 Ew.). Mehrere Mineralquellen, ethnographisches Museum (*Páll János-Gemäldesammlung*) in altem Szeklerhaus. Bildhauer *Köllö Miklós* hier geboren (schuf Denkmal von Siculeni). Eingemeindet: **Săsești, Szászfalu** (746 m) und **Pîrîu Şumuleu, Somlyópataka** (770 m) mit alter Mühle und einer Walkmühle. Weil sich die Ew. aus Ciumani mit dem Transport von Mineralwasser befaßten, werden sie „Borvizesek" (Mineralwässler) genannt. 2,7 km weiter nach N liegt

Joseni, Gyergyóalfalu (743 m, u. e. E. 1567, 6300 Ew.) Eine der größten und die älteste Gemeinde in der Gyergyó-Senke. Nach dem Krieg wurde hier mit industr. Leinenverarbeitung begonnen. Interessant: *Schmiedewerkstatt* von 1860, die heute noch in Betrieb ist. Große Barockkirche (13. Jh.). Außerdem eine ethnographische Sammlung in der Ortsmitte mit Flößereiwerkzeug. Zu Joseni gehört seit 1954 auch der Ort **Bucin, Bucsin** (869 m) von dem auch der weiter w. gelegene Paß (1273 m) über das Gurghiu-Gebirge nach Praid > [RG 8] seinen Namen hat, über den die DN 13B führt, die auch durch Joseni geht. In Joseni beginnt die jährliche Pfingstwallfahrt nach Csiksomlyó. Joseni ist der *„Kältepol Rumäniens"*. Hier werden im Winter (Januar/Februar) die tiefsten Temperaturen des Landes gemessen. 1963 waren es -38° C. Joseni liegt nahe am Miereschfluß, der 25 km weiter im SO entspringt. Es ist der Geburtsort bedeutender zeitgenössischer Kunstmaler: *Sövér Elek, Márton Arpád* und *Gaál András.*

Von Joseni aus kann man in das 7 km nö. entfernte **Lăzarea** gelangen, das wiederum auf der Hauptstraße (DN 12, > [R 5/17]) liegt.

ROUTE 3/17

Vom Zentrum der Stadt Gheorgheni nach W 2 km (Busverbindung bis zum Bahnhof), am Bahnhof vorbei, dann auf der DN 13B nach 8 km durch *Joseni* > [R 2/17], führt die Straße nach weiteren 4 km in das Dorf

Borzont, Borzont (747 m, u. e. E. 1770, 675 Ew.),einem Teilort von Joseni. Es liegt am gleichnamigen Bach, der kurz nachdem er das Dorf passiert hat, in den Mieresch mündet. Die Straße überquert gradlinig die Gyergyó-Senke und bevor sie am Pîrîul Alb in Serpentinen den Anstieg zum Gurghiu-Gebirge beginnt, kommt sie nach 6 km in das Straßendorf

Bucin, Bucsin (869 m). Der *Bucin-Paß* (1273 m) ist der wichtigste Übergang über das Gurghiu-Gebirge. Über ihn wird die Verbindung zwischen der Gyergyó-Senke und *Praid* hergestellt (55 km) > [RG 16]. Von der Paßhöhe sind es auf der DN 13B 30 km bis Gheorgheni und 25 km bis Praid. Auf der Paßhöhe: *Schutzhütte „Cabana Bucin",* Quelle, Gasthof (32 Betten), Skipisten. Wanderungen: nach N zum Bacta-Paß (1300 m, Markierung blaues Band), Schutzhütte Bucin nach N zum Bătrîna-Gipfel (1634 m, Markierung roter Punkt, 3 – 4 Std.), trinkwasserarmes Gebiet (!), schöner Rundblick. Weitere unmarkierte Wege zum *Fîncel-Paß,* nach Topliţa, Remetea und Subcetate.

ROUTE 4/17

Vom Zentrum Gheorgheni talaufwärts nach O auf der DN 12C, 4 km weit vom Stadtrand ist ein *Campingplatz („Km 4"* genannt), mit Gaststätte, unbewachtem Parkplatz, Ausgangspunkt für eine Reihe von Wanderungen.

Bei km 9 folgt ein zweiter *Campingplatz („Hanul Cerbului",* mit Buffet, unbewachtem Parkplatz. Geöffnet: 1. Juni – 30. September. Stromanschluß). Ab hier beginnt die Straße in Serpentinen anzusteigen. Nach 17 km gelangt man über Serpentinen auf die Paßhöhe Bicaz *(Pasul Pîngăraţi, Pongrácztető,* 1256 m, Kiosk). Dann geht die DN 12C am Pîrîul-Roşu-Bach abwärts und in einer Rechtskurve (bei der *Forellenzucht)* breitet sich das wunderschöne Panorama des einmaligen Mördersees aus. Er ist umgeben von den Massiven Suhardul Mic (Kiss-Cohárd, 1352 m), Suhardul Mare (Nagy Cohárd, 1508 m), Vîrful Ucigaşul (Gyilkos, 1391 m), Surduc (1256 m) und Licaş (Likas-Csucs, 1676 m). 1 km weiter liegt der Luftkurort

Lacul Roşu, Mördersee, Gyilkostó (983 m). Links von der Straße liegt der See, rechts der *Luftund Badekurort,* eine Streusiedlung von Privathäusern, staatl. Villen, Erholungsheimen, Schutzhütten und Verwaltungsgebäuden. Die DN 12C führt oberhalb des Sees mitten durch den Ort, der in Villen und Erholungsheimen über 1000 Plätze bietet. Die Schutzhütten „Casa turiştilor", „Cabana Suhard" und „Cabana Floarea Republicii" sind für Bergsteiger von besonderem Interesse. Hervorzuheben sind noch die Villen „Raza soarelui" („Sonnenstrahl"), „Kassay" und das Gasthaus „Bistriţa". Schlepplift für Schifahrer (alpin), Bootsverleih, Sommer- und Wintersport, Klettersteige, Campingplatz, Bibliothek, Theatersaal und Sportplätze.

Der Kurort, liebevoll die „Perle der Ostkarpaten" genannt, ist von nationaler Bedeutung, ein Aufenthalt ist auch bei Erkrankungen wie Neurasthenie, Streßerscheinungen, Schilddrüsenüberfunktion sehr zu empfehlen. Auch bei Schlaflosigkeit und Rachitis bei Kindern sind Heilerfolge zu verzeichnen. Das Baden im See ist wegen Verletzungsgefahr (Baumstümpfe) verboten. Das Klima hat subalpinen Charakter, also strenge Winter und kühle Sommer.

Einige der zu empfehlenden *Wanderrouten*: „Casa Turiştilor" (985 m), – Cabana „Suhard" (1107 m), – Vîrful Suhardul Mic (1352 m, schöner Rundblick!, Markierung blaues Dreieck, 1 – 1¹/₂ Std.); „Casa Turiştilor" (Lacu Roşu) – Mördersee (933 m) – Hăşmaşul Negru (1626 m) – Hăşmaşul Mare (1793 m) – Cabana Piatra Singuratică (Schutzhütte beim Egyeskö, Quelle, 1608 m, Markierung rotes Band, 5 – 6 Std.). Es gibt aber noch eine Vielzahl anderer Wanderrouten (Kreiswanderung um den Mördersee in 1 – 2 Std.), zu der Forellenzucht, zu der Bicaz- und Bicăjel-Klamm und andere. Für Höhlenforscher ist der *Licaş-Schacht (Avenul-Licaş)* von ganz besonderem Interesse: eine senkrecht gestellte Höhle, wie ein Schlund, im N des Hăşmaş-Gebirges (Curmăturii-Geb.). Die Höhle ist etwa 200 m tief und ihr Eingang liegt auf 1650 m. Es ist die einzige Höhle dieser Art in den Ostkarpaten: Durchmesser 6 – 8 m, in 36 – 40 m Tiefe verstopft ein Eisblock den Weg, der von abgestürzten Fichtenstämmen gehalten wird, einen Durchmesser von 10 m hat und der über seitliche Risse umgangen werden kann. Der untere Teil der Höhle ist durch Geröll verstopft. Gesamttiefe: etwa 70 – 80 m, Lufttemperatur 3° C (auch im Sommer, darum schmilzt der Eisblock nicht). Einstieg nur für im Klettern geübte und entsprechend ausgerüstete Höhlenforscher!

Der *Mördersee (Lacul Roşu, Gyilkostó)* ist eine Touristenattraktion ersten Ranges. Es ist der größte natürliche Stausee Sb.s und entstand im Jahr 1837 durch einen Erdrutsch am NW-Hang des Gyilkos-Berges (1381 m), rechts von der Straße. Durch Wasserinfiltration glitt die obere Erdschicht über einer Lehmschicht und rutschte ins Tal, wodurch sich 4 Bäche (Pîrîul Roşu, Pîrîul Licaş, Pîrîul Oilor und Pîrîul Suhard) im damals mit Fichten bestockten Tal stauten und den See bildeten, in dem der „Wald ertrank". Aus Mangel an Luftzufuhr konnten sich die Baumstämme über die Zeit von mehr als 150 Jahren erhalten (genauso wie das bei Tausenden von Eichenstämmen der Fall ist, auf denen Venedig aufgebaut ist). Die Baumwipfel der Fichten oberhalb der Wasseroberfläche sind verfault und ragen knapp über den Wasserspiegel in die Luft. Der See wurde zum *Naturdenkmal* erklärt, hat eine Länge von 2 km, eine Oberfläche von 12,6 ha und befindet sich auf 983 m Höhe. Der Umfang beträgt 3090 m, sein Wasservolumen 680 000 m³. Am oberen Ende verlandet er. Seine größte Tiefe beträgt 10,5 m. Die Forellen im See erreichen ein Gewicht von 7 – 8 kg (85 cm Länge). Der Name Lacul Roşu (wörtlich: roter See) bzw. Mördersee, ung. Gyilkostó, soll einerseits daher kommen, daß der Stausee entlang des „Roten Baches" (Pîrîul Roşu) entstanden ist, dessen Name seinerseits auf das eisenhaltige und daher rötliche Gestein im Bachbett zurückzuführen ist. Andererseits gibt es eine Legende, wonach im Augenblick des Erdrutsches eine Schafherde im Tal weidete, verschüttet und somit „ermordet" wurde. Etwa 8 km s. von Lacu Roşu, in einem Seitental, liegt die Ortschaft **Trei Fîntîni, Haromkút.** Die *Bicaz-Klamm, Cheile Bicazului, Békás-szoros* liegt an der DN 12C weiter nach NO. Die AS schlängelt

Bicaz-Klamm

237

sich nun 8 km in engen Haarnadelkurven hinunter in die Klamm. Dabei führt sie durch kurze Tunnel und felsenüberlappte Abschnitte, um unten, entlang des Bicaz-Baches, dieses unter Naturschutz stehende Felswunder zu passieren. Touristen zu Fuß, in langsam fahrenden oder immer wieder stehenbleibenden Bussen und Pkw stehen an den Ausweichstellen, den Blick oder den Fotoapparat nach oben zu den imposanten Kalkfelsen gerichtet, die 200 m und mehr senkrecht in die Luft ragen und dem Bewunderer die Sicht zum Himmel und quasi das Tageslicht rauben. Ein besonderer Brocken ist der links an der Straße stehende 250 – 300 m hohe „Altarfelsen" (Piatra Altarului, 1154 m, 3 Kletterrouten), der am 8. Juli 1935 das erste Mal von zwei Alpinisten bestiegen werden konnte den Kronstädter SKV-Mitgliedern W. J. Goldschmidt und E. Csallner. Seither messen nicht nur am Altarstein viele Kletterer ihre Kraxelfähigkeiten. In der Nähe ist auch die „Ghiocelul" (Schneeglöckchen)-Höhle. Die schönste Stelle der Klamm heißt Gîtul Iadului („Höllenschlund"); sie ist von Lacu Roşu in 3 – 4 Std. zu erreichen.

Die Bicaz-Klamm durchschneidet das Hăşmaşul-Geb. (Curmăturii-Geb.) und bildet den eindrucksvollsten Engpaß durch die Ostkarpaten. Die angrenzenden Kalksteinfelsen (Triasformationen) sind bis zu 400 m hoch. Das Gefälle von 2,5 % des Bicaz-Baches, der die Klamm im Laufe der Zeit schuf, macht ihn zu einem wild tosenden Gebirgsbach.

In einem rechten Seitental befindet sich die kleinere, aber wildere Bicăjel-Klamm (Cheile Bicăjelului, Markierung gelbes Band) und kurz danach (bei der Abzweigung nach Bîrnadu) mündet, von NW kommend, der Pîrîul Şugăului (662 m) in den Bicaz-Bach, der seinerseits noch eine malerische Klamm passiert.

Am Ende der Klamm befindet sich der Ort

Bicaz-Chei, Almásmező (580 m, u. e. E. 1770, 3519 Ew.). Im Jahre 1954 wurde der Ort dem damaligen Rayon Neamţ (Moldau) zugeschlagen. In der Nähe von Bicaz-Chei liegt der Weiler **Chişirig, Köszörikö** (u. e. E. 1839), nach 1954 offensichtlich dem gleichnamigen Ort Chişirig in der Moldau zugeschlagen.

6 km s. von Bicaz-Chei, in einem Seitental, liegt die Ortschaft

Dămuc, Damsdorf, Gyergyódomuk (690 m, u. e. E. 1734, 2999 Ew.) Im Jahre 1892 wurden die Orte Dămuc und **Telec, Zsedántelek** (etwa 10 km nw.) nach Bicazu-Ardelean eingemeindet. Heute ist Dămuc wieder eine eigenständige Gemeinde, zu der der Teilort **Huisurez, Hosszurész** (820 m), ca. 12 km s. von Dămuc, gehört. 6 km s. von Huisurez liegt **Puntea Lupului**, vor dem Paß Creasta Lupului (1322 m) auf der Forststraße ins Trotuş-Tal.

5 km nö. von Bicaz-Chei liegt auf der DN 12C

Bicazul Ardelean, Gyergyóbékás (613 m, u. e. E. 1703, 1866 Ew.), war früher Grenzstation. Von hier aus geht die DN 12C weiter nach Bicaz (Stausee) und Piatra Neamţ (Busverbindung von Gheorgheni, Motel „Cristina", Bootsverleih). In der nächsten Umgebung von Bicazul Ardelean liegt der Weiler **Ivaneş, Iványos (Ivanfő)** (713 m, u. e. E. 1734, 799 Ew.), 7 km nach S auf dem Dămucer Forstweg. Zu Ivaneş gehört seit 1954 der Teilort **Gherman** (1000 m). Nahe von Bicazul Ardelean liegen außerdem die Weiler **Lunca** und **Ţepeşeni** (614 m). Von Bicazul Ardelean aus kann man in das nahe Ceahlău-Gebirge wandern: Bicazul Ardelean (580 m) – Valea Bistrei (Tal, 761 m) – Cabana Dochia (Schutzhütte, 1750 m), Markierung: blaues Band, 9 – 10 Std. Von der Hütte ist es nicht mehr weit bis zu der Toaca-Spitze (1904 m, Markierung rotes Band). Sie ist die höchste Erhebung der Moldau. Im Ceahlău-Gebirge findet man noch das unter Naturschutz stehende Edelweiß (Leontopodium alpinum (L.) Cass.) und weitere seltene Pflanzen.

ROUTE 5/17

6 km nw. von Gheorgheni–Stadtmitte liegt auf der DN 12 die Szeklergemeinde

Lăzarea, Gyergyószárhegy (791 m, u. e. E. 1332, 4500 Ew.). Viele Sehenswürdigkeiten: *das ma. Kastell „Lázár"*, im sb. Renaissancestil erbaut (wahrscheinlich 15. Jh., nach einigen Autoren 13. Jh.). Erste Bastei vom Grafen Lázár erbaut (15. Jh.). Im Jahre 1532 wurde das Kastell Herberge. Der sb. Fürst G. Bethlen verbrachte hier seine Kindheit. 1631 wurde die Burg vom Königsrichter István Lázár umgebaut und 1707 im Kurutzenkrieg vom kaiserlichen Heer in Brand gesteckt. Heute in Renovierung befindliche Ruine. Zwei Basteien wurden wieder aufgebaut und als Museum eingerichtet (Ausstellungen). Die Ringmauer wurde aus dem bekannten Lăzarea-Marmor gebaut, Restaurierungsarbeiten noch im Gange. Am nö. Ortsrand von Lăzarea, nicht weit vom Kastell, ist ein *Franziskanerkloster* (1565 im Barockstil erbaut). Grabstelle der gelehrten Franziskaner Kájoni János und Leonhard Losteiner von Csiksomlyó. Die Büste Kájoni János' steht heute vor der Klostermauer. Auf der Gemarkung von Lăzarea gab es ein Dreißigst- und Kontumazamt (Zoll- und Quarantänestelle), das 1806 von Piricske nach Tulgheş verlegt wurde. Im umliegenden Park sind die Werke zeitgenössischer Künstler zu sehen. Im Ort sind *2 Kirchen* zu Baudenkmälern erklärt worden.

Nördlich von Lăzarea, am Ortsausgang, an der Straße DN 12 liegt am Ende einer Tannenallee der sog. *Tatarenhügel (Movila tătarilor, Tatárhalom)*. Er ist 6 – 7 m hoch und gilt als Symbol der Kämpfe gegen die Tataren im Jahre 1658. Die Tataren wurden von der Lokalbevölkerung besiegt, obwohl sie in der Übermacht waren (angeblich 3000 Soldaten), und zwar von 250 aufgebrachten Frauen, Kindern und Alten, da die wehrfähigen Männer des Ortes nicht daheim waren. Im Ort: Farm für Milchkühe und ein Zentrum für die Anzucht von Saatkartoffeln, das zum Kronstädter Kartoffelforschungsinstitut gehört.

Nach weiteren 8 km auf der DN 12 folgt

Ditrău, Gyergyóditró, Dittersdorf (u. e. E. 1567, 6800 Ew.), die größte Gemeinde der Giurgeu-Senke. Eingemeindet: **Tilalmaş, Tilalmas** (870 m), **Ţengheler, Csengheller** (1023 m) und **Torocpatac, Törökpatak** (830 m), ein Weiler, der nach den Türken benannt ist: Törökpatak heißt Türkenbach. Die Bewohner von Ditrău befaßten sich mit dem Transport von Mineralwasser. Im Ort ist eine Möbelfabrik.
Bemerkenswert: langjährige *Chorbewegung* (Landespreise), eine zweitürmige in neugotischem (eklektischem) Stil gebaute *Kirche* (Monumentalbau aus dem 19. /Anf. 20. Jh.). Die wichtigen *Syenit-Reserven* in der Umgebung von Ditrău erhielten ihren Namen (Ditroit) vom Ort. Sowohl von Ditrău aus, wie auch aus Lăzarea und Gheorgheni kann man auf unmarkierten Wegen leicht auf den Vîrful Prişca (Piricske-Gipfel, 1545 m) wandern, von wo aus man eine wunderschöne Aussicht hat.
Tivadár Puskás aus Ditrău erfand beim Telefonieren das „Hallo" (hallani heißt auf ung. hören, hallok = ich höre). Im SO von Ditrău, abgelegen von der Hauptstraße, liegt der Weiler **Ghiduţ** (810 m) am gleichnamigen Bach.
In Ditrău zweigt die landschaftlich schöne aber nur auf den ersten 2 km geteerte Kreisstraße DJ 127 von der DN 12 nach NO ab und führt über den *Ditrău-* oder *Tulgheş-Paß* (1052 m) aus dem Miereschtal in das Bistricioara-Tal hinüber, erst durch den Weiler **Ţengheler, Csengeller** (1025 m) (gleichnamige Anhöhe) und dann am Putna-Bach entlang und an den kleinen Dörfern **Hágota** (788 m) und **Recea** (728 m) vorbei, nach 36 km (von Ditrău aus) auf der DN 15 nach

Tulgheş, Gyergyótölgyes (648 m, u. e. E. 1770, 4659 Ew.). Große Gemeinde (Rum. und Ung.), an der Mündung des Putna-Baches in den Bistricioara-Fluß, die sich über mehr als 10 km durch das Bistricioara-Tal hinzieht; mit verstreuten Häusern. Hatte bis 1918 Dreißigst- und Kontumazamt (Zoll- und Quarantänestelle seit 1806). Orthod. Holzkirche aus dem Jahr 1813. Die Umgebung ist unberührtes Waldgebiet mit reichem Wildbestand. Wegen der bergig-rauhen und durch die industriearme Gegend reinen und ozonreichen Luft, baute man hier ein *TBC-Sanatorium* mit 462 Betten und eine Nervenheilanstalt. Malerische Umgebung. *Holzkirche* (Baudenkmal) im Mara-Bach-Tal.

ROUTE 6/17

Am Westrand von Diträu beginnt eine Landstraße, auf der man nach Überquerung der Eisenbahnlinie in die Großgemeinde

Remetea, Gyergyóremete (731 m, u. e. E. 1567, 5627 Ew.) gelangt. Der Ortsname leitet sich vom ung. Wort „remete", d. h. Einsiedler, ab. In der Umgebung werden die Bewohner von Remetea „zabsok" (Haferleute) genannt. Der Ort, der am Mieresch liegt, löste sich 1726 von Diträu. Die Bevölkerung nahm im Laufe der Zeit durch die Flößerei stark zu. Die Flöße kamen von hier mit Holz bis nach Belgrad. Milchpulverfabrik. Schöne geschnitzte Szekler Holztore. Auf der Gemarkung von Remetea, im Wald, stehen die Ruinen eines Klosters. Im nahen Eşeneu-Bach-Tal ist eine Mühle und eine Gattersäge zu besichtigen. Wandermöglichkeiten nach Lăpuşna und zum Bacta-Paß (1300 m). Die *„Mureşul"-Bäder* vom Remetea liegen mitten im Ort. Die Heilwirkung des Wassers (Ca, Mg, Fe, S) wurde erst Anfang dieses Jh. entdeckt (Freibäder). Durch eine Überschwemmung des Mieresch wurden sie zerstört, 1968 wiederaufgebaut und umfassen 14 Wannen.

Die Straße biegt in Remetea nach N ab und führt ca. 5 km nach

Martonca, Mártonka (723 m), einem kleinen Dörfchen, das zusammen mit den Weilern **Ciutac, Csutakfalva** (710 m) und **Ludfarca, Ludfarka** der Gemeinde Remetea zugeschlagen wurde. Weiter n. gelangt man in die kleine Ortschaft **Duda** (742 m), kurz danach folgt

Subcetate, Burgberg, Gyergyóvárhegy (723 m, u. e. E. 1750, 2700 Ew.), war einst das rum. Viertel von Diträu. Várhegy heißt „unter der Burg". Eingemeindet: **Filpea, Várhegyfülpe** (727 m, u. e. E. 1770, 600 Ew.) In Subcetate reichhaltige Folklore-Tradition. Wanderweg zum Batrîna-Gipfel (1634 m, Markierung blauer Punkt, 15 km, 5 – 6 Std., auch über Hodoşa zu erreichen). Im W und SW, nahe von Subcetate, liegen die Weiler **Şineu, Eszenyő, Făgeţel** und **Călnaci** (839 m).

ROUTE 7/17

Im N von Diträu (4 km) biegt eine Kreisstraße von der Hauptstraße DN 12 nach NO ab und führt nach 6 km durch die Gemeinde

Jolotca, Orotva (713 m, u. e. E. 1770, 647 Ew.) am gleichnamigen Bach, einem Nebenfluß des Mieresch.

Danach schlängelt sich die Straße über die Paßhöhe *Cheoşrezu* (1259 m) und nach 18 km (von Jolotca aus) gelangt man in den Kurort

Borsec, Bad Borseck, Gyergyóborszék (880 m, u. e. E. 1770, 3007 Ew.) im Vinului-Tal. 1956 zur Stadt erklärt. Liegt am Zusammenfluß der Täler Valea Vinului („Weintal") und Valea Mestecănişului („Birkenwäldchen") im oberen Bistricioara-Becken, umgeben von den Căliman-(Kelemen-),

Giurgeu- und Bistriţa-Gebirgen. Einer der gesuchtesten *Kur- und Badeorte* des Landes. Internationale Bedeutung. *Mineralwasserquellen* seit dem 16. Jh. bekannt, als man die ersten Badeeinrichtungen anlegte. Über die Heilwirkung des Wassers schrieb bereits 1793 der Wiener Arzt Krantz einen ausführlichen Artikel in einer Hermannstädter Zeitschrift. Röm. Münzfunde bezeugen das Vorhandensein einer uralten menschlichen Siedlung. Marienburg schrieb 1813 über „den mit Recht selbst im Auslande berühmten Borßecker Sauerbrunnen", dessen „Wasser sich ausnehmend lange auffallend frisch erhält". Untersucht wurde das Wasser bereits um 1800 von Michael Neustädter, Protomedicus von Sb. und vom Hermannstädter Apotheker Kräutner. Ebenso von der Medizinischen Fakultät in Wien, „auf Veranlassung der niederösterr. Regierung". Am 29. 5. 1804 erhielten Valentin Günther und Anton Zimmethausen das kaiserliche Privilegium auf 8 Jahre, dieses Wasser ausschließlich nach Wien zu bringen. Dazu baute man hier in Borseck auch eine Flaschenfabrik und holte Glasbläser aus Deutsch-Böhmen, so daß hier Namen wie Eigel, Krämer, Kolber und Paller zu finden sind. 1807 wird Anton Zimmethausen hier geheilt, der ab diesem Jahr die Badeeinrichtungen mietet und erweitert. Durch ihn wird der Heilkurort über die Landesgrenzen hinaus bekannt. Es wurde jedoch nachweislich schon 1770 Mineralwasser in Bad Borseck abgefüllt und durch Fuhrleute aus Gheorgheni in Tongefäßen bis nach Wien gebracht. Heute kennt man 23 Heilquellen mit kohlensäure-, karbonat-, kalk- und magnesiumhaltigem Wasser. Durch Behandlung mit warmen Kohlensäurebädern und Trinkkuren werden hier die verschiedensten Leiden geheilt. Außerdem wird Tafelwasser (das beste und bekannteste des Landes) abgefüllt (erste Abfüllanlage seit 1860). Die Abfüllfabrik füllt bei der „Republik"-Quelle täglich über 500 000 l Mineralwasser ab.

Subalpines Klima: kalte Winter und kühle Sommer; mittl. Jahrestemperatur 4,9°C (15°C im Juli, – 7,7°C im Januar). Schöne Umgebung. Der Kurort verfügt über mehr als 2500 Betten in Villen, außerdem über ein Therapiezentrum und Erholungseinrichtungen. Zur Unterhaltung und für durchreisende Touristen: 3 Touristenhäuser, 1 Camping, Gasthäuser, Kulturhaus, Bibliothek, Theater- und Kinosaal, Sportplätze.

Sehenswert: orthod. Holzkirche aus dem Jahr 1847 (ren. 1960). Wanderungen: Raststätte „Făgeţel" für Touristen (ganzjährig geöffnet), der Berg „Dealul Rotund" mit dem Travertin-(Kalktuff-)Steinbruch (30 min. vom Stadtzentrum entfernt); der Berg hat eine 60 – 100 m dicke Versteinerungsschicht, die im Laufe der Jahrtausende aus Kalziumkarbonat entstanden ist; die *Ruinen* einer alten Kasematte, genannt „Cetatea bufniţelor" („Festung der Eulen"); ferner die *Eishöhle* (Peştera de gheaţă), die *Bärengrotte* (Grota urşilor) und die Sennhütte „Stîna din Călimani" (6 km entfernte *Touristenraststätte* beim Km-Stein 193 auf der DN 15; rustikale Gaststätte).

Die DN 12 führt 14 km nw. von Ditrău in ein Hügelgebiet, das die Giurgeu-Senke von der Topliţa-Senke trennt. Hier befindet sich die Streusiedlung

Sărmaş, Gyergyósalamás (705 m, u. e. E. 1770, 4400 Ew.). Der Ort liegt etwas abseits der Hauptstraße. In Sărmaş wohnten früher rum. Leibeigene, die dem Szekler Stuhl angehörten. Die Bewohner des Ortes treiben Viehzucht; früher befaßten sie sich auch mit Flößerei. Berühmte *Trachtenlandschaft*; interessant sind vor allem die Volkstrachten der Frauen (gestickte Hemden). Erwähnenswert: schöne Volkstänze. Um Sărmaş herum liegen einige kleine Dörfer: **Hodoşa, Hodos** (703 m, u. e. E. 1910, 1584 Ew.), **Fundoaia** (705 m) und **Platoneşti, Kerékfenyő** (720 m, u. e. E. 1770, 489 Ew.). 5 km weiter nach NW führt die DN 12 nach

Gălăuţaş, Galocáspatak (700 m, u. e. E. 1803, 2509 Ew.). Wie bei vielen anderen Ortsnamen im Gebiet, hat der rum. Name seinen Ursprung in der ung. Benennung, die sich in diesem Fall vom gleichnamigen Bach ableitet, der hier – aus NO kommend – in den Mieresch mündet. Schon 1911 entstand hier ein Sägewerk, das im Zweiten Weltkrieg abbrannte und an dessen Stelle man um 1960 ein *Holzverarbeitungskombinat* (Spanplatten, Preßplatten, Sperrholz usw.) baute. Bis 1925 war Gălăuţaş Teilort von Remetea. Zu Gălăuţaş gehören heute die nö. gelegenen Dörfer **Toleşeni** (675 m) im N und **Runc** im SW, sowie die w. vom Mieresch gelegenen Orte **Dealu**

Armanului, Armandombja; Nuțeni, Nucen; Preluca, Gălăuțaş-Pîrîu (780 m) und **Zăpodea, Zapodea.**

4 km w. von Gălăuțaş führt die DN 12 in die Stadt

Topliţa, Maroshéviz (667 m, u. e. E. 1626, 12.624 Ew.). Sie liegt an der Mündung des Topliţa-Baches in den Mieresch, an beiden Ufern des letzteren.
Bei Topliţa fand man romanische Münzen aus dem Jahr 300 v. Chr. (aus der Zeit Constantin I.).
Dokumente bezeugen außerdem die Existenz der dakischen Festung Sangidava. Bekannt ist Topliţa auch durch sein Werk für Holzverarbeitung. In den Jahren 1968 – 1978 baute man hier eine Möbelfabrik und modernisierte das Holzverarbeitungswerk. Außerdem entstand eine Strickwarenfabrik. Topliţa hat ein Krankenhaus mit 200 Betten, mehrere Schulen (Gymnasium) und einen Sportklub mit 4 Abteilungen.
Der *Kurort „Bradul"* (früher Bánffy és Urmánczy fürdő), auf 680 m und 1 km s. von Topliţa, das ihn umgibt, liegt am Fuße des Gurghiu-Gebirges am linken Miereschufer, inmitten eines Nadelholzbestandes. Von den über 2000 Mineralquellen des Kreises sind auch hier welche mit mittelwarem Wasser (26°C) zu finden, das schwach radioaktiv ist und Kohlendioxid, Natrium, Calcium und Magnesium enthält. Zwei Schwimmbecken, Thermalbad, Villen, Gasthaus, *Touristenraststätte „Bradul"*, Campingplatz mit Holzhäuschen (Bungalows). Wandermöglichkeiten in die landschaftlich reizvolle Umgebung, z. B. zum Bătrîna-Gipfel (1634 m, nach S, Markierung: blaues Band, 15 km, 5 – 6 Std.) Im Tal des Pîrîul Mare (-Baches) wurde 1813 eine Holzkirche mit kreuzförmigem Grundriß gebaut, mit Schindeln gedeckt (geschnitzter Holzaltar, Hinterglasmalerei).

Zu Topliţa gehören folgende der umliegenden Ortschaften:

Măgheruş, Magyarós (665 m, u. e. E. 1913, 875 Ew.), **Luncani, Lunkán, Zencani** (642 m) und, **Vigani** (582 m) alle links vom Mieresch. Rechts des Flusses gehören zu Topliţa **Călimănel, Kelemenpatak** (650, u. e. E. 1770, 1009 Ew.) und **Moglăneşti, Moglán** (666 m). Zwischen 1769 und 1773 ist ö. von Topliţa ein orthod. Kloster („Monostor") zu finden, das den Mittelpunkt des späteren Weilers bildet. Das Kloster stand ursprünglich in Gudea, wurde 1910 an den heutigen Ort verlegt und 1924 – 1928 ausgebaut. Moglăneşti wurde 1956 nach Topliţa eingemeindet.

Im Tal des Valea Pîrîul Doamnei steht eine alte rum. *Holzkirche,* „Biserica Doamnei" genannt, die 1658 gebaut worden ist und geschichtliche Bedeutung hat. Hierher zog sich die Frau (Doamna Safta) des Moldauer Fürsten Gheorghe Ştefan nach dem Attentat auf ihren Mann zurück.

Zu Topliţa gehören noch die kleinen Dörfer **Vale, Alsó-** und **Felsőválya** (705 m, u. e. E. 1910, 2052 Ew.), im Tal des Topliţa-Baches, und **Secu** (860 m) Richtung Bilbor, Mausoleum.

In Topliţa stößt die Nationalstraße DN 12 auf die DN 15, die weiter nach W nach Reghin (Sächsisch-Regen) 70 km führt > [RG 9].

ROUTE 8/17

Die DN 15 führt anfangs in nö. Richtung von Topliţa, parallel zu der Waldbahn (Schmalspurbahn Topliţa-Borsec) und entlang des Pîrîul Sec. Nach 2 km gelangt man in das Dorf **Vale**. Dann steigt die Straße immer mehr an.

10 km weit von Topliţa, zweigt eine sehr malerische KS nach NO in Richtung Bilbor ab, führt nach 2 km in die Ortschaft **Secu** zum *Mausoleum von Secu* (links von der Straße), das hier für die im Ersten Weltkrieg gefallenen 771 rum. Soldaten im Jahre 1927 auf Anregung des Patriarchen Miron Cristea errichtet worden ist. Die Gebeine ruhen in einer zentralen Krypta und in Seitenni-

schen. 1967 wurde das Denkmal restauriert und erinnert heute auch an die Gefallenen des Zweiten Weltkrieges.

6 km weiter nach N über Paßhöhe (934 m) folgt rechts das Dorf

Răchitiş, Rokotyás (831 m), ab 1956 Teilort von Bilbor und Ausgangspunkt für Wanderungen zum See *Lacul Iezer* (glazialer Ursprung, Kelemen-Geb.) auf 1750 m, der eine Wasseroberfläche von 1300 m² und eine Tiefe von 3 – 5 m hat. 4 km weiter nach N liegt

Bilbor, Gyergyóbélbor (960 m, u. e. E. 1751, 2253 Ew.). Hier stößt die Straße auf den Bistricioara-Fluß. Im MA. umgeben von Urwäldern mit reichem Wildbestand. Die Gemarkungsgrenze ist zugleich die Trennungslinie der Kreise Bistritz und Suceava. Hier leben griech.-kath. Rum. Auch in Bilbor findet man zahlreiche kohlensäurehaltige Quellen. *Sehenswert: Holzkirche* im Ortszentrum (gegen Ende des 18. Jh. erbaut, Baudenkmal), *Museum* mit Gegenständen der Weidewirtschaft. In Bilbor wurde der Schriftsteller und Volkskundler *Octavian Codru Tăslăuanu* (1876 – 1942) geboren. Im W von Bilbor, am rechten Ufer des Dobreanu-Baches, liegt das *Dobreanu-Moor* (910 m). Von den 8 Mooren der Bilbor-Senke ist dies das wichtigste und steht mit einer Fläche von 3 ha unter Naturschutz. Bilbor liegt in der Bilbor-Senke, die im W vom Căliman-Geb. umgeben ist, im O vom Bistriţa-Geb. Beide bilden die Grenze zur Bukowina. Von hier aus kann man *Wanderungen* in das wenig begangene, aber wild-schöne Căliman-Geb. (Kelemen-Geb.) machen, dessen Gipfel (Pietrosul Călimanului, 2102 m) eine der 3 höchsten Bergspitzen der Ostkarpaten ist. Das Kelemen-Gebirge ist das höchste vulkanische Bergmassiv Rumäniens. Die Vulkane sind längst erloschen; im Tertiär gehörten sie aber zu den aktivsten Vulkanen der Welt. Auch der Mieresch mußte sich diesem Gebirge beugen und nach W abbiegen, hat es aber dann doch durchnagt (Durchbruchstal Toliţa-Deda).

Die DN 15 führt nach der Abzweigung nach Bilbor nach O und in vielen Serpentinen zum *Borseck-Paß* (1112 m). Er liegt auf der Wasserscheide zw. der Gyergyó- und der Borsec-Senke und trennt das Giurgeu-Geb. vom Kelemen-Geb. Die Paßhöhe (Sennhütte „Stîna din Călimani" beim Creanga-Gipfel mit Campinghäuschen Arkóza-Tető) liegt 16 km von Topliţa und 10 km von Borseck. Die Straße verläuft nun wieder parallel zur Schmalspurbahn und entlang des Valea Vinului-Baches nach O und dann nach NO. Nachdem man Borseck durchfahren hat, gelangt man nach 8 km in die Ortschaft

Capu Corbului, Hollószarka (710 m), nw. von der gleichnamigen Spitze (1178 m). Im Jahre 1956 wurde das kleine Dorf ein Teilort von dem 4 km weiter ö. an der Straße und im Bistricioara-Tal gelegenen Ort

Corbu, Gyergyóholló (697 m, u. e. E. 1770, 2125 Ew.), 14 km weit von Borsec gelegen. Zu Corbu gehört auch **Baraszó** (u. e. E. 1850). Angesiedelt haben sich hier aus der Moldau emigrierte Rum. Früher Flößerei. *Trachtenlandschaft.*

Nach weiteren 7 km kommt man nach Tulgheş > [R 5/17].

An der Grenze des Gebietes, 3 km auf der DN 15 weiter nach O liegt

Pintic, Pintek (677 m) ein rein rum. Ort, etwas abgelegen von der Hauptstraße, im Seitental Pîrîul Pintic. Von hier aus kann man Wanderungen in das angrenzende *Ceahlău-Geb.* unternehmen: die ersten 5 km können auch mit dem Pferdewagen im Pintic-Tal talaufwärts zurückgelegt werden. Zu Fuß lautet die Route: Dorf Pintic – Dealul Tablei (1097 m) – Valea Bistrei (761 m); Markierung: rotes Dreieck, 7 – 8 Std. Von hier geht es weiter: im Valea Bistrei (-Tal) trifft man bei der Baumschule und dem Waldhegerhaus auf den Wanderweg (Markierung: blaues Band), der aus dem Ort Bicazul Ardelean herauführt und der fortan verfolgt werden muß, damit man zu der *Dochia-Schutzhütte* (Cabana Dochia) auf 1750 m gelangen kann (weitere 2 – 3 Std.). Von der Schutzhütte aus kann man auf den Ceahlău-Gipfel (Vîrful Toaca, 1904 m, ³/₄ Std.) steigen.

REISEGEBIET 18

Miercurea-Ciuc / Szeklerburg / Csikszereda

Dieses Gebiet umfaßt ungefähr das sö. Drittel des Kreises Hargitta bzw. den ehemaligen Szeklerstuhl Csik (Ciuc) und den Filialstuhl Kászon (Caşin, Kaschin). Liegt im Innenbereich der Ostkarpaten, in der Csiker Senke (depresiunea Ciucului). Diese intrakarpatische Senke (Höhenlage zwischen 600 und 800 m) wird im N vom Hagymás-Gebirge (munţii Hăşmaşului), im O vom Csik-Gebirge (munţii Ciucului), im S vom Csomád-Gebirge (munţii Ciomatului) und Nemira-Gebirge, im W vom vulkanischen Hargitta-Gebirge begrenzt. Sie wird vom Alt-Paß s. von Szeklerburg in zwei (Ober- und Untercsik) Senken unterteilt. Der vulkanische Untergrund des Hargitta-Gebirges führt zur Entstehung zahlreicher Mineralwasserquellen (ung. „borviz"), Mofetten und Solfateren (CO_2-, bzw. H_2S-Emanationen). In einigen Kratern sind interessante Hochmoore mit eiszeitlichen Pflanzenrelikten entstanden. Das Klima ist ein kaltes Gebirgsklima mit durchschnittlich 160 Frosttagen im Jahr. Häufige Nebelbildung. Der Alt-Fluß entspringt im N des Gebietes (Hagymás-Gebirge), fließt in N-S-Richtung durch die Csiker Senke und verläßt sie im Tuschnad-Paß. Etwa die Hälfte des Gebietes wird von großen, zusammenhängenden Nadelwäldern (hauptsächlich Fichte, Tanne und Kiefer) bedeckt. Bedeutende und reiche Jagdreviere (Bär, Wolf, Rotwild, Wildschwein, Auerhahn u. a.). Die Wälder sind reich an Waldfrüchten (Himbeeren, Heidelbeeren, Preiselbeeren und Brombeeren) und Pilzen.

Stein-, Bronze- und Eisenzeitfunde bezeugen die frühe Besiedlung des Gebietes. Die Wandervölker haben nur wenige Spuren hinterlassen. Ab dem 11. bis 12. Jh. Besiedlung durch die Szekler, die sprachlich und kulturell zum Ungarntum gehören. Die fast ausschließlich kath. Csiker Szekler prägen bis heute mit ihren bäuerlichen und handwerklichen Traditionen die Ortschaften dieser Gegend. Im ländlichen Milieu leben überwiegend (über 90 %) Szekler, der Rest sind Zigeuner und wenige Rum. Vom kalten Klima und dem mittelmäßig fruchtbaren Boden bedingt, überwiegen der Kartoffel- und Kohlanbau. Die Vieh- und Schafzucht dagegen hat gute Bedingungen. Die Kollektivierung der Landwirtschaft und die forcierte Industrialisierung haben die Bauern z. T. ruiniert und vom Land vertrieben. Viele Dorfbewohner pendeln in die nahen Städte, wo sie in der Industrie oder in Dienstleistungsbetrieben tätig sind.

Touristisch hat das Gebiet viel zu bieten. Die vorherrschende Berglandschaft gibt Wintersportfreunden Gelegenheit zum Schifahren. Das Eishockey aber hat hier die älteste Tradition (über 60 Jahre Hockeysportverein!) im Land. Ausgezeichnete Wandermöglichkeiten sind gegeben: ein ausgedehntes, größtenteils markiertes Wegnetz ermöglicht das Kennenlernen der malerischen Csiker Bergwelt. Die zahlreichen Mineralwasserquellen und Mofetten werden von vielen Kranken zu Heilzwecken aufgesucht. Ethnographische und kulturhistorische Sehenswürdigkeiten (Szekler Trachten, Bräuche, got. und barocke Baudenkmäler, Kirchenburgen u. a.) machen das Gebiet weiter attraktiv. Das Dorfmilieu könnte auch für Landferien empfohlen werden, ob-

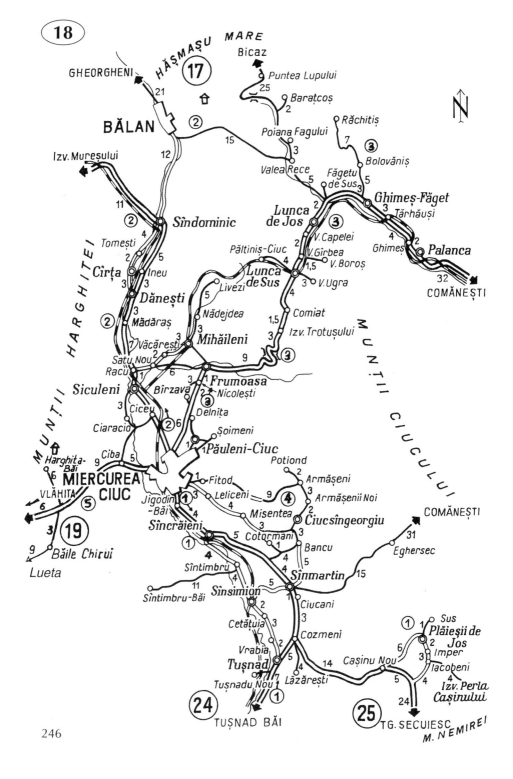

wohl die besonders gastfreundliche Szekler Bevölkerung der deutschen Sprache nicht mächtig ist.

Der Hauptort des Gebietes, Szeklerburg, liegt verkehrsgünstig. Es gibt gute Verbindungen per Eisenbahn oder Landstraße zu den benachbarten Städten und Gebieten, z. B. Gheorgheni (Niklasmarkt): 57 km über die DN 12 nach N; nach S Bad Tuschnad: 33 km, Sfîntu-Gheorghe (St. Georgen): 67 km, Braşov (Kronstadt): 100 km, nach W Oderheiu Secuiesc (Oderhellen): 51 km, Sighişoara (Schäßburg): 100 km, nach O über die DN 12A nach Comăneşti in der Moldau: 82 km.

ROUTE 1/18

Die DN 12 verläßt die malerische Gebirgsgegend von Bad Tuschnad und führt in die weit sich öffnende Untercsiker-Senke; nach 5 km folgt die Abzweigung nach SW in das am w. Altufer liegende Dorf

Tuşnadu Nou, Újtusnád (650 m, nach dem großen Brand vom 11. Sept. 1822 von 43 Fam. aus Tuschnad neu gegründet, 1173 Ew.). Bedeutende Mineralwasserabfüllung für Tafelwasser „Tuşnad". Neben dem Dorf erstreckt sich ein Hochmoor von 3 ha. („Valea mijlocie"), 637 m, Pflanzenschutzgebiet (Eiszeitliche Pflanzenrelikte: Schachbrett-Tulpe, Zwergbirke u. a.). Von der Abzweigung führt die DN 12 nach 2 km in die, in einem Tal liegende Gemeinde

Tuşnad, Tusnádfalu (672 m, u. e. E. 1421, 1039 Ew.). Berühmtes Steinmetzzentrum. In der Ortsmitte Mineralwasserquelle an der Landstraße. In Tuşnad zweigt eine AS nach N ab, führt 2 km in den Ort

Vrabia, Csikverebes (655 m, u. e. E. 1567, 304 Ew.). War ein höriges Dorf inmitten freier Szeklergemeinden. 3 km weiter liegt das Dorf

Cetăţuia, Csatószeg (662 m, u. e. E. 1567, 1061 Ew.). In der Dorfkirche ein barocker Flügelaltar. 2 km n. liegt die Gemeinde

Sînsimion, Csikszentsimon (646 m, u. e. E. 1333, 2442 Ew.). Ist ein kleines Industrie- und Gewerbezentrum mit Alkohol- und Speisestärkefabrik, einem Holzverarbeitungsbetrieb. Ein Wanderweg (blaues Kreuz) führt zum Vulkangipfel des Cucu (1558 m) in dem Hargitta-Geb. Eine AS führt nach O, 5 km bis zur DN 12 in Sînmartin. Nach N führt die AS 4 km weiter in das Dorf

Sîntimbru, Csikszentimre (652 m, u. e. E. 1567, 2333 Ew.). Im Ort steht das Gutshaus des Barons Adam Henter. Sehenswert die 1770 neuerrichtete kath. Kirche bei Verwendung alter rom. Bauteile und Wandmalereifragmenten. Die Kapelle hat schöne got. Fresken aus dem 15. Jh. Vor dem Ortseingang zweigt eine 14 km lange KS nach W ab, führt in Serpentinen hinauf in das Hargitta-Geb. bis zum Luft- und Badekurort

Băile Sîntimbru, Szentimrei-Büdösfürdő (1231 m). Die berühmten Mofetten mit CO_2 (99 %) werden bereits seit 1920 zu Heilzwecken genutzt. Therapeutik: Herz- und Gefäßerkrankungen, Bluthochdruck und Rheumatismus. Es gibt 15 Villen und private Bungalows, Kantine, Buffet. 3 km weit liegt im einstigen vulk. Krater das *Lucsos Hochmoor* (tinovul Luci), NSG von 120 ha. Tundraähnliche Landschaft mit Eiszeitrelikten: Sibirischer Goldkolben, Preiselbeeren und Heidelbeeren, Zwergbirke, Torf-Veilchen, Moor-Steinbrech, etwa 5 m tiefer Moosteppich. Wanderwege gehen von hier aus nach Băile Jigodin (blaues Kreuz), Vlăhiţa-Paß (12 km, blaues Band) und Bad Tuschnad (24 km, Kammwanderung). Die AS führt aus Sîntimbru 4 km nach NW, wo sie wieder bei Sîncrăieni auf die DN 12 trifft. Von Tuşnad führt die DN 12 5 km nach NO in das Dorf

Cozmeni, Csíkkozmás (674 m, u. e. E. 1333, 1394 Ew.). Ein Verkehrsknoten am Fuß des Csík-Geb. Sehenswert ist die barocke kath. Kirche umgeben von einer Ringmauer aus dem 17. Jh. Im S des Ortes führt eine KS 3 km in das Dorf

Lăzăreşti, Csíklázárfalva (666 m, u. e. E. 1365, 702 Ew.). Von hier führt ein Wanderweg auf den Ciomatul zum Sankt Annen-See und zum Mohoş-Hochmoor. Nach SO zweigt aus der DN 12 in Cozmeni die DN 11B ab, führt über den Niergheş-Paß (Nyergestető, 895 m) in die malerische Kaschin-Senke. Auf der Paßhöhe erinnert ein *Obelisk* (1897) an die Kämpfe der ung. Revolutionstruppen gegen die russische Übermacht vom 8. Aug. 1849. Die 5 Ortschaften der Kaschin-Senke (Kászoni medence), bilden eine Großgemeinde mit über 5000 Ew. Früher war es ein Filialstuhl von Csík. Nach 14 km liegt das Dorf

Caşinul Nou, Kászonújfalu (681 m, u. e. E. 1567, 1385 Ew.). Entwickelte Handwerkertradition: Schreinermalerei (bemalte Bauernmöbel) Zimmerei, Holzschnitzerei, Wollweberei. Eine AS biegt nö. ab, führt in das 6 km entfernte Gemeindezentrum

Plăieşii de Jos, Kászonaltiz (719 m, u. e. E. 1333, 735 Ew.). Auch hier sind Handwerk und Viehzucht entwickelt. Sehenswert: got. kath. Kirche, umgeben von Befestigungen aus dem 15. Jh. (Mauern und Bastei). Gut erhalten ist der hohe got. Chor mit auf Konsolen ruhenden Gewölberippen, Triumphbogen, Sakristeinische. Barocke Schiffdecke aus 1770. Bei Restaurierungsarbeiten

Heueinfuhr bei Lăzăreşti

(1938 – 1942) 3 Fragmente urszeklerischer *Kerbschrift* von kulturhistorischer Bedeutung, sowie eine karikaturähnliche Wandmalerei von 1466 freigelegt. Auf dem Friedhof schöne Exemplare *geschnitzter Totenpfähle*. 1 km n. liegt

Plăieşii de Sus, Kászonfeltiz (721 m, u. e. E. 1567, 1061 Ew.). Ö. vom Dorf die *Répát-Mineralwasserquellen*. 2 km s. vom Gemeindezentrum folgt das Dorf

Imper, Kászonimpér (705 m, u. e. E. 1567, 706 Ew.). Sehenswürdig das barocke *Gutshaus Balási* von 1833. Der anspruchsvolle symmetrische Bau wurde von Wiener Architekten entworfen. Sehenswert das *Heimatkundemuseum* mit Kunstsammlung zeitgenössischer Gemälde und Statuen. Nach weiteren 3 km erreicht die AS

Iacobeni, Kászonjakabfalva (696 m, u. e. E. 1567, 737 Ew.). Sö. liegt das alte *Bad Caşin, Kászonfürdő*, wo bereits 1850 Kureinrichtungen standen. Das „Salutaris"-Heilwasser wird zur Therapie von Magen- und Verdauungsleiden, aber auch als Tafelwasser eingesetzt. 4 km s. vom Dorf erreicht die AS die DN 11B, die nach S über den niederen Catroşa-Paß in Richtung Szeklerneumarkt (Tg. Secuiesc) 24 km, führt > [RG 25]. Nach W führt die DN 11B zurück nach Caşinul Nou und Cozmeni. Von Cozmeni führt die DN 12 nach N, kommt nach 3 km nach

Ciucani, Csekefalva (690 m, u. e. E. 1567, 1235 Ew.) und gleich anschließend in die Großgemeinde

Sînmartin, Csikszentmárton (676 m, u. e. E. 1333, 1348 Ew.). *Sehenswürdigkeit:* die von Ringmauern umgebene kath. Barockkirche (17. Jh.) Eine KS verläßt das Dorf im NO, führt über den Rugat-Paß (1184 m) in das malerische *Uz-Tal*, 32 km bis zur alten Landesgrenze; auf dieser Straße liegen die Weiler **Ghiurche, Gyürke; Eghersec, Egerszeg; Oclos, Aklós** (886 m). Der Weg führt weiter über die Ostkarpaten in die Moldau. Der Uz-Bach ist ein Anglerparadies. Von Sînmartin nach N führt eine AS nach Bancu, trifft dort die > [R 3/18]. Die DN 12 führt 4 km nach NW zur Abzweigung eines Kiesweges nach Bancu, von dem nach 3 km ein 2 km langer Weg nach dem versteckten kleinen Dorf

Cotormani, Kotormány (695 m, u. e. E. 1567, 108 Ew.) führt. Weiter führt die DN 12 5 km in die Gemeinde

Sîncrăieni, Csikszentkirály (657 m, u. e. E. 1333, 2233 Ew.). Lokale Holzverarbeitungsfabrik, Hauswebereien. Baudenkmal ist die kath. Kirche. Sehenswert das NSG *Borsáros*, ein 6000 m^2 großes Hochmoor mit floristischen Eiszeitrelikten (Zwergbirke, Niedrige Birke, Sibirischer Goldkolben, Torf-Veilchen u. a.). In diesem Sumpfgebiet sind über 100 Mineralwasserquellen. Im s. Dorfteil Mineralwasserabfüllung. „Perla Harghitei" heißt das geschätzte Heil- und Tafelwasser. In einem Steinbruch auf der Gemeindegemarkung wurde der sog. „Dakische Schatz" (altertümliche Gefäße) gefunden.

Die Talwände der Unteren Csik-Senke rücken heran und im engen Durchbruchstal zwängen sich Alt, Bahnlinie und Hauptstraße nach NW. Nach 4 km erreicht sie das Mineralbad

Băile Jigodin, Zsögödfürdő (654 m). Das Heilbad kann als Wannen- oder Freibad für Behandlung von Verdauungs-, Herz-, Kreislauf- und Rheumatischen Leiden verwendet werden. Wanderwege führen nach Sîntimbru-Băi (blaues Kreuz, 12 km). Am nahen Harom-Berg (1060 m) altertümliche Burgruinen. Nach 1 km an der DN 12 liegt eine *Tankstelle.* Hier öffnet sich das Engtal zur Obercsiker-Senke, in der der Vorort

Jigodin, Csikzsögöd (666 m, u. e. E. 1567, 702 Ew.) liegt. Kleine, spätgot. Saalkirche aus dem 16. Jh. In der Ortsmitte: das *Nagy-Imre-Gedenkhaus mit Kunstgalerie.* Das Geburtshaus des berühmten szeklerischen Kunstmalers und Graphikers (1893 – 1976) vermittelt einen Eindruck über das Milieu, in dem der Künstler lebte und wirkte. Daneben die moderne Galerie, in der zahlreiche seiner Ölgemälde und Lithographien ausgestellt sind. (montags geschlossen). Nach 2 km führt die DN 12 nach Miercurea Ciuc, direkt ins Stadtzentrum (als Republicii-Straße), und geradeaus im N wieder aus der Stadt hinaus. > [R 2/18]

Miercurea-Ciuc, Szeklerburg, Csikszereda (665 m, u. e. E. 1558, 1988: 48.396 Ew.). Vorort des Kreises Hargitta (Harghita).
Der Name der Stadt wird vom „Csik", (in Turksprache = Grenze) und „Szer(e)da" = Mittwoch (Tag des Wochenmarktes) abgeleitet. Wissenschaftliche Forschungen haben den Fortbestand menschlicher Siedlungen aus der Jungsteinzeit her bestätigt. Seit dem 12. Jh. ist die Gegend von Szeklern bewohnt (Szeklerland).
Szeklerburg wird erst 1558 als Marktflecken („Oppidium Zereda", bzw. Siculoburgum) urkundlich erwähnt. Die sb. Fürsten Báthory G. (1608) und Bethlen G. (1623) bestätigen zwar die Stadtrechte, aber durch die wiederholten verheerenden Pestepidemien (1677, 1717 – 1719) und Tartareinfälle (1661, 1694) wurde die Entwicklung des Marktes stark behindert. Ab 1879 Vorort des Csiker Stuhles. 1896 wurden die Eisenbahnlinien gelegt. 1918 an Rumänien angeschlossen, von 1940 bis 1944 wieder an Ungarn. Nach dem Zweiten Weltkrieg erfährt die Stadt zunehmende Industrialisierung und Urbanisierung. Ab 1968 Kreisvorort. In den letzten Jahrzehnten entstanden bedeutende Wirtschaftseinheiten, wie Kammgarnspinnerei, Strickwaren-, Textil-,

Bergbaumaschinen- und Traktorenfabrik, Druckerei, Brauerei, Schlachthof, Milchverarbeitungs-
werk u. a. Seit 1977 besteht hier eine Abteilung der Fakultät für Mechanik des Kronstädter
Polytechnikums. Durch die umfassenden baulichen Veränderungen der letzten 20 Jahre gewann
die Stadt völlig neue Charakterzüge. (Kunsteishalle, urbanisiertes Zentrum mit Fußgängerzone,
Rathaus, Kulturhaus, Hotels, Kreiskrankenhaus, Sportanlagen, Neubauviertel, Industriegebiete.)

Sehenswürdigkeiten: Die *Mikó-Burg* wurde zwischen 1611 und 1621 durch Mikó Ferenc von
Hidvég, Oberkapitän des Csiker Stuhles, anstelle einer früheren Steinfestung errichtet. Der rechteckige Bau im Renaissancestil wurde von türkisch-tatarischen Scharen 1661 größtenteils zerstört. 1714 ließ der österr. General Stefan von Steinville die heutige quadratische Burg mit 4 Ecktürmen neu errichten. Sie diente als Wehranlage und Kaserne des 1. Szeklerischen Infanterie-
Regimentes. Seit 1970 *Kreismuseum*, mit reichen historischen, ethnographischen und naturwissen-
schaftlichen Sammlungen. Kunstausstellungen und auch Konzerte werden veranstaltet. Hinter
der Burg sind einige für die Gegend typische Bauernhäuser und geschnitzte Szekler Hoftore zu
sehen. Vor dem Burgeingang stehen die Bronze-Statuen von Petőfi Sándor und Nicolae Bălcescu.
Nahe der Burg, in einer kleinen Parkanlage steht die 1924 gebaute *rum. orthod. Kirche.* Die
barocke *kath. Stadtpfarrkirche* an der Hargittastraße stammt aus dem Jahre 1758. Das *„Márton
Áron"-Gymnasium* wurde 1668 als Franziskanerklosterschule in Şumuleu (Csiksomlyó) gegründet und 1911 in das imposante klassizistische Schulgebäude in der Coşbucstraße übersiedelt. Im
kath. Gymnasium hatte das Schultheater Tradition (etwa 90 lat. und ung. Schuldramen sind
bekannt). Im nö., seit 1930 eingemeindeten Stadtteil Şumuleu befindet sich der sehenswerte
barocke kath. Kirchen-Komplex. Bereits 1352 hatten die Franziskaner hier ein Kloster gebaut.
1442 lies Woiwode Johann Hunyadi eine got. Kirche errichten, die Anfang des 19. Jh. abgetragen wurde. An ihrer Stelle wurde von 1804 bis 1830 die große *barocke Wallfahrtskirche* erbaut.
Die prunkvolle Innenausstattung wurde erst 1876 fertiggestellt. Bedeutendstes Kunstdenkmal ist
die um 1510, vom anonymen Meister, geschnitzte spätgot. Holzfigur, die *Hl.-Maria-Statue.* Ihre
„wunderwirkende" Kraft ist auch heute noch Anziehungspunkt für viele Gläubige und Pilger.
Die Altarfiguren des Hl. Stefan und Hl. Ladislaus sind Tiroler Herkunft (1905). Klausenburger
und Kronstädter Maler sind die Autoren der Haupt- und Nebenaltargemälde. Die klangschöne
Orgel (Temeswar, 1931) mit 3 Manualen, Registern und 2500 Pfeifen gehört zu den berühmtesten ihrer Art in Sb. Im Sommer Orgelkonzerte. Neben der Kirche das in der zweiten Hälfte des
18. Jh. umgebaute *Kloster.* Hier hatte 1669 der gelehrte Franziskanermönch *János Kájoni* (1629
– 1687) die erste Buchdruckerei des Szeklerlandes eingerichtet. Bedeutend ist seine Kirchenge-
sangsammlung „Cantionale Hungarico Latinum". – 1 km ö. der Kirche, am Südhang des Şumu-
leu-Mic Berges, steht die *Hl.-Anton-Kapelle* (1617), mit 5 schönen Emporemalereien. Am Berg-
gipfel wurde 1456, zur Erinnerung an Hunyadis Sieg über die Türken bei Belgrad, die *Salvator-
kapelle* errichtet. Sehenswert der got. Chor, die Wandmalereien und die bemalte Kassettendek-
ke. Unweit steht die kleine *Jesuskapelle,* mit einer schönen Christusfigur (1805). Interessant auch
die danebenstehende einstige Einsiedlerwohnung. Am steilen W-Hang des „Szeklerischen Gol-
gota" schlängelt sich der *Kalvarienweg,* mit den 15 Stationen (Steinkreuze) hinauf. Zum barok-
ken Komplex gehören noch das U-förmige Gebäude, gegenüber der Kirche, der ehemalige Sitz
des Csiker Stuhles (1825 – 1879) – heute Krankenhaus – und die *Johanniskapelle.*
Şumuleu (Csiksomlyó, früher Várdotfalva) war und ist der wichtigste Wallfahrtsort der kath. Szekler
und Moldauer Tschangos. Zeitpunkt: Pfingstsonntag. Sehenswerte szeklerische Trachtenpaare
(z. B. der Umzug der „Tausend Szekler Mädel").

Freizeitgestaltungsmöglichkeiten: Fußballstadion, Sportanlagen, 2 Kinos, 2 Theatersäle, am sö.
Stadtrand (Suta) *Baggersee* mit Bade- und Bootfahrtmöglichkeit, *Freibad* (Băile Miercuera-Ciuc),
am rechten Altufer mit Thermalmineralwasser (21° C); Wanderweg (blauer Punkt) führt von da weiter ins Szécseny-Tal (3 km), bzw. zum Hochmoor „Lucsos" (Tinovul Luci, 8 km, 2 – 3 Std.) Weitere Sehenswürdigkeiten in dem mit Şumuleu zusammengewachsenen Dorf Ciuboteni, Csikcsobot-
falva (731 m, u. e. E. 1567, 600 Ew.). *Dorfkirche mit romanischen Bauelementen.* Der spätgot.

Flügelaltar wird im Budapester Kunsthistorischen Museum aufbewahrt. Am naheliegenden vulkanischen Şumuleu-Mare-Berg (1033 m) sind Mauerreste einer frühma. Festung und eines Klosters zu erkennen. 2,5 km weiter w. liegt das Dorf **Şoimeni, Csikcsomortán** (705 m, u. e. E. 1516, 1966: 598 Ew.). Land- und Forstwirtschaft. Kleines Freibad. Ein Schotterweg verbindet das Dorf mit der 2,5 km ö. liegenden Gemeinde **Păuleni-Ciuc, Csikpálfalva** (743 m, u. e. E. 1567, 1966: 750 Ew.). Szeklerdorf mit traditionsreichem Handwerk: Wollweberei. Markierter Wanderweg (rotes Kreuz, 15 km) zum Viscol-Gipfel (1496 m). AS führt über Şumuleu in die Stadt zurück (4 km).

ROUTE 2/18

Die DN 12 führt durch die Coşbucstraße aus Miercurea Ciuc in den Stadtvorort

Topliţa-Ciuc, Csiktaploca (675 m, u. e. E. 1500). Seit 1930 von Szeklerburg eingemeindet. Die Hauptstraße führt an kath. Dorfkirche und Friedhof vorbei und verzweigt sich im n. Ortsteil in 3 Richtungen: links führt eine Nebenstraße durch den w. Dorfteil in das Industriegebiet-West. Die rechte Straße (DN 12A) führt über den Ghimeş-Paß in die Moldau. Die DN 12 verläßt den Stadtvorort, führt nach N in die Obercsik-Senke und erreicht nach 3,5 km

Ciceu, Csikcsicsó (674 m, u. e. E. 1566, 2485 Ew.). Wichtiger Eisenbahnknotenpunkt. Das Dorf ist mit dem Gemeindezentrum

Siculeni, Csikmadéfalva (699 m, u. e. E. 1567, 2768 Ew.) übergangslos zusammengewachsen. Langgestreckte Straßengemeinde. Ackerbau, Viehzucht, Eisenbahnarbeit. Auf der w. Gemeindeflur befindet sich die Ruine der frühma. Burg „Csicsó-Vár". Sehenswürdigkeit: das *Siculicidium-Denkmal* erinnert an das grausame Blutbad vom 7. 1. 1764. Der österr. General Adolf Buccow wandte bewaffnete Gewalt gegen die Szekler, die sich weigerten ins Grenzregiment einzutreten, an. Mehr als 200 wehrlose Frauen, Kinder und Männer fielen in der Nacht der gewalttätigen Willkür zum Opfer. Tausende Szekler flüchteten daraufhin in die Moldau und Bukowina (Tschangos). Dorfmitte Abzweigung 1,5 km nach S in den Weiler **Ciaracio, Csikcsaracsó** (742 m). Von dort steigt ein markierter Wanderweg (blauer Punkt) bis zum Höhenluftkurort Băile Harghita (13 km, 3 – 4 Std.)

Die DN 12 verläßt Siculeni in n. Richtung, überquert die Bahnlinie und führt nach 2 km nach

Racu, Csikrákos (690 m, u. e. E. 1333, 1215 Ew.). Sehenswürdigkeiten: das *Geburtshaus des ung. Historikers Mihály Cserey* (1668 – 1756). Das Gutshaus aus 1661 hat seine ursprüngliche Renaissencebaustruktur und die Wandmalereien durch wiederholte Renovie-

Geschnitztes Holztor in der Csik (Szeklerland)

rungen größtenteils verloren. Erhalten geblieben sind einige ren. Tür- und Fensterrahmen, Balken mit lat. Inschrift. – *Spätgot. kath. Kirchenburg* aus dem 15. Jh. Die Kirche hat Chor mit geschnitzten Konsolen, darunter eine mit Hunyadis Raben-Wappen. An dem Kirchturm sind figurale Wandmalereireste zu sehen (16. Jh.). Innerhalb der Ringmauern wurde der Pfarrer *Péter Zöld*, der Führer der Protestbewegungen von Siculeni 1764, begraben. Kleines *Mineralwasserbad* (Bad Bogát) liegt am rechten Altufer, etwa 2,5 km w. von der Hauptstraße. Es hat CO_2-, Mg-, und Ca-reiches Heilwasser, wird gegen rheumatische-, Herz- und Kreislaufleiden empfohlen. Markierter Wanderweg (blaues Kreuz) führt w. an der altertümlichen *Burgruine* Cetatea Pǎgînilor (ung. „Pogányvár") vorbei, steigt zur *Mǎdǎraş-Schutzhütte* (1671 m) und Harghita-Mǎdǎraş Gipfel (1800 m). Im Dorf Abzweigung nach O nach

Satu Nou, Göröcsfalva (720 m, u. e. E. 1567, 461 Ew.) und nach weiteren 2 km nach

Vǎcǎreşti, Csikvacsárcsi (12 m, u. e. E. 1567, 711 Ew.). Gehört zur Gemeinde Mihǎileni. Schotterweg verbindet das Dorf mit der Gemeinde Frumoasa, 6 km weiter ö. an der DN 12A > [R 3/18].

Die DN 12 führt von Racu n., überquert den Alt und erreicht nach 4 km das einst berühmte szeklerische Töpferzentrum

Mǎdǎraş, Csikmadaras (710 m, u. e. E. 1567, 2325 Ew.). Im MA. Erzbergbau und Eisenhütte. Ein kleines *Mineralwasserbad* in der Nähe des Bahnhofs. Das Heilwasser (19° C) wird für die Behandlung Rheumatischer- und Kreislauferkrankungen verwendet. Wanderung bis zur *Mǎdǎraş-Schutzhütte* (1671 m, blaues Dreieck, 18 km, 5 – 6 Std.); eine Abzweigung zum Fertǎul-Sattel (1428 m, blaues Kreuz, 7 km, 1 – 2 Std.). Die Hauptstraße (DN 12) führt am linken Altufer n. und erreicht nach 3 km die Hafnergemeinde

Dǎneşti, Csikdánfalva (710 m, u. e. E. 1567, 2644 Ew.). Die schwarze, unglasierte Keramik mit eingekerbten Ornamenten ist sehr gesucht. Blühendes Gewerbe ist auch die Wollteppich- und Zottendeckenweberei (Kotzen). Früher gab es auch eine Eisenhütte und Bergwerke. Etwa 1,5 km nö. von der Hauptstraße liegt ein *Mineralwasserbad* (Pension, 10 Kurbadewannen, 8 Gästezimmer). Das Heilwasser ist bei Verdauungs-, Leber-, Herz- und Kreislaufstörungen wirksam. Am n. Ortsausgang biegt eine asphaltierte Kreisstraße (DJ 125) nach N ab. Die DN 12-Hauptstraße folgt der Eisenbahnlinie in n. Richtung und erreicht nach 12 km Sîndominic. Die DJ 125 überquert die Bahnlinie und führt nach 3 km in die aus 3 Dörfern zusammengesetzte Szeklergemeinde

Cîrţa, Csikkarcfalva (721 m, u. e. E. 1333, 1200 Ew.). Wichtige Sehenswürdigkeit: die auf einem Hügel stehende, guterhaltene *got. kath. Kirchenburg* aus dem Jahre 1444. Von 8 m hohen, mit inneren Wehrgängen und Schießscharten versehenen Ringmauern umgeben. Die frühere Torbastei wurde 1720 zum Kirchturm umgebaut und die got. Maßwerkfenster zugemauert. Toreingang mit halbrundem Barbakan verstärkt. Die turmlose Kirche besteht aus dem got. Chor und dem 1796 erbauten kreuzförmigen Schiff. Der Chor bewahrt sein orig. Rippengewölbe, dessen Mittelschlußstein „Agnus Dei" darstellt. Die feinbehauenen Steinrippen ruhen auf schönen Konsolen, mit polygonalen und figuralen (Männergesicht, Mond, Sonne u. ä.) Kapitälornamenten. Das Sakramentshäuschen (Tabernakel) hat feines, in Ständer, Nische und Bekrönung aus Fialen und Kielbögen gegliedertes spätgot. Maßwerk. Ein weiteres Fenster trägt got. Stilmerkmale. Erwähnenswert ist der achteckige Taufstein aus dem 15. Jh. Zum Kirchenkleinod gehören 2 schöne *got. Silberkelche* (1540 und 1570) und *Silbermonstranze* aus dem Jahre 1653. Sb. Goldschmiedearbeit. Die Kirchenburg zeigt große Ähnlichkeit mit den sb.-sächs. Kirchenburgen. An dem zur Kirche führenden steilen Steg, unweit der Ringmauer steht auf einer Steinsäule die barocke *Hl.-Maria-Statue* (Gesamthöhe: 4,25 m). In der Dorfmitte Abzweigung nach W. Forst- und Wanderweg (blaues Kreuz) führt zum kleinen *Bad Madicsa* (Bǎile Madicea, 3 km). Sein wertvolles Heilwasser wird für Heilzwecke (Verdauungs-, Leber- und Herzkrankheiten) bzw. als Tafelwasser verwendet. Wannenbad und kleine Pension stehen den Kurgästen zur Verfügung. Der Wanderweg steigt w. bis zum bewaldeten vulkanischen Krater Ostoros (1358 m) und dem 6 ha großen *Hochmoor Ördögtó* (lacul dracului); mit floristischen Eiszeitrelikten wie z. B.: Zwergbirke, Rosmarin und Sibirischer Goldkolben, Moor-Steinbrech, Karpaten-Birke. Cîrţa ist mit dem benachbarten Dorf

Ineu, Csikjenőfalva (721 m, u. e. E. 1333, 2100 Ew.) zusammengewachsen. Typisch szeklerisches Straßendorf. Berühmte Szekler *Trachtenlandschaft*. Die DJ 125 führt n. in das dritte Teildorf der Gemeinde

Tomeşti, Csikszenttamás (732 m, u. e. E. 1333, 2759 Ew.). Sehenswürdigkeit: die *Ruinen „Csonkavár"*, (rom. Kirche aus dem 11. Jh.) in der w. Dorfgemarkung. Die Kreisstraße erreicht in n. Richtung nach 3 km die Großgemeinde

Sîndominic, Csikszentdomokos (759 m, u. e. E. 1511, 6050 Ew.) und mündet hier in die DN 12. Land- und Forstwirtschaft, Holzverarbeitung und Bergarbeit in der nahen Bergstadt Bălan. Die Wollweberei und Töpferei haben alte Tradition. *Heimatmuseum* mit interessanten und sehenswerten ethnographischen Trachtensammlungen. Auf der Gemeindegemarkung wurde der 1599 von rum. Woiwoden Michael dem Tapferen vertriebene sb. Fürst Kardinal András Báthori ermordet. Berühmter Sohn der Gemeinde war der kath. Bischof von Karlsburg *Áron Márton* (1896 – 1980).
In der Ortsmitte zweigt eine asphaltierte Nebenstraße nach N ab., führt durch das langgestreckte Dorfviertel Felszeg, weiter im Alttal, bis in das 12 km weit liegende Städtchen

Bălan, Balánbánya (860 m, u. e. E. 1813, 14.640 Ew.). Durch Eröffnung der Kupferbergwerke 1813 entstanden die ersten Bergarbeiterkolonien. Allmählich zur Gemeinde entwickelt; nach dem Zweiten Weltkrieg starke Urbanisierung und Modernisierung der Bergwerke. 1968 zur Stadt erklärt. Dank ihrer malerischen Lage, am Fuße des Hăşmaşul Mare-Gebirges, gewinnt die Stadt immer mehr an touristischer Bedeutung. Schotterweg verläßt den Ort nach N, führt an dem Kupferbergwerksunternehmen vorbei, steigt in Serpentinen im engen Alttal und erreicht nach 1,5 km den *„Mesteacănul"-Stausee*. Im Hintergrund reizvolle Felslandschaft: die hohen Kalksteinfelsen des Hăşmaşul-Mare-Massivs sind Teil des Curmătura-Geb. Die Quelle des Alts liegt etwa 10 km weiter n. Camping und Wandermöglichkeiten gegeben. Ein Wanderweg führt nach Gheorgheni (rotes Dreieck, 21 km, 7 – 8 Std.), zur Sugăş-Höhle (rotes Kreuz, 10 km, 2 – 3 Std.). In der Stadtmitte, neben der kath. Kirche Ausgangspunkt des Wanderweges (blaues Band, 5 km, 2 – 3 Std.) zur *Piatra Singuratică-(Egyeskö-)Schutzhütte*. Die Hütte liegt am Fuße der „Piatra Singuratică" (der „Einsame Stein"), Kalksteinfelsengruppe (1608 m). Die gleiche Markierung verbindet die Hütte mit den sö. liegenden Gipfeln: Ecem (Öcsém, 1708 m), Tarcău (Terkö, 1467 m) sowie mit den nw. Hăşmaşul Mare (Nagyhagymás, 1793 m), Hăşmaşul Negru (Feketehagymás, 1774 m) und mit dem „Mördersee" (Lacul Roşu, Gyilkostó). In der kleinen Schutzhütte sind 35 Betten in 3 Zimmern, nebenan Zeltplätze. Bergsteigen möglich. Im August blüht der unter Naturschutz stehende gelbe Enzian und das Edelweiß. Der *„Licaş"-Schacht* (80 m tief) ist nur Höhlenforschern zugänglich.
Von Sîndominic führt die DN 12 in nw. Richtung, windet sich in Serpentinen bis zur Wasserscheide zwischen den Flüssen Alt und Mieresch. Jenseits liegt der Höhenluftkur- und Wintersportort **Izvorul Mureşului, Marosfő** (891 m) > [RG 17].

ROUTE 3/18

Am N-Rand der Stadt Szeklerburg (Vorort Topliţa-Ciuc) zweigt die DN 12A ab, und führt nö. durch Ackerlandschaft zum Dorf

Delniţa, Csikdelne (721 m, u. e. E. 1333, 591 Ew.). Sehenswürdigkeit: die im 15. Jh. erbaute spätgot. *kath. Kirche, mit Burganlage.* Die Johannis-Saalkirche ist von der 2,5 – 3 m hohen Ringmauer (1865) umgeben. Im Chor got. Bauelemente, wie: Netzgewölbe, Maßwerkfenster, Tabernakel. Wertvolles Kunstdenkmal ist die aus 104 bemalten Feldern bestehende *Kassetten-decke* (1613). Der *Flügelaltar*, im Renaissancestil, wurde 1675 fertiggestellt. Nach 3 km biegt ein Feldweg w. in das Dorf

Bîrzava, Csikborzsova (752 m, u. e. E. 1496, 798 Ew.), nach 1 km folgt

Nicoleşti, Csikszentmiklós (798 m, u. e. E. 1333, 1176 Ew.). Die barocke kath. Dorfkirche wurde 1728 anstelle einer got. Kirche errichtet. Der Glockenturm trägt got. Stilmerkmale. 1 km weiter n. liegt an der DN 12A die Großgemeinde

Frumoasa, Csikszépviz (787 m, u. e. E. 1567, 1951 Ew.). Früher war sie eine der vier anerkannten armenischen Niederlassungen Sb.s, neben Armenierstadt, Elisabethstadt und Niklasmarkt. Kohl-anbau und Forstwirtschaft, Wollweberei (Zottendecken). Nahe der Gemeinde Mineralwasser-quelle und Stausee. In Ortsmitte Abzweigung nach Racu (6 km). In nw. Richtung folgt auf der Nebenstraße nach 3 km

Mihăileni, Csikszentmihály (739 m, u. e. E. 1333, 1126 Ew.). Die spätgot. Saalkirche stammt aus dem 15. Jh. Asphaltierter Weg nach Văcăreşti > [R 2/18], und ein Landweg nach N 3 km nach

Nădejdea, Ajnád (769 m, u. e. E. 1770, 851 Ew.) und weiter nö. in das kleine Tschango-Dorf

Livezi, Lóvész (860 m, u. e. E. 1835, 653 Ew.). Beide Dörfer gehören zur Gemeinde Mihăileni.

Die DN 12A verläßt Frumoasa nach O und windet sich in Serpentinen über den 1159 m hohen Ghimeş-Paß (Munţele Păginilor, Pogányhavas); dann talabwärts in das malerische Trotuş-Tal (Tatrosvölgy). Erste Abzweigung nach rechts in ein Seitental, 2 km zu dem Dörflein **Făgeţel, Bükkloka** (1073 m, u. e. E. 1910, 144 Ew.).

Am Oberlauf des Trotuş-Baches ist eine eigenartige landschaftliche und kulturelle Einheit, die sogen. *Ghimeş-Gegend* (Gyimesek) entstanden. Aus ethnogr. Hinsicht hochinteressante, relativ intakte Bergkulturlandschaft. Das Trotuş-Tal wurde erst in der zweiten Hälfte des 17. Jh. (Siculicidium!) von Szeklern (Tschangos) und Moldauer Rum. nach und nach besiedelt. Die Siedlungen sind der Berglandschaft angepaßt. In den über 25 engen Seitentälern liegen langgestreckte Dörfer mit zerstreuten Einzelhöfen, bilden zusammen drei große Gemeinden. Hauptbeschäftigung: Schafzucht, Forstwirtschaft, Holzverarbeitung und Wollweberei. Die Ghimeşer Tschango-Volkstracht (reichbestickte weite Hemden, Lammfelleibel, blumengeschmückter Hut oder Lammfellkappe, Hausgewebter buntgestreifter Stoffrock, bunte Perlenhalsketten und Kopftücher) ist typisch und lebendig. Die *Ghimeşer Tschango-Hochzeit* mit dem farbenfrohen Hochzeitszug ist sehenswert. Charakteristische Volksmusik und -tänze. Spezifisches, von Frauen bedientes, einsaitiges Schlaginstrument (ung. gardony; rum. gorduna). Die Ghimeşer Tschangos sind bescheidene, gastfreundliche Menschen, gute Schafzüchter. Das Bemalen von Ostereiern mit linear-geometrischer Ornamentik, hat Tradition. Dazu werden nur natürliche Farben, wie rote Zwiebelschalen und Bienenwachs verwendet. Empfehlenswerte Gegend für Ethnographen und Folkloristen.

Die DN 12A führt, von der Abzweigung nach Făgeţel weiter n. im Trotuş-Tal und erreicht nach 1,5 km

Izvorul Trotuşului, Sántatelek (980 m, u. e. E. 1910, 655 Ew.), dann

Comiat, Komjádpataka (977 m). Nach 4 km folgt das Gemeindezentrum

Lunca de Sus, Gyimesfelsólok (912 m, u. e. E. 1786, 1737 Ew.). Zu der Gemeinde gehörende Teilorte: 3 km ö. Valea Ugra, Ugrapataka (937 m, u. e. E. 1910, 624 Ew.), 1,5 km n. Valea Gîrbea, Görbepataka (918 m, u. e. E. 1910, 460 Ew.), 4 km w. Pǎltiniş-Ciuc (1006 m).

Etwa 5 km n. folgt die Gemeinde

Lunca de Jos, Gyimesközéplok (857 m, u. e. E. 1850, 4242 Ew.). Eisenbahnstation und Möbelfabrik. Weitere Teilorte Valea Capelei, Kápolnapataka (900 m, u. e. E. 1910, 319 Ew.). In den schönen Seitentälern liegen folgende, zur Gemeinde gehörende, Dörfer: Valea Intunecoasǎ, Sötétpataka (950 m, u. e. E. 1910, 230 Ew.), mit einem kleinen Mineralwasserbad. Wanderweg führt zum „Kondra Kreuz" (rotes Kreuz, 9 km) und weiter zum Nǎscǎlat Gipfel (1566 m, blaues Band), bzw. Tarcǎu Gipfel (1467 m) und Bǎlan. Im nw. Seitental liegen Valea Rece, Hidegség (830 m, u. e. E. 1910, 101 Ew.), Poiana Fagului, Bükkhavaspataka (943 m, u. e. E. 1910, 299 Ew.), Baraţcoş, Barackos (957 m, u. e. E. 1910, 299 Ew.), Puntea Lupului, Farkaspalló (1058 m), Valea Antaloc, Antalokpataka (850 m, u. e. E. 1910, 284 Ew.) und 2 km ö. Valea Boroş, Borospataka (913 m, u. e. E. 1910). Die malerisch liegenden Bergsiedlungen sind auf schwer befahrbaren Schotterwegen erreichbar. Hie und da kleine Wassermühlen. Verbindung nach N über den Dǎmuc-Paß (718 m) > [RG 17].

Die Hauptstraße folgt dem Trotuş-Bach nach O, führt in die Großgemeinde

Ghimeş Fǎget, Gyimesbükk (745 m, u. e. E. 1476, 4860 Ew.). Bahnstation. Die neue ung. kath. Kirche ist sehenswert. Gehört verwaltungsmäßig zum Kreis Bacǎu. Wandermöglichkeiten, Jagdrevier. Teilorte in den Seitentälern: nach 4 km, Fǎgetel de Sus, Felsőbükk (u. e. E. 1910, 304 Ew.), nach 3 km Bolovǎniş, Bálványospataka (839 m), nach 10 km Rǎchitiş, Rakottyástelep (u. e. E. 1910, 522 Ew.). Im Trotuş-Tal abwärts folgt Tǎrhǎuşi, Tarhavas (796 m).

Die DN 12A führt nach SO. Am linken Straßenrand Denkmal des rum. Offiziers Emil Rebreanu (Bruder des berühmten sb. Schriftstellers Liviu Rebreanu). 5 km weiter ö. erreicht der Trotuş die Ghimeş-Klamm. Hier war früher die Grenze Sb.s zur Moldau. Am rechten Ufer stand die Rákóczi-Burg als Grenzburg im 17. Jh. Nächster Ort im Tal ist

Ghimeş Palanca, Gyimespalánka (650 m). Die DN 12A führt über die Stadt Comǎneşti in die Moldau.

ROUTE 4/18

Die 7-Noiembrie-Straße führt durch das Industriegebiet-Ost und verläßt die Stadt Miercurea Ciuc in sö. Richtung. Nach 1,5 km folgt das Dorf

Fitod, Fitód (710 m, u. e. E. 1770, 389 Ew.).

Die Kreisstraße führt von Fitod am „Véreskép" Wegkreuz vorbei. Das Denkmal erinnert an den verheerenden Tatarenüberfall von 1694. Am bewaldeten Berghang hinter Fitod steht die kleine Xántusz-Kapelle, die 1990 neu errichtet wurde. Nach 3 km folgt das kleine Dorf

Leliceni, Csikszentlélek (746 m, u. e. E. 1333, 292 Ew.). In der Saalkirche aus dem 15. Jh. befand sich einer der ältesten Altäre der Gegend. Das wertvolle Altarbild wird im Budapester Kunsthistorischem Museum aufbewahrt. 4 km weiter ö. liegt

Misentea, Csikmindszent (798 m, u. e. E. 1333, 996 Ew.). Sehenswerte *got. Dorfkirche* (14. bis 15. Jh.) Typisch szeklerisches Dorfbild. Geburtsort des Kunstmalers *Nagy István* (1873 – 1937). Kieswegverbindung mit der Gemeinde Sîncrăieni (4 km). Die Hauptstraße führt weiter ö. durch Ackerbaulandschaft bis zum 7 km weit liegenden Dorf

Bancu, Csikbánkfalva (732 m, u. e. E. 1567, 1396 Ew.). Aus diesem Ort ist die s. liegende Gemeinde Sînmartin erreichbar. Nach N führt die KS im Fiság-Tal weiter 2,5 km in die Gemeinde

Ciucsîngeorgiu, Csikszentgyörgy (757 m, u. e. E. 1333, 2613 Ew.). Ältere Bauernhäuser mit Schindeldach gedeckt, geschnitzte Holztore mit archaischer Ornamentik versehen. Alte Szekler Bräuche erhalten geblieben. Trachtenlandschaft. Sehenswert die im 15. Jh. erbaute *got. Kirche*. Geburtsort des Kunstmalers, Graphikers und Bildhauers *Márton Ferenc* (1884 – 1940). Auf dem Gemeindegrund *„Adorján-Mofette"*. Therapeutik: die CO_2-Emanation wird für die Behandlung von Herz- und Gefäßerkrankungen, Bluthochdruck, Rheumatismus verwendet. Villa mit 10 Gastzimmern bietet Unterkunft für die Kurgäste. 3 km n. liegt

Armăşenii Noi, Ménaságújfalu (778 m, u. e. E. 1770, 383 Ew.), und nach weiteren 2 km n. das typische Szeklerdorf

Armăşeni, Csikménaság (822 m, u. e. E. 1567, 861 Ew.). Sehenswürdigkeit: das *Adorján-Herrenhaus,* typischer Wohnsitz szeklerischen Kleinadels, aus dem 18. Jh. Das geschnitzte Holztor mit Taubenschlag ist ein Meisterwerk (1828). Die *got. Kirchenburg* wurde auf die Ruinen einer rom. Kirche im 15. Jh. errichtet. Im Chor gemäldegeschmücktes Netzrippengewölbe. Maßwerkfenster. Das barocke Schiff ist erst 1655 angebaut worden. Der einstige spätgot. *Flügelaltar* befindet sich im Budapester Nationalmuseum. Wertvolles Kunstdenkmal ist die angeblich aus Heldsdorf stammende *Hl.-Maria-Holzstatue* (1543). Vor der Kirche *Heldendenkmal* für die Opfer des Ersten Weltkrieges, vom Klausenburger Bildhauer Szervátiusz Jenö. 2 km weiter n. im Talgrund liegt der Weiler

Potiond, Pottyond (828 m, u. e. E. 1770, 378 Ew.). Landweg führt w. über das Dörflein

Hosasău, Hosszúaszó (833 m, u. e. E. 1494, 66 Ew.) dem Fitod-Bach entlang talwärts in das gleichnamige Dorf zurück. Von hier zurück nach Szeklerburg.

Ungarisches Trachtenpaar aus der Csik

ROUTE 5/18

Die DN 13A verläßt Miercurea Ciuc nach W auf der Harghitastraße, führt am Industriegebiet-West vorbei, überquert den Alt-Fluß und erreicht nach 3 km den eingemeindeten Weiler **Subpădure, Erdőalja**. Abzweigung nach N zur Tschango-Siedlung **Ciba, Csiba** (711 m). Über Serpentinen führt die Hauptstraße in w. Richtung. Nach 14 km erreicht man den Vlăhiţa-Paß (Tolvajos-tető, 985 m). Hier steht die *„Brădetul"-Schutzhütte*, mit Gaststätte, 30 Betten, Park- und Zeltplatz. Wandermöglichkeiten. Von der DN 13A zweigt nach N eine asphaltierte Nebenstraße ab und führt nach 7 km zum Kurort

Harghita-Băi, Hargitafürdő (1350 m). Der untere Ortsteil ist Bergarbeitersiedlung (Kaolin-Bergwerk). In der Ortsmitte: *„Harghita"-Schutzhütte* mit 52 Betten, Gaststätte. *Ski-Pisten* und *Rodelbahn*. Berühmte *Mofetten* mit CO_2- und H_2S-Emanation. Verwendung zu Heilzwecken bei: Herz- und Gefäßkrankheiten, Rheumatismus. Zahlreiche Mineralwasserquellen. Schonklima. Viele private Wochenendhäuser bieten Unterkunft. Ausgangspunkt mehrerer schöner *Wanderwege* wie z. B.: zum Harghita-Ciceu-Gipfel (1755 m) und Harghita-Mădăraş-Gipfel (1800 m, blaues Band, 11 km), zum Vlahiţa-Paß (5 km), Talabor-Gipfel (1290 m) und Cucu-Gipfel (1558 m, blaues Band). Die Markierung ‚Blaues Kreuz' führt nach Szeklerburg (9 km, 2 Std.).

Die DN 13A führt vom Vlahiţa-Paß talabwärts durch malerische Nadelwälder und Waldlichtungen. Nach 5 km folgt die *„Chirui"-Schutzhütte* (504 m) mit Gasthof, 20 Betten. Abzweigung nach S. Der Forst- und Wanderweg erreicht nach 4 km den Luft- und Badekurort

Băile Chirui, Kirulyfurdő (397 m). Bekanntes Schulferienlager, keine Übernachtungsmöglichkeiten! Viele Mineralwasserquellen gegen Verdauungs- und Nierenkrankheiten. In der Nähe *Opalhöhle*. 2 ha großes *Hochmoor* („Poiana Harghitei") mit floristischen Eiszeitrelikten: Sonnentau, Moor-Steinbrech und Rosmarin. Mit gelbem Kreuz markierter Wanderweg führt s. im Chirui-Tal zur Vîrghiş-Klamm (15 km, 3 – 4 Std.). Die DN 13A führt nach etwa 10 km nach Vlăhiţa > [RG 19].

REISEGEBIET 19

Odorheiu Secuiesc / Oderhellen / Székelyudvarhely

Dieses Gebiet umfaßt den ö. Teil des Kokel-Hochlandes sowie die Vorkarpatischen Becken von Odorheiu (Oderhellen) und Homorod, unter der Vulkankette des Hargitta-Gebirges gelegen. Dazu gehören auch die vulkanischen Plateaus und das salzreiche Gebiet, das sich von Praid bis in das Repser Land hineinzieht. Mit Ausnahme der SW-Ecke, die dem Kokelburger Komitat zugerechnet wird, gehört dieses Gebiet, historisch betrachtet, zum Szeklerland, und zwar zum Stuhl Oderhellen. Hier stehen zahlreiche, vor allem got. Kirchen und Wehrburgen, die den kath., ref. oder unit. überwiegend ungarischen Gläubigen dienen. Die Hauptbeschäftigung der Bewohner ist Ackerbau und Viehzucht, auch traditionelles Handwerk wie Holzarbeiten (Schindel- und Holzschnitzerei) werden von Generation zu Generation weitergegeben. Überliefertes Brauchtum ist lebendig geblieben, schöne Volkstrachten, sorgfältig gepflegte alte Häuser locken in die versteckt liegenden kleinen Ortschaften dieses bewaldeten Hochlandes. Gut besucht sind die vielen kleinen Badeorte, in denen thermale Salzquellen und reine Luft wahre Gesundbrunnen darstellen. Reizvolle Wanderwege führen in das malerische Hargitta-Massiv, zu romantischen Schluchten und in abenteuerliche Höhlen. Auch die beiden Städte dieses Gebietes, Cristuru Secuiesc (Szeklerkreuz) und Odorheiu Secuiesc (Oderhellen), über Kreisstraßen von der DN 13 zwischen Sighişoara (Schäßburg) und Rupea (Reps) von W zugänglich, sind eine Reise wert, denn sie entschädigen den Besucher durch sehenswerte Denkmäler und reizvolle Landschaften fernab der Hektik unserer modernen Zeit.

ROUTE 1/19

An der DN 13, 10 km ö. von Schäßburg (Sighişoara), 6 km ö. von Weißkirch (Albeşti) liegt die Großgemeinde

Vînători, Teufelsdorf, Héjjasfalva (377 m, u. e. E. 1297, 1624 Ew.). Eisenbahnknotenpunkt, hier zweigt die Bahnlinie nach Oderhellen von der Hauptlinie ab. In der Nähe befindet sich das *Denkmal* mit dem gemeißelten Bildnis des Honvédoffiziers Zeyk Domokos, der sich 1849, nach der verlorenen Schlacht gegen die russische Übermacht, mit seiner letzten Pistolenkugel selbst erschoß. Im w. Teil der Ortschaft zweigt ganz unauffällig, in enger Straße die DJ 137 nach N ab, überquert die Bahnlinien (Schranken) und die Große Kokel. Gleich nach der Brücke zweigt eine Straße nach N ab (DJ 137), führt nach 1 km in das Dorf

Şoard, Schard, Sárd (381 m, u. e. E. 1301, 500 Ew.). 1 km n. des Dorfes zweigt eine Straße nach NW ab, führt 7 km im Uilak-Tal in das kleine Dorf unter waldbedeckten Bergen

Uilac, Újlak (469 m, u. e. E. 1301, 132 Ew.). War jahrhundertelang Wüstung. In Serpentinen führt der Weg über die Sattelhöhe (546 m) nach Jacul > [RG 16]. Von Şoard führt die Straße im Haupttal nach 4 km in den Ort

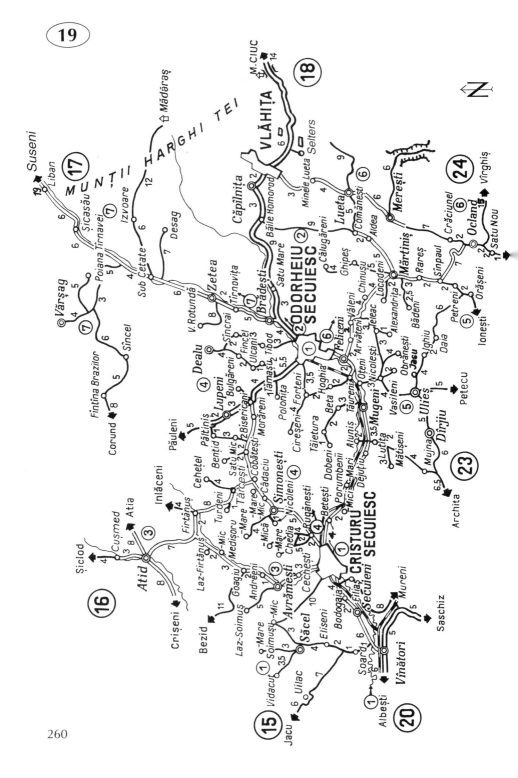

Eliseni, Székelyszenterzsébet (410 m, u. e. E. 1333, 952 Ew.), der seit 1945 mit Săcel vereinigt wurde. In Eliseni steht ein *Adelsschloß*. Erdgas wird auf der Gemarkung gefördert und in Gasleitungen fortgeleitet. 2,5 km n. liegt die Gemeinde

Săcel, Andresdorf, Székelyandrásfalva (436 m, u. e. E. 1372, 276 Ew.). 4 km nw. liegt das Doppeldorf

Vidacut, Kaltenbrunnen, Székelyhidegkút (431 m, u. e. E. 1432, 431 Ew.), 1925 entstanden durch Zusammenlegung des rum. und ung. Ortsteiles. 3 km n. von Săcel liegt

Şoimuşu Mare, Nagysolymos (459 m, u. e. E. 1332, 707 Ew.). Auf einer Anhöhe w. über dem Dorf steht die ref. Kirche mit altem got. Turm. Auch hier haben sächs. Tischlermeister mitgearbeitet, auf dem Gestühl steht die Inschrift „Fecit Johannes Folbert Schaesburgensis Anno 1807". Die neue Kirche stammt von 1847. 4 km von Săcel nach NO liegt

Şoimuşu Mic, Kissolymos (433 m, u. e. E. 1492, 975 Ew.). Im 17. Jh. wurde die alte unit. Kirche abgetragen und durch neue ref. Kirche ersetzt. Die jetzige unit. Kirche wurde 1799 gebaut, ein kleines Kirchlein, gut proportioniert. 4 km von der Abzweigung nach Şoard folgt auf der DJ 137 die Gemeinde

Secuieni, Újszékely (377 m, u. e. E. 1448, 661 Ew.). Szeklerdorf. Die reichsten Ew. im 16. Jh. waren Fam. sächs. Ursprungs (Geréb und Buzogány). In unit. Kirche befindet sich die vom Kronstädter Stephanus Boltesch gegossene Glocke aus 1684. 2 km ö. folgt

Bodogaia, Alsóboldogasszonyfalva (385 m, u. e. E. 1332, 699 Ew.). Die ung. Bezeichnungen Boldogasszony bedeutet „Heilige Frau", also St. Maria. Einst standen hier 4 Kirchen: unit., orthod., ref., griech.-kath; die letzten zwei wurden abgetragen. Die unit. Kirche wurde 1791 neu gebaut, Teile vom ma. got. Bau wurden beibehalten und eingebaut (Turm, Fenster, Südportal u. a.). Die Kanzelkrone von 1800 ist ein Werk des Schäßburger Tischlers Johann Gross. Nach 2 km führt ein Gemeindeweg zum linken Kokelufer nach

Filiaş, Fiatfalva (386 m, u. e. E. 1460, 1027 Ew.). Die Fam. sächs. Ursprungs Geréb hatte hier Herrenhof, zu dem auch die Komitatsdörfer Schard, Altfleigen (Felek) und Neufleigen (Mureni) gehörten. Das *Geréb-Schloß* wurde im 17. Jh. von der Fam. Huszár, dann Ugron geerbt. Das jetzige Schloß wurde 1800 im Barockstil umgebaut, ist „L-förmig" und hat *Mansardendach*. Die in der Dorfmitte stehende Kirche aus dem MA. wurde 1803 gründlich ausgebaut und gehört gleichzeitig ref. und unit. Gläubigen, echt sb. Glaubenstoleranz. Der hohe Turm, mit gemalter Uhr, hat siebenseitigen Helm. Am rechten Kokelufer, 4 km von Bodogaia auf der DJ 137, folgt

Cristuru Secuiesc, Szeklerkreuz, Székelykeresztúr (393 m, u. e. E. 1333, 1985: 10.469 Ew.). Wird auf Honteruskarte von 1532 als „Zum Creucz" angeführt, heißt sächs. „Anjersch Krez". 1839 wird der Ort Szitáskeresztúr eingemeindet, hier lebten viele Siebmacher (szita = Sieb). Die Jahrmärkte des Marktfleckens wurden von Rum., Ung. und Sachsen besucht. Bis in die Neuzeit gab es Cr.-Stadt und Cr.-Dorf. Im 16. bis 20. Jh. war es ein wichtiges ung. Kulturzentrum mit unit. Untergymnasium und berühmten Lehrern. Der ung. Volkskundler István Molnár war lange Zeit Museumsdirektor in Szeklerkreuz. Sehenswert: in Stadtmitte *spätgot. kath. Kirche*, auf Fundament einer Kirche aus 13. Jh. erbaut; bei Ausschachtungsarbeiten wurden Gräber aus 11. bis 12. Jh. entdeckt. Ist ein typ. spätgot. Bau, got. Portale und Chorfenster. Am Chorabschluß Inschrift in Minuskelschrift: Anno Domini MCCC Qugesi Octavo (1458). Aus dem 15. Jh. Wandfresken an der N-Wand. Diese Kirche war nach der Reformation unit., ist seit 1767 wieder kath. – *Ref. Kirche* wurde 1767 – 1782 erbaut, war Gemeinschaftsbesitz mit Unit. Heute *Stadtmuseum*, besitzt archäolog. volkskundliche und naturwissenschaftliche Abteilungen. Im *Herrenhof Gyárfás* verbrachte der ung. Nationaldichter Sándor Petőfi seine letzte Nacht (30. Juli 1849), vor der Schlacht bei Weißkirch und Schäßburg, es ist heute TBC-Spital. Im Hofe steht der alte Birnbaum

unter dem Petőfi am Morgen des 31. noch das Gedicht redigiert hat: „Egy gondolat bánt enge-
met" (Es quält mich ein Gedanke). *Orbán Balázs- und Petőfi-Standbild im Stadtzentrum. Herrenhaus Lengyel* hat schöne alte Gewölbe; heute Krankenhaus. Salzbrunnen (*Sóskut*) mit Bademöglichkeiten am Ortsrand. Weiter talaufwärts erreicht die DJ 137 nach 4 km

Beteşti, Betfalva (403 m, u. e. E. 1566, 671 Ew.). Hier wurde der ung. Dichter *László Tompa*
(1883 – 1964) geboren. Am linken Kokelufer nach 2 km liegt

Porumbenii Mici, Kisgalambfalva (415 m, u. e. E. 1506, 557 Ew.) und am n. Kokelufer nach 3 km

Porumbenii Mari, Nagygalambfalva (451 m, u. e. E. 1333, 1166 Ew.). 1507 besaß der sächs.
Gräf Antonius von Katzendorf hier Güter, sein Sohn Franz trug schon den Adelstitel „de Nagy
Galambffalwa". In diesem stattlichen Szeklerdorf wurden mehrere berühmte Männer geboren:
Pál Sándor (1660 – 1708), der letzte sb. Abgesandte an der Hohen Pforte; der Schriftsteller *Jób
Sebese* (1860 – 1894) und der Klausenburger Dichter *Sándor Kányádi* (1929). *Sehenswert:* Auf
einer Anhöhe steht *ref. got. Kirche*, mit Stützpfeilern und verschiedenen Steinmetzarbeiten im
Renaissancestil. Innenausstattung war urspr. ma. An der Nordwand wurde 1970 eine Wandma-
lerei freigelegt, sie stellt die Hl. Elisabeth unter den Kranken, die Krönung Marias und die Hl.
Dorothea dar. Mehrere sächs. Meister arbeiteten an der Inneneinrichtung mit. An Kassettendek-
ke waren 1788 die Bodendorfer Georg Rösler der Ä. und J. beteiligt. Für Chorumgestaltung
wurde 1816 Peter Klein aus dem benachbarten Meeburg berufen. Die vom Schäßburger Johann
Baumgärtner 1793 gegossene Glocke wurde 1916 eingeschmolzen. Malerische Szekler Stein-
häuser aus dem 18. Jh. In Dorfnähe befindet sich der natürliche *Stausee Racului* (Krebsteich, Rák
tava) mit relikter Pflanzen- und Tierwelt, zum Naturdenkmal erklärt. Nach 4 km folgt

Dejuţiu, Désfalva (410 m, u. e. E. 1566, 142 Ew.) am linken Kokelufer und 3 km ö. der Kokelbrücke, am rechten Kokelufer

Aluniş, Székelymagyarós (435 m, u. e. E. 1566, 199 Ew.). Es folgt nach 3,5 km, auf beiden
Kokelufern gelegen,

Mugeni, Bögöz (448 m, u. e. E. 1332, 948 Ew.). Besitzt eine der schönsten ma. *Kirchen* des
ehemaligen Oderhellener Stuhles. Am linken Ufer der Großen Kokel gelegen, ist sie ein got.
Meisterwerk, mit vielen wertvollen *Steinmetzarbeiten* und *Wandmalereien* von 1400. Die Fres-
ken an der W-Wand wurden auf drei Registern angelegt und stellen Legenden dar: oben den
Heldenkampf des Hl. Ladislaus mit den Kumanen, in der Mitte die Legende der Hl. Margareta zu
Antiochia und unten Gleichnisse aus der Heiligen Schrift (Jüngstes Gericht, Auferstehung, Hl.
Dorothea, Tuch der Veronika u. a.). Im guterhaltenen got. Chor sind die Sonne, Mond und zwei
Sterne (Szekler Wappen) abgebildet. Die *Kassettendecke* von 1724 ist ein Werk der sächs.
Tischlermeister Stephan Fabritius und Daniel Philip. In einem rechten Seitental liegen 3 km weit
das kleine Szeklerdörfchen

Beta, Béta (520 m, u. e. E. 1567, 430 Ew.) und 2 km weiter

Tăietura, Vágás (608 m, u. e. E. 1550, 531 Ew.) mit kath. Kirche von 1843 – 1851. Anschließend
liegt

Dobeni, Székelydobó (533 m, u. e. E. 1333, 741 Ew.). Von hier führt ein Weg 5 km nach W in das
Kokeltal nach Porumbenii Mari. Von Mugeni ostwärts auf der DJ 137 folgt nach 2 km die Abzweigung nach S nach Oţeni > [R 5/19]. 0,5 km weiter folgt das Dorf

Tăureni, Bikafalva (469 m, u. e. E. 1332, 336 Ew.). Die ung. Bezeichnung (Stierdorf) stammt vom
Symbol des Apostels Lukas. In einem rechten Seitental liegen die Dörfer

Hoghia, Hodgya (508 m, u. e. E. 1566, 377 Ew.) und

Forţeni, Farcád (533 m, u. e. E. 1332, 519 Ew.). Am Dorfeingang steht ref. got. Kirche. Im Kirchenschiff *Kassettendecke* mit Blumendekoration und got. Inschrift. Chor mit Netzgewölbe. Eine der zwei Glocken wurde 1705 vom Schäßburger Johannes Kerstchen gegossen. 2 km weiter ö. liegt am ö. Kokelufer

Feliceni, Felsőboldogasszonyfalva (467 m, u. e. E. 1332, 480 Ew.). In der Dorfmitte steht *Kirchenburg mit ref. got. Kirche.* Bei den Renovierungsarbeiten 1974 wurden Grundrisse von zwei weiteren Chören und ma. Wandgemälde (Gebet der Könige, Kreuzabnahme) entdeckt. Nach der von Tataren 1661 verursachten Feuersbrunst wurde 1670 eine Kassettendecke eingezogen. Ebenfalls am linken Kokelufer folgt nach 4 km die Stadt

Odorheiu Secuiesc, Oderhellen, Székelyudvarhely (390 m, u. e. E. 1330, 1992: 39.959 Ew.). Munizipium im Kreis Harghita.
Aus ältesten Zeiten (Steinzeit) bewohnt. Spuren eines röm. Castrums im Stadtgebiet, mit 2 Wachttürmen in Stadtnähe. Die Burg Udvarhely (d. h. Hofstelle) ist seit dem 13. Jh. Zentrum der Szekler im Westteil des Hargitta-Geb. Dieses bewaldete Gebiet wurde Erdöhát (Waldrücken) genannt. Die ersten ung. Grenzwächter (im 11. bis 12. Jh.) und später die Szekler verteidigten die Verhaue unter dem Hargitta-Gebirge. Hauptstuhl der Szekler. Die Siedlung ist seit 1485 belegt; der *Marktflecken* war Versammlungsort mehrerer Landtage. Odorhellen wurde mehrmals geplündert, so 1600, danach 1661 durch die Türken und Tataren Ali Paschas. Es hatte im 17. Jh. mehrere Zünfte. Das Rathaus ist ein ansehnliches Gebäude, desgleichen das Gebäude des ref. *Gymnasiums.* Im Ort stehen mehrere sehenswerte Kirchen. Die schöne *Kirche der Reformierten,* zwei kath. Kirchen sowie ein *Minoritenkloster.* Die kath. Glaubensbrüder hatten hier ein gesuchtes Gymnasium und Seminar. 1813 waren die Ew. von Odorheiu vor allem Szekler, bis auf wenige Deutsche und einige Rumänen; sie beschäftigten sich mit Leder- und Schusterhandwerk, Tabak- und Honighandel. *Sehenswert:* Am St. Michaelsberg (Szent Mihály) steht die *kath. Pfarrkirche.* An Stelle der ma. Kirche hatten die Jesuiten 1652 eine neue Kirche gebaut, das Kloster mit Klosterschule gegründet. – Das ehemalige *kath. Gymnasium* ist ein stattliches Gebäude im Jugendstil. Das *ref. Kolleg* (heute Elek-Benedek-Pädagogische-Schule) wurde 1672 von János Bethlen gegründet, besitzt eine wertvolle alte Dokumentarbibliothek. Der alte, 1768 errichtete Gebäudeteil ist jetzt Internat. Das neue Schulgebäude stammt aus dem Jahr 1912. – *Franziskanerkirche und Kloster* am NW-Rand des Hauptplatzes wurden 1721 – 1779 gebaut, ist ein schöner zweitürmiger Barockbau. Das ehem. *Staatliche Realgymnasium* wurde 1871 gegründet, das Gebäude 1893 nach den Plänen von Károly Meixner errichtet, und zwar mit Steinen aus der *alten Burg* Csonkavár. An Stelle der ma. Burg wurde nach dem Szekleraufstand von 1562 auf Befehl des ersten sb. Fürsten Johann Sigismund eine

Odorheiu Secuiesc (Oderhellen), Hotel Tîrnava

neue Burg gebaut, um die rebellierenden Szekler in Schach halten zu können. Wurde während der Kurutzenkriege zerstört. Neben der alten Burg stand einst ein Dominikanerkloster. Die ehem. *griech.- kath. Kirche* wurde 1800 unter Bischof Ioan Bob gebaut. – Das *Stadtmuseum* hat archäol., gesch., naturwissensch. und volkskundl. Abteilungen, mit besonders wertvollen Archivaliensammlungen und Erzeugnissen bäuerlicher Töpferkunst. – Die *rom. Jesuskapelle* (an der Schäßburger Straße) wurde nicht, wie bisher angenommen, im 13. Jh. gebaut, sondern stammt wahrscheinlich aus dem 16. Jh. Sie hat Form eines griech. Kreuzes und war wahrscheinlich Friedhofskapelle. Berühmte Söhne der Stadt waren der Dichter Tompa László (1883 – 1964) und der Graphiker Márton Lajos (1891 – 1953). In die Stadt eingemeindet wurden die naheliegenden Dörfer

Sîmbăteni, Szombatfalva (477 m, u. e. E. 1331), die heutige kath. Kirche wurde 1796 gebaut, und

Beclean, Székelybetlenfalva (491 m, u. e. E. 1505). Die neue kath. Kirche stammt von 1774. *Campingplatz* an der Ausfahrtsstraße nach Gheorgheni (DJ 138, 20 km). In unmittelbarer Stadtnähe befindet sich, 1 km auf der Schäßburger Straße, das Salzbad

Sărata-Odorhei, Sósfürdő (495 m) ein Bad von lokaler Bedeutung und beliebtes Naherholungsgebiet der Odorhellener Bevölkerung. Nur 3 km nw. von Odorhei entfernt liegt der kleine Bade- und Luftkurort

Seiche, Szejke (504 m) inmitten eines Tannenwaldes. Anlagen für *Warmbäder*, Schwimmbekken; ganzjährig geöffnet. Das Mineralwasser eignet sich zur Behandlung von Leiden des Verdauungs- und Bewegungsapparates. In der Nähe *Grabmal* des Volkskundlers *Balázs Orbán* (1830 – 1890), einem der besten Kenner des Szeklerlandes. Um das Grabmal stehen geschnitzte Holztore. Am 1. Sonntag im Juli findet hier ein großes Volksfest statt. Bekannte Volksgruppen und Chöre dieser Gegend zeigen ihr Können, besingen ihre Heimat im Kokelgebiet.

ROUTE 2/19

Die DN 13A verläßt Oderhellen in Richtung NO und erreicht nach 4 km die Gemeinde

Brădeşti, Fenyéd (520 m, u. e. E. 1334, 933 Ew.). Die Szekler Ew. von hier sind Meister im Schnitzen von Holztoren. Aus dem Gemeindezentrum zweigt die DJ 138 nach N, nach Gheorgheni, ab > [R 7/19]. Die DN 13A führt weiter nach O und erreicht nach 3 km

Satu Mare, Máréfalva (541 m, u. e. E. 1566, 1774 Ew.). Stattliches kath. Dorf mit vielen schönen *Szeklertoren*. Die kath. Kirche stammt aus 1771; im Plebanialgebäude befindet sich ein ma. Sakristeialtar mit drei Kreuzen (15. bis 16. Jh.). Die DN 13A steigt anschließend auf das 800 m hohe vulkanische Basalt-Plateau Laz und erreicht nach 9 km

Băile Homorod, Homoroder Sauerbrunnen, Homoródfürdő (756 m, u. e. E. 1850, 112 Ew.). Bade- und Luftkurort von lokaler Bedeutung, im Tal des Großen Homorod, in Tannenwald gelegen. Motel mit Gasthof. Eisen- und kohlensäurehaltige Quellen zur Behandlung von Herz- und Gefäßleiden, Erkrankungen des Verdauungsapparates und des peripheren Nervensystems. Ist in letzter Zeit meist Kinder- und Jugendferienlager gewesen. Nach 3 km führt die DN 13A in die Gemeinde

Căpîlniţa, Kapolnásfalu (849 m, u. e. E. 1567, 2018 Ew.). Stattliche Gemeinde im Homorodtal. Am Oberlauf des Homorod reihten sich früher viele Sägemühlen aneinander. Die Ew. sind berühmte Schindel- und neuerdings Brettschneider und Holzschnitzer. In ihren Häusern stehen buntbemalte oder geschnitzte Holzmöbel und Haushaltsgegenstände, mit viel Meisterschaft aus-geführt. Căpîlniţa ist Ausgangspunkt zu Wanderungen ins Hargittagebirge, zur Schutzhütte Mădăraş (blaues Kreuz, 6 Std.), im Winter auch für geübte Schiläufer zugänglich. Nach 3 km folgt die Stadt

Vlăhiţa, Szentegyházasfalu (Nagyoláhfalu) (859 m, u. e. E. 1406, 1985: 7470 Ew.). Der Name des Städtchens deutet auf rum. Ew. hin. War im MA. privilegierter Marktflecken. Am Kleinen Homorod und Vargyasbach standen viele Sägemühlen. Unterhalb des Ortes wurde 1850 ein *Eisenhammer* eröffnet, „Zum Heiligenkreuz" (Szentkeresztbánya) benannt. Im S der Stadt befin-den sich Eisenerzgruben, die seit der Römerzeit bekannt sind. Heute besitzt die Stadt ein moder-nes Hüttenwerk. Vlăhiţa ist Ausgangspunkt für Wanderungen ins Hargittagebirge: zur Mădăraş-Schutzhütte (blaues Kreuz, 2 Std. über die Culmea Ascuţită oder über den Jägerpfad, blauer Punkt, 6 Std.). In Ortsnähe, an der DN 13A, befindet sich das Naherholungsgebiet mit Strandbad *„Perla Harghitei"* (813 m.). Es liegt ö. der Stadt, im Vîrghiştal, an einer Abzweigung von der DN 13A, hat mesothermales Wasser (26°C), Freibad mit Bungalows und Campingplatz. Anziehungs-punkt für Touristen ist auch die naheliegende *Narzissenwiese*, wo zur Blütezeit ein Volksfest stattfindet. Der Stadt eingemeindet ist **Vlăhiţa, Karlshütte, Szentkeresztbánya** (813 m, u. e. E. 1850, 5060 Ew.). Das von einem Kronstädter Unternehmer 1850 gegründete Eisenhüttenwerk wurde mit Eisenerz aus Lueta und Holzkohle aus der Hargitta betrieben, in der Stadt sind noch zwei Schmiedeöfen aus dem vorigen Jh. in Betrieb, die einzig in ihrer Art sind. Talabwärts, den Homorodul Mic entlang, führt die DJ 132 nach S 3 km durch

Minele Lueta, Eisenbergwerk, Rókaváros (710 m, u. e. E. 1770, 310 Ew.), nach 4 km nach

Lueta, Lövéte (625 m, u. e. E. 1334, 3902 Ew.). Im MA. kath. Szeklerdorf. Ist langgestrecktes Taldorf; auf einer Anhöhe steht kath. Barockkirche, die auch got. Teile besitzt (Taufbecken und Weihwasserbehälter). Die Ew. sind Bergleute und Köhler. Lebendige Szekler Volkskunst (Volkstracht, Webereien). Im Tal des Großen Homorodbaches stehen zahlreiche Mühlen und Sägewerke. Im Gebiet viele Erdrutschungen.

Von der 13A führt bei „Perla Harghitei" eine KS 2,5 km nach S bis

Selters, Szelterszfűrdő (742 m). Kleiner Kurort im Vîrghiştal; verfügt über mehrere Mineralwas-serquellen, angezeigt in der Behandlung von Erkrankungen des Verdauungsapparates (Magen, Galle, Leber). 1 Gasthaus mit primitiver Unterkunft. Ausgangspunkt für Wanderungen durch die Vîrghiş-Klamm (gelber Punkt, 17 km). 8 km w. von Vlăhiţa zweigt bei der touristischen Raststätte Chirui ein Gemeindeweg nach S ab, erreicht nach 5 km **Băile Chirui, Kirulyfürdo** und führt weiter über den Vlăhiţa-Paß 19 km nach Miercurea Ciuc > [RG 18].

ROUTE 3/19

Von Szeklerkreuz (Cristuru Secuiesc) n., das Goagiul-Tal hinauf, führt die DJ 136 nach 3 km in das kleine unit. Szeklerdorf

Cecheşti, Csekefalva (409 m, u. e. E. 1567, 432 Ew.). Hat an der unit. Kirche zwei schiefe Türme. Nach 3 km folgt

Avrămeşti, Szentábrahám (421 m, u. e. E. 1334, 757 Ew.). Die heutige neue unit. Kirche wurde in den Jahren 1803 – 1811 gebaut. Weiter im Tal folgt nach 2 km

Andreeni, Magyarandrásfalva (430 m, u. e. E. 1409, 133 Ew.), dann nach 2 km

Goagiu, Gagy (450 m, u. e. E. 1566, 654 Ew.). Nach weiteren 3 km liegt der Weiler

Medişoru Mic, Kismedesér (470 m, u. e. E. 1913) und nach 1 km trifft die DJ 136 auf die kleine Streusiedlung

Laz-Firtănuş, Firtos (508 m, u. e. E. 1956) und nach 2 km auf die DJ 135. An dieser liegt 8 km n. die Gemeinde

Atid, Etéd (441 m, u. e. E. 1566, 1392 Ew.). War im MA. ein Szeklerdorf. Ist von großen Obstgärten umgeben. Im Haus Gagy ist eine Volkskunstsammlung untergebracht. Hat Wetterstation. Von hier führte eine z. T. geteerte Straße nach SW nach Crişeni > [RG 16]. Die AS endet 3 km n. in

Cuşmed, Küsmöd (509 m, u. e. E. 1333, 685 Ew.). Im MA. war es großes freies Szeklerdorf. Auf einer Anhöhe steht die got. ref. Kirche aus dem 15. Jh. mit einem Holzturm von 1747. Gemäß lokaler Überlieferung soll hier ein Franziskanerkloster gestanden sein. Im 17. bis 19. Jh. war es Töpferzentrum. Die KS führt weiter nach N nach Şiclod > [RG 16].

Von Laz-Firtănuş führt die DJ 135 4 km nach O in das große Dorf

Firtănuş, Mártonos (576 m, u. e. E. 1473, 2524 Ew.). 5 km weiter s. liegt, w. der DJ 135, von Bergen umgeben das Dorf

Turdeni, Tordátfalva (523 m, u. e. E. 1566, 293 Ew.). Wie auch Firtănuş im MA. eine freie Szekler Gemeinde. Am w. Dorfende steht die unit. Kirche von 1819 – 1823 mit eingebauten got. Steinen aus dem Vorgängerbau. Die DJ 135 führt 2 km sö. nach

Tărceşti, Tarcsafalva (502 m, u. e. E. 1333, 239 Ew.). Die ma. Kirche wurde 1898 neu aufgebaut, dabei auch behauene Steine der alten Kirche verwendet. Der hölzerne Glockenturm stammt von 1734. Von hier führt eine KS nach NO 3 km in das Dorf

Cehețel, Csehétfalva (557 m, u. e. E. 1566, 361 Ew.). Die ma. Kirche wurde abgetragen und aus ihren Steinen die neue unit. Kirche 1823 errichtet. Die DJ 135 führt von Turdeni nach Cobăteşti > [R 4/19].

ROUTE 4/19

Am Ortsrand von Cristuru Secuiesc zweigt nach NO die DJ 137B ab und gelangt nach 2 km nach

Rugăneşti, Rugonfalva (405 m, u. e. E. 1495, 719 Ew.). In der Dorfmitte gut erhaltene ref. got. Kirche. Im Kircheninneren Holzempore von 1783, von sächs. Tischlermeister bemalt, wie der Anschrift zu entnehmen ist: „Magistir fver Georgios Rösler Bodendorfiensis et Andreas Herman Kisdensis anno 1783 Die 9. Juli. Curator fuit Daniel Benedekfi Ruganfalvensis". In einem Seitental liegen 5 km weit die Dörfer

Chedia Mare, Nagykede (485 m, u. e. E. 1436, 152 Ew.) und

Chedia Mică, Kiskede (559 m, u. e. E. 1567, 219 Ew.) mit unit. Kirchen. 5 km n. von Rugăneşti folgt

Şimoneşti, Siménfalva (489 m, u. e. E. 1333, 945 Ew.). Von hier stammte der sb. Fürst Mózes Székely (gefallen 1603). Seine Fam. hatte hier ein Herrenhaus. Unit. Kirche wurde 1808 – 1811 gebaut, hat wenige got. Elemente (W-Portal) der alten Kirche bewahrt. Hier wurde der ung. Dichter Árpád Farkas (1944) geboren. Über einen Gemeindeweg erreicht man nach 1,5 km die Ortschaft

Nicoleni, Székelyszentmiklós (495 m, u. e. E. 1334, 127 Ew.). In die neue unit. Kirche wurden got. Portalsteine aus dem ma. Sakralbau eingebaut. Hier wurde der ung. Märchensammler István Tiboldi (1793 – 1880) geboren. 4 km weiter liegt

Medişoru Mare, Nagymedesér (520 m, u. e. E. 1566, 542 Ew.). Auf einer Anhöhe steht ma. unit. Kirche. Wurde 1805 renov. Kassettendecke 1810 vom Tischlermeister Johann Folberth aus Schäßburg bemalt. Archäolog. Ausgrabungen einer Siedlung aus dem 11. bis 12. Jh. Von hier stammte der unit. Bischof Elek Kiss (1880 – 1971). Im selben Tal liegen an Şimoneşti anschließend die Szeklerdörfer

Cădaciu Mic, Kiskadács (450 m, u. e. E. 1760, 192 Ew.); 1 km ö.

Cădaciu Mare, Nagykadács (459 m, u. e. E. 1587, 234 Ew.) und 1 km weiter

Cobăteşti, Kobátfalva (486 m, u. e. E. 1462, 469 Ew.). 2 km n. folgt Tărceşti > [R 3/19]. 3 km ö. von Cobăteşti liegt

Mihăileni, Székelyszentmihály (493 m, u. e. E. 1333, 482 Ew.). Im MA. Szeklerdorf im Stuhl Udvarhely. In der 1841 – 1850 gebauten unit. Kirche wurden viele Bestandteile der alten Kirche aus dem MA. verwendet, die 1842 abgetragen wurde. Anschließend im N liegt

Benţid, Bencéd (502 m, u. e. E. 1567, 308 Ew.). Aus diesem unit. Dorf stammen mehrere ung. Gelehrte: der protestantische Prediger und Chronist István Székely (1510 – 1563), der unit. Professor Gergely Benczédi (1839 – 1906) und der Schriftsteller Domokos Pap Gyallai (1880 – 1970). Eine weitere Abzweigung führt 1,5 km nach NO in das kleine Dorf

Satu Mic, Kecsedkisfalud (533 m, u. e. E. 1567, 120 Ew.). Es besteht aus zwei Szekler Dörfern **Păltiniş-Kecsed** (550 m, u. e. E. 1460, 522 Ew.) und dem eigentlichen Satu Mic. In beiden Ortsteilen stehen alte ref. Kirchen. Weiter folgen Dörfer mit kath. Ew.: nach 3 km

Morăreni, Malomfalva (528 m, u. e. E. 1402, 719 Ew.). 2 km ö.

Bisericani, Szentlélek (533 m, u. e. E. 1332, 672 Ew.). An Wegkreuzung im W des Dorfes steht ma. kath. Kirche. Das rom. Langhaus ist aus dem 13. Jh., der Chor jünger, mit vielen schönen Gewölbeschlußsteinen. Got. Sakristeitür. Im O anschließend liegt

Bulgăreni, Bogárfalva (570 m, u. e. E. 1566, 506 Ew.). In Bisericani mündet die DJ 137B in die DN 13A. Nach 2,5 km folgt an der DN 13A

Lupeni, Farkaslaka (580 m, u. e. E. 1566, 1482 Ew.). Hier wurde der bekannte Szekler Schriftsteller *Áron Tamási* (1897 – 1966) geboren. Daran erinnert ein Standbild der Klausenburger Bildhauer Jenö und Tibor Szervatius. Gedenkhaus und Museum. 7 km n. folgt Păuleni > [RG 16].

Von Bisericani auf der DN 13A in Richtung S folgt nach 4 km eine Abzweigung 1,5 km nach

Poloniţa, Lengyelfalva (582 m, u. e. E. 1505, 470 Ew.). Von hier stammt der Verfasser der monumentalen Szeklerland-Beschreibung *Balázs Orbán* (1830 – 1890). In der kath. Barockkirche (1802) wurden Bauteile der Vorgängerkirche verwendet. Von der Poloniţa-Abzweigung 0,5 km nach S liegt das Mineralwasserbad Seiche > [R 1/19].

N. der Poloniţa-Abzweigung führt eine Straße 2,5 km nach NO in das Dorf

Tămaşu, Székelyszenttamás (559 m, u. e. E. 1333, 172 Ew.). Die neue kath. Kirche von 1824 besitzt steinernes Weihwasserbecken aus der ma. Kirche. 1 km n. liegt

Ulcani, Ülke (570 m, u. e. E. 1550, 601 Ew.). 2 km weiter im NO

Fîncel, Fancsal (594 m, u. e. E. 1505, 150 Ew.). 4 km n., direkt unter den Steilwänden des Laz-Lavaplateaus liegt das Szekler Dorf

Dealu, Oroszhegy (750 m, u. e. E. 1334, 1845 Ew.). Die neue Kirche wurde 1770 gebaut. Die große Glocke stammt von 1898. Schöne Holzhäuser aus dem 17. bis 19. Jh. Im SW liegt, 1 km weit, das eingemeindete **Diafalva**. 4 km weit ziehen sich die Einzelhöfe aus der Gemeinde nach N. Ausflugsmöglichkeit: Auf den Laz-Gipfel (1008 m) mit schönem Rundblick. Im Sommer auf dem Plateau Narzissenblüte. Von Dealu nach SO führt eine Straße 4,5 km in das Dorf

Sîncrai, Székelyszentkirály (577 m, u. e. E. 1566, 1035 Ew.). In Dorfmitte steht die spätbarocke kath. Kirche mit klassiz. Einflüssen (1798 – 99); steinerne Sakramentshäuschen und Taufbecken sind aus alter got. Kirche, die bei Tatareneinfall eingeäschert wurde. 3 km s. liegt das Dorf

Tibodu, Tibód (533 m, u. e. E. 1866, 200 Ew.). Nach weiteren 3 km in s. Richtung folgt

Cădişeni, Kadicsfalva (501 m, u. e. E. 1566), zu Odorheiu (Oderhellen) eingemeindet, ebenso wie Bethlenfalva am anderen Kokelufer > [R 1/19].

ROUTE 5/19

24 km ö. von Cristuru Secuiesc liegt im Tal der Großen Kokel, 1,5 km von Dejuţiu s. der Straße, das Dorf

Lutiţa, Agyagfalva (451 m, u. e. E. 1506, 703 Ew.). Im MA. Versammlungsort der Szekler Stände. Dieser Tradition zufolge wurde hier vom 16. – 18. Oktober 1848 eine Großkundgebung veranstaltet. Die Szekler Grenzer pflanzten hier einen Kossuthhut als ihr Fahnenzeichen auf und beschlossen, einen Kriegszug gegen die kaiserlichen Truppen zu unternehmen. Am Gruppenstandbild fand im Okt. 1990 eine Großkundgebung statt. 3 km sw. liegt

Mătişeni, Mátisfalva (515 m, u. e. E. 1567, 209 Ew.). Von hier steigt eine KS über die Wasserscheide Kokel-Alt (Lik-Berg, 816 m) in 693 m Höhe und führt nach 4 km in das Dorf

Mujna, Múzsna (563 m, u. e. E. 1520, 797 Ew.). Die Wüstung Ramacha war seit 1363 Zankapfel zwischen den Sachsen aus Arkeden und den Szeklern aus Mujna. Ramacha ist heute eine mit Wildbirnbäumen bepflanzte Gegend längs der Eisenbahnlinie. Das neue Dorf hatte im 17. Jh. berühmte Tischler- und Malermeister. Ref. Kirche aus dem MA., Turm von 1837, die spätgot. Kirche wurde ab 1802 renov. Die kleinere Glocke wurde 1788 von Johann Baumgärtner in Schäßburg gegossen. 1,5 km s. mündet der Gemeindeweg, 5 km ö von Arkeden (Archita), in die DJ 133 > [RG 23]. 6 km ö. liegt

Dîrjiu, Székelyderzs (555 m, u. e. E. 1334, 1207 Ew.). Archäolog. Ausgrabungen einer röm. Villa. Besitzt eine der schönsten Szekler Kirchenburgen. Die got. Kirche stammt aus dem 14. bis 15. Jh., wurde im 16. Jh. bewehrt; im 17. Jh. mit Netzgewölben versehen; an W-Wand wertvolle Malereien (Legende des Hl. Ladislaus), 1419 von ung. Kirchenmalern Paul und Sohn Stefan ausgeführt. An frühgot. Fenster Fragment einer Szekler Keilinschrift. Kirche wurde 1622 renoviert. An SW-Wehrturm Sonnenuhr von 1622. In Kirchenburg werden alte Grabsteine (1578, 1582) vom Herrenhof Petki aufbewahrt. Die DJ 133 trifft nach 5 km ö. in

Ulieş Kányád (534 m, u. e. E. 1333, 437 Ew.) auf die DJ 137A, diese führt 4 km in Richtung N nach

Nicoleşti, Miklósfalva (493 m, u. e. E. 1546, 252 Ew.). 4 km sö. davon liegt

Obrăneşti, Abrahámfalva (578 m, u. e. E. 1496, 98 Ew.) und 3 km n.

Oţeni, Ocfalva (462 m, u. e. E. 1566, 276 Ew.) am S-Ufer der Großen Kokel. Von Nicoleşti 2 km sö. liegt in den Bergen das Dorf

Vasileni, Homoródszentlászló (560 m, u. e. E. 1566, 166 Ew.). Von Ulieşu führt die DN 135 nach 1 km nach

Iasu, Jásfalva (590 m, u. e. E. 1566, 87 Ew.) und 3 km weiter s. folgt

Ighiu, Ege (611 m, u. e. E. 1334, 377 Ew.). Nach weiteren 2 km sö. führt die DJ 133 nach

Daia, Székelydálya (527 m, u. e. E. 1332, 448 Ew.). Sehenswerte *Kirchenburg mit ref. Kirche*. Am W-Eingang eine Steintafel von 1774. Im got. Kirchenschiff Spuren von Wandmalereien (St. Christophorus) und Kassettendecke von 1630, ist mit got. Laubwerk geschmückt, unter dessen Ranken, Wappen und figurale Dekorationen zu sehen sind. Neben den Resaks-Wappen der Jagellonen und dem Wappen der Szekler sind es die Wappen von sächs. Städten: Schäßburg, Kronstadt, Hermannstadt, Seeblätterdreieck u. a. Die Wappen und mehrere Steinmetzzeichen beweisen, daß hier von 1501 – 1525, dann um 1630 sächs. Meister gearbeitet haben. Der Grabstein von Kata Kornis, Gemahlin des Johann Petki, ist ein Werk des Hermannstädter Steinmetz Elias Nicolai. Glocke 1643 gegossen durch Paulus Neidel. 6 km nach SO führt die Straße in das Tal des Großen Homorod, an die Kreuzung von DJ 133 und DJ 132B und weiter 2 km in das Dorf

Orăşeni, Diesendorf, Városfalva (489 m, u. e. E. 1566, 467 Ew.). 2 km n. im Tal des Großen Homoródbaches, liegt das kleine unit. Dorf

Petreni, Homoródszentpéter (489 m, u. e. E. 1567, 276 Ew.). S. von Orăşeni gelangt man in den Kreis Kronstadt und durch Joneşti (Eisdorf) nach Drăuşeni (Draas), auf dem ehemaligen Sachsenboden gelegen > [RG 23].

ROUTE 6/19

4 km s. von Oderhellen (Odorheiu), von Feliceni 2 km ö., in einem linken Seitental der Großen Kokel, entlang der DJ 131, liegt das kleine Szeklerdorf

Arvăţeni, Árvátfalva (514 m, u. e. E. 1566, 125 Ew.). Nach 2 km folgt

Văleni, Patakfalva (554 m, u. e. E. 1332, 303 Ew.). Die ma. ref. Kirche ist beim großen Erdbeben 1802 eingestürzt, viele got. Bauteile wurden 1803 beim neuen Kirchenbau verwendet. Am Ortsausgang von Văleni zweigt ein Gemeindeweg nach S ab, führt 3 km in das kleine Szeklerdorf

Teleac, Telekfalva (586 m, u. e. E. 1566, 445 Ew.). 1 km s. liegt

Alexandriţa, Sándorfalva (575 m, u. e. E. 1567, 130 Ew.). Von Văleni 2 km weiter auf der DJ 131 nach SO folgt das von Obstgärten umgebene

Chinuşu, Kénös (612 m, u. e. E. 1567, 269 Ew.), und nach 4 km an einer Abzweigung nach W

Locodeni, Lokod (579 m, u. e. E. 1505, 170 Ew.). 4 km sö. von Chinuşu liegt die Gemeinde

Mărtiniş, Sankt Marten, Homoródszentmárton (506 m, u. e. E. 1333, 819 Ew.). Ist das wichtigste unit. Szeklerdorf im Tal des Großen Homorod. Stammsitz der Fam. Biró. Hatte im MA. auch Salzgruben. Auf kleiner Anhöhe steht die *Kirchenburg*. Von ehem. 7 Basteien ist nur noch der NO-Turm vorhanden. Die neue unit. Kirche wurde 1888 errichtet. Eine Vorgängerkirche hatten die Tataren und Türken 1661 zerstört. Es ist Wirtschafts- und Kulturzentrum des Großen Homorod-Tales. 5 km nach N liegt das kleine Szeklerdorf

Ghipeş, Gyepes (568 m, u. e. E. 1556, 331 Ew.) und 4 km weiter n., mitten in großen Wäldern,

Călugăreni, Homoródremete (628 m, u. e. E. 1601, 185 Ew.).

Von Mărtiniş 4,5 km nach NO liegt

Aldea, Abásfalva (515 m, u. e. E. 1566, 456 Ew.) und 2 km weiter n.

Comăneşti, Homoródkeményfalva (523 m, u. e. E. 1566, 332 Ew.). Durch Landflucht und Einkinderfamilien wurden diese Dörfer stark entvölkert.

Sw. von Mărtiniş liegt an einer Abzweigung 4 km weit

Bădeni, Bágy (659 m, u. e. E. 1554, 499 Ew.). Auf einem Berg über dem Dorf erhebt sich die einzige *Szekler Fliehburg Bágyvár* (856 m). Nach dem großen Türken- und Tatareneinfall von 1657 – 1661 erhielten die Szeklerdörfer Bădeni, Ighiu, Locodeni und Rareş im Jahre 1663 die Bewilligung, eine Burg zu bauen. Heute sind die Ruinen mit Gras bedeckt. Im Dorf steht eine ref. Kirche.

3 km s. von Mărtiniş folgt im Tal des Großen Homorod das Dorf

Rareş, Recsenyéd (496 m, u. e. E. 1487, 243 Ew.). Nach 2 km folgt der Ort

Sînpaul, Homoródszentpál (496 m, u. e. E. 1334, 613 Ew.). Im MA. Sitz der Szekler Adelsfam. Kornis, eine der wichtigen Anhänger der unit. Religion. Der ehem. Kornis-Herrenhof ist verfallen. Die unit. Kirche ist ein Neubau (1844), nur der Turm stammt aus dem MA. Es wurden Überreste eines röm. Castrums entdeckt. Unterhalb des Dorfes dehnt sich eine Schilf- und Sumpffläche aus, ein idealer Rastplatz für Wasserzugvögel. Mehrere Salzquellen liegen hier. In windungsreicher Führung überquert die AS den Zwischen-Homoroder Höhenzug von Sînpaul 7 km bis in die Gemeinde

Ocland, Homoródokland (505 m, u. e. E. 1546, 716 Ew.). Unit. Kirche, im Übergangsstil des 15. – 16. Jh. gebaut, wurde 1937 – 1938 renoviert. Der Turm hat spätgot. Kennzeichen, desgleichen die eingebauten Portale. Besitzt farbige Kassettendecke. Ö. über die Wasserscheide erreicht die DJ 131 nach 15 km den Ort Vîrghiş > [RG 24]. Nicht weit von der Paßhöhe steht die *Burgruine Cuştai* (Kustáj, 754 m) mit vermutlich aus 11. – 12. Jh. stammendem Erdwall, „Kakasbarázda" benannt. Von Ocland nach S führt die DJ 2 km bis

Satu Nou, Homoródújfalu (521 m, u. e. E. 1481, 341 Ew.). War das letzte Szekler Dorf an der Grenze zum Sachsenland: Jimbor (Sommerburg) lag schon im Repser Stuhl > [RG 24]. Auf einer Anhöhe unit. got. Kirche, wurde 1789 – 1801 gründlich renoviert, hat viele got. Details behalten. Die DJ 132 führt anschließend über Jimbor nach Reps und Kronstadt > [RG 24].

Von Ocland führt eine KS im Tal des Kleinen Homorod nach N 2 km nach

Crăciunel, Krötschendorf, Karácsonyfalva (530 m, u. e. E. 1332, 781 Ew.). Die unit. Kirche hat rom. Grundriß und got. Portale. In der Kirche ist alte Szekler Keilschrift freigelegt. Am Südrand liegt das kleine Bad Dungó (Salzquellen). 7 km n. folgt an der Kreisstraße (z. T. geteert) die Gemeinde

Mereşti, Homoródálmás (565 m, u. e. E. 1333, 2202 Ew.). In letzter Zeit sind viele Ew. nach Kronstadt abgewandert. In der unit. Kirche von 1786 wurden viele Bausteine der Vorgängerkirche verwendet. Geburtsort des Klausenburger ung. Schriftstellers *Gyula Szabó* (1930). Mereşti ist Ausgangspunkt für Wanderungen in die 6 km weiter ö. gelegene malerische *Klamm des Vîrghiş* (Cheile Vîrghişului) mit zahlreichen Höhlen in den Kalksteinwänden. In der größten, der *Almascher Höhle,* sollen der Sage nach die vom Rattenfänger aus Hammeln verschleppten Kinder, Vorfahren der Sachsen, wieder an das Tageslicht gekommen sein. In Notzeiten flüchteten die

Ew. der Nachbargemeinden in diese Höhlen. Kleine Schauhöhlen. Der Steg durch die Klamm ist wildromantisch, oft unpassierbar, weil die Brücken und Stege immer wieder von Hochwasserfluten des Wildbaches Vîrgiş fortgerissen werden. Auf dem Karstplateau steht die Ruine einer kleinen Kapelle. Weiter n. auf der DJ 132 folgt nach 6 km AS Lueta > [R 2/19].

ROUTE 7/19

4 km von Oderhellen (Oderheiu) liegt an der DN 13A und der Abzweigung der DJ 138 im Tal der Großen Kokel das kath. Szeklerdorf Brădeşti, Fenyéd (520 m), und nach 5 km das Dorf

Tîrnoviţa, Küküllőkeményfalva (524 m, u. e. E. 1566, 662 Ew.). In beiden Orten stehen schön geschnitzte Holztore; die Szekler Volkstracht ist sehenswert. Als letzte Großgemeinde unter dem Hargitta-Gebirge folgt nach 3 km

Zetea, Zetelaka (541 m, u. e. E. 1333, 5735 Ew.). Von der ma. Kirche wurde in das 1910 gebaute neue kath. Gotteshaus nur ein got. Fenster übernommen. Ew. waren bekannte Schindelschnitzer, besaßen ein fürstliches Privileg. Die Gemarkung der Gemeinde reicht bis zum Hauptkamm des Hargitta-Geb. An der Großen Kokel ist in den letzten Jahren ein hoher Auffang-Staudamm errichtet worden. Auf dem nahe gelegenen vulkan. Plateau liegen mehrere Szekler Streusiedlungen: 10 km nw. liegen die Höfe der Streusiedlung **Valea Rotundă, Uknyéd** (940 m) auf dem Basaltplateau. Im Kokeltal 8 km aufwärts, an der Mündung des Ivo-Baches, liegt die Streusiedlung **Sub-Cetate, Töröktelep** (621 m) und zieht sich entlang der KS im Kokel-Tal hinauf, geht nach 8 km in die Siedlung **Izvoare, Ivópatak** (831 m) über. Die Straße führt noch 12 km im Ivo-Tal hinauf bis zur *Mădăraş-Schutzhütte* (1685 m), ganzjährig bewirtschaftet und Übernachtungsmöglichkeit, Skisportgelände. Es führen schöne Wanderwege zum Hargitta-Gipfel, Hargitta-Bad, nach Vlăhiţa; oder nach N auf dem Kamm bis zum Şicaş-Paß, nach O hinunter in die

Mineralwasserquellen in Bad Homorod

Csiker Senke. Im umliegenden großen Waldgebiet Jagd- und Fischfangmöglichkeit. 4 km n. von Sub-Cetate zweigt von der AS eine KS ab, führt im Kokeltal weiter nach W zur Mündung des Vărşag-Baches (6 km). Ein Weg zweigt dann nach S ab, führt nach 16 km in sw. Richtung zwischen die Streusiedlungen **Sîncel** (987 m) und weiter 5 km nach NW zu den Höfen von **Fîntîna Brazilor, Fenyőkút** (975 m). Die Straße führt Richtung W weiter nach Corund > [RG 16]. Von der Mündung des Vărşag-Baches zweigt nach N nach 1 km ein Weg Richtung O ab, führt 4 km weit zu den Höfen von **Poiana Tîrnavei** (829 m) in einer Wiesen- und Weidelandschaft unter dem mit Nadelwald bedeckten Basalt-Plateau.

Im Vărşag-Tal führt die Straße nach N 3 km in die junge Gemeinde

Vărşag, Székelyvarság (680 – 1000 m, u. e. E. 1910, 2152 Ew.). Sie wurde erst 1911 selbständiger Ort und nach dem Zweiten Weltkrieg Gemeindezentrum der vielen umliegenden Streusiedlungen. Hier stehen auch die Ruinen der Burg *Tartod (Tartódvára)* aus dem 12. Jh. Lebendige Szekler Volkskunst, Hirtenbräuche, geschnitzte Hirtenstäbe, Volkstänze werden hier gepflegt. Es ist ein Angel- und Jagdparadies. N. des Ortes, 14 km weit, liegt die Quelle der Großen Kokel unter dem Piatra-Ascuţita (Hegyeskő, 1449 m) im Gurghin-Gebirge.

Von der Abzweigung der KS an der Großen Kokel führt die AS im Şicaş-Tal weiter, nach 6 km in den Weiler **Şicasău, Sikaszó** (750 m). Nach weiteren 6 km folgen die Höfe des Weilers **Liban** (876 m) und mit einer Serpentine erreicht die AS nach 7 km durch schönen Nadelwald die *Paßhöhe von Şicasău* (1000 m). Hier steht ein Schutzhütten-Motel, Campingmöglichkeit, Gasthaus. Sommerhaus-Kolonie, gute Quelle. Nach O führt die AS 20 km hinunter nach Niklasmarkt (Gheorgheni) > [RG 17].

REISEGEBIET 20

Sighişoara / Schäßburg / Segesvár

Das Reisegebiet Schäßburg-Elisabethstadt erstreckt sich im mittleren Südsiebenbürgen entlang der Großen Kokel von Weißkirch im O bis nach Durles im W. Die N-S-Ausdehnung beträgt etwa 30 km, die O-W-Achse 37 km. Die Stadt Schäßburg liegt in einer Höhe von 350 m (Talsohle) bis 429 m (Schulberg). Das Gebiet steigt von W nach O und von N nach S allmählich an und erreicht Höhen von 500 bis über 700 m, wobei die Berge dieses Reisegebietes n. der Großen Kokel 600 m nicht übersteigen. Die höchsten Erhebung liegen s. der Großen Kokel und gehören der Wasserscheide zwischen Alt und Mieresch an.

Am geol. Aufbau des Gebietes sind vor allem Sandsteine, Tonmergel, Mergelschiefer und vereinzelt Konglomerate beteiligt. Die aus Sandsteinen bestehenden flachen Bergrücken haben Hochflächencharakter (Breite bei Schäßburg), dazwischen liegen schmale, schluchtartige, V-förmige Täler. Nach dem Kalk- und Tonanteil unterscheiden sich die kalkreicheren helleren Mergelschiefer von den tonreicheren dunkleren Tonmergeln. Die aus Tonmergeln bestehenden Berge sind an ihren scharfen Graten und pyramidenförmigen Gipfeln zu erkennen, ihre Täler sind breite Becken, oft mit sumpfigem Grund, deren Lehnen sanft ansteigen und nur im oberen Teil steil werden. Diese Berglehnen sind oft durch Rutschungshügel gekennzeichnet (Schaaser Feld, Sieben Bücheln bei Trappold u. a.). An der Basis solcher Rutschungsgebiete treten an Bacheinschnitten auch Schlammvulkane oder Schlammsprudel auf (z. B. bei Schaas). An seiner Nordflanke wird das Tal der Großen Kokel von Steilhängen und im S von flach ansteigenden, 1 bis 2 km breiten Berglehnen begrenzt. Bei Schäßburg verengt sich das Kokeltal auf 500 bis 600 m.

Das kontinental geprägte Klima dieses Gebietes weist relativ große Temperaturgegensätze zwischen Sommer und Winter auf, die mittlere Jahrestemperatur bei Schäßburg beträgt 8,2°C. Im Hügelgebiet von Schäßburg beträgt die durchschnittliche jährliche Niederschlagsmenge 635 mm. Regenreichster Monat ist der Juni, niederschlagärmster der Januar. Starke Gewitterregen führen immer wieder zu Überschwemmungen entlang der Großen Kokel, die das Gebiet mit ihren zahlreichen Zuflüssen aus N und S entwässert. Die n. Zuflüsse sind deutlich kürzer als die s., die bis zu 20 km lang sind.

Vegetationskundlich betrachtet befindet sich das Reisegebiet im Übergangsbereich von der Eichen- (Steineiche) zur Buchenstufe (Rotbuche). Die Bergkuppen und die steilen Berghänge sind noch weitgehend von Laubmischwald bedeckt (20 – 40 %). Ein weiterer Teil der Bodenfläche wird als Wiesen und Weiden und der Großteil der waldfreien Flächen ackerbaulich genutzt. Reliefform, Hangrichtung und -neigung sind für die jeweilige Bodennutzung maßgebend. Am meisten vertreten sind Eichen-Hainbuchenwälder, in denen auch andere Waldbaumarten vorkommen (Linden, Eschen, Ulmen, Spitz- und Feldahorn, Birken u. a.). Im größten Teil des Reisegebietes spielt der Wein- und Obstbau eine wichtige Rolle; als Sonderkultur kann der Hopfenanbau genannt werden.

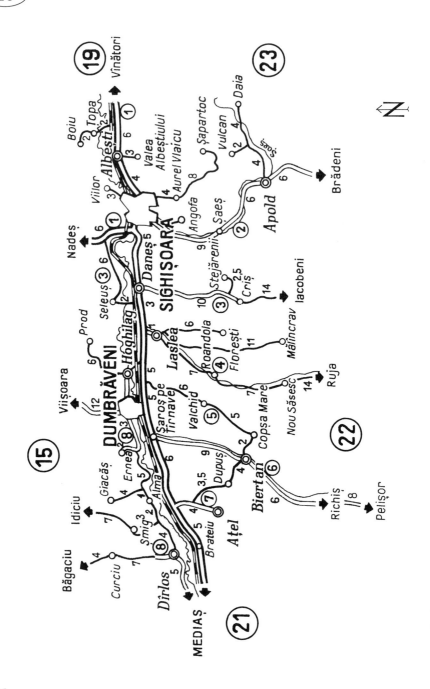

Auch die Tierwelt ist durch zahlreiche Arten vertreten. Von den Vogelarten sieht man häufig Bussarde, Weihen, Krähen, Turtel- und Türkentauben und vor allem verschiedene Singvogelarten, seltener den Habicht (Hühnervogel). Zu den verbreiteten Säugetieren dieses Gebietes gehören Wolf, Fuchs, Dachs, Feldhase, Reh, Wildschwein und Iltis sowie Wildkatze, Edel- und Steinmarder.

ROUTE 1/20

Sighişoara, Schäßburg, Segesvár (350-429 m, u. e. E. 1280, 24.196 Ew., 1992: 35.940, davon 1367 dte. Ew.). Wo im s. Teil des Sb. Hochlandes der Schaaser Bach in die Große Kokel mündet, liegt, von Laubwald bedeckten Hügeln umgeben, Schäßburg, das malerische „Rothenburg" Siebenbürgens. Durch seine zentrale Lage im verkehrsreichen Kokeltal war Schäßburg von jeher ein wichtiger Verkehrsknotenpunkt. Spuren aus vorröm. (Wietenberg-Kultur) und aus röm. Zeit am „Burgstadl" (Castrum Stenarum) wurden durch archäol. Grabungen zutage gefördert und sind seit 1899 im Stadtmuseum „Alt-Schäßburg" ausgestellt.

Schäßburg wurde von deutschen Einwanderern in der zweiten Hälfte des 12 Jh. gegründet. Erste urk. Erwähnung 1280 als „Castrum Sex", 1298 als „Schespurch", 1337 erste Nennung des Schäßburger Stuhles (Seguzwar), 1367 wird Schäßburg erstmals als Stadt (civitas) erwähnt. Die Anlage der Burg erfolgte auf dem freistehenden, s. der Kokel gelegenen 850 m langen Bergrükken, der aus dem breiteren, 30 m über der Talsohle (350 m) gelegenen Burgberg (untere Terrasse) und dem 49 m höher gelegenen Schulberg (oberere Terrasse, 429 m) besteht. Auf dem Burgberg entwickelte sich die Burgsiedlung um die erste Kirche, die nw. vom heutigen Stadtpfarrhof gegen Ende des 13. Jh. errichtet wurde. Bei dieser Kirche stand auch die älteste Schule von Schäßburg (urk. e. E. 1522). Um 1350 wurde mit dem Bau der heute noch großteils vorhandenen, 930 m langen Ringmauer in Ovalform um den Burg- und Schulberg begonnen.

Die ursprüngl. etwa 4 m hohe Mauer wurde im 15. Jh. um weitere 3 – 4 m erhöht, ihre 14 Türme und 4 Basteien weiter ausgebaut, die erhöhte Ringmauer mit Wehrgängen und Schießscharten ausgerüstet, die aus dem Bering vorspringenden Wehrtürme ebenfalls mit Schießscharten und Pechnasen versehen (16. und 17. Jh.). Von ursprüngl. 14 Türmen stehen heute noch 9: gegenüber der NW-Ecke der Bergkirche der Seilerturm (heute Wohnung des Friedhofsbesorgers); an der NO-Seite der Burg: Fleischer-, Kürschner- und Schneiderturm; an der NO-Ecke der Schusterturm (Stadtarchiv) und an der SO-Seite: Schmiede-, Stund-, Gerber(Lederer)- und Zinngießerturm. Der gewaltigste und größte von diesen ist der Stundturm. Abgetragen wurden im vergangenen Jahrhundert: Goldschmiede-, Weber-, Schlosser-, Böttcher(Faßbinder)- und Barbierturm sowie das eigentliche Hintere Tor. Der Goldschmiedeturm wurde 1809 durch Blitzschlag zerstört und 1863 durch die Turnhalle des dt. Gymnasiums (Bergschule) ersetzt; 1935/36 zur Totenhalle umgebaut. Dem Bau des Komitatsgebäudes (1886/88), heute Rathaus, mußten an der SO-Seite der Burg das Dominikanerkloster mit Böttcherturm und das Franziskanerkloster weichen. An der Stelle der Franziskanerkirche und des Schlosserturms wurde 1894 die kath. Kirche gebaut. Von den Basteien (Schanzen) sind noch jene beim Zinngießerturm (Schinzken = kleine Schanze), beim Fleischerturm die neunseitige und z. T. die Oberste Schanze beim ehemaligen Goldschmiedeturm vorhanden. Zwischen Gerber- und Zinngießerturm ist noch ein gut erhaltener Wehrgang zu sehen. Mittelpunkt der alten Burg (Oberstadt) war der Burgplatz, der sich zum Schulberg in der breiten Schulgasse fortsetzt. Den Burgplatz verband die Turmstraße mit dem Stundturm, unter dem sich der Haupteingang in die Burg befindet. Der zweite Zugang zur Burg verlief an der NW-Seite durch das Hintere Tor und den mit zwei Durchfahrten versehenen Schneiderturm.

Sighişoara (Schäßburg), Stadtzentrum mit Bergkirche

Darstellung der mittelalterlichen Stadtbefestigung aus dem 18. Jh. (nach A. Blasius, 1774)

Die hohe Anzahl der Burgbewohner erforderte zu Beginn des 15. Jh. den Umbau der Bergkirche (1429 – 1483). 1607 wurde auf dem Schulberg eine größere Schule, 1619 die „Neue Schule" gebaut. 1642 erfolgte Bau der gedeckten „Schülertreppe" mit zunächst 300 Stufen, 1842 erhielt diese ihr heutiges Aussehen mit nur 175 Stufen. 1792/1799 Bau des alten Gymnasiums, 1901

276

wurde das heutige, um ein Stockwerk erhöhte Gymnasium (Bischof Teutsch-Gymnasium, heute Josef Haltrich-Gymnasium) errichtet. 1544 erfolgte auch in Schäßburg die Reformation; bald danach wurde die günstiger gelegene Klosterkirche (beim Stundturm) zur Stadtpfarrkirche. Als Ende des 15. Jh. innerhalb der Burg kein Raum für weiterer Hausbau mehr frei war, entstand außerhalb der Ringmauern an der S- und SO-Seite der Burg die Unterstadt, die sich um den späteren Marktplatz entwickelte. Abriegelung der Zufahrten zum Marktplatz durch neun Türme und Tore. Ein eigenes kleines Bollwerk bildete schon um 1500 das ummauerte Hospital mit Spitalskirche und -schule.

Wirtschaftsleben und Wohlstand der Bürger von Schäßburg wurden von Handwerk, Landwirtschaft, Handel und Gewerbe bestimmt. 1376 Gründung von 19 Zünften, denen 25 Gewerbe angehörten. Jede Zunft mußte ihren Wehrturm instandhalten und verteidigen. Durch vermehrte Konkurrenz verloren diese immer mehr an Bedeutung und wurden 1884 aufgelöst. 1872 Anschluß Schäßburgs an das Eisenbahnnetz Budapest-Wien. Im vorigen Jahrhundert entstanden die ersten Kleinbetriebe (z. B. Baumwollweberei Löw 1843, 1902 Tuchfabrik Gebr. Zimmermann). In der Zwischenkriegszeit kamen Seidenweberei, Lederfabrik Zimmermann und Adleff, Gießerei West u. a. hinzu. 1948 erfolgte die entschädigungslose Enteignung aller Privatbetriebe sowie der Gewerbevereins- und Volksbank. – Nach 1948 entstanden neue Betriebe; Schäßburg ist heute eines der Industriezentren des Landes (Textil-, Lederwaren-, Glas- und Fayence-, metallverarbeitende und Konfektionsbetriebe).

Wiederholte Überfälle von feindlich gesinnten Heeren, Katastrophen (Überschwemmungen, Großbrände, Pestepidemien, Erdbeben) haben das Anwachsen der Einwohnerzahl der Stadt stark beeinträchtigt. 1603 starben an der Pest 2000 Einwohner, 1709 sogar 4000. Besonders große Opfer hat die langjährige Türkenherrschaft gefordert (1428 – 1687).

Zum geselligen Leben der Bewohner der Stadt zählten das „Scopationsfest" (Maifest) oder die Nachbarschaftsabende und „Richttage" der Nachbarschaften, die in Schäßburg seit 1526 urkundl. belegt sind. Im 19. Jh. entwickelten 23 Vereine ein reges Vereinsleben; ab 1872 erschien als erste Lokalzeitung der „Schäßburger Anzeiger" und von 1879 – 1944 der „Groß-Kokler Bote".

Bedeutende Persönlichkeiten von Schäßburg: Bürgermeister Martin *Eisenburger* (1618 – 1658), Chronist Georgius *Krauss* (1607 – 1679), General Michael B. *Melas* (1729 – 1806), die Bischöfe G. D. *Teutsch* (1817 – 1893), Fr. *Müller* d. Ä. (1828 – 1915) und Fr. *Teutsch* (1852 – 1933); Stadtphysikus Johann Chr. Gottlob *Baumgarten*, Verfasser der ersten Flora von Sb. (1765 – 1843), Volkskundler und Märchensammler Josef *Haltrich* (1822 – 1886), Dichter Michael *Albert* (1836 – 1893), Wirtschaftswissenschaftler Karl *Wolff* (1849 – 1929), Käferforscher Karl *Petri* (1852 – 1932), János *Lázár* (1703 – 1772), Schriftsteller Zaharia *Boiu* (1834 – 1903).

Sehenswürdigkeiten: Wehranlagen der Burg, mit 9 Türmen und 3 Basteien. *Stundturm* (Wahrzeichen von Schäßburg), 64 m hoher Torturm an SO-Seite der Burg mit doppelter Torwehre und Altfrauengang. Untere Stockwerke um 14. Jh., im 16. Jh. auf fünf Stockwerke erhöht, mit Gußschartenkranz ausgestattet. Bis 1556 im ersten Stockwerk Ratsstube; im vierten Stockwerk das Uhrwerk der Turmuhr (Anfang 17. Jh.), 1648 durch astronomisches Werk ergänzt. Der Großbrand 1676 vernichtete Dach, Glocken- und Uhrwerk. 1677 wieder aufgebaut, mit buntglasierten Ziegeln gedeckt (barockes Dach), zwei Zwiebelkuppeln. Die vier 12,5 m hohen Ecktürmchen verdeutlichen das Schwertrecht (ius gladii) der Stadt. 1898/99 richtete der Stadtphysikus Dr. Josef Bacon in den Räumen des Stundturms das Geschichte- und Heimatmuseum „Alt-Schäßburg" ein, das sich auch heute als Stadtmuseum hier befindet.

Weiteres Wahrzeichen und wertvollstes Baudenkmal von Schäßburg ist die *Bergkirche* auf dem Schulberg. Frühere ev. Stadtpfarrkirche, massiver Sakralbau mit spätgot. Hallenkirche. U. e. E. 1345. Ältester Teil der Bergkirche ist die unter dem got. Chor (13. Jh.) einzige in Sb. erhalten gebliebene Krypta. Der Chor wurde auf die Mauern einer rom. Kapelle aufgesetzt, Mitte 14. Jh. umgebaut. Der W-Turm (42 m) wurde als Kirchturm Ende des 13. Jh. errichtet. Der Chor weist Ähnlichkeit mit dem der Michaelskirche in Klausenburg auf. Umbau der dreischiffigen spätgot.

Sighişoara / Schäßburg

Legende zum Stadplan von Sighişoara / Schäßburg

1 Marktplatz (Piaţa Hermann Oberth)
2 Kleiner Markt (früher Gemüsemarkt, Piaţa Octavian Goga, heute Parkplatz)
3 Baiergasse (Str. 1 Decembrie) bis zum Kino, dann Horea Teculescu Str.
4 Große Mühlgasse (Str. Morii)
5 Kleine Mühlgasse (Str. H. Oberth)
6 Weißkircher Straße (Str. Mihai Viteazu)
7 Spitals- und Hüll-Gasse (Str. Ilarie Chendi)
8 Michael Albert-Str. (Str. Zaharia Boiu)
9 Burgplatz (Piaţa Cetăţii)
10 Rathaus (Primărie, Pţa Muzeului 7)
11 Stundturm mit Stadtmuseum (Turnul cu ceas, Muzeul de Istorie, Pţa Muzeului)
12 Klosterkirche (Str. Muzeului 8)
13 Alberthaus neben Stundturm (Piaţa Muzeului 4)
14 Gewerbevereinshaus (unterhalb vom Stundturm, Str. Turnului 1)
15 Schulgasse (Str. Şcolii)
16 Schülertreppe (Str. Şcolii)
17 Umweg (Str. Scării)
18 Bergschule (Jos. Haltrich-Gymnasium, Str. Scării 5 – 6)
19 Bergkirche (Biserica din Deal, Str. Scării 7)
20 Bergfriedhof (ev. Friedhof)
21 Seilerturm bei Bergkirche (Str. Scării 8)
22 Ev. Friedhofskapelle (ehem. Goldschmiedeturm, Str. Scării 9)
23 Fleischerturm mit Bastei (Str. Cojocarilor 13)
24 Kürschnerturm (Str. Cojocarilor 10)
25 Schneiderturm (heutiges Hinteres Tor, Str. Zidul Cetăţii 3)
26 Schusterturm (Str. Zidul Cetăţii 2)
27 Katholische Kirche (Str. Bastionului 6)
28 Schmiedeturm (Str. Aleea Cetăţii)
29 Burgpromenade (Aleea Cetăţii)
30 Zinngießerturm mit Kl. Schanze (Schinzken, Str. Cositorarilor 13)
31 Gerberturm (Str. Cositorarilor 12)
32 Ev. Stadtpfarrhof (Str. Cositorarilor 13)
33 Siechhofkirche (Str. Ştefan cel Mare 30)
34 Orthodoxe Kathedrale (Str. Andrei Şaguna 11 – 13)
35 Rumänisch-orthodoxe Kirche (Corneşti, Str. Zaharia Boiu)
36 Ungarisch-reformierte Kirche (Str. Gh-e Lazăr 2)
37 Ungarisch-unitarische Kirche (Str. Gării 17)
38 Israelischer Tempel (Klein-Gasse, Str. Tache Ionescu 13)
39 Stadthaus (Piaţa Hermann Oberth 21)
40 Rumänisches Gymnasium – Liceul teoretic Mircea Eliade, (Str. 1 Decembrie 31)
41 Kommerz- und Landwirtschaftsbank (Str. Justiţiei 7)
42 Gewerbevereinsgebäude (Marktplatz – Piaţa Hermann Oberth 15)
43 Stadtkrankenhaus (Str. Zaharia Boiu 40)
44 Ehemaliges ev. Lehrerinnenseminar (Str. Ana Ipătescu 12, heute Waisenhaus)
45 Türmchen auf der Steilau (La Chip, Steilau)
46 Touristenamt (Str. 1 Decembrie 10)
47 Postamt (Piaţa Hermann Oberth 17 – 19)
48 Reisebüro (Str. 1 Decembrie 2)
49 Hotel Steaua (Goldener Stern, Str. 1 Decembrie 12, Tel. 950/15 94)
50 Bahnhof (Gara, Str. Libertăţii 51)
51 Busbahnhof (Autogara, Str. Libertăţii 46)
52 Telefonamt (Telefoane, im Postgebäude – Piaţa H. Oberth 17 – 19)
53 Polizei – (Poliţia Str. Justiţiei 10)

Halle der Bergkirche von 1429 – 1483. Spätgot. N-Portal mit Wappen von Schäßburg 1495, S-Portal mit Vorhalle 1525. Zehn schöne drei- und vierteilige Maßwerkfenster. Turm wurde in Schiffsbau einbezogen. Vier achteckige unprofilierte Pfeilerpaare tragen das Netzgewölbe, nach Erdbeben 1838 z. T. erneuert. Wertvolle Wand- und Deckengemälde (mit Erzengel Michael, 1483). Fresken im Chor und am Triumphbogen von Valentinus Pictor. Wandgemälde im n. und s. Seitenschiff und Turmvorhalle 1488 von Jacobus Kendlinger aus St. Wolfgang (Salzkammergut). Fresken wurden 1777 übermalt und 1934 freigelegt. Besondere Zierde des Innenraumes an der N-Chorwand ist das in Sb. schönste spätgot. Sakramentshäuschen (vor 1483). Spätgot., in Stein gemeißelte Kanzelbrüstung (1480). Schönes Chorgestühl (1520), Rücklehnen mit Intarsien von Johann Stoß. An Stirnseite des n. Seitenschiffes wertvoller Flügelaltar (1513) von J. Stoß. Große Mitteltafel mit hl. Martin. Taufbecken (Ende 15. Jh.), alter Opferstock aus Stein mit got. Verzierungen. Sakristei auf S-Seite des Chores mit Sterngewölbe. Die vier Evangelistenfiguren auf heutigem Altar gehören dem späten Barock an (um 1650). Erwähnenswert sind vier Strebepfeilerskulpturen an der Chorfassade (Anbetung der Hl. Drei Könige, um 1450).

Stundturm und Alberthaus

Klosterkirche, Marienkirche, heutige ev. Stadtpfarrkirche. Ehemalige Kirche des Dominikanerklosters (u. e. E. 1298). 1555 wurde Rathaus aus dem Stundturm in das Erdgeschoß des Klosters verlegt. 1556 wurden das Kloster und dessen Güter säkularisiert. 1886 Abtragung des Klosters bis auf die Kirche und den Kreuzgang, um Baufläche für das Komitatsgebäude (heutiges Rathaus) zu schaffen. Die heutige Klosterkirche wurde als dreischiffige Hallenkirche 1492 – 1515 erbaut. 1676 durch Großbrand zerstört, wurde sie mit flacherem Gewölbe wieder aufgebaut; Halle mit drei Pfeilerpaaren. Im Chor blieb das got. Kreuzgewölbe erhalten. Schöne Maßwerkfenster in Chor und Schiff. Barockaltar (1681) und Barockorgel sind Werke des Schäßburger Meisters Joh. Fest und des Hermannstädter Malers Jeremias Stranovius, desgleichen Brüstung und Schalldeckel der Barockkanzel. Kostbares Chorgestühl; wertvolles bronzenes Taufbecken in Kelchform (1411), bereits für die alte Kirche beim Stadtpfarrhof gegossen. Wandmalereien. 35 kostbare orient. Teppiche (16. und 17. Jh.) schmükken den Innenraum. Auf dem Chor Dachreiter mit Glocke aus 1677.

Kath. Kirche. Nach N schlossen sich an das Dominikanerkloster die Nonnenklöster der Dominikanerinnen und Franziskanerinnen an. 1723 Rückgabe von Kloster und Kirche der Franziskanerinnen an den Orden. Kirche wird zur Pfarrkirche der Katholiken. 1894 wurde diese samt dem anschließenden Schlosserturm in die heutige kath. Kirche umgebaut.

Siechhofkirche. 1575 wurde n. der Kokel auf dem Siechhof ein Siechenhaus (Leprosorium) zur Aufnahme der an Aussatz Erkrankten errichtet. Hier steht das im 16. Jh. errichtete, dem Hl. Geist gewidmete Kirchlein mit Außenkanzel, von der den Kranken im geschlossenen Kirchhof gepredigt wurde. Diese Kanzel heißt im Volksmund irrtümlich „Pestkanzel".

Die *Spitalskirche*, u. e. E. 1461, wurde 1877 mit dem dazugehörigen Hospital und der Spitalsschule in die ev. Mädchenschule umgebaut. Weitere Kirchen in Schäßburg: kleine *griech.-orthod. Kirche* (1788/97), in der rum. Vorstadt Corneşti; *orthod. Kathedrale* im Stadtpark (1936); *ung.-ref. Kirche* im Seilergang; *israel. Tempel* in der Kleingasse und die *ung.-unit. Kirche* (1935) in der Bahngasse.

Bedeutende Gebäude und Häuser der Stadt: Rathaus, Alberthaus (ehemaliges Internat des Bischof-Teutsch-Gymnasiums neben dem Stundturm), Stadtpfarrhof, Vlad-Dracul-Haus (1431/35 hielt sich Vlad Dracul, der Thronanwärter der Walachei, als Gast im Asyl in Schäßburg auf), Schülertreppe und Josef-Haltrich-Gymnasium, alte Häuser auf dem Burgplatz, z. B. Eckhaus mit Hirschgeweih (ehemaliges Wohnhaus der Kelp von Sternheim) und Bürgermeisterwohnung, mehrere Häuser in der Schul- und Turmgasse (Haus in venezianischer Gotik), Haus des Bürgermeisters Johann Schuller von Rosenthal mit Wappen (obere Marktzeile), Gewerbevereinshaus, Nationalbank (1912), Hotel Goldener Stern (1913), Dokumentationsbibliothek u. a.

Aus den beiden ehemaligen Holzbrücken über die Kokel wurde 1808 die Siechhofbrücke gebaut. Erst 1874 kam die Maria-Theresia-Brücke (Mammutbrücke) hinzu. 1938 wurde die Siechhofbrücke durch eine Betonbrücke ersetzt, 1975 die Maria-Theresia-Brücke vom Hochwasser mitgerissen. 1866 wurde die Burgallee angelegt. 1867 in Schäßburg erste elektrische Uhr in Sb. 1862 wurde der Schaaser Bach, der bis dahin durch die Innenstadt floß, in ein neues Bett w. des Schulberges umgeleitet. 1876 wurde Schäßburg Hauptort des Groß-Kokler Komitates. 1898 richtete die Sektion Schäßburg des Sb. Karpatenvereins auf dem Siechhofberg als Aussichtswarte und beliebten Ausflugsort die „Villa Franka" mit Gasthaus und großem Gästeraum für Unterhaltungen ein.

W. von Schäßburg auf der Steilau, einem Ausläufer der Breite, neben der DN 14 in Richtung Dunesdorf, steht ein altes, sagenumwobenes kleines Türmchen, das als *Türmchen auf der Steilau* bekannt ist. Dieses siebeneckige Türmchen wurde 1469 errichtet und wird von den einen als Mundatssäule (Wahrzeichen der städtischen Immunität) gedeutet, von anderen als ein der hl. Katharina geweihter Bildstock angesehen.

Etwa 3 km nö. von Schäßburg liegt der Weiler **Viilor**, seit 1954 zu Schäßburg eingemeindet. Von Schäßburg nach S führt eine KS 4 km nach **Aurel Vlaicu**, ebenfalls seit 1954 eingemeindet, und von hier 8 km nach

Şarpartoc, Schorpendorf, Sárpatak (531 m, u. e. E. 1231, 314 Ew.).

4 km ö. von Schäßburg, s. der Großen Kokel, liegt an der DN 13 und E 5

Albeşti, Weißkirch, Fehéregyháza (364 m, u. e. E. 1231, 3224 Ew.). Von sächs. Siedlern gegründet, vom 16. bis Ende des 19. Jh. von Rum., Ung. und Zigeunern bewohnt. Seit 1552 im Besitz der Grafenfam. von Haller, die hier Stammsitz und Schloß mit Schloßpark in Dorfmitte hatte. 1899 und 1900 wurden wieder sächs. Fam. aus Gemeinden des Zwischenkokelgebietes angesiedelt. Da die vormals sächs. got. Wehrkirche von der ung.-ref. Kirchengemeinde benutzt wurde, erbauten sich die dt. Einwohner 1905 eine neue Kirche.

Erwähnenswert ist die Schlacht bei Weißkirch (31. 7. 1849) zwischen den kaiserlichen mit den zaristischen Truppen des General Lüders und den ung. Revolutionstruppen unter General Bem, der hier von Lüders besiegt wurde. In der Schlacht starben auch der ung. Freiheitsdichter Sándor Petöfi und der Publizist Anton Kurz. Auf dem ev. Friedhof befindet sich Petöfi-Denkmal, daneben das Petöfi-Museum. Im Park s. des Dorfes steht das 1899 errichtete Denkmal zur Erinnerung an die Gefallenen. 3 km s. von Weißkirch liegt

Valea Albeştiului, Fehéregyházi Völgy (368 m, u. e. E. 1913, 193 Ew.).

Fährt man von Weißkirch auf der DN 13 weiter nach O, zweigt nach 6 km in n. Richtung die 2 km lange KS nach

Țopa, Kleinbun, Kisbún (378 m, u. e. E. 1640, 432 Ew.), ab. Im hiesigen Schloß wurde Miklós Bethlen geboren (1642 – 1716).

Die KS führt weiter 2 km nach N nach

Boiu, Großbun, Nagybún (388 m, u. e. E. 1301, 1575 Ew.). Gehört verwaltungsmäßig zu Weiß-kirch.

ROUTE 2/20

Verläßt man Schäßburg durch die Hüllgasse (Ilarie Chendi-Str.) nach SW auf der DJ 106 in Richtung Agnita (Agnetheln), zweigt gleich außerhalb der Stadt eine KS sö. in den Weiler

Angofa, Ungefug (509 m, u. e. E. 1839, 156 Ew.) ab. Die AS am Schaaser Bach führt nach 9 km nach

Șaeș, Schaas, Segesd (411 m, u. e. E. 1302, 1333 Ew.), das verwaltungsmäßig zu Trappold ge-hört. Der Ortsname dürfte vom ung. Adjektiv „seges" abstammen, das als „seg" Rückseite des Hügels bedeutet. 1347 wird Pfarrkirche von Schaas urkundl. erwähnt. 1504/08 erfolgt die Wehr-barmachung der Kirche und Kirchenburg, 1802 stürzt das Gewölbe der Kirche ein, 1818 wird die alte Kirche abgetragen und von 1820/32 die heutige Kirche im neuklassiz. Stil erbaut. Von der ehemaligen Kirchenburg sind heute noch ein Wehrturm, Speck- und Fruchtkammern erhal-ten. In der Kirche sehr wertvoller vorref. Retabelaltar (um 1520) mit zwei Predellen. Hauptbild stellt die hl. Sippe dar. Spätgot. Gesprenge, sehr ähnlich dem des Birthälmer Flügelaltars (selbe Werkstatt). Kunstgesch. wertvolles Taufbecken (Bronze) in Kelchform mit got. Inschrift aus dem 14. Jh.; gleiche Ornamente wie das Mediascher Taufbecken. Brauch: Leuchtersingen am ersten Weihnachtsfeiertag. Bedeutende Persönlichkeiten: Bischof G. P. Binder (1831 – 1840 Pfarrer in S.), Volkskundler Josef Haltrich (1872 – 1886 Pfarrer in S.), Schriftstellerin Anna Schuller-Schullerus (1912 – 1934 in S.), Mundart-dichter Andreas Schuller (1890 – 1931). Bemerkenswert: Schaaser Moor (ö. vom Friedhofberg), Schlammvulkan bei der Kir-chenbrücke. Schaas ist auch durch seine „Schaaser Späße" bekannt.

Von Schaas auf der DJ 106 6 km weiter nach S, liegt am Schaaser Bach

Apold, Trappold, Apold (430 m, u. e. E. 1271, 1139 Ew.), zweitgrößte Gemeinde des Keisder Kapitels. Sehenswert: Mitten im Dorf auf Bergkegel (Burghügel) steht die große, guterhaltene Kirchenburg mit doppeltem Be-ring. Vorläuferin der heutigen dreischiffigen Hallenkirche war eine einschiffige rom. Kir-che. Wehrbarmachung von Kirche und -burg 1504/07, Umbau der alten Kirche in spätgot. Hallenkirche. Chor und Seiten der Mittelschiffe wurden erhöht und mit gemau-erten Wehrgängen (Schieß- und Gußschar-

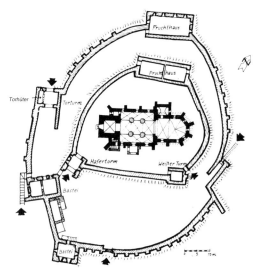

Apold (Trappold), Anlageplan der Kirchenburg

SW-Ansicht der Kirchenburg von Apold (Trappold; Zeichnung nach J. Fabritius-Dancu)

ten) ausgestattet. Auch der zur Hälfte in das Mittelschiff eingefügte Turm wurde erhöht, erhielt hölzernen Wehrgang. Bei diesen Umbauten wurde Flachdecke des Kirchenschiffes durch rippenloses, von vier Pfeilern getragenes Kreuzgewölbe ersetzt. Äußerer Mauerring mit fünf Türmen und Basteien (Torturm mit altem Rathaus, Schulturm, an der N-Seite dreigeschossiges, wehrbar gemachtes Fruchthaus). Torturm des inneren Berings ist der mächtige Haferturm, viertes Geschoß mit Wehrgang. Der „Weiße Turm" war bewohnbar. An N-Seite auch hier dreistöckiges Fruchthaus. Entlang der Chor- und Schiffswände stehen *Truhenbänke* mit Kleidertruhen, in denen Festtrachten aufbewahrt wurden. In der Chornordwand befindet sich eines der schönsten spätgot. Sakramentshäuschen Sb. Emporen mit bemalten Brüstungen. In Trappold befindet sich Geburtshaus (Nr. 265) des sächs. Dichters und Schriftstellers Michael *Albert* (1836 – 1893).

Aus der Dorfmitte führt eine KS 8 km in ö. Richtung nach

Daia, Denndorf, Szászdálya (507 m, u. e. E. 1280, 1022 Ew.). Nach etwa 4 km zweigt n. die KS nach Wolkendorf ab. Denndorf liegt ebenfalls am Schaaser Bach. Marienkirche (Anfang des 15. Jh. als spätgot. Saalkirche erbaut, Taufbecken ebenfalls aus dieser Zeit) und Kirchenburg in Dorfmitte. Anfang 16. Jh. Wehrbarmachung durch Bau eines Wehrganges auf erhöhtem Chor. Außenwand des Wehrganges mit Schießscharten, zwischen Chorwand und Rundbögen Gießschlitze. Der besonders breite Glockenturm (Seitenlänge 12,20 m) wurde ebenfalls zur Verteidigung ausgebaut (Wehrgang, Schieß- und Gußscharten) und um die Kirche eine Ringmauer mit fünf Türmen und Wehrgängen errichtet. Später Bau von Fruchthäusern mit Schießscharten und Gußlöchern im Bering.

Von der Denndorfer Straße erreicht man nach 2 km in Richtung N

Vulcan, Wolkendorf, Volkány (460 m, u. e. E. 1315, 186 Ew.). War Eigentum der Bergkirche (Nikolauskirche) in Schäßburg.

ROUTE 3/20

Verläßt man Schäßburg auf der DN 14 nach W in Richtung Mediasch (37 km), steigt die Straße zunächst die Steilau hinauf, übersteigt den Bergausläufer und nach etwa 1 km zweigt von der DN 14 die DN 13 und E 5 nach N in Richtung Tîrgu Mureş (Neumarkt a. M., 55 km) ab. Bald danach steigt die DN 14 in Serpentinen die Hula Daneşului („Dunesdorfer Hill" oder Attilashöhe) hoch. Oben auf der linken Straßenseite sind ein großer Rastplatz mit Gaststätte, Ferienhäuschen und Campingplatz. Von hier führt die Straße 2 km talabwärts nach

Daneş, Dunesdorf, Dános (353 m, u. e. E. 1348, 1847 Ew.). In der Dorfmitte befinden sich Reste einer Kirchenburg aus dem 15. Jh. und ein im 19. Jh. errichteter neoklassiz. Sakralbau. Zusammenleben von Sachsen und Rum. seit dem 17. Jh.

Im Kreischer Bachtal nach S fahrend, erreicht man auf der AS DJ 143 nach 10 km

Criş, Kreisch, Keresd (405 m, u. e. E. 1305, 1116 Ew.), von der ung. Grafenfam. Bethlen gegründet. Auf kleinem Hügel in Dorfmitte befindet sich das burgartige Schloß der Fam. Bethlen, dessen Bau 1340 begonnen und dessen Ausbau bis Ende des 18. Jh. fortgesetzt wurde. Das Ren.-Schloß mit got. Stilelementen hat die Form eines Rechteckes mit mehreren Türmen. 1598 wurde der basteiartige, runde, viergeschossige Turm erbaut. An Außenwand des obersten Geschosses Kriegerstatuen. Innenhof mit Laubengängen, Arkaden und einem jagdschloßartigen Flügel. Das Schloß hat über 40 Zimmer mit schönen Parkett- oder Mosaikböden (Bibliothek, Waffensaal, u. a. m.). Im Schloßkeller, der einstigen Kapelle, steinerne Kanzel. Im 17. Jh. war hier eine Druckerei. 4 km² großer Schloßpark mit See und Arboretum mit z. T. seltenen ausländischen Baumarten. Nach 1947 vernachlässigt, nun wieder restauriert. Die baufällige ev. Kirche wurde zu Beginn unseres Jh. abgerissen und mit wesentlichen Zuschüssen des Gustav-Adolf-Vereins neu errichtet.

Von der DJ 143 zweigt etwa 1,5 km vor Kreisch eine 2,5 km lange KS nach

Stejăreni (Beşa), Peschendorf, Bese (411 m, u. e. E. 1305, 1988: 538 Ew.) ab. Als Tochtersiedlung von Criş (Kreisch) gegründet und wie dieses auch Hörigendorf der ung. Adelsfam. Apafi (Malmkrog) und dann Bethlen (Kreisch). Die Ringmauer der Kirchenburg wurde 1913 beim Bau der neuen Kirche abgetragen. Altarbild (Ölberg-Szene) von Hans Hermann.

Criş (Kreisch), Schloßturm

Setzt man die Fahrt von **Daneş** (Dunesdorf) auf der DN 14 nach W fort, zweigt nach 1 km eine KS in das n. der Großen Kokel gelegene Marienburger Bachtal ab, in dem nach 2 km

Seleuş, Großalisch, Nagyszöllös (345 m, u. e. E. 1348, 1667 Ew.) erreicht wird. Das Bergland um Großalisch gehört zum Innerkokler Höhenzug. Der Ort wurde zu Beginn des 13. Jh. von dt. Siedlern gegründet. Kirche und Kirchenburg erbauten diese auf Berg, am Zusammenfluß des Rodergässer mit dem Marienburger Bach (Dorf im Dreiecktypus). Zu den älteren erhalten gebliebenen Teilen der Kirchenburg (14. Jh.) gehören die unteren Teile des Glockenturmes, der an S-Seite der Kirche steht. 1476 wird alte Kirche in spätgot. Saalkirche umgebaut; Chor mit Kreuzgewölbe. 1504 und 1507 Wehrbarmachung der Ringmauer und des Glockenturms und Umbau der Kirche in Wehrkirche; 1820 weitere Umbauten. Großalisch verdankte seinen Wohlstand über Jh. vor allem dem Weinbau. Am 23. 1. 1662 fand bei Großalisch Schlacht zwischen sb. Fürsten Joh. Kemény und dem Heer von Kutschuk-Pascha statt, die mit Niederlage und Tod von Kemény endete (Denkmal).

ROUTE 4/20

3 km w. von Dunesdorf zweigt von der DN 14 nach S eine AS 1 km in das Seitental des Lassler Baches nach

Laslea, Großlasseln, Szászszentlászlo (351 m, u. e. E. 1309, 1520 Ew.) ab. Ortsname geht auf den hl. Ladislaus zurück, dem die im 13. Jh. erbaute dreischiffige rom. Basilika der Kirchenburg gewidmet war. Nach Gründung (um 1200) war Großlasseln Besitz der Abtei Kolozsmonostor/ Klausenburg; erst um 1500 unter den freien Gemeinden des Schäßburger Stuhles genannt. Im 15. Jh. wurde Kirche mit einer Ringmauer umgeben und zur Kirchenburg ausgebaut. Innerhalb der Ringmauer Wehrgänge und Vorratskammern. 1504 wird Glockenturm wehrbar gemacht und auf das letzte gemauerte Obergeschoß ein Wehrgeschoß mit Wehrgang draufgesetzt. Dieses fünfte Turmgeschoß ist zugleich Glockenstube. 1838 wurde baufällige Wehrkirche abgetragen und 1842/44 durch klassiz. Saalkirche ersetzt. Der alte, nun abseits stehende Glockenturm blieb erhalten, weil der neuerbaute noch unfertig einstürzte (1843). An der O-Wand des Turmes sind noch Höhe des Kirchendaches, Höhe und Art der Einwölbung von Haupt- und Seitenschiffen, deren Breite und andere Details vom Bau der alten Basilika zu erkennen, von der es weder Zeichnung noch Bild gibt.

Talaufwärts liegt 7 km s. von Großlasseln

Roandola, Rauhtal, Rudály (385 m, u. e. E. 1322, 1988: 480 Ew.). Bald nach 1305 als Hörigendorf von der ung. Grafenfam. Apafi aus Malmkrog gegründet. Die heutige kleine Saalkirche stammt vom Anfang des 16. Jh. Der Chor gleicht dem der Dunesdorfer spätgot. Saalkirche. Sakristei und S-Eingang mit spätgot. Steintürstock. Glockenturm und ehemalige Ringmauer mit Wehrtürmen wurden bis auf den Torturm abgetragen, der heute Glockenträger ist.

Von Rauhtal weitere 7 km auf KS nach S liegt

Nou Săsesc, Neudorf, Apaujfalu (465 m, u. e. E. 1305, 1126 Ew.). 1345 brannte die hölzerne Katharinenkapelle ab; auf dem gleichen Bergvorsprung über dem Dorf wurde im 15. Jh. die heutige spätgot., turmlose Saalkirche erbaut. N- und S-Portal haben spätgot. Steintürstöcke. Ein got. Triumphbogen trennt flachgedeckten Saal vom niedrigen, schmalen Chor mit einem quadratischen Kreuzgratgewölbe. Besonders wertvoll ist das Taufbecken (16. Jh.), in Form eines got. Kelches, aus einem Eichenstamm geschnitzt (gleiches Taufbecken in Durles). Getrennt von der Kirche steht dreigeschossiger Turm als Glockenträger. Ringmauer fehlt.

Die größte und bedeutendste der vier Gemeinden, die s. von Laslea (Großlasseln) liegen, ist das 11 km entfernte

Mălîncrav, Malmkrog, Almakerék (441 m, u. e. E. 1305, 1506 Ew.) im Malmkroger Bachtal. War ebenfalls hörige Gemeinde und Stammsitz der Adelsfam. Apafi. Kirchenburg mit Marienkirche und gutsherrliches Schloß. Kirchenburg auf Anhöhe außerhalb der Gemeinde ist von Ringmauer (Anfang 15. Jh.) umgeben. Von einstigen Basteien und Wehrtürmen ist nur der niedrige Torturm erhalten geblieben. Chor und Glockenturm wurden für die Verteidigung mit Wehrgängen und Schießscharten ausgerüstet. Glockenturm im Mittelschiff eingebaut. Die dreischiffige Basilika (Baubeginn 14. Jh.) beeindruckt durch ihre Größe (36 m lang), die darauf zurückzuführen ist, daß diese Marienkirche eine der wenigen Wallfahrtskirchen Sb. in vorref. Zeit war. Ende des 14. Jh. wurde ihr Chor got. umgebaut und mit Fresken ausgemalt (1405), die während der Reformation nicht übermalt wurden. Diese Fresken stellen die ältesten erhalten gebliebenen Reste sächs. Sakralmalerei dar. Vor allem die Fresken der N-Wand gehören zu den schönsten und reichhaltigsten Wandmalereien Sb. im Stil der höfischen Gotik. Das 20 m lange Riesenfresko der Mittelschiffsnordwand war hingegen übertüncht, wurde 1914 freigelegt, die Farben haben jedoch viel von ihrer ursprüngl. Leuchtkraft verloren. Auch heute beeindruckt den Betrachter die Lebendigkeit und naturnahe Darstellung verschiedener biblischer Szenen. Wertvoller Flügelaltar aus der zweiten Hälfte des 15. Jh. Das Altarwerk wird von Maria mit dem Jesuskind beherrscht. Familiengruft der Fam. Apafi aus dem 17. Jh. unter der Sakristei. Das Ren.-Grabmal des Georg Apafi, vormals in Malmkrog, steht heute im Ung. Nationalmuseum in Budapest.

Im Felsen-Bachtal, das sich von Laslea (Großlasseln) nach SO erstreckt, liegt nach 6 km KS

Florești, Felsendorf, Földszin (411 m, u. e. E. 1305, 210 Ew.). Ebenfalls ein höriges Dorf der Fam. Apafi/Bethlen. Die kleine Kirche wurde 1424 mit Hilfe der Adelsfam. Bethlen gebaut. Besonders wertvoll ist die erhalten gebliebene Tafel eines älteren Altars, die wahrscheinlich zur Predella dieses Altars gehörte und die Kreuzabnahme Christi darstellt; bis 1990 im Klausenburger Kunstmuseum.

ROUTE 5/20

17 km w. von Schäßburg biegt eine Seitenstraße von der DN 14 nach S in das Tal des Kopischer Baches ein, auf der man nach 6 km die Gemeinde

Valchid, Waldhütten, Válthid
(369 m, u. e. E. 1317, 930 Ew.) erreicht. Sehenswert ist die inmitten des Dorfes stehende Kirchenburg. Der turmlose Sakralbau wurde 1390 errichtet (Andreaskirche), ist eine nicht wehrbar gemachte Saalkirche, umgeben von einem fast rechteckigen 10 m hohen Mauerring mit vier unterschiedlich großen Türmen, die nicht wie in anderen Kirchenburgen an den Mauerecken, sondern jeweils in der Mitte der vier Ringmauerseiten stehen und weit aus der Mauer vorspringen. Über dem schönen gotischen W-Portal steht auf einem Wappenschild die Jahreszahl 1441. Wehrmauer

Die Kirchenburg von Valchid (Waldhütten)

aus Anfang des 16. Jh. An S-Chorwand weist Jahreszahl 1507 auf Einwölbung des Chores hin. Der mächtige, sechsgeschossige O-Turm ist Tor- und Glockenturm mit holzverschaltem Wehrgang. N- und W-Turm sind fünfgeschossig, der S-Turm stürzte beim Erdbeben 1916 ein. Die Wehrgänge sind heute abgetragen. Im 19. Jh. wurden die alte Kassettendecke der Kirche durch ein barockes Tonnengewölbe mit Stuckornamenten ersetzt, die Spitzbogenfenster der S-Wand vergrößert und dabei das alte Maßwerk entfernt, nur im W-Giebel der Kirche und im Chorschluß haben sich zwei schöne Fenster mit Vierpaßdurchbruch über Kleeblattbogen erhalten. Orgel und Orgelempore befinden sich über dem Altar.

Von Waldhütten 5 km talaufwärts nach S im Kopischbach-Tal liegt

Copşa Mare, **Großkopisch, Nagykapus** (413 m, u. e. E. 1283, 797 Ew.). Der dt. und rum. Ortsname stammt vom ung. „Kapus" = Tor am Verhau. Der Ort liegt in einem Gebiet, das bis 1238 von Szeklern bewohnt wurde. Größte Rebflächen des Gebietes. 1455 erhielt Großkopisch das Jahrmarktsrecht am Bartholomäustag und durfte alle Montage Wochenmarkt halten. Kirchenburg: Um 1330 wurde die got. dreischiffige Pfeilerbasilika erbaut. Anfang des 16. Jh. wurde die Kirche mit einer fast rechteckigen hohen Ringmauer mit Wehrtürmen umgeben. Der mehrgeschossige Glockenturm wurde ebenfalls wehrbar gemacht. An der Innenseite des Berings Fruchtkammern, Chor 1519 erhöht und wehrbar gemacht. Um 1500 wurde auch das Mittelschiff aufgestockt und auf jeder Seite ein Wehrgang mit Schießscharten ausgebaut. 1558 erhielt die Kirche einen Flügelaltar mit Arbeiten aus der Riemenschneider-Schule, von dem sich ein Teil (Schmerzensmann mit zwei Engeln) heute in der Ferula der ev. Stadtpfarrkirche in Sibiu (Hermannstadt) befindet. 1795/99 wurde die Flachdecke des Mittelschiffs durch ein Tonnengewölbe ersetzt. Von Großkopisch können Ausflüge in die Fettendorfer Berge gemacht werden.

ROUTE 6/20

Von Schäßburg 22 km auf der DN 14 w., oberhalb der Mündung des Birthälmer Baches in die Große Kokel, liegt

Şaroş pe Tîrnave, Scharosch, Szászsáros (333 m, u. e. E. 1283, 1541 Ew.). Sowohl der dt. als auch der rum. Ortsname werden vom ung. Wort „sáros" = morastiger Ort abgeleitet. Die ursprüngl. Dorfkirche war die turmlose dreischiffige got. Basilika in der ersten Hälfte des 14. Jh. erbaut. Hauptportal in der W-Front. Im 15. Jh. wurde um die Kirche eine einfache, 8 – 10 m hohe Ringmauer mit Schießscharten und Gußlöchern erbaut. Im Mauerring befanden sich drei Basteien und zwei Türme mit Guß- und Schießscharten. Der S-Turm ist Torturm. In die Ringmauer einbezogen ist die halbrunde Apsis einer kleinen rom. Kapelle, heute Ruine. 1438 wurde die Kirche bei einem Türkeneinfall zerstört. Im 16. Jh. wurde am W-Ende der Kirche ein Glockenturm (Bergfried) zur besseren Verteidigung der Kirchenburg erbaut. Entlang der Ringmauer verlief ein gedeckter Wehrgang.

Aus der Dorfmitte von Scharosch zweigt von der DN 14 eine AS nach S in das Seitental des Birthälmer Baches (Biertan) ab und erreicht nach 9 km die Marktgemeinde

Biertan, Birthälm, Berethalom (388 m, u. e. E. 1283, 2144 Ew.). Besaß das Wochenmarktrecht (Samstagsmarkt) und das Jahrmarktsrecht, das ihm 1418 von König Sigismund erneut bestätigt wurde. Bis 1552 befand sich auf der DN 14 der Sitz des Königsrichters der „Zwei Stühle" zeitweise in B., den es dann an Mediasch abtreten mußte. Mit der Wahl seines Pfarrers Lucas Unglerus 1572 zum Superintendenten der Sb. Landeskirche wurde bis 1867 (dem Todesjahr von Bischof G. P. Binder) B. Bischofssitz. *Kirchenburg mit spätgot. Hallenkirche,* erstmals 1468 urkundl. erwähnt. Es ist eine der schönsten und besterhaltenen Wehranlagen Sb. Der Bau der großen turmlosen, dreischiffigen spätgot. Hallenkirche wurde 1510/16 vollendet. Innerster Ring mit drei Türmen (Tor-, Stundenturm) aus 1508, Mausoleumturm, kath. Turm mit Fresken im Erdgeschoß aus frühem 16. Jh. und O-Bastei. Zweiter Mauerring aus 15. Jh. mit zweitem Torturm (Rathaus) und drittem Torturm (Speckturm). Im 16. Jh. wurde ein unvollständiger dritter Bering an der O-, S- und W-Seite mit zwei Türmen (vierter Torturm und W-Turm) und einer NW-Bastei (mit Arrest) hinzugefügt. 1795 wurde von dieser Bastei eine Treppe zum N-Hof des Innenrings gebaut (73 Stufen), die 1845 auf gemauertem Fundament erneuert und überdacht wurde. Mittelpunkt der Kirchenburg ist die dreischiffige, spätgot. Hallenkirche mit Sternnetzgewölbe und drei achteckigen Pfeilerpaaren. Im 18 m langen Chor steht der größte, neben dem Mediascher wertvollste sb. Flügelaltar mit 28 vorref. Bildtafeln (1483). Den Mittelteil zieren 12 Tafeln mit Darstellungen des

Biertan (Birthälm), Gesamtansicht der Kirchenburg von SO

Marienlebens (Festtagsseite), Heiligenfiguren und
Kreuzigung (Schrein) eines
Schülers des „Schotten-
meisters" der berühmten
Wiener Schule des 15. Jh.
Predella und Bekrönung
stammen von zwei ver-
schiedenen Meistern
(1515) und wurden nach
dem Chorumbau hinzuge-
fügt. Bemerkenswert ist
auch der got. Altarrahmen
mit dem zierlichen Ran-
kenwerk seines Gespren-
ges. – Wertvollste Stein-
metzarbeit sind die Kan-
zelreliefs (drei Passions-
szenen), vermutlich vom
Meister Ulrich von Kron-
stadt. Eine besondere Zier-

Chorgestühl (Detail) des Meisters J. von Reychmut

de sind auch die mit feinsten Intarsien verzierte Sakristeitür (1515) und ihr kunstvolles Schloß,
das bronzene Taufbecken, das ebenfalls mit Intarsien und Flachreliefschnitzereien versehene

Gestühl des Schäßburger Meisters Johannes Reychmut in Chor und Langhaus (1514 – 1524, ähnlich dem der Bergkirche in Schäßburg) und mehrere kostbare anatolische Teppiche mit dem berühmten Vogelkopfmotiv.

Fährt man auf der AS von Birthälm talaufwärts nach S in Richtung Agnita (Agnetheln) > [RG 22], erreicht man nach 6 km

Richiş, Reichesdorf, Riomfalva (428 m, u. e. E. 1283, 1303 Ew.), eine vormals durch ihren Weinbau reiche Gemeinde. In der Dorfmitte Kirche, deren Bau 1451 abgeschlossen wurde. Um die Kirche wurde um 1500 ein einfacher Mauerring mit Wehrtürmen errichtet, von denen heute nur noch der SO-Turm und ein Teil der S-Mauer erhalten sind. 8 m vor dem W-Portal steht der siebengeschossige Tor- und Glockenturm (mit Schießscharten im dritten und vierten Geschoß). Der SO-Turm hat an der hohen Stirnseite Guß- und Schießscharten und ein Pultdach. Eine Besonderheit der Kirche unter den sächs. Basiliken bilden die den Hauptchor *flankierenden Nebenchöre* als Fortsetzung der Seitenschiffe. Später durch Querwände von den Seitenschiffen getrennt, dienten der S-Chor als Kapelle, der N-Chor als Sakristei. Die in den got. Steintürstock eingesetzte Lindenholztür wird durch die gleiche kunstvolle Einlegearbeit geziert wie die Birthälmer Sakristeitür, mit Jahreszahl (1516) und Reichesdorfer Wappen (Reiher mit Fisch im Schnabel). Auch das Schloß dieser Tür ist kunstvoll wie das in Birthälm, nur kleiner. Besonders reich ist die Innenausstattung der Kirche. Kein anderer ländlicher Sakralbau Sb. ist so reich an kunstvoll gemeißelten Schlußsteinen und anderen architektonischen Plastiken. Zu den wertvollsten Steinmetzarbeiten gehören die steinerne Kanzel und ihr steinerner Baldachin, die Umrahmung der Sakramentsnische im Chor mit dem symbolischen Pelikanmotiv im Ziergiebel und vor allem das Hauptportal.

ROUTE 7/20

Auf der DN 14 zweigt etwa 6 km w. von Şaroş pe Tîrnave (Scharosch) eine AS nach S ab. Nach 2 km folgt eine weitere Kreuzung, von der nach SO im Tobsdorfer Bach-Tal eine etwa 3,5 km lange KS nach

Dupuş, Tobsdorf, Táblás (504 m, u. e. E. 1267, 498 Ew.) führt. Man kann auch von der Birthälmer Straße hierher gelangen (1 km vor Birthälm führt die 4 km lange KS in w. Richtung nach Tobsdorf). Der Ortsname geht auf den hl. Tobias als Schutzpatron zurück. 1561/69 war Christian Schesäus, der bedeutende sb. Humanist, Pfarrer in T. Sehenswert ist die *Wehrkirche,* deren 7 m hohe, fünfeckige Ringmauer 1901 abgetragen wurde. Die turmlose Saalkirche inmitten der Gemeinde wurde vom Schäßburger Maurermeister Stephanus Ungar 1524 vollendet. Das mit Schlüsselschießscharten versehene Wehrgeschoß der Kirche deckt hier wie dort ein einziger Dachstuhl. Ein im NW-Eck angebautes Treppentürmchen mit Wendeltreppe führt als einziger Zugang zum

Dupuş (Tobsdorf), Einlegearbeit an der Sakristeitür

Wehrgeschoß hinauf. Zwischen den 12 Strebepfeilern der S-, O- und N-Seite der Kirche befinden sich 11 Flachbögen, auf denen die vorgeschobene Wand des Wehrgeschosses ruht. Hinter den Flachbögen sind große Gußscharten. Der 1725 eingestürzte Glockenturm wurde erst 1902 durch einen kleinen, mehrgeschossigen Glockenträger ersetzt. Von den drei vorref. Glocken wurde die mittlere 1491 gegossen. Chor und Saal der Kirche sind von gleicher Breite. In der N-Chorwand ist eine Sakramentsnische mit Reliefdarstellung des Schmerzensmannes im Kielbogen (1491). Prachtvoll geschnitztes und mit Intarsien versehenes Chorgestühl des Schäßburger Meisters Johannes Reychmut (1537). Eichentür der Sakristei aus 1610 in rechteckigem Ren.-Türstock. Wertvollster Innenteil dieser Kirche ist ihr für Sb. einzigartiger *Vierer-Schreinaltar.* Je vier Bilder der Festtags- (Abendmahl und Szenen aus dem Alten Testament) und Werktagsseite (Passionsbilder) und in der Mitte des Altars eine schmale, heute leere Schreinöffnung. Auch das ursprüngl. Gesprenge fehlt. Predella mit Beweinung Christi: Der Altar wurde 1720 von Pfarrer Johannes Welther aus Maldorf der Gemeinde geschenkt. Ob die im Altarbild vermerkte Jahreszahl 1522 das Entstehungsjahr angibt, ist ungewiß. Die Altarbilder sind in ihrer ursprüngl. Form erhalten geblieben.

Fährt man von der Abzweigung nach Tobsdorf weiter nach S, erreicht man nach weiteren 2 km

Aƫel, Hetzeldorf, Ecel (355 m, u. e. E. 1283, 1874 Ew.). 1466 erhält Hetzeldorf von König Matthias das Recht der Blutgerichtsbarkeit sowie das Jahrmarkt- und Wochenmarktrecht. Sie ist eine der größten Gemeinden des Mediascher Stuhles. Die got. dreischiffige Basilika mit flachgedecktem Mittelschiff und einem Glockenturm über dem w. Mittelschiff wurde um 1380 erbaut. In einer zweiten Bauperiode (1429) wurden u. a. Sakristei, Querschiff, die beiden Obergeschosse des Glockenturms und das prachtvoll ausgestattete Hauptportal an der W-Front hinzugefügt. Im Zuge der Wehrbarmachung der Kirche Ende des 15. Jh. erhielt der Chor ein Wehrgeschoß, der Glockenturm wurde um zwei weitere Stockwerke erhöht und darüber noch ein holzverschalter Wehrgang gesetzt. Flachdecke des Hauptschiffes wurde durch Tonnengewölbe ersetzt. Laut Inschrift an O-Chorwand wurden die Arbeiten 1499 abgeschlossen. Noch vor Wehrbarmachung der Kirche (um 1460) wurde hoher Mauerring mit drei aus Wehrmauer hervorspringenden Wehrtürmen um die Kirche errichtet, darunter ein viergeschossiger Torturm. 1471 wurde zweiter Bering hinzugefügt, der den inneren Mauergürtel auf der N-, O- und S-Seite verdoppelte. Auch in diesem Ring zwei Wehrtürme und ein zweiter dreigeschossiger Torturm errichtet, die Tortürme der beiden Beringe zu einem überdachten Einfahrtstunnel mit mehreren Fallgattern ausgebaut. An Innenwand der inneren Ringmauer waren zweigeschossige Vorratskammern. Heute stehen nur noch der S-, O- und N-Teil des äußeren Mauerringes und der NO- und Torturm des inneren Ringes; die anderen Teile wurden im 19. und 20. Jh. abgetragen. Die Basilika zählt zu den mit schönen Steinmetzarbeiten besonders reich ausgestatteten Kirchen des Weinlandes. Im Anlageplan der Kirche bestehen Ähnlichkeiten mit der Hermannstädter Stadtpfarrkirche. Zu den wertvollsten Inneneinrichtungen gehört u. a. das teils mit Reliefschnitzereien, teils mit Intarsien verzierte Chorgestühl aus 1516, das – wie das Birthälmer und Tobsdorfer Gestühl – aus der Werkstatt des Schäßburger Meisters Johannes Reychmut stammen dürfte. An der O-Chorwand war eine Chronik aufgeschrieben, die wichtige Ereignisse des Zeitraumes 1142 – 1577 umfaßte. Vor dem ev. Friedhof befindet sich im Rasen ein ausgestochener „Irrgang" (Trojaburg) wie man ihn in nordischen Ländern, Frankreich, England, am Rhein und in Thüringen als „Irrweg" noch findet. Ein Relikt aus keltischer Zeit als Motiv der Todessymbolik und Unterweltfahrt, von den Einwanderern vor 850 Jahren mitgebrachte Überlieferung.

ROUTE 8/20

Dumbrăveni, Elisabethstadt (Eppeschdorf), Erzsébetváros (345 m, u. e. E. 1332, 1992: 9356 Ew.) liegt am rechten Ufer der Großen Kokel, von der DN 14 über die Kokelbrücke erreichbar. Ursprüngl. sächs. Siedlung, im 13. Jh. Besitz des Ladislaus v. Johannisdorf. Ab 1415 Besitz der Adelsfam. Apafi und bevorzugter Wohnort derselben. 1552 erfolgte Bau des Apafi-Schlosses von einem venez. Baumeister durch Gregor (Gergely) Apafi im Ren.-Stil. 1661 wurde Gutsherr Michael Apafi Fürst von Sb. 1671 holt dieser Armenier

Dumbrăveni (Elisabethstadt), armenische Kirche

aus der Moldau, die Wirtschaft und Handel beleben. 1726 kaufen die armenischen Handelsleute Schloß und Besitz der Fam. Apafi. 1738 Bau der armenisch-kath. Kirche und des Klosters im Barockstil. 1758 erhalten armenische Kaufleute von Maria Theresia Handelsprivilegien, Elisabethstadt Maut- und Jahrmarktsrecht. Neuer Ortsname: Elisabethopolis, Elisabethstadt, auch Armenierstadt, 1790 zur königl. Freistadt erklärt. 1871 Bau der neuen Eisenbahnlinie.

Auf der DN 14, 3 km nach O, folgt die Abfahrt nach

Hoghilag, Halvelagen, Holdvilág (327 m, u. e. E. 1345, 1335 Ew.), etwa 1 km n. von der DN 14 am rechten Kokelufer. Ortsname „Hodwylag" ist ung. Herkunft und bedeutet „Biberwelt". 1546 Marienkirche urkundl. bestätigt. Im 15. Jh. wird Glockenturm aus Ziegeln gebaut, Anfang des 16. Jh. Wehrbarmachung der Kirchenburg durchgeführt. Im 19. Jh. wurde der Bering der Kirchenburg abgetragen.
Von Hoghilag führt eine 6 km lange KS in das Innerkokler Hochland nach

Prod, Pruden, Pród (382 m, u. e. E. 1348, 544 Ew.). 1508 wird die Kirche zur Wehrburg ausgebaut. Die damalige Wehrkirche hatte einen hohen Chor mit Wehrgang, zwischen Chorwand und Rundbogen Gießlöcher. Ende des 19. Jh. wurde die Kirchenburg abgetragen, 1902 auch die alte Kirche und eine Saalkirche im neugot.

Kesselzigeuner

Stil erbaut. Barockaltar aus 1780, Oberbild von Arthur Coulin/Hermannstadt aus 1906.

Von Dumbrăveni (Elisabethstadt) führt eine AS parallel zur DN 14 nach W, zweigt nach 3 km nach N in ein Seitental ab und führt nach

Ernea, Ehrgang (Irrgang), Szászernye (531 m, u. e. E. 1339, 687 Ew.). Eine ursprüngl. dt. Siedlung. Von der parallel zur DN 14 verlaufenden Straße zweigt, 5 km w. von der Einfahrt nach Ernea, die KS nach N ab und erreicht nach 4 km

Giacăş, Gogeschdorf (Jakobsdorf), Gyákós (356 m, u. e. E. 1337, 421 Ew.). 1 km w. von der Gogeschdorfer Abzweigung liegt

Alma, Almeschken (Almen), Küküllöalmás (325 m, u. e. E. 1317, 989 Ew.). 2 km w. von Almeschken folgt eine Abzweigung, die 3 km n. nach

Şmig, Schmiegen, Somogyon (336 m, U. e. E. 1317, 1019 Ew.) führt. Die noch vor der Ref. erbaute, geräumige Kirche mit gut erhaltenem got. Maßwerk, war 1854 baufällig und wurde mit Hilfe von Spenden aller sächs. Gemeinden 1859 renoviert. Vorref. Altar war im Museum „Alt-Schäßburg", z. Z. im Kunstmuseum in ehem. Königsschloß in Bukarest. An der Kirche in Schmiegen befinden sich Spuren von Außenfresken. Erwähnenswert ist der Goldfund von Schmigen aus 1880, Beigaben in einer Urne in einem Frauengrab; ein kleiner Teil der Fundstücke im Museum „Alt-Schäßburg", der größere und wertvollere Teil im Ung. Nationalmuseum in Budapest.
4 km w. von der Schmiegener Abzweigung liegt

Dîrlos, Durles, Darlac (312 m, u. e. E. 1317, 2711 Ew.), eine vormals hörige Gemeinde auf dem Komitatsboden im Zwischenkokelgebiet. Spätgot. Saalkirche aus der ersten Hälfte des 15. Jh. An den flachgedeckten Kirchenraum schließt nach O ein niedrigerer und schmälerer Chor. Saal um 1500 eingewölbt, erhielt bei Renovierung 1837 wieder Flachdecke. Kirchenburg war nicht von Wehrmauer umgeben, lediglich Fruchtkammern umgaben im offenen Viereck den am Berghang stehenden Sakralbau. Zu den Besonderheiten des Chores gehören die Steinfiguren „Maria und Johannes", mehrere in das Mauerwerk eingesetzte Römersteine, das feine Maßwerk der drei ungeteilten Spitzbogenfenster und eine Sakramentsnische in der NO-Ecke. Kunstreichste und wertvollste Steinmetzarbeit dieser Kirche ist das Hauptportal der W-Front. An den guterhaltenen Kapitellfriesen des Gewändes sind auf der N-Hälfte Eichenlaub und Eicheln, auf der S-Hälfte Weinblätter und Trauben dargestellt. Den kunsthistorisch wertvollsten Schmuck bilden aber die an den Chorwänden erhaltenen Außen- und Innenfresken (Anfang 16. Jh.). Letztere waren übertüncht und wurden 1975 freigelegt. Besonders schön und gut erhalten sind die Außenfresken der S-Chorwand (Gefangennahme und Kreuzigung Jesu, dazwischen das große Bild des hl. Christophorus), während die Malereien der N- und O-Chorwand gänzlich verwittert sind.
7 km n. von Dîrlos (KS) liegt das Weinbauerndorf

Curciu, Kirtsch, Körös (389 m, u. e. E. 1322, 1037 Ew.). Auf dem Kirchenhügel befindet sich eine spätgot. dreischiffige Basilika vom Ende des 15. Jh., die von einem hohen Mauerring umgeben ist. Im O der Kirchenburg steht der dreigeschossige Torturm mit Fallgitter. Im NO ist in die Ringmauer eine got. Kapelle einbezogen, die als Beinhaus diente. An den Innenwänden befinden sich verblaßte Wandmalereien. 1969 wurden Kirche und ein Teil der Ringmauer restauriert. Der sechsgeschossige Glockenturm ist – von den Seitenschiffen flankiert – in die W-Fassade eingegliedert. Kostbarste Steinmetzarbeiten sind das Hauptportal der W-Turmwand, der Ziergiebel der schönen Altarkredenz und das Sakramentshäuschen. Chor mit altem Kreuzgewölbe; im w. Gewölbejoch Schlußstein mit Pelikanmotiv, dem im Weinland immer wieder vorhandenen Symbol der aufopfernden Nächstenliebe.

REISEGEBIET 21

Mediaş / Mediasch / Medgyes

Das Reisegebiet Mediaş liegt im mittleren Süd-Siebenbürgen, im Weißbach- und mittleren Kokel-Tal, es umfaßt die Berge des zentralen „Weinlandes".

Die Stadt Mediaş (Mediasch) liegt 300 m ü. d. M., die Hohe Warte (Baaßen) 600 m, die Wasserscheide zum Harbach-Tal, ist 675 m hoch. Dieser Teil des Kokel-Berglandes besteht vorwiegend aus sandigen jungtertiären Gesteinen. Die Schichten sind schwach geneigt, bilden Falten, in denen Methangas gespeichert ist. Solche „Gasdome" liegen bei Bazna-Potorca (Baaßen-Botorca), Copşa Mică (Klein-Kopisch, Eibesdorf), Ighişul Nou und in der Diapirfalte von Ruşi (Reußen). Das Erdgas wird ausgebeutet und in Rohrleitungen in die umliegenden Städte und nach Bukarest geleitet. In den chemischen Kombinaten von Klein-Kopisch wird es verarbeitet, dient als Energiequelle und hat zur industriellen Entwicklung der Städte Mediasch und Klein-Kopisch beigetragen.

Das Landschaftsbild wird durch die steilen Südhänge des Kokel- und die W-Hänge des Weißbach-Tales geprägt. Diese waren früher gänzlich mit Rebanlagen bedeckt. Aufgelassene Weinbergterrassen zeugen von der Ausdehnung dieser verschwundenen Kulturen. Im unteren Weißbach-Tal und in den Nebentälern der Kokel sind noch Reste des ehemaligen „Weinlandes" vorhanden. Im Kokel-Tal selbst sind die Obst- und Rebanlagen durch die Industrieabgase und den Metallstaub von Klein-Kopisch (Pb, Zn, Li, Al sowie Co, S, SO_2 u. a.) vernichtet worden, ebenso die Wälder, die früher die oberen Bergregionen bedeckten. Um Klein-Kopisch ist sogar der Graswuchs stark beeinträchtigt, riesige Bergrutsche sind die Folge. Die südlichen Höhen des Kokel- und Weißbachtales werden von Hochebenen gebildet, Reste des quartären Ur-Kokel-Tales, in dem die Wasser des damaligen Stromes zum Zibinsee (bei Hermannstadt) flossen. Das Klima ist gemäßigt-kontinental. Die Jahresdurchschnittstemperatur beträgt 8° bis 9° C, es fallen über 600 mm Niederschläge. In dem langen, schönen Herbst reifen Trauben und Obst, er ist eine ideale Wanderzeit. Eichen- und Hainbuchenwälder bedecken die Berghänge, sie sind Lebensraum für Hasen, Rehe, Wildschweine und Füchse.

Im 12. und 13. Jh. wurden deutsche Kolonisten von den ungarischen Königen hier angesiedelt. Mit wenigen Ausnahmen (Klein-Kopisch), einigen Siedlungen im Kaltbach-Tal und Neugründungen) sind alle Ortschaften deutsche Gründungen.

In der Stadt Mediasch hat sich neben der Stadtmauer mit ihren Toren, Türmen und Basteien die einzige Stadt-Kirchenburg Siebenbürgens erhalten. Außer der evangelischen Stadtpfarrkirche mit ihrem berühmten *gotischen Flügelaltar* sind noch Profanbauten aus dem 17. und 18. Jh. erhalten, ebenso die Gedenkstätten an den großen Pädagogen und fortschrittlichen Volkshelden Stephan Ludwig Roth. Besonders reizvoll ist der Blick von der „Burg" auf die Stadt oder von den Weingärten am Keppenberg auf das Kokeltal und auf die Stadt mit ihren Türmen und Toren, den neuen Stadtvierteln und Industrieanlagen.

Zu erreichen ist das Gebiet auf der DN 14 von Sibiu (Hermannstadt), auf der DN 14B von Blaj (Blasendorf), auf der DN 14A von Tîrnăveni (Sankt Martin) und auch auf

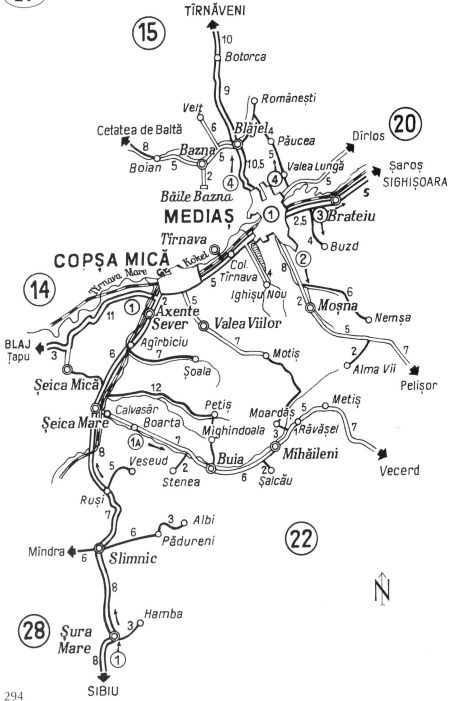

der DN 14 von Sighişoara (Schäßburg). Die DJ 114 verläuft von Făgăraşi (Fogarasch) über Agnita (Agnetheln) nach Mediasch. Überlandbusse von Mediasch, Copşa Mică (Klein-Kopisch), Şeica Mare (Marktschelken) und Sibiu (Hermannstadt) fahren in alle auf AS erreichbaren Gemeinden. Mediaschs Bahnhof ist Haltestelle für den Orient-Expreß und den Balt-Orient-Expreß. Der Wiener-Walzer-Expreß fährt über Copşa Mică durch das Weißbachtal nach Hermannstadt. Nahverkehrs- und Personenzüge verbinden Mediasch mit Schäßburg, Klein-Kopisch, Blasendorf und Hermannstadt.

ROUTE 1/21

Die DN 14 verläßt Hermannstadt > [RG 28] nach NO, biegt nach O ab und führt zur Großgemeinde

Şura Mare, Großscheuern, Nagycsúr (437 m, u. e. E. 1337, 1547 Ew.). Ein eindrucksvolles Straßendorf mit einheitl. Giebelfronten; am Ortseingang Ziegelfabrik. Ev. Kirche aus 13. Jh., bei Wehrbarmachung im 16. Jh. got. umgebaut und vergrößert. Wehrgeschoß über Chor und Saal. 3 km ö. liegt im engen Waldtal das Dorf

Hamba, Hahnbach, Kakasfalva (485 m, u. e. E. 1337, 1035 Ew.). Von der alten dt. Kirche, 1493 von den Türken zerstört, ist nur der zum Wehrturm ausgebaute Turm erhalten geblieben, wurde 1830 in die neue ev. Kirche integriert. Die DN 14 steigt aus Großscheuern, an Hängen mit aktiven Rutschungen vorbei, über die Stolzenburger Hill (Wasserscheide) in das Stolzenburger Tal. Hier erhebt sich ö. des Baches der *Zakelsberg*, ein botan. Reservat mit Steppencharakter.

Auf der DN 14 folgt nach 8 km

Slimnic, Stolzenburg, Szelindék (439 m, u. e. E. 1282, 3559 Ew.). *Burgruine*: Im 15. Jh. von Sachsen auf dem Berg über dem Dorf um Kapelle und Friedhof erbaut. Viereckiger N-Hof und

Slimnic (Stolzenburg), Ruine der „Stolzenburg"

dreieckiger S-Hof mit Brunnenhof sind durch Torso der nie vollendeten got. Kirche getrennt. Hohe Ziegelmauern mit doppeltem Schießschartenkranz und drei Türmen bilden eigentl. Burg. Äußere Mauer wurde 1706 von Kurutzen geschleift. Hinter dieser Mauer befinden sich die 1400 errichtete ev. got. Dorfkirche und das ev. Pfarrhaus. Hier lebte und wirkte als ev. Pfarrer, Ortschronist und Schriftsteller Johann Plattner (1854 – 1942). Nach W führt eine Straße 6 km nach Mîndra > [RG 28]. Im O sind die Weiler

Pădurea, Waldhüter (6 km) und

Albi (9 km) eingemeindet. Über von Rutschungen verunstaltete Hänge quert die DN 14 die Reußner Hill, führt durch Wald und Obstgärten nach 7 km in das Dorf

Ruşi, Reußen, Rusz (418 m, u. e. E. 1424, 1237 Ew.). Name weist auf slaw. Gründung hin. War sächs. Hörigendorf und Siebenrichtergut. Die alte ev. Kirche, durch Rutschungen zerstört, wurde 1782 neu erbaut. Ihr Glockenturm ist stark geneigt. Am n. Dorfausgang zweigt eine Straße 5 km nach O ab zu dem Dorf

Veseud, Wassid, Szászvesződ (460 m, u. e. E. 1308, 578 Ew.). War im MA. Hörigendorf im oberen Albenser Komitat. Im unteren, sumpfigen Reußner und Weißbach-Tal, die sich hier vereinigen, gab es bis Mitte unseres Jh. *Schlammvulkane*, sie wurden durch mechanische Bodenbearbeitung eingeebnet. In der Umgebung reiches Erdgasfeld mit „Gasbrunnen". Viele Berglehnen sind entwaldet, unproduktiv, von Wildbächen durchfurcht. Nach Überquerung des beschrankten Bahnübergangs der 1872 gebauten Bahnlinie Sibiu – Copşa Mică (Hermannstadt – Klein-Kopisch) erreicht die DN 14 nach 8 km den Marktflecken

Şeica Mare, Marktschelken, Nagyselyk (337 m, u. e. E. 1308, 3925 Ew.). War zeitweise Stuhlshauptort und Poststation zw. Mediasch und Hermannstadt. Geburtsort des *Brigadegenerals* J. Michael Graeser (1786 – 1865). Ew. sind heute großteils Fabriksarbeiter in Hermannstadt und Klein-Kopisch; Zughaltestelle und Bahnhof. Die ev. Kirche, eine turmlose rom. Basilika (13. Jh.), wurde 1520 umgebaut, 1563 Wehrbarmachung durch Einbau eines Wehrgeschoßes über Chor, Errichtung einer Ringmauer mit 6 Türmen und Basteien. Wehranlage wurde 1906 großteils abgetragen, der Glockenturm errichtet und die Seitenwandstützpfeiler durch Schwippbögen abgestützt. Die Gemeinde wurde 1705 von Kurutzen fast vollkommen niedergebrannt. Bei Marktschelken mündet der Kaltbach in den Weißbach. An ersterem führt die DJ 141 > [R 1A/21] in das Harbach-Tal hinüber > [RG 22]. Am N-Ausgang von Marktschelken führt ein Weg nach O über Bahnlinie und Weißbachbrücke in einem Nebental 12 km nach

Petiş, Petersdorf, Kispéterfalva (434 m, u. e. E. 1336, 409 Ew.). Die Kirchenburg wurde Ende 19. Jh. abgetragen und aus dem Material die neue, ehemals dt. Schule gebaut. Im Haus Nr. 79 wurde ein Münzschatz gefunden, heute im Brukenthal-Museum in Hermannstadt. Nach S führt ein Weg 3 km über den Berg nach

Mighindoala, Engenthal, Ingodaly (469 m, u. e. E. 1394, 174 Ew.). 1912 wurde ev. Kirche errichtet, 1940 dt. Schule.

Begleitet von steilen Rebbergen führt die DN 14 von Marktschelken weiter, nach der Weißbach-Brücke 4 km in das Dorf

Agîrbiciu, Arbegen, Egerbegy (322 m, u. e. E. 1343, 1768 Ew.), eine alte sächs. Siedlung aus dem 13. Jh. Im Dorfzentrum steht ev. Saalkirche mit fünfgeschossigem Turm über Chorquadrat, einem zweigeschoßigen Wehrgeschoß über dem Chor, gestützt auf Pfeiler mit Verteidigungsbögen. 1502 wurde die 6 m hohe Ringmauer mit Wehrgang, Torturm und wehrhafter Speckkammer errichtet; eisenbeschlagenes Eichentor. Heimatdorf der Fam. des rum. Schriftstellers Ion Agîrbiceanu. In das Arbegener (Erlen-)Tal (ung. „Eger") führt ein Weg 7 km nach O nach

Şoala, Schaal, Sálya (389 m, u. e. E. 1331, 614 Ew.). Im tiefen, engen Tal, umgeben von Wäldern, hat es eine Hauptgasse mit spitzgiebeligen Häusern, die sich auf beiden Seiten der gemauerten Torbögen befinden. An zahlr. Giebeln viele Inschriften in altertüml. got. Lettern. An der Straße steht *Dorfpranger* (Sandstein) und flacher *Bäckerstein*. Ev. Kirche aus 15 Jh. abgebrannt, 1834 neu errichtet; erhielt Stuckdecke. Das *Taufbecken* aus 3 heterogenen Teilen stammt aus der alten Kirche. Der Bering aus Stein und Ziegeln ist 7 bis 8 m hoch. SW-Turm ist Burghüterwohnung, N-Bastei war Torturm. Im SW dreigeteilter Zwingerhof mit Fruchtkammern. Letzte Zuflucht war O-Hof, umgeben von Mauern mit Wehrgang und Glockenturm. Unterirdischer Gang verband Burghof mit ev. Pfarrhaus.

Im breiten, fruchtbaren Weißbach-Tal führt die DN 14 entlang der Bahnlinie, vorbei an der großen Weinkellerei, in das ehem. sächs. Weinbauerndorf

Axente Sever (Frîua), Frauendorf, Assonyfalva (306 m, u. e. E. 1305, 2843 Ew.). Schmuckes Straßendorf auf ö. Terrasse des Weißbaches. der N-Teil geht in die Stadt Copşa Mică über, ist zu deren Residenzort geworden, ohne dörfl. Charakter zu verlieren. *Kirchenburg*, ganz aus Bruchsteinen errichtete hochgot. Saalkirche mit dreigeschoßigem, massivem Turm über dem Chorquadrat, Ende 15.Jh. zur Wehrkirche umgebaut: erhielt Wehrgschoß über Saal und Chor, an W-Front vier Strebepfeiler mit Verteidigungsbögen und Fallgitter, Schallfenster des Turmes wurden zu Schießscharten zugemauert, Glockenstuhl unter Turmdach gehoben. Eiförmiger Be-

Axente Sever (Frauendorf), Kirchenburg

ring hat 6 – 8 m Höhe, an ihm stehen Fruchtkammern. Torturm ist Burghüterwohnung. Burg und ev. Kirche haben ma. Aussehen. Der rum. Name wurde dem Dorf nach dem hier geboren Präfekten der Revolutionsarmee von 1848, Axente Sever (1828 – 1906), gegeben. Gedenktafel am Geburtshaus. Am letzten Sonntag des Januars wird von der sächs. Jugend das *Blumenfest* gefeiert.

Noch im Weißbach-Tal, nach den ersten Häusern von Copşa Mică (Klein-Kopisch), zweigt die DN 14A nach W in Richtung Blaj > [RG 14] ab, führt über beschrankten Bahnübergang, über die große Weißbach-Brücke, 12 km am S-Rand des Kokel-Tales, inmitten einer völlig zerstörten, rußgeschwärzten Vegetation mit Hängen voller Rutschungen, zweigt dann von der Hauptstraße in ein s. Nebental ab, erreicht nach 1 km das Dorf

Şeica Mică, Kleinschelken, Kisselyk (299 m, u. e. E. 1311, 2132 Ew.). Gegründet im 13. Jh. im Kokeltal, übersiedelte es bald auf den heutigen Standort. Weinbauerndorf, viele Bewohner arbeiten in Fabriken von Copşa Mică (Klein-Kopisch). Dreischiffige *ev. Kirche* mit langgestrecktem Chor mit Spitzbogenfenstern, Triumphbogen und Sakristeitür mit durchbrochenem Maßwerk. Am W-Ende Glockenturm. Nach 1438 beginnt Wehrbarmachung mit einfachem, ovalem Bering mit Torturm im W. Mauer 8 m hoch, mit gedecktem Wehrgang und vorspringender NO-Bastei. Kirchenschiff erhielt doppeltes Wehrgschoß, der Turm ein fünftes Geschoß als Glockenstube. Nach 1493 erhält auch Chor drei steinerne Wehrgeschoße, von Strebepfeilern gestützt. Mitte des 16. Jh. wurde noch ein Turm vor die innere N-Mauer gebaut. Im 19. Jh. wurde Torturm erhöht und barockisiert. Im Chor Kleinod sb. Erzgießerei: das bronzene, kelchförmige *Taufbecken* von

1477 aus der Werkstatt des Meisters Leonhardus. Das Dorfgebiet ist seit der Bronzezeit besiedelt. Archäol. Funde aus der Hallstatt-, La Tène- und Römerzeit und dem MA.; ein wertvoller dakischer Schatz befindet sich im Mediascher Museum. Auf einer Anhöhe sind Reste einer Erdburg aus der Zeit der magyar. Landnahme (1100). Geburtsort des rum. Nationalökonomen Visarion Roman (1833 – 1885).

Copşa Mică, Klein-Kopisch, Kiskapus (295 m, u. e. E. 1402, 1992: 5346 Ew.) ist seit 1875 Eisenbahnknotenpunkt, seit 1960 Industriestadt. Liegt an der Mündung des Weißbaches in die Große Kokel. Hat drei Ortsteile: altes ung. Dorf ö. vom Bahnhof, die neue Wohnblockstadt sw. vom Bahnhof bis nach Frauendorf und das Industriegebiet zwischen Bahnlinie, Kokel und Weißbach. Aufgrund der Gasvorkommen im Schemmert-Wald wurde 1935 die erste von drei Kienrußfabriken zu der schon bestehenden Zinkhütte gebaut. 1933 – 1940 brannte im Schemmert-Wald die „Sonde", die 300 m hohe Flamme einer Gaseruption verbrannte täglich 1 Mio. m³ Methangas. Weitere Fabriken wurden gebaut zur Herstellung von Formaldehyd, Oxalsäure, Blausäure, Stiplex, PVC u. a. Eine große Zinkhütte erzeugt neben Zinkbarren Germanium, Titan, Cadmium, daneben arbeiten eine Schwefelsäurefabrik und ein Bleiwerk. Große Schlak-

Şeica Mică (Kleinschelken), Grabstein

kenhalden türmen sich am Weißbach-Ufer. Die Belegschaft kommt aus allen umliegenden Dörfern. In der schwarz-grauen Wohnstadt gibt es Kultureinrichtungen, Chemie-Fachschule und Gymnasium. Alles ist rußgeschwärzt, die Luft so gut wie vergiftet, denn die behördlich erlaubte Höchstbelastung ist um ein Vielfaches überschritten (Kienruß 4fach, Bleioxyd 200fach, SO_2 9fach). Der ung. Stadtteil hat seinen Dorfcharakter bewahrt. Hier stehen zwei Kirchen: die ung. ev.-luth. mit Ringmauer und die röm.-kath.

Die Zerstörung der Landschaft ist hier in dramatischer Weise fortgeschritten: alle Berghänge am N-Ufer der Kokel, früher bedeckt mit Weinreben und Eichenwald, sind kahl, ins Tal abgerutscht, da auch die Graswurzeln dem Boden keinen Halt mehr geben können. Mit sehr hohem Kostenaufwand wurden diese Hänge planiert, um ein bevorstehendes Aufstauen der Kokel vorläufig zu verhindern. Jenseits der Kokel, die ein biolog. totes Gewässer ist, liegt das eingemeindete sächs. Dorf

Tîrnăvioara, Kleinprobstdorf, Kisekemező (292 m, u. e. E. 1358, 611 Ew.). Die Bewohner weigern sich, ihr umweltgefährdetes Dorf aufgeben und in andere Ortschaften zu übersiedeln. Kleine sächs. *Kirchenburg* aus 15. Jh. mit bescheidenem got. Saalkirchlein mit spitzgiebeliger W-Front aus rohem Bruchstein. Schöne Portale, Rundfenster, Spitzbögen. Altar von 1674, im Chor geschnitztes dreisitziges Gestühl. Um 1500 erfolgte Wehrbarmachung, doch wurden Wehrgeschoße 1854 wieder abgetragen und ein Glockenturm errichtet. Der rechtwinkelige Bering wurde 1764 mit Ziegeln ergänzt.

Im ö. Dorfteil von Copşa Mică zweigt eine Straße in das s. Seitental ab und führt zur Gemeinde

Valea Viilor, Wurmloch, Boromlaka (331 m, u. e. E. 1305, 1764 Ew.), war bei Gründung Adelsbesitz, konnte sich später dem Mediascher Stuhl anschließen und frei werden. War rein sächs. Weinbauerngemeinde. *Ev. Wehrkirche*: vom ersten Bau stammt das kelchförmige Steintaufbecken. Nach 1359 wurde got. Saalkirche mit langem Chor errichtet. N- und S-Portale haben turmartige Vorbauten mit Verteidigungsanlagen. Der Chorturm aus 1,6 m dikken Mauern hat drei Wehrgeschoße, umgeben von Verteidigungsbögen, offenem Wehrgang mit Fachwerkbrü-

Valea Viilor (Wurmloch), Südansicht der Wehrkirche

stung auf Stützpfeilern. Auch das Dach des Chorturms ist durch ein Beobachtungsgeschoß geteilt. Der Chorturm war letzte Zuflucht, hat einen Brunnen unter dem Taufbecken. Schöne Sakramentsnische, geschnitztes und bemaltes Chorgestühl (1526). Der fünfgeschossige Glockenturm im W ist ein Bergfried mit vorkragendem Fachwerkwehrgang mit Verteidigungsbögen auf Stützpfeilern und Blendbögen. Der Bering wird von 6 – 7 m hoher Mauer gebildet. Wehrgang, 4 Türme und Basteien verstärken seine Abwehrfunktion. Der Torturm ist Burghüterwohnung. Die Höfe der Gemeinde sind groß, zeigen Wohlstand an, in jedem ist Rebspalier für Hauswein. 7 km sö. im Tal aufwärts liegt das Dorf

Motiş, Mortesdorf, Mártontelke (384 m, u. e. E. 1319, 987 Ew.). Die schmucke, turmlose ev. spätgot. *Saalkirche* hat an der N-Wand zwei Galerien für die Sitzplätze der Burschen. Der Bering ist ein unregelmäßiges Vieleck mit Glockenturm im W, drei Türmen und Bastionen, der neuen Schule, dem alten Rathaus mit Burgeingang, Verkaufsgewölbe sowie Resten der Fruchtkammern.

Von Copşa Mică führt die DN 14 auf der Terrasse weiter, vorbei an der *Kopischer Schlucht*, einem 50 m tiefen Wildbachgraben, nach 5 km zum Bahnhof Tîrnava mit einem Wohnviertel ehem. Arbeiter auf den Erdgasfeldern im Schemmert-Wald. Über beschrankten Bahnübergang und die alte Kokelbrücke zweigt eine Zufahrt ab, die 1 km in die Vorstadtgemeinde von Mediasch

Tîrnava, Großprobstdorf, Nagyekemező (288 m, u. e. E. 1359, 3499 Ew.) führt. Ew. meist Industriearbeiter in Klein-Kopisch und Mediasch. In der Dorfmitte steht turmlose spätgot. *ev. Saalkirche* (1505), von stufenförmigen Stützpfeilern umgeben. Boden durch wiederholte Überschwemmungen aufgeschüttet, folglich ist am S-Portal sechs Stufen tief in die Kirche hinabzusteigen. Der *Flügelaltar* ist wegen seiner für Sb. einmaligen Schnitzereiarbeit im Brukenthal-Museum, Hermannstadt, ausgestellt. Spätgot. Taufbecken, steingemeißeltes Sakramentshäuschen. Vom Bering blieb nur ein dreigeschossiger Wehrturm. 10 m nw. steht der Glockenturm, ein „modernisierter" Wehrturm, eine Glocke stammt von 1342. Auf dem Berg w. des Dorfes Anlage einer großen Erdburg aus der Zeit der magyar. Landnahme. Im Seitental nw. des Dorfes ausgedehntes archäol. Fundfeld. Seit 1780 rum. Schule, seit 1807 rum. Kirche. Aus diesem Dorf stammt die bekannte sächs. Weinbauernfam. Ambrosi. Die DN 14 führt unter dem Stempelwald (Rastplatz mit Quelle) 5 km an den Stadtrand von Mediasch. Hier zweigt eine Straße nach S ab und führt durch ein Neubauviertel zum Staudamm des Speichersees, 4 km am See entlang in das zu Mediasch eingemeindete Dorf

Ighişu Nou, Eibesdorf, Szászivanfalva (345 m, u. e. E. 1305, 1673 Ew.). Trutzige *Kirchenburg* um evang. Kirche. Hohe Ringmauer mit Resten des Wehrganges umschließen Burghof mit Torturm (Burghüterwohung), wehrhaftes Fruchthaus, runde Bastei vor Zwingerhof mit Stützbögen. Glockenturm am W-Ende des Saales ist im 1. Geschoß als Empore zum Saal geöffnet. W-Portal geschmückt mit steinernen Rosenmotiven. Kirche und Sakristei sind mit drei Gesimsen umgeben. Überall ma. Steinmetzarbeiten: Köpfe, Fratzen, stilisierte Gesichter, kleine Figuren, Madonna mit Kind. Sakramentnische aus 1521.

Ighişu Nou (Eibesdorf), Kirchenburg

Mediaş, Mediasch, Medgyes (300 m, u. e. E. 1276, 1992: 64.488, davon 2874 dte. Ew.) Munizipium des Kreises Sibiu (Hermannstadt). Name der Stadt wird vom ung. „meggy" = Sauerkirsche abgeleitet. Liegt in weitem Talkessel auf Terrasse am S-Ufer der Großen Kokel w. der Mündung des Meschener Baches. Archäol. Funde zeigen ununterbrochene Besiedlung seit der Steinzeit. Nach Römern und Dako-Romanen weilten hier Wandervölker (Goten, Gepiden, Awaren, Slawen u. a.), um 1100 Szekler als magyar. Grenzwächter. Nach 1270 wurden sächs. Kolonisten aus der Hermannstädter Provinz auf diesem Adelsboden angesiedelt. Errang 1318 das Hermannstädter Recht, wurde freie Gemeinde des Königsbodens. Seit 1534 „civitas" = Stadt und wird 1552 als Bauern-, Handwerker- und Kaufmannstadt Vorort der sächs. „Zwei Stühle". 1544 wurde die luther. Reformation durchgeführt. 1687 durch die kaiserl. Armeen von Türkenherrschaft befreit, beginnt Katholisierung. Kurutzenkriege und Pestepidemien bringen Elend und Niedergang. Nach dem Anschluß an Ung. 1876 beginnt die Magyarisierung. Der Erste Weltkrieg führt zum Anschluß an Rum. und damit zur ersten Industrialisierungsphase. Nach dem Zweiten Weltkrieg folgt die „sozialistische" Industrialisierung, die den Charakter der Stadt von Grund auf verändert. Aufgrund der reichen Erdgasvorkommen entstanden hier neben Spiritus-, Leder-, Sohlen-, Tuch- und Ziegelfabriken Glas-, Schrauben-, Fahrrad-, Textil-, Emailgeschirr-, Salami- und Konservenfabriken nun auch Werke für Maschinenbau, Erdgasausrüstung, Elektronik und Chemie. Die Stadt wuchs tentakelförmig entlang der Kokel und in alle Seitentäler. 1930 hatte die Stadt 15.505 Ew., 1966 waren es 46.384 und 1990 78.000 Ew. Die einzige erhalten gebliebene *Stadtkirchenburg* Sb.s inmitten der sächs. Altstadt, das *Kastell* besteht aus zwei Ringmauern, vier Türmen, einem Torturm, dem Alten Rathaus, Gefängnistreppe, Pfarrhaus, Predigerwohnung, alte und neue Schule sowie dem Geburtshaus St. L. Roths (1796 – 1849). In der Mitte des Burghofes steht, auf den Fundamenten einer rom. Basilika aus dem 13. und einer aus dem 14. Jh., seit 1488 die ev. got. *Saalkirche der hl. Margarethe.* Der *Flügelaltar* (15. Jh.) hat acht Tafeln der Passionsgeschichte, gemalt von einem Meister der Wiener Schottenstift-Schule. Der Altar wird von einem vergoldeten hölzernen Gesprenge gekrönt. Das bronzene *Taufbecken* stammt aus dem 14. Jh., die got. Steinkanzel mit barokkem Kanzeldeckel von 1679. Eine klangschöne Orgel mit 2 Manualen und Pedal, 24 Registern und über 1300 Pfeifen wurde 1732 aufgestellt und 1755 vergrößert. An den Chorwänden sind Porträtgrabsteine aufgestellt (Christian Schäseus), im N-Schiff freigelegte ma. Wandmalerei

Mediaş (Mediasch), evangelische Stadtpfarrkirche mit Wehranlage

und eine Inschrift von 1420. An den Emporenbrüstungen sind wertvolle anatolische Knüpfteppiche (16. und 17. Jh.). In der Kirche wurden 1840 der Verein für Siebenb. Landeskunde, 1848 der Sb.-Dte. Jugendbund von St. L. Roth sowie 1861 der Gustav-Adolf-Verein für Sb. gegründet. An der NW-Ecke der Kirche steht der *Trompeterturm,* wurde 1550 auf 68,5 m Höhe aufgestockt. Da er sich immer mehr neigte, oben um 2,3 m von der Senkrechten abweicht, wurde er 1927 durch ein 14 m hohes Betonkorsett gestützt und bekam eine Eisenbeton-Fußplatte. Die Glocken auf dem Torturm sind 1449 und 1498 gegossen worden. Nebem dem Kastell steht seit 1912 das *St.-L.-Roth-Gymnasium,* an dem der Vater der Raumfahrt, Hermann Oberth (1894 – 1989), als Physiklehrer wirkte. Im Vorgärtchen steht eine Büste St. L. Roths von Kurt-Fritz Handel (1971). In der Steingasse Nr. 10 steht das *St. L. Roth-Gedenkhaus,* ein barockes Bürgerhaus. Das *Schuller-Haus* (1588, Marktplatz Nr. 25) war Sitz des Landesfürsten bei Landtagen; das *Schusterhaus* (Marktplatz Nr. 14), Barockhaus, war Wohnsitz des Mundartdichters Gustav Schuster (Dutz). Die *Piaristenschule* (Marktplatz Nr. 13), wurde 1790 als imposantes kath. Gymnasium errichtet, ging in Privatbesitz über. Die röm.-kath. *Franziskanerkirche* wurde vor 1490 am Unteren Zekesch (Str. Viitorului) erbaut, ist eine prunkvolle Hallenkriche mit zahlr. Barock- und Rokokoaltären. Daneben steht das *Franziskanerkloster,* z. T. gleichaltrig mit der Kirche, 1716 um einen Innenhof ausgebaut. Heute beherbergt es das Stadtmuseum (Sektionen für Geschichte, Volkskunst, Naturgeschichte). Am Oberen Zekesch (Str. Viitorului) steht seit 1826 die unit. rum. Barockkirche *Christi Himmelfahrt.* Eine jüd. *Synagoge* steht in der Klettengasse (Str. Kogălniceanu). Die *Husarenkaserne* von 1805, vor dem Forkeschgässer Tor, diente seit 1910 als Gymnasial-Internat, seit 1948 als Berufsschule. In den Jahren 1490 – 1534 wurden die *Stadtbefestigungen* errichtet, bestehend aus zinnengekrönten Mauern mit Wehrgang, vier Tortürmen, vier Türl, 19 Türmen und Basteien. Sie sind großteils gut erhalten. *Bemerkenswert Forkeschgässer* und *Stein-*

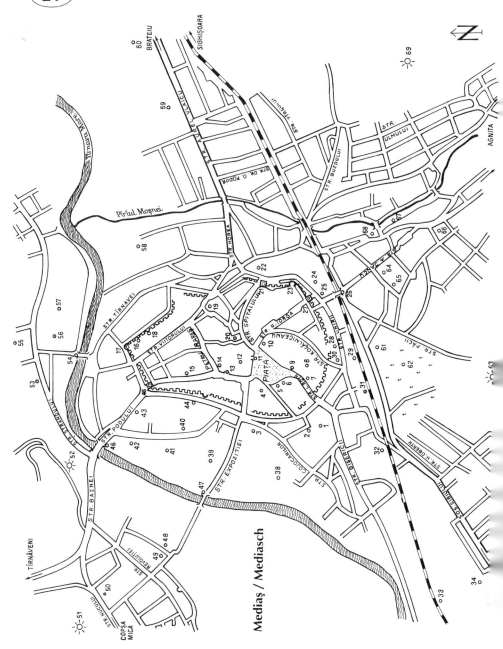

Mediaș / Mediasch

Legende zum Stadtplan von Mediaş / Mediasch

Legende

1 Hotel „Central"
2 Rathaus
3 Post- und Telefonamt
4 Gasthaus (Traube)
5 Schuster-Haus
6 Piaristenschule
7 Polizei
8 Gasthaus „Păltiniş" (Schützen)
9 Fremdenverkehrsamt
10 Staatsbank, Wechselstube
11 Gefängnistreppe
12 Kirchenburg, Margarethenkirche
13 St.-L.-Roth-Büste
14 St.-L.-Roth-Gymnasium
15 St.-L.-Roth-Gedenkhaus
16 Museum (Franziskanerkloster)
17 Messerschmied-Bastei
18 Röm.-kath. Kirche
19 Griech.-kath. Kirche
20 Lichtspieltheater
21 Schmiedgässer Turm
22 Spital, Poliklinik
23 Kürschnerbastei
24 Turnschule
25 Orthod. Kirche
26 Eisenbahnbrücke
27 Forkeschgässer Tor
28 Reform. Kirche
29 Bushof I.R.T.A.
30 Synagoge
31 Bahnhof
32 Weinkellerei
33 Güterbahnhof
34 Tafelglasfabrik
35 Autoreparaturwerkstätte
36 Vitrometan-Glasfabrik
37 Tankstelle
38 Lederfabrik
39 Gaz-Metan-Werke
40 Chemie-Forschungsinstitut
41 Emailgeschirrfabrik
42 Fleischkonservenfabrik
43 Spital (Haut- und Augenleiden)
44 Promenade
45 Steingässer Tor
46 Große Kokelbrücke
47 Passarelle
48 Poliklinik
49 Post-Telefonamt
50 Haus der Jugend (Pionierhaus)
51 Hunsrück
52 Auf der Burg
53 Autowerkstätte, A.C.R.
54 Kleine Brücke
55 Waldgasthaus „Greweln"
56 Sportplatz „Gaz-Metan"
57 Städt. Freibad „Strand"
58 Textilwerke
59 Techn. Fliegerschule
60 Industriegebiet Ost
61 St.-L.-Roth-Gedenkstätte
62 Friedhöfe
63 Vogelstange
64 Axente-Sever-Gymnasium (ehem. evang. Ackerbauschule)
65 Industriefachschule „Erdgas und Chemie"
66 Relais-Fabrik
67 Kühle Brunnen
68 Bethaus
69 Hasengarten

gässer Torturm, in denen Sektionen des Stadtmuseums untergebracht sind. – Vor dem Forkesch-gässer Tor erheben sich die neue *orthod. rum. Kirche,* die Turnschule (1879), das neue Spital. – Unter dem Tannenwald, im *Schülergarten,* ist die Grabstätte St. L. Roths mit einem erzenen Obelisk (1858). – In der Meschener Straße (Str. Avram Jancu) sind die Gebäude der ehem. dt. Ackerbauschule (1871), heute das *Axente-Sever-Gymnasium.* Vor der Schule die Büste des Frei-heitskämpfers von 1848, A. Sever. – An der Hermann-Oberth-Straße steht das *Hermann-Oberth-Gedenkhaus.* W. der Altstadt wurde das neue Verwaltungszentrum der Stadt gebaut (Rathaus, Gewerkschaftshaus, Hotel, Kaufhaus, Post). Beim Bahnhof stehen die Gebäude der Generaldi-rektion für Erdgas und und in der Baderau-Gasse (Str. Carpaţi) das Erdgas-Forschungsinstitut. Zu den Freizeiteinrichtungen zählen 2 Theatersäle, 4 Kinosäle, Fußballplätze, Turn- und Handball-plätze, Strandbäder, Tennisplätze, Festwiesen im Greweln und Weberln, Grill- und Spielplätze.

Persönlichkeiten: Christian Schesäus, 1536 – 1585, Stadtpfarrer von Mediaş (Grabstein im Chor der Margarethenkirche), Dichter, Humanist. *Paul Traugott Meißner* (1778 – 1864), Apotheker, Prof. am Politechnischen Institut in Wien, Begründer der Heizungstechnik und Ventilation, Fern-heizung der Eisenbahnzüge. *Stephan Ludwig Roth,* * 1796 in Mediasch, Pestalozzianer, Rektor des Gymnasiums, Pfarrer, führt Turn- mit Singunterricht in der Schule ein, kämpft für Fortschritt in Wirtschaft und Kultur, für Abschaffung der Leibeigenschaft, für Gleichberechtigung der Rum., 11. Mai 1849 in Cluj standrecht. erschossen. *Friedrich Folberth,* * 1833 in Birthälm, Apotheker in Mediasch, analysierte alle Mineralwasser Sb.s, findet das Methangas im Schemmert, unter-sucht alle Weine Sb.s, als Schüler Liebigs führt er rationelle Düngung ein (1895). *Dionisie Ro-man,* * 1841 in Hetzeldorf, Rechtsanwalt in Mediaş, kämpft für die Gleichberechtigung der Rum. (gest. 1917 im Internierungslager Sopron). *Rudolf Brandsch,* * 1880 in Mediasch, Gymnasialleh-rer und Rektor in Hermannstadt, Abgeordneter in Budapest und Bukarest 1910 – 1944, gründet „Verband Deutscher in Rumänien", Gegner des Nationalsozialismus, Volkstumskämpfer für Min-derheitenrechte, Unterstaatssekretär, † 1953 in einem kommunist. Gefängnis. *Schuster Gustav-Dutz,* * 1885 in Mediasch, Gymnasiallehrer, Verf. von Lehrbüchern, sozialkritisch-humorisit-scher Prosa und Mundartgedichten, † 1968 in Mediasch. *Hermann Oberth* (Raketen-Oberth), * 1894 in Hermannstadt, Gymnasiallehrer in Schäßburg und Mediasch, baut 1916 erste Rakete, Vater der Weltraumfahrt, verfaßt 7 Grundlagenbücher der Raumfahrt, † 1989 in Feucht als vier-facher Dr. h. c. mit 20 Goldmedaillen. *Otto Folberth,* * 1896 in Mediasch, Gymnasiallehrer, Rektor, Biograph St. L. Roths, Hg. dessen Werkes, Novellen († 1991). *Hans Ambrosi,* * 1925 in Mediasch, lebte in Eltwille, „Papst" der deutschen Weinforschung.

ROUTE 1A/21

Die Reiseroute in das Harbachtal führt von der O-Ausfahrt von Şeica Mare (DJ 114) nach

Calvasăr, Kaltwasser, Hidegviz (337 m, u. e. E. 1493, 1956: 1493 Ew.), ein Großteil der Berufs-tätigen pendelt nach Hermannstadt. Nach 3 km folgt

Boarta, Michelsdorf, Mihályfalva (338 m, u. e. E. 1394, 748 Ew.). Im Ort barockes Schloß, auf dem Burgberg Reste einer prähist. Siedlung. Nach 5 km zweigt ein Weg nach S ab, erreicht nach 2 km das Dorf

Ştenea, Walachisch Stein, Isztina (401 m, u. e. E. 1392, 538 Ew.). Die DJ 141 führt nach 2 km durch das Dorf

Buia, Bell, Bolya (385 m, u. e. E. 1296, 1167 Ew.). In der Türkenzeit hatte ev. Kirche Wehranlage, heute nur noch Reste vorhanden. Das Schiff hat Felderdecke mit künstlerischen Abwandlungen in der Darstellung der rom. Kassetten (17. Jh.). Heimat des berühmten ung. Mathematikers Janos

Bolyai, dessen Name die Klausenburger Univ. trägt. Nach 3 km zweigt ein Weg 2 km nach S ab, erreicht das Dorf

Şalcău, Schalko, Salkó (443 m, u. e. E. 1394, 349 Ew.). Die DJ 114 führt 3 km nach der Abzweigung in die Gemeinde

Mihăileni, Schaldorf, Sálfalva (399 m, u. e. E. 1382, 589 Ew.), dem Verwaltungszentrum des oberen Kaltbach-Tales. Nach 3 km zweigt ein Weg am N-Ufer des Kaltbaches ab nach

Moardaş, Mardisch, Mardos (406 m, u. e. E. 1372, 490 Ew.). Die Straße biegt ins Martinsdorfer Tal ab, erreicht nach 1 km das Dorf

Răvăşel, Rosch, Rovás (409 m, u. e. E. 1391, 365 Ew.) mit seiner kleinen, nicht befestigten ev. Kirche. Nach weiteren 5 km folgt das letzte Dorf im Tal

Metiş, Martinsdorf, Szàszmártonfalva (466 m, u. e. E. 1319, 702 Ew.), das unter der Wasserscheide liegt, von bewaldeten Höhen umgeben. 1861 wurde Wehrkirche abgetragen und neue Kirche gebaut. 1896 wurde auch die Burg zum Großteil abgetragen und aus ihrem Material die neue dt. Schule gebaut. Repräsentative Gebäude im Dorf stammen aus der Zeit von 1798 – 1848, als hier die Verwaltung des Oberalbenser Komitates war. Die Straße windet sich in Serpentinen 3 km hinauf zur Wasserscheide, um dann, nach weiteren 4 km, Vecerd zu erreichen > [RG 22].

ROUTE 2/21

Die DJ 141 verläßt Mediaş nach S, am Fukeschdorfer Fischteich (Heleşteu) vorbei zum Speicherdamm des Meschner Baches. Am Dealul Tomii blühen im April die Zwerghyazinten. Nach 8 km zweigt eine KS nach O ab, führt nach 6 km zu dem kleinen Dorf

Nemşa, Nimesch, Nemes (403 m, u. e. E. 1359, 632 Ew.). In Dorfmitte kleine, turmlose *ev. Saalkirche* aus 1400 mit neuem Saal von 1739. Erhalten sind Sakramentsnische und Teile der Wandmalerei, Altar von 1520. 1869 wurde Wehranlage abgetragen und stilwidriger neugot. Glockenturm errichtet. Hier war Zentrum sächs. Hafnerei und Töpferei: Erzeugung hellblauer, auf hellem oder dunklem Grund mit stilisierten Pflanzenornamenten versehener Tonwaren. Am ev. Pfarrhof verlebte Stephan Ludwig Roth seine Kindheit, war später von 1837 – 1847 hier Pfarrer und schrieb hier den „Sprachkampf in Siebenbürgen". 2 km s. der Nimescher Abzweigung liegt die Großgemeinde

Moşna, Meschen, Muszna (368 m, u. e. E. 1283, 2288 Ew.). Inmitten des stattlichen sächs. Dorfes steht *ev. Kirche*, wurde 1498 von A. Lapicida vollendet. Langer Chor und lange Halle aus drei gleich hohen Schiffen (Saalkirche), deren Gewölbe von vier, nach oben auseinanderstrebenden Säulenpaaren gestützt wird. Fenster haben kuntsvolles Maßwerk. Neben Sakristeiturmstock erhebt sich das 10 m hohe Sakramentshäuschen, die Altarkredenz hat Bekrönung; Kanzel; flämische Goldbrokatge-

Moşna (Meschen), Kirchenburg

webe aus 15. Jh. Portale sind von Wehrtürmen mit Steinmetzarbeiten überbaut. Chor hat Wehrgang auf Verteidigungsbögen. Alleinstehender Glockenturm wurde bei Wehrbarmachung im ersten Obergeschoß mit Kirche verbunden, hat 1856 den Wehrgang verloren und spitzen Blechhelm erhalten. Vor 1520 wurden Mauergürtel mit Wehrgang, vorkragenden Steinkonsolen, fünf Türmen und Basteien errichtet. Vor der S-Front zweigeteilter Zwinger mit Schalenturm und Tor; Fruchtkammern im Innenhof. Am Bergfuß vor der Zwingermauer steht seit

Moşna (Meschen), Dorfansicht vom Friedhof

1794 das ev. Pfarrhaus; 1849 wurde hier Dorfpfarrer St. L. Roth verhaftet. Die *rum. Kirche* wurde 1784 erbaut, 1841 durch Neubau ersetzt. Die Dorfbewohner sind Bauern und Handwerker, großteils jedoch in den Mediascher Fabriken beschäftigt. Die DJ 141 durchquert die Gemeinde, steigt dann an den von Rutschungen geprägten Hängen zur Meschner Hill, um nach 5 km das Quellgebiet des Kaltbaches zu erreichen. Hier, talabwärts, eine Abzweigung zum 2 km entfernten Dorf

Alma Vii, Almen, Szászalmas (469 m, u. e. E. 1289, 533 Ew.) mit seinen zahlreichen Obstpflanzungen. Über dem Dorf turmlose *ev. got. Saalkirche* von Anf. 14. Jh.; Schiff ist kurz und breit, Sakristei nachträglich angebaut. 1510 wurde Chor zur Reduit (Chorturm) umgebaut, erhielt zwei Wehrgeschoße auf vorspringenden Kragsteinkonsolen. Bering ist vieleckig aus Flußsteinen und Ziegeln mit vorkragenden *Gußerkern* auf Konsolen. Vier Türme verstärken die Abwehrkraft, (Wasserzisterne, Speckturm Glockenturm). Letzterer hat an den Ecken erkerartige Vorbauten mit je drei Schießschlitzen. SO-Turm hat breite Schießnischen für Kanonengeschütze.

ROUTE 3/21

Auf der DN 14 von Mediaş durch die Industriezone „Ost", Abzweigung 2,5 km nach dem beschrankten Bahnübergang im Bußder-Wald, nach S, 3,5 km bis zum Dorf

Buzd, Bußd, Buzd (374 m, u. e. E. 1334, 987 Ew.). Seit 1356 freie Königsbodengemeinde. Über der Dorfstraße steht die *ev. Kirche* in Weingärten am Hang. Die spätgot. Saalkirche von Anfang 15. Jh. wurde im 16. Jh. wehrbar gemacht. Über dem Chor sind drei Wehrgeschoße errichtet worden, die sich auf schmale Strebepfeiler mit Verteidigungsbögen stützen. Ein Wendeltreppentürmchen bietet Zugang zu den Wehrgeschoßen. Kirche von einfachem Mauerring umgeben. SW-Bastei ist Burghüterwohung. Vom Torturm im SW stehen nur die Außenmauern. Ein langer, gedeckter Treppenaufgang führt zur Kirche empor. Die *rum.-orth. Kirche* wurde 1808 aus Holz außerhalb des Dorfes errichtet. Auf der DN 14 weiter, 3,5 km nach O, liegt die Gemeinde

Brateiu, Pretai, Baráthely (319 m, u. e. E. 1283, 2265 Ew.). Typisches sächs. Straßen- und Angerdorf über steilem Terrassenrand am S-Ufer der Großen Kokel, an das sich rum. Gassen und

Zigeunerviertel anschließen. Wahrzeichen ist die *ev. Kirchenburg*, Beginn 16. Jh. Die ovale Ringmauer am Terrassenrand hat fünfgeschossigen Torturm (Burghüterwohnung), bekam im 18. Jh. barocke Toreinfahrt. Die urspr. spätgot. Pfeilerbasilika mit eingegliedertem Westturm entstand Mitte 14. Jh. Bei Wehrbarmachung in Saalkirche umgebaut, im N-Schiff Seitenempore und vor S-Portal Vorhalle angebaut. Von Innenmalerei (1481) noch Reste vorhanden. Turm öffnet sich mit Empore zum Kir-

Wanderzigeuner auf dem Flohmarkt

chenschiff. W-Portal und Rundfenster sind zugemauert. Glockenturm hat Wehrgang. 1 km ö. des Dorfes erhebt sich der Marienhügel, an dessen Fuß das urspr. Dorf, „Mons Mariae", gelegen haben soll. In den n. und nw. davon gelegenen Terrassen und Sandgruben reiche archäol. Funde. Die Pretaier Zigeuner sind bekannte Musikanten, Kapellmeister und Solisten.

ROUTE 4/21

Am N-Ufer der Kokel führt eine Straße nach Durles > [RG 20]. An der Mündung des Puschendorfer Baches, beim Wasserwerk 2 km von Mediasch, zweigt ein Weg nach N ab, führt durch den Weiler

Valea Lungă (330 m, u. e. E. 1956, 124 Ew.), der zu Durles gehört, nach weiteren 5 km in das Dorf

Păucea, Puschendorf, Pócstelke (351 m, u. e. E. 1366, 621 Ew.). Seit 1366 als untertäniges Dorf im Kokelburger Komitat bekannt. Nach 4 km folgt das Dorf

Romăneşti, Koliben, Kalibak (465 m, u. e. E. 1910, 259 Ew.). Es liegt auf einem Hochplateau 4 km von Kleinblasendorf/Bläjel.

ROUTE 5/21

Von der Großen Kokelbrücke in Mediasch führt die DN 14A im Hulla-Tal nach NW, windet sich in Serpentinen durch Reste ehem. Weinhalden, überschreitet in der Baaßener Hill die Wasserscheide zw. den beiden Kokeln, führt durch Eichenwald hinab in das Dorf

Bläjel, Kleinblasendorf, Balástelke (344 m, u. e. E. 1332, 2213 Ew.). Ehem. gutsherrliches Schloß, heute Schule. Ev. Kirche neu auf Hügel w. des Dorfes errichtet. Rum. Dorfcharakter, Ew. sind wohlhabend (Ackerbau, Viehzucht, Weinbau, Fabrikarbeit). Jenseits des Dorfes führt die DN 14A im sumpfigen Balta-Tal nach N, steigt 5 km auf die *Botorca*. Diese Sattelhöhe ist die Kuppe eines Erdgasdomes, dessen Gas, von vielen Bohrungen angezapft, in die Hauptleitung nach

Bukarest, Hermannstadt und St. Martin geleitet wird. Auf der Anhöhe steht eine Kompressoren-station; einzelne rum. Bauernhöfe liegen an der Straße. Am N-Rand der Gemeinde Bläjel (Klein-blasendorf) zweigt die DJ 142B nach W ab, führt am S-Rand des Balta-Tales 2 km bis zur Ab-zweigung des Weges zum 5 km entfernten Dorf

Velţ, Wölz, Wölc (326 m, u. e. E. 1359, 987 Ew.). Liegt in waldloser, flacher Berglandschaft. Ew. sind Fabriksarbeiter in Mediasch und St. Martin. Auf dem Dorfplatz steht die *Kirchenburg,* eine turmlose spätgot. ev. Saalkirche, die nach Erdbeben 1880 neu aufgebaut worden ist. Die alten Säulen stehen zwecklos im Raum. Chor hat zwei Wehrgeschoße mit Treppentürmchen und abgetreppten Stützpfeilern. Reichverzierte Sakramentsnische. Bering nur noch 2 m hoch. Glok-kenturm war Torturm; im SO ein spitzgiebeliges Fruchthaus, war Burghüterwohnung. Von der Wölzer Abzweigung führt die DJ 142B im Balta-Tal zwischen Obstgärten und Viehweiden 3 km weiter in die Großgemeinde

Bazna, Baaßen, Felsöbajom (Bázna) (312 m, u. e. E. 1359, 1265 Ew.). Ew. waren sächs. Wein-bauern, Viehzüchter (Baaßner Schweinerasse). *Sehenswert:* Auf einer Bergnase über dem Dorf die *Kirchenburg.* Treppen führen zum Torturm hinauf. Ovaler Bering nur noch 2 m hoch, hat zwei Basteien. Turmlose ev. Saalkirche hat 1896 ihr Wehrgeschoß verloren, geblieben sind Stützpfeiler und Treppentürmchen. Im Chor ein schönes Sakramentshäuschen, Fragmente von Spitzbogen und Rosetten.

Die großen Weinhalden sind durch Rutschungen vollkommen vernichtet worden, ebenso meh-rere stattliche Häuser. Baaßen liegt auf einem „Gasdom", dessen Lagerstätten, schon 1672 als „brennende Brunnen" bekannt, seit 1913 durch viele Bohrungen ausgebeutet werden. 2 km s. liegt

Băile Bazna, Bad Baaßen mit Jod-Brom-Salz-Quellen, seit 1842 zu Heilzwecken genützt. Da die Wasserführung der Quellen gering ist, kann nicht weiter ausgebaut werden. Die Wannenbäder und Schlammpackungen werden zur Behandlung von Rheuma, Ischias, Gicht u. a. verwendet. Am S-Rand des Bades ist die Spielwiese, beliebtes Ausflugsziel der Mediascher Wanderer. 5 km im Balta-Tal abwärts liegt das Dorf

Boian, Bonnesdorf, Alsóbajom (297 m, u. e. E. 1309, 2162 Ew.). Seit 1309 als hörige Siedlung des Kokelburger Komitates erwähnt. Wurde 1498 von König Matthias an Stefan den Großen, Fürst der Moldau, als Lehen gegeben. Aus dieser Zeit stammen die Ochsenkopfwappen der Modau an der Kirchenburg. Diese wurde 1506 um die turmlose ev. Saalkirche errichtet. Der Bering ist 7 m hoch, hat gedeckten Wehrgang, Fruchtkammern, kastenartige Gußerker. Im N der Tor- und Glockenturm mit Wehrgang und Holzbrüstung. Im Chor ein 4 m hohes gemeißeltes Sakramentshäuschen. 8 Quadratmeter Fresken sind freigelegt. Sie ist eine imposante Kirchen-burg mit ausgewogenen, proportionalen Formen.

REISEGEBIET 22

Agnita / Agnetheln / Szentágota

Das Reisegebiet liegt im Harbach-Hochland und erstreckt sich vom Großkokler Höhenzug (Fettendorfer Höhen) bis in die Fogarascher Senke, umfaßt das gesamte Flußgebiet des Harbaches sowie den „Krautwinkel", der zum Alt entwässert wird. Es ist ein hochgelegenes Gebiet, tiefster Talort ist Cornăţel (Harbachsdorf) auf 407 m, höchster Talort Ţeline (Woßling) auf 584 m. Die Täler sind weit, von flachen Berghängen begleitet, oft sumpfig, die Höhen mit ausgedehnten Eichen-Buchenwäldern bedeckt, in Ortsnähe in Weide- und Ackerland verwandelt. Es ist ein Vieh- und Pferdezuchtgebiet.

Das Klima ist kühl mit Jahresdurchschnittstemperatur von 7,6°C. Das Gebiet ist seit der Steinzeit bewohnt. Dakische und römische Funde sind vielerorts gemacht worden. Die Mehrheit der Bevölkerung wird von den Rumänen gebildet. Der größte Teil des Gebietes gehörte zum freien Land des Königsbodens der deutschen Ansiedler, die hier ihre Ortschaften aufbauten und das Wirtschaftsleben zum Erblühen brachten. Wenige Ungarn in einigen Adelsdörfern auf Komitatsboden, wo auch viele Sachsen als Hörige angesiedelt waren, lebten zwischen den freien Sachsendörfern. Da, wo jedes Dorf früher höchstens ein bis zwei Zigeunerfamilien am Dorfrand hatte, bilden diese in vielen Orten heute schon einen Großteil der Einwohner.

Trotz seinen wirtschaftlich beschränkten Möglichkeiten war im Mittelalter Wohlstand eingezogen, den man gegen die Raub- und Plünderzüge der Nachbarn von jenseits der Karpaten, der Tataren, Türken, aber auch der Kurutzen oder der kaiserlichen Söldner in den Bauernburgen, um die Kirchen errichtet, schützen mußte. Diese Kirchenburgen sind heute Hauptanziehungspunkte für die Touristen, auch wenn von den Nachkommen der Erbauer, den Siebenbürger Sachsen, nur noch wenige in den Dörfern verblieben sind. Durch seine isolierte Lage – keine Nationalstraße berührt das Gebiet – hat es sich seinen ländlichen Charakter bewahrt. Kreisstraßen führen aus allen Richtungen in das Gebiet, treffen sich bei Agnetheln, wo auch Hotels, Gaststätten, Museum, Kultureinrichtungen den Touristen erwarten. Auf geteerten oder Kiesstraßen sind alle Orte zu erreichen, aber auch Wanderungen über die bewaldeten oder von blumenreichen Grasmatten bedeckten Höhen sind anzuraten.

ROUTE 1/22

Die DJ 106 verläßt Hermannstadt nach O, den Thalheimer Berg (Hula Daia) hinauf, mit schönem Panoramablick auf die Stadt. An der Straße befindet sich ein *Denkmal*, das an die im Ersten Weltkrieg gefallenen rum. Soldaten erinnert. 1 km von der Thalheimer Hill zweigt ein Weg 3 km nach SO ab und führt nach

Caşolţ, Kastenholz, Hermány (429 m, u. e. E. 1320, 1990: 1130 Ew.), war freie sächs. Stuhlsgemeinde. In der Nähe das von J. M. Acker erforschte röm. Gräberfeld. *Sehenswert:* Ruinen der

309

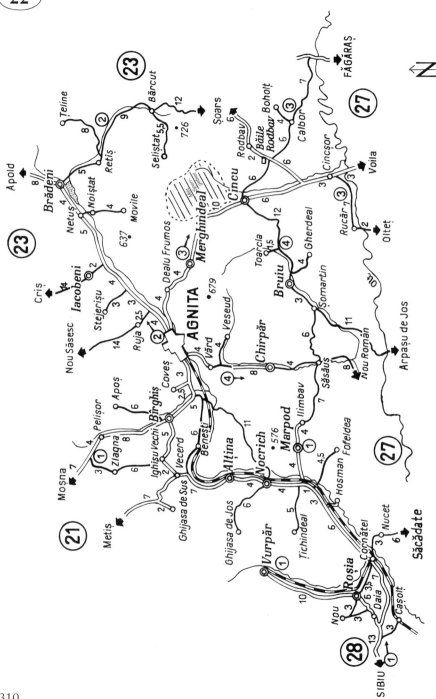

ehem. *got. Kirche* auf dem Tuschelberg, im 19. Jh. aufgelassen. – Die jetzige *ev. Kirche* (1805 – 1809), am Berghang unterhalb der got., ist eine Saalkirche mit Glockenturm.

1 km nach der Kreuzung nach Kastenholz folgt die Abzweigung 1 km n. nach

Daia, Thalheim, Dolmány (470 m, u. e. E. 1327, 1990: 850 Ew.), war freier sächs. Stuhlsort. *Sehenswürdigkeiten:* die *Kirchenburg* mit der *ev. Kirche*, rom. Basilika (Anfang 13. Jh.), Umbauten im 15. und 18. Jh. Bering mit Wehrgang und ein Torturm. Altar: erste Hälfte 18. Jh., gemalt von Martin Stock.

Weiter nach N, 16 km von Hermannstadt, liegt die Gemeinde

Roşia, Rothberg, Veresmart (459 m, u. e. E. 1332, 1990: 1870 Ew.). Im MA. spielte das Rothberger Gräfengeschlecht eine bedeutende Rolle. Erdbefestigung aus 13. Jh. auf einer Anhöhe in der Nähe der Ortschaft. Die *ev. Kirche*, eine dreischiffige rom. Basilika (Anfang 13. Jh.), Bering (16. Jh.) mit einem Wehrturm, heute Glockenturm, im SW ehem. Bergfried der Gräfenfam. Altar ist barock (1782) mit Kreuzigungsgruppe; *sehenswert* bes. das *Treppengeländer* der Kanzel (18. Jh.).

Weiter nach NW, nach 2,5 km KS, liegt das Dorf

Nou, Neudorf, Szászújfalu (469 m, u. e. E. 1332, 1990: 1890 Ew.); war im MA. freie sächs. Stuhlsgemeinde. *Sehenswert:* die *ev. Kirche*, eine rom. dreischiffige Basilika (zweite Hälfte 13. Jh.), mit W-Turm. Im 15. Jh. befestigt mit Bering und Wehrturm, zugleich Chor und Apsis aufgestockt. Sie ist außen von Lesenen umrahmt, deren Steinkonsolen Männermasken und einen Löwenkopf darstellen. An der W-Fassade des Turmes zwei Steinreliefs, die einen Geparden bzw. einen Bischof darstellen. Im 16. Jh. wurde das Kirchenschiff mit einem Sternnetzgewölbe versehen; Altar 1773.

Von Rothberg nach N (10 km) liegt die Gemeinde

Vurpăr, Burgberg, Vurpód (475 m, u. e. E. 1296, 1990: 2100 Ew.); war im MA. freie Sachsengemeinde. Ma. Fliehburg nw. der Ortschaft. *Sehenswert* die *ev. Kirche*, eine der ältesten rom. Basiliken Sb.s. Am N-Portal ein Relief mit Lebensbaum (13. Jh.); W-Turm 1750 gebaut. Teile der Ringmauer und Bastei an der N-Seite erhalten. Altar: Hauptbild von Carl Dörschlag (1881).

Von der Abzweigung nach Thalheim 7 km ö. liegt das heute rum. Dorf

Cornăţel, Harbachdorf, Hortobágyfalva (407 m, u. e. E. 1306, 552 Ew.), war ein höriges Dorf, von Sachsen bis ins 16. Jh. bewohnt.

Von hier führt eine KS 3 km ö. in einem Seitental in das kleine Dorf

Nucet, Johannisberg, Szentjánoshegy (494 m, u. e. E. 1387, 383 Ew.), war höriges Sachsendorf, heute nur von Rum bewohnt.

Der Weg setzt sich talaufwärts fort, überschreitet in einigen Serpentinen den Bergzug der „Tabăra" (610 m) und führt nach 6 km s. in das Dorf Săcădate ins Altland > [RG 27].

An der DJ 106 liegt 6 km von Harbachdorf, 1 km sö. über den Harbach,

Hosman, Holzmengen, Holczmány (454 m, u. e. E. 1318, 1990: 1290 Ew.). Die *ev. Kirche*, ehem. rom. Pfeilerbasilika (13. Jh.) wurde im 18. Jh. zur barocken Saalkirche umgestaltet. Der Glockenturm bewahrt das guterhaltene rom. Portal mit Steinplastik. Orgel schon 1594 erwähnt. Die doppelte ovale Ringmauer hat sechs vorspringende Türme, am Torturm das Fallgitter erhalten. Übereinanderliegender Wehrgang mit Holzverkleidung. Im Ort auch röm.-kath. Kirche.

Nach 2 km auf der DJ 106 zweigt eine KS nach O ab, erreicht nach 5 km das Dorf

Fofeldea, Hochfeld, Föfeld (485 m, u. e. E. 1334, 642 Ew.). Das urspr. sächs. freie Dorf war um 1450, durch Seuchen ganz entvölkert, Wüstung geworden. Deshalb wurden 1488 rum. Fam. hier angesiedelt. Hier wurde der rum. Historiker August Treboniu Laurian (1810 – 1881) geboren.

1 km nach der Hochfelder Abzweigung biegt eine AS 4 km nach O ab, führt in das Dorf

Marpod, Marpod, Márpod (452 m, u. e. E. 1349, 1990: 1387 Ew.). *Sehenswert:* die *Kirchenburg* mit der *ev. Kirche,* eine rom. Basilika, im 16. Jh. umgebaut, Wehrturm, quadratische Wehrmauer mit vier Ecktürmen, Teil der Ringmauer und zwei Türme abgetragen. Kennzeichnende Sb.-s. Trachten für das Harbachtal werden am Sonntag getragen. Hier findet noch das Urzellaufen in der Faschingszeit statt.

4 km talaufwärts liegt an der AS das Dorf

Ilimbav, Eulenbach, Illenbák (451 m, u. e. E. 1374, 689 Ew.). Schöne, *sehenswerte orthod. Kirche.*

Die AS endet hier auf den Bergen bei den Erdgasförderanlagen, die KS führt weiter (7 km) über die Höhen nach Săsăuşi (Sachsenhausen), dann nach S in das Alttal > [RG 27].

Nach der Marpoder Abzweigung verläßt eine KS die Kreisstraße DJ 106 nach W, führt 5 km in das jetzt rum. Dorf

Ţichindeal, Ziegenthal, Cikendál (462 m, u. e. E. 1350, 297 Ew.). Das sächs. freie Stuhlsdorf war 1456 ganz entvölkert. 24 Jahre später wurde es mit rum. Fam. neu besiedelt.

Zurück an der Abzweigung, führt die DJ 106 talaufwärts in die Großgemeinde

Nocrich, Leschkirch, Újegyház (419 m, u. e. E. 1349, 1990: 2152 Ew.). Dt. Bezeichnung Leschkirch stammt vom Sumpfboden her, auf dem ein Teil der Gemeinde steht. L., um die Mitte des 12. Jh. gegründet, war freie Königsbodengemeinde und bis 1876 Stuhlsvorort sowie wichtiges sächs. Handwerkszentrum (es bestanden acht Zünfte). Typisch für den Ort im Harbachtal die sogen. Herrenhöfe, breite und flach gebaute Häuser. Eine Schule gab es bereits im 14. Jh. Am Markt das Geburtshaus von Samuel von Brukenthal (1721 – 1803), den späteren Gouverneur von Sb. *Sehenswert:* die im Empirestil auf Wunsch der Fam. Brukenthal neu erbaute *Kirche* (1801 – 1806). Altar von Franz Neuhauser (1816). Heute stehen von der Verteidigungsanlage einsam noch der Speckturm, der Türkenturm sowie zwei kleine Türme (alle 17. Jh.). *Weitere Leschkircher Persönlichkeiten:* Johann C. G. *Baumgarten,* Stuhlphysikus, geb. 1765 in Luckau (Niederlausitz), hinterließ bot. Studien-Herbarium; Franz *Conrad,* Diplomat in Wien, geb. 1797 in L., unterstützte St. L. Roth.

Eine alte Poststraße, heute Feldweg, führt 11 km nach NO Richtung Agnetheln. Von Leschkirch führt eine KS 6 km nach NW in das rum. Dorf

Ghijasa de Jos, Untergesäß, Alsógezés (492 m, u. e. E. 1319, 522 Ew.), war höriges Dorf auf Komitatsboden.

Von dieser Abzweigung nach N führt die DJ 106 nach 4 km in die Gemeinde

Alţina, Alzen, Alcina (448 m, u. e. E. 1291, 1990: 2835 Ew.). War zahlenmäßig die größte Gemeinde des Leschkircher Stuhles. Im MA. sieben Zünfte, 1488 ist die sächs. Schule bezeugt. *Sehenswert:* Die *ev. Kirche,* dominiert die Ortsmitte, ehem. rom. Basilika, im 16. Jh. zur got. Hallenkirche umgebaut, Glockenturm (19. Jh.). Vorreform. Taufbecken (1404) aus der Werkstatt des Glockengießers Leonhardus. – Die *Wehranlage* aus dem 16. Jh.: Ringmauer, Wehrgang mit Fruchtkammern, Schießscharten und Speckturm. Gedeckte Treppe führt zur Kirche hinauf. Alzen ist durch die sb.-s. Trachten und durch das Grigori-Brauchtumsfest bekannt.

Nach 6 km auf der DJ 106 folgt die Abzweigung eines Weges, der nach 3 km auf dem linken Harbach-Ufer das rum. Dorf Beneşti erreicht:

Beneşti, Bägendorf, Bendorf (454 m, u. e. E. 1391, 633 Ew.), war sächs. freier Stuhlsort. Seit 17. Jh. von Rum. bewohnt. Feldweg (alte Poststraße) führt weiter bis nach Agnetheln und über die bewaldeten Berge nach Leschkirch.

Die DJ 106 führt 1 km von der Abzweigung in das rum. Dorf

Vecerd, Bußthard, Vecsérd (459 m, u. e. E. 1337, 465 Ew.), war auch sächs. höriger Ort, seit 16. Jh. von Rum. bewohnt.

Hier zweigt der Weg nach W ab, nach 2,5 km führt von ihm ein Weg nach S in das 3 km weit entfernte rum. Dorf

Ghijasa de Sus, Obergesäß, Felsőgezés (484 m, u. e. E. 1636, 550 Ew.), wurde im 17. Jh. mit Rum. besiedelt.

Die DJ 141A führt von der Abzweigung nach fünf serpentinenreichen km über die Hill nach Martinsdorf im Kaltbachtal > [RG 21].

Von Vecerd führt die DJ 106 2 km nach

Ighişul Vechi, Walachisch-Eibesdorf, Oláhivánfalva (470 m, u. e. E. 1291, 743 Ew.); war im MA. sächs. hörige Gemeinde, im 16. Jh. von Rum. und Ung. besiedelt; ref. Kirche bis 19. Jh. Ein altes Dorf mit engen, winkeligen Gassen. Aus Ighişul Vechi zweigt eine KS nach N ab, nach 6 km erreicht sie das Dorf

Zlagna, Schlatt, Szászzalatna (486 m, u. e. E. 1318, 511 Ew.). Als kleine, aber geschlossene Ortschaft liegt Schlatt geograph. sehr schön. Durch polit. und relig. Prozesse ist Schlatt an das kath. Bistum (Kapitel) von Weißenburg (Alba Iulia) gefallen. Nach langem Leidensweg haben sich die Bewohner von S., die als Diener mehrerer Herren genannt wurden, vom Domkapitel losgerissen (1560), sind aber Untertanen (Leibeigene) eines ung. Grafen geworden, dem sie drei Tage in der Woche Frondienst leisten mußten. Die Leibeigenschaft wurde erst 1849 abgeschafft. Die Straße führt durch den Ort nach N 3 km an die Magareier Hill (Hula), wo sie die DJ 141 trifft.

Von Ighişul Vechi führt die DJ 106 5 km an den S-Rand der Großgemeinde

Bîrghiş, Bürgisch, Bürkös (452 m, u. e. E. 1357, 1082 Ew.), trifft hier die DJ 141 (Mediasch – Agnetheln). War nach Gründung ein sächs. Dorf auf Komitatsboden, doch schon im 17. Jh. Wüstung, wurde mit ung. rum. Bauern (Leibeigene) neu besiedelt. Ung. haben eine ref. Kirche. Von der großen Straßenabzweigung s. Bürgisch führt die DJ 141 8 km nach SO bis Agnetheln. Nach 5 km folgt die Abzweigung nach N 5 km in das Dorf

Coveş, Käbisch, Kövesd (468 m, u. e. E. 1356, 863 Ew.). Im MA. sächs. höriges Dorf, seit 17. Jh. von Ung. und Rum. bewohnt.

Nach der Durchquerung von Bürgisch folgt die Abzweigung 5 km nach NO in das Dorf

Apoş, Abtsdorf, Apátfalva (500 m, u. e. E. 1322, 558 Ew.). Ein sächs. Hörigendorf, das der Kerzer Zisterzienserabtei gehörte. Nach deren Auflösung wurde es Siebenrichtergut von Hermannstadt. Liegt im großen Waldgebiet der Fettendorfer Berge (Muntele Fetei).

Von der Abtsdorfer Abzweigung führt die DJ 141 8 km nach N in das Dorf

Pelişor, Magarei, Magaré (476 m, u. e. E. 1357, 949 Ew.). Im MA. sächs. freies Dorf im Leschkircher Stuhl. Auf Berg über Dorf starke Kirchenburg um ev. Kirche. Dorf war sehr morastig, daher

„Stelzengänger". Heute viele Zigeuner. Von hier steigt die Straße 4 km hinauf zur bewaldeten Paßhöhe der Magareier Hill (Hula Pelişor, 564 m), um nach 7 km Meschen und dann Mediasch zu erreichen > [RG 21].

ROUTE 2/22

Agnita, Agnetheln, Szentágota (447 m, u. e. E. 1206, 1992: 12.280, davon 447 dte. Ew.). Stadt im Kreis Sibiu – Hermannstadt. 1980 ist Agnetheln 700 Jahre alt geworden; es gehört somit zu den ältesten sächs. Ansiedlungen in Sb. 1319 ist Agnethental urkundlich belegt. Volkssage spricht von drei Schwestern, die den Orten ihre Namen gegeben haben: Agnetha, Rosalia (wurde zur Ortschaft Roseln) und Maria (Ortschaft Mergeln). Ehem. war Agnetheln ein Handwerkerzentrum mit halb ländl. Wirtschaftsform, berühmt durch seine Gerber, Schuster, Kürschner, Schneider, Faßbinder, Töpfer u. a. Zünfte. Heute ist es zu einem Industriestädtchen angewachsen. Zur Faschingszeit erinnert das *Urzellaufen* mit seinen seltsamen Masken und dem Rösseltanz immer noch an die Umzüge der Zünfte. Das *Harbachtal-Museum* ist in einem Barockbau an der Hauptstraße untergebracht. *Sehenswert* sind die geschnitzten *Zunftladen*, kunstreich gefertigte *Schmiedeeisen- und Keramikgegenstände* u. a. Hat Gymnasium mit rum. und dt. Sektion; orthod.-rum. neue Kirche; Kulturhaus mit Theater- und

Agnita (Agnetheln), Kirchenburg

Kinosaal; Fußball- und Tennisplatz; Strandbad; Festwiese u. a.
Die Kirchenburg entstand 1409, gleichzeitig mit der got. Hallenkirche. Diese wurde im 16. Jh. zur Wehrkirche umgebaut. Aus dieser Zeit stammen auch die vier Türme. Im Zentrum der

N-Front gab der *Faßbinderturm* mit Einfahrtstunnel und Fallgitter Zutritt zum inneren Burghof. Im O steht der *Schneiderturm*, im S der *Schmiedeturm* und im SW der *Schusterturm*. Hier ist ein Teil der Ringmauer erhalten. Die Benennungen verdanken die Türme den Zünften, die verpflichtet waren, sie instandzuhalten und zu verteidigen.

Die AS DJ 106 verläßt Agnetheln nach NO parallel zum oberen Harbach. Nach 4 km zweigt ein Weg nach links am Graubach ab, führt nach weiteren 3 km in das Dorf

Ruja, Roseln, Rozsonda (476 m, u. e. E. 1349, 1326 Ew.), eingemeindet nach Agnetheln. Auf einer kleinen Anhöhe steht got. Saalkirche, wurde 1509 zur Wehrkirche umgebaut. *Sehenswert* das *Waffeleisen für Hostien* aus dem 15. Jh.: beide Seiten versch. Figuren und lat. Inschriften auf Oblaten. Im W der Wehranlage stand ehem. das alte Rosalienkloster. 1924 wurde an der Stelle der Gemeindesaal erbaut. Ew. betreiben Landwirtschaft auf karger, lehmiger Erde, auch sind sie für die buntglasierte Hafnerware der Töpfer bekannt.

Von der DJ 106 zweigt nach 3 km links ein Weg ab und gelangt nach weiteren 3 km in das Dorf

Stejăriş, Probstdorf, Prepostfalva (481 m, u. e. E. 1223, 717 Ew.). Gute Busverbindung mit Agnetheln. Einst stand das Dorf näher am Harbach, wurde wegen Überschwemmung verlegt. Bei Grabungen wurde das Fundament der ersten Kirche näher am Harbach gefunden. Im 14. Jh. schmale got., turmlose Saalkirche gebaut, war im Besitz der Hermannstädter Propstei. Als um 1400 die Wehrbarmachung einsetzte, wurde die W-Wand des Saales in den anschließend angebauten Bergfried einbezogen – sein Erdgeschoß bildet eine überwölbte Vorhalle des Kirchenportals. Über Chor und Saal wurde je ein geschlossenes und ein offenes Wehrgeschoß errichtet, diese stützen sich auf äußere Strebepfeiler. Zur Abwehr wurde eine 3 – 4 m hohe Ringmauer mit zwei Türmen erbaut, im 17. Jh. eine zweite Mauer vorgebaut. Von der AS nach links folgt ein weites Tal und führt nach 2 km in die breiten, sonnigen Straßen der Gemeinde

Iacobeni, Jakobsdorf, Jakabfalva (498 m, u. e. E. 1309, 1170 Ew.). *Sehenswert* eine guterhaltene *Kirchenburg* auf einem Bergplateau. Von steiler Böschung wächst die Ringmauer auf. Ende 15. Jh. wurde Bergfried aus behauenem Sandstein gebaut. Konnte nur aus dem Kirchensaal betreten werden. Der Bering ist aus Stein, NW-Ecke des Innenrings wehrhaft ausgebautes Fruchthaus. Sw. steht dreigeschossiger Wohnturm. Haupteingang an N-Front ist ein „Portenturm" mit Fallgitter. An der N-Seite wurde später ein Vorhof angebaut, im N von einer Bastei geschützt. Diese Wehrkirche ist von bes. Schönheit und Ausdruckskraft. Von Jakobsdorf führt ein Feldweg 14 km nach Malmkrog > [RG 20].

Die DJ 106 führt nach weiteren 5 km in das Dorf

Netuş, Neithausen, Néthus (477 m, u. e. E. 1309, 664 Ew.); gehörte im MA. zum Schäßburger Stuhl. Die einst von einer Ringmauer umgebene got. Kirche stammt aus dem 15. Jh. *Bemerkenswert* ist der imposante *Wehrturm* mit hölzernem Wehrgang. Im alten Chor, die reichen unversehrt erhaltenen Steinmetzarbeiten sowie der eigenartige *Altar mit integrierter Kanzel*. Bauerngemeinde. In den dreißiger Jahren entwickelt sich Milchverarbeitung. Der nö. von N. aufgestaute Fischteich führte zum merklichen Grundwasseranstieg und somit zum baulichen Verfall der Gemeinde. Hinter Neithausen zweigt ein Gemeindeweg ö. ab, führt über die Harbachbrücke nach 1 km in das Dorf

Noiştat, Neustadt, Újváros (480 m, u. e. E. 1309, 826 Ew.). Neustadt wurde als Vorwerk von Hundertbücheln gegründet, um die Brücke über den Harbach zu dem Weidegebiet der Szekler zu bewachen. *Sehenswert* die *ev. Kirche* mit Bergfried (13. Jh.) und Vorhalle der rom. Basilika. Spätgot. Saalkirche wurde 1856 – 1868 durch einen neuklassiz. Bau ersetzt. 1811 bekam der Turm einen spitzen Helm mit buntglasierten Ziegeln. Eine KS durch anmutiges Hügelgelände führt nach 4 km in das Dorf

Movile, Hundertbücheln, Százhálom (504 m, u. e. E. 1355, 651 Ew.), entstand als sächs. Siedlung. Der Name des Ortes wurde von (hundert Haufen) oder „100 böchl" abgeleitet. In seiner Umgebung sind etwa ein Dutzend kleiner Hügel eines großen Rutschungsfeldes zu sehen. Die Kirchenburg des schon 1206 und 1355 als „Hundertpuch" erwähnten Dorfes liegt auch auf einem Hügel mitten in der Gemeinde. W-Glockenturm, Zeuge des Mongolensturms. *Seltenheitswert* besitzen die kunstvoll mit got. Minuskeln und Uncialen beschrifteten *vorref. Glocken.* Über dem Chor wuchtiger Wehrturm des 15. Jh. (Pelsenturm). Dreitürmige Wehrmauer mit Wehrgängen der gleichen Zeit, Zwinger mit Turm, wohl 16. oder 17. Jh., bilden eine großartige Anlage.

Von Neithausen führt die DJ 106 4 km in den Ort

Brădeni, Henndorf, Hégen
(482 m, u. e. E. 1349, 954
Ew.). Mitten am Dorfanger
erhebt sich eine massige Kirchenburg aus Feldstein. *Sehenswert* ein steingemeißelter Tabernakel an der N-Chorwand, die 1776 vom Henndorfer Tischlermeister Michael Glatz, gefertigte *Barockkanzel* mit Baldachin und die bemalte Emporenbrüstung und Wandverkleidung von 1830. Im 16. Jh. entstanden die vielen Stollentruhen, welche noch auf dem Dachboden der Kirche zu sehen sind. Der Kirchensaal hat heute noch seinen Brunnen mit gutem, kaltem Wasser. Die Ringmauer mit vier Ecktürmen hat viel von ihrer Höhe verloren, da

Brădeni (Henndorf), Stollentruhen im Burginnern

durch die Überschwemmungen einiges Schwemmland aufgetragen wurde. Auch in den Kirchensaal steigt man heute einige Stufen hinunter.

Die DJ 106 verläßt das Harbachtal nordwärts über die „Henndorfer Hill" zwischen Rutschungshügeln Richtung Schäßburg, wo nach 8 km die Gemeinde Trappold liegt > [RG 20]. Vom Henndorfer Dorfanger führt eine KS 5 km nach S in das Dorf

Retişu, Retersdorf, Réten (489 m, u. e. E. 1349, 1014 Ew.). Urspr. Rittersdorf benannt, war Hörigendorf, von Rum. und Dt. bewohnt. Der Altar in der ev. Kirche wurde vom Schäßburger Tischlermeister Georg Philippi errichtet. Im Bekoktener Wald nahe der Wasserscheide entspringt der Harbach, welcher in Richtung Henndorf fließt. Nach O führt ein Feldweg 8 km zum rum. Dörfchen

Ţeline, Woßling, Pusztacelina (584 m, u. e. E. 1289, 423 Ew.). Sächs. freies Dorf, seit 16. Jh. Wüstung, dann 1614 von Rum. wiederbesiedelt, heute meist verarmte rum. und ung. Bauern.

Von Retersdorf führt eine KS 8 km nach SO zwischen 200 – 300 m hohen unbewaldeten Bergen in das Dorf

Bărcut, Bekokten, Báránykút (547 m, u. e. E. 1206, 974 Ew.); war freies sächs. Dorf. *Sehenswert:* interessanter *Wehrkirchturm*, Bergfried, um 1500 am W-Ende einer alten Kirche errichtet. Diese wurde 1845 abgetragen und eine neue Saalkirche erbaut. Im NO-Eck führt ein enger Treppen-stollen zum Turm, welcher zur Verteidigung gegen türk. Reiterhorden diente. Wasser lieferte der im W-Teil der Kirche erhaltene Brunnen. Die KS führt 6 km über dichtbewaldete Höhen (600 – 700 m) nach W in das Dorf

Seliştaţ, Seligstadt, Boldogváros (571 m, u. e. E. 1206, 507 Ew.); war freies sächs. Dorf auf Königsboden. Die *ev. Kirche* steht hoch über der Gemeinde auf einer Bergnase. In der Türkenzeit zur Wehrkirche umfunktioniert. Auch hier ein Brunnen im NO-Eck, aus dem man auch heute noch Wasser schöpft. 12 Strebepfeiler stützen die Turmwand. Trotz der außen angebauten Pfei-ler konnten die steinernen Saalwände dem Gewölbedruck nicht standhalten: 1884 mußte das got. Gewölbe durch ein klassiz. – Quertonnen auf Gurtbögen – ersetzt werden. 1964 wurde der obere Teil des Saales durch Betongürtel gefestigt.

Von Seligstadt führt kein Weg weiter. Rückfahrt nach Bekokten und von hier 12 km über 700 m hohe bewaldete Berge auf KS nach Şoarş, Scharosch > [RG 23].

ROUTE 3/22

Die DJ 105A verläßt die DN 1 in Voila an einer unscheinbaren Abzweigung, führt nach N über Bahnlinie mit Schranken und die große Alt-Brücke 3 km in das Dorf

Cincşor, Kleinschenk, Kissink (428 m, u. e. E. 1329, 882 Ew.). Ein schmuckes, altes sächs. Stra-ßendorf, liegt am Ausgang des Schenker Tales 2 km vom Alt. (Hier wird z. Z. ein Stausee gebaut.) Erste Altbrücke wurde 1858 erbaut. Auf dem Schlehenberg ("Burgstadt") wurden 1912 röm. Bodenfunde gemacht (Münzen, Tonscherben, Öllämpchen u. a.). *Sehenswert* eine interessante *Wehranlage:* Die Saalkirche, die zweifellos einen älteren Vorgängerbau gehabt hat, wurde Mitte des 15. Jh. von zwei Ringmauern umgeben. Im Glockenturm eine vorref. Glocke von 1489. An der S-Mauer des Glockenturms erwähnt eine Inschrift: "Erbaut 1421, repariert 1677 und 1761 – gebessert wurde 1840 und 1869." Kirche, Burg sowie viele Bauernhöfe sind aus dem Steinmate-rial des röm. Castrums gebaut. Der vieleckige Bering in der Talaue mit s. Zwingerhof und -mauer ist noch 7 m hoch, hatte Wehrgang mit Dachschräge. Vier dreigeschossige vorspringende Türme haben, so wie der Glockenturm, offenen, vorkragenden Fachwerk-Wehrgang, der der Burg ihren bes. Reiz verleiht, die freistehend, von Wegen umgeben, wie eine Insel im Dorfanger steht. Auch die Dorfstraßen bilden ein architektonisch einheitliches Bild. Nach W führt eine Straße 7 km am Altufer in das rum. Dorf

Rucăr, Ruckersdorf, Rukkor (433 m, u. e. E. 1387, 675 Ew.).

Von Kleinschenk führt die DJ 105A nach N in Richtung Großschenk, nach ca. 3 km zweigt ein Weg nach NO ab, führt 6 km nach **Băile Rodbav** (Kurort **Bad Rohrbach** von lokalem Interesse, 3 Ew.). Die jodhaltige Mineralwasserquelle wurde 1866 gefaßt. Heute verwahrlost. Ein Feldweg führt 6 km in das rum. Dorf

Calbor, Kaltbrunn, Kálbor (458 m, u. e. E. 1453, 631 Ew.); bis ins 15. Jh. sächs. Dorf, dann von Rum. neu besiedelt. Die Kirchenburg wird heute von der rum. Bevölkerung als Speicher-Frucht-kammer benützt. Die Straße führt weiter nach SO, 7 km nach Fogarasch > [RG 27]. Nach NO führt eine Straße 4 km in das Dorf **Boholţ, Buchholz, Boholc** (473 m, u. e. E. 1319, 969 Ew.), war freie sächs. Gemeinde des Königsbodens, seit 17. Jh. nur noch von Rum. bewohnt.

Von Bad Rohrbach führt die Straße 2 km in Richtung NO in das Dorf

Rodbav, Rohrbach, Nádpatak (474 m, u. e. E. 1337, 448 Ew.). Ev. Kirchenburg steht auf einer Bergnase. Eine rom. Pfeilerbasilika entstand um 1200. Diese Vorgängerkirche wurde 1241 im Mongolensturm zerstört. Die neue Michaelskirche wurde im 13. Jh. ausgebaut. Es wurde ein Wacht- und Wehrturm errichtet; gegen O schließt ein befestigtes Vorratshaus den Burghof ab. Eine AS führt nach 6 km nach Şoarş, Scharosch > [RG 23].

Von der Abzweigung nach Bad Rohrbach führt die DJ 105A nach 6 km in die Großgemeinde

Cincu, Großschenk, Nagysink (487 m, u. e. E. 1329, 2232 Ew.); gegr. um 1150, war von Beginn des 14. Jh. bis in die zweite Hälfte des 19. Jh. sächs. Stuhlsvorort. Am s. Gemeinderand stand einst eine Fluchtburg. Der Name der Gemeinde wird von einer großen Schenke abgeleitet, die an der Durchgangsstraße stand. *Sehenswert:* Die rom. dreischiffige Pfeilerbasilika, um die Mitte des 13. Jh. erbaut, besitzt am O-Ende der Seitenschiffe je einen nicht ausgebauten Turmstumpf mit mächtigem w. Glockenturm – eine dreitürmige Anlage also. Im 15. Jh. wurde der Chor dreiseitig geschlossen, mit einem Wehrgeschoß und mit Gußscharten versehen. Das Bauwerk hat archaischen Architekturcharakter. Den Kirchhof schützte eine doppelte Ringmauer mit Basteien. Interessant ist der Thomasaltar, 1722 aufgestellt. Vom urspr. Marienaltar ist heute nur die Predella erhalten. (Im Nov. 1976 von Gisela Richter freigelegt.) Das Epitaphium des Königsrichters Martin Sutorius stammt aus 1742 und das des Königsrichters Georg Salmen aus 1746. *Sehenswert* sind auch die sechs *anatolischen Teppiche.* Durch den großen Brand von 1789 wurden innerhalb 2 – 3 Std. 200 größere und kleinere Häuser sowie die Kirche (Turm- und Kirchdach) eingeäschert. Eine neue große Glocke wurde im selben Jahr gegossen. Die bäuerliche Bevölkerung bildete die Mehrheit der Ew., doch wuchs auch die Zahl der Handwerker und Gewerbetreibenden stetig an. Großschenk hat auch eine kath. und eine orthod. Kirche. Von 1895 – 1912 lebte die bekannte Sb.-s. Schriftstellerin Anna Schuller-Schullerus, Tochter des ev. Pfarrers, in Großschenk (1869 – 1951). Am ev. Pfarrhof wurden geboren und verbrachten ihre Kindheit der Maler Fritz Schullerus (1866 – 1891) und die Volkskundlerin Pauline Schullerus (1859 – 1929). Hier wurde auch der rum. Politiker und Journalist Valeriu Branişte (1869 – 1928) geboren. Von Großschenk führt die DJ 105 nach N, erreicht nach 3 km den „Hohen Rain". Von hier kann man zu Fuß in Richtung N ca. 0,5 km zu dem *Soldatenfriedhof* aus dem Ersten Weltkrieg wandern. Vom „Hohen Rain" führt die AS talabwärts in den Kreis Hermannstadt, vorbei an der Rohrau (Schmielerfeld = Manövergelände) 10 km zur Gemeinde

Merghindeal, Mergeln, Morgonda (484 m, u. e. E. 1336, 1071 Ew.). Eine alte sächs. Angersiedlung aus dem 13. Jh. mit einer breiten Hauptstraße mit schmucken, großen Höfen. *Sehenswert: Kirchenburg* um ev. Kirche mitten über dem Dorf. Die rom. dreischiffige Pfeilerbasilika (14. Jh.) wurde im 15. Jh. zur Wehrkirche ausgebaut; Chorturm und W-Glocken-

Dealu Frumos (Schönberg), Pfarrgestühl mit orientalischem Teppich

turm. Sie besitzt ein achsengleich gelegenes N- und S-Portal, am W-Ende des Mittelschiffes Brunnen. Laut Inschrift: „Diese Kirche wurde im J. 1600 von Michael Waida verwüstet, in den J. 1634, 1732, 1733 und 1803 ausgebessert, in den J. 1923 und 1958 durch die Frauen dieser Kirchengemeinde ausgebessert." Der SW-Turm und zwei Türme an der Ringmauer und ein breites Flügeltor sind noch vorhanden.

Auf der DJ 105 weiter, folgt nach 3 km im weiten, flachen Talgelände eine Abzweigung nach W, führt im Albac-Tal 2 km zum „Salzbrunnen", einem beliebten Freizeit- und Grillplatz der Agnethler. Ein Wanderweg führt 4 km über die Berge nach Agnetheln.

Auf der DJ 105 folgt nach 4 km die Gemeinde

Dealu Frumos, Schönberg, Lesses (475 m, u. e. E. 1280, 1021 Ew.). *Sehenswert* eine guterhaltene Kirchenburg, im 13. Jh. war sie eine turmlose Basilika. Anfang 16. Jh. wurde diese in eine got. Hallenkirche umgebaut, erhielt einen Wehrturm am W-Ende des Mittelschiffs und einen gleich starken O-Turm über dem Chor. Der rechteckige Bering hat 5 Türme und ein wehrhaftes Kornhaus. Im NO-Turm wurde die Einfahrt in die Burg zugemauert. 1914 wurde der Saal des Gemeindehauses in den fünfekkigen SO-Turm eingebaut. Die Ew. pendeln zum größten Teil nach Agnetheln zur Arbeit. Die AS führt über die „Schönberger" Hill, wo ein Schild mit dem Hinweis *„Geographische Mitte von Rumänien"* steht. Hinab in das Harbach-Tal, erreicht sie nach schöner Trasse durch dichte Eichenwälder nach 4 km die Stadt Agnetheln.

Dealu Frumos (Schönberg), Kirchenburg

ROUTE 4/22

Die Kreisstraße DJ 106 verläßt Agnetheln in Richtung W, am Stadtrand zweigt eine in Modernisierung befindliche Straße nach S ab, steigt stetig über die H. Hilbe (530 m), dann steil hinunter in das Werder Tal, erreicht nach 3 km das Dorf

Vǎrd, Werd, Vérd (440 m, u. e. E. 1319, 551 Ew.). Die ev. Kirche wurde Ende 13. Jh. erbaut. Von der Ringmauer der Burg im W ist nur noch ein Fragment erhalten. Mehrere unterirdische Gänge führten in die gegenüberliegenden Höfe. Zu Beginn dieses Jh. wurden diese zugeschüttet. *Sehenswert* im Glockenstuhl eine alte Glocke von 1438. Die Galerie in der Kirche mit holzgetäfelter Brüstung ist mit hübschen Rokokomotiven bemalt. In kaum einstündiger Fußwanderung steigt man 5 km auf einem Feldweg durch alten Eichenwald in ein liebliches Tal zum kleinen Ort

Veseud, Zied, Vessződ (490 m, u. e. E. 1323, 410 Ew.); war freie sächs. Stuhlsgemeinde. Die Kirchenburg wird 1509 erstmals urkundl. erwähnt, besaß einen Mauergürtel mit zwei quadratischen und zwei runden Befestigungstürmen. Über dem Chor steht ein mächtiger, fünfgeschossiger Turm mit bis zum zweiten Geschoß verdoppelter Mauer. Hat Wehrgang mit Fachwerkbrüstung auf Hängeböcken. An der W-Fassade wurde das Mittelschiff halsartig bis zum alten Torturm, jetzt Glockenturm, verlängert. Ein Wendeltreppentürmchen mit dem „Barometer" führt auf die Orgelempore: Die unterste Steinstufe wird Stunden vor Regen naß! Die ganze Anlage bildet ein bewegtes, malerisches Bild. Das Chorgestühl ist mit Blumen bemalt, die Pfarrerbank stammt aus 1762, der barocke Flügelaltar von 1741, sein Kreuzigungsbild ist signiert „M. Stock Cib. Pin". Mauer mit Türmen wurde abgetragen, um aus ihrem Material die moderne Schule und den Gemeindesaal zu bauen. Auf der Anhöhe zwischen Zied, Kirchberg und Martinsberg stand einst ein Warnturm. Hier zündete man beim Einfall von Feinden Warnfeuer an.

Ein Feldweg führt zwischen Hügeln und bewaldeten Höhen nach 8 km im Rohrweiher Tal nach

Chirpăr, Kirchberg, Kürpöd (452 m, u. e. E. 1337, 1429 Ew.), liegt in einem Talkessel eingebettet. Gehörte schon zum Leschkircher Stuhl. Die Gemeinde schart sich um den Kirchenhügel, daher ihr Name. Die dreischiffige rom. Basilika wurde zu Beginn des 13. Jh. errichtet. Die Befestigungsanlage der Kirche (Ringmauern, Glockenturm und sechs Wehrtürme) kam erst im 16. Jh. hinzu. K. wurde in der Folgezeit durch seine Handwerker (bes. durch seine Hafnermeister) bekannt, in der Zeit zwischen den Weltkriegen durch Erfolge in der Ochsenzucht. Der *siebengeschossige Glockenturm* (Bergfried) ist der höchste Turm im Harbachgebiet. Allein der Anblick dieses Turmes lohnt die Mühe, den etwas abgelegenen Ort aufzusuchen. Über eine neuangelegte Straße guter Busverkehr mit Agnetheln. Nach 4 km in Richtung S erreicht die Straße

Săsăuş, Sachsenhausen, Szászahuz (433 m, u. e. E. 1486, 501 Ew.). Das im MA. von Sachsen bewohnte Dorf ist heute rein rum. Nur die Häuser erinnern an die Vergangenheit. Rum. Kirche von 1782 vom Kirchenmaler Grecu bemalt. Schöner Dorfbrunnen. Die Straße führt 14 km nach S, nach Nou Român zur Alt-Brücke nach Kerz > [R 10/27].

Eine KS führt 6 km nach O über Stoffelnberg (Mărgului, 645 m) nach

Şomartin, Martinsberg, Mártonhegy (451 m, u. e. E. 1337, 923 Ew.), freie sächs. Stuhlsgemeinde. Die heutige Hallenkirche entstand aus einer dreischiffigen rom. Basilika (13. Jh.). 1953 wurde die Kirche in einen Eisenring eingebunden. *Erwähnenswert* ist das *Altarbild* des Hermannstädter Malers Johann Martin Stock von 1730: Abendmahlsszene. Um das Kirchenschiff läuft ein geschlossener Wehrgang mit Schießöffnungen, auf Strebepfeilern aufliegend. Auch der Verteidigungsturm hat Wehrgeschoß auf Hängeböcken. Die äußeren Wehranlagen sind ganz abgetragen.

Die KS führt 3,5 km weiter nach O, kommt zu dem Dorf

Bruiu, Braller, Brulya (442 m, u. e. E. 1307, 569 Ew.), war Hermannstädter Propstei unterstellt. Der Kirchenaltar in der ev. Dorfkirche gehört zu den wertvollsten Altären des 16. Jh. (spätgot. *Schreinflügelaltar*, 1520). Der Hauptschmuck des Schreins: Maria mit dem Jesuskind (auch im Kölner Dom). Die Bauernburg ist auch jetzt noch gut erhalten, wenn auch nicht mehr im urspr. Stil, weil im Laufe der Jh.

Bruiu (Braller), Blick in den Speckturm der Wehranlage

die Ringmauern nach außen erweitert wurden. Die letzte Hexenverbrennung im Schenker-Stuhl war 1744, als die Braller Bäuerin Anna Schuff erst geschwemmt und dann verbrannt wurde. Eine Straße führt 4 km über den Berg nach S in das Dorf

Gherdeal, Gürteln, Gerdály (474 m, u. e. E. 1337, 298 Ew.). Von hier stammt die Fam. des Dichters und Heimatforschers Simon Gottlieb Brandsch, Stammvater einer Reihe von Forschern, Erziehern, Künstlern und Politikern der Sb.S.

3 km nö. von Braller zweigt von der Straße im Rohrbachtal ein Weg 2 km ab, führt in das Dorf

Toarcla, Tarteln, Kisprázsmár (470 m, u. e. E. 1329, 592 Ew.), war ein freies sächs. Dorf. Die dreischiffige rom. Basilika aus dem 13. Jh. ist in schlechtem Zustand. Sie hat viele Rundbogenarkaden, runde Apsis, tiefes rom. W-Portal mit verwittertem Steinbildschmuck, Zwillingsfenster in Doppelrundbogen, erhöhte Seitenschiffe an der Turmwand mit eingebauten Vorratskammern mit Schießluken. Aus dem s. Seitenschiff führt eine breite Treppe zur Orgelempore. Der runde Bering hat noch halbe Höhe, seine Zinnen, Türme und das Tor sind verschwunden. Von der Tartelner Abzweigung führt die KS nach 8 km über die Anhöhe (578 m) aus dem „Krautwinkel", in dem all diese Orte s. von Agnetheln liegen, nach Großschenk.

REISEGEBIET 23

Rupea / Reps / Köhalom

Das Reisegebiet Reps erstreckt sich im SO des mittleren Siebenbürgen auf beiden Hängen der Wasserscheide zwischen Alt und Mieresch, im Saubach-Tal bis an die Große Kokel, im „Haferland" hinunter bis zum Alt und in der Homoroder Senke bis an das Dugău-Gebirge.

Im höchsten Teil des Siebenbürgischen Berglandes gelegen, bildet es einen Teil des Oderhellener Piedmonts der Südsiebenbürgischen Vorkapaten. Sein tiefstgelegener Talort ist Mureni (Neuflaigen, 400 m), der höchste Petecu (Petsch, 584 m). Seine höchsten Berge 847 m sind im Dugău-Gebirge bei Jimbor (Sonnenburg).

Im W bestehen die Berge aus Sandstein, Ton, Mergel und Konglomeraten, im O, im Gebiet der Homorod-Flüsse, dringen Salzkerne bis an die Oberfläche, und die oberen Bergpartien sind von dicken Aglomeratschichten gebildet, die von den Vulkanausbrüchen des Hargitta-Gebirges stammen. Bei Reps erhebt sich der schöne Basaltvulkankegel des Repser Burgberges. Die Senke am Großen und Kleinen Homorod weist in breiten Auniederungen mächtige postglaziale Sedimente auf. Die zahlreichen Salzquellen um die Salzstöcke (Streitfort) werden in den Bädern von Hamruden und Reps genützt. Erdgas wird bei Meeburg gefördert.

Die Berge sind mit Wäldern bedeckt. Im Saubach- und Arkedener Talgebiet sind es vor allem Buchenwälder, während Richtung S die Eichen- und Mischwälder vorherrschen. Erst im Dugău-Gebirge treten wieder geschlossene Buchenbestände auf. Die Wälder, Wiesen und Weiden bestimmen das Landschaftsbild.

Das Klima ist kühl und feucht mit über 700 mm Niederschlägen im Jahr, die Winter sind schneereich. Satte Wiesen und Weiden begünstigen eine alte Tradition der Rinder- und Pferdezucht. In den Tälern werden Kartoffeln, Gerste, Hafer und Sommerweizen angebaut, um die Ortschaften sind Obstgärten angelegt worden. Die nassen Auwiesen und die Rutschungshügel machen vielerorts eine Nutzung des Bodens unmöglich.

Das Gebiet ist seit frühgeschichtlicher Zeit bewohnt. Daker, Römer und Wandervölker haben ihre Zivilisationsspuren hinterlassen. Im Mittelalter siedelten hier Ungarn neben Rumänien und seit dem 12. Jh. deutsche Bauern und Handwerker. In der Türkennotzeit wurden viele ihrer Dörfer zerstört, wieder aufgebaut, oft aber für immer vernichtet.

Die Ortschaften sind nicht sehr groß. 17 Orte haben weniger als 1000 Einwohner, nur Reps und Keisd weisen mehr auf. Der äußere Aspekt der Dörfer wird größtenteils durch das sächsische (moselfränkische) Bauernhaus mit abgewalmtem Giebeldach zur Straße geprägt. Die Höfe sind durch gemauerte Torbögen mit dem Nachbarhaus verbunden, so daß geschlossene Straßenfronten entstehen. Nach hinten war der Hof durch Scheunen und Ställe begrenzt, so daß der einzelne Bauernhof wie eine Burg in sich geschlossen stand. Die meisten Siedlungen sind Straßen- und Angerdörfer. Auch die Rumänen und Ungarn haben in vielen Ortschaften diese Bauweise über-

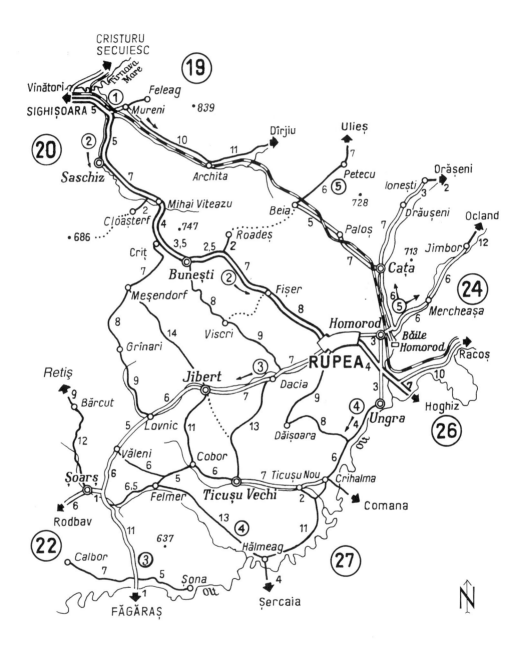

nommen, nur fehlt bei ihnen der Torbogen; ein Gartenzaun lockert hier die Bauweise auf. Markante Bauwerke und touristische Attraktionen sind die siebenbürgisch-sächsischen Kirchenburgen mit den evangelischen Steinkirchen aus dem 13. bis 16. Jh., die von den sächsischen Dorfgemeinschaften errichtet worden sind. Sie sind nicht nur durch ihren prägnanten Abwehr- und Schutzcharakter beeindruckend und sehenswert, sondern auch dank der Kunstobjekte bäuerlicher, oft anonymer Herkunft oder von der Hand bekannter Meister (Sohn Veit Stoß's). Sehenswert sind auch die Ruinen der echten Bauernburgen von Reps und Keisd sowie als Besonderheit das Gestüt von Hamruden.

Zu erreichen ist das Gebiet mit der Bahn von Schäßburg oder Kronstadt. Internationale Züge halten in Reps nicht. Die E 15 bildet die Verkehrsdiagonale, die von ihr ausgehenden Asphaltstraßen sind immer, die Kiesstraßen bei gutem Wetter befahrbar. Übernachtungsmöglichkeiten im Hotel in Reps (Privatquartier).

ROUTE 1/23

5 km von Vînători (Teufelsdorf) nach O biegt die DN 13 (E 15) aus dem Kokeltal nach S ab, kommt zur Abzweigung einer AS nach O ins Arkedener Tal, überquert die Bahnlinie und erreicht nach 1 km das Dorf

Mureni, Neuflaigen, Szederjes (400 m, u. e. E. 1270, 498 Ew.).

Aus dem Ortszentrum zweigt ein Weg nach NO ab, führt in einem kleinen Seitental nach 3 km in das kleine Dorf

Feleag, Altflaigen, Magyarfelek (420 m, u. e. E. 1360, 485 Ew.). Aus dem Dorf Mureni führt die nicht mehr geteerte Straße in weitem Tal am Arkedener Bach und an der Bahnlinie entlang in die 600 – 800 m hohen Berge des Oderhellener Piedmonts (Vorkarpaten). Buchenwälder und Hutweiden bedecken die Berglehnen, Kulturen den Talboden. Nach 10 km liegt im s. Seitental das große Dorf

Archita, Arkeden, Erked (467 m, u. e. E. 1341, 1150 Ew.). Auf der Ostseite des großen, dreieckigen Marktplatzes erhebt sich die gut erhaltene, 1899 restaurierte sb.-sächs. *Kirchenburg* mit doppelter Ringmauer und sieben erhaltenen Wehrtürmen um die ev. Kirche. Im Zentrum der W-Front stehen der Torturm, die Burghüterwohnung und das „Alte Rathaus". Die Burg hat zwei rechteckige Mauergürtel, die äußere, 7 m hoch, hat erhaltenen Wehrgang auf Hängeböcken mit Schrägdach, Gußerker, Schießscharten. An den Ecken sind viergeschossige Türme schräg vorgebaut, z. T. noch mit ihren Wehrgängen, mit Pyramidendächern und Stiegenbäumen (1661). *Kirche*: Die rom. Pfeilerbasilika (13. Jh.) wurde bei der Wehrbarmachung um 1500 in eine got. Saalkirche mit äußeren Verteidigungsanlagen umgebaut, ein Wehrgeschoß auf 14

Archita (Arkeden), Kirchenburg

Strebepfeilern mit Verteidigungsbögen mit Gießöffnungen, Schießscharten und Wehrgang unter dem Kirchendach errichtet. Die Fenster des fünfgeschossigen Turms wurden zu Schießschlitzen zugemauert, er selbst mit meterdickem Steinmantel umhüllt, Herd mit Rauchabzug eingebaut, Treppenstollen in der Mauerdicke mit Zugang von der Kirchenempore geschaffen. Vom dritten Obergeschoß konnte das Wehrgeschoß über dem Saal erreicht werden. Der burzenländische Turmhelm wurde erst 1802 aufgesetzt, ein S-Portal mit got. Triumphbogen errichtet, die Sakristei dem Chor zu breit geöffnet. Spitzbogenfenster erhellen die Kirche. Dem großen Brand von 1748, der die Gemeinde einäscherte, fielen auch Dach und Inneneinrichtung der Kirche zum Opfer. Im Arkedener Tal verläßt die Straße die Bahnlinie und führt in einem n. Seitental 11 km in die Gemeinde Dîrjiu > [RG 19].

ROUTE 2/23

Von der Murenier Abzweigung steigt die DN 13 stetig im engeren unteren Valea Scroafei (Saubach-Tal) nach S, nach scharfer Krümmung am Galgenberg in das sich weitende Tal, nach 5 km in die Gemeinde

Saschiz, Keisd, Szászkézd (410 m, u. e. E. 1309, 2308 Ew.). Es ist ein altes Zentrum sächs. bäuerlicher Kultur mit Möbelmalerei und Hafnerei (Keisder Krüge). Auf der S-Seite des Marktplatzes stehen die sächs. Wehrkirche und ihr Glockenturm. Ganz aus Feldstein gebaut, hat Einstieg durch Luke im ersten Geschoß mit nachziehbarer Leiter, 2 m dicke Mauern, jedes Geschoß nach jeder Seite sechs kleine Schießlöcher, erhielt 1677 heutige Gestalt: geschlossenes Wehrge-

Sachiz (Keisd), Gesamtansicht von Westen

schoß und Turmhelm wie der Stundenturm in Schäßburg. Im S-Fenster steht die Holzfigur des „Bogdan", der regelmäßig die Viertelstunden auf seiner Trommel schlägt. Die letzten Erdbeben haben dem Turm Sprünge zugefügt. Ringmauer wurde abgetragen. *Kirche*: 1493 wurde dreischiffige rom. Basilika aus dem 13. Jh. durch spätgot. Saalkirche ersetzt. Um 1500 Wehrbarmachung: Abtragung der Seitenschiffe, Errichtung eines Wehrgeschosses über Saal und Chor, gestützt auf 22 äußere Stützpfeiler mit Verteidigungsbögen, die den Wehrgang mit 40 Schießscharten tragen, mit Zugang durch zwei Wendeltreppen aus dem Saal. Auch die Sakristei wurde zu einem Wehrturm aufgestockt. Ein Gesims am Wehrgeschoß umläuft den ganzen Bau. Im Chor sind zehn verschieden gemeißelte Konsolen, vom Tabernakel nur noch die Bekrönung erhalten. Die Fenster haben ungewöhnlich geformte got. Maßwerkfüllungen. 1 km w. des Dorfes befinden sich auf bewaldeter Bergkuppe (536 m) die Reste einer *Fliehburg*, Ende 14. Jh. von Ew. der umliegenden Dörfer errichtet. 10 m hohe Mauern aus Sandstein mit sechs viergeschossigen Türmen, die z. T. beheizbar waren, stehen noch; in den letzten 45 Jahren ist die ganze Anlage stark verfallen, da sie von den Dorfbewohnern zur Beschaffung von Baumaterial und Brennholz mißbraucht wurde. Vorburg und Torturm sind ganz verschwunden, ebenso die Wehrgänge, Dächer, Tore und alle Holzteile. Aus einem 60 m tiefen Brunnen führt aus 20 m Tiefe ein Notausgangsstollen zur Gemeinde. S. davon führt die Straße an großen Hopfenpflanzungen, dann an Rutschungshügeln jenseits des Saubaches vorbei. Das Tal weitet sich bis zu über 1 km Breite. Nach 6 km zweigt nach SW eine KS ab, führt nach 2 km in das Dorf

Cloaşterf, Klosdorf, Miklóstelke (455 m, u. e. E. 1322, 280 Ew.). Am Dorfeingang liegt links die sächs. Kirchenburg. Kirche und Wehranlage wurden 1521 gleichzeitig gebaut. Der Baumeister hat Namen und Jahreszahl vermerkt (älteste Signatur eines Baumeisters in Sb.). Saal und Chor der turmlosen Saalkirche sind aus Feldstein, während die Verteidigungseinrichtungen mit Ziegeln angebaut sind. Im Saal befinden sich ein Brunnen und eine Wendeltreppe als Zugang zum Wehrgeschoß mit Wehrgang. Unter den 24

Südostansicht der Wehrkirche von Cloaşterf (Klosdorf)

Schießscharten des Wehrgeschosses umgibt ein Gesims die ganze Kirche. Das W-Portal hat Gleitrinnen eines Fallgitters. Das rom. Taufbecken stammt aus der Vorgängerkirche. Die Emporentafeln sind mit wertvoller Schreinermalerei des Meisters Georgius Rößler versehen, zeigen typ. Elemente der Renaissance und des Barock. Die Wehrmauer ist rechteckig, mit schräggestellten Ecktürmen mit Pultdach, Gußerkern und Spuren einer Außenbemalung. Der Ort war urspr. Eigentum der Kerzer Zisterzienserabtei, doch nach deren Auflösung (1474) kam er in den Besitz der Marienkirche aus Hermannstadt. Aus dem Dorf führt ein Feldweg über die Berge (686 m) nach W, an Schützengräben von 1916 vorbei, in das Dorf Denndorf > [RG 20]. 1 km sö. der Klosdorfer Abzweigung folgt die DN 13 einem großen Bogen nach O. Hier liegt am Hang das kleine Dorf

Mihai Viteazu, Zoltendorf, Zóltány (455 m, u. e. E. 1341, 435 Ew.). Unterhalb der Straße liegt, umgeben von den Resten eines Parks, ein kleines Barocklandhaus, es beherbergt heute die ärztliche Betreuungsstelle des Dorfes. Nach 4 km zweigt eine Straße nach S ab, führt über den Saubach in das Dorf

Criţ, Deutsch-Kreuz, Szászkeresztúr (491 m, u. e. E. 1321, 856 Ew.). Name kommt von der 1270 gebauten „Steinkirche zum hl. Kreuz". Die rom. Basilika mußte Anfang des 19. Jh. einem klassiz. Bau weichen. Erhalten blieb das alte bemalte Gestühl. Die *Wehranlage* aus dem 15. Jh. hat gut erhaltene innere Steinmauer mit vier dreigeschossigen Türmen mit Treppen zu jedem einzelnen Geschoß. Der Einfahrtstunnel mit dreigeschossigem Torturm hat vorkragende Gießerker, Schießscharten; hatte Fallgitter. Auf dem Plateau im N hinter der Burg wurde später eine zweite, höhere Mauer errichtet. In dem überdachten trockenen Raum zwischen den Ringmauern wurden die Fruchtkästen untergebracht. So entstand ein Halbkreis glatter Dachflächen über klobigen Bruchsteinmauern.

Nach W führt eine Straße 15 km durch Wälder und über Berge nach Denndorf > [RG 20]. Nach S führt eine KS ins Lauterbach-Tal, 6,5 km nach

Meşendorf, Meschendorf, Mese (568 m, u. e. E. 1289, 659 Ew.). Die breite Dorfstraße steigt mählich in dem von Wäldern umgebenen tiefen Talkessel, begrenzt von dreifenstrigen Stirnfronten schmucker Bauernhäuser mit stuckverzierten Giebeln und hohen Torbogen zum Kirchenhügel. Die *Kirche* mit ihrem fünfgeschossigen Turm entstand als frühgot. Saalkirche aus rohem Steinmauerwerk (1350). In den Gewölben sind noch Schlußsteine mit Rosette und Schwurhand aus der Vorgängerkirche zu erkennen. 1450 erfolgte die Wehrbarmachung: Der Turm wurde zum Bergfried, mit Schießscharten und Wehrgang mit Fachwerkbrüstung versehen, das Portal zugemauert. Zugang mit einer Leiter aus dem Kirchenschiff. Aus seinem dritten Geschoß Zugang zum Wehrgeschoß über dem Saal, von dem nur die Hängeböcke übriggeblieben sind. In der Kirche sind wertvolle Emporenmalereien leider 1914 von unkundiger Hand übermalt worden. Die innere Ringmauer bildet ein unregelmäßiges Vieleck mit z. T. erhaltenem Wehrgang auf Hängeböcken. Im W steht ein Turm mit Pultdach. An der niedrigen Außenmauer ragt noch der viergeschossige Fleischturm auf. Eine Straße führt nach S über die Berge (691 m) 8 km nach Mukendorf. 4 km von Deutsch-Kreuz auf der DN 13 im Saubach-Tal nach O liegt die Gemeinde

Buneşti, Bodendorf, Szászbuda (456 m, u. e. E. 1337, 815 Ew.). Die DN 13 führt mitten durch die Gemeinde, an der weiträumigen sächs. Kirchenburg vorbei. 1356 als dreischiffige Basilika erwähnt. 1505 erfolgte Wehrbarmachung: Seitenschiffe wurden abgetragen, ebenso der Glockenturm, auf 21 äußeren Strebepfeilern um Kirchensaal und Chor ein Wehrgang auf Verteidigungsbögen errichtet, Zugang durch Wendeltreppe aus dem Saal. Chorwehrgang wurde zur Flucht vom Wehrgang des Schiffes getrennt (Türe von 40 cm Breite, flankiert von zwei Schießscharten). Das Chorgeschoß steht auf weit vorkragenden Konsolen mit Gußerkern, Pechnasen, Schießscharten und dekorativen Nischen, hat dadurch eine elegante, sich nach oben verbreiternde Silhouette. 1804 wurde der Wehrgang über Schiff und Turm abgetragen, das Dach direkt auf die Strebepfeiler aufgesetzt, was eine malerische Vertikalgliederung der weißgekalkten Mauern ergab. Im 19. Jh. wurde dem Turm ein stilloser Helm aufgesetzt. Die Chorwände umzieht, erst z. T. freigelegt, ein Apostelfries mit echt byzant. Temperamalerei (Anfang 16. Jh.). An Emporen sind prachtvolle volkstümliche Malereien, signiert „magister operis fuit Johannis Rössler Anno 1680", gut erhalten geblieben. Um 1500 entstand der mit fünf Türmen bewehrte innere Mauerring, später im S ein Vorhof mit Bastei. Die dreigeschossige NW-Turm hat beheizbare Räume und Fensterchen, mehrere dt. und lat. Inschriften von 1664. Der Torturm im SW hatte Fallgitter. Im Innenhof ist an der Mauer ein Kranz von ziegelgedeckten Schuppen (Gaden) angebaut. Nach der Abwanderung der Sb.S. überwiegen heute als Ew. der Gemeinde zahlenmäßig die Zigeuner. Nach S führt im Weiherbach-Tal eine KS 8 km nach Deutsch-Weißkirch. 2,5 km von Bodendorf zweigt von der DN 13 ein Weg nach N ab und führt nach 2 km im Quellgebiet des Saubaches in das Dorf

Roadeş, Radeln, Rádos (570 m, u. e. E. 1356, 573 Ew.). Bewaldete Berge umgeben den Talkessel, in dem das Dörfchen liegt. Auf einer Bergnase, zu der drei winkelige Gäßchen hinaufführen, steht seit dem 14. Jh. eine got. Saalkirche mit w. Glockenturm. 1504 wurde mit der Wehrbarmachung begonnen. Türken hatten den Turm zerstört. Sein Torso wurde, mit einem Steinmantel ummauert, in einen Bergfried verwandelt. Doppelhelm 19. Jh. Um die Kirche wurden Strebepfeiler mit Verteidigungsbögen aufgezogen, der hohe O-Giebel abgewalmt. Der Chor ist nach Entfernung des Wehrgeschosses viel niedriger geworden. *Sehenswert* im Inneren: eine prachtvoll bemalte *Sakristeitür* (1526) und der sehr kostbare *Johannes-Flügelaltar*, ein Werk in fränk. Tradition, in dessen Schrein die beiden wertvollsten sb. Holzplastiken stehen. Ein Werk des Meisters Christian aus Schäßburg. Die Emporen sind von Meister Georgius Rössler bemalt. Die innere, 5 m hohe Burgmauer, mit z. T. erhaltenem Wehrgang, hat vier Wehrtürme, auf einem die Wetterfahne. Der Pfarrturm ist beheizbar. Von zwei ö. Türmen wurde einer zur Mädchenschule, der andere zur Burghüterwohnung umfunktioniert; dafür wurde ein Teil des Materials der Außenmauer verwendet. Ein Zwinger im S bildet den Vorhof mit zwei schweren, eisenbeschlagenen Eichentoren. Im N des Dorfes, auf der „Burg" oder „Hünenburg", sind dakische Verschanzungen freigelegt worden. Die Mehrzahl der heutigen Dorfbewohner sind Zigeuner.

Von der Abzweigung des Radler Weges beginnt die DN 13 am Hang des Krämer-Berges zu steigen. Wiesen, Hutweiden, Viehställe (Saivane), Wald, einzelnstehende Bäume, Hecken und Sommerhäuschen, ein Parkplatz am Waldrand auf der Wasserscheide zwischen Alt und Mieresch (643 m) laden zum Verweilen ein. Am Steilhang des dicht bewaldeten Lai-Berges, vorbei an geolog. Aufschlüssen, führt die Straße nach 7 km in das Dorf

Fişer, Schweischer, Sövényszeg (555 m, u. e. E. 1452, 703 Ew.). Ist von drei Seiten von dichten Wäldern umgeben. Die ev. Kirche befindet sich oben, am Berg zwischen Obstgärten und Friedhof. Von der stattlichen Felssteinkirche mit Wehrgang und Wehrturm ist, nach letzterer Beseitigung, ein bescheidenes Kirchlein zurückgeblieben, das 1862 noch einen Turm mit Zwiebelhaube erhalten hat. Diese Kirche birgt ein Kleinod: den *Flügelaltar* mit der Legende des hl. Martin von Tours und dem Leidensweg, gemalt in der Schäßburger Werkstatt des Meisters Johann Stoß (Sohn des Nürnberger Veit Stoß). Die den Mittelschrein flankierenden Evangelisten tragen die Tracht dt. Ratsherren des 16. Jh. Im Dorf gibt es ein ev. Altenheim. Durch Wiesen und Hutweiden führt ein Steg über den Koppen (718 m) mit Schützengräben aus dem Ersten Weltkrieg 8 km nach Deutsch-Weißkirch.

Im weit sich öffnenden Schweischer-Tal führt die DN 13 8 km bis zur Stadt

Rupea, Reps, Köhalom (461 m, u. e. E. 1324, 1992: 6372 Ew.), im Tal des Kosder Baches, am Fuße des Burgberges gelegen. Bhf. ist 8 km von der Stadt entfernt (Busverbindung): Gara Rupea mit Schnell-, Personen- und Lokalzugsverbindung nach Kronstadt und Schäßburg. Hotel, Reisebüro, Autohof, Telefon, Post, Museum, Autoclub, A.C.R.-Werkstätten, Tankstelle. Reps war ein wichtige Marktgemeinde, Hauptort des Repser Stuhls und des Kosder Kapitels, hat Gymnasium und Fachschulen, ist wirtschaftliches Zentrum des „Haferlandes" mit großem Holzverarbeitungskombinat, mechanischen Werkstätten, Milchverarbeitungsbetrieb und einer Konfektionsfabrik. Am O-Rand der Stadt treten im Kosder-Tal Salzquellen zutage. Hier liegt das Repser Salzbad, dessen Wasser 126,2 mg/l Salze enthält (Cl, Na, K, Ca, S, CO^2, Mg), es ist ein Heilbad für Rheumaerkrankte und Patienten mit Erkrankungen des peripheren Nervensystems. Die *ev. Kirche* (1488) ist eine *Sehenswürdigkeit*, hat eine Schwalbennest-Orgel, auch die Orgel von Draas ist hier aufgestellt worden. Kirchl. Schreinermalereien aus dem 17. und 18. Jh. sowie 17 orient. Teppiche aus der gleichen Zeit schmücken den Kirchenraum. – Die *Repser Burg* steht seit dem 11. Jh. als Königsburg auf dem Kohalmer Basaltvulkankegel (578 m). Wurde als Fluchtburg von den umliegenden Dörfern ausgebaut. Zwei Mauerringe mit Türmen bilden die alte „Obere Burg" um das zentrale Kommandantenhäuschen auf dem Gipfel. 1421 wurde sie durch die Türken zerstört und nachher von den Repsern wehrkräftiger neu aufgebaut: es kam noch die „Mittlere Burg" mit Hof, Kapelle, „Glatterturm" und fünfeckigem Turm dazu, im 17. Jh. der dritte und vierte Hof der „Unteren Burg" mit 5 m hoher, zinnengekrönter Mauer und Ecktürme. Tortürme und Torwehren (Barbakane) verbinden die Burghöfe. Zehn Wehrtürme verstärken die

Teilansicht von Rupea (Reps)

Mauern. 1790 zerstörte ein Orkan die Wehrgänge, beschädigte die Dächer schwer, so daß sie rasch verfielen. 1954 wurden die Mauern restauriert.

ROUTE 3/23

Im Kosder-Bachtal, 7 km Richtung SW, liegt am S-Ufer das große Dorf

Dacia (Ştena), Stein, Garát (473 m, u. e. E. 1309, 1140 Ew.). Es liegt an einer alten Römerstraße. Das kreuzförmige Zentrum des Ortes ist von Sb.S. angelegt worden. Seit 1488 ist die dt. Schule nachgewiesen, 1640 ein „Pferdedorf" mit 358 Pferden. Die ev. *Dorfkirche* war im 13. Jh. eine turmlose, dreischiffige rom. Pfeilerbasilika. Bei der Wehrbarmachung wurde die Apsis in dreigeschossigen Wehrturm verwandelt, ringsherum 20 Strebepfeiler mit Verteidigungsbögen und Wehrgang über dem Saal gebaut. Der Glockenturm im W ist dreimal durch Erdbeben zerstört worden, der heutige wurde 1845 stillos errichtet, die Wehrgeschosse der Kirche abgetragen, aus deren Material der Saal nach W verlängert, der Vorbau vor den S-Eingang sowie eine Blasebalgkammer für die Orgel über dem Altar gebaut. Die innere, quadratische Ringmauer wurde ebenfalls abgetragen, es blieb die äußere, aus Feldsteinen errichtete, 7 – 8 m hohe Mauer von rechteckigem Grundriß mit noch drei vorhandenen, dreigeschossigen, an den Ecken vorspringenden Türmen erhalten. Aus dem SW-Turm wurde die neue Schule gebaut. In der Mitte der N-Mauer steht eine Bastei mit Pultdach und Pechnasen. S. der Gemeinde befinden sich Salzquellen, die aber nicht genützt werden.

Im Zekel-Tal führt eine KS 9 km nach N in das Dorf

Viscri, Deutsch-Weißkirch, Szász-Fehéregyháza (581 m, u. e. E. 1400, 735 Ew.). Anfang des 12. Jh. lebten hier Szekler Grenzwächter (Ung.) um eine weiße Kapelle „Alba eclesia". Diese benützten die hier später angesiedelten Sb.S. als Gotteshaus. Der Taufstein der heutigen Kirche stammt aus dieser Kapelle. Neben ihr wurde aus grauem Basaltgestein ein Wohnturm der Gräfenfam. errichtet. Im 14. Jh. wurde um diese Kapelle eine neue Kirche gebaut, bis zum Gräfenturm, der nun Glockenturm wurde, verlängert, Wehrgang und Glockenstube als neuntes Geschoß darübergebaut. Die ev. Kirche hat zwei Portale im S, Strebepfeiler an der Außenwand, Verteidigungsbögen und Wehrgang um die ganze Kirche. Der Chor hat Spitzbogen- und Rundfenster. Es ist eine einschiffige rom. Basilika. Das Gestühl stammt von 1694, die Kassettendecke wurde 1743 angebracht, die Emporenbrüstungen sind bemalt. Der Mauerring von 5 – 7 m Höhe hat im S zwei Türme und zwei Basteien mit vorkragenden Wehrgeschossen, Maulscharten, der Torturm eisenbeschlagene eichene Torflügel. Im NW wurde die Ringmauer durch eine zweite Mauer verdoppelt, bekam noch zwei vorspringende Türme, Wehrgang und Drehbol-

Viscri (Deutsch-Weißkirch), Kirchenburg

zen-Schießscharten dazu. Im 18. Jh. wurde eine zweite Mauer um die ganze Burg errichtet, die z. T. noch 1 m hoch erhalten ist. Im 19. Jh. wurden die Wehrgänge abgetragen und Schuppen an die Innenmauer gebaut, in welchen die Kornkästen aufbewahrt wurden. Die glatten Mauern sind weiß getüncht und sehen beeindruckend aus. In den siebziger Jahren wurden Burg und Kirche restauriert. Im unteren alten rum. Dorfteil sind noch alte Holzbauten in der Bauweise der Gebirgsbewohner anzutreffen.

Eine Straße führt 8 km nach N bis Bodendorf. Von Stein führt die AS durch das breite Wiesental des Kosder Baches 7 km in die Gemeinde

Jibert, Seiburg, Zsiberk (501 m, u. e. E. 1289, 1087 Ew.), größte Gemeinde im Repser Stuhl. Seit prähist. Zeit bewohnt (Grabungsfunde an vier Stellen), dazu gehörte auch das Zisterzienserkloster im Pfaffental, das 1336 zerstört wurde. Die alte ev. Dorfkirche wurde 1868 durch einen neugot. Bau ersetzt. Die Ringmauern und Türme waren schon 1850 abgetragen worden. Ö. der Gemeinde befindet sich ein Salzbrunnen. Zigeuner bilden heute die Mehrheit der Dorfbewohner. Auf der Höhe führt ein Wanderweg nw. 15 km nach Meschendorf und, nach W abzweigend, 10 km nach Mukendorf. Von Seiburg nach W führt die AS s. des kanalisierten Kosder Baches, dann auf dem Damm durch sumpfige Auwiesen 6 km bis

Lovnic, Leblang, Lemnek (503 m, u. e. E. 1206, 880 Ew.). Die alte rom. Basilika wurde 1886 abgetragen, durch Neubau ersetzt. Auch die baufällige Ringmauer mit den Türmen wurde abgetragen. Heute sind die Hälfte der Ew. Zigeuner. Johannisfest und „Ährenkranz" waren große Volksfeste. In Leblang zweigt ein KS nach N ins Mukendorfer Tal ab, führt nach 9 km in das Dorf

Grînari, Mukendorf, Nagymoha (525 m, u. e. E. 1289, 885 Ew.). Hat schöne ref. Kirche. In vielen Serpentinen führt ein Höhenweg nach N (691 m), 8 km in das Dorf Meschendorf.

Von Leblang führt die AS im Wallendorfer Tal 5 km nach SW in das kleine Dorf

Văleni, Wallendorf, Dombos (525 m, u. e. E. 1204, 322 Ew.). Im 12. Jh. von Wallonen gegründet. Ein Höhenweg führt 7 km Richtung NW nach Bekokten > [RG 21], ein anderer nach O 7 km nach Kiwern.

Nach S führt die AS in vielen Serpentinen über Hochweiden 6,5 km ins Scharoscher Tal hinab in die Gemeinde

Şoarş, Groß-Scharosch, Nagysáros (489 m, u. e. E. 1206, 1030 Ew.). *Sehenswert* die *ev. Kirche* in der Hauptstraße. Die erste rom. Basilika wurde 1438 von Türken niedergebrannt. Darauf wurde die spätgot. Wehrkirche mit langgestrecktem Saal und W-Turm gebaut, mit schönem W-Portal aus Rundstäben mit Hohlkehlen, das aber mit Sandsteinplatten zugemauert wurde. Reste des alten Lettners stehen noch, unter ihm ein Brunnen. Der Barockaltar stammt von 1745, 1806 wurde ein Quertonnengewölbe eingebaut. Strebepfeiler mit Verteidigungsbögen und einem Wehrgang mit 33 Schießscharten reichen bis unter das Dach. 1776 bekam der Glockenturm sein achtseitiges Spitzdach aus Blech. Ringmauern und sechs Türme wurden im vorigen Jh. abgetragen. Im Tal aufwärts, dann über den „Pfarrerstisch" und die Steinhöhe (703 m) führt die Straße nw. 12 km nach Bekokten und über die Berge 6,5 km nach O bis in das Dorf

Felmer, Felmern, Felmer (482 m, u. e. E. 1206, 878 Ew.). Hatte 1500 noch 34 Höfe, 1521 nur noch 21. Ist heute eine große Gemeinde im Seitental des Alt. *Sehenswert* die *ev. Kirche*: Die rom. Basilika von 1250 ist noch erhalten, wurde bei Wehrbarmachung erhöht, trägt Wehrgeschoß mit Schießscharten, dabei wurden aber die Seitenschiffe abgetragen. Sie wird durch sechs Strebepfeiler gestützt. In der N-Wand ist der Treppenstollen zum Wehrgang. 1795 wurde der Glockenturm gebaut, 1800 ein neues Tonnengewölbe, 1837 die W-Empore eingebaut und das rom. Rundfenster vergrößert (zerstört). Von der ovalen Ringmauer stehen noch Reste zwischen zwei Mauertürmen. Aus dem Material der abgetragenen Mauern und Türme wurde die neue dt. Schule gebaut. Wegen dem vielen aufgeschütteten Schutt wirken die Türme niedrig. Die gesamte Anlage ist von einem Wassergraben umgeben. 13 km talabwärts liegt die Gemeinde Halmagen am Ufer des Alt. 2 km sö. von Groß-Scharosch zweigt die AS nach S ab, überquert die Randberge des Sb. Berglandes, durchquert nach 11 km den Vorort von Fogarasch, und eine KS führt 5 km Alt-aufwärts in das Dorf

Şona, Schönen, Szépmező (449 m, u. e. E. 1488, 567 Ew.). Gehört adm. zur Gemeinde Mîndra, mit der es durch eine Alt-Brücke verbunden ist > [RG 27].

ROUTE 4/23

Vom Ortseingang Reps führt die DN 13 nach O, am Salzbad vorbei, läßt die Abzweigung nach Hamruden links liegen, über den Kosder Bach, hinauf zur ehem. landwirtschaftlichen Maschinenstation, am *Repser Bahnhof* mit der Arbeitersiedlung und dem großen Holzverarbeitungskombinat vorbei (6 km), von der DN 13 abbiegend, die nach Hoghiz weiterführt > [RG 24], nach S, um den Galter Berg am Unterlauf des Homorod-Flusses, nach 5 km in die Gemeinde

Ungra, Galt, Ugra (482 m, u. e. E. 1211, 1497 Ew.). Die langgestreckte Gemeinde liegt auf der Alt-Terrasse unter dem Galter Berg. Das Alt-Tal und die Alt-Au sind hier über 3 km breit, und in ihr liegt, gegenüber der Gemeinde, das röm. Militärlager „Pons Vetus", wo 262 n. Chr. die Schlacht zwischen Goten und Gepiden an der röm. Alt-Brücke stattgefunden haben soll. *Sehenswerte ev. Kirche*, 36 m lange Basilika aus dem 13. Jh., aus roten Basaltquadern des röm. Castrums von Hoghiz errichtet. Die Gewölbe sind ersetzt, die Seitenschiffe abgetragen worden, um den Wehrgang über dem Kirchenschiff bauen zu können. Dabei wurden die Rundbogenarkaden und rom. Zwillingsfenster der Obergaden mit ihren Rundsäulen zugemauert. Im 19. Jh. wurde die Kirche ihrer Wehranlagen beraubt, große Fenster ausgebrochen, der durch Erdbeben beschädigte W-Turm abgetragen, das W-Portal wieder freigelegt. Der Saal bekam eine Stuckdecke. Ein Löwenkopf des Portals befindet sich in der Sakristei, ein anderer im Brukenthal-Museum in Hermannstadt. Die einfache Ringmauer am Hang hat von außen viergeschossige Türme mit Pultdach. Der Torturm mit Einfahrtstunnel steht im SO. Im NO steht ein fünfeckiger Turm mit Pultdach und kreuzförmigen Zinnen, Schießscharten mit Holzrahmen und Drehbolzen. Der Wehrgang ist verschwunden. Es bietet sich ein weiter Rundblick über das Altland nach Hoghiz und ᵗ

Fîntînele und zum Perşani-Geb. 120 m vom Kirchenplateau, am „Burgreech", wurden Reste eines röm. Castrums ausgegraben, am Gemeindefriedhof ein röm. Begräbnisplatz mit steinernen Sarkophagen, Bronzestatuen, Münzen, Schwertern, Hausgerät u. a.; alles befindet sich jetzt in den Museen von Hermannstadt und Kronstadt. Die KS führt am Alt entlang nach SW 4 km bis vor die Dahlbach-Brücke. Hier Abzweigung in das Valea Mare, 8 km bis in das große Dorf

Däişoara, Langenthal, Longodár (496 m, u. e. E. 1400, 904 Ew.). Wird von Rum. und Zigeunern bewohnt. Eine alte Poststraße führt durch den Wald nach NO über die Berge (656 m) 9 km nach Reps. Von der Langenthaler Abzweigung am Altufer führt die Straße unter dem z. T. bewaldeten Steilhang der Berge nach 6 km in das Dorf

Crihalma, Königsberg, Királyhalma (465 m, u. e. E. 1396, 782 Ew.). Gehört verwaltungsmäßig zu Comana de Jos, mit dem es durch eine Fähre über den Alt verbunden ist. Es ist ein rum. Dorf. Vom Gruiul lui Crai (Königsberg, 610 m), 30 Minuten vom Dorf, hat man im Herbst ausgezeichnete Fernsicht zum Fogarascher Geb.

2 km w. am S-Rand des Tekeser Tales liegt das rum. Dorf

Ticuşu Nou, Walachisch-Tekes, Felsőtyukos (482 m, u. e. E. 1554, 676 Ew.), zu Comana de Jos gehörig, mit dem es die Königsberger Fähre verbindet. 1554 sollten die sich hier widerrechtlich auf freiem Königsboden niedergelassenen Moldauer Rum. entweder die Ortschaft verlassen oder den Zehnten entrichten.

Im Tekeser Tal 7 km weiter w. liegt die Gemeinde

Ticuşu Vechi, Deutsch-Tekes, Szásztyukos (488 m, u. e. E. 1373, 1206 Ew.). Vor dem Zweiten Weltkrieg waren 75 % der Ew. Sachsen. 1694 noch 10 Hofstellen, damals wurde von diesen wenigen Ew. die *Burg* gebaut: eine rhombenförmige, 3 – 5 m hohe Mauer, an jedem Eck ein vorspringender, dreigeschossiger Wehrturm aus Feldstein mit Wehrgang und Schießscharten. Das Erdbeben von 1802 zerstörte Kirche und Glockenturm. 1823/1827 Erbauung der neuen, spätbarocken Kirche. Über dem Altar Einbau der alten, klangschönen Orgel (8 Register, 1 Manual). Hier wirkte als Pfarrer und Sprachforscher F. Keinzel-Schön. Ein Feldweg (alte Poststraße) führt nach N über die Berge (643 m) und durch Wälder 13 km nach Stein. Ein anderer Weg führt im Tekeser Tal weiter nach W, 6 km in das Dorf

Cobor, Kiwern, Kóbor (517 m, u. e. E. 1206, 597 Ew.). Wird hauptsächlich von Ung. (Szekler) bewohnt, die nach 1520, als die sächs. Bewohner 1432 von den Türken niedergemetzelt oder in die Sklaverei verschleppt worden waren, angesiedelt wurden. Die alte got. Saalkirche wurde 1658 von Tataren zerstört, die wiederaufgebaute 1802 durch Brand vernichtet. Die heutige ref. Kirche hat Kassettendecke, hölzerne Orgelempore, n. und s. Burschenemporen (Glater) mit ung. Bauernmalerei an den Balustraden (1846). Durch die drei Zerstörungen hat sich viel Schutt um die Kirche angesammelt. Die Wehrmauer aus Feldstein hatte Wehrgang. Der vorspringende, dreigeschossige Wehrturm mit Wehrgang und Schießscharten ist Glockenturm. Es stehen noch zwei Mauertürme mit Pechnasen, Gießerkern und Schießscharten mit Drehbolzen. Ein Höhenweg führt 7 km n. nach Leblang, ein anderer 8 km Richtung W nach Wallendorf und ein dritter über das „Schneereech" 5 km nach Felmern.

Von Crihalma (Königsberg) führt die Straße am Bergfuß über der Altau weiter nach S und SW 11 km bis zum Dorf

Hälmeag, Halmagen, Halmagy (468 m, u. e. E. 1211, 798 Ew.). Sächs. Siedlung. In Türkenkriegen entvölkert. 1488 wurden Ung. angesiedelt, ev. und frei auf sächs. Königsboden. Die Kirche ist eine rom. Basilika, die unter Einfluß der Zisterzienser Bauhütte aus Kerz um 1260 entstanden ist. Die zwei Türme der W-Fassade haben nur ein Geschoß. Der Chor mit dreiseitiger Apsis mit Rundfenstern ist von rechteckigen Kammern flankiert, die nach O Rundbogennischen, dreiteilige Fenster mit Kleeblattbögen und got. Ziergiebel haben. Die Gewölberippen werden von Säulen getragen, die attische Basis und Konsolen mit Männerfiguren haben. Auf dem Kirchhof steht die Kapelle mit Grabmal des Gutsbesitzers und Schriftstellers Michael Fronius. – Durch Alt-Brücke mit Gemeindezentrum Schirkanyen verbunden > [RG 27].

ROUTE 5/23

Auf der DN 13 aus Reps nach O, nach 2 km auf Abzweigung (AS) wieder nach O, über die Römer-Weidenbachbrücke am Pferdegestüt vorbei, liegt nach 3 km die Großgemeinde

Homorod, Hamruden, Homoród

(463 m, u. e. E. 1400, 1728 Ew.) Auf einer Terrasse, die das Homoroder Tal einengt. Hatte Ew. aller vier Nationalitäten. Stattliche Höfe des moselfränk. Typs, viele schon mit städtischem Charakter, säumen dicht gedrängt die Gassen der Ortsmitte. Das markanteste Bauwerk ist die *Wehranlage um die ev. Kirche.* Die kleine, einschiffige rom. Basilika mit quadratischem Chor, halbrunder Apsis, schlankem, w. Glockenturm mit Vorhalle vor W-Portal wurde 1270 errichtet, geprägt im Stil der Zisterzienser Bauhütte. Hier sind die ältesten Sb. *Wandmalereien* aus dem 13. Jh.: ein Apostelfries, die Hl. Familie, der Lei-

Homorod (Hamruden), Kirchenburg

denszyklus und Kleeblattarkaden. Es gibt auch neuere Malereien von 1420. Bei der Wehrbarmachung um 1500 wurde über dem Chor ein Chorturm errichtet, zu dessen Stützung der Triumphbogen zwischen Mittelschiff und Chor zugemauert wurde. In dem nun vom Kirchenschiff abgetrennten Chor hat die Wandmalerei die Zeit der Bilderstürme der Ref. überdauert. Dieser Turm ist achtgeschossig mit 3 m dicken Mauern, aus Sand- und Bruchsteinen errichtet, mit Treppenstollen in der Mauerdicke und Eingang in einem Apsisfenster, oben trägt er Wehrgang und Glockenstuhl. Auch der W-Turm wurde ähnlich ausgebaut, mit Aufstieg im Treppenstollen in der Mauer. 1792 wurde ein neuer Chor an der S-Flanke des Schiffs angebaut (einzigartige Lösung in Sb.). 1792 kam es durch Brand zum Gewölbeeinsturz, nach Wiederaufbau wurde eine Kassettendecke eingezogen. Bäuerliche Schreinermalerei an Emporen und im neuen Chor. Die rechteckige Ringmauer ist 8 m hoch, hat zweigeschossige Türme mit Gießerkern und Schießscharten an den Ecken. Im toten Winkel der Türme sind Abtritterker. Gut erhaltener Wehrgang, Scharwachttürmchen über dem W-Eingang. 1657 wurde der W-Turm durch einen fünfeckigen, viergeschossigen Turm mit Wehrgang, Schindeldach und leiterartiger Holztreppe ersetzt. An ihm befinden sich Reste rot-blauer Bemalung und lat. Inschriften. Aus Hamruden stammt Anna Simonis, die 1849 als „Prinzessin Omar" die Gattin Omar-Paschas in Konstantinopel wurde. 1,5 km sö. von Hamruden, 4 km nö. vom Repser Bahnhof liegt

Băile Homorod, Honterusbad, Honterusfürdö (454 m) in großen Parkanlagen. Nach dem bedeutenden Humanisten und Reformator der Sb.S. benannt. Die Mineralquellen enthalten Na, Ca, K, S, Cl, Mg und Kohlensäure. Hier werden mit Wannen- und Schlammbädern, Schlammpackungen Spondilose, Arthrose, Polyarthritis, Menopausenstörungen und Hauterkrankungen behandelt. Unterbringung in Villen (80 Plätze); Kantine und Gasthaus. Auf dem Gelände des

Bades befinden sich kleine, aktive Schlammvulkane.

Von Hamruden führt eine AS nach O in das Tal des Kleinen Homorod-Flusses, verläuft an dessen W-Ufer, überquert ihn dann und erreicht nach 6 km das Dorf

Mercheaşa, Streitfort, Mirkvásár (467 m, u. e. E. 1400, 792 Ew.). In geringer Tiefe ein Steinsalzstock, daher Salzquellen im Kleinen Homoroder Tal. Hatte dt.-rum. Ew. Nach weiteren 8 km talaufwärts, am Fuße der Ausläufer des Munţii Perşani (Dugău-Geb.), liegt das Dorf

Bauer aus Homorod (Hamruden) beim Pflügen

Jimbor, Sommerburg, Szászszombor (489m, u. e. E. 1332, 828 Ew.). Hat ung.-rum. Bevölkerung. Auf Berg im W Ruinen der Burg.

Die Straße führt von hier als KS weiter, durch Satu Nou nach 12 km nach Ocland > [RG 19]. Die Kreisstraße führt von Hamruden nach N in der weiten Talsenke des Großen Homorod fast ohne Steigung 6 km in die Gemeinde

Caţa, Katzendorf, Kaca (467 m, u. e. E. 1400, 1210 Ew.). Auch in diesem stattlichen einst sächs. Dorf ist das markante Bauwerk die *Kirchenburg.* 1250 wurde die dreischiffige rom. Pfeilerbasilika mit zwei rom. Zwillingsfenstern errichtet. Die beiden Festungsmauern der Befestigungsanlage treffen sich an den Ecken des Torturms. Sie sind 4 m hoch, die innere Mauer hat drei Türme. Der äußere Ring ist zum Teil abgebröckelt, an ihm steht seit 1676 der fünfeckige „Pfarrerturm". Das Dorf ist wegen seiner typischen, reichen Schreinermalerei und als „Pferdedorf" bekannt, hatte früher pro Fam. sieben Pferde. Nach NW zweigt eine AS ins Königstal ab, führt 7 km entlang der Hauptbahnlinie in das rum. Dorf

Paloş, Königsdorf (485 m, u. e. E. 1298, 660 Ew.). Ein Höhenweg führt 7 km nach N in das Dorf Petsch. Eine 5 km lange AS führt im Königsbach-Tal weiter hinauf bis zum Dorf

Beia, Meeburg, Homorodbéne (533 m, u. e. E. 1442, 799 Ew.). Es liegt im Quellgebiet des Königsbaches unter der Wasserscheide Mieresch–Alt, an der Hauptbahnlinie,

Beia (Meeburg), „Hohes Bett" mit siebenbürgischen Stickarbeiten

die hier bei 590 m Höhe durch einen langen Tunnel verläuft. Das Dorf war früher zum großen Teil von Sachsen bewohnt, was im Ortsbild zum Ausdruck kommt. Breite, einladende Straßen führen strahlenförmig zum Kirchplatz, wo die *ev. Kirche* steht, in ihr ein schöner Flügelaltar, der 1513 von Johann Stoß, einem Sohn des Nürnberger Veit Stoß, gemalt worden ist. Auch wertvolle Schreinermalerei, typ. Katzendorfer Prägung, ist in der Kirche vorhanden. – Von hier gehen Feldwege nach SW 9 km über die Berge (656 m) nach Radeln, nach NW 11 km über den Eisenbahntunnel nach Arkeden und ein dritter nach N über den László-Berg (625 m) nach Dîrjiu.

Nach NO führt eine Straße in einem Seitental 6 km in das von Ung. bewohnte Dorf

Petecu, Petsch, Petek (584 m, u. e. E. 1445, 644 Ew.) und weiter nach Ulieş, zu dem ein serpentinenreicher Weg 8 km weit führt > [RG 19].

Von Katzendorf führt die Kreisstraße geradlinig in der Senke 7 km weit Richtung NO zu dem Dorf

Drăuşeni, Draas, Homoróddaróc (484 m, u. e. E. 1224, 819 Ew.). Liegt 18 km von Reps mitten in der Senke der Vorkarpaten des Oderhellener Piedmonts. Das bis 1944 sächs. Dorf wird heute hauptsächlich von ung. Szeklern bewohnt. Wie eine Insel liegt die *Kirchenburg*, von Gassen umgeben, mitten im Dorf. Es war die östlichste freie sächs. Siedlung auf dem Königsboden (dem Alten Land), daher wurde die spätrom. Basilika bes. prachtvoll ausgestattet. Die 1224 gebaute Kirche ist ganz aus Sandstein, die Kanten aus Basaltblöcken ausgeführt, hat quadratischen Chor mit halbrunder Apsis und dreischiffiges Langhaus mit viergeschossigem W-Turm, von Seitenschiffen flankiert. Im Turmerdgeschoß waren Vorhalle und W-Portal sowie drei Arkadenbögen zu den Schiffen. Viele Steinverzierungen, Steinfriese, Kapitelle dienen als Schmuck. Bei Wehrbarmachung wurden die Seitenschiffe abgetragen, nur die Joche an den Turmseiten blieben, Turmfenster wurden bis auf schmale Schießschlitze zugemauert, ebenso das W-Portal. Ein Wehrgang mit darunterliegendem Rundbogenfries wurde dem Turm aufgesetzt. Die Kanten sind aus Hausteinen gemauert. Unterhalb der Obergaden-Zwillingsfenster verläuft ein 1,3 m hohes Fries mit der Legende der hl. Katharina (1375). Durch nachträglich errichtete Pilaster, die das Tonnengewölbe tragen, wurde es in mehrere Abschnitte unterteilt. Die Apsis wurde mit viereckigem Ziegelmantel umgeben und trägt einen Fachwerkwehrgang. Die Emporen oder „Glater" (1637) bilden ein wahres Volkskundemuseum bäuerlicher Schreinermalerei, ebenso Chorgestühl und Emporen der späten Renaissance und des Barock. Nach der Flucht der Sachsen übernahmen die ref. Szekler 1945 die Kirche, hatten aber nicht die Mittel, sie instandzuhalten, so verfällt heute alles. Durch das beschädigte Dach regnet es in den Kirchenraum und auf die Emporen. Die Festungsmauer besteht aus 8 – 9 m hohem, poligonalem Mauerring aus Feldstein. Die Toreinfahrt im S hatte zwei Fallgitter und dreigeschossigen W-Turm und nebenan ein eisenbeschlagenes Türchen. Fünf starke Wehrtürme aus Feldstein sind z. T. in den letzten Jahren eingestürzt. Im 17. Jh. hatte die Burg noch einen zweiten Mauerring mit zwei Türmen erhalten, die aber 1841 wieder abgetragen wurden. 3 km im Tal weiter nach NO folgt das kleine ung. Dorf

Ioneşti, Eisdorf, Homoródjánosfalva (484 m, u. e. E. 1448, 326 Ew.). Hier verengt sich das Tal und nach 2 km, in Orăşeni, endet die AS für eine kurze Strecke, um dann in Richtung Oderhellen weiterzuführen (25 km) > [RG 19].

REISEGEBIET 24

Sfîntu Gheorghe / Sankt Georgen / Szepsiszentgyörgy

Dieses Gebiet umfaßt naturgeographisch den Innenbereich des Karpatenbogens und zwar den NO–Golf des tektonischen Beckens der Kronstädter Senke > [RG 26] sowie Teile der meist aus Sandstein bestehenden Innenkette der siebenbürgischen Ostkarpaten. Die Landschaft, ihre Höhenlage, stuft sich zw. 468 und 1500 m ein, ist wesentlich durch den Alt/Olt und seine zahlreichen Nebenflüsse geprägt. Der Alt entspringt im 100 km nördlich gelegenen Hăşmaşul-Mare-(Nagy Hagymas)-Massiv und fließt dann, z. T. in engen Abschnitten, nach S. Im Burzenland ändert er, das Baraolter Gebirge umfließend, seinen Lauf nach N. Geologisch gesehen ist der N-Rand vulkanisch geprägt, z. B. das Ciomatul-Mare Massiv im N des Bodoker Gebirges sowie das südliche Hargitta-Gebirge. Tektonische Spalten, die von NW nach SO verlaufen sowie der vulkanische Untergrund führen zur Entstehung vieler Mineralwasserquellen (ungarisch bórviz), Mofetten (CO_2-Ausströmungen) und Solfataren (Schwefeldampf-Ausströmungen). Klimatisch ist die Region durch ihre Höhen- und Beckenlage geprägt, mit starken Temperaturschwankungen, hohen Niederschlägen und im Winter sehr kalten Winden (z. B. der Nemere, ein Zweig des sibirischen Antizyklons). Die natürliche Auen- und Waldvegetation ist, besonders in tieferen Lagen, stark anthropogen verändert. In höheren Langen sind dichte Nadelwälder sowie zahlreiche Jagdreviere (Rotwild, Bären, Wölfe, Birk- und Auerhuhn).

Kulturgeographisch sind Frühsteinzeitfunde bekannt. Die dünne Besiedlung in der Bronze- und Eisenzeit sowie zur Zeit der Daker und Römer hat wenige Spuren hinterlassen. Besiedlung der Region durch Ungarn und Székler (die Herkunft der Székler ist trotz intensiver Forschungen umstritten, sie sprechen ungarisch und zählen sich ethnisch und kulturell zu den Magyaren) im 12. und 13. Jh. Diese prägen bis in die Gegenwart durch ihre bäuerlichen und handwerklichen Strukturen die Dörfer und Städte. 1900 waren 75 % der Einwohner landwirtschaftlich tätig, heute sind es etwa 25 %. Die fruchtbaren Böden im S der Region ermöglichen einen traditionell intensiven Kartoffel- und Zuckerrübenanbau; in der Berglandschaft haben Rinder- und Schafzucht gute Bedingungen und Tradition. Handwerk und Industrie umfassen alte (Holz, Textil, Milch) und neue Branchen (Metall, Elektrotechnik).

ROUTE 1/24

2 km nö. von Chichiş zweigt die DN 12 von der DN 11, von Kronstadt kommend, nach N ab, führt nach 4 km in den ung. Ort

Coşeni, Szotor (524 m, u. e. E. 1448, 576 Ew.) und nach 3 km in das Dorf

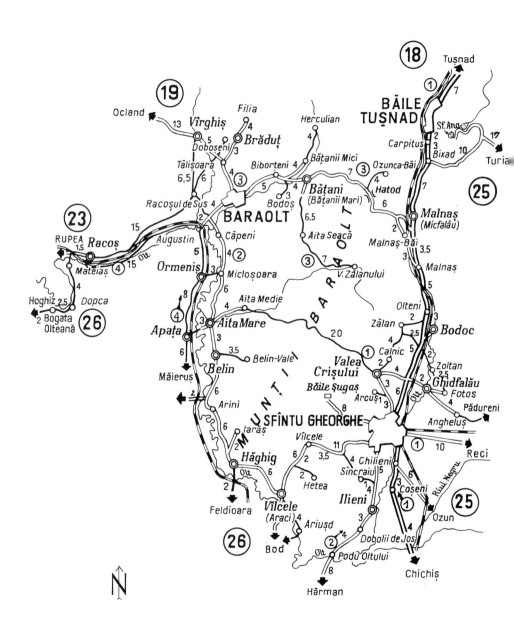

Chilieni, Kilyén (529 m, u. e.
E. 1334, 697 Ew.). Hat eine
unit. got. Kirche aus dem
15. Jh. Nach 3 km folgt die
Einfahrt in die Stadt

**Sfîntu Gheorghe, Sankt Ge-
orgen, Sepsiszentgyörgy**
(525 m, u. e. E. 1332, 1985:
65.800 Ew.). Die Stadt liegt
auf beiden Ufern des Alt und
auf der w. Flußterrasse bis zu
den Ausläufern des Baraolt-
Geb. Sie ist Zentrum der tra-
ditionsreichen ung.-szekler
Region Drei-Stühle (Három-
Szék, Treiscaune). 1461 erhielt Sf. Gheorghe Stadtrecht.
1568 wurde es von den Türken, 1658 von den Tataren
fast ganz zerstört. Bis 1918
war es Zentrum der s. Szek-

Chilieni, unierte Kirche

ler Region. Nach 1945 wird es Kreisvorort. Heute ein wichtiges Industriezentrum durch Ausbau
traditioneller Wirtschaftszweige (Lebensmittel, Zigaretten, Möbel, Textilien) und neuer Branchen (Maschinenbau). Es ist Schul- und Kulturzentrum (3 Gymnasien, ung. Theater). *Sehenswürdigkeiten:* Der *Freiheitsplatz* (Piaţa Libertăţii, Szabadság-Tér) hat durch große Parkanlagen seinen Marktcharakter verloren; umgeben von Gebäuden im klassizist. Baustil, wie das Mikó-Gym-
nasium im O, 1859 erbaut, das ehem. Rathaus im W, auf dessen Vorderseite das Wappen der
Drei-Stühle sowie eine Gedenktafel für Gábor Aron (Freiheitskämpfer aus 1848, Kanonengießer)
zu sehen sind. Im O das von Karoly Kós erbaute Gebäude des Staatsarchivs. – Die ref. *Kirchenburg* aus dem 15. Jh., urspr. im got. Stil nach dem Vorbild der sächs. Kirchenburgen, mit 2
Ringmauern, die äußere allerdings abgerissen. 1802 wurde ein Teil der Kirche zerstört, anschließend im Renaissancestil wieder aufgebaut, es blieb wenig Originelles erhalten. – Das *Szekler
Nationalmuseum* B-dul 16 Februarie 10, 1911 vom Arch. Károly Kós erbaut, mit einem schönen
original Szekler Eingangstor, umfaßt u. a. die Sammlung Cserei. Die 3 Abteilungen (Geschichte
und Kunstgeschichte, Naturkunde, Ethnographie) zählen über 180.000 Exponate, von denen
viele, wie z. B. die im Hof befindlichen Szekler Bauernhöfe, die neolithische Keramik der Ariuşd-
Kultur, Szekler Hausrat und Volkskunst u. v. a. *sehenswert* sind. Die Neubauten der Stadt am O-
und W-Rand und im Simeria-Viertel fügen sich nur z. T. in die gewachsene Bausubstanz ein.
Außerhalb der Stadt, 8 km nw. liegt

Băile Şugaş, Schugasch-Bad, Sugasfürdö (760 m), am Ostrand des Barolter Geb. Campingplatz
und einige private Ferienwohnungen bilden den Naherholungs- und Badeort mit Mineralwasserquellen. Trink- und Badekuren sind möglich. Kleines Freibad. Auf der DN 12 nach N folgt eine
Wegkreuzung: 2 km nach O liegt das Dorf

Ghidfalău, Gidófalva (547 m, u. e. E. 1332, 1294 Ew.) mit einer ref. Kirchenburg aus dem 15. um
eine Kirche aus dem 13. Jh. 2 km weiter ö. liegt der Weiler *Fotoş, Fotosmartonos*. 2,5 km nach
NW führt eine KS nach

Zoltan (548 m, u. e. E. 1353, 500 Ew.), seit 1899 vereinigt mit dem Ort Elfalău. Klosterkirche. Die
KS führt über den Alt zur DN 12. Von der Kreuzung nach W liegt 4 km weit der Ort

Valea-Crişului, Sepsikőröspatak (606 m, u. e. E. 1332, 1466 Ew.). mit einer *sehenswerten* kath. Kirche, deren Innenraum Fresken aufweist. 2 km n. liegt das Dorf

Calnic, Kálnok (592 m, u. e. E. 1332, 635 Ew.). Hat eine unit. Kirche aus dem 13. Jh. mit blumenartigen Verzierungen aus Holz im Innenraum. Der hölzerne Glockenturm weist typ. Szekler Schnitzereien auf. Auf einer AS, die nach S 6 km bis Sf. Gheorghe führt, zweigt nach 3 km eine AS nach W ab, führt in das Dorf

Arcuş, Árkos (576 m, u. e. E. 1332, 1714 Ew.). Hier steht eine unit. Kirchenburg aus dem 17. Jh. und ein neubarockes Schloß der Fam. Szentkereszty. Hier ist der ung. Zoologe József Gelei geboren. Auf der DN 12 folgt nach weiteren 8 km ö. der Chaussee

Bodoc, Bodok (549 m, u. e. E. 1332, 1241 Ew.). Die Gemeinde hat viele Mineralwasserquellen deren Wasser auch abgefüllt wird, sowie eine schöne Kirche aus dem 15. Jh. 2 km w. der DN 12 führen zwei Wege 2 km weit in das Dorf

Zălan, Zalán (638 m, u. e. E. 1332, 801 Ew.). Im Ort großer Herrenhof und alte ref. Kirche mit Kassettendecke. Viele schöne szekler Holzhäuser. Nach weiteren 3 km in n. Richtung folgt

Olteni, Oltszem (562 m, u. e. E. 1332, 684 Ew.). Hier steht seit 1870 das im klassizist. Stil aufgebaute Schloß Mikó. Heute ist es ein Kinderheim. 5 km weiter nach N (21 km von Sf. Gheorghe) folgt die Gemeinde

Malnaş, Málnás (u. e. E. 1366). Sie besteht aus drei Orten: **Malnăş** (572 m, 741 Ew.), **Malnăş-Băi, Malnas-Fürdö** (565 m, 395 Ew.) und 5 km weiter n. **Micfalău, Miko-Neudorf, Mikóújfalu** (610 m, u. e. E. 1812, 500 Ew.). Malnaş ist landesweit durch seine Heilwasserquellen bekannt, deren Wasser, seit 1830 durch Bohrung erschlossen, abgefüllt wird. Eine eigene Badestation mit 4 Heilquellen, einer Mofette sowie Wannenbäder stehen zusammen mit Ferienhäusern und einem Kurgasthaus den Heilungsuchenden zur Verfügung. Hier zweigt die AS nach Baraolt ab (3/24). Nach weiteren 7 km folgt in dem sich immer mehr verengenden Tal

Bixad (Bicsad), Sepsibükszád (663 m, u. e. E. 1342, dann Wüstung bis 1786, 2700 Ew.). Es ist eine Neugründung aus dem 18. Jh. und verdankt seine Entstehung der Fam. Mikó, die hier eine Glashütte besaß. Nö. vom Dorf am gegenüberliegenden Berg stehen zwei Burgruinen: Falkenstein (Solyomkö) und Vápa, die beim Türkeneinfall 1421 zerstört wurden. Ausgangspunkt für Wanderungen zum St.-Annen-See, Turia, Bálványos. Zum *St.-Annen-See* (Lacul Sf. Ana, Szent-Anna-tó) führt die Kreisstraße 113 von Bixad 10 km nach O, dann eine kehrenreiche Abzweigung noch 7 km bis an den Krater. Im Sommer Busverkehr von St. Georgen und von Bixad. Der St.-Annen-See, 950 m, im Vulkanmassiv Ciomatul Mare gelegen, ist der einzige Kratersee Osteuropas, 0,19 km², 7,5 m tief, Wasser nur aus Niederschlägen. Beliebter Badesee. Am Ufer kath. Kapelle. 1 km n. des Sees, in einem Seitenkrater des Vulkankegels Ciomatul Mare, ist das NSG des Mohoş: Tinovul Mohoş (1050 m), ein Moor mit reichem Torfbestand, seltenen Pflanzenarten (wilder Rosmarin – Andromeda polifolia, Sonnentau – Drosera rotundifolia). Unterkunftsmöglichkeiten in der St.-Ana-Schutzhütte mit 40 Betten.

Die Kreisstraße 113 führt von der Abzweigung 6 km weiter durch dichten Wald nach *Turia*, auf der Paßhöhe (940 m) ein Sanatorium. Vor der Paßhöhe befindet sich im Wald die *Puciosul*- oder *Stinkhöhle* (Büdösbarlang), eine Mofette in aufgelassenem Schwefelbergwerk mit 93 % CO_2 und 0,5 % H_2S. Vorsicht! Nicht die Gase einatmen, Todesgefahr! Die Straße führt hinab in das Bad Bálvánjos > [RG 25]. Von Bixad steigt die DN 12 in die steile W-Flanke des Ciomatul-Vulkans und führt 5 km, hoch über der engen Schlucht, die sich der Alt durch vulkanisches Gestein genagt hat, in den Ort

Băile Tuşnad, Bad-Tuschnad, Tusnádfürdö (690 m, u. e. E. 1702, 1985: 2041 Ew.). Vorwahl 958. Die Heilwasserquellen sind seit 1420 bekannt. Seit 1850 Bade- und Kurbetrieb, wurde zeitweise auch „Kaiserbad Tuschnad" genannt. Seine Mineralquellen sind Kohlendioxid-, basisch-, eisen- und salzhaltig. Thermal- und andere Heilbäderkuren sind möglich, Mofetten und Kurschlamm werden genützt. 3000 Betten in 3 modernen Hotels, in Ferienhäusern und -wohnungen, Pensionen und Gaststätten. Gut ausgestatteter Kurbetrieb, zahlr. Unterhaltungs- Sport- und Wandermöglichkeiten auf gut markierten Pfaden, meist durch Nadelwald (St.-Annen-See, Piscul-Cetăţii-Burgberg mit Mauerresten einer einstmals 2 ha großen Verteidigungsburg). Die DN 12 führt weiter, 7 km in das Dorf Tuşnad > [RG 18].

ROUTE 2/24

Von Sf. Gheorghe nach SW auf der Kreisstraße 103A folgt nach 5 km, w. der Straße, das Dorf

Sîncraiu, Sepsiszentkirály (583 m, u. e. E. 1334, 502 Ew.). Hat eine unit Kirche aus dem 15. Jh. Ihr Westturm ist zum Bergfried ausgebaut. In seinem Erdgeschoß befindet sich das Westportal der Kirche. Nach weiteren 4 km folgt die Großgemeinde

Ilieni, Illyefalva (534 m, u. e. E. 1332, 1294 Ew.) mit einer ref. Kirchenburg aus dem 15. Jh., die außerhalb des Dorfes auf einer Anhöhe liegt. Sie weist eine doppelte, gut erhaltene Ringmauer mit vier Ecktürmen auf sowie einen Torturm. Der urspr. got. Baustil der Kirche ist noch erkennbar, ebenso die Reste eines Kreuzgangs im Inneren der Burg. War im MA. Marktflecken. In der Dorfmitte stehen drei ansehnliche Herrenhäuser: das Haus Bornemisza mit Gewölben, Arkaden, Steintürmen, Blumenstuck im Renaissancestil, das Haus Bakó im Rokokostil und das Séra-Haus im Empirestil des 19. Jh. 3 km weiter s. liegt

Ilieni, Séra-Haus im Empirestil

Dobolii de Jos, Aldoboly (530 m, u. e. E. 1461, 799 Ew.). Hier steht das Hollaky-Herrenhaus aus dem 17. Jh. mit Balkon, rosettengeschmückten Gewölben; neu ausgemalt.

Zurück an den Stadtrand von Sf. Gheorghe. Nach 11 km windungsreicher, guter Waldstraße nach W liegt

Vîlcele, Elöpatak (600 m, u. e. E. 1770, 1224 Ew.), war einst ein berühmter Kurort mit Mineralwasserquellen (Kohlensäure, Schwefel, Magnesium, Kalzium), die schon im 18. Jh. Anwendung fanden. Heute nur noch lokale Bedeutung. 50 Betten in Appartements und Villen und ein Kurrestaurant stehen zur Verfügung. Hier befindet sich das einzige Krankenhaus des Landes für Muskelpathologie. Nach weiteren 2 km zweigt ein Weg 1 km nach O ab, führt in den Weiler **Hetea, Hete** (608 m). Nach weiteren 4 km in sw. Richtung erreicht man das Dorf

Araci (Vîlcele), Arendorf, Árapatak (506 m, u. e. E. 1332, 1154 Ew.). Neben stattlichen Häusern der Ung. und ärmlichen Lehmhütten der Zigeuner steht das spätbarocke Schloß Mikó inmitten einer früher viel größeren Parkanlage. Auch hier im Dorf ist eine Kirchenburg, deren Turm aus dem 14. Jh. stammt. Burg und Kirche wurden im 18. Jh. neu errichtet. Nach 6 km in Richtung NW liegt das Dorf

Hăghig, Fürstenburg, Hidvég (506 m, u. e. E. 1252, 1604 Ew.). An einer nö. Abzweigung liegt nach 2 km

Iarăş, Nyárospatak (542 m, u. e. E. 1349, 553 Ew.), 6 km weiter auf der Kreisstraße nach N

Arini, Lüget (530 m, u. e. E. 1345, 636 Ew.). Hier führt eine Abzweigung nach W zu einer Alt-Brücke nach Măieruş (Nußbach). Nach weiteren 6 km auf landschaftlich schöner Straße folgt

Belin, Blumendorf, Bölön (493 m, u. e. E. 1334, 2697 Ew.), eine große Szekler Gemeinde. Besitzt in der Dorfmitte eine Kirchenburg um eine unit. Kirche aus 1722. In der Hallenkirche ist schön geschnitztes Gestühl. Die Mauern und Wehrtürme stammen aus 16. und 17. Jh. Die alte Kirche wurde 1893 durch eine neue, mit 25 m hoher Kuppel ersetzt. Sie ist die repräsentativste Kirche der ganzen Gegend. – *Sehenswert* ist das Geburtshaus des szekler Aufklärers *Sándor Farkas Bölöni* (1795 – 1842) mit einer Gedenktafel sowie der interessante Friedhof, auf dem keine Kreuze, sondern nur geschnitzte Pfähle (Lanzen) als aus heidnischer Zeit stammende Grabmaltradition aufgestellt sind. Im Belin-Tal zieht sich der Weiler *Belin-Vale, Bölönpatak* noch 3,5 km in das Baraolter Geb. Auf der Kreisstraße liegt 3 km n. die Großgemeinde

Aita Mare, Nagyajta (476 m, u. e. E. 1332, 1193 Ew.), hat ebenfalls eine Kirchenburg um eine unit. Kirche mit erhaltener spätgot. Architektur aus 14. Jh. Die Basteien, viergeschoßigen Türme, Mauern mit Schießscharten aus grauem Flußstein ähneln den sächs. Kirchenburgen des 16. Jh. Am unit. Pfarrhaus zeigt eine Tafel, daß hier der Sammler von Szekler Volksdichtungen, Kriza János, gelebt hat (1811 – 1875). Im Ort geboren wurden der Naturwissnschaftler Bara István (1805 – 1865), der Keramiker Ajtei Jozsef, der das Teleki-Schloß in Gorneşti mit Kachelöfen versehen hat, und der Historiker Kovács István (1799 – 1872). 4 km in die Berge hinein liegt

Aita Medie, Középajta (508 m, u. e. E. 1459, 1347 Ew.). Geburtsort des Historikers und Botanikers Benkö Jozsef (1784 – 1814), des Verfassers der „Erdély flóraja" (Flora Sb.s). Dieses erste, im Sinne Linnés erstellte Werk, ist beim Brand von Straßburg a. M. (Ajud) vernichtet worden. Ein Eichenhybrid trägt den Namen Benkös (Quercus Benöi örzi). 3 km w. von Aita Medie führt eine Brücke über den Alt nach Apaţa > [R 4/24]. Nach 6 km auf der Kreisstraße nach N folgt das Dorf

Micloşoara, Miklosvár (480 m, u. e. E. 1211, 724 Ew.). War Sitz des Filialstuhls der vierten Verwaltungseinheit der Drei-Stühle. In einem großen Park steht ein Schloß aus dem 16. Jh., das zahlr. Renaissanceelemente aufweist, sowie klassizist. Statuen. Die Kreisstraße in Richtung N führt nach 4 km nach

Căpeni, Köpec (464 m, u. e. E. 1459, 1732 Ew.). Ein Szeklerdorf, das anläßlich der Revolutionsunruhen von 1849 zerstört wurde. In der Dorfmitte das Denkmal, eine 5 Meter hohe Andesitsäule, geschaffen vom Bildhauer Endre Tornay (1974), erinnert an dieses Ereignis. Die ref. Kirche aus dem 13. Jh. wurde spätgot. erneuert, weist interessante Fresken und Kassetten auf. 3 km n. vereinigt sich die Kreisstraße mit der von Augustin kommenden und führt 4 km ostwärts nach Baraolt.

ROUTE 3/24

Von Căpeni > [R 2/24] oder von Augustin > [R 4/24] kommt man in die Baraolt-Senke, die sich am Zusammenfluß der drei Gebirgsflüsse Baraolt, Vîrghiş und Cormoş beim großen Alt-Knie gebildet hat. Die Kreisstraße führt nach der Alt-Brücke 4 km nö. in die Bergbaustadt

Baraolt, Barót (482 m, u. e. E. 1332, 3738 Ew.). Wirtschaftl. und kultur. Zentrum des Beckens. Die Lignitvorkommen werden seit 1873 ausgebeutet, eine große Brikettfabrik verarbeitet einen Teil davon. Kath. Barockkirche aus dem 18. Jh. von einer Ringmauer umgeben, daneben eine kleine Rokokokapelle (1755). Im Museum sind Exponate der Volkskunst und zur Geschichte des Bergbaus aus der Region ausgestellt. Die Häuser in der Str. Kossuth 158 und 164 sind denkmalgeschützt als Geburtshäuser zweier Szekler Persönlichkeiten: des Dichters David B. Szabó (1739 – 1819) und des Schriftstellers Mózes Gaál (1863 – 1936). Von Baraolt zweigt eine AS nach N ab, führt nach 4 km nach

Tălişoara, Olasztelek (494 m, u. e. E. 1333, 879 Ew.), liegt im Cormoş-Tal. An der neugot. Kirche ist der Chor ma. got. geblieben. Das Renaissanceschloß Daniel liegt mitten in einem großen dendrologischen Park. 2 km n. liegt das Dorf

Doboşeni, Székelyzáldobos (501 m, u. e. E. 1333, 1044 Ew.). Neben der Kirche eine Kapelle aus dem 13. Jh. 1 km nach N liegt die Gemeinde

Brăduţ, Bardók (503 m, u. e. E. 1333, 937 Ew.) mit einem modernen Kulturhaus. Von hier in nö. Richtung 4 km bis

Filia, Erdöfüle (522 m, u. e. E. 1569, 1670 Ew.). In diesem ung. Dorf können eine hist. Schmiede und der Pfahlfriedhof besichtigt werden.

Aus Tălişoara führt eine AS 5 km nw. nach

Vîrghiş, Vargyas (498 m, u. e. E. 1334, 2218 Ew.). Es ist ein Bergbauzentrum für Lignit (Tagbau). Bekanntes Szekler Holzschnitzzentrum. Schöne Holzhäuser bilden die Straßenzeilen. Unit. Kirche und restauriertes barockes Schloß der Fam. Daniel und Sütő mit Renaissancearkaden im S und steinernen Wappen. Ausflugsziele: Mereşti(Almascher-)Höhle in der Vîrghiş-Klamm im Dugău-Geb., 6 Std. (rotes Dreieck), und die Narzissenwiese (3 ha), nw. neben dem Dorf.

Eine weitere KS aus Tălişoara führt 6 km nw. nach

Racoşul de Sus, Felsőrákos (479 m, u. e. E. 1421, 1291 Ew.). Viele Ew. sind im Lignit-Tagbau beschäftigt. Von hier führt eine KS 5 km nach S an die Kreisstraße an der Baraolter Alt-Brücke und eine andere KS 15 km nach W zum Alt-Durchbruch von Racoş > [R 4/24]. Aus Baraolt führt die Kreisstraße DJ 122 nach O, 5 km nach

Biborţeni, Bibarcfalva (498 m, u. e. E. 1332, 930 Ew.). Kurort von lokaler Bedeutung mit Gasthaus, einem Kurheim mit 12 Betten, Kuranlage mit Kalt- und Warmwasserbehandlung und ein Mineralwasserfreibad. Hier ist eine moderne Mineralwasserabfüllanlage (10.000 Flaschen/Tag). Die Ruinen der ma. Burg Biborc stehen auf dem Burgberg im S. In der ref. Kirche mit rom. Chor sind wertvolle Fresken zu besichtigen („Der Heilige Ladislaus im Kampf mit den Kumanen"). Weiter nach O führt nach 1 km eine Wegabzweigung 3 km nach S in einem engen Gebirgstal in das Dorf

Bodoş, Bados (543 m, u. e. E. 1459, 533 Ew.), 4 km weiter nach O folgt auf der Kreisstraße das Dorf

Băţanii Mari, Nagybacon (535 m. u. e. E. 1334, 600 Ew.) mit schöne Dorfmuseum, neuem Kulturhaus und Kirche aus dem 15. Jh. Nach S führt eine KS 7 km in das Baraolt-Geb. nach

Aita Seacă, Szárazajta (622 m, u. e. E. 1332, 1321 Ew.). Von dort 7 km nach SO führt der Forstweg in das bewaldete Gebirgsinnere nach

Valea Zălanului, Zalanyer Glashütte, Zálanpatak (643 m, u. e. E. 1770, 306 Ew.).

2 km n. von Băţanii Mari liegt

Băţanii Mici, Kisbacon (518 m, u. e. E. 1567, zusammen mit Băţanii Mari 721 Ew.). Geburtsort des berühmten ung. Schriftstellers und Ethnologen Benedek Elek (1859 – 1929), dessen Geburtshaus Museum ist. 4 km weiter liegt

Herculian, Magyarhermány (581 m, u. e. E. 1566, 1214 Ew.). Kirche aus dem 14. Jh. sowie historische Schmiede von 1848, in der Áron Gábor die ersten Kanonen für das Revolutionsheer gegossen hat. Auf der Kreisstraße 122 folgt nach 7 km eine Abzweigung 3 km nach NO im bewaldeten Gebirgstal in den kleinen Badeort

Ozunca-Băi, Uzonkafürdö (Csinod) (650 m, u. e. E. 1808). Ein kleiner Kurort mit Mineralwasserquellen, Bademöglichkeiten und Übernachtungen in Ferienwohnungen. Von der Weggabelung an der Kreisstraße steigt diese zur Paßhöhe Hatod (705 m), mit Gasthaus und Übernachtungsmöglichkeit (6 Betten) und führt dann 8 km hinunter nach Micfalău an die DN 12.

ROUTE 4/24

Von Kronstadt auf der DN 13 kommend, zweigt nach 30 km bei Măieruş (Nußbach) eine AS nach N ab, führt 6 km bis

Apaţa, Geist, Apáca (480 m, u. e. E. 1460, 2524 Ew.). Im MA. zum Törzburger Dominium gehörig, gab dem Geb. seinen Namen (Geisterwald). Apáczai Csere János ist hier geboren, Professor am Kollegium in Weißenburg, gab 1635 in Utrecht die „Magyar encyclopedia" heraus. Er wirkte bahnbrechend für den ung. Sprachunterricht. Im N die Ruine der *Wasserburg* „Schwarzburg". Von Törzburg gebaut, gehörte sie später zum Kronstädter Verteidigungssystem gegen die Tataren. Eine Straße führt durch die Alt-Au 3 km über den Alt nach Aita Mare > [R 2/24].

8 km n. folgt die Gemeinde

Ormeniş, Ürmös (476 m, u. e. E. 1721, 1978 Ew.). Am Rande des Ortes, im Ormeniş-Tal, ist eine geolog. Reservation mit Muscheln und Ammoniten. 5 km weiter folgt das Dorf

Augustin, Agestendorf, Agostonfalva (467 m, u. e. E. 1679, 1075 Ew.). Hier führt die Kreisstraße nach O über den Alt nach Baraolt > [R 3/24]. Ein Forstweg führt am Südufer des Alt nach W durch das Engtal bis Racoş (12 km). Nach 7 km, am Töpe-Bach, geht ein Steg s. talaufwärts zu den Töpe-Bergen zu Fossilienfundstellen (Ammoniten). Nach weiteren 5 km, z. T. hoch über dem Alt über Felsformationen des Engtales, liegt am gegenüberliegenden Ufer die Ortschaft

Racoşul de Jos, Ratsch, Alsórákos (484 m, u. e. E. 1417, 2653 Ew.). Basaltsteinbrüche über der Stadt sowie am S-Ufer des Alt, Steinverarbeitungsanlagen und die Kalksteinbrüche prägen das Bild des Ortes, dessen Gebäude und Mauern alle aus Basaltklötzen aufgeführt sind. Hier oben befindet sich das immer kleiner werdende NSG mit den 12 m hohen polygonalen Basaltsäulen. – Im Ort steht das in letzter Zeit zur Ruine gewordene Schloß der Fam. Bethlen, dann Teleki, eine Wasserburg mit 5 Türmen, Rittersaal und schönen Steinmetzarbeiten. Auf der AS nach W Richtung Reps > [RG 23] zweigt nach 2 km ein Feldweg nach S ab, überquert den Alt und führt in das nahegelegene

Mateiaş, Mattersdorf, Matéfalva (476 m, u. e. E. 1721, 601 Ew.). Die rum.-orthod. Kirche aus dem 18. Jh. mit Stützpfeilern und separatem Glockenturm hat bemalte Glasfenster sowie Fresken von Gheorghe Zugravul aus Kronstadt. Ein Dorfmuseum mit archäol. Funden, einer eingerichteten Bauernstube, Volkskunstgegenständen, Holzschnitzereien und Hafnerwaren ist zu besichtigen. Nach S führt der Weg in der Altau 4 km zum Dorf

Dopca, Daken, Datk (472 m, u. e. E. 1235, 665 Ew.). In der großen Altschleife von 9 km Durchmesser ist der *Turzon-Wald,* ein NSG aus Eichen-, Buchen- und Fichtenwäldern auf der Höhe, Auwald, Sümpfe und Teiche in der Niederung. Vögel, Fische, Kleintiere, aber auch Rot- und Schwarzwild sind geschützt. 3 km w. liegt das Dorf

Bogata-Olteană, Bogatbach, Oltbógát (471 m, u. e. E. 1337, 379 Ew.). Von hier führt der Weg 1,5 km nach S zur DN 13. Im S des Dorfes beginnt das große NSG „Bogater Wald" (Pădurea Bogăţii), durchquert von der DN 13 auf einer Länge von 10 km. Es ist ein Wald- und Tierschutzgebiet > [RG 26]. Von Racoşul de Jos nach O führt eine neue KS am Fuße des Dugău-Geb. durch das Racoş-Engtal. Nach 9 km, kurz vor dem Eintritt des Flusses in die Enge, mündet vom N der Carhaga-Bach, in dessen Tal nach N, am Zusammenfluß mit dem Chioveş-Bach, sich eine Fossilienlagerstätte befindet (Ammoniten). Der Kiesweg führt weiter, 5 km bis Racoşul de Sus oder 6 km bis zur Kreisstraße an der Altbrücke vor Baraolt > [R 3/24].

REISEGEBIET 25

Tîrgu Secuiesc / Szekler Neumarkt / Kézdivásárhely

Dieses in den Bogenkarpaten gelegene Gebiet umfaßt den Ostteil des Kronstädter Beckens und die Senke der Bosau (Întorsura Buzăului). – Die Fernstraße DN 11 führt von Kronstadt nordöstlich nach Tîrgu Secuiesc. Mehrere herrliche Paßstraßen überqueren strahlenförmig die ringsum aufragenden Höhenzüge und stellen die Verbindung zu anderen Teilen Siebenbürgens, zur Walachei und zur Moldau, her.

Der geologische Untergrund besteht zum größten Teil aus Sedimentgesteinen (Sandstein, Kalke, Konglomerat), die in den östlichen und südöstlichen gelegenen Gebirgszügen Höhen zwischen 1000 und 1900 m erreichen. Als nachvulkanische Erscheinungen sind, besonders am N-Rand des Reisegebietes sowie an der Nahtlinie zwischen der Senke und den angrenzenden Höhen, die zahlreichen Mineralwasserquellen sowie CO_2-haltige Mofetten zu betrachten, die vor allem im Raum Covasna (über 1000 einzelne Quellen) wirtschaftlich genützt werden. Alle fließenden Gewässer, mit Ausnahme des Buzău-Flusses, der, mit seinen Zuflüssen den Karpatenbogen durchbrechend, nach SO fließt, gehören zum hydrographischen Netz des Alts. Sein 106 km langer Nebenfluß Schwarzbach (rumänisch Rîul Negru, ungarisch Feketeügy) wird von zahlreichen aus dem Gebirge entspringenden Bächen gespeist. Das Klima des Reisegebietes, geprägt durch die extreme Beckenlage, weist in Tîrgu Secuiesc eine Jahresdurchschnittstemperatur von 6,5° C auf. Die jahreszeitlichen Temperaturunterschiede sind recht groß. Die jährlichen Niederschlagsmengen betragen 678 mm. Wo in tieferen Lagen die natürliche Vegetation nicht durch landwirtschaftliche Flächen ersetzt wurde, stehen Eichenwälder und vereinzelte Steppeninseln. An den Berghängen sind große Laub- und Nadelwaldbestände und in Höhen über 1400 m sind vor allem Hochweiden. Zahlreiche Feuchtbiotope, z. B. in der Sumpflandschaft um Reci sowie in den Hochmooren bei Comandău, beherbergen eine interessante Flora. Die noch relativ reiche Tierwelt der Gewässer, Wälder und Almen, in der besonders die größeren Wasser- und Greifvogelarten selten geworden sind, umfaßt u. a. Auer- und Birkwild, Schwarz- und Rotwild, Luchs, Wolf und Braunbär. Die landwirtschaftlichen Nutzflächen der Senke werden traditionell durch Kartoffel- und Futterpflanzenanbau genutzt, an den Berghängen ermöglichen zahlreiche Wiesen und Weiden eine intensive Schaf- und Rinderzucht, die besonders um Covasna (Schafskäse) bekannt ist. Die Haupteinkommenszweige der Menschen dieser Region sind neben der Landwirtschaft die Forst- und Waldwirtschaft, die Holzindustrie sowie in neuerer Zeit metallverarbeitendes Gewerbe.

Die Bewohner dieses Gebietes sind Szekler, im 13. Jh. von Ungarn als Grenzwächter angesiedelt, und Rumänen. Ethnographisch interessant sind die rumänischen Dörfer im Quellgebiet des Buzău und Szekler Siedlungen im Haupt- und Westteil der Senke. In Cernat steht das einzige Freilichtmuseum für Szekler Volkskunst in Rumänien. Sehenswert sind außerdem zahlreiche gotische Kirchen, mittelalterliche Schlösser

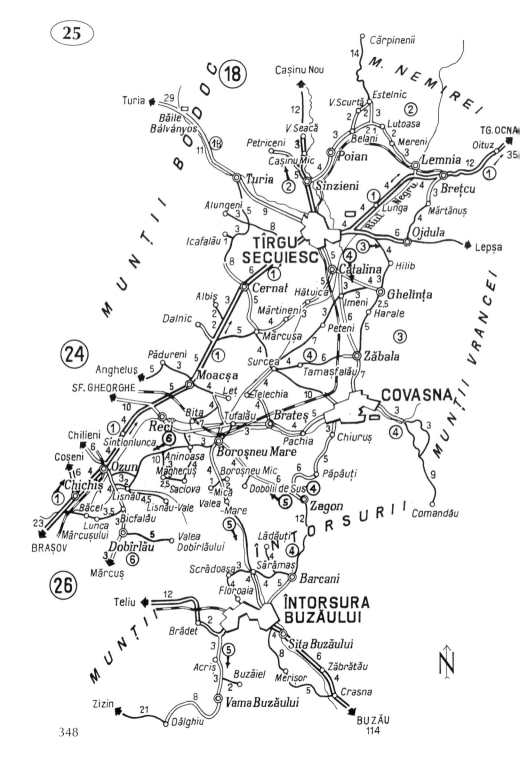

und Gutshäuser sowie mehrere Naturschutzgebiete von besonderem landschaftlichem Reiz, wie das Birken- und Binnendünenreservat bei Reci.

ROUTE 1/25

Die DN 11 verläßt Braşov/Kronstadt in Richtung NO, und nach Überquerung des Rîu Negru (Schwarzbach/Feketeügy) liegt nach 23 km an der Abzweigung der DN 12 die Ortschaft

Chichiş, Kökös (506 m, u. e. E. 1461, 1333 Ew.). Traditionelles Szeklerdorf im ehem. Stuhl Sepsi. Unit. Kirche im got. Stil ist neu renoviert. Gleich neben der Brücke links steht das Denkmal des Szekler Freiheitshelden der 48er Revolution Áron Gábor, der hier 1849 gefallen ist. *Sehenswert* sind ein altes, mit Lehm beworfenes rum. *Holzkirchlein* (Baudenkmal, 1837 aus Zizin hergebracht) sowie formschöne *Grabsteine* auf altem unit. und ref. Friedhof. 4 km weiter auf der DN 11 liegt am Ufer des Schwarzbaches die Gemeinde

Ozun, Auendorf, Uzon (515 m, u. e. E. 1332, 2451 Ew.). Stattliche, urspr. reine Szeklersiedlung mit mehreren Herrenhöfen. Einer davon, rechts am Dorfeingang, mit neuem geschnitztem Holztor, ein Werk der Brüder Haszmann aus Cernatu. Traditionelle Beschäftigung der Frauen ist hier die Maiskorbflechterei und Stickerei. Kirchenburg mit neuer ref. Kirche von 1902. Hier wurde der ung. Schriftsteller György Beke (1927) geboren. 4 km weiter auf der DN 11 liegt

Sîntionlunca, Johannisdorf, Szentivánlaborfalva (527 m, u. e. E. 1332, 1010 Ew.). Früher waren hier zwei Szekler Dörfer (Szentivány und Laborfalva), seit 1899 vereinigt. Auf Anregung des kath. Grundherren Michael Henter wurde unit. Kirche aus Szentiván 1725 von den kath. Glaubensgenossen übernommen. Die andere Kirche blieb unit. Nach weiteren 4 km kreuzt die DJ 121 die Nationalstraße, 4 km nach O liegt

Reci, Réty (548 m, u. e. E. 1332, 1966: 1535 Ew.). Aus diesem Szeklerdorf stammen u. a. die Szekler Geschlechter Gasda und Székely. Der Kronstädter Maler Fritz Kimm lebte und wirkte mehrere Jahre in Reci (siehe „Szekler Madonna"). Auf einer Anhöhe rom. ref. Kirche aus 13. Jh., 1857 erweitert. Am s. Dorfrand Freilichtmuseum mit Bildhauerwerken, schon im Naturreservat von Reci 3 km n., am Rand der Schwarzbachterrassen liegt das Dorf

Basorelief an Herrenhaus in Reci

Comolău, Komolló (531 m, u. e. E. 1426, 549 Ew.). Archäol. Ausgrabungen aus der Römerzeit. Das NSG der Birken- und Sanddünen von Reci (Mestecănişul Reciului, Tétyi Nyir): am linken Ufer des Schwarzbaches erstreckt sich eine eigenartige Landschaft: das einzige Flußsand-Dünengebiet Sb.s. Die weite, wegen ihrer Fruchtbarkeit von den Szeklern Szépmező (Schönes Feld, Cîmpul Frumos) genannte Ebene fällt steile Terrassenböschung zum Schwarzbach ab. Die Dünen liegen auf einer Terrasse, die den Talboden um etwa 7 m überragt. Das gesamte Dünengebiet ist 4 km lang und 2 km breit (34 ha). Zwischen den etwa 5 m hohen Dünenhügeln sammelt sich Grundwasser zu zahlreichen kleinen Seen, auf den Hügeln stehen in lockerem, parkartigen Bestand zahlreiche Birken. Auf einigen tieferen Seen blüht die Weiße Seerose (Nymphea Alba).

Eine Kiefernpflanzung am Rande des Dünengebietes schützt gegen Wind und fördert die Bindung des losen Flußsandes. Wasser- und Sumpfpflanzen sind von Teich zu Teich verschieden. Pfeilkraut, Straußblütiger Gildweicherich und Sumpfschwertlilie sind häufiger anzutreffen. Auf den weitgehend verfestigten Sanddünen wachsen Leinkrautarten, Gemeine Nachtkerze, Österreichische Königskerze, Dalmatisches Leinkraut und Sand-Strohblume. Das Birkenreservat wurde 1973 zum Naturschutzgebiet erklärt. Auf der gegenüberliegenden Seite, direkt an der DJ 121, befindet sich der Touristenkomplex „Hanul Nufărul Reci", an einem künstlichen Teich gelegen. Bade- und Angelmöglichkeiten. Hotel erster Kategorie (mit Zweibettzimmern), Restaurant, Terrasse, Campingplatz – ganzjährig geöffnet. Wassersport, Sportanlagen, Kinderspielplatz. Weiter nö. auf der DN 11, etwa 5 km von der Kreuzung mit der DJ 121, befindet sich die Ortschaft

Moacşa, Maksa (547 m, u. e. E. 1332, 879 Ew.). Szeklerdorf in ehem. Stuhl Kezdi. Ref. got. Kirche mit Kassettendecke von 1766.

Eresteghin, Eresztevény. Im Dorf, am rechten Straßenrand, steht im Hof der ref. Kirche unter Linden das Denkmal des Szekler Nationalhelden Áron Gábor.

Hinter einer Abzweigung nach W liegt nach 3 km das Dorf

Pădureni, Sepsibesenyö (584 m, u. e. E. 1330, 439 Ew.). Besenyö bedeutet Petschenege und belegt, daß hier im 12. – 13. Jh. eine Petschenegensiedlung war. Szeklerdorf im ehem. Stuhl Sepsi. Zwischen Pădureni und Angheluş Stausee mit Bade- und Campingmöglichkeiten. In der Nähe ist ein Kastanienwald, heute Naturschutzgebiet. Eine Abzweigung aus Moacşa nach O führt auf einer KS von 4 km nach

Leţ, Lécfalva (537 m, u. e. E. 1332, 823 Ew.). Szeklerdorf im ehem. Stuhl Kezdi. Aus hiesigen Szeklerfam. stammen der Maler Jenö Gyárfás und der ung. Schriftsteller Pál Bodor. 1 km s. von Leţ, am Schwarzbachufer, liegt der Ortsteil **Varheghi, Várhegy, Burgberg**, wo nach dem Szekleraufstand von 1567 der sb. Fürst Johann Sigismund eine Burg errichten ließ. Von Leţ führt eine Straße 4 km nach W über die Bahnlinie nach

Bita, Bita (525 m, u. e. E. 1332, 1374 Ew.). Szeklerdorf im ehem. Stuhl Kezdi. Hier wurde der Bauernführer Georgius Dosa (György Dózsa, Gheorghe Doja 1470 – 1514) geboren, der 1514 in Temesvar hingerichtet wurde. Von hier stammt auch der ung. Byzanthologe Jenö Darkò (1880 – 1940). *Sehenswert* sind mehrere *Herrenhöfe* und das *Standbild des Gheorghe Doja* (von Andreás Szobutka). Ref. spätgot. Kirche mit Szekler Kerbinschrift und lateinischen Texten (1526). Von hier stammt das geschnitzte Eichentor von 1751, das im Hofe des Museums von Sft. Gheorghe steht. 5 km weiter auf der DN 11 liegt an einer Straßenkreuzung die Raststätte „Paharul de Aur". 1 km w. liegt das Szeklerdorf

Dalnic, Dayla, Dálnok (589 m, u. e. E. 1332, 1374 Ew.). Nach O führt eine KS 5 km nach Márcuşa >[R 4/25]. 2 km n. der Straßenkreuzung liegt 1 km w. das Szeklerdorf

Albiş, Kézdialbis (613 m, u. e. E. 1539, 580 Ew.).

Auf der DN 11, 3 km nach N, folgt die Großgemeinde

Cernat, Csernáton (563 m, u. e. E. 1332, 3460 Ew.). Ist durch Zusammenschluß von zwei Szekler Dörfern entstanden: dem unteren Cernat de Jos (Alsócsernáton) und dem oberen Cernat de Sus (Felsöcsernáton). Mehrere Herrenhäuser (Bernaed, Damokos). Von hier stammt der ung. Gelehrte Péter Bod (1712 – 1769). *Sehenswertes* Dorf- und Freilichtmuseum auf dem ehem. Gut der Fam. Dmokos in Cernat de Sus. 1973 eröffnet mit Exponaten Szekler Volkskunst von Lehrer Pál Haszman, seit Jahrhundertbeginn gesammelt. Ausgestellt sind alte Szekler Bauernhöfe, geschnitzte Holztore, Haushaltsgegenstände, Töpferwaren, Webwaren, Möbel, Grabsteine, technische Geräte und Maschinen für die Landwirtschaft. Seit 1980 Arbeitsheim für junge Künstler,

die Stein- und Holzarbeiten unter der Anleitung von Pál Haszman d. J. durchführen. Hier Werkstätte für geschnitzte Holztore.
In einem Seitental oberhalb Cernat stehen die Ruinen der spätgot. Burg Ika (Csonkovár, 643 m), von der nur noch ein Bergfried steht. Am zweiten Sonntag im Juni wird hier ein Volksfest (rum. und ung. Tanzgruppen) abgehalten. Von Cernat, nah an der Ika-Burgruine vorbei, führt eine Gemeindestraße 5 km in das Dorf

Icafaláu, Ikafalva (660 m, u. e. E. 1332, 603 Ew.). Szeklerdorf. Weiter nach N, 6 km weit, liegt in einem w. Seitental (1 km über dem Berg)

Alungeni, Futásfalva (675 m, u. e. E. 1567, 674 Ew.). Szeklerdorf im ehem. Stuhl Kezdi. Auf der DN 11 folgt 10 km von Cernat

Tîrgu Secuiesc, Szekler Neumarkt, Kézdivásárhely (570 m, u. e. E. 1407, 22.371 Ew.). Urspr. Marktflecken auf Gemarkung von Turia. Liegt am Handelsweg zwischen Kronstadt und dem Oituz-Paß (in die Moldau), hatte anfangs auch sächs. Ew. Im MA. stark entwickeltes Handelszentrum (viele Zünfte). 1427 zur

Cernat de Jos, Kanzel der reformierten Kirche

Stadt erklärt. Bis heute Wirtschaftszentrum des Dreistühle-Beckens. Um 1690 gründete der kath. Adelige Apor hier kath. Gymnasium. In den Revolutionsjahren 1848 – 1849 wurden hier vom Szekler Grenzoffizier Áron Gábor Kanonen gegossen. Tîrgu Secuiesc hat ein eigenartiges Stadtbild. Rings um den Marktplatz waren Einzelgehöfte angeordnet, zwischen den Höfen entstanden später strahlenförmige Gäßchen. Im Stadtpark steht das Standbild Áron Gábors, Werk des Bildhauers Sándor Oláh (1971). In der Nähe ref. Kirche, 1780 im neugot. Stil errichtet. Im alten Rathaus befindet sich ein Zunftmuseum. Ein Saal ist Áron Gábor gewidmet, ein anderer enthält Szekler Trachtenpuppen. Ein Kuriosum sind die traditionellen Szekler Lebkuchen und Lebkuchenformen. Zu sehen sind außerdem Kanonen aus der Gießerei des Mózes Turóczi (19. Jh.). Am Kulturhaus ist das alte Stadtwappen abgebildet (Wagenlenker mit kornbeladenen Wagen). Baudenkmal ist auch die ehem. Militärschule, 1823 im neoklassiz. Stil. In der Stadt ist der Geologe János Bányai (Binder) (1886 – 1971) geboren. Am ö. Stadtausgang liegt das eingemeindete **Săsăuşi, Szászfalva** welches auf eine sächs. Gründung im Szeklerstuhl Kézdi hinweist. 1,5 km ö. der Stadt auf der DN 11 liegt in einem Wäldchen der ganzjährig geöffnete

Kurort Fortyogó mit Hotel, Restaurant, Hallenbad (für Rheuma und Kreislaufstörungen), Freiluftbad.

Die DN 11 in Richtung NO erreicht 2 km von Săsăuş das Dorf

Lunga, Nyujtód (565 m, u. e. E. 1332, 1784 Ew.). Szeklerdorf (kath.) im Stuhl Kézdi. Hier wurde der ung. Literaturhistoriker Árpád Antal (1925) geboren. Kirchenburg mit kath. got. Kirche und Barockturm. Im 17. – 18. Jh. bestand hier ein Franziskanerkloster. Nach 8 km führt die Fernstraße nach

Breţcu, Bretz, Bereck (595 m, u. e. E. 1476, 2791 Ew.). Bereits von Ptolemäus unter dem Namen Augustia erwähnt. Im MA. freier Marktflecken und Zollstelle mit strategischer und wirtschaftl.

Bedeutung. Archäol. Ausgrabungen röm. Castrum mit 4 Toren sowie eine zivile Siedlung. Hier wurden Áron Gábor (1810 – 1849) und der rum. Professor Aurel Gociman geboren. Gedenktafel am Geburtshaus Áron Gábors. Kath. Kirche von 1757 in got. Stil mit massivem Holzportal. Ruine der Burg Beneturné. Die Rum. von Breţcu waren bekannte Schafhirten. Die orthod. Kirche von 1783 ist im byzant. Stil ausgeführt. Im oberen Schwarzbach-Tal sind viele Sojamühlen.

Nach 11 km talaufwärts an der Paßhöhe Mägheruş (Magyaros, Oituz-Paß) steht die Touristen-raststätte „Hanul Breţcu" (Herberge und Restaurant, Campingplatz, 866 m). Das letzte sb. Dorf im Oituz-Tal ist nach 1 km

Oituz, Ojtoz (632 m, u. e. E. 1533, 1138 Ew.). Der Handelsweg in die Moldau wurde früher von Kronstadt instandgehalten und im Notfall mit gefällten Baumstämmen gesperrt. Hier war die Grenz- und Zollstelle zwischen Sb und Moldau. Im Juli 1917 schwere Kämpfe zwischen rum. und deutscher Armee. 2 km vom Dorfausgang sind die Burgruinen aus der Zeit des Fürsten Rákóczi. Orthod. Holzkirche, oberhalb des Ortes ein großes Sägewerk. Nach Überqueren der Kreisgrenze betritt man moldauisches Gebiet. 7 km weiter liegt die touristische Raststätte „Po-iana Sărată". Die DN 11 führt anschließend nach Borzeşti und Adjud.

ROUTE 1B/25

Die Kreisstraße DJ 113 verläßt Tîrgu Secuiesc nach NW, erreicht nach 9 km die Großgemeinde

Turia, Toria (599 m, u. e. E. 1307, 3832 Ew.). Das heutige Turia besteht aus vier Siedlungen: Ober- und Unter-Turia (Felsö- und Alsótorja) gehörten zum freien Szeklerstuhl Kézdi, während Crocna (Karatna) und Volal als Untertanendörfer der Fam. Apor zum Oberweißenburger Komitat gehörten. Auch Burg Bálványos lag auf Adelsboden. *Sehenswert* ist der im 16.Jh. erbaute Apor-*Herrenhof* mit Renaissance- und Barockelementen. Hier wurde der Historiker und Dichter Péter Apor (1676 – 1752) geboren. Die kath. Kirche von 1822 hat aber viel ältere Glocken. Die kath. Kirche ist von ovaler Ringmauer mit Schießscharten und Torturm umgeben, die Kirchenburg ist Baudenkmal. Bei Haus Nr. 82 ist ein geschnitztes Holztor mit Taubenschlag aus dem Jahre 1806, unter Denkmalschutz. Weiter nach NW verläßt die DJ 113 die 7 km lange Gemeinde und führt, den Windungen des Turia-Baches folgend, in das Bodoc-Geb. bis **Caşinu Mic** hinauf. Nach 11 km erscheint auf steiler Bergeshöhe die kühne Ruine der Götzenburg (Bálványosvár, Cetatea Pǎgînilor, 1041 m). In Serpentinen führt die Straße durch den Badeort Bálványos hinauf auf die Paßhöhe, wo ein Park- und Rastplatz einen ausgiebigen Rundblick ermöglicht.

Bálványos, Kaiserbad, Csiszárfürdö (850 m, u. e. E. 1360) gehört zu Turia. Ist Bade- und Luftkur-ort mit Ganzjahresbetrieb. Die Mineralwasserquellen und Mofetten sind seit dem 19. Jh. bekannt und genutzt zur Behandlung von Herz- und Kreislauferkrankungen, Rheumatismus, Nieren- und Hautleiden. Villen, Bungalows, ein Campingplatz, Gasthäuser und Pensionen sichern Unter-kunft und Verpflegung. Sportplätze, Freilichtbühne, im Juli ein Volksfest, im Winter Wintersport-möglichkeiten (Babylift) sorgen für Freizeitgestaltung. Markierte Wanderwege führen zur Göt-zenburg auf dem Bálványos-Gipfel (1041 m), Wegdauer etwa 1 Std. (blaues Band). Die Burg stammt aus dem 13. Jh. Nur Reste der Mauern und ein hoch aufragender Bergfriedtorso sind erhalten geblieben. Diese Burg ist Hauptthema des Romans „Bálványosvár" des bekannten ung. Schriftstellers Jókai Mór. Von der Paßhöhe, in derer Nähe das mächtige Turia-Sanatorium steht, senkt sich die Straße Bixad zu. Unter dem Sanatorium kann die berüchtigte *Stinkhöhle* (Büdös-barlang, Peştera Puciosul), eine starke (und lebensgefährliche) Mofette in einem aufgelassenen Stollen eines Schwefelbergwerks besichtigt werden.

32 Ighişu Nou (Eibesdorf, > RG 21), Kirchenburg

33 *Slimnic (Stolzenburg, > RG 21), „Stolzenburger Kelch", Kapellenknauf*

34 *Slimnic (Stolzenburg, > RG 21), sb.-sächs. Tracht*

35 *Şeica Mică (Kleinschelken, > RG 21), Kirchenburg*

36 Buzd (Bußd, > RG 21), Viehtrieb

37 Bruiu (Braller, > RG 22),
die „Braller Madonna"

8 Cincu (Groß-Schenk, > RG 22), evangelische Wehrkirche

39 *Viscri (Deutsch-Weißkirch, > RG 23), Kirchenburg*

40 *Roadeş (Radeln, > RG 23), Flügelaltar der evangelischen Kirche (Festtagsseite)*

41 *Cristian (Neustadt, > RG 26), junge sächsische Mädchen in Tracht während dem Gottesdienst*

Birkenhain im Naturschutzgebiet Reci (> RG 25)

43 Braşov (Kronstadt, > RG 26), Stadtrichter Lukas Hirscher (Gregorius Pictor, Öl auf Leinwand, 1535)

44 Braşov (Kronstadt, > RG 26), Bartholomäuskirche

15 *Prejmer (Tartlau, > RG 26), Wohnräume (Gaden) im Burginnern*

16 *Poiana Braşov (Schulerau, > RG 26), Erholungs- und Wintersportzentrum*

48 *Bildstock vor dem Bulea-Tal im Fogarascher Gebirge (Südkarpaten, >RG 26)*

47 *Innenansicht der evangelischen Kirche*
St. Batholomä in Braşov (Kronstadt, > RG 26)

49 *Schloß Făgăraş (Fogarasch, > RG 27)*

50 – 53 Sibiu (Hermannstadt, > RG 28):
„Sächsin und Szeklerin", Gemälde von A. Coulin,
Brukenthalmuseum (li.), Knauf in Form eines
Löwen an der M.-Semriger-II-Kanne (verg. Silber,
Seb. Hann 1692), Brukenthalmuseum (o.), Orgel
der evangelischen Stadtpfarrkirche (u.),
evangelische Stadtpfarrkirche (re.)

55 „Roter Berg" bei Sebeş (Mühlbach, >RG 29)

◀ 54 Töpfermarkt in Sibiu (Hermannstadt, > RG 28)

56 Dakische Sanktuarien in Sarmizegetusa (> RG 31)

57 Sebeş (Mühlbach, >RG 29), Flügelaltar in der evangelischen Stadtpfarrkirche

58 Cisnădioara (Michelsberg, > RG 28) mit Burg vor dem Fogarascher Gebirge

59 *Deva (Diemrich, > RG 30), Burganlage*

60 *Morgenstimmung am Scarişoara-See im Retezat-Gebirge (> RG 31)*

ROUTE 2/25

Die DJ 11B im Caşin-Tal, 5 km von Tîrgu Secuiesc nach N, liegt

Sînzieni, Kézdiszentlélek (588 m, u. e. E. 1332, 2748 Ew.). Von kath. Szeklern bewohntes Dorf im ehem. Stuhl Kézdi. *Sehenswert* kath. *Wehrkirche* im got. Stil (1401), später umgebaut. – Schöne *Herrenhäuser* (19. Jh.). – Auf dem Burgberg Perkö (719 m) die St.-Stefans-Kapelle (1372). An einer Abzweigung 5 km w. befindet sich

Petriceni, Kézdikóvár (690 m, u. e. E. 1332, 1007 Ew.). Gehörte im MA. zum Oberweißenburger Komitat. Die Ew. waren Untertanen der Fam. Apor. Kath. Barockkirche. An der DJ 11B, n. von Sînzieni, liegt nach 1 km

Caşinu Mic, Kiskázon (590 m, u. e. E. 1567, 434 Ew.) und nach 3 km

Valea Seacă, Trockenbach, Szárazpatak (622 m, u. e. E. 1311, 757 Ew.). Urspr. von Bissenen bewohnt. Hat viele *sehenswerte* schindelgedeckte Häuser. Die DN 11B führt als KS über den niederen Catroşa-Paß nach Caşinu Nou > [RG 18].

Von Sînzieni zweigt in Richtung NO eine AS ab und führt nach 4 km in die Gemeinde

Poian, Kézdipolyan (Kézdiszentkereszt) (610 m, u. e. E. 1332, 1534 Ew.). Szeklerdorf. *Sehenswert* die *kath. Barockkirche* und die *orthod. Holzkirche* mit 12 m hohem Turm. Die Ew. waren gute Bildhauer und Steinmetze. Hier zahlr. Mineralwasserquellen mit hohem Lithiumgehalt; das Wasser wird seit altersher verwendet und in Flaschen abgefüllt. Nach weiteren 3 km folgt

Belani, Bélafalva (591 m, u. e. E. 1536, 579 Ew.). Hat eine kath. Barockkirche. 2 km n. liegt

Valea Scurtă, Kurtapatak (615 m, u. e. E. 1721, 398 Ew.). Als nächster Ort, 1km ö., folgt das über 3 km lange Straßendorf

Estelnic, Esztelnek (620 m, u. e. E. 1332, 1178 Ew.). Szeklerdorf. Die waldbedeckte Gemarkung reicht tief ins Nemira-Geb. Die kath. Kirche wurde im 15. Jh. von Margarete von Losonc, Gemahlin des Moldauer Woiwoden Alexander der Gute, gestiftet. Daneben fungierte früher auch ein Franziskanerkloster. Anschließend steigt ein Weg 14 km zum Weiler

Cărpinenii, Csángótelep (930 m). Einer von Csángóungarn aus Ghimeş gegründeten Siedlung. Hier befindet sich am Oberlauf des Apa-Lina-Baches ein großes Moorgebiet. Die AS führt von Estelnik 3 km nach S in das Szeklerdorf

Lutoasa, Csomortán (600 m, u. e. E. 1506, 618 Ew.) und 2 km weiter in das Dorf

Mereni, Kézdialmás (607 m, u. e. E. 1567, 1141 Ew.) beide an bewaldeten Berghängen gelegen. Der Weg führt hinunter ins Schwarzbach-Tal, wo 3 km weit, an der DN 11, die Szekler Großgemeinde

Lemnia, Lemhény (585 m, u. e. E. 1332, 2585 Ew.) liegt. Mehrere Herrenhöfe. Auf der Anhöhe des Michaelsberges befindet sich die verfallende Kirchenburg mit Mauern und Türmen der kath. St.-Michaels-Kirche, im got. Stil des 16. Jh. erbaut. Die Rum. haben seit 1876 eine eigene orthod. Kirche. Anschl. im N der Vorort

Lemnia-Velence. Von hier führt ein Wanderweg (Markierung roter Punkt) in das NSG „Wiesen und Felsen am Nemira" (1649 m).

---

61 *Valea Mică (> RG 25), Holzkirche mit „Finger Gottes", Ampoi-Tal*

ROUTE 3/25

An einer Abzweigung von der DN 11, die von Breţcu 3 km sw. führt, liegt

Mărtănuş, Kézdimartonos (609 m, u. e. E. 1567, 918 Ew.). 4 km weiter s., an der bis hier geteerten Straße und an der DN 2D, liegt

Ojdula, Ozsdola (608 m, u. e. E. 1332, 2628 Ew.). Szeklerdorf am Paßweg in das Vrancea-Geb. Hatte eine riesengroße Gemarkung, die bis zu der Oituz-Quelle reichte. Nach einer Beschreibung aus 1813 fand man hier „Krystalle, so schön, daß man sie mit Recht unechte Diamanten nennen kann". Die DN 2D führt nach O über das Vrancea-Geb. in die Moldau nach Focşani. 4 km w. von Ojdula zweigt von der DN 2D eine KS nach SO ab und erreicht nach 4 km das Dorf

Hilib, Hilibsdorf (594 m, u. e. E. 1602, 433 Ew.). Von hier stammt die Szekler Adelsfam. Haller. 3 km führt die AS am Gebirgsfluß nach S in die Gemeinde

Ghelinţa, Gelentz, Gelence (600 m, u. e. E. 1567, 3414 Ew.). Szeklerdorf, das früher von Holzverarbeitung und Brettertransport (nach Kronstadt) lebte. Von hier stammt der ung. Historiker Benedek Jancso (1854 – 1930). Die rom. kath. Kirche aus dem 13. Jh. hat im Chor nachträglich eingebaute got. Fenster. Das Netzgewölbe war eingestürzt und wurde 1628 durch eine Kassettendecke ersetzt, darauf u. a. die Wappen der Sb. Städte. Die Wandgemälde mit Szenen aus der Legende des hl. Ladislaus, sind 1972 restauriert worden. Barockgestühl, Reste der ma. Wehranlage sind noch vorhanden, ebenso zwei Glocken von 1617 und 1763. Im Dorf ist ein kleiner dt. Soldatenfriedhof (1916). Bei Ausgrabungen wurden Funde aus der späten Eisenzeit gemacht; ein dakisches Silberarmband befindet sich im Budapester Nationalmuseum. Seit 1960 wird im Ort nach Erdöl gebohrt. 2,5 km weiter s. liegt das kleine Szeklerdorf

Ghelinţa, reformierte Kirche

Harale, Haraly (575 m, u. e. E. 1657, 433 Ew.). Kommt aber schon auf der Honteruskarte von 1532 als „harayl" vor. Laut Überlieferung soll hier ein Kloster gewesen sein (Flurnamen). In der kath. Kirche ist eine von Paulus Neidel 1617 in Kronstadt gegossene Glocke. Nach 4 km erreicht die AS Zăbala > [R 4/25].

ROUTE 4/25

S. von Tîrgu Secuiesc führt die DJ 121 nach 5 km nach

Catalina, Szentkatolna (551 m, u. e. E. 1332, 1516 Ew.). Szeklerdorf, in dem seit dem MA. das Schloß Sinkovits im Empirestil steht. Hier wurde der ung. Turkologe und Esperantophilologe Gábor Bálint (1844 – 1913) geboren. Von Catalina lohnt ein Abstecher von 5 km in das s. gelegene

Hătuica, Hatolyka (552 m, u. e. E. 1332, 471 Ew.). Hat kath. Kirche im got. Stil mit einem Turm von 1668. Von hier stammt der bekannte Kronstädter Maler Hans Mattis-Teutsch (1884 – 1960). 3 km weiter s. folgt

Mărtineni, Kézdimartonfalva (541 m, u. e. E. 1407, 631 Ew.). Die ref. Kirche hat eine Kassettendecke aus 1754. Aus dem 4 km w. gelegenen

Mărcuşa, Kézdimarkosfalva (541 m, u. e. E. 1497, 777 Ew.) stammt der Maler Miklós Barabás (1810 – 1898). Über das 4 km sö. gelegene

Surcea, Szörcse (536 m, u. e. E. 1567, 720 Ew.) führt die KS ostwärts 10 km nach Zăbala oder sö. 10 km nach Covasna (DJ 121). Von Surcea nach SW führt eine AS 4 km nach

Telechia, Orbaitelek (534 m, u. e. E. 1567, 848 Ew.). Von hier 3,5 km s. am Schwarzbach nach

Ţufalău, Csófalva (528 m, u. e. E. 1567, 262 Ew.). Nach SO führt die AS 4 km nach

Brateş, Mönchsdorf, Baratos (529 m, u. e. E. 1415, 738 Ew.), einem Gemeindevorort. 4 km ö. liegt

Pachia, Páké (540 m, u. e. E. 1567, 495 Ew.), und 5 km nö. wird Covasna erreicht.

Von Catalina führt eine AS 4 km sö. nach Ghelinţa > [R 3/25]. Nach 1 km führt eine Abzweigung 3 km s. nach

Imeni, Imecsfalva (549 m, u. e. E. 1561, 282 Ew.). Früher Szeklerdorf im Stuhl Orbai. *Sehenswert* ist das Herrenhaus Cserei, welches dem Szekler Nationalmuseum in Sft. Gheorghe gestiftet wurde. Nach 6 km folgt

Zăbala, Zabola (571 m, u. e. E. 1466, 3720 Ew.). Szeklerdorf im früheren Stuhl Orbai. *Erwähnenswert* ist der *Herrenhof Curia Basa.* Ab 1703 im Besitz der Adelsfamilie Mikes. Hinter dem Mikes-Schloß in einer Parkanlage befindet sich die Familiengruft der Mikes. Hier wurde Graf Imre Mikó (1805 – 1876) geboren, Stifter und Gründer mehrerer ung. Vereine und Schulen. Sehenswert: ref. got. Kirche (Wehrkirche) aus 14. Jh. Gewölbe wurde 1752 durch Kassettendecke ersetzt. Erhalten geblieben sind wertvolle, behauene Konsolen, 5 got. Fenster, das Tabernakel und bewehrtes Obergeschoß, Wehrmauer mit Stützpfeilern, Glokkenturm mit Barockhelm und 2 alten Glocken (1588 und 1644). Im eingemeindeten Dorf **Pava, Pfauendorf, Pára** steht ein weiteres Baudenkmal: eine Wehrkirche aus dem 14. Jh., urspr. rom., dann got. umgebaut. Die Bäuerinnen webten früher ganz feine Schleier. Nach 7 km führt die DJ 121 nach

Covasna, Kovászna (575 m, u. e. E. 1567, 1992: 12.476 Ew.). Im MA. Szeklerdorf im früheren Stuhl Orbai. Das slawische Wort Kvas bedeutet „sauer" – der Ort ist nach den rei-

Zăbala, Kassettendecke der reformierten Kirche

chen „Sauerbrunnen" oder Mineralwasserquellen benannt. Der Kurort ist seit dem 18. Jh. bekannt. 1813 hieß es: „Jetzt werden diese Kovaszanaer Quellen nicht nur von Siebenbürgern, sondern selbst von Einwohnern des Nachbarlandes, der Walachei, besucht. Sie sollen, als Bad gebraucht, ungemein stärkend sein." Schöne ref. Kirche aus 15. Jh. Im ref. Pfarrhaus wurde die ung. Schriftstellerin Rózsa Ignácz geboren (1910). Hier wirkten als Mittelschullehrer der ung. Schriftsteller József Gazda und der Philosoph Ernö Fábián (1934). Am Marktplatz mitten im Park befindet sich der als Teufelsmoor bekannte Schlammvulkan, ein Naturdenkmal. Kulturhaus und Standbild des Tibetforschers Sándor Körösi Csoma. Im ehem. rum. Stadtviertel *Voineşti, Vajnafalva* steht orthod. Kirche mit Sonnenuhr und Inschriften von 1754. Am oberen Stadtausgang: Herz-Kreislauf-Sanatorium, Kurhotel „Bradul", Kindersanatorium. Durch das reizvolle „Valea Zînelor", Feental, führt das Asphaltband 3 km zur „Schiefen-Ebene" (altertümlicher Aufzug) für den Holztransport, 1886 von Ing. Emil Lux gebaut. Im 19. Jh. Eisenerzbergbau, Eisenvitriolquellen, Alaunvorkommen. In der Flußau Touristenraststätte mit Bungalows, Restaurant, Campingplatz, Sportplätzen. Am ersten Sonntag im August Hirtenfest (Almabtrieb). In der Nähe von Covasna Spuren einer Dakerburg, mächtige Steinquadern, Türme, Monumentales Tor. Eine Schmalspurbahn und auch ein Forstweg führen 12 km in das im Herzen des Vrancea-Geb. gelegene Dorf

Comandău, Kommandó (Gyulafalva) (1017 m, u. e. E. 1940, 1872 Ew.), liegt auf Gemarkung von Păpăuţi. Ist nach österr. Grenzkommando- und Zollstelle benannt. Der jüd. Unternehmer Grödel hatte hier mehrere Sägemühlen. Auf der DJ 121E, 3 km südlich von Covasna, liegt

Chiuruş, Csomakörös (559 m, u. e. E. 1464, 527 Ew.). Szeklerdorf im Stuhl Orbai. Die Ew. waren bekannte Siebmacher. Hier wurde der Orientalist Sándor Körösi Csoma (1784 – 1842) geboren, der u. a. in einem Buddhistenkloster im Himalajagebirge das erste Wörterbuch der tibetischen Sprache zusammenstellte. Vor ref. Kirche steht seine Büste. Durch

Păpăuţi, Papolc (568 m, u. e. E. 1567, 1346 Ew.) führt die AS nach 11 km nach

Zagon, Zágon (517 m, u. e. E. 1567, 4171 Ew.). Szeklerdorf im ehem. Stuhl Orbai. Als südlichstes Szeklerdorf und benachbart mit der Walachei, wohnten hier viele Grenzwächter, sog. Plaiaschen. Die riesengroße Gemarkung reichte bis zum Buzău-Paß. Hier wurde der ung. Schriftsteller Kelemen Mikes (1690 – 1761) geboren. Gedenkplatte von K. Mikes. Hier finden oft Mikes-Tagungen statt. Ref. Wehrkirche im Barockstil von 1782. Geburtsort des Verlegers Géza Domokos (1928), seit 1990 Vorsitzender des ung. Forums in Rum. (UDMR). S. an der DJ 121E liegt, 12 km weit im Geb.

Baracani, Zágonbárkány (721 m, u. e. E. 1874, 2778 Ew.), eine auf Zagoner Gemarkung entstandene rum. Gemeinde. Um 1860 stand hier die Glashütte des Kronstädters Karl Mieß. Damals arbeiteten hier auch Glasbläser aus Böhmen.

In einem Nebental, nur 7 km weit, liegt der Ort

Lădăuţi, Ladoc (730 m).

ROUTE 5/25

Von Zagon 6 km nw. zweigt eine KS nach SW ab, führt 1 km weit in das kleine Dorf

Dobolii de Sus, Feldoboly (562 m, u. e. E. 1567, 328 Ew.). 4 km von der Abzweigung nach NW liegt die Gemeinde

Boroşneu Mare, Nagyborosnyó (564 m, u. e. E. 1372, 1495 Ew.). Neben ref. Szeklern und orthod. Rum. leben hier heute sehr viele Zigeuner. Über die DJ 121A, nach 4 km in s. Richtung, erreicht man

Boroşneu Mic, Kisborosnyó (584 m, u. e. E. 1567, 491 Ew.). Hier hatten mehrere ref. Adelsfam. (Tompa, Magyarosi, Bodola) ihren Sitz. Die Gemarkung reicht tief in das Buzăuer Geb. hinein. Die rum. Dörfer

Valea Mică, Kispatak (560 m, u. e. E. 1353, 62 Ew.). 1 km w. und 2 km s.

Valea-Mare, Nagypatak (570 m, u. e. E. 1770, 1122 Ew.), sind auf der Gemarkung von Boroşneul Mic entstanden.

Întorsura Buzăului, Bosau, Bodzamezö (Bodzafordulósa) (700 – 800 m); umfaßt das mit Wäldern und Wiesen bedeckte Becken der Bosau – Întorsura Buzăului und die umliegenden Geb. Im MA. wichtigste Verbindungsstraße zwischen Kronstadt und der Walachei über den Tatarenpaß (Tabla Buţii, Tatárhavashágo). Das Gebiet war bis ins 17. Jh. unbesiedelt. Wiesen und Wälder gehörten Szekler Dörfern des Sepsi- und Orbai-Stuhles, untertänige Dörfer des Oberweißenburger Komitates, vor allem der Magnatenfam. Béldi aus Budila, sowie Kronstadt und Tartlau. Die Tartlauer Sachsen hatten ausgedehnten Waldbesitz vor allem im Kleinbosautal (Buzăiel, Kisbodza). In einer Urkunde von König Matthias Corvinus (1471) wird angeführt, daß Szekler, Rum. und Bulg. (eigentlich Obervorstädter Rum. aus Kronstadt) im Bosaugebiet ihre Weiden hatten. Rum. Siedler und Leibeigene gründeten um 1750 erste feste Siedlungen. Familiennamen wie „Zărnoveanu" und „Tohăneanu" belegen, daß viele Rum. aus Zărneşti und Tohan sich hier niedergelassen haben. Aus der Kronstädter Senke führen 4 Wege in das Becken:

- von Teliu auf der DN 10 über den Kleinen Predeal-Paß (840 m) sind es 14 km,
- von Zagon über den Barcani-Paß (889 m) sind es 17 km,
- von Boroşneul Mare über den Hamaş-Paß (734 m) sind es 20 km,
- von Zizin über Dălghiu (Dobromir-Paß, 1000 m) sind es 20 km.

Alle Orte der Bosau-Senke bilden adm. eine Stadt. Die Hauptsiedlung des Bosau-Gebietes, an der DN 10 und DJ 121E gelegen, ist

Întorsura Buzăului, Bodzafordulo (706 m, u. e. E. 1770, 8094 Ew.), seit 1968 Stadt. Bekanntes rum. Volkskunstzentrum (Weberei, Stickerei). Orthod. Kirche wurde 1836 eingeweiht. Im Stadtzentrum Touristenherberge, am Stadtrand Touristenraststätte, Bungalows, Restaurant, Campingplatz, am Ufer des Buzău gelegen. Întorsura Buzăului ist Verkehrsknotenpunkt dieses Gebietes, wird von der DN 10 durchquert, die Kronstadt mit Buzău verbindet. Talabwärts in SO liegt unweit

Sita-Buzăului, Szitabodza (689 m, u. e. E. 1533, 3892 Ew.). Dazu gehören die rum. Orte

Merişori (813 m), 8 km weit,

Cremenea, Gîlna, Ciumernic (750 m), 4 km weit, und

Crasna (653 m), 4 km von

Zăbrătău, Zabrató (680 m) entfernt. Hier ist seit 1760 orthod. Pfarrei. Im Grenzort Crasna eröffnete Graf Benedek Mikes aus Zagon 1855 eine Glashütte. Sita hatte 1985 ca. 4600 Ew. Unweit von Crasna, auf Terrassen des Cremene-Baches, entdeckte der Kronstädter Archäol. Julius Teutsch bearbeitete Feuersteinstücke aus älterer Steinzeit. 1887 wurde bei Schottergewinnung ein Schatz von Goldbarren mit Münzstempeln röm. Kaiser (330 – 378 n. Chr.) ausgegraben. Der kostbare Fund wird im Budapester Nationalmuseum aufbewahrt.
Nach Crasna folgt die Flußenge des Bosau, wo in den letzten Jahren der Stausee Lacul Siriu entstanden ist. Von Crasna führt Wanderweg zur Siriu-Spitze (1657 m) und zum See Lacul Vulturilor, früher Siriu-See, der seinen Namen dem Adlerhorst auf der benachbarten Bergspitze verdankt. Entlang des Buzău-Flusses führt die DN 10 anschließend durch das Karpatenvorland

und endet in Buzău (Walachei). Talaufwärts verläßt die DN 10 Întorsura Buzăului, um in w. Richtung über Teliu (Kreuzburg, Keresztvár) und Prejmer (Tartlau, Prázsmár) nach Kronstadt zu gelangen. Eine Abzweigung nach SW im Buzău-Tal aufwärts von Întorsura Buzăului durchquert Acriș (5 km) und gelangt nach weiteren 6 km nach

Vama Buzăului, Bosauer Zollamt, Bodzaváma (778 m, 1500 Ew.). Zu dieser Gemeinde gehörten die Dörfer

Acriș, Egrestö (760 m), 3 km n.

Buzăiel, Kisbodza (725 m), 2 km ö. und

Dălghiu, Döblen (862 m), 8 km w. Auf dem Calvarienberg (Chilii) sind Spuren einer kath. Kirche sowie Schanzen und eine Erdfestung aus den Türkenkriegen des 18. Jh. zu sehen. Feindliche Angriffe wurden mittels Alarmstangen angekündigt: hohe Tannenstämme wurden auf Bergspitzen aufgerichtet, mit Stroh umwunden und bei Gefahr angezündet. So eine Stange war auch bei Vama auf der Bergspitze Larma (Lármafa). Die über den Tatarenpaß gebrachte Ware wurde in Vama verzollt. Altes Zollhaus oder Dreißigstamt (Casa vameșului) war das schönste Haus in der ganzen Umgebung und stand auf Graf Béldis Grund, daneben ein Kronstädter Forsthaus. Auf dem Tatarenpaß (Tabla Buții) können wir auf dem Kammweg (Plaiul lui Beldi genannt) oder durch Poiana Fetii (Leánymezö) ins Buzău-Tal hinauffahren. Ruine der alten Bosauburg des Deutschen Ritterordens steht über der Baumgrenze auf dem Vîrfu lui Crai. Mauern der Burg sind der Erde fast gleichgemacht. Ringmauer war 1,50 m und Turmmauer 2 m dick. Gilt als höchstgelegene ma. Burg in den Karpaten. S. ein Soldatenfriedhof aus dem Ersten Weltkrieg. Hatte 1966 1738 Ew., dazu Acriș mit 859 und Buzăiel mit 482 Ew. Wandermöglichkeiten ins Siriu-, Ciucaș-Geb. (1954 m, mit seltenen Pflanzen wie Königsblume u. a.). Die DN 10 durchfährt Brădet (Bredet), überquert die Klein-Predealer Wasserscheide und führt durch das Teliu-Tal nach Teliu. Von dort sind es noch 8 km bis Prejmer (Tartlau) und weitere 17 km bis Kronstadt.

ROUTE 6/25

Von Boreșneul Mare in w. Richtung führt eine KS nach 3 km in das Dorf

Aninoasa, Egerpatak (538 m, u. e. E. 1567, 518 Ew.). 4 km s. liegt, schon in den Bergen,

Saciova, Szacsva (565 m, u. e. E. 1527, 256 Ew.) mit schöner ref. Barockkirche. 2,5 km w. liegt

Mägheruș, Sepsimogyorós (574 m, u. e. E. 1364, 328 Ew.). 10 km nach N führt eine KS um das Vorgeb. herum, oder 4 km nach S in das Lisnău-Tal bis in das Dorf

Lisnău, Lisznyó (521 m, u. e. E. 1332, 673 Ew.) und 4,5 km talaufwärts nach

Lisnău-Vale, Lisznyópatak (565 m, u. e. E. 1770, 179 Ew.). Von Lisnău führt die Straße 4 km nach NW bis Ozun (DN 11) > [R 1/25]. 3 km s. von Lisnău liegt

Bicfalău, Bikfalva (565 m, u. e. E. 1508, 631 Ew.). Der Name diese Szeklerdorfes kommt von „Buchen" (Bükk, ung. Buche). Im Ort sind viele ehem. ansehnliche Herrenhöfe. Die Bauernhäuser zeigen starken Einfluß der sächs. Nachbarn aus dem Burzenland (mittelfränkisches Haus). Die ref. Kirche ist mit Mauer und Turm befestigt. Das benachbarte, 3,5 km weite

Lunca Mărcușului, Bélmezö (508 m, u. e. E. 1839, 526 Ew.) und 1 km w.

Băcel, Kökösbástelek (507 m, u. e. E. 1874, 802 Ew.) sind spätere rum. Siedlungen in der Flußau des Schwarzbaches an der Nordgrenze des Burzenlandes. Von hier führt die Straße 4 km w. an die DN 11. Von Bicfalău nach S führt eine AS 3 km unter der Tartlauer Koppe (Pilişca, Piliske, 1222 m) zu dem Dorf

Dobîrlău, Dobolló (539 m, u. e. E. 1749, 881 Ew.), ein von Rum. seit dem 18. Jh. bewohntes Dorf. Ostwärts im selben Tal, 5 km an einer KS, liegt

Vale Dobîrlăului, Dobollópatak (619 m). Vom Gipfel der nahegelegenen Tarlauer Koppe (Pilisca, Piliske, 1222 m) hat man einen schönen Ausblick über die waldbedeckten Sandsteinrücken der Bogenkarpaten im O des Burzenlandes sowie auf die Ebenen der Kronstädter Senke und die sie n. begrenzenden Mittelgeb. Perşsani (Geisterwald), Baraolt, Bodoc und Nemira. Von Dobîrlău führt die AS 3 km nach S in das Dorf Mărcuş und von dort nach Teliu (Kreuzburg) > [RG 26].

REISEGEBIET 26

Ţara Bîrsei / Burzenland / Barcaság

Das *Burzenland* (Ţara Bîrsei – Barcaság) bildet ein geographisch geschlossenes Gebiet im SO Siebenbürgens, eine innenkarpatische Senke, umgrenzt von Teilen der O- und S-Karpaten, die hier einen Bogen von über 100° bilden. Es ist ein Naturparadies, an dessen Südrand Kronstadt liegt. Im O, N und W der Stadt erstreckt sich das *Kronstädter Becken*, eine Ebene tektonischen Ursprungs, die überwiegend aus Seeablagerungen besteht. Die östlichen und südlichen Randgebirge sowie die Ebene werden vom *Alt* (Oltul, Olt) als Vorfluter mit seinen wichtigen Nebenflüssen *Burzen* (Bîrsa), *Weidenbach* (Ghimbavul) und *Schwarzbach* (Rîul Negru) westwärts nach der tiefergelegenen Fogarascher Senke entwässert.

Aus dem Schuttmeer ragen kalkhaltige Konglomeratberge hervor (Leimpesch, Schloßberg, Mühlenberg). Der *Zeidener Berg* ist eine große Tithonkalkklippe, während der *Geisterwald* aus Konglomeraten der jüngeren Kreide besteht. Das größte Gebirge der Randzone ist der *Butschetsch* (Bucegi), eine hufeisenförmige Scholle, die nach S sanft, nach den anderen Richtungen schroff abfällt und im Omu (2505 m) den höchsten Gipfel des Burzenlandes bildet. Konglomerate, Tithonkalkblöcke und im W auch kristalline Schiefer bauen das wasserarme Massiv auf. Während der Eiszeit hatte der Butschetsch als einziger unter den Burzenländer Gebirgen mehrere Gletscher.

Der sich im W anschließende *Königstein* (Piatra Craiului) besteht aus einer großen, überkippten Synklinale und ist vorwiegend aus Tithonkalk mit Schichten von Doggersandstein und Kreidekonglomerat aufgebaut. Der Untergrund ist kristallin. Sein höchster Gipfel ist die Hirtenspitze (2238 m).

Schuler und *Hohenstein* haben einen ähnlichen Aufbau wie der Butschetsch. Die etwa 1000 m hohe *Schulerau* bildet zusammen mit den kreisförmig um das Burzenland liegenden Hochflächen (Holbach, Poiana Mărului, Törzburger Măgura, Predeal u. a.) eine pontische Hochfläche.

Im O des Burzenlandes befinden sich lange, flachgestreckte Höhenzüge der typisch ostkarpatischen Sandsteinzone. Diese Konglomerate erreichen im *Krähenstein*-Massiv (Ciucaş) eine Höhe von 1954 m.

Nachdem die Grenze vom Geisterwald auf den Karpatenkamm verlegt wurde, vergab der ungarische König Andreas II. im Jahre 1211 das Burzenland zur Besiedlung an den aus Jerusalem kommenden Deutschen Ritterorden. Zum Schutz wurden 5 Burgen erbaut und der Ordenssitz in Marienburg eingerichtet. Nach 14 Jahren mußten die Ordensritter das Land verlassen und folgten einer Berufung nach Preußen, wo sie an der Nogat die zweite Marienburg errichteten. Zurück blieben deutsche Siedler, die das Burzenland in eine blühende Kulturlandschaft verwandelten. Die wehrhaften Kirchenburgen, meist im 14. und 15. Jh. entstanden, zeugen von dieser Zeit und sind auch heute noch gut erhalten.

Interferenzen mit Ungarn und Rumänen gab es in Randgebieten des Burzenlandes. Diese schlugen sich kulturhistorisch, besonders in der Volkskunst, als Ausdruck einer sehr bewegten Geschichte nieder.

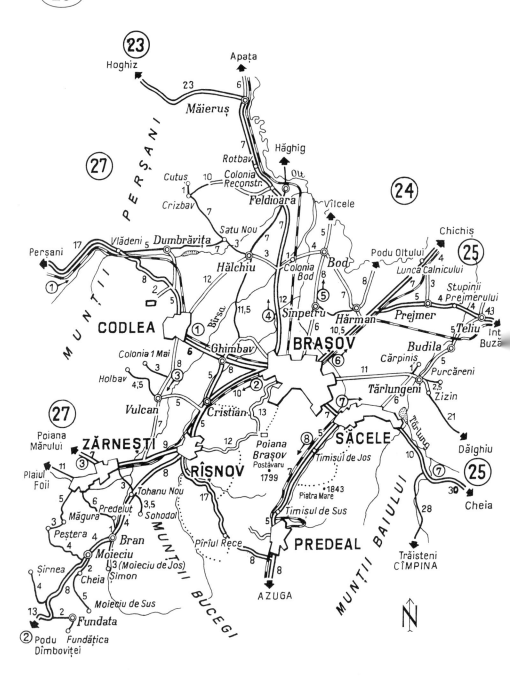

ROUTE 1/26

Von Hermannstadt (Sibiu) über Fogarasch (Făgăraş) und Perşani kommend, überschreitet die DN 1 (E-15) nach O den Geisterwald (Munţii Perşani) und tritt damit ins Burzenland (Ţara Bîrsei) ein. Der erste Ort, 17 km von Perşani, ist die rum. Gemeinde

Vlădeni, Wladein, Vledény (580 m, u. e. E. 1539, 1800 Ew.), liegt am Homorodbach, die Bevölkerung ist in der Landwirtschaft tätig. Rum. Knesendorf, vom muntenischen Bojaren Vlad Uscat gegründet. Im 17. – 19. Jh. im Besitz der Stadt Kronstadt. Nach O, einer Abzweigung der DJ entlang des Homorodbaches, folgt nach 5 km der Ort

Dumbrăviţa (Tînţari), Schnakendorf, Szunyokszék (536 m, u. e. E. 1470, 1980: 5200 Ew.). War Kronstädter Gut, dann Besitz des Grafen Mikes, seit 1767 Sitz eines Grenzregiments.

Die DN 1 verläuft in schönen Serpentinen sw. mit Sicht auf den Zeidner Berg (Măgura Codlei) und erreicht nach 6 km die Abzweigung zum *Zeidener Waldbad* (2 km). Außer einem Thermalwasser-Schwimmbecken mit konstanter Wassertemperatur von 18°C befindet sich hier ein künstlicher Stausee, der verschiedenen Wassersportarten dient. Nach 5 km von der Abzweigung auf der DN 1 die Stadt

Codlea, Zeiden, Feketehalom (565 m, u. e. E. 1265, 1992: 24.467, davon 715 dte. Ew.). Seit 1950 Stadt. Industrie, Gewerbe und Landwirtschaft gleichermaßen vertreten. Werkzeug-, Möbel- und Holzwarenfabriken, Weberei, das Chemiewerk „Colorom", einst zur I. G. Farbenindustrie gehörend, und eine Gewächshausanlage. Das alte Zeiden inmitten der heutigen Stadt hat deutlich dt. Gepräge. Die Langgasse (Str. Lungă), gleichzeitig die den Ort durchquerende DN 1 führt direkt zum Marktplatz. Dort *sehenswert* die *Kirchenburg*, einst die größte des Burzenlandes, hatte gewaltige Mauern mit 5 Türmen, von denen noch der zum Glockenturm umgebaute Schmiedeturm, der Weberturm (heute restauriert) und der Böttcherturm stehen. In der Mitte die dt. *ev. Kirche*, Baubeginn 13. Jh. *Beachtenswert* ist die schöne *Holztafeldecke* im Inneren, ein Werk Zeidner Zimmerleute aus 1702. – In der Neugasse (Str. Nouă) sind schöne alte *Bauernhäuser* zu sehen. Ein Sohn dieser Stadt ist der sächs. Bauerndichter Michael Königes (1871 – 1955). *Umgebung:* Die Stadt erstreckt sich am Fuße des *Zeidner Berges,* der von einem schönem Buchenwald bewachsen ist. Dicht unter dem Gipfen, von dem man in ö. Richtung einen herrlichen Blick über das Burzenland hat, befindet sich eine Grotte. Im S des 1294 m hohen Gipfels, auf etwa 900 m Höhe, steht auf einem Buckel im Wald versteckt die Ruine der vom Deutschen Ritterorden errichteten *Schwarzburg.* Die DN 1 führt von Zeiden vierspurig nach O, erreicht nach 6 km die Gemeinde

Ghimbav, Weidenbach, Vidombák (559 m, u. e. E. 1342, 1980: 4900 Ew.), heute ein Vorort von Kronstadt, wird vom Weidenbach (Ghimbavul) durchflossen und liegt mitten im Burzenland. Die früher ländliche Gemeinde hat heute Textilfabrik, Papierfabrik, Flugzeugwerkstätten, Flugplatz u. a., daher eine völlig veränderte soziale Struktur. Ein Teil der dt. Bauernhöfe mußte sozialist. Wohnblocks weichen. Nach 1945 starke Zuwanderung von Rum. aus der Moldau. *Sehenswert* die *Peterskirche,* entstanden Ende 13. Jh. als dreischiffige Basilika, im 15. Jh. hochgot. umgebaut. – Im selben Jh. entstand die ringförmige *Burganlage,* von der heute noch Mauern und Wehrtürme, im Verfall begriffen, zeugen. Von Weidenbach führt die DN 1 (E 15) nach 8 km in die Stadt

Braşov, Kronstadt, Brasso (520 – 700 m, u. e. E. 1235, 1992: 323.825, davon 3569 dte. Ew.). Kreishauptstadt und Munizipium des Kreises Kronstadt (Judeţul Braşov). Kronstadt liegt am S-Rand des Burzenlandes, im SO Sb.s im geograph. Zentrum von Rum. Die ma. Innenstadt steckt in einer Talmulde zwischen Ausläufern des Schulers (1799 m.): Zinne (955 m). Schneckenberg, Raupenberg, Warthe, Schloßberg und Mühlenberg. Im SW schließt sich im enger werdenden Tal die Obere Vorstadt (Schei) an. Im NO erstrecken sich die Stadtteile

Martinsberg und Bartholomä (Altstadt), im O die Blumenau und im SO die Noa und Dîrste. Nach dem Zweiten Weltkrieg kamen noch weiträumige Wohn- und Industrieviertel im O und N hinzu: Hauptbhf., Traktorenwerk, Astra-Viertel und in jüngster Zeit das Wohnviertel Burggrund (Raga-do-Tal, Valea Cetăţii im SO der Zinne. Der Stadt eingemeindet ist auch das Touristik- und Win-tersportzentrum Schulerau (Poiana Braşov), 12 km sw. von Kronstadt gelegen. Der *Naturraum* Kronstadts besteht aus Jurakalken und Kreide-Konglomeraten.

Hier trifft sich das feucht-gemäßigte mit dem O-europ. kontinentalen Klima. Dadurch konnte eine vielfältige, besonders kalkliebende Pflanzenwelt entstehen.

Erste menschliche Siedlungen aus der Jungsteinzeit konnten am Schneckenberg und am Ge-sprengberg festgestellt werden, in der Oberen Vorstadt sind frühma. Siedlungsreste.

Der Deutsche Ritterorden und die dt. Siedler legten ursprünglich 3 getrennte Siedlungen an: das ländliche Bartholomä mit der ältesten Kirche Kronstadts; Martinsberg, als Verwaltungszentrum des Burzenlandes, und Corona, die heutige Innenstadt als Handwerkersiedlung. Die Herkunft des Namens von Kronstadt ist ungewiß. Erste urkundliche Erwähnung als Corona (1235). Im 13. und 14. Jh. Erweiterung der Innenstadt (Heiligleichnahmstraße und Burggasse sowie Kloster-, Purzen- und Schwarzgasse). Die günstige Verkehrslage an 5 Karpatenpässen und die der Stadt gewährten Privilegien der ung. Könige ermöglichten die Entwicklung Kronstadts (um 1400 3000 Ew., 30 Zünfte) zu einer stattlichen Handwerker- und Kaufmannstadt, die mit starken, meist dreifachen Stadtmauern und mit 30 Türmen und Basteien befestigt war.

Im 15. Jh. wird Kronstadt zu einer der wichtigsten Handelsstädte im Levante-Handel mit dt., rum. und griech. Kaufleuten. Durch das Wirken des Reformators und Humanisten Johannes Honterus (1496 – 1549) erreichte die Stadt im 16. Jh. eine große kulturelle Blüte. Von hier wurde die Reformation der Sb.S. eingeleitet, hier entstanden in der von Honterus eingerichteten zweitälte-

Blick auf Kronstadt von der Zinne

364

sten Druckerei Sb.s. (1539) wertvolle Druckwerke, u. a. der erste rum. Druck in Kronstadt im Jahre 1562, eine um 1546 gegründete Papiermühle versorgte die Druckerei. Persönlichkeiten wie der Diakon Coresi und der Gelehrte Valentin Wagner waren durch ihr Wirken auch mit der Druckerei eng verbunden. Verursacht durch die Kaiserl. Truppen brennt Kronstadt 1689 fast vollständig nieder. Die vom Ruß geschwärzte Marienkirche wurde zur Schwarzen Kirche. Im 19. Jh. beginnt der Frühkapitalismus Fuß zu fassen. 1835 Gründung der Sparkasse, ab 1850 Anlage von Fernstraßen, 1854 Einrichtung des Telegraphenamtes und 1873 bzw. 1879 Bahnlinien nach Wien und Bukarest. Vielseitige Industrieunternehmensgründungen, besonders in den Branchen Holzverarbeitung, Textilfabrikation, Metallverarbeitung, Lebensmittel u. a. gehen auf die 2. Hälfte des 19. Jh. zurück. Das Aufblühen eines vielfältigen Kulturlebens geht ebenfalls auf diese Zeit zurück: Gründung des dt. Turnvereins, 1862; des Philharmonischen Vereins, 1878; Des Sb. Alpenvereins zu Kronstadt, 1873. Erscheinen von wichtigen Publikationen für das kulturelle Leben der Stadt: Siebenbürger Wochenblatt (später Kronstädter Zeitung), 1836; Gazeta de Transilvania, 1832; Brassói Lapok, 1849; die beiden letztgenannten erscheinen heute wieder. 1918 Vereinigung Siebenbürgens mit Rumänien. Weiteres Anwachsen der Bevölkerung durch Zuzug von Rum. aus dem Altreich (Walachei und Moldau). 1935 sind bereits 60.000 Ew. zu zählen, davon 13.600 Dt. und 23.000 Ung.

Zwischen den beiden Weltkriegen erlebt die Kunst und Kultur Kronstadts einen neuen Aufschwung. Gleichzeitig nehmen auch Industrie, Gewerbe, Handel und Verkehr eine rasante Entwicklung. Während des Zweiten Weltkriegs wird Kronstadt durch angloamerikanische Bombenangriffe stark in Mitleidenschaft gezogen. Nach 1945 beginnt die sozialist. forcierte Industrialisierung auch in Kronstadt, das von 1950 – 1960 Stalinstadt (Orașul Stalin) heißt, großen Zuzug von Menschen erlebt und zur größten Stadt Sb.s. und zur zweitgrößten Rumäniens wird. Ab 1990 starkes Abnehmen der dt. Bevölkerung durch Aussiedlung nach Deutschland.

Sehenswürdigkeiten: Das Wahrzeichen Kronstadts ist die *Schwarze Kirche*, eine got. Hallenkirche, die an der Stelle der von den Mongolen 1242 zerstörten Klosterkirche errichtet wurde. Der Bau begann im Jahre 1385 und dauerte fast ein Jahrhundert. Mit 89 m Länge, 38 m Breite, 42 m Höhe bis zum Dachfirst und 65,6 m Turmhöhe stellt die frühere Marienkirche das am weitesten nach SO vorgeschobene Denkmal dt. Kirchenbaukunst in Europa dar. Im Tömöschtal gebrochene Sandsteinquader waren das Baumaterial, das heute jedoch starke Verwitterungsspuren aufweist. Bei mehrfachen Renovierungsarbeiten, bis in die jüngste Zeit, wurden widerstandsfähigere Andesitblöcke eingefügt. Die Kirche hat 5 große Portale. An der W-Seite befindet sich der architektonisch reich ausgestaltete Haupteingang und im N die sog. „Goldene Pforte". In der Vorhalle des S-Portals ist im Bogenfeld über der inneren Tür ein restauriertes Marienfresko aus dem 15. Jh. zu sehen. Das 1472 gegossene Taufbecken gehört zu den wertvollsten Bronzegußarbeiten des MA. in Sb. Die zehn mächtigen Pfeiler des Langhauses standen ursprünglich frei. Erst 1710 – 1720 wurden die Emporen über den Seitenschiffen eingebaut. Der Pfeiler gegenüber der Kanzel trägt das Wappenschild der Stadt und das des Reichsverwesers Johannes Hunyadi.

Die von Buchholz gebaute Orgel (1839) mit über 4000 Pfeifen gehört zu den größten in SO-Europa und ist wegen ihrer Klangfarbe berühmt. Von urspr. 6 Glocken wurden 3 im Ersten Weltkrieg eingeschmolzen. Die große Glocke wiegt 104 Zentner und ist wiederholt umgegossen worden. Zum wertvollen Schmuck der Kirche zählen die 119 aus Anatolien und Persien stammenden Gebetsteppiche aus dem 17. und 18. Jh. Der aus 33 Einzelteilen bestehende Kirchenschatz ist ein hervorragendes Beispiel sb. Goldschmiedekunst. Der Hauptaltar wurde in Wien von Franz Schöntaler ausgeführt.

Da Honterus als Stadtpfarrer von Kronstadt die Reformation einleitete, wurde die damalige Marienkirche die erste ev.-luth. Kirche Sb.s. Eine schlichte Steinplatte mit Inschrift markiert den Ort im Chor, links vom Taufbecken, wo sich die sterblichen Überreste des Reformators befinden. Aus dem Chorraum gelangt man links durch eine Tür in die kleine, *sehenswerte Sakristei,* wo sich ein wertvoller, in Formen der Frührenaissance ausgeführter Steinschrank befindet. Einige

365

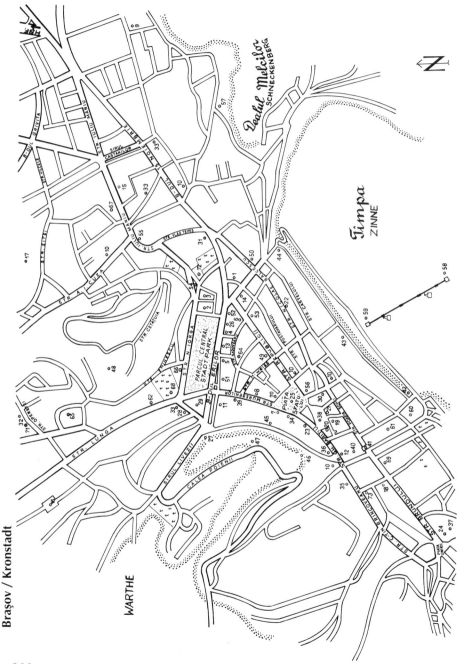

Braşov / Kronstadt

Dealul Melcilor
SCHNECKENBERG

Timpa
ZINNE

WARTHE

PARCUL CENTRAL
STADTPARK

Legende zum Stadtplan von Braşov / Kronstadt

beachtenswerte Gemälde befinden sich oberhalb des nach dem großen Brand von 1689 geschnitzten Gestühls. Es sind dies 3 Altargemälde des aus kath. Zeit stammenden Altars der Kirche von Marienburg im Burzenland. (Die Vermählung Marias mit Joseph, die Beschneidung Christi und der zwölfjährige Jesus im Tempel.) Außerdem sind die „Hochzeit zu Kanaa" von Hans Eder und der Schwur der Kronstädter Stadtrichter auf das Reformationsbüchlein des Honterus von Fritz Schullerus zu sehen.

In der n. und s. Turmhalle befinden sich Dauerausstellungen zur Baugeschichte der Kirche. An den Wänden dieser Räume sind Bildnisgrabsteine von Pfarrern und Stadtrichtern aus dem 16. und 17. Jh. aufgestellt.

Ein vom Berliner Bildhauer Harro Magnussen 1898 geschaffenes *Erzstandbild von Johannes Honterus* steht auf dem Kirchhof ö. des Turmes. Die seitlich angebrachten Reliefbilder zeigen Honterus bei der Verabreichung des heiligen Abendmahls und die erste von ihm eingerichtete Buchdruckerei.

Ebenfalls auf dem Kirchhof steht das *ev. Stadtpfarrhaus*, Sitz des Burzenländer Kapitels seit 1494; das Gebäude des *alten Gymnasiums*, heute „Johannes-Honterus"-Gymnasium, wo zeitweise das Burzenländer Sächsische Museum mit seinen wertvollen, leider größtenteils verlorengegangenen Sammlungen unterge-

Die „Schwarze Kirche" mit der „Zinne" im Hintergrund

bracht war, sowie das *Gebäude der Liberey*, wo Honterus eine öffentl. Bibliothek eingerichtet hatte. Im selben Haus wohnte viel später der Komponist und Interpret Paul Richter (1875 – 1950).

N. der Schwarzen Kirche erstreckt sich der *Marktplatz* (Piaţa Sfatului), der in den letzten Jahren neu gestaltet wurde. In seiner Mitte steht das 1420 errichtete *Alte Rathaus*. Der Turm ist viel älter und diente urspr. als Beobachtungs- und Überwachungsstand. Hier hatte auch ein Marktrichter seinen Sitz. Im Rathaussaal wurden über 500 Jahre die Beschlüsse über die Geschicke der Stadt gefaßt. Von dort wurde auch das ganze Burzenland regiert. Durch den verheerenden Brand von 1689 erlitt auch das Rathaus große Schäden, welche erst nach 1770 behoben wurden. Damals erhielt es die heutige Form. In diesem ehrwürdigen Bau ist jetzt das *Museum für Geschichte* untergebracht, wo u. a. bedeutende vorgeschichtl. Funde und Objekte ma. Geschichte zu sehen sind. Gegenüber vom Rathaus, auf der Kornzeile, befindet sich der Eingang zur rum., im byzant. Stil 1895 – 1896 erbauten *„Sft. Adormire"-Kirche* mit wertvollen Ikonen und Fresken. Am Marktplatz steht auch das sehenswerte *alte Kaufhaus*, heute die Renomiergaststätte „Cerbul Carpatin" (Karpatenhirsch). Frau Apollonia Hirscher, Witwe des Stadtrichters Lukas Hirscher, ließ auf dem Gelände des früheren Fischmarkts aus eigenen Mitteln 1545 zugunsten der Kronstädter Handwerker und Kaufleute dieses Gebäude errichten, die hier geschützt ihre Waren feilbieten konnten. Zu beachten sind der zum urspr. Kaufhaus gehörende und jetzt freigelegte Laubengang in der Hirschergasse (Str. A. Hirscher) und das Wappen über dem Haupteingang auf der Blumenzeile.

Schwarze Kirche, Kanzel *Schwarze Kirche, Westportal*

Das *Haus Marktplatz 23* beherbergt ein kleines Museum, welches der rum. Intelektuellenfam. Mureşianu gewidmet ist. In der Hirschergasse 8 (Str. A. Hirscher) befand sich die sog. *„Redoute"*, das ehem. dt. Kulturzentrum mit Veranstaltungsräumen, großem Saal und Gaststätte. Heute ist dort das Kulturhaus der Stadt.

Am Roßmarkt 12 (Str. Gh. Bariţiu) steht hinter der Straßenfront die *nationalgriech. Dreifaltigkeitskirche*, die 1787 aus Mitteln der Griech. Handelskompagnie fertiggestellt wurde. Die im Inneren prunkvoll im byzant. Stil ausgestattete Kirche beherbergt ein wertvolles, 1716 in Wien gefertigtes Seidensticktuch und große barocke Kronleuchter aus Messing, die der Kronstädter Meister Albert Gottschling 1842 schuf. Im kleinen Friedhof zw. Kirche und Stadtmauer ruht der letzte Brîncoveanu – Fürst der Walachei – mit seiner Gattin. Die *röm-kath. Kirche*, der einzige barocke Monumentalbau Kronstadts, Klostergasse 21 (Str. Mureşenilor). Anstelle eines Dominikanerklosters aus dem 14. Jh. wurde die Kirche mit Spenden der Kaiserin Maria Theresia errichtet und 1782 eingeweiht. Das prunkvolle Innere ist beachtenswert.

Das *Franziskanerkloster* und die dazugehörige *Johanneskirche* wurden 1725 nach dem großen Brand von 1689 neu aufgebaut, Johannesgasse Nr. 5 – 7 (Str. Sfîntul Joan). Eine gut gearbeitete bemalte Holzfigur des Gekreuzigten steht an der Längsseite zur Straße. Sowohl got. als auch barocke Stilelemente charakterisieren den Bau.

Die beiden Hauptgeschäftsstraßen der Kronstädter Innenstadt sind die *Purzengasse* (Str. Republicii) und die *Klostergasse* (Str. Mureşenilor). Sie beginnen beide am Alten Marktplatz, verlaufen in n. Richtung und bestehen auch heute noch aus einer Vielzahl von Geschäften aller Art. Die

Brașov (Kronstadt): Marktplatz mit Rathaus, „Weberbastei" (oben); Johannes-Honterus-Denkmal vor der Schwarzen Kirche, orthod. St.-Nikolaus-Kirche (unten)

meisten Gebäude wurden vor und während der Jahrhundertwende errichtet und weisen des öfteren Bauelemente des Jugendstils auf. In der Purzengasse 23 wohnte der rum. Historiker und Publizist Gheorghe Barițiu (1812 – 1893).
Weitere *Sehenswürdigkeiten* in der Innenstadt von Kronstadt sind das *Geburtshaus* des Reformators und Humanisten *Johannes Honterus*, Schwarzgasse 40 (Str. Nic. Bălcescu); das *Rumän. Casino*, ehem. Kulturverband der Rum., Waisenhausgasse 3 (Str. Poarta Schei); das *Wohnhaus des Stadtrichters Johannes Benkner* am Roßmarkt (Str. Gh. Barițiu). Die seit 1827 in Kronstadt bestehende jüd. Gemeinde erbaute 1902 in der Waisenhausgasse (Str. Poarta Schei) eine *Synagoge*, die orient.-manierist. Architektur aufweist. Am Ende der Purzengasse (Str. Republicii 62) steht das Hotel-Restaurant-Kaffee „Krone", heute „Postăvarul".
Die Innenstadt wird teilw. auch heute noch von den ma. *Stadtmauern, Türmen und Basteien* begrenzt. An der Zinnenseite (Tîmpa) sind die alten Befestigungsanlagen besonders gut erhalten. Die Mauern haben hier eine Höhe bis zu 12 m und eine Stärke von 2 m und tragen von den urspr. 8 noch 3 viereckige Pulvertürme. Am n. Ende steht die Tuchmacherbastei mit 16 m Durchmesser; in der Mitte ist die stark hervorstehende Seilerbastei zu sehen, im S befindet sich die *Leinweberbastei* mit dem Aussehen einer ganzen Burg. Letztere beherbergt ein *Museum,* das der Festung Kronstadt und den befestigten Anlagen des Burzenlandes gewidmet ist. Hier ist u. a. ein Modell von Alt-Kronstadt mit seinen Befestigungswerken zu sehen. Beachtenswert ist auch der geräumige *Innenhof der Bastei,* in welchem gelegentlich kulturelle Veranstaltungen (Konzerte, Volkstänze) unter freiem Himmel stattfinden. Gegen die *Graft* ist die Stadtmauer doppelt und dreifach. 6 viereckige Türme werden auch jetzt noch von der Hauptmauer getragen. Vor der äußeren Zwingmauer fließt der Obervorstädter Bach, auch Graft genannt. Hier entlang lohnt sich ein Spaziergang. Auf einem Gewölbe über dem Graftbach ist der Turm der Graftbastei errichtet. Die *Schmiedebastei* an der Ecke zum Roßmarkt ist zum *Staatsarchiv* (Filiale Kronstadt) ausgebaut worden und besitzt wertvolle Schriften und Dokumente zur Geschichte Kronstadts und des Burzenlandes. An den Abhängen des Raupenberges, oberhalb des Graftkanals stehen isoliert der *Weiße Turm* und der *Schwarze Turm.* Von den beiden im 15. Jh. errichteten Wehrtürmen, die sowohl der Beobachtung als auch der Verteidigung dienten, führten einst unterirdische Gänge in die Innenstadt.
Im SW, in Richtung Obere Vorstadt, sind von den Wehranlagen nur noch Mauerreste und das einzige ma. Stadttor, das *Katharinentor* aus dem Jahre 1559 und das erst 1827 errichtete *Waisenhausgässer Tor* erhalten geblieben. Im 15. und 16. Jh. waren auch hier die Stadtmauern zwei- und dreifach. Sie mußten wegen dem Bau des *dt. Mädchengymnasiums* (jetzt Forsthochschule), des Kindergartens, der Volksschule (jetzt Sportschule) sowie des anschließenden Tennis- und Eislaufplatzes unterhalb der Weberbastei abgerissen werden. Außerhalb der Mauern, unter dem Schwarzen Turm, wurde nach mehrjähriger Bauzeit 1912 die *neue Honterusschule* ihrer Bestimmung übergeben. Diese Institution, die weit über den Rahmen eines Gymnasiums wirkte, in der nicht nur Dt., sondern auch viele Rum., Ung., Juden, Griechen, Armenier u. a. ihr Gymnasialwissen erhalten haben, in der die wertvolle Honterusbibliothek und mehrere bedeutende wissenschaftl. Sammlungen untergebracht waren, wurde 1944 aufgelöst, das Gebäude beschlagnahmt und in ein Krankenhaus umfunktioniert. Durch einen Anbau wurde auch die ursprünglich harmonische Architektur völlig entstellt.
Sw. der Innenstadt erstreckt sich die *Obere Vorstadt,* auch „Belgerei" oder „Baldscheroi" genannt (rum. Schei). Sie füllt die schmäler werdende Talung bis zum Salomonfelsen. Der älteste Teil dieser Siedlung liegt an der Ostlehne unter der Zinne in der Umgebung der Coastei-Straße.
Die obervorstädter Talung diente urspr. den Kronstädtern als Hutweide, die Leinenweber hatten hier einen Bleichplatz. Ab 1392 wurden feste Siedlungen angelegt, die die zahlr. mazedon. Rum. beherbergte, die beim Bau der großen Kirche (Schwarze Kirche) beschäftigt waren. Diese Ew. haben sich später mit Transport und Verkauf von Handwerkserzeugnissen in das rum. Altreich und mit Schafzucht den Unterhalt gesichert.

Zusammen mit der sächs. Innenstadt erblühte auch die Obere Vorstadt mit ihren dichtbebauten Straßen, die heute noch sehr malerisch wirken. Aus dieser Zeit stammen die kostbaren Brokatgewänder und der reiche Schmuck, den die obervorstädter Rum. zu den Festlichkeiten, der sog. *Junii* tragen. Dieses Volksfest, das auch heute noch jeweils am 3. Ostertag (orthod. Ostern!) stattfindet, beginnt mit einer Versammlung und mit Spielen auf der Wiese unter dem Salomonfelsen und erreicht mit einem schmucken Reitertrachtenzug durch die Innenstadt seinen Höhepunkt.

Es ist empfehlenswert, die Besichtigung der Oberen Vorstadt am Waisenhausgässer Tor in der Angergasse (Str. Prundului) zu beginnen. Zunächst ist die *ev. Obervorstädter Kirche* (Angergasse 3), ein schlichter Barockbau des 18. Jh. (1790 – 1793) mit eigenartiger Kanzel, die am Altar angebracht ist, zu sehen.

Das *„Andrei Şaguna"-Lyzeum,* erstellt im Jahre 1851, präsentiert sich im klassischen Empirestil, (Str. A. Şaguna). Hier wurden u. a. der Gelehrte und Volksmann Andrei Mueşianu, der rum. Pionierflieger Aurel Vlaicu und der Komponist Ciprian Porumbescu unterrichtet.

Im Haus Angergasse 4 wurde der rum. Dichter Ştefan Octavian Josif geboren. Die Gasse mündet in den Anger (Piaţa Unirii), dem zentralen Platz der Oberen Vorstadt. Hier steht ein Denkmal zu Ehren der im Ersten Weltkrieg gefallenen Soldaten. Es wurde 1930 enthüllt. Das Gebäude am Anger Nr. 4, im typisch rum. Brîncoveanu-Stil 1689 errichtet, war ab 1828 die rum. Schule. Der wichtigste Bau am Anger ist die *rum-orthod. Nikolauskirche.* Urspr. vom Fürsten Neagoe Bassarab 1512 – 1521 im rum.-byzant. Stil errichtet; im 18. Jh. mit Unterstützung der Kaiserin Elisabeth von Rußland wesentlich vergrößert. Das langgestreckte Schiff und der schlanke Turm mit den 4 Ecktürmchen entsprechen sb.sächs Bauart. Kuppel und Innenausstattung sind hingegen byzant. Im ältesten Teil der Kirche sind wertvolle Fresken aus dem 16. Jh. zu sehen.

Neben der Nikolauskirche steht die erste rum. Schule aus dem 14. Jh. Die heutige Form erhielt der Bau, der anstelle eines Holzgebäudes errichtet wurde, 1597 – 1766. Das darin befindliche *Schulmuseum* veranschaulicht die Tätigkeit des orthod. *Diakons Coresi,* einem der Begründer der rum. Schriftsprache, der in Kronstadt eine Reihe kirchenslawischer und rum. Texte druckte, die zum Wertvollsten der rum. Kulturgeschichte zählen, u. a. auch ein Tetraevangeliar, das erste rum. Neue Testament.

Die *orthod. Dreifaltigkeitskirche* (Sf. Treime) wurde 1825 errichtet und befindet sich im Viertel Pe Tocile (Str. Comuna din Paris 57). Der große, reichgeschmückte Kronleuchter im Inneren ist die Arbeit des Kronstädter Gelbgießers Friedrich Traugott Hinz. Die Wandmalereien stammen aus dem 19. Jh. Auffallend an der Kirche sind vereinzelte neugot. Bauelemente.

Die vielen kleinen und oft sehr alten Wohnhäuser, die die unregelmäßigen Gassen bes. in diesem Viertel der Oberen Vorstadt zieren, haben meist schön geschnitzte Holztore mit eisernen Türklopfern.

Der Rückweg führt den Besucher in die Katharinengasse (Str. C. Brîncoveanu, im Anschluß Şirul Gh. Dima). Im Haus Nr. 3 erinnert ein kleines *Museum* an den rum. Komponisten *Gheorghe Dima* (1847 – 1925). In dieser Straße steht auch der Bau der *ung.-ref. Kirche,* urspr. eine in den sechziger Jahren umgewandelte Turnhalle.

Am N-Rand der Innenstadt sind keine ma. Befestigungsanlagen erhalten geblieben. Hier und auf dem freien Feld, zwischen Innenstadt einerseits und der Altstadt und Blumenau anderseits, entstanden in 19. und 20. Jh. Repräsentativbauten. Von O nach W. entlang des Rudolfringes (B-dul Eroilor): unter der Postwiese die Industrie- und Handelskammer, heute *Kreisbibliothek,* im traditionellen rum. Stil; das *„Haus der Armee"* im modernen rum. Stil; an der Ecke zur Klostergasse das *„Transilvania"*-Gebäude mit Jugendstilelementen, heute Rektorat der Univ.; das *Nobel-Hotel „Aro Palace",* 1939 erbaut; Telefonamt; im *Kunstmuseum,* dem ehem. dt. Gewerbevereinsgebäude, ist die rum., sächs. und ung. Malerei besonders durch Kronstädter Künstler gut vertreten (Kimm, Eder, Mattis Teutsch, Kolar, Mişu Popp u. a.). Es beherbergt auch eine Skulptursammlung. Sonderausstellungen von Zinn, Gold, Keramik sowie Volkskunstgegenständen finden öfters statt. (Der in der Klostergasse befindliche *Arta-Saal* ist auch Teil des Kunstmuseums); das neue Hotel-Restaurant „Capitol"; das ebenfalls neuerrichtete Modekaufhaus „Modarom" an der Ecke zur Purzengasse; in weiterer Folge bis unter die Zinne stehen Bauten der Univ. und Schulgebäude sowie das Kaufhaus „Braşov". Zur Blumenau hin sind das Rathaus (Primăria Municipiului Braşov), das Hauptpostamt und das Gerichtsgebäude (heute Präfektur), alle im vorigen Jh. in der k. u. k.-Zeit errichtet, zu sehen.

Verläßt man die Innenstadt in nw. Richtung, gelangt man entlang des *Stadtparks* in die *Altstadt*. Im NO hingegen, ebenfalls parallel zur Breitseite des Stadtparks, befindet sich der Stadtteil *Blumenau*. Getrennt werden die beiden Stadtteile durch den aus Kalkstein und Konglomerat aufgebauten *Schloßberg*, der sich genau im N des Stadtparks befindet. Schon 1524 errichteten die Kronstädter wegen der günstigen strategischen Lage auf seinem Gipfel eine hölzerne Bastei, die bald durch ein gemauertes Kastell ersetzt wurde. 1630 entstanden die vier Eckbastionen. Damit wurde der heutige Zustand erreicht. Zur Zeit befindet sich dort das empfehlenswerte Restaurant „Cetatea", nachdem die Anlage mehrere Jahrzehnte als Militärgefängnis benützt worden war.

Mit der Langgasse (Str. Lungă) betreten wir die Altstadt. Gleich am Eck mit der Iorga Zeile (Str. Nic. Jorga) befindet sich der *dt. ev. Innerstädtische Friedhof*, auf dem bedeutende Kronstädter ruhen, u. a. der Komponist des Siebenbürger Liedes Johann Hedwig, der Schriftsteller Erwin Wittstock, der Organist und Musikdirektor Viktor Bickerich und der Botaniker Jul. Römer. Gegenüber dem Friedhof, im Gebäude Langgasse 1, der *„Astra-Saal"*, einst dem rum. Kulturverein gleichen Namens gehörend, heute ein Lichtspielhaus.

Auf einem Ausläufer des Schloßberges steht über den Dächern der Alstadt die *ev. Martinsberger Kirche,* ein got. Bau aus dem 14. Jh., der seine gegenwärtige Gestalt durch einen Erweiterungsbau im Jahre 1795 erhalten hat. Der Altar, von Stefan Schuller gemalt, stammt aus 1730. Beachtenswert sind die *Holzmalereien* auf der Emporebrüstung, welche 12 Schutzpatrone der Zünfte darstellen. Ihr Ursprung liegt wahrscheinlich noch in vorreformatorischer Zeit.

Die *rum.-orthod. Marienkirche* in der Rum. Kirchengasse (Str. Operetei 47) wurde von den griech.-oriental. Rum. der Altstadt 1783 errichtet. Die Altarwand ist ein Meisterwerk feiner Ornamentschnitzerei; ebenfalls ein geschnitzte Bischofstuhl. Kronleuchter sowie einige der Ikonen sind ebenfalls hervorragende Kunstwerke dieser Kirche.

Die *ev. Bartholomäuskirche* am Ende der Langgasse (Str. Lungă 251) ist der älteste Sakralbau der Stadt und eine der ältesten Kirchenbauten Sb.s. Baubeginn war im 13. Jh. Der Grundriß mit fühgot. Stilelementen hat Zisterzienser Gepräge. Von urspr. zwei vorgesehenen Türmen im W wurde nur einer aufgebaut. Das Hauptschiff hat eine Länge von 55 m, die Querschiffslänge beträgt innen fast 25 m. Auffällig ist das große Hauptportal im W (Breite 6,25 m, Höhe 6 m). Der Chor wird von Gewölberippen überspannt und ist sehr hell, da die Rund- und Längsfenster viel Licht einfallen lassen. Konsolen mit Männerkopf stützen die Gewölberippen im n. Querschiff. In der N-Kapelle befindet sich ein schönes, steinernes Sakramenthäuschen, in der S-Kapelle sind Reste ma. Fresken zu sehen. In den achziger Jahren des 20. Jh. ist der gesamte Bau renoviert worden.

Ebenfalls am Ende der Langgasse befindet sich ein *Heldenfriedhof,* in dem im Ersten Weltkriek gefallene rum. Soldaten bestattet sind. Das hier stehende Ehrenmal wurde 1923 enthüllt.

W. der Kirche von Bartholomä erhebt sich der *Gesprengberg*, 600 m hoch. Er wurde im Laufe von mehreren Jahrzehnten wegen seinem begehrten Kalkstein fast zur Hälfte abgetragen. Der noch vorhandene Gipfel weist Fundamente einer frühen Burg auf, die der Verteidigung der Altstadt diente. Von oben hat man einen guten Ausblick sowohl in das Burzenland als auch über die Stadt. In Bartholomä befindet sich das *Stadion der Jugend* (Stadionul Tineretului – Str. M. Viteazul 146) und das *Munizipalstadion* (Stadionul Municipal, Str. Titan 1), größte Sportanlage der Stadt. In der Langgasse, gegenüber der Bartholomäer Kirche ist ein öffentliches *Strandbad*.

Von der Innenstadt nach NO erstreckt sich die *Blumenau* (Blumenă), ein Viertel, in dem sich Wohneinheiten mit Betrieben und Kulturinstitutionen abwechseln. Der moderne Bau des *Staatstheaters* (Teatrul dramatic, Piaţa Teatrului 1) fällt besonders durch die gelungene Architektur seines Foyers und des Treppenhauses auf. Hier treten oft Gastspielgruppen des In- und Auslandes auf.

Die *Blumauer ev. Kirche* (Bahnstraße – Str. Cantacuzino 1), erbaut 1777, wurde anfangs sowohl von Sachsen als auch von ev. Ung. benützt. Der Bau weist neoklassiz. und barocke Elemente auf. Auf dem *Mühlenberg* stehen große Gebäudekomplexe der *Kronstädter Univ.* (Universitatea Brașov), 1971 errichtet. Hier sind die Fakultäten für Maschinenbau und Holzverarbeitung, weitere sind über die ganze Stadt verstreut. An der Univ. studieren rd. 8000 Studenten, sie besitzt eine Zentralbibliothek mit 550.000 Bänden.

Weiter im N der Blumenau beginnen die eigentlichen Industrieviertel das Stadtbild zu bestimmen. Hier befinden sich sowohl die traditionellen wie auch die neuen Produktionsbetriebe, so wie Maschienen- und Pumpenfabrik „Hidromecanica", die Tuchfabrik „Carpatex", die Kosmetikbetriebe „Nivea" u. v. a. Zwischendurch im sozialist. Stil errichtete Wohnblockanlagen entlang der neuen Straßen.

Mitten im Neubaugebiet der 1960 errichtete *Hauptbahnhof*. Von hier können Züge in alle Richtungen des In- und Auslandes bestiegen werden. Neben dem Bahnhof befinden sich eine große *Mehrzwecksporthalle* und ein *Schwimmbad* (B-dul Gării). Im NW am Stadtrand sind Großbetriebe angesiedelt, wie das Traktorenwerk (Intreprinderea Tractorul Brașov) mit über 24.000 Beschäftigten, die Kugellagerfabrik „Rulmentul" mit 8500 Beschäftigen und im O das Mammut-LKW-Werk „Astra" mit 25.000 Beschäftigten.

Die *Zinne* (Tîmpa), 955 m, ist das landschaftl. Wahrzeichen Kronstadts. Früher hieß dieser steile Ausläufer des Schuler-Gebirges Kapellenberg. Die Zinne ist am Nordhang vorwiegend von Buchenwald bedeckt, die im Sattelbereich einer großen Wiese Raum lassen. Auf diesem waldfreien Gelände sind Mauerreste und ein verschütteter Tiefbrunnen der einstigen bis zum Gipfel hinanreichenden *Brassovia-Burg* zu sehen. Über die Entstehung dieser 23.000 m² umfassenden Befestigungsanlagen ist wenig bekannt. Im Jahre 1421, zur Zeit des Türkeneinfalls, konnte ein Teil der Kronstädter hier Zuflucht finden. 1455 wurde die Burg abgetragen, weil sie strategisch überholt war. Die Steine wurden zur Verstärkung der Mauern der Innenstadt verwendet. Der Fernblick vom Gipfel bietet ein großartiges Panorama von Kronstadt und vom Burzenland mit seinen Ortschaften und angrenzenden Geb. der Süd- und Ostkarpaten. Die Zinne ist Naturschutzgebiet. Hier blühen seltene Pflanzen, wie das Siebenbürgische Leberblümchen und die zarte Schachblume. Von den Tieren sind besonders die Smaragdeidechse und die Schnirkelschnecke erwähnenswert.

Die beste Möglichkeit, um rasch auf die Zinne zu kommen, bietet die Kabinenseilbahn, welche auf der Burgpromenade ihre Talstation hat. Von da führt auch ein mit rotem Dreieck markierter Serpentienenweg in 1 – 1¹/₂ Std. zum Gipfel. Der Felsenweg (Drumul treptelor, Gabony-Weg), gelbes Dreieck, führt ebenfals von der Burgpromenade, neben dem Universal-Kaufhaus, in 1¹/₂ Std. zur Zinnenspitze. Ein weiterer Weg beginnt am S-Ende der Promenade, mit blauem Dreieck markiert, und führt über den Rittersteg in den Zinnensattel (1 Std.).

Im SO der Zinne erstreckt sich die Talbucht des *Burggrundes* (Valea Cetății), das jüngste Wohngebiet von Kronstadt. Dort, wo heute Wohnblocks und Zweckbauten stehen, gab es einst eine Hutweide, einen Exerzierplatz für das Militär und die Forellenbrutanstalt des Fischervereins, dessen Teiche vom Burggrundbach gespeist wurden. Alte Kronstädter nennen diese Gegend auch Ragado-Tal. Heute werden die Quellen des Baches gefaßt und zugeführt.

Ö. liegt der ehem. Weiler *Noa* (Noua), 650 m, heute ein Stadtteil Kronstadts, der vorwiegend Wohngegend ist. Neben einer Freibadanlage, einem See mit Bootsverleih befindet sich dort ein kleiner, aber *sehenswerter Zoo*. Zw. Burggrund und Noa, auf einem heute mit Wohnblocks verbauten Wiesengrund, feierten die Kronstädter Sachsen am Schluß eines jeden Schuljahres ihr *Honterusfest*. An der in Stein gefaßten Honterusquelle am Wiesenrand, sie ist jetzt noch zu sehen, wurde 1944 letztmals die sog. Quellenrede gehalten.

Im O der Stadt befindet sich ein weiterer Weiler, der seine Entstehung und seinen Namen den hier einst am Tömöschkanal stehenden Walkmühlen der Kronstädter Tuchmacher zu verdanken hat. Es ist der Vorort *Dirste* (rum. Dîrste = Walkmühle), der durch den massiven Wohnblockbau entlang der Bukarester Straße mit der Stadt inzwischen fast eine Einheit bildet. Hier steht eine große Brauerei. Sehenswert in der Dirste ist die *orthod. Dreifaltigkeitskirche* mit Wandmalereien aus dem 18. Jh. Die Dirste hat einen *Bahnhof* an der Bahnlinie Kronstadt – Predeal – Bukarest. Durch den Vorort führt die DN 1 (E 15) ins Tömöschtal nach Predeal und Bukarest. Die DN 1A zweigt unmittelbar nach der Dirste in die Stadt Siebendörfer (Săcele) ab. Das im SW von Kronstadt auf einem 1000 m hohen Bergplateau in den Karpaten gelegene Wintersportzentrum

Poiana Braşov, Schulerau, Brassó-Pojána

ist der Stadt eingemeindet und gehört auch im Sommer zu den beliebten Ausflugszielen der Kronstädter. Auf mehreren Wanderwegen (1 – 2 Std. Gehzeit) sowie über eine 13 km lange Autostraße, die in der Stadt bei der Postwiese beginnt (von hier auch die städtische Autobuslinie), ist die Schulerau bequem zu erreichen. Neben zahlr. Gaststätten und Hotels sind eine Reihe von sportlichen Einrichtungen vorhanden: Skipisten und Sprungschanzen, Skilifte und Kabinenbahnen, Kunsteislaufplatz, Schwimmhalle, Sportplatz u. a. Alljährlich finden hier die verschiedensten internationalen und nationalen Sportwettkämpfe statt.
Der Siebenbürgische Karpatenverein (SKV) und der Kronstädter Sächsische Skiverein begannen 1924 in der Hinteren Schulerau durch den Bau des „Höhenheims" die touristische Erschließung dieses Gebietes. Der Naturfreund kommt auch hier auf seine Rechnung. Benutzt man den Aufstieg zu Fuß über den Großen Hangestein (Stejerişul) und über die Rabenspitze, so wird er zwischen Buchenwald und Kiefernpflanzungen bes. im Frühling über den Blütenreichtum erfreut sein. Am Langen Rücken blüht der stengellose Enzian und die Karpaten-Schlüsselblume. In

Blick vom Schuler auf den Königstein

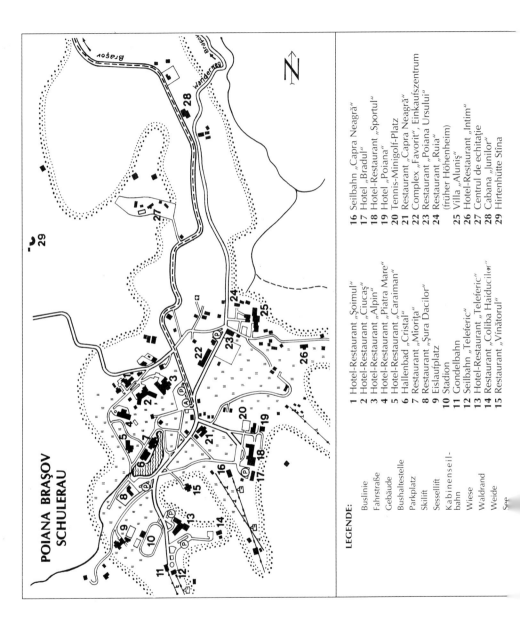

**POIANA BRAŞOV
SCHULERAU**

LEGENDE:

Buslinie
Fahrstraße
Gebäude
Bushaltestelle
Parkplatz
Skilift
Sessellift
Kabinenseil-
bahn
Wiese
Waldrand
Weide
See

1 Hotel-Restaurant „Şoimul"
2 Hotel-Restaurant „Ciucaş"
3 Hotel-Restaurant „Alpin"
4 Hotel-Restaurant „Piatra Mare"
5 Hotel-Restaurant „Caraiman"
6 Hallenbad „Cristal"
7 Restaurant „Miorița"
8 Restaurant „Şura Dacilor"
9 Eislaufplatz
10 Stadion
11 Gondelbahn
12 Seilbahn „Teleferic"
13 Hotel-Restaurant „Teleferic"
14 Restaurant „Coliba Haiducilor"
15 Restaurant „Vînătorul"

16 Seilbahn „Capra Neagră"
17 Hotel „Bradul"
18 Hotel-Restaurant „Sportul"
19 Hotel „Poiana"
20 Tennis-Minigolf-Platz
21 Restaurant „Capra Neagră"
22 Complex „Favorit", Einkaufszentrum
23 Restaurant „Poiana Ursului"
24 Restaurant „Ruia"
   (früher Höhenheim)
25 Villa „Aluniş"
26 Hotel-Restaurant „Intim"
27 Centrul de echitație
28 Cabana „Junilor"
29 Hirtenhütte Stîna

der Schulerau gibt es Unterkunftsmöglichkeiten in zahlr. Hotels und Villen mit insgesamt 2800 Betten und Gasthäuser mit 4600 Plätzen (Reservierungen siehe I – Stadt). Einkaufszentrum vorhanden. Der *Schuler* (Postăvarul, Cristianul Mare / Keresztényhavas) ist der Hausberg der Kronstädter. Am bequemsten erreichbar ist er mittels zweier Kabinenseilbahnen aus der Schulerau. Ein mit rotem Kreuz markierter Wanderweg beginnt ebenfalls in der Schulerau bei der „Kantzel"-Seilbahnstation und führt über die Schotterquelle (Izvorul din pietriş) in 2^1/$_2$ Std. zum Schutzhaus (Cabana Cristianul Mare, 1710 m, 56 Betten, Tel. 92/262253). Ein Wanderweg aus Kronstadt über die Zinne, mit blauem Band markiert, beginnt beim Waisenhausgässer Tor und führt in 6 Std. gleichfalls zum Schutzhaus und zum Schulergipfel (1799 m), von wo bei gutem Wetter ein herrlicher Ausblick gegeben ist. Er ist ein Gebirgsstock in Gestalt eines Rechtecks dessen Längsseiten (14 km) von SW nach NO verlaufen. Zum Schuler gehören die Ausläufer Schulerau, Götzentempel mit der Flintschhöhle, Rosenauer Burggrund, Lichte Eichen bei Neustadt, Großer und Kleiner Hangestein, Teufelsspitze, Zinne, Schneckenberg und die Richterstühle am Tömöschtal.

ROUTE 2/26

Die DN 73 verläßt Kronstadt in Bartholomä sw. Nach 10 km folgt die Ortschaft

Cristian, Neustadt, Keresztényfalva (592 m, u. e. E. 1362,1980: 5000 Ew.), eine Landgemeinde unter den Ausläufern des Schulers, vom Weidenbach (Ghimbavul) durchflossen, an der Bahnlinie Kronstadt–Zernen (Zărneşti) gelegen (Bhf.). Außer Landwirtschaft gibt es im Ort Ziegelbrennereien, Tonwarenfabrik, Steinbrüche und aufgelassene Kohlengruben. *Sehenswert* ist in der Mitte der Ortschaft auf freiem Platz die von der *Kirchenburg* umgebene *ev. Kirche*. Eine 1270 erbaute spätrom. Pfeilerbasilika, von der heute nur noch der Kirchturm mit dem rom. W-Portal steht; wegen Baufälligkeit 1841 abgetragen und durch eine geräumige Hallenkirche mit Emporen ersetzt. In der Vorhalle sind gemalte Burzenländer Gemeidewappen zu sehen. Die Burg aus Bruch- und Flußstein im 15. Jh. mit doppeltem, konzentrischen Ringmauergürtel errichtet und von einem Wassergraben umgeben. Von ehemals 9 Türmen sind heute einige erhalten. In der Nähe Neustadts, zwischen Langem Rücken und Sattelberg, öffnet sich das *Schneebrichtal*. Dort birgt der Boden Steinkohlenlager. Verfallene Anlagen und Abraumhalden deuten auf einstigen Abbau. Auf der Neustädter Hutweide, unweit des Schneebrichtales, bei den „Lichten Eichen", sind die ältesten Eichen des Burzenlandes zu finden. Die DN 73 verläßt Neustadt sw. und führt nach 5 km an den Stadtrand von

Rîşnov, Rosenau, Rozsnyó (635 m, u. e. E. 1331, 1992: 16.347, davon 452 dte. Ew.). Vom Deutschen Ritterorden etwa 1225 gegründet, durch Bauern und Handwerker über Jahrhunderte geprägt, heute durch Industrialisierung zu einer ländlichen Arbeiterstadt geworden. Chemiewerk, Werkzeugmaschinenfabrik u. a. Betriebe. Die gewachsene Siedlungsart wurde durch dazwischengebaute mehrstöckige Wohnblocks gewaltsam verunstaltet. Seit 1950 Stadt. *Sehenswürdigkeiten:* Die ev. *Kirche* stammt aus 13. Jh. und wurde mehrmals umgebaut. Die Renaissance-Deckenfresken gehen auf das 16. Jh. zurück. Die Kirche war nie befestigt, da die Ew. bei Gefahr auf die Burg flüchteten. Durch die Stadt fließt der Weidenbach (Ghimbavul). Bachaufwärts und in kleinen Seitentälern befindet sich der ebenfalls sehr alte rum. Dorfteil Rosenaus, bereits um 1380 siedelten in den „Belgerey" Mazedo-Rum. Die sehenswerte *orthod.* St.-Nikolaus-Kirche mit Fresken aus dem 17. Jh. wurde erstmals im Jahre 1384 erwähnt. Hundert Jahre nach dem Verlassen des Burzenlandes durch die Deutschen Ordensritter ließ sich in Rosenau der Orden der Kreuzträger nieder und baute ein Hospital unter der Burg, dort, wo später das Gemeindewirtshaus am Marktplatz errichtet wurde. Durch den Hof dieses Gebäudes gelangt man auf einen steilen Pfad auf die *Burg*. Im 14. Jh. auf einem Kalkfelsen, der über Rosenau aufragt, erbaut. Die starken Ringmauern, mit Türmen und Falltoren ausgestattet, umfassen einen großen Burghof mit vielen kleinen Gebäuden, die als Speck- und Kornkammern dienten. Eine Burgkapelle ist auch noch erkennbar. Der 146 m tiefe Wasserbrunnen wurde 1623 – 1640 in mühevoller Arbeit geschaffen. Die Bauernburg beherbergt ein kleines Burgmuseum und bietet eine herrliche Aussicht auf Rosenau, einen Teil des Burzenlandes und die den Horizont bildenden Geb. Im Burggrundtal (Valea Cetăţii) befinden sich ein *Strandbad* und ein Campingplatz. Eine Asphaltstraße führt von dort in die Schulerau – Poiana Braşov (12 km, 390 m Höhenunterschied). Somit kann man auch von Rosenau auf den Schuler gelangen. Verläßt man Rosenau im S auf der DN 73A, kommt man nach 17 km zum Weiler

Pîrîul Rece (1070 m) mit Schutzhütten, Kurhäusern, Villen, Sommer- und Wintersportanlagen, Skilifts u. a. Die Einrichtungen stehen vor allem Jugendlichen zur Verfügung. Nach weiteren 8 km auf der DN 73A erreicht man Predal. Rosenau ist auch Ausgangsort für das *Butschetsch-Geb.* (Bucegi). Der direkte Weg führt im S aus der Stadt, entlang dem großen Weidenbach bis zum Elektrizitätswerk auf einer KS, 12 km. Von dort auf einem mit blauem Band markierten Touristenweg durch das Mălăjeschter Tal (Valea Mălăeşti) in insgesamt 5 – 6 Std. zur Mălăjeschter Hütte (Cabana Mălăeşti, 1720 m, 95 Plätze). Von dort kann in 2 – 3 Std. der höchste Gipfel des Massivs, der Omul (2505 m), bestiegen werden. Touristisch ist der Butschetsch das besterschlossene Geb. der Sb. Karpaten. Fast flächendeckend gibt es über 20 Schutzhütten und viele recht gut markierte Wege. Die wichtigsten Hütten in höheren Lagen sind von O nach W: Schutzhaus Cota 1500 (Cabana Cota 1500, 1500 m, 82 Plätze); Vîrful-cu-Dor-Hütte (Cabana Vîrful cu Dor, 1885 m, 79 Plätze, auch mit der Gondelbahn von Sinaia erreichbar, vom SKV 1936 errichtet); Piatra-Arsă-Hütte (Cabana Piatra Arsă, 1950 m, 62 Plätze, im Sommer auch über Fahrstraße erreichbar); Babele-Schutzhaus (Cabana Babele, 2200 m, 130 Plätze, über Fahrstraße erreichbar); Caraiman-Berghaus (Cabana Caraiman, 2025 m, 70 Plätze); Omul-Haus (Cabana Omul, metereolog. Station, 2505 m, höchstgelegene Berghütte der Sb. Karpaten, 30 Plätze, nur im Sommer). Zwischen Rosenau und Wolkendorf, nahe der Burzen befindet sich die *Erdenburg*, das frühere röm. *Castrum Cumidava*. 1335 von den Tataren zerstört, heute sind noch Reste erkennbar. Die DN 73 führt sw. von Rosenau 8 km nach

Tohanul Nou, Törzdorf (Neutrauchen), Ujtohán (692 m, u. e. E. 1761, 1500 Ew.), rum. Gemeinde am Törzbach (Turcul). Die Gründung geht auf die Grenzregimentsbildungszeit zurück. Die Umgebung ist geol. bedeutsam. Aus der Ortschaft eine Abzweigung 2 km nach SO bis

Sohodol, Dürrbach, Szohodol (783 m, u. e. E. 1713, 1800 Ew.). Nach weiteren 4 km (von Kronstadt 27 km) auf der DN 73 liegt der Ort

Bran, Törzburg, Törcsvár (740 m, u. e. E. 1377, 1500 Ew.). Mittelpunkt eines rein rum. Siedlungsgebietes, liegt zwischen dem Königstein und Butschetsch an einer alten Paßstraße, welche SO-Sb., das Burzenland, mit dem früheren rum. Fürstentum Muntenien (Walachei) verbindet. Unterkunft: Schutzhaus (Cabana Bran-Poarta, 54 Plätze); Gästehaus Bran-Schloß (770 m, 22 Plätze); TS Peco bei km 108. Das *Törzburger Schloß* (Castelul Bran), von den Sachsen Kronstadts auf dem Dietrichstein 1377 erbaut, hatte urspr. die Aufgabe, den Törzburger Paß, einen der wenigen Handelswege über die Karpaten, zu überwachen und die Maut einzuholen. Unterhalten wurde die Burg aus Einkünften der Törzburger Gutsherrschaft. Da die vom König eingesetzten Burgvögte Übergriffe gegenüber den Kronstädter Handelskarawanen, die Waren transportierten, verübten, setzten die Kaufleute und Handwerker 1498 durch, daß Kronstadt die Burg selbst verwaltete. Sie ging schließlich in den Besitz der Stadt über. Während kriegerischer Auseinandersetzungen mit den Sb. Fürsten Zápolya, Báthori und Tökölyi, mit hereinbrechenden Türken (1530), mit Kurutzen u. a. konnte die Burg Widerstand leisten. 1921 schenkte die Stadt das Schloß Königin Maria als Sommerresidenz. Der unregelmäßige Grundriß des Bauwerks ist auf die Form des Felsens zurückzuführen, auf dem es errichtet wurde. Drei hohe Türme um

Im Törzburger Hochland *Die Törzburg*

einen Innenhof, in welchem sich ein 57 m tiefer Brunnen befindet, sind die wesentlichen Bauteile des Schlosses. Hier befindet sich ein Museum für Geschichte und ma. Kunst, in dem auch eine Dauerausstellung über die Geschichte des Törburger Passes zu sehen ist. Im Tal wurde eine Vorburg errichtet, welche das ganze Tal absperrte. Der Țarcul-Bach diente zur Überflutung der Talsole und war ein unüberbrückbares Hindernis. Am Haupteingang in den Schloßpark befindet sich ein *Ethnograph. Freilichtmuseum*, das die reiche Volkskultur der Törzburger Gegend und den Paß veranschaulicht. Im alten Zollgebäude ist ein *Wirtschaftsmuseum* untergebracht. Vor dem Haupteingang steht die *Büste von Ion Pușcariu* (1828 – 1912), Schriftsteller und Rechtsanwalt. Eine ganze Reihe von Gemeinden mit rein rum. Bevölkerung, den sog. *Kalibaschen* (Hüttenbewohner), meist als Streusiedlungen mit einem Dorfkern, sind in der Landschaft der sog. *Măgura*, der Braner Hochfläche, sowohl auf der Königsteinseite als auch auf der Seite des Butschetsch anzutreffen; sie sind durch stark ausgeprägte Volkskunst charakterisiert. Hochentwickelt ist die Heimindustrie: Gewebe für Kleidung, Säcke, Tornister, Decken und Teppiche aus eigener Schafwolle und selbstangebautem Hanf und Flachs werden hergesellt. Getreide- und Sägemühlen sowie Walkmühlen werden selbst gebaut. Das Gerben von Fellen und Pelzen, Holzverarbeitung aller Art, Stickerei, Bemalen von Ostereiern deuten auf hochentwickelte künstlerische Tätigkeiten. Vor Törzburg zweigt eine kleine Straße 3 km nach S in die Ortschaft

Șimon, Seimesbach, Simon (930 m, u. e. E. 1713, 1300 Ew.). Ausgangsort ins Butschetsch-Gebiet. Ebenfalls von Törzburg zweigt eine Straße nach N ab, 3 km in die Gemeinde

Predeluți, Predeal, Predyál, (742 m, u. e. E. 1713, 770 Ew.). Die KS führt weiter durch reizvolle Landschaft in nw. Richtung nach Zernen (Zărnești). Nach 4 km auf der DN 73 folgt die Ortschaft

Moieciu (Moieciu de Jos), Moesch, Alsómoécs (794 m, u. e. E. 1713, 2200 Ew.). *Sehenswert* sind die Reste eines röm. *Castrums* (drumul carnului). Von Moesch führt eine Abzweigung nach S, 2 km in den Ort

Cheia, Keja (780 m, u. e. E. 1761, 509 Ew.) und 5 km weiter nach

Moieciu de Sus, Obermoesch, Felsőmoécs (772 m, u. e. E. 1729, 900 Ew.). Wichtiger Ausgangsort ins Butschetsch-Geb. Verfolgt man den mit rotem Kreuz markierten Wanderpfad vom oberen Ende der Gemeinde am Turcu-Bach, gelangt man in 6 – 7 Std. über den Strunga-Sattel zur Padina-Schutzhütte (Cabana Padina, 1525 m, 164 Plätze) mitten im Butschetsch mit vielen Tourenmöglichkeiten. Eine Abzweigung von Moesch nach NW führt 4 km in die Gemeinde

Peştera (1103 m, u. e. E. 1729, 940 Ew.) und weiter 3 km nach

Măgura (1015 m, u. e. E. 1713, 830 Ew.). Beide Gemeinden sind vorzügliche Ausgangsorte für Gebirgstouren ins Königsteingebiet (Piatra Craiului). 8 km nach Moesch auf der DN 73 eine Abzweigung nach NW 4 km in die Gemeinde

Şirnea (1330 m, u. e. E. 1657, 903 Ew.). Feriendorf mit privaten Unterkunftsmöglichkeiten, idealer Ausgangsort für den Königstein. Touristenamt, Sanitätsdienst, Skipisten, Skilift, Ski- und Rodelverleih, Möglichkeit für Schlittenfahrten sowie Linienbusverbindung nach Kronstadt im Ort vorhanden. *Sehenswert* ist das *Dorfmuseum* mit Gegenständen und Erzeugnissen der ortsansässigen Bevölkerung. Nach weiteren 2 km auf der DN 73 zweigt in ö. Richtung eine Straße ab, nach 2 km folgt

Fundata, Fundatten, Fundáta (1657 m, u. e. E. 1713, 1000 Ew.). Kur- und Ausgangsort ins Butschetsch-Geb. *Sehenswert* ist die *Dorfkirche*. Es lohnt, die DN 73 auch auf altrumän. Seite über die Paßhöhe hinaus zu verfolgen. Landschaften, Siedlungen und Menschen bieten auch dort viel Reizvolles.

ROUTE 3/26

Von Kronstadt–Bartholomä in w. Richtung auf der DN 1 (E 15) durch Weidenbach (Ghimbav, 8 km), nach Zeiden (Codlea), 6 km > [R 1/26]. Von Zeiden in s. Richtung nach 5 km eine Abzweigung nach W zur Kohlenbergwerkskolonie *Concordia*. Kohlenbergbau um 1960 stillgelegt. Nach dieser Abzweigung auf der DN kommt nach 3 km die Landgemeinde

Vulcan, Wolkendorf, Volkány (606 m, u. e. E. 1377, 1980: 6100 Ew.), liegt am Neugraben, einem Kanal, der von der Burzen abgezweigt wurde. Der Ort wurde von sächs. Siedlern gegründet. *Sehenswert* ist die *ev. Kirche* mit ihrer Ringmauer. Die Türme der im 15. Jh. erbauten *Kirchenburg* wurden abgetragen. Wolkendorf ist mehrmals durch über den Törzburger Paß hereinbrechende feindliche Heere heimgesucht worden. 1529 war es das Heer des rum Fürsten Petru Rareş, 1599 das Michaels des Tapferen, 1603 kam Radu Şerban. Fast völlig vernichtet wurde die Siedlung im Jahr 1611 von Gabriel Báthori, Fürst von Sb. In der Gemeinde befindet sich das Erholungsheim der ev. Kirche. Das reine Wasser des Rostbaches speist das Becken eines schönen Strandbades. Dank seiner guten Luft wird Wolkendorf auch von Sommerfrischlern aufgesucht. Von Wolkendorf führt nw. eine Straße ins Bergland von Holbach. Sie gelangt nach 5 km in den Ortskern der rum. Streusiedlung

Holbav, Holbach (Faulbach), Holbák (1589 m, e. u. E. 1570, 1929 Ew.). Von rum. Waldhüter gegr. Dorf. Zwischen 1610 – 1630, zu Kronstadt gehörend, danach Burgdomäne von Fogarasch.

7 km nach Wolkendorf in s. Richtung erreicht die AS die DN 73 A und nach weiteren 3 km die Stadt

Zărneşti, Zernen (Zernescht), Zerneyest (722 m, u. e. E. 1367, 1992: 26.291 Ew.). 27 km von Kronstadt entfernt, Bhf. Eingemeindet sind die Orte *Alt-* und *Neutohan* und die Arbeitersiedlung „6 Martie" der ehem. Malaxa-Werke. Zellulose- und Papierfabrik, Fahrrad- und Mopedproduktion, Sägewerke und Holzverarbeitungsbetriebe. Durch die Stadt fließt ein Nebenbach der Burzen, Rîul genannt. Quellen dieses Baches sind teilw. für die Wasserleitung, die auch Kronstadt versorgt, gefaßt. Zernen liegt unter dem Kleinen Königstein und ist günstiger Ausgangsort für das Königstein-Gebiet (Piatra Craiului) und für die Hohe Koppe (Ciuma). Von Zernen führt in ONO-Richtung die DN 73A nach

Tohan, Alt-Tauchen, Otohan (u. e. E. 1294), älteste rum. Gemeinde des Burzenlandes, jetzt der Stadt Zernen eingemeindet. N. von Zernen, auf einer DN nach 7 km die Streusiedlung **Poiana Mărului** > [RG 27].

Verläßt man Zernen im W entlang des Burzenbaches (Bîrsa Mare) auf dem mit rotem Band markierten Weg (Forststraße), erreicht man nach 11 km (2¹/₂ – 3 Std.) die Schutzhütte *Plaiul Foii* (Cabana Plaiul Foii, 849 m, 109 Plätze, früher zeitw. vom SKV bewirtschaftet). Nebenan ein Haus der Bergwacht „Salvamont". Von hier bestehen viele Möglichkeiten zur Besteigung der *W-Seite des Königsteins* einschl. des höchsten Gipfels, der Hirtenspitze (Piscul Baciului, 2238 m). Ein anderer Weg, der im S von Zernen, mit blauem Band markiert, beginnt, führt in 4 Std. zum Curmătura-Schutzhaus (Cabana Curmătura, 1470 m, 73 Plätze, vom SKV 1937 erbaut). Von hier können Touren auf der *O-Seite des Königsteins* und auf dem *Kleinen Königstein* (Piatra Mică, 1816 m) unternommen werden. Die Flora des Königsteins beherbergt Hochgebirgspflanzen, u. a. die endemische Königsteinnelke und die sehr seltene Baumgartens Schlüsselblume. Ebenfalls im W von Zernen beginnt der mit rotem Dreieck markierte Wanderweg, der in 4 Std. auf die *Hohe Koppe* (Ciuma, 1830 m) führt. Dieses aus kristallinem Schiefer aufgebaute wasserreiche Massiv ist fast durchwegs bewaldet. Die zwischen dem dominierenden Fichtenwald liegendenen Wiesen werden als Weideplätze für Schafe, Rinder und Pferde genutzt.

ROUTE 4/26

Im N der Altstadt von Kronstadt, in Bartholomä, dicht an der Ausfahrt der DN 13 in Richtung Sighişoara, Tg. Mureş und Cluj, 2 km vom Stadtrand am neuen Zentralfriedhof vorbei, liegt der zur Stadt gehörende Weiler *Biengärten* (Stupini). Früher besaßen hier die sächs. Stadtbürger ihre Meierhöfe, Gärten und Sommerhäuser inmitten von grünen, wasserreichen Wiesen. Später haben die rum. Pächter die Höfe übernommen und versorgten die Stadt mit Gemüse. Pferdezucht, Zuckerrüben- und Futterpflanzenanbau machten die Biengärtner Rum. zu den wohlhabendsten des ganzen Burzenlandes. Heute befindet sich dort eine landwirtschaftl. Zuchtfarm. Auf der DN 13 nach N, bei km 12, eine Abzweigung nach W, nach 3 km die stattliche Landgemeinde

Hălchiu, Heldsdorf, Höltöveny (507 m, u. e. E. 1377, 3600 Ew.). Die Ortsbezeichnung entstand in Anlehnung an die Heldenburg (Castrum Heltven). Die Gemarkung und die Ortschaft, durch die der Neugraben (ein Kanal, aus der Burzen abgeleitet) fließt, liegen ganz in der Ebene. Gut entwickelte Landwirtschaft durch vorzüglichen Boden aus Schwarzerde; Anbau von Gerste und Zuckerrüben. *Ev. Kirche* mit 49 m hohem Turm und spätrom. W-Portal (13. Jh.). Das übrige Kirchengebäude wurde 1802 nach einem zerstörerischen Erdbeben neu aufgebaut. Die Glocke, 1434 gegossen, ist die älteste des Burzenlandes. Der berühmte Flügelaltar, ein Meisterwerk der Donauschule, entstand 1524 und ist in Fachkreisen sehr geschätzt. Ein alter Marienaltar wurde während der Reformation aus der Kirche entfernt und steht heute im Budapester Museum der Schönen Künste. Für den Bau von Schule und Gemeindehaus, 1894, wurde die stattliche Kirchenburg abgerissen. *Sehenswert* ist auch die *orthod. Kirche Heiliger Erzengel* (Sft. Arhangheli). 1791 erbaut, wertvolle Fresken. Von Heldsdorf nw. auf der KS erreicht man nach 3 km die ung. Gemeinde

Satu Nou, Neudorf, Barca Ujfalu (513 m, u. e. E. 1366, 1250 Ew.). Da nur wenig Ackerland zur Verfügung stand, waren die Bewohner Hafner und Handwerker. Von Neudorf führt die KS in gleicher Richtung nach 7 km in die ebenfalls ung. Gemeinde

Crizbav, Krebsbach (Crisbach), Krizba (570 m, u. e. E. 1410, 1850 Ew.). Obstanbau herrschte hier vor, da der Ort sonnig und windgeschützt ist. Heute arbeiten viele Ew. in der Uranerzaufbereitung. Weiter führt der Fahrweg bis zur Zigeunersiedlung

Cutuş, Kutas und von dort ein Fußweg zur *Heldenburg* im *Geisterwald* (1002 m) hoch. Von der Burg ist nur noch die Ruine des einst sehr starken Torturmes zu sehen. Vom 100 m höheren Burgberggipfel (Vf. Cetăţii, 1104 m), die höchste Erhebung des Geisterwaldes, kann man das eindrucksvolle Panorama rundum genießen.

Von der Abzweigung nach Heldsdorf führt die DN 13 nach 7 km in die ehemals dt. Gemeinde

Feldioara, Marienburg, Földvar
(496 m, u. e. E. 1240, 1982: 4523 Ew.). Bhf. Die Siedlung liegt auf einer Terrasse und wird vom Homorod-Bach (Schnellbach) umflossen, ehe dieser in den Alt mündet. Hier, wo die Poststraße der Römer durchlief, errichtete der Deutsche Ritterorden seine Verwaltungs- und Wirtschaftszentrale des Burzenlandes (Castrum Mariae). Nach dem Abzug der Ritter (1225) war Marienburg bis 1377 Vorort des Burzenlandes geblieben. Die Ew. waren meist Bauern, Handwerksbetriebe dienten nur der Selbstversorgung. Nach dem Ersten Weltkrieg gab es Ansätzte für Kleinindustrie.

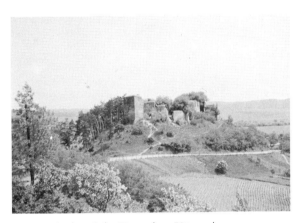

Die „Marienburg" des Deutschen Ritterordens

Sehenswert ist die *ev. Kirche* (13. Jh.), mehrmals umgebaut, war früher von einer Ringmauer umgeben, die weitgehend abgetragen wurde. An den Pfeilern im Chor sind Bildhauerarbeiten aus dem 14. Jh. Der alte vorref. Altar ist heute in der Schwarzen Kirche von Kronstadt. Den jetzigen Altar malte 1909 Friedrich Mieß. – Die *Burgruine*, ö. der Gemeinde auf einer Bergkuppe gelegen, geht auf den Deutschen Ritterorden zurück. Der W-Turm stammt noch aus dieser Zeit. Die Anlage bestand aus 4 Türmen und einem Bering, dessen Mauern eine Dicke bis zu 4 m aufwiesen. Mongolen und Türken zerstörten die Burg, die 1457 wieder aufgebaut wurde. Während des großen Erdbebens von 1838 wurde sie erneut zerstört und ist seit damals immer mehr dem Verfall preisgegeben. – Das *Studentendenkmal*, 1912 zur Erinnerung an die in der Schlacht bei Marienburg am 16. 10. 1612 gefallenen 39 Gymnasiasten aus Kronstadt im Kampf gegen Gabriel Báthori errichtet. Hierbei kam auch der Kronstädter Stadtrichter Michael Weiß ums Leben. – Eine der 4 dt. *Ackerbauschulen*, die in Sb. Jungbauern eine gründliche agronomische

Ausbildung verliehen, befand sich in Marienburg. Sie wurde 1871 gegründet, bildete bis 1945 über 1000 Schüler aus und hatte auf dem Gebiet wissenschaftl. Saatzucht Bedeutung erlangt. Heute ist in den Gebäuden ein landwirtschaftl. Großbetrieb untergebracht. Von Marienburg führt die DN 13 in nnw. Richtung weiter 4 km in die Ortschaft

Rotbav, Rothbach, Szászveresmart (498 m, u. e. E. 1371, 1100 Ew.). Bhf. Urspr. von dt. Siedlern 1242 gegründet. *Sehenswert* ist die *Kirchenburg* mit einer der ältesten Kirchen des Burzenlandes. Kirchturm im 15. Jh. zu Verteidigungsturm ausgebaut. Im Ort auch ein *Museum*. Weiter auf der DN 13. Nach 7 km folgt die Ortschaft

Măierus, Nußbach, Szászmagyarós (496 m, u. e. E. 1377, 1900 Ew.). Bhf. Die Landgemeinde wurde urspr. von dt. Siedlern am Alt im 13. Jh. gegründet. *Ev. Kirche* mit einem stark befestigten Turm, der ein Steinhemd von 12 m Höhe und 2,5 m Dicke trägt. Die *Kirchenburg* besteht aus einer hohen Ringmauer mit Pechnasen, Schießscharten und Wehrgang. Zum Bau der Schule wurden ein Turm und die Torwehre abgetragen. Auch die *rum.-orthod. Kirche* in Nußbach ist sehenswert. Mitten im Ort knickt die DN 13 nach W und führt in den *Geisterwald* (rum. Pădurea Bogăţii), der vorwiegend aus unter Naturschutz stehenden Buchen besteht. Vor der Paßhöhe eine in Stein gefaßte Quelle, der „Weiße Brunnen". Weiter führt die DN 13 in die ung. Gemeinde Hoghiz > [RG 27]. Von Nußbach nach N führt die DJ 103E in die 6 km weiter gelegene ung. Gemeinde Apaţa > [RG 24].

ROUTE 5/26

Die Petersberger Straße (Str. 13. Decembrie) im N Kronstadts führt vorbei am Traktorenwerk und an der Kugellagerfabrik, überquert das Bachbett des Trockenen Tömösch und erreicht nach 6 km die stattliche Landgemeinde

Sînpetru, Petersberg, Szt. Peter (528 m, u. e. E. 1240, 1980: 4700 Ew.). Der Ort liegt am Fuße des Leimpesch, des Talinen- und Zerbesberges und wurde von dt. Siedlern erbaut. *Sehenswert* ist die in den Jahren 1794 – 1797 errichtete neoklassiz. *ev. Hallenkirche* anstelle einer rom. Basilika aus dem 13. Jh. Mauern und Türme der Kirchenburg entstanden im 15. Jh. Die N-Mauer läßt noch erkennen, daß die Petersberger Verteidigungsanlagen, im Gegensatz zu allen anderen im Burzenland, doppelt waren. Im Park vor der Kirche und vor dem ev. Pfarrhaus steht die 1881 gepflanzte Luthereiche. Am NW-Ende des langgestreckten, typisch sächs. Straßensdorfes befindet sich der alte rum. Dorfteil, bestehend aus unregelmäßig angelegten Gassenzügen und kleinen Hofstellen. *Umgebung:* Hinter Petersberg erhebt sich der 704 m hohe Inselberg *Leimpesch* (Lempeş), der einen schönen Ausblick ins Burzenland ermöglicht. Im Frühling blühen hier das Adonisröschen und die seltene Zwergmandel. Der Gipfel ist von einem Ringwall aus der Zeit vor der dt. Erschließung umgeben. N vom Leimpesch der *Breite Berg*, der aus Konglomerat besteht und von Eichen und Kiefern bedeckt ist. Im O liegt die Honigberger Hutweide und schließlich am Alt-Fluß der von Waldgestrüpp bedeckte *Käsberg*, auf dem sich eine steinzeitliche Siedlung befand. N. von Petersberg führt die auf eine 30 m höhere Terrasse ansteigende Straße nach 8 km in die ehem. sächs. Gemeinde

Bod, Brenndorf, Botfalu (506 m, u. e. E. 1368, 1980: 4900 Ew.), am Weidenbach gelegen, hieß auch Brigittendorf und Bringendorf, gehörte seit 1377 zum Kronstädter Distrikt. Die Ew. sind Landwirte (Zuckerrübenanbau und Ochsenmast) und Handwerker. Bekannt sind die Stickarbeiten der Frauen. Fabrik für Pfefferminz- und Lavendelölgewinnung. *Ev. Kirche*, 1802 erbaut, nachdem die alte Kirche samt Kirchenburg durch Erdbeben völlig zerstört wurde. *Umgebung:* 4 km w. von Brenndorf eine große Zuckerfabrik (1889 erbaut), die die in weiten Teilen des Burzenlandes angebauten Zuckerrüben verarbeitet. Dort befindet sich auch der Bhf. an der Strecke Kronstadt – Klausenburg; in seiner Nähe sind die Masten des Senders des Rum. Rundfunks. Aus der Ebene der Brenndörfer Hutweide, dicht am Alt, ragt der *Predigerhügel* (Gorgan) auf. Dort befand sich eine jungsteinzeitl. Siedlung. Eine *empfehlenswerte Rückkehr* von Brenndorf nach Kronstadt ist über Honigberg > [R 6/26] möglich.

ROUTE 6/26

Verläßt man Kronstadt im NO auf der DN 11, welche das Burzenland mit der Beckenlandschaft des Szeklerlandes (Treiscaune, ung. Háromszék und Ciuc ung. Csik) verbindet, erreicht man bei km 10 eine Abzweigung nach NW und nach 2 km die Großgemeinde

Hărman, Honigberg, Szászhermány
(529 m, u. e. E. 1240, 5500 Ew.). Sie liegt inmitten der Burzenländer Ebene, den rauhen Ostwinden ausgesetzt. Akkerbauern, Viehzüchter und Handwerker, zu gleichen Teilen Sachsen und Rum. bewohnten früher den Ort. Heute sind viele in der Industrie beschäftigt, während die Sachsen fast alle ausgewandert sind. *Sehenswert: Honigberger Kirchenburg*, eine der am besten erhalten gebliebenen und größten Wehrbauten des Burzenlandes aus dem 15. Jh. Sie besteht aus einer bis zu 12 m hohen Ringmauer mit 7 Türmen. In einem der Türme, der als Kapelle benutzt wurde, sind noch ma. Wandmalereien erhalten. Im Burghof sind zahlr. Wohn- und

Hărman (Honigberg), Kirchenburg

Fruchthäuschen vorhanden. Der Kern der Anlage ist die im 13. Jh. begonnene rom. Kirche, von der der Chor noch gut erhalten ist. Das Schiff, 19 m lang und 8,5 m breit, wurde nach dem Brand von 1593 im got. Stil umgebaut. Der heutige Barockaltar von Franz Eberhard und dem Maler Mohr, 1787 geschaffen, ersetzt den von schwedischen Offizieren aus dem Heere Karls XII. um 1710 gestifteten Altar. Der Kirchturm (52 m) ist der höchste im Burzenland. Der moldauische Fürst Petru Rareş (1552) und die Truppen Michaels des Tapferen (1600) äscherten die Gemeinde ein, konnten aber nicht in die Burg eindringen. 1612 belagert der sb. Fürst Gabriel Báthory die Wehranlage ohne Erfolg. Weder Türken, Tataren noch Kurutzen konnten sie einnehmen. *Umgebung:* im N und W des Ortes sind feuchte Wiesen. Am Fuß des Leimpesch im Flachmoor blüht im Frühjahr die Mehlprimel und im Sommer die endemische Burzenländer Grasnelke. Zum *Kalten Brunnen* gelangt man von der Straße, die n. von Honigberg nach Sft. Gheorghe führt (1,5 km Abzweigung nach W auf Feldweg). Die von hier sich bis zum Alt ausdehnenden Sumpfwiesen beherbergen im Frühling Tausende von blühenden Schachbrett-Tulpen. Auf der DN 11, 1,5 km nach der Honigberger Abzweigung, geht die DN 10 in ö. Richtung ab. Nach 5 km sieht man die am weitesten nach NO vorgeschobene ehemals sächs. Großgemeinde

Prejmer, Tartlau, Prázsmár (519 m, u. e. E. 1211, 1980: 9200 Ew.). Die Bewohner beschäftigen sich wie früher mit Landwirtschaft, Gewerbe, Industrie und Handel. Tuchfabrik, Spiritus- und Hefefabrik, Holzverarbeitung, Forellenzüchterei u. a. im Ort. Seit seiner Gründung durch den

Deutschen Ritterorden war Tartlau Makrtort auch für die umliegenden Gemeinden. Die Haupt-straßen verlaufen von S nach N und treffen sich am großen Marktplatz. Hier steht die am besten erhaltene und stärkste *Kirchenburg* Osteuropas. Sie umschließt eine vom Ritterorden am Beginn des 13. Jh. erbaute einzigartige *Kreuzkirche* mit einem in jüngster Zeit restaurierten Flügelaltar aus dem Jahre 1450. Der Turm steht über der Mitte des Kirchenbaues, wo die Arme des Kreuzes sich queren. Die in der heutigen Gestalt aus dem 15. Jh. stammende Kirchenburg besteht aus 10 – 12 m hohen und 3 – 4 m dicken Ringmauern, an deren Innenseite über 200 in 3 – 4 Stockwerken angeordnete Wohnungen eingebaut sind, die vereinzelt auch heute noch als Speck-vorratskammern Verwendung finden. Vier halbrunde Türme ragen nur wenig über die hohe Ringmauer hinaus. An der S-Seite der Innenburg eine zu Wohnräumen umgebaute Torwehr und eine Vorburg mit 4 Reihen Schießscharten und vielen Pechnasen. Im Verbindungsgang zwi-schen Vor- und Innenburg ein guterhaltenes hölzernes Fallgittertor. Vom Hof der Vorburg aus zugänglich ist seit 1990 ein sehenswertes sb.-s. *Kirchenburgmuseum* entstanden, in dem alte Schriften zur Geschichte Tartlaus, alte Waffen, Haushaltsgeräte, Werkzeuge sowie Trachten, Keramik u. a. Volkskunstgegenstände ausgestellt sind. Früher befand sich außerhalb der Mauern noch eine Zugbrücke über einen die ganze Anlage umgebenden tiefen Wassergraben. Nach der Fertigstellung der Wehranlagen umgaben die Tartlauer ihre ganze Gemeinde mit einer Mauer. Fünf mit Türmen bewehrte Tore führten aus dem Ort, der nach Kronstadt der am stärksten befe-stigte des Burzenlandes war. Dicht am Bosauer Paß gelegen, wurde Tartlau fast 50 Mal von Mongolen, Türken, Tataren, Kosaken und Moldauern geplündert und zerstört. Die Burg jedoch wurde nur einmal – von Gabriel Báthory (1611) – erobert. 3 km n. von Tartlau, bereits an der DN 11, folgt die Gemeinde

Lunca Calnicului (510 m, u. e. E. 1910, 2106 Ew.), ö. von Tartlau, der DN 10 folgend, der Weiler

Stupinii Prejmerului, Rohrau (522 m, u. e. E. 1910, 368 Ew.), nach weiteren 2 km das Dorf

Teliu, Kreuzburg, Keresztvár (546 m, u. e. E. 1300, 1980: 3900 Ew.). Bhf. Landgemeinde mit rum. und ung. Bevölkerung am alten Bosauer Paß (Pasul Buzău, die kürzeste Verbindung zur Tartlauer Koppe (Pilişca, 1122 m), höchste Erhebung des Sandsteinrückens im O des Burzenlan-des. Hier befinden sich die Ruinen der *„Cruce-Kreuz-Burg"* des Deutschen Ritterordens. Nach Kreuzburg führt die DN 10 parallel zur Eisenbahnlinie, durch den *Bosauer Paß* in die touristisch sehr reizvolle Landschaft der Bosau, die vom merkwürdigen Oberlauf des Bosau-Flusses (Buzăul) durchflossen wird > [RG 25].

ROUTE 7/26

Die DN 1 verläßt Kronstadt nach OSO auf der Bukarester Straße (Calea Bucureşti). Nach dem Weiler

Dîrste (633 m), Vorort von Kronstadt, 7 km, nimmt man die Abzweigung der DN 1A, welche unmittelbar einmündet in die Stadt

Săcele, Siebendörfer, Hétfalu (717 m, u. e. E. 1366, 1992: 30.234 Ew.). Links Bürgermeisteramt Săcele, Tel. 92/270555. Tankstelle PECO im Ort. Bhf. Dîrste. Die Stadt besteht aus den eng zusammengewachsenen Vierdörfern (Patrusate, Négyfalu) Batschendorf (Baciu, Bácsfalu), Tür-keschdorf (Turcheş, Türkös), Zernendorf (Cernatu, Csernátfalu), Langendorf (Satulung, Hosszu-falu), zusammen 7 km lang, und den von Langendorf 6 km entfernten Dreidörfern (Treisate, Haromfalu) Tatrang (Tărlungeni, Tatrang), Purchuressen (Purcăreni, Pürkerecz) und Zuisendorf (Zizin, Zajzon). Die Ew. sind Rum. und ung. Tschangos (Csango). Ein Teil der Rum. waren sog. Mokanen, die durch die Wanderschäferei zwischen Karpaten und Donau reich geworden waren. Manch einer wurde zum Stammvater angesehener Boiarenfam. (Adelsgeschlechter). Die Tschangos, außerhalb des Szekler Gebietes lebende ev. Ung., waren früher kleine Ackerbauern, Fuhrleute und Handwerker, sie versorgten Kronstadt mit Brennholz. Heute sind sie, wie auch die meisten Rum., in der Kronstädter Industrie tätig. In Siebendörfern Großbetrieb für die Herstellung von Elektromotoren aller Art und Autoelektrik. *Sehenswert: Mokanerhäuser,* verteilt über das ganze Ortsgebiet, *ethnograph. und Volkskunstmuseum* im „*Casa dijmelor*" (Curia), 1543 in Türkeschdorf errichtet. Ein weiteres ethnograph. Museum befindet sich in Tatrang. Dort sind ebenfalls schöne Mokanerhäuser zu sehen. *Umgebung:* Von Batschendorf unweit der Schutzhütte (Cabana Baciu, 680 m, 27 Plätze und 50 Betten im Häuschen, Tel. 922/59095) mittels Sessellift oder auf dem Wanderweg (rotes Dreieck, 1 Std.) auf den *Bolnok* (Bunloc, 1170 m), ein schönes Wander- und Skigebiet. Schutzhütte (Cabana Bunloc, 980 m, 20 Plätze, Buffet). Von dort in 3$^1/_2$ Std. (blaues Band) auf den *Hohenstein* (Piatra Mare, 1844 m) > [R 8/26]. Am oberen Ende von Tatrang, das westlichste der Dreidörfer, führt ein Wanderweg (1 Std.) auf den *Mészpont* (753 m) mit herrlichem Rundblick. Von *Zaisendorf* (Kurbäder für Kreislauf-, Nieren- und Frauenkrankheiten, schwefelhaltiges Sauerwasser) kann der Mészpont auch bestiegen werden. Von Tatrang, auf guter Straße in nö. Richtung, folgt nach 5 km die Gemeinde

Budila, Bodeln, Bodola (561 m, u. e. E. 1294, 1980: 2860 Ew.). Stammsitz des einst mächtigen ung. Adelsgeschlechts der Grafen Béldi. Die AS führt weiter nach N, 5 km bis Teliu > [R 6/26].

Aus Langendorf (Săcele), dem östlichsten der Vierdörfer, führt die DN 1A in sö. Richtung, vorbei an dem von Zigeunern bewohnten Ortsteil; vor der Brücke über den Garcin führt eine Abzweigung auf schlechter KS ins *Garcin-Tal.* Von da kann der *Hohenstein* von O her und der *Rence* (Rențea, 1379 m, blaues, rotes oder gelbes Band, jew. 3 – 4 Std.) erwandert werden. 6 km nach Langendorf erreicht die DN 1A eine Gebäudegruppe, die, früher „Alte Schanze" genannt, Sitz der k. u. k. Grenzbehörden war. Hier teilt sich das Tal. Die nach S abbiegende Straße, entlang dem Doftana-Bach, führt über den *Predeluş-Paß* (1298 m) nach Cîmpina. Die DN 1A hingegen begleitet weiterhin den *Tatrangbach* und erreicht nach 10 km den Weiler

Babarunca (908 m). Schutzhaus (Cabana Babarunca, 6 Plätze, Restaurant), Campingplatz und Bergwacht Salvamont. Von da auf markiertem Touristenweg (rotes Band, später rotes Kreuz) in 4 – 5 Std. über die Tesla zum Krähenstein-Schutzhaus (Cabana Ciucaş, 1595 m, 48 Plätze, Buffet). Der *Krähenstein, Ciucaş, Csukas* (1954 m), hat in oberen Regionen Almen, während die vielen Täler mit dichten Fichten- und Buchenwäldern bedeckt sind. Von Babarunca führt die DN 1A auf die Bratocea-Paßhöhe (1263 m) und nach Cheia (30 km), einem Kurort mit altem Kloster und vielen touristischen Möglichkeiten.

ROUTE 8/26

Wie > [R 7/26] beginnt auch > [R 8/26] in Kronstadt auf der Bukarester Straße (Calea Bucureşti) und deckt sich mit dem Verlauf der DN 1 (E 15), welche Kronstadt mit Rum. Hauptstadt Bukarest über den Predeal-Paß verbindet. Auf der sb. Seite bis zur Paßhöhe in Predeal begleiten die starkbefahrene Autostraße und die wichtige Eisenbahnlinie den *Tömöschbach* (Timişul, Tömös), der mit seinem tiefeingeschnittenen Tal (Tömösch-Tal) das Schulergeb. vom Hohenstein trennt. Auf der DN 1, knapp 1 km nach der Dirste Campingplatz „Dîrste" (Zeltplatz, Häuschen, PKW-Service, TS PECO). 3 km nach der Dirste und der Abzweigung der DN 1A erreicht die DN 1 den Weiler

Dîmbul Morii, Mühlenkamm, Malomdomb (690 m), mehrere Unterbringungsmöglichkeiten (Herberge 108 Plätze, 5 Villen mit insges. 82 Plätzen, Tel. 922/59060). Bhf. Untertömösch (Timişul de Jos). Ausgangspunkt für Wanderungen auf den Hohenstein. Über die Leiterschlucht (gelbes Band, 3¹/₂ Std.) zur Hohensteinschutzhütte (Cabana Piatra Mare, 1630 m, 110 Plätze, Buffet). Weiter bis zum Gipfel (1843 m) noch 1 Std. Der *Hohenstein, Piatra Mare, Nagyköhavas* ist mit Buchen und Fichten bestanden, am Hauptgrat jedoch Hutweiden und Wacholdergestrüpp. Die seltene, gutduftende Königsblume ist im Frühjahr zwischen den ebenfalls wohlriechenden Alpenrosen zu finden. Außer einigen Schluchten hat der Hohenstein Höhlen und Dolinen. Vom Mühlenkamm erreicht die DN 1 nach 5 km den Weiler

Timişul de Jos, Untertömösch, Alsótömös (720 – 740 m, u. e. E. 1460, 1163 Ew.). Bhf., Kurort mit Villen und Erholungsheimen. Nach 7 km folgt der Kurort

Timişul de Sus, Obertömösch, Felsötömös (820 – 870 m, u. e. E. 1170, 460 Ew.). Gaststätte „Valea Timişului", Restaurant und Unterkunft. Von hier führt ein mit blauem Band markierter Wanderweg in 3 Std. auf den Hohenstein. Nach weiteren 5 km auf der hier stark ansteigenden und kurvenreichen DN 1 erreicht man den höchsten Punkt der Paßstraße und die Stadt

Predeal (1040 – 1100 m, u. e.E. 1910, 7500 Ew.). Bhf. Die DN 1 führt 26 km nach Kronstadt, 140 km nach Bukarest, die DN 73A 25 km nach Rosenau. Wasserscheide zwischen Tömösch und Prahova. Kurort, Wintersport, Bergtourismus. Höchstgelegene Stadt Rum., submontanes Klima mit trockener Luft (Behandlungen bei asthenischer Neurose, Rachitismus, endokrine und Wachstumsstörungen bei Kindern). Bis zum Ersten Weltkrieg war Predeal Grenzstadt im Königreich Rum. Wurde im Krieg arg in Mitleidenschaft gezogen. Danach Ausbau zu einem wichtigen Tourismuszentrum. Heute gibt es mehrere Skipisten von 200 – 2400 m Länge und einer Höhendifferenz bis zu 400 m, Sportplätze, Spiellokale, Lichtspielhaus und Bibliothek. *Umgebung:* Susai-Schutzhütte (Cabana Susai, 1350 m, 1¹/₂ Std.); Gîrbova-Schutzhütte (Cabana Gîrbova, Seilbahn 15 Min. und dann auf Wanderweg 30 Min.); Diham-Schutzhütte (Cabana Diham, 2 Std. Wanderweg); Butschetsch-Geb., Omul-Schutzhaus (Cabana Omul, 2505 m, mit rotem Dreieck markierter Wanderweg, 7 – 8 Std.); Diham-Berge: Diham-Schutzhaus (Cabana Diham, 1320 m, rotes Dreieck, 2 Std.). Von Predeal nach W auf der DJ 102 nach 5 km *Hotel/Schutzhütte „Trei Brazi"* (1128 m, Tel. 922/56264). Von Predeal auf der DN 1 nach 2 km Richtung S Abzweigung nach W, auf der DN 73 nach 6 km der Kurort Pîriul Rece, Wintersportzentrum und Ausgangspunkt ins Butschetsch-Geb. > [R 2/26]. Von hier kann man durch schöne Landschaft über Rosenau nach Kronstadt fahren. Die DN 1 (E 15) führt s. von Predeal über die touristisch bedeutsamen Ortschaften Buşteni und Sinaia und über Ploieşti nach Bukarest (163 km).

REISEGEBIET 27

Făgăraş / Fogarasch / Fogoras

Das Reisegebiet umfaßt größtenteils das Fogarascher Land (Ţara Făgăraşului, auch Ţara Oltului, Fogarasföld), eine südliche Randsenke des Siebenbürgischen Hochlandes zwischen den nördlichen Ausläufern des Fogarascher Gebirges (Munţii Făgăraşului) und dem Altfluß (Olt) gelegen. Im N des Alt folgt das Harbach-Hochland (Podişul Hîrtibaciului). Im NO geht die Senke, den Alt aufwärts, in die Hoghiz-Senke über. Nach O zu wird das Fogarascher Land durch den Geisterwald (Munţii Perşani) begrenzt. Im W wendet sich der Alt nach S, um zusammen mit seinem Nebenfluß Zibin/ Cibin in der immer schmäler werdenden Senke im Roten-Turm-Paß die Südkarpaten zu durchbrechen. Der geologische Untergrund besteht großteils aus eiszeitlichen Ablagerungen aus den Karpaten. Die darauf entstandenen Oberflächenformen (Terrassen), 400 – 500 m, sind durch den Alt und seine zahlreichen, meist aus dem Fogarascher Gebirge kommenden Nebenflüsse geprägt. Der Senkencharakter der Region sowie die nahen Gebirge prägen das Klima. Dem kalten, oft schneereichen Winter, durch wochenlange Temperaturinversionen verstärkt, folgt ein kurzes Frühjahr, in dem der Föhn (Vîntul Mare, „Großer Wind") häufig von S nach N bläst; kühle und feuchte Sommertage wechseln mit solchen, in denen die kontinentalen Maxima dürre- und hitzebestimmend sind. Vegetationsmäßig sind die tiefliegenden und flachen Teile der Region Eichenwälder gewesen, die fast alle abgeholzt, heute nur in wenigen Punkten und dann meist als lichte Feuchtauen (Narzissenwiese) bestehen. Trotz zahlreicher Entwässerungsaktionen hat das Fogarascher Land die meisten Weißstörche Siebenbürgens. Die höhergelegenen Buchenwälder sind in den letzten 4 Jh. zunächst durch Schweinemast, dann durch Abholzung stark reduziert worden. Das ursprünglich reiche Angebot an Brennholz führte in den vergangenen Jh. zur Gründung mehrerer Glashütten (glăjării) am Fuße des Fogarascher Gebirges. Von diesen besteht nur noch die in Freck (Avrig). Die höher gelegenen Misch- und Nadelwälder haben in den letzten 30 Jahren ebenfalls stark durch Abholzung gelitten. Touristisch interessant für anspruchsvolle Bergwanderungen interessant sind die höheren Regionen des Fogarascher Gebirges, insbesondere die alpinen Matten dieses höchsten und längsten Einzelmassivs der rumänischen Karpaten.

Historisch gesehen hat die Region vielfältige und wechselvolle Veränderungen erfahren. Auf eine vermutlich dünne Besiedlung aus der dakischen und römischen Zeit folgte im Mittelalter und darüber hinaus, ein Kommen und Gehen von rumänischen, ungarischen, deutschen (sächsischen) und anderssprachigen Völker. Genauso wechselvoll gestalteten sich auch die Besitz- und Verwaltungszugehörigkeiten der einzelnen Ortschaften. Seit 1968 ist der W-Teil der Region dem Kreis Hermannstadt/Sibiu zugeordnet, der größte Teil dem Kreis Kronstadt (Braşov). Die traditionellen Dörfer des Fogarascher Landes lassen sich historisch und ethnographisch folgendermaßen gliedern:

27

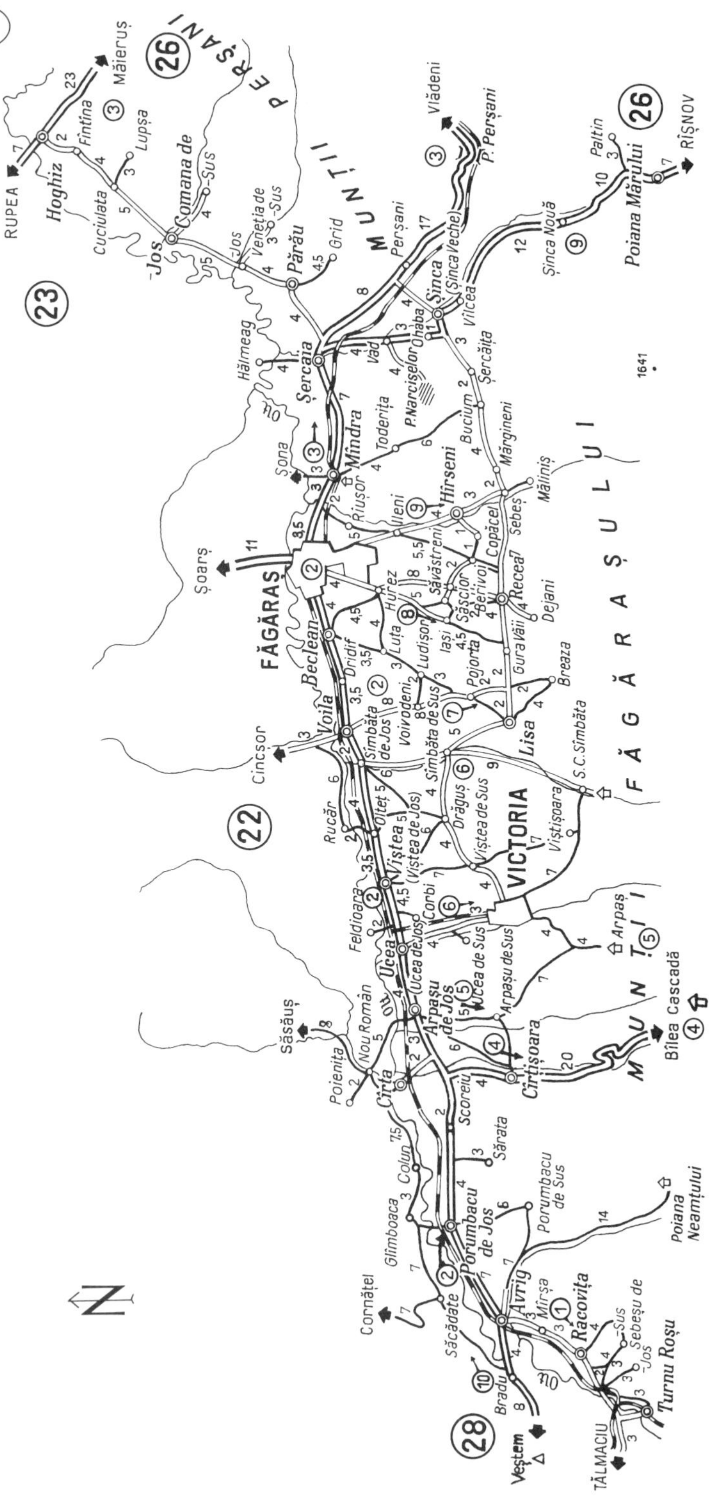

RUPEA
Hoghiz
Fintina
Măieruș
Lupșa
Cuciulata
Comana de Jos
Comana de Sus
Venetia de Jos
Venetia de Sus
Părău
Grid
MUNȚII PERȘANI
Persani
Vlădeni
P. Perșani
Șinca (Șinca Veche)
Șinca Nouă
Paltin
Poiana Mărului
RÎȘNOV
Hălmeag
Șercaia
Vad
Ohaba
P. Narciselor
Vîlcea
Șercăița
Mîndra
Toderița
Bucium
Mărgineni
Șona
Șoarș
FĂGĂRAȘ
Rîușor
Ileni
Hîrseni
Săvăstreni
Copăcel
Sebeș
Măliniș
Beclean
Hurez
Luța
Dridif
Ludișor
Șasciori
Berivoi
Recea
Dejani
Iași
Pojorta
Gura Văii
Breaza
Voila
Cincșor
Sîmbăta de Jos
Voivodeni
Sîmbăta de Sus
Lisa
S.C. Sîmbăta
Drăguș
Viștea de Sus
Viștea de Jos
Oltet
Rucăr
VICTORIA
Viștișoara
Corbi
Feldioara
Ucea
Ucea de Jos
Ucea de Sus
Arpașu de Jos
Arpașu de Sus
Arpaș
MUNȚII FĂGĂRAȘULUI
Bîlea Cascadă
Săsăuș
Nou Român
Poienița
Cîrța
Cîrțișoara
Scoreiu
Colun
Sărata
Glîmboaca
Porumbacu de Jos
Porumbacu de Sus
Poiana Neamțului
Cornățel
Săcădate
Avrig
Mîrșa
Racovița
Sebeșu de Sus
Sebeșu de Jos
Bradu
Turnu Roșu
Veștem
TĂLMACIU
1641

a) die ursprünglichen Ortschaften der Terra blachorum (= rumänisches Land), meist in Altnähe, entlang der heutigen Hauptstraße (DN 1) gelegen. Aus ihnen entstanden durch Neusiedlung 1-2 Jh. später die südlich höhergelegenen Tochterorte. Erstere führen heute den Namen „de Jos" (dt. Unter-), letztere das Nachwort „de Sus" (dt. Ober-). Oftmals sind die Oberorte größer als die älteren. Die meisten dieser Orte waren schon zur Zeit ihrer Entstehung rein rumänisch und wurden von freien Bauern (rumänisch boieri) und Leibeigenen bewohnt. Einige Orte waren deutsche Siedlungen, von ihnen haben nur Fogarasch, Frek, Kerz und Schirkanyen bis in die Gegenwart eine kompakte deutsche Bevölkerung gehabt.

b) die Dörfer um Hoghiz, am Westrand des Geisterwaldes gelegen, waren lange im Besitz des Kronstädter Komitates und später verwaltungsmäßig dem Oberweißenburger Stuhl zugeordnet. Die einzige historisch gewachsenen Stadt ist Fogarasch. Die Stadt Victoria ist eine 40 Jahre alte Industriesiedlung. 30 Prozent der Erwerbstätigen sind im Ackerbau (Kartoffeln) und in der Viehzucht (Büffel, Schafe) beschäftigt. Aus diesem Reisegebiet wird das touristisch interessanteste Gebirge der Rumänischen Karpaten erschlossen.

ROUTE 1/27

Die DN 1 trennt sich s. von Veştem (Westen) von der DN 7, überquert nach O den Zibin und steigt in weiter Serpentine hinauf zum Kuhberg-Sattel, 508 m unter dem Chica Veştemului, 613 m. Hier steht, von großen Buchenwäldern umgeben, das Gasthaus (8 – 22 Uhr) und Motel „Fîntîniţa Haiducului" mit 150 Betten. 8 km führt die Straße durch schönen Buchenwald hinunter nach

Bradu, Gierelsau, Fenyöfalva (420 m, u. e. E. 1311, 1258 Ew.). Ein großes Dorf, das sich nach N bis in die Berge hinein zieht. Die Hänge sind mit Obstgärten bedeckt. Die neue ev. Kirche ist ein got. Bau aus dem 17. Jh. mit einem W-Turm, umgeben von einer rechteckigen Wehrmauer aus dem 16. Jh. Vor der 1 km weiten Alt-Brücke zweigt ein KW nach O ab > [R 10/27].

Über die neue Alt-Brücke führt die DN 1 nach 4 km in die Großgemeinde

Avrig, Freck, Felek (390 m, u. e. E. 1364, 1990: 10.000 Ew.). Bekannt durch seine Glasmanufaktur, heute kleiner Industrieort mit Glas- und Maschinenbaufabrik und Sanatorium. Geburtsort des rum. Pädagogen Gheorghe Lazăr (1779 – 1823). Landsitz des sb. Gubernators Samuel Brukenthal (1721 – 1803). Auf einem Gebirgs-

Avrig (Freck), orthod. Kirche

ausläufer nahe der Ortschaft, die ma. Grenzburg (13. Jh.) mit Steinring. *Sehenswürdigkeiten: ev. Kirche.* Ehem. rom. Basilika aus dem 13. Jh. mit massivem W-Turm, der ein rom. Portal hat. Umbauten im 16. Jh. Altar: zweite Hälfte des 18. Jh. Teile der Ringmauer sind erhalten. Das *Barockpalais* (heute Sanatorium) begann General Buccow, Kommandierender General von Sb., zu bauen. 1771 übernahm Brukenthal die fast fertigen Bauten. Der Landsitz Brukenthals besteht aus drei U-förmigen Gebäuden, wobei den Fassaden der Gartenseite besondere Aufmerksamkeit geschenkt wurde. Sie schließen einen nach Wiener Vorbildern in Terrassen angelegten Garten ein. Auf der N-Seite befand sich die Orangerie. Entlang der Wege waren röm. Steininschriften und Skulpturen aufgestellt (heute im Brukenthal-Museum, Hermannstadt/Sibiu). Auch beherbergte das Palais eine kleine Anzahl von Gemälden, Stichen und Büchern, an denen Brukenthal bes. hing. Hier verbrachte der Baron seinen Lebensabend. – Das *Gedenkhaus Gheorghe Lazăr* bewahrt Gegenstände aus dem Besitz des rum. Pädagogen, dessen Büste, 1936 vom Bildhauer Corneliu Medrea geschaffen, in der Ortsmitte steht. – Die *orthod. Kirche,* Mitte 18. Jh., Saalkirche mit W-Turm und Freskomalerei. Außen mit blinden Arkaden und Friesen verziert. Freck ist Ausgangspunkt für Ausflüge in die Fogarascher Gebirge: in s. Richtung auf einer Forststraße, auch mit PKW befahrbar, bis Podul Jibrii (rote Kreuzmarkierung), entlang des Baches (blaues Dreieck) zur Suru-Hütte (1139 m) in etwa 6 Std.; oder vorbei am Podul Jibrii (rotes Kreuz) bis zur Schutzhütte Poiana Neamțului (706 m) mit Gastwirtschaft, 20 Schlafplätze, zu erreichen auch mit PKW. 3 km s. von Freck führt die

Wasserbüffelherde bei Avrig (Freck)

AS in den einstigen Weiler **Mîrşa** (380 m), der durch Ansiedlung eines großen Maschinenbaubetriebes zum Industrieort wurde. Außer großen Industrieanlagen sind auch viele Wohnblockviertel entstanden. 3 km sw. liegt die Gemeinde

Racoviţa, Rakowitza, Rákovica (385 m, u. e. E. 1443, 2240 Ew.). Wurde 1762 Bestandteil der Militärgrenze. Eine KS führt 4 km nach SO, erreicht das Dorf

Sebeşu de Sus, Ober-Schewesch, Felsösebes (458 m, u. e. E. 1453, 135 Ew.). Ein rum. Gebirgsdorf mit alter orthod. Kirche. Früher bekannt durch die gewerbliche Wachsverarbeitung und das Kerzenziehen. Heute Ausgangspunkt für den Aufstieg zur Suru-Hütte (1130 m, errichtet 1939 an der oberen Waldgrenze am Moaşa-Bergrücken, 60 Schlafplätze, Buffet). Von der Dienststelle der „Salvamont" (Bergwacht) in Sebeşu de Sus, führt die rote Dreiecksmarkierung über die Muchia Moaşei direkt zur Hütte in 4 – 4¹/₂ Std. Parallel führt ein etwas längerer Weg (roter Kreis) durch das Moaşa-Tal, teils Forststraße, mit PKW befahrbar, ebenfalls dahin. In einem Bogen von 4,5 km um den Dealul Ogoarelor führt die KS in das w. Paralleltal nach

Sebeşu de Jos, Unter Schewesch, Alsósebes (457 m, u. e. E. 1453, 1105 Ew.). Ein rum. Gebirgsdorf, aus dem mehrere nicht markierte Stege zu den Sennhütten auf die Almen des Fogarascher

Geb. führen. Im Ort eine *sehenswerte orthod. Kirche.* Von der Sebeş-Abzweigung führt die AS nach W, bei dem Bahnknotenpunkt Podul Olt über den Alt nach Talmesch. Eine Abzweigung leitet 3 km nach S in die Gemeinde

Turnu Roşu (Porceşti), Schweinsdorf, Porcsesd (400 m, u. e. E. 1453, 2500 Ew.). Eine rum. Siedlung in der Altau. *Sehenswert* die *orthod. Kirche,* Stiftung des Fürsten der Walachei Matei Basarab, aus dem Jahre 1653, dessen Portrait zusammen mit dem seiner Gattin und dem Wappen der Walachei die N-Seite ziert. Innenfresko: Malerei aus dem Jahre 1755. – Das *Ortsmuseum* im alten Schulgebäude (18. Jh.) mit ethnograph. Exponaten zur Ortsgeschichte. Auf einer Alt-Terrasse nahe der Ortschaft befindet sich ein geolog. Naturreser-

Rumänischer Gebirgsbauernhof

vat. In den paläozoischen Kalkschichten finden sich Fossilien, darunter auch Haifischzähne. Turnu Roşu ist Ausgangspunkt zur Kammwanderung in die Fogarascher Geb. (etwa 70 km): rote Kreuzmarkierung über Dealu Pleşii (1242 m), Chica Pietrelor (1606 m), dann rotes Kreuz, über die Tataru-Spitze (1890) zur Suru-Spitze (2282 m). In Turnu Roşu Dienststelle des Bergrettungsdienstes „Salvamont".

ROUTE 2/27

Die DN 1 verläßt Freck (Avrig) nach NO, führt auf dem ebenen Terrassenboden, wo vor allem Kartoffeln angebaut werden, vorüber an überdachten, gemauerten Wegkreuzen, 7 km bis nach

Porumbacu de Jos, Unterbornbach (397 m, u. e. E. 1473, 1257 Ew.). Sein Bahnhof ist Ausgangspunkt für Gebirgstouren (Negoi im Fogarascher Massiv). 6 km s. liegt an einer KS

Porumbacu de Sus, Oberbornbach (466 m, u. e. E. 1473, 1337 Ew.). Zu der Gemeinde gehört das 6,5 km s. im Porumbach-Tal liegende Sticlari (Glăjărie), Glashütte, Üvegcsür, (597 m), ein Weiler dessen Glasfabrik seit 1625 bis in unser Jh. in Betrieb war. In einem ö. Paralleltal ist die Ziegeunersiedlung Ţigănia Scorei. Vom Bahnhof Porumbacu de Jos führt der mit blauem Dreieck markierte Wanderweg durch Oberbornbach 9 km bis zur Tunsul-Brücke, als Forstweg noch 12,5 km bis zu seinem Ende und von da Aufstieg 2 Std. (gesamt 7 – 8 Std.) bis zur Negoi-Hütte (1546 m), 170 Betten; Sommer und Winter begehbar.

Auf der DN 1 zweigt nach 4 km ein Weg 3 km nach S ab, führt in das Dorf

Sărata (415 m, u. e. E. 1473, 701 Ew.). Im S der Gemarkung ist ein Soldatenfriedhof aus dem Ersten Weltkrieg (1916). Auf der DN 1 folgt nach 1 km

Scoreiu, Standorf, Szkoré (414 m, u. e. E. 1392, 972 Ew.). Nach weiteren 2 km folgt die große Abzweigung der neuen Transfogarascher Hochstraße, DN 7C, nach S > [R 4/27] und 1 km weiter zweigt eine AS 2 km nach N ab in die Gemeinde

Cîrţa, Kerz, Kercz (406 m, u. e. E. 1223, 1850 Ew.), liegt nach N vorgeschoben auf der unteren Alt-Terrasse. Eine Brücke führt über den Alt hinüber nach Nou Român. Kerz ist bekannt durch die Zisterzienserabtei. Beschäftigung: Ackerbau, Weinbau, Hanfverarbeitungsbetrieb. *Sehenswürdig: ehem. Zisterzienserabtei,* im 13. Jh. vom Mutterkloster Pontigny über Egresch gegründet, 1474 durch König Matthias Corvinus aufgelöst. Das Kernstück der Anlage bildet die Kirche der hl. Maria, das älteste frühgot. Bauwerk Sb.s. Von ihr haben sich Westwand mit Giebel und Portal erhalten, die Vierung, Teil des Querschiffs und Chor, der nach Umbauten im 16. Jh. zur heutigen ev. Kirche umgestaltet wurde. Die ehem. Kirchenschiffe beinahe verfallen, von dem Klostergebäude steht noch die ö. innere Mauer, während der S-Flügel der Klausur ins Pfarrhaus einbezogen wurde. Die hiesige Zisterzienser Bauschule hat den Kirchenbau ganz Sbs. im MA. geprägt. Kerz ist Geburtsort des sb.-sächs. Dichters Viktor Kästner (1826 – 1857).

Cîrţa (Kerz), Ruine der Zisterzienserabtei

Gedenktafel am Pfarrhaus. Im s. Seitenschiff wurde 1926 ein Soldatenfriedhof angelegt für dt. Gefallene des Ersten Weltkriegs. 3 km ö. der Kerzer Abzweigung liegt die Gemeinde

Arpaşu de Jos (424 m, u. e. E. 1390, 1292 Ew.). Von hier führt ein Weg nach S mit Aufstieg im Podragu-Tal zur gleichnamigen Hütte > [R 5/27]. Ebenso führt ein Weg nach N, über die Alt-Brücke nach **Nou Român** > [R 10/27]. Über die Kreisgrenze führt die DN 1 nach 4 km nach

Zisterzienserabtei, roman. Rundbogen mit Zwillingsfenster

Ucea de Jos, Gasendorf (429 m, u. e. E. 1307, 970 Ew.) ein 3 km langes Straßendorf das aber quer durchfahren wird. Der Bahnhof ist stark ausgebaut worden, hier zweigt die Bahnlinie nach

Viktoria-Stadt ab, ebenso die AS > [R 6/27]. 2 km ö. zweigt von der DN 1 ein Weg nach N ab, führt 2 km über den Alt in das Dorf

Feldioara (420 m, u. e. E. 1322, 452 Ew.). Hier stehen die Reste eines röm. Castrums, welches zu einer Kette von Grenzbefestigungen am rechten Altufer gehörte. An der Kreuzung an der DN 1 führt hier auch ein Weg nach S, 2 km in das Dorf

Corbi, Korb (437 m, u. e. E. 1589, 310 Ew.). Von hier geht ein Weg w. nach Ucea de Jos. 2 km ö. liegt die Gemeinde

Viştea de Jos, Unter-Wischt (424 m, u. e. E. 1390, 878 Ew.). Auch in diesem reichen rum. Dorf tragen die Ew., insbes. die Frauen und Mädchen, noch ihre sehr ansehnliche schwarz-weiße Volkstracht. Ein Weg führt im Viştea-Tal nach S bis zu dem Aufstieg auf den höchsten Karpaten-gipfel: Viştea-Moldoveanu > [R6/27]. 3,5 km ö. folgt das kleine Dorf

Olteţ, Beschenbach, Bessimbák (420 m, u. e. E. 1529, 480 Ew.). Dem dt. und ung. Ortsnamen nach sind seine Begründer Bissenen gewesen. Der rum. Ortsname ist ohne Bezug darauf. Viele Einwohner sind Zigeuner. Nach S führt ein Weg nach Drăguş. In schnurgerader Linie führt die DN 1 4 km nach

Sîmbăta de Jos, Untermühlendorf, Alsószombatfalva (426 m, u. e. E. 1231, 731 Ew.). War im MA. Marktflecken, im 18. Jh. Gut des griech.-kath. Bischofs von S-Sb. 1750 ging es in den Besitz des Sb. Gubernators Baron Samuel v. Brukenthal über. Er ließ das Schloß barock umbauen. Im großen Festsaal des Obergeschosses befindet sich ein wertvolles Wandgemälde, welches eine Jagd im Fogarascher Geb. darstellt. Im Gutshof wurde 1875 ein Vollblut-Gestüt eingerichtet. Aus diesem Ort beginnt die Anfahrt ins Sîmbata-Tal und anschl. die Wanderungen zur Schäßburger Hütte. 2 km ö. von Sîmbăta folgt

Voila (420 m, u. e. E. 1231, 819 Ew.). Ein wichtiger Verkehrsknotenpunkt: Abzweigung der DJ 105A über den Alt nach Agnetheln > [RG 22]. Nach S führt eine AS nach Voivodeni > [R 7/27]. 3,5 km ö. folgt an der DN 1 das Dorf

Dridif, Deidrich (429 m, u. e. E. 1509, 578 Ew.). Nach weiteren 3,5 km erhebt sich die Gemeinde

Beclean, Betlen (429 m, u. e. E. 1509, 1077 Ew.), ein ansehnliches Straßendorf. 1576 verfügte der polnische König Stefan Báthory als Grundherr von Fogarasch die Umsiedlung der hier ansässigen Rum. und die Ansiedlung von „Colones saxones", die dem Schenker Stuhl angehörten. Seit dem 19. Jh. ist es wieder ein rum. Dorf, in dem auch Ung. und Zigeuner leben. Es ist ein wichtiges Landwirtschaftsgebiet: Zentrum der sb. Büffelzucht und bekannt durch die Speisezwiebel-kulturen („rote Fogarascher Zwiebel"). 3 km s. von Beclean, auf KS erreichbar, ist der Weiler

Luţa (453 m, u. e. E. 1556, 218 Ew.) und 3 km weiter der Weiler

Ludişor (483 m, u. e. E. 1476, 397 Ew.). Von hier führen Wege 1 km w. nach Voivodeni oder s. nach Pojorta > [R 7/27]. Von Beclean folgt nach 4 km die Stadt

Făgăraş, Fogarasch, Fogaras (429 m, u. e. E. 1231, 1992: 44.704, davon 992 dte. Ew.). Munizi-pium im Kreis Kronstadt. Wichtige Industrie- und Handelsstadt (Chemie, chem. Ausrüstung, Maschinenbau), Schulzentrum (3 Gymnasien, Fachhochschule). Die Stadt hat eine bewegte, wechselvolle Vergangenheit. Im 11. Jh. königl. Besitz, 1241, nach dem ersten Mongolensturm, wurden Deutsche angesiedelt (Siebenbürger Sachsen). 1310 entsteht die erste Burg. 1369 – 1464 war Fogarasch im Besitz der rum. Fürsten aus der s. der Karpaten liegenden Walachei. Im 17. Jh. waren die Handwerker in 5 Zünfte zusammengefaßt. Mit Ausnahme der Lederer waren die Hand-werker Dt. Für kurze Zeit (1662 – 1690) Verwaltungssitz des letzten sb. Fürsten Michael Apafi, also Hauptstadt Sb.s. 1710 – 1740 Sitz des griech.-kath. Bischofs (späterer Sitz Blasendorf/Blaj). Von 1762 an habsburgisch, dann in Verwaltung der sächs. Nationsuniversität. Durch seine zentrale Lage in der Senke war F. immer Mittelpunkt für Handel und im 20. Jh. Industrie (bes. chem. Industrie auf Basis des in der Umgebung geförderten Erdgases). *Sehenswürdigkeiten: MA. Burg,* in der Stadtmitte gelegen. Ihr heutiges Aussehen, nach Renovierungen, entspricht etwa dem Stand von 1650. Sie hat die Form eines unregelmäßigen Vierecks, umgeben von einer 12 m hohen Burgmauer und einem breiten Burggraben. Außerhalb des Grabens gab es im 18. Jh. eine Ziegelmauer (ähnlich den Mauern an den Verteidigungsanlagen der Vauban-Forts in Frankreich), die heute abgetragen ist. An der Innenseite der Mauer, im Burghof, ehem. Wohnungen der Adeligen, die in 3 Stockwerken übereinander im Renaissancestil gebaut sind. Schöne Sandsteinbogen mit Wappen der Adelsfam. Im 1. Stock des W-Flügels der Rittersaal, in ihm fanden zwischen 1662 und 1690 4 Sitzungen des Landtags von Sb. statt. Vor der Burg die Büste der Fürstin Stanca (rum. Doamna Stanca), der Gattin des wallachischen Herrschers Mihai Viteazul (Michael der Tapfere), der 1599 die Stadt besetzt hatte. Die ref. Kirche (Str. 6. Martie 15), erbaut 1715 – 1740 aus den Bauresten der 1704 infolge des Kurutzenkriegs zerstörten Vorgängerin. Schöner, in Stein gemeißelter Altar. Die orthod. St.-Nikolaus-Kirche (Str. T.Vladimirescu 16), eine Stiftung des Fürsten Constantin Brîncoveanu, erbaut 1694 – 1697 im byzant. Brîncovenesc-Stil. Über dem Eingang das Wappen des Fürsten (Rabe mit griech. Kreuz im Schnabel). Im Innenraum *sehenswerte Wandmalereien* im byzant. Stil. Eine zweite orthod. Kirche (Str. Codru Drăguşanu 6), erbaut 1783 – 1791, hat einen schönen barocken, 26 m hohen Glockenturm. Das lokale Museum im Burginneren beinhaltete naturwissenschaftl., histor. und künstl. Exponate von denen bes. die *Hinterglasmalereien* sehenswert sind.

ROUTE 3/27

Die DN 1 verläßt Fogarasch nach O, nach 3,5 km zweigt ein Weg nach S ab, führt 1,5 km in 'das Dorf

Rîuşor (445 m, u. e. E. 1473, 701 Ew.) am Sebescher Bach. *Sehenswerte orthod. Kirche.* Die DN 1 führt geradlinig weiter an der Raststätte und dem Campingplatz mit Häuschen „Mîndra" vorüber, nach 3 km in die Gemeinde

Mîndra (453 m, u. e. E. 1400, 1337 Ew.). Auch in diesem stattlichen rum. Dorf steht eine *sehenswerte orthod. Kirche.* Am Dorfbach hinauf folgt nach 4 km KS das Dorf

Toderiţa (483 m, u. e. E. 1589, 786 Ew.). Die DN 1 quert die Bahnlinie und erreicht nach 7 km die Großgemeinde

Şercaia, Schirkanyen, Sárkány (449 m, u. e. E. 1235, 2035 Ew.). Ansehnliches, durch einstige sächs. Bauernschaft geprägtes Dorfbild. Obwohl auf Komitatsboden gelegen, hat es sich dank seiner Lage am Treffpunkt dreier Straßen bis 1945 zum „Bezirksort" mit Bezirksgericht, Stuhlrichter-Amtssitz, Sitz des Steueramtes, des Postamtes (seit 1736), Standort von drei Jahrmärkten und mehrerer Handwerksbetriebe entwickelt. Nach S zweigt hier die DN 73A ab, führt nach 4 km in das Dorf

Vad, Waadt (462 m, u. e. E. 1390, 975 EW.). 4 km w. von Vad liegt das 60 ha große Naturschutzgebiet Narzissenwiese (Dumbrava narciselor), eine Feuchtlandschaft mit 100 Jahre alten lichten Eichenbeständen. Ausgedehnte Flächen mit wildwachsenden Narzissen (Narcissus poeticus). Durch Teiltrockenlegung und Übertourismus ist das Gebiet in seiner Existenz gefährdet. Von Schirkanyen (Şercaia) führt die DN 1 nach SO 7 km bis zu der Abzweigung der AS nach SW (Şinca). Hier sind um vier 1928 erbohrte Salzwasserbrunnen, die Gebäude einer kleinen Badeanstalt entstanden.

Băile Perşani (465 m), Badeanstalt mit Kabinen, Wannenbädern und zwei Wasserbecken, mit altertümlicher Einrichtung. Gasthof, Campingplatz und Häuschen mit 46 Plätzen: „Dealul Perşani". 1,5 km weiter liegt

Perşani (476 m, u. e. E. 1527, 1184 Ew.), ein Bergdorf am Fuße des Perşani-Geb., Die orthod. Kirche von 1793 ist ein Baudenkmal. Unmarkierte Wanderwege führen in das Waldgeb. Durch Wald- und Wiesenlandschaft windet sich die DN 1 hinauf zur Perşani-Paßhöhe (619 m), von wo sie in das Burzenland hinabführt > [RG 26]. Von Schirkanyen (Şercaia) in nö. Richtung führt die DJ 104 nach 6 km in die Gemeinde

Părău, Paró (443 m, u. e. E. 1527, 778 Ew.). Nach SO zweigt die Straße 4 km ab in das Dorf

Grid (471 m, u. e. E. 1509, 726 Ew.). Aus dem Kalkstein, der hier gebrochen wird, wird in der großen Zementfabrik, die die gesamte Umwelt ringsum verschmutzt, der Baustoff erzeugt. 4 km n. von Părău liegt

Veneţia des Jos, Untervenitze (450 m, u. e. E. 1235, 1091 Ew.). Die orthod. Kirche von 1790 im byzant. Baustil ist ein Baudenkmal. 3 km sö. liegt

Veneţia de Sus (465 m, u. e. E. 1589, 685 Ew.). Von hier führt ein Forstweg tief in das Geb. hinein. 3 km ö. von Veneţia de Jos hat sich seit 1923 ein Badeort entwickelt:

Băile Veneţia de Jos (450 m). 6 Salzwasserquellen wurden erbohrt. Es gibt einfache Einrichtungen für Wannen- und Freibad sowie für Trinkwasserkuren. Nicht weit ist eine Höhle (ö.).

Die DJ 104 führt von Veneţia de Jos 5 km, an Sümpfen vorüber, in die große Gemeinde

Comana de Jos (458 m, u. e. E. 1509, 1006 Ew.). Hat ein *sehenswertes ethnograph. Dorfmuseum.* 4 km ö. liegt

Comana de Sus (470 m, u. e. E. 1582, 787 Ew.). Die orthod. Dorfkirche wurde im 17. Jh. ausgemalt. In Dorfnähe sind mehrere kleine Höhlen. 2 km bachaufwärts an der s. Wand der Piatra Cioplită sind schöne Basaltsäulen sowie die Perşani-Sfinx (Geolog. Reservation). 6 km weiter talaufwärts ist die Höhle Piatra Cerbului (20 m). Auf dem Berg „Cetate" sind die Spuren einer dakischen Burg zu sehen. Auf der Gemarkung wurde ein reichhaltiger dakisch-röm. Münzenschatz gefunden. 5 km weiter n. führt die AS am erloschenen Vulkan Magura Pleasa mit seinem Gipfelplateau vorüber nach

Cuciulata (460 m, u. e. E. 1235, 1222 Ew.). Ein großes Bergdorf mit stattlichen rum. Höfen. Die orthod. Kirche von 1749 hat schöne Innenmalereien. Eine Holzkirche stammt von 1700. Im Dorfmuseum gibt es archäol., ethnograph. und Volkskundeabteilungen. In diesem Ort wurde der Lehrer des Dichters M. Eminescu, Aaron Pumnul (1818 – 1866) geboren. An seinem Geburtshaus ist eine Gedenktafel. 3 km ö. liegt in einem Gebirgstal, das sich kurz erweitert, das kleine Dorf

Lupşa (499 m) unter dem Pleaşa Lupşei (873 m), auch Măgura Lupşei genannt. Auch von hier führen unmarkierte Wanderwege über das Perşani-Geb. 4 km n. folgt an der AS das kleine

Fîntîna, Kaltenbrunnen, Hidegkut (480 m, u. e. E. 1606, 479 Ew.). Auf der niedrigen Terrasse des Alt w. des Ortes liegt „Pons Vetus", die Ruine des röm. Castrums aus der Verteidigungslinie des Alt-Flusses, neben der ehem. Brücke. Es hat eine Ausdehnung von 165 – 200 m, hatte zwei Mauern, erhalten sind Gebäudereste, Kanalisierung, Inschriften u. a. 2 km n. liegt, als letzter Ort an dieser Route, die Großgemeinde

Hoghiz, Warmbrunn, Heviz (479 m, u. e. E. 1235, 1439 Ew.). Hatte im MA. große strategische Bedeutung am Anfang des Straßenübergangs über das Perşani-Geb. (Geisterwald). Hier stehen drei Schlösser, z. T. als Ruinen in einer naturparkähnlichen Landschaft, umgeben von vielhundertjährigen Eichen: die Burg Kalnoky (12. – 13. Jh.), von der Hauptgebäude und die Ruinen zweier Türme noch stehen, das Schloß Haller sowie das Schloß Valenta, beide aus dem 16. Jh. Ein besonderes Baudenkmal ist die ref. Kirche von 1749, in der sich got. Stil mit sb. Renaissaince vereinigt. Der Großteil der Ew. sind Ungarn. Auch hier treten Mineralwasserquellen zutage, ohne genutzt zu werden. Die DJ 104 vereinigt sich im Ort mit der DN 13 (E 15), die die Verbindung zu den Reisegebieten 23 (Reps), 24 (Sfîntu Gheorghe) und 26 (Kronstadt) herstellt.

ROUTE 4/27

2 km ö. von Scorei, 1 km w. der Kerzer Abzweigung verläßt die DN 7C die DN 1 in s. Richtung. Es ist eine ganz neue Hochgebirgsstraße, die in der schneefreien Jahreszeit die Überquerung des Fogarascher Geb. in 2030 m Höhe ermöglicht. 4 km s. der Abzweigung führt die Straße durch die Gemeinde

Cîrţişoara (495 m, 1436 Ew.), die 1964 durch Zusammenlegen der Dörfer

Oprea-Cîrţişoara, Kleinkerz (u. e. E. 1473) im W und

Streza-Cîrţişoara, Oberkerz (u. e. E. 1534) im O entstanden ist. Die orthod. Kirche von Streza-C. wurde 1818 – 1821 gebaut und 1824 von Malern der Fam. Grecu aus Săscior ausgemalt. Hier steht das Gedenkhaus des Bauernautodidakten Badea Cîrţan (1849 – 1911), der einigemale zu Fuß nach Rom pilgerte, um die Rum. in Italien bekannt zu machen und um Bücher herüberzubringen. Im Dorfmuseum ist Volkskunst ausgestellt. Im Ort ist ein kleines Hotel. Der von NO kommende Wanderweg trifft hier auf die AS (blaues Band, 6 km von Arpaşul de

Bulea-See mit Bulea-Seehütte im Fogarascher Gebirge

Jos) und führt mit dieser nach 12 km, am Fuße des Geb. zur einstigen Glashütte „Glăjăria"; diese war 1738 gegründet worden, und böhmische Glasbläser arbeiteten hier. Heute stehen nur noch Holzfällerunterkünfte. Hier beginnen die ersten Serpentinen hinauf auf die Smida, dann, im Steilhang langsam ansteigend, erreicht die AS nach 12 km das Berghotel „Bîlea-Cascadă" (Bulea-Wasserfall-Hotel), wo bis vor kurzem die alte, schmucke SKV-Schutzhütte stand. Von hier führt die DN 7C 11 km hinauf, z. T. in engen Kurven, über die Gletscherschwellen zum 2030 m hoch gelegen Tunnel im Bulea-Kessel, unter dem Paltinul hinüber in das Capra-Tal, das Quelltal des Argeş, 84 km bis Curtea de Argeş. Vom Bulea-Wasserfall führt ein Sommerwanderweg (blaues Band) in 2½ Stunden zur Bulea-Seehütte (2034 m), die auf einer kleinen Halbinsel im Bulea-See liegt. Ein anderer, etwas weiterer Wanderweg führt im Doamnele-Tal über den Doamnele-Sattel zum Bulea-See. Ein dritter Wandersteg führt im O über Buteanu, Netedu (2351 m) in 4^1/$_2$ Std. in den Seekessel. Am bequemsten ist die Auffahrt in der Kabinenseilbahn vom Wasserfall bis zum See oder mit dem PKW bis zum Parkplatz „Tunel".

ROUTE 5/27

Von der DN 1 zweigt bei Arpaşul de Jos eine KS ab, führt 6 km weit nach Cîrţişoara > [R 4/27]; eine andere, schlechtere KS führt im Arpaş-Tal 5 km nach

Arpaşul de Sus (485 m, u. e. E. 1588, 1488 Ew.), eine schmucke rum. Siedlung mit orthod. Kirche aus 18. Jh., von Nicolae Grecu aus Săsăuş 1815 bemalt. Auf dem Tinosu-Plateau wurde eine befestigte dakische Siedlung entdeckt (Cetăţuia). Ein Forstweg führt 7,5 km nach SO (rotes Dreieck) im Arpaş-Tal bis zur Arpaşer Hütte (Fata Pădurii = „Waldmädchen"), 600 m. 60 Plätze, im Sommer zusätzlich Zeltplätze, Gastwirtschaft. Von hier führt ein Sommerwanderweg (blaues Dreieck) in 6 – 7 Std. über „la şipot", Boldan, die Tărîţa zur Podragu-Hütte (2136 m), 101 Plätze. Der Hauptweg im Tal, den auch die Packtierkolonne zur Versorgung der Hütte benützt, führt im Podragu-Tal hinauf nach 3 – 4 Std. zur kleinen Turnuri-Hütte (1520 m), 20 Plätze. Von hier führt ein Sommerweg im W des Baches, der Winterweg im O. Beide vereinigen sich unterhalb der mittleren Gletschertalschwelle und steigen hinauf zur Podragul-Hütte (Arpaşul de Jos-Podragu-Hütte, 10 – 11 Std.).

ROUTE 6/27

Von Ucea de Jos an der DN 1 und von dessen Bahnhof, führt eine AS 7 km bis in die junge Stadt Victoria. 4 km vor der Stadt liegt auf der anderen Talseite das Dorf

Ucea de Sus (480 m, u. e. E. 1509, 1329 Ew.). 3 km sö. stehen die Reste eines orthod. Klosters aus dem 17. Jh. Nach 1945 wurde auf freiem Feld das Chemie-Kombinat und im Norden davon die Wohnstadt

Oraşul Victoria, Victoria-Stadt (580 m, u. e. E. 1948, 1992: 10.143 Ew.) aufgebaut. Die Wohnstadt ist Industrie- und Kulturzentrum geworden, zieht viele Ew. der umliegenden Dörfer als Pendler in ihren Bannkreis. Hat Tankstelle, Hotel mit 140 Betten und Gaststätten. Eine neue AS führt 4 km nach NO in die Gemeinde

Viştea de Sus (411 m, u. e. E. 1390, 1148 Ew.), dazu gehört seit 1956 der 7,5 km s. an einer KS liegende Ort

Viştişoara (Lupşoara). 7 km n. liegt die Gemeinde Viştea de Jos an der DJ 1. Die AS führt 4 km weiter nö. nach

Drăguş (485 m, u. e. E. 1527, 1535 Ew.). Die Volkstracht in diesem Dorf zeichnet sich durch bes. schön gestickte Pelz- und Fellwesten und -jacken sowie Hemden und Schürzen aus. Hier steht auch das Haus, in dem Ion Codru Drăguşianu geboren wurde (1818 – 1866). Eine Straße führt 7 km nö. nach Sîmbăta de Jos an die DN 1. Die AS führt ö. 4 km nach

Sîmbăta des Sus, Obermühlendorf (490 m, u. e. E. 1437, 2060 Ew.). Es ist durch Zusammenlegung des O und W-Dorfes entstanden. 6 km AS verbinden es mit dem n. an den DN 1 liegenden Sîmbata de Jos. Die orthod. Kirche ist eine Stiftung der Nicolae und Manolache Brîncoveanu von 1784. Auch ein von Grigore Brîncoveanu 1800 umgebautes Schloß Constantin Brîncoveanus

(1633 – 1678) befindet sich hier. Die AS führt sö. weiter nach Lisa > [R 7/27]. Ein mit rotem Dreieck markierter Wanderweg führt an der AS von Sîmbăta de Jos über Sîmbăta de Sus 6 km und kommt 9 km nach S in die

Statiunea Climaterică Sîmbăta, Heilklimatische Station Sîmbăta (750 m). Der touristische Komplex hat 102 Schlafstellen in mehreren Häusern, Villen, Privathäusern, Popas-Sîmbăta-Hütte, Campingplatz, Gastwirtschaften. Auch hier stand einst ein Schloß Constantin Brîncoveanus, Fürst der Walachei und Lehensherr über Teile des Fogarascher Landes. Er stiftete 1697 die byzant. rum. Klosterkirche, welche 1785 zerstört wurde, ist heute als Klosteranlage wieder aufgebaut. Das Klostermuseum birgt eine reiche Sammlung Hinterglasikonen. Zum Kloster gehört ein Fischteich. Der mit rotem Dreieck markierte Wanderweg führt in 2 – 2¹/₂ Std., vorbei an dem Piatra Caprei (Gemsenstein), zur Sîmbăta-Schutzhütte (Schäßburger Hütte, 1401 m) mit 60 Schlafplätzen. Von der Försterei führt ein 11 km langer Forstweg nach Viktoria-Stadt.

ROUTE 7/27

In Voila verläßt eine AS die DN 1 in s. Richtung, führt, von blauem Dreieck begleitet, 8 km zum Doppeldorf

Voivodeni (482 m, u. e. E. 1432, 898 Ew.). Hier steht einer der ältesten rum. Sakralbauten aus Stein (1500) des Fogarascher Landes, die orthod. Kirche. Sie wurde im 18. Jh. mit Fresken ausgemalt. 3,5 km s. führt die AS nach

Pojorta (525 m, u. e. E. 1601, 326 Ew.). Eine KS führt 2 km sw. in die Gemeinde

Lisa (535 m, u. e. E. 1527, 1410 Ew.). Eine AS verbindet es mit Sîmbăta de Sus und nach O mit Gura Văii. Die von Pojorta kommende AS trifft nach 2 km auf diese AS und führt als KS weiter nach S, trifft nach 2,5 km das Dorf

Breaza, Frauendorf (610 m, u. e. E. 1554, 883 Ew.). 5 km s., über dem Pojorta-Tal, stehen die Ruinen der Burg des Negru Voda, 842 m, aus dem 13. Jh. Die Burg hatte eine ovale Ringmauer mit zwei Türmen. Archäol. Grabungen unter der Burg stießen auf die Reste einer befestigten dakischen Siedlung. Im Pojorta-Tal zweigt von der blauen Dreicksmarkierung ein Wanderweg im Brezcioara-Tal (mit rotem Dreieck) ab, führt in 3 bis 3¹/₂ Std. den im Sommer benützbaren Steg mit steilem Endaufstieg zur Urlea-Schutzhütte (alte SKV-Schutzhütte, 1533 m, 45 Plätze). Das blaue Dreieck führt den Wanderer von Voila über Breaza in das Brezcioara-Tal (14 km Straße), nach 7 – 8 Std. zur Urlea-Hütte. Von Breaza führt ein Gemeindeweg nach Lisa und ein anderer in das Dorf Gura Văii > [R 8/27].

ROUTE 8/27

S. von Fogarasch bis unter das Geb., liegen eine ganze Reihe von stattlichen rum. Dörfern und Gemeinden dicht beieinander. 4 km an einer AS nach S liegt

Hurez (458 m, u. e. E. 1556, 708 Ew.). Es ist ein wichtiger Straßenknoten: Nach NW führt eine KS nach Voila, nach W eine nach Luța, nach SW eine AS 5 km nach

Iaşi (503 m, u. e. E. 1534, 516 Ew.) und weiter eine KS nach

Gura-Văii, Groß-Schwarzdorf, Netód (599 m, u. e. E. 1556, 640 Ew.), das mit Lisa und Recea mit AS verbunden ist. Von Hurez 4 km nach S liegt an einer AS das Dorf

Săsciori (507 m, u. e. E. 1432, 463 Ew.). 1 km w. liegt das Dorf

Săvăstreni (503 m, u. e. E. 1589, 325 Ew.). Ein Gemeindeweg von 1 km verbindet es nach W mit Iaşi. Nach S führt die AS 4 km in die Großgemeinde

Recea (545 m, u. e. E. 1556, 1295 Ew.). 1964 durch Vereinigung von R. Noua und R. Veche (Teleki-R.) entstanden. Die alte orthod. Kirche von 1709 ist eine Stiftung Stefan Cantacuzinos, des Sohnes des Chronisten Constantin Cantacuzino. Nach S anschließend liegt an der AS das Dorf

Dejani (601 m, u. e. E. 1527, 433 Ew.). Von Recea 2 km nach O führt von der AS ein geteerter Weg im Berivoi-Tal 1 km in das Doppeldorf

Berivoi, B. Mici und B. Mari (519 m, u. e. E. 1511, 1190 Ew.). Besitzt eine schöne orthod. Kirche. Ist nach 1 km mit Copăcel und nach NW 2 km mit Săscior verbunden. Von der Abzweigung nach Berivoi führt die AS nach O in das Dorf Sebeş > [R 9/27].

ROUTE 9/27

Von Fogarasch führt eine AS ö. des Fogarascher Baches nach S, 5 km in das Dorf

Ileni (475 m, u. e. E. 1511, 1118 Ew.). Eine KS führt nach Berivoi. Am Sebeş-Bach nach S führt eine AS 4 km in die Gemeinde

Hîrseni (510 m, u. e. E. 1520, 811 Ew.), hat eine bemerkenswerte orthod. Kirche. Nach SW führt eine AS 1 km nach

Copăcel (517 m, u. e. E. 1473, 1098 Ew.). Hat *orthod. Kirche* von 1726 im Brîncoveanu-Stil, schöne Trachtenlandschaft. Von Hîrseni führt die AS 3 km am Bach entlang nach

Sebeş (567 m, u. e. E. 1589, 1061 Ew.). Dazu gehören seit 1956 der 4 km s. gelegene Weiler Măliniş und die nahe Ruine eines orthod. Klosters von 1769. Im Sebeş-Tal führt ein Wanderweg, blaues Dreieck, in 7 – 9 Std. zum Comisu-Gipfel und (rotes Band) am Kammweg nach W zur Notunterkunft (Biwak-Schachtel) Berivoiu Mare (7 – 9 Std. von Sebeş) oder nach O über Rudăriţa zur Plaiul-Foii-Hütte (Königstein) > [RG 26]. Von Sebeş führt die AS 2 km ö. nach

Mărgineni (569 m, u. e. E. 1437, 683 Ew.). Sie führt 4 km weiter nach

Bucium (542 m, u. e. E. 1556, 542 Ew.). Hier zweigt eine KS nach Mîndra an der DN 1 ab, führt nach 6 km durch das Dorf

Toderiţa (483 m, u. e. E. 1589, 786 Ew.), im W der Narzissenwiese von Vad gelegen. Ein Großteil der Ew. dieser Dörfer sind Fabrikarbeiter, pendeln täglich in die Stadt Fogarasch, vor allem in das dortige Chemie-Kombinat. Deshalb Busverbindungen in alle Dörfer. 2 km ö. folgt an der AS

Şercăiţa, Klein-Schirkanyen (516 m, u. e. E. 1584, 974 Ew.). 3 km nö. mündet die AS in die DN 73A. An der DN 73A liegt 1 km n., 3 km vor Vad, das Dorf

Ohaba (484 m, u. e. E. 1476, 522 Ew.). 1 km ö. liegt

Şinca Veche, Alt-Schenk, Osinka (474 m, u. e. E. 1327, 1255 Ew.). Von hier führt eine AS 4 km ö. nach Perşani, bildet die Verbindung zur DN 1. Die DN 73A führt nach SO und nach 2 km durch den Weiler

Vîlcea (482 m, u. e. E. 1910, 138 Ew.). Nun dringt die Straße in die Vorberge der Fogarascher Geb. ein. Das Şinca-Tal bildet die Grenze zum Perşani-Geb., seinem s. Teil, der Hochfläche von Poiana Mărului (900 m). Nach 9 km führt die Straße durch das Dorf

Şinca Nouă (531 m, u. e. E. 1808, 1679 Ew.). Hat eine sehenswerte *orthod. Holzkirche* sowie eine Wassermühle. 6 km talaufwärts zweigt eine KS ins Paltinu-Tal nach O ab in die 3 km weit, 1762 angelegte Siedlung der Militärgrenze Paltinu (589 m). Die Streusiedlung wurde 1956 an Şinca Nouă angeschlossen. Im engen, felsigen, aber bewaldeten Tal führt die AS nach S, nach 10 km, in das Gemeindezentrum von

Poiana Mărului, Bleschenbach, Almas-Mezö (627 m, u. e. E. 1589, 3437 Ew.). Die Ew. hausen in den Einzelhöfen der Streusiedlungen auf der Hochfläche als Gebirgsbauern. In der Gemeinde steht die 1707 vom Fürsten der Walachei, Constantin Brîncoveanu, gestiftete orthod. Kirche. Folklore und Trachten beleben noch den Alltag. Die DN 73A steigt 2 km auf die Paßhöhe (763 m) und führt dann nach Zărneşti hinunter > [RG 26].

ROUTE 10/27

Vor der Altbrücke bei Gierelsau (Bradu) zweigt eine KS nach O ab, führt am n. Altufer unter den bewaldeten Steilabhängen der Randberge des Sb. Berglandes 6 km bis zu dem Dorf

Săcădate, Sakadat, Szakatád (389 m, u. e. E. 1306, 1172 Ew.). Es ist ein ung. Dorf, das früher zur Kerzer Abtei gehört hat. Die Ew. sind ev. Sehenswert: *ev. Kirche,* ehem. rom. Basilika deren Seitenschiffe abgetragen wurden. Am W-Turm ein schönes rom. Portal mit antropomorphen Darstellungen (13. Jh.). Die orthod. Kirche, 1794 erbaut, mit Innenfresken und zwei Außendarstellungen. 7 km ö. führt die KS am Alt-Ufer nach

Glîmboaca, Hühnerbach, Glimboka (394 m, u. e. E. 1322, 298 Ew.). War bis zum 15. Jh. ein sächs. Dorf, wurde Wüstung, später durch Rum. wieder besiedelt. 3 km ö. liegt am Alt das Dorf

Colun, Kellen (402 m, u. e. E. 1322, 356 Ew.), gehörte zur Grundherrschaft der Kerze Abtei, wurde, nach deren Auflösung ein Siebenrichter-Gut von Hermannstadt. Unter den bewaldeten Steilhängen der Coasta Cîrţei führt der Weg nach 7,5 km in das kleine rum. Dorf

Nou Român, Walachisch Neudorf, Óláhújfalu (391 m, u. e. E. 1307, 702 Ew.). Eine Altbrücke verbindet es mit der Gemeinde Arpaşu de Jos. Nach N führt die Straße nach Săsăuş > [RG 22]. 2 km nw. führt ein Gemeindeweg in das Dorf

Poieniţa (Găinari), Konradsdorf, Oláh-Tykos (420 m, u. e. E. 1357, 149 Ew.). War ein leibeigenes Dorf, das mehreren Grävenfam. gehörte sowie der Kerzer Abtei. Hier wird eine alte Schutzburg der röm. Altlinie vermutet.

REISEGEBIET 28

Sibiu / Hermannstadt / Nagyszeben

Das Gebiet Hermannstadt liegt in einer Senke des Siebenbürgischen Hochlandes und ist im S vom Fogarascher, Lauterbach- und Zibinsgebirge begrenzt. Die Gebirgskette hat nach S einen tiefen Einschnitt, den Rote-Turm-Paß, durch den der Alt zur Donau fließt. Der Zibin, der im gleichnamigen Gebirge entspringt, mündet in der Nähe des Passes in den Alt. Die Senke ist sehr fruchtbar und hat einen reichen Waldbestand an den nördlichen Vorbergen der Südkarpaten.

Das mannigfaltige Relief hat ein gemäßigtes Klima mit günstigen Voraussetzungen für eine vielfältige Flora und Fauna. Wirtschaftlich ist das Gebiet heute eine bedeutende Agrar- und Industriezone.

Die günstige geographische Lage Hermannstadts führte die Ortschaft gleich nach der Stadtgründung zu einer wirtschaftlichen, politischen und kulturellen Entwicklung, die ihr innerhalb der mittelalterlichen siebenbürgischen Städte eine Spitzenstellung einräumte.

Heute ist das Gebiet durch ein ausgebautes Verkehrsnetz von allen Landesteilen auf Landstraßen, per Eisenbahn und auf dem Luftweg mit internationalem Anschluß zu erreichen. Wegen der landschaftlichen und kulturellen Reize war das Land schon früh vom internationalen Tourismus erfaßt. Heute besuchen die Stadt jährlich 350.000 Reisende aus dem In- und Ausland.

ROUTE 1/28

Die DN 1+7 (E 15 A) kommt von Mühlbach (Sebeş) über die Hamlescher Hill (Dealul Turcilor) durch schönen Buchenwald, vorbei am Gasthof und Campingplatz „Sălişte", herunter in die Senke von Sălişte (Großdorf). An der Eisenbahnstation dieses Ortes zweigt eine AS 2 km nach S ab, führt in den Ort Sălişte > [R 2/28], nach SO führt die DN schnurgerade 4 km in das Dorf

Săcel, Schwarzwasser, Feketeviz (505 m, u. e. E. 1319, 615 Ew.). Gehörte bis 1558 zu Weißenburg, wurde dann Hermannstädter Stadtgut. Wird von Rum. bewohnt. Bahn, AS und Sălişte-Bach wenden sich brüsk nach S, durchbrechen in kurzem Engpaß den „Riesenberg" (Zidul, 618 m), führen nach Sibiel und Orlat > [R 2/28]. Die E 15 überwindet den Bergriegel in direktem Anstieg (81 m) und senkt sich dann durch dichten Laubwald in die Zibinsebene hinunter. Sie erreicht nach 7,5 km die Großgemeinde

Cristian, Großau, Kereszténysziget (444 m, u. e. E. 1223, 1990: 5040 Ew.). Im 18. Jh. kamen zu den sächs. Bewohnern die Neusiedler „Landler" aus dem Salzkammergut (Österr.) dazu. *Sehenswert: Kirchenburg und ev. Kirche.* Ehem. rom. Basilika, davon erhalten W- und N-Seite und Untergeschoß des Turms. Umbau unter Baumeister Andreas Lapicida in der zweiten Hälfte des 15. Jh. zur dreischiffigen spätgot. Hallenkirche. Altar (1719) Renaissance und Rokoko, im Hauptbild die Kreuzigung mit Johannes und Maria, im Sockel die Grablegung, während in der Bekrönung die Statuen der Hl. Dreifaltigkeit mit den Statuen der Apostel Petrus und Paulus stehen.

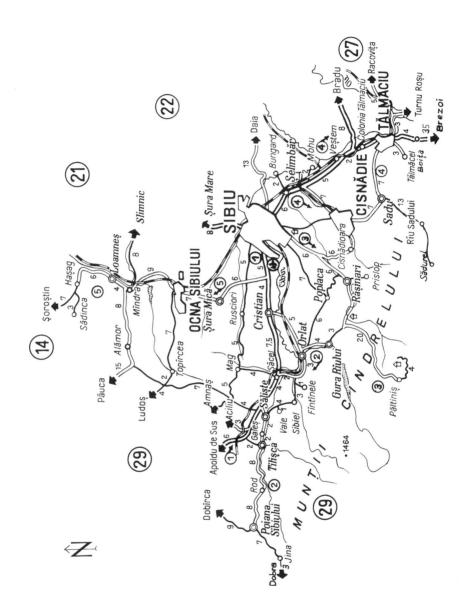

1794/95 wurden die barocken Emporen eingebaut. Orgel von Johannes Hahn (1775).
Mächtiger Glockenturm mit oktogonalem
Dach. Die vier Ecktürmchen weisen Großau
die Blutgerichtsbarkeit zu. Die Ringmauer ist
mit fünf dreigeschossigen, im Grundriß vier-
und achteckigen Türmen und zwei Zwinger-
höfen verstärkt. Der Speckturm ist im SO, entlang der inneren Ringmauer Vorratskammern.
– Im *Dorfmuseum* (1969) sind eine sb.-sächs.
Bauernstube, Volkskunst und Bücher ausgestellt. – Die *orthod. Kirche* mit polygonalem
Altar (1780) und Freskomalerei von Ion Zugravu (1805).
Von Großau geht eine AS nach S, 5 km nach
Orlat > [R 2/28].
4 km ö. folgt s. der E 15 der Flugplatz Hermannstadt (Sibiu) und nach N die Abzweigung
nach Kleinscheuern (Şura Mică) > [R 5/28].

Durch das Industrieviertel „West" und durch
ausgedehnte Wohnviertel führt die Straße in
den Vorort, die Großgemeinde

Turnişor, Neppendorf, Kistorony (412 m, u.
e. E. 1327, 1990: 6800 Ew.), heute von Hermannstadt eingemeindet. Durch die Ansiedlung der Landler (Protestanten aus dem Salzkammergut) ab 1734 wurde N. ein wichtiges
gewerbliches und handwerkliches Zentrum,
zuständig auch für die Versorgung der Stadt

Cristian (Großau), Kirchenburg

mit Blumen und Frischgemüse. *Sehenswürdig: ev. Kirche,* 13. Jh., dreischiffige Basilika mit massivem Vierungsturm und Querschiff. Umbauten in der ersten Hälfte des 16. Jh., zwischen 1781
und 1785, 1910 und 1911 erweitert, wobei die rom. Seitenschiffe abgetragen, das Kirchenschiff
eingewölbt wurden und der Glockenturm seine heutige Form erhielt. Altar: 1759, barock mit
vier Holzskulpturen, Kanzel: 1782, aus bemaltem Holz mit Engelsköpfen verziert. Orgel: 18. Jh.,
1911 teilw. durch neue ersetzt. Glocken: 1795 und 1922. Bering der Kirchenburg z. T. erhalten.
Einige der stattlichen sächs. Bauernhöfe (mittelfränkischer Baustil) wurden im Rahmen der Dorf-
Systematisierung Ceauşescus abgerissen und durch Wohnblocks ersetzt.

Über die Zibinsbrücke, an der Tankstelle vorbei, führt die DN 1+7 nach

Sibiu, Hermannstadt, Nagyszeben (406 – 430 m, u. e. E. 1191, 1966: 109.658, 1992: 169.696,
davon 5541 dte. Ew.). Hermannstadt liegt in der Zibinsebene, 20 km von der Mündung des
Zibins in den Alt. Günstiger Ausgangspunkt für Touren in die Karpaten.
Gründung im 12. Jh. durch dt. Siedler. Von Anfang an war hier das Verwaltungszentrum der
Hermannstädter Provinz (des „Alten Landes"). Erstmals wird die Stadt 1191 unter dem Namen
praepositum Cibiniensem genannt. Der Ortsname (lat. „Villa Hermanni") wird urk. 1223 belegt.
Nach Zerstörung durch die Tataren 1241/42 relativ schneller wirtschaftl. Aufstieg, dem Hand-
werk und Handel zugrunde lagen. Die strategische Lage der Stadt, am Schnittpunkt zweier Han-
delsstraßen, hat ihr die Rolle eines wirtschaftl., verwaltenden, polit. und kirchl. Zentrums für die
Sb.S. verliehen. 1376 bereits 19 Zünfte mit 25 Berufssparten erwähnt. Die Stadtgeschichte läßt

sich am besten aufgrund der baugeschichtl. Entwicklung nachvollziehen. Der älteste Teil der Stadt befindet sich in der Unterstadt, entlang der 9 Mai/Elisabeth- und Faurului/Schmiedgasse, an der Kreuzung beider Handelsstraßen, während auf der oberen Terrasse des Zibins die Marienkirche (rom. Basilika), Sitz der Propstei, und die ersten Befestigungsanlagen errichtet wurden. Diese hatten etwa den Verlauf des heutigen Piăţa Griviţa/Huetplatzes. Mit dem Anwachsen der Bevölkerung wurden die Wehranlagen nach NO ausgedehnt, sodaß im ersten Viertel des 15. Jh. die Befestigungsarbeiten abgeschlossen waren. Die Stadt konnte während der ersten Türkeneinfälle nicht erobert werden (1432, 1438, 1442). In der zweiten Hälfte des 15. Jh. wurden die Wehrmauern verstärkt und im 16. Jh. dem damaligen Stand der Feuerwaffen angepaßt: Es entstanden fünf mächtige Artillerie-Basteien am *vierten Mauerring*. Die 4 km langen Stadtmauern hatten 54 Türme, vier Basteien, ein Rondell, fünf Tore und wurden von den Zünften verteidigt. Die Bürger mußten auch sämtl. Waffen stellen. Alle baulichen Epochen haben ihre Spuren hinterlassen. Den wenigen rom. Überresten folgen viele aus der Zeit der Gotik (Stadtpfarrkirche und Altes Rathaus); aus der Renaissance stammen mehrere Bauten, während der österr. Barock vor den Toren der Stadt nicht halt machte.

In der Folgezeit ist Hermannstadt mehrmals im Mittelpunkt kriegerischer Auseinandersetzungen, wurde dann 1687 von Österr. besetzt und mit Sb. an das Habsburgerreich angeschlossen.

Parallel entwickelt sich Hermannstadt zum wichtigen kulturellen Zentrum Sb.s (1292 erstes Spital, 1330 Handschriftenbibliothek, 1380 erste Schule, 1528 Buchdruckerei, 1544 erster rum. Druck, 1570 erster ung. Druck, 1555 Gymnasium). Zwischen 1692 und 1791 wird Hermannstadt Hauptstadt des Großfürstentums, büßt seine wirtschaftl. und polit. Vormachtstellung ein, behält aber in der Zeit der Aufklärung – Samuel v. Brukenthal (1721 – 1803) – seinen kulturellen Rang. 1778 erschien die erste Zeitung, 1788 Buchhandlung und Theater, 1790 erster Reiseführer, 1817 wurde das Brukenthal-Museum eröffnet. Die ma. Ansiedlung entwickelte sich allmählich zur modernen Stadt, nicht nur durch städtebauliche Arbeiten, denen oft wertvolle kunsthist. Denkmäler zum Opfer fielen, sondern auch durch Errichtung von Industriebauten. 1844 wurde eine Rechtsakademie ins Leben gerufen. 1857 baute man das Bürgerspital.

Hermannstadt wurde in der zweiten Hälfte des 19. Jh. zum nationalen, kulturellen und kirchlichen Zentrum auch der Rum. aus Sb. Die Stadt blieb dem Fortschritt weiter aufgeschlossen: 1896 wurde der elektrische Strom eingeführt, 1904 verkehrte eine elektrische Straßenbahn. Nach der Vereinigung Sb.s mit Altrumänien behauptet Hermannstadt seine wirtschaftl. Vormachtstellung in der Textil-, Leder-, Lebensmittelbranche, Maschinenbau und Banken. Der Zweite Weltkrieg erfaßt die Stadt nicht direkt, umso mehr aber die Nachkriegsjahre. Juden waren deportiert und interniert worden, 1945 wurden Tausende Dt. zu Zwangsarbeit in die UdSSR deportiert, Grundbesitz, Häuser, Fabriken und Betriebe wurden verstaatlicht. In den fünfziger Jahren stieg Hermannstadt wieder zum führenden Industriezentrum auf. Die Stadtbevölkerung wuchs sprunghaft an, vor allem mit Rum. von s. der Karpaten, und veränderte sich grundlegend. Es entstanden in den sechziger und siebziger Jahren neue Wohnviertel: Reitschulviertel/Hypodrom, Theresianum, Ţiglari, V. Aaron. Mehrere Straßenzüge der Unterstadt, Bahnhofs- und Hermannsplatz wurden infolge des sog. Systematisierungsplanes abgetragen und neu gestaltet. Trotz allem erfuhr der ma. Stadtkern wenig Veränderungen. Dieser Aufschwung nahm in den achtziger Jahren ein jähes Ende.

Sehenswürdigkeiten: Befestigungsanlagen: Vom ersten Mauerring ist noch der *Sagturm* (12./13. Jh.), später völlig umgebaut, Griviţei/Huetplatz 3, erhalten. Zum zweiten Mauerring gehören *Fingerlingsturm*, Piaţa Mică/Kleiner Ring 24, und der *Ratturm*, das Wahrzeichen der Stadt, ebenda 1. Dieser siebengeschossige Turm (14. Jh. – 1824) birgt eine kleine Ausstellung zur Stadtgeschichte. Von dem dritten Bering sind wesentlich mehr Befestigungselemente erhalten: Der *Torturm* neben dem Alten Rathaus, Odobescu-/Pempflinger-Straße Nr. 1, erste Hälfte des 15. Jh., mit zwei Geschossen, hatte ursprünglich einen Zinnenkranz, heute dem Rathaus eingegliedert. Von der S-Seite sind die sogen. Hartenecktürme zu erwähnen: *Armbrusterturm* (später Tuchmacher- und Weberturm), der w. der S-Seite, im Grundriß, achteckig, mit Gußlöchern und schlüsselförmigen

Legende zum Stadtplan von Sibiu / Hermannstadt

1 Kreuzkapelle	**18** Schatzkästlein	**35** Haus Ocnei 22
2 Ursulinenkirche	**19** Haus Kleiner Ring 16	**36** Herberge „Zum weissen Lamm"
3 Haus A. Iancu 7	**20** Ev. Stadtpfarrkirche	**37** Haus Färbergasse 13
4 Haus A. Iancu 8	**21** Ev. Stadtpfarrhaus	**38** Pulverturm
5 Weidner-Haus	**22** Sagturm	**39** Ledererturm
6 Ratturm	**23** Sichenhaus	**40** Orth. Kirche
7 Röm.-kath. Kirche	**24** Spitalskirche	**41** Alte rumänische Schule
8 Brukenthal-Museum	**25** Torturm	**42** Orth. Kirche Hl. Peter und Paul
9 Blaues Stadthaus	**26** Altes Rathaus	**43** Orth. Kirche „Im Graben"
10 Haus Großer Ring 7	**27** Reformierte Kirche	**44** Brukenthal-Sommerhaus
11 Haus Großer Ring 8	**28** Karyatiden-Haus	**45** Universität
12 Hecht-Haus	**29** Soldischbastei	**46** Hotel „Römischer Kaiser"
13 Haller-Haus	**30** Armbrusterturm	**47** Puppentheater
14 Bischofspalais	**31** Töpferturm	**48** Staatstheater
15 Haus Großer Ring 16	**32** Zimmermannsturm	**49** Hotel „Bulevard"
16 Fingerlingsturm	**33** Haller-Bastei	**50** Hotel „Continental"
17 Haus Kleiner Ring 22	**34** Franziskanerkirche	**51** Jagdtrophäen-Museum

Schießscharten; der *Töpferturm*, rechteckig im Grundriß und der *Zimmermannsturm*, zylindrisch im Untergeschoß, im Stockwerk oktogonal, alle vom Ende des 16. Jh. Teile des O-W-Abschnittes der *Stadtmauer* mit Wehrgang wiederhergestellt, in der Manejului-/Reitschulgasse Ringmauer mit dem *Barbiererturm* der N-Flanke. An der W-Flanke sind verfallene Türme in der Avram Iancu-/Reispergasse Nr. 1, 19, 31 zu erkennen. Von der vierten Stadtmauer sind in der Unterstadt zwei Türme (von 30) erhalten: Der *Pulverturm*, im Hof des Independenţa-Gymnasiums, Str. Ocnei/Burgergasse, und der *Ledererturm*, Zidului-/Marienstraße, beide aus der zweiten Hälfte des 16. Jh. Zu diesem Mauerring gehören zwei mächtige Basteien (von vieren), die *Hallerbastei* im O, Bulevardul Spitalelor/Untere Promenade, und das Rondell der *Dicke Turm*, von Martin Hochmeister 1788 in ein Theater umgewandelt, im W die *Soldisch-Bastei*, Şos. Alba Iulia/Mühlberg, 1627 fertiggestellt, die das Stadtwappen trägt.

Kirchen: ev. *Stadtpfarrkirche*, Griviţa/Huetplatz 1: an Stelle einer rom. Basilika zwischen 1322 und 1520 gebaut. Dreischiffige Hallenkirche mit Querhaus, dreijochigem Chor, Sakristei, Glockenturm und im W die sogen. Ferula. Das Äußere mit wenig skulpturalen Elementen verziert. Im Inneren: an der N-Wand des Chores das Fresko *die Kreuzigung* (1445) von Johannes v. Rosenau. Bemerkenswert das *bronzene Taufbecken* (1438) vom Glockengießer Leonhardus. An der N-Wand des Mittelschiffes mehrere *Epitaphien* der Sachsengrafen Johann Haupt, Simon v. Baussnern, Valentin Franck v. Franckenstein und des Provinzialbürgermeisters Michael Jickeli von Rosenfeld. *Orgel*: 1672 von Johann West. In der Ferula: zwei *Flügelaltäre*: der alte Altar der Stadtpfarrkirche (Anfang 16. Jh.) und der von Dobring (17. Jh.) sowie die Statuengruppe *Jesus zwischen zwei Engeln* (ehem. Großkopisch, 16. Jh.), 1975 in einen modernen Altar eingefügt. An den Wänden die Grabplatten von Sachsengrafen (W), Bürgermeistern und Senatoren (O, N), Stadtpfarrern (W) sowie einiger Patrizier. Bes. Bedeutung jene von Elias Nicolai und Sigismund Möß. Auf der N-Seite der Kirche das *Stadtpfarrhaus*, entstanden 15. – 16. Jh., mit einer kunstvollen spätgot. Türeinfassung und dem Renaissancewappen des Stadtpfarrers Johann von Alzen (1502) von Andreas Lapicida. – Die *Spitalskirche* (Azilului/Siechenhausstr. 4), spätgot. Kirche, im 18. Jh. barock umgebaut, gehört zum Gebäudekomplex des ehem. Spitals (1292 erwähnt). – Die *Kreuzkapelle* (Piaţa Gării/Bahnhofsplatz 2) beherbergt die Gruppenplastik „Gekreuzigter Jesus umgeben von Maria und Johannes" vom Meister Petrus Lantregen (1417), ehem. Dominikanerkloster. – Die *Franziskanerkirche* (Şelarilor/Seilergasse 3), gebaut im 15. Jh. für die Klarissinnennonnen, 1716 den

Michelsberger Madonna mit Kind (15. Jh.), Brukenthalmuseum

Franziskanern überlassen, spätbarock umgebaut. Sie bewahrt eine bemalte Pietà aus dem 15. Jh. und das Grabmal des Generals Hugo von Viermont (18. Jh.). – Die *Ursulinenkirche* (General Magheru/Bahngasse 36), urspr. von den Dominikanern errichtet (1479), hat heute ein ganz barockes Aussehen (Neugestaltung ab 1728). – Die *röm.-kath. Pfarrkirche* (Piaţa Mare/ Großer Ring

2), Saalkirche zwischen 1726 und 1733 im österr. Barock erbaut. Hervorzuheben: die Altarwand (1774) von Anton Steinwald aus Österr., das Fresko Maria mit dem Kindlein und die Grabplatte (im S-Chor) des kommandierenden Generals von Sb., Graf Otto Ferdinand Traun v. Abensberg, ein Werk des Klausenburger Bildhauers Anton Schuchbauer. – Die *ref. Kirche* (Mitropoliei/Fleischergasse 9), erbaut zwischen 1784 und 1786, spätbarock mit wenig dekorativen Elementen. – Die *orthod. Kirche „Im Graben"* (Justiţiei/Grabengasse 5) entstand 1788 – 1789, eine Saalkirche mit W-Turm. – Die *orthod. Kirche Hl. Peter und Paul* (Reconstrucţiei-Str. 17), eigenartiger Bau, wobei barocke und orthod. Elemente ineinandergefügt sind. Im Friedhof: Grabmäler von George Bariţiu und Al. Papiu-Ilarian. – Die *orthod. Kathedrale Hl. Dreieinigkeit* (Mitropoliei/Fleischergasse 33) entstand 1902 bis 1906. Es ist ein Nachbau einer byzantinischen Basilika mit prächtiger Freskomalerei von dem bekannten rum. Maler Octavian Smigelschi und Johann Köber.
Museen: Das *Brukenthal-Museum* (Piaţa Mare/Großer Ring 4), montags geschl. Gegründet 1790 von Samuel v. Brukenthal (1721 – 1803), ab 1817 dem Publikum zugänglich. Ältestes Museum Rum. und S-Europas. Die *Gemäldegalerie:* begründet von Brukenthal, erweitert nach 1945 mit moderner und zeitgenössischer rum. Kunst. Der wertvollste Bestand ist die Niederländische Sammlung, vertreten durch die Rubens-Schule, Jakob Jordaens, Frans Snyders, Jan Fyt, Frans Floris de Vrient, Jan Breugel, David Teniers II. Die österr. und dt. Schulen: Hans Schwab von Wertingen, Lukas Cranach d. Ä., Hans v. Aachen, Jan Kupecky, Martin Meytens. Die ital. Schule mit Paolo Veronese, Alessandro Magnasco, Sebastiano Ricci. Vereinzelt sind auch Vertreter der franz. und span.

Sibiu (Hermannstadt), Brukenthalmuseum (re.) mit „Blauem Haus"

Meister vorzufinden. Von den sb.-sächs. Kunstwerken *erwähnenswert* vor allem die *spätgot.* *Flügelaltäre* Bonnesdorf, Großprobstdorf und Heltau, die Werke der Maler Heinrich Trenk, Carl Dörschlag, Fritz Schullerus, Alfred Coulin, Hans Matthis-Teutsch, Trude Schullerus und Hans Hermann. Den Grundstein der rum. Malerei bilden Theodor Aman, Nicolae Grigorescu, Stefan Luchian, Theodor Pallady. Weitere wertvolle Sammlungen sind im *Kupferstichkabinett* aufbewahrt: Kupferstiche von Albrecht Dürer, Hans Sebald Beham, Vergil Solis d. Ä., Jaques Callot wie auch jene ital. und holländ. Kupferstecher. Nicht zu übersehen: die Skulpturensammlung, die Sammlung der anatolischen Teppiche, die Münz- und Goldschmiedesammlung. – Besonders wert-

Barocke Truhe, Brukenthalmuseum

volle Bücher verwahrt die *Brukenthal-Bibliothek,* wobei aus der Handschriftensammlung das Brukenthal-Breviar (16. Jh.), der Codex Altemberger, 382 Wiegendrucke wie auch der große Bestand an Transilvanica-Drucken zu erwähnen wären. – *Historisches Museum im Alten Rathaus,* Muzeul de istorie (Odobescu/Pempflingergasse 2), eröffnet 1988 nach der kompletten Restaurierung des Alten Rathauses. Das Kernstück der Sammlungen bilden die Numismatik und röm. Antiquitäten, die Brukenthal begründete, wie jene der sb.-sächs. Zünfte,

Zunfttruhe der Tischler, Brukenthalmuseum

die Waffensammlung der ehem. Rüstkammer sowie das röm. und ma. Lapidarium. Gleichzeitig wird auch ein Querschnitt durch die Geschichte Sb.s geboten, wobei die der Sb.S. leider nur am Rande oder gar nicht dargestellt ist. – Die *Ethnograghie und Volkskundeabteilung* wurde zum Zeitpunkt der Drucklegung des Reiseführers aus dem Brukenthal-Palais abgebaut und soll in einem anderen Gebäude zugänglich gemacht werden. – Das *Naturwissenschaftliche Museum,* Muzeul de Ştiinţe Naturale (Cetăţii/Harteneckstr. 1). Den Grundstein legte der Sb. Verein für Naturwissenschaften im Jahre 1849, eröffnet 1895, 1972 zur Systematik der Tierwelt umgestaltet. Wertvoll die Herbarien-, Insekten-, Mineralien- und Botaniksammlungen. Im ehem. Spiess-Haus (Şcoala de Înot/Schwimmschulgasse 4) wurde 1967 die *Ausstellung Jagdtrophäen und -waffen* eingerichtet. Die *Ausstellung Geschichte des Apothekenwesens* (1972) (Piaţa Mică/Kleiner Ring 6) widerspiegelt die Geschichte der Hermannstädter Pharmazie im 17. und 19. Jh. *Baudenkmäler:* Das *Alte Rathaus* (Al. Odobescu/Pempflingergasse 2), bedeutendster Profanbau der Gotik in Sb. Es besteht aus einem viergeschossigen Wohnturm, den im 15. Jh. der Königsrichter und Bürgermeister von Hermannstadt, Thomas Altemberger, bewohnt hat. Der n. Gebäudetrakt hat eine got. Gartenloggia mit antropomorphen Konsolen. In der Zeit des Bürgermeisters Johannes Lulay (erstes Viertel 16. Jh.) wurde das Gebäude neu gestaltet, wobei im Stil der Renaissance Tür- und Fensterrahmen eingesetzt wurden. Beherbergt heute das Hist. Museum. – Das *Schatzkästlein,* Casa Artelor (Piaţa Mică/Kleiner Ring 21), ehem. Verkaufshallen der Fleischerzunft (15. Jh.). Im Erdgeschoß Laubengang, im Obergeschoß ein großer Raum, wo Kunstausstellungen veranstaltet werden, heute auch Haus der Künste genannt. Die Fassade trägt das Wappen Hermannstadts und das Jahr 1787. – *Haus* auf der Piaţa Mică/Kleiner Ring 22, ehem. got. Bau, hat im Erdgeschoß eine Freskomalerei (1631), die eine Jagdszene darstellt. Das Gewölbe trägt das Stuckwappen einer Hermannstädter Patrizierfam. (1694). – *Haus* auf der Piaţa Mică/Kleiner Ring 26, ebenfalls mit got. Gepräge, beherbergt seit 1568 die älteste Stadtapotheke, heute das Apothekenmuseum. – Die *Herberge „Zum Weißen Lamm"* (Ocnei/Burgergasse 3), urspr. Wohnhaus aus dem 15. – 16. Jh. mit Renaissance-Kapitellen, im 18. Jh. bis zum Zweiten Weltkrieg die Herberge „Zum Weißen Lamm" untergebracht. – *Haus* in der Avram Iancu/Reispergasse 7, 16. Jh., hat einen schönen Renaissance-Türeinfassung mit der Jahreszahl 1576. – Das *Weidner-Haus* (Avram Iancu/Reispergasse 9), Besitz der Weidner Patrizierfam. im MA. Hat ebenfalls Renaissance-Tür- und -Fensterstöcke. Einer davon trägt die Jahreszahl 1571. – Das *blaue Stadthaus* (Piaţa Mare/Großer Ring 5), spätgot. Bau, im Barock umgebaut. Hier fanden im 18. Jh. Theateraufführ-

rungen statt, heute Sitz des Kreisamtes für Nationales Kulturgut. – *Haus* auf der Piaţa Mare/ Großer Ring 7, im 15. Jh. errichtet, im folgenden wohnte darin der Königsrichter Albert Huet, zwischen 1784 bis 1904 Sitz des kommandierenden Generals für Sb., daher trägt der Durchgang den Namen „Generalloch". – *Haus* auf der Piaţa Mare/Großer Ring 8, mit got. und Renaissance-Elementen, u. a. Wohnhaus des Bürgermeisters Georg Hecht, später Sitz des Königsrichters. – Das *Haller-Haus* (Piaţa Mare/Großer Ring 10), got. Gebäude mit Wohnturm (Patrizierturm) an der s. Seite, 1537 im Besitz des Königsrichters Peter Haller, der es im Renaissancestil grundlegend umbaut. Das Hauptportal trägt das Wappen der Fam. Haller. – Das *Filek-Haus* (Gen. Magheru/Bahngasse 4), erbaut im Barockstil vom Hermannstädter Lederermeister Anton Filek unter dem Einfluß des Brukenthal-Palais. Seit 1867 ist es Bischofssitz der ev. Kirche in Sb. und beherbergt auch das ev. theolog. Institut. – Das *Lutsch-Haus* (Piaţa Mare/Großer Ring 13), ehem. got. Gebäude mit Patrizierturm, danach grundlegend umgebaut. Heute Sitz des Forums der Deutschen aus Rum. – Das *Brukenthal-Palais* (Piaţa Mare/Großer Ring 4) ist der bedeutendste Barockbau Sb.s, war zwischen 1778 und 1790 als Wohnhaus und zur Aufbewahrung seiner Sammlungen vom Gouverneur von Sb. gebaut worden. Das Palais hat einen rechteckigen Grundriß mit Innenhof mit monumentalem Portal, das im Bogen das Brukenthal-Wappen trägt. Das Obergeschoß zur Straßenfront diente Repräsentationen: in der Mitte ein Musiksaal, flankiert von zwei Empfangs- und Arbeitsräumen Brukenthals. Die Wände sind mit Damast verkleidet oder tragen ein barockes Fresko, während die Decke mit Stuck verziert ist. Im Innenhof ein Portal mit Atlanten und barocken Urnen. Seit 1817 als Brukenthal-Museum dem Publikum zugänglich. – Das *Karyatiden-Haus* (Mitropoliei/Fleischergasse 13), ehem. Wohnhaus des berühmten Goldschmiedes Sebastian Hann, im 18. Jh. im Barockstil neu gestaltet, wobei ein Balkon, gestützt von zwei Karyatiden zur Gassenfront angebracht wurde.
Schulen und kulturelle Institutionen: Das *Brukenthal-Gymnasium* (Piaţa Griviţei/Huetplatz 5), 1380 als Schule erwähnt, wurde 1555 zum ev. Gymnasium umgewandelt, heute einziges deutschsprachiges Gymnasium in Hermannstadt. Das Gebäude wurde Ende des 18. Jh. mit wesentlicher Unterstützung Samuel von Brukenthals erbaut. *Sehenswert* ist der *Festsaal*, verziert mit barocken Elementen, wie auch das Schulmuseum, das die Vergangenheit der Anstalt darstellt. – Das *Pädagogische Gymnasium* (General Magheru/Bahngasse 36), ehem. Mädchenschule, begründet von Ursulinen, beherbergt heute die Lehrer- und Kindergärtnerinnenbildungsanstalt mit dt. und rum. Unterricht. – Das *Gheorghe-Lazăr-Gymnasium* (Gh. Lazăr/Reissenfelsstr. 1), gegründet von Jesuitenmönchen 1691, dann ung. Staatsgymnasium, heute bedeutendes Gymnasium mit rum. Unterrichtssprache. – Die *Universität* (Bulevardul Victoriei/Schewisgasse 5), neu gegr. 1969, setzt alte Traditionen fort: Das „Studium generale cibiniensis" aus dem Jahre 1526, die Hermannstädter Rechtsakademie (1844 – 1887), von 1940 – 1944 Sitz der Klausenburger Universität. Heute etwa 3000 Studenten an fünf Fakultäten. – Das *Staatstheater* (Bulevardul Spitalelor/Untere Promenade) setzt eine reiche Theatertradition fort, die bis ins 16. Jh. zurückgeht. Neu gegr. 1949 mit dt. und rum. Abteilung. – Das *Puppentheater* (Al. Odobescu/ Pempflingergasse 4), eines der namhaftesten aus Rum. (gegr. 1949), hat ebenfalls eine dt. und rum. Abteilung.

ROUTE 2/28

Von Cristian/Großau zweigt eine AS nach S ab, überquert den Zibin und die ganze Ebene, führt 5 km unter das Zibinsgebirge in die Großgemeinde

Orlat, Winsberg, Orlát (486 m, u. e. E. 1317, 1990: 3456 Ew.). Die am Zusammenfluß des Schwarzbaches mit dem Zibin gelegene Ortschaft hatte im MA. eine Pulver- und Papiermühle, war Sitz eines rum. Grenzregiments in der Habsburgerzeit. Erwerbszweige: Obstbau, Vieh- und Schafzucht, Baustoffindustrie, Holzverarbeitung und Forstwirtschaft. War und ist eine bekannte rum. Trachtenlandschaft. *Sehenswürdig: Erdbefestigung* (11. – 12. Jh., Cetatea Scurta) mit einem Gedenkkreuz für die Gefallenen des Ersten Weltkriegs, Ruinen des Castrum Salgo auf dem Riesenberg Zidul (Grenzburg aus dem 14. Jh.), die *orthod. Kirche* (1794) mit Wandmalerei von Stan Zugravul (1800) sowie die ethnograph. Sammlung im *Dorfmuseum*.

4 km s. auf der DJ 106 das Gebirgsdorf

Gura Rîului, Auendorf, Gúraró (530 m, u. e. E. 1383, 1990: 3700 Ew.), am Austritt des Zibins aus dem Geb. gelegen, von Großau angelegt. Die Ew. sind bekannt wegen ihrer schönen Festtracht (schwarz-weiß genäht und gestickt). Im *Dorfmuseum*: Trachten, Näharbeiten, Leder- und Schnitzkunstwerke, Werkzeuge und Gebrauchsgegenstände, Bauernmöbel, Hafnerware, Hinterglasikonen. *Orthod. Kirche*, 18. Jh. Dorf mit vier gesonderten Ortsteilen, zusammen 985 Gehöfte. Erwerbszweige: Ackerbau, Viehzucht, Forstwirtschaft und Holzverarbeitung. Es stehen noch am Zibin mehrere von Wasserkraft betriebene Mühlen und Sägewerke. Ausgangspunkt für Ausflüge im Zibinstal, in das Zibinsgebirge, auf Forststraßen, zum Stausee (8 km), durch die Zibinsklamm (12 km) und hinauf 6 km auf nicht markierter, guter Forststraße zur Hohen Rinne (Păltiniş).

Von Orlat führt eine KS nach W durch die Sălişte-Klamm (Burgruine, Steinbruch). Am N-Eingang der Klamm (2,5 km) führt ein Gemeindeweg 1 km nach W in das Dorf

Fîntînele (Cacova), Krebsdorf, Kákova (612 m, u. e. E. 1360, 575 Ew.). Es ist ein unter Walnußbäumen verstecktes rum. Gebirgsdorf mit orthod. Kirche von 1771 mit Freskomalereien von Ion und Vasile Zugravul. Hier beginnt der 3,5-stündige Wanderweg (blaues Kreuz) über den Lăpuşel-Berg zur Fîntînele-Hütte (1257 m), auch Winterweg.

Im Sibiel-Tal, 3 km w. der Abzweigung nach Fîntînele, liegt das Dorf

Sibiel, Budenbach, Szibiel (549 m, u. e. E. 1353, 1990: 900 Ew.). Der hist. gut erhaltene Dorfkern ist Anziehungspunkt von in- und ausländischen Touristen, berühmt durch Folkloreveranstaltungen wie Bauernhochzeit und traditionelle Volksfeste. Die 250 Gehöfte sind entlang des Baches und seiner Zuflüsse angelegt. Geburtsort des rum. Historikers Andrei Oţetea (1894 – 1977). *Sehenswürdig:* das *Museum der Kirche* mit bedeutender Sammlung von Holz- und Glasikonen, Volkskeramik, Hausweben und alten rum. Drucken (16., 17. Jh.). – Die *orthod. Kirche der Hl. Dreieinigkeit* (1765 – 1767) mit Freskomalerei von Stan Zugravul. Ruinen eines Klosters (17. Jh.) und einer Burg (13./14. Jh.).
Eine Forststraße im Sibiel-Tal ermöglicht Zufahrt zur Fîntînele-Hütte.
Vom W-Ende des Ortes entlang des Gebirgsbaches Valea Cetăţii in etwa 4 – 5 Std. zur ma. *Grenzburg* auf der Anhöhe Cetatea. Zurück auf die DN 1+7 über Săcel, das direkt auf dieser von Großau zu erreichen ist (7,5 km w.).

Von Sibiel führt ein Waldweg 2 km über den Bercul Roşu nach

Vale, Grabendorf (605 m, u. e. E. 1383, 1990: 590 Ew.). Ein Gebirgsdorf, das in Apfel- und Walnußpflanzungen eingebettet ist. Hat ein Dorfmuseum mit ethnograph. Exponaten.

1 km n. liegt die rum. Großgemeinde, die auch von der DN 1+7, vom Sălişter Bahnhof und der Straßenkreuzung erreicht werden kann,

Sălişte, Großdorf, Szelistyé (542 m, u. e. E. 1366, 5200 Ew.). Kleiner Marktflecken mit 784 Wirten, ehem. Stuhlsvorort der heutigen „Mărginime" (rum. „Randgebiet"). Einkommen aus Ackerbau, Schaf- und Viehzucht, Forstwirtschaft, Handwerk und Industrie. Geburtsort mehrerer rum. Persönlichkeiten: Ioan Lupaş, Historiker (1890 – 1967); Onisifor Ghibu, Pädagoge (1883 – 1972); D. D. Roşca, Philosoph (1895 – 1980). *Sehenswürdig:* die *orthod. Kirche* (1761 – 1785), Freskomalerei aus dem letzten Viertel des 18. Jh. von Ioan Popa und Florin Munteanu. *Orthod. Kirche aus Grui*, 1742, mit wertvoller Außenmalerei. Die Ausstellung *Persönlichkeiten aus Sălişte*

im Dorfmuseum mit historischer Skizze zur Vergangenheit des Ortes und Gedenkstätte mehrerer Persönlichkeiten.
Im Dorf beginnt der Wanderweg nach Crinţ (14 km Forststraße), 4 – 5 Std., rotes Dreieck.
Im Foltea-Wald steht eine alte Kapelle (schit).

W. anschließend liegt an der KS das Dorf

Galeş, Gallusdorf (571 m, u. e. E. 1383, 324 Ew.). Das *Dorfmuseum Galeş* hat eine reichhaltige Sammlung von Holz- und Glasikonen, Volkskeramik, Möbel und Hausrat. *Orthod. Kirche der Hl. Dreieinigkeit* (Mitte 18. Jh.) mit Freskomalerei vom Ende des 18. Jh., ausgeführt von Stan Zugravul. Berühmte rum. Trachten, die anläßlich von Festen auch getragen werden.

Am w. Ortsausgang folgt anschließend zwischen zwei Gebirgsbächen an der AS

Tilişca, Telischen (587 m, u. e. E. 1366, 1990: 1642 Ew.) mit 562 Hofstellen, typ. Gebirgsbauernhäuser aus Baumstämmen auf Steinfundament mit reicher Inneneinrichtung. *Sehenswert:* die *dakische* Burg auf dem Cătănaş im O des Ortes mit mächtigen Erdwällen und Ruinen eines Steinturms (2. Jh. v. Chr. – 1. Jh. n. Chr.), wo u. a. Prägestöcke für röm. Münzen gefunden wurden. Zahlr. Funde, Keramik, Werkzeuge, sind im Historischen Museum in Hermannstadt ausgestellt. Auf der Anhöhe gegenüber stehen die Reste einer ma. Grenzburg (Turm und Wehrmauer). In Tilişca ist eine Museumsausstellung, die die Schafzucht und die Hirtentrachten vorführt.

Es folgt nach 8 km auf der AS

Rod, Rodt (811 m, u. e. E. 1419, 750 Ew.), ein kleines Gebirgsdorf von Schafzüchtern mit ständiger Abwanderung der Ew. Die Sammlung Vasile Dobrian mit zeitgenössischer Kunst ist zu sehen.

8 km weiter w. liegt am Ende der AS

Poiana Sibiului, Flußau, Polyána (853 – 950 m, u. e. E. 1488, 1990: 3700 Ew.). Das Weichbild des Dorfes erstreckt sich über 100 ha. Lebensunterhalt aus Schafzucht, Forstwirtschaft, Wollverarbeitung, Käseproduktion. Überlieferte Sitten und Bräuche werden gepflegt, ebenso die Volkstrachten. *Sehenswert:* die *orthod. Kirchen,* die ältere ist eine Holzkirche aus 1766 mit reichem Ikonostas, Freskomalerei, Glas- und Holzikonen. – *Ethnograph. Museum.*

7 km sw. von Poiana auf der nun zur KS gewordenen Straße liegt der Gebirgsort

Jina, Schinna, Zsinna (900 – 1064 m, u. e. E. 1468, 4009 Ew.). Ehem. Sieben-Richter-Gut. Das Weichbild erstreckt sich über sieben Hügel, die 200 ha umfassen, die Gemarkung ist riesig groß (30.000 ha Wald und Weiden). Am sö. Ortsende eine geschlossene Siedlung von Löffelzigeunern (Holzschnitzer) – Băiaşi. Eine bekannte rum. Trachtenlandschaft. Im Juli Jahrmarkt mit Folklorefestival. Die beiden orthod.

Rumänische Frauentracht aus Jina (Schinna)

413

Kirchen sind vom kunsthistorischen Standpunkt weniger bedeutend. *Sehenswert* ist der *Friedhof* mit den wettergeschwärzten Holzkreuzen.

Eine schlechte KS von 3 km verbindet Jina mit Dobra im Mühlbächer Tal (Sebeş, DN 67 C).

ROUTE 3/28

Von der Piaţa Unirii in die General-Milea-Straße, dann durch die Calea Dumbrăvii (Junge-Wald-Straße), am Zentralfriedhof mit dem Friedhof der Gefallenen des Zweiten Weltkrieges und ihrer Gedenkstätte, wird der Junge Wald (Dumbrava) erreicht. Von hier fährt auch die Straßenbahn bis Răşinari. Dieser alte Eichenwald ist die grüne Lunge der Stadt. Hier besteht seit 1929 der älteste *Zoo* Rum. mit 330 Tierarten, gruppiert um einen Fischteich.

Ebenfalls hier befinden sich Gaststätten, Hotels, ein Campingplatz mit Häuschen mit 300 Betten, moderner Zeltplatz mit internationalem Standard. Anschließend nach 1 km auf derselben Straße nach S, durch ein geschnitztes Tor kenntlich gemacht, mit großem Parkplatz, erstreckt sich das *Museum der bäuerlichen Technik*, eröffnet 1967 mit etwa 100 Einheiten und 230 Bauten. Die verschiedenen Abteilungen zeigen die Verarbeitung tierischer und pflanzlicher Rohstoffe, ländliche Verkehrsmittel, das bäuerliche Handwerk. Auf etwa 100 ha Fläche wird das bäuerliche Schaffen aus allen Landesteilen in originalen Gebäuden, mit den entsprechenden Werkzeugen und technischen Einrichtungen gezeigt und praktisch vorgeführt. Zu erreichen mit Trolleybus vom Theater oder mit Straßenbahn vom Friedhof.

Kurz nach dem Museum führt eine AS 5 km nach SW in das Dorf Michelsberg > [R 4/28].

Vom Freilichtmuseum im Jungen Wald führt die AS 6 km nach SW in die Großgemeinde

Răşinari, Städterdorf, Resinár (574 m, u. e. E. 1467, 1990: 10.000 Ew.). Rum. Ortschaft entlang zweier Gebirgsbäche am Fuße des Zibinsgeb. Schafzucht und Holzverarbeitung sind die Beschäftigungszweige. Viele Pendler in die Stadt. Geburtsort des rum. Dichters Octavian Goga (1881 – 1938) – Gedenkhaus. *Sehenswürdig:* ethnograph. und volkskundl. Ausstellung im *Dorfmuseum;* die *Erdburg* (13. – 15. Jh.) auf der Anhöhe oberhalb des Dorfes (im MA, Grenzburg). Die *orthod. Kirche* von 1725 –1758, eine Saalkirche mit polygonalem Altar, äußerer und innerer Freskomalerei „Anbetung des Kindes" von Meister Ioan Popa und Grigore Zugravul. – *Bischofssitz,* Holzbau, 1761 – 1795. I m Friedhof *Mausoleum* des Mitropoliten Andrei Şaguna (1808 – 1873). Hier ist der Ausgangspunkt für Gebirgswanderungen ins Zibins-Geb., vier Wege hinauf zur Hohen Rinne, zur Fraga, Ghihan, Şanta, Vălari oder Onceşti.

2 km vor Răşinari zweigt eine KS nach W ab, führt 3 km in das Dorf

Poplaca, Gunzendorf, Popláka (532 m, u. e. E. 1488, 1990: 2584 Ew.). Im MA. wurde Kalk

Auf der „Hohen Rinne" (Păltiniş) im Zibinsgebirge

für Hermannstadt gebrannt. Die orthod. Kirche (1793) mit Außen- und Innenmalerei. Geschichtliche und ethnograph. Ausstellung.

In Rășinari biegt die AS scharf nach NW, steigt über den Friedhofsberg steil hinauf und dann im Stesi-Tal in das Geb., nach 4 km an der Curmătura-Hütte (680 m, Gastwirtschaft, Gästezimmer und Häuschen) vorüber in steilen, engen Serpentinen hinauf auf die weiten Viehweiden, über den Vălari, den Poplaker Berg, 16 km bis in den Höhenluftkurort *Păltiniș, Hohe Rinne*. In einer Höhe von 1443 m ist es der höchste Kurort in den rum. Karpaten. Er wurde im Jahre 1894 vom Sb. Karpatenverein (SKV) gegründet und betrieben. Ist heute ein bedeutendes Wintersportzentrum geworden, hat Schutzhütten, Hotels, Villen, Restaurants, Freizeiteinrichtungen, Skilift u. a. Hier ist der Ausgangspunkt für Wanderungen im Zibinsgebirge mit vielen markierten Wanderwegen (Cindrel, Teufelsplatte, Iezere, Fîntînele, Zibinsklamm, Zoodter Tal u. v. a.). Zu erreichen aus Hermannstadt, Bahnhofsplatz, regelmäßiger Busverkehr.

ROUTE 4/28

Die DN 1+7 verläßt Hermannstadt durch die Rote-Turm-Paßstraße in sö. Richtung durch die neuen Hypodrom-Wohnviertel und gelangt nach 6 km in das Dorf

Șelimbăr, Schellenberg, Selimbér (411 m, u. e. E. 1323, 1990: 2215 Ew.). Ehem. Stuhlsgemeinde, heute eingemeindet in Hermannstadt. Bhf. Landwirtschaft und Industrie im Vorort. Fundort einer Schmiedewerkstatt und einer bronzenen Gießkanne aus dem 13. Jh., heute Brukenthal-Museum. In der Nähe von S. fand 1599 die Schlacht zwischen Michael dem Tapferen und Andreas Báthory statt, Gedenkkreuz im S der Straße. *Sehenswürdigkeiten*: die *ev. Kirche*, eine rom. Basilika aus 13. Jh., mit Umbauten im 15. Jh., 1804 der Glockenturm am W-Ende. Altar: zweite Hälfte 18. Jh. Von der doppelten Ringmauer nur Reste erhalten. – Gleich nach der Ortsausfahrt, auf einer Anhöhe, das *Heldendenkmal* und *-friedhof* der rum. Soldaten, in Erinnerung an die Kämpfe des Ersten Weltkriegs um Hermannstadt.

Von Schellenberg führt eine KS 2 km nach NO, über den Zibin nach

Bungard, Baumgarten, Bongárd (410 m, u. e. E. 1429, 696 Ew.). Die Gründer der heutigen Gemeinde sind Bogumilen, ihre Nachkommen sind ev.-luth., rum. sprechende Slawen, die sich vor dem Krieg aber noch als „Sachsen" bezeichneten. Die orthod. Kirche der rum. Ew. ist 1690 errichtet worden.

1,5 km von Schellenberg zweigen eine Bahnlinie und eine AS nach SW ab, führen nach 7 km in die Stadt

Cisnădie, Heltau, Nagydisznód (454 m, u. e. E. 1323, 1992: 17.871, davon 1064 dte. Ew.). Größte Ortschaft, nach der Ansiedlung Marktflecken und als Weberzentrum im MA. bekannt, heute Industriestädtchen mit Teppich-, Wolle und Seideproduktion. 1425 erste Turmuhr Sb.s urk. erwähnt. 1888 älteste Textilschule Rum. gegr. *Sehenswürdigkeiten*: sächs. *Burg* mit der *ev. Kirche*. Die Kirche ist eine dreischiffige rom. Basilika (13. Jh.) mit mächtigem (3 m dicke, Mauern, 12 x 12 m) fünfgeschossigem W-Turm. Im vorletzten ein rom. Zwillingsfenster. Beginn 15. Jh. wehrbar gemacht: überhöhter Chor mit Schießscharten, doppelter ovaler Bering, verstärkt mit Torturm, Basteien und Türmen. Zwischen den beiden Ringmauern befand sich ein Wassergraben. Wehrgang getragen von Bögen aus Mauerziegelwerk. Wertvolle Details an der Kirche: schönes rom. W- und S-Portal. Im Innern der N-Chorwand Teile der Freskomalerei erhalten (Anbetung der Magier und Darstellung im Tempel). *Besondere Kostbarkeiten*: Vortragkreuz aus Bronze, 13. Jh., der sogen. *Heltauer Grabstein*, 12. Jh., *Grabstein des Pfarrers Johann Hutter* von Elias Nikolai und derjenige von *Sara Schunn* (15. Jh.), das *Taufbecken* aus dem 15. Jh. In einem Wandschrank der S-Apsidiole wurde über 300 Jahre der berühmte *Heltauer Kirchenschatz* aufbewahrt, heute Brukenthal-Museum. Altar: 1879, Orgel: 1944. – Das *Textilmuseum* belegt das Weberhandwerk aus Heltau in seiner hist. Entwicklung. Im letzten Raum werden Bücher aus dem 16. und 17. Jh. gezeigt. Eine AS führt nach S 7 km nach Sadu (Zoodt).

In Heltau ist der Ausgangspunkt für Wanderungen zum Götzenberg (Curmătura Măgurii, 1304 m), wo die erste Karpatenvereinshütte (SKV) 1881 stand, sowie in das nahe Zibinsgebirge.

5 km w., am Silberbach, liegt

Cisnădioara, Michelsberg, Kisdisznód (525 m, u. e. E. 1223, 1433 Ew.). War ein rein sächs. Dorf. Ehem. Grundherrschaft der Kerzer Abtei, nachher Stadtgut, bekannt durch seine Kirschen- und Obstanlagen, Strohflechterei, Wochenendhäuser, Wander- und Erholungsgebiet. *Sehenswürdigkeiten: ev. Kirche*, Barockbau aus 1764, viereckiger W-Turm, bemaltes Gestühl aus 18. Jh., in der Dorfmitte. – *Rom. Basilika* mit Wehrburg auf dem Michelsberg, einer Anhöhe 20 Minuten vom Dorfzentrum. Eine der ältesten rom. Kirchen, bestehend aus Mittelschiff, zwei Seitenschiffen mit Apsidiolen, quadratischem Chor mit halbkreisförmiger Apsis. W-Portal: zwei Doppelbogenarkaden flankieren das viermal abgetreppte Portal, mit vier Säulenpaaren, die mit Flechtband- und Blattornamenten verziert sind. Die Archivolte schließt ein glattes Bogenfeld ein. Im Gegensatz dazu sind die N- und S-Portale schlichter gestaltet. Reste alter Bemalung innen und außen erhalten. Der ovale Bering mit Zinnen und Wehrgang um die Kirche wird durch zwei Türme und einen Torturm verstärkt. In der Mauer befinden sich acht türartige Öffnungen, die Ausfällen oder zum Hinausrollen von Steinen dienten. Die Anlage wurde in den sechziger Jahren renoviert. – Das *Dorfmuseum*, 1971 eingerichtet aus Beständen des ehem. Heltauer und aus dem Brukenthal-Museum, enthält eine wertvolle Sammlung sb.-sächs. Volkskunst: Keramik, Trachtenstücke, Möbel, Hausrat, Bauerninterieure, Werkzeuge, Webereien, Stickereien u. a.

Im Silberbach-Tal ist eine geolog. Reservation (NSG, 0,5 ha), ein Kalksteinbruch mit Kreidezeit-Fossilien.

Eine AS führt 6 km durch den Jungen Wald (Dumbrava) zum Freilichtmuseum in Hermannstadt.

Von der Abzweigung nach Heltau (Cisnădie) führt die DN 1+7 1 km zur Abzweigung der KS von 0,5 km bis

Mohu, Moichen (400 m, u. e. E. 1488, 1990: 1150 Ew.). Auf der Anhöhe die orthod. Kirche, eine Saalkirche aus dem 18. Jh. mit Innenmalerei von den Brüdern Grecu (1804).

Die DN 1+7 führt nach 4 km vorüber am Dorf

Veştem, Westen, Vestény (390 m, u. e. E. 1465, 1681 Ew.), kommt nach weiteren 2 km zur Abzweigung der DN 1 nach O, Richtung Fogarasch > [RG 27].

Die DN 7 führt weiter nach S, nach 2 km an der Arbeiterkolonie **Colonia Tălmaciu „Feltrineli"** (398 m, u. e. E. 1910) vorbei und nach nochmals 2 km in die Großgemeinde

Tălmaciu, Talmesch, Nagy-Talmács (378 m, u. e. E. 1265, 1990: 5450 Ew.). Kleiner Marktflecken mit Baumwollspinnerei, Zwirnfabrik.

3 km sö. liegt in einem Gebirgstal an der AS

Tălmăcel, Klein-Talmesch, Kistalmács (442 m, u. e. E. 1453, 1756 Ew.). Es besteht aus drei Gassen am Zusammenfluß dreier Gebirgsbäche, an denen die schmucken Häuser der Gebirgsbauern stehen.

Von Talmesch nach W führt eine AS ins Zoodter Tal (Valea Sadului), nach 7 km in die Gemeinde

Sadu, Zoodt, Cód (480 m, u. e. E. 1488, 1990: 4500 Ew.). Beschäftigung: Schafzucht, Ackerbau, Bierbrauerei, Forstwirtschaft. 1782 bestand eine Manufaktur für Wollspinnerei und Tuchweberei. 1896 wurde das älteste Wasserkraftwerk Rum. hier in Betrieb genommen, 1907 ein zweites und 1955 ein drittes. Geburtsort des rum. Aufklärers und griech.-kath. Bischofs Ioan Inocenţiu Micu-Klein (1692 – 1768), Ioan Molnar-Piuariu, erster rum. Diplom-Arzt (1743 – 1815). *Sehenswert: orthod. Kirche* mit Innenfresken und Holzkirche aus 18. Jh.

Im Zoodter Tal folgen an der AS die drei Wasserkraftwerke, nach 13 km das Straßendorf **Rîu-Sadului** (610 m, u. e. E. 1771, 1095 Ew.). Die KS führt weiter durch die Weiler **Drăgăneasa** (630 m), **Fundul Rîului** (715 m, u. e. E. 1769), **Sădurelu** (761 m) und schließlich nach 16 km zum *Stausee Negovanul* mit der Schutzhütte **Gîtul Berbecului** (1145 m). Von hier gehen zwei Wanderwege in das Zibinsgeb.: mit rotem Dreieck markiert der Weg zur Hohen Rinne (Păltiniş) und unmarkiert der Weg zur Cînaia-Hütte (1830 m); nach S in das Lotru-Geb. führt ebenfalls das rote Dreieck zum Negovan und Dobrun. Im Zoodter Tal weiter führt die Forststraße über den Şteflești-Sattel (1750 m) in das Frumoasa-Tal bei Oaşa. Aus dem Sattel führt das rote Band nach N zum Cindrel (2244 m), zur Teufelsplatte, zum NSG „Iezere", nach S führt ein Steg (rotes Band) zum Şteflești (2242 m) und zur Obîrşia-Lotrului-Hütte. Das s. des Oberen Zoodt sich erstreckende riesige Waldgebiet sind die „Sieben-Richter-Waldungen", die durch Agrarreform der ev. Kirche enteignet wurden.

Herbstnebel im Zood-Tal

Von Talmesch führt die DN 7 in großer Serpentine hinauf in den Sattel des Ştefului-Berges (426 m), von hier führt ein vom SKV seinerzeit angelegter Steig hinauf auf die Höhe 519, wo die Ruinen der Burg „*Landskron*" stehen (u. e. E. 1370), sie gehörte zum Verteidigungssystem Hermannstadts, wurde aber aus strategischen Gründen 1453 aufgelassen, dafür zwei Sperrburgen mit Türmen direkt im Roten-Turm-Paß errichtet.

Von dem Landskron-Sattel führt die DN 7 in die Senke von Boiţa, wo der Alt in sein Durchbruchstal durch die Südkarpaten eintritt. 4 km von Talmesch liegt

Boiţa, Ochsendorf, Boica (385 m, u. e. E. 1453, 2258 Ew.). In der Nähe stand das Legionslager Caput Stenarum (2. – 3. Jh.), Standort der röm. Legion Gemina. Am Ortsende befindet sich die ma. Befestigungsanlage *Roter Turm* (Turnu Roşu, Vörös Torony), am Eingang zum gleichnamigen Paß oder Alttal, das Sb. mit Altrum. verbindet. Die Anlage gehörte zusammen mit dem „Zerbrochenen Turm" (37 km von Sibiu) und der Lauterburg zu den Wehranlagen, die 1453 gegen die Türken errichtet wurden. Der sogen. „Rote Turm" besteht aus einem vierstöckigen Wehr- und Wohnturm, versehen mit Schießscharten, und einem sechseckigem Turm, den eine Mauer mit einem anderen, unmittelbar an der Straße stehenden Turm verband. Gleich neben der Straße der Heldenfriedhof rum. Soldaten aus dem Ersten Weltkrieg sowie der schön gefaßte „Kaiserbrunnen". 6 km s. befindet sich das *Motel Valea Oltului*, Parkplatz mit Gaststätte mit etwa 100 Plätzen in Häuschen und Campingplatz (350 m).

Im vom W herabkommenden Lauterbach-Tal (Lotrioara) befinden sich an einer KS in 1 – 3 km Entfernung die Einzelhöfe der Streusiedlung **Lotrioara, Lauterbach** (453 m). Gehört adm. zu Tălmăcel. Ein schöner Wanderweg führt hinauf zur Prejba-Hütte.

1 km n. bildet der Rîul Vadului-Bach die alte Landesgrenze. Die DN führt 35 km nach Brezoi und weiter nach Rîmnicu Vîlcea.

ROUTE 5/28

Auf der DN 1+7, w. Hermannstadt (Sibiu), am Ende des Flugplatzes, zweigt eine AS nach N ab, von der nach 2,5 km eine KS 3,5 km nach W in das Dorf

Ruşcior, Reußdörfchen, Oroszcsür (468 m, u. e. E. 1380, 671 Ew.) führt. Wird von Bogumilen-Nachkommen bewohnt, ev.-luth., rum. sprechende Slawen, bezeichneten sich früher noch als „Sachsen".

Am Reußbach führt die KS weiter nach W 5 km in das Dorf

Mag, Schardörfel, Mág (525 m, u. e. E. 1506, 533 Ew.). Aus dem Dorf führt eine KS nach S 4 km bis Săcel, nach W 5 km nach Hamlesch > [RG 29].

Von der Abzweigung nach Ruşcior führt die AS (DJ 106B) 3 km nach NW in die Gemeinde

Şura Mică, Kleinscheuern, Kiscsür (435 m, u. e. E. 1323, 1990: 2550 Ew.). Bedeutendes Agrar-zentrum: Ackerbau, Viehzucht, Hopfen- und Obstbau, Baumschule. Berühmt durch die sb.-sächs. Volkstracht, vor allem Frauen- und Mädchentracht, durch lebensfrohe Farbenpracht. Stra-ßendorf mit Marktplatz, heute Parkanlage, an der S-Seite die *ev. Kirche,* urspr. rom. Basilika. 1506 grundlegend neu gestaltet: neuer Chor mit polygonalem Abschluß, Mittelschiff erhöht und eingewölbt, beide Türme errichtet und mit einer Wehrmauer umgeben, die im 19. Jh. teilw. abgetragen wurde. Altar: Ende 17. Jh., in der Nische der Gekreuzigte, Maria und Johannes. Barock sind die Kanzel (1754) und der Baldachin darüber (1777). Teil der Ringmauer im S erhalten.

7 km weiter auf der DJ 106B nach N folgt

Ocna Sibiului, Salzburg, Vi-zakna (408 m, u. e. E. 1263, 1990: 6000 Ew.). Kleinstadt mit geschichtlicher Traditi-on: mehrere archäol. Sied-lungen der Jungsteinzeit (6. Jahrtausend v. Chr.) bis zur Römerzeit. Im MA. ein kleiner Marktflecken, wo bis 1931 Salz gefördert wurde. Heute ein wichtiges Wirt-schaftszentrum: Landwirt-schaft, Industrie (Messerfa-brik) und *Kurbad.* Unter-kunftsmöglichkeiten in fünf Villen, einem Kurhotel (297 Betten), zwei Campingplät-zen mit Ferienhäuschen (200 Plätze). Kurbehandlungen im

Blick auf den Brîncoveanu/Tököly-See

Badpavillon, gebaut im Jugendstil zwischen 1907 und 1908, vor allem bei Rheumaleiden des periphären Nervensystems, Frauenleiden. Nicht geeignet für Herzkrankheiten, chronische Nie-renleiden, Bluthochdruck. Heilnaturfaktoren: drei Chlor-Soda-Mineralwasserquellen, fossiler Schlamm, Schonklima. Das Strandbad umfaßt 10 Seen mit teils großer Salzkonzentration (300 g/l der Brîncoveanu/Tököly-See). Mehrere Gastwirtschaften. *Sehenswürdigkeiten:* die *ref. Kirche,* rom. Basilika mit mächtigem Wehrturm über dem Chor. Besonders wertvoll ist ein Relief mit dem Lebensbaum am S-Portal. Im Inneren ein Gestühl aus dem 16. Jh. und Teile einer Freskomalerei von Vincentius Cibiniensis. – Die *orthod. Kirche* der Hll. Erzengel Michael und Gabriel, Stiftung der Woiwoden der Walachei, Michael der Tapfere und Constantin Brîncoveanu (1696 – 1701) mit Innenmalerei.

Von hier führt eine 7 km lange KS nach W nach

Topîrcea, Tschappertsch, Toporcsa (438 m, u. e. E. 1309, 942 Ew.), ehem. bewohnt von Sb.S., gehörte zum Reußmarkter Stuhl, heute nur rum. Bevölkerung.

Die AS führt weiter nach N im Tal des Weißbaches. Da das Tal weit und flach ist, ein kleines Gefälle hat, die Umgebung von Steppenvegetation geprägt ist, wurden hier fünf große Fischteiche angelegt, an denen Straße und Bahn entlangführen. 9 km von Ocna Sibiului (Salzburg) folgt das Dorf

Mîndra, Széptelek (360 m, u. e. E. 1699, 356 Ew.). Ein rein rum. Dorf, dessen Ew. von 30 angesiedelten Hörigenfam. abstammen. Von Mîndra führt eine KS 8 km nach O in die Gemeinde Slimnic (Stolzenburg) > [RG 21].

4 km w. folgt an der abgezweigten AS nach Blaj das Dorf

Alămor, Mildenberg, Alamor (435 m, u. e. E. 1319, 1713 Ew.). War im Besitz der Talmescher Gräfen und gehörte später zum Unterweißenburger Komitat. Ist eine sächs. Gründung auf Komitatsboden, heute von Rum. bewohnt.

4 km n. liegt am W-Ufer des Weißbaches

Loamneş, Ladmesch, Ladámos (397 m, u. e. E. 1320, 705 Ew.). Gehörte den Sieben Stühlen, im 19. Jh. den Grafen Bethlen. Ist ein langgezogenes Straßendorf von Einzelhöfen. Hat wichtigen Bahnhof, wo früher die Loks der Linie Klein-Kopisch – Hermannstadt Wasser tankten.

4 km n. von Loamneş biegt die AS nach W und kommt nach 1 km in das Dorf

Haşag, Haschagen, Hasság (406 m, u. e. E. 1263, 1004 Ew.). War ein sächs. Dorf, heute mit gemischter Bevölkerung, überwiegend Rum. Im Weißbach-Tal besteht ein Naturschutzgebiet (NSG) mit Schlammvulkanen.

Ein Gemeindeweg zweigt 1 km w. Haschagen nach W ab, führt 3 km in den Weiler **Sădinca, Szedinka** (410 m, u. e. E. 1770, 278 Ew.).

Die AS wendet sich nach N der Wasserscheide und der Gemeinde Şoroştin (Schorsten) zu > [RG 14].

REISEGEBIET 29

Sebeş / Mühlbach / Szászsebes

Das Reisegebiet Mühlbach liegt im SW Siebenbürgens, leicht erreichbar von Hermannstadt (Sibiu), Klausenburg (Cluj-Napoca) oder von Arad, auf der DN 7 oder auf der DN 1. Das Gebiet umfaßt im N die Mieresch-Senke südlich des Flusses, das Zekesch-Bergland (Podişul Secaşelor), den Unterwald, aber auch die Nordhälfte der Mühlbacher Gebirge (Şurean, 2059 m), die den südlichen Teil des Gebietes einnehmen mit ihren großen Tälern: Mühlbacher Tal (Valea Sebeşului) und Brooser-Tal (Valea Orăştiei).

Das ehemalige Waldland ist in seinen Talregionen nunmehr Kulturland. Der NO weist weite Waldsteppenflächen auf, große Waldgebiete findet man nur an den Hängen der Mühlbacher Gebirge, denn auch die Hochflächen um 1000 m Höhe sind in Wiesen- und Weideland verwandelt worden. Hier oben in 1000 m Höhe liegen auch die weit auseinanderliegenden Einzelhöfe der Streudörfer von Grădiştea Muncelului.

Heute liegen die Zentren kulturellen Lebens unten in den Tälern: Mühlbach (Sebeş), Kudschir (Cugir) und Broos (Orăştie) sind kleine Städte mit Industrie, Handel und kulturellen Aktivitäten sowie Dienstleistungszentren. Hier findet der Reisende alles, was er braucht, wenn er anspruchslos ist, vor allem Übernachtungsmöglichkeiten.

An Sehenswürdigkeiten bietet das Gebiet auch viel: die alten Bauten der Kirchenburgen (Kelling, Urwegen, Dobring, Reußmarkt u. a.), die Mühlbacher- und Weingartskirchner Kirche, Gedenkstätten von Lancrăm, Aurel Vlaicu, Şibot u. a., die historischen Fundstätten mit den Überresten dakischer und römischer Kultur um Grădiştea Muncelului und anderen Orten. Die Volkstrachten und Bräuche werden vor allem in den Gebirgsgegenden noch gepflegt. Alljährlich finden vielerorts eindrucksvolle Volksfeste statt. Nicht zu vergessen sind die Naturschönheiten, der „Rote Berg", Şurean-Karsee, die Stauseen im Mühlbach-Tal, die Höhlen und Karstquellen im Luncani-Gebiet u. v. a., ebenso Jagd auf Rot- und Schwarzwild und die Fischerei. Eindrucksvoll sind die Wanderungen zur Şurean- oder zu anderen Hütten. Die rumänische Bevölkerung ist gastfreundlich.

ROUTE 1/29

20 km w. von Hermannstadt (Sibiu), an der Straßenkreuzung vor Sălişte bei der Gaststätte „Popasul Mărginimii", beginnt das Reisegebiet Mühlbach. Die DN 7 und DN 1 steigen langsam bergan. Vor der Großpolder Hill (Dealul Mieilor) s. der Straße vor dem Waldrand ist Rastplatz, Herberge und Campingplatz „Hanul Sălişte" mit 82 Übernachtungsplätzen. Nach N zweigt eine AS ab, führt 2 km bis in das rum. Dorf

Aciliu, Tetscheln, Ecsello (446 m, u. e. E. 1332, 943 Ew.). Von hier führt eine KS weiter, 4 km n. nach

Amnaş, Hamlesch, Omlas (397 m, u. e. E. 1309, 1990: 780 Ew.). War im MA. zusammen mit dem Hamlescher Herzogtum als königl. Lehen an den walach. Fürsten, Mircea den Alten, verge-

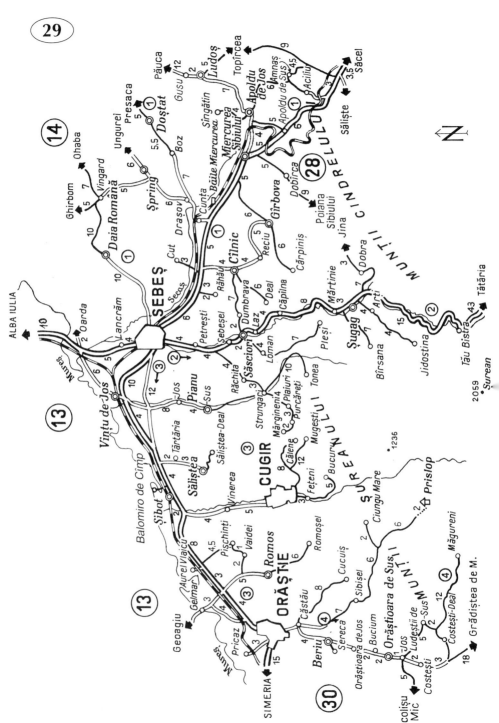

ben. 1472 wurde es an den Hermannstädter Stuhl angeschlossen. Der Großteil der sächs. Bevölkerung ist im letzten Jahr ausgewandert. Die alte ev. Kirche wurde im 19. Jh. durch neugotischen Bau ersetzt.

Von Hamlesch führt ein direkter Kiesweg windungsreich 7 km zur DN 1 + 7, ein anderer nach 6,5 km im steilen Tetschener Bach-Tal nach Kleinpold (Apoldul Mic).

Von der Großpolder Hill (537 m) senkt sich die DN 1 + 7 in weiter Schleife 3 km hinunter in die zwischen Weingärten liegende Gemeinde

Apoldul de Sus, Großpold, Nagyapóld (367 m, u. e. E. 1272, 1922 Ew.). Eindrucksvolles Straßendorf mit fränkischen Straßenfronten der sächs. Bevölkerung, auch von den Rum. übernommener Baustil. Im 18. Jh. wurden hier zu der sächs. Bevölkerung Protestanten aus dem Salzkammergut (Österr.) angesiedelt. Es ist eine wohlhabende Wein- und Obstbaugemeinde. *Sehenswert: ev. Kirche,* im 19. Jh. neu gebaut, *orthod. Kirche* aus 18. Jh. mit Fresken und Hinterglasikonen. Eine Straße führt 4,5 km nach N nach Apoldul de Jos.

Nach 3,5 km zweigt von der DN 1 + 7 eine KS nach SW ab, führt 4,5 km hinauf in das Dorf

Dobîrca, Dobring, Doboka (437 m, u. e. E. 1309, 1211 Ew.). Um die ev. Kirche eine starke *Kirchenburg.* War urspr. eine dreischiffige Basilika, wurde um 1500 zu got. Saalkirche mit Wehrgeschoß über dem Chor umgebaut. Hat einen besonders breiten Westturm mit Gußerkern, Torgewölbe und Falltor. Ringmauer hat drei vorspringende Wehrtürme, Torturm mit Zwingerhof, Satteldach über Wehrgeschoß. Die Speckkammern wurden abgetragen. Altar und Orgel aus 18. Jh. sind barock. Der Grabstein Pfarrer Cseks aus 1685 steht in der Kirche.
Die Straße führt durch den neuen rum. Dorfteil nach S 9 km hinauf nach Poiana > [RG 28].

Von der Abzweigung führt die DN 1 + 7 mit getrennten Fahrbahnen, steil hinunter in die Großgemeinde

Miercurea Sibiului, Reußmarkt, Szerdahely (310 m, u. e. E. 1290, 1692 Ew.). Vor der Ortseinfahrt befindet sich s. ein Hotel mit Parkplatz, Campingplatz. Die Straße macht eine scharfe 90°-Biegung nach W und führt durch das typ. sächs. Dorf; nur im Zentrum, um den Markt, stehen auch städtische, z. T. stöckige Gebäude aus dem 17. – 19. Jh., als hier auch Verwaltungssitz des Reußmarkter Stuhls war. Die *ev. Kirche* steht unten am Marktplatz, ist eine rom. Basilika mit niederem Turm über dem w. Joch des Mittelschiffs. Wurde im MA. got. verlängert, erhöht, Emporen eingebaut. Die ovale Ringmauer hat zwei übereinander verlaufende Wehrgänge mit Schießscharten und Gußerkern, darunter die unterkellerten Kornkammern. Ein Wehrturm mit Wehrgang unter dem Dachhelm. Altar und Orgel sind barock aus dem 18. Jh. Die *orthod. Kirche* ist eine Saalkirche vom Ende des 18. Jh. mit Ikonostasis. Im Ort wurde der rum. Bildhauer Corneliu Medrea (1888 – 1964) geboren, am Marktplatz steht seine Büste. Ebenfalls hier geboren wurde der sächs. Maler Robert Wellmann. Im Ort ist Gastwirtschaft mit Übernachtungsmöglichkeit.

Von Reußmarkt führt eine AS 4 km ö. nach

Apoldul de Jos, Kleinpold, Kispóld (338 m, u. e. E. 1289, 1929 Ew.). War einstmals ein sächs. Dorf, heute nur von Rum. bewohnt. Die orthod. Holzkirche aus dem 18. Jh. ist aus Salzburg (Ocna Sibiului) hergebracht worden.

Nach N führt ein Kiesweg 4 km nach

Sîngătin, Klein-Enyed, Kisenyed (341 m, u. e. E. 1292, 797 Ew.). Hat orthod. Holzkirche aus dem 18. Jh.

Von Kleinpold im Secaş-Tal (Zekesch-Tal) liegt 7 km n. die Gemeinde

Ludoş, Logdes, Nagyludás (348 m, u. e. E. 1330, 1374 Ew.). Rum. Bevölkerung. Von hier zweigt ein Weg 5 km nach O nach Topîrcea ab > [RG 28].

1 km weiter n. liegt

Gusu, Gieshübel, Kisludás (345 m, u. e. E. 1309, 784 Ew.). War höriges Dorf. Von hier führt die AS nach N nach Păuca (12 km) > [RG 13] und nach O 10 km nach Alămor > [RG 14].

Eine Gemeindestraße führt nach SW über die Berge 6 km nach Großpold. An der DN 1 + 7 kommt 1 km nach Reußmarkt die Abzweigung einer KS nach SW, im Weidenbach-Tal 6 km bis nach

Gîrbova, Urwegen, Szászorbo (379 m, u. e. E. 1291, 2050 Ew.). Die Hälfte der Ew. waren Dt. War im MA. im Besitz des Weißenburger Domkapitels, dann freie sächs. Stuhlgemeinde. Ein massives sächs. Dorf mit dicht geschlossener Häuserfront der Höfe von mittelfränkischem Baustil, breitgiebelig mit gemauerten Toreinfahrtsbögen. *Sehenswert: Gräfenburg,* der heutige Glockenturm war Wohnturm und Bergfried; quadratischer Bering mit massivem Torturm, in dem auch heute noch Speck aufbewahrt wird. – Die *ev. Kirche* in der Ortsmitte (1500), eine got. Hallenkirche mit Fresken im Chor. – Die *Bergkirche,* die Ruine einer rom. Basilika aus dem 13. Jh. Gedenkplatte an die Sage der „Braut von Urwegen". – Die *„Alte Burg",* 1,5 km s., eine ma. Vorhöhenburg aus dem 14. Jh. Charakteristisch im Dorfbild sind die Sonntags getragenen sächs. Trachten, die bemalten Bauernmöbel. Eine AS führt 5 km w. nach Rätsch, ein Kiesweg 6 km ö. nach Dobring und ein anderer nach SW 6 km nach

Cărpiniş, Keppelsbach, Köpényes (578 m, u. e. E. 1487, 795 Ew.). Ein rum. Dorf auf der Urwegener Gemarkung. Von der Abzweigung führt die DN 1 + 7 auf der AS im weiten Sekaş-Tal 3 km bis zum kleinen Salzbad und Sommerkurort **Băile Miercurea Sibiului, Reußmarkter Salzbad** (280 m). Wannenbad- und Sapropelschlamm- Behandlung. Hier ist die Wüstung der bis ins 15. Jh. bestehenden sächs. Gemeinde Weißkirchen, Park- und Campingplatz, Raststätte. 3 km w. zweigt nach N eine AS ab, führt 1 km hinunter an den Zekesch-Bach (Secaş) in das Dorf

Cunţa, Zekeschdorf, Konca (292 m, u. e. E. 1291, 603 Ew.). Rum. Ortschaft. Die AS führt im Bußder Tal 2 km nach

Draşov, Traschen, Drassó (289 m, u. e. E. 1309, 1163 Ew.). Auf der Gemarkung gibt es Salzbrunnen. 7 km weiter ö. liegt in dem weiten, offenen, baumlosen Tal

Boz, Bußd, Buszd (301 m, u. e. E. 1290, 868 Ew.). Ein ehem. Hörigendorf im Weißenburger Komitat. *Sehenswürdig* ist die eindrucksvolle *Kirchenburg der ev. Kirche.* Vor 1523 bekam sie ein mächtiges Wehrgeschoß über dem Chor, umgeben ist sie von einem einfachen Mauerring. Der Chor ist ausnahmsweise nach S orientiert.

Im Tal, 5,5 km weiter ö. liegt die rum. Gemeinde

Doştat, Thorstadt, Hossutelke (334 m, u. e. E. 1320, 1325 Ew.). Von hier führt die KS hinüber nach Presaca > [RG 28]. Von Draşov führt die AS 6 km nach N in die Gemeinde

Şpring (310 m, u. e. E. 1290, 1263 Ew.). Rum. und Zigeuner. Ein ehem. Hörigendorf, urspr. mit dt. Siedlern. Die AS führt weiter nach NO über die Berge nach dem 6 km weiten Ungurei > [RG 14].

Vor Spring gabelt sich die Kreisstraße, ihr w. Arm führt 5 km nach N in das Dorf

Vingard, Weingartskirchen (340 m, u. e. E. 1309, 1399 Ew.). War ein untertäniges Dorf der Grundherrschaft der Kellinger Gräfenfam. *Sehenswürdig* die ehem. *Patronatskirche:* eine turmlose got. Saalkirche mit besonders wertvollen Steinmetzarbeiten, darunter das Wappen des Stifters Johannes Geréb von Weingartskirchen. Die Straße führt weiter nach Ghirbom > [RG 14].

Von der Abzweigung der Straße nach Cunţ von der DN 7 (1), folgt nach 5 km eine Straßenkreuzung, nach N führt ein Gemeindeweg 3 km über Bahnlinie und Zekesch-Bach nach

Cut, Kockt, Kútfalva (310 m, u. e. E. 1291, 603 Ew.). Viele Zigeuner. Im SO der Kreuzung steht am Berghang ein Gasthof. Raststätte und Campingplatz. Von hier steigt eine AS 4 km hinauf in die große Gemeinde

Cîlnic, Kelling, Kelnek (344 m, u. e. E. 1269, 1668 Ew.). Hälfte der Ew. Dt., viele Zigeuner. *Sehenswürdig:* das Dorf beherrschend die *Kellinger Gräfenburg.* Urspr. war der „Siegfried" ein Wohnturm der Gräfenfam. (13. Jh.), kam dann in den Besitz der Dorfgemeinschaft, im 15. Jh. mit doppeltem Mauerring umgeben, mächtiger Torturm, Wehrgänge mit Schießscharten, Vorratskammern. – Die *Burgkapelle* mit Freskomalerei und bemaltem Gestühl. In der Ortschaft (Mittelgasse 35) ein alter Bauernhof (16. Jh.) Auf der Gemarkung wurden Reste einer jungsteinzeitl. Siedlung ausgegraben.

Cîlnic (Kelling) im Winter, Blick von dem „Siegfried-Turm"

6 km nach SW führt eine KS in die kleine rum. Ortschaft

Deal, Dallen, Dál (571 m, u. e. E. 1270, 819 Ew.). Viele Zigeunerfam. Ist eine Neusiedlung auf Kellinger Gemarkung. War im 15. Jh. Wüstung.

W. von Kelling liegt an einer KS 6 km weit

Dumbrava, Krebsdorf, Kákova (420 m, u. e. E. 1439, 195 Ew.). Von Kelling führt die AS 4 km, z. T. in Serpentinen, in das Dorf

Reciu, Rätsch, Récse (422 m, u. e. E. 1309, 385 Ew.). Eine kleine Ortschaft am Fuße des Mühlbacher Geb., am Krebsbach gelegen. Im S Reste einer röm. Siedlung ausgegraben. *Sehenswert: ev. Kirche* aus dem 15. Jh., befestigt.

5 km ö. liegt am Ende der AS Gîrbova (Urwegen).

Nach der Kellinger Abzweigung von der DN 1 + 7 folgt nach 3 km eine s. Abzweigung von 2 km in das Dorf

Răhău, Reichau, Rehó (353 m, u. e. E. 1291, 1236 Ew.). Ist eine von dt. Siedlern gegründete Ortschaft, im MA. zur Wüstung geworden, mit Rum. neu besiedelt.

Die Chaussee verläuft geradeaus nach NW auf dem fruchtbaren Terrassenboden 5 km bis vor Mühlbach, wo am Terrassenrand, s. der Straße, über der Stadt das moderne Motel „Dacia" mit 158 Plätzen steht. Von hier führt die Straße hinunter in die Stadt

Sebeş, Mühlbach, Szászsebes (252 m, u. e. E. 1245, 1992: 29.713, davon 1010 dte. Ew.). Stadt im Kreis Alba.
Geschichte: Die Stadtgründung geht auf die Ansiedlung dt. Kolonisten zurück. Der kleine Marktflecken des 13. Jh. entwickelte sich dank blühenden Gewerbes und Handels zur Stadt (1341).

Schon früh wurden Stadtbefestigungen gebaut. Trotzdem von den Türken oft verwüstet. Im MA. war Mühlbach trotz der Nähe zu Weißenburg ein bedeutendes Kulturzentrum dank der vorreformator. Schule und dem dt. Gymnasium. Berühmt wurde die Stadt vor allem durch seine Kirche, an der die Parler-Baumeister mitwirkten. Hier geriet der damalige Gymnasiast Georg v. Siebenbürgen alias „Rumeser Student" 1438 in türk. Gefangenschaft. Er war der erste Verfasser einer Abhandlung über die Bräuche und Sitten der Türken überhaupt. Zu einer Ausgabe dieser Bücher schrieb Martin Luther das Vorwort. Geburtsort des Afrikaforschers Franz Binder (1820 – 1875), des Schriftstellers Josef Marlin (1824 – 1848)

und des rum. Malers Sava Henția (1848 – 1904). Im 18. Jh. wurden Baden-Durlacher angesiedelt. In der Moderne Gründung von Kleinindustriebetrieben: Ledermanufaktur, Sägewerk und Strumpffabrik. Dieses Spektrum beherrscht auch heute das Wirtschaftsbild. Vor 10 Jahren entstanden im Mühlbachtal eine Kette von Wasserkraftwerken. *Sehenswürdigkeiten: Die Befestigungsanlage*, 1,7 km lang um den ma. Stadtkern; die 7 m hohe und 1,5 m dicke Mauer mit 5 Befestigungstürmen, gut erhalten. – *Die ev. Stadtpfarrkirche*, ehem. dreischiffige rom. Basilika aus dem 13. Jh., wurde nach 1350 mit einem Querschiff und einem dreischiffigen Hallenchor erweitert. *Bemerkenswert* die Ausstattung mit plastischem Schmuck: Kapitelle, Säulen, Konsolen, Gewölbeschlußsteine, Heiligenstatuen, Sakramentshäuschen u. a. Das Baukonzept findet Anlehnung an die zentraleurop. Gotik der Parler-Schule von Prag und Schwäbisch Gmünd. Bedeutende Einrichtungsgegenstände: die Kanzel mit dem Relief „Die Auferstehung Christi", der Flügelaltar, den Veit und Johannes Stoß d. J. schufen. Im Mittelschrein die berühmte Madonna-Skulptur. Orgel: 1893 durch eine neue ersetzt. Mehrere türk. Teppiche z. T. aus dem 16. Jh. In der Sakristei ein Bußstein aus Alabaster. Kirchenschatz: ein spätgot. Kelch (15. Jh.), zwei Rokokokelche (15. Jh.) und ein

Sebeș (Mühlbach), Taufbecken der Wüstung Weißkirch

prächtiges Meßgewand. – *Der Glockenturm:* aufgestockt im 15. Jh., die vier Türmchen, 17. Jh., mit bunter Ziegelbedachung von 1814. Im Turm drei Glocken aus der Gußhütte Lattermann aus Apolda (1926). An den Strebepfeilern des Chors unter Baldachinen Standbilder von Heiligen. – *Die Jakobskapelle* (15. Jh.) n. des Chors, ehem. Friedhofskapelle mit polygonaler Apsis und got. Maßwerk. Die Kirche und Kapelle heute von Gebäuden umgeben, die auf die alte Kirchenburgmauer aufgesetzt sind. – *Die röm.-kath. Kirche*, Dobrogeanu Gherea/Jakobigasse (15. Jh.), gehörte zum Dominikanerkloster, wurde im 18. Jh. von den Franziskanern übernommen und neu gestaltet. – *Stadtmuseum/Muzeul Orășenesc:* das Haus mit einer schönen got. Loggia (15. Jh.), als kleiner Palast, zeitweilig Sitz des sb. Wojwoden und sb. Landtages. Hier starb 1540 der Fürst Sb.s Johann Zapolya. – *Ausgestellte Funde* beginnen mit der Jungsteinzeit, über das MA. bis zur Neuzeit. Abteilungen: Archäologie und Geschichte, Volkskunde, Kunst, Memorialistik, Buchdruck und Naturwissenschaften.

Die DN 1 trennt sich in der Stadt von der DN 7 und führt nach N nach 4 km in das Dorf

Lancrăm, Langendorf, Lámkerék (241 m, u. e. E. 1309, 1146 Ew.). Eine dt. Gründung, die im MA. Wüstung wurde und mit Rum. neu besiedelt wurde. Es ist Geburtsort des rum. Philosophen Lucian Blaga (1895 – 1961), der hier bestattet ist. Vor dem Ortsfriedhof sein Denkmal von Romul Ladea.

15 km nach N führt die DN 1 über den Mieresch nach Alba Julia > [RG 13]. 4 km n. von Mühlbach, am rechten Zekesch-Ufer, ist das NSG, die Reservation „Roter Berg", *Rîpa Roşie*. Ein zu Regenzeiten wasserführender Wildbach hat sich hier in die miozänen Schichten eine tiefe Schlucht mit steilen Wänden eingegraben. Die Steilwände mit Erdpyramiden, Konglomeratbändern, herausragenden Sandsteinfriesen, in verschiedenen Rottönungen (eisenhaltig) zwischen den Tonschichten geben ein einmaliges Bild. In der Schlucht ist auch eine Pflanzenreservation: sowohl Pflanzen der warmen wie auch der kalten Zonen wachsen hier neben Endemismen und der schönen Pfingstrose (Dianthus serotinus var. demissorum).

10 km nö. auf der DJ 106 liegt

Daia Romȃna, Dellendorf, Dálya (305 m, u. e. E. 1293, 930 Ew.). War ein Hörigendorf mit dt. Siedlern, heute nur rum. Ew. Bekannt durch die jungsteinzeitl. Petreşti-Kultur der bemalten Gefäße.

ROUTE 2/29

Die DN 67C verläßt Mühlbach nach S durch die Poststraße (Str. Poştei), führt durch das weite untere Mühlbach-Tal nach 4 km nach

Petreşti, Petersdorf, Péterfalya (283 m, u. e. E. 1309, 3510 Ew.). Bekannt durch die Gräfen Henning von Petersdorf und durch die Papiermühle aus dem 16. Jh. Die heutige Papierfabrik stammt aus 1854. Die Ruinen einer befestigten Kirche aus dem 13. Jh. mit hohem Bergfried stehen am ev. Friedhof am w. Ufer des Mühlbaches. Die Kirche wurde 1854 abgetragen. Die neue ev. Kirche steht auch am W-Ufer des Mühlbaches. Durch seine geschlossenen Häuserzeilen, den hohen, gemauerten Torbögen, Bürgerhäusern mit städtischem Charakter, sieht es wie eine Vorstadt von Mühlbach aus. Im 18. Jh. wurden hier ev. Fam. aus Baden-Durlach und Hauenstein aus Österr. angesiedelt.

Nach S wird das Tal plötzlich enger. Am Petersdorfer Stausee (22 m hohe Staumauer, 3,65 Mill. m³ Wasser, 294 m) vorbei, führt die Straße zu der Abzweigung eines Weges 4 km nach W hinauf nach

Răchita, Brunnendorf, Rekitta (451 m, u. e. E. 1464, 468 Ew.). Von hier weiter hinunter in das Valea-Pianului-Tal (Valea Rece) zu dem kleinen Dorf

Im Mühlbachtal

Strungari, Strägendorf, Sztrugár (372 m, u. e. E. 1464, 356 Ew.). Hier arbeitete um 1780 eine Papiermühle. 4 km talaufwärts liegt die Streusiedlung

Plaiuri (841 m, u. e. E. 1851). Von hier führt ein Höhenweg nach

Purcăreţi (652 m, u. e. E. 1464, 525 Ew.), auf Mühlbacher Gemarkung gegründet. 2 km n. liegt die Streusiedlung

Mărgineni (759 m). Im Mühlbach-Tal führt die Straße 3 km nach der Abzweigung in das Dorf

Şebeşel, Klein-Mühlbach, Sebesely (314 m, u. e. E. 1309, 941 Ew.). War ein Hörigendorf mit rum. Bevölkerung. Orthod. Kirche Anfang 19. Jh. Von hier stammt der Maler Sava Henţia (1848 – 1904) Auf dem Gorgan-Berg wurden Reste einer Siedlung vorgeschichtl. Menschen sowie aus der Römerzeit gefunden.

Nach 2 km folgt in einer kleinen Talerweiterung die Gemeinde

Săsciori, Schewis, Scáscsciór (331 m, u. e. E. 1345, 1408 Ew.). S. des Dorfes stehen auf einer Bergnase die Ruinen einer ma. bäuerlichen Burg mit ovalem Bering und zwei Wehrtürmen. Der Ort ist Keramikzentrum für rote Irdenware. Nach O führt ein Gemeindeweg nach Dumbrava und Cîlnic und nach W ein Weg nach

Loman, Lammsdorf, Lomány (608 m, u. e. E. 1309, 634 Ew.). Von hier führt ein Höhenweg nach 7 km s. in die Streusiedlung

Pleşi, Plesitelep (894 m, u. e. E. 1769, 232 Ew.). Eine Wegabzweigung führt durch Valea Tomii 7 km hinauf nach **Tonea** (975 m).

Von Săscior leitet ein Wandersteg hinauf zur Şurean-Hütte, Nach 1 km taucht im Haupttal plötzlich das Dorf

Laz, Sebeslaz (353 m, u. e. E. 1306, 454 Ew.) auf. War im 18. und 19. Jh. Zentrum der Ikonen-Hinterglasmalerei. Im Ortsmuseum eine reiche Ikonensammlung.

Das Tal wird immer enger, und nach 4 km liegt, eingezwängt zwischen bewaldeten Steilhängen, das Dorf

Căpîlna, Kapellendorf, Sebeskápolna (371 m, u. e. E. 1446, 939 Ew.). 3 km s. liegt auf einem ö. Bergsporn in 610 m Höhe ein doppelter Erdwall, Steinmauern und Wohnturm aus Steinquadern einer dakischen Burg. Auch von hier führt ein markierter Weg zur Şurean-Hütte (gewesene SKV.-Hütte mit 46 Plätzen, 1743 m).

Am Fluß liegt der Stausee hinter einer 46 m hohen Staumauer mit einem Wasservolumen von 3,6 Mio. m³. Dann folgt der Weiler

Mărtinie (442 m, u. e. E. 1910, 185 Ew.). 8 km aufwärts, begleitet von Lichtungen mit Einzelgehöften an den Lehnen, liegt das über 2 km lange Straßendorf

Şugag (457 m, u. e. E. 1750, 556 Ew.). Mit typ. rum. Gebirgsbauernhäusern; die Holzschnitzerei wird gepflegt. Am S-Rand des Dorfes mündet von O der Dobra-Bach, an dem sich das gleichnamige Dorf

Dobra (514 m, u. e. E. 1910, 516 Ew.) erstreckt. Aus Şugags unterem Dorfteil Mărtinie steigt ein Weg nach SW hinauf, 7 km in die Streusiedlung

Bîrsana (1320 m, u. e. E. 1851, 636 Ew.).

Aus der Dorfmitte steigt ein Weg 4 km hinauf nach

Arţi (1083 m, u. e. E. 1851, 771 Ew.) und nach weiteren 4 km in die ausgedehnte Streusiedlung von

Jidoştina (1000 – 1216 m, u. e. E. 1910, 360 Ew.) auf der Luncani-Hochfläche.

Von Dobra führt ein Weg hinauf zum Cindrel und ein weiterer in Serpentinen steil hinauf nach Jina (nur für Vierradantrieb!) > [RG 28]. Das Tal hat den Charakter eines Engpasses mit einigen Felsgebilden. Im Fluß tauchen Schwellen mit Stromschnellen auf. Nach 14 km eine Talerweiterung an der Mündung der Bistra, hier der 78 m hohe Damm des Stausees von Tău-Bistra, 790 m, 21 Mio. m³ Wasser fassend. Er wird im W von der AS umfahren wo auch Gasthaus und Herberge „Miraj" stehen und die Höfe der Streusiedlung sich am Hang hinauf ziehen. Forstwege erschließen die Gebirgs- und Waldmassive im O und im W bis in hohe Lagen. Im Tal des Nebenflusses Prigoana führt eine Forststraße fast bis zur Şurean-Hütte (1743 m).

8 km im Mühlbachtal weiter hinauf erhebt sich der 91 m hohe Staudamm des größten Stausees in diesem Tal, von **Oaşa** (1255 m), 136 Mio. m³ Wasser aufstauend. Unter dem Wasserspiegel ist die Siedlung und auch das Jagdhaus des Schriftstellers Mihail Sadoveanau, Oaşa, verschwunden. Heute steht am W-Ufer, an einer KS die Arbeitersiedlung **„Colonia Fetiţa"** und an der DJ 67C, am O-Ufer, die neue Oaşa-Hütte, 1280 m, Hotel 1. Kat. mit 50 Plätzen. Im Tărtărău-Tal, einem der beiden Quellflüsse des Mühlbaches (Sebeş), geht die AS weiter nach S. Nach 3 km zweigt nach O, im Frumoasa-Tal, die KS zum Şefleşti-Paß und ins Zooder-Tal (Valea Sadului) ab. An dieser Abzweigung steht ein Försterhaus mit Übernachtungsmöglichkeit. Die DN führt nun ungeteert weiter in einigen Serpentinen zum Tărtărău-Paß hinauf (1665 m), von dort zur Obîrşia-Lotrului (Hütte, Laden). Von Oaşa bis zur Paßhöhe kann man in 3 Std. wandern. Von der Paßhöhe führt ein mit blauem Band markierter Weg in 7 bis 8 Std. über den Sălanele, Vîrful lui Pătru (2133 m), mit einer röm. Erdbefestigung aus dem 1. Jh. n. Chr. auf dem Gipfel, zur Şurean-Hütte (1743 m).

ROUTE 3/29

Die DN 7 verläßt nach der Abzweigung der DN 1 in Richtung N (Alba Julia) die Stadt Mühlbach (Sebeş) nach W. Nach 2 km zweigt die alte Poststraße geradeaus ab (12 km), während die DN 7 nach NW abbiegt, nach 10 km einen Bogen macht und durch die Gemeinde

Vinţu de Jos, Unterwinz, Alvinc (217 m, u. e. E. 1248, 2526 Ew.) führt. Ein ma. Marktflecken und Hafen für Salzumschlag auf dem Mieresch. Hier hatte Kardinal Martinuzzi (Bruder Georg) seine Residenz (1545 – 1551) im Stil der Renaissance. Sie wurde unter Gabriel Bethlen umgebaut und bekam 1773 die barocke Toreinfahrt. Heute verfällt die ganze Anlage. Im Ort sind einige lokale Industriebetriebe.

Hier zweigt nach S die Kreisstraße DJ 107C ab, quert die alte Poststraße und führt nach 7 km in die Gemeinde

Pianul de Jos, Deutsch-Pien, Alsópian (236 m, u. e. E. 1309, 1291 Ew.). Die ev. Kirche ist eine rom. Basilika aus dem 13. Jh. Röm. Funde wurden hier gemacht.

4 km s. liegt

Pianul de Sus (319 m, u. e. E. 1454, 1701 Ew.). Ein großes rum. Dorf. Urgeschichtl. und röm. Fundstätte. Aus dem Flußsand wurde im MA. Gold gewaschen. Von hier führt nur noch eine KS 4 km im Tal aufwärts nach Strungari (Strägendorf, Sztrugár) > [R 2/29]. Nach Vinţul des Jos vereinigt sich die DN 7 mit der AS, die 6 km direkt von der Alba-Julia-Straße (DN 1) herüberführt.

Nach 4 km kommt von O auch die alte Poststraße von Mühlbach, und nach weiteren 2 km folgt die Abzweigung einer AS 2 km nach S in das von Rum. bewohnte

Tărtăria, Alsótatárlaka (254 m, u. e. E. 1488, 952 Ew.). Es ist der Fundort jungsteinzeitl. Tontäfelchen mit Inschriften. 3 km weiter im S liegt am Ende der AS die Gemeinde

Săliştea, Alsócsóra (253 m, u. e. E. 1458, 1622 Ew.). Geburts- und Wirkungsort von Sofronie dela Cioară, der um 1760 für kulturelle Gleichberechtigung der orthod. Kirche und der rum. Schulen im Habsburgerreich kämpfte. Zu diesem Dorf gehört auch der 3 km weiter oben gelegene Weiler **Sălişte-Deal** (350 m).

Nach der Piener Abzweigung folgt auf der DN 7 nach 4 km weiter w. die Abzweigung in das jenseits der Bahnlinie im N liegende

Balomiru de Cîmp, Ballendorf (219 m, u. e. E. 1479, 745 Ew.). Ist die Folgesiedlung des urspr. sächs. Dorfes Erkes, das vor dem 16. Jh. Wüstung wurde. 2 km weiter folgt an der DN 7 der Bahnhof und die Abzweigung in die n. gelegene Gemeinde

Şibot, Unterbrodsdorf, Alkenyér (250 m, u. e. E. 1281, 1438 Ew.). Ehem. freie Stuhlgemeinde im Brooser Stuhl. Ringsum liegt das weite, fruchtbare „Brodfeld", auf dem die Türken 1479 eine vernichtende Niederlage erlitten hatten. Vereinzelt stehen im Feld und an der Straße Kreuze und Gedenksteine, am Bahnhof Şibot steht ein Denkmal mit Ritter-Bronzebüste, an dies Ereignis erinnernd.

2 km weiter liegt gegenüber der großen Abzweigung nach Cugir das Gasthaus „Hanul Şurian", Parkplatz, Camping, Übernachtungsmöglichkeit für 100 Personen.

Nach S führt im Kudschirer Tal eine AS 4 km nach

Vinerea, Oberbrodsfeld, Felkenyér (251 m, u. e. E. 1310, 2649 Ew.). Ein ehem. dt. Dorf, von Türken verwüstet, die ganze Bevölkerung in die Sklaverei verschleppt. Heute ein rum. Dorf mit vielen Zigeunerfam. Ist Wohnsiedlung für viele Arbeiter des 5 km s. gelegenen Industriestädtchens

Cugir, Kudschir, Kudzir (304 m, u. e. E. 1493, 1992: 31.782 Ew.). Die Eisenverarbeitung hat sich hier entwickelt, Eisenhammer seit 1799, war ein wichtiges Rüstungszentrum des soz. Rum. (Waffenfabriken) neben Erzeugung von Nähmaschinen u. a. *Sehenswürdig* ist die Ruine der auf dem s. der Stadt gelegenen Berg Cetatea stehenden *Dakerburg* (495 m). Aus dem Ort führt ein mit rotem Punkt markierter Wandersteg in 7 – 8 Std. über Rîndunica-Komplex (Schutzhütte) zur Prislop-Hütte (22 km), über Scoruşeţ nach Sarmiseghetuza im Grădiştea-Tal im Mühlbacher Geb. Höhenwege führen zu den Streusiedlungen nach SO: 8 km nach **Călane** (826 m), von hier weitere 4 km nach Purcăreţi > [R 2/29]. Eine Abzweigung von diesem Weg führt 12 km nach SO bis **Mugeşti** (1200 m) und 4 km weiter nach **Făgădău** (1250 m). Im Cugirer Tal folgen nach 3 km **Feţeni** (369 m, u. e. E. 1493) und 5 km weiter **Bucuru** (856 m, u. e. E. 1910, 164 Ew.). Von hier führt ein Wanderweg auf der Höhe bis zum Şurean (2059 m).

Von der Kudschirer Abzweigung führt die DN 7 als geradlinige Chaussee neben der Bahnlinie nach SW; nach fast 5 km zweigt eine AS nach W ab, führt unter der Bahnunterführung 1 km in das Dorf

Aurel Vlaicu (Binţinţ), Benzenz, Bencenc (206 m, u. e. E. 1291, 895 Ew.). Geburtsort des rum. Flugpioniers Aurel Vlaicu (1882 – 1913). Vor dem Geburtshaus, das Gedenkstätte ist, steht seit 1934 sein Denkmal mit Büste und seit 1982 ein eigenes Museum mit Flugapparaten und Modellen, Andenken an einen der ersten rum. Flieger.

Aus Aurel Vlaicu führt eine Straße durch die Miereschau 4 km nach W in das Dorf Gelmar zur Mierescbrücke nach Geoagiu de Jos. Die AS führt aus Aurel Vlaicu nach S unter der Bahnlinie durch in die DN 7 zurück und setzt sich jenseits des Teerbandes als Gemeindeweg fort. Im O dieser Kreuzung, am Rumeser Bach, ist an der Quelle „Izvorul rece" eine Raststätte mit Übernachtungsmöglichkeit (16 Betten). Die KS führt aus der Kreuzung 4,5 km nach S in das Dorf

Pişchinţi, Piskinc (265 m, u. e. E. 1387, 388 Ew.). 1 km weiter s. liegt das Dorf

Vaidei, Neudorf, Vajdej (273 m, u. e. E. 1532, 1004 Ew.). Die DN 7 führt 3 km weiter zu einer großen Kreuzung an der Rumeser Bahnhaltestelle. Von hier führt eine AS 3 km nach NW in das Dorf

Gelmar, Jallmar, Gyalmár (202 m, u. e. E. 1291, 508 Ew.). Hier führt eine Brücke über den Mieresch in die Gemeinde und das Bad Geoagiu de Jos > [RG 13].

Von der Kreuzung nach SO führt eine AS, vorbei an der Abzweigung nach Vaidei, 5 km in die Gemeinde

Romos, Rumes, Romosz (256 m, u. e. E. 1206, 1414 Ew.). Eine dt. Siedlung im Brooser Stuhl, bekannt durch das Schicksal des „Rumeser Studenten", eines Studiosus des Brooser Gymnasiums, der nach der Eroberung von Mühlbach in türk. Gefangenschaft und Sklaverei verschleppt worden war und erst nach vielen Jahren nach Deutschland zurückkehrte. Hier verfaßt und gibt er die erste europ. Beschreibung des türk. Lebens, ihrer Sitten und Bräuche heraus. Es ist das erste bekannte Buch eines sb. Autors 1481. Ein bescheidenes ethnograph. Dorfmuseum wurde von Ion Renţea eingerichtet.

6 km talaufwärts liegt an der KS

Romoşel, Klein-Rumes (256 m, u. e. E. 1493, 902 Ew.). Eine rum. Neugründung auf Rumeser Gemarkung. 7 km in das Geb. hinein führt die Straße hinauf auf die Luncani-Hochfläche in die Streusiedlung

Ciungu Mare, Csunzjhavas (941 m, u. e. E. 1910, 186 Ew.). Hier wird noch das schwarz-weiß karierte Bauerngewebe erzeugt, die Kinder tanzen noch alte, aus Dakerzeit überlieferte Reigen.

Die DN 7 vereinigt sich nach 4 km mit einer AS, die aus NO direkt von Gelmar kommt und biegt dann in die Stadt

Orăştie, Broos, Szászvaros (230 m, u. e. E. 1224, 1992: 24.083 Ew.) ein. Der von Dt. gegr. kleine Marktflecken war im MA. Verwaltungsort des Brooser Stuhls und Handwerkerzentrum: Schmiede- und Kürschnerzunft besonders gut entwickelt. Oft von Türken verwüstet. Geburtsort des Humanisten Olahus. Sein Vater war Stephan Olahus, Stadtrichter von Broos, sein Sohn Nikolaus verbrachte hier seine Kindheit, schrieb später das hist.-ethnograph. Werk „Hungaria". Das einstige ref. Kollegium, von Apafi Michael 1663 gebaut, wurde 1910 Gymnasium, das auch Dr. Petru Groza und Aurel Vlaicu absolvierten. 1582 verlegte Şerban, der Sohn des Diakons Coresi, hier die „Palia die Orăştie", die erste rum. Übersetzung des AT. Es war wichtiges geistiges und kulturelles Zentrum der Rum., die hier auf sächs. Königsboden als freie Bürger leben und wirken konnten. Heute eine Kleinstadt mit Holz-, Leder- und Pelzverarbeitung. Agrarzentrum mit Schweinezuchtkombinat. *Sehenswert: ref. Kirche,* ehem. rom. Basilika, got. umgebaut (mit größtem Chor in Sb.), hatte auch Ringmauern. Neben ihr steht die *evang. Kirche. – Orthod. Kathedrale* am Markt: ein Prunkbau aus der Zwischenkriegszeit mit eindrucksvoller Freskomalerei. – Das *Stadtmuseum* mit ethnograph. und histor. Abteilung. Am Markt steht ein Denkmal Dezebals zur Erinnerung an die dakisch-röm. Vergangenheit dieses Landstrichs. Ebenhier eine moderne Statuengruppe.

Nach NW führt eine AS aus Broos heraus, kreuzt die Bahnlinie und endet nach 3 km in

Pricaz, Perkaß, Perkász (200 m, u. e. E. 1332, 1038 Ew.). Eine Fähre über den Mieresch sichert die Verbindung nach Bobîlna > [RG 13].

Nach W führt die DN 7 an den Kasernen vorüber, unter dem Stadtpark mit seinen Alleen, die sich im anschließenden Wald verlieren, in Richtung Simeria (16 km) > [RG 30].

ROUTE 4/29

Im breiten, terrassengesäumten Tal des Brooser Bachs führt die DJ 10 nach S, nach 3,5 km in das Dorf

Căstău, Kastendorf, Kásztó (252 m, u. e. E. 1332, 1072 Ew.). Von hier nach S führen 3 Straßen: Nach SO führt 8 km weit ein Weg nach

Cucuiş (351 m, u. e. E. 1910, 201 Ew.), eine Neugründung, schon in den Bergen gelegen. Ein zweiter Weg führt im Sibişeler Tal hinauf und nach 7 km in das Dorf

Sibişel, Altschebeschel, Osebeshely (341 m, u. e. E. 1493, 1080 Ew.). Am Fuße des Geb. gelegen, zieht sich aber 5 km am Bach entlang in die Berge hinein. Nach 1803 hat hier ein Eisenwerk gearbeitet. Berühmt sind die großen, dünnschaligen Walnüsse. Auf dem „Bordul Cetăţii"-Berg im O des Ortes stehen die Ruinen einer ma. Burg.

6 km oberhalb des Dorfes zweigt ein Weg 2 km nach O hinauf, in die Streusiedlung Ciungul Mare, von wo ein Weg 7 km nach Romoşel führt > [R3/29].

Im Tal 6 km weiter aufwärts zweigt wieder ein Weg nach O ab, führt 2 km hinauf zur *Prislop-Hütte* (1109 m, 50 Plätze) im Prislop-Sattel. Von hier geht ein Wanderweg auf der Höhe in 7 – 8 Std. zum Şurean (roter Punkt und rotes Dreieck). Der dritte Weg führt im Brooser Tal (Valea Orăştiei) als AS nach 4 km in die Gemeinde

Beriu, Lammdorf, Berény (269 m, u. e. E. 1332, 1072 Ew.). Nach S anschließend liegt im W das Dorf

Sereca, Elsterdorf, Szereka (267 m, u. e. E. 1332, 224 Ew.). 3,5 km s. liegt das Dorf

Orăştioara de Jos, Unter-Brooserbach, Alsóvárosvis (284 m, u. e. E. 1444, 410 Ew.). mit seinem ö. Weiler Văleni (u. e. E. 1956).

2 km s. folgt

Bucium (315 m, u. e. E. 1439, 380 Ew.) und 2 km weiter die Gemeinde

Orăştioara de Sus, Ober-Brooserbach, Felsővárosviz (322 m, u. e. E. 1455, 695 Ew.). Hier heißt das Tal schon Grădişte-Tal. 1 km s. folgt

Ludeştii de Jos, Unter-Ludesch (334 m, u. e. E. 1439, 533 Ew.). Am „Cetăţeaua" genannten Ort hat man bronzezeitliche und dakische Reste sowie eine Münzprägeform für röm. Münzen gefunden. Auf dem Piatră-Grădiştei-Berg stehen die Reste eines röm. Castrums.

Nach W führt ein Weg 5 km hinauf nach Ocolişul Mic > [RG 30], und ein Weg nach SO führt 5 km zur Streusiedlung

Ludeştii de Sus (1000 m, u. e. E. 1444, 711 Ew.). Hier befinden sich auf dem Cetăţuia-Berg die Ruinen der ersten zentralen Dakerfestung. 3 km weiter, in einer kleinen Talsenke, steht neben einem Jagd- und Forsthaus die Schutzhütte „Costeşti" (390 m, 75 Plätze, Häuschen und Cam-

pingplatz). Hier endet auch die AS. Ö. der Costeşti-Hütte steigt ein Weg hinauf nach Costeşti-Deal (784 m) und weiter 12 km nach O zu der Streusiedlung

Măgureni (1194 m, u. e. E. 1875, 120 Ew.).

18 km weit liegt an der KS

Grădiştea de Munte (544 m, u. e. E. 1839, 562 Ew.). Hier ist das Herzland des alten Daziens: Sarmizeghetusa. Auf den Höhen ringsum sind die Reste von Bauten, Wegen, Aquädukten, Bädern, Verteidigungsanlagen; es ist die weiträumige Anlage einer städtischen Siedlung auf 150 km², eine einmalige Erscheinung. Im Zentrum liegt Sarmizeghetusa-Regia mit Resten von Wohngebäuden, Werkstätten, Läden, Tempeln und Heiligtümern; auf einer niederen Terrasse wird es von der intensiven Wohnzone umgeben. Im Abstand sind auf den umlie-

Dakische Sanktuarien

genden Höhen, wie Feţele Albe, Meleia, Rudele, Pustiosu u. a., zivile Bauten und in noch weiterem Umkreis ein Kranz von starken Festungen, Blidaru, Piatra Roşie u. a., mit Wohnanlagen, Zisternen, Heiligtümern. Noch weiter, auf den gegenüberliegenden Bergen, weitere Ansiedlungen und Befestigungsanlagen. Dies war die Hauptstadt Daziens, die 106 n. Chr. von den Röm., nach langer Belagerung erobert wurde.

REISEGEBIET 30

Deva / Diemrich / Déva

Das Gebiet rund um Deva umfaßt den Unterlauf des Mieresch-Flusses, den Strell-Unterlauf und das Hunyader Bergland sowie die östlichen Ausläufer des Poiana-Rusca-Gebirges. Seine Geschichte ist an die Hunyadi-Burg gebunden, der die meisten Siedlungen dieses Gebietes untertänig waren. Außer dem Kreisvorort Deva sind vor allem die zwei Eisenverhüttungszentren Hunedoara (Hunyad) und Călan (Kalan) von Bedeutung, die das Wirtschaftsleben dieses Kreises bestimmen. In den Tälern und im Bergland werden Ackerbau, Obstbau und Viehzucht betrieben. Dieser Landesteil wird hauptsächlich von Rumänen bewohnt, archäologische Ausgrabungen brachten zahlreiche Spuren dakischer und römischer Besiedlungen zutage.

Touristenattraktion Nummer eins ist das imposante Hunyadi-Schloß in Hunedoara (Eisenmarkt), doch auch Deva (Diemrich) mit seiner Burgruine, seinen historischen Baudenkmälern und der Baumschule lohnt einen Besuch. In diesem Gebiet stehen einige der ältesten rumänischen Kirchen Siebenbürgens; interessantes Brauchtum, zahlreiche Volksfeste, besonders im Gebiet der „Pădureni", der Bewohner des Poiana-Rusca-Gebirges, laden zu längerem Verweilen ein.

Hauptverkehrsader von W nach O ist die DN 7 mit zahlreichen Abzweigungen in den Südteil dieses sehenswerten Gebietes.

ROUTE 1/30

5 km w. von Orăştie (Broos) Abzweigung von der DN 7 nach N, wo nach 3 km das Dorf

Turdaş, Tordesch, Tordos (203 m, u. e. E. 1332, 640 Ew.) liegt. War ein sächs. Dorf, doch nach den Türkeneinfällen von 1421 und 1432 blieb eine Wüstung zurück. Wurde im 15. Jh. mit Rum. und Ung. wieder bevölkert. Die ref. Kirche war reich, hatte viele Güter, hier wirkten berühmte ung. Pfarrer. Die jetzige ref. Kirche ist neu. Am Mieresch-Ufer unweit des Bahnhofes wurden bedeutende achäol. Funde aus der Jungsteinzeit gemacht (Wohnungen, rote Brandkeramik, Frauenfiguren u. a.).

700 m nach der Abzweigung nach Turdaş führt eine AS 2 km nach S in die Gemeinde

Mărtineşti (246 m, u. e. E. 1405, 255 Ew.); war im MA. ein rum. Knesendorf.

Eine z. T. geteerte Straße führt 5 km nach W in das einzige ung. Dorf der Gegend,

Jeledinţi, Lozsád (333 m, u. e. E. 1320, 415 Ew.). Die ref. Kirche hat einen Glockenturm von 1702; gehörte nach 1764 zum Husaren-Grenzregiment.

Nach S führt ein Weg in die Berge, 3 km nach

Măgura (495 m, u. e. E. 1506, 159 Ew.), ein rum. Dorf am Fuße des 594 m hohen Măgura.

Von Mărtineşti 3 km nach SO führt ein Kiesweg nach

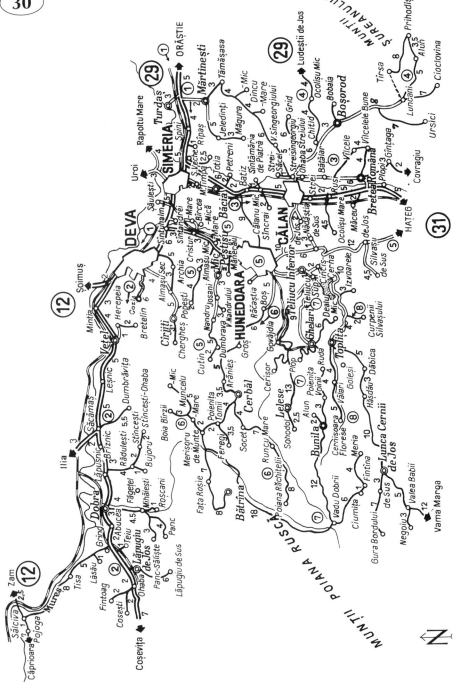

Tămăşasa, Tamáspatak (269 m, u. e. E. 1326, 257 Ew.).

Von hier nach S führt eine KS nach 2 km zur Abzweigung, 1 km sö., nach

Dîncul Mic, Kisdenk (261 m, u. e. E. 1405, 317 Ew.); war rum. Knesendorf.

5 km weiter s. liegt ö. der Straße und des Baches

Dîncul Mare, Nagydenk (280 m, u. e. E. 1405, 428 Ew.); gehörte zur Burgdomäne Deva, wurde später Gut der Fam. Barcsai.

6 km führt die Straße weiter nach SW und erreicht

Valea-Sîngeorgiului (279 m, u. e. E. 1392, 441 Ew.) als rum. Knesendorf von Streisîngeorgiu. In Dorfnähe ein Kalksteinbruch, der schon von Dakern und Röm. betrieben wurde; Fossilienfundstätte.
Nach 5 km sw. folgt Streisîngeorgiu > [R 3/30].

4 km w. der Abzweigung nach Mărtineşti liegt an der DN 7

Spini (221 m, u. e. E. 1270, 325 Ew.), ein rum. Dorf mit vielen Zigeunern. 1 km w. zweigt ein Gemeindeweg 1 km nach S ab bis

Rîpaş, Répás (258 m, u. e. E. 1396, 100 Ew.), war rum. Knesendorf, gehörte später der Fam. Barcsai.

3 km w. von Spini liegt

Simeria Veche, Piski (211 m, u. e. E. 1276, 564 Ew.). Der rum. Name stammt von hl. Maria (Sîntămaria), der ung. bedeutet Bischofsgut (Piski-Püspöki); ung. Dorf, zum Weißenburger Bistum gehörig. Seit 16. Jh. rum. Dorf und Gut der Fam. Barcsai, die hier auch Herrenhof besaß. An der Strellbrücke fand 1849 eine Schlacht zwischen ung. Revolutionsarmee und den kaiserl. Truppen statt.

3 km s. von Simeria Veche liegt

Totia (274 m, u. e. E. 1366, 200 Ew.). Die Bezeichnung Tot bedeutet „Slowene" oder Windisch. Ist seit 15. Jh. rum. Knesendorf.

Im NO von Simeria Veche liegt 2 km weit das neue

Simeria, Piskitelep (201 m, u. e. E. 1874, 8009 Ew.), neue Siedlung an Eisenbahnknotenpunkt, 1874 gegründet. War im 19. Jh. eine typ. Arbeitersiedlung der Doppelmonarchie. Heute ist Simeria Stadt mit sechs eingemeindeten Dörfern.
Mit Simeria ist das Dorf Biscaria (Dédács) zusammengewachsen (u. e. E. 1377); im MA. ung., später rum. Dorf, seit 18. Jh. Gut der Fam. Gyulai aus Németi. Um das ehem. Gyulai-, später Ocskay-Schloß wurde um 1700 ein berühmtes *Arboretum* (Parcul dendrologic) angelegt; ein Park mit verschiedenen, einheimischen und exotischen Bäumen und Ziersträuchern (Japan, China, USA).

2 km s. von Simeria, entlang der Bahnlinie nach Petroschen, im Tal des Strell liegt

Tîmpa (208 m, u. e. E. 1404, 737 Ew.); im MA. rum. Dorf, den Grundherren von Băcia gehörig.

S. von Tîmpa liegt nach 2 km

Băcia, Bácsi (211 m, u. e. E. 1332, 806 Ew.); im MA. ung. Dorf, seit 17. – 18. Jh. von ref. ung. Kleinadeligen und rum. Bauern bewohnt. Hier wurde der Rechtsanwalt und kommunistische Politiker Dr. Petru Groza (1884 – 1958) geboren (G. war Gutsbesitzer).

30

Von hier führt die DN 66 weiter nach S > [R 3/30].

Die DN 7 führt im Mieresch-Tal weiter nach W, kommt nach 2 km an eine Abzweigung nach N, hier liegt 1 km weit

Şăuleşti (Saulia), Sálfalva (Sárfalva) (192 m, u. e. E. 1370, 442 Ew.); im MA. ung., nach 1600 rum. Dorf; Gut der Fam. Salfalvi und später der Barcsai. Eine weitere Abzweigung nach 2 km aus der DN 7, diesmal nach S, führt 2 km im Cerna-Tal nach

Sîntandrei, Szentandrás (194 m, u. e. E. 1332, 919 Ew.). Im MA. ung., dann rum. Dorf der Burgdomäne Deva (Diemrich).
1 km weiter s. an demselben Weg jenseits der Cerna liegt anschließend

Bîrcea Mare, Nagybarcsa (241 m, u. e. E. 1315, 584 Ew.); Stammort des ung. Adelsgeschlechts Barcsai, mit der sächs. Gräfenfam. aus Winz verwandt. Im MA. ung. Dorf, häufig Sitz der Komitatsversammlungen; der ung. sb. Fürst Ákos Barcsa (1619 – 1660) hatte hier Güter.

Bîrcea Mică, Kisbarcsa (240 m, u. e. E. 1257, 327 Ew.) war vom 13. – 14. Jh. als „villa Aprod" oder „possesio Aprodhaza" bekannt. Im MA. von ung. Kleinadligen und rum. Bauern bewohntes Dorf. Nach 1785 wurden die Ew. in Grenzregimenter organisiert. Ref. frühgot. Kirche.

Die DN 7 im Mieresch-Tal führt nach 1 km zu einer großen Wegkreuzung im Dorfe

Sîntuhalm, Szántóhalom (189 m, u. e. E. 1453, 683 Ew.); war ung. Dorf der Burgdomäne Diemrich. Seit 17. Jh. von rum. Bauern und ung. Kleinadligen bewohnt und 1930 mit der Stadt Deva (Diemrich) vereinigt.
Nach S führt die DN 68B nach Hunedoara > [R 5/30].

8 km weiter w. führt eine neu angelegte Einfahrt in die Stadt

Deva, Diemrich, Déva (187 m, u. e. E. 1332, 1992: 78.366, davon 692 dte. Ew.), Vorort des Kreises Hunedoara.
Die ältesten Siedlungsspuren stammen aus der Jungsteinzeit. Spätere Funde aus der Bronzezeit, dakische und röm. Fundstücke belegen die ständige Besiedlung dieses Gebietes. Im 13. Jh. wird die Burg errichtet, 1269 u. e. E. der Burg, 1332 u. e. E. der Siedlung, hatte schon damals eigenen kath. Pfarrer. 1307 hielt der sb. Woiwode Ladislaus den Bayernherzog Otto in der Burg gefangen. Im 14. Jh. waren Burggrafen von Diemrich auch Komitatsobergespane. Seit 1321 gehört die Burg mitsamt der großen Burgdomäne dem neuen Anjoukönig Karl. Unter den Ew. der Siedlung befanden sich von Anfang an auch Sachsen: der Stadtrichter wurde nach sächs. Brauch Hann genannt. Nach Reformation wurde kath. Kirche ref. Im 16. Jh. verheerten die Türken die Stadt mehrmals. Die Mehrheit der Ew. im 18. Jh. waren rum. Leibeigene.
Aus dem von Türken unterworfenen Banat und Sb. kamen viele Ung. und Rum. nach Deva, außerdem 1712 auch kath. Bulgaren aus Oltenien, für die Franziskanermönche kath. Pfarre gründeten. Im Viertel „La Şvabi" wohnten Banater Schwaben. Ende 19. und Anfang 20. Jh. siedelten sich hier auch Tschango-Ungarn aus der Bukowina an, hatten ihre eigene Straße. Sehenswert: Ruinen der Devaer Burg (Diemricher Burg, 371 m), auf steilem Andesithügel im 13. Jh. gebaut. War anfangs Königs- und Fürstenburg, geriet im 15. Jh. in den Besitz des Reichsverwesers Johann Hunyadi. Hier starb 1579 der Klausenburger Sachse Franz Hertel alias Ferenc Dávid, Begründer der unitarischen Religion. Wurde nach Kurutzenkrieg (1687 – 1706) von kaiserl. Truppen besetzt, von General Steinville 1719 und später von Ulisses Braun 1752 renoviert. Im Nov. 1784 wurde die Burg von Aufständischen Horeas angegriffen, konnte aber nicht eingenommen werden. Nach Besuch Kaiser Franz I. von Habsburg 1817 wurde die Burg renoviert, 1849 explodierte das Pulvermagazin in der Burg, viele Soldaten starben; heute Burgruine. – Magna Curia, das Bethlen-Schloß, steht an Stelle eines Burghofs aus 13. Jh., welcher beim Mongoleneinfall 1241 zerstört worden war. Wurde im 16. Jh. im Renaissancestil gebaut. 1621 von Fürst Gabriel

Bethlen restauriert, im 18. Jh. im Barockstil umgebaut. Am Haupttor Familienwappen des Johann Haller und der Sofia Daniel. Beherbergt seit 1882 Kreismuseum für Geschichte und Naturwissenschaften mit zahlr., wertvollen Exponaten aus diesem Gebiet. – *Franziskanerkloster und kath. Kirche*, Barockbauten aus dem 18. Jh. – Der *Kirchturm* der orthod. Kirche, 1727 von der Fam. Cantacuzino gestiftet, steht im alten Friedhof. – Das *Komitatshaus* wurde 1890 im Stil der dt. Renaissance gebaut. – Die alte *ref. Kirche* steht an der Stelle der kath. Nikolauskirche (1370 – 1440 erbaut). – Im Stadtpark befindet sich das *Denkmal des Dakerkönigs Decebal*, ein Werk des Bildhauers J. Moga. Auf dem neuen Decebal-Platz steht vor dem Kulturbau ein Reiterstandbild Decebals. Auf dem Unirii-Platz erinnert das Denkmal des Horia, Cloşca und Crişan an die Führer des Bauernaufstandes von 1784. Der Burgberg, ein Vulkankegel, wurde zum Naturschutzgebiet erklärt (Mittelmeervegetation). Ein großes Volksfest findet alljährlich am dritten Wochenende im Jan. statt. Daran beteiligen sich die zahlr. Căluşari-Tanzgruppen des Kreises sowie Ensembles aus den benachbarten Kreisen. Der Căluşar-Tanz ist einer der berühmtesten Tänze der Rum., nur von Männern ausgeführt. 2 km w. der Stadt unter dem Cozia-Vulkan befindet sich die Căprioara-Hütte, beliebter Freizeitort im Grünen, Ausgangsbasis und Ziel von Wanderungen durch die Wälder. D. ist heute Industriestadt mit 14 Betrieben, neuem Stadtzentrum und vielen neuen Wohnvierteln.

In unmittelbarer Stadtnähe, s. von Deva, liegt das Dorf

Archia, Árki (274 m, u. e. E. 1453, 127 Ew.), war im MA. rum. Dorf der Burgdomäne Deva. In Richtung SW führt ein Gemeindeweg in die malerischen Dörfer, im Ostteil der Poiana Ruscă gelegen, vorbei an den berühmten Steinbrüchen von Pietrosa und Bejan, schon im Altertum von den Röm. betrieben.

7 km s. von Deva, am Fuße der Vulkanberge, liegt

Almaşu Sec, Szárazalmás (350 m, u. e. E. 1491, 169 Ew.). Im MA. rum. Dorf der Burg Deva. Am Fuß des Bejan-Berges archäolog. Fundstätte.

4 km weiter w. liegt

Cîrjiţi (370 m, u. e. E. 1453, 217 Ew.); rum. Dorf, zur Burg Deva gehörig; Steinbruch aus der Römerzeit.

2 km weiter w. liegt mitten in den Bergen

Chergeş (440 m, u. e. E. 1406, 198 Ew.); im MA. rum. Dorf der Burgdomäne Hunyad; interessante Fossilienfundstätte; kleine Höhle bei „Măgura".

Am Fuße des Andesitberges Dealul Cozia (686 m), an einem Gemeindeweg 6 km w. von Deva. liegt das Dorf

Cozia (417 m, u. e. E. 1453, 341 Ew.); im MA. rum. Dorf, zur Burg Deva gehörig.

ROUTE 2/30

Die DN 7 verläßt Deva in Richtung NW entlang des Mieresch-Flusses. Nach 2 km zweigt nach N die DN 76 in Richtung Brad ab > [RG 12].

Hier eine Raststätte mit Brunnen, Aufbereitungsanlage für Kupfererze. Nach 5 km auf der Terrasse liegt

Mintia, Marosnémeti (189 m, u. e. E. 1330, 790 Ew.). Die ung. Bezeichnung „Németi" weist auf dt. Siedler (Deutschdorf, Bayerdorf) und als solches wurde es wahrscheinlich im 11. – 12. Jh. von

„Bayern" gegründet. Vom 15. – 17. Jh. ung. Dorf der Burgdomäne Deva, später der Fam. Gyulai. Hier lebte und wirkte der ung. Historiker Géza Kuun (1838 – 1905). Auf den Grundmauern eines älteren Gyulai-Herrenhofs von 1640 wurde das *Schloß Gyulai-Kuun* (nach Plänen von Stuller) 1830 bis 1836 gebaut. Die ehem. reiche Bibliothek des Géza Kuun ist gänzlich verstreut. Bei Ausgrabungen wurden reiche dakische und roman. Funde gemacht, befinden sich im Museum in Deva. Von 1960 – 1970 wurde hier ein großes Wärmekraftwerk gebaut. Der Stausee ist beliebter Ausflugsort (Wassersport, Bootsfahrten).

4 km weiter w. liegt am Fuß der Berge

Veţel, Vecel (190 m, u. e. E. 1278, 410 Ew.); im MA. ung. Dorf, im 15. Jh. hatte ung. Siedlung auch rum. Ortsteil. Seit dem 16. Jh. nur von Rum. bewohnt. Neben Eisenbahnlinie röm. Castrum Micia und Wohnsiedlung mit Hafen am Mieresch-Ufer, öffentl. Gebäude, Tempel des Jupiter Erapolitanus, Thermen, kleines Amphitheater und bedeutender Nekropole sowie zahlr. Fundstücke aus der Römerzeit. Hier wurden auch Funde aus der Völkerwanderungszeit gemacht.

In einem ö. Seitental liegt anschließend

Herepeia, Herepe (195 m, u. e. E. 1491, 176 Ew.); im MA. rum. Dorf, zur Burgdomäne Deva gehörig.

Weiter s. anschließend liegt im Gebirgstal

Bretelin, (225 m, u. e. E. 1453, 131 Ew.); im MA rum. Knesendorf der Burgdomäne Deva.

Im Mieresch-Tal erreicht die DN 7 nach 5 km

Leşnic (183 m, u. e. E. 1316, 537 Ew.). Die Ortsbezeichnung kommt aus dem Slaw. und bedeutet Haselnuß. Der rum. Dorfknese „Dobre Românul" wird 1395 erwähnt, er kämpfte im Heer des ung. Königs Sigismund von Luxemburg, wurde für seine Tapferkeit mit Lehen beschenkt und geadelt. Stiftete um 1400 orthod. Sf. Nicolae-Kirche; Bau besteht aus rechteckigem Langhaus mit Altarraum sowie rechteckigem Naos. Besonders wertvolle Wandmalereien (Hauptthema: Kampf gegen die Türken) aus erster Bauphase, wo sich einheimische Traditionen des MA. mit got. und byzant. Einflüssen vermischen. Kassettendecke stammt vom slowak. Tischlermeister Martinus Asztalas (1681) aus dem Komitat Liptov. Im MA. gehörte das Dorf zur Burgdomäne Deva. Außer rum. Bauern lebten hier auch ref. ung. Kleinadelige. In Dorfnähe befindet sich eine archäol. Ausgrabungsstätte aus der Zeit der Urgemeinschaft und aus der Römerzeit.

Nach weiteren 6 km liegt der Ort

Săcămaş (185 m, u. e. E. 1478, 338 Ew.). Ortsbezeichnung ist vom Namen des rum. Adligen Petrus Zakamasy abgeleitet. Im MA. rum. Salzschiffer-Siedlung.

In Săcămaş zweigt von der DN 7, die nw. nach Ilia-Arad führt, die DN 68A im S des Mieresch ab und führt nach 2 km nach

Brîznic (184 m, u. e. E. 1491, 452 Ew.); im MA. rum. Salzschifferdorf; orthod. Holzkirche aus 16. Jh., Innenausmalung 17. Jh.; alte, kleine, strohgedeckte Häuser noch erhalten (im S).

In einem s. Seitental liegt 3 km weit

Răduleşti (258 m, u. e. E. 1491, 201 Ew.); im MA. rum. Dorf im Distrikt Dobra; alte orthod. Holzkirche, 18. Jh. ganz ausgemalt, Turm mit Doppeldach. In Dorfnähe wurde reicher Dakerschatz ausgegraben (300 Silbermünzen); alte Grabsteine um die Kirche.

Hier zweigt ein Weg Richtung O ab, führt nach 2 km in das kleine Dorf

Stînceşti-Ohaba (270 m,). Waren urspr. zwei Dörfer: Stînceşti (Denczasty, u. e. E. 1453, 173 Ew.) und das neue Dorf Ohaba (u. e. E. 1491, 103 Ew.), beide rum. Siedlungen der Burgdomäne Deva.

Eine andere Abzweigung von Răduleşti führt in Richtung S in das anschließende

Bujoru, Stregonya (265 m, u. e. E. 1491, 150 Ew.); im MA. rum. Dorf, zur Burg Deva gehörig.

Wieder auf der DN 68A im Mieresch-Tal, folgt nach 3 km das Dorf

Lăpuşnic (190 m, u. e. E. 1491, 581 Ew.); im MA. rum. Dörfer (Unter- und Ober-Lăpuşnic), von rum. Kleinadligen bewohnt. Orthod. Holzkirche, verputzt und getüncht aus 17. Jh., innen bemalt.

Nach 2,5 km zweigt ein Gemeindeweg nach S ab, führt 3 km nach

Făgeţel (u. e. E. 1507, 110 Ew.); zur Burgdomäne Deva gehörig.

Nach der Mündung des Dobra-Baches in den Mieresch führt die DN 66 A nach 1 km in die Großgemeinde

Dobra (Jófő) (200 m, u. e. E. 1387, 1810 Ew.); war im 14. Jh. Sitz eines rum. Distrikts, der zur Burgdomäne Deva gehörte. Seit 15. Jh. Marktflecken; die Ew. (Rum. und Ung.) wurden als Städter bezeichnet. Ruinen einer ma. Festung als Grenzschutz. Lag an der Grenze zwischen Sb. und türk. Banat, war Sitz eines Husarenkorps, wurde nach 1764 dem österr. Grenzregiment zugeordnet. Sitz eines Zollamtes. Das grundherrliche Schloß wurde 1784 von aufständischen Bauern niedergebrannt.

N. von Dobra liegt in einem Mieresch-Mäander der Weiler

Stretea (172 m, u. e. E. 1484, 97 Ew.); im MA. rum. Dorf, zur Burg Deva gehörig.

S. von Dobra führt ein Gemeindeweg in ein beliebtes Ausflugsgebiet im Tal des Dobra-Baches durch (5 km)

Mihăieşti (220 m, u. e. E. 1439, 449 Ew.), schöne Wassermühle, nach

Roşcani (224 m, u. e. E. 1491, 710 Ew.). Im MA. rum. Knesendorf. Die adelige Fam. Kaba (Caba) stammt vom hiesigen Knesen ab. 1750 gründete Johann Haller, Grundherr der Domäne Deva, hier eine Papiermühle, in der auch sächs. Meister arbeiteten (erwähnt werden 1821 Michael Konnerth aus Malmkrog und Samuel Fenniger). Das Papierwasserzeichen hatte den Schriftzug „Graf von Haller Deva, Roskan". Die orthod. got. Steinkirche stammt aus 14./15. Jh., wurde 1766 von Ladislaus Kaba renoviert. Wandmalerei mit Stifterfam. in typ. sb. Tracht des 18. Jh. Die Ew. waren berühmte Holzschnitzer. In Dorfnähe bei Coasta Firezului wurde eine schwer zugängliche Höhle entdeckt.

Eine weitere Abzweigung aus Mihăieşti nach SW führt nach 1 km durch das dazugehörige

Roşcanii Mici (225 m, u. e. E. 1839), 3 km nach

Panc (235 m, u. e. E. 1491, 304 Ew.); rum. Dorf. In Dorfnähe bei Valea Mare befindet sich eine mit Wasser gefüllte Höhle.

Derselbe Gemeindeweg führt 1 km w. in das Nachbartal nach

Panc-Sălişte (226 m, u. e. E. 1491, 201 Ew.).

3 km w. von Dobra an der DN 68A liegt

Abucea (194 m, u. e. E. 1491, 115 Ew.); rum. Dorf.

2 km weiter w. liegt

Grind (190 m, u. e. E. 1491, 99 Ew.); rum. Dorf, war 1664 mit Marktflecken Dobra vereinigt.

An einer Abzweigung nach N liegt anschließend, jenseits der Bahnlinie,

Lăsău, Lászó (195 m, u. e. E. 1491, 344 Ew.); rum. Dorf, war einst Postkutschenhaltestelle.

5 km weiter n., am linken Mieresch-Ufer, liegt das 2 km lange Dorf

Tisa (170 m, u. e. E. 1491, 495 Ew.); im MA. rum. Dorf. Viele Ew. waren Salzschiffer. Auch im 20. Jh. lebten hier mehrere Schiffs- und Floßbauer. Orthod. Holzkirche (1748) mit Wandmalerei, darunter Martyrium Horeas (Christus), 1815 von Calmac hergebracht. Hat O- und W-Absiden, Daubengewölbe mit barockem Charakter.
Eine Fähre über den Mieresch hält Verbindung nach Bursuc > [RG 12].
Durch den Engpaß der Măgura führt die KS 8 km am Mieresch nach **Sălciva** (163 m) und **Pojoga** (167 m), zwei Dörfer am linken Mieresch-Ufer, liegen schon außerhalb Sb.s.

1 km s. von Grind zweigt ein Gemeindeweg von der DN 68A ab und führt 1 km nach

Teiu (217 m, u. e. E. 1491, 366 Ew.), seit 1491 zum rum. Distrikt Dobra gehörig. Die Ew. waren berühmte Flußschiffer.

3 km weiter, s. der DN 68A, liegt

Lăpugiu de Jos (225 m, u. e. E. 1439, 245 Ew.); im MA. rum. Knesendorf. Alte und besonders wertvolle orthod. Holzkirche aus 17. Jh. mit sehr spitzem Turm und zwei Dächern, Wandmalerei mit Darstellung des Bauernführers Cloşca, geschnitzte Leuchter. Am Dorfrand befindet sich eine Raststätte.

Über eine Abzweigung im Lăpugiu-Tal nach S führt eine KS 5,5 km nach

Lăpugiu de Sus, Felsőlapugy (275 m, u. e. E. 1439, 741 Ew.), hat ähnliches Schicksal wie L. de Jos. In Dorfnähe berühmte Fossilienfundstätte, zum Naturdenkmal erklärt, und bei Coasta Peşterii eine kleine Höhle.

Auf der DN 68A liegt nach 2 km

Ohaba (219 m, u. e. E. 1472, 304 Ew.), seit 1472 rum. Dorf, zieht sich 2 km nach S. Ohaba ist die slawo-rum. Bezeichnung für neugegründete Dörfer.

In einem n. Seitental liegt 3 km weit

Fintoag (250 m, u. e. E. 1491, 507 Ew.), seit 1491 als rum. Dorf belegt.

Eine Abzweigung aus diesem Gemeindeweg führt an der Bahnlinie nach 3 km nach

Coseşti (230 m, u. e. E. 1444, 164 Ew.), war 1673 eine Wüstung, ist nur seit 1733 bewohntes Dorf.

Von Ohaba führt die DN 68A auf den Coşeviţa-Paß (321 m) und in w. Richtung weiter nach Lugoj.

ROUTE 3/30

Nach der großen Strell-Brücke nach Alt-Simeria zweigt von der DN 7 die DN 66 in Richtung S ab und erreicht nach 6 km bei Băcia > [R 1/30] die Abzweigung von 2 km über den Strell nach

Petreni (241 m, u. e. E. 1346, 434 Ew.), trägt seit 1370 die heutige Bezeichnung. Hier bestand eine Schleifsteingrube (daher der Name).

2 km s. der Abzweigung liegt

Batiz (218 m, u. e. E. 1300, 803 Ew.), trägt seit 1346 heutigen Namen, war im 17./18. Jh. Nálácz-Gut. Um 1814 gründete Josef Náláczi hier Steingut-Fayencefabrik, die um 1830 von der franz. Fam. d'André geleitet wurde. Nach 1900 wurden hier ev. Batschka-Schwaben angesiedelt, die dem Dorf ihren Charakter aufprägten.

1 km weiter nach S liegt am linken Ufer des Strell

Călanu Mic, Kiskalán (230 m, u. e. E. 1387, 249 Ew.). Im MA. rum. Knesendorf, zur Burgdomäne Deva, dann dem Freiherrn Bornemisza gehörig. Ist heute Badeort von lokaler Bedeutung, schon zur Zeit der Röm. bekannt („Aquae"). Bäderanlagen im Kurpark, Thermalquellen (27 – 29 °C) speisen mehrere Wasserbecken. Heilwirkung bei rheumat. Erkrankungen. Das löffelförmige (ung. Kalán), 4 m tiefe in Felsen gehauene Becken stammt noch aus der Römerzeit.

Über die Strell-Brücke führt ein Weg in das am rechten Ufer liegende

Sîntămăria de Piatră, Kőboldogfalva (275 m, u. e. E. 1346, 314 Ew.). Der Name stammt von der hl. Maria. War anfangs rum. Besitz der Adeligen von Petreni, hatte im 18. Jh. zahlr. kleinadelige Ew.; orthod. Holzkirche.

Durch Călanu Mic führt ein Gemeindeweg w. 1 km nach

Sîncraiu, Szentkirály (264 m, u. e. E. 1320, 413 Ew.); im MA. ung. Dorf mit kath. Kirche nach König Stefan dem Heiligen benannt. Seit 15. Jh. rum. Knesendorf, zur Burg Hunyad gehörig.

5 km s. von Călanul Mic auf der DN 66 liegt die Stadt

Călan, Kalan, Kalán (Pusztakalán) (234 m, u. e. E. 1387, 7542 Ew., 1992: 14.722 Ew.). Oberkalan war im MA. Wüstung, darum Pusztakalán benannt. Das Hüttenwerk wurde 1853 errichtet, danach siedelten sich hier viele Zuwanderer aus der österr.-ung. Monarchie an. Ist heute Industrieort. Neben Hochöfen und Gießereien ist vor allem die Kokerei umweltzerstörend. Über die Strell-Brücke gelangt man nach **Streisîngeorgiu (Sztrigyszentgyörgy)**, einer alten Siedlung, in der ein neues Wohnviertel für die Hüttenarbeiter errichtet wurde (u. e. E. 1377). *Sehenswert* die orthod. Kirche *Sf. Gheorghe*, eine Stiftung der Fam. Cîndea (Kendeffi) aus der zweiten Hälfte des 13. Jh., im 15. Jh. restauriert. Kirchengebäude aus Stein und Ziegeln erbaut, im Altar Spuren der urspr. Wandmalerei, 1313 vom Malermeister Teofil ausgeführt, wurde 1743 vom Malermeister Gheorghe Şandor aus Fogarasch instandgesetzt, hat leider viel von ihrem Zauber eingebüßt. Stifterbilder an O-Wand des Glockenturms von 1408 (Frau in rum. Tracht). Eine röm. „villa rustica" mit Hof und zwei Gebäuden wurde freigelegt.
Von hier führt eine AS nach NO in das Luncoi-Tal > [R 4/30].
Ein Gemeindeweg führt 2 km nach N in das Dorf **Strei-Săcel** (244 m, u. e. E. 1392, 287 Ew.). Im MA. ein rum. Knesendorf, zum Herrenhof von Streisîngeorgiu gehörig.

S. des Kalaner Bahnhofs zweigt eine AS 10 km nach W ab, führt nach Hunedoara. An ihr liegt nach 7 km das Dorf

Hășdat, Hochstatt, Hosdát (358 m, u. e. E. 1333, 878 Ew.).
Eine zweite AS zweigt kurz nach dem Kalaner Bahnhof von voriger ab, führt 2 km nach SW in das Dorf **Nădăștia de Jos** (275 m, u. e. E. 1366, 472 Ew.) und nach weiteren 3 km in das Dorf **Nădăștia de Sus** (306 m, u. e. E. 1447, 515 Ew.), führt dann weiter nach 1,5 km in die Hatzeger KS.

S. von Kalan, an der DN 66, liegt nach 1 km das eingemeindete

Strei, Zeykfalva (249 m, u. e. E. 1377, 285 Ew.). Die rum. Knesenfam. ist seit 1377 folgendermaßen bezeugt: Peter, Sohn des Zeyk „de distritu fluvii Stryg", wurde wegen königl. Dienste mit mehreren Gütern belohnt. Der ung. Dorfname stammt vom Dorfgründer Zeyk-Zaicu (slaw. Hase). Die Fam. Zeyk wurde später ref. und ging im ung. Adel auf. Die orthod. Kirche auf Friedhof gehört durch ihren schlichten Baustil und Besonderheiten ihrer Malerei (byzant. Stil mit ital. Einfluß) zu den frühesten und bedeutendsten rum. Baudenkmälern des 13./14. Jh. Beeindruckend der unbeworfene, wuchtige Turm; im Giebelfeld des Eingangs schöne Wandmalerei, auf der Wand der Apsis sind die Umrisse einer Reihe von Aposteln zu sehen, im Schiff die Verkündigung, der hl. Nikolaus u. a. Heilige.

2 km weiter s. liegt

Ruși (260 m, u. e. E. 1453, 366 Ew.); im MA. russ., nachher rum. Knesendorf, zur Burg Hunyad gehörig. Vom 17. – 19. Jh. lebten hier ung. Kleinadlige (Buda, Csongrádi).

In einem linken Nebental des Strells liegt 4,5 km weit

Strei, orthodoxe Kirche

Ocolișu Mare (304 m, u. e. E. 1416, 428 Ew.). Das im MA. rum. Dorf ist durch seinen guten Wein bekannt.

3 km s. von Ruși zweigt von der DN 66 ein Gemeindeweg nach W ab und führt 2 km nach

Măceu, Mácsó (314 m, u. e. E. 1263, 616 Ew.). Eines der ältesten Dörfer des Strell-Tales, seine Besitzer waren im MA. Burggrafen in Hatzeg, Mehadia und Severin (Szörény). Seit dem 15. Jh. rum. Knesendorf, der Fam. Bethlen gehörig. Aus diesem Winzerdorf stammt die rum. Gelehrtenfam. Pop-Densușianu.

1 km s. der Abzweigung nach Măceu liegt das Dorf

Bretea Română, Románbrettye (281 m, u. e. E. 1332, 335 Ew.). War damals ung. Dorf, hatte eigenen kath. Pfarrer. Urspr. zur Burg Hatzeg gehörig, war Zollstelle. Vom 15. – 16. Jh. Bethlen Familiengut, im 17. – 19. Jh. rum. Bauernsiedlung. Hier lebten auch ref. ung. Kleinadlige, die eigene Kirche hatten.

3,5 km s. liegt

Gînţaga, Gonczága (320 m, u. e. E. 1410, 455 Ew.). Im MA. rum. Knesendorf.

Eine Abzweigung von 4 km nach O von Bretea Romănă führt nach

Vîlcelele Bune (319 m, u. e. E. 1453, 608 Ew.). Im MA. rum. Dorf im Besitz der Fam. Pogány aus Bretea.

3 km weiter nach N auf der Straße unter dem Gebirge folgt

Vîlcele (397 m, u. e. E. 1453, 440 Ew.), ein rum. Dorf.

Der Gemeindeweg mündet nach 5 km in die DJ 668 und erreicht kurz danach

Băţălar (247 m, u. e. E. 1453, 288 Ew.). Im MA. rum. Knesendorf, zur Burgdomäne Deva gehörig. 3 km weiter n. liegt

Ohaba Streiului (252 m, u. e. E. 1440, 165 Ew.). War eine rum. Neugründung der Knesenfam. von Streisîngeorgiu.

Von hier 1 km nach Streisîngeorgiu.

Die DN 66 führt von Bretea Streiului (Magyarbrettye) nach 3 km vorbei an der Ortschaft **Plopi** (276 m, u. e. E. 1467, 346 Ew.). Gehörte im MA. zur Domäne Măceu und ist wahrscheinlich identisch mit dem 1263 erwähnten possesio Garbou. 1467 Gut der Fam. Bethlen.
Die DN 66 führt in den Wald von Slivuţ, nach 2 km Serpentinen großes *Freigehege* mit den aus Masurien wieder eingeführten Auerochsen.
Auf der Paßhöhe von Subcetate (395 m) ist ein Gasthaus. Von hier führt die „Panoramastraße" mit Blick auf das Retezat-Geb. in die Hatzeger Senke hinunter > [RG 31].

ROUTE 4/30

Von Kalan nach O durch Streisîngeorgiu führt eine AS im Luncani-Tal nach 2 km zu einer Abzweigung, die nach 5 km nö. in die Streusiedlung **Grid** (312 m, u. e. E. 1392, 444 Ew.) führt.

Die AS führt nach 2 km in das Dorf

Chitid, Kitid (286 m, u. e. E. 1377, 786 Ew.). Im MA. rum. Dorf mit vielen ref. ung. Kleinadligen und einem ref. Pfarramt.

Von der Hauptstraße zweigt 1 km weiter eine KS nach NO ab, führt 4 km in das Dorf

Ocolişul Mic (395 m, u. e. E. 1377, 428 Ew.).

3 km weiter sö. liegt im Luncani-Tal die Gemeinde

Boşorod (Felkitid) (308 m, u. e. E. 1377, 1187 Ew.). Gehörte im MA. zur Burg Hunyad und besaß ausgedehnte Waldgebiete, auf denen später die neuen Streusiedlungen entstanden (Luncani, Grădişte u. a.). Ö. erstreckt sich die Streusiedlung **Bobaia** (365 m).
4 km im Haupttal weiter, zweigt ein Weg nach S ab, steigt 7 km zu der Streusiedlung **Ursici** (1018 m). Von der Abzweigung aus dem Tal (415 m) führt ein Weg nach O, hinauf auf die Hochfläche. Hier liegen mehrere Streusiedlungen, 4 km weit **Luncani** (449 m, u. e. E. 1681, 1128 Ew.), z. T. noch unten im Tal. Nach NO liegt 1 km weit **Tîrşa** (964 m), 5 km weiter **Alunu** (987 m) und 3,5 km weiter **Prihodişte**; im Tal 7 km weiter s. liegt **Cioclovina**, das sich 519 – 800 m den ö. Hang auf die Hochfläche zieht. Das ganze Luncani-Hochland gehörte früher mit den Dakerburgen von Grădişte zu den Boşoroder Wälder.

Diese Gegend hat mehrere touristische Anziehungspunkte. Im SO von Luncani wurde 1949 auf dem *Piatra-Roşie-Berg* (832 m) eine dakische Festung ausgegraben (steinerne Mauern mit fünf Wehrtürmen, Wohngebäude, Sanktuar) sowie mehrere Wachttürme am Zugangsweg. Gehörte wahrscheinlich zum Wehrsystem im O und SO der dakischen Hauptstadt Sarmizegetusa. Im S des Dorfes Cioclovina befindet sich eine der schönsten und bedeutendsten Höhlen dieses Gebiets: die *Höhle Cioclovina*. Sie ist 430 m lang, besteht aus einem verzweigten Labyrinth, ist reich an herrlichen Tropfsteingebilden. Wurde schon in der Steinzeit von Menschen, aber auch von Tieren (Ursus spelaeus) als Unterschlupf benutzt. Hier wurde ein Schatz aus Bronze-Schmuckgegenständen, etwa 2500 Jahre alt, geborgen. In der Umgebung sind auch andere *sehenswerte Höhlen*, u. a. Ohaba-Ponor.

ROUTE 5/30

Aus der DN 7 zweigt 5 km w. von Simeria in Sîntuhalm die DN 68B in Richtung S ab, durchquert nach weiteren 3 km

Cristur, Csernakeresztur (227 m, u. e. E. 1302, 2246 Ew.) und erreicht nach 3 km

Peştişu Mare, Alpestes (211 m, u. e. E. 1302, 2387 Ew.). Im MA. ung. Dorf mit kath. Pfarrer. Vom 16. – 19. Jh. Dorf mit rum. Bauern und ref. ung. Kleinadligen. Durch Zugehörigkeit zum rum. Grenzeregiment wurden die ref. Ung. mit der Zeit romanisiert. Glocke der ref. Kirche stammt aus dem Jahr 1713.

Ein Gemeindeweg zweigt nach W ab in die Ortschaft

Almaşu Mic, Keresztényalmás (239 m, u. e. E. 1302, 169 Ew.) im Cristur-Tal. Rum. Knesendorf.

4 km weiter bachaufwärts liegt

Popeşti, Poppendorf (304 m, u. e. E. 1366, 262 Ew.). Dorfgründer war der rum. Knese Pap, der hier um 1370 lebte. Gehörte als rum. Dorf zur Domäne Deva.

Wieder auf der DN 68B, folgt am S-Ausgang von Almaşu Mic eine Abzweigung nach

Peştişu Mic, Felsőpestes (259 m, u. e. E. 1330, 245 Ew.). Zum Herrenhof dieses ung. Dorfes gehörten im 14. Jh. drei rum. Siedlungen. Hier wohnten die Nachkommen des ung. Geschlechts Hermán. Hat ref. Kirche und einige vernachlässigte Herrenhöfe.

3 km weiter w. liegt

Josani, Susendorf, Zsoszány (Középtelek) (277 m, u. e. E. 1330, 295 Ew.); im MA. rum. Dorf; archäol. Fundstelle aus der Steinzeit.

Am gegenüberliegenden Bachufer liegt

Valea Nandrului, Weißendorf (310 m, u. e. E. 1330, 249 Ew.); orthod. Kirche und archäol. Fundstätte.

3 km w. von Josani erreicht man

Nandru, Weißkirchen, Nándor (316 m, u. e. E. 1330, 304 Ew.). In altung. Sprache bedeutet „nandor" Bulgare. Auch hier archäol. Fundstelle (Altsteinzeit). Im nahen Valea-Roata-Tal mehrere Höhlen in den Kalkwänden am Bachufer.

Weiter talaufwärts, dem Poiana-Rusca-Geb. zu, befindet sich 5 km weit

Dumbrava (Găunoasa), Waldrücken, Kajnásza (493 m, u. e. E. 1786, 85 Ew.). Eine neuere Siedlung, zu den Bergdörfern der Pădureni gehörig, einschl. dem 2 km weiter gelegenen Weiler **Cutin** (u. e. E. 1808, 75 Ew.).

0,5 km von Peştişu Mare, kurz vor Hunedoara, zweigt ein Gemeindeweg aus der DN 68B 2 km nach W ab, führt nach

Mănerău, Minerau, Magyarósd (306 m, u. e. E. 1470, 414 Ew.). Im MA. rum. Dorf, zur Domäne Hunyad gehörig.

2 km danach erreicht die DN 68B, die bisher das Cerna-Tal hinaufgeführt hat, die Industriestadt

Hunedoara, Eisenmarkt (Hunyad), Vajdahunyad (240 m, u. e. E. 1265, 1992: 81.198, davon 718 dte. Ew.). Munizipium im Kreis Hunedoara.
U. e. E. (1265) bezieht sich auf das Gebiet und nicht auf die eigentliche Stadt, 1278 wird die Stadt und 1300 die kath. Kirche erwähnt. Burg und Marktflecken waren damals Königsbesitz. Unter den Bewohnern waren auch sächs. Gewerbetreibende. Seit dem 15. Jh. waren Burg und Stadt Familienbesitz der Hunyadi, seit damals wohnen hier auch Rum. und Serben. Am Anfang des 16. Jh. war die Stadt im Besitz des Georg Markgraf v. Brandenburg. Nach 1660 flüchteten viele Adlige aus Karansebesch und Lugosch nach H. In der Stadt gab es ref. und orthod. Kirche, unter den Stadtrichtern finden wir auch rum. Adlige. Das Hüttenwerk von Topliţa wurde nach H. verlegt. Zwischen 1882 und 1884 wurden drei, 1895 der vierte und 1903 der fünfte Hochofen gebaut. Ist das größte Zentrum der Eisenhüttenindustrie Rum. Das Hüttenkombinat hat sechs Hochöfen, ein Elektrostahlwerk, mehrere Martinstahlwerke, ein kokschemisches Werk, eine Erzaufbereitung, ein Heizkraftwerk, Walzwerke.

Sehenswert: Das *Hunyadi-Schloß* (Castelul Corvinilor) ist eine der beeindruckendsten got. Profanbauten Sb.s. Auf den Ruinen einer röm. Festung entstand im 14. Jh. eine Burg, die stufenweise zu einem Schloß umgebaut wurde. Die Burg wird zum erstenmal 1409 erwähnt, als König Sigismund von Luxemburg sie dem Knesen Voicu, walachischer Herkunft, als Anerkennung für seine Tapferkeit zum Geschenk machte. Sein Nachkomme Iancu de Hunedoara (Johannes v. Hunyadi) brachte es zum Reichsverweser Ungarns, führte Mitte 15. Jh. am Schloß zahlr. Umbauten durch. Aus seiner Zeit stammen Rittersaal und Kapelle. Sein Nachfolger, Matthias Corvinus (Beiname stammt

Hunedoara (Eisenmarkt), Schloß Hunyad

447

vom Raben in seinem Wappen), erweiterte das Schloß, im Renaissancestil. Aus seiner Zeit stammen Torturm, große Brücke und Loggia. Wandgemälde in der Loggia stellen Szenen aus dem Leben der Adligen dar. 1618 gelangt das Schloß in den Besitz des sb. Fürsten Gabriel Bethlen (1618 – 1623), der Anbauten (Weiße Bastei, Streitkolbenturm, neue Stockwerke) hinzufügt. Später hat das Schloß mehrere Besitzer, fällt 1724 in Staatsbesitz. 1817 weilte Kaiser Franz im Schloß, machte eine bedeutende Schenkung für die *Renovierung*. Zerstört durch Brände und Unwetter, blieb das Schloß bis Mitte 19. Jh. unbewohnt. Ende 19. Jh. begannen Renovierungsarbeiten, wurden Anfang 20. Jh. fortgesetzt. Letzte Renovierungen wurden 1965 – 1970 durchgeführt. Das Schloß wurde zum Museum erklärt (besitzt 50 Räume, einige mit guterhaltenen Wandmalereien). – Die *orthod. Kirche Sf. Nicolaie* wurde im 15. Jh. nach griech. Vorbild errichtet. 1458 gewährte König Matthias Corvinus den Rum. das Recht, sich neue Kirchen zu bauen. Aus einer Inschrift ist zu erkennen, daß die Wandmalerei 1634 – 1654 von den Malern Constantin und Stan ausgeführt wurde. – Die *röm.-kath. Kirche* wurde 1733 an Stelle des ma. Franziskanerklosters gebaut und 1881 restauriert. – Die *ref. Kirche* ist die Nachfolgerin der vorref. Pfarrkirche. Am Nordportal befindet sich das Familienwappen der Stifter Peter Bethlen und seiner Frau Katalin Illésházi (1644).

3 km nw. von Hunyad liegt

Răcăştia, Rákosd (295 m, u. e. E. 1329, 822 Ew.); im MA. von ung. Kleinadligen, heute hauptsächlich von rum. sprechenden Ung. bewohntes Dorf. Die ref. Kirche hat eine Glocke aus 1737. Im S von Hunedoara führt die DJ 687A auf der Höhe 15 km nach **Silvaşu de Jos, Unterpflaumdorf, Alsószilvas** (376 m, u. e. E. 1360, 717 Ew.), wo alljährlich am zweiten Sonntag im Juni ein großes Volksfest stattfindet.

Die Kreisstraße führt 6 km hinunter nach Hatzeg > [RG 31]. Eine AS führt 5 km w. nach

Silvaşu de Sus (453 m, u. e. E. 1396, 427 Ew.); im MA. rum. Knesendorf mit vielen Kleinadligen. Ein Gemeindeweg entlang des Silvaş-Baches führt 3 km zum *Kloster Prislop* (607 m), in bewaldeten Bergen gelegen. Es wurde um 1400 vom Mönch Nicodim mit Hilfe des walach. Woiwoden Mircea dem Alten gegründet. Die Bauweise entspricht jener des Klosters Vodiţa am Eisernen Tor und ist einzigartig in Sb. Es wurde 1564 von Zamfira, der Tochter des walach. Woiwoden Moise restauriert, die auch hier begraben liegt. Das ehem. Kloster ist verschwunden, nur die mehrmals restaurierte Kirche blieb erhalten. Eine Inschrift über der Eingangstüre mit der Jahreszahl 1579 belegt Zamfiras Stiftung.

ROUTE 6/30

Diese Route führt über drei Wege in den O-Teil des Poiana-Rusca-Geb., eines der durch seine Abgeschiedenheit unverfälschten Folkloregebiete der Rum. Die Bewohner hier werden „pădureni" („Wäldler") genannt. Im MA. waren ihre Vorfahren Köhler, sie lieferten Holzkohle an die nahegelegenen Eisenhütten. Auf den entstandenen Rodungen siedelten sich auch Waldarbeiter an. Die Dörfer liegen auf Bergplateaus, die von engen, tiefen, schattigen, bewaldeten Tälern zerfurcht werden. Schmale Bergwege verbinden diese Streusiedlungen untereinander. Die Hauptbeschäftigung dieser Bergbewohner ist Viehzucht (Schafe, Rinder), doch auch Landwirtschaft (auf Terrassen oder Rumpfflächen). Sie sind Waldarbeiter oder pendeln in die Berg- und Hüttenwerke. Die besonderen Lebensbedingungen haben eine originelle Lebensweise geschaffen: Häuser, Trachten, Bräuche wie auch der gesprochene Dialekt unterscheiden sich wesentlich von jenen in anderen Landesteilen. An Markttagen steigen die Bergbewohner aus ihren Bergdörfern in die

Täler hinab, um das Lebensnotwendige einzukaufen. An Sonn- und Feiertagen sowie an Brauchtumsfesten können sie bei sich zu Hause erlebt werden.

Route 6 verfolgt den Zlaşti-Bach, der im Poiana-Rusca-Geb. entspringt und in Hunedoara in die Cerna mündet. Ein Gemeindeweg verläßt Hunedoara in Richtung SW. Zuerst durchquert er nach 2 km das eingemeindete **Zlaşti, Zalasd** (hier ist ein Betrieb zur Talkgewinnung), nach 5 km das Dorf **Boş** (gehört ebenfalls zu Hunedoara), nach 6 km folgt **Groş** (359 m, u. e. E. 1733, 107 Ew.) und nach 5 km **Arănieş, Aranyos** (650 m, u. e. E. 1387, 90 Ew.), hier windet sich der Weg zum Plateau hoch und erreicht nach 3 km die Gemeinde

Cerbăl, Cserbel (852 m, u. e. E. 1476, 347 Ew.). Wird von Berggipfeln umgeben, mit herrlicher Aussicht auf die Umgebung. Typ. Dorf für dieses Gebiet. Häuser aus Holz, daneben

Panflötenspielerin aus Hunedoara (Eisenmarkt)

alte, strohgedeckte Katen. Die Frauen sind meisterhafte Weberinnen (Handtücher, Sacktaschen, Trachten), die Männer geschickte Holzschnitzer (Spinnrocken, Spindeln u. a.). Traditionelle Brauchtumsfeste unter Klängen des Dudelsacks.
Nach SW gelangt man nach 4 km in das Dorf **Socet** (914 m, u. e. E. 1482, 159 Ew.), auf dem Bergplateau gelegen, dann 7 km Abstieg nach **Runcu Mare** (610 m, u. e. E. 1482, 327 Ew.) im Govăjdia-Tal, weiter 8 km im Tal hinauf nach **Poiana Răchiţelii** (987 m, u. e. E. 1506, 301 Ew.).

Der Gemeindeweg von Cerbăl nach NW durchquert nach 4 km **Poieniţa Tomii** (830 m, u. e. E. 1482, 144 Ew.) mit Abzweigung 4 km w. nach **Feregi** (847 m, u. e. E. 1482, 183 Ew.) und 3 km nach **Merişoru de Munte** (790 m, u. e. E. 1491, 88 Ew.). Von hier zweigt ein Weg 2 km nach NO ab in die Ortschaft **Muncelu Mare** (743 m, u. e. E. 1491, 176 Ew.), reiche Blei- und Zinkvorkommen, Abbau, 6 km nach **Muncelu Mic** (780 m, u. e. E. 1733, 920 Ew.), in Ortsnähe Fossilienfundstätte in Kalksteinwänden, und 4 km n. **Muncelu Mare** folgt **Boia Bîrzii** (750 m, u. e. E. 1386, 122 Ew.), ab 1453 zur Burgdomäne Deva gehörig. Der Gemeindeweg führt von Merişoru de Munte 5 km nach **Faţa Roşie** (806 m) und 9 km nach **Bătrîna** (800 m hoch gelegen, u. e. E. 1750, 709 Ew.) – ethnograph. reiches Dorf.

ROUTE 7/30

Diese Route verfolgt den Lauf des Govăjdia-Baches. Von Hunedoara in Richtung S erreicht die DJ 687E nach 5 km

Teliucu Inferior, Alsótelek (268 m, u. e. E. 1431, 3927 Ew.); im MA. rum. Dorf der Burgdomäne Hundeoara. Archäol. Fundstätte aus der Steinzeit und Römerzeit. Seit 1864 Eisenerzgrube; Bergwerksort. Laut Überlieferung liegt in der orthod. Kirche die Mutter Johanns v. Hunyadi, Elisabeta Mujina, begraben.

Nach 3 km gelangt man nach

Teliucu Superior, Felsőtelek (391 m, u. e. E. 1482, 1053 Ew.). Bis 1870 waren hier Hochöfen in Betrieb. Am Ortsausgang liegt der Cinciş-Stausee an der Stelle des ehem. Dorfes **Cinciş, Csolnakos,** das in höhere Lage verlegt wurde, u. e. E. 1360, 837 Ew.).

Aus Teliucu Superior zweigt in Richtung NW die DJ 687F ab und erreicht nach 9 km

Govăjdia, Sensenhammer, Kaszabánya (350 m, u. e. E. 1482, 517 Ew.). Der Ortsname kommt aus dem Slaw. (gvozdu = Schindelnagel). Seit 1681 war hier ein Hochofen in Betrieb, der größte wurde 1806 – 1810 in der Zeit Kaiser Franz I. gebaut, seit 1918 aufgegeben.

7 km nach Govăjdia führt eine Straße durch das Sohodol-Tal in die reizvoll gelegenen Ortschaften

Cerişor (751 m, u. e. E. 1482, 347 Ew.), 13 km in die Gemeinde **Lelese** (790 m, u. e. E. 1319, 334 Ew.) und 3 km weiter bis **Sohodol** (950 m, u. e. E. 1482, 170 Ew.), einst bekannte Köhlersiedlungen.

Wieder zurück auf der DJ 687F nach Teliucu Superior, führt eine AS 9 km nach NW nach

Ghelari, Gyalár (745 m, u. e. E. 1681, 4134 Ew.). Hier befanden sich seit dem 17. Jh. die ältesten und wichtigsten Eisenerzbergwerke im Poiana-Rusca-Geb. Waren im 18. Jh. Bánffi-Besitz, nach 1870 Staatseigentum. Untertagebau seit 1901. Um 1900 wurde die Betriebseisenbahn Ghelari–Hunedoara in Betrieb genommen, heute abgebaut.

In Ghelari treffen sich die Kreisstraßen DJ 687F und 687E. Die DJ 687E führt nach 4 km nach

Ruda (829 m, u. e. E. 1267, 363 Ew.). Die Ortsbezeichnung kommt aus dem Slaw. und bedeutet Erz. *Sehenswerte,* schönbestickte Frauentrachten und originelle Hochzeitsbräuche. Trotz Neubauten wird auch traditionelle Bauweise weitergeführt.

Es folgt nach 4 km **Poieniţa Voinii** (820 m, u. e. E. 1380, 264 Ew.) und nach 3 km

Bunila (900 m, u. e. E. 1416, 293 Ew.), rum. Dorf, der Knesenfam. Munja gehörig, ab 16. Jh. Teil der Domäne Hunedoara.

Abzweigung 2 km nach N Weg nach

Alun (844 m, u. e. E. 1482, 324 Ew.); Marmorsteinbruch.

Die Kreisstraße DJ 687E führt von Bunila auf der Trasse der alten Drahtseilbahn 10 km nach

Vadu Dobrii (1100 m, u. e. E. 1512, 283 Ew.). Das Dorf gehört zu den höchstgelegenen Ortschaften des Landes. Wanderwege (13 km) führen zur Rusca-Spitze (1355 m) mit einmaliger Aussicht auf die umgebende Bergwelt; dahinter, dem W zu, liegen die berühmten Marmorsteinbrüche von Ruşchiţa. Von Vadu Dobrii gelangt man nach 6 km in die Ortschaften **Ciumiţa** (1000 m), 1 km weiter nach **Fîntîna** (930 m) und 4 km weiter nach

Meria, Kékesfalva (962 m, u. e. E. 1504, 806 Ew.). In altrum. Sprache bedeutet *meria* blau. War früher laut Überlieferung Räubernest; Wüstung, dann rum. Dorf, der Knesenfam. Mujina. Liegt einsam und abgelegen auf einem Bergplateau und ist nur schwer zugänglich.

ROUTE 8/30

Die Route verfolgt das Cerna-Tal und dringt tief in den S des Poiana-Rusca-Geb. vor. Nach Teliucu Inferior und Teliucu Superior führt die DJ 687D über dem ehem. **Cinciş, Csolnakos,** das 1963 wegen Stauseeanlage vom Talboden auf das Plateau verlegt wurde, am rechten Ufer des Stausees an zwei touristischen Raststätten (Motel Cinciş mit Restaurant, Campingmöglichkeiten und Campingplatz Izvoarele) vorüber.

Nach **Cinciş-Cerna** zweigt eine Straße 3 km nach S ab, führt nach **Izvoarele, Lodzina** (380 m, u. e. E. 1446, 339 Ew.). 4 km von der Abzweigung nach SW zweigt ein weiterer Weg 2 km nach S ab und führt nach **Curpenii Silvaşului** (765 m, u. e. E. 1850, 155 Ew.). Nach weiteren 5 km auf der AS folgt

Topliţa (327 m, u. e. E. 1482, 396 Ew.). Seit 1511 sind Schmelzöfen und Eisenhämmer in Betrieb gewesen. Hier wurde der orthod. Mitropolit Miron Cristea (1868 – 1939) geboren.
4 km im Tale weiter nach W liegt das kleine Dorf **Vălari** (420 m, u. e. E. 1482, 128 Ew.); 5 km weiter nach W liegt **Cernişoara-Florese** (576 m, u. e. E. 1438, 256 Ew.), ist eine 5 km lange Talsiedlung.
Von Topliţa im Cerna-Tal nach S zweigt nach 2 km ein Weg ab und führt 3 km hinauf nach **Goleş** (851 m, u. e. E. 1727, 127 Ew.).

Im Cerna-Tal folgt nach 5 km das Dorf

Dăbîca (365 m, u. e. E. 1464, 416 Ew.); 3 km weiter folgt

Hăşdău (380 m, u. e. E. 1438, 526 Ew.).

Im engen, gewundenen Cerna-Tal 10 km aufwärts liegt die Gemeinde

Lunca Cernii de Jos (565 m, u. e. E. 1360, 532 Ew.). Im Cerna-Tal weiter folgt nach 3 km das große Streudorf **Lunca Cernii de Sus** (608 m, u. e. E. 1760, 1295 Ew.). 8 km weiter ist die letzte Siedlung im Cerna-Tal in 800 m Höhe, **Gura Bordului**. Die Ew. dieser Dörfer sind Viehzüchter und Waldarbeiter.

Von Lunca Cernii de Jos führt ein Weg nach S im Negoi-Tal hinauf, nach 2 km in den Weiler **Valea Babii** (697 m) und 3 km weiter zu dem letzten Ort des Tales: **Negoiu** (686 m).

Dieser Weg führt weiter 12 km nach Vama Marga – Băuţari > [RG 31].

REISEGEBIET 31

Haţeg-Petroşani / Hatzeg-Petroschen / Hátszeg-Petrozseny

Dieses Reisegebiet im SW Siebenbürgens umfaßt das Hatzeger Land (Ţara Haţegului), das Schieltal (die Petroschener Senke, Depresiunea Petroşani, Valea Jiului) sowie die sie umgebenden Gebirge. Dank eines abwechslungsreichen Reliefs und unterschiedlicher Klimabedingungen konnte sich eine vielfältige Vegetation entwickeln.

Seit frühesten Zeiten – Spuren aus der Altsteinzeit sind hier gefunden worden – ist die Landschaft von Menschen besiedelt und gestaltet worden. Im Altertum war das Hatzeger Land Zentrum des Dakerreiches. Im 2. Jh. wurden die Daker (unter König Dezebal) von den Römern (Kaiser Trajan) besiegt, das Land in die römische Provinz Dacia umgewandelt, von römischen Kolonisatoren besiedelt und die Gegend mit der Hauptstadt Ulpia Traiana Sarmisegetuza Zentrum der Provinz. Im Mittelalter haben sich hier freie rumänische Knesate im Rahmen des ungarischen Königreiches herausgebildet.

Der größte Teil der Ackerfläche des Hatzeger Landes war jahrhundertelang im adligen Besitz; lange Zeit bekannten sich die Adligen trotz ihres eindeutig rumänischen Ursprungs zu Ungarn, was u. a. des öfteren zu sozialen und nationalen Konflikten führte, wie z. B. im Bauernaufstand von 1784.

Das Hatzeger Land ist ein fruchtbares Agrargebiet, die es umgebenden Gebirge mit ihren auch an Jagdwild reichen Wäldern sind Grundlage des holzverarbeitenden Gewerbes. Die ausgedehnten Almweiden ermöglichen eine gute Vieh- und besonders Schafzucht.

Auch das Schieltal war bis zum Ende des 18. Jh. ein Wald- und Weidegebiet im Besitz der Hatzeger Feudalherren und Dorfgemeinschaften. Die Entdeckung der reichen Kohlevorkommen im Schieltal war Anlaß einer sprunghaften Besiedlung dieses Landstrichs. Um die Bergwerke entstanden Dörfer, die sich in Kürze zu Bergbausiedlungen entwickelten, gleichzeitig kamen aber auch viele Bergleute aus anderen Bergbaugebieten Österreich-Ungarns, so daß hier ein wahres Völkergemisch anzutreffen war. Es ist heute eines der größten Industriegebiete Rumäniens.

Das Reisegebiet ist touristisch von vielfältigem Interesse. Wichtige historische Spuren sowie Baudenkmäler aus dakischer und römischer Zeit, bedeutende sakrale Bauten und Burgen aus dem Mittelalter, Herrenhöfe sowie Ortschaften mit ethnographischen und folkloristischen Sehenswürdigkeiten, reich ausgestattete Museen u. v. a. bieten dem kulturinteressierten Besucher eine große Auswahl von möglichen Zielen. Die Landschaft allgemein und besonders die Hochgebirge sind durch ihre vom geologischen Untergrund (u. a. kristalline Schiefer, Granite, Kalkstein) geprägten Formen, durch ihre Wälder, alpine Pflanzenwelt und glazialen Spuren (zahlreiche Gletscherseen, hier Meeraugen genannt), durch ihre imposanten Karsterscheinungen touristische Attraktionen ersten Ranges. Im Retezat-Gebirge z. B. gibt es über 60 Gipfel, die 2200 m und höher sind. Ganze alpine Landstriche mit ihrer vielfältigen Flora und Fauna werden durch Naturschutzmaßnahmen (einige NSG, der Nationalpark Retezat) in ihrer ursprünglichen Form erhalten. Im Reisegebiet ist bei gutem Wetter die Anfahrt

31

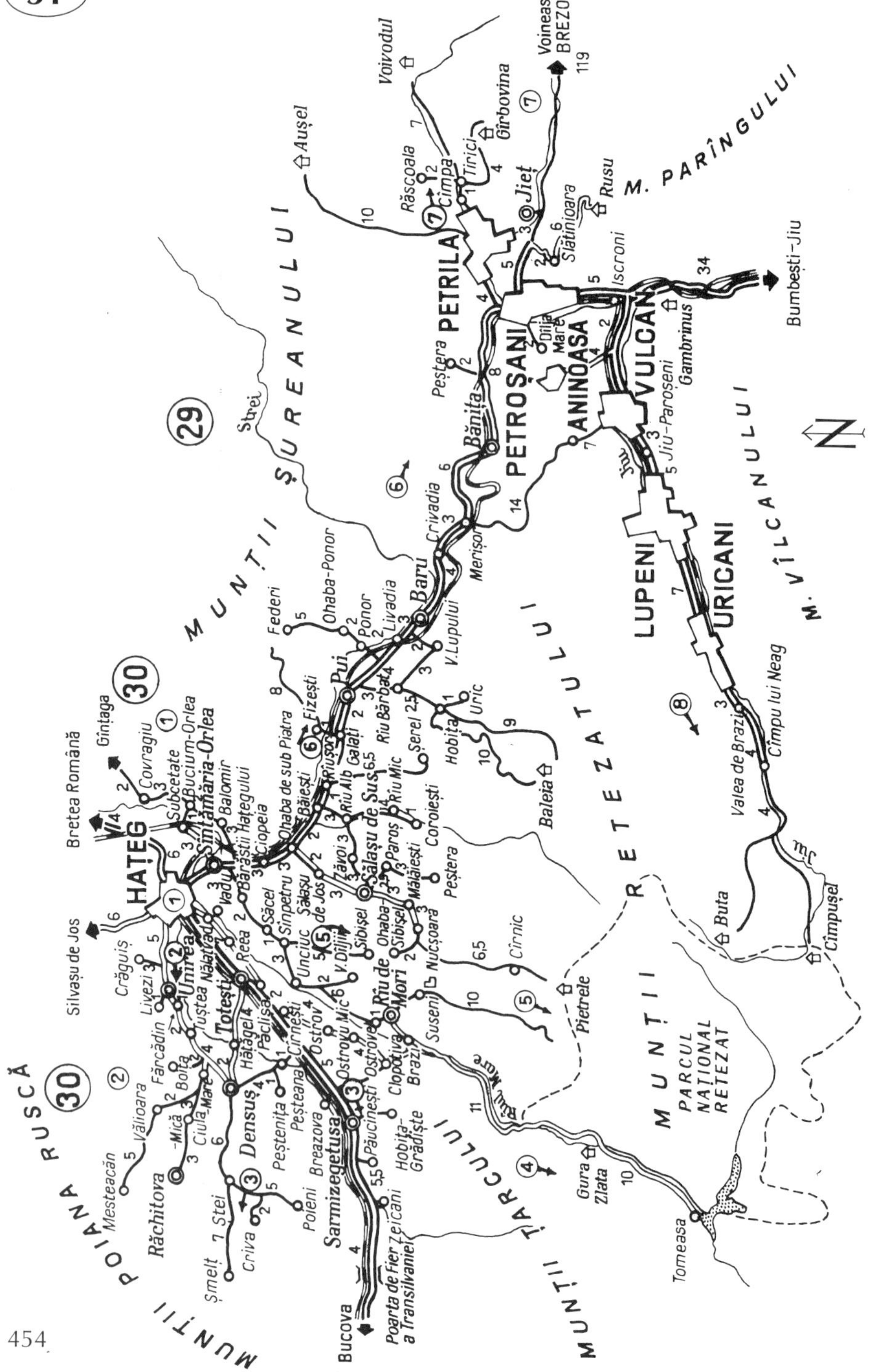

HAȚEG
PETROȘANI
PETRILA
ANINOASA
VULCAN
LUPENI
URICANI
MUNȚII ȘUREANULUI
M. PARÎNGULUI
M. VÎLCANULUI
MUNȚII RETEZATULUI
MUNȚII POIANA RUSCĂ
MUNȚII ȚARCULUI
PARCUL NAȚIONAL RETEZAT
Voineasa
BREZOI
Bumbești-Jiu
Bucova
Poarta de Fier a Transilvaniei
Sarmizegetusa
Densuș
Răchitova
Totești
Unirea
Sîntămăria-Orlea
Bretea Română
Silvașu de Jos
Gînțaga
Sălașu de Sus
Rîu de Mori
Pui
Baru
Bănița
Crivadia
Merișor
Jieț
Cîmpa
Tirici
Rășcoala
Aușel
Voivodul
Gîrbovina
Rusu
Slătinioara
Iscroni
Dîlja Mare
Jiu-Paroșeni
Gambrinus
Cîmpu lui Neag
Valea de Brazi
Buta
Cîmpușel
Tomeasa
Gura Zlata
Pietrele
Baleia
Cîrnic
Peștera
Hobița
Uric
Serel
Livadia
Ponor
Ohaba-Ponor
Federi
Fizești
Ohaba de sub Piatra
Băiești
Ciopeia
Balomir
Bucium-Orlea
Subcetate
Covragiu
Vadu
Nălațvad
Reea
Săcel
Sînpetru
Unciuc
Ostrov
Ostrovu Mic
Ostrovel
Clopotiva
Brazi
Suseni
Nucșoara
Sibișel
Ohaba Sibișel
Mălăiești
Paroș
Coroiești
Rîu Mic
Rîu Alb
Rîu Bărbat
Zăvoi
Galați
Rîușor
Păucinești
Hobița-Grădiște
Zeicani
Breazova
Peșteana
Peștenița
Poieni
Criva
Stei
Smelț
Mesteacăn
Vălioara
Ciula Mare
Ciula Mică
Boița
Fărcădin
Livezi
Iuștea
Crăguiș
Hățăgel
Păclișa
Cîrnești
Băruștii Hațegului
Mărăiești
Rîul Mare
Jiu
V. Lupului
V. Dîljii
29
30

aller Orte mit dem PKW möglich. Die Gebirgswanderungen zu den relativ zahlreichen Schutzhütten im Retezat-, Godeanu-, Țarcu-, Parîng- und Mühlbacher (Sebeș- oder Șurean-)Gebirge sind, mit entsprechender Ausrüstung auf meist gut markierten Wegen besonders empfehlenswert. Die Eisenbahnlinie Simeria – Petroșani – Tîrgu Jiu – Craiova mit Schnellzugsverkehr und die lokalen Bahnverbindungen ermöglichen auch damit die Anreise zu zahlreichen Orten.

ROUTE 1/31

Von Simeria kommend, erreicht man auf der DN 66 nach 26 km zunächst das Dorf Plopi. Anschließend windet sich die Straße durch dichten Laubwald zur Sattelhöhe (395 m) hinauf. Kurz davor befindet sich eine Raststätte (Hanul Bucura), von wo aus eine AS nach NW zu dem 2 km weiten und ca. 600 ha großen Wildtiergehege Silvuț mit (aus Polen stammenden) Wisenten, Schaufelhirschen und Rehen führt. Auf der Sattelhöhe trifft die DN 68, aus W kommend dazu. Von hier aus hat man bei klarem Wetter einen herrlichen Panoramablick auf das Hatzeger Land und die dahinterliegenden Massive der Țarcu-, Retezat-, Mühlbacher (Sebeș-, Șurean-) und Parîng-Geb.

Auf der DN 66 nach S, etwa 1,5 km von Hanul Bucura entfernt, erreicht man

Hațeg, Hatzeg, Hátszeg (321 m, u. e. E. 1276, 1992: 11.599 Ew.). Liegt am Rîul Galben (Fărcădin) an der lokalen Bahnlinie Subcetate–Zeicani. Für diese Linie kleiner Bhf. im S der Stadt. Seit 1978 ist die Eisenbahnverb. von Caransebeș aus durch das sb. Eiserne Tor zwischen Băuțari und Zeicani unterbrochen.

Das Hatzeger Land wurde erstmals 1247 als „Terra Hertszoc" in einer Urkunde des Johanniterordens erwähnt und vereinigte mehrere rum. Knesate auf seinem Gebiet. Im 14. – 15. Jh. entstanden zahlr. Sekundärsiedlungen (auch außerhalb des Hatzeger Landes), die einige Jahre abgabenfrei waren und „villa libera" oder „ohaba" benannt wurden. Die ländl.Siedlung Hatzeg ist (u. a. auch von dt. Siedlern) um 1250 gegründet worden. 1276 wird dort eine Königsburg mit einem Burggrafen und 1312 die Gründung eines Franziskanerklosters vermerkt. 1366 wird H. zur Stadt erhoben mit königl. Hof und Sitz des Landtages der rum. Knesen. Im 15. und 16. Jh. hatte die Stadt Marktrecht. Nach 1660 siedelten sich hier zahlr. rum. und serb. Flüchtlinge aus dem karansebescher Banat an, das von den Türken erobert wurde. Zur Habsburgerzeit wird es ab 1764 Sitz einer Grenzkompanie, die hauptsächlich aus rum. Soldaten bestand. Die röm.-kath. Kirche wurde 1755 gebaut. Hier befindet sich die Familiengruft des Adlsgeschlechts der Nopcsa. Hatzeg ist heute Verwaltungs-, Industrie- und Kultur-

Dorfansicht aus dem Hatzeger Land

455

zentrum des Hatzeger Landes Hat Holzverarbeitungskombinat, Brauerei, Obst- und Gemüse-konservenfabrik, Großschlachthof. Wichtiger Straßenverkehrsknotenpunkt. Nach N führt eine AS über Silvaşu de Jos nach Hunedoara (Eisenmarkt) > [RG 30].

Nach SO verläßt die DN 66 die Stadt, nach 2 km zweigt eine AS nach O ab, führt unter den Felswänden des Orlea-Berges (519 m) 3 km nach

Subcetate, Váralya (297 m, u. e. E. 1447, 579 Ew.). Busverbindung nach Hatzeg. Bhf. der Stadt Hatzeg an der Bahnlinie Simeria – Petroşani – Craiova. Endstation der Lokalverb., die über Hatzeg nach Zeicani führt.

Von der ehem. königl. Burg aus dem 13. und 14. Jh. steht nur noch der sechseckige Bergfried mit 3 m dicken Mauern. Der 200 m² große Innenhof der Burg war von einem Außenwall mit Graben umgeben, heute ein ausgezeichneter Aussichtspunkt. Eine KS überquert den Strell-Fluß und führt in das gegenüberliegende (1 km)

Bucium Orlea (290 m, u. e. E. 1839, 314 Ew.). 3 km n. liegt zwischen dem Strell-Fluß und dem Geb., auf der unteren Flußterrasse das Dorf

Covragiu (289 m, u. e. E. 1453, 341 Ew.). Die Straße führt weiter nach N in das Dorf Gînţaga > [RG 30]. 3 km s. von Bucium Orlea liegt das Dorf

Balomir (320 m, u. e. E. 1451, 470 Ew.). Von hier aus führen unmarkierte Wanderwege in das Karstgebiet Ohaba Ponor und Cioclovina auf der Hochfläche des Luncani-Plateaus im Mühlba-cher Geb. (Munţii Şurean oder Sebeş). Der Ortsweg mündet wieder nach 3 km in die DN 66 s. von Sîntămărie Orlea.

ROUTE 2/31

Von Hatzeg führt eine AS am N-Ufer des Rîul Galben (Fărcădin), unter dem abfallenden Südhang des Hunyader Berglandes. Nach 3 km zweigt nach NW eine Dorfstraße ab, die in das 2,5 km entfernte Dorf

Crăguiş, Kragisen (426 m, u. e. E. 1462, 149 Ew.) führt. Zurück auf die AS. folgt nach 2 km die Gemeinde

Unirea, Unter-Wolfsdorf, Alsofarkadin (368 m, u. e. E. 1369, 398 Ew.). Nach Neugründung (Ohaba) freier Ort. Hier lebten zahlr. Kleinadlige. Die wohlhabendsten unter ihnen waren die Nopcsa. Nach Überlieferung soll im Nopcsa-Schloß der berüchtigte *Obergespan Faţia Neagra* (Romanheld des ung. Schrifstellers J. Mór) gewohnt haben. 1 km nö. liegt in einem Nebental der Ort

Livezi (420 m, u. e. E. 1727, 190 Ew.). An der AS folgt nach 1 km

Fărcădin, Ober-Wolfsdorf, Felsőfarkadin (362 m, u. e. E. 1462, 294 Ew.). 2 km w. liegt

Tuştea, Tustendorf, Tustye (387 m, u. e. E. 1360, 489 Ew.). Ein rum. Knesendorf, in dem bis 1860 auch ung. ref. Kleinadlige lebten. Die orthod. Kirche hat eingebaute röm. Bausteine. Nach 1 km erfolgt die Gabelung der AS. Die n. Abzweigung führt in das Dorf

Ciula Mare, Groß-Schulendorf, Nagycsula (397 m, u. e. E. 1426, 283 Ew.). mit orthod. Steinkir-che von 1680. Die geadelten rum. Knesen besaßen mehrere Dörfer. Hier wurde der rum. Huma-nist Filip Mora (1470 – 1526) geboren. Am Ortsanfang von Ciula Mare zweigt eine Gemeinde-straße nach N ab und erreicht nach 2 km das Dorf

Boiţa, Botzen, Boica (401 m, u. e. E. 1733, 466 Ew.), in einer Waldlichtung entstanden. Von Ciula Mare nach W erreicht man erneut eine Weggabelung (Ende der geteerten Straße). Die KS nach N führt in das 2 km entfernte Dorf

Vălioara (500 m, u. e. E. 1447, 528 Ew.), das sich als Streusiedlung ins Tal hineinzieht. Gehörte im MA. dem Knesen von Densuş. 5 km talaufwärts liegt auf der Hochfläche das Dorf

Mesteacăn (860 m, u. e. E. 1735, 197 Ew.). Von hier gehen unmarkierte Wanderwege in das Poiana-Rusca-Geb.

Die s. Abzweigung nach Ciula Mare führt nach

Ciula Mică, Klein-Schulendorf, Kiscsula (440 m, u. e. E. 1440, 281 Ew.). Hier gibt es eine bedeutende Saurierfundstelle aus dem Mesozoikum. Im Răchitova-Tal führt der Weg, von Einzelhöfen begleitet 3 km, talaufwärts in das Dorf

Răchitova, Weidendorf, Rekettyefalva (490 m, u. e. E. 1360, 1130 Ew.), ist eines der ältesten rum. Knesendörfer. Gehörte der Fam. Mujina. Im 17. Jh. war es im Besitz der ung. Adligen Tornya und Cserenyi. Sara Cserenyi war die Mutter des sb. Fürsten Kemeny. Auf einer Erhöhung am s. Dorfeingang steht die Ruine einer Fluchtburg aus dem 13. und 14. Jh. Es ist die älteste ma. Burg im Hatzeger Land: ein rechteckiger Turm mit 4 Stockwerken (Wohnturm), Mauerdicke 1,8 m. Unmarkierte Wanderwege führen zwischen Einzelhöfen in die Poiana Rusca (bis Lunca Cernii de Jos > [RG 30]).

Die s. Abzweigung nach Tuştea führt in das Dorf Densuş > [R 3/31].

ROUTE 3/31

Von Hatzeg führt die DN 68 nach SW, begleitet von der Bahnlinie, 7 km nach

Toteşti (378 m, u. e. E. 1416, 428 Ew.). Am Ortsausgang von Toteşti eine schöne Panoramasicht auf die umliegenden Gebirgszüge bis hin zum Sb. Eisernen Tor. S. und parallel zur DN 68 verläuft im Rîul-Mare-Tal ein Nebenweg nach

Nălaţvad. Es besteht aus **Nălaţ** (338 m, u. e. E. 1451, 375 Ew.) und aus **Vad** (344 m, u. e. E. 1444, 118 Ew.), s. des Flusses. Hier ist der Schriftsteller rum. Herkunft Joszef Nalczyi geboren (1748 – 1822). Das ehem. Nalaczyi-Schloß ist heruntergekommen , heute ein Kinderheim. In einem anderen Schloßpark stehen viele Ruinenreste aus Sarmizegetusa. 2 km sw. liegt das Dorf

Reea (360 m, u. e. E. 1360, 350 Ew.). Fundstelle röm. Bauten. 2 km weiter liegt am Rîu Mare das Dorf

Păclişa (378 m, u. e. E. 1447, 985 Ew.). Die Nebenstraße vereinigt sich hier mit der DN 68. An der Kirche die Familiengruft des Hunyader Obergespans György Pugany. Der ehem. Landsitz der Fam. Pugany ist heute Schule.

Von Toteşti zweigt die DJ 687C nach W ab, überquert die Bahnlinie und erreicht nach 4 km das Dorf

Hăţăgel, Klein-Hötzing, Kishatszeg (387 m, u. e. E. 1447, 389 Ew.). Hier war im 19 Jh. eine Eisenhütte in Betrieb. Um den ehem. Landsitz der Fam. Gaspar sind schöne Parkanlagen. 2 km weiter w. erreicht die AS

Densuş, Densdorf (392 m, u. e. E. 1360, 683 Ew.). Der Ort gehörte dem mächtigen Knesengeschlecht der Mujina. In der Mitte des Ortes steht die Büste des Dichters und Sprachwissenschaftlers Ovid Denşusianu (1873 – 1938), der hier geboren wurde. Ebenfalls von hier stammt der Historiker Nicolae Densuşianu (1846 – 1911). Auf einer Terrasse am n. Ufer des Densuş-Baches inmitten eines Friedhofs, von Obstbäumen beschattet, steht die älteste rum. Kirche des Landes, in der auch heute noch Gottesdienste gehalten werden. Die berühmte Kirche mit einer sehr ungewöhnlichen Form ist auf den Ruinen einer früheren Kirche (wahrscheinl. 4. Jh.) im 13. Jh. errichtet worden. Auf dem quadratischen Kirchenschiff (6 x 6 m) mit einem

Densuş, orthodoxe Kirche

Dach aus Steinplatten steht ein Turm, der in einem Pyramidenstumpf mit 4 langgestreckten Seitenflächen endet. Als Bausteine der Kirche wurden Steine der Ruinen der dakisch-röm. Stadt Ulpia Traiana Sarmizegetusa verwendet; sie können noch deutlich in den Mauern erkannt werden (Grabsteine, Steinfragmente mit Inschriften, Fragmente von Statuen, Säulen, die Löwen am Dach). Im 14. und 15. Jh. wurden eine halbkreisförmige Abside (an der Ostseite) und verschiedene Nebenräume (an der Südseite) angebaut (heute ohne Dach). An den Innenwänden Malereifragmente des Meisters Ştefan (1443). 1961 – 1963 wurde die Kirche restauriert. Die Glocke der ref. Kirche stammt von 1782. *Beachtenswert* ist auch die Volkstracht der Gegend rings um Densuş. Von Densuş talaufwärts nach W führt eine KS 5 km durch aufgeschlossene vulk. Agglomerate in das Dorf

Ştei, Stejvaspatak (438 m, u. e. E. 1438, 638 Ew.). Das Dorf gehörte dem Knesen von Densuş und dürfte dem Namen nach von Bulgaren bewohnt gewesen sein. Von hier führt im Şmelz-Bachtal ein Weg 7 km nach W in die Poiana-Ruscă-Geb. nach

Valea Fierului (Şmelz), Schmelz, Vaspatak (473 m, u. e. E. 1850). Schon 1600 war hier eine Eisenerzgrube in Betrieb. Im 19. Jh. gab es Eisenerzbergwerke und mehrere kleine Schmelzöfen. Gehört heute zu Ştei. Nach NW führen markierte Wanderwege in die Poiana-Ruscă-Geb. Nach S, weiter talaufwärts (Poieni-Bach) liegt in einem kurzen Seitental (2 km) der Weiler

Criva, Krivapuszta (491 m, u. e. E. 1438, 100 Ew.). Zurück auf der KS, nach S, entlang des Poieni-Baches, erreicht die Straße nach knapp 2 km das Dorf

Poieni (503 m, u. e. E. 1360, 199 Ew.).

Auf der KS von Densuş nach S, führt eine Abzweigung zum Dörfchen

Peşteniţa, Kispesteny (442 m, u. e. E. 1459, 419 Ew.). Ein Wanderweg führt hinüber in das Dorf Poieni. Nach der Abzweigung weiter nach S erreicht man das zu Densuş gehörende Dorf

Peşteana, Groß-Pestendorf, Nagypesteny (415 m, u. e. E. 1360, 649 Ew.). Das Dorf kann auch von der DN 68 aus erreicht werden. Die rum. Knesen und ihre Nachfolger (Fam. Pesteny) waren mächtige Feudalherren. Im 16. und 17. Jh. war hier eine große ref. Gemeinde. Hier steht eine der ältesten rum. Steinkirchen (14. Jh.), erbaut auf den Ruinen und aus dem Material einer röm. Siedlung. Reste von Wandmalereien aus dem 15 Jh. wurden bei unfachmännischen Restaurierungsarbeiten 1924 – 1926 beeinträchtigt. Reste eines röm. Gutshofes (villa rustica). Von Peşteana nach S gelangt man auf die DN 66.

Von Toteşti über Păclişa führt die DN 68 nach SW und erreicht nach 2 km das Dorf

Cîrneşti (408 m, u. e. E. 1439, 703 Ew.). War im 17. Jh. Gut mit Schloß des Fürsten Achatius Barcsai. Das Schloß im großen Park ist heute verödet. Weiter auf der DN 68 nach SW, vorbei an der Abzweigung nach Peşteana, erreicht man nach 4 km eine Wegkreuzung. Nach S führt eine Straße nach Clopotiva > [R 4/31]. Nach N, jenseits der Bahnlinie und des Baches, führt eine Straße in das Dorf

Breazova (470 m, u. e. E. 1360, 188 Ew.). Auf dem Drăgaia- Hügel Reste einer röm. Villa. Von der Wegkreuzung 2 km nach SW folgt die Gemeinde

Sarmizegetusa, Burgort, Varhely (493 m, u. e. E. 1398, 783 Ew.). Campingplatz mit Häuschen (22 Plätze), Gastwirtschaft, vor dem Amphitheater an der Römerstraße, die einst von der Donau über das Sb. Eiserne Tor, Alba Iulia und Klausenburg bis Porolissum, heute Moigrad, Kreis Sălaj, führte, gelegen. Sarmizegetusa ist, 1315 als Britonia/Villa Brythonia erstmals erwähnt, das älteste rum. Knesendorf im Hatzeger Land. S. entstand in der Nähe der ehem. Hauptstadt der röm. Provinz Dacia, die

Sarmizegetusa, Luftansicht des Amphitheaters

unter Kaiser Trajan 108 – 110 erbaut wurde und urspr. Colonia Ulpia Traiana Augusta Dacica hieß; Kaiser Hadrian fügte noch Sarmizegetusa, den Namen der Hauptstadt des ehem. dakischen Staates hinzu. Die röm. Stadt dehnte sich über 32 ha aus. Die kräftigen Stadtmauern (600 x 540 m, 4 – 5 m hoch) hatten an jeder Seite ein Eingangstor, an allen 4 Ecken Wehrtürme. Nach 271 verfällt die Stadt, schon im 13. Jh. war sie wahrscheinlich Ruine, wurde abgetragen und als Baumaterial für die Kirchen von Densuş und Ştrei > [RG 30] verwendet. Folgende wichtige röm. Bauten können noch erkannt werden: der Tempel, das imposante Amphitheater in Form einer Ellipse (Hauptachse: 90 m, Nebenachse: 70 m), der Augustalenpalast, das Mausoleum der Fam. Quintus Aurelius, Wasserleitungen, Wohnungen, Mosaike, Nekropolis (z. T. durch das Anwachsen des Dorfes zerstört). Im Dorfmuseum sind wichtige Kunstschätze, soweit sie nicht in anderen Museen lagern, ausgestellt. Die Grabungen werden fortgesetzt. 2 km s. von S. liegt das Dorf

Hobiţa-Grădişte, Lagerfeld (584 m, u. e. E. 1727, 273 Ew.), am Fuße des Ţarcu-Geb., zu dem von hier aus unmarkierte Wanderwege führen. Auf der DN 68, 2 km w. von Sarmizegetusa, liegt in einem s. Seitental das Dorf

Păucineşti, Patzen (606 m, u. e. E. 1438, 407 Ew.) und 3 km weiter, an der DN 68 und ebenfalls in einem s. Seitental, das Dorf

Zeicani, Eisendorf, Zajkany (688 m, u. e. E. 1475, 410 Ew.). In der Nähe des Ortes fanden in den Jahren 88 und 101 n. Chr. Schlachten zwischen Röm. und Dakern statt. Am Ortseingang befindet sich ein hist. Denkmal, eine Keule mit dem Wappen des J. v. Hunyadi, der am 6. Sept. 1442 mit 15.000 Mann das 80.000 Mann starke türk. Heer unter Schehabedin Beglebeg am Vordringen nach Sb. hinderte. Weiter w. führt die DN 68 durch den Engpaß des **Siebenbürgischen Eisernen Tores (Porţile de Fier ale Transilvaniei)**, 699 m (Inschrift an der Hangmauer), die Wasserscheide zwischen Strell und Temesch (Timiş). Durch den Paß verkehrte bis 1978 die einzige Zahnradbahn des Landes (Reste der Zahnradmittelschiene am Wegrand). Im 14. – 17. Jh. lag die Grenze Sb.s nicht hier, sondern etwas weiter w. bei Bistra Mărului und Marga.

ROUTE 4/31

Von Hatzeg kommend, führt, von der DN 68 nach 11 km bei Cîrneşti > [R 3/31], eine AS (DJ 685 C) nach S an das W-Ufer des Rîu Mare, der sich ein weites Tal zwischen dem Retezat-Geb. (im O) und dem Ţarcu-Geb. (im W) eingeschnitten hat. Nach 3 km folgt das Dorf

Ostrov , Groß-Rodendorf, Nagyostro (439 m, u. e. E. 1360, 496 Ew.). Die kleine Kirche aus dem 14. Jh. aus Bruch- und Feldsteinen sowie aus röm. Bausteinen hat über dem W-Portal eine Weihe-Ikone im byzant. Stil, die Meister Ştefan (15. Jh.) zugeschrieben wird. Auch die Kirchhofmauer ist aus Steinen, die von röm. Baudenkmälern stammen, aufgebaut. War 1630 Sitz eines orthod. Protopopen. Im 19. Jh. hat der sächs. Archäol. Carl Gooß im Hofe des Landsitzes der Fam. Csulai mehrere röm. Inschriften gefunden. Im S anschließend liegt

Ostrovu Mic, Klein-Rodendorf, Kisosztro (458 m, u. e. E. 1450, 159 Ew.). Nach 4 km folgt das Dorf

Clopotiva, Glockendorf (516 m, u. e. E. 1360, 1078 Ew.). Interessante Bauernhäuser mit wohlhabenden rum. Ew., bes. schöne Volkstrachten und Bräuche. Im 19. Jh. lebten hier viele ausländische Holzarbeiter, u. a. auch einige Rätoromanen. Im SW von Clopotiva bei **La Jidovina** befindet sich am Ende der Druckrohrleitungen (von Gura Apei kommend) das Wasserkraftwerk (335 MW installierte Leistung). Talaufwärts, 1 km nach Clopotiva, wird das Rîu-Mare-Tal enger (La Greblă). Nach 3 km links über den Fluß zweigt eine Straße ab nach

Brazi, Gurendorf, Gureny (515 m, u. e. E. 1439, 302 Ew.) und führt weiter nach NO nach Rîu de Mori > [R 5/31]. Weiter flußaufwärts verläuft die Straße zunächst auf der ö. Seite des Tales, dessen Verlauf sehr abwechslungsreich wird. Enge Schluchten mit Stromschnellen wechseln sich mit weiten Auen ab. 9 km nach Clopotiva befindet sich das hydrolog. Station **Casa Verde**. Entlang der AS liegen einzelne Bauernhöfe und Wohnkolonien der Bauarbeiter. Das Rîu-Mare-Tal ist forellenreich. Nach 21,5 km von Clopotiva erreicht die AS

Gura Zlata (775 m). Bushaltestelle, Schutzhütte mit 40 Betten, 12 Bungalows. Gelegenheit zum Campen. Forellenzucht.

Von hier führen zahlr. z. T. gut markierte Wanderwege in das Retezat-Geb. u. a. zu den Schutzhütten **Pietrele, Buta** und **Baleia**. Im Winter hohe Schwierigkeitsgrade.

Im Retezat-Geb. ö. des Rîu Mare, zwischen Casa Verde und Pietrele-Schutzhütte (im N) Godeanu-Massiv (im S) und Gruniu-Gipfel, 2294 m (im O), liegt das 20.100 ha große NSG *Nationalpark Retezat* (seit 1935) in dem sich ein wissenschaftliches Schutzgebiet – Rezervaţia ştiinţifică

Zlătuia (Gemenele – Tău Negru) – mit 3700 ha befindet. Es wird von der rum. Akad. der Wissenschaften betreut und darf nur mit Sondergenehmigung betreten werden. Die Grenze des Gebietes ist mit rotem Dreieck auf weißem Grund gekennzeichnet, die folgenden Wege mit roten Pfeilen: Gura Zlata – Casa Laborator Gemenele – Poarta Bucurei – Şaua Retezatului – Lacul Gemenele – Tău Negru – Şaua Şesele Mari. Die AS erreicht nach 12 km

Gura Apei (998 m). Hier entsteht ein großer Staudamm (173 m Höhe), der 200 Mio. m^3 Wasser aufstauen soll. Auch hier Ausgangspunkt zahlr. Bergtouren. Alte Schutzhütte ist überflutet.

ROUTE 5/31

Von Hatzeg auf der DN 66 nach S Richtung Petroschen liegt nach 3 km

Sîntămărie Orlea, Liebfrauen, Öraljaboldogfalva (310 m, u. e. E. 1315, 705 Ew.). Besitz des Knesen Cîndea. Bekam im 15. Jh. das Marktrecht. Got. Kirche aus dem 13. Jh. War urspr. orthod., später einzige kath., dann bis heute ref. Kirche im Hatzeger Land. Hat rechteckigen Chor mit Rippenspitzbogengewölbe, Glockenturm im W, zahlr. roman. Bauelemente (Portal- und Fensterbögen). Einfluß der Zisterzienser deutlich zu erkennen. Malereireste aus 14. Jh. (vier Schichten aus verschiedenen Epochen). Hier ist die Grablege der Fam. Cîndea (Kendeffy). Das ehem. Schloß ist stark beschädigt. Auf der Gemarkung des Dorfes wurde eine „villa rustica" (röm. Landsitz) freigelegt. Eine Dorfstraße nach W führt in den Weiler **Vadu, Vád** > [R 3/31).

Eine KS verläßt Sîntămărea Orlea nach W, umgeht nach 3 km das etwas s. gelegene Dorf

Bărăştii Haţegului, Baresd (350 m, u. e. E. 1444, 421 Ew.) und führt nach 3 km nach

Săcel (386 m, u. e. E. 1444, 556 Ew.). Geburtsort des Paläontologen F. Nopcsa (*1877). Anschließend liegt auf beiden Seiten des Sibişel-Baches das Dorf

Sînpetru, Szentpeterfalva (391 m, u. e. E. 1411, 427 Ew.). Ruinen einer Knesenburg der Fam. Cîndea und eine Kirche aus dem 13./14. Jh. mit Altarmalerei (Ende 14. Jh.). Schöne, bemalte Altartüren vom Maler Simion aus Piteşti. Die Malerei im Kirchenschiff ist im 18. Jh. entstanden. Von Sînpetru führen zwei verschiedene Straßen in das Retezat-Geb. Die w. Straße verläßt das Sibişel-Tal und führt nach 2 km in das Dorf

Unciuc, Uncsukfalva (405 m, u. e. E. 1418, 215 Ew.). Ruinen der Herrenhöfe der Fam. Apathi und Mara, die während des Bauernaufstandes von 1784 in Brand gesteckt wurden. 1 km s. zweigt eine Gemeindestraße nach S ab, führt in das zwischen Vorgebirgen liegende 3 km entfernte

Valea Dîljii (461 m, u. e. E. 1416, 379 Ew.). Im Rîu Mare-Tal folgt nach 5 km das Dorf

Ostrovel (477 m, u. e. E. 1439, 192 Ew.). Hier mündet der Rîuşor-Bach in den Rîu-Mare. 1 km weiter s. folgt das malerisch gelegene Dorf

Rîu de Mori, Mühlendorf, Malomviz (506 m, u. e. E. 1359, 348 Ew.), erreichbar auch aus Clopotiva über Brazi > [R 4/31). Gehörte im 15. Jh. zu den 30 Dörfern der Knesenfam. Cîndea, das spätere Adelsgeschlecht Kendeffy. Reste eines Glockenturms von 1300. 2 km s. im Rîuşor-Tal liegt

Suseni (680 m, u. e. E. 1439, 139 Ew.). Gleich danach auf einem Felsvorsprung liegt 716 m hoch am ö. Ufer **Cetatea Colţ**, die Ruine einer Fluchtburg der Knesen Cîndea, erbaut in der zweiten Hälfte des 14. Jh. und erweitert im 16. und 17. Jh. Dreieckförmiger Grundriß mit 8 m mächtigen, nach N, O, und S befestigten Wehrmauern und einem 3stöckigen 12 m hohen Festungsturm. In

unmittelbarer Nähe auf dem gegenüberliegenden Ufer, jedoch nicht so hoch, steht eine befestigte Burgkirche. Sie besteht aus einem Schiff mit einem kleinen Altar und einem Wehrturm. Die
Kirche wurde im 15. Jh. erbaut und bewahrt noch Reste der urspr. Wandmalerei (15. Jh.). In den
gefährlichen Jahren 1658 – 1661 und danach in den Kuruzenkriegen weilte die Fam. Kendeffy
und andere Adlige in dieser Fluchtburg. Talaufwärts nach S liegen am Forstweg vereinzelt Häuschen, Sennhütten und Forsthütten. Der Weg endet am Fuße des Pecuiu-Berges (1827 m).

Aus Sînpetru, entlang des Sibişel-Tales nach S, führt die ö. Straße nach 5,5 km in das Dorf

Sibişel (401 m, u. e. E. 1359, 281 Ew.) und 2 km s. nach

Ohaba Sibişel (406 m, u. e. E. 1439, 162 Ew.). Beide Orte waren im Besitz der Knesen Cîndea.
Die Straße biegt nach SO ab und führt 2,5 km in das Dorf

Nucşoara (637 m, u. e. E. 1359, 540 Ew.). Erreichbar auch über > [R 6/31]. War im Besitz der
Fam. Cîndea. Die orthod. Steinkirche aus dem 14. Jh. hat ein rechteckiges Schiff mit abgekragter
halbrunder Apsis. Das W-Portal mit got. Profilen wurde im 15. Jh. dazugebaut., die Innenmalerei
hat Pop Simion aus Piteşti 1779 ausgeführt. Hier endet die AS. Eine KS führt entlang dem Sibişel-
(auch Nucşoara-)Bach weiter, 6,5 km bis

Cîrnic (1019 m) mit Forsthaus, Waldarbeiterunterkünften, kleinem Lebensmittelgeschäft, Imbiß-
stube, Endstation der Buslinie aus Hatzeg. Von Cîrnic führt ein serpentinenreicher Forstweg, der
für private Fahrzeuge gesperrt ist, vorbei an dem in einem Seitental liegenden Lolaia-Wasserfall
(Staudamm) zur 3,5 km entfernten Lunca Largă (Weite Aue), 1260 m, nach 2 km erreicht man die
Pietrele-Schutzhütte, 1480 m, im Stînişoara-Tal. Sie besteht aus 2 Hauptgebäuden und 12 kleineren Häuschen mit 300 Plätzen im Sommer und 140 Plätzen im Winter. Möglichkeit zum
Campen. Eigenstromversorgung, Gaststätte und Imbiß, Nothilfe- und Funknotruf-Station. Hier
können auch Übernachtungen für die Notunterkunft-Hütte **Genţiana,** 1670 m, gebucht werden.
24 Pritschen-Schlafplätze in einem gemeinsamen Raum, Wasserversorgung aus einer Quelle,
keine Stromversorgung. Hüttenwart nur im Sommer. Von der Pietrele-Schutzhütte aus kann das
ganze Retezat-Geb. erschlossen werden, allerdings sind die Wanderwege zu den anderen Schutzhütten sehr lang. Einige Beispiele: Schutzhütte Pietrele – Schutzhütte Baleia (versch. Varianten),
7 – 8 Std., nur im Sommer; Schutzhütte Pietrele – ehem. Schutzhütte Gura Apei (versch. Varianten mögl.), 10 – 11 Std., nur im Sommer; Pietrele – Schutzhütte Buta, 7 – 8 Std.

ROUTE 6/31

Die Nationalstraße DN 66 von Hatzeg über Sîntămărie Orlea > [R 5/31] nach Petroschen (46
km) verläuft sö. bis zum Merişor-Paß (Wasserscheide zw. Strei/Strell und Jiu/Schiel) im Strell-Tal,
danach im Băniţa-Tal. Die beiden Täler bilden die SW-Grenze des Şurean-/Sebeş(Mühlbacher)-
Geb. bzw. die NO-Grenze zunächst des Hatzeger Landes, dann des Retezat-Geb. Parallel zur
DN 66 verläuft die Eisenbahnlinie, die Simeria über Subcetate (Bhf. von Hatzeg) mit Petroschen,
Tîrgu Jiu und Craiova verbindet.

Von Sîntămărie Orlea 3 km s. an der DN 66 liegt

Ciopeia (333 m, u. e. E. 1453, 385 Ew.), nach 3 km folgt

Ohaba de sub Piatra, Steindorf, Köaljaohaba (331 m, u. e. E. 1404, 374 Ew.). Bus- und Eisenbahnstation, wichtiger Ausgangspunkt für Retezat-Touren, besonders für N-S Überquerungen,
die im Sommer auch für Anfänger geeignet sind. Der Name rührt von den steilen Kalksteinwänden, die ö. in das Strell-Tal stürzen. Sie begrenzen die typ. Karstlandschaft des 800 m hohen

Luncani-Plateaus. Hier ist eine spezifische, z. T. endemische trocken- und kalksteinliebende Flora vertreten: Nelkengrasartiger Wegerich (Plantago holosteum), Strauchige Miere (Minuartia frutescens), Nelken-Leinmkraut, Berg-Hundskamille, Esparsetten-Tragant.

In der Ortsmitte von Ohaba de sub Piatra verläßt eine AS die DN 66 nach SW, führt nach 2 km in das Dorf

Sălaşu de Jos, Unter-Bachdorf, Alsószallaspatak (386 m, u. e. E.1360, 430 Ew.) und 2 km s. in die Gemeinde

Sălaşu de Sus, Ober-Bachdorf, Felsőszallaspatak (479 m, u. e. E. 1360, 884 Ew.). Hier lebten im MA. neben den rum. Hörigen eine starke ref. Kleinadelsgemeinschaft, Nachkommen der ehem. Knesen. Sie hatten eine ref. Kirche, der „nemeşi", und die Rum. eine orthod. Steinkirche. In den Kuruzenkriegen war der Herrensitz der Sărăciu (Szerecsiu) von Kaiserl. besetzt worden. Die mit den Kuruzen sympatisierenden „nemeşi" stürmten den Herrensitz, der dabei in Flammen aufging. Seine Ruinen zeigen noch heute die Formen eines typ. Knesenhofes: Ringmauer mit vierekkigen Ecktürmen, Herrenhaus und rom. Kirche mit W-Turm. Im Ort wurde ein dakisch-röm. Schatz gefunden. Von Sălaşu de Sus gelangt man über einen Dorfweg nach O in das benachbarte Paroş-Tal, nach 2 km nach

Paroş (509 m, u. e. E. 1453, 512 Ew.) und nach weiteren 3 km in den Weiler

Peştera (697 m, u. e. E. 1727, 92 Ew.). Ist durch einen Karrenweg mit Mălăieşti verbunden. Am Ortsrand die „Höhle", ein tunnelartiger Durchbruch des Paroş-Baches durch den Kalkstein. Schöne Karstzone. Ein unmarkierter Fußweg (im Sommer 7 – 8 Std.) führt über Muntele Doblari, Stîna Vasielu, Stîna Gorovii (1815 m, Zeltplatz) zur **Baleia-Schutzhütte** (1410 m, 132 Plätze, Restaurant, Strom- und Wasserversorgung).

Aus Sălaşu de Sus führt die AS nach 3 km in das Dorf

Mălăieşti (585 m, u. e. E. 1453, 206 Ew.). Im S des Dorfes steht über dem Tal (614 m) die „Cetăţuie", die Ruine der Fliehburg der rum. Knesen aus Sălaşu de Sus. Sie wurde im 14.Jh. errichtet und besteht aus einem Wehr- und Wohnturm, der von einer Ringmauer umgeben ist. Die Straße führt weiter nach Nucşoara > [R 5/31]. Auf der DN 66 2 km weiter sö. liegt

Băieşti (358 m, u. e. E. 1443, 488 Ew.). Auch hier gab es neben leibeigenen rum. Bauern ref. Kleinadlige. Am Bahnhof wird Holz verladen, daher kann man die Leer-Rückfahrten der Lkw ins Geb. als Mitfahrgelegenheit zusätzlich zu den Busverbindungen benützen. Hier mündet der Rîu-Alb-Bach in den Strell. Entlang des Rîu-Alb-Baches führt eine KS 2 km nach

Rîu Alb, Weißwasser, Fehérviz (416 m, u. e. E. 1398, 285 Ew.). Im Bauernaufstand von 1784 wurden mehrere Herrenhöfe durch die Aufständischen in Brand gesteckt. Eine 2 km Abzweigung führt nach W nach

Ruine der Knesenburg Mălăieşti

Zăvoi (Măceşti) (422 m, u. e. E. 1447, 191 Ew.). Ein Nachkomme des rum. Dorfknesen Laţcu de Măceşti war (1534 – 1555) Sekretär des Ungarnkönigs J. Zapolya. Der Weg führt weiter (2 km) nach Salaşu de Sus.

Von Rîu Alb führt die KS 3 km nach S in das Dorf

Rîu Mic (Vaidei) (531 m, u. e. E. 1391, 228 Ew.), die Straße endet nach 1 km in

Coroeşti, Kreßten (592 m, u. e. E. 1447, 306 Ew.). Ein unmarkierter Hirtensteg führt nach S über Vîrful Muchii, Cleanţul Cozmii (1722 m) zur Baleia-Schutzhütte (12 km, ca. 8 Std.).

Auf der DN 66 talaufwärts nach SO liegt nach 1,5 km das Dorf

Ruşor (370 m, u. e. E. 1398, 390 Ew.). Von hier führt eine Straße 6 km in das s. Seitental des Şerel-Baches bis

Şerel (524 m, u. e. E. 1435, 741 Ew.). Über einen Forst- (3 km) und Fußwanderweg kann ebenfalls die Baleia-Schutzhütte erreicht werden. Der Weg ist nicht markiert.

Weiter auf DN 66 erreicht man nach 4 km das zu der Gemeinde Pui gehörende Dorf

Galaţi (374 m, u. e. E. 1402, 643 Ew.). Im Bauernaufstand 1784 wurden die Landsitze der ref. Kleinadligen Buda, Mara und Hernya zerstört. Die ref. Kirche wurde 1788 von den Türken in Brand gesteckt. Von Galaţi nach N über den Strell führt eine KS in das Văratec-Tal durch weit verstreute Einzelgehöfte zur Streusiedlung

Fizeşti (450 m, u. e. E. 1447, 660 Ew.), 7 km weiter liegt die Streusiedlung

Ponorişu (832 m, u. e. E. 1839). Die Straße führt weiter auf die Luncani-Hochfläche in ein Karstgebiet mit Dolinen, Flußschwinden, unterirdischen Höhlensystemen (Cioclovina-Höhlen). Unmarkierte Wanderwege führen von hier zu den Dakerburgen bei Grădişte und Luncani > [RG 29].

Auf der DN 66 folgt nach 2 km die Großgemeinde

Pui, Hühnerdorf (416 m, u. e. E. 1426, 907 Ew.) an der Mündung des Rîu Bărbat, zu der mehrere Dörfer gehören. War Marktflecken. Die orthod. Kirche wurde 1755 restauriert. Bahnhof und Busstation, Wichtiger Ausgangspunkt für Retezat- und Şurean-Touren. Von hier erfolgt der Hauptzugang zur Baleia-Schutzhütte entlang einer Forststraße. 3 km s. liegt

Rîu Bărbat, Schnellbach, Borbatviz (494 m, u. e. E. 1391, 296 Ew.). 1784 wurden die Herrenhöfe von Aufständischen verwüstet. 2 km s. liegt,

Hobiţa, Thierdorf (542 m, u. e. E. 1411, 377 Ew.), war ursprünglich ein Freidorf. 1 km sö. in einem kleinen Seitental liegt

Uric, Groß-Thierdorf (574 m, u. e. E. 1391, 395 Ew.). Ist die Muttergemeinde des im Schieltal liegenden Uricani. Eine Forststraße führt aus Hobiţa über Şeaua Şerel (960 m) – (von hier Panoramablick nach N auf das Hatzeger Land) – Stîna Şerel – Dealul Sohodol (1250 m) – Fîntîna Rece (1350 m) – Baleia-Schutzhütte (4 – 5 Std.). Variante: Von Hobiţa im Rîu Bărbat-Tal auf Forstweg bis **Murguşa** (9,5 km) , im Murguşa-Tal 2 km, danach 1 Std. Aufstieg zur Baleia-Schutzhütte (4 – 5 Std.). Von hier markierte Wanderwege zur Pietrele-Schutzhütte (7 – 8 Std., versch. Varianten), und zur Buta-Schutzhütte (7 – 8 Std., versch. Varianten). 2,5 km s. von Pui zweigt eine KS nach O ab, überquert den Strell und führt in das 1,2 km entfernte Dorf

Ponor (432 m, u. e. E. 1404, 483 Ew.). 3 km n., talaufwärts, liegt das Dorf

Ohaba Ponor (460 m, u. e. E. 1447, 405 Ew.). Am Bordul-Mare-Berg Höhle mit paläolith. Funden. Ein riesiges Karstplateau mit Dolinen, Höhlen (Şura Mare) und Schluchten. Streusiedlungen ziehen sich 4 – 5 km nach N und NO. In den letzten Jahren wurde hier mit Bauxit-Abbau begonnen (Beeinträchtigung der Landschaft durch Verkehr und Staub). 2 km n. von Ohaba Ponor liegt

Federi, Weißdorf, Fegyer (552 m, u. e. E. 1457, 503 Ew.), Zentrum einer großen Streusiedlung in großartiger Karstlandschaft. 1,5 km nach der Abzweigung Ponor folgt an der DN 66 das Dorf

Livadia, eine Doppelsiedlung: am Strell-Ufer und Bahn

Livadia de Cîmp, Wiesendorf, Mezőlivadia (450 m, u. e. E. 1405 Ew.) und jenseits des Strell liegt

Livadia de Coastă, Hegyaljalivadia (447 m, u. e. E. 1404), zusammen 1101 Ew. Am S -Ausgang des Dorfes zweigt eine Dorfstraße nach S ab, führt über die Bahnlinie 2,5 km in das Dorf

Valea Lupului, Wolfsbach, Farkaspataka (520 m, u. e. E. 1472, 362 Ew.). Ist Muttergemeinde der Stadt Lupeni im Schieltal. Nach 3 km auf der DN 66 folgt die Großgemeinde

Baru (460 – 500 m), am Zusammenfluß der 3 Bäche (Petros-, Muncelu- und Crivadia-Bach), die vereinigt den Strei(Strell)-Fluß bilden. Die Gemeinde besteht aus den Dörfern **Baru Mare** (u. e. E. 1418) und **Baru Mic** (u. e. E. 1421), zusammen 1130 Ew. Auf dem Kalksteinberg Cetatea Jidovilor war bis ins 19. Jh. ein röm. Wachtturm zu sehen. Im Ort hat sich die Baustoffindustrie entwikkelt. Hier lebte und wirkte als Aufklärer 1852 – 1905 der Schriftsteller Ion Pop-Reteganul. Anschließend liegt das Dorf

Petros (478 m, u. e. E. 1407, 1295 Ew.). Es ist ein in N-S-Richtung langgezogenes Dorf von über 6 km Länge. Muttersiedlung von Petroşani/Petroschen. Im Petros-Tal führt eine KS, später ein Forstweg (mit PKW befahrbar) 31 km weit in das Mühlbacher Geb. (Şurean). Zugang auf nichtmarkierten Wegen zum Karstgebiet bei Şipot und Lola.

Die DN 66 führt nun entlang des Crivadia-Tales und erreicht nach 4 km den Ort

Crivadia (560 m, u. e. E. 1453, 264 Ew.). Busstation, Bahnhof. Der Bach hat eine tiefe, sehr enge Schlucht mit bis zu 100 m steilen Wänden in den Kalkstein geschnitten. Zusammenfluß mit einem Seitenbach, in dessen Wänden sich Höhlen befinden. Vom Straßenviadukt über die Schlucht schöner Blick in die Tiefe. Auf einem Felsvorsprung (600 m) neben dem Viadukt steht ein ma. runder Wachtturm, der schon 1528 erwähnt ist. Auch von hier führen nichtmarkierte Wege in das n. gelegene Karstgebiet (u. a. Gaura Oanei-, Tecuri-Höhle). Das Gebiet nö. des Strell-Tales, hier vorwiegend aus mesozoischen Kalken bestehend, ist seit 1979 zum NSG (*Parcul Natural Grădişte-Cioclovina*) erklärt worden. In dieser malerischen Karstlandschaft gibt es zahlr. trokkenheitsliebende, z. T. endemische Pflanzen: Steinnelke (Dianthus petraeus), Steifes Blaugras (Sesleria rigida), Siebenbürgisches Leberblümchen, Thymian (Thymus comosus), Stink-Wacholder, Gemeiner Flieder, Manna-Esche, Borbass-Eberesche (Sorbus borbassii). Zwischen Baru und Merişor werden Manganerze abgebaut und aufbereitet. Roter Staub und Kies prägen die Landschaft, reger Schwerlasterverkehr.

Die DN 66 erreicht nach 3 km das malerisch gelegene Dörfchen

Merişor (616 m, u. e. E. 1453, 527 Ew.). Ein Karrenweg nach S über

Dealul Babii, Hegyvulkan (759 m, u. e. E. 1770, 357 Ew.), Paßhöhe 944 m, hat vor dem Bau der Eisenbahnlinie Simeria Petroschen (1867 Baubeginn, 1870 Inbetriebnahme) die Verbindung nach S über die Stadt Vulcan und den Vîlcan-Paß mit der Walachei hergestellt > [R 8/31]. Auch von Merişor aus kann das n. gelegene Plateau mit zahlr. Karstgebilden (Höhlen: Gaura Oanei, Izvoreni, Tecuri, steht unter Naturschutz, Clenji; wasserlose Täler: Preluci, Bojiţa) erreicht werden.

An der Wasserscheide zwischen Strell (Nebenfluß des Mieresch) und Schiel auf der DN 66 in einer Kalksteinschlucht liegt der **Merişor-Paß** (auch **Băniţa-Merişor** oder **Băniţa-Paß**), 759 m.

Örtlich trennt sich die Straße von der Eisenbahn, die durch einen Tunnel führt. Mitten aus der Schlucht, wo diese durch den Zusammenfluß zweier Bäche erweitert ist, steigt ein Pfad zu der **Cetatea Bolii** auf. Dort Spuren einer Dakerburg, 1. Jh. n. Chr. Nach 6 km erreicht man die Gemeinde **Băniţa** (731 m, u. e. E. 1770, 1222 Ew.), die sich nach O im Băniţa-Tal bis zur **Peştera Bolii** (Kalksteinhöhle, mäandrierter Tunnel, 450 m lang, 12 – 75 m breit, 8 – 12 m hoch), Bahnstation, erstreckt. Bei Băniţa wird der Kalkstein in einem großen, modernen Steinbruch gebrochen und auf die Bahn verladen. Geol. handelt es sich um ein einige hundert Meter schmales Band mesozoischer (Jura/Kreide) Kalkgesteine (oolithische Kalke, Mikrokonglomerate) in schwachmetamorphen kristallinen Schiefern entlang einer tektonischen Verwerfung, die sich über ca. 10 km nach O erstreckt. In dieses Kalkband sind die weiter unten beschriebenen malerischen Schluchten im Roşia- und Taia-Tal eingeschnitten. An der DN 66 liegt, 6 km vor Petroşan, die **Peştera-Bolii-Schutzhütte** (700 m, 12 Plätze in 3 Schlafräumen). Von der Peştera-Bolii-Bahnstation führt ein Seitenweg (1 km) nach N bis

Peştera (704 m, u. e. E. 1910, 378 Ew.). Etwa 3 km (auf DN 66) nach Peştera Bolii mündet das aus dem N kommende Roşia-Tal (mit Roşia-Bach) in das Băniţa-Tal. Der Roşia-Bach hat zwischen Piatra Roşie, 1192 m, (im W) und Piatra Leşul Ursului, 1228 m, (im O) eine sehr kurze, aber schöne Klamm **(Cheile Roşia)** eingeschnitten. An beiden Hängen sind mehrere Höhlen aufgeschlossen. Durch die Schlucht führt auch ein Forstweg (7 km von DN 66), der sich nach einigen km als nichtmarkierter Weg ins Şurean(Mühlbacher)-Geb. fortsetzt. 1 km s. der Roşia-Tal-Brücke folgt die Abzweigung nach Petrila und die Einfahrt in die Stadt

Petroşani, Petroschen, Petrozseny (650 m, u. e. E. 1768, 48.620 Ew.). Munizipium, Kreis Hunedoara. Die Entwicklung und Bedeutung der Stadt ist auf den etwa 1840 beginnenden Kohlebergbau zurückzuführen. Der Name der Stadt wird von dem Dorf Petros > [R 6/31] abgeleitet, von wo aus die ersten Ew. ausgewandert sein sollen.
Das Petroschener Becken (Schieltal) ist ein posttektonisches Intramontanbecken, das im N durch das Retezat- und Mühlbacher (Şurean/Sebeş)-Geb., im S durch die Vîlcan- und Parîng-Geb. begrenzt wird und sich ONO – WSW auf einer Länge von 40 km erstreckt. Das ö. Ende (Petrila) ist etwa 9 km, das w. (Cîmpul lui Neag) etwa 2 km breit. Auf getischem Kristallin lagern tertiäre Sedimente mit 25 abbauwürdigen Kohleflözen (Braunkohle bis Steinkohle), von denen das bedeutendste 8 – 80 m (Durchschnitt 20 m) mächtig ist. Die ersten Schürfungen wurden 1845 durchgeführt. In diese Zeit fällt auch die Zuwanderung von dt. Bergleuten u. a. aus Sb., der Bukowina und der Zips. 1870 wird die Eisenbahnlinie Simeria – Petroschen in Betrieb genommen. Seit damals stetige Entwicklung bis heute. 1872 wohnten im Schieltal ca. 6000 Ew., 1984 waren es 155.000. Seit Anfang des Jh. gibt es dt. Gemeinden in allen größeren Orten (Petroschen, Petrila, Lupeni, Vulcan). Ev. Kirche seit 1896. Zentrum des Kohlebergbaus in Rum., seit 1949 Bergbauhochschule.
Von Petroschen aus können Touren in die umliegenden Retezat-, Şurean-, Paring- und Vîlcan(Vulcan)-Geb. > [R 7/31, R 8/31] unternommen werden.

ROUTE 7/31

An der n. Ausfahrt von Petroschen (Mündung des Băniţa-Baches in den Ost-Schiel) verläßt eine Seitenstraße entlang des Ost-Schiels die DN 66 nach O. Nach 4 km erreicht sie

Petrila (675 m, u. e. E. 1733, 26 295 Ew.). War im MA. als Weideland im Besitz der Knesenfam. Cîndea von Rîu de Mori. Heute schmucklose Bergbau- und Industriestadt ohne viel Grün.
Im O-Teil von Petrila (Stadtteil **Lonea,** früher eigenständig) von S kommend, mündet der Jieţ, 500 m weiter ö, von N kommend, der Taia-Bach in den Ost-Schiel. Die Forststraße im Taia-Tal (für

Pflanzenwelt und Geologie) > [R 6/31] erreicht nach 4 km die sehr schöne und wilde **Taia-Schlucht** (Cheile Taia), nach weiteren 1,5 km einen kleinen Stausee und die **Lunca-Florii-Schutzhütte**, 760 m (14 Zimmer, 61 Betten) und nach weiteren 3 km (12 km von Petrila) die **Jagdhütte Auşel**, 1024 m (Notunterkunft für 6 – 8 Pers.). Sammelstelle für Waldfrüchte. 1 km nach Auşel endet der Forstweg (bis hier Zufahrt mit Auto). Über 2 verschiedene Fußwege erreicht man nach etwa 3 km die **Şurean-Schutzhütte**, 1734 m (7 Zimmer mit 46 Plätzen, einzige Schutzhütte im Mühlbacher/Şurean-Geb., die nicht mit dem Auto erreicht werden kann). Petrila – Şurean-Schutzhütte, Markierung blaues Dreieck, 19 km, 6 – 8 Std.

Unmittelbar nach O von Petrila folgt auf beiden Seiten des Ost-Schiels das eingemeindete Dorf

Cimpa (710 m, u. e. E. 1770, 2770 Ew.). An der ö. Ausfahrt nach S verläßt das Cimpa-Tal, begleitet von einem Forstweg, die Schiel-Talsenke, durchquert am S-Ufer des Ost-Schiels den Weiler **Tirici** und führt nach 4 km zu dem Forsthäuschen *Gîrbovina*. Der Forstweg endet am Zusammenfluß mehrerer Bäche am Fuße des Berges Muncelu Cimpei, 1564 m.

500 m ö. der Mündung des Cimpa-Baches mündet, von N kommend, der Răscoala-Bach in den Ost-Schiel. Eine Dorfstraße entlang des Baches führt nach 2 km in das Dörfchen

Răscoala (780 m, u. e. E. 1910, 329 Ew.). Busstation. Von hier beginnt ein schöner, leicht begehbarer, unmarkierter Sommerweg über Plaiul Frunţilor, Muntele Auşel zum Şurean und seiner Schutzhütte (17 km, 7 – 9 Std.).

Von Cimpa nach O endet die Forststraße nach 8 km bei der **Voevodu-Schutzhütte**, 810 m, 17 Zimmer, 78 Plätze, Imbiß, Busverbindung nach Petroschen.
Von hier aus Wanderwege zur Şurean-Schutzhütte (blaues Kreuz, 15 km, 6 – 7 Std.) zur Obîrşia-Lotrului-Schutzhütte über Sterminosu und Poiana Muierii (6 – 7 Std.), zur Oaşa-Schutzhütte u. v. a.

Aus Petroschen, s. vom Bahnhof, verläßt die DN 7A nach O die Stadt (entlang des Maleia-Baches). Nach etwa 3 km beim Dorf

Slătinioara (700 m, u. e. E. 1910, 378 Ew.) Abzweigung entlang des Maleia-Tales hinauf nach S bis zur **Rusu-Schutzhütte** (Hotel); 8 km von Petroschen, 1168 m, 120 Plätze, Restaurant (nur bedingt zugänglich für Wanderer, wird von der Bergbaugesellschaft verwaltet). Wichtiger Ausgangspunkt für Paring-Touren.

Die Rusu-Schutzhütte kann von Petroschen aus über 3 versch. Fußwege erreicht werden. Nahe der Hütte Sessellift mit einer Länge von 2400 m auf den Kleinen Paring (Parîngul Mic) von 1073 – 1685 m (Poiana Nedeii), 3 Skilifte. Bei 1640 m, in einer schönen Gebirgswiese am NW-Hang des Kleinen Paring, befinden sich einige Hütten, eine Notunterkunft der Bergwacht (SALVAMONT) und das **„Märchenhäuschen"** (Căsuţa din Poveşti); für Touristen nicht zugänglich. Von hier aus herrlicher Rundblick, insbesondere auf das w. Schiel-Tal bis zum Retezat- und Vîlcan-Geb. Von der Rusu-Schutzhütte bis zur Badea-Spitze (1850 m) neben mehreren Wanderpfaden auch ein gut ausgebauter Weg. Auf dem Kleinen Paring befindet sich außerdem neben einer Fernsehübertragungsstation ein Trainingslager des Sportgymnasiums Petroschen und der Bukarester Sporthochschule. Touristen haben hier – von Notfällen abgesehen – keinen Zugang. Sw. der oberen Drahtseilbahnstation (1575 m) Reste der alten SKV-Paring-Schutzhütte (1965 zum dritten Mal abgebrannt).

Auf der DN 7A erreicht man nach 5 km (von Petroschen) das Dorf

Jieţ (743 m, u. e. E. 1839, 1313 Ew.). Von hier Verbindung nach Petrila/Lonea. Die Straße bleibt im Jieţ-Tal und durchläuft über ca. 8 km die Jieţ-Schlucht (Cheile Jieţului), danach ist sie bis zur

Obîrşia-Lotrului-Schutzhütte (an der DN 67C) noch nicht ausgebaut. Die Strecke Petroschen – Obîrşia Lotrului beträgt 34 km.

Aus Petroschen nach W verläuft eine kleine Straße 2 km nach

Dîlja Mare (670 m, u. e. E. 1770, 792 Ew.) und

Dîlja Mică, eine der ersten Kohlefundstellen im Schieltal.

ROUTE 8/31

Die DN 66 durchquert Petroschen von N nach S, führt durch den s. Vorort

Livezeni (581 m, u. e. E. 1759,), seit 1493 als Weideland von Livadia > [R 6/31] bekannt und genutzt, 5 km vom Bahnhof Petroschen. Nach 5 km folgt am w. Ufer des Ost-Schiels das Dorf

Iscroni (563 m, u. e. E. 16. Jh., 2219 Ew.). Weideland des Knesen Iscru aus Rîu Bărbat > [R 6/31]. S. von Iscroni vereinigt sich der West- mit dem Ost-Schiel, die nun gemeinsam nach S fließen und die Südkarpaten bei Lainici (Surduc) durchbrechen (Schieldurchbruch, Lainici-Paß). Von der DN 66 trennt sich vor dem Zusammenfluß die DN 66A, die entlang des West-Schiels verläuft. Unterhalb der Schiel-Vereinigung steht an der DN 66 das **Motel Gambrinus**, 575 m, 94 Plätze, Busverbindung nach Petroschen, Tel. 42173.

Schieldurchbruch im Lainici-Paß

Auf der DN 66A 2 km nach W, zweigt eine KS nach N ab. Nach 3 km führt sie in die Gemeinde

Aninoasa (624 m, u. e. E. 1678, 4532 Ew.), seit 1880 Bergbausiedlung. Busverkehr nach Petroschen. Ein Karrenweg führt weiter nach N bis zur Gemeinde Băniţa > [R 6/31].

An der DN 66A 4 km nach W liegt die Stadt

Vulcan, Wolkersdorf, Zsilyvajdevulkan (603 m, u. e. E. 1462, 33 586 Ew.). Ist seit Anfang des 19. Jh. Bergbausiedlung, damals mit vielen dt. und ung. Bergleuten. Nach N führt ein Dorfweg über Dealul Babii nach Merişor > [R 6/31]. Von der Ortsmitte aus nach S führt eine Straße über Dealul Merişorului zur **Vîlcan-Schutzhütte** (1419 m, 34 Plätze, Stromversorgung). Ausgangspunkt für Touren in das Vîlcan-Geb. Diese Straße führt weiter über den Vîlcan-Paß, 1621 m, nach S (Schela). Alte Verbindungsstraße, bekannt auch als Drumul Neamţului (Der Weg des Deutschen) zwischen Sb. und dem Altreich (Walachei, Ţara Românească). Der Vîlcan-Paß ist auch über einen Fußweg aus Iscroni (Motel Gambrinus) zu erreichen (schwieriger Weg, auf kurzer Strecke über 1000 m Höhenunterschied).

3 km w. auf der DN 66A kommt man zum Kohlekraftwerk **Jiu-Paroşeni** (300.000 kW). Wanderweg nach S zur Vîlcan-Schutzhütte. 5 km w. liegt die Stadt

Lupeni (640 m, u. e. E. 1770, 30 780 Ew.), Tochtersiedlung von Valea Lupului > [R 6/31], Kohlebergbau seit 1881. Endstation der Eisenbahnlinie von Petroschen, Busverbindung. Am ö. Ortseingang (das Sohodol-Tal trennt Paroşeni von Lupeni) Zufahrt zur **Straja-Schutzhütte**, 1419 m, 57/90 Plätze Winter/Sommer, Eigenstromversorgung, Imbiß. (Fußwanderung 3 – 4 Std.) Sessellift von Lupeni bis zur Straja-Schutzhütte. Wanderwege zur Vîlcan-Schutzhütte, nach SO zum Schiel-Durchbruch (Bumbeşti), nach W über Vîrful lui Frate (1524 m) und Vîrful Şigleul Mic (1581 m) nach Uricani. 7 km w. von Lupeni liegt die Bergbaustadt

Uricani (720 m, u. e. E. 1786, 8998 Ew.), Tochtersiedlung von Uric > [R 6/31]. Nach N über Vîrful Tulişa (1792 m) Zugang zum Retezat-Geb., nach S über Vîrful Şigleul Mic (1581 m) zur Straja-Schutzhütte 3 km w. auf DN 66A liegt das Dorf

Valea de Brazi (755 m), Busstation, Wanderwege ins Retezat-Geb. (im N) und in das Vîlcan-Geb. (im S). Nach weiteren 4 km das letzte Dorf auf der DN 66A:

Cîmpu lui Neag, Felddorf (814 m, u. e. E. 1493). Busstation, großer Stausee (Lacul Valea de Peşti). Kurz vor dem ö. Ortseingang verläßt eine Forststraße nach S die DN 66A. Nach 2,7 km steht das **Motel Valea de Peşti**, 910 m, ca. 35 m über dem Wasserspiegel des Stausees. 108 Plätze in 53 Zimmern, Parkplatz, Restaurant, Telefon. Möglichkeit zum Angeln an bestimmten Tagen mit Sondergenehmigung. 1 Std. Fußweg (vom Motel) über das Tal Valea de Peşti bis zur **Peştera de Ghiaţă** (Eishöhle in paläozoischen Kalken). Die Forststraße verläßt das Tal und führt weiter nach S (7 – 8 Std. zu Fuß) bis zum Touristenkomplex Bucium-Sohodol (Kreis Gorj). Dort Zufahrt zur DN 67D (Tg. Jiu).
Am w. Ortsende von Cîmpu lui Neag, ca. 0,5 km von der Ortsmitte, befindet sich die **Cîmpu-lui-Neag-Schutzhütte**, 850 m, 60/90 Plätze Winter/Sommer, Imbiß, Restaurant, Telefon. Von der Schutzhütte nach W noch ca. 1 km AS, danach 3 km KS. Endstation der Buslinie aus Lupeni. **Forsthäuschen Cîmpu lui Neag**. Hier trennen sich die Wanderwege. Nach NW führt ein gut markierter Weg ins Retezat-Geb. zur Buta-Schutzhütte (5 – 6 Std., auch im Winter zugänglich). Nach SW entlang des West-Schiels bis zur **Cîmpu-lui-Neag-Jagdhütte** (10,5 km, Notunterkunft für 3 – 4 Pers.) und nach weiteren 1,5 km die **Cîmpuşel-Jagdhütte**, 1130 m, Notunterkunft für 4 – 6 Pers., kein Strom, Wasserquelle, 4 – 5 Std. (im Winter sehr schwierig, daher nicht empfehlenswert).

Im Kleinen Retezat im Gebiet Vîrful Piule (2081 m) – Vf. Albele (2005 m) – Piatra Iorgovanului (2014 m) zwängt sich der Schiel nach Verlassen der schwach metamorphen kristallinen Schiefer nach O durch wilde Schluchten, die er sich in die 1200 m mächtigen mesozoischen (Jura-Kreide) Kalke eingeschnitten hat. In diesen Kalkformationen haben sich interessante Höhlensysteme gebildet.

NW des Schiels, 2 – 3 km vor der Cîmpuşelu-Jagdhütte, befinden sich in den Schluchtwänden u. a. die Höhlen **Peştera cu Corali** (1080 m), **Peştera Dîlma cu Brazi** (1200 m) und **Peştera Zeicani** (1260 m). Vor allem die erstgenannte Höhle (dt.: Korallen-Höhle) ist besonders schön, steht unter Naturschutz (seit 1972) und kann nur mit Sondergenehmigung besichtigt werden. Es gibt eine Reihe von Höhlen, die mit senkrechten Schächten beginnen und sich dann in der Tiefe horizontal fortsetzen (rum.: „aven"): **Avenul din Stîna Tomii** (– 137 m, ewiges Eis), **Avenul de pe Faţa Surului** (– 81 m), **Avenul Floarea de Colţ** (– 88 m) u. v. a.

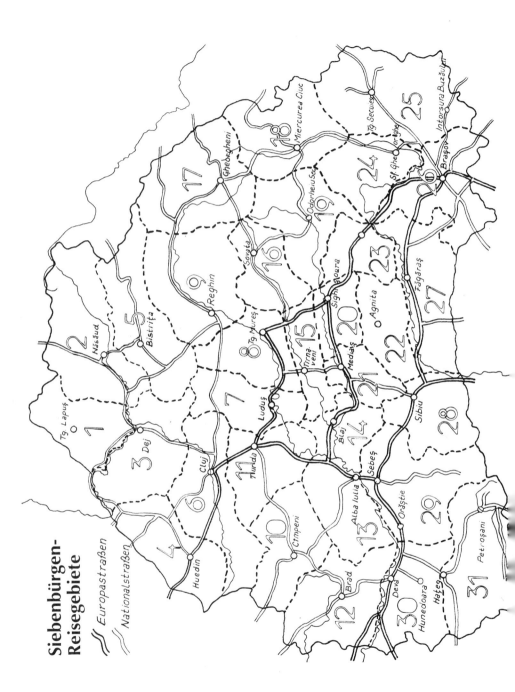

Siebenbürgen-Reisegebiete

Europastraßen

Nationalstraßen

Ortsnamenregister
mit Postleitzahl, Route und Reisegebiet

<table>
<tr><td>Abrud, Großschlatten,</td><td></td><td></td></tr>
<tr><td>Abrudbánya</td><td>3388</td><td>4/10</td></tr>
<tr><td>Abucea</td><td>2743</td><td>2/30</td></tr>
<tr><td>Abud, Székelyabod</td><td>3288</td><td>1/16</td></tr>
<tr><td>Abuş, Abuss, Abosfalva</td><td>3242</td><td>3/15</td></tr>
<tr><td>Acăţari, Ákosfalva</td><td>4329</td><td>2/8</td></tr>
<tr><td>Aciliu, Tetscheln, Ecsello</td><td>2468</td><td>1/29</td></tr>
<tr><td>Acmariu, Akmár</td><td>2564</td><td>10/13</td></tr>
<tr><td>Acriş, Egrestö</td><td>2243</td><td>5/25</td></tr>
<tr><td>Adalin</td><td>4726</td><td>3/4</td></tr>
<tr><td>Adămuş, Adamosch, Adámos</td><td>3230</td><td>4/15</td></tr>
<tr><td>Adrian, Görgényádorián</td><td>4281</td><td>3/9</td></tr>
<tr><td>Adrianu Mare, Nagyadorján</td><td>4333</td><td>2/8</td></tr>
<tr><td>Adrianu Mic, Kisadorján</td><td>4333</td><td>2/8</td></tr>
<tr><td>Aghireşu, Egeres</td><td>3469</td><td>2/6</td></tr>
<tr><td>Aghireşu-Fabrici,</td><td></td><td></td></tr>
<tr><td>Egeresi Bányatelep</td><td>3471</td><td>2/6</td></tr>
<tr><td>Agîrbiciu, Arbegen, Egerbegy</td><td>3454</td><td>1/21</td></tr>
<tr><td>Agîrbiciu, Egerbegy</td><td>3454</td><td>10/6</td></tr>
<tr><td>Agnita, Agnetheln, Szentágota</td><td>2479</td><td>2/22</td></tr>
<tr><td>Agrieş, Egreshely</td><td>4583</td><td>1C/2</td></tr>
<tr><td>Agrieşel, Agresel</td><td>4583</td><td>1C/2</td></tr>
<tr><td>Agrij, Felsőegregy</td><td>4715</td><td>2/4</td></tr>
<tr><td>Agriş, Ruhaegres</td><td>3359</td><td>6/11</td></tr>
<tr><td>Agrişteu, Ajreschteln, Egrestő</td><td>3268</td><td>1/15</td></tr>
<tr><td>Agrişu de Jos, Alsóegres</td><td>4476</td><td>1/2</td></tr>
<tr><td>Agrişu de Sus, Felsőegres</td><td>4476</td><td>1/2</td></tr>
<tr><td>Aita Mare, Nagyajta</td><td>4021</td><td>2/24</td></tr>
<tr><td>Aita Medie, Középajta</td><td>4010</td><td>2/24</td></tr>
<tr><td>Aita Seacă, Szárazajta</td><td>4032</td><td>3/24</td></tr>
<tr><td>Aiton, Ajtony</td><td>3373</td><td>2/11</td></tr>
<tr><td>Aiud, Straßburg a. M.,</td><td></td><td></td></tr>
<tr><td>Nagyenyed</td><td>3325</td><td>1/11</td></tr>
<tr><td>Aiudul de Sus, Felenyed</td><td>3325</td><td>4/11</td></tr>
<tr><td>Alămor, Mildenberg, Alamor</td><td>2446</td><td>5/28</td></tr>
<tr><td>Alba Iulia,</td><td></td><td></td></tr>
<tr><td>Karlsburg, Gyulafehérvár</td><td>2500</td><td>1/13</td></tr>
<tr><td>Albac, Albák</td><td>3387</td><td>2/10</td></tr>
<tr><td>Albeşti, Weißkirch,</td><td></td><td></td></tr>
<tr><td>Fehéregyháza</td><td>3068</td><td>1/20</td></tr>
<tr><td>Albeştii Bistriţei,</td><td></td><td></td></tr>
<tr><td>Weißkirch-Bistritz,</td><td></td><td></td></tr>
<tr><td>Kisfehéregyház</td><td>4418</td><td>1/5</td></tr>
<tr><td>Albi</td><td>2444</td><td>1/21</td></tr>
<tr><td>Albiş, Kézdialbis</td><td>–</td><td>1/25</td></tr>
<tr><td>Aldea, Abásfalva</td><td>4162</td><td>6/19</td></tr>
</table>

<table>
<tr><td>Alecuş, Elekes</td><td>3190</td><td>3/11</td></tr>
<tr><td>Alexandriţa, Sándorfalva</td><td>4160</td><td>6/19</td></tr>
<tr><td>Alma, Almeschken,</td><td></td><td></td></tr>
<tr><td>Küküllőalmás</td><td>3144</td><td>8/20</td></tr>
<tr><td>Alma Vii, Almen, Szászalmas</td><td>3153</td><td>2/21</td></tr>
<tr><td>Almaş-Sălişte</td><td>2747</td><td>4/12</td></tr>
<tr><td>Almăşel</td><td>2474</td><td>4/12</td></tr>
<tr><td>Almaşu, Nagyalmás</td><td>4733</td><td>3/4</td></tr>
<tr><td>Almaşu de Mijloc,</td><td></td><td></td></tr>
<tr><td>Kőzéppalmás</td><td>2623</td><td>9A/13</td></tr>
<tr><td>Almaşu Mare, Nagyalmás</td><td>2535</td><td>9A/13</td></tr>
<tr><td>Almaşu Mic, Keresztényalmás</td><td>2760</td><td>5/30</td></tr>
<tr><td>Almaşu Mic de Munte,</td><td></td><td></td></tr>
<tr><td>Kisalmás</td><td>2623</td><td>9A/13</td></tr>
<tr><td>Almaşu Sec, Szárazalmás</td><td>2710</td><td>1/30</td></tr>
<tr><td>Alţina, Alzen, Alcina</td><td>2482</td><td>1/22</td></tr>
<tr><td>Alun</td><td>2768</td><td>7/30</td></tr>
<tr><td>Alungeni, Futásfalva</td><td>4069</td><td>1/25</td></tr>
<tr><td>Aluniş, Haseldorf, Magyaros</td><td>4235</td><td>4/9</td></tr>
<tr><td>Aluniş, Kecsed</td><td>3485</td><td>1/3</td></tr>
<tr><td>Aluniş, Székelymagyarós</td><td>4136</td><td>1/19</td></tr>
<tr><td>Alunişu, Gaurény</td><td>4538</td><td>2/2</td></tr>
<tr><td>Alunişu, Magyrókereke</td><td>3526</td><td>1A/4</td></tr>
<tr><td>Alunu</td><td>2639</td><td>4/30</td></tr>
<tr><td>Amnaş, Hamlesch, Omlas</td><td>2468</td><td>1/29</td></tr>
<tr><td>Ampoiţa, Kisampoly</td><td>2521</td><td>9/13</td></tr>
<tr><td>Andreeni, Magyarandrásfalva</td><td>4187</td><td>3/19</td></tr>
<tr><td>Andreneasa</td><td>4228</td><td>5/9</td></tr>
<tr><td>Angofa, Ungefug</td><td>3060</td><td>2/20</td></tr>
<tr><td>Anieş, Sauerbrunn,</td><td></td><td></td></tr>
<tr><td>Dombhátfürdő</td><td>4531</td><td>3/2</td></tr>
<tr><td>Aninoasa</td><td>2688</td><td>8/31</td></tr>
<tr><td>Aninoasa, Egerpatak</td><td>4041</td><td>6/25</td></tr>
<tr><td>Antăş, Antos</td><td>4654</td><td>6/3</td></tr>
<tr><td>Apahida</td><td>3411</td><td>5/6</td></tr>
<tr><td>Apalina, Odendorf, Abafája</td><td>4225</td><td>5/9</td></tr>
<tr><td>Apaţa, Geist, Apáca</td><td>3015</td><td>4/24</td></tr>
<tr><td>Apatiu, Dellő-Apáti</td><td>4591</td><td>8/5</td></tr>
<tr><td>Apold, Trappold, Apold</td><td>3081</td><td>2/20</td></tr>
<tr><td>Apoldul de Jos, Kleinpold,</td><td></td><td></td></tr>
<tr><td>Kispóld</td><td>2472</td><td>1/29</td></tr>
<tr><td>Apoldul de Sus, Großpold,</td><td></td><td></td></tr>
<tr><td>Nagyapóld</td><td>2458</td><td>1/29</td></tr>
<tr><td>Apoş, Abtsdorf, Apátfalva</td><td>–</td><td>1/22</td></tr>
<tr><td>Araci, Arendorf, Árapatak</td><td>4018</td><td>2/24</td></tr>
<tr><td>Arănieş, Aranyos</td><td>2758</td><td>6/30</td></tr>
</table>

Baldovin	2786	6/12
Balomir	2652	1/31
Balomiru de Cîmp, Ballendorf	2561	3/29
Balşa, Babeschen	2623	9A/13
Bálványos, Kaiserbad, Csiszárfürdö	–	1B/25
Bancu, Csikbánkfalva	4131	4/18
Band, Mezőbánd	4344	8/8
Băniţa	2680	6/31
Banpotoc, Bonbach, Bánpataka	2724	2/12
Bărăbanţ, Bórband	3313	2/13
Baracani, Zágonbárkány	4047	4/25
Bărăi, Bare	–	6/6
Baraolt, Barót	4023	3/24
Bărăştii Haţegului, Baresd	2656	5/31
Bărăştii-Iliei	2742	3/12
Baraszó	–	8/17
Baraţcoş, Barackos	4140	3/18
Bărboşi, Mezőszakál	4372	4/7
Barbura	2720	1/12
Bărcut, Bekokten, Báránykút	2326	2/22
Bărdeşti, Marosbárdos	4319	7/8
Baru	2671	6/31
Baru Mare	–	6/31
Baru Mic	–	6/31
Basarabeasa	2792	7/12
Baţa, Batzau, Baca	4595	6/1
Băţălar	2655	3/30
Băţanii Mari, Nagybacon	4030	3/24
Băţanii Mici, Kisbacon	4030	3/24
Batin, Battendorf, Bátony	4661	3/3
Batiz	2636	3/30
Batoş, Botsch, Bátos	4251	6/9
Bătrîna	2744	6/30
Bazna, Baaßen, Felsőbajom	3149	5/21
Becaş, Békástelep	4170	2/16
Beclean, Bethlen, Bethlen	4575	1/2
Beclean, Betlen	2310	2/27
Beclean, Székelybetlenfalva	–	1/19
Beclenuţ, Klein-Bethlen	–	2/2
Bedeciu, Bedecs	3456	1C/4
Bedeni, Bede	4334	2/8
Beia, Meeburg, Homorodbéne	3047	5/23
Beica de Jos, Ung. Birk, Alsóbölkény	4272	2/9
Beica de Sus, Rum. Birk, Felsőbölkény	4272	2/9
Bejan, Bessendorf, Bezsán	2717	1/12
Belani, Bélafalva	4089	2/25
Beldiu, Marosbéld	3310	2/13
Belin, Blumendorf, Bölön	4020	2/24

Beliş, Béles	3532	9/6
Bernadea, Bernhardsdorf, Bernád	3248	2/15
Beneşti, Bägendorf, Bendorf	2482	1/22
Benic, Borosbenedek	3318	6/13
Benţid, Bencéd	4177	4/19
Bercea, Bercse	4720	3/4
Berchieşu, Berkényes	3370	3/7
Bereni, Székelybere	4333	4/16
Berghin, Blutroth, Berve	2514	5/14
Bergia, Mezőbergenye	4326	8/8
Berindu, Berend	3466	3/6
Beriu, Lammdorf, Berény	2603	4/29
Berivoi	2318	8/27
Beta, Béta	4163	1/19
Beţa, Magyarbece	3331	3/11
Beteşti, Betfalva	4180	1/19
Beu, Székelybő	–	3/8
Beudiu, Böd	4589	8/5
Bezded, Bezdéd	4690	7/3
Bezid, Bözöd	3281	1/16
Bezidu Nou, Bözödújfalu	3280	1/16
Biborţeni, Bibarcfalva	4029	3/24
Bicălatu, Magyarbikal	3525	1D/4
Bicaz-Chei, Almásmező	5665	4/17
Bicazul Ardelean, Gyergyóbékás	5664	4/17
Bicfalău, Bikfalva	4008	6/25
Bichigiu, Bikis, Bükkös	4519	2/2
Bichiş, Magyarbükkös	4365	2/7
Bidiu, Bidda, Szász-Bödön	4454	8/5
Biertan, Birthälm, Berethalom	3145	6/20
Biharia	3390	2/10
Biia, Benden, Magyarbénye	3188	5/15
Bilbor, Gyergyóbélbor	4221	8/17
Bîra, Berekresztur	4340	4/16
Bîrcea Mare, Nagybarcsa	2629	1/30
Bîrcea Mică, Kisbarcsa	2629	1/30
Bîrdeşti	3380	1/10
Bîrghiş, Bürgisch, Bürkös	2484	1/22
Bîrla, Berldorf, Berlád	4414	6/5
Bîrlea, Onok	–	1/3
Bîrleşti	3381	1/10
Bîrleşti	3396	3/13
Bîrleşti-Cătun	3396	3/13
Bîrlibaş	4391	7/7
Bîrnadu	5665	1/17
Bîrsana	2584	2/29
Bîrsău, Walddorf, Berekszó	2726	2/12
Bîrsău Mare	4676	1/1
Bîrsăuţa	4679	1/1
Birtin	2792	7/12
Bîrza	4376	4/7

Brădeni, Henndorf, Hégen	2499	2/22		Budeni	2537	9/13
Brădeşti, Fenyéd	4151	2/19		Budeşti, Búdatelke	4459	9/7
Bradu, Gierelsau, Fenyöfalva	2422	1/27		Budeşti-Fînaţe	4461	9/7
Brăduţ, Bardók	4046	3/24		Budila, Bodeln, Bodola	2247	7/26
Brăişoru, Malomszeg	3526	1B/4		Budiu Mic, Hagymásbodon	4310	1/8
Bran, Törzburg, Törcsvár	2229	2/26		Budurleni, Budurló	4428	1/5
Brănişca, Bernpfaff, Branyiska	2739	3/12		Buduş, Klein-Budak, Kisbudák	4435	3/5
Braniştea, Arpástó	4593	1B/2		Buia, Bell, Bolya	2465	1A/21
Brăşeu, Brassó	2747	4/12		Bujor, Bozsortanya	4382	4/7
Braşov, Kronstadt, Brasso	2200	1/26		Bujor-Hodaie, Hodáj	4377	4/7
Brateiu, Pretai, Baráthely	3141	3/21		Bujoru, Stregonya	2743	2/30
Brăteni, Mezőbarátfalva	4457	1/5		Bulbuc, Bulbuk	2560	10/13
Brateş, Mönchsdorf, Baratos	4061	4/25		Bulgăreni, Bogárfalva	4168	4/19
Brăzeşti, Barázdafalva	3379	1/10		Bulzeştii de Jos	2787	6/12
Brazi, Gurendorf, Gureny	2658	4/31		Bulzeştii de Sus	2787	6/12
Breaza, Bretzdorf, Beresztelke	4258	8/9		Buneşti, Bodendorf, Szászbuda	3021	2/23
Breaza, Emberfö	4599	6/1		Buneşti, Széplak	3475	1/3
Breaza, Frauendorf	2317	7/27		Bungard, Baumgarten, Bongárd	2429	4/28
Breazova	2662	3/31		Bungard, Baumgartner,		
Bretea, Breitau, Magyarberéte	4476	7/5		Szászbongárd	4452	7/5
Bretea Mureşană,				Bunila	2768	7/30
Alsó-Marsobrettye	2735	3/12		Buninginea, Buninzsina	3376	4/10
Bretea Română, Románbrettye	2645	3/30		Burjuc, Burzuk	2743	4/12
Bretelin	2712	2/30		Buru, Borrév	3357	4/11
Breţcu, Bretz, Bereck	4092	1/25		Buteni, Kalotabökény	3527	1B/4
Brîglez, Tótszállás	4686	7/3		Buza, Buzaten	3497	8/5
Brîncoveneşti, Wetsch,				Buza Cătun, Buzai Fogadók	4592	8/5
Marosvecs	4239	5/9		Buzăiel, Kisbodza	–	5/25
Brîznic	2734	2/30		Buzaş, Buzamező	4679	7/3
Broşteni, Kradendorf, Kieskerék	2449	4/14		Buzd, Bußd, Buzd	3141	3/21
Brotuna	–	7/12				
Bruiu, Braller, Brulya	2494	4/22		**Căbeşti**	2742	3/12
Brusturi, Somróújfalu	4713	2/4		Cacova Ierii, Kakova,		
Bubeşti	3391	2/10		Aranyosivánfalva	3359	6/11
Bucerdea Grînoasă, Buzásbocsárd	3182	2/14		Căcuciu, Görgény-Kakucs	4272	2/9
Bucerdea Vinoasă, Borosbocsárd	2519	7/13		Cădaciu Mare, Nagykadács	4178	4/19
Buceş	2782	5/12		Cădaciu Mic, Kiskadács	4178	4/19
Buceş-Vulcan	2782	5/12		Cădişeni, Kadicsfalva	–	4/19
Bucin, Bucsin	4201	3/17		Căianu, Magyarkalyán	3412	6/6
Bucium	2255	9/27		Căianu Mare, Nagykaján	4581	1C/2
Bucium	2604	4/29		Căianu Mic, Kiskaján	4581	1C/2
Bucium, Bucsony	3376	5/10		Căianu Mic, Kiskalyán	3412	6/6
Bucium Orlea	2660	1/31		Căianu-Vamă, Kalyánvám	3412	6/6
Bucium-Sat	–	5/10		Caila, Köllendorf, Kajla	4467	5/5
Buciumi, Vármező	4717	2/4		Căinelu de Jos	2717	1/12
Bucureşci	2779	5/12		Căinelu de Sus	2717	1/12
Bucuru	2566	3/29		Călacea, Kiskalocsa	4669	7/3
Budacu de Jos, Deutsch-Budak,				Călan, Kalan, Kalán	2637	3/30
Szászbudák	4435	3/5		Călane	–	3/29
Budacu de Sus, Rumänisch-				Călanu Mic, Kiskalán	2637	3/30
Budak, Felsőbudák	4473	3/5		Călăraşi, Harasztos	3371	1/11

Călăraşi-Gară,			Catalina, Szentkatolna	4076	4/25
Harasztospályaudvar	3371	1/11	Cătălina, Szentkatolna	3434	6/3
Călata, Nagykalota	3527	1B/4	Cătina, Katona	3490	9/7
Călăţele, Kiskalota	3531	1B/4	Căzăneşti	2792	7/12
Calbor, Kaltbrunn, Kálbor	2310	3/22	Ceaba, Bálványoscsaba	3495	2/3
Călimănel, Kelemenpatak	4220	7/17	Ceaca, Almáscsáka	4692	8/3
Călimăneşti, Kelementelke	3274	1/16	Ceanu Mare, Mezönagycsán	3369	3/7
Calna, Kálna	4669	7/3	Ceanu Mic, Pusztacsán	3369	2/11
Călnaci	4218	6/17	Ceauşu de Cîmpie, Mezőcsávás	4320	7/8
Calnic, Kálnok	1714	1/24	Cecălaca, Csekelaka	4363	2/7
Calonda, Magyarkalonda	4169	2/16	Cecheşti, Csekefalva	4186	3/19
Călugăreni, Homoródremete	4162	6/19	Ceheţel, Csehétfalva	4176	3/19
Călugăreni, Mikháza	4162	3/16	Cenade, Scholten, Szászcsanád	3185	3/14
Călugăreşti	–	3/10	Cepari, Tschippendorf, Csépány	4515	4/5
Căluşeri, Székelykál	4298	4/8	Cerbăl, Cserbel	2758	6/30
Calvasăr, Kaltwasser, Hidegviz	2463	1A/21	Cerbia	2747	4/12
Cămăraşu, Pusztakamarás	3418	8/7	Cerbu, Cserbu	3376	5/10
Căpeni, Köpec	4022	2/24	Cerc, Kisfeneshavas	3363	6/11
Căpeţi, Kopacs	3295	3/16	Cergău Mare, Großschergied,		
Căpîlna, Felsőkápolna	4676	1/1	Nagycserged	3176	4/14
Căpîlna, Kapellendorf,			Cergău Mic, Kleinschergied,		
Sebeskápolna	2580	2/29	Bolgárcserged	3176	4/14
Căpîlna de Jos, Kapellendorf,			Cerghizel, Kiscserged	3255	1/8
Alsókápolna	3191	5/15	Cerişor	2767	7/30
Căpîlna de Sus, Kappeln,			Cernat, Csernáton	–	1/25
Felsőkápolna	3253	3/15	Cernişoara-Florese	2768	8/30
Căpîlniţa, Kapolnásfalu	4152	2/19	Cernuc, Csernek	4690	7/3
Căprioara, Kecskeháta	3435	6/3	Certege	3376	1/10
Căptălan, Maroskáptalan	3341	2/7	Certeju de Jos	2737	3/12
Capu Corbului, Hollószarka	4224	8/17	Certejul de Sus	2727	2/12
Căpud, Magyarkapud	3310	2/14	Ceru-Băcăinţi, Bokájfelfalu	2560	10/13
Căpuşu de Cîmpie, Mezőkapus	4353	9/8	Cesapiu, Császári	–	2/3
Căpuşu Mare, Nagykapus	3452	1/6	Cetan, Csatány	4660	7/3
Căpuşu Mic, Kiskapus	3455	1/6	Cetate, Oberneudorf,		
Cara, Kolozskara	3410	7/6	Felsőszászújfalu	4465	3/5
Căraci, Karacs	2788	6/12	Cetatea de Baltă, Kokelburg,		
Cărăstău	2792	7/12	Küküllővár	3195	5/15
Cărmăzăneşti	2745	4/12	Cetăţuia, Csatószeg	4136	1/18
Cărpinenii, Csángótelep	4090	2/25	Cetea, Csaklya	3317	6/13
Cărpiniş, Abrudkerpenyes	3383	4/10	Ceuaş, Grubendorf, Szászcsávás	3249	3/15
Cărpiniş, Keppelsbach,			Chechis, Kettósmező	4675	3/4
Köpényes	2590	1/29	Chedia Mare, Nagykede	4178	4/19
Cărpiniş, Kerzendorf, Gyertyános	2626	2/12	Chedia Mică, Kiskede	4178	4/19
Casa de Piatră	3391	2/10	Cheia, Keja	2230	2/26
Căşeiu, Alsókosály	4662	1/1	Cheia, Méskő	3325	4/11
Caşinu Mic, Kiskázon	4086	2/25	Cheia, Remetei Szoros	3325	5/13
Caşinul Nou, Kászonújfalu	–	1/18	Chendrea, Kendermező	4693	3/4
Caşolţ, Kastenholz, Hermány	2476	1/22	Chendremal, Kendermál	4720	3/4
Căstău, Kastendorf, Kásztó	2601	4/29	Chendu, Großkend, Nagykend	3269	1/15
Caşva, Kásva	4283	3/9	Chendu Mic, Kleinkend,		
Caţa, Katzendorf, Kaca	3044	5/23	Kiskend	–	1/15

Chergeş	2710	1/30	Cîmpia Turzii, Gieresch,		
Chesău, Mezőkeszü	3417	8/7	Aranyosgyéres	3351	1/7
Chesler, Kesseln, Kesslér	3163	3/14	Cîmpu Cetăţii, Varmező	4341	3/16
Cheţani, Maroskece	4366	1/7	Cîmpu lui Neag, Felddorf	–	8/31
Cheţiu, Kéthely	4590	8/5	Cîmpuri de Sus	2745	4/12
Chibed, Kibéd	–	1/16	Cîmpuri-Surduc	2745	4/12
Chichiş, Kökös	4009	1/25	Cinciş, Csolnakos	–	7/30
Chichişa, Alsókékesnyárló	4712	2/4	Cincşor, Kleinschenk, Kissink	2338	3/22
Chidea, Kide	3433	4/3	Cincu, Großschenk, Nagysink	2335	3/22
Chiheru de Jos, Unter-Kiher,			Cîndu, Kendö	4340	4/16
Alsóköhér	4278	2/9	Cinta, Fintaháza	4348	2/8
Chiheru de Sus, Ober-Kiher,			Cioara de Sus, Felsőcsora	3379	1/10
Felsőköhér	4278	2/9	Cioarga, Csorga	–	1/7
Chileni, Gyergyókillyénfalva	4205	2/17	Ciobotani	4262	5/9
Chilieni, Kilyén	4011	1/24	Cioclovina	2640	4/30
Chimindia, Kéménd	2723	2/12	Cioneşti	–	2/10
Chimitelnic, Mezökeménytelke	4370	1/7	Ciopeia	2660	6/31
Chinari, Várhegy	4318	7/8	Cipău, Maroscsapó	4351	1/8
Chinciuş, Kincses	3234	3/15	Cireaşi	4583	1C/2
Chintelnic, Kinteln, Kentelke	4469	5/5	Cireşoaia, Magyardécse	4594	1B/2
Chinteni, Kajántó	3428	4/6	Ciretea	4372	4/7
Chinuşu, Kénös	4162	6/19	Cîrjiţi	2711	1/30
Chiochiş, Blaudorf, Kekés	4591	8/5	Cîrneşti	2655	3/31
Chiraleş, Kirieleis, Kerlés	4419	7/5	Cîrnic	–	5/31
Chirileu, Kerelő	4311	1/8	Cîrţa, Csikkarcfalva	4141	2/18
Chiriş	3498	2/3	Cîrţa, Kerz, Kercz	2409	2/27
Chirpăr, Kirchberg, Kürpöd	2491	4/22	Cîrţişoara	2416	4/27
Chisăliţa	4353	9/8	Cisnădie, Heltau, Nagydisznód	2437	4/28
Chişcădaga, Kecskedaga	2719	1/12	Cisnădioara, Michelsberg,		
Chişirig, Köszörikö	–	4/17	Kisdisznód	2438	4/28
Chitid, Kitid	2637	4/30	Cistei, Románcsesztve	3311	2/14
Chiuieşti	4665	5/1	Cisteiu de Mureş, Maroscsesztve	3311	3/11
Chiuruş, Csomakörös	4057	4/25	Cîţcău, Kackó	4666	1/1
Chiuza, Mitteldorf,			Ciubanca, Alsócsobánka	4655	8/3
KözépfalvaPiatra, Kőfarka	4536	2/2	Ciubăncuţa, Felsőcsobánka	4655	8/3
Cib, Cseb	2535	9A/13	Ciuboteni, Csikcsobotfalva	–	1/18
Ciba, Csiba	4110	5/18	Ciucani, Csekefalva	4133	1/18
Cibu, Csöb	3276	1/16	Ciucea, Csucsa	3539	1/4
Cicău, Csäkó	3328	1/11	Ciucsîngeorgiu, Csikszentgyörgy	4131	4/18
Ciceu, Csikcsicsó	4136	2/18	Ciugud, Maroscsüged	2516	5/14
Ciceu-Corabia, Csicsóujfalu	4596	6/1	Ciugudu de Jos, Alsófüget	3339	1/11
Ciceu-Giurgeşti,			Ciugudu de Sus, Felsőfüged	3339	1/11
Csicsógyörgyfalva	4598	6/1	Ciuguzel, Fugad	3332	3/11
Ciceu-Mihăieşti,			Ciula Mare, Groß-Schulendorf,		
Csicsómihályfalva	4595	6/1	Nagycsula	2660	2/31
Ciceu-Poieni, Csicsómező	4580	1C/2	Ciula Mică, Klein-Schulendorf,		
Cîlnic, Kelling, Kelnek	2587	1/29	Kiscsula	2660	2/31
Cimpa	2686	7/31	Ciuldeşti	3381	1/10
Cîmpeneşti, Telekfarka	3411	5/6	Ciulea	4348	6/7
Cîmpeni, Topesdorf, Topánfalva	3375	1/10	Ciuleni, Incsel	–	1B/4
Cîmpeniţa, Mezőfele	4320	7/8	Ciumăfaia, Csomafája	3433	4/3

477

Ciumani, Gyergyócsomafalva	4207	2/17	Copăceni, Koppánd	3360	2/11
Ciumărna, Csömörló	4711	2/4	Copand, Maroskoppánd	3341	2/7
Ciumbrud, Csombord	3329	3/11	Coplean, Kaplyon	4666	1/1
Ciumernic	–	5/25	Copru, Kapor	3499	9/7
Ciumiţa	2772	7/30	Copşa Mare, Großkopisch,		
Ciungani	2792	7/12	Nagykapus	3145	5/20
Ciungu Mare, Csunzjhavas	2614	3/29	Copşa Mică, Klein-Kopisch,		
Ciureni, Csurány	4692	8/3	Kiskapus	3158	1/21
Ciurgău	3369	3/7	Corbeşti, Székelycsóka	–	2/8
Ciurila, Csürülye	3360	5/11	Corbi, Korb	–	2/27
Ciuruleasa, Csurulyása	3376	4/10	Corbu, Gyergyóholló	4223	8/17
Ciutac, Csutakfalva	–	6/17	Cordoş, Kardos	4368	1/7
Clapa	3366	5/7	Cormaia	4529	3/2
Cliţ, Klitz, Klic	4685	7/3	Cormeniş, Ködmönös	4680	7/3
Cloaşterf, Klosdorf, Miklóstelke	3074	2/23	Corna, Szavaspatak	3385	5/10
Clopotiva, Glockendorf	2659	4/31	Cornăţel, Harbachdorf,		
Cluj Manăştur, Abtsdorf,			Hortobágyfalva	2476	1/22
Kolozsmonostor	–	1/6	Corneni, Szükerék	3485	1/3
Cluj-Napoca, Klausenburg,			Corneşti, Magyarszarvaskend	3488	1/3
Kolozsvár	3400	1/6	Corneşti, Sinfalva	3352	4/11
Coaja	2737	3/12	Corneşti, Sólyomtelke	3488	2/6
Coasta, Gyulatelke	3492	2/3	Corneşti, Somosd	4332	2/8
Coasta, Sajókiskeresztúr	4476	7/5	Corneşti, Zeunen, Sövényfalva	3231	4/15
Coasta Henţii	3383	4/10	Cornu	3182	2/14
Coasta Vîscului	3376	1/10	Coroeşti, Kreßten	2669	6/31
Cobăteşti, Kobátfalva	4176	4/19	Coroi, Kruden, Kórod	3262	2/15
Cobleş	3391	2/10	Coroieni, Károlyfalva	4879	2/1
Cobor, Kiwern, Kóbor	3033	4/23	Coroisînmartin, Martinsdorf,		
Coceşti	3393	3/10	Kórodszentmárton	3261	2/15
Cociu, Kosch, Szamoskócs	4512	1/2	Corteşti	3378	1/10
Codlea, Zeiden, Feketehalom	2252	1/26	Corunca, Koronka	4322	2/8
Codor, Kodor	4653	5/3	Corund, Korond	4169	2/16
Cojocani, Mogoskozsokány	3396	3/13	Coruşu, Nádaskoród	3459	3/6
Cojocna, Salzgrub, Kolozs	3420	7/6	Corvineşti, Nieder-Neudorf,		
Coleşeni	3395	5/10	Szászújfalu	4454	7/5
Colibi, Székás	2595	5/14	Coşbuc, Hordó	4518	2/2
Colibiţa, Kolibitza, Kolibica	4448	2/5	Coşeni, Szotor	4011	1/24
Colonia Fetiţa	–	2/29	Coseşti	2743	2/30
Colonia Tălmaciu	2418	4/28	Coşlariu, Koslárd	3312	2/13
Colţeşti, Torockószentgyörgy	3337	4/11	Costeni	4891	3/1
Colun, Kellen	2416	10/27	Costeşti	3386	2/10
Comana de Jos	3039	3/27	Cotormani, Kotormány	4131	1/18
Comana de Sus	3043	3/27	Covacipeter	4210	1/17
Comandău, Kommandó	4065	4/25	Covasna, Kovászna	4055	4/25
Comăneşti, Homoródkeményfalva	4162	6/19	Coveş, Käbisch, Kövesd	2483	1/22
Comiat, Komjádpataka	4139	3/18	Covragiu	2645	1/31
Comlod, Kameloden, Komlód	4431	6/8	Cozia	2710	1/30
Comolău, Komolló	–	1/25	Cozma, Kozmatelke	4262	8/9
Comori, Kincsasfö	4281	2/9	Cozmeni, Csikkozmás	4118	1/18
Comşeşti, Komjátszeg	3372	2/11	Crăciunel, Kratschendorf,		
Copăcel	2323	9/27	Alsókarácsonyfalva	3181	2/14

Crăciunel, Krötschendorf,		
Karácsonyfalva	4159	6/19
Crăciunelu de Sus, Krotschendorf,		
Felsőkarácsonyfalva	3196	5/15
Crăciuneşti, Karácsonfalva	2730	1/12
Crăciuneşti,		
Nyárádkarácsonyfalva	4322	2/8
Crăguiş, Kragisen	2660	2/31
Crăieşti, Kiralyfalva	3232	4/15
Crăieşti, Mezőkirályfalva	–	5/8
Crăieşti, Pusztaszentkiraly	3360	5/11
Crainimăt, Baiersdorf,		
Királynémeti	4471	5/5
Crairît, Kiralyrét	3360	7/11
Craiva, Königsbach, Királypatak	2520	7/13
Crasna	–	5/25
Cremenea	–	5/25
Cremenea, Keménye	4660	6/3
Creţeşti	3381	1/10
Cricău, Krakau, Boroskrakkó	2520	7/13
Crihalma, Königsberg,		
Királyhalma	3040	4/23
Criş	2782	5/12
Criş, Kreisch, Keresd	3084	3/20
Crişan, Tehénfalva	2789	6/12
Crişcior, Kristyór	2778	5/12
Crişeni, Körispatak	4190	1/16
Crişeni, Totháza	3417	3/7
Cristeşti	3396	6/13
Cristeşti, Maroskeresztúr	4310	1/8
Cristeştii Ciceului, Nieder-Kreuz,		
Csicsókeresztúr	–	1/2
Cristian, Großau,		
Kereszténysziget	2453	1/28
Cristian, Neustadt,		
Keresztényfalva	2218	2/26
Cristolţ, Nagykeresztes	4688	7/3
Cristolţel, Kiskeresztes	4689	7/3
Cristorel, Ördögkeresztur	3432	4/3
Cristur, Csernakeresztur	2630	5/30
Cristur-Şieu, Kreuz,		
Betlenkeresztúr	4468	5/5
Cristuru Secuiesc, Szeklerkreuz,		
Székelykeresztúr	4180	1/19
Criţ, Deutsch-Kreuz,		
Szászkeresztúr	3022	2/23
Criva, Krivapuszta	2654	3/31
Crivadia	2671	6/31
Crizbav, Krebsbach, Krizba	2236	4/26
Cubleu, Almásköblös	4728	3/4
Cubleşu Someşan, Magyarköblös	3434	1/3

Cucerdea, Románkocsárd	4354	1/8
Cuci, Kutyfalu	4357	1/7
Cuciulata	3038	3/27
Cucuiş	–	4/29
Cucuta	2560	10/13
Cufoaia, Kohópataka	4893	3/1
Cugir, Kudschir, Kudzir	2566	3/29
Cuieş, Kulyes	2734	4/12
Cuieşd, Székelykövesd	4327	8/8
Culdău, Goldau, Várkudu	4576	1/2
Culpiu, Mezőkölpény	4321	7/8
Cund, Reußdorf, Kund	3089	2/15
Cunţa, Zekeschdorf, Konca	2591	1/29
Cupşeni, Kupsafalva	4891	4/1
Curciu, Kirtsch, Körös	–	8/20
Curechiu	2779	5/12
Curpeni, Kürpèny	2560	10/13
Curpenii Silvaşului	2771	8/30
Curteni, Udvarfalva	4317	7/8
Curtuiuşu Dejului, Alsókörtvélyes	4688	7/3
Cuşma, Kuschma, Kusma	4437	2/5
Cuşmed, Küsmöd	4191	3/19
Cuştelnic, Csüdetelke	3240	3/15
Cut, Kockt, Kútfalva	2586	1/29
Cutca, Kötke	3495	2/3
Cutiş, Kiskökényes	4734	2/4
Cutuş, Kutas	–	4/26
Cuzăplac, Középlak	4729	3/4
Cuzdrioara, Közárvár	4652	6/1
Dăbîca	2770	8/30
Dăbîca, Doboka	3490	1/3
Dăbiceni, Kisdoboka	4679	1/1
Dacia, Stein, Garát	3090	3/23
Daia, Dengel, Szászdányán	3251	2/15
Daia, Denndorf, Szászdálya	3082	2/20
Daia, Székelydálya	4194	5/19
Daia, Thalheim, Dolmány	2478	1/22
Daia Româna, Dellendorf, Dálya	2576	1/29
Dăişoara, Langenthal, Longodár	3010	4/23
Dălghiu, Döblen	2243	5/25
Dalnic, Dayla, Dálnok	4071	1/25
Dalu	–	4/7
Dămăcuşeni, Domokos	4886	4/1
Dămieni, Daményháza	4343	3/16
Dămuc, Gyergyódomuk,		
Damsdorf	5666	4/17
Daneş, Dunesdorf, Dános	3083	3/20
Dăneşti, Csikdánfalva	4127	2/18
Dănuleşti	2745	4/12
Dătăşeni, Marosdatos	4357	9/8

Deag, Marosdég	4151	1/8	Dipşa, Dürrbach, Dipse	4424	1/5
Deaj, Désfalfa	3243	3/15	Dîrja, Magyarderzse	3434	1/3
Deal, Dallen, Dál	2581	1/29	Dîrjiu, Székelyderzs	4196	5/19
Dealu, Oroszhegy	4160	4/19	Dîrleşti	3388	2/10
Dealu Armanului, Armandombja	4219	7/17	Dîrlos, Durles, Darlac	3147	8/20
Dealu Bajului	3391	2/10	Dîrste	–	7/26
Dealu Bistrii	3376	1/10	Ditrău, Gyergyóditró, Dittersdorf	4214	5/17
Dealu Capsei	3376	1/10	Diviciorii Mici, Klein Däwäts,		
Dealu Caselor, Hegyik	3377	1/10	Kisdevecser	3494	2/3
Dealu Frumos, Schönberg, Lesses	2492	3/22	Dobeni, Székelydobó	4163	1/19
Dealu Geoagiului, Felhavasgyógy	3318	5/13	Dobîrca, Dobring, Doboka	2474	1/29
Dealu Mare	2776	1/12	Dobîrlău, Dobolló	4012	6/25
Dealu Mare, Dülöfalva	4879	2/1	Dobolii de Jos, Aldoboly	4016	2/24
Dealu Negru	3531	1C/4	Dobolii de Sus, Feldoboly	–	5/25
Dealul Babii	2692	6/31	Doboşeni, Székelyzáldobos	4028	3/24
Dealul Ferului, Vashegy	2555	10/13	Dobra	2584	2/29
Dealul Lămăşoi	–	2/10	Dobra	4371	8/8
Dealul Mare, Roskatelep	3457	10/6	Dobra, Jófő	2743	2/30
Decea, Marosdécse	3327	1/11	Dobric, Nagydebrek	4580	1C/2
Deda, Déda	4229	5/9	Dobricel, Kisdebrek	4580	1C/2
Dedrad, Deutsch-Zepling	4248	6/9	Dobricu Lăpuşului	4875	3/1
Dej, Burglos, Des	4650	1/3	Dobrocina, Dobrocsina	4676	7/3
Dejani	2319	8/27	Dobroţ	2792	6/12
Dejuţiu, Désfalva	4163	1/19	Dolu, Almásdál	4727	3/4
Deleni	2747	4/12	Domneşti, Billak, Bilak	4418	6/5
Deleni, Indal	3360	5/11	Domoşu, Kalotadámos	3525	1B/4
Deleni, Reußen, Oroszidécs	4242	4/9	Dopca, Daken, Datk	3036	4/24
Deleni, Kleinfarken,			Dorolea, Kleinbistritz,		
Magyarsáros	3238	3/15	Asszu-Beszterce	4437	2/5
Delniţa, Csikdelne	4130	3/18	Dorolţu, Nádasdaróc	3471	2/6
Delureni, Mezöújlak	4434	6/8	Doştat, Thorstadt, Hossutelke	2598	1/29
Densuş, Densdorf	2654	3/31	Dosu Napului	3369	3/7
Deonceşti	3382	4/10	Drăculea Bandului	4344	8/8
Deuşu, Diós	3429	4/6	Drăgăneasa	2436	4/28
Deva, Diemrich, Déva	2700	1/30	Drăghia, Drágosfalva	4879	2/1
Dezmir, Dezmér	3411	5/6	Drăgoieşti-Luncă	3376	3/10
Diafalva	–	4/19	Dragu, Drág	4726	3/4
Dileu Nou, Magyardellő	4311	1/8	Drăguş	2341	6/27
Dileu Vechi, Romándellő	4311	1/8	Draşov, Traschen, Drassó	2591	1/29
Dîlja Mare	2679	7/31	Drăuşeni, Draas, Homoróddaróc	3045	5/23
Dîlja Mică	2679	7/31	Dridif, Deidrich	2312	2/27
Dîmbău, Küküllődombó	3233	4/15	Drîmbar, Drombár	2511	5/14
Dîmbu, Meződomb	4391	7/7	Drojdii, Sepröd	4333	4/16
Dîmbu Mare	4656	3/3	Duda	4218	6/17
Dîmbul Morii, Mühlenkamm,			Duduieni	3386	2/10
Malomdomb	–	8/26	Dulcea, Dulcsa	4287	3/9
Dîncu, Dank	3469	3/4	Dumbrava, Dombró	3339	1/11
Dîncul Mare, Nagydenk	2612	1/30	Dumbrava, Gyerővásárhely	3452	1/6
Dîncul Mic, Kisdenk	2611	1/30	Dumbrava, Kisdebrezen	4875	3/1
Dîngău Mare, Bánffydongó	3453	10/6	Dumbrava, Krebsdorf, Kákova	2580	1/29
Dîngău Mic, Kisdongó	–	10/6	Dumbrava, Liget	4230	5/9

Dumbrava, Waldrücken, Kajnásza	2757	5/30
Dumbrava, Warthe, Lima	2516	5/14
Dumbrava de Jos, Zsunk	2790	6/12
Dumbrava de Sus	2790	6/12
Dumbraviţa, Schnakendorf, Szunyokszék	2253	1/26
Dumbrăveni, Elisabethstadt, Erzsébetváros	3130	8/20
Dumbrăveni, Gáncs	4595	6/1
Dumbrăvioara, Scharberg, Sáromberke	4293	4/8
Dumbrăviţa, Dögmező	4581	1C/2
Dumeşti	2736	3/12
Dumeşti	3377	1/10
Dumitra, Demetersbach, Demeterpataka	2512	5/14
Dumitra, Mettersdorf, Nagydemeter	4416	4/5
Dumitreni, Szentdemeter	4370	1/16
Dumitreşti, Demeterfalva	4333	4/16
Dumitriţa, Waltersdorf, Kisdemeter	4472	3/5
După Deal	3396	3/13
După Deal	4351	9/8
După Deal	4431	6/8
După Piatră	2782	5/12
După Pleşe	3387	2/10
Dupuş, Tobsdorf, Táblás	3143	7/20
Durăşti	3381	1/10
Eghersec, Egerszeg	4131	1/18
Elciu, Völcs	3435	6/3
Eliseni, Székelyszenterzsébet	4183	1/19
Enciu, Intsch, Szászencs	4454	8/5
Ercea, Nagyercse	4266	5/8
Eremieni, Nyárádszentimre	4333	4/16
Eremitu, Nyáradremetete	4341	3/16
Eresteghin, Eresztevény	–	1/25
Ernea, Ehrgang, Szászernye	3131	8/20
Ernei, Großarn, Nagyernye	4296	4/8
Escu, Veczk	3435	8/3
Estelnic, Esztelnek	4090	2/25
Fabrica	4690	7/3
Făgădău	–	3/29
Făgăras, Fogarasch, Fogoras	2300	2/27
Făget, Birkendorf, Oláhbükkös	3134	5/15
Făgeţel	2743	2/30
Făgeţel	4212	6/17
Făgeţel, Bükkloka	4135	3/18

Făgetel de Sus, Felsőbükk	5494	3/18
Făgetul Ierii, Bicalat	3359	6/11
Fălcuşa, Falkosány	4677	2/1
Fărcădin, Ober-Wolfsdorf, Felsőfarkadin	2660	2/31
Fărăgău, Faragó	4263	5/8
Fărău, Magyarforró	3342	4/15
Faţa	–	2/10
Faţa Abrudului	3376	2/10
Faţa-Lăzeşti	3387	2/10
Faţa Pietrii	3316	5/13
Faţa Roşie	2744	6/30
Făureni, Kolozskovácsi	3431	4/3
Federi, Weißdorf, Fegyer	2670	6/31
Feisa, Füssen, Küküllőfajsz	3193	5/15
Feiurdeni, Fejérd	3410	4/6
Feldioara	2340	2/27
Feldioara, Marienburg, Földvar	3011	4/26
Feldioara, Melegföldvár	3499	9/7
Feldru, Birkenau, Földra	4528	3/2
Feleac, Falk, Szász-Fellak	4586	7/5
Feleacu, Erdöfelek	3422	2/11
Feleag, Altflaigen, Magyarfelek	3063	1/23
Feliceni, Felsőboldogasszonyfalva	4160	1/19
Felmer, Felmern, Felmer	2328	3/23
Feneş	2533	9/13
Feregi	2758	6/30
Fericet	3388	2/10
Feţeni	2566	3/29
Fiad	–	2/2
Figa, Füge	4476	1/2
Fildu de Jos, Alsófüld	4736	3/4
Fildu de Mijloc, Középfüld	4736	3/4
Fildu de Sus, Felsőfüld	4736	3/4
Filea, Füleháza	4229	4/9
Filia, Erdőfüle	4028	3/24
Filea de Jos, Alsófüle	3360	5/11
Filea de Sus, Felsőfüle	3360	5/11
Filiaş, Fiatfalva	4180	1/19
Filitelnic, Felldorf, Fületelke	3271	1/15
Filpea, Várhegyfülpe	4218	6/17
Filpişu Mare, Groß-Phlepsdorf, Magyarfülpös	4259	8/9
Filpişu Mic, Klein-Phlepsdorf, Kisfülpös	4258	8/9
Fînaţe	4269	5/8
Fînaţe	4379	4/7
Fînaţe, Funaciledülő	3369	3/7
Fînaţele Căpuşului	4353	9/8
Fînaţele Silivaşului	–	7/7
Fînaţele Socolului, Szénaszokol	4263	8/9

481

Fîncel, Fancsal	4160	4/19		Găieşti, Göcs	4331	2/8
Finciu, Kalataujfalu	3531	1B/4		Gălăoaia, Galonya	4282	5/9
Finişel, Kisfenes	–	8/6		Gălăşeni, Tóttelek	4732	3/4
Fîntîna	2772	7/30		Gălăţeni, Szentgerice	–	2/8
Fîntîna, Kaltenbrunnen, Hidegkut	3037	3/27		Galaţi	2668	6/31
Fîntîna Brazilor, Fenyökútja	4169	2/16		Galaţi, Ompolygalacz	2533	9/13
Fîntîna Brazilor, Fenyőkút	4169	7/19		Galaţii Bistriţei, Heresdorf,		
Fîntînele	2560	10/13		Galac	4420	1/5
Fîntînele	4884	5/1		Gălăuţaş, Galocáspatak	4219	7/17
Fîntînele, Eisch, Szászújös	4455	7/5		Gălăuţaş-Pîrîu	4219	7/17
Fîntînele, Fogadók	4723	3/4		Galbina	2633	9A/13
Fîntînele, Gyalakuta	3273	1/16		Galda de Jos, Alsógáld	3317	6/13
Fîntînele, Krebsdorf, Kákova	2466	2/28		Galda de Sus, Felsőgáld	3318	6/13
Fîntînele-Rus, Japa	4680	8/3		Galeş, Gallusdorf	2470	2/28
Fîntîniţa, Köbölkút	4457	7/7		Găleşti, Nyárádgálfalva	4329	2/8
Fintoag	2743	2/30		Gălpîla, Galponya	4693	2/4
Firtănuş, Mártonos	4188	3/19		Galtiu, Galdtő	3313	2/13
Firtuşu, Firtosváralja	4168	2/16		Găneşti, Gallendorf,		
Fişer, Schweischer, Sövényszeg	3019	2/23		Vámosgálfalva	3241	3/15
Fiţcău, Fickópatak	4237	4/9		Gaura Sîngerului	3477	4/7
Fitod, Fitód	4110	4/18		Geaca, Gyeke	3498	8/7
Fizeş, Weidendorf, Füszesd	2720	1/12		Gelmar, Jallmar, Gyalmár	2620	3/29
Fizeşti	2668	6/31		Geoagiu, Algyógy	2618	11/13
Fizeşu Gherlii, Ördöngösfüzes	3493	2/3		Geoagiu Băi, Gyogyer-Bad,		
Floreşti	3376	2/10		Feredőgyogy	–	11/13
Floreşti, Felsendorf, Földszin	3140	4/20		Geoagiu de Sus, Felsőgyógy	3316	5/13
Floreşti, Fenesch, Szászfenes	3440	1/6		Geogel, Kisgyogypatak	3325	3/13
Floreşti, Schirak, Virágosberék	4511	1/2		Geomal, Diómál	3316	5/13
Fodora, Magyarfodorháza	3431	4/3		Gersa I	4522	3/2
Fodora, Románfodorháza	4670	7/3		Gersa II	4522	3/2
Fofeldea, Hochfeld, Föfeld	2481	1/22		Gheduleşti	3376	5/10
Folt	2624	2/12		Gheja, Marosgezse	4361	2/7
Fornădia	2717	1/12		Ghelari, Gyalár	2766	7/30
Forţeni, Farcád	4160	1/19		Ghelinţa, Gelentz, Gelence	4081	3/25
Fortyogó	–	1/25		Ghemeş, Gémestanya	4431	6/8
Frăsinet	3362	6/11		Gheorghe Doja, Dózsa György	4314	2/8
Frata, Magyarfráta	3370	3/7		Gheorgheni, Niklasmarkt,		
Frîncenii de Piatră, Köfrinkfalva	4678	1/1		Gyergyószentmiklós	4200	1/17
Frumoasa, Csikszépviz	4135	3/18		Gheorghieni, Györgyfalva	3424	2/11
Frunzeni, Mausdorf,				Gherdeal, Gürteln, Gerdály	2495	4/22
Mezőkarasztos	4255	7/9		Gherman	5665	4/17
Fundata, Fundatten, Fundáta	2234	2/26		Ghidaşteu	4352	9/8
Fundătura	4360	3/7		Ghidfalău, Gidófalva	4035	1/24
Fundătura, Szamosjenó	3481	1/3		Ghiduţ	4215	5/17
Fundoaia	4217	7/17		Ghijasa de Jos, Untergesäß,		
Fundoaia, Kasvavölgy	4282	3/9		Alsógézés	2479	1/22
Fundul Rîului	2436	4/28		Ghijasa de Sus, Obergesäß,		
Furcşoara	2742	3/12		Felsőgezés	2487	1/22
				Ghimbav, Weidenbach,		
				Vidombák	2251	1/26
Găbud, Gabud	3348	2/7		Ghimeş Făget, Gyimesbükk	5494	3/18
Gădălin, Kötelend	3478	5/6				

Ghimeş Palanca, Gyimespalánka	–	3/18
Ghinda, Windau, Vinda	4474	3/5
Ghindari, Makfalva	3288	1/16
Ghineşti, Géges	3287	4/16
Ghiolţ, Götz, Göes	–	2/3
Ghioncani	3318	6/13
Ghipeş, Gyepes	4162	6/19
Ghirbom, Birnbaum, Oláhgirbó	2514	5/14
Ghirişu Român, Mezőgyéres	–	6/6
Ghirolt, Girolt	3484	1/3
Ghiurche, Gyürke	–	1/18
Giacăş, Gogeschdorf, Gyákós	3144	8/20
Gialacuta, Brunnenberg	2742	3/12
Gilău, Gelau, Gyalu	3477	1/6
Gîlgău, Galgó	4676	1/1
Gîlgău Almaşului, Galgó	4675	3/4
Gîlna	–	5/25
Gîmbaş, Marisgombás	3325	3/11
Gîmbuţ, Gombutz, Gambuc	4365	2/7
Gînţaga, Gonczága	2645	3/30
Gioruţ	–	1/11
Gîrbău	4663	6/1
Gîrbău, Magyargorbó	3468	2/6
Gîrbou, Csákigorbó	4690	7/3
Gîrbova, Urwegen, Szászorbo	2590	1/29
Gîrbova de Jos, Alsőorbó	3325	4/13
Gîrbova de Sus, Felsőorbó	3325	4/13
Gîrboviţa, Középorbó	3325	4/13
Gîrda-Bărbuleşti	3383	4/10
Gîrda de Sus	3390	2/10
Gîrde	3381	1/10
Gîtul Berbecului	–	4/28
Giula, Kolozsgyula	3433	4/6
Giuluş, Gyulas	–	1/8
Giurcuţa de Jos, Alsógyurkuca	3532	9/6
Giurcuţa de Sus, Felsőgyurkuca	3532	9/6
Giurgeşti	2787	6/12
Glăjărie, Görgényer Glashütte, Görgény Üvegcsűr	4283	3/9
Gledin, Gladen, Gledény	4414	6/9
Gligoreşti, Sósszentmárton	3364	1/7
Glîmboaca, Hühnerbach, Glimboka	2416	10/27
Glod	2535	9A/13
Glod, Sómezö	4678	1/1
Glodeni, Sárpatak	4294	5/8
Glodghileşti	2747	4/12
Glogoveţ, Tutendorf, Glogovác	3183	3/14
Goagiu, Gagy	4187	3/19
Godineşti	2747	4/12
Gogan, Gugendorf, Gogány	3090	2/15
Goganşarola, Gogeschburg, Gogánváralja	–	2/15
Gojeieşti	–	3/10
Goleş	2770	8/30
Goreni, Schönbirk, Dédradszéplak	4249	6/9
Gorneşti, Kertzing, Gernyeszéy	4288	1/9
Gostila, Csicsógombás	4677	2/1
Gothatea, St. Gotthard, Gothátya	2745	4/12
Govăjdia, Sensenhammer, Kaszabánya	2762	7/30
Grădiniţa	4575	4/2
Grădiştea de Munte	2606	4/29
Grebenişu de Cîmpie, Mezőgerebenes	4345	8/8
Grid	2265	3/27
Grid	2637	4/30
Grînari, Mukendorf, Nagymoha	3034	3/23
Grind	2743	2/30
Grindeni, Gerendkeresztúr	4368	1/7
Grîuşorul, Buzaháza	4343	3/16
Grohot	2787	6/12
Grohoţele	2782	5/12
Groş	2757	6/30
Groşi	2560	10/13
Groşii Ţibleşului, Tökés	4883	4/1
Groşuri	2757	5/12
Gruişor, Kisgörgény	–	2/8
Guga	4663	5/1
Gura Ampoiţei	2518	9/13
Gura Apei	–	4/31
Gura Arieşului, Vajdaszeg	3347	1/7
Gurabarza	–	5/12
Gura Bordului	2772	8/30
Gura Cornei	3394	5/10
Gura Cuţului	–	10/13
Gura Mărilor	–	3/2
Gura Putinilor	–	5/12
Gura Rîului, Auendorf, Gúraró	2455	2/28
Gurasada	2745	4/12
Gura Sohodol	3382	2/10
Gura-Văii, Groß-Schwarzdorf, Netód	2320	8/27
Gura Zlata	2661	4/31
Gurghiu, Görgen, Görgényszentimre	4281	3/9
Gusu, Gieshübel, Kisludás	2473	1/29
Habic, Buchendorf, Hétbükk	4273	2/9
Hădărău, Lupsahadaro	3380	1/10

Hădăreni, Hadrév	4367	1/7	Hodişu, Hodosfalva	3535	1/4
Hagău, Hágotanya	3498	9/7	Hodoşa, Hodos	4216	7/17
Hăghig, Fürstenburg, Hidvég	–	2/24	Hodoşa, Székelyhodos	4216	3/16
Hágota	4209	5/17	Hoghia, Hodgya	–	1/19
Haiduceşti	3392	3/10	Hoghilag, Halvelagen, Holdvilág	3132	8/20
Hălchiu, Heldsdorf, Höltöveny	2235	4/26	Hoghiz, Warmbrunn, Heviz	3035	3/27
Hălmăşău, Helmesaljavölgy	4582	1C/2	Holbav, Holbach, Holbák	2220	3/26
Hălmeag, Halmagen, Halmagy	2263	4/23	Holobani	–	1/10
Hamba, Hahnbach, Kakasfalva	2441	1/21	Homorod	2617	11/13
Hănăşeşti	3392	3/10	Homorod, Hamruden, Homoród	3026	5/23
Hăpria, Oláhherepe	2512	5/14	Hondol	2727	2/12
Harale, Haraly	4081	3/25	Hopîrta, Háporton	3333	3/11
Hărănglab, Harangláb	3244	3/15	Horea, Gura-Aradi	3388	2/10
Hărăşti	3392	3/10	Horlacea, Jákótelke	3525	1B/4
Hărău, Haró	2722	2/12	Hosasău, Hosszúaszó	4110	4/18
Harghita-Băi, Hargitafürdő	4122	5/18	Hosman, Holzmengen,		
Hărman, Honigberg,			Holczmány	2481	1/22
Szászhermány	2239	6/26	Huedin, Heynod, Bánffyhunyad	3525	1/4
Hărţăgani	2730	1/12	Huisurez, Hosszurész	5666	4/17
Hărţău, Harcó	4327	8/8	Hunedoara, Eisenmarkt,		
Haşag, Haschagen, Hasság	2462	5/28	Vajdahunyad	2750	5/30
Hăşdat, Hochstatt, Hosdát	2755	3/30	Hurez	2309	8/27
Hăşdate, Hasadát	3444	6/11	Hurube, Ruba	–	1/5
Hăşdate, Vizszilvas	3475	1/3	Huta	4665	5/1
Hăşdău	2770	8/30	Huta, Csákiujfalu	4718	2/4
Hăşmaş, Alsóhagymás	4681	8/3	Huzăreşti		2/10
Hăşmaşu Ciceului,					
Csicsóhagymás	4579	1C/2	**Iacobeni,** Jakobsdorf, Jakabfalva	2496	2/22
Hăţăgel, Klein-Hötzing,			Iacobeni, Kászonjakabfalva	4121	1/18
Kishatszeg	2653	3/31	Iara, Alsójára	3359	6/11
Haţeg, Hatzeg, Hátszeg	2650	1/31	Iara de Mureş, Marosjara	4288	1/9
Haţegana	2555	10/13	Iarăş, Nyárospatak	4019	2/24
Hătuica, Hatolyka	4077	4/25	Iaşi	2319	8/27
Henig, Henningsdorf,			Iasu, Jásfalva	4193	5/19
Henningfalva	2514	5/14	Ibăneşti, Libánfalva	4284	3/9
Herculian, Magyarhermány	4031	3/24	Ibăneşti-Pădure, Erdölibántalva	4287	3/9
Herepea, Magyarherepe	3235	4/15	Icafaláu, Ikafalva	4068	1/25
Herepeia, Herepe	2712	2/30	Icland, Iklánd	4296	4/8
Herghelia, Mezőménes	4320	7/8	Iclandu Mare, Nagy-Iklánd	4351	9/8
Heria, Hari	3342	4/15	Iclănzel, Kis-Iklánd	4352	9/8
Herina, Mönchsdorf, Harina	4421	1/5	Iclod, Mikluden, Iklód	3179	1/14
Hetiur, Marienburg, Hétúr	3076	1/15	Iclod, Nagyiklód	3481	1/3
Hida, Hidalmás	4722	3/4	Iclozel, Kisiklód	3481	1/3
Hilib, Hilibsdorf	4084	3/25	Ideciu de Jos, Nieder-Eidisch,		
Hîrseni	2322	9/27	Alsóídécs	4241	4/9
Hoancă	–	3/10	Ideciu de Sus, Ober-Eidisch,		
Hobiţa, Thierdorf	2668	6/31	Felsőídécs	4242	4/9
Hobiţa-Grădişte, Lagerfeld	2661	3/31	Idicel, Eidischdorf, Idécspatak	4243	4/9
Hodac, Görgényhodák	4285	3/9	Idicel-Pădure, Erdöidécs	4244	4/9
Hodăi-Boian	3368	3/7	Idiciu, Belleschdorf, Jövedics	3251	2/15
Hodişeşti	3381	1/10	Idrifaia, Ederholz, Héderfája	3252	3/15

Iernut, Radnuten, Radnót	4351	1/8
Iernuțeni, Etschdorf, Radnótfája	4225	1/9
Ighiel, Igenpatak	2519	8/13
Ighiu, Ege	4194	5/19
Ighișu Nou, Eibesdorf, Szászivanfalva	3154	1/21
Ighișul Vechi, Walachisch-Eibesdorf, Oláhivánfalva	2486	1/22
Ighiu, Grabendorf, Magyarigen	2519	8/13
Ignătești	3383	4/10
Igrișia, Igrice	3488	1/3
Ihod, Ehed	4279	3/16
Ileanda, Nagyilonda	4679	1/1
Ileni	2319	9/27
Ilia, Elienmarkt, Marosillyen	2734	4/12
Ilieni, Illyefalva	4016	2/24
Ilieși, Illyésmező	3295	1/16
Iliești	3318	6/13
Ilimbav, Eulenbach, Illenbák	–	1/22
Ilioara, Kisillye	4288	1/9
Iliușua, Alsóilosva	4579	1C/2
Ilva Mare, Groß-Ilva, Nagyilva	4542	4/2
Ilva Mică, Klein-Ilva, Kisilva	4540	3/2
Imeni, Imecsfalva	4080	4/25
Imper, Kászonimpér	4134	1/18
Inău, Unömezö	4875	3/1
Ineu, Csikjenőfalva	4141	2/18
Inlăceni, Énlaka	4188	2/16
Inoc, Inakfalva	3339	1/11
Întorsura Buzăului, Bodzaforduló	4046	5/25
Intregalde, Havasgáld	3318	6/13
Inucu, Inaktelke	3469	1/6
Inuri, Borsómező	2555	10/13
Ionești, Eisdorf, Homoródjánosfalva	3044	5/23
Iscroni	2690	8/31
Isla, Iszlá	4279	3/16
Iștan-Tău	4344	8/8
Iștihaza, Istvanháza	4365	2/7
Isvoarele, Csufud	3176	1/14
Iuriu de Cîmpie, Mezőőr	3421	7/6
Ivăneasa	4642	4/2
Ivaneș, Iványos	5665	4/17
Ivăniș	3318	6/13
Izbita	–	5/10
Izlaz	3391	2/10
Izvoare, Ivópatak	4166	7/19
Izvoarele, Bedellő	3337	4/11
Izvoarele, Lodzina	2761	8/30
Izvoru Ampoiului, Nagyompoly	2537	9/13
Izvoru Crisului, Kórösfó	3533	1/4
Izvorul Mureșului, Marosfő	4203	1/17
Izvorul Mureșului, Marosfő	–	2/18
Izvorul Trotușului, Sántatelek	4139	3/18
Jabenița, Salzhau, Görgénysóakna	4280	4/9
Jac, Zsákfalva	4713	2/4
Jacodu, Ungarisch Sacken, Magyarsákod	3277	1/16
Jacu, Sacken, Romanzsákod	3065	1/16
Jebucu, Zsobok	4735	1D/4
Jeica, Schelken, Zselyk	4422	6/5
Jeledinți, Lozsád	2611	1/30
Jelna, Senndorf, Zsolna	4463	3/5
Jibert, Seiburg, Zsiberk	3030	3/23
Jichișu de Jos, Alsógyékényes	4653	5/3
Jichișu de Sus	4653	5/3
Jidoștina	2584	2/29
Jidovița, Jude, Entrádám	–	3/2
Jidvei, Seiden, Zsidve	3191	5/15
Jieț 2686		7/31
Jigodin, Csikzsögöd	4110	1/18
Jimbor, Sommer, Szászzsombor	4492	8/5
Jimbor, Sommerburg, Szászszombor	3028	5/23
Jina, Schinna, Zsinna	2457	2/28
Jolotca, Orotva	4213	7/17
Josani, Susendorf, Zsoszány	2760	5/30
Joseni, Gyergyóalfalu	4206	2/17
Josenii Bîrgăului, Unter-Borgo, Alsóborgó	4439	2/5
Jucu de Jos, Alsózsuk	3477	5/6
Jucu de Mijloc, Nemeszsuk	3477	5/6
Jucu de Sus, Felsőzsuk	3477	5/6
Jurca, Gyurkapataka	3435	8/3
Kisfalud	–	8/8
Lacu, Feketelak	3499	2/3
Lacul Roșu, Gyilkostó, Mördersee	4208	4/17
La Curte	–	1/5
Lădăuți, Ladoc	4047	4/25
Lancrăm, Langendorf, Lámkerék	2575	1/29
Lăpugiu de Jos	2743	2/30
Lăpugiu de Sus, Felsőlapugy	2743	2/30
Lăpuș, Laposch, Oláhlápos	4888	4/1
Lăpușna, Laposnya	4287	3/9
Lăpușnic	2743	2/30
Lăpuștești, Lapistya	3457	10/6
Larga	4282	3/9
Larga, Tágfalva	4882	4/1

Larion	4545	4/2
Lăsău, Lászó	2743	2/30
Lascud, Lackod	3246	1/8
Laslău Mare, Rum. Lasseln,		
Nagyszentlászló	3257	2/15
Laslău Mic, Kleinlasseln,		
Kisszentlásló	3258	2/15
Laslea, Großlasseln,		
Szászszentlászlo	3135	4/20
Lăureni, Kisszentlőrinc	4336	3/8
Laz, Sebeslaz	2580	2/29
Lăzarea, Gyergyószárhegy	4215	5/17
Lăzăreşti, Csiklázárfalva	4119	1/18
Laz-Firtănuş, Firtos	4188	3/19
Lazuri	3382	1/10
Leauţi	2792	7/12
Lechincioara, Kislekence	4347	7/8
Lechinţa, Lechnitz,		
Szászlekence	4452	7/5
Lechinţa, Maroslekence	4351	9/8
Leghia, Tannendorf, Jegenye	3469	2/6
Legii, Magyarlégen	3498	8/7
Leheşti	3382	4/10
Lelese	2767	7/30
Leleşti, Csicsólábfalva	4559	6/1
Leliceni, Csikszentlélek	4110	4/18
Lemnia, Lemhény	4095	2/25
Lemnia-Velence	–	2/25
Leniş	4346	5/8
Leordeni, Lőrincfalva	4314	2/8
Leorinţ, Lörincsréve	3329	2/14
Leorinţa, Lőrincdűlő	4345	6/7
Lepindea, Leppendorf, Leppend	3251	2/15
Leşnic	2715	2/30
Leşu, Lesch, Les	4541	4/2
Leţ, Lécfalva	4042	1/25
Leudra	4663	5/1
Lezpezea	–	2/10
Liban	4205	7/19
Libotin	4891	4/1
Lisa	2316	7/27
Lisnău, Lisznyó	4006	6/25
Lisnău-Vale, Lisznyópatak	4006	6/25
Lita, Oláhléta	3444	6/11
Liteni, Magyarléta	3444	6/11
Livada	2792	7/12
Livada, Dengeleg	3481	1/3
Livada, Pusztaegres	3360	5/11
Livadia	2671	6/31
Livadia de Cîmp, Wiesendorf,		
Mezőlivadia	2671	6/31

Livadia de Coastă,		
Hegyaljalivadia	2671	6/31
Livezeni	2679	8/31
Livezeni, Jedd	4310	3/8
Livezi	2660	2/31
Livezi, Lóvész	4138	3/18
Livezile, Jaad, Jád	4436	2/5
Livezile, Kakova, Vladháza	3335	4/11
Liviu Rebreanu, Priszlop	4515	3/2
Loamneş, Ladmesch, Ladámos	2461	5/28
Lobodaş	3360	7/11
Locodeni, Lokod	4162	6/19
Lodroman, Ledermann,		
Lodórmány	3183	3/14
Logig, Ludwigsdorf, Szászludvég	4253	7/9
Loman, Lammsdorf, Lomány	2583	2/29
Lopadea Nouă, Magyarlapád	3331	3/11
Lopadea Veche, Románlapád	3328	1/11
Lotrioara, Lauterbach	2418	4/28
Lovnic, Leblang, Lemnek	3031	3/23
Lozna, Nagylozna	4684	7/3
Ludeştii de Jos, Unter-Ludesch	2605	4/29
Ludeştii de Sus	2605	4/29
Ludfarca, Ludfarka	–	6/17
Ludişor	2310	2/27
Ludoş, Logdes, Nagyludás	2473	1/29
Luduş, Ludosch, Marosludas	4350	1/7
Lueta, Lövéte	4157	2/19
Luieriu, Lera, Lövér	4246	5/9
Lujerdiu, Lózsárd	3486	1/3
Lumineşti	3382	4/10
Luna, Aranyoslóna	3364	1/7
Luna de Jos, Kendilóna	3489	1/3
Luna de Sus, Lohne, Szászlóna	3489	8/6
Lunca	5685	4/17
Lunca	–	7/12
Lunca, Ellendorf	2720	1/12
Lunca, Freißendorf, Friss	4415	6/5
Lunca, Langendorf, Küküllőlonka	3183	3/14
Lunca, Nausatz, Aranyoslonka	3378	1/10
Lunca, Traßten, Tekeújfalu	4256	7/9
Lunca Ampoiţei, Lunkarész	2521	9/13
Lunca Borlesei	4582	1C/2
Lunca Bradului, Palotailva	4227	5/9
Lunca Calnicului	2240	6/26
Lunca Cernii de Jos	2772	8/30
Lunca Cernii de Sus	2772	8/30
Lunca de Jos, Gyimesközéplok	4140	3/18
Lunca de Sus, Gyimesfelsólok	4139	3/18
Lunca Ilvei	4545	4/2
Lunca Largă	3378	1/10

Lunca Mărcuşului, Bélmezö	4012	6/25
Lunca Merilor	3381	1/10
Lunca Meteşului, Lunkabánya	2521	9/13
Lunca Mureşului, Holtmaros	4235	4/9
Lunca Mureşului, Székelykocsárd	3347	3/11
Lunca Sătească	4583	1C/2
Lunca Tîrnavei, Bleschdorf, Szpin	3187	1/14
Lunca Vişagului, Lunkatanya	3538	1/4
Luncani	2640	4/30
Luncani, Gerend	3364	1/7
Luncani, Lunkán, Zencani	4220	7/17
Luncoiu de Jos	2767	1/12
Luncoiu de Sus	2767	1/12
Luncşoara, Langenthal	2736	3/12
Lunga, Nyujtód	4085	1/25
Lungeşti	3358	4/11
Lupeni	2696	8/31
Lupeni, Farkaslaka	4168	4/19
Lupu, Farkastelke	3176	4/14
Lupşa	3033	3/27
Lupşa, Wolfsdorf, Lupsa	3380	1/10
Lupşeni	3318	6/13
Luşca, Luschka, Szamospart	4510	3/2
Luţa	2310	2/27
Lutiţa, Agyagfalva	4165	5/19
Lutoasa, Csomortán	4096	2/25
Măcăreşti	3325	3/13
Macău, Makó	3472	1/6
Măceu, Mácsó	2643	3/30
Măcicaşu, Magyarmacskás	3430	4/6
Mada, Moden	2622	9A/13
Mădăraş, Csikmadaras	4127	2/18
Mădăraş, Mezőmadaras	4344	8/8
Mădărăşeni	4351	9/8
Mag, Schardörfel, Mág	2470	5/28
Măgherani, Nyárámagyaros	4340	4/16
Măgheruş, Magyarós	4220	7/17
Măgheruş, Maniersch,		
Kükkülőmagyaros	3078	1/15
Măgina, Muzsina	3334	4/11
Măgoaja	4665	5/1
Măgura	2230	2/26
Măgura	2611	1/30
Măgura	3318	6/13
Măgura, Kishegy	4678	1/1
Măgura Ierii	3359	6/11
Măgura Ilvei, Mogura, Magura	4543	4/2
Măgura-Topliţa	2727	2/12
Măgurele, Schierling, Serling	4423	6/5
Măgureni	2602	4/29

Măguri-Răcătău, Szamosfő	3445	9/6
Măhăceni, Aranyosmohács	3339	1/11
Măhal, Mohaly	3494	2/3
Maia, Maja	4340	4/16
Maia, Mánya	4660	6/3
Maiad, Nyomát	4335	3/8
Maieru, Maier, Major	4530	3/2
Măierus, Nußbach,		
Szászmagyarós	3014	4/26
Maioreşti, Maroslaka	4235	5/9
Mălăieşti	2666	6/31
Mălin, Almásmalom	4679	2/3
Mălîncrav, Malmkrog, Almakerék	3135	4/20
Malnă-Băi, Malnas-Fürdö	4036	1/24
Malnaş, Málnás	4036	1/24
Măluţ, Omlásalya	4576	1B/2
Mămăligani, Mameligany	3396	1/10
Mănărade, Donnersmarkt,		
Monora	3180	4/14
Mănăstirea, Szentbenedek	4657	1/3
Mănăstireni, Klosterdorf,		
Magyargyerómonostor	3456	1C/4
Mănăşturel, Monostorszek	4652	6/1
Mănăşturu Românesc,		
Felsómonostor	3456	1C/4
Mănerău, Minerau, Magyarósd	2760	5/30
Manic, Mányik	4591	8/5
Mărăşeşti, Marosesd	4344	8/8
Mărceşti	3457	10/6
Mărculeni, Marcod	4340	4/16
Mărcuşa, Kézdimarkosfalva	4079	4/25
Mărgău, Meregyó	3529	1A/4
Mărgineni	2322	9/27
Mărgineni	2562	2/29
Mărişel, Marisel, Havasnagyfalu	3449	9/6
Mărişelu, Großendorf,		
Sajómagyfalu	4423	6/5
Marpod, Marpod, Márpod	2480	1/22
Mărtănuş, Kézdimartonos	4093	3/25
Mărtineni, Kézdimartonfalva	4078	4/25
Mărtineşti	2611	1/30
Mărtineşti, Pusztaszentmárton	3372	2/11
Mărtinie	2584	2/29
Mărtiniş, Sankt Marten,		
Homoródszentmárton	4162	6/19
Martonca, Mártonka	4212	6/17
Maşca, Macsakö	3359	6/11
Matei	3389	2/10
Matei, Mathesdorf, Szászmáté	4455	7/5
Mateiaş, Mattersdorf, Matéfalva	3018	4/24
Mediaş, Mediasch, Medgyes	3125	1/21

Medişoru Mare, Nagymedesér	4178	4/19		Mierţa, Nyerce	4729	3/4
Medişoru Mic, Kismedesér	4187	3/19		Mighindoala, Engenthal, Ingodaly	2465	1/21
Medveş, Nagymédvés	3344	4/15		Mihăieşti	2744	2/30
Mera, Méra	3463	2/6		Mihăileni	2782	5/12
Mercheaşa, Streitfort, Mirkvásár	3027	5/23		Mihăileni, Csikszentmihály	4138	3/18
Mereni, Kézdialmás	–	2/25		Mihăileni, Schaldorf, Sálfalva	2490	1A/21
Mereşti, Homoródálmás	4158	6/19		Mihăileni, Székelyszentmihály	4177	4/19
Mereteu, Meritő	2555	10/13		Mihăileşti,		
Merghindeal, Mergeln,				Nádasszentmihálytelke	3466	3/6
Morgonda	2493	3/22		Mihai Viteazu, Alsó- und		
Meria, Kékesfalva	2772	7/30		Felsőszentmihályfalva	3352	4/11
Merişor	2671	6/31		Mihai Viteazu, Zoltendorf,		
Merişor	2797	5/12		Zóltány	3073	2/23
Merişor, Pusztaalmás	4295	5/8		Mihalţ, Michelsdorf, Mihálcfalva	3311	5/14
Merişori	4048	5/25		Miheşu de Cîmpie, Mezőméhes	4382	4/7
Merişoru de Munte	2714	6/30		Mihoeşti	3376	2/10
Mermezeu-Văleni, Nyirmező	2616	11/13		Mijlocenii Bîrgăului, Középborgó	4440	2/5
Mesentea, Allerheiligen,				Milaş, Nagynyulas	4431	6/8
Kismindszent	3312	6/13		Milăşel, Kisnyulas	4263	5/8
Mesteacăn	2660	2/31		Milúani, Milván	4722	3/4
Mesteacăn, Meztákon	2776	6/12		Mîndra	2310	3/27
Mesteacănu, Almásnyires	4734	2/4		Mîndra, Széptelek	2461	5/28
Meteş, Metesd	2523	9/13		Minele Lueta, Eisenbergwerk,		
Metiş, Martinsdorf,				Rókaváros	4156	2/19
Szászmártonfalva	2488	1A/21		Mintia, Marosnémeti	2733	2/30
Mătişeni, Mátisfalva	4163	5/19		Mintiu Gherlei, Deutschendorf,		
Mătişeşti	3376	4/10		Szamosujvárnémeti	3483	1/3
Mătişeşti	3888	2/10		Mintiu, Rumänisch Baierdorf,		
Mătrici, Nyárádköszvényes	4341	3/16		Oláhnémeti	4513	1/2
Meşcreac, Megykerék	3329	2/14		Mirăslău, Miriszló	3326	1/11
Meşendorf, Meschendorf, Mese	3023	2/23		Mîrsa	–	1/27
Meştera, Meisterhausen,				Misentea, Csikmindszent	4110	4/18
Mesterháza	4226	5/9		Mititei, Kleindörfchen, Mittye	4535	2/2
Mica, Mikefalva	3253	3/15		Mitreşti, Nyárádszentmárton	–	3/16
Mica, Mikeháza	4656	3/3		Moacşa, Maksa	4072	1/25
Micăneşti	2747	4/12		Moara de Jos	4379	4/7
Micăsasa, Fägendorf, Mikeszásza	3163	3/14		Moardaş, Mardisch, Mardos	2489	1A/21
Miceşti, Kleindörfel,				Mociu, Mócs	3417	8/7
Ompolykisfalu	2518	9/13		Mocod, Makendorf, Makód	4514	2/2
Miceşti, Mikes	3374	5/11		Moglăneşti, Moglán	4220	7/17
Miceştii de Cîmpie, Mezőkecsed	4462	7/7		Mogoaia	4384	6/7
Micfalău, Miko-Neudorf,				Mogoş	3398	3/13
Mikóújfalu	4037	1/24		Mogoş-Bîrleşti	–	6/13
Micloşlaca, Miklóslaka	3340	3/11		Mogoşeni, Szamosmagasmart	4511	1/2
Micloşoara, Miklosvár	4022	2/24		Mohu, Moichen	2430	4/28
Miercurea-Ciuc, Szeklerburg,				Moieciu de Jos, Moesch,		
Csikszereda	4100	1/18		Alsómoécs	2230	2/26
Miercurea Nirajului,				Moieciu de Sus, Obermoesch,		
Nyárádszereda	4333	4/16		Felsőmoécs	2230	2/26
Miercurea Sibiului, Reußmarkt,				Moldoveneşti, Burgdorf, Várfalva	3353	1/11
Szerdahely	2471	1/29		Monariu, Minarken, Malomárka	4435	3/5

Monor, Mindendorf	4411	6/9	Nadeş, Nadesch, Szásznádas	3077	1/15
Morăreni, Malomfalva	4168	4/19	Nălaţ	2660	3/31
Morăreni, Marosmonosfalu	4229	5/9	Nălaţvad	2660	3/31
Morăreşti	3376	4/10	Nămaş	3381	1/10
Morău, Moró	3486	1/3	Nandra, Lándor	4365	2/7
Moreşti, Malomfalva	4314	8/8	Nandru, Weißkirchen, Nándor	2760	5/30
Morişti, Hurubák	3410	7/6	Năoiu, Novaj	3417	8/7
Morlaca, Marótlaka	3536	1B/4	Năsal, Noszoly	3496	2/3
Morţeşti	3369	3/7	Năsăud, Nassod, Naszód	4500	3/2
Moruţ, Moritzdorf, Szászmóric	4455	7/5	Nazna, Náznánfalva	4323	8/8
Moşna, Meschen, Muszna	3152	2/21	Neagra, Nyágra	4227	5/9
Moşuni, Székelymoson	4337	3/8	Nearsova, Nyirászó	3525	1/4
Motiş, Mortesdorf, Mártontelke	3157	1/21	Neaua, Havad	3288	4/16
Movile, Hundertbücheln,			Necrileşti	3318	6/13
Szászhálom	2497	2/22	Necşeşti	3386	2/10
Mugeni, Bögöz	4163	1/19	Negoiu	–	8/30
Mugeşti	2566	3/29	Negreni, Konkolyfalva	4680	7/3
Mujna, Múzsna	4196	5/19	Negreşti	3386	2/10
Muncel, Kishovas	4686	1/1	Negrileşti, Négerfalva	4599	6/1
Muncel, Muncsel, Hegyköz	4686	7/3	Nemeşi	–	3/10
Muncelu, Muncsel	3379	1/10	Nemşa, Nimesch, Nemes	3153	2/21
Muncelu Mare	2714	6/30	Nepos, Werare, Várorja	4527	3/2
Muncelu Mic	2713	6/30	Neţeni, Netz, Nec	4418	1/5
Muncești	3382	4/10	Netuş, Neithausen, Néthus	2497	2/22
Muntele Băişorii, Erzdorf,			Nicoleni, Székelyszentmiklós	4178	4/19
Kisbányahavas	3361	6/11	Nicolești, Csikszentmiklós	4124	3/18
Muntele Bocului, Bikalathavas	3361	6/11	Nicoleşti, Káposztás-Szentmiklós	–	2/8
Muntele Cacovei, Kakowa			Nicoleşti, Miklósfalva	4160	5/19
Gebirge, Kákovahavas	3361	6/11	Nicula, Füzesmikola	3491	2/3
Muntele Filii, Felsőfülöhavas	3362	6/11	Nima, Néma	3482	1/3
Muntele Rece, Hideghavas	3446	9/6	Nima Rîciului	4346	7/8
Muntele Săcelului,			Nimigea de Jos, Ungarisch		
Assonyfelhavas	3362	6/11	Nindorf, Magyarnemegye	4511	2/2
Mura Mare, Nagyszederjes	4288	1/9	Nimigea de Sus, Walachisch		
Mura Mică, Kissederjes	4288	1/9	Nindorf, Oláhnemegye	4535	2/2
Mureni, Neuflaigen, Szederjes	3064	1/23	Nireş, Nieresch, Szásznyires	4658	3/3
Mureşeni, Megyesfalva	–	1/8	Nireş, Oláhnyires	4511	2/2
Mureşenii Bîrgăului, Marosborgó	4444	2/5	Nocrich, Leschkirch, Újegyház	2479	1/22
Mureşenii de Cîmpie, Oboz	3415	2/3	Noiştat, Neustadt, Újváros	2497	2/22
Murgeşti, Nyárádszentbenedek	4329	2/8	Nojag	2727	2/12
Murguşa	–	6/31	Nou, Neudorf, Szászújfalu	2478	1/22
Muşca, Muska	3380	1/10	Nou Român, Walachisch		
			Neudorf, Óláhújfalu	2411	10/27
Nadăşa, Wal.-Nadesch,			Nou Săsesc, Neudorf, Apaujfalu	3134	4/20
Gorgénynados	4277	2/9	Noşlac, Marosnagylak	3341	3/11
Nădăşelu, Magyarnádas	3464	3/6	Novăcești	3386	1/10
Nădăştia, Nádascia	2535	9A/13	Nucet, Johannisberg,		
Nădăştia de Jos	2638	3/30	Szentjánoshegy	2476	1/22
Nădăştia de Sus	2638	3/30	Nucşoara	2666	5/31
Nadăşu, Kalotanádas	3525	1/4	Nuşeni, Großendorf, Apanagyfalu	4588	8/5
Nădejdea, Ajnád	4138	3/18	Nuţeni, Nucen	4218	7/17

Şasa, Szászavinc	3380	1/10		Selters, Szelterszfűrdő	–	2/19
Săsarm, Weißhorn, Szeszárma	4536	2/2		Şendroaia	4533	1C/2
Săsăuş, Sachsenhausen,				Senereuş, Zendersch, Szénaverős	3272	1/15
Szászahuz	2495	4/22		Şerbeni, Soropháza	4272	2/9
Săsciori	2319	8/27		Şercaia, Schirkanyen, Sárkány	2261	3/27
Săsciori, Schewis, Scáscsciór	2580	2/29		Şercăiţa, Klein-Schirkanyen	2259	9/27
Săseşti, Szászfalu	–	2/17		Sereca, Elsterdorf, Szereka	2604	4/29
Saschiz, Keisd, Szászkézd	3072	2/23		Şerel	2669	6/31
Satulung, Hosszúmacskás	3428	4/6		Şesuri	2779	5/12
Satu Mare, Máréfalva	4151	2/19		Şesuri, Siktelep	4582	1C/2
Satu Mic, Kecsedkisfalud	4168	4/19		Seuca, Szökefalva	–	3/15
Satu Nou, Göröcsfalva	4126	2/18		Şeulia de Mureş, Románsályi	4354	1/8
Satu Nou, Homoródújfalu	4159	6/19		Şeuliţa	4285	6/7
Satu Nou, Kisakasztó	4391	7/7		Seuşa, Salzbach, Sospatak	2517	5/14
Satu Nou, Neudorf, Barca Ujfalu	2235	4/26		Sfîntu Gheorghe, Sankt Georgen,		
Satu Nou, Teremiújfalu	4316	2/8		Sepsiszentgyörgy	4000	1/24
Şaula, Sárvár	3525	1/4		Sfîrcea	–	6/13
Şăuleşti, Sálfalva	2628	1/30		Sfăraş, Farnas	4735	1D/4
Şăulia, Mezősalyi	4383	6/7		Sfoartea	–	2/10
Şăuşa, Salzbach, Kerelősóspatak	4311	1/		Sf. Gheorghe,		
8Sava, Mezőszava	3415	2/3		Csapószentgyörgy	4351	1/8
Săvădisla, Tordaszentlászló	3443	8/6		Sibiel, Budenbach, Szibiel	2466	2/28
Săvăstreni	2311	8/27		Sibişel	2655	5/31
Scărişoara, Aranyosfö	3389	2/10		Sibişel, Altschebeschel,		
Scoreiu, Standorf, Szkoré	2414	2/27		Osebeshely	2602	4/29
Scrind-Frăsinet, Szkrind-Frászinet	3529	1A/4		Sibiu, Hermannstadt,		
Sebeş	2322	9/27		Nagyszeben	2400	1/28
Sebeş	4229	4/9		Şibot, Unterbrodsdorf, Alkenyér	2550	3/29
Sebeş, Mühlbach, Szászsebes	2575	1/29		Sic, Seck, Szék	3492	2/3
Şebeşel, Klein-Mühlbach,				Şicasău, Sikaszó	4166	7/19
Sebesely	–	2/29		Şiclod, Siklód	4192	1/16
Sebeşu de Jos, Unter Schewesch,				Siculeni, Csikmadéfalva	4136	2/18
Alsósebes	2427	1/27		Şieu, Groß-Schogen, Nagysajó	4412	6/5
Sebeşu de Sus, Ober-Schewesch,				Şieu-Măghieruş, Ungersdorf,		
Felsősebes	2426	1/27		Sájómagyaros	4470	5/5
Sebiş, Oberschebesch,				Şieu-Odorhei, Dienesdorf,		
Sajófelsősebes	4415	6/5		Sajóudvarhely	4478	7/5
Secu	4220	8/17		Şieu-Sfîntul, Leresdorf,		
Secuieni, Újszékely	4182	1/19		Sajószentandrás	4463	5/5
Secuieu, Szekelyó	3534	1A/4		Şieuţ, Klein-Schogen, Kissajó	4415	6/5
Secăşel, Heidendorf,				Şigău, Sajgó	4653	5/3
Székásszabadja	2595	4/14		Sighişoara, Schäßburg, Segesvár	3050	1/20
Şeica Mare, Marktschelken,				Sigmir, Schönbirk, Szépnyir	4466	5/5
Nagyselyk	2463	1/21		Şilea, Magyarsülyő	3345	4/15
Şeica Mică, Kleinschelken,				Şilea Nirajului, Nyárádselye	4340	4/16
Kisselyk	3162	1/21		Silhoasa	–	4/2
Seiche, Szejke	–	1/19		Silivaş, Oláhszilvás	3333	3/11
Seleuş, Großalisch, Nagyszöllös	3085	3/20		Silivaş, Vizszilvás	3475	1/3
Seleuş, Kleinalisch, Kisszöllős	3246	2/15		Silivaşu de Cîmpie, Mezőszilvás	4433	7/7
Şelimbăr, Schellenberg, Selimbér	2428	4/28		Silvaşu de Jos, Unterpflaumdorf,		
Selişţat, Seligstadt, Boldogváros	2327	2/22		Alsószilvas	2660	5/30

Stremţ, Nußschloß,		
Diód-Váralya	3315	5/13
Stretea	2743	2/30
Streza-Cîrţişoara, Oberkerz	–	4/27
Strîmbu, Horgaspataka	4665	5/1
Strîmbu-Băiuţ, Horgospataka	4690	4/1
Strugureni, Rothkirch,		
Mezőveresegyháza	4591	8/5
Strungari, Strägendorf, Sztrugár	2578	2/29
Stupini, Füzes	4723	3/4
Stupinii Prejmerului, Rohrau	2241	6/26
Stupinis, Mezősolymos	4457	1/5
Suarăş, Szóváros	4654	6/3
Suatu, Magyarzovát	–	6/6
Subcetate, Burgberg,		
Gyergyóvárhegy	4218	6/17
Sub-Cetate, Töröktelep	4166	7/19
Subcetate, Váralya	2660	1/31
Subpădure, Erdőalja	–	5/18
Sub Pădure, Erdőalja	3240	3/15
Sub Piatră, Buvópatak	3377	1/10
Suceagu, Szucság	3461	2/6
Suceşti	3390	2/10
Suciu de Jos	4881	4/1
Suciu de Sus	4882	4/1
Sucutard, Szentgothárd	3498	2/3
Şugag	2584	2/29
Sulighete	2717	1/12
Sumurducu, Szomordok	3461	3/6
Suplac, Küküllőszéplak	3256	2/15
Suplai, Szulpai	4538	2/2
Şura Mare, Großscheuern,		
Nagycsúr	2441	1/21
Şura Mică, Kleinscheuern, Kiscsür	2442	5/28
Surcea, Szörcse	4063	4/25
Surda, Sükevalva	4333	4/16
Surdu, Süketfalva	–	4/16
Surduc, Járaszurduk	3359	6/11
Surduc, Szurduk	4686	7/3
Suseni	2658	5/31
Suseni, Gyergyóújfalu	4205	2/17
Suseni, Pränzdorf, Marosfelfalu	4245	5/9
Susenii Bîrgăului, Ober-Borgo,		
Felsőborgo	4440	2/5
Sutoru, Zudor	4720	3/4
Şuţu, Sütmeg	3360	5/11
Tăblăşeni, Lekencei forduló	4351	9/8
Ţaga, Czege	3496	2/3
Ţagşoru, Kiscég	4461	9/7
Ţagu, Nagycég	4461	9/7

Tăietura, Vágás	4164	1/19
Tălişoara, Olasztelek	4027	3/24
Tălmaciu, Talmesch,		
Nagy-Talmács	2418	4/28
Tălmăcel, Klein-Talmesch,		
Kistalmács	2419	4/28
Tămasa, Tamásfalva	4731	3/4
Tămăşasa, Tamáspatak	2611	1/30
Tămăşeşti, Tamástelke	2747	4/12
Tămaşu, Székelyszenttamás	4160	4/19
Ţapu, Abtsdorf, Csicsóholdvilag	–	3/14
Ţărăţel	2776	5/12
Tărceşti, Tarcsafalva	4176	3/19
Tărhăuşi, Tarhavas	4545	3/18
Tarniţa	2782	5/12
Tărpiu, Szekerestörpény	4653	5/3
Tărpiu, Treppen, Szásztörpény	4467	4/5
Tărtăria, Alsótatárlaka	2563	3/29
Tătărăşti	2743	4/12
Tătărăşti de Criş	2792	7/12
Tătîrlaua, Taterloch, Tatárlaka	3156	5/15
Tău	–	4/7
Tău, Weierdorf, Székástohát	2596	4/14
Ţăudu, Czold	4734	3/4
Tăuni, Prenzendorf, Hossupatak	3184	3/14
Tăure, Neudorf, Tóhát	4511	1/2
Tăureni, Bikafalva	4160	1/19
Tăureni, Mezőtóhát	4379	4/7
Tăuşeni, Marokháza	3492	2/3
Tăuţi, Kolozstófalu	3441	1/6
Tăuţi, Tótfalud	2522	9/13
Teaca, Tekendorf, Teke	4427	1/5
Ţebea, Cebe	2788	6/12
Techeriu	2623	9A/13
Tecşeşti	3318	6/13
Teiu	2743	2/30
Teiu	3388	2/10
Teiu	3388	9A/13
Teiuş, Dornen, Tövis	3300	2/13
Telciu, Teltsch, Telcs	4520	2/2
Telcişor	–	2/2
Teleac, Marostelke	4288	1/9
Teleac, Telekfalva	4160	6/19
Telec, Zsedántelek	5664	4/17
Telechia, Orbaitelek	4062	4/25
Ţeline, Woßling, Pusztacelina	2498	2/22
Teliu, Kreuzburg, Keresztvár	–	6/26
Teliuc Inferior, Alsótelek	2761	7/30
Teliuc Superior, Felsőtelek	2763	7/30
Ţelna, Celna	2519	8/13
Ţengheler, Csengeller	4214	5/17

Ţepeşeni	–	4/17
Teştioara, Köszénbányatelen	4686	7/3
Teteişu, Ketesd	4736	3/4
Thihău, Tihó	4689	3/4
Tibodu, Tibód	4160	4/19
Ticera	–	3/10
Ticerea	2787	6/12
Ţichindeal, Ziegenthal, Cikendál	2479	1/22
Ticu, Hochbrunn, Forgácskút	3469	3/4
Ticuşu Nou, Walachisch-Tekes, Felsőtyukos	3041	4/23
Ticuşu Vechi, Deutsch-Tekes, Szásztyukos	3042	4/23
Ţifra, Cifrafogadó	3325	2/13
Ţigău, Zagendorf, Cegötelke	4419	7/5
Ţigmandru, Zuckmantel, Cikmántor	3079	1/15
Tiha Bîrgăului, Borgótiha	4442	2/5
Tilalmaş, Tilalmas	–	5/17
Tilişca, Telischen	2469	2/28
Timişul de Jos, Untertömösch, Alsótömös	2216	8/26
Timişul de Sus, Obertömösch, Felsőtömös	2217	8/26
Tîmpa	3635	1/30
Tîmpa, Székelytompa	4333	3/8
Timpahaza, Tompaháza	–	2/14
Tiocu de Jos, Alsótök	3488	1/3
Tiocu de Sus, Felsőtök	3488	1/3
Tioltiur, Tötör	3486	1/3
Ţiptelnic, Száltelek	4344	8/8
Tireu	4290	3/9
Tîrgu Lăpuş, Ungarisch-Laposch, Magyarlápos	4875	2/1
Tîrgu Mureş, Neumarkt am Mieresch, Marosvásárhely	4300	1/8
Tîrgu-Secuiesc, Szekler Neumarkt, Kézdivásárhely	4050	1/25
Tîrguşor, Kékesvásárhely	3495	2/3
Tirici	–	7/31
Tirimia, Nagyteremi	4315	2/8
Tirimioara, Kisteremi	4314	2/8
Tîrlişua, Felsőilosva	4583	1C/2
Tîrnava, Großprobstdorf, Nagyekemező	3155	1/21
Tîrnava, Tyrnau, Felsőtarnóca	2741	3/12
Tîrnava de Criş	2792	7/12
Tîrnăveni, Sankt Martin, Dicsőszentmárton	3225	3/15
Tîrnăvioara, Kleinprobstdorf, Kisekemező	3158	1/21

Tîrnăviţa, Alsótornocza	2740	3/12
Tîrnăviţa, Thurndorf, Tirnavica	–	1/12
Tîrnoviţa, Küküllőkeményfalva	4166	7/19
Tîrsa	3393	3/10
Tîrşa	2640	4/30
Tisa	–	2/30
Tisieu	4287	3/9
Tiur, Tür	3178	1/14
Toaca, Toka	4286	3/9
Toarcla, Tarteln, Kisprázsmár	2339	4/22
Toderiţa	2310	9/27
Tohan, Alt-Tauchen, Otohan	–	3/26
Tohanul Nou, Törzdorf, Ujtohán	2222	2/26
Toldal, Toldalag	4265	5/8
Toleşeni	4219	7/17
Tomeşti	2792	7/12
Tomeşti, Csikszenttamás	4128	2/18
Tomnatec	2787	6/12
Tomuşeşti	3376	1/10
Tonciu, Tatsch, Tacs	4421	7/5
Tonciu, Tesch, Tancs	4261	8/9
Ţopa, Kleinbun, Kisbún	3070	1/20
Topîrcea, Tschappertsch, Toporcsa	2459	5/28
Topliţa	2769	8/30
Topliţa, Maroshéviz	4220	7/17
Topliţa Mureşului	2717	2/12
Topliţa-Ciuc, Csiktaploca	4220	2/18
Torba, Torboroszló	4333	4/16
Torocpatac, Törökpatak	–	5/17
Toteşti	2660	3/31
Totia	2632	1/30
Totoiu, Taté	3314	5/14
Tranişu, Tranyis	3538	1/4
Trei Fîntîni, Haromkút	5666	4/17
Trei Sate, Hármasfalu	3291	1/16
Trestia, Komlosújfalu	4724	3/4
Trestia, Nádfalva	2730	1/12
Treznea, Teufelsbrunn, Ördögkút	4719	2/4
Trimpoaiele	2530	9/13
Tritenii Colonia, Detrehemtelep	–	5/7
Tritenii de Jos, Alsódetrehem	3366	5/7
Tritenii de Sus, Felsődetrehem	3366	5/7
Tritenii Hotar, Trisoraitanyák	3366	5/7
Troiţa, Szentháromság	4334	2/8
Ţufalău, Csófalva	4042	4/25
Tulghes, Gyergyótölgyes	4209	5/17
Turda, Thorenburg, Torda	3350	1/11
Turdaş, Tordesch, Tordos	2609	1/30
Turdaş, Torendorf, Tordós	3373	3/11
Turdeni, Tordátfalva	4176	3/19

499

Turea, Türe	3468	2/6		Vadu, Vadad	4339	3/16
Tureac, Turjágo	4443	2/5		Vadu Dobrii	2766	7/30
Tureni, Tordatúr	3372	2/11		Vadu Moţilor, Aranyosvágás	3386	2/10
Turia, Toria	4073	1B/25		Vaida-Cămăraş, Vajdakamarás	3414	6/6
Turnişor, Neppendorf, Kistorony	2410	1/28		Vaidacuta, Vajdakút	4316	2/15
Turnu Roşu, Schweinsdorf,				Vaidei, Neudorf, Vajdej	2613	3/29
Porcsesd	2420	1/27		Vaideiu, Neudorf, Mezöüjfalu	4311	1/8
Tuşinu, Aranylábutuzson	4391	7/7		Vălari	2770	8/30
Tuşnad, Tusnádfalu	4112	1/18		Valchid, Waldhütten, Válthid	3137	5/20
Tuşnadu Nou, Újtusnád	4113	1/18		Vale, Alsó, Felsőválya	4220	7/17
Tuştea, Tustendorf, Tustye	2660	2/31		Vale, Grabendorf	2470	2/28
				Vale, Grabendorf, Tótfalu	3485	1/3
Ucea de Jos, Gasendorf	2345	2/27		Vale Dobîrlăului, Dobollópatak	4012	6/25
Ucea de Sus	2344	6/27		Valea, Jobbágyfalva	4338	3/16
Ugruţiu, Ugróc	4722	3/4		Valea Abruzel	–	5/10
Uibăreşti	2790	6/12		Valea Albă	3376	5/10
Uifalău, Szászujfalu	–	2/14		Valea Albeştiului,		
Uila, Weilau, Vajola	4252	6/9		Fehéregyházi Völgy	–	1/20
Uilac, Újlak	4184	1/19		Valea Antaloc, Antalokpataka	4140	3/18
Uioara de Sus, Felsőmarosújvár	3340	3/11		Valea Argului	2778	5/12
Ulcani, Ülke	4160	4/19		Valea Babii	2772	8/30
Ulieş	2745	4/12		Valea Barnii	3396	3/13
Ulieş Kányád	4193	5/19		Valea Bîrluţeşti, Budest	3396	1/10
Ulieş, Nagyölyves	4349	7/8		Valea Bistrii	3376	1/10
Unciuc, Uncsukfalva	2657	5/31		Valea Borcutului, Borpatak	4529	3/2
Ungheni, Nyárádtő	4314	1/8		Valea Boroş, Borospataka	4140	3/18
Ungra, Galt, Ugra	3024	4/23		Valea Bradului	2776	1/12
Unguraş, Bálványosváralja	4661	3/3		Valea Bucurului	–	3/13
Ungurei, Gergeschdorf,				Valea Caldă	–	8/7
Gergelyfája	2597	4/14		Valea Capelei, Kápolnapataka	4140	3/18
Ungureni	4992	4/1		Valea-Crişului, Sepsiköröspatak	4015	1/24
Unirea, Oberwinz, Felvinc	3339	1/11		Valea de Brazi	2698	8/31
Unirea, Unter-Wolfsdorf,				Valea Dîljii	2655	5/31
Alsofarkadin	2660	2/31		Valea Drăganului, Nagysebes	3537	1/4
Unirea, Wallendorf, Aldorf	4410	2/5		Valea Fierului, Schmelz, Vaspatak	–	3/31
Urca, Mezőörke	3369	3/7		Valea Frăţii, Frátaipatak	–	5/7
Uric, Groß-Thierdorf	2668	6/3		Valea Giogeşti	3396	1/10
Uricani	2698	8/31		Valea Gîrbea, Görbepataka	4139	3/18
Urisiu de Jos, Alsóoraszi	4276	2/9		Valea Gîrboului	4663	6/1
Urisiu de Sus, Felsőoroszi	4276	2/9		Valea Glodului	–	5/7
Urişor, Alör	4660	1/1		Valea Groşilor, Tökepataka	4660	7/3
Uriu, Er, Felőr	4578	1/2		Valea Hranei, Tormapataka	4692	8/3
Urmeniş, Armenisch,				Valea Iclandului	4352	9/8
Mezőörményes	4432	5/8		Valea Ierii-Járavize	3363	6/11
Uroi, Goldendorf, Arany	2726	2/12		Valea Ierţii, Erzbach, Ercpatak	–	6/11
Ursici	2640	4/30		Valea Intunecoasă, Sötétpataka	4140	3/18
Ursoaia	4371	9/8		Valea Inzelului	3325	3/13
				Valea Largă	3377	1/10
Văcăreşti, Csikvacsárcsi	4138	2/18		Valea Largă, Mezőceked	–	5/7
Vad	–	3/31		Valea Leşului	–	7/3
Vad, Révkolostor	4667	7/3		Valea Loznei, Loznavölgy	4684	7/3

Valea lui Cati	–	3/7		Valea Vinului,		
Valea lui Opriş	–	5/1		Borbereker-Sauerbrunnen,		
Valea lui Pavel, Pálpataka	4169	2/16		Radnaborberek	4532	3/2
Valea Lungă	2737	3/12		Valea Vinţului	2555	10/13
Valea Lungă	–	4/21		Valea Zălanului, Zalanyer		
Valea Lungă, Hosszumező	4691	8/3		Glashütte, Zálanpatak	4036	3/24
Valea Lungă, Langenthal,				Valeni	–	5/10
Hosszuaszó	3183	3/14		Văleni	2616	11/13
Valea Lupşii, Lupsapatak	3380	1/10		Văleni	–	6/7
Valea Lupului, Wolfsbach,				Văleni, Largatanya	3412	6/6
Farkaspataka	2671	6/31		Văleni, Magyarvalkó	3528	1B/4
Valea Mare	2560	10/13		Văleni, Patakfalva	4160	6/19
Valea Mare, Máriavölgy	4532	3/2		Văleni, Wallendorf, Dombos	3032	3/23
Valea Mare, Nagypatak	4044	5/25		Vălenii, Székelyvaja	–	2/8
Valea Mică	2532	9/13		Vălenii de Mureş, Gassen,		
Valea Mică, Kispatak	4042	5/25		Disznájo	4236	5/9
Valea Mlăcii	3396	6/13		Vălenii Lăpuşului, Dánpataka	4878	2/1
Valea Morii	3392	3/10		Vălioara	2660	2/31
Valea Măgheruşului,				Vălişoara	2623	9A/13
Sajómagyarosi Völgy	4466	5/5		Vălişoara, Gladur	–	1/7
Valea Mănăstirii,				Vălişoara, Köfalu	2732	1/12
Remetekolostor	3325	5/13		Vălişoara, Torockógyertyános	3444	4/11
Valea Nandrului, Weißendorf	2760	5/30		Vălureni, Székelykakasd	4310	1/8
Valea Negrilesii	3376	5/10		Vama Buzăului, Bosauer		
Valea Pădurii	–	5/7		Zollamt, Bodzaváma	2243	5/25
Valea Poieni	3325	3/13		Vama Seacă, Száros vam	3342	3/11
Valea Poenii, Burauka	4436	2/5		Vanvuceşti	3391	2/10
Valea Poienii, Füzesd Bogara	2738	3/12		Var, Órmező	4675	3/4
Valea Rece, Hidegség	4140	3/18		Vărd, Werd, Vérd	2491	4/22
Valea Rece, Hidegvölgy	4344	9/8		Vărgata, Csíkfalva	4339	3/16
Valea Roşie	2623	9A/13		Vărmaga	2728	2/12
Valea Rotundă, Uknyéd	4160	7/19		Vărşag, Székelyvarság	4167	7/19
Valea Sasului, Sachsenthal	–	5/15		Vasileni, Homoródszentlászló	4160	5/19
Valea Scurtă, Kurtapatak	–	2/25		Vaţa de Jos, Alvaca-Fürdö	2791	7/12
Valea Seacă, Trockenbach,				Vaţa de Sus, Felsővaca	2792	7/12
Szárazpatak	4086	2/25		Vătava, Ober-Rübendorf,		
Valea Şesii, Siásza	3395	5/10		Felsőrépás	4231	5/9
Valea-Sîngeorgiului	2637	1/30		Vecerd, Bußthard, Vecsérd	2486	1/22
Valea Sînpetrului	4345	8/8		Vechea, Bodonkút	3429	4/6
Valea Strîmbă,				Velţ, Wölz, Wölc	3151	5/21
Gyergyótekerőpatak	4204	1/17		Veneţia des Jos, Untervenitze	2266	3/27
Valea Şurii	–	3/7		Veneţia de Sus	2266	3/27
Valea Ţupilor	3396	5/10		Verdeşti	–	3/10
Valea Ugra, Ugrapataka	4139	3/18		Vereşmort, Marosveresmart	–	3/11
Valea Unguraşului, Csabaújfalu	4661	2/3		Vermeş, Wermesch, Vermes	4452	7/5
Valea Urieşului, Uries	–	5/7		Veseud, Wassid, Szászvesződ	2445	1/21
Valea Uţului	–	3/10		Veseud, Zied, Vessződ	2491	4/22
Valea Uzei	3325	3/13		Veseuş, Michelsdorf,		
Valea Vadului, Vadpatak	3359	6/11		Szásznagyveszős	3192	5/15
Valea Viilor, Wurmloch,				Veştem, Westen, Vestény	2431	4/28
Boromlaka	3156	1/21		Veţa, Vece	4337	3/8

Deutsch-rumänisches Verzeichnis der wichtigsten Orte

Keisd	Saschiz	Neudorf b. Hermannstadt	Nou
Kelling	Cîlnic	Neudorf b. Schäßburg	Nou Săsesc
Kerz	Cîrţa	Neustadt b. Agnetheln	Noiştat
Kirchberg	Chirpăr	Neustadt/Burzenland	Cristian
Kirtsch	Curciu	Niedereidisch	Ideciu de Jos
Kleinalisch	Seleuş	Nimesch	Nemşa
Kleinbistritz	Dorolea	Nußbach	Măieruş
Kleinblasendorf	Blăjel	Obereidisch	Ideciu de Sus
Kleinlasseln	Laslău Mic	Oberneudorf	Satu Nou
Kleinprobstdorf	Tîrnăvioara	Paßbusch	Posmuş
Kleinschelken	Şeica Mică	Peschendorf	Stejăreni
Kleinschenk	Cincşor	Petersberg	Sînpetru
Kleinscheuern	Şura Mică	Petersdorf b. Bistritz	Petriş
Klosdorf	Cloaşterf	Petersdorf b. Marktschelken	Petiş
Kreisch	Criş	Petersdorf b. Mühlbach	Petreşti
Kronstadt, Stadt	Braşov	Pitnak	Slătiniţa
Kuschma	Cuşma	Pretai	Brăteiu
Kyrieleis	Chiraleş	Probstdorf	Stejărişu
Langenthal	Valea Lungă	Pruden	Prod
Leblang	Lovnic	Puschendorf	Păucea
Lechnitz	Lechinţa	Radeln	Roadăş
Leschkirch	Nocrich	Rätsch	Reciu
Ludwigsdorf	Logig	Reichesdorf	Richiş
Magarei	Pelişor	Reps	Rupea
Maldorf	Domald	Retersdorf	Retişu
Malmkrog	Malîncrav	Reußdörfchen	Ruşciori
Maniersch	Măgheruş	Reußdorf	Cund
Mardisch	Moardăş	Reußen	Ruşi
Marienburg/Burzenland	Feldioara	Reußmarkt	Miercurea Sibiului
Marienburg b. Schäßburg	Hetiur	Rode	Zagăr
Marktschelken	Şeica Mare	Rohrbach	Rodbav
Marpod	Marpod	Rosch	Răvăşel
Martinsberg	Şomărtin	Roseln	Ruja
Martinsdorf	Metiş	Rosenau	Rîşnov
Mediasch, Stadt	Mediaş	Rothbach	Rotbav
Meeburg	Beia	Rothberg	Roşia
Mergeln	Merghindeal	Rumes	Romos
Meschen	Moşna	Sächsisch-Eibesdorf	Ighişu Nou
Meschendorf	Meşendorf	Sächsisch-Regen, Stadt	Reghin
Mettersdorf	Dumitra	Sanktgeorgen	Sîngeorgiu Nou
Michelsberg	Cisnădioara	Schaal	Şoala
Michelsdorf/Kokel	Veseuş	Schaas	Şaes
Michelsdorf b. Marktschelken	Boarta	Schäßburg, Stadt	Sighişoara
Minarken	Monariu	Scharosch b. Fogarosch	Şoarş
Mönchsdorf	Herina	Scharosch b. Mediasch	Şaroş pe Tîrnave
Moritzdorf	Moruţ	Schellenberg	Şelimbăr
Mortesdorf	Motiş	Schirkanyen	Şercaia
Mühlbach, Stadt	Sebeş	Schlatt	Zlagna
Nadesch	Nadeş	Schönau	Şona
Neithausen	Netuş	Schönberg	Dealu Frumos
Neppendorf	Turnişor	Schönbirk	Sigmir

504

Scholten	Cenade	Ungersdorf	Şieu-Măgheruş
Schorsten	Şoroştin	Urwegen	Gîrbova
Schweischer	Fişer	Waldhütten	Valchid
Seiburg	Jibert	Wallendorf	Unirea
Seiden	Jidvei	Waltersdorf	Dumitriţa
Seligstadt	Seliştat	Wassid	Veseud
Senndorf	Jelna	Weidenbach	Ghimbav
Stein	Dacia	Weilau	Uila
Stolzenburg	Slimnic	Weingartskirchen	Vingard
Streitfort	Mercheaşa	Weißkirch b. Bistritz	Albeştii Bistriţei
Talmesch	Tălmaciu	Weißkirch b. Schäßburg	Albeşti
Tarteln	Toarcla	Werd	Vărd
Tartlau	Prejmer	Wermesch	Vermeş
Taterloch	Tatîrlaua	Windau	Ghinda
Tatsch	Tonciu	Wölz	Velţ
Tekendorf	Teaca	Wolkendorf/Burzenland	Vulcan
Thalheim	Daia	Wolkendorf b. Schäßburg	Vulcan
Tobsdorf	Dupuş	Wurmloch	Valea Viilor
Törnen	Păuca	Zeiden	Codlea
Trappold	Apold	Zendersch	Senereuş
Treppen	Tárpiu	Ziedt	Veseud
Tschippendorf	Cepari	Zuckmantel	Ţigmandru

Bildnachweis

Für die im Reiseführer enthaltenen Abbildungen dankt der Verlag folgenden Bildleih-
gebern (Archiven):

Schwarzweißabbildungen

Binder Paul, Kronstadt; *Fabritius-Dancu* Juliane (= Archiv Siebenbürgische Bibliothek);
Fischer Josef (= Archiv Siebenbürgische Bibliothek); *Haleksy* Rolf (= Archiv H. U. Kasper);
Hannak Christof, Freiburg i. Br.; *Heltmann* Heinz, St. Augustin; *Kasper* Haino Uwe,
Brühl; *Klein* Konrad, Gauting/München; *Marx* Jósef (= Archiv Chr. Richter);
Netoliczka O. (= Archiv G. Volkmer); *Offner* Robert, Speichersdorf; *Richter* Christa,
Bukarest; *Rill* Martin, Gundelsheim; *Schüßel* Manfred, Dinkelsbühl; *Servatius* Gustav,
Freiburg i. Br.; *Siebenbürgische Bibliothek*, Gundelsheim; *Volkmer* Günter, Horben.

Farbabbildungen

Binder Paul, Kronstadt: Bild Nr. 61
Haleksy Rolf (= Archiv H. U. Kasper, Brühl): Bild Nr. 28, 29
Hannak Christof, Freiburg i. Br.: Bild Nr. 26
Heltmann Heinz, St. Augustin: Bild Nr. 45
Josef Meta, Rechberghausen: Bild Nr. 60
Kasper Haino Uwe, Brühl: Bild Nr. 13, 15
Klein Konrad, Gauting/München: Bild Nr. 17, 39, 41, 48, 58
Marx Jósef (= Archiv Chr. Richter, Bukarest/P. Binder, Kronstadt): Bild Nr. 2, 3, 6, 9, 10,
    12, 14, 16, 20, 23, 42, 59
Offner Robert, Speichersdorf: Bild Nr. 25
Rill Martin (Archiv), Gundelsheim: Bild Nr. 30, 31, 33, 35, 36, 37, 38, 40, 43, 47, 50,
    51, 52, 56, 57
Schüßel Manfred, Dinkelsbühl: Bild Nr. 1, 5, 8, 11, 18, 19, 22, 46, 49, 53
Schneider Eckbert, Rastatt: Bild Nr. 55
Sedler Irmgard, Ludwigsburg: Bild Nr. 34
Servatius Gustav, Freiburg i. Br.: Bild Nr. 4, 7, 21, 24, 27, 32
Volkmer Günter, Horben: Bild Nr. 44, 54

Touristische Zentren – Wichtige Daten und Anschriften

Agnita, Agnetheln, Szentágota [RG 22]: Autokennzeichen: SB; Vorwahl: 0925, aus dem Ausland: 0040925. *Bahnhof:* Staţia C. F. R. Gara Goveş (Tel. 10680), liegt 3 km w., außerhalb von Agnetheln, gute Verbindung mit Stadtbus. Dreimal täglich Züge von und nach Hermannstadt. Busverbindung gibt es mit Mediasch/Mediaş, Hermannstadt/Sibiu, Schäßburg/Sighişoara, Neumarkt a. M./Tîrgu Mureş, Fogarasch/Făgăraş und Kronstadt/Braşov. *Bushaltestelle:* Autogara: Str. Biserici 1 (Tel. 10450, 6 – 19 Uhr). *Hotel: „Dacia",* Str. Horea 1 (Tel. 10525, 8 – 22 Uhr); *Gaststätte: „Central",* Piaţa Republicii 3 (Tel. 10920, 8 – 22 Uhr). *Museum:* Str. 1 Decembrie 29 (Tel. 10159, 10 – 16 Uhr, täglich außer Montag). *A. C. R.:* Ausfahrt in Richtung Fogarasch – Schäßburg (7 – 15 Uhr). *Tankstelle PECO:* Str. Gării 143 (Tel. 10901), nur verbleites Benzin.

Aiud, Straßburg a. M., Nagyenyed [RG 11]: *Busbahnhof; Hotel „Mureşul"* (2. Kat.), *Restaurant „Brucla"; Tankstelle PECO* (im Stadtzentrum).

Alba Iulia, Karlsburg, Gyulafehérvár [RG 13]: Vorwahl: 0968, aus dem Ausland: 0040968. *Bahnverbindungen:* Arad, Klausenburg/Cluj, Kronstadt/Braşov und Zlatna. *IRTA–Busbahnhof:* Str. Republicii 200 (Tel. 12748). *Reisebüro:* Piaţa 1 Mai 5 (Tel. 11744). *O. J. T.:* Piaţa 1 Mai 3 (Tel. 12547). *Hotels: „Apulum",* Piaţa 1 Mai 3 (Tel. 12125); *„Cetate",* Bd. 6 Martie (Tel. 23805); *„Transilvania",* Str. Parcului (Tel. 12052). *Restaurants: „Arieşul",* B-dul Transilvaniei (Tel. 20603); *„Apulum",* Piaţa 1 Mai 3 (Tel. 11853); *„Platoul Romanilor",* Bd. 6 Martie (Tel. 11507); *„Transilvania",* Piaţa 1 Mai 3 (Tel. 11589). *Konditorei: „Corso",* Piaţa 1 Mai 11. *Vereinigungsmuseum* (Sektion für Geschichte und Kultur): Str. Mihai Viteazul 12 – 14 (Tel. 11853). *Regionsmuseum* (Sektionen Archäologie, Geschichte, Ethnographie): Str. F. Engels 2 und 13., Str. 30 Decembrie 5 (Tägl. 9 – 18 Uhr, außer Montag). *Automobilclub A. C. R.:* Str. Ardealui 5 (Tel. 12345). *Tankstelle PECO:* Str. Clujului. *Taxi:* Piaţa 1 Mai (Tel. 12628). *Staatsbank:* Str. Tudor Vladimirescu 1. *C. E. C.:* Piaţa 1 Mai 13 (Tel. 12508). *Polizei:* Str. Parcului (Tel. 11286). *Rettung:* Calea Moţilor 23 (Tel. 11313). *Post- und Telefonamt:* Str. Moţilor 2. *Rathaus:* Str. 23 August 1.

Băile Tuşnad, Bad Tuschnad, Tusnád–fürdő [RG 24]: Eigene *Bahnstation. Verkehrsbüro* in der Ortsmitte, Str. Oltului 102 (Tel. 11676). *Tankstelle PECO:* Str. Oltului 59.

Bistriţa, Bistritz, Beszterce [RG 5]: Autokennzeichen: BN; Vorwahl: 0990, aus dem Ausland: 0040990. *Bahnverbindung* durch Eisenbahnknotenpunkt: Sărăţel (11 km) in Richtung Burglos/Dej (49 km) – Klausenburg/Cluj, Deda (47 km) – Kronstadt/Braşov; Lokalzug bis Bistriţa–Bîrgăului (29 km). *Flugagentur* TAROM: Piaţa Petru Rareş 4. *Busverkehr,* Piaţa Gării 1. *Touristenamt:* Piaţa Petru Rareş 4 (Tel. 11870). *Reisebüro der Rum. Eisenbahn* C. F. R.: Str. General Grigore Bălan Nr. 2. *Hotel: „Coroana de aur",* Piaţa Petru Rareş 4. *Touristenraststätte: „Codrişor",* Pădurea Codrişor (Schieferberg). *Autohilfe* A. C. R.: Str. Dornei 45. *Tankstelle PECO:* Str. Libertăţii, *Rum. Automobilclub* A. C. R.: Bulevardul Decebal 4 (Tel. 14308).

Blaj, Blasendorf, Balázsfalva [RG 14]: *Busbahnhof:* Str. Tîrnavei 4. *Reisebüro der Rum. Eisenbahn* C. F. R.: Str. Griviţa Roşie 30. *Touristenamt:* Str. Republicii 1. *A. C. R. – Filiale:* Str. Dr. Petru Groza 27.

Brad [RG 12]: Ein Hotel III. Kat., 24 Personen. *Touristenamt:* Str. Minerilor 10 (Tel. 0956/50740).

Braşov, Kronstadt, Brasso [RG 26]: Autokennzeichen: BV; Vorwahl: 0921, aus dem Ausland: 0040921. *Hauptbahnhof* (Gara Braşov, Tel. 10233); Bartholomäer Bahnhof (Gara Bartolomeu, Tel. 14443), Calea Făgăraşului 2; Bahnhof Dîrste (Gara Dîrste, Tel. 67713), Str. Gării; Güterbahnhof (Gara Triaj, Tel. 62139), Str. Timiş-Triaj 20; *Bahnreisebüro* (Agenţia de voiaj, Tel. 42912): Str. Republicii 53. *Busbahnhof I:* Autogara (Tel. 11807). *Busbahnhof II:* Autogara, (Tel. 63192), Str. Avram Jancu 114; *Busbahnhof III:* Autogara (Tel. 27316), Str. Hărmanului 47. *Hotels:* „Aro Palace" B-dul Eroilor 25 (Tel. 42840); „Capitol", B–dul Eroilor 19 (Tel. 18920); „Postăvarul" (früher „Krone"), Str. Republicii 62 (Tel. 44330); „Parc", Str. Nicolae Iorga 2 (Tel. 19460); „Tîmpa", Alea Tiberiu Brediceanu (Tel. 19829); *Gaststätten:* „Cerbul Carpatin" („Karpatenhirsch"), Piaţa Sfatului 14 (Tel. 42840); „Cetăţea" („Schloßberg"), Str. Cetăţii (Tel. 47614); „Panoramic", (auf der Zinne, Tel. 19851); *Nachtbar* „Aro Palace", B-dul Eroilor 25 (Tel. 42840); *Unterkunftsreservierungen:* Str. Republicii 62 (Tel. 41505 und 44330). *Kreisagentur für Tourismus:* B-dul Eroilor 27 (Tel. 43393); „KRON–TOUR"–L. T. D., Str. Bariţiu 12 (Tel. 42773); Agenţia particulara „Turismul liber", Str. Republici 45 (Tel. 42155). *Museen:* Geschichtsmuseum, Piaţa Sfatului 30 (Tel. 43685); Kunstmuseum und Museum für Volkskunst, B-dul Eroilor 21 (Tel. 44384); Museum der befestigten Anlagen Kronstadts und des Burzenlandes, Weberbastei, Str. Gh. Coşbuc 9 (Tel. 44590); Mureşenilor-Haus, Piaţa Sfatului 25; Gheorghe Dima-Museum, Şirul Dima 4 (Katharinengasse); Ausstellungssaal Arta, Str. Mureşenilor 12 (Klostergasse). *Kunstgalerie:* Victoria, B-dul Victoria 10 (Tel. 67451); *Dramatisches Theater,* Piaţa Teatrului 1 (Tel. 18850); *Musiktheater:* Str. Operetei 51 (Tel. 15990); *Puppentheater:* Str. A. Hirscher 12 (Hirschengasse, Tel. 42873); *Staatsphilharmonie:* „Gh. Dima", Str. Mureşenilor 25 (Tel. 43113); *Kreisbibliothek:* B-dul Eroilor 35 (Tel. 1153); *Staatsarchiv* – Filiale Kronstadt, Str. Gh. Bariţiu 43 (Roßmarkt, Tel. 43833). *Forum der Deutschen:* Kreis Kronstadt, Str. Bicazului 3; Redaktion der dt. Zeitung „Karpatenrundschau", Str. Sadoveanu 3 (Tel. 43624); im selben Haus die rum. Zeitung Gazeta de Transilvania und die ung. Brássói Lapok; Redaktion Kronstadt der dt. Zeitung „Neuer Weg", Str. Sadoveanu 3 (Tel. 43782). *PKW-Werkstatt,* B-dul Eroilor 25 (beim Hotel „Aro Palace", Tel. 12345); *Autoservice:* (Tel. 17209), Str. Lungă 14; *Autoservice:* Calea Bucureşti; *Automobil Clubul Român* (A. C. R.), rum. Automobilklub (Tel. 31668): Calea Bucureşti 68. *Tankstellen:* Bartholomă (Tel. 11370); Str. Hărmanului (Tel. 34736); B-dul 15 Noiembrie (Tel. 33943); Noua (Tel. 22513); Dîrste (Tel. 59061). *Rum. Nationalbank* (Banca Naţionalăa a României), Piaţa Sfatului 26 (Tel. 43280); *Sparkasse (CEC):*, Piaţa Sfatului 9 (Tel. 43503); *Zollamt (Vama):* Str. Nicolae Jorga 1 (Tel. 14607); *Hauptpostamt* (PTTR Braşov 1), Str. Nicolae Jorga 1 (Tel. 04261);
Information: 931; Ferngespräche: 991; internat. Ferngespräche: 971; Taxi: 953; Rettung: 961; Unfallrettungsdienst: 11234; Feuerwehr: 981; Bahnhofsinformationen: 952; Polizei: 33033.

Cluj-Napoca, Klausenburg, Kolozsvár [RG 6]: Autokennzeichen: CJ; Vorwahl: 0951, aus dem Ausland: 0040951. *Bahnhof:* Verbindung (Lokal-, Personen-, Schnell- und Eilzüge) nach Großwardein/Oradea, Hermannstadt/Sibiu, Kronstadt/Braşov, Baia Mare, Vatra Dornei, Neumarkt a. Mieresch/Tîrgu Mureş. Zentraler *Busbahnhof:* Str. Budai Nagy Antal 38 (Tel. 14969). *Flughafen:* Someşeni; *Kartenbüro* (Tarom): Piaţa Mihai Viteazul 11 (Tel. 31696). *Reisebüro:* Piaţa Libertăţii 9 (Tel. 12212). *Touristenamt:* Str. Gheorghe Şincai 2 (Tel. 13849). *Nationalbank:* Piaţa Libertăţii 3. *Hotels:* „Transilvania", Str. Cetăţuia 1; „Central", Piaţa Muzeului 29; „Continental", Str. Napoca 1; „Napoca", József Béla 1–3; „Sport", Str. Gh. Cosbuc 15. *Gaststätten:* „Hubertus", „Transilvania", „Gambrinus", „Casino", „Ursus". *Campingplatz:* „Hanul Colina", Str. Bucium; Făget (Făget–Wald), 5 km Richtung Süden. *Museen:* Sb. Geschichtsmuseum, Str. Emil Isac 2; Sb. Ethnograph. Museum, Str. 30. Decembrie 21; Ethnograph. Freilichtmuseum (im Hoja–Wald), Kunstmuseum, Piaţa Libertăţii 30; Zoologisches Museum, Str. Clinicilor 5–7; Apothekenmuseum, Piaţa Libertăţii 28; Sportmuseum, Str. Groza 40. *Botanischer Garten:* Str. Republicii 42. *Mineralog. und geolog. Sammlung,* Str. M. Kogălniceanu 1. *Postamt:* Str. Poştei. *ACR-Werkstätten:* Str. Maxim Gorki 41, Calea Floreşti 42, Str. Aurel Vlaicu 40. *Rettungsdienst:* Tel. 061, *Tankstelle PECO:* Calea Floreşti 42, Calea Turzii (DN 1), Str. A. Vlaicu 140.

Dej, Burglos, Des [RG 3]: Vorwahl: 0952, aus dem Ausland: 0040952. *Bahnhof* (Dej-Călători): Verbindung (Lokal-, Personen-, Schnell- und Rapidzüge) nach Klausenburg/Cluj, Baia-Mare, Beclean pe Someş, Sighetu Marmaţiei. *Busbahnhof:* Str. Bistriţei. *Touristenbüro:* Piaţa Bobîlna 14. *Hotel:* „Central", Str. 1 Mai. *Tankstelle PECO.*

Deva, Diemrich, Déva [RG 30]: Autokennzeichen: HD, Vorwahl: 0956, aus Ausland: 0040956. *Bahnhof:* Verbindung nach Arad/Oradea, Klausenburg/Cluj, Hermannstadt/Sibiu, Kronstadt/Braşov, Tîrgu-Jiu. *Busbahnhof. Reisebüro:* Piaţa Victoriei; *Touristenamt:* Piaţa Unirii 1. *Hotel:* „Saramis", Piaţa Unirii 3; *Museen:* Kreismuseum für Geschichte und Naturwissenschaften (im Stadtpark), Ruinen der Festung Deva (auf dem Burgberg). *ACR:* Str. Dr. Petru Groza 16. *Autowerkstätte:* km 387,5 am Stadtrand. *Tankstelle PECO:* Str. Horia 6 – 8, km 285,4 am Stadtrand.

Făgăras, Fogarasch, Fogoras [RG 27]: Autokennzeichen: BV; Vorwahl: 0920, aus dem Ausland: 0040920. *Bahnhof:* Schnellzuganschluß Bukarest – Hermannstadt/Sibiu – Arad/Oradea. *Busverbindung* mit allen größeren Ortschaften. *ACR–Vertretung, Pannendienst* (Tel. 11934), *2 Hotels* (insgesamt 250 Betten), zahlr. *Gaststätten.*

Gheorgheni, Niklasmarkt, Gyergyószentmiklos [RG 17]: Autokennzeichen: HR; Vorwahl: 0959, aus dem Ausland: 0040959. *Bahnhof* (Gara CFR): Str. Gării 12, Verbindung (Lokal-, Personen- und Schnellzüge) nach Szeklerburg (Miercurea Ciuc), St. Georgen/Sfîntu Gheorghe und Kronstadt/Braşov in s. Richtung und nach Topliţa, Diemrich/Deva, Neumarkt a. M./Tîrgu Mureş, Beclean und Dej (mit Anschlußmöglichkeiten in andere Richtungen) nach W und NW. *Busbahnhof:* Autogara, Str. Gării 11 (Tel. 61422). Busverbindungen zum Mördersee/Lacu Roşu, in die Bicaz-Klamm/Cheile Bicazului, in die Moldau (Bicaz, Piatra Neamţ) nach Sovata, Tîrgu Mureş, Odorheiu Secuiesc und nach Borsec bzw. Tulgheş. *Lokaler Busverkehr:* Bahnhof – Zentrum, Piaţa Libertăţii –

I. F. (Intreprindera forestieră) im Belchia-Tal. *Touristenamt:* Piaţa Libertăţii 17 (Tel. 61128). *Autoservice:* Str. Bucinului 45 (Tel. 61273). *Bank:* Str. Libertăţii 26. *Hotels:* Str. Staionului 11 (Tel. 61270); Aleea Casei de cultură (Tel. 61906). *Gasthäuser:* Piaţa Libertăţii 17 (Tel. 319); Piaţa Libertăţii 13 (Tel. 301). *Camping:* bei km 4 und bei km 9 (DN 12C) (Tel. 61913). *Autoservice:* Str. Bucinului 45 (Tel. 61273), *"Dacia",* Str. Carpaţi 5. *Tankstelle:* Str. T. Vladimirescu 1 (Tel. 61441); (nur verbleites Benzin; Verkauf von Ersatzteilen). *Automobilclub* (ACR): Piaţa T. Vladimirescu 3 (Tel. 61153). *Klinik:* Str. Libertăţii 20 (Tel. 61643); Str. 23 August 7 (Tel. 348). *Apotheke:* Str. Libertăţii 27 (Tel. 289). *Rettung:* (Tel. 961). *Postamt:* Str. 23 August 2. *Taxi:* Piaţa Libertăţii (Tel. 127).

Haţeg, Hatzeg, Hátszeg [RG 31]: *Busbahnhof:* Str. I. L. Caragiale 14 – 16 (Tel. 70026). *Touristenamt:* Piaţa Unirii 3 (Tel. 70452). *Gasthof:* „Hanul Bucura" (Tel. 0956/70931), 90/66 Betten Sommer/Winter, an der DN 66, 1,5 km im N der Stadt (Richtung Simeria); *Tankstelle PECO. Museum:* Str. Horia 5. Im städtischen *Kulturhaus* eine ethnograph. Sammlung und Volkskunstausstellung. *Autowerkstatt:* Piaţa Libertăţii 4. *Apotheke:* Piaţa Unirii 1 (Tel. 42162).

Huedin, Heynod, Bánffyhunyad [RG 4]: Autokennzeichen: CJ; Vorwahl: 0952, aus dem Ausland: 0040952. *Bahnhof:* Verbindung (Lokal-, Personen-, Schnell- und Rapidzüge) nach Klausenburg/Cluj und Großwardein/Oradea. *Busbahnhof:* Autogara, Str. A. Iancu Nr. 1. *Touristenbüro:* Str. Horea Nr. 3. *Hotel:* „Vlădeasa", Str. Băii Nr. 8. *Hotel* und *Restaurants* im Zentrum. *Ethnographisches Museum* (montags geschlossen). *Tankstelle PECO:* Str. Plopilor Nr. 1.

Hunedoara, Eisenmarkt, Vajdahunyad [RG 30]: Autokennzeichen: HD, Vorwahl: 0957, aus dem Ausland: 0040957. *Bahnhof:* Verbindung nach Diemrich/Deva. *Busbahnhof; Reisebüro. Touristenamt. Hotel:* „Rusca", B–dul Dacia 10. *Museum:* Hunyadi-Schloß. *ACR. Autowerkstätte. Tankstelle PECO:* km 7,7 an der DN 688.

Mediaş, Mediasch, Medgyes [RG 21]: Vorwahl: 0928, aus dem Ausland: 0040928. *Bahnhof:* Verbindung nach Kronstadt/Braşov, Hermannstadt/Sibiu; Klausenburg/Cluj, Arad. *Busbahnhof* (Autogara): Unirii-Gasse 8. *Reisebüro:* Marktplatz 5 (Birou de voiaj CFR). *Verkehrsamt:* St.-L.-Roth-Gasse 1 (Tel. 11885). *Hotel:* „Central", Rozmarin-Str. 8 (Tel. 11782). *Museum:* Zekesch (Str. Viitorului 46, Tel. 11299, montags geschlossen). *ACR:* Str. Stadionului (Tel. 1234). *Tankstelle PECO:* Şoseaua Sibiului (Stadteinfahrt).

Miercurea-Ciuc, Szeklerburg, Csikszereda [RG 18]: Autokennzeichen: HR; Vorwahl: 0958, aus dem Ausland: 0040958. *Bahnhof* (Gara CFR, Tel. 15102): Verbindungen nach Kronstadt/Braşov, Neumarkt a. M./Tîrgu Mureş, Straßburg a. M./Ajud usw. *Fernbusbahnhof:* etwa 200 m n. vom Hauptbahnhof (Tel. 13333). *Reisebüro* (Agenţia de voiaj CFR): Str. Petöfi 23 (Tel. 11924); *Fremdenverkehrsamt, Information:* Bul. Timişoara 11 (Tel. 11493). *Hotels:* „Harghita", Bul. Timişoara 10 (Tel. 16119); „Bradul", Str. N. Bălcescu 11 (Tel. 11493). *Gaststätten:* „Bulevardul", B-dul Frăţiei 1; „Flora", Str. Florilor; *Camping:* Băile Jigodin. *Hauptpostamt:* B-dul Timişoara 9. *Museum:* Piaţa Cetăţii 2 (Montag geschlossen). *Automobilclub* (ACR): Piaţa Cetăţii 1 (Tel. 12345). *Autoservice:*

Str. Harghuta 47 (Tel. 12808). *Tankstellen:* Str. Zöld Péter (Tel. 15959) und am s. Ortseingang an der DN 12 (Tel. 12908); kein bleifreies Benzin! *Auskunft:* 931 oder 11515. *Rettungsdienst:* Tel. 961. *Kreiskrankenhaus:* Str. Spitalului (Tel. 11193). *Taxi:* Tel. 13118.

Năsăud, Nassod, Naszód [RG 2]: *Bahnverbindungen:* Richtung Burglos/Dej (52 km), Vatra Dornei (95 km), Salva–Sighet (128 km). *Hotel:* „Someşul" (26 Betten).

Odorheiu Secuiesc, Oderhellen, Székelyudvardhely [RG 19]: Autokennzeichen: HR; Vorwahl: 0959, aus dem Ausland: 0040959. *Bahnhof:* Verbindung (Lokalzüge) nach Schäßburg/Sighişoara. *Busbahnhof:* Str. Tîrgului 10. *Museum:* Bd. 1 Mai 29. *Reisebüro:* Str. Republicii 5. *Touristenbüro:* im Hotel „Tîrnava" im Stadtzentrum (Tel. 11963). *ACR* im Hotel Tîrnava. *Autowerkstätte:* Str. Insulei 2. *Tankstelle PECO:* Str. Rákóczi. Kein bleifreies Benzin! *Rettungsdienst* im *Städt. Krankenhaus* (Tel. 961).

Orăştie, Broos, Szászvaros [RG 29]: Vorwahl: 0956, aus dem Ausland: 0040956. *Bahnhof* und *Busbahnhof.* *Hotel:* „Dacia", Str. N. Bălcescu 5 (Tel. 41995). *Tankstelle* (verbleit): an der O–Einfahrt. *ACR–Werkstatt:* Str. Unirii 78 (Tel. 41927).

Petroşani, Petroschen, Petrozseny [RG 31]: Vorwahl: 0957, aus dem Ausland: 0040957. *Bahnhof* (an der Linie Simeria, 83 km – Tîrgu Jiu, 51 km): Str. Gării 2 (Tel. 41730). *Busbahnhof* (neben Bahnhof). *Reisebüro* (Agenţia CFR): Str. Republicii 102 (Tel. 41064). *Touristenamt:* Str. Republicii 27 (Tel. 41733). *Hotels:* „Petroşani", Str. Republicii 106 (Tel. 44425), 206 Betten, 112 Zimmer; „Jiul", Str. Republicii 27 (Tel. 41617), 29 Zimmer, 63 Plätze; „Central", Str. Republicii 88 (Tel. 43852), 63 Zimmer, 111 Plätze. *Motel* „Gambrinus" (liegt s. außerhalb der Stadt, bei Iscroni): Str. Livezeni, an DN 66 (Tel. 42173), 47 Zimmer, 94 Plätze. *Bergbaumuseum:* Str. N. Bălcescu 2 (Tel. 41744). *Rum. Automobilclub* (ACR): Str. Republicii 88 (Tel. 43582). *Kfz-Werkstätte* (Autoservice): Str. Republicii 120. *Tankstellen PECO:* Str. Livezeni (Tel. 41243) und Piaţa Victoriei 2 (Tel. 42521). *Krankenhaus:* Str. Republicii 137A (Tel. 41122 und 42360). *Apotheken:* Str. Carpaţi 6 (Tel. 42162), Str. Republicii 58 (Tel. 42143) und Str. Republicii 139 (Tel. 41989). *Bergwacht* (Salvamont): Tel. 41120.

Predeal [RG 26]: Vorwahl: 0922, aus dem Ausland: 0040922. *Touristenamt:* B-dul M. Săulescu 123 (Tel. 56375). *Unterkunfstvermittlung.* B-dul M. Săulescu 74 (Tel. 56545). *Bergwacht/Salvamont:* Hotel „Clăbucet Sosire" (Tel. 56541). *Hotels:* „Orizont", Str. Trei Brazi 6 (Tel. 56502); „Roszmarin", B-dul M. Săulescu 134 (Tel. 56422); „Cioplea", B-dul Românei 102 (Tel. 56870). *CFR-Reisebüro:* Str. Panduri 8. *Techn. Hilfsdienst ACR:* B-dul M. Săulescu 14. *Tankstelle PECO:* B-dul M. Săulescu 32.

Reghin, Sächsisch-Regen, Szászrégen [RG 9]: Vorwahl: 0950, aus dem Ausland: 0040950. *Bahnhof* an der Linie Kronstadt/Braşov – Neumarkt a. M./Tîrgu Mureş. Keine internat. Züge. *Busbahnhof:* Str. Gării 64. *Reisebüro* der Rum. Eisenbahn CFR.: Str. V. I. Lenin 16. *Touristenamt:* Str. Mihai Viteazul 1. *ACR-Filiale:* Str. Mihai Viteazul 1. *Autoservice:* Str. Călăraşi 34.

Rîşnov, Rosenau, Rozsnyó [RG 26]: Vorwahl: 0922, aus dem Ausland: 0040922. *Unterkunft:* Hotel/Schutzhaus „Cetate" (670 m, 38 Betten, Restaurant, Tel. 30266). *Camping* mit 30 Häuschen, beide 2 km an der Straße in die Schulerau/Poina Braşov.

Sebeş, Mühlbach, Szászsebes [RG 29]: Vorwahl: 0957, aus dem Ausland: 0040957. *Bahnhof* und *Busbahnhof. Hotels:* „Dacia" und „1. Mai". *Hauptpostamt.* Wechselstube in Hotels. *Museum:* Stadtmuseum/Muzeul Orăşenesc. *Tankstelle* (verbleit) an der Ausfahrt Richtung Hermannstadt. *Wichtige Rufnummern:* Auskunft: 931; Ferngespräche Inland: 991 und Ausland: 971; Bahnhofsinformation: 952.

Sfîntu Gheorghe, St. Georgen, Sepsiszentgyörg [RG 24]: Autokennzeichen: CV; Vorwahl: 0923, aus dem Ausland 0040923. *Bahnhof* (Bahn und Bus) mit Verbindung in Richtung Kronstadt/Braşov; Szekler Neumarkt/Tg. Secuiesc und Neumarkt a. M./Tîrgu Mureş. *Busverbindungen* in alle Gemeinden. *Reisebüro* (Tel. 11290) und *Hotel* „Bodoc" im Zentrum. zahlr. *Gaststätten. ACR:* Str. Kossuth 2 (Tel. 12305, 12345). *Tankstelle PECO:* Str. Braşov (Tel. 12828).

Sibiu, Hermannstadt, Nagyszeben [RG 28]: Autokennzeichen: SB; Vorwahl: 0924, aus dem Ausland: 0040924. *Busbahnhof* (Autogara) 1: Piaţa 1 Decembrie 1 (Tel. 34355). *Hauptbahnhof:* ebenda (Tel. 051); *Busbahnhof 2:* Str. Lemnelor 2 (Tel. 17016). *Flughafen* (Aeroport): Şos. Alba Iulia, Ausfahrt Richtung Sebeş (Tel. 13286). *Verkehrsamt:* A. Şaguna 12 (Tel. 1240). *Vermittlung* der Unterkunft in Hotels, Camping, Schutzhütten (Dispecerat de cazare): Piaţa Unirii 1 (Tel. 16507). *Hotels:* „Boulevard", Piaţa Unirii 10 (Tel. 12140); „Continental", Calea Dumbrăvi 2 – 4 (Tel. 16910); „Împăratul" Romanilor (Römischer Kaiser), N. Bălcescu 4 (Tel. 16490); „Hanul Dumbrava" (nebenan der Campingplatz), Padurea Dumbrava (4 km von Sibiu, Tel. 22222); „Parc": Şcoala de Înot 21 (Tel. 24455). *Reisebüro* (Agenţia CFR): N. Bălcesu 6 (Tel. 12085). *Reisebüro der Luftfahrtgesellschaft* (Tarom): ebenda, Nr. 10 (Tel. 11157). *Wechselstube:* bei Hotels und Rum. Nationalbank (Banca Naţională: Mitropoliei 16, vormittags). *Museen:* Bruckenthalmuseum: Piaţa Mare 4 – 5 (Tel. 17691); Historisches Museum im Alten Rathaus: Al. Odobescu 1 (Tel. 17691); Naturwissenschaftliches Museum/Muzeul de Ştiinţe Naturale: Str. Cetăţii 1 (Tel. 17873); Museum der bäuerlichen Technik/ Muzeul Tehnicii Populare: Pădurea Dumbrava (6 km von Sibiu, Tel. 20215 und 28215); Jagdtrophäen und -waffen/Arme şi trofee de vînătoare: Şcoala de Înot 4; Geschichte des Apothekenwesens/Istoria Farmaciei: Piaţa Mică 6. *Staatstheater/*Teatrul de Păpuşi: Al. Odobescu 4 (Tel. 13496); *Kulturhaus der Gewerkschaften:* Piaţa Unirii 1 – 3 (Tel. 13918); *Kartenvorverkauf/*Agenţia de bilete: N. Bălcescul 23 (Tel. 31990). *Astra Bibliothek:* Gh. Bariţiu/Astra Park 5 (Tel. 14423). *Kunstgalerie/*Galeriile de artă: N. Bălcescul 16 (Tel. 12051). *Automobilclub* (ACR): V. Cîrlova 20 (Tel. 12345) und Gen. V. Milea Bl. 13a (Tel. 47359). *Autoservice:* Str. Lemnelor 2 – 4 (Tel. 12389) und Dacia–Service: şos. Alba Iulia 69 (Tel. 13010). *Tankstellen* (verbleit): Gen. V. Milea (Ausfahrt Braşov, Tel. 21913); Şos Mediaşului (Ausfahrt Mediaş, Tel. 15320); Şos. Alba Iulia (Ausfahrt Sebeş, Tel. 12814) und vor der Stadteinfahrt (Richtung Sebeş), bleifrei. *Hauptpostamt* (PTTR): Mitropoliei 10. *Fernmeldeamt/*Telefonare: N. Bălcescu 17. *Hauptzollamt:* Piaţa 1 Decembrie 1918 (Tel. 32116). *Wichtige Rufnummern:* Auskunft: 931; Ferngespräche: 991, internationale Ferngespräche: 971, Taxi: 951 und 33144, Rettung: 961, Feuerwehr: 981, Hbf.-Information: 952, Polizei: 34111 und 13201.

Sighişoara, Schäßburg, Segesvár [RG 20]: Vorwahl: 0950, aus dem Ausland: 0040950. *Bahnhof:* Str. Libertăţii. *Busbahnhof* (Autogara): Str. Liberţaţii 46. *Hotel: „Steaua"* (Stern): Str. 1. Decembrie 12 (Tel. 71594), hier auch Restaurant. *Restaurant: „Vlad Dracul"*, Str. Cositorarilor 5 (beim Stundturm); *Touristenamt:* Str. 1. Decembrie 10. *Kommerz- und Landwirtschaftsbank:* Str. Tîrnavei, Str. Mihai Viteazu. *Geschichtsmuseum* im Stundturm (montags geschlossen). *Rathaus:* Piaţa Muzeului (neben der Klosterkirche). *Tankstellen PECO:* Str. Tîrnavei; Str. Mihai Viteazu. *Autoservice:* Str. Mihai Viteazu und Dacia-Service. Nr. 54. *Techn. Beistand* (ACR): Str. Mihai Viteazu 46. *Polizei/Poliţia:* Str. Justiţei 10. *Post- und Telefonamt:* Piaţa H. Oberth 17 – 19.

Sîntămărie Orlea, Liebfrauen, Öraljaboldogfalva [RG 31]: Vorwahl: 0956, aus dem Ausland: 0040956. *Busstation, Campingplatz, Gasthof* (in einem umgebauten Kendeffy–Schloß) mit 32/47 Betten in 14/19 Zimmern (Tel. 70435).

Tîrgu Lăpuş, Ungarisch Laposch, Magyrlápos [RG 1]: Keine Bahnverbindung. *Busbahnhof:* Str. 6 Martie 36. *Hotel: „Lăpuşul"*, Piaţa Eroilor 29.

Tîrgu Mureş, Neumarkt a. M., Marosvásárhely [RG 8]: Vorwahl: 0954, aus dem Ausland: 0040954; Autokennzeichen: MS; *Bahnhof:* Verbindung (Lokal-, Personen-, Schnell- und Eilzüge) nach Deva, Gheorgheni, Braşov, Sovata, Cluj, Arad. *Zentraler Busbahnhof:* Str. Gheorghe Doja 143 (Tel. 11364). *Flughafen* (bei Ungheni, 12 km weit). *Kartenbüro TAROM:* Piaţa Eroilor 1. *Touristenamt:* Piaţa Trandafirilor 31 (Tel. 30287). *Reisebüro:* Piaţa Teatrului (Tel. 15203). *Hotels: „Grand"*, Piaţa Eroilor 26–30; *„Transilvania"*, Piaţa Trandafirilor 46; *„Continental"*; Piaţa Teatrului 6. *Gaststätten: „Grand"*, *„Mureşul"*, *„Corneşti"*, *„La Calul bălan"*, *„Cocoşul de aur"*. *Campingplatz:* Aleea Carpaţi; Pădurea Vaţman (8 km weit im SO an der DN 13). *Museen:* Kreismuseum für Geschichte, Piaţa Trandafirilor 11; Kunstmuseum, Piaţa Eroilor; *Gemäldegalerie*, im Kulturpalast; Teleki-Bibliothek, Piaţa Bolyai; Gedenkhaus Bolyai, Str. Köteless. *ACR:* Piaţa Teatrului (Tel. 17345). *Techn. Hilfe* (ACR): Str. P. Chinezu 5 (Tel. 12345). *Autowerkstätte:* Str. Gheorghe Doja 252. *Tankstelle PECO:* Str. Gheorghe Doja 252, Piaţa Mărăşeşti, Str. Edison, Şos. Corunca.

Tîrnăveni, St. Martin, Dicsószentmárton [RG 15]: Vorwahl: 0955, aus dem Ausland: 0040955. *Bahnhof* und Industriebahnhof an der Bahnlinie Blaj – Sovata – Praid. *Busbahnhof* mit Verbindungen nach Mediasch/Mediaş, Neumarkt a. M./Tîrgu Mureş, sowie in alle Gemeinden des Gebietes. Im Stadtzentrum: *Motel: „Carpaţi"*. *Gaststätten: „Tîrnava"*, *„Carpaţi"*. *Weinstube: „Carma Judvei"*. Auf der Höhe im N über der Stadt liegen die *Waldwirtschaft „Stejarul"* und das *Hotel „Trei Brazi"* (40 Betten, Tel. 40396).

Turda, Thorenburg, Torda [RG 11]: Vorwahl: 0953, aus dem Ausland: 0040953. *Bahnhof:* Verbindungen mit Schmalspurbahn nach Cîmpeni und von Cîmpia Turzii; Personen-, Schnell- und Eilzüge nach Karlsburg/Alba Iulia, Klausenburg/Cluj, Kronstadt Braşov. *Reisebüro CFR:* Piaţa Republicii 6. *Restaurants: „Arieşul"*, *„Someşul"*. *Campingplatz* in Turda-Băj. *Geschichtemuseum:* Str. B. P. Haşdeu 2. *ACR:* Str. Republicii 11. *Technische Hilfe* (Tel. 12345). *Tankstelle PECO* an der Nordausfahrt DW 1.

Adressen der wichtigsten Reisebüros in Siebenbürgen

S.C. Cetatea: Alba Iulia, Piaţa 1 Mai 22, Tel. 0968/11195
S.C. Coroana: Bistriţa, Str. Republicii 7a, Tel. 0990/12873, Telex 37243
S.C. Hebe: Sîngeorz Băi, Str. Izvoarelor 94, Tel. 0999/70228
S.C. Postăvarul: Braşov, Str. Mureşenilor 12, Tel. 092/142301
S.C. Cristianul: Braşov, Str. Toamnei 1, Tel. 092/150810, Telex 61219
S.C. Telefericul: Braşov, Str. 7 Noiembrie, Tel. 092/144220, Telex 61228
S.C. Poiana Braşov: Poiana Braşov, Complex Favorit, Tel. 092/262291
S.C. Predeal: Predeal, B-dul. M. Săulescu 74, Tel. 0922/56545, Telex 61290
S.C. Negoiul: Făgăraş, Str. Tăbăcari, Bloc 6, Tel. 0920/11072
S.C. Transilvania: Cluj-Napoca, Piaţa Libertăţii 11, Tel. 095/117941, Telex 31372
S.C. Feleacul: Cluj-Napoca, Str. Gh. Şincai 2, Tel. 0951/17305, Telex 31286
S.C. Arieşul: Turda, Piaţa Republicii 45, Tel. 0953/16844, Telex 31719
S.C. Turism-Someş: Dej, Str. Mărăşeşti 1, Tel. 0952/13330, Telex 31518
S.C. Covasna: Covasna, Str. Şcolii 14, Tel. 0923/40825, Telex 68223
S.C. Oltul: Sf. Gheorghe, Str. Revoluţiei 1, Tel. 0923/11290, Telex 68214
S.C. Bradul: Miercurea-Ciuc, Str. Timişoara 10, Tel. 0958/13181, Telex 67290
S.C. Tuşnad: Tuşnad, Str. Oltului 102, Tel. 0958/15074, Telex 67205
S.C. Lacul Roşu: Lacul Roşu, Tel. 0959/61906, Telex 67715
S.C. Căliman: Topliţa, Str. Republicii 60, Tel. 0958/42945
S.C. Borsec: Borsec, Tel. 0958/42142, Telex 67204
S.C. Sarmis: Deva, Piaţa Unirii 2, Tel. 0956/14730, Telex 72277
S.C. Rusca: Hunedoara, B-dul Dacia 10, Tel. 0957/12001, Telex 72422
S.C. Germisara: Geoagiu-Băi, Str. Vilelor 7, Tel. 0956/48280
S.C. Romburg: Sighişoara, Str. 1 Decembrie 12, Tel. 0950/71350, Telex 65727
S.C. Grand: Tîrgu Mureş, Piaţa Teatrului 6, Tel. 0954/26266, Telex 65224
S.C. Sovata: Sovata, Str. Trandafirilor 84, Tel. 0954/78151, Telex 65295
S.C. Central: Mediaş, Str. M. Eminescu 4 – 7, Tel. 0928/11707, Telex 66223
S.C. Cibinul: Sibiu, Str. Andrei Şaguna 12, Tel. 092/412140, Telex 69347
S.C. Păltiniş: Sibiu, Piaţa Mare 12, Tel. 092/432605, Telex 69240
S.C. Primă Ardeleana: Sibiu, Piaţa Unirii 1, Tel. 092/412559
S.C. Sălişte Bîlea Turism S. A.: Sibiu, Str. Oituz 31, Tel. 092/421002, Telex 69291

Wissenswertes von A bis Z

Ärztliche Versorgung

Das Netz medizinischer Versorgung ist zwar flächendeckend, doch derzeit mangels Medikamenten und technischer Ausrüstung noch unzulänglich. Es ist angebracht, sich vor Reiseantritt eine Grundausstattung an Medikamenten (vor allem bei Notwendigkeit regelmäßiger Einnahme) anzuschaffen. Mit einem roten Kreuz gekennzeichnete Erste-Hilfe-Stationen gibt es in fast allen Dörfern, jedoch sind diese meist, wie auch die Apotheken, nur notdürftig ausgerüstet. Ärztliche Betreuung kann jederzeit, auch auf Basis der internationalen Abkommen, erhalten werden. Die stationäre Aufnahme in Krankenhäusern ist derzeit noch kostenlos, richtet sich jedoch auch nach den jeweils geltenden bilateralen Abkommen.

Devisenbestimmungen

Die Ein- oder Ausfuhr rumänischer Währung ist ausnahmslos verboten. Frei konvertierbare Währungen können in jeder Höhe problemlos ein- oder ausgeführt werden.

Diplomatische Vertretungen Rumäniens (Botschaft)

– in Deutschland: Legionsweg 14, 5300 Bonn 1, Tel. 0228/555860;
  Konsularabteilung Tel. 0228/5558632
– in Österreich: Prinz-Eugen-Straße 60, 1040 Wien, Tel. 0222/5053227;
  Konsularabteilung Tel. 0222/5052343
– in der Schweiz: Kirchenfeldstraße 78, 3005 Bern 16, Tel. 031/44 35 21

Diplomatische Vertretungen in Rumänien

– Deutsche Botschaft: Str. Rabat 21, Bukarest,
  Tel. 00401/6792580, Telefax: 00401/3129846
  Konsulat: Hermannstadt/Sibiu, Telefax: 0040924/33127
– Österreichische Botschaft (Konsularabteilung): Str. Salcîmilor 12, Bukarest,
  Tel. 00401/6191601, FS: 865/611333
– Botschaft der Schweiz: Str. Pitar Moş 12, Bukarest, Tel. 00401/610 65 85

Fluggesellschaften in Rumänien

– Austrian Airlines – AUA: Bul. Bălcescu 7, Bukarest, Tel. 00401/614 12 21
– Lufthansa: Bul. Magheru 18, Bukarest, Tel. 00401/6504074,
  Zweigstelle Flughafen Bukarest/Otopeni, Tel. 00401/633 62 22
– Swissair: Bul. Magheru 18, Bukarest, Tel. 00401/650 74 30
– Tarom (rumän. Fluggesellschaft): Str. Doamniţa Anastasia, Bukarest,
  Tel. 00401/616 33 46,
  Zweigstelle Flughafen Otopeni, Tel. 00401/633 66 02

Fotografieren

Das Fotografieren ist landesweit erlaubt, außer an den mit Schildern und Zeichen eigens gekennzeichneten Orten. An das Fotografierverbot sollte man sich strikt halten. Gutes Filmmaterial, vor allem für Farbfilme, kann in Rumänien nur in sehr wenigen

Geschäften gekauft werden. Nehmen Sie daher das notwendige Film- und Videomaterial, auch Batterien, von zu Hause mit. Von einer Filmentwicklung im Land ist aufgrund fehlender technischer Ausrüstung abzuraten.

Geldwechsel kann an den Grenzübergängen, in Banken, Touristenämtern oder in größeren Hotels vorgenommen werden. Die Banken sind nur vormittags an Werktagen geöffnet.

Literatur
Weiterführende Literatur über Siebenbürgen: Fordern Sie unser kostenloses Bücherverzeichnis (ca. 350 Titel) an (Wort und Welt Verlag, Krumerweg 9, A-6065 Thaur, Tel. 05223/6453-26).
Als Sprachführer empfehlen wir: Langenscheidts Sprachführer Rumänisch – Praktische Redewendungen und Wörter für die Reise; Polyglott-Sprachführer Rumänisch. Für Wanderungen in den Karpaten sind in den rumänischen Buchhandlungen Bergführer „Unsere Berge" in deutscher und rumänischer Sprache erhältlich.

Mietwagen
Autos der Marken *Dacia* und *Olcit* können bei größeren Touristenbüros gemietet werden. Der Mietpreis setzt sich aus einem Tagespauschale (dzt. ca. DM 40,–) und einem Kilometergeld zusammen (ca. DM 0,50 je km).

Post, Telefon
Die Postämter sind an Werktagen von 7.00 bis 20.00 Uhr geöffnet. Auslandstelefonate sind derzeit nur über ein Vermittlungsamt (lange Wartezeiten) möglich. Briefkästen sind gelb und tragen die Aufschrift „Posta".

Reisedokumente
Für die Einreise nach Rumänien ist ein gültiger Reisepaß (darf nicht abgelaufen sein) mit Touristenvisum notwendig. Das Visum erhalten Sie über die Konsularabteilung der jeweiligen Botschaft oder an der rumänischen Grenze (für österreichische und Schweizer Staatsbürger kostenlos, für Einreisende aus Deutschland kostenpflichtig, dzt. DM 70,–). Sind Kinder unter 14 Jahren nicht im Reisepaß der Eltern eingetragen, sind für sie ein Lichtbildausweis und ein gültiges Visum erforderlich.

Rumänische Landeswährung
Währungseinheit: Leu (Mehrzahl: Lei). 1 Leu = 100 Bani.

Rumänisches Touristenamt
– in Deutschland: Herzogstraße 68, 4000 Düsseldorf 1,
   Tel. 0211/37 10 47; Zeil 13, 6000 Frankfurt/Main, Tel. 069/295278-79
– in Österreich: Währinger Straße 6 – 8, 1090 Wien, Tel. 0222/34 31 57
– in der Schweiz: Schweizer Gasse 10, 8001 Zürich, Tel. 01/2 11 17 30

Sprache, Verständigung

Im ganzen Land wird rumänisch gesprochen, doch kann man sich meist auch in Englisch, Französisch und Deutsch verständigen, da diese Sprachen an den Schulen gelehrt werden. Italienischkenntnisse sind aufgrund der Sprachverwandtschaft von Vorteil.

Stromspannung

Mitgebrachte Elektrogeräte können ohne Adapter angeschlossen werden (220 Volt, Wechselstrom). Achtung bei empfindlichen Geräten: des öfteren große Spannungsschwankungen!

Telefon

Inlandsgespräche können Sie über den Selbstwählferndienst führen. Für öffentliche Fernsprecher benötigen Sie Münzen von 1 und 3 Lei. Auslandsgespräche müssen über die Vermittlung angemeldet werden: Tel. 071. Inlandsvermittlung: Tel. 091.

Trinkwasser

Bei Wanderungen sollten Sie unbedingt darauf achten, daß Sie nur von eigens gekennzeichneten Quellen und Brunnen Wasser entnehmen (apă potabilă = Trinkwasser).

Verhalten bei Unfällen

Sollten Sie, ob schuldhaft oder nicht, in einen Unfall verwickelt sein, verständigen Sie in jedem Fall die Polizei (Notruf: 055, Rettung: 061, Feuerwehr: 081). Für an Ihrem Fahrzeug entstandene Schäden lassen Sie sich eine Bestätigung ausstellen, um diese an der Grenze bei der Ausreise vorweisen zu können. (Sollten Sie mit Schäden an Ihrem Auto einreisen, ist dies ebenfalls von den Grenzbeamten festzuhalten, um bei der Ausreise nicht in den Verdacht von Fahrerflucht zu gelangen.)

Verkehrsvorschriften

Kraftfahrer müssen den internationalen Führerschein, Kfz-Papiere und die grüne Versicherungskarte mit sich führen (empfehlenswert ist der Abschluß einer Urlaubskaskoversicherung vor Reiseantritt). *Geschwindigkeitsbeschränkungen:* geschlossene Ortschaft: 60 km/h, für Autobus, Lkw und Motorrad 40 km/h. Außerhalb der Ortsgebiete: Pkw unter 1100 cm³, Autobus und Kleinbus mit Dieselmotor 70 km/h; Autobus und Kleinbus mit Benzinmotor, Lkw und Motorrad 50 km/h; Pkw zwischen 1100 und 1800 cm³ 80 km/h; Pkw über 1800 cm³ 90 km/h. Striktes Alkoholverbot, Gurtenanlegepflicht.

Zeitunterschied

In Rumänien gilt die MEZ plus eine Stunde. Die Sommerzeit entspricht der MEZ plus zwei Stunden.

Zollvorschriften

Die Einfuhr von Artikeln des persönlichen Gebrauchs ist zollfrei. Über besondere Zollvorschriften, die derzeit ständigen Änderungen unterliegen, erkundigen Sie sich bitte bei den Reiseunternehmen oder den konsularischen Vertretungen. Einfuhrverbot besteht in jedem Fall für Waffen und pornographische Druckwerke.

Notizen

Notizen

Notizen